国家社会科学基金特别委托项目，项目编号：10@zh027，
项目名称：“革命根据地法律文献整理与研究”

革命根据地法律文献选辑

（第二辑） 上卷

第二次国内革命战争时期中华苏维埃共和国的法律文献
（1927—1937）

张希坡 编著

中国人民大学出版社
·北 京·

中共中央指示：

在人民新的法律还没有系统地发布以前，应该以共产党的政策以及人民政府与人民解放军所已发布的各种纲领、法律、命令、条例、决议作依据。目前在人民的法律还不完备的情况下，司法机关的办事原则，应该是：有纲领、法律、命令、条例、决议规定者，从纲领、法律、命令、条例、决议之规定；无纲领、法律、命令、条例、决议规定者，从新民主主义的政策。

1949年2月《中共中央关于废除国民党的〈六法全书〉和确定解放区的司法原则的指示》

华北人民政府训令：

人民的法律，已经有了解放区人民相当长期的统治经验，有的已经研究好，写在人民政府、人民解放军发布的各种纲领、法律、条例、命令、决议等规定里，有的正在创造。……用全副精神来学习马列主义——毛泽东思想的国家观法律观，学习新民主主义的政策、纲领、法律、命令、条例、决议，来搜集与研究人民自己的统治经验，制作出新的较完备的法律来。

1949年4月1日《华北人民政府为废除国民党的六法全书及一切反动法律的训令》

董必武：

大家知道，在过去国内革命战争的各个时期，各个革命根据地，在党的统一领导下，制定了许多代表人民意志和符合革命利益的政策法令。尽管它们在形式上较为简单，而且不可避免地带有地方性，但是它们有力地保障和促进了革命事业的发展。不仅如此，它们并且是我们现在人民民主法制的萌芽。

1956年9月19日，董必武在中国共产党第八次全国代表大会上的发言：《进一步加强人民民主法制　保障社会主义建设事业》。转引自《董必武法学文集》，北京，法律出版社，2001，第340页。

人民政法工作和军事工作、经济工作、文教工作一样，在党中央和毛主席的领导下，从民主革命到社会主义革命，逐步积累起丰富的经验，形成了自己的优良传统。这就是服从党的领导、贯彻群众路线、结合生产劳动、为党和国家的中心工作服务。这十分鲜明地概括了我们人民政法工作的优良传统。

1959年5月16日，董必武在全国公安、检察、司法先进工作者大会的讲话《实事求是地总结经验，把政法工作做得更好》。转引自《董必武法学文集》，北京，法律出版社，2001，第423～424页。

胡锦涛：

中国共产党从成立之日起就以实现人民当家作主为己任。以毛泽东同志为主要代表的中国共产党人，创造性地把马克思主义国家学说同中国具体实际结合起来，在带领人民为推翻三座大山而浴血奋战的同时，对建立新型人民民主政权及其组织形式进行了长期探索和实践。从第一次国内革命战争时期的罢工工人代表大会和农民协会到第二次国内革命战争时期的工农兵代表苏维埃，从抗日战争时期的参议会到解放战争后期和建国初期各地普遍召开的各界人民代表会议，都是我们党为实现人民民主而进行的探索和创造。我们党深刻总结中国近代政治发展的历程和建立新型人民民主政权的实践，得出了一个重要结论，这就是：新民主主义革命胜利后建立的政权，只能是工人阶级领导的、以工农联盟为基础的人民民主专政；同这一国体相适应的政权组织形式，只能是民主集中制的人民代表大会制度。

2004年9月15日胡锦涛在首都各界纪念全国人民代表大会成立50周年大会上的讲话（2004年9月16日《光明日报》，新华社北京9月15日电）

习近平：

历史是最好的教科书。学习党史、国史，是坚持和发展中国特色社会主义、把党和国家各项事业继续推向前进的必修课。这门功课不仅必修，而且必须修好。

2013年6月25日，习近平在中共中央政治局第七次集体学习时的讲话（2013年6月27日《光明日报》，新华社北京6月26日电）

深入开展中国人民抗日战争研究，必须坚持正确历史观、加强规划和力量整合、加强史料收集和整理、加强舆论宣传工作，让历史说话，用史实发言，着力研究和深入阐释中国人民抗日战争的伟大意义、中国人民抗日战争在世界反法西斯战争中的重要地位、中国共产党的中流砥柱作用是中国人民抗日战争胜利的关键等重大问题。……要坚持用唯物史观来认识和记述历史，把历史结论建立在翔实准确的史料支撑和深入细致的研究分析的基础之上。要坚持正确方向、把握正确导向……按照“总体研究要深、专题研究要细”的原则，制定中长期规划和具体工作方案，确定研究重点和主攻方向……推出高水准的权威专著和通俗读物。

2015年7月30日，习近平在中共中央政治局就中国人民抗日战争的回顾和思考进行第二十五次集体学习时的讲话（2015年8月1日《光明日报》，新华社北京7月31日电）

编者说明

一、革命根据地的法律文献，堪称“红色法律经典”

所谓“红色法律经典”（简称“红色法经”），是指中国共产党在新民主主义革命时期，领导人民在革命根据地内，由革命政权所制定的反帝反封建的人民民主专政的法律文献。

所谓“经典”，按《辞海》的解释，是指“一定时代、一定阶级认为最重要的、有指导作用的著作”。《汉语大词典》的解释是：“旧指作为典范的儒家载籍”，或者具有权威性的著作。以现代文学艺术作品为例，有许多被公认为“红色经典”之作，如反映土地改革的小说和电影，有周立波的《暴风骤雨》和丁玲的《太阳照在桑干河上》；反映解放区婚姻制度改革的作品就更多，如《刘巧儿》《小二黑结婚》和《李二嫂改嫁》等等。这些文艺作品早已家喻户晓，受到人们的普遍欢迎。可是，这些文艺作品所反映的法律母体，一般人却不太了解。这正是本课题所要研究的对象，也就是本“选辑”所要收集的重要内容。大家知道，《暴风骤雨》和《太阳照在桑干河上》所描写的是解放战争时期轰轰烈烈的土地改革运动，而指导那场土改运动的纲领性的法律文献，是 1947 年 10 月在西柏坡召开的全国土地会议上研究制定的《中国土地法大纲》。该大纲明确规定，“废除封建性及半封建性剥削的土地制度，实现耕者有其田的土地制度”。这是中国共产党领导的新民主主义革命的三大经济纲领的重要组成部分，因此，《中国土地法大纲》堪称土地立法的“红色经典”。同样，上述反映解放区婚姻制度改革的文艺作品，无一不是各个历史时期婚姻法规的写照。例如《刘巧儿》的故事，是发生在 1943 年陕甘宁边区的真人真事，它所反映的追求婚姻自由、反对包办、买卖婚姻的主题思想，是以 1939 年制定的《陕甘宁边区婚姻条例》为依据的。《小二黑结婚》发生在抗日战争时期的华北抗日根据地，它所反映的婚姻自主、自由恋爱的思想，是 1942 年的《晋冀鲁豫边区婚姻条例》和 1943 年的《晋察冀边区婚姻条例》的主题思想。《李二嫂改嫁》则发生在解放战争时期的山东解放区，它所诠释的寡妇再婚的政策，是 1945 年 3 月《山东省婚姻暂行条例》所规定的“寡妇有再嫁与否之自由，任何人不得干涉”。因此，上述婚姻立法，即成为革命根据地“红色法律”的经典之作。

但是，革命根据地的土地改革法，不是只有一个《中国土地法大纲》，而是还有它产生、发展的过程。中国共产党成立后，在领导农民运动时，早就提出“耕地农有”的口号，并开始实行减租减息。在第一次国共合作时期，中国共产党与孙中山共同研究，确定采取“二五减租”的政策，并提出“耕者有其田”的口号。到第二次国内革命战争时期，在红色革命根据地，先后制定了《井冈山土地法》和《中华苏维埃共和国土地法》，指导苏区农民实行彻底的土地改革。抗日战争时期，根据抗日民族统一战线的方针，在各抗日根据地内，分别颁布了若干《减租减息条例》，全面推行减租减息政策。到解放战争时期，在各解放区依照《中国土地法大纲》，实现了“耕者有其田”的制度。这便为全国解放后制定《中华人民共和国土地改革法》、在新区开展土地改革运动，积累了丰富的经验。同样，革命根据地的婚姻立法，也有个逐步发展的过程：在中国共产党成立后制定的政纲、决议中，以及工农运动制定的规约、条令中，确立了新民主主义婚姻制度的四项原则，即男女平等，婚姻自由，一夫一妻，保护妇女、儿童和老人。以后在《中华苏维埃共和国婚姻法》以及各解放区制定的《婚姻条例》中，作了具体规定。上述法律文献在本“选辑”中，都可查到具体条文。

其他方面的法律法规也是如此。比如反映劳动立法的文艺作品，有第一次大革命时期中国工人阶级为反抗军阀压迫、争取建立工会组织而发动的“安源路矿工人大罢工”和京汉铁路工人“二七大罢工”，以及香港和广州工人举行的反帝爱国斗争——“省港大罢工”，都是以中国共产党在1922年制定的《劳动法案大纲》作为指导纲领的。第二次国内革命战争时期颁布了《中华苏维埃共和国劳动法》，之后在各抗日根据地内，陆续制定了各地区的《劳动保护条例》，都可在本“选辑”中窥见其发展、演变的进程。

综上所述，不难看出，既然大量的反映反帝反封建斗争的影视诗歌被称作主旋律的“红色经典”，那么指导这些文艺作品的法律母体，理所当然更应属于“红色法律经典”。本丛书就是从几十年来收集的大量法律文献中，经过考察、校订，选出具有代表性的法律文献，编成《革命根据地法律文献选辑》，以供国内外专家及广大读者学习、研究中国近现代史及中国法制史，了解我国现行法律制度的发展、沿革的过程，总结历史经验。

但应指出，这里所说的“红色法律经典”，主要是指那些具有历史价值并具有代表性的法律文献。现在收入本“选辑”的，并非都是经典之作，有些规约、条令是临时性的、地区性的应急之作；有些规定还带有时代的局限性，因受主、客观条件的影响，某些规定是不正确的，需要客观地、全面地进行分析研究。之所以收集进来，是为了说明革命根据地的法制建设工作与其他工作一样，有一个从无到有、由小到大、从萌芽雏形逐步走向成熟完善的发展过程。因此，统称为“红色法律资源”，都属于“红色法律文化遗产”的范畴。

本丛书内容涉及范围很广，包括以下各个部门法的历史文献：宪法施政纲领、选举法、政权组织法、民政、外事、军事、财政金融税收、经济管理（工农商贸合作社及知识产权）、文化教育与卫生、土地法、劳动法、婚姻与继承、刑事法规、监察与公安检察、司法审判及狱政，等等。

二、革命根据地的人民民主法制史的上线始于何时?

现在在一般教材和史料汇编中，对于人民民主法制史的上线，多是从1927年苏维埃红色政权创立开始。诚然，1927年秋收起义后在农村根据地建立的苏维埃政权，的确奠定了人民民主法制的坚实基础。但是，这仅仅是“流”，而不是“源”。大量的历史事实证明，我国人民民主法制的产生，应将中国共产党的成立和第一次国内革命战争时期建立的广东革命根据地作为起点。中国共产党成立后，明确提出驱除国际帝国主义、打倒封建军阀、建立“真正民主共和国”的政治纲领，并陆续制定了有关人民民主法制的若干基本原则。为了实现上述反帝反封建的政治纲领，中国共产党积极领导开展了三方面的斗争，即工人运动、农民运动以及同孙中山领导的中国国民党进行合作，共同开创了广东革命根据地。在工人运动中，制定了最早的工会条例和劳动立法。在农民运动中，实行减租减息，制定《农民协会章程》，并以农民协会作为临时的基层政权，待条件具备时建立普选的乡村自治委员会以及实行民主集中制的县政府委员会制度。特别是在工农运动的实践中，创建了我国人民代表大会制度的三株珍贵“萌芽”——省港罢工工人代表大会、各级（主要是省级）农民代表大会以及上海工人第三次武装起义中建立的上海市民代表大会。同时在中国共产党的政纲宣言和工农运动产生的规约、条令中，提出了婚姻制度改革的立法原则，确立男女平等的财产权和继承权；在刑事立法方面，提出“反革命罪”的概念，制定《反革命罪条例》《惩治土豪劣绅条例》和《惩治贪污条例》，建立了新型的革命法庭；改革司法制度，并在工农革命组织中成立了最早的人民调解机构；等等。这一切都可以从本“选辑”中得到充分证实。

三、《革命根据地法律文献选辑》的体系结构

全书共分为4辑：

第一辑为“中国共产党成立后与第一次国内革命战争时期的法律文献（1921—1927)”。

第二辑为“第二次国内革命战争时期中华苏维埃共和国的法律文献（1927—1937)”。

第三辑为“抗日战争——解放战争时期老解放区的法律文献（1937—1949)”。

第四辑为“解放战争时期新解放区的法律文献（1945—1949)”。

在每一辑中，根据其实际情况及史料的多少，有的分为上下卷（如中央苏区），有的分列多卷本（如抗日根据地）。

革命的前辈在政权与法制建设方面所遗留的这些丰富史料，不仅为法制史学的研究创造了有利条件，而且对于政治史、经济史、文化史以及各个部门法史都有极重要的研究价值。期望大家能对这些史料进行深入、系统的探讨，相信不久的将来，定会有高水平的论著不断问世。

六十多年来，先后参加本“选辑”史料汇集工作的，有以下同志：常风、毛天祜、梁秀如、郝正宇、关子健、胡大展、雷晟生、范明辛等。其中大部分现已作古，仅以本书的出版，告慰他（她）们的在天之灵。

多年来，在收集与研究革命根据地法律文献的过程中，得到有关单位与专家的指导和帮助，特借本“选辑”出版之机，再次表示衷心感谢！本“选辑”存在的缺点、错误，欢迎各位专家与广大读者批评指正。

先后应邀参加本课题组的成员有：马小红、赵晓耕、侯欣一、丁相顺、高仰光、黄东海、陈和平、段俊杰等。其中，黄东海、陈和平、段俊杰参加了部分文稿的校订及其他辅助工作。此外，还有一个十多人的“家庭总后备队”，祖孙三代齐上阵，从早期的手抄复写和手工打字，到后期的电脑打字、校对、改错、图书借阅、网上购书、文献拍照、图表复制，以及各种事务性工作，都为本“选辑”的出版作出一定贡献。

编　者

2016 年 10 月

第二辑说明

本选辑为《第二次国内革命战争时期中华苏维埃共和国的法律文献》，系自1927年秋收起义、海陆丰起义和广州起义后创建工农兵苏维埃政权开始，至1937年“七七事变”后陕甘宁边区政府成立为止。分为三个历史阶段。第一阶段，自1927年至1931年11月，为苏维埃政权初创阶段，由各边区的工农民主政权制定了若干地方性的法律法规；第二阶段，自1931年11月7日成立中华苏维埃共和国至红军长征，由临时中央政府制定了大批全国性的法律文献；第三阶段，自中央红军长征到达陕北后，至1937年“七七事变”全面抗战，中共中央与中央临时政府西北办事处针对全国政治形势的变化，制定了许多向抗日战争过渡的法律文献。本选辑以中华苏维埃共和国中央临时政府的法律为主线，分为十六个类别，在每类文献中，按时间先后将各个边区的法律放在前面，然后为临时中央政府制定的法律以及由各省发布的执行办法，最后是红军长征后，由西北办事处发布的法律法规。

这一时期的苏维埃法律，内容十分丰富，由此奠定了革命根据地法律制度的初步基础。但是，由于受到当时“左”倾路线的影响，在许多法律文献中，都有“左”倾错误路线的反映。因此，在研究这段历史的法律文献时，既要吸取其积极成功的经验，也要从“左”倾错误中，总结其历史的教训。

在文件编排上，本选辑基本上按部门法分类，然后以时间先后为序，但对同类别或同一地区的文件，有的作了相应的调整。本选辑因字数较多，分为上下两卷。

编　者

2012年1月初稿

2016年6月补充修订

附表一：地支代月表

一月：子	二月：丑	三月：寅	四月：卯	五月：辰
六月：巳	七月：午	八月：未	九月：申	十月：酉
十一月：戌	十二月：亥			

附表二：韵目代日表

一日：东、先	二日：冬、萧	三日：江、肴
四日：支、豪	五日：微、歌	六日：鱼、麻
七日：虞、阳	八日：齐、庚	九日：佳、青
十日：灰、蒸	十一日：真、尤	十二日：文、侵
十三日：元、覃	十四日：寒、盐	十五日：删、咸
十六日：铣、谏	十七日：篠、霰	十八日：巧、啸
十九日：皓、效	二十日：哿、号	二十一日：马、箇
二十二日：养、祃	二十三日：梗、漾	二十四日：迥、敬
二十五日：有、径	二十六日：寝、宥	二十七日：感、沁
二十八日：俭、勘	二十九日：豏、艳	三 十 日：陷
三十一日：世		

附表三：地支代时表

子时：二十三时——翌晨一时
丑时：一时——三时
寅时：三时——五时
卯时：五时——七时
辰时：七时——九时
巳时：九时——十一时
午时：十一时——十三时
未时：十三时——十五时
申时：十五时——十七时
酉时：十七时——十九时
戌时：十九时——二十一时
亥时：二十一时——二十三时

凡 例

一、本选辑是以各个历史时期中国共产党的方针政策为指导的，以各政权机关制定的法律法规为主体。同时为了使读者具体了解某一法律文献制定的历史背景及立法宗旨，特以“附件”的形式，适当选入一些有关的社论或署名文章作为解说；为了使读者了解各个历史时期政策、法律的实施情况及经验教训，选入若干政府工作报告和专门工作总结，以供研究参考。

二、本选辑的史料来源很广，有政府公报、政策法令汇编、史料选集，以及报纸杂志等，也有少量油印件和手抄本。为了核查方便，在每个文件之后，皆注明其史料来源（早期手抄本例外），并尽可能找到多种不同版本相互校正（一般有两件以上，最多的有10件，如《中华苏维埃共和国宪法大纲》）。发现各种版本互有歧异者，在脚注中加以说明。每卷皆附有参考书目录。

三、原件有标题者，一般保留原标题，个别由编者酌加改动。原件无标题或标题较为简略者（如“布告”“通知”等），则由编者根据内容酌拟副标题，以便检索。另有部分篇目在脚注中加以题注，简介有关情况，或作必要考释。

四、各种法律文献的制定时间，在标题下者，一律采用公历；在原件正文中者，注明“民国××年”“中华苏维埃共和国×年”；以干支纪年者，一般未作改动。采用电报代日韵目者，在脚注中写明日期。

五、原件有明显错讹文字或文字用法不符合现代用法者，径行改正，或以（）订正；有字迹不清者，以□标明；有脱漏者，以［］补正或以“……”标明。原有注文者，标明“原注”。

六、所引原件补充或说明性文字用〔〕标明。

目　　录

上　卷

下　卷

上卷目录

上　卷

上　卷

一、全国苏维埃代表大会的筹备

1. 附［历史综述］

（一）中央革命根据地的形成

红军第三次反“围剿”的胜利，歼灭了进攻江西苏区敌人的有生力量。同时由于“九·一八”事变后全国抗日民主运动的高涨，蒋介石集团同两广和其他各派新军阀的冲突日益加剧。因此，蒋介石在第三次“围剿”遭到失败后，把主力退缩到中心城市和交通要道，在军事行动上“采取固守城市，防止苏维埃和红军发展的战略”，相当长的一段时间无力组织对苏区和红军的新的“围剿”。这就为红军和革命根据地的发展提供了有利的客观条件。

红一方面军取得第三次反“围剿”胜利后，中共苏区中央局（已改由毛泽东任代理书记）和红一方面军总司令部，决定利用当时有利形势，把红军主力由兴国西部南移到以瑞金为中心的地区，拔除苏区内的地主武装据点，巩固和扩大苏区，贯通赣西南与闽西两大苏区，并在此基础上最后形成以瑞金为中心的中央革命根据地。

以赣西南根据地为主要基础建立苏维埃中心区即中央苏区，是中共中央早已确定的决策。还在一九三〇年八月，中共中央即决定“在湘、鄂、赣三省苏维埃区域中，成立苏维埃区域的中央局，以指导所有苏维埃区域的工作”。一九三〇年九月党的六届三中全会后，中共中央又根据下列三条件，即：“（一）土地革命的发展，加上已有广大群众的基础，或是已有这个条件能很快地发展起来的区域；（二）这个地方有强大的红军组织；（三）这个区域便利于向一个或几个中心城市发展”，将全国各地苏区划为六大区域。其中“赣西南特区与湘鄂赣边区为苏维埃中心区，中央临时政府建立在此区”。同年十一月，中共中央政治局在《关于苏维埃区域目前工作计划》中，更明确规定“湘鄂赣联接赣西南为一大区域，要巩固和发展它成为苏区的中央根据地”。但是，由于湘鄂赣边苏区远在赣西北和鄂东南，与赣西南苏区隔着广大的白区，始终未能联结成一片。因此，中央关于把赣西南苏区与湘鄂赣苏区联接为“苏维埃中心区”或“中央根据地”的计划，在事实上并未实现，只有赣西南根据地成为“江西中央苏区”。而随着赣西南苏区与闽西苏区斗争的联系加深及其反“围剿”的胜利，这两块苏区则日益显示了发展为整块广大苏区的前景。因此，中共中央随后即放弃了把湘鄂赣边根据地划入中央苏区的计划，并决定将闽粤赣边即闽西根据地划入中央苏区的范围。一九三一年四月四日，中共中央在给闽粤赣边特委的指示信中，明确规定“闽粤赣是整个中央区的一部分，它应当巩固这一根据地，打通中央区的联系”。一九三一年九月赣西南、闽西苏区反“围剿”的胜利，推动了这一计划的实现。

为了发展和巩固赣西南、闽西苏区，苏区中央局和红一方面军总部在第三次反“围剿”胜利后，决定分兵大力开展石城、于都、宁都、会昌、寻乌、安远、信丰、南康、赣州、大余、上犹、崇义、遂川、万安、长汀、武平、宁化、清流、归化、泰宁、建宁等县工作，争取上述二十余县四百万群众，扩大十万红军，创造中央革命根据地的新局面。根据这一战略部署，一九三一年九月下旬开始，红三军和江西红军独立第三师在各县地方武装的配合下，先后在于都、宁都、石城等地，拔除了二百余个地主武装土匪反动据点，巩固了根据地的中心区域。十一月后，红军又积极向外发展，扩大苏维埃区域。红三军团在会昌、安远、寻乌、信丰和于都以南地区，肃清地主武装，分兵发动群众，实行土地分配，帮助建立赣南红军独立师，巩固了原有的根据地，发展了新苏区。与此同时，红十二军在连城、宁化、清流地区连续作战，肃清各县反动地主武装，打通了闽西与宁化、清流、归化、建宁等新区的联系，恢复和扩大了闽西根据地。到一九三一年冬，赣西南、闽西根据地已经联成一片。至此，形成了以瑞金为中心的中央革命根据地。

由赣西南，闽西根据地汇合而成的中央苏区，到一九三二年春，已发展到赣、闽两省二十九个县的广大地区，建立了二十五个县苏维埃政权，拥有人口三百余万。其中江西省苏维埃政府所辖的区域，“跨有旧的十八个县的范围（赣西南则包含：赣县、兴国、于都、吉安、泰和、吉水、永丰、乐安，赣南则包括会昌、寻乌、安远、瑞金，赣东南则包括石城、宁都、广昌、南丰、宜黄等县），含有七个全县，八个县城（兴国、于都、寻乌、会昌、瑞金、石城、宁都、广昌）。面积纵约七百五十里以上，横约五百四十里以上，居民有二百四十万以上。东南边与闽西苏区完全联系起来，打成一片，西则以赣江为界与河西白区对峙，南则界广东及三南”。江西省苏维埃政府在这十八个县的范围内，建立了十六个县苏维埃政府，即兴国、宁都、胜利（于都北半县）、赣县、永丰、公略（吉安、吉水两县苏合并而成）、万泰（万安、泰和两县苏合并而成）、瑞金、石城、宁都、广昌（广昌与南丰一区）、乐安、会昌、安远、寻乌、宜黄（割宁都三个区及宜黄之二区合并而成）等县苏维埃政府。在闽西地区，苏维埃区域包括龙岩、漳平、宁洋、上杭、永定、武平、连城、长汀、宁化、清流、归化等十一县，占有长汀、连城、武平、上杭、宁化五座县城。[①] 苏

① 此件所列县城数字与名称系按原文抄录，疑有遗漏或讹误。

区（包括游击区）面积纵横三百余里，人口一百余万。在上述十一县范围内，建立了上杭、永定、龙岩、长汀、连城、武平、宁化、清流、归化等九个县苏维埃政府。中央苏区全盛时期，曾经同时占有江西的瑞金、会昌、寻乌、安远、信丰、于都、兴国、宁都、广昌、石城、黎川和福建的建宁、泰宁、宁化、清流、归化、龙岩、长汀、连城、上杭、永定等二十一座县城，成为当时最大的革命根据地。

（二）苏维埃中央政府在瑞金的成立

在中央革命根据地形成的同时，湘赣、湘鄂赣、赣东、鄂豫皖、湘鄂西、琼崖等革命根据地也得到了发展。全国苏维埃区域已发展到十几个省二百余县的广大地区，面积扩大到十五六万平方公里，拥有一千多万人口；红军发展到十余万人，组建了红军第一、四方面军和第二、六军团。革命根据地和红军的发展，进一步提出了建立苏维埃中央政府和中央革命军事委员会，以统一各地苏区和红军领导的必要。而中央革命根据地的形成，则为在这一区域建立苏维埃中央政府提供了有利条件。

建立苏维埃中央政府，是中共中央早已确定的决策，并为此进行了长期的准备。一九三〇年二月四日，中共中央发出《关于召集全国苏维埃区域代表大会》的通告，为了使红军和革命根据地“成为决定新的革命高潮之一”，决定于一九三〇年五月召开“全国苏维埃区域代表大会，以联系全国苏维埃区域与红军，以统一中国革命的指导与行动”。五月二十日，全国苏维埃区域代表会议在上海召开，通过了《政治决议案》《苏维埃组织法》《土地暂行法》和《劳动保护法》，宣布了全国苏维埃政府的十大政纲。会议决定于一九三〇年十一月七日召开第一次全国工农兵贫民苏维埃大会，成立苏维埃中央政府；并决定由中共中央、全国总工会、各苏维埃区域、各红军、各革命团体的代表，组成全国苏维埃大会中央准备委员会，负责领导大会的准备工作。九月十二日，全国苏维埃大会中央准备委员会全体会议在上海召开，通过了召开全国苏维埃大会的《选举条例》和大会主要议程，以及准备提交大会讨论通过的《中华苏维埃共和国根本法（宪法）大纲草案》《土地暂行法》《劳动法》等草案。并决定将全国苏维埃大会延期到十二月十一日广州暴动纪念日举行，后因敌人对苏区发动第一次“围剿”，大会再次延期。一九三〇年九月党的六届三中全会后，党中央决定把赣西南苏区与湘鄂赣边苏区划为苏维埃中心区，在此建立苏维埃中央政府。一九三一年党的六届四中全会后，中共中央责成设立在赣西南根据地的苏区中央局负责筹备召开“一苏大”，成立苏维埃中央政府的工作。一九三一年六月一日，苏区中央局决定于八月一日召开全国苏维埃代表大会。后因代表选举工作来不及和交通困难，最后决定第一次全国苏维埃代表大会于一九三一年十一月七日在瑞金举行。至此，完成了召开全国“一苏大”的准备工作。

一九三一年十一月七日，中华苏维埃第一次全国代表大会在瑞金的叶坪召开。江西（赣西南）、闽西、湘赣（十日到）、湘鄂赣（十日到）、赣东北、湘鄂西、琼崖苏区和红军、全总、海员的代表共六百一十人，参加了大会。大会的主要任务和议程：讨论和通过苏维埃宪法大纲、劳动法、土地法等法令和决议；选举中华苏维埃共和国中央执行委员会，成立苏维埃中央政府。

十一月七日下午举行大会开幕式，由项英致开幕词。九日下午，毛泽东代表中共苏区中央局向大会作了政治问题报告。十二日，项英作了劳动法草案报告。十四日，张鼎丞作了关于土地问题报告。十五日，朱德作了关于红军问题报告。十六日，周以栗作了关于经济政策报告。十七日，王稼蔷[①]作了关于少数民族问题报告，邓广仁作了关于工农检察处问题报告。十八日，大会听取了关于苏维埃宪法问题报告。经过热烈讨论，大会通过了《中华苏维埃共和国宪法大纲》《中华苏维埃共和国土地法》《中华苏维埃共和国劳动法》等法令，以及关于经济政策、红军问题、工农检察处问题、少数民族问题等决议案。大会通过的《苏维埃共和国宪法大纲》规定："中国苏维埃政权所建设的，是工人和农民的民主专政的国家"。"这个专政的目的，是在消灭一切封建残余，赶走帝国主义列强在华的势力，统一中国。有系统地限制资本主义的发展，进行国家的经济建设；提高无产阶级的团结力量与觉悟程度，团结广大贫农群众在她的周围，以转变到无产阶级专政。"

十九日，大会选举产生了中华苏维埃共和国中央执行委员会，组成苏维埃中央政府最高权力机关。毛泽东、项英、张国焘、周恩来、卢福坦、朱德、瞿秋白、张鼎丞、邓发、王稼蔷、徐锡根、范乐春、陈绍禹、彭德怀、关向应、孔荷宠、方志敏、任弼时、贺龙、沈泽民、谭震林、黄平、曾山、林彪、陈郁、罗登贤、夏曦、邓子恢、刘少奇、刘大朝、陈正人、袁德生、崔棋、屈登高、段德昌、葛耀山、彭轨、陈福元、古大存、韦拔群、张华先、何叔衡、黄苏、胡海、滕代远、肖恒太、罗炳辉、陈毅、张云逸、周以栗、卢德光、胡均鹤、徐特立、邵式平、洪紫清、刘光万、余汉朝、吴致民、刘建中、李祖伯、刘生元、王永盛、阮啸仙等六十三人，当选为中华苏维埃共和国中央执行委员会委员。二十日，大会举行授旗授章典礼，授以红一、二、三、四军和红三军团、红六、七、十、十二、十六军以红旗，授以毛泽东、朱德、彭德怀等人以奖章。二十日，大会举行闭幕式。毛泽东、项英先后致闭幕词。并发表了《中华苏维埃共和国临时政府对外宣言》，向全国和全世界庄严宣布："中华苏维埃共和国临时中央政府，于一九三一年十一月七日十月革命纪念节于江西正式成立了。它是中国工农兵以及一切劳苦民众的政权，它是代替帝国主义与地主资产阶级的国民党的统治，并且继续号召与组织全中国劳苦民众起来推翻这统治的政权。"

十一月二十七日，中华苏维埃共和国中央执行委员会举行第一次会议，选举毛泽东为中央执行委员会主席，项英、张国焘为副主席。中央执行委员会下设人民委员会，为中华苏维埃共和国的中央行政机关。选举毛泽东为人民委员会主席，项英、张国焘为副主席，王稼蔷为外交人民委员，朱德为军事人民委员，项英为劳动人民委员，邓子恢为财政人民委员，张鼎丞为土地人民委员，瞿秋白为教育人民委员，周以栗为内务人民委员，张国焘为司法人民委员，何叔衡为工农检察人民委员，邓发为国家政治保卫局局长。中央执行委员会委任朱德、彭德怀、王稼蔷、林彪、谭震林、叶剑英、孔荷宠、周恩来、张国焘、邵式平、贺龙、毛泽东、徐祥谦、关向应、王盛荣等十五人为中央革命军事委员会委员，组成中华苏维埃中央革命军事委员会，以朱德为主席，王稼蔷、彭德怀为副主席，王稼蔷为总政治部主任。

中华苏维埃第一次全国代表大会在瑞金的召开和苏维埃中央政府的成立，统一了全国苏维埃运动和红军的领导，具有重大历史意义。中共中央认为苏维埃中央政府的成立，将成为"中国工农民主专政在全国范围内胜利奠定先声，创造中国新社会的序幕。并且她更

---

① 即王稼祥，下同。

要继承广州公社光荣的传统，成为东方被压迫民族革命解放的明灯，继续苏俄十月革命之后，在世界革命史上写下新的伟大的一页”①。

苏维埃中央政府在瑞金的成立，奠定了江西苏区在中国苏维埃运动中的历史地位，使它成为全国苏维埃运动的中心，在土地革命战争中起了最重要的作用。

选自范佑先主编：《中华苏维埃共和国司法行政史料选集》，江西省司法厅 1993 年编印，第 2～9 页。

2. 中央通告第六十八号
——关于召集全国苏维埃区域代表大会

1930 年 2 月 4 日

全国革命形势是在走向高潮

一、自从一九二七年中国大革命遭了失败，无产阶级受了莫大的损伤，但普通在南方的农民土地革命却并未因之死灭，反而因中国（共产）党脱离了机会主义的领导，坚决地领导农民作艰苦深入的反地主豪绅的斗争，于是从湘鄂赣三省的秋收暴动，蔓延发展成为整个南方的游击战争。从海陆丰、醴陵、琼崖等地方苏维埃之成立，中国虽经敌人不断的会剿，不绝的破坏，但两年以来农民苏维埃的政权，始终未尝绝迹于中国。及最近，遍长江及珠江流域各省，几无不有苏维埃区域及游击战争的存在。红军的发展自朱毛第四军至最近鄂东因大冶兵变而成立的第八军，总共已集中的武力不下五万人，散布在两广闽赣湘鄂豫诸省，其中游击队及赤卫队的数目与其他浙皖等省已集中的农民武装尚未算入。在北方许多农民自发的武装斗争，回民的暴动，蒙古的民族革命运动，在东满朝鲜农民运动固还没能全在我党领导之下进行，但南方土地革命的影响却已牵动了北方广大的农民逐渐地加入这一战壕，使乡村中反地主的斗争将与反军阀捐税的斗争同样地开展。在南方，这些苏维埃区域的存在，红军与游击战争的发展，发动了成千成万的农民卷入这一流潮，天天都有几万群众在发动，这是过去海陆丰、醴陵苏维埃政权时代的特点。现在闽西、赣西、潮梅、赣东北、平浏、鄂东、鄂西几个大的苏维埃区域，同样都是围绕着几万几十万的农民群众，在进行没收地主土地，推翻豪绅统治，建立自己武装与苏维埃政权的斗争。这一伟大的革命事实的存在和发展，便连反动统治的报纸都不敢予以否认，除非闭着眼睛坐在研究室的取消派，才会瞎说中国革命自失败后便一直死亡到而今，才会否认中国革命中农民战争的作用，才会讴歌中国统治阶级有了或将有资本主义的稳定。凡是革命的群众都曾承认国际与中国党六次大会所指出的中国革命只是暂时的失败，全国的形势是在走向革命高潮的路线是完全正确的。

苏维埃区域与革命高潮

二、固然，全中国革命高潮将要来到之最主要的象征，还是大城市的工人斗争的复

① 《中国共产党为第一次全国苏维埃代表大会告全国工农劳苦民众书》(1931 年 11 月 20 日)。

兴，但继续两年来的农民土地斗争与红军的发展，的确反证了豪绅资产阶级国民党的统治是决无稳定可能，而且因军阀战争之继续必然日趋崩溃。苏维埃区域与红军的扩大，的确要成为决定新的革命高潮的主要动力之一。目前全中国工人斗争的浪潮已日渐急剧，尤其是经过最近北平人力车夫的巷战，唐山路工之示威打死工贼，中东路工之推翻黄色领袖，武汉纱厂工人之包围公安局，上海电气工人之示威游行，沪西工人争取工会自由的罢工，在在足以证明无产阶级之革命领导的发动是日在成熟。而士兵群众的革命化，有组织的革命兵变逐渐发展，贫民斗争的左倾，反帝运动之日益激烈，更能与全国的工农斗争日渐配合的向前发展。虽目前因为敌人压迫的严厉与欺骗的巧妙，革命的主观力量还不充实，尤其党的组织力量还不健全，我们还不能预言这一实行武装的暴动的直接革命形势到来的速度，但我们必须坚信六次大会所指示的一省或几省政权的前途，并不是很远的将来的事。尤其是革命的斗争向着平衡而有配合的方向发展时，这一前途将更有在伟大的工人斗争领导之下实现的可能，因此党的策略必须更注意于全国各苏维埃区域红军的联系，要使广大的农民政权与武装不仅在土地革命的过程中发展起来，并要使其在无产阶级坚强的领导之下联合起来，更有组织性地行动起来，而成为新的革命高潮生长的一个直接动力。因此，中央特号召全国各级党部尤其是农村地方党部在群众中公开宣传今年五一节将开一全国苏维埃区域代表大会，以联系全国苏维埃区域与红军，以统一中国革命的指导与行动。

苏维埃区域代表大会的任务

三、这一大会的召集将以全国总工会、中国共产党为主要的发起者，各地苏维埃区域及红军亦将被邀请列名。他的任务毫无疑问的是在目前革命斗争紧张的情势下，将有他更伟大的历史使命要担负着。这一大会首先要解决的是全国苏维埃区域与红军之更一致的联合行动，他要在无产阶级坚决的领导之下实行工农联合，实行彻底的土地革命，没收一切地主土地，分配给农民耕种，肃清一切反动武装，坚决反对富农，根本消灭豪绅地主的乡村统治，普遍地建立农民苏维埃政权，实行土地政纲，集中农民武装，建立红军赤卫队，加增雇农工资，发展雇农工会。这一大会要使这些任务都能有具体的规定，有实际策略的讨论，有与城市工作的配合布置，有每一区域及每一红军之发展方向的决定，尤其重要的是要与工人斗争士兵贫民运动反帝工作建立密切的联系。许多游击区域及红军在全国或一省几省的范围更应确定其统一的指挥，苏维埃政权下的实际政策与红军的发展计划亦应有一具体的讨论和规定。自然最根本的还应将这一大会之召集做成广大的运动，要知目前农村苏维埃与红军之发展是处在极艰苦的斗争时期。只有斗争，才能削弱敌人的统治，才能消灭敌人的武装！只有斗争，才能扩大苏维埃区域，才能发展红军！我们现在要使这一斗争，不仅单发展在许多南方乡村，并要影响到大城市，更能得到无产阶级的领导，要发展到北方，更推动着北方的广大农民深入于土地革命，要波及敌人军队，更吸引着成千成万的武装士兵投身到红军中来。因此，这必须有一广大的拥护苏维埃与红军的运动，才能更加推动这斗争的发展与影响的扩大，苏维埃大会召集的本身意义，其最主要处便在此。中央特号召全体同志重视这一运动，宣传这一运动，准备这一运动，务使这一大会不仅能召集成，能生产出许多决议与计划，且更能因此运动而更加发展苏维埃区域，拥护游击战争，扩大红军加强无产阶级对于农民的领导，以促进直接革命形势与一省或几省政权的前途之更快的到来，这才是主要的成功。

中央二月四日

选自中央机关杂志《红旗》，1930 年 2 月。

3. 中国共产党中华全国总工会为召集全国苏维埃区域代表大会联合宣言

1930 年 2 月 15 日

全国各苏维埃区域的劳动群众们！

全国红军游击队的将领士兵们！

全国赤色工会、农会、济难会、反帝同盟及一切革命团体、全国工农劳苦群众们：

在三年来豪绅资产阶级国民党的反动统治之下，全国革命群众遭受了极严重的白色恐怖的压迫，遭受了接连不断的军阀混战的痛苦，遭受了帝国主义资本家及豪绅地主之凶恶的进攻。这一种客观的全国政治经济的危机，使全国群众的斗争逐渐扩大，三年以来，全国的革命斗争，不仅是没有为国民党的刽子手所消灭，并且显然地走向日益发展的形势。北京人力车夫的巷战，唐山矿工斗争的发展，哈尔滨劳苦群众拥护苏联的示威，青岛纱厂工人与日帝国主义及国民党的武装冲突，武汉丝业煤业斗争的扩大，四川二十万盐井工人的斗争，景德镇十余万磁（瓷）业工人的罢工，香港广州海员的斗争，福建工人拥护苏联及纪念十月革命的示威，上海工人之不断的经济与政治的斗争，武装的冲突，电泡厂、棉织、纱厂、电车、电气之不断的罢工，全国黄色领袖的破产，赤色工会的发展，这些最近半年来的事实，显然表示城市无产阶级已经冲破了国民党之残酷的白色恐怖的压迫，显然地表示着城市的阶级斗争走向了更尖锐化的形势。正因为如此，所以全国士兵群众的革命化，兵变的增多，投入苏联及投入红军游击队的增多，有非常伟大的革命的意义。也正因为如此，所以目前全国苏维埃区域的扩大，红军游击队的发展，土地革命的深入，农民武装斗争的剧烈，显然地表示为革命高潮到来的主要象征。

正因为如此，所以目前全国革命斗争已经走到了对反动统治积极进攻的形势，全国革命群众因此应当积极地准备全国范围内的革命高潮，积极地准备一切扩大的进攻一切策略路线。在目前革命形势发展的前面，一个非常主要的任务，就是要使全国的革命斗争有适当的配合，尤其是城市斗争与农村斗争的配合。全国红军游击队及苏维埃区域的发展，已经普遍了长江流域及珠江流域。北方农民的武装斗争也同样是在逐渐发展扩大的过程中。所以斗争配合的问题，工农联合的问题，扩大苏维埃红军的问题，深入土地革命的问题，建立工农政权的问题，扩大游击战争及农民武装问题，号召全国士兵群众投入红军的问题，以及整个革命斗争在农村中的策略路线问题，都成了非常严重而急待解决的问题。

就是在这一种基础上，中国共产党及中华全国总工会特发起于本年红色的五月三十日召集全国苏维埃区域的代表大会，解决当前的一切重要问题，广东、广西、福建、江西、湖南、湖北、安徽、河南、四川各苏维埃区域，各红军、各游击队及其他各省之一切农民团体与武装组织，都希望各派其主要负责代表，来参加这一全国伟大的革命的代表会议。这个会议必然对于全国工农革命运动——特别是苏维埃与红军——有非常伟大的帮助，他必须指出许多具体的政治任务及策略路线，以更迅速地促进全国革命高潮的到来，推翻豪绅资产阶级政权建立工农苏维埃政府。望全国一切革命团体，都来共同帮助这一伟大的工作，以促进全国苏维埃区域代表大会的成功与胜利。我们高呼：

中国工农联合万岁！

苏维埃的中国万岁！

全国苏维埃区域代表大会万岁！

中国共产党中央委员会

中华全国总工会中央执行委员会

一九三〇年二月十五日

选自《中国苏维埃》，1930 年 5 月编印，中国现代史资料编辑委员会 1957 年翻印，第 112～114 页。

4. 福建省委通告[①]（第六号）——执行中央关于召集全国苏维埃区域代表大会的指示

1930 年 3 月 20 日

各市县委各级党部同志们！

目前全国各大城市工人群众的斗争已经到了成熟的复兴。各地农民斗争也已普遍地爆发，特别是苏维埃区域与红军的增多与扩大，这都是全国革命高潮将要到来的主要象征。为了要使全国苏维埃区域与红军有计划地扩大，为了要使工农群众斗争有更好的配合，为了加强无产阶级对农民斗争的领导，特别是为了要促进全国革命高潮的到来与在革命高潮中得到彻底的胜利，中央特与全国总工会共同发起召集全国苏维埃会议，这一会议便是建立全国工农兵苏维埃政权的一个准备！

福建也与全国一样，厦门、福州、漳州等各大城市的工人斗争已经开始复兴，漳州、泉州、莆田等地农民斗争，亦于新近起来，特别是闽西与闽北苏维埃区域与红军的巩固与扩大，这证明全省的革命高潮不久便要到来。在这一革命的形势进展中，省委认为关于召集苏维埃区域代表会议的决定是完全正确的，各市县委各级党部应即进行下列工作，执行以至实现中央的这一指示。

第一，各级党部应即依照中央及省委的指示，决定当地应做的工作，首先要加紧发动工农兵士斗争走向同盟罢工，地方暴动，建立与扩大苏维埃区域，以至走向全省总暴动！

第二，应即扩大全国苏维埃会议的宣传，特别是要宣传闽西、闽北土地革命的经验，使广大的工农群众都明白只有为工农兵苏维埃而斗争，才能得到彻底的胜利。

---

① 原标题为“省委通告”，根据内容编者增填“福建”2 字。

第三，闽西、闽北苏维埃区域以及厦门、漳州等地应即选出代表出席全国苏维埃会议。代表人数如下：闽西三人（应有妇女代表一个人，三人间应有同志一人），闽北二人（同志一人），厦门一人（工人），漳州一人（农民），代表应由群众团体公开选举。选举前应宣传全国苏维埃代表会议的意义与任务，选举时要运用党团的作用，实现党关于选举代表的决定。

大会用费由各地苏维埃区域及红军分别担负，福建闽西应负担二千元，闽北应负担五百元，赴会代表旅费概由各地自筹，各地代表应即选出，于四月二日以前到厦门，不得延误！

第四，五月一日全省应举行拥护全国苏维埃区域代表会议，拥护各地苏维埃政府与红军的群众示威运动，这一示威运动，应与五一的示威运动联系起来，在闽西应举行广大的群众大会与武装示威巡行！

第五，闽西应于五月一日召集第二次各县苏维埃代表会议。

第六，闽西工农兵苏维埃政府应即遣派代表来厦，设立驻厦办事处，与厦门以及各地工农兵群众团体建立密切关系，并派代表到各地宣传闽西土地革命的成绩，与主持工农参观团等事。

各级党部接到这一通告后应即执行，并将进行情形报告来省委至要！

选自《中央革命根据地史料选编》下册，江西人民出版社 1982 年出版，第 37～38 页。原件未注明史料来源。

5. 全国苏维埃区域代表大会文件

1930 年 5 月①

（一）《红旗》编者说明

全国苏维埃区域代表大会现已闭幕。所有各种报告宣言决议案甚多，最近将来可以汇印成册。现在只将其最重要之一部分，首先发表。又各件经大会通过后，曾指定委员会修改文字，这里所发表的是还未经修改文字的。

全国苏维埃区域代表大会特别号

红旗第一零七期目录

全国苏维埃区域代表大会宣言

中国苏维埃政府的政纲

土地暂行法

劳动保护法

劳动保护法解释书

---

① 全国苏维埃区域代表大会于 1930 年 5 月 20 日在上海秘密召开，出席会议的有全国各地党组织、苏维埃区域和红军部队选出的代表共 49 人。为了筹备召集第一次全国苏维埃代表大会，成立中华苏维埃共和国临时中央政府，拟制了准备提交大会的各种法律草案，为了听取各方面的意见，特在 1930 年 6 月 4 日出版的《红旗》上予以公布。

（二）全国苏维埃区域代表大会宣言

1930年5月

全世界无产阶级和劳苦群众兄弟们！

全中国的工友们！农友们！士兵弟兄们！

一切被压迫的劳苦贫民，革命青年弟兄啊！

震动全世界的广州暴动，举起了中国苏维埃革命旗帜，惊醒全国广大工农劳苦群众，认识了这一最后解放的出路，继续广州工农劳苦群众的英勇的伟大的斗争！残暴无比的帝国主义和中国地主资产阶级，国民党，军阀，改组派，施行他们极野蛮的白色恐怖的手段，屠杀了四千余最先进的广州工人以及数万农民劳苦群众，摧毁了广州苏维埃；可是没有能丝毫减弱全国极大多数工农劳苦群众对于苏维埃的信心与拥护，恰恰相反，却因此使苏维埃旗帜在全中国大放光明，更增加广大群众为苏维埃而斗争的决心！两年以来，虽然在帝国主义国民党更加残酷的白色恐怖的政策之下，在军阀军队与地主民团不断的屠杀蹂躏之下，在改组派第三党以及统治阶级走狗陈独秀等取消派欺骗和阴谋破坏之下，而广大工农劳苦群众的英勇的斗争，毕竟冲破了白色恐怖的压迫，揭露了改良欺骗，在全国许多省的区域内摧毁了地主豪绅的统治，建立了自己的政权，造成了许多苏维埃区域。苏维埃的镰刀斧头红色旗，已经在全国各地飘扬起来了！

现在我们——全国苏维埃区域，为完成广州苏维埃的伟大事业，为完成中国苏维埃革命的胜利，为完成中国的独立自由和工农劳苦群众的解放，在中国共产党和中华全国总工会号召之下，举行第一次全国苏维埃区域代表大会！参加大会的代表不仅有各苏维埃区域的工农战士和红军兵士，并且有全国各主要省区，产业中心的工、农、兵、贫民、革命青年以及革命组织的代表。经过了热烈的庄严讨论之后，通过了各种决议和苏维埃区域的暂行法令，确定了为建立全国苏维埃政权而斗争的任务和战略。在最短期间内，很顺利地完成了全国工农劳苦群众所托付的使命！现在根据各种讨论的总结，公开地、郑重地向全世界和全中国的劳苦群众宣言：

现在中国已明显地存在着两个不同的政权组织，两个不同的政治制度：一是豪绅地主买办资产阶级国民党的统治，一是工农兵士劳苦群众的苏维埃政权。这两种政权所代表的这两个不同的阶级的最后决战，将要决定中国解放和工农劳苦群众解放的命运！而且将是全世界革命爆发的伟大的动力！

地主资产阶级国民党的统治，已经使中国走向更可怕的殖民地的厄运，使中国民族更成为帝国主义的奴隶。造成了全国经济的大恐慌，不断的军阀战争，空前的全国灾荒与饥饿，捐税抽剥的繁重，军事劳役的苛征，比以前更厉害十倍，使城市衰落，乡村破产，生产凋零，物价昂贵，广大的工农劳苦群众日益陷入更深的贫困饥饿的境地。特别是白色恐怖的惨毒，两年以来，遭受屠杀的工农劳苦群众，将近百万。如果国民党的统治不迅速推翻，尚不知有几百万、几千万人，将要继续冻死、饿死、累死、战死、遭受屠杀而死！

苏维埃政权，虽然因国民党军阀军事压迫之下，仅在许多比较小的区域之内建立起来；虽然因军阀地主武装进攻，不断地会剿与烧杀，不能进行建设工作，然而已经彻底地解决了土地问题，肃清了几千年来的封建剥削，取消了一切苛捐杂税，扫除了一切地主豪绅的压迫，建立了群众直接管理的政权，实现了最彻底的最广泛的民主制度，并且实行了劳动保护与社会保护的政策。帝国主义国民党军阀的统治在这些区域中已经完全被推翻，广大工农劳苦群众，取得了历史上从未有过的自由与生活的保障，因此，苏维埃区域在全国广大工农劳苦群众中发生了极伟大的影响，成为中国革命主要动力之一，于是帝国主义国民党极力向苏维埃区域进攻，用尽极残酷的白色恐怖的方法，企图消灭苏维埃，并且造作各种谣言以毁坏苏维埃在群众的信仰。大会号召全国工农劳苦群众坚决起来反对帝国主义国民党的白色恐怖，反对进攻苏维埃区域。大会敢正式宣言，苏维埃政权在全国的完全胜利，必能使中国从帝国主义铁蹄之下解放出来，完成中国的独立自由，扫除封建剥削，实现广大工农劳苦群众的解放，肃清军阀制度，消灭战争惨祸，取得真正的永久的和平自由与幸福！

这次代表大会更集合了全国最大多数劳苦群众的意志，决定了苏维埃政府的纲领，通过了许多重要的法令！

大会认为要推翻帝国主义的统治，不只是要取消一切帝国主义政治上的特权，而且要肃清一切经济的侵掠，因此决定，苏维埃政府必须宣布一切过去帝国主义强迫订立和国民党献媚卖国订立的条约一概无效，一切外债一律取消，一切租界一律收回，一切外国资本在华开设的银行、工厂、公司、轮船、码头等一律无偿地没收。

大会认为地主阶级利用土地所有权施行对农民的残酷剥削，是封建势力的基础，因此，通过了苏维埃政府的土地法令，废除地主土地所有权，没收地主占有的土地以及教会、庙宇、祠堂占有的土地，归苏维埃处理，分配给无地与地少的农民使用，并禁止土地的买卖、租田、典押制度，取消一切田赋、契税及苛捐杂税，以肃清一切封建剥削。

大会通过了劳动保护法令，确定了八小时工作制，青工六小时工作制，规定了最低限度的工资，决定了失业保险制度，对资本家征收失业保险税，女工产前产后须有八星期的休息，工钱照给，并须付给生产与养育费用，实行社会保险制度，以救济工人的疾病、死亡、养老等。设立劳动检查所，以监督资本家的实行。大会决定如果资本家不遵行这样的法令，必须施以严厉的处罚，没收他的工厂企业归苏维埃政府经营。大会认为大工业的国有制度，是社会主义建设的初步，是消灭一切无政府状态的生产，扫除经济恐慌，消灭资本主义的剥削，而成为有计划的、有组织的、为全社会利益的生产，因此，苏维埃政府必须准备进一步地实行大工业国有制度。

大会认为全国性的苏维埃政权一建立，必然遇到更残酷的阶级战争，不仅国民党军阀要联合一致向胜利的苏维埃进攻，而且国际帝国主义也一定要实行军事的压迫，这一必然的前途需要我们准备更雄厚的革命的武装力量，尤须与世界革命的斗争亲密地联系起来，因此大会一致通过要猛烈地扩大中国工农革命军（红军），号召广大的工农士兵加入，尤其要与世界无产阶级特别是已经胜利的苏联无产阶级结成巩固的同盟，以便在这一最后的决战中，取得完全的胜利。

大会更认为反动的国民党所谓国内各民族一律平等，完全是欺骗群众的鬼话。现时国内各少数民族（蒙、回、藏、苗等），一样的遭受帝国主义的侵略（如日本之于内蒙，英之于西藏）、汉族地主的压迫与封建势力的束缚。大会一致通过承认国内各少数民族有完全分立与自由联合的自决权，坚决赞助各少数民族反帝国主义反汉族地主与封建势力的民族解放斗争，并赞助其建立苏维埃制度。

大会认为要完全实现这些决议与法令，必须根本推翻豪绅资产阶级国民党的统治，取得苏维埃制度在全国的胜利，即是建立全国广大群众直接管理的最民主的代表会议的政权。要保障这一政权的永久胜利，必须根本摧毁军阀制度，武装工农群众。大会指斥现在的改组派、阎锡山以至陈独秀等取消派所提倡的国民会议，完全是欺骗广大群众的办法，即令实现，也只是一种新的官僚制度，与现在的官僚制度，并无根本差别。不肃清官僚制度，不树立群众直接管理的政权——苏维埃制度，工农劳苦群众受压迫剥削的痛苦丝毫不会解除的！

工农士兵劳苦群众们！帝国主义、国民党、军阀的统治，是我们的死敌，苏维埃制度，才是我们最后解放的出路！一致决绝地、勇敢地在苏维埃旗帜之下，准备最后的决战——武装暴动，推翻帝国主义国民党的统治，完成中国的解放，同时解放自己！

现在帝国主义统治的一切根本危机正在急剧尖锐起来，世界革命的浪潮正在兴起，西方无产阶级罢工运动的高涨，殖民地革命潮流的澎湃，特别是苏联社会主义建设的巩固，都是促进帝国主义要走向他最后死亡的末日！这是便利于中国革命的条件！无疑的我们坚决的、英勇的、伟大的革命斗争，将可以得到全世界无产阶级，特别是已经胜利的苏联的无产阶级的帮助！

中国革命更接近最后决战的时机了！国民政府的穷凶极恶，特别是军阀战争残酷的蹂躏，已经使我们无法忍受了！并且全国革命浪潮已在激动起来，工人斗争猛烈地发展，农民暴动普遍到了全国各地，兵士群众革命化，红军的迅速扩大特别是苏维埃区域的发展，都证明统治阶级正在崩溃的形势！

全国革命高涨已经接近到我们面前，迅速地准备我们伟大的武装暴动力量，与帝国主义军阀开展决定最后胜负的斗争！

无疑的，帝国主义是要极力挣扎来延长他的统治，他的主要的方法就是企图以残酷的战争来解决他的一切危机。企图以进攻苏联的战争来推翻苏联无产阶级的政权，以压迫殖民地革命的战争来维持他的统治，并且准备他们相互的战争来解决对殖民地的争夺，重行瓜分殖民地。我们要准备我们伟大的斗争力量，变进攻苏联的战争为拥护苏联的革命战争，变进攻殖民地革命的战争为保护殖民地革命的战争，变帝国主义强盗战争为推翻帝国主义统治的国内战争，就是要使帝国主义企图延长自己寿命的战争，变成他的最后的死亡！只有革命战争的迅速胜利，才能减轻帝国主义的残酷的惨祸！

中国革命的胜利，便是帝国主义死亡的前夜。帝国主义必然要用尽一切力量来摧残中国革命，首先是组织中国一切反革命的力量来施残暴的镇压政策。因此，我们要号召更广大群众的兴起，要更密切地与全世界革命斗争联系，坚决地与帝国主义国民党军阀做决死的斗争！我们有几千万以至几万万群众斗争力量，有伟大的西方无产阶级革命的援助，无疑的，我们将要在这一最后决战当中取得完全的胜利！

最后的决战，将要来到我们的前面了，斩断一切枷锁，扫除一切痛苦，肃清一切压迫，我们的自由，我们的幸福，我们的和平与安乐，都要在这一最后的决战当中完全解决！工农士兵劳苦群众们，一致地坚决起来斗争呵！

最后，我们坚决指出一切改良主义的派别，首先是改组派、陈独秀等取消派、第三党等，都是统治阶级的工具。他们的花言巧语，都只是在企图缓和革命、分裂革命、破坏革命、消灭革命，是革命极奸猾的敌人。必须把他们从群众斗争中肃清出去，才能保障革命阵线的巩固，保证革命的胜利！

我们更要坚决向全国的无产阶级及劳苦群众宣言：只有中国共产党，是唯一的革命的政党，是全国工农兵劳苦群众解放斗争的领袖和先锋，只有在中国共产党领导之下，中国苏维埃革命才能得到彻底的胜利！

革命的战士们！英勇的同志们！

中国解放的光明，已经显耀地照射在我们的面前，全世界革命胜利的前途，已经明白地呈现在我们的眼底！起来！加紧努力地起来！我们与全世界的无产阶级和被压迫民族劳苦群众手携着手创造苏维埃的中国，创造苏维埃的世界！

全国苏维埃第一次全国代表大会万岁！

中国工农兵劳苦群众解放胜利万岁！

推翻帝国主义国民党的统治！

中国革命万岁！

中华苏维埃共和国万岁！

世界革命万岁！

全世界苏维埃社会主义共和国大联邦万岁！

选自《红旗》，第107期“全国苏维埃区域代表大会特别号”，1930-06-04，第1、2版。

6. 全国第一次苏维埃区域代表大会宣传纲要

1930年6月

一、两个政权的对立

两年来全国革命浪潮之迅速发展，使阶级分化日益明显。一方面是军阀地主买办资产阶级构成反革命国民党的统治，帝国主义是其主要的组织者与指导者，另一方面是工人、农民、兵士，及一切被压迫剥削的群众，团结成革命的营垒，无产阶级是这一阵营的领导者。这两个阶级营垒的对立，便形成了政纲的对立，因之，自然就造成了政权的对立。无产阶级所领导的农民兵士，及一切劳苦群众便日益自觉地为推翻国民党的反动政权建立苏维埃的革命政权而斗争。两年来全国苏维埃区域之增加与扩大，便是最好的证明。

在目前全国经济与政治的危机中，苏维埃区域之扩大，红军之突飞猛进的发展，军阀制度之排山倒海的崩溃，城市工人罢工浪潮之高涨——这些事实已经指明这两个对立着的政权正在向着一个新的形势转变，即是全国性的苏维埃的革命政权将要首先在一省或数省涌现，完全代替国民党的反革命的政权，而发展成为全国的胜利。

二、这次苏维埃区域代表大会的意义

全国第一次苏维埃区域代表大会，正在世界革命危机日益成熟，全国革命斗争日益接近革命高潮的形势之下顺利地完成，无疑的有其伟大的历史意义与国际意义。

第一，这次大会确定了全国苏维埃政府的十大政纲：（一）取消帝国主义一切特权，没收帝国主义在华一切财产；（二）消灭军阀制度与官僚制度；（三）颁布劳动保护法令；（四）颁布土地法令；（五）实现国内少数民族自决；（六）革命群众的言论、结社、罢工的自由；（七）取消苛捐杂税；（八）设立农民银行消灭高利贷资本；（九）建设水利改良农业；（十）联合苏联，援助殖民地革命。这些政纲是完成民主革命之最迫切的任务，是保障革命转变到社会主义革命的阶梯，是促进世界革命成功的津梁。

第二，这次大会确定了全国革命的总路线。他指出了现在苏维埃区域发展的前途，指明了无产阶级领导之重要，要注意主要城市武装暴动的准备，要注意全国的配合，要注意各种革命力量的汇合，并要注意与世界革命的紧密联系。他同时驳斥取消城市领导，而专以农村包围城市，以红军攻打城市的错误路线。坚决执行这样总路线，不仅是苏维埃区域的任务，而且是全国的任务。

第三，这次大会更特别确定了苏维埃区域的具体任务与策略路线。他着重指出苏维埃区域是革命的主要力量之一，他的任务不仅只是注意自己区域的保护与建设，而且是用尽一切力量力争全国革命的胜利。武装保护苏联，反对帝国主义大战，消灭军阀战争，是苏维埃区域的具体的政治任务。实现这些任务的策略路线，大会明显指出：必须扩大苏维埃区域任务的宣传，克服一切地方主义与保守观念；必须组织地方暴动，夺取县镇城市，建立县镇城市的苏维埃政权；必须宣传工人阶级领导的意义；必须援助工人的斗争，实行劳动保护法；必须集中武装，扩大红军，向交通要道及主要城市发展；必须坚决实现土地法令；必须彻底肃清富农路线；必须积极组织雇工，改善雇工生活，必须建立由生产者直接管理的苏维埃政权……凡此一切，均只有在向外发展力争全国革命胜利的总方针下，方可以正确执行，方可以解决现时苏维埃区域内的各种困难。

这次苏维埃区域代表大会的成功，乃是全国苏维埃区域及全国革命斗争实际经验的结晶，是全国成千成万的阶级战士之血的代价。宣传大会的意义与成功，乃是每一个革命战士的责任。

三、苏维埃的组织法

大会的主要的决议之一，便是决定了苏维埃的组织法。经这一决议指明了一切不经过群众会议的少数群众领袖组织或红军领袖委派的苏维埃政府的组织的错误现象。他确定了由生产者直接选举的基本原则。必须如此，才能使广大群众认识苏维埃是自己的政权，坚决起来拥护自己的政权。他更具体规定乡区县苏维埃工农兵成分的配比，苏维埃政府下各种委员会的组织方式。关于选举的方法，他更确定最简单最直接的方法，他纠正了资产阶级式的限制群众选举的错误。这样的组织方法之坚决执行，无疑的可以吸引群众更热烈地拥护自己的政权，更勇敢地为建立这样的革命政权而斗争。

同时，这样的苏维埃组织方法，更可以对照国民党反革命的政府的罪恶，那样的政府只是适合于帝国主义军阀地主豪绅资产阶级官僚的利益，广大的劳苦群众只有受其残酷的剥削压迫与屠杀，而这样的苏维埃才真正是群众自己直接选举的政权，完全代表群众的利益。不但如此，这样的政权更对照了改组派与取消派的国民会议的口号之无耻，揭穿了改组派与取消派的口号完全是企图建立和南京政府一样的官僚制度。只有工农兵苏维埃才是最直接最广泛的民主政权——这样政权在许多苏维埃区域已经具体地实现了。

四、劳动保护法

大会的另一主要决议，就是确定了劳动保护法令。这一法令是真正站在工人阶级的利益上，以为劳动保护之实施。他依照苏维埃政府政纲明白规定八小时工作制，青年工人不得过六小时，十四岁至十二岁的童工不过四小时，规定以十四岁为最低劳动年龄。每星期至少应有四十二小时之继续休息，工资照给，革命纪念日及节日休息，工资照给；规定最低工资，取消包工制，取消罚金，对女工及未成年工人予以特殊优待，工人之保障与抚恤有明白规定；认定工会为代表工人利益机关，规定社会保险的实施，雇主如违犯劳动保护法，苏维埃政府应予以处分。这样的法令真正是代表工人阶级利益的法令，苏维埃政府的主要任务之一，便是保障这些法令的实施。

这些法令很明显对照了国民党压迫工人屠杀工人的一切事实，揭破了国民党劳动法以及其工会法的欺骗与限制。国民党的劳动法完全是站在资本家方面说话，其增加生产劳资合作，完全是加紧对工人的剥削与压迫。其工会法更完全成了国民党的政府机关及资本家榨压工人的武器。工人的一切自由，尤其是罢工自由全被剥夺。工人和不遵守这些法律，动辄施以拘捕、幽禁，以至屠杀。这些法令实际成了国民党厉行白色恐怖的借口。以视苏维埃之劳动保护法，完全可以看出国民党统治的罪恶。

五、土地法令

大会确定了暂行土地法令，更是伟大的成就。这一法令，根本消灭地主私有制，解放广大的农民群众，这是保障土地革命实现的武器。这一法令，客观上是民主革命阶段中的要求。他不但规定没收地主土地，而且禁止土地买卖、典押、租佃，实行土地国有，以彻底消灭封建剥削关系的基础，同时限制富农的发展。保障雇农利益和独立组织，组织集体农场，以开辟社会主义的道路，目前全国广大农民群众起来，杀豪绅地主，没收地主土地的斗争之广泛的发展，完全证实了这样法令之适合于广大农民群众的利益。

国民党的土地法则完全是保护军阀豪绅地主及富农的利益，更不必说国民党之烧山血洗惨无人道的白色恐怖了。即是实行减租的浙江，客观上完全证实了是保障地主的利益，特别是在歉收灾荒之年，一切担负统归佃农，一切收获尽交地主而尚不足，这更增加地主对农民的束缚与宰制。其他一切之改良欺骗的实施，如农民银行、贫民借本等，完全是高利贷资本的剥削之另一方式；而无家产无担保的农民，即令忍痛受剥削，亦恒不能暂时得到丝毫的解放。其他，更如军阀的横征暴敛、军事徭役、战争蹂躏，无不在在特别增加农民群众的痛苦。全国苏维埃区域代表会的土地法令，便足以彻底肃清封建剥削的基础，解放广大的农民群众。

六、红军问题

大会的另一伟大的成功，便是对于全国红军有彻底的讨论正确的决定。大会首先确定了红军要争取全国的胜利，要准备国内战争以及与帝国主义战争。所以目前全国农村斗争及苏维埃区域的主要任务之一，便是集中武装，积极建立与猛烈发展红军。大会确定红军的发展方向，必须是积极地向着交通要道及主要城市。他的战略与战术必须是集中进攻，歼灭敌人较大的部队，夺取主要的城市，只有这样的战略才足以配合农村斗争、城市斗争及兵士兵变的发展，至于分散游击，原则上不能再视为战略，乃是某一时候的战术。红军在全国的政治影响，特别是对于军阀军队的士兵群众，日益扩大，因此，更须号召广大的群众加入红军，拥护红军。

红军本身的政治教育，红军的群众工作，同样为扩大红军加强红军战斗力密切红军与群众关系的主要条件。尤其是土地革命斗争之深入，与苏维埃政权之建立，更是实现红军任务的前提。在两个政治制度的对立之中，红军必须随着全国革命形势的发展而扩大。拥护红军，是一切革命群众的任务。

七、工农兵士群众拥护全国第一次苏维埃代表大会

大会除了上述主要决议外，更有各种宣言文告。全国工农兵士群众应该深刻认识全国苏维埃区域代表大会的意义，拥护这一大会。帝国主义国民党军阀地主豪绅对于全国苏维埃区域拼命进攻，革命的群众应该起来，拥护中国的苏维埃，拥护红军，反对帝国主义国民党进攻苏维埃区域，号召士兵加入红军，为建立苏维埃的中国而斗争！

拥护这一代表大会的主要口号是：

拥护全国苏维埃区域代表大会！

拥护苏维埃政府十大政纲！

拥护劳动保护法！

拥护土地法令！

拥护红军！

反对帝国主义国民党进攻苏维埃区域！

变军阀战争为革命的阶级战争！

工农兵群众为苏维埃政权而奋斗！

劳苦群众武装起来保护苏联！

苏维埃的中国万岁！

选自《红旗》，1930-06-21，第3、4版。

7. 中央通告第八十三号——为苏维埃政权而斗争

1930年7月18日

最近中央通过党的目前政治任务决议案上明确地指出中国新的革命高潮已经逼近我们的面前，因为中国的经济政治在全世界帝国主义万分严重的根本危机的尖锐化之下，尤其是在国民党军阀连年不断愈接接厉[①]的混战之中，发生了异常剧烈的恐慌和破败。中国的工商农业金融财政交通等全部经济组织，已经由衰落停顿而愈益趋于完全破产的地位。普遍全中国的灾荒、战祸、失业和国民党政府穷凶极恶的政治压迫（残酷的白色恐怖），敲骨吸血的苛捐杂税，使全国几千万的工农劳苦民众陷于饥寒、流离、死亡的绝境，他们除了革命，绝对没有别的生路。因此，全国工农兵劳苦群众的革命斗争都同时猛烈地爆发起来；全国各大重要城市的工人群众反帝国主义国民党黄色工会和资本家的罢工斗争日益扩

① 原文如此。

大和尖锐，他们早已由经济斗争和平合法的运动而转变到政治斗争乃至剧烈的群众示威和武装冲突，虽然在帝国主义和国民党联合的残酷压迫之下，工人群众的政治斗争仍是不断的爆发，这表现工人运动正在汹涌地日益高涨。全国特别是南方的农民运动早已在和地主阶级作残酷的战争，土地革命的扩大和深入已将南中国大部分农村中的反动统治推翻，建立苏维埃政权，与帝国主义和国民党的统治对立起来，北方各省农民斗争亦是不断地爆发，这显示农村革命已达到广泛的高潮。此外，工农革命的武装——红军在全国苏维埃区域代表大会之后，已经在猛烈地扩大，并向交通道路和重要城市进攻。兵士在长期的剧烈的军阀混战中日益普遍的革命化，自觉的兵变日益增加，并且到处寻找我党和红军的领导。在统治阶级方面，全世界帝国主义经济的政治的危机日益加剧，他们国内的无产阶级和殖民地劳苦民众的革命运动普遍而猛烈地爆发起来，因此，帝国主义在全世界的统治地位根本地剧急地动摇起来，帝国主义统治中国的工具国民党的任何一派都不能将革命镇压下去，整个的中国统治阶级只有日趋于崩溃的命运。它们在世界革命中国革命高潮之中毫无疑义的必然归于死灭！

全国政治总的形势：一方面是反动统治日益动摇削弱而趋于崩溃；另一方面是群众斗争日益逼近新的革命高潮，因此，党的政治任务决议案指出军阀战争的前途有极大的可能转变为革命的胜利与军阀统治的灭亡，并指明只有工农群众的革命暴动胜利，才能消灭军阀战争，实现中国的统一与和平，因此党的当前任务就是号召广大群众以革命战争来消灭军阀战争，坚决准备汇合各种革命势力的总暴动来推翻军阀统治，建立苏维埃的中国。

为动员全国广大群众，汇合各种革命势力以完成消灭军阀战争，争取全国革命胜利，建立中央苏维埃政府的任务，中央决定于本年十一月七日召集正式的全国苏维埃第一次代表大会，建立全国苏维埃政权。

本年五月举行之全国苏维埃区域代表大会，其主要任务是决定全国——特别是苏维埃区域革命斗争的策略路线，制定苏维埃政府的根本法令，并汇合全国各种革命势力，以促进革命高潮的迅速到来，而尚未建立统一的全国的苏维埃的政权，以与国民党反动的政权对抗。在目前革命形势急转直下日益逼近新的高潮时期，特别是以革命战争消灭军阀战争，争取全国胜利的时期，南方各省已有广大的苏维埃区域，而且不断地在生长和飞快的发展中，所以更需要汇合集中成立全国统一的政权以与帝国主义扶植之下的国民党反动政权对立，以激起并发动全国几万万广大的群众起来拥护苏维埃政权，以动员群众为建立苏维埃政权，消灭军阀战争，推翻反动统治，争取革命胜利而奋斗！因此，第一次全国苏维埃代表大会与上次苏维埃区域代表大会的意义显然不同，而其政治任务较之上次大会当然更为伟大和重要。

此次大会的准备最主要的工作是要坚决地动员几万万广大群众起来，为苏维埃政权而斗争。我们要以最大的努力和有效的方法，将此次大会的意义和任务以及上次苏维埃区域代表大会的决议（特别是政治决议案和土地法令劳动保护法等）的宣传扩大并深入广大的群众中，中央及各省机关的党报以及各工会各革命团体均应召集群众大会或举行群众示威作拥护大会的宣传和鼓动。一切宣传鼓动及在任何斗争中，均应以“以革命战争消灭军阀战争”，“建立苏维埃政权”，“拥护苏维埃大会”为中心口号。

在组织的准备方面，已由苏维埃区域代表大会主席团发表召集第一次全国苏维埃代表大会的宣言，并邀请全国各重要革命的民众团体，各省苏维埃区域，红军等代表于本年八月二十日组织中央准备委员会，并成立大会的中央准备委员会。各省市县区乡及各工厂、学校、军营等群众团体及机关，均应召集群众大会选举委员成立各级准备委员会。各级准备委员会系党外的群众的独立组织系统，应由公开的群众路线产生，党只能经过党团作用去领导，不可由党委派或包办。各级准备机关应成为健全的组织，执行一切宣传组织和领导斗争的工作。各级机关间应有经常的组织上和工作上的密切关系。

各级党部接到中央通告及苏维埃区域代表大会主席团召集大会的宣言和邀请书，应即动员全体党员，特别是党的支部详细讨论具体办法，领导各被邀请的团体或机关选举代表参加中央准备委员会（八月二十日）特别要使每个支部每个同志都动员起来，深入到广大群众中去做大会的宣传和煽动工作，发动所有的各工厂、乡村、学校、兵营以及一切贫苦群众都参加各级准备委员会的组织，特别是工厂准备委员会的组织以及大会的选举和各种活动。尤其应注意领导各级准备委员会的一切宣传和组织等工作。各级党部应依照中央通告及中央的大会工作计划大纲，决定各该地的具体工作计划交中央审查批准，切实执行。

中共中央

选自《中共中央文件选集》，第六册，中共中党校出版社 1989 年出版，第 138～141 页。原件未注明史料来源。

互校版本：《中共中央文件选集》，第六册，中共中党校出版社 1989 年出版，第 168～172 页。原注："根据中央档案原油印件刊印"。

8. 中华工农兵会议（苏维埃）第一次全国代表大会各级准备委员会组织大纲

1930 年 9 月

中央准备委员会根据全国苏维埃区域代表大会的决议，及其主席团号召第一次全国苏维埃代表大会宣言的精神，决定各级准备委员会的任务为：（1）广泛地宣传全国苏维埃政权的当前任务及其全国代表大会的意义；（2）组织选举运动；（3）吸引群众团体及工农武装（赤卫队等）红军等积极参加选举运动；（4）提出最积极勇敢为群众所信仰的革命分子介绍他们为代表候选人，或接受当地革命团体提出的代表候选人名单介绍给群众；（5）在选举大会中，普通地搜集一切群众的要求和意见，把它们整理成为意见书交代表带到大会。根据这一任务，制定各级准备委员会的组织大纲如下：

第一章　组织系统

第一条　中央准备委员会为全国最高机关，设在苏维埃区域的中心地点，指导全国苏维埃区域及反动统治区域的准备工作。

第二条　苏维埃区域各最高级（特区）苏维埃及附属各县、市、区（即县或市以下之分区）、乡、村等各级苏维埃均应委任专员，设立准备机关。红军由各级政治部负准备工作责任。

第三条　反动统治区域内，由中央准备委员会设立办事处，管理指定的区域内之各特区、县、市等级准备委员会的工作。

第四条　依照上述形式，制定各级准备委员会全部组织系统表于下：

（表见昨日本报）（略）

第二章　中央组织

第五条　中央准备委员会由全国苏维埃区域代表大会主席团召集之全体会议选举委员二十五人组织之。

第六条　中央准备委员会得酌量情形推五人至九人组织常务委员会。

第七条　中央准备委员会设主席、秘书处、组织部、宣传部及编辑委员会等。

第八条　中央准备委员会于必要时得添设各种委员会及聘请或雇用各种职员。

第九条　中央准备委员会得酌量情形在指定的反动统治区域内设立办事处，代理中央执行工作，并负责输送各地代表赴会。办事处得酌量情形，分工办事，并应与中央建立密切的关系。

第三章　苏维埃区域的组织

第十条　各特区（最高级）苏维埃，各县苏维埃，各市苏维埃，各县区苏维埃，各市区苏维埃，各村苏维埃，均应委任专人，设立各级准备委员会。如村苏维埃范围较小者可指一专人负责，不必设立准备委员会。

第十一条　各红军中的准备工作由各级政治部领导该级士兵委员会执行之。

第十二条　各级准备委员会得酌量情形设置办事人员，分工办事。

第十三条　如尚未成立之最高级（特区）苏维埃之各县、各市苏维埃应暂由中央准备委员会管理，如在交通上不便于中央准备委员会直接管理者，可由就近之中央办事处管理之。

第十四条　如有尚未建立之最下级组织如村或乡或市区（市内之分区）苏维埃者，应在此次准备选举大会中组织之。

第四章　反动统治区域之组织

第十五条　凡数省（如满洲）或数县（如通海）在政治上及交通上的条件必要时，得由该区域内之职业团体及革命团体组织“特区”的准备委员会，直属中央办事处。各特区下得酌量情形，设立所属之县或市的准备委员会。

第十六条　各省、市、县，应由该区域内之职业团体及革命团体组织准备委员会，但省准备委员会应兼任所在地之市准备委员会（如不能召集全省准备委员会时，全省中心之市准备委员会亦得兼任省准备委员会）。该省或市准备委员会均直属中央办事处。如尚未成立省准备委员会区域内之县或市准备委员会，亦应直属中央办事处。

第十七条　各种革命群众组织（一）职业团体：如赤色工会工厂委员会、雇农工会、手工业店员工会、农民协会或农民委员会（凡贫农委员会、穷人会，均属之），士兵委员会，贫民协会（城市的小贩、独立劳动者及失业劳动者等）。（二）革命团体，如：反帝同盟、自由同盟、革命互济会、革命学生会、革命的文化团体等，均为准备委员会的下属基础。该各组织的执行机关即应担负准备委员会的工作。有必要时各该机关内可指定专人分工办事。各团体之准备工作应受所在地之省、市、县或特区的准备委员会之管理。

第五章　附则

第十八条　本大纲由中央准备委员会通过公布后即为有效，有必要时，中央准备委员会得修改之。

选自《红旗日报》，1930-09-20，第4版。

9. 中共中央通告——加紧准备全国苏维埃代表大会的工作

1930年9月

（一）全国政治总的形势，很明显的摆着两种战争的积极与两个政权的对立，中央不断地指出党的当前任务，是以革命战争消灭军阀战争，坚决地准备汇合各种革命势力，进行推翻帝国主义国民党统治的斗争，以争取全国苏维埃的胜利。特别是在八十三号通告中指出在目前革命运动急转直下日益成熟的全国革命高潮时期，为着动员广大群众起来拥护苏维埃政权起见，为着团结现在各苏维埃区域势力而集中其指导起见，为着动员广大群众为全国苏维埃政权而斗争起见，决定在十二月十一广暴纪念日，召集全国苏维埃第一次代表大会，以建立全国苏维埃的临时中央政权这一伟大任务，唤起全党要以最大努力和最有效的方法将此次大会的意义和任务充分的宣传，使之扩大和深入到广大群众中去，并在各省市县的各工厂兵营街区农村中，在一切革命群众团体中，坚决地加紧执行准备会的工作。目前这一工作，全国各级党部执行得非常不充分，这是党在目前革命形势日益急剧的发展下工作之最大缺点，最大损失。中央为加紧这一工作，特更具体的规定以下办法，望各级党部坚决切实的执行，使汇合各苏维埃区域，成立全国苏维埃临时统一集中的政权，以与帝国主义扶植下的国民党反动政权的斗争，更能激起与动员全国无数万的广大工农群众，一致地在全国苏维埃政权的旗帜下，坚决地为解放中国于帝国主义之下而斗争，为推翻豪绅资产阶级国民党统治而斗争，以争取全国革命的胜利。

（二）为更有力地使这一工作深入广大群众，为更具体地使各地党部执行这一工作，中央特别指出非苏维埃区域与苏维埃的工作方法如下：

一、非苏维埃区域

1. 各地党部对于准备运动的责任是：

A. 以最有效的方法，宣传苏维埃代表大会的意义和任务，扩大和深入到广大群众中去：不断地作赞助苏维埃区域的斗争，要抓住任何事变，号召动员广大群众起来反对帝国主义国民党军阀进攻苏维埃区域及红军的反革命行动，同时扩大苏维埃政权的宣传。

B. 必须将工农贫民兵士的日常经济政治斗争与准备苏维埃大会的工作联系起来，切实纠正过去单纯地执行准备苏维埃大会的工作，而与群众日常斗争甚至于与群众的政治示威相分离的现象。

C. 加强对于苏准会的领导。每一县市都组织苏大会的准备委员会（它是准备政权的群众组织，是属于上次苏区代表会主席团委托而产生的组织。它的下属基础应建立在工厂委员会、手工业工会、店员工会、贫民协会、农民委员会等组织上而不必再单独组织下层苏准会）。党应经过党团分由中央、北方、南方、长江各局及满洲省委下之各地党部，加以指导，各省可不必再成立准备委员会，各县市准委会可直接与中央准委会或其办事处发生直接关系。党方面只需在常委中指定一人负责指导各县市工作与负责向中央做报告。

D. 各市的准备委员会（上海即以中央准委办事处兼）要与工会共同努力进行工厂委员会的建立，并指导手工业工会、店员工会、贫民协会及各革命团等执行机关，进行准备大会工作。

E. 各县除对于县城中，工厂委员会或手工工会、店员工会、贫民协会等执行机关施行督促外，更应尽可能建立及扩大乡村中农民委员会的工作。

2. 为建立苏准会下属的组织基础必须注意下列各项：

A. 工厂委员会是苏维埃在工人中的柱石，他的建立与发展可以在群众的日常斗争，解决零碎问题，以至反对黄色工会资本家国民党帝国主义的斗争时都能联系到拥护苏维埃区域及红军的工作，都能联系到选派代表到苏大会的准备。

B. 在手工业工人及店员中，不能适用县委的组织方式时，可用街区组织苏准会与贫民组在一起，以准备选派代表。如不便可即以手工业工会、店员工会、贫民协会等执行机关作苏准会，即由其准备选举，但选举人与被选举人仍须扩大到全职业全区域中不应只限于赤色会员。

C. 各革命团体之执行机关，亦应成立苏准会，扩大准备运动，这些团体团员也应选派代表到苏大会去。

D. 农村中应以农民委员会为苏准会的下属基础。经过它执行中央及县苏准会的一切决议。各地农委之活动，更须在每一事实、每一问题都要联系到拥护与建立苏维埃政权的根本意义与苏维埃在红色农村中之一切设施，尤其是关于地主土地之没收与分配。

E. 兵营中应利用兵士委员会，或其他士兵群众组织为苏准会工作，其办法由中央军委通令各级兵委执行。

3. 关于苏维埃区域之一切选举代表手续、比例及输送办法，依中央苏准会布告及公函执行。

二、苏维埃区域

1. 各级党部应极广大地宣传苏维埃大会的意义和任务。应将当地斗争（红军的进退、雇农的斗争、土地分配、巩固土地革命胜利等等问题）与苏维埃大会，及为全国苏维埃政权斗争的意义和任务密切地联系起来，特别注意打破和肃清农民的保守观念、地方主义等不正确倾向，以及富农路线。广泛地组织广大群众的示威，反抗帝国主义国民党军阀进攻苏维埃区域与红军，同时反抗对非苏维埃区域工农劳苦群众的屠杀，发动号召为苏维埃政权而斗争的决心。

2. 应坚决地引进广大群众参加苏准会工作，因此，除党部提出候选名单外，必须引起青年团、工会、雇农工会、赤卫队、少年先锋队，尤其是贫农团等群众团体，提出候选名单。许多名单，由苏准备委员会收集起来，在党部领导之下，将正式公布这些名单，（必须注意苏维埃区域内的准备委员会是政府机关的性质）。党应指导准备委员会尽量在党外群众中，找出积极分子，提出加入候选名单。选举时可用党部及各群众团体联合名义，提出一个名单，要求大会通过。但群众如对名单提出有个别反对时，可用投票或举手的方法表决去取，重提新的补充，加强群众对苏维埃政权的坚决信念。

3. 党应利用准备委员会工作，开始组织贫农团，贫农团的组织，只需以乡为单位，不需以全区、更不需全国的系统。它是苏维埃政权的柱石，选举时有极大作用，党必须立即开始注意肃清苏维埃政权内的富农分子及其影响。因此，更须在每乡将贫农群众组织起来，贫农团的成分，只允许绝对不雇长工或短工的贫苦农民（雇农苦力都在内）参加，但必须注意防止反中农倾向的形成。苏维埃的政策，在团结贫农之下，更能经过贫农团团员而坚决执行，并且更能扩大深入宣传与组织工作，在选举运动中工作中贫农团的作用更为有极大的意义。

4. 各苏维埃区域，应利用苏维埃代表大会准备会的机会，实行自乡村下级苏维埃起的改选，坚强各级苏维埃或苏维埃代表大会上的党团，在当地党部的指导下，去领导群众，在斗争中来肃清富农代表或委员，经过雇农工会，贫农团的组织与工作引进雇农贫农以至中农分子的积极分子到指定机关中。

5. 党更应组织并扩大当地工会，雇农及苦力更应有得力分子参加各乡贫农团的工作，以起领导的作用。

6. 各级苏维埃（乡、区、县、全苏维埃区）代表人数，应分别工农的比例（举例说，村苏维埃工人（雇农）每二十五人选举一代表，则赤卫队、红军五十人选一代表，农民及其他贫民每一百人选举一代表，乡县及全区各级以此类推，但这比例可以灵活地运用），地主、资本家、反革命派、雇用一个长年的店员或雇农的商人与富农没有选举权和被选举权。

7. 各苏维埃区域，实行选举运动时，应当广大地征求下属工农群众的意见，如对于土地法、劳动法、经济政策、肃反、外交政策、反军阀战争的策略、联合兵士群众的办法等等意见，准备在全区代表团选出时，即将各级会议的意见，汇合成为简明的条目，编成意见书，交代表团，带至全国苏维埃代表大会作参考。

三、各级党部必须切实注意，准备全国苏维埃代表大会的工作，是党在发动广大群众积极准备武装暴动之一切工作中的中心工作，必须引起每个党员明确的政权观念，同时更应号召鼓动广大群众有为苏维埃政权斗争的正确认识，为建立苏维埃中央政府作拼斗的决心。各级党部接到这一通告后，应动员全党切实讨论具体的执行办法，纠正过去忽视的错误，并须将执行计划交来中央实查。

中共中央

选自《红旗日报》，1930-09-23，第4版。

10. 全国苏维埃代表大会中央准备临时常委会报告

1930年9月

一、召集苏区大会的缘起

（一）苏区大会后中国革命的新形势

自红色五月全国苏维埃区域代表大会以后，中国的革命显然已经走到了一个历史的新阶段。革命势力的汇合与深入，证实了苏区大会的分析估计的恰当和决定的战略与策略的正确。上海、武汉、天津、广州等重要城市的工人在严重的白色恐怖之下不断地爆发了斗争和罢工，以至武装冲突，充分地表现了无产阶级斗争的激进与要求推翻反动统治的迫切。军阀混战残酷的延长与扩大，使广大白色军队的兵士在工农革命的影响之下不断地哗变与暴动，特别是各地的红军执行了苏区大会的政治决议猛烈地扩大了他们的战斗力量，并且配合着广大的工农贫民革命势力向中心城市进攻，使反动统治的基础日益动摇，走向崩溃。在这样如火如荼的革命势力之下，建立全国工农兵贫民苏维埃政权就成为全国革命群众最迫切的要求和中国革命最紧急的任务了。

（二）苏区大会主席团的决议和号召全国苏大会宣言

在苏区大会闭幕的时候，主席团依照大会决议及当前的革命形势，认为建立全国苏维埃政权这一历史使命的执行是保证中国革命胜利最主要的前提，因为只有这样，才能动员全国的工农革命群众一致起来，为自己的政权和帝国主义国民党统治阶级作最残酷的战争，只有这样，才能更加统一革命的阵线，更加巩固革命的基础，更加促进反动统治的崩溃和灭亡，使中国革命的十大政纲迅速地执行和彻底地实现，并且只有这样才能号召全世界的无产阶级和一切被压迫群众积极地援助中国的革命，推翻国际的帝国主义，促进世界的胜利。因此主席团议决于今年十一月七日——世界无产阶级革命纪念日举行中国第一次全国工农兵贫民苏维埃大会，建立全国工农兵贫民自己的政府。并且在大会前，要号召全国的工农兵贫民坚决地以革命斗争积极准备全国苏维埃大会。执行这一任务的主要工作，就是建立全国苏维埃大会中央准备委员会。这一决议案通过之后，就用主席团的名义印发了《号召第一次全国工农兵贫民苏维埃大会宣言》。宣言中暴露了帝国主义国民党剥削压迫、屠杀中国工农的罪状，指出了反动统治的分崩离析和必然灭亡的前途，以及革命势力的扩大和深入，说明了赤色苏维埃区域革命的成绩和工农兵生活状况，指示了只有建立全国苏维埃政权才是中国工农兵贫民求得解放和自由的唯一出路；宣布苏联社会主义建设的成功，世界革命的发展，以及世界的无产阶级对于中国革命的援助，最后并揭破了改组派、取消派等反革命派的欺骗和无耻，这一宣言的发出，在革命的风暴中必然引起了全国工农群众的响应与热烈的拥护。

（三）中央准备委员会的召集

苏区大会主席团既通过了召集苏维埃大会中央准备委员会的决议，遂发出致全国各革命团体机关的邀请书，要他们派出代表于八月二十日出席中央准备委员会大会。这一大会主要的任务是积极进行鼓动宣传和组织等工作，以准备全国苏维埃大会，建立全国苏维埃，特别是要号召全国的工农兵贫民发动各个的斗争，积极准备武装暴动，以完成这一历史上伟大的使命，建立全国苏维埃政权。并要普遍地建立各省市县区，特别是工厂农村兵营学校街道等各级准备委员会的组织，以号召广大的群众，举行大会选举代表参加全国苏维埃大会。当时由主席团邀请的，有下列四十五处的代表，每处代表一人。

一、中共中央；二、少共中央；三、全国总工会；四、铁路总工会；五、海员总工会；六、革命互济总会；七、上海总工联会；八、天津总工会；九、湖北省总工会；十、广东总工会；十一、哈尔滨总工会；十二、赣西南苏区；十三、赣东北苏区；十四、闽西苏区；十五、闽北苏区；十六、鄂东北苏区；十七、鄂西苏区；十八、鄂东苏区；十九、东江苏区；二十、海陆丰苏区；二十一、琼崖苏区；二十二、湘赣边苏区；二十三、通海苏区；二十四、左右江苏区；二十五、皖西苏区；二十六、京东苏区；二十七、直南苏区；二十八、延吉苏区；二十九、红军第一军；三十、红军第二军；三十一、红军第三军；三十二、红军第四军；三十三、红军第五军；三十四、红军第六军；三十五、红军第七军；三十六、红军第八军；三十七、红军第十一军；三十八、红军第十二军；三十九、反帝大同盟；四十、自由大同盟；四十一、左翼作家联盟；四十二、社会科学家联盟；四十三、上海革命学生会；四十四、北平革命学生会；四十五、哈尔滨革命学生会。

二、中准会临时常委会的工作经过

（一）临时常委会的成立

苏区大会主席团认为苏大会的准备工作非常重要。在苏大会举行和中央准备委员会开幕之前，必须要一刻不停地做积极的充分的准备工作，才能号召全国的工农兵贫民群众起来为建立全国苏维埃政权作广大的斗争，使苏维埃大会的基础在全国各省区、各城市、各县镇，以及一切的街道、工厂、农村、兵营、学校中巩固地树立起来；使一切群众都了解苏维埃政权的意义和建立全国苏维埃的必要。因此决定在中央准备委员会正式开幕以前，由在上海的九个革命团体，即中共中央、全国总工会、少共中央、革命互济总会、上海总工联会、自由大同盟、反帝大同盟、社会科学家联盟、左翼作家联盟等，组织一个中央准备委员会临时常务委员会。上海九个革命团体的代表于七月二十三日举行第一次临时常务会议，当时通过了中央准备委员会工作计划大纲，临时常委会组织大纲，及中央准备委员会全体会议和临时常委会整个的预算案；并推定中共中央代表为临时常委的主席，全总代表为秘书长，少共中央代表为组织部长，左联代表为宣传部长，社联代表为机关报编辑主任，上海工联、反帝同盟、自由同盟和互济总会四代表为编辑委员，确定中准会临时常务的任务是：依据全国苏区大会的一切决议案、主席团号召大会的宣言、第一次常务委员会通过的临时常委组织大纲和中央准备委员会工作计划大纲等，执行中央准备委员会职权，并准备中央准备委员会会议。在中准会正式开幕之时，临时常委会就宣告结束。

（二）组织工作

1. 临时常委会本身的组织

健全常委会本身的组织，是临时常委主要的工作之一。执行这一工作的原则就是：(1) 实行集体分工制，一切工作都按照其性质分配到各部或各委员会担任，而由整个常委予以审查和指导，重要的问题则由常委会解决之；(2) 建立参加常委会各团体与常委本身的关系，各团体的代表必须解除其本团体工作，专门担任常委工作；(3) 注意工作的检阅，常委会须检阅各部各委工作是否按照工作计划执行，指正工作的缺点和纠正办法。

（甲）常委组织的一般状况，依据第一次常务委员会通过之《中准会临时常委会组织大纲》，临时常委由中共中央、少共中央、全总、济总、上海工联、反帝同盟、自由同盟、左联和社联九个团体的代表会议成立。其组织系统如下：

中央准备委员会临时常委主席。

一、秘书长——设秘书长一人，处理一切日常事务及重要文件。

二、组织部——设部长一人，计划及考察全部组织工作，建立全国组织系统及相互关系。

三、宣传部——设部长一人，计划考察并督促各下级组织的宣传工作，草拟各种宣传文件。

四、编辑委员会——设主任一人，委员四人，编辑机关报，并草拟各种宣传品。

以上组织一开始就完全建立好了，后来又在宣传部之下组织一个宣传委员会（组织情形详后）以扩大宣传工作的范围。临时常委每星期召集工作会议一次，秘书处及各委员在常委会指导之下，亦按期召集工作会议，解决一切工作上的问题，秘书处各部各委均定出每月详细工作计划。

（乙）秘书处：秘书处分设五科：（1）文书科——担任起草、誊写、登记、保管文件及分发文告等工作；（2）交通科——担任本埠通讯接头及其他交通等工作；（3）印刷科——油印一切文件或装订之；（4）翻译科——翻译外报、外国文材料，或将中文译成外国文；（5）会计科——管理常委经济事项，预算并决算各种收支数目。秘书处分工虽有五科，而工作人则连秘书长共五人分别担任之。秘书处的工作因为和各部的工作都有相当的联系，所以除了担任上述的工作，有时亦帮助别部的工作。秘书处的工作原则是：（1）有计划地分配并执行各科工作；（2）审查各科工作的进行；（3）时常改进各种技术工作；（4）注意一切秘密工作；（5）迅速解决一切日常工作问题。关于秘书处工作另定有工作计划及办公细则。

（丙）组织部：组织部工作除由部长负责计划及考察全部工作，建立全国系统及相互关系外，只设一发行科，担任发行本会刊物及一切宣传品的工作。至于统计工作则由秘书处材料科（后来移置宣传部下）兼任，不过组织部须时常负责指导及帮助收集材料整理统计等工作。同时还要指导并帮助外埠交通科建立全国交通网。组织部的重要任务是要特别帮助上海准备委员会工作，并使上海各革命团体和中央常委建立密切关系。组织部除关于本部工作定有计划外，并由常委通过全国各级准委的组织及工作大纲发布到各级准委。

2. 下级组织状况

（甲）江苏（兼上海市）准备委员会的组织。常委会成立等，即十分注意上海的准备工作。第一次常务会议，决定由上海总工联发起上海准备委员会，兼执行江苏省准委会的职务，常委会乃一面致函上海总工联，要他迅速地准备召集上海各革命团体的代表会议，一面用书面通知上海各革命团体，要他们参加上海的准备工作，共同成立上海准委会。八月七日上海总工联即召集上海各革命团体，除第一次代表大会，成立了临时常务委员会。那天中准会派了代表参加，指导一切。上海准委会起初的工作表现得不甚积极，许多组织关系还没有建立起来。经中准会临时常委去函及派人督促，并致函各革命团体积极参加上海的准备工作，上海准委会的工作不日有起色。现在上海准委会最迫切的工作：第一是健全临时常委本身的组织，把一切的组织关系、日常工作建立起来，同时将上海各产业工会（如市总、纱总、海总等）的代表产生出来。第二是建立群众的基本组织，特别是工厂准备委员会的组织。第三是扩大苏维埃大会及建立全国苏维埃政权的宣传到群众中去，在每一次斗争中都要把拥护苏维埃大会和建立苏维埃政权当做群众的中心口号。照一般的情形观察，最近上海的准备工作已经有相当的头绪，上海准委会在“九七”准备总会的代表大会上特别提议建立上海的各下级准备委员会，这一工作要参加准备会的各团体加紧执行，各团体代表一致通过了这样的决议，即“九七”以后，把一切“九七”准备分会都正式成立为苏准会。现在各大工厂的准备委员会已经在积极组织中，宣传工作逐渐扩大起来了。至于江苏全省的准备工作，现在还未健全地建立起来，尚在进行中。

（乙）除了上海的准备工作而外，其他地方的工作情形，都未取得书面报告，不过从通信中，可以看见几个重要省区对于这一工作的进行都在注意。广东在八月二十三日组织了准备会，参加的有中共省委、少共省委、工人代表会、省互济总会、反帝国主义同盟及海员分会等革命团体的代表，并做了广大的宣传，号召全省的革命群众起来组织各级准备委员会，准备全国苏维埃大会。其他如武汉、天津、北平、南京等重要城市，都正在进行这一工作。在赤色的苏维埃区域中，对于苏大会的宣传和准备工作，做得非常热烈。

（三）宣传工作

1. 周报及书报

本来常委会是计划出一种对群众起煽动作用的日报的，因为印刷上和发行上极感困难，遂决定出版一种周刊，定名为《中国苏维埃周报》。每期篇幅，可容一万三千字。这一周报的任务是：（1）对群众的鼓动作用；（2）对各级准备委员会及各革命团体的工作指导；（3）宣传苏维埃大会及建立苏维埃政权的意义。

至于内容，分为下列若干类：（1）社论；（2）世界革命消息；（3）中国革命消息；（4）苏维埃（中国苏维埃区域及红军的状况，苏联社会主义的建设及苏维埃政权组织和法典介绍）；（5）各地红军及苏维埃状况；（6）专载（本会文告）；（7）通信及讨论；（8）投稿。周报的稿件已编至第四期，可是因为印刷的困难，只出版了一期，第二期不久是可以出版的，但因过于迟延而失了它的时间性了，这困难现在已有解决的办法。书报是附在中国苏维埃周报一道出版的，内容是着重于苏维埃大会的宣传，同时亦登载带有刺激性和煽动性的各种革命图画及短歌，定名为中国苏维埃画报，已编好一期，可以和第二期中苏周报同时出版。至于周报和画报的发行工作，是由组织部发行科担任的，同时上海有几个革命团体亦帮助发行或推销。在第一期周报快要出版时，常委会本来发出了通知，要全国各革命团体尽量指定专人担任周报的发行员和通信员，建立全国的发行网和通信网。可是因为在国内战争时期，交通困难，而且时间匆促，这一工作并没有做好。在第五次常务会议中，对于周报及书报编辑方法的改进、印刷问题和发行工作问题，都有详细的讨论。决定以后周报特别注重苏维埃理论及实际状况的有系统的经常的宣传，多登载介绍苏联社会主义的建设和苏维埃政权及组织意义和方法，以及中国苏维埃区域和红军发展的经过及实际状况等文字，一切文字要通俗化，篇幅要短，每篇内容要有中心和鼓动性。

2. 临时文告

常委会成立以后，发出了许多文告，多半是为鼓动群众的。文告可分为下列几类：（1）各纪念日的传单和宣言（如八一及八一五、九七）；（2）对红军的；（3）对工人的（如援助罢工宣言）；（4）对一般群众的；（5）对反动军队的兵士及外国兵士巡捕的；（6）反对帝国主义国民党的（如反白色恐怖、反对帝国主义进攻革命）；（7）宣传苏维埃大会及苏维埃政权的建立的。此外又由宣传委会员编辑各种小册子，以备向群众中散发。小册子的题目决定如下：（1）九七反对军阀混战；（2）反对帝国主义世界大战；（3）武装拥护苏联；（4）拥护全国苏维埃大会；（5）为建立全国苏维埃政权而斗争；（6）拥护红军；(7) 反对帝国主义国民党进攻苏维埃；(8) 苏维埃区域的工农生活状况等。

3. 其他

常委会为使苏维埃大会及建立全国苏维埃政权的宣传扩大并深入群众中起见，决定加紧督促并指导宣传委员会的工作，现在宣传委员会的工作正在积极进行中，各宣传委员会及各组织员都正在收集材料，编著或翻译各种文件及宣传品。至于苏维埃区域用的教科书，已决定编好三种，第一是成人读本；第二是儿童读本；第三是红军读本。编辑教科书的目的是：(1) 提高一般工农兵士及贫民的文化程度，以阅读书报刊物；(2) 明确一般群众的阶级意识和提高政治水平；(3) 肃清一切在思想上保守的封建势力和资产阶级的残余意识，树立社会主义的基础；(4) 促进一般群众日常生活的改善（供给各种实际生活的常识)。此外关于收集材料的工作，原先是由秘书处担任的，现在已改由宣传部成立一材料科专门搜集各种革命消息（如剪报）和各种关于苏维埃政权问题的材料，不过秘书处还是尽量地帮助这一工作的进行。

（四）指导工作

中准会常委会对各下级组织的指导工作是积极地注意的。第一次常会后，即制定各级准备委员会的组织系统及组织，并发出通告，号召全国革命团体和工农群众普遍地迅速地建立准备委员会的组织。中准常委对下级组织的指导工作是基于下面几个原则上：(1) 扩大苏维埃大会及建立全国苏维埃政权的鼓动和宣传到全国的工农群众中去；(2) 号召全国的革命团体在广大的群众中公开地建立起准备委员会的组织；(3) 号召全国各级准委会及各革命团体以“为建立苏维埃政权而奋斗”为中心，尽量地发动各地群众的各种斗争，在斗争中扩大苏维埃的宣传鼓动工作，建立群众的苏维埃准备委员会的组织；(4) 号召全国工农兵贫民群众在准备苏维埃大会的工作中，同时加紧准备武装暴动，争取武汉及其附近省区的首先胜利乃至全国的胜利，推翻反动统治，建立全国苏维埃政权；(5) 号召苏维埃区域的工农群众及红军彻底地执行苏区大会的决议和十大革命政纲。

中准会常委会的指导工作可分为三种：

(1) 一般的指导工作——根据上述的原则号召全国各革命团体及各级准备委员会建立起准备委员会组织，由群众大会或代表大会中选举出席中央准备委员会全体会议的代表，扩大苏维埃大会及建立全国苏维埃政权的宣传，发动各种斗争，及举行各种纪念日的示威运动等。

(2) 直接的指导工作——即帮助并参加江苏准备委员会（兼上海准委会）的工作及会议，并号召上海各革命团体起来参加上海准备委员会的工作，要他们尽量组织准备委员会及扩大苏大会的宣传，特别致信江苏准委会及上海各革命团体指示他们积极地建立工厂的准委组织，尤其是要组织宣传队（内分为演讲、传单散发、口号等组)，各刊物要辟专栏为苏维埃的宣传，各工厂应极力办工厂小报等。

(3) 对于下级组织工作的纠正——中准常委会经常地考察各下级组织的工作，如果发现了他们工作上的缺点，如组织的松懈及工作迟慢等，当时予以纠正。对于江苏准备委员会，由常委决定派组织部长专任指导工作，各常委亦要尽可能去帮助。对于下级组织有将准备委员会当做各“团体联合会”的倾向特别加以纠正。因为时间不久，而国内交通困难，除得到广东准备委员会的概略报告外，其他尚未接到报告，详情不悉。

（五）中准全体会议予准工作

1. 邀请代表

常委会成立，根据苏区大会主席团的决议，于七月间拟定通知书，请中共中央寄发全国各苏维埃、红军及赤色工会和各革命的群众团体共四十五处。并规定一切选举代表来往接洽招待的详细办法和手续，请各代表于八十五日至十八日来到指定地点。至八月初又复补发一通知于四十五处，催促他们按照规定的手续于规定的时间内到指定地点，尚因交通困难之故，不能按期到来，亦不可因此停止不来，必须尽可能赶到，并应依照预算所分派的数目经费带来，或寄来，能多寄更佳。

2. 议事日程

在八月上旬曾经讨论过全会之议事日程及准备报告和议决案的草案，但尚未确定，后由常委讨论，正式通过议程如下：

一，推举主席团

二，临时常委工作报告

三，政治报告及讨论

四，通过政治宣言

五，组织工农革命委员会问题

六，第一次全苏大会选举法

七，各级准备委员会组织问题

八，选举

九，通过各种文告

十，临时提议

依照这一议程分配各常委以各种报告及起草各决议案及文告的草案。

3. 招待代表

于预备的时间，各项接洽及招待的工作均已办妥。现代表继续到来，均住招待所。给代表各种调查表及报告大纲，请他们或代他们写作，并供给代表各种革命书报阅读，同时和他们谈话。

选自《红旗日报》，1930-12-13、1930-12-17、1930-12-18 连载。

二、选举法

1. 闽西工农兵代表会（苏维埃）代表选举条例

1930 年 2 月 6 日闽西苏维埃政府筹备处颁发

第一章　总纲

第一条　凡在闽西赤色政权所及地方，年满十六岁以上的劳动男女均有选举权和被选举权。

第二条　有下列行为之一者，本人及其家属均无选举权和被选举权。但努力革命工作经政府许可，本人在外其家属在三年之内无反动行为，经政府恢复其选举与被选举权者，不在此例。

一、过去及现在充反动政府之官吏、警察、衙役及白军营长以上的官长。

二、城乡绅董、族长、地保等。

三、现在反动政党党员。

四、收租二十担以上者。

五、经常营放高利贷或开当铺者。

六、利用资本雇用工人谋利的商人及工厂主。

七、宗教师及现在宗教徒、僧、道、尼、巫等。

八、其他有反革命行为经政府剥夺其选举权和被选举权者。

九、法律上被宣告精神错乱及不完全者。

第三条　本代表会除工农兵代表及学生教员照本选举法之规定选派代表外，中国共产党闽西特委得派代表二人，中国共产青年团闽西特委一人、各县政府各派代表一人、闽西医院派代表一人、闽西红军学校派代表一人、四纵队司令部、政治部及第一、二、三、四、五各团各派代表一人、闽西总工会筹备处派代表一人、清流、归化、宁化、平和、漳平各县由秘密工农会选派代表三人参加。

第二章　代表的产生

第四条　农民代表的产生

一、由乡政府召集选民会举行初选，五百人以下乡村每百人选代表一人，五百人以上乡村每加二百人多选代表一人，一千人以上乡村每加五百人多选代表一人。

二、由区政府召集初选当选代表到区开复选会，按照全区人口比例每一千人复选代表一人。

三、由县政府召集复选当选代表到县开三选会，按照全县赤色区域人口比例每一万人选举代表一人，即为闽西工农兵代表会代表。

第五条　工人代表的产生

一、由城乡各业工会召集会员大会举行，初选每五十人选代表一人，不满五十人者亦选代表一人。

二、由县总工会召集初选当选代表开复选会，按照全县工会会员人数每三百人复选代表一人，即为闽西工农兵代表会代表。

第六条　士兵代表的产生

一、由连或大队士兵委员召集士兵群众会举行初选，按照全连或全队人数每十人选代表一人。

二、由营或支队部士兵委员会召集初选，当选代表开复选会按照全营或全支队人数每三十人选代表一人。

三、由纵队或团部士兵委员会召集复选，当选代表开三选会按照全部士兵总数每五百人选代表一人，即为闽西工农兵代表会代表。

四、如无营或支队部组织者，由连或大队初选，按照全连或大队人数每三十人选代表一人，直接到总队部或团部复选。区赤卫队准此。

第七条　学生代表的产生

一、由各学校学生会进行初选，初级小学每百人选一人，高级小学每五十人选一人，中等学校三十人选一人。

二、由县苏文化部召集初选代表开复选会，复选代表一人，即为闽西代表会代表。

第八条　教职员代表的产生

一、由区苏文化部召集全区教员开初选会，每十人选代表一人。

二、由县苏文化部召集初选当选代表开复选会，全县复选代表一人，即为闽西工农兵代表会代表。

第三章　办理选举手续

第九条　各级办理选举机关应组织调查委员会，于选举前进行调查所属选举区所有人口总数及选民人数，并将无选举权者姓名人数列表报告上级，并在选举区域内列榜公布。

第十条　各级办理选举机关于调查完竣，应按照人口总数规定代表名额，以便选举。

第十一条　各级办理选举机关开选举会时，对选民或初复选当选代表须加以审查，以昭郑重。

第十二条　选举方式初选用举手，三选、复选均用票选。选举票用无记名单选法，每票只选一人，以得票五分之一为当选。如不足规定代表人数时，得续选以选足规定名额为止。其选举票复选由终选机关制发，终选由闽西政府筹备处制发。

第十三条　各级选举会当选代表，各所属办理选举机关应给予当选代表证，以示信任而便审查。

第十四条　各级办理选举机关于选举完竣后，应将经过情形及选举结果连同选票报告上级备案，并将当选代表姓名列榜公布。

第十五条　各级开选会时，上级办理选举机关应派人莅场监选，监选员于开会时应将苏维埃意义，闽西政府意义，代表选举法，被选人资格向大会作详细的说明。

第十六条　区域过大乡村，初选得分区举行。

第十七条　本届代表选举限二月二十五号调查完竣，二月二十八号初选完竣，三月三号复选完竣，三月八号三选完竣。

第四章　代表的任期与撤换

第十八条　代表的任期与本代表会所选出的执行委员会委员任期同定为一年。

第十九条　代表有不能代表所属选举区域群众之意见而为该区域群众所不信任时，原选举区得提出改派代表。

第二十条　各县代表中要有青年及妇女代表参加。

闽西苏维埃政府筹备处颁发

一九三〇年二月六日

选自《中央革命根据地史料选编》下册，江西人民出版社1982年出版，第33～36页。简称“江西史料版”。原件未注明史料来源。

互校版本：《闽西苏区法制史料汇编》，龙岩市中级人民法院、古田会议纪念馆合编，2008年10月内部出版，第22～24页。原件未注明史料来源。

2. 闽西苏维埃政府布告（新编第二号）——修正闽西工农兵代表会议代表选举条例

1930年7月20日

兹修正闽西工农兵代表会议代表选举条例，公布如下。本届第二次闽西工农兵代表会代表，即依本条例选举。此布。

一、选举权与被选举权之规定

（一）凡在闽西赤色政权范围内，年满十六岁以上的劳动男女，均有选举权和被选举权。

（二）有下列行为之一者，本人及其家属均无选举权和被选举权。凡努力革命工作经政府许可，及本人在外其家属在三年之内无反动行为，经政府恢复其选举权与被选举权者，不在此例。

1. 过去及现在充反动政府之官吏、警察、衙役及白军营长以上的官吏者。

2. 城乡绅士、乡董、民团团总、族长、地保等。

3. 现在反动政党党员。

4. 富农分子。

5. 过去收租者。

6. 经常营放高利贷或开当铺者。

7. 利用资本雇用工人谋利的商人及工厂厂主。

8. 宗教师及现在宗教徒、僧、道、巫、尼等。

9. 凡有精神病、麻风病及吃鸦片者。

10. 其他与政府法律抵触，经政府剥夺其选举权与被选举权者。

11. 上列九、十两项，除本人外其家属仍有选举权与被选举权。

（三）本届代表会，除工农兵代表照本选举法之规定选派代表外，第一届执行委员全体参加，各县苏维埃政府派代表一人，各县总工会派代表一人，闽西总工会筹备处派代表一人，闽西医院派代表一人，红军二十军、二十一军军部和军政治部各派代表一人，中国红军军官学校第一分校派代表一人，各地秘密工会、农会各派一人，并请中国共产党、共产青年团中央和福建省委与闽西特委、中华全国总工会、福建总工会派人参加指导。

二、代表的产生

（四）工人代表的产生

1. 由城乡各业工会召集会员大会举行初选，城市每三十人选代表一人，乡村每六十人选代表一人，不满数者亦得选代表一人。

2. 由县总工会召集初选当选代表开复选会，按照全县会员人数，每二百人复选代表一人，人数在三千人以上者，每加三百人选代表一人，即为闽西工农兵代表会代表。

（五）农民代表的产生

1. 由乡政府召集选民会举行初选，五百人以下乡村，每百人选代表一人，五百人以上乡村，每加二百人多选代表一人；一千人以上乡村，每加五百人多选代表一人。

2. 由区政府召集初选当选代表，到区开复选会，按着全区人数比例，每一千人复选代表一人。

3. 由县政府召集复选当选代表，到县开三选会，按照全县赤色区域人口比例，每一万人选代表一人，即为闽西工农兵代表会代表。

4. 乡村独立劳动者，归并农民选举，城市贫民归并市郊农民选举。

（六）士兵代表的产生

1. 红军二十军、二十一军，由每大队士委会召集群众会，举行初选，按照全队人数每十人选代表一人。

2. 支队部士委会召集初选当选代表开复选会，按照全支队人数，每三十人选代表一人。

3. 由纵队部士委会召集复选当选代表开三选会，按照全部士兵每五百选代表一人，即为闽西工农兵代表会代表。

4. 红军学校学生队选代表一人。

5. 闽西医院伤病兵选代表一人。

三、调查手续

（七）八月五日以前，须依照选举条例，把没有选举权和被选举权的人数调查完竣，并须公布。

（八）调查选民以乡为单位；由乡村雇农工会支部负责调查。

四、监选办法

（九）初选监选员由区监选员指定，复选监选员由县监选员指定，但须报告上级的批准；三选监选员由本政府决定。

（十）监选员须具有下列条件：

1. 贫农雇农分子。

2. 劳动工人。

3. 有斗争历史并在斗争中表现坚决积极与政治观点正确的。

主席　张鼎丞

公历一九三〇年七月二十日

选自《中国新民主主义革命时期根据地法制文献选编》，第一卷，北京，中国社会科学出版社 1981 年出版，第 182～185 页。原件未注明史料来源。

互校版本：《闽西苏区法制史料汇编》，龙岩市中级人民法院、古田会议纪念馆合编，2008 年 10 月内部出版，第 25～27 页。原件未注明史料来源。

3. 闽西苏维埃政府通告（新编第七号）——关于第二次代表大会及对选举法的修改问题[①]

1930 年 7 月 20 日

各县苏维埃政府：

闽西第二次工农兵代表大会，经本政府第二次执委会议决定，改期九月一日开幕，业经本政府函知各县。兹将改选代表日期及代表成分并一切大会前应作事项通告于下，各县接此通告，希即着手办理为要！

（一）代表成分：工人百分之四十（城市工人要占四分之二以上，但要被雇佣工人），农民百分之五十（雇农要占五分之一，贫农占五分之四），红军占百分之十。工农兵代表全数中，青年至少要占百分之三十以上，妇女要占百分之二十。

（二）代表数量：全闽西代表总数规定至少三百人。

① 副标题后段是编者根据本文的内容所加。

（三）选举日期：初选八月十日，复选八月十五日，三选八月二十日。

（四）大会日期：闽西第二次工农兵代表大会定九月一日开幕。

（五）大会参加人数：A. 第一届执行委员会全体参加；B. 各县政府派一人参加；C. 红军各军部派一人参加。

（六）调查手续：各县各区乡政府在选举前，要将没有选举权及被选举权的人于八月五日以前调查公布，其调查事项由雇农工会支部执行之。

（七）监选人产生：初选监选员由区监选员指定，报告上级批准；复选监选员由县监选员指定，报告上级批准；三选监选员由本政府常委会决定；永定委谢献球、戴树兴，上杭委陈夏威，长汀委段奋夫，连城委张瑞铭，武平委张涤心、□宝珍，平和委陈采群，龙岩委张芝生、陈情等为三选监选员。

（八）监选员条件：A. 贫农雇农分子；B. 劳动工人；C. 有斗争历史，在斗争中表现坚决积极与观念正确的。

（九）选举条件：将第一次选举法改如下：

1. 第二条第四项改为过去收租者无选举权与被选举权。

2. 第二条应增加富农无选举权与被选举权。

3. 第七、第八条取消（教员、学生不另选代表）。

4. 第五条改工人复选时每二百人选代表一人，三千人以上每加三百人选代表一人。增加——乡村独立劳动者归入农民选举，城市贫民归市郊农民选举。

5. 初选城市工人，每三十人选一人，乡村工作人员每六十人选一人。

主席　张鼎丞

一九三〇年七月二十日

选自《中国新民主主义革命时期根据地法制文献选编》，第一卷，中国社会科学出版社1981年出版，第185～186页。

4. 皖西苏区六安第六区苏维埃选举条例①

1930年②

第一章　总则

一、本选举条例依工农专政的原则，适用职业代表和地方代表两种方法进行之。

第二章　选举权

二、在苏维埃区域内之人民，不论种族、男女、居住之久暂，具有下列资格者，均有苏维埃选举权及被选举权。

---

① 原标题是："六安第六区苏维埃条例"漏掉"选举"2字。

② 据考查，六安中心县委在1930年3月21日至25日，于七邻湾（当时属六安县第六区）召开六县（包括六安、霍山、邱霍、英山、合肥、寿县）县委和红三十三师党委负责人联席会议，通过许多决议案和条例。本条例可能经3月会议审议通过，5月收入《中国苏维埃》（参见《鄂豫皖革命根据地》，第三册，郑州，河南人民出版社，1989，第262页注①）。

甲、被雇于农工商业的工人及使用人。

乙、手工业者及体力劳动者。

丙、不以剥削为目的而自己劳动的农民。

丁、依生产的和于社会有益的劳动事业以维持生计的小学教员、医生、自由职业者。

戊、过去努力无产阶级革命者。[①]

己、苏维埃下各种军队及士兵。

三、有下列条件之一者，均无选举权及被选举权。

甲、土豪劣绅地主反动派。

乙、当过统治阶级警察、宪兵、马弁，有反革命行为者。

丙、经济剥削如放账、开行，及有财产收入而自己不劳动者。

丁、一切僧侣、道士、卜巫、地理[②]、基督教徒及宣传迷信者。

戊、流氓、地痞永久脱离生产，形成寄生虫者。

己、以增加自己的利益而雇佣劳动者。

庚、虽属第二条各种类而在选举期内有反革命行为者。

辛、有残废疾病而精神错乱者。

第三章　代表人数比例

四、工人每四人[③]选一代表，农民每五百人选一代表，士兵每五十人选一代表，城市贫民（如各种买卖、医生、体力劳动者）每百人选一代表，逾过半数即当选一代表。

五、各项代表均须有青年及妇女参加。

第四章　选举法

六、工、农、兵士、贫民、妇女的选举都是分别举行。

甲、工人以市镇、工厂、地方为单位，由工会召集一镇、一厂或一地方的工人全体会议选举之。

乙、农民以选举区为单位，由农会召集全区内所有农民会议选举之。

丙、城市贫民以市镇为单位，自由集会选举之。

丁、手工业者、体力劳动者、小学教员、店员参加工会的选举。

七、代表产生的手续。

甲、依到会的有选举权的[④]，决定应选代表若干人。

乙、由会场中有选举权者二人提议，五人附议，过半数通过，才能算正式代表。

丙、用推举法推出，举手式表决之。

八、选举日期由筹备会决定，先期通知各区各团体临时派代表当场监视并指导之。

第五章　选举区

九、农民选用地方选举制度选举，共计二十六区。

---

① “社科法制版”印作“过去努力无产阶级、努力革命者”。

② “社科法制版”在“地理”之后加“[先生]”2字。

③ 原文如此。

④ “社科法制版”在此句之后加“人数”2字。

第六章　代表资格

十、第一条内有选举权者均有代表资格。

十一、各处选出代表如不称职或有违背选举条例者，该原选人随时撤回再派。同时，大会审查委员会能剥夺其代表资格。

选自《中国苏维埃》，1930年5月编印，中国现代史资料编辑委员会1957年翻印，第99～101页。原件未注明史料来源。

互校版本：

《中国新民主主义革命时期根据地法制文献选编》，第一卷，中国社会科学出版社1981年出版，第187～189页。简称“社科法制版”。原注：“选自1930年5月《中国苏维埃》”。

5. 中国工农兵会议（苏维埃）第一次全国代表大会选举条例

1930年9月12日中央准备委员会全体会议通过

一、原则

中国工农兵会议（苏维埃）第一次全国代表大会的召集，正在全国重要城市和省区处于严重的白色恐怖之下的时候，正在蒋桂冯阎军阀受着列强帝国主义的指挥，极端残酷地向新生中国工农红军进攻的时候——同时亦正在中国工农红军实行革命的战争——反对国民党军阀的统治和混战，力争全国苏维埃政权胜利的时候。在这种严重情势之下，自然使中国工农兵会议（苏维埃）第一次全国代表大会负起集中一切革命势力，建立中央政府指导机关的伟大使命。因此，这次大会绝不是建设的会议。而是斗争的会议。这次大会的组织也必须适合于斗争的需要，必须一方面能够代表全国几万万斗争的群众，另一方面又是极活泼极灵敏地适宜于军事作战环境的组织，根据这一原则，中央准备委员会规定大会的选举条例如下：

二、选举权

第一条　凡年满十六岁，不分男女、种族、民族、宗教等的区别，只要具有下列资格之一者，即有选举权和被选举权：

一、一切靠生产劳动或公益事业的服务而生活者，以及替他人管理家务者；

二、红军士兵、官长；

三、没有雇用劳动者而用自己的劳力经营小商业或手工业者；

四、军阀军队中的士兵；

五、自由职业者（如医生、教师、著作家等）及学生；

六、有上列资格而失业或丧失劳动能力者。

第二条　凡具有下列情形之一者，剥夺其选举权和被选举权：

一、依赖土地、资本及私产雇用工人、店员及雇农，榨取利润，以及专靠剥削他人劳动为生活者（如地主、厂主、店主、雇用长工的富农及高利贷者等等）。

二、军阀、官僚、绅士、乡董；

三、一切公安局、民团的服务职员及其他反革命分子；

四、一切宗教的服务人（僧、尼、道士、牧师、神甫等）；

五、患神经病及吸食鸦片有瘾者；

六、苏维埃政府法庭或革命团体宣布有罪而剥夺其公权者。

三、苏维埃区域

第三条　苏维埃区域出席全国代表大会之代表，必须由下列各“特区”工农兵会议全区代表大会或全区紧急代表大会选出：

1. 湘鄂赣特区。
2. 赣西南特区。
3. 赣东北特区。
4. 闽粤特区。
5. 鄂西湘西特区。
6. 鄂豫皖特区。
7. 湘南特区。
8. 广西特区。
9. 琼崖特区。

第四条　此次全国代表大会，在现时情形之下，还是带有紧急大会的性质，故出席代表的人数不能精确地依照人口统计和经常的选举办法，只能大约以二十万人选一代表为准。按此标准，下列各苏维埃特区应当选出下列数目的代表：

	工人	红军	贫民	农民	共计
湘鄂赣特区	12	10	2	76	100
赣西南特区	9	7	1	58	75
湘西鄂西特区	3	1	1	20	25
湘南特区		1		2	3
广西特区	1	1		3	5
闽粤特区	3	1	1	20	25
赣东北特区	1	1		6	8
鄂豫皖特区	1	1		3	5
琼崖特区		1		2	3
	30	24	5	190	249

这种规定的工人、农民、贫民、红军代表的分配，大约是依照工人占百分之二十点五[①]，农民占百分之七十五，红军占百分之十，贫民占百分之二点五之比例。各特区的全区代表大会或紧急代表大会在不违背这一原则下，代表人数可以酌量增加或减少。

四、反动统治区域

一、大城市

第五条　全国反动统治区域的上海、武汉、天津、广州、香港、青岛、大连、哈尔滨

① 注：应为百分之十二点五。

等大城市（大约有三万至五万以上工厂工人的城市）代表的选举方法，分为两种选举，一是工人，二是普通农民及其他革命的组织。

第六条　各城市的工厂工人——凡是满五百工人的工厂，得在工厂委员会指导之下，由全厂工人选出代表一人，不满五百人的工厂，可以联合两个以上的工厂共同选出代表，二千人以上的工厂，可以选出代表二人。

［注］工厂委员会如未成立，或者成立之后还不够普及全厂工人时，赤色工会的支部亦应当去努力领导工厂委员会之发展，尽可能地吸引该厂广大群众参加选举，以产生代表。

第七条　各大城市的手工业工人及店员，应按照职工选举——每一职业的手工工人或店员，在赤色工会的领导之下选举代表一人，一万人以上职业，可以选举代表二人。

第八条　贫民协会的组织，如真正有群众者，得选举代表一人。

第九条　其他革命团体如反帝同盟、自由同盟、革命互济会、革命学生会及革命的文化团体等，斟酌情形选举代表一人。

［注］以上所说大城市的代表，如果有可能，应当由各工厂、各职业工会、各革命团体，各依照上列标准选出代表后，应设法召集全市代表大会，由各团体将选出代表名单送交通过，成立各该市代表团，并且由代表大会讨论通过该市代表的意见书，以便带赴全国代表大会。

二、小城市及乡村

第十条　凡没有工厂工人的县城，应当和乡村共同组织选举区。其中各业手工工人和店员共同选举代表。大县城三人，小县城一人。贫民协会的选举依照第八条办理。

第十一条　各地农民的选举，凡是一千人以上的农民协会或农民委员会的乡村，可以选出代表一人，一千人以下者和其他区域合选，超过两千人以上酌量情形增加。

三、军阀军队中的士兵

第十二条　反动军队里的革命士兵委员会，得酌量当地情形选出代表。

五、附则

中央准备委员会应依照本条例，另定苏维埃区域及反动统治区域的具体选举条例。①

选自《中华苏维埃共和国法律文件选编》，江西人民出版社 1984 年出版，第 90～94 页。简称“江西法律版”。原注：“选自《红旗日报》，一九三〇年十月八日至十一日”。

互校版本：

1.《中国新民主主义革命时期根据地法制文献选编》，第一卷，中国社会科学出版社 1981 年出版，第 112～116 页。简称“社科法制版”。原注：“选自一九三〇年十月八日至十一日《红旗日报》”。

2.《红旗日报》，1930-10-08、1930-10-09、1930-10-10、1930-10-11 连载。

---

① 依此规定，于 1930 年 9 月 26 日制定了《中国工农兵会议（苏维埃）第一次全国代表大会苏维埃区域选举暂行条例》和《中国工农兵会议（苏维埃）第一次全国代表大会反动统治区域选举法公函》，详见下文。

6. 中国工农兵会议（苏维埃）第一次全国代表大会苏维埃区域选举暂行条例

1930年9月26日

第一章　通则

第一条　本条例根据全国苏维埃第一次代表大会中央准备委员会全体会议通过之全国苏维埃第一次代表大会选举条例制定之。

第二条　各地苏维埃的组织及改选应依照本条例执行。

第二章　选举权

第三条　凡苏维埃区域的住民，不分男女、种族、宗教，年满十六岁以上具有下列资格之一者，即有选举权与被选举权：

一、凡靠生产、劳动或公益事业服务而生活，以及替他人管理家务者。

二、红军士兵、官长。

三、靠自己的劳力经营小商业或手工业者。

四、自由职业者（如医生、教师、著作家等）及学生。

五、军阀军队参加革命组织的兵士。

第四条　凡有下列情形之一者，剥夺其选举权及被选举权：

一、自己不劳动，依赖土地、资本剥削他人的劳动为生活者（如地主、工厂主、店主、高利贷者，以及雇用长工的富农等）。

二、军阀、官僚、绅士。

三、在一切反革命组织中服务的职员及其他反革命分子。

四、一切宗教的服务人（僧、尼、道士、牧师、神甫等）。

五、患神经病及吸食鸦片有瘾者。

六、经苏维埃政府革命法庭宣布剥夺公权及革命团体开除者。

第三章　苏维埃全国代表大会的选举

第五条　苏维埃区域出席全国苏维埃代表大会的代表，由各特区苏维埃代表大会选举之，每住民二十万人选举代表一人。

第六条　出席全国苏维埃代表大会代表的社会成分，须工人占百分之十五至二十，红军占百分之十至十五，农民占百分之六十至七十，贫民及其他占百分之五。

（附注）苏维埃全国代表大会上，特别市与各省（现在之特区）同样直接选举代表出席。凡是产业工人在五万以上之城市，定为特别市，其选举方法另定之。

第四章　特区（如湘鄂赣特区、赣西南特区等）苏维埃的组织及选举

第七条　特区苏维埃代表大会，由所属之县苏维埃代表大会于住民每十万中选举代表一人，及独立市（有五千工人以上之市）苏维埃代表大会于选民一千人中选举代表一人组织之。特区代表大会之代表总数，至多不得超过二百五十人。

（附注）如照此比例数应选举之代表，超过规定之代表总数时，即应以规定之代表总

数为标准，重新规定若干住民选举代表一人。以下各级选举如超过规定之代表总数时，均照此例办理。

第八条　特区苏维埃代表大会的社会成分。在县苏维埃大会所选出者，须工人占百分之十五至二十，红军占百分之五至十，农民占百分之六十五至七十五，贫民及其他占百分之五。

在独立市苏维埃代表大会所选出的，须工人占百分之五十至六十五，红军占百分之二十至三十五，贫民占百分之十五至二十五。

第九条　特区苏维埃代表大会选举执行委员三十人至五十人，组织执行委员会，并由执行委员会选出常务委员九人至十三人，经常处理全特区的政务。每三个月开执行委员会一次，审查常务委员会的工作，并讨论本特区一切立法行政的重要事件。每年开代表大会一次，并改选执行委员会。

第十条　特区苏维埃代表大会，为全特区最高政权机关，在闭会期内，其最高权力属于执行委员会。

第十一条　特区执行委员会执行一切政务，须服从中央政府的指挥和①命令，并对全特区代表大会负责。

第五章　县苏维埃的选举与组织

第十二条　县苏维埃代表大会由所属之各区苏维埃代表大会于每住民至少三千人中选举代表一人及独立镇（有工人五百人以上之镇）工农兵会议于每住民百人中选举代表一人，红军每五百人选举代表一人组织之，代表总数于多二百人。

第十三条　县苏维埃代表大会的社会成分，由区苏维埃代表大会选出者，须工人占百分之十至十五，农民占百分之八十五至九十，由独立镇选出者，工人应占百分之七十至八十，农民占百分之二十至三十。

第十四条　县苏维埃代表大会应选举执行委员二十一人至三十一人，组织执行委员会，并由执行委员会举出常务委员七人至九人，经常处理全县政务。每月开执行委员会一次，审查常务委员会的工作，并讨论全县的立法行政重要事件，每六个月开代表大会一次，并改选执行委员会。

第十五条　县苏维埃代表大会为全县最高政权机关，在代表大会闭会期间，其最高权力属于执行委员会。

第十六条　县执行委员会，执行一切政务，须服从上级苏维埃的指挥和命令，对于县苏维埃代表大会负责。

第六章　独立市苏维埃的选举及组织

第十七条　独立市苏维埃代表大会，由市区工农兵会议（苏维埃）于选民至少每百人中选举一人组织之。代表总数至多一百五十人。代表的社会成分的比例，须工人占百分之七十五至八十五，贫民及其他占百分之十五至二十五。

第十八条　市苏维埃代表大会应选举执行委员十三人至二十五人，组织执行委员会，并由执行委员会举出常务委员五人至七人，经常处理全市的政务。每两星期开执行委员会

---

① “社科法制版”漏掉“指挥和”3字。

一次，审查常务委员会的工作，并讨论全市立法行政的重要事件。每三个月开代表大会一次，并改选执行委员会。

第十九条　独立市苏维埃代表大会为全市最高政权机关，在闭会期内，执行委员会为最高政权机关。

第二十条　独立市执行委员会，执行一切政务时，须服从上级苏维埃的指挥和命令，并对于全市苏维埃代表大会负责。

第七章　市区苏维埃的选举及组织

第二十一条　市区工农兵会议的代表，由该区工厂大会，手工业工人、店员各业工人大会于选民五十人选举代表一人，贫民及其他群众大会每选民一百人选举代表一人组织之。代表总数至多五十人。每月开工农兵会议一次，每六个月改选一次。

第二十二条　市区工农兵会议，选举常务委员三人至五人，处理全区政务，须服从上级苏维埃的指挥和命令，对全区苏维埃代表大会负责。

第八章　县区苏维埃的选举及组织

第二十三条　县区苏维埃代表大会，由该县区所属之各乡苏维埃代表大会于住民每五百人选举一人组织之。代表总数至多一百人，其社会成分，农民占百分之八十五，工人占百分之十五。

第二十四条　县区苏维埃代表大会应选举执行委员十五人至二十一人，组织执行委员会，并由执行委员会举出常务委员五人至七人，经常处理全区政务，每两星期开执行委员会一次，审查常务委员会的工作，并讨论全区立法行政事项，每六个月开代表大会一次，并改选执行委员会。

第二十五条　县区苏维埃代表大会为全区最高政权机关，在闭会期间，其最高政权属于执行委员会。

第二十六条　县区执行委员会执行一切政务，须服从上级苏维埃的指挥和命令，并对全区苏维埃代表大会负责。

第九章　独立镇苏维埃的选举及组织

第二十七条　独立镇工农兵会议的代表，由该镇工厂大会，手工业工人、店员各业工人大会，每选民五十人选举代表一人，贫民大会每选民一百人选举代表一人组织之。代表总数至多五十人，每月开工农兵会议一次，每六个月改选一次。

第二十八条　独立镇工农兵会议选举常务委员三人至五人，经常处理全镇的政务，并服从上级苏维埃的指挥和命令，对全镇工农兵会议负责。

第十章　乡（或相当于乡的地域）苏维埃的选举及组织

第二十九条　乡苏维埃代表大会由所属各村苏维埃于住民每百人中选举代表一人组织之。代表总数至多五十人，其社会成分，须工人占百分之十五，农民占百分之八十五。

第三十条　乡苏维埃代表大会应选举执行委员七人至十三人组织执行委员会，并由执行委员会举出常务委员三人至五人，处理全乡政务。每两星期开执行委员会一次，审查常务委员会的工作，并讨论全乡立法行政事项，每六个月开代表大会一次，并改选执行委员会。

第三十一条　乡苏维埃代表大会为全乡最高政权机关，闭会期间，最高政权属于执行委员会。

第三十二条　乡执行委员会执行一切政务，须服从上级苏维埃的指挥和命令，并对全乡苏维埃代表大会负责。

（附注）中国农村组织与行政区分极为复杂，因此各地乡之大小极不一致，本节的规定，系就大乡而言，即在乡之下尚有村之组织者。如系小乡即在乡之下无村之组织者，那么，苏维埃的选举及组织，应适用下章村苏维埃的选举及组织的规定。

第十一章　村苏维埃的选举及组织

第三十三条　村苏维埃工农兵会议，由村民众大会直接选举九人至二十一人的代表组织之。农村工人（雇农、苦力等）代表须占总数百分之十。由农村工农兵会议选出书记一人或常务委员三人，经常处理全村政务。每星期开村苏维埃会议一次，每六个月开村民众大会一次，并改选村苏维埃。

第三十四条　全村民众大会，为全村最高政权机关，在闭会期间，属于工农兵会议。

第三十五条　村苏维埃执行一切政务，并须服从上级苏维埃的指挥和命令，并对村民大众负责。

（附注）一、不满三十户之村，须联合两村以上组织村苏维埃。

二、农村工人系指被雇用的劳动者；如自己有工具的手工业者，不属于农村工人。

（附表）说明：旁记阿拉伯数字，表明解释该级选举的第几章。

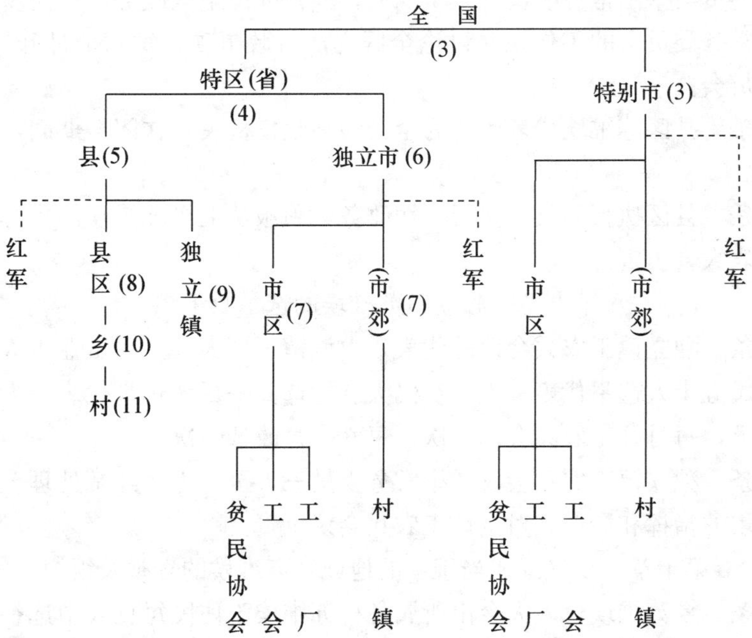

选自《中国新民主主义革命时期根据地法制文献选编》，第一卷，中国社会科学出版社1981年出版，第124～132页。简称“社科法制版”。原件未注明史料来源。在“社科法制版”第116～124页还有与本文相同的文献（也是十一章三十五条），则注明：“选自闽北分区革命委员会翻印件”。只是标题有所不同：《中国工农兵会议（苏维埃）第一次全国代表大会苏维埃选举暂行条例》，漏掉其中的“区域”二字。最后没有附表，另有几处错漏。

互校版本：

《中华苏维埃共和国法律文件选编》，江西人民出版社 1984 年出版，第 103～111 页。简称“江西法律版”。原注：“见《新民主主义革命时期根据地法制文献选编》第一卷”。在本书第 95～102 页，也出现上述“社科法制版”的重印情况。

7. 中国工农兵会议（苏维埃）第一次全国代表大会反动统治区域选举法公函

1930 年 9 月 26 日

各准备委员会、各群众革命团体：

本会全体会议决定于本年十二月十一日召集全国苏维埃代表大会，并通过召集大会的布告及选举条例，均经本会公布。它要建立中华苏维埃共和国，产生全国苏维埃的临时中央政府，以集中革命的势力和统一全国革命的政权和法令。因此，全国工农贫民广大的群众，必须全体动员起来，拥护全国代表大会，参加大会的准备工作和选举运动。

关于全国的（苏维埃区域与反动统治区域的）准备工作及选举办法，除全体会议通过之大会选举条例及各级准备委员会组织大纲外，兹特更具体地指示反动统治区域内之选举办法如下，望即依照切实执行为要。

（一）在选举运动中，必须向广大群众作苏维埃政权及此次大会的宣传鼓动，这一宣传鼓动工作，不仅限于有组织的或是进步的群众，特别是要普遍到落后的无组织的以及敌人欺骗的群众（如黄色工会会员等），是要动员他们也一致起来参加这一运动。

（二）这一运动必须根据群众的切身要求，发动群众一切的政治的和经济的斗争，要使这一斗争都密切地联系到为苏维埃政权而奋斗，使苏维埃的宣传成为广大群众实际斗争的目标。

（三）在这一切宣传和斗争中，必须以最大的努力建立或扩大和巩固群众的组织——如工厂委员会、赤色工会、农民协会、士兵委员会、贫民协会及各种群众的革命团体等。要运用和发展这些群众组织，去发起和召集群众大会，以选举代表。代表必须要经群众大会或代表大会正式选举出来，绝对禁止由机关或少数指派的办法。

（四）在选举时，如果工厂委员会或赤色工会机关的未组织起，当地准备委员会或最高的赤色工会机关应加紧宣传鼓动工作，利用各种机会号召该厂或该业的群众大会，提出群众的切身要求，发动群众的斗争，同时选举代表，并建立群众的组织，对于城市贫民及农村也是一样的办法。

（五）这一选举运动应当尽量普遍和扩大，使每个劳动群众都起来参加，以深入群众，巩固群众对苏维埃政权的信念。如果某一城市或区域选出的代表超过规定的人数时，可以设法集合开代表大会，举行复选正式代表，成立代表团，应讨论提出全国大会的意见书。

（六）依照全国情形及交通关系，决定反动统治区域赴大会的代表至多一百人，其成分工人代表七十人，农民代表十六人，士兵代表八人，贫民团体及革命团体代表各三人。

工人代表的分配系按照全国重要城市有巨量产业工人及海员、铁路、矿山工人的数量及城市工作发展情形为比例决定。农民代表的分配，系照农民斗争的发展过程而决定。

依照上述原则，兹决定代表分配数如下表：（略）

各省市区域应按照上列办法及代表人数，于十一月一日以前选出，接到本会通知后，代表即应依照规定时间到达指定的地点，是为至盼。

选自《中国新民主主义革命时期根据地法制文献选编》，第一卷，中国社会科学出版社，1984年出版，第133～134页。原件未注明史料来源。

8. 中华苏维埃共和国的选举细则

1931年11月27日中央执行委员会第一次全体会议通过[①]

第一章　总则

第一条　为中华苏维埃共和国境域内选举手续上的统一起见，根据宪法第七十三条至八十四条关于选举的规定[②]，特颁布本选举细则。

第二条　本选举细则在中华苏维埃共和国境域内都发生效力。

第三条　中央执行委员会有停止和修改本细则之权。

第四条　本细则若发生疑问或在执行上发生争执时，解释之权属于中央执行委员会。

第二章　选举权和被选举权

第五条　根据宪法第七十三条的规定，居住在中华苏维埃共和国领土内的人民，凡年满十六岁的，无男女、宗教、民族的区别，对苏维埃有选举权和被选举权，但以下列几种人民为限：

（一）一切不剥削他人劳动的人民，如雇佣劳动者、农民、独立劳动者、城市贫民及他们的家属。

（二）中华苏维埃共和国海陆空军中服役的人。

（三）以上两种人民中，“在现时不能工作或失业的人”。

第六条　根据宪法第七十四条之规定，犯有下列各条之一的人民，没有选举权和被选举权：

1. 剥削他人劳动的（富农包括在内）。
2. 靠土地、资本的盈利为生而自己不劳动者。
3. 商人资本家及其代理人、中间人和买办。
4. 各宗教的教师、牧师、僧侣、道士、地理阴阳先生及一切以传教为职业的人。

---

① 据《红色中华》1931年12月11日登载的《中央执行委员会布告第一号》标明：中央执行委员会第一次全体会议召开的时间是1931年11月27日。

② 此处所指的宪法条文，目前尚未查到。现有的《中华苏维埃共和国宪法草案》第六十三条至六十八条关于选举权的规定，与此处的引文不相符合。还应指出：1931年11月第一次全国苏维埃代表大会，并未通过正式宪法，只是通过了《中华苏维埃共和国宪法大纲》。而在本《选举细则》与《选举委员会工作细则》中，却引用了原宪法草案第73～79条关于选举法的规定。这是一个矛盾，反映出当时立法工作中的一大疏漏；这便为以后立法工作提供了一项历史性的经验教训。

5. 国民党及其他反动政府的警察、侦探、宪兵、官僚、军阀，及参加反对工农利益的反动派。

6. 有神经病的人。

7. 经法庭判决有罪，而在犯罪期间的人。

8. 一、二、三、四、五各项人的家属。

宪法第七十五条又规定如下："本宪法第七十三条所列举的三种人民之一，而犯有七十四条各项之一的，也同样没有选举权和被选举权。"

第三章　办理选举的机关

第七条　根据宪法第七十六条的规定，办理选举的机关列举如下：

1. 在城市地方，由城市苏维埃组织选举委员会进行之，委员人数不得超过九人。

2. 在农村地方，由区执行委员会组织全区的选举委员会进行之，委员会数不得超过十一人。

第八条　在大的城市和大的区，在城市选举委员会和区选举委员会之下，得设立选举委员会分会，在选举委员会总会的指导之下进行工作。

第九条　选举委员会的委员，须由城市苏维埃及区执行委员会报告县执行委员会审查，再由县执行委员会报告省执行委员会或它的主席团批准并委任之。但以该地方的居民为合格。在特别情形中，可由上级政府派该地居民以外的人去。

第十条　城市苏维埃和乡苏维埃的主席，不得为选举委员会的委员和主席。

第四章　选举的手续

第十一条　未开始选举的两星期前，须实行选民登记。

第十二条　选民登记员，可由选举委员会指定专人进行之。有组织的人民可经过该组织而进行之，无组织的人民可雇佣专人进行之。

第十三条　登记时，须按照中央执行委员会所规定之选民登记表而填写之。

第十四条　登记完了后，须将选民的登记表汇送选举委员会。

第十五条　登记结束后，须由选举委员会宣布该区域内的选民总数并应选举的代表人数。

第十六条　在未开始选举前，选举委员会经过城市苏维埃或执行委员会，须将被剥夺了选举权的人名单公布。

第十七条　选举委员会须先向各地区、各团体、各企业公布开选举大会的地点和日期。

第十八条　在城市里，须以生产为单位，进行选举，那些不能以生产为单位进行选举的人，则按区域指定地点，开选举大会。工人和劳动者的家属，则与其本人在同一处地方参加选举。在乡村里以村为单位开选举大会，小的村可合几个村为一起而开选举大会。

第十九条　登记后有选举权的选民，选举委员会须给他一张选举通知书，通知他在什么时候什么地方开选举大会，选民取得这张通知书之后才能进选举的会场。

第二十条　选举委员会有权借用任何公共场所或私人房子，作选举的会场。

第二十一条　开选举大会的会场，先由选举委员会布置好。进选举会场的门口，须指定专人登记，执有选举通知书的人才许他进会场。

第二十二条　选举大会的主席团由三人组成之，两人由选举大会推选，其余一人则为选举委员会的主席或全权代表，并另选书记一人，以担任选举时的记录。

第二十三条　选举大会主席团的主席，一定由选举委员会的主席或全权代表担任之。

第二十四条　选举大会宣布开会后，主席须宣布到会人数是否合法。

第二十五条　选举大会的议事日程规定如下：

（一）选举委员会的主席或全权代表根据宪法第七十三条、七十四条和七十五条的规定，宣布什么人有选举权和被选举权，什么人被剥夺选举权和被选举权。

（二）选举正式代表。

（三）选举候补代表。

（四）通过选民委托代表带去的提案。

第二十六条　选举大会的记录、到会登记表及一切与选举有关系的文件，都汇送选举委员会，以备选举结束后的审查。

第二十七条　选举大会的记录，必须主席团的全体及书记签字。

第二十八条　以该选民大会参加选举的选民半数以上到会，就可开会。

第十九条　倘若到会的选民人数不足法定人数时，须宣布延会，由选举委员会再定期重新召集。在重新召集选举大会的情形中，选举通知书须重新发给。

第三十条　倘若第二次选举大会再不足法定人数而延会，则第三次所召集的选举大会无论足法定人数与否，一样可开始选举，选举出应产生的代表人数。

第三十一条　选举不用书面投票，而以举手来付表决，以举手的多数者当选。

第三十二条　提候选人的姓名，用个别的或用整个的名单来提，可随大会多数选民的主张。

第三十三条　正式代表与候补代表不得同时提出付表决，必须先选举完了正式代表，再选举候补代表。

第五章　各级工农兵苏维埃代表产生的手续及代表与居民人数比例

第三十四条　工农兵乡苏维埃的代表，由全乡的选民大会选举出来，每居民五十人得选举工农兵乡苏维埃的代表一人。

第三十五条　工农兵城市苏维埃，由全城市的选民大会选举出来，每居民两百人得选举城市苏维埃的代表一人。

[附注] 工农兵乡和城市苏维埃，除正式代表之外，得选举候补代表，其人数以正式代表的五分之一为比例。

第三十六条　由各乡工农兵苏维埃所选举出来的代表，组成全区工农兵苏维埃代表大会，代表的人数以每居民四百人得选举代表一人为比例。

第三十七条　由各区工农兵苏维埃代表大会和城市工农兵苏维埃所选举出来的代表组成全县工农兵苏维埃代表大会。代表的人数，以城市居民每五百人选举代表一人，乡村居民每一千五百人选举代表一人为比例。

第三十八条　由各县工农兵苏维埃代表大会和省直属市工农兵苏维埃所选出来的代表，组成全省工农兵苏维埃代表大会。代表人数以城市居民每五千人选举代表一人，乡村居民每二万五千人选举代表一人为比例。

第三十九条　由各省工农兵苏维埃代表大会和中央直属市工农兵苏维埃所选出来的代表，组成中华苏维埃共和国工农兵全国代表大会。代表人数以乡村居民每五万人选举代表一人，城市居民每一万人选举代表一人为比例。

第四十条　区、县、省工农兵苏维埃代表大会的代表资格，须由各该级苏维埃代表大会组织审查委员会审查之。

第四十一条　凡不足法定选民人数的区域，也得选举代表一人，但有发言权无表决权。

第四十二条　属于区苏管辖的工农武装和红军，参加区的苏维埃选举；属于县苏管辖的工农武装和红军，参加县的苏维埃选举；属于省苏管辖的及不属于省苏管辖而在省区域内的工农武装和红军，参加省的苏维埃选举。红军的选举条例，由中央执行委员会另行颁布之。

第六章　基本（城乡）选举之承认、取消及代表之召回

第四十三条　按照宪法和本细则所规定的手续而进行的选举，才算合法，须予以承认。

第四十四条　对于选举有不按照宪法和本细则所规定的手续而进行时，选民可向城市苏维埃或区执行委员会控告，该苏维埃政府接到这种控告之后，须即组织委员会审查之。

第四十五条　选举完结后，选举委员会需将选举中的一切文件汇交城市苏维埃或区执行委员会，以备检查。

第四十六条　城市苏维埃区执行委员会接到关于选举的文件后，须组织专门委员会审查之。

第四十七条　发现某部分的选举有不合法选举手续时，取消某部分选举之权属于城市苏维埃和区执行委员会。

第四十八条　若发现全部选举有违反选举手续时，取消选举之权属于上级苏维埃政府。

第四十九条　在选举效力上发生争执时，由城市苏维埃和区执行委员会解决之。

第五十条　中央执行委员会为选举上诉的终审机关。

第五十一条　城市和苏维埃的某一代表若不能执行自己职务，有违反人民的付托或做犯法行为的时候，城市或乡苏维埃得开除之，选民也有召回该代表之权，并得另行选举。但在这种情形中，须报告上级苏维埃政府审核之。

第七章　选举的经费

第五十二条　办理选举的经费由国库担负之。

第五十三条　各选举委员会，须制定办理选举的预算案，由城市苏维埃或区执行委员会报告县执行委员会批准，由中央执行委员会所拨给的选举经费中支付之。

第五十四条　选举结束后，选举委员会须向城市苏维埃或区执行委员会做财政报告，并制定决算案，由城市苏维埃或区执行委员会报告县执行委员会批准。

第八章　附则

第五十五条　本选举细则自公布之日起发生效力。

中华苏维埃共和国中央执行委员会
主　席　毛泽东
副主席　项　英　张国焘

附：产生苏维埃政权的选举系统图表

产生苏维埃政权的选举系统图表

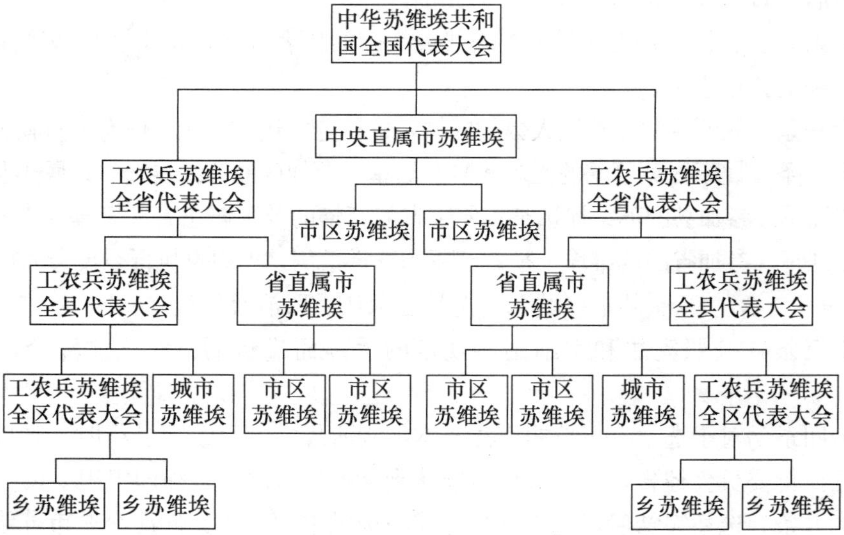

选自《中华苏维埃共和国法律文件选编》，江西人民出版社1984年出版，第112～118页。简称“江西法律版”。原注：“选自福建省档案馆馆藏史料”。

互校版本：

1.《中国新民主主义革命时期根据地法制文献选编》，第一卷，中国社会科学出版社1981年出版，第145～148页。简称“社科法制版”。原注：“选自湘赣省苏维埃执行委员会《各种法令条例汇案》”。

2.《中央革命根据地史料选编》下册，江西人民出版社1982年出版，第178～186页。简称“江西史料版”。原件未注明出处。

9. 中华苏维埃共和国选举委员会的工作细则

1931年11月27日中央执行委员会第一次会议通过[①]

第一章　总则

第一条　根据宪法第七十六条至七十九条及选举细则各条之规定，为便于选举委员会的工作起见，特另行颁布工作细则。

第二条　中央执行委员会有停止和修改本细则之权，并有解释关于本工作细则的疑问或争执之权。

第三条　本工作细则施行于中华苏维埃共和国的全境内，一切选举委员会[②]，都应遵

① 关于中央执行委员会第一次全体会议召开的时间，《苏维埃中国》与其他三种版本皆印作1931年12月，实际应是1931年11月27日。

② “江西法律版”为“选举委员会”，《苏维埃中国》“北大宪法版”“社科法制版”及“江西史料版”皆印作“选举委员”。

照本工作细则进行工作。

第二章　选举委员会的工作人员

第四条　选举委员会按照选举细则产生之后，委员之间须即速进行分工，每个委员应当担任选举委员会的一部分工作。

第五条　选举委员会的委员不脱离生产，在办理选举期间，要可暂时解放他所担负的工作，专门来进行选举工作。

第六条　可酌量任用技术人员，如文书、印刷、登记员之类，但在可能的范围之内，可利用区执行委员会和城市苏维埃的技术工作人员。

第七条　选举委员会可在区执行委员会和城市苏维埃的地方办事，不必另设办事处。

第三章　选举前的工作

第八条　在未开始选举的两星期前①，得在该区域内实行选民登记。对于登记的工作，如没有组织的选民，选举委员会可任用专门登记员进行之。有组织的选民，可委托该组织的负责人进行之。

第九条　登记须按照中央执行委员会所颁布的选民登记表填写之。

第十条　登记完了之后，须由选举委员会指定委员，组织委员会审查登记表。

第十一条　审查完了以后，须将有选举权的选民名单公布在选民所在地或圩场张贴。

注：按照选举细则，应发选举通知书，为便于选举工作起见，故暂改用选民名单的布告。

第十二条　选民名单须在选举大会的三天前发表。

第十三条　在未选举前，须将选民交给代表带去的提案的草案预备出来，且先在选民所在地公布，使选民预先认识所提出的提案。

第十四条　选举委员会在未开始选举前，应将该区域内各个选举大会的选民总数、应选举在正式代表和候补代表的人数公布（候补代表以正式代表的五分之一为比例，如不及此数也可以选举候补代表一人），并将被剥夺选举权者的名单，经过区执行委员会和城市苏维埃公布。

第十五条　在开选举大会的前三天，须布告开选举大会的地点和时间。

第十六条　须先将会场布置好，看守会场门的人和进会场的登记人预备好。选民进会场时，须按照选民的名单放他们进去。

第四章　选举时的工作

第十七条　无论哪个选举大会，选举委员会的主席或派全权代表去出席。

第十八条　由选举委员会的主席或全权代表宣布开会，在宣布开会后，须宣布到会人数是否已足法定人数。

第十九条　选举委员会的主席或全权代表，一定为选举大会的主席。

第二十条　选举大会议事日程的第一项，应由选举委员会主席或全权代表根据宪法第七十三条、七十四条及七十五条之规定，宣布什么人有选举权和被选举权，什么人被剥夺选举权和被选举权。

---

① “江西法律版”为“两星期前”，《苏维埃中国》“北大宪法版”“社科法制版”及“江西史料版”皆无“前”字。

第五章　选举后的工作

第二十一条　选举委员会须将关于选举的文件（选民登记表、选举大会的记录、进选举会场的登记表等）汇集起来，交给区执行委员会或城市①苏维埃，以备检查。

第二十二条　选举结束后，选举委员会须向区执行委员会或城市苏维埃做选举总结的报告，对于选举委员会所用去的经费，同样须对区执行委员会或城市苏维埃做详细的财政报告。

第二十三条　选举结束之后，选举委员会须将工作结束，所有选举委员会所购置的东西，全部交给区执行委员会或城市苏维埃，选举委员会就宣布停止工作。

中央执行委员会　主　席　毛泽东

副主席　项　英

张国焘

选自《中华苏维埃共和国法律文件选编》，江西人民出版社 1984 年出版，第 119～121 页。原注："选自福建省档案馆馆藏史料"。

互校版本：

1. 《苏维埃中国》，第二集，1935 年印行，中国现代史资料编辑委员会 1957 年翻印，第 175～178 页。

2. 《中国新民主主义革命时期根据地法制文献选编》，第一卷，中国社会科学出版社 1981 年出版，第 145～148 页。原注："选自《苏维埃中国》第二集"。

3. 《中央革命根据地史料选编》下册，江西人民出版社 1982 年出版，第 186～189 页。原件未注明史料来源。

4. 《宪法资料选编》，第二辑，北京大学出版社 1982 年出版，第 33～36 页。简称"北大宪法版"。原注："《苏维埃中国》第二集，1935 年，苏联外国工人出版社出版。"

10. 中华苏维埃共和国中央执行委员会训令第七号——关于加入过反革命组织的自首、自新及被压迫和欺骗而反水的工农（雇农、贫农、中农）分子的选举权和被选举权问题

1932 年 1 月 13 日

过去有些工农分子，因为政治认识薄弱而被欺骗加入过 AB 团、社会民主党、改组派、托洛斯基派及其他的反革命组织，被压迫和受欺骗而反过水的，后来自觉地向苏维埃政府自首，有的被政府逮捕后能忠实地供出反革命的组织而经政府许其自新者，有的被反革命分子所欺骗而加入了反革命的变相组织者，有的被白军压迫而反水出去后来回来的，以上这些加入过反革命组织和反水的工农分子，各级苏维埃政府对于他们剥夺公民权与否，都没有明确

① "社科法制版"漏掉"城市"二字。

的规定，以致当着选举时对他们不好处置，有些地方则把他们排除在选举之外，这于保护工农利益和彻底肃清反革命的组织都是有妨碍的。因此，本政府特颁发本训令明白规定。

凡与下列各条相符合者，应宣布他们仍然有公民权，当选举时仍然与普通工农分子一样可以参加选举，有选举权和被选举权：

（一）贫苦工农分子加入过反革命组织（AB团、社会民主党、改组派、托洛斯基派等），觉悟后能向苏维埃政府自首，并将反革命的组织尽所知地报告出来者。

（二）贫苦工农分子被反革命分子所欺骗而加入各种反革命的变相组织（如恋爱团、两性合作社、好吃委员会、苗子委员会、一心团、神精团等等），经AB团、社党等招供而被苏维埃政府逮捕后，经过自新期间考察，确实他不是明知这种组织是反革命的，因而不自觉地去加入，乃是为朋友感情关系或一时满足嗜好被欺骗去加入，并且现在已经知道自己被欺骗，因而脱离这种反革命的变相组织者。

（三）加入反革命组织（AB团、社会民主党、改组派、托洛斯基派等）的附和的贫苦的工农分子，被捕后能忠实地供出反革命的组织，经苏维埃政府给他自新，自新期间已满，业已明白自己过去的错误，并在行动上有觉悟表现者。

（四）加入反革命组织的工农分子，被肃反机关逮捕，经审问释放，而判决剥夺公民权的期限已满，并已恢复公民权者。

（五）赤白交界的区域，贫苦工农分子被白匪、团匪等反动派所欺骗和压迫而反水，现在确已觉悟，自知过去的错误，仍努力参加革命工作者。

但是，凡属反革命组织（AB团、社会民主党、改组派、托洛斯基派等）的反水的主要分子、首领及行动上无诚意悔悟表示的坚决反革命分子，即是贫苦工农，均应剥夺他们的公民权，绝对不能参加选举。

以上规定，一方面是为了保护贫苦工农的政治权利，另一方面是为了用各种方法易于彻底肃清暗藏苏区内的各种反革命组织和阴谋，望各级苏维埃政府遵照执行，并向群众公开宣布为要。此令

主 席 毛泽东
副主席 项 英
张国焘

选自《中国新民主主义革命时期根据地法制文献选编》，第一卷，中国社会科学出版社1981年出版，第149～150页。原注：“选自《肃反令文集》”。

11. 中华苏维埃共和国中央执行委员会训令第八号——关于变更和补充居民与苏维埃代表的比例标准

1932年1月28日

目前中国革命，还正在残酷的斗争中，苏维埃政府若颁布各种条例，首先应当顾及适合目前的斗争的条件与否，应根据这个原则，以颁布各种条例；因此对于选举细则上所规

定的居民与苏维埃代表的人数比例，也要根据这个原则，不应把居民与代表的人数比例规定得太呆板了。为适合目前革命斗争的环境，保证无产阶级在苏维埃机关内的领导地位，本届的选举居民与代表人数的比例，对于过去所颁布的选举细则，必须略有变更和补充。并将居民与代表比例的新标准规定如下：

一、乡苏维埃：贫农中农独立劳动者等每五十人得选举正式代表一人，工人、苦力、雇农每十三人得选举正式代表一人，不足所规定的人数者也可以选举正式代表一人。

二、直属于县的城市苏维埃：城市贫民和周围所管辖范围内之贫农、中农及独立劳动者每八十人得选举正式代表一人，工人、苦力、雇农每二十人得选举正式代表一人，不足所规定的人数者也可以选举正式代表一人。

三、直属于省的市苏维埃：城市贫民及附近之贫农、中农等每四百人选举正式代表一人，工人、苦力、雇农每一百人选举正式代表一人，不足所规定人数者也可以选举正式代表一人。

四、区苏维埃代表大会，由各乡苏的代表及地方武装的代表所组成，每居民两百人得选举参加区代表大会的正式代表一人，不足所规定人数者，也可以选举正式代表一人。

五、县苏维埃代表大会，由区代表大会和城市苏维埃所选举出来的代表及地方武装和红军的代表所组织，每乡村居民一千二百人得选举参加县苏维埃代表大会的正式代表一人。代表的成分，工人、苦力、雇农应共占百分之二十五，士兵占百分之三十。每城市居民四百人得选举参加县代表大会正式代表一人。代表的成分，工人、苦力、雇农应共占百分之五十。

六、省苏维埃代表大会，由县代表大会和省直属市苏维埃所选举出来的代表及红军和地方武装的代表所组织。乡村居民每五千人得选举正式代表一人。代表的成分，工人、苦力、雇农应共占百分之二十五，士兵占百分之十，每城市居民二千人得选举正式代表一人。代表的成分，工人、苦力、雇农共应占百分之五十。

各级苏维埃的候补代表以正式的代表五分之一为比例，每选举五个正式代表，可以增选一个候补代表，正式代表不足五人者也得选举候补代表一人。候补代表参加苏维埃的会议或代表大会，有发言权而无表决权。正式代表缺席时，由候补代表升补。

（附注一）区、县、省三级苏维埃代表大会的代表，工人、苦力、雇农、红军的代表标准，应在选举代表之前确定，城苏乡苏及区县二级代表大会都须注意到工人、苦力、雇农及红军成分。

（附注二）地方武装和红军选举手续另有地方武装和红军细则规定之。

以上的规定是补充选举细则的缺点，除居民与代表的比例变更外，其余的程序，都应依照选举细则的规定。各级苏维埃政府接到本训令之后，对于本届的选举应即遵照本训令的指示去进行，此令。

中央执行委员会主席　毛泽东
副主席　项　英
张国焘
一九三二年一月二十八日

选自《苏维埃中国》，第二集，1935 年印行，中国现代史资料编辑委员会 1957 年翻印，第 191～193 页。原件未注明史料来源。

互校版本：

1.《中国新民主主义革命时期根据地法制文献选编》，第一卷，中国社会科学出版社 1981 年出版，第 151～153 页。简称“社科法制版”。原注：“选自《苏维埃中国》第二集”。

2.《中华苏维埃共和国法律文件选编》，江西人民出版社 1984 年出版，第 122～123 页。简称“江西法律版”。原件未注明史料来源。

3.《宪法资料选编》，北京大学出版社 1982 年出版，第 37～39 页。原注：“《苏维埃中国》第二集，1935 年，苏联外国工人出版社出版。”

12. 湘鄂赣省工农民主政府颁布的“选民须知”

1932 年 6 月 16 日

一、选民应明了选举权和被选举权的重要，对于选举权和被选举权，要丝毫不肯放弃，要认识在苏维埃政权底下，有选举权和被选举权的人，是非常荣幸的，没有选举权和被选举权的人，是非常可耻的，尤其要认识选举权和被选举权是工农群众一种管理政权和监督政权的绝大权利。

二、选民对“选民登记表”的填写，要很忠实地照表填好。

三、选民要留心去查看选举委员会公布的选民名单。

四、公布的选民名单上，如果漏某一选民时，某一选民可向选举委员会查问或追究。

五、开选举大会时，选民应按照规定时间到会选举代表。

六、选举大会提出代表名单后，选民如认为某一代表名单不能当选时，可举出某一代表不能代表的事实，以便更换。

七、选举代表要注意代表的成分（区苏维埃的代表成分，工人、雇农、苦力应占百分之二十；县苏维埃的代表，工人、雇农、苦力应占百分之二十五，士兵占百分之十；省苏维埃的代表成分，与县级同）。

八、选举代表要注意应选代表的数目，与自己投票的数目（即是自己举手的次数）。

九、开选举大会时，如有什么意见，可向大会建议或提案。

十、选举大会的一切规则，选民须注意遵守。

十一、选举委员会办理选举时，如有舞法弄弊情事，或浪费选举经费时，选民得随时报告苏维埃政府，予以监督和纠正。

十二、“选民须知”须多多印刷，最好每个选民有一张，每个选民都要了解“选民须知”的各点，以便很顺利地完成这一选举运动。

选自《中国新民主主义革命时期根据地法制文献选编》，第一卷，中国社会科学出版社 1981 年出版，第 189～190 页。原注：“湘鄂赣省苏维埃政府内务部印制，一九三二年六月十六日”。

13. 中央执行委员会第十五号训令
——关于继续改造地方苏维埃政府问题

1932年9月20日

当目前革命战争急剧的发展中，苏维埃的中心任务，是领导与发展革命战争，一切工作应以战争为中心。一切牺牲在为争取战争全部的胜利。健全与巩固苏维埃的领导，是争取战争全部胜利的一个基本条件。地方苏维埃虽经过一次全部改造，在工作上虽有部分进步，但在领导与发展革命战争的中心任务中，发现地方苏维埃的领导薄弱和许多错误。首先是没有以战争为中心，因此扩大红军许多地方没有积极去进行，不积极动员群众到前线参加战争，有些对于地方武装领导没有坚决实行进攻敌人，如龙岩革命委员会、长汀县苏等，不但不坚决地领导群众去同敌人作坚决的斗争，反而畏缩逃跑，使苏区受到相当损失，对于游击队的政治领导不注意，造成严重的赤白对立现象，更没有坚决地去扩大苏区巩固新的苏区。诸如此类事实，充分表明，有些地方苏维埃政府之不健全和不坚决执行自己的任务。这对于革命战争的发展与胜利有莫大的危害！

我们更从苏维埃政府本身来看：有的政府还有阶级异己分子隐藏在内，在工作上有些还充分表现非阶级的路线。这种非阶级路线，常在土地问题、劳动保护问题上表现出来。官僚腐化的现象，在一部分地方苏维埃政府内生长着。贪污的现象还很严重。政府的工作方式，往往脱离群众，大都用命令方式，强迫群众去执行。对于红军优待条例没有全部去执行，以致妨害扩大红军的工作。忽视妇女权利，不切实执行婚姻条例，以阻碍妇女来参加革命工作。下级政府对上级政府的命令的玩忽和敷衍，城乡苏维埃的经常代表会议未建立起来，甚至有的乡苏关着门不做事，全部工作大半挂着空名而没有工作。这些严重现象和错误，表示地方苏维埃之不健全，还不能有力地担任领导革命战争的任务。

为了要加强苏维埃政府对革命战争的领导，消除在苏维埃工作一切错误和缺点，决定地方苏维埃政府实行继续改选和改造，从改选中洗刷出去非阶级的异己分子及一切对革命战争工作消极怠工的分子，驱逐贪污腐化官僚等分子出苏维埃，吸引积极的新的干部，建立坚强而有工作能力的苏维埃政府，去实际执行领导革命战争的任务和工作。

这次选举的程序，不是闽赣两省苏区各级政府同时来进行改选，而是以县为单位的来个别进行改选，因为现值发展革命战争的时期，若各地同时进行选举，各地政府都注全力于改选的工作，必使领导发展革命战争的工作停顿下来，而不利于革命战争，但主要改选的标准，以该级政府对于领导革命战争的工作如何以决定全部或部分的改选。现将全部或部分改选的县名列举如下：

一、全部改选的：江西的：南广、石城、会昌、寻邬、安远、于都、永丰等县；福建的：长汀、宁化、新泉、武平等县；龙岩则正式成立县苏维埃政府。

二、部分改选的：江西的兴国、胜利、宁都、公略、赣县、乐安、万太等县；福建的永定、上杭等县；及瑞金中央直属县。

这次改选中应当以发展革命战争来动员群众参加改选运动，检查和批评苏维埃工作，以这次改选运动作为发动群众扩大红军参加前线工作的实际动员，纠正过去和平改选以及脱离战争的选举运动。

在此次改选，各级政府，应当特别注意吸引工人中积极分子参加乡代表会区县执行委员会，以加强各级苏维埃中的工人成分。

各级苏维埃政府接到本训令之后，应立即准备改选的工作，改选的期限，由江西、福建两省苏及瑞金直属县苏主席团自己去规定，改选的手续，仍然按照选举细则的规定。此令。

各级苏维埃政府

主　席　毛泽东

副主席　项　英

张国焘

选自《中华苏维埃共和国中央政府文件选编》，《江西社会科学》，1981年增刊，第31～32页。未注明史料来源。

14. 湘赣省苏维埃执行委员会训令——接受中央执行委员会关于各级选举运动的检查的决议

1933年2月23日

省苏检查湘赣全省选举运动的工作，认为中央所指出的各种错误，完全正确，都应有尽有，尤其是没有在政治上发动广大群众参加这一运动，官僚主义的工作方式万分严重，只是坐在机关上空喊，大骂下级，工作做得不好，一味敷衍，不亲身到下层去，亲自到群众中去做艰苦的群众工作。这就是根本没有认清苏维埃是在革命战争中的组织者和指挥者的作用，没有从政治上认识改造和坚强地方苏维埃政府是领导工农群众，粉碎敌人大举进攻的一个重要基础，用大决心来加强苏维埃的工作能力，彻底粉碎帝国主义国民党对中央苏区、对湘赣苏区的大举进攻。因此，省苏除责令各级政府，全部执行中央人民执行委员会一九三二年十二月一日关于各级选举运动的检查的决议以外，并有以下决定：

1. 各县区苏维埃，要立即派得力同志或组织工作团，有耐心、不怕艰苦地深入乡村去。以乡或村为单位，召集代表会议、选民大会和到大会雇农工会、贫农团、妇女代表会及各群众团体会议上，作选举运动的报告与讨论。充分地在政治上动员最广大工农群众，使个个工农深刻了解苏维埃是工农兵、贫农自己的政权，豪绅地主、富农、一切阶级异己分子绝对没有权来参加，认识苏维埃是革命战争唯一的组织者和指挥者。为得消灭反苏维埃、反工农利益的敌人的大举进攻，彻底获得土地法、劳动法完全实现，保障自己已得的胜利，谋得自己的彻底解放，坚决到底为苏维埃政权而斗争、而努力。实际地了解选举运动的重要，是每个工农自己的事，自动来参加选举。同时，要在各种会议上，坦白指出苏维埃的委员和代表的工作错误，过去选举运动中的错误，并说明过去苏维埃不能完满替群众解决困难问题，是由于工农群众没有来参加选举。选举很好的人到苏维埃做工作，和负责来监督、批评苏维埃的工作。正确的分析阶级成分，坚决驱逐豪绅、地主、富农、一切异己分子出政权，打击钳制工农说话、侵犯工农利益的官僚主义者。在乡村中抓住一两件包庇富农、异己分子及强奸民意的事实，发动群众斗争，予以严重打击。这样，使改选运动真正成为最广泛的斗争的群众运动。

2. 近查各县区选举委员会的委员，有些不尽职的，甚至有异己分子、消极怠工、脱离群众的分子、AB团反动分子混入在里面。省苏责令各级工农检查部检查委员会，严格地一个个检举选委会的委员。无情地撤销一切不尽职或阳奉阴违的委员和包庇富农异己分子、故意把阶级成分弄错的委员，并在群众中分别轻重，予以裁制。逮捕选委会内的AB团反动分子，交保卫局办理。绝对不准有一个以选举为儿戏，只徒敷衍塞责的分子存在选举会。

3. 在进行选举运动中，应站在一切开支绝对服从战争的观点上，认真清理苏维埃的经济。从建立苏维埃起，一直到算清之日止，来一个严厉的、最彻底的清查。撤销浮支滥用公款的分子的工作，严惩贪污侵吞公款的分子。在此次选举运动深入阶级斗争中，没收豪绅、地主一切财产和没收加入了反动组织或逃跑反水的富农、异己分子的全家财产。由过去混入中农或贫农里面，窃取了好田的富农；筹款当中，若发现了私打土豪瓜分没收来的财物贱价强买等的贪污事实，应严格地处分，绝不要放松半点。

4. 各县选举运动正在积极进行中，但因我们的工作犯了非常严重的可耻的官僚主义的方式，一般地不深入，把选举工作敷衍，这只有阻碍了革命战争的发展。实际上做了巩固苏维埃向外发展、粉碎敌人大举进攻的罪人。省苏郑重地责成各级苏维埃，应以最大决心，集中力量在三月内完成。绝对不许有丝毫敷衍，如一经检查出不合中央和省苏所规定的条文认真选举的，一律作为无效，并由各县区苏负主要责任的同志切实负责。若是真的不能如期完成选举运动的县或区，得报告上级政府，斟酌延期。总之，这一选举运动，应下绝大决心，把它做得非常完善。区县两级代表大会的进行，必须建立在城乡选举运动的成功基础上来进行，绝对不准敷衍与消极，并应加强工作速度，努力把这一紧急又严重的战斗任务来完成。此令

湘赣省苏维埃执行委员会
主　席　袁德生
副主席　张启龙　谭余保

选自《湘赣革命根据地史料选编》下册，江西人民出版社1984年出版，第337～339页。原注：“永新县苏维埃政府翻印”。

15. 中华苏维埃共和国中央执行委员会训令第二十二号——关于此次选举运动的指示

1933年8月9日

中央执行委员会决议于今年十二月十一日（广州暴动纪念日）召集第二次全国苏维埃代表大会，并定中央苏区在九月至十一月，完成乡苏市苏的选举，及区、县、省三级的苏

维埃代表大会。这次选举是从乡苏市苏，一直到中央执行委员会，完全实行改选。这是一个伟大的工作，是工农劳苦群众自己参加政权、巩固政权的伟大的运动。这次选举运动，正当着一方面，革命战争对敌人的四次“围剿”得到了全部胜利，中央苏区及全国各苏区的红军与工农劳苦群众在中国共产党与中央政府的正确领导之下，消灭敌人部队，扩大红军与地方武装，深入查田运动，实施劳动法，发展经济建设与文化建设，扩大苏维埃领土，都得到了很大的成绩。白色区域，在日本占领满洲、热河、华北，扩大其强盗战争，国民党签订卖国协定完全投降帝国主义的过程中，全国工农兵士群众，反对帝国主义国民党的革命潮流，进到了更高的阶段。但是另一方面，国民党自四次“围剿”惨败后，更加露骨地投降帝国主义，出卖中国，同美、英、法、意、德各帝国主义国家订立密约，实行大借款大买军火，进行其第五次的向苏区围攻，中央政府正在以充分的决心，领导广大群众与红军，争取粉碎敌人五次“围剿”的新的更加伟大的胜利。我们的各个苏区是在这样的环境中进行这次普遍的选举。因此，这次选举，是负有伟大历史任务的。要使这次选举密切地与当前中心政治任务联系起来，要从选举中来健全各级苏维埃的组织与工作，要在全苏大会上总结两年来的斗争经验，讨论新的策略，加强苏维埃对于中国革命的领导，粉碎敌人的新进攻，争取革命在江西及邻近几省的首先胜利。为了这个目的，必须经过广泛的宣传鼓动工作，在广大群众中造成选举运动的热潮，使每个工人与农民都懂得这次选举的重大意义。争取大多数选民来参加选举，同时要使这次选举得到完满成功，必须仔细检阅过去选举的经验，收集过去选举的成绩，而避免过去选举中的缺点与错误，才能使这次选举成为最完满的一次选举。

一、过去选举经验的总结

首先应该指出，第一次全苏大会前的苏维埃选举，与在第一次全苏大会的苏维埃选举，有很大的不同。一苏大会前的选举，最显著的是没有明确的选举法，居民中有选举权的与没有选举权的没有明白地划清。在方法上，多是用一种群众大会方式进行选举。群众的多数还不充分认识选举是自己管理自己生活的重要关节，因此没有争取选民的多数来参加选举。在一苏大会后，由于中央政府的领导与阶级斗争的进一步发展，两次选举的表现和以前是大不相同了。选举细则制定了，选民与非选民开始严格地分开。开始用选民大会方式在选举委员会的领导下进行选举。选民对于选举意义的认识提高，因此参加选举的人数增加了。一苏大会后两次选举中，第二次比第一次参加选举的人数更见增多，部分地方竟达到了选民的百分之九十以上（兴国与赣东北）。许多地方的选举大会上（尤其是第二次选举），发动了选民对候选名单的热烈的批评，收集了许多选民关于自己实际生活问题的提案。在这个基础上，苏维埃的成分比前有了很大的变化，如果说过去有不少的阶级异己分子与投机分子混入苏维埃中来，经过一苏大会后的两次改选，这些成分大批地被淘汰了。相反的方面，大批工农先进分子被选举到了苏维埃，建筑了苏维埃大厦的强固的基础。这里特别值得指出的，是工人成分的加多与加强，形成了苏维埃中无产阶级的骨干，建立了乡苏与市苏的经常代表会议制度。所有这些不可否认的成绩，都证明与一苏大会前的选举有很大的进步。

但是，一苏大会后的两次选举不是没有缺点与错误的，只有我们正确地估计了成绩，又清楚地认识了错误，才能更顺利地开展目前这一次选举，使这一次选举与前两次选举更加表现它的不同与进步。前两次选举中最主要的缺点和错误是：

（一）发动群众不充分。这里主要是许多地方政府的主席与主席团还不深刻认识选举的重要意义，因此没有着重去讨论领导选举的问题，没有着重去做关于选举的宣传鼓动工作，因此参加选举的人数，除一部分地方之外，许多的地方还没有达到大多数的程度。

（二）在选举中，许多地方不能如兴国第二次选举时一样，发动热烈的批评与斗争，发动群众讨论提案。个别地方则完全是和平改选，形式上改换了一些代表和负责人，实质上与过去状况没有多大变更。

（三）多数的地方没有把查田运动与检查劳动法的斗争同选举运动密切联系起来，不知道在选举之前开展查田运动，工农检查部进行检举运动，劳动部检查劳动法的实施。因此，一方面不能高度开展农村中与城市中的阶级斗争，激发工人与农民的积极性，来参加选举、监督选举，涌出无数积极坚决分子贡献给选举；另一方面，就使得一些消极怠工分子、贪污腐化分子，甚至阶级异己分子，事先未被查出，还能够借着选举混入苏维埃政权中来。

（四）对于吸引工人积极分子使之当选，许多地方还做得不够，工人当选的数量、质量虽有增加，但仍未达到应有的程度。

（五）对于使女工农妇当选到苏维埃工作，许多地方注意得非常不够，因此除兴国等处有好的成绩外，许多地方乡苏中，劳动妇女当选的依然不多。一部分乡苏甚至一个妇女代表都还没有，区以上政府女子当选为委员的一般就更少了。

（六）选举方法上的错误：第一，是选举会单位太大，多数地方都是以乡为单位开会，使选民到会不容易，工人与农民混合开会，使工人不容易选举他们所要选举的人。第二，是将候选名单整个的报告讨论、表决，而不是按名逐一报，逐一讨论，逐一表决，使选民真意不能充分发表，不良分子容易蒙混当选。这个错误发现在许多地方。第三，是许多地方选举委员会不起作用，仍然只是政府主席等几个人在领导选举。第四，有少数地方简直违反选举法令，不开选民大会，而由区乡政府负责人指派乡苏代表，这是绝对错误的办法。所有过去的经验——不论是成功的方面与缺点、错误方面，都是我们目前选举的教训。学习过去成功的地方，而坚决不容许过去的缺点、错误再存在于这次选举，就是我们总结过去经验的目的。

二、此次选举的方针

苏维埃政府是工农民主专政的政府，这是目前阶段上革命政权的基本原则。这个原则首先表现在苏维埃的选举上：一方面剥夺一切剥削分子的选举权，另一方面吸引尽可能多的工人、农民及贫民分子积极地参加选举。中央执行委员会在这个原则下，除了重新颁布选举法之外，特再依据过去的经验，对于目前进行的选举，有如下各项的指示：

（一）责成人民委员会及土地人民委员部，着力指导各级政府抓紧这一时期的查田运动工作。要使各地冒称中农、贫农偷取了选举权的地主富农成分彻底清查出来，使这次选举的权利完全落在工农身上。要在查田斗争中去激发农民群众的积极性，去锻炼大批群众干部贡献到选举中来。劳动人民委员部要抓紧这一时机，指导各级劳动部着力于劳动法实施情形的检查，开展工人与资本家的斗争，保护工人的日常利益，发动工人积极地参加选举，并在选举运动中起领导的作用。工农检察人民委员部应抓紧这一时机，开展苏维埃工作人员中的检举运动，有系统地迅速地发动思想斗争，用自我批评的火力反对贪污腐化现象，反对对于查田运动、对于检查劳动法实施的消极怠工现象，反对对于选举工作的官僚主义方式。尤其要驱逐暗藏在苏维埃中的阶级异己分子（成分不好又加工作不好的），使他们不能在选举工作中起坏的领导作用。

（二）内务人民委员部与教育人民委员部应着力指导各级内务部与教育部，立即进行此次选举的宣传鼓动工作。不但要组织选举宣传队，而且要使一切农村中与城市中的俱乐部、识字班、夜学校、小学校、列宁室与墙报，都为此次选举活动起来。关于宣传的材料与方法，责成教育人民委员部与省县教育部去作充分的供给。同时责成政府机关报红色中华社对于此次选举运动作有系统的记载，要使《红色中华》成为此次选举运动中的一个有力宣传者与组织者。

（三）关于选举工作的实际进行，下面指出的各点必须特别注意，必须使之完全见诸实施。

乡苏与市苏是苏维埃的基本组织，因此乡苏与市苏的选举是基本的选举，这里特别重要的是：

（甲）关于乡苏与市苏的选举

1. 须根据《苏维埃暂行选举法》的规定，由区苏、市苏及区一级与市一级的各个群众团体的代表，组织选举委员会，担负领导选举的一切工作。选举委员会必须切实工作起来，不能容许仍如过去许多地方的一样成为有名无实的机关。

2. 选举运动的动员方式，主要是在区乡两级召集各群众团体的联席会议、个别群众团体的会议，以讨论选举法的内容与选举工作的布置，这里最主要的是动员工会、贫农团与女工农妇代表会。

3. 对于候选名单，选举委员会应作充分的事先准备。候选名单，应该在选举前收集各群众团体的意见，由选举委员会公布，使选民对于各候选人能够加以充分的考虑。当实行选举时，须按名逐一提出，逐一讨论，逐一表决，使选民尽量发表意见，使革命的民主精神充分表现出来。绝对禁止用强迫命令方式去通过代表名单。当着选民中有不赞成某人的表示时，须立即注意群众的意见，如果为多数人所反对，应即撤销原提议，而另提适当的候选人，或由群众提出候选人。

4. 乡苏、市苏代表工农成分的比例，在选举法中已有规定。这里应提出劳动妇女的成分，至少要使有占百分之二十五的劳动妇女当选。如果过去乡苏、市苏全无妇女代表的地方，这点尤须注意。

5. 乡苏、市苏的选举名单，不但应注意不使一个阶级异己分子（成分与工作均坏的）混了进来，还应注意各人的政治表现与工作能力。凡属工作不积极的分子，同地主、富农资本家妥协的分子，表现过贪污腐化的分子，工作方式上表现浓厚官僚主义的分子，凡有这些错误表现的，都不能使之当选（以最近时期为准，过去虽犯过这些错误，但最近已经改变了的，仍然可以当选）。除了政治表现是选举最主要的标准外，工作能力方面，亦应予以相当的注意。过去有些地方只看成分，不看能力，把能力过于薄弱分子引进政府，仍然是不妥当的。

6. 在选举大会开会之前，须将选举提案的草案准备好，并普遍公布出去，使选民看了草案好去充分准备意见，在选举大会上将草案经过选民群众的修改通过，作为正式的提案。提案的内容，要能够充分表现当地群众对于自己生活、对于政府的法令政策、对于革命战争的意见。

7. 乡苏与市苏的代表完全产生出来之后，由旧的乡苏和市苏召集新的乡苏和市苏的第一次全体代表会议，推选市苏的主席团、各科科长，推选乡苏的主席、副主席。同时在乡苏的会议上，选举出席区苏代表大会的代表，市苏则选举出席县苏代表大会的代表（隶属于区的市苏，则仍选举到区苏代表大会）。

（乙）关于区县省三级苏维埃代表大会的选举及其工作

1. 区县省三级苏维埃代表大会，由区县省三级的执行委员会召集之。在大会前，各级应将自己的工作报告准备好，提到各该级主席团会议上通过，以便提向代表大会。大会前半个月，须公布大会的议事日程，使到会代表可以很早准备意见。大会议事日程上应列入的问题，如：(1) 上级政府的工作报告；(2) 本级政府的工作报告；(3) 战争动员工作；(4) 经济建设工作；(5) 查田运动的总结；(6) 当地重要建设事业；(7) 选举执行委员会；(8) 选举出席上级苏维埃代表大会的代表等。这些议题，可以酌量当地情形以增减之。

2. 大会的决议，应在大会前一星期起草好，抄写或印刷出来，使代表们可以在草案上增加自己的意见或修改原文，然后经过大会讨论通过，作为决议。

3. 对执行委员会的候选名单，旧的执行委员会及大会主席团要有很好的考察，必须将查田运动中及各种斗争中表现最积极、最坚决的分子，选举到执行委员会去，而不使一个阶级异己分子及表现贪污腐化、消极怠工、官僚主义工作方式的分子，当选为执行委员。在选举执行委员会时，要特别注意工人积极分子，要将这样的分子大量地选举到执行委员会去，加强无产阶级在苏维埃中的领导力量。同时，对于贫农、中农的积极分子，要有很好的注意与吸收，并且不要忘记了选举劳动妇女到苏维埃工作，执行委员之中，劳动妇女最少要有百分之二十的人数当选。准备候选名单时，除注意成分之外，同时须注意工作能力。决不能只看成分，不看工作能力如何，随便列入名单。执行委员选出之后，须报告上级执行委员会审查批准。

4. 关于政府向选民及代表大会做工作报告，必须在这次选举运动中真正地实行起来。过去除一部分地方外，多数地方没有实行，是不对的。这一办法的实行，能使政府的政策与工作，在群众中得到检验的机会，能使选民对于选举的热忱提到更高的程度。实行的办法是：乡苏、市苏在选举之前一星期，以屋子或村子为单位召集选民大会，做总结乡苏、市苏过去的尤其是最近一个时期的工作经过的报告，发动选民群众的批评与讨论，欢迎他们提出新的具体的意见，以为政府以后工作的方针。区政府须在各乡苏和市苏的全体代表会议上做工作报告，并吸收广大群众来参加旁听。乡苏、市苏的代表会议，对于区苏的工作报告，须做详细的讨论，将讨论结果提到区政府去。县政府则派代表到区苏代表大会做工作报告，省政府则派代表到县苏代表大会做工作报告，中央政府则到省苏代表大会做工作报告。同时在各级代表大会上，本级的执行委员会须向之做同样的报告。在这次报告之后，都需经过详细讨论，将讨论结果，按级报告上级政府。要将群众对于政府工作的意见，一直送到中央政府来，使苏维埃的最高机关了解群众的情绪与要求。各级政府对于自己的工作报告，须事先指定专人起草。中央内务人民委员部应拟出报告大纲，发往各级政府，要各级政府按照这个大纲起草报告书，向同级的、下级的代表大会及选民大会做报告。

5. 省对于县，县对于区，区对于乡，必须按级派人去巡视，检查当地选举工作及苏维埃大会的情形，对于特别好的和特别坏的例子，须迅速收集起来，拿去指导别地的选举工作。

6. 司法人民委员部应通令各级裁判部，将过去自新自首而没有明确规定剥夺选举权期限的工农分子，重新审查规定，免得这些工农分子被排除在选举范围之外。

苏维埃选举是工农民主专政实施的重要关节，这次选举更负着伟大的历史任务，各级政府必须依照本训令的全部指示及《苏维埃暂行选举法》的规定，切实进行这次选举，务使这次选举得到完全的胜利。要拿了这次选举的完全胜利，去粉碎帝国主义国民党的五次"围剿"，开展苏维埃运动于全中国的领土。此令

主　席　毛泽东

副主席　项　英

张国焘

公历一九三三年八月九日

选自《中国新民主主义革命时期根据地法制文献选编》，第一卷，中国社会科学出版社1981年出版，第169～178页。简称"社科法制版"。原注："选自《选举运动周报》第一期"。

互校版本：《中华苏维埃共和国法律文件选编》，江西人民出版社1984年出版，第124～131页。简称"江西法律版"。原注："原载《选举运动周报》第一期"。

16. 中央执行委员会关于实施《苏维埃暂行选举法》的决议

1933年8月9日颁布

一、《苏维埃暂行选举法》的条文通过之后，从1933年8月15日起发生效力。

二、从1933年8月15日以后，过去所颁布的《中华苏维埃共和国选举细则》《红军及地方武装的暂行选举细则》《选举委员会的工作细则》及中央执行委员会第八号训令都宣布无效。

三、各级苏维埃的选举及红军出席各级苏维埃代表大会的代表产生手续，都须依照《苏维埃暂行选举法》的规定进行之。

主　席　毛泽东

副主席　项　英

张国焘

公历一九三三年八月九日

选自《中华苏维埃共和国法律文件选编》，江西人民出版社1984年出版，第143页。

原注："选自福建省档案馆藏史料"。

互校版本：

1.《中国新民主主义革命时期法制建设资料选编》，第二册，西南政法学院函授部1982年2月编印，第149～150页。原注："选自中央政法干部学校教务处编印《有关选举参考资料》"。

2.《宪法资料选编》，第二辑，北京大学出版社1982年出版，第55页。

17. 苏维埃暂行选举法

1933年8月9日中央执行委员会颁布

第一章　总则

第一条　凡是中华苏维埃共和国领土内各级苏维埃的选举，一律遵照本法的规定。

第二条　在战争期间，对于红军的选举，在本法上以专章规定之。

第三条　无产阶级是苏维埃革命的先锋队，领导农民推翻地主资产阶级的国民党政权，建立工农民主专政的苏维埃政权。为要加强无产阶级在苏维埃机关的领导，对于居民与代表人数的比例，工人比别的居民要享受优越的权利。

第二章　选举权和被选举权

第四条　凡居住在中华苏维埃共和国领土内的人民，在选举的日子，年满十六岁的，无男女、宗教、民族的区别，具下列资格之一者，都得享受选举权和被选举权：

（一）一切被雇用的劳动者及其家属，与一切自食其力的人及其家属（如：工人、雇员、贫农、中农、独立劳动者、城市贫民等）；

（二）在中华苏维埃共和国海陆空军服役者及其家属；

（三）以上二种人民中，在选举时失却劳动能力，或失业者。

[附注]：本条各种人民的家属，如他们的出身是被剥夺选举权的，则仍没有选举权和被选举权。

第五条　犯凡下列各条之一的人，没有选举权和被选举权：

（一）雇佣他人的劳动以谋利者（如富农、资本家）；

（二）不以劳动，而靠资本、土地及别的产业的盈利为生活者（如豪绅、地主、高利贷者、资本家）；

（三）地主、资本家的代理人、中间人（中介人、牙人之类）及买办；

（四）一切靠传教迷信为职业的人，如各宗教的传教师、牧师、僧侣、道士及地理和阴阳先生等；

（五）国民党政府及其他反动政府的警察、侦探、宪兵、官僚、军阀及一切参加反对工农利益的反动分子；

（六）犯神经病者；

（七）经法庭判决有罪，而在执行判决期间及被剥夺选举权的期限未满期者；

（八）一、二、三、四、五各项人的家属。

[附注]：本条第四项，靠传教迷信为职业者的家属，如靠自己的劳动为生活者，仍有选举权和被选举权。

第六条　本法第四条的各种人民，犯本法第五条一至七各项之一者，同样剥夺选举权和被选举权。

第三章　选举的手续

第七条　选举由当地苏维埃根据中央执行委员会的决议，定期举行之。

第八条　选举须有选举委员会的代表出席才能举行。

第九条　在未开始选举前，须实行选民登记，将选民和被剥夺选举权者的名单及该选区域的居民总数，由当地苏维埃在选举的五天前公布之。

第十条　选民登记完毕后，必须将开选举大会的时间和地点，通知各个选民。在选举大会的会场门口必须实行登记。

第十一条　工人以生产或以其职业与产业的组织为单位开选举大会。那些不能以生产为单位进行选举的人民，则须划区域或划街道，指定地点开选举大会。农民以屋子（小村子）为单位开选举大会，人数过少的小屋子，可合并附近一个至几个屋子为一起而开选举大会。

第十二条　工人的家属，则与其本人在同一处地方参加选举，且与其本人取得同等的选民资格。如工人的家属，不与其本人同住，则仍依照他家属的工作地点或居住地点参加选举。

[附注]：工人的家属，倘为被剥夺选举权者，则仍不能参加选举。

第十三条　选举大会须有该地选民总数的半数以上到会，才能开会。倘若到会的选民不足法定人数时，须宣告延会，由选举委员会再定期重新召集。在重新召集选举大会的情形中，开会和地点须重新通知。

第十四条　倘第二次召集选举大会，无论足法定人数与否，可以开会，选举出应产生的代表人数。

第十五条　选举不用书面投票，以举手来付表决，举手多数者当选。

第十六条　选举大会的主席团，由三人组成之，两人由大会推选，一人为选举委员会的代表。选举委员会的代表为选举大会主席团的当然主席，并推选书记一人，担任选举大会的记录。

第十七条　选举大会宣布开会后，主席须根据进会场时的登记册，宣布到会人数是否足法定人数。

第十八条　选举大会的议事日程，规定如下：

（一）选举委员会的代表根据本法第四、第五及第六条的规定，宣布谁有选举权和被选举权，谁剥夺了选举权和被选举权。

（二）选举正式代表。

（三）选举候补代表。

（四）通过提案。

[附注一]：提出候选人付表决时，须用逐个表决的方法，不得拿整个名单一次付表决。

［附注二］：正式代表与候补代表不得同时提出付表决，必须选举完了正式代表，然后再选举候补代表。

第十九条　选举大会的记录，必须全体主席团及书记签字或盖章。

第二十条　选举大会的记录、到会登记表，及一切与选举有关系的文件，都汇送选举委员会，转送市苏维埃或区执行委员会，以备选举结束后的审查。

第四章　各级苏维埃的选举程序及代表的标准

第二十一条　乡苏维埃由全乡选民各个选举大会所选出来的代表所组成。工人居民每十三人得选举正式代表一人，其他居民每五十人得选举正式代表一人。

［附注］：人口不满五百人的乡，代表与居民的人数比例可以减低到：工人居民每八人得选举正式代表一人，其他居民每三十二人得选举正式代表一人。

第二十二条　隶属于区的市苏维埃，由全市各个选民大会所选举出来的代表所组成。工人居民每十三人得选举正式代表一人，其他居民每五十人得选举正式代表一人。

第二十三条　直属于县的市苏维埃，由全市选民各个选举大会所选出来的代表所组成。工人居民每二十人得选举正式代表一人，其他居民每八十①人得选举正式代表一人。

第二十四条　直属于省的市苏维埃，由全市选民各个选举大会所选举出来的代表所组成。工人居民每一百人得选举正式代表一人，其他居民每四百人得选举正式代表一人。

第二十五条　中央直属市苏维埃，由全市选民各个选举大会所选举出来的代表所组成。工人居民每五百人得选举正式代表一人，其他居民每两千人得选举正式代表一人。

第二十六条　区苏维埃代表大会，由乡苏维埃及区属红军所选举出来的代表所组成。出席区苏维埃代表大会的代表，乡村居民每二百人得选举正式代表一人，代表的成分，工人应占百分之二十至二十五。

［附注］：如区苏的管辖下有市苏维埃，应加上市苏的代表，市场居民每五十人得选举正式代表一人。

第二十七条　县苏维埃代表大会，由区苏维埃代表大会和县直属市苏维埃所选举出来的代表及县属红军所选举出来的代表组成。出席县苏维埃代表大会的代表，市场居民每四百人得选举正式代表一人，乡村居民每一千六百人得选举正式代表一人，代表的成分，工人须占百分之二十至三十。

第二十八条　省苏维埃代表大会，由县苏维埃代表大会和省直属市苏维埃所选举出来的代表及省属红军所选举出来的代表组成。出席省苏维埃代表大会的代表，市场居民每一千人②得选举正式代表一人，乡村居民每四千人③得选举正式代表一人。代表成分，工人须占百分之二十五至三十五。

第二十九条　全国苏维埃代表大会，由省苏维埃代表大会、直属县苏维埃代表大会和中央直属市苏维埃所选举出来的代表及红军所选举出来的代表所组成。出席全国苏维埃代表大会的代表，城市居民每一千五百人得选举正式代表一人，乡村居民每六千人得选举正

---

① “社科法制版”将“八十人”误作为“十人”。
② “社科法制版”将“一千人”印作“一千五百人”，疑为对第二十九条的误植。
③ “社科法制版”将“四千人”印作“六千人”，疑为对第二十九条的误植。

式代表一人。代表成分，工人须占百分之二十五至三十五。①

第三十条　居民不满法定人数的地方，倘其人数在法定人数的半数以上，亦得选举正式代表一人。倘其人数在法定人数的半数以下，得选举候补代表一人。

第三十一条　每正式代表五人，得增选候补代表一人。候补代表参加会议有发言权而无表决权，如正式代表因故离职或撤职，候补代表即依次补充。

第三十二条　区、县、省各级苏维埃代表大会，除选举出席县、省及全国苏维埃代表大会的代表之外，并须选举各该级苏维埃的执行委员会，全国苏维埃代表大会则选举中央执行委员会。

第三十三条　区、县、省及全国苏维埃代表大会的代表资格，由各该级苏维埃代表大会组织审查委员会审查之。乡苏维埃和市苏维埃的代表资格，则由乡苏维埃和市苏维埃的全体代表会议组织审查委员会审查之。

第三十四条　各级苏维埃执行委员会的人数规定于下：

区执行委员会，不得超过三十五人；县执行委员会，不得超过五十五人，省执行委员会，不得超过九十五人；中央执行委员会，不得超过五百八十一人。

[附注一]：红军参加各级苏维埃代表大会的代表，其标准和手续由本法第五章专门规定之。

[附注二]：中央直属县出席全国苏维埃代表大会的代表标准，由中央执行委员会以专门命令规定之。

第五章　红军的选举手续及代表的标准

第三十五条　在战争时期，红军不能有固定的驻扎地点，无法参加市苏维埃或乡苏维埃的选举，因此应有临时的变通办法，由本章各条特别规定之。

第三十六条　属于区苏维埃的工农红军（如游击队等），直接选举代表去出席全区的苏维埃代表大会；属于县苏维埃政府的工农红军（如独立团等），直接选举代表去出席全县苏维埃代表大会；属于省苏维埃政府或不属于省苏维埃政府管辖，而在该省内负有长期工作的工农红军（如独立师及湘鄂赣、湘赣、闽浙赣及其他苏区的各军团），则直接选举代表去出席全省苏维埃代表大会，红军的方面军，则直接选举代表去出席全国苏维埃代表大会。

[附注]：警卫部队，如警卫连、警卫团、政治保卫队等则仍参加所在地的市苏维埃和乡苏维埃的选举，代表的标准与工人相同。

第三十七条　红军代表的标准规定如下：选举去出席全区苏维埃代表大会的代表，每二十五人得选举正式代表一人；选举去出席全县苏维埃代表大会的代表，每一百人得选举正式代表一人；选举去出席全省苏维埃代表大会的代表，每四百人得选举正式代表一人；选举去出席全国苏维埃代表大会的代表，每六百人②得选举正式代表一人。

[附注]：候补代表的标准，按照本法第三十及三十一条之规定。

第三十八条　红军的选举工作，由团政治处或独立营政治委员或连政治指导员，指定

---

① “社科法制版”“北大宪法版”和“西南函授版”印作“百分之二十五至三十”，“江西法律版”印作“百分之二十五至三十五”，后者较为合理。

② “江西法制版”和“社科法制版”皆为“六百人”，“西南函授版”印作“七百人”。

三人至五人组织选举委员会进行之。

第三十九条　选举到区苏维埃代表大会的代表，以连或营为单位开选举大会来选举；选举到县及省苏维埃代表大会的代表，以营或团为单位开选举大会来选举；选举到全国苏维埃代表大会的代表，以团为单位开选举大会来选举。

[附注]：选举的手续及选举委员会的工作，均依照本法第三章及第七章各条之规定。

第六章　基本（市乡）选举的承认、取消及代表之召回

第四十条　按照本法所规定的手续进行的选举，才算合法，须予之承认。

第四十一条　市苏维埃和区执行委员会接到关于选举的各种文件后，须组织专门委员会审查之。如发现某部分的选举有违反本法的规定时，取消某部分选举之权属于市苏维埃和区执行委员会。若发现全部选举有违反本法的规定时，取消选举之权属于上级苏维埃执行委员会。

第四十二条　在选举效力上发生争执时，由市苏维埃和区执行委员会解决之。倘市苏维埃和区执行委员会不能解决时，须移交上级苏维埃执行委员会去解决。

第四十三条　对于选举有违反本法规定的时候，每个选民可向市苏维埃或区执行委员会控告，市苏维埃或区执行委员会接到这种控告时，须即予审查之。如不能解决时，可按级上诉。中央执行委员会为选举上诉的终审机关。

第四十四条　市苏维埃或乡苏维埃的代表，如有不执行自己的职务，违背选民的付托，或有犯法的行为时，市苏维埃或乡苏维埃经过全体代表会议得开除之；选举该代表的选民，也有随时召回该代表之权，并得另行选举之。在这种情形中，须报告上级苏维埃执行委员会去审查。

第七章　选举委员会及其工作

第四十五条　选举委员会为办理选举的专门机关，其组织有下列两种：

（一）市选举委员会，管理全市的选举工作，其委员由七人至十一人。

（二）区选举委员会，管理全区各乡的选举工作，其委员由九人至十三人。

第四十六条　选举委员会是由政府及各群众团体的代表所组成，其委员须由市苏维埃或区执行委员会在主席团会议上通过，送县执行委员会主席团审查批准。

第四十七条　选举委员会的委员，以在该地方工作或居住的人民为合格，遇特别情形时，可由上级政府从别处调去。

第四十八条　市苏维埃、乡苏维埃及区执行委员会的主席不得为选举委员会的委员。

第四十九条　选举委员会的委员，可不脱离原有职务，在办理选举期间，可暂时解放他所担负的工作，专门来进行选举。

第五十条　选举委员会不设立单独的办事机关，可在区执行委员会和市苏维埃内办公，并可使用区执行委员会和市苏维埃的一切技术工作人员，有必要时可添雇技术工作人员。

第五十一条　选举委员会在选举前应进行的工作：

（一）实行选民登记。有组织的选民可经过该组织（如工会、贫民团等）去进行登记，无组织的选民，由选举委员会的登记员进行登记。登记须按照选民登记表填写。

（二）登记结束后，即由选举委员会指定专人审查登记表，并须在选举大会前五天，经过当地苏维埃政府，将选民的名单在当地及圩场上公布。在该区域内应选举的正式代表

和候补代表的人数亦须同时公布。

（三）在选举大会的前三天，须将开选举大会的地点和时间公布，并通知该区域内的选民。

（四）准备在选举大会要通过的提案。

（五）规定各组织、各机关、各屋子（小村子）开选举大会的先后次序，并布置会场，指定进会场时的登记员。

（六）选举委员会须经过当地苏维埃政府，将被剥夺选举权者的名单在选举的前五天公布。

第五十二条　在每个选举大会开会时，选举委员会必须派人去出席。选举大会须由选举委员会派去的代表宣布开会，并且该代表为该选举大会主席团的当然主席。

第五十三条　选举大会议事日程的第一项，须由选举委员会派去的代表根据本法第四、五、六条，报告对于选举权和被选举权之规定。

第五十四条　在选举后，选举委员会须将关于选举的全部文件汇集起来，送交市苏维埃或区执行委员会保存，以备审查，并向他们做选举的总结报告。

第五十五条　选举结束后，选举委员会就宣告解散。

第八章　选举的经费

第五十六条　选举的经费，由各选举委员会制定预算，经过市苏维埃或区执行委员会审查，报告上级苏维埃政府，从国库所拨出的选举经费中支付之。

第五十七条　在红军中的选举经费，由选举委员会做预算，送各该级政治部审核发给。

第五十八条　在选举中所用一切经费，由选举委员会负责向领款机关做决算报告。

第九章　附则

第五十九条　本选举法在中央苏区自公布之日起发生效力，未与中央苏区打成一片的苏区，自文到之日起发生效力。

主　席　毛泽东

副主席　项　英

张国焘

公历一九三三年八月九日

编者注：“社科法制版”“北大宪法版”，最后有附录图表四种：“一、选举系统图表；二、选举大会记录；三、地方选民登记表；四、红军选民登记表”（皆省略）。

选自《中华苏维埃共和国法律文件选编》，江西人民出版社 1984 年出版，第 132～143 页。简称“江西法律版”。原注：“选自福建省档案馆馆藏史料”。

互校版本：

1.《中国新民主主义革命时期根据地法制文献选编》，第一卷，中国社会科学出版社 1981 年出版，第 153～169 页。简称“社科法制版”。原件未注明史料来源。

2.《中国民主主义革命时期法制建设资料选编》，第二册，西南政法学院函授部 1982 年编印，第 139～150 页。简称“西南函授版”。原注：“选自中央政法干部学校《有关选举法参考资料》”。

3.《宪法资料选编》，第二辑，北京大学出版社 1982 年出版，第 40～54 页。简称“北大宪法版”。原件未注明史料来源。

18. 二次全苏大会在红军中怎样进行选举

1933 年 9 月

中央政府八月九日颁布之《苏维埃暂行选举法》中指出“在战争时期，红军不能有固定的驻扎地点，无法参加市苏维埃或乡苏维埃的选举，因此应有临时的变通办法”。而在红军中的前后方各部队、机关、医院、兵站等，亦应有不同的规定，兹分叙如下：

一、方面军的选举手续及代表的标准

（一）方面军（及受方面军直接指挥的各部队）直接选举代表出席全国苏维埃代表大会，以团为单位开选举大会来进行选举工作，不必经过师的复选。

（二）每六百人得选举正式代表一人出席全苏大会，如不足法定人数，倘在法定人数半数以上（即三百人以上），亦得选正式代表一人，在半数以下，得选候补代表一人。

（三）选举工作由团政治处指定三人至五人组织选举委员会进行之。

二、带地方性的红军选举手续及代表的标准

（一）属于区苏维埃政府的工农红军（如游击队），直接选举代表去出席全区的苏维埃代表大会；属于县苏维埃政府的工农红军（如独立团营等），直接选举代表去出席全县苏维埃代表大会；属于省苏维埃政府或不属于省苏维埃政府管辖，而在该省内负有长期工作的工农红军（如独立师及湘鄂赣、湘赣、闽浙赣及其他苏区的各军团），则直接选举代表去出席全省苏维埃代表大会。

（二）选举代表大会的标准是：选举去出席全区苏维埃代表大会的代表，每二十五人得选正式代表一人；选举去出席全县苏维埃代表大会的代表，每一百人得选正式代表一人；选举出席全省苏维埃代表大会的代表，每四百人得选正式代表一人。法定人数不足时，半数以上亦得选一正式代表，半数以下则选一候补代表。

（三）选举到区苏维埃代表大会的代表，以连或营为单位开选举大会来选举；到县及省的代表则以营或团为单位，开选举大会来选举。

（四）选举工作由团政治处，或独立营政治委员，或连政治指导员，指定三人至五人组织选举委员会进行之。

三、后方各部队及红军机关的选举手续及代表的标准

（一）凡直接受中央革命军事委员会指挥的部队，与前方一样直接选举代表到全苏大会；但是可以参加地方选举，使部队同志知道地方选举情形，不过不提出候选名单，不当选作代表。

（二）补充师、团、新编师、红军学校、直属医院、总兵站、通讯学校，各是一个选举单位；中革军委、总政治部、无线电队、电话总队、警卫连等五个部分合并成为一个选举单位。

（三）医院以院为单位进行选举。总兵站可由中小站初选后，再集中总兵站复选出席全苏大会代表；初选代表的标准由各站政治部规定之。

（四）选举的手续及代表的标准，亦依照选举法第三十七、三十八条之规定。

四、选举时间

（一）全苏大会已改期到明年（一九三四年）一月一日开幕。

（二）各部队的选举可移到今年十二月初去进行。

五、俘虏白军军官及士兵的选举问题

（一）被俘过来的白军士兵，其出身是在选举法第四条第一项上的人民（如工人、雇员、贫农、中农、独立生产者、城市贫民等），不论他在红军时间的长短，当然应享受选举法第四条第一项人民同等的权利。

（二）被俘的白军排连长以上的军官的选举权问题，应根据选举法第五条第五项之规定。凡是在反动政府中做过官的，应当剥夺选举权，即是说，原则上，被俘的长官都不能有选举权。

（三）连排长属下级军官，与营长以上当有不同，但不能与士兵一律，只有连排长被俘后在红军中服务，而其成分又是工农出身，经过相当期间的考察，证明其坚决为工农利益而奋斗者，可以恢复他们的选举权。其标准是：排长须在红军服务一年以上，连长须在红军服务两年以上，经过红军师政治部的考察，作成正式决议，或红军军事裁判所的判决，如准他们恢复选举权者，才有选举权；否则须仍剥夺选举权。

（四）至于白军的营长，虽是工农出身，必须经过五年以上的考察，并准许他们恢复选举权者才有选举权。至于团长以上的俘虏军官，应剥夺选举权。

选自《中华苏维埃共和国法律文件选编》，江西人民出版社1984年出版，第144～146页。原注：“见《红星报》第十二期，1933年10月22日。”

互校版本：《中国新民主主义革命时期根据地法制文献选编》，第一卷，中国社会科学出版社1981年出版，第178～181页。原注：“选自1933年10月22日《红星报》第十二期”。

19. 动员劳动妇女参加选举

1933年9月中共中央组织局指示

为要发动广大的劳动妇女参加选举运动，中共中央组织局，对各级党部有极详细的指示，兹摘录如下：

一、各级党部必须立即进行组织广泛妇女参加选举运动，经过女工农妇代表会，来切实动员，必须达到妇女代表占百分之二十五的任务。

二、江西、福建两省党代表大会，应通知各县委妇女部一律参加，在代表大会后召开各县妇委书记联席会，讨论妇女参加选举问题及关于妇女的提案，粤赣、闽赣两省亦应在省代表大会前开妇委书记联席会。

三、在全苏大会前以省为单位召集女工农妇代表会，讨论妇女参加选举问题及检查婚姻法、女工待遇……等。

四、在这一运动中应和一切战争动员工作联系起来，尽量发挥妇女的积极性。

选自《江西苏区妇女运动史料选编》，江西人民出版社1982年出版，第110页。原注："原载《红色中华》一九三三年九月二十一日第一一一期。"

20. 中央内务部关于选举法的质疑与解答

1933年10月18日《红色中华》

二次全苏大会准备委员会：

对于中央政府最近颁布的暂行选举法，我有几点疑问：

（一）第二章第五条第五项，反动政府的警察、宪兵没有选举权。第八项又规定他们的家属没有选举权。假如一个人在革命前多年出去当兵，现在在反动政府内当警察或宪兵，但他的家属尚在苏区内，家庭背景是贫农或中农，向来是全家劳动，如果照上述条文的规定，应该没有选举权，但照他家属本人的成分应有选举权，但在该条的附注内没有说明，如果有这样的情形应该怎样的解决?

（二）第三章第十二条规定工人的家属可与他本人取得同等的选民资格，家属二字的范围是否只限于他的父母、妻子、儿女，或与其同居同食的兄弟叔伯等都是家属，是否都可与其本人取得同样的选民资格，照条文解释，应该是他家里只要有一个工人就全家不论多少人，不论他们的职业如何，都可与工人取得同等的资格。这样我觉得不妥当，应该加以相当限制，并且工人的家属还有是地主、富农或其他成分的，那又应该怎么办呢?

以上两点请答复，并希在报上发表。

黄　达

中央政府内务部的答复

黄达同志：

（一）在反动政府当警察、宪兵而其家属在苏区的（即是同他没有经济上的关系，及没有和他的反革命行为的关系），那他们的选举权仍然照他们原来的成分决定。

（二）选举法上所说的家属（如第四条"一切被雇佣劳动者及其家属……"第五条"一、二、三、四、五各项人的家属"）都是指本人的妻子、子、女，及其他依靠本人收入为主要生活来源之人，其他的人不在内。

（三）工人家属是地主、富农的怎么办？这在第十二条附注已有规定："工人的家属，倘为被剥夺选举权者，则不能参加选举"，照这样办就是。

中央内务部

选自范佑先主编：《中华苏维埃共和国司法行政史料选集》，江西省司法厅1993年编印，第296～297页。原注："见《红色中华》第一二〇期第三版，一九三三年十月十八日"。

21. 川陕省总工会为动员广大工人群众参加省苏维埃代表大会选举运动的通告

1934年3月21日

省苏维埃代表大会很快就要到来了，目前我们工会有非常迫切的重要工作。

第一件，我们工会的同志要大家开会，详细讨论全省工农兵代表选举运动政纲、选举法和这个通告。工会的同志都懂得了，就大家分发到各地去召集工人会议宣传，使每个工人都懂得，讨论在这次大会上工人要做些什么？讨论工人怎样参加选举运动？要使每个人都参加选举。讨论好了就要大家去照办。

第二件，工人是革命的领导阶级，工会要把顶积极勇敢的工人同志选举当代表，当苏维埃委员。

哪个是好的工人呢？（1）要是真正的工人；（2）要积极勇敢事事肯做，做事认真；（3）拥护无产阶级利益，不包庇反动派；（4）要对目前的紧急工作，如扩大红军、消灭敌人、加紧春耕、捉土豪反动派等，做工作做得顶好的同志。

第三件，工人要检查苏维埃的工作：（1）不分好的田地给雇工、贫农和红军游击队的；（2）只在苏维埃吃饭不做事；（3）在苏维埃烧鸦片，不替穷人做事；（4）私拿苏维埃的东西回家；（5）浪费苏维埃的经济和银钱过手不清的；（6）只顾多拿钱不认真办工作；（7）不替红军游击队家属和雇工、贫农找耕牛、犁耙、种子的；（8）不赶快分土地的；（9）包庇发财人和反动分子的；（10）地主、富农、流氓痞子；（11）把苏维埃委员当官做，看见穷人就摆架子，看不起穷人的；（12）命令群众，强迫摊派穷人东西的；（13）乱拿群众东西的。这一切不良的分子，工人要坚决地在群众大会上取消他们的工作，重新选好的雇工、贫农来当委员。

第四件，这次工农兵代表大会的选举法上，工人有两重选举权。工人要开全区工人大会（区大时可分几处来开），照工人的选举比例，来选举工人的代表。并且讨论工人要苏维埃做些什么事？如加工资、改良待遇、社会保险等，都写出来交给代表，带交工农兵代表会。

同时，工人才可以把最勇敢积极、拥护无产阶级利益的工人名单，提到全区群众选举大会上，说明他们要替工农群众做些什么事，号召大家选举。

第五件，在选举大会上，如果有不好的人当代表时，一切工人要站起来指出他不够当代表的事实，叫大家不要选举他。

第六件，工会要做宣传工作。各级工会要成立宣传队，印标语、传单、画报等。宣传苏维埃土地法、劳动法令和其他一切政纲和法令。宣传这次工农兵代表大会的意义和任务、选举法、选举运动政纲以及扩大红军、消灭敌人，反对帝国主义进攻苏联、进攻中国革命等。

各团体各机关一切会议上，工会要派人去参加，报告并讨论选举运动政纲、法令、选举法等。

要使苏区里面的工农劳苦群众，女的、男的、老的、少的个个都来选举代表，说出他要苏维埃做些什么事。

第七件，工会要派同志到白区去散发宣传品，宣传苏区工人的好处。号召白区工人及一般群众选举代表来出席工农兵代表大会。宣传他们自己起来斗争，宣传他们参加红军游击队等等。

第八件，工会的青工部除做上述一切工作以外，要号召青年工人帮长年的、做零工的、放牛的、做丫头的、锅厂、纸厂等的青年工人，大家来开会讨论青年工人要做些什么事情，如加工钱，改良牧童与学徒的待遇，缩短出师年限，反对打骂，反对看不起青年，组织俱乐部，读书识字，参加红军，组织少年先锋队，到苏维埃和其他机关做一切革命工作等等。并提出积极勇敢的青年工人为代表，当苏维埃委员，号召群众选举他们。

第九件，工会的女工部，要提出女工的特殊要求，如不分男女，做同样的工作，要得同样工资；禁止买丫头；实行保护女工条例等等。把顶积极勇敢的好女工人提到选举大会上，要求大家选举她，当代表、当委员等。

第十件，在这个选举运动中，工会要号召一切工人，加入工会。清洗工会中的非工人分子，建立群众的阶级工会。

（川陕）省总工会

一九三四年三月二十一日

选自《中国新民主主义革命时期根据地法制文献选编》，第一卷，中国社会科学出版社 1981 年出版，第 191～193 页（原文未注明史料来源）。

互校版本：《川陕革命根据地资料选编》，四川大学川陕革命根据地科研组 1978 年编印，第 108～110 页。原注："原件存四川省博物馆"。

22. 红色战士丛书第四种——公民权

1934 年 4 月 30 日

引言

《公民权》共分十课

这本小册子的主要用意，在使同志们了解怎样发动群众来监视和改造苏维埃，反对富农，严厉镇压反革命，学习运用政权。

一

苏维埃政权下，工农兵士和一切劳苦群众都有公民权，豪绅、地主、富农、资本家、国民党员、僧道、流氓和一切剥削阶级、反革命分子都没有公民权。

二

有公民权的就有选举权和被选举权，穷人不分男女老小都有选举权，只要十六岁以上的就有被选举权。

三

什么叫选举权呢？就是开会他能到会选举苏维埃委员，他能主张那个人好，或反对那个人不好。当然最后的决定要由大多数人的意见。

四

什么叫被选举权呢？就是他能当选为苏维埃委员。十六岁以下的男女因年纪小了，所以没有被选举权。

五

疯子，有神经病的人没有公民权，因为这种人没法办事，但病好了时依然有他的公民权。

六

穷人有反革命行为，斟酌他的反动情形，经过适当处分后，还有剥夺他的公民权，或只剥夺他的被选举权。

七

在苏区里有公民权的，苏维埃要发公民证，凡没有公民证的，就要限制他的自由，监视他的行动。

八

穷人分得了田地，增加了工资，享有了公民权，是最光荣的事情，所以要热烈地起来斗争，参加红军，反对富农，肃清反革命，监视苏维埃。

九

有公民权的，要自动检查苏维埃的工作，检查分田、代耕、没收经济等进行程度，有不好的，特别是有包庇的，就要自动起来改造苏维埃。

十

选举苏维埃委员时，不要只看他有被选举权就选他，更不要带不正确观念选自己的亲戚朋友，要选举年轻力壮、勇敢积极、有斗争有学习、不烧大烟的工农分子。

中国工农红四方面军第三十一军
第九十一师政治部翻印
一九三四年四月三十日

选自《川陕革命根据地历史文献选编》上，四川人民出版社 1979 年出版，第 220～222 页。原注：“原件存四川省博物馆”。

三、宪法政纲宣言

1. 中共中央关于湘鄂粤赣四省农民秋收暴动大纲

1927年8月3日

（一）根据中央最近农民斗争之议决案，决定这个行动大纲，准备在湘粤鄂赣四省实现。

（二）中国革命正转向一个新的前途——工农德谟克拉西独裁，土地革命将占最重要的过程。在这里党的政策需要新的变更，革命的社会势力需要新的聚集和训练，现时反动的统治始终没有稳定，农民群众满心期望秋收胜利，因为新遭了挫折，正在寻找他们新的奋斗的方略，“秋收暴动”是对于这小客观情势的适当的答案。这次抗租抗税的暴动是土地革命急剧发展之新阶段，它至少要动摇反动的新旧军阀的政权，在湘粤则有建立新的革命政权的可能的前途。

（三）过去对农民革命有一错误政策，就是抑制农民保护小地主利益的政策，具体的表现便是强迫农民建设与小地主联盟的乡村自治，及五次大会后对于国民党种种限制农民革命的训令不加反抗，反在实际上指令下级党部执行国民党之反动训令。这个错误是由党对小资产阶级的整个政策来的，现在国际第八次扩大会对中国革命的前途是工农德谟克拉西独裁联合小资产阶级，这一个新的指示证明过去湖南农民实行农会专政、反对乡村自治是对的，对小地主不可免的打击所谓“幼稚”“过火”的现象不足害怕而应当积极地去领导的。明白了这个才能不陷于矛盾的狭巷中，而可以勇往直前地领导秋收的暴动。

（四）暴动的战略：

（1）以农会为中心，号召一切接近农民的社会力量（如土匪会党等）于其周围，实行暴动。宣布农会为当地的政府。

除夺取乡村政权之外，于可能的范围应夺取县政权，联合城市工人贫民（小商人）组织革命委员会，使成为当地的革命中心对各地的暴动及革命政权尽可能联络，向反革命势力进攻。

（2）由农会通告，对祠堂庙宇、一切公地及五十亩以上之大地主一律抗租不缴，对五十亩以下之地主实行减租，其租率由农民协会规定，以佃七东三为大致的标准。

（3）夺取一切政权于农民协会，歼灭土豪劣绅及一切反革命派，并没收其财产。

（4）实行对反动政府拒绝交纳任何税捐，并实行对于反革命势力的经济封锁，如阻禁拒卖军米等。

（5）自耕农土地不没收，自耕农及已取得大地主田地之佃农应对其革命政权（农会）交纳田税，税额由农民协会决定之。

（6）农民协会组织土地委员会决定土地之分配。

兹将四省农民秋收暴动的每省具体工作抄一份于下：

鄂：湖北暴动大纲，政治上给现统治者一个扰乱，使其不能稳定，牵制其对江西压迫；经济上实行四抗（租、税、捐、粮）。其他可根据大纲拟一具体的计划。

湘：准备于不久时期内在湘南计划一湘南政府，建设革命政权，及一切革命团体。在广东革命委员会指挥之下。

现即须组织湘南特别委员会受省委指挥，于交通不灵通时得有独立指挥此委员会所能活动的地方工作。

特委：夏曦，郭亮，泽东，卓宣（书记泽东）。

赣：1. 马上夺取乡县政权；2. 实行中央土地革命政纲；3. 尽量杀戮土豪劣绅与反革命派；4. 积极参加革命军对反革命派的军事战争。

粤：革命军所占地方，原则与江西相同；军力暂未达到地方即起来暴动响应，夺取乡村政权，建设农会威力，并实行土地革命政纲；如有可能立即夺取县政权，用以引导革命政权夺取全省。

安中原[1]

选自《中共中央文件选集》，第三册，中共中央党校出版社1983年出版，第220～222页。

互校版本：《中共中央文件选集》，第六册，中共中央党校出版社1989年出版，第240～243页。

2. 关于“左派国民党”及苏维埃口号问题决议案

1927年9月19日中央政治局会议通过

最近几月的经验（包括南昌军队中的暴动与两湖广东革命的农民暴动的爆发）指示出

① 安中原是中共中央的代号。

中央以前复兴左派国民党的估计不能实现。资产阶级军阀的反动已经很快地把国民党变成政治的尸首，形式上国民党现在正经过分化堕落的过程，由其腐烂的尸体中产生出赤裸裸的军阀专政。所有共产党员的努力，打算创造秘密的革命国民党的组织，或稍为团结左派分子，一直到现在尚无成绩之可言。在别一方面呢，以前国民党在群众中的革命威信，已因资产阶级军阀之到处利用国民党的旗帜实行流血屠杀、恐怖与压迫而消灭了，这是毫无疑义的。现在群众看国民党的旗帜是资产阶级地主及反革命的象征、白色恐怖的象征、空前未有的压迫与屠杀的象征。可见土地革命的急剧的发展，已经使一切动摇犹豫的上层小资产阶级脱离革命的战线。彻底的民权革命——扫除封建制度的土地革命，已经不用国民党做自己的旗帜。中央根据此点，所以认为八月决议案中关于左派国民党运动与在其旗帜下执行暴动的一条必须取消。假设在国民党中有这些单独的、革命的、“对抗派”的成分发现时，我们应当赞助他，推动他到继续革命斗争的道路，使他完全与国民党的反革命上层分子断绝关系。但同时应当知道，这种工作比起党的主要任务（组织暴动）是占次要的意义。以后关于组织群众的革命斗争，当然无论如何说不上再在国民党的旗帜下进行。即使以后在自然的群众运动基础上，或许另有发现国民党组织之可能（现在还不是这种现象），则我们应当知道这种力量不是主要的决定成败的力量，而是革命之临时的、不可靠的、不坚决的同道者罢了。总之，此后我们对于国民党的政策，主要的原则有两点：

（一）对于宁汉各派的国民党领袖机关及政府积极地反对，定出明显的推翻他们的目标，因为他们都已成革命的叛徒、民众的仇敌；

（二）对于零星散乱的国民党左派分子，只认为是革命的暂时的同道者，可以在每次斗争中，使他们来赞助我们及革命的民众。

中国共产党对于国民党左派问题既有不同，则对于八月中央决议案中的苏维埃的问题自然亦有异点。现在的任务不仅宣传苏维埃的思想，并且在革命斗争新的高潮中应成立苏维埃。但中央同时又预先防止那种急忙的与真正革命高潮不相连贯的成立苏维埃。苏维埃的组织，首先应当在那些中心的地方如广州、长沙等，当我们有决定的巩固的胜利的时候；当这些中心地点还没有被革命暴动占据以前，在小县城里面要坚决地拒绝组织苏维埃，这是为着不要失掉苏维埃政权的真意。换句话说，在小城市的政权仍旧必须照中央原来的决议去组织（除去对国民党的左派问题），在农村中最近期间“一切政权属于农民协会”仍完全有效。

选自《中共中央文件选集》，第三册，中共中央党校出版社1983年出版，第312～313页。

互校版本：《中共中央文件选集》，第六册，中共中央党校出版社1989年出版，第369～371页。

3. 中国现状与共产党的任务决议案（节录）
——苏维埃的口号与工农政纲

1927年11月中央临时政治局扩大会议

现时革命阶段之中，党的主要口号就是苏维埃——无产阶级领导之下的工农民权独裁制性质的政权，只能在苏维埃制度的形式里建立起来。党应当在文字口头的宣传上，对于最广泛的群众解释：为建立工农、兵士、手工工人、城市贫民代表会议政府，而实行革命斗争的必要（“一切政权归工农兵士贫民代表会议”）。但是，只有确实无疑的群众革命运动的巨大高潮，暴动之稳固的胜利已有保证，只有到了这种时候，方才可以并且应当组织苏维埃，以为革命的政权机关。这所谓“暴动之稳固的胜利已有保证”，是说暴动在一定区域内已经有固守较长时间的可能；只要有这种可能，便应当建立农民代表会议（苏维埃）；只要暴动真正是发动群众的，那么，暴动胜利时，这便是事实上不能不执行的任务。至于游击的农民暴动，还只在袭击移动的时候，当然，那组织暴动的当地革命委员会，继续以临时政权的性质为暴动之指导机关。总之各地农民暴动的发动，应当以当地农民的秘密团体（农民协会等）所推出的革命委员会来指导（城市暴动便是工会等推举的革命委员会）；应当尽量发动群众，引进更多更广大的群众参加，实行自动手（“民众式”）的没收土地，杀戮豪绅、工贼，摧毁中国一切旧社会关系，实行游击式的战斗——解除敌人的武装，组织工农革命军；这种暴动在一定范围的区域内得胜而有固守的规划之可能，便应当建立苏维埃（农民代表会议）；如果已能占据城市一县或数县，以至于一省，工农暴动已经联合起来而获得胜利，那便有建立苏维埃之必要。城市中工农兵士贫民代表会议之建立，尤其要吸引广大的工人、手工工人、店员的群众；城市暴动一开始，甚至尚未开始之前，已经要有群众斗争组织的雏形，如总同盟罢工委员会、工人代表大会、革命委员会等，要积极领导这种群众斗争的组织，使（其）成为革命的暴动的中心机关、实行革命暴动独裁的机关。暴动胜利一有巩固的可能，这类的群众组织便要变成苏维埃，而为革命的政权机关。暴动的胜利，只有在建立苏维埃的过程中，能使工农群众真正自己获得政权，而更加尽量地来发展革命巩固革命的胜利。——所以苏维埃的组织既不能在胜利绝未巩固之时开始，因为这可以陷于忽略军事战斗而专事选举，倾向于小资产阶级的民权主义成见，因而减弱革命的独裁制以至党的领导权之危险；苏维埃的组织也更不能借口于军事尚未了结、基础尚未稳固而延迟推宕，因为这便更加要增长暴动中的军事投机主义，这便将工农暴动完全变为军事行动，只去攻城夺地，只知道军事上的规划。

一切政权归工农兵士贫民代表会议，是武装暴动的总口号。城市贫民应当包括工匠手工业者及一般非剥削者的小资产阶级。

党应当在斗争的过程中组织农民于农民协会等类的组织（农民协会、农民委员会等，依各地的情形群众的信仰而定）。这种农民组织必须是贫苦农民群众（破产贫困之自耕农、佃农、雇农、失业农民）之阶级斗争的组织，且是暴动的组织（绝不能视为类似工会的经济的组织）。然而党应当确定方针：暴动胜利之时，要农民协会变为农民代表会议（苏维埃）。现时就应当宣传苏维埃的口号及农民协会的过渡作用。所以苏维埃口号并不与组织农民协会相冲突，可是“乡村政权归农民协会”的口号，应当取消，苏维埃口号之外，还要团结农民于土地革命的旗帜之下，农民暴动未发动的地方，秘密的农民团体是有需要的，本党应当引导他们到抗租、抗税、不还债的斗争，一直到武装暴动没收土地。本党对于土地问题的总方针，已经载在土地问题党纲草案之中。党应当坚决地反对一切机会主义分子犹豫圆滑地修改或谬解土地问题上的党的主张。土地革命的主要口号应当是：完全没收一切地主的土地，由农民代表会议自己支配给贫农耕种，耕者有其田，完全取消租田制度，同盟抗租、抗税，取消一切苛约、重利债务，没收豪绅重利盘剥者的财产，歼灭豪绅地主及一切反革命派。本党坚决地反对用减租、没收大地主、打倒劣绅恶地主等改良主义的口号，来替代上述的革命口号。本党应当努力使农民暴动有民众式的性质，极端严厉绝无顾惜地杀尽豪绅反革命派，即使在很小的游击战争之中也是如此。

城市之中，除苏维埃口号以外，还有劳动问题党纲：八小时工作制，绝对的增加工资，规定休息日，社会保险，要求监督生产等。再则，应当对于工人群众及城市贫民解释，并且要在暴动胜利之时实行下列的事：例如没收反革命派的一切财产，没收中外大资本家的大工厂大商店银行矿山铁路等，收归国有，工厂归工人管，厉行劳动法，如果小厂主怠工闭厂，便也没收他的工厂，歼灭一切工贼反革命派，征发有产阶级的财产，改良贫民生活，如建筑工人贫民住宅等。只有在这种革命的口号之下，本党才能组织被压迫群众的暴动，而得到胜利。

选自《中共中央文件选集》，第三册，中共中央党校出版社 1983 年出版，第 374～376 页。

4. 江西省革命委员会行动政纲

1927 年 9 月

一、关于政治方面的

一切政权属于工人农民及一切革命的平民：

1. 省县政权属于省县人民委员会，乡村政权属于农民协会，取消现有之省政府及各县政府。

2. 实行工人、农民及一切革命平民之普遍选举制，选举省县人民委员会之委员。

3. 男女在经济上、法律上、教育上一律平等。

4. 工人、农民及一切革命平民有集会、结社、言论、出版、罢工之自由权。

5. 铲除贪官污吏土豪劣绅及一切反革命分子，并没收其财产。

6. 制定劳动法，改良劳动者的生活状况。

二、关于经济方面的

实行统一财政，取消一切苛税杂捐：

1. 制定田赋纳税之法定额，禁止一切额外征收（如各种附加税、兵折兵加……等）并禁止预征钱粮。

2. 废除一切厘金杂税（如种种印花税、屠宰税、烟酒税、商税、贾税、落地税、鱼税、山钞税、藕税、宦山税、大庾船税……等）。

3. 废除一切苛捐（如米捐、串票捐、户捐、铺户捐……等）。

4. 没收军阀、官僚、土豪、劣绅及一切反革命的土地与财产。

5. 铲除对贫民的高利贷，并取消一切债务。

6. 禁止奸商之高抬物价、操纵金融及垄断粮食等。

7. 改良一切有关于农田的土地之水利（如开辟河道、池塘等）。

8. 设立农工银行以低利率借贷于农工及革命平民。

三、关于工农方面的

实行改良工人农民及一般革命平民的生活：

A. 关于工人的

1. 实行八小时工作制，手工业及店员至多不得超过十小时；童工、女工至多不得超过八小时，并不做夜工。

2. 女工生产前后，应有八星期（五十六天）的休息，照给工资。

3. 同样工作要同样工资。

4. 规定劳动保险法，及工厂工人住宅之卫生设备。

5. 增加工资并按物价的高低给工资。

6. 工资发现金，不得以信用低落的钞票或国库券代替。

7. 由政府及资产阶级担负工人失业救济费。

B. 关于农民的

8. 没收重利盘剥者的财产，用以改良农村中贫农的生活。

9. 没收大地主及中地主的土地，分给佃农及无地的农民。

10. 没收一切所谓公产的祠堂、庙宇的土地，交给无地的农民。

11. 对于小地主则减租，租额不得超过百分之三十。

12. 改良雇农生活及其劳动条件（如工资待遇……等）。

13. 革命政府应筹划救济农村贫民失业的基金（如失业等）并予以工作（如协作社等）。

四、关于军事方面的

解散反革命的武装，实行建立工农革命军：

1. 一切反革命的武装，各地之团防民团……等，均废除之。

2. 将雇佣的募兵制，渐改为志愿兵之征调，并进为义务的征兵制。

3. 切实改良兵士的待遇，增加兵饷，并给退伍兵士以相当的土地和工作。

五、关于文化方面的

实行普及教育，提高革命文化：

1. 实行免费的、强迫的、普遍的和工艺的教育，以培植全体男女儿童。

2. 建立一般未达入学年龄的机关（如儿童养育院、幼稚园等），以利增进社会教育和为解放妇女的目的。

3. 极力增进工人、农民及一般平民的知识和娱乐，开办校外的教育机关（如图书馆、平民学校、阅报室、科学讲话、电影、新剧……等）。

4. 积极进行各种公众卫生事业的建设，如建立免费的普通医院、特别医院（如疯人院、废疾院等）。

江西省革命委员会

1927 年 9 月

选自《中央革命根据地史料选编》下册，江西人民出版社 1982 年出版，第 1～3 页。

原件未注明史料来源。

5. 江西省苏维埃临时政纲

1927年11月

1. 没收地主土地及一切耕种工具，交由农民协会无代价地分与无地贫农及退伍兵士耕种经营，候政府派员调查测量后再行重新分配。（政）

2. 没收庙产、祠产及一切地方公产，如山林、川泽、园田、荒场，交由农民协会无代价地分与无地贫农及退伍兵士耕种经营，候政府正式派员调查测量后，再行重新分配。（政）

3. 没收私人一切大企业及大生产机关，如银行、工厂、矿山、大公司等，归地方苏维埃与各该工会共同管理之，候苏维埃政权巩固后，即交全省或全国苏维埃与各该工会共同管理。（政）

4. 没收一切交通机关如轮船、铁道、邮电等，归地方苏维埃管理，全省或全国苏维埃建立后，即交全省或全国苏维埃与各该工会共同管理之。（政）

5. 没收军阀、官僚、地主、土豪劣绅及一切反革命派财产，交当地苏维埃，作工农银行基金，无利息地借款与工农。（经）

6. 工农平民过去一切欠债、欠租、欠税、欠捐，一律免除偿还与缴纳义务。（经）

7. 工农平民过去一切卖契、典契、借契等一律废除。（经）

8. 确定人民有集会、结社、言论、出版、居住、罢工之绝对自由，唯对反革命派及危害本政府与工农利益者剥夺此种自由。（政）

9. 取消一切苛捐杂税，规定极低微的土地税，废除一切额外征收。（经）

10. 开办各种合作社，以运输农村及城市需要品，并以调剂农业及工业品的价格。（经）

11. 严惩反革命政府一切官吏及压迫工农平民的地主、土豪劣绅、资本家以及一切反革命派。（政）

12. 制定真正能保障工人阶级利益的劳动法，及劳动保险法，实行八小时工作制，星期例假休息，照给工资。（工）

13. 特别保护童工及女工，童工、女工不准作夜工及剧烈有害卫生及健康工作，禁止雇十四岁以下的儿童作工，女工产前产后须有八星期休息期间。（工）

14. 在法律上、政治上、经济上，及社会一切地位，确定男女绝对平等。（妇）

15. 由政府设立养老院、育婴院、残废院及病院，以养育并医治老弱、儿童及残废病疾者。（养恤）

16. 解除军阀及反动派武装（如团防、民团、商团、保卫团、挨户团、保安队等）武装工农，建立工农革命军。（军事）

17. 整理市政、修筑道路，铺设铁路及汽车路，以便利交通。（建设）

18. 改良士兵待遇，提高士兵地位及教育，士兵须参加军队的管理。（军事）

19. 修治河道，修筑堤防，以兴水利。（建设）

20. 实行普及义务教育及职业教育。（教育）

21. 注意工农成年补习教育及职业教育。（教育）

22. 发展农村教育，提高乡村文化。（教育）

23. 发展社会教育，提高普通文化程度。（教育）

24. 没收外人在本省内设立之银行工厂及大企业，由各该地方或者苏维埃及各该工会共同管理。（外）

25. 没收外人在本省内设立之教会、教堂、学校、医院等，由各该地方或省苏维埃管理之。（外）

26. 以前各反动政府与外人订立之一切不平等条约，如领事裁判权，海关管理权等，以及侵害中国主权之一切权利，在本省苏维埃势力之下者，即日取消，候全国政府成立后，再由全国政府与之重订双方平等之条约。（外）

27. 以前各反动省政府与外人所订之条约，有损害本省苏维埃之利益者，即日宣告失效。（外）

28. 以前各反动省政府所借外债及发行内地债、有妨害本省苏维埃政治上或实业上利益者，即日宣布不负偿还之责。（外）

一九二七年十一月

选自《中央革命根据地史料选编》下册，江西人民出版社 1982 年出版，第 12～14 页。原件未注明史料来源。

互校版本：《中国新民主主义革命时期根据地法制文献选编》，第一卷，中国社会科学出版社 1981 年出版，第 28～30 页。原件未注明史料来源。

6. 海丰全县工农兵代表大会宣言

1927 年 11 月海丰县第一次工农兵代表大会通过①

我们在今天开这一个光荣而隆重的代表大会，是中国空前所未有，是全世界自从苏俄后才看见的第一次！我们这个代表大会是用工农武装的力量，消灭了反革命军队，推翻了大地主大资产阶级政府，实行工农兵大团结而得来！这一个代表大会是我们工农兵同志奋斗牺牲的结果！我们过去的一切生活，已经苦得不堪言了！我们的父母、兄弟、妻子，都日在资本家、地主、土豪及一切反革命派压迫之下过奴隶牛马的生活。我们已经彻底地明了了，我们欲解除一切的痛苦而得到解放，只有用自己武装的力量夺取政权建设工农兵独裁的政府，我们所要求的一切只有在工农民主政府成立之后才能得到。现在海丰的政权已夺到我们手里来了。一切政权皆归我们管理，我们在此庄严伟大的大会上，产生了正式的工农民主政府。今后我们一切工作更加繁重，我们的责任也更加重大了。我们在目前最重要

① 海丰县第一次工农兵代表大会于 1927 年 11 月 18—21 日召开，彭湃代表中共中央向大会作政治报告。

之工作，就是扩大工农革命军以巩固工农民主政府，彻底实行土地革命，根本肃清土豪、劣绅、地主及一切封建势力。我们自今以后，只有扩大我们武装的力量，实行工农兵大团结，才能保持我们最终之胜利。我们齐声高呼：

一、工农兵团结起来！

二、打倒土豪劣绅！

三、打倒地主！

四、解除反动武装！

五、实行土地革命！

六、改良工人生活！

七、拥护中国共产党！

八、扩大工农革命军！

九、工农民主政权万岁！

十、中国共产党万岁！

十一、工农阶级解放万岁！

选自《党史资料》，1953（4），118页。

7. 广州苏维埃宣言

1927年12月11日于广州

一切一切一切工农同志们！

在十二月十日夜至十一日，广州无产阶级已经夺取了政权。一切政权都拿在工农兵的手里，赤卫队和教导团联合夺取了公安局及一切政府军事财政机关。在城里几处次要的地方尚在肃清中。红军用它在公安局夺取的铁甲车、机关枪、大炮解决各反革命的反抗。

同志们！你们的胜利在革命历史上是伟大的，在世界革命的关系上，是很重要的、很值得赞美的。在中国是第一次，在亚细亚洲也是第一次。工人群众夺取政权，组织了苏维埃政府。

你们的胜利，对于帝国主义是很大的打击；你们的胜利，为世界革命，为你们的领袖第三国际是很有意义的。

工人、农民、兵士同志们！我们驱逐黄琪翔、张发奎、黄绍竑，因为他们都是反革命，与李济深□□□①一样。应该逮捕和枪毙一切革命派及其走狗。这是我们在贪赃受贿的国民党指导之下不能做的，只有在共产党指导之下才能做的。

同志们！广州苏维埃，在它的第一次会议中有下列的决议：

一、广州一切政权属于工人、农民、兵士。

二、苏维埃的武力组织三军，第一军由赤卫队扩大组织而成，第二军是海陆丰的农民

① 原文如此。

赤卫军，第三军是以教导团作中心加上许多走到工农方面革命的军士组织而成。

三、为保护苏维埃政权，一切工人、农民、兵士及下级革命军官，应该到红军中去反抗帝国主义军阀及反革命派。在最近几天，至少应该组织五万红军！我们所有的战利品可以武装我们的红军。红军不是军阀的军队，是志愿的革命军队。红军不是为军阀的腰包奋斗的，是为给米与工人吃，给土地与农民耕，解放一切被压迫阶级及给帝国主义与一切反革命的死亡而奋斗的。广州工人们即刻来广州市各处红军征募处登记。

四、应该一点都不怜惜地消灭一切反革命，应该枪毙一切有一点反共产行动或宣传、或有反苏维埃的行动或宣传及与帝国主义做反革命宣传的分子。

五、应该即刻给工人八小时工作制。

六、没收一切大资本家的公馆、洋楼做工人的寄宿舍。

七、苏维埃政府应该维持失业工人的生活，其需要若干，先由各自工会制定预算，呈报苏维埃核发。

八、苏维埃宣言维持并增加省港罢工工人原有的利益和特权。

只有中华全国总工会与它所属的工会才有一切自由的行动。什么广东总工会、机器工会和什么国民党自称的革命工人联合会（其实是反革命的工会），应该即刻封闭；他们这三个工会领袖不是工人，而是白色恐怖的走狗，应该扣留起来，即刻枪毙，同李济深和张发奎的工会改组委员也应枪毙。至于这三个会下面的简单工人，他们反对他们领袖的，他们不是我们的仇敌，而是我们的兄弟，他们同我们做一样苦的工作，得同样子的工钱，因此我们不追究这些工人，并且希望这些工人即刻加入中华全国总工会与它所属的工会。

九、(残缺)

十、禁止国民党的活动，它的一切组织应即取消。

若是有为国民党宣传的，应该受革命的裁判。国民党在与共产党合作的时候是革命党。以前工人倚重国民党，现在还有很大的敬重于国民党的创造者孙中山先生，他是帝国主义的仇敌、人民的朋友，虽然他还不是无产阶级革命者。自蒋介石四月的政变和汪精卫六月的政变以来，国民党完全变成了反革命、帝国主义的工具，枪毙工人农民，欺骗兵士，真是国民革命的叛徒。国民政府的军队是拿来保护资本家、地主和富农利益的。他们的领袖南京派和张发奎派都是一群反革命的、强盗的、压迫的和杀人的反革命分子。因此，现在还在国民党内留着的工农兵应该即刻退出国民党，依靠着唯一可靠的苏维埃政权。工人、农民、兵士同志们！我们在广州有伟大的胜利，但我们的工作尚未完成，而且到处还有很大的危险，我们应该用我们最后一点的热血保障广州苏维埃的政权，我们应该解放全广东和全中国的被压迫民众。我们有全世界的无产阶级帮我们。三千万农民开始全广东的暴动，一致与他们前进，依靠广州英勇的工人阶级的势力，我们的胜利将是不可估量的。

打倒蒋介石、汪精卫、张发奎、李济深、朱晖日！

杀死一切压迫人的人！

打倒国际帝国主义！

工人农民革命万岁！

共产党、共产国际万岁！

工农兵代表会（苏维埃）万岁！

广州苏维埃主席　苏兆征
人民军事委员　张太雷
人民内务委员　黄　平
工农红军总司令　叶　挺
1927年12月11日广州

选自《中国新民主主义革命时期根据地法制文献选编》，第一卷，中国社会科学出版社1981年出版，第18～21页。原件未注明史料来源。

8. 井冈山苏区遂川工农县政府临时政纲

1928年1月[①]

第一条：凡从事劳动及不剥削他人以为生活的男人和女人，如工人、农民、士兵和其他贫民，都有参与政治的权利。此外，各色人等，如收租的人、重利盘剥的商人、资本家、雇主、土豪、劣绅、反革命政府的官吏、国民党的执行委员、监察委员、清党委员、其他各色反革命分子及和尚、尼姑、斋公斋婆、教徒等一概没有参与政治的权利。

第二条：凡工农兵平民有集会、结社、言论、出版、居住、罢工的绝对自由，但对于剥削工农利益和危害本政府地位的反革命派剥夺此种自由。

第三条：县城及各种重要圩市，工人都要赶快组织各业工会联合会，由全县各工会联合会和直属工会组织全县总工会。

第四条：各区乡农民赶快组织各区乡农民协会。乡农民协会即为该乡执掌政权的机关。区的执掌政权机关，则为由各乡农民协会派出的代表、区的各业工会派出的代表及区内革命军派出的代表所组织的全区工农兵代表大会，由全区工农兵代表大会所选举的人民委员会。

第五条：解除保安队、保卫团等反动的武装，组织工农革命军和赤色游击队，以保护工农阶级，肃清反革命派。

第六条：全县工会、农民协会、工农革命军的组织到了全县以上的时候，应立即召集全县工农兵代表大会，并选举正式人民委员会，为全县执掌政权的机关。

第七条：凡反革命政府的官吏、压迫工农、平民的土豪劣绅、地主、资本家、工贼、农贼和其他一切反革命派，工农兵政府应该严厉地惩办他们。

第八条：凡土豪劣绅、奸商、反动派，准许工农平民就地自由捕捉，并烧毁他们的房屋。

第九条：凡土豪劣绅、奸商、地主的谷米、衣服、猪肉、油盐、砖瓦、木石、家用器具等准许贫苦工农自由夺取应用。

---

① 原编者注：原文无时间，这是编者根据政纲内容及有关资料判定的。

第十条：制定真正能够保障工人阶级利益的劳动法和劳动保险法，实行八小时工作制，星期例假休息照给工钱，男女工作同等要得同等工钱。

第十一条：工人应该给适合他们生活需要的最低限度的钱。

第十二条：工人有管理由工农兵政府所没收的商店和行栈的权利。

第十三条：特别保护童工和女工。童工每天做工不得过六小时，童工女工不许做夜工，又不许做那些剧烈有害健康的工作，八岁以下的儿童，不参加劳动，女士产前产后须有八星期的休息，休息时间照给工钱。

第十四条：老板和师傅不得虐待学徒。学徒在学习时间内，应该得到相当工钱，学徒学习时间不得超过两年，取消进师礼、出师礼。

第十五条：凡地主、祠庙、公共机关的田地、山林和一切附属这些田地、山林，分给缺少田地、山林的贫苦人民和退伍兵士耕种使用。

第十六条：改良士兵待遇，增进士兵文化程度，士兵要有充分的给养，官长士兵薪饷平等，士兵组织士兵委员会参加军队管理。

第十七条：工农平民从前的欠债、欠租、欠税、欠捐，一律停止偿还和缴纳。

第十八条：从前财主手中所存的借字、地主所存的契约一律宣布作废，准许工农平民自由向财主地主手中夺取出来，焚烧灭迹。

第十九条：从前反革命县衙门柜书内①所管的粮册宣布作废。

第二十条：取消盐税、田赋厘金、印花烟油税、鸡鸭税、屠宰税、硝磺税、百货捐等一切苛捐杂税，规定适当的土地税和资本税。

第二十一条：开办消费合作社，使工农贫民得到廉价的货物，免除商人的剥削。开办贩卖合作社，使农民及工业小生产者的出品得到适宜的价钱。免除行栈等奸商的操纵，开办信用合作社，使工农平民得到低利无抵押的借款，免除资本家地主的重利盘剥。开办生产合作社，以增进农业及工业的生产，免除个别生产的不利。

第二十二条：统一全县的斗尺秤。

第二十三条：由工会开办工人学校，由农民协会开办农民学校，由县工农兵政府开办高级的工农学校，以增工农平等的劳动知识和一般文化程度。

第二十四条：疏通河道，修筑堤防，以兴水利。

（下缺）

选自《井冈山革命根据地》上，中共党史资料出版社1987年出版，第71～73页。原注：“据湖南省安化县档案馆所存国民党第十六军政训处翻印的材料。”

9. 红军第四军司令部布告

1929年1月

红军宗旨，民权革命。赣西一军，声威远震。

---

① 原编者注：原文如此。

此番计划，分兵前进。官佐兵扶，服从命令。
平买平卖，事实为证；乱烧乱杀，在所必禁。
全国各地，压迫太甚。工人农人，十分苦痛。
土豪劣绅，横行乡镇；重息重租，人人怨愤。
白军士兵，饥寒交并。小资产者，税捐极重。
洋货越多，国货受困；帝国主义，哪个不恨。
国民匪党，完全反动，口是心非，不能过硬。
蒋桂冯阎，同床异梦；冲突已起，军阀倒运。
饭可充饥，药能医病；共党主张，极为公正；
地主田地，农民收种；债不要还，租不要送。
增加工钱，老板担任；八时工作，恰好相称。
军队待遇，亟须改订；发给田地，士兵有份。
敌方官兵，准其投顺，以前行为，可以不问。
累进税法，最为适用；苛税苛捐，扫除干净。
城市商人，积铢累寸，只要服从，余皆不论。
对待外人，必须严峻；工厂银行，没收归并；
外资外债，概不承认；外兵外舰，不准入境。
打倒列强，人人高兴；打倒军阀，除恶务尽。
统一中华，举国称庆。满蒙回藏，章程自定。
国民政府，一群恶棍；合力铲除，肃清乱政。
全国工农，风发雷奋；夺取政权，为期日近。
革命成功，尽在群众。布告四方，大家起劲。

军　长　朱　德
党代表　毛泽东

选自《中共党史教学参考资料》（二），人民出版社1957年出版，第1～2页。

10. 共产党宣言（发布十大政纲）

1929年

中国的革命现在还是民权革命的阶段。民权革命是要推倒两个最大的敌人，就是外国帝国主义和本国地主阶级。中国受英、美、法、日各帝国主义国家的侵略有几十年了，他们把洋货运进中国来，把中国的农产品运到外国去，使中国的农民吃亏很大；又开工厂剥削中国的工人，开银行吸收中国的资本，管理海关扼制中国的命脉，设立教堂养成他们的走狗，把租界做根据，兵船开在上海、汉口、天津、广州各沿海沿江重要口岸，陆军亦驻在北京、天津、上海各处，简直把中国变成他们的殖民地。帝国主义这样压迫中国，中国数万万工人农民兵士及小资产阶级便不得不起而反抗，共产党更不得不站在民众的前头勇敢奋斗。乃代表豪绅资产阶级的国民党半路反叛，不但取消打倒帝国主义的口号，并且和帝国主义勾结起来，卖国媚外，和吴佩孚、孙传芳一个样子，资产阶级国民党既已反革命了，工人农民兵士和小资产阶级，乃不得不担负打倒帝国主义的责任。帝国主义打倒之后，全国才可以统一，工业才可以发展，中国整个的民族才可以得到解放，这是中国共产党第一个责任。中国现在的土地制度，是一种半封建制度，农民受重租、重息、重税的剥削，田地集中在地主手里。中国境内，差不多不论哪一县，田地十分之七在地主手里，农民只有很少的田地。乡村里一百户人家之中，少穿少吃的贫农要占七十家，够穿够吃的中农不过二十家，余钱剩米的富农不过十家，乡村中大多数人受苦受难，只有少数收租谷、收利息的土豪享福。城里的官僚军阀乃是土豪的代表。一面重捐重税剥削农民及小资产阶级，一面勾结帝国主义帮助帝国主义在中国的剥削。土地革命是中国民权革命主要的内容，地主、官僚、军阀不除，中国农民得不到土地，民权革命就不算成功。所以推翻封建剥削，解决土地问题，是中国共产党第二个责任。如上所述，打倒帝国主义、推翻封建剥削，是民权革命的两大目标，但国民党已经背叛民权革命，蒋、桂、冯、阎、奉各派新军阀都成了地主阶级的代表、帝国主义的走狗。故要达到打倒帝国主义、推翻封建剥削的目的就非推翻军阀国民党政府、建设工农兵代表会议（苏维埃）政府不可，这就是中国共产党第三个责任。共产党所领导的红军今来至此地，所执行的任务，就是上面所说的三件。同时共产党在全国各地领导工农兵士群众所执行的任务，也就是上边所说的三件。要执行上述三大任务，特依照共产党第六次全国大会的指示，发布下列十大政纲：

（一）推翻帝国主义在中国的统治；

（二）没收外国资本开设的工厂、商店，船只、矿山和银行；

（三）统一中国，承认满、蒙、回、藏、苗、瑶各民族的自决权；

（四）推翻军阀国民党的政府；

（五）建立工农兵代表会议政府；

（六）工人实行八小时工作制，增加工资、失业救济、社会保险等；

（七）没收一切地主阶级的田地，分给无田地及少田地的农民；

（八）改善兵士生活，发给兵士田地和工作；

（九）取消一切政府军阀地方的捐税，实行统一的累进税；

（十）联合世界各国的无产阶级，联合苏维埃俄罗斯。

以上十条政纲是达到三大任务的具体方案。工人们、农民们、兵士们，一切贫苦群众，一切受压迫的小资产阶级，快快在共产党领导之下团结起来和帝国主义地主阶级国民党新军阀奋斗啊！

中国共产党红军第四军军党部

选自《中央革命根据地史料选编》中册，江西人民出版社 1982 年出版，第 43～45 页。

互校版本：《中国现代史资料选辑》，第三册，中国人民大学出版社 1988 年出版，第 132～134 页。

11. 红军第四军军党部布告——告商人及知识分子

1929 年

做生意的同胞们、读书的同胞们：

（一）共产党所指导的红军到你们这里来了，共产党会怎样对待你们呢？你们要怎样对待共产党呢？你们要怎样对待革命呢？

（二）共产党在现实领导的革命，叫做民权革命，是要打倒三个反革命东西。第一个，打倒帝国主义。不许洋人在中国逞凶，中国归中国人管，不许洋人支配中国。第二个，打倒地主阶级，废止收租制度，田地平分与农民。第三个，打倒国民党政府，建立工农兵政府。这就是共产党在现时领导奋斗的三个大任务。

（三）提出这三件任务，你们不要吓倒了。岂但不要吓倒，应该十分欢迎。做到这三件事，是工农阶级的盼望，也是于你们有大益的。你们明白你们的地位么？你们是半殖民地的小资产阶级。帝国主义压迫中国，洋货不断地进口，中国工商业不能发展，你们想，打倒了帝国主义于你们的益处几大？半封建的地主阶级集中了多数田地在他们手里，重租重息，农民贫困到十分，乡下人无钱到城市买货，城市工商业因此凋敝不能发展。打倒了地主阶级，取消了收租制度，农民得了完全的收获，向城市买货的力量大大增加，你们想，城市的生意不会大大发达么？国民党及其政府，是帝国主义的走狗、地主阶级的代表，国民党及其政府打倒了，帝国主义失了走狗、地主阶级失了代表，工农兵政府掌握了政权，民权革命（打倒帝国主义、打倒地主阶级的革命）就算有成功的希望了，你们不觉得这于你们是有益处的么？

（四）共产党对城市的政策是：取消苛捐杂税，保护商人贸易。在革命时候对工商人酌量筹款供给军需，但不准派到小商人身上。城市反动分子（军阀的走狗、贪官污吏、国民党指导委员、工贼、农贼、学贼）的财物要没收，乡村收租放息、为富不仁的土豪搬到城市住家的，他们的财物也要没收。至于普通商人及一般小资产阶级的财物，一概不没收。但普通商人及一般小资产阶级应该赞助工农革命，服从工农阶级的指导，齐心一致向打倒帝国主义，打倒地主阶级，打倒国民党政府三大任务上努力。不要三心二意，表面服从，心怀敌意。须知共产党领导的民权革命是一定要成功的，而且是很快要成功的。此时一不服从，就走入反革命一路，将来决无立足之地。

（五）知识分子的出路，也只有参加工农革命。知识分子若肯参加革命，工农阶级均可收容他们，依照他们才干的大小，分派他们相当的工作。红军政治部正须招收大批政治工作人员，那些能够刻苦耐劳、勇敢奋斗的革命的学生们、教职员们，均可加入红军来做政治工作。

（六）蒋桂战争已在两湖爆发，全国新军阀大战业已发动了。欺骗民众的国民党已完全解体，三民主义完全是狗屁，全国统一完全是臭话。美国走狗的蒋派、冯派，英国走狗的桂派，日本走狗的奉派、阎派，只是为着私利就混战起来。国民党国民政府及各派新军阀之倒台溃败就在眼前，工农阶级的革命政权不久就要代替反革命政权而出现于全国。商人们、学生们、一切被压迫的小资产阶级，速起帮助工农阶级参加此历史的革命斗争呵！

商人起来帮助工农阶级！

学生起来帮助工农阶级！

商人要使商业发展只有赞助土地革命、增加农民的生产力和购买力！

商人要使商业发展只有打倒帝国主义、断绝洋货的来源！

商人要使商业发展只有推翻国民党政府、拥护工农兵政府！

商人只要赞助革命，共产党就不没收他们的财产，并保护他们营业自由。

革命的知识分子加入工农队伍里来！

革命的知识分子加入红军政治部！

民权革命万岁！

全国被压迫阶级解放万岁！

共产党红军第四军军党部

选自《中共党史教学参考资料》（二），人民出版社 1957 年出版，第 3～5 页。

12. 信江工农兵代表会议（苏维埃）政府政纲

1929 年 7 月信江特委提出，

1929 年 10 月信江特区第一次工农兵代表大会通过①

1. 减少工作时间，增加工人工资，救济失业工人及社会保险等。

2. 青工、童工②不做夜工，工资照发。

3. 女工产前二日、产后二日不做工③，工资照发。

4. 没收一万元以上的工厂、作坊或商店，由当地苏维埃政府与总工会共同管理之。

5. 没收豪绅地主阶级的土地、财产，归苏维埃政府处理，分配给贫苦农民及退伍士兵使用。

6. 没收教堂、寺庙、祭祀、祠堂等土地及财产，分配给贫苦农民及退伍士兵使用。

7. 一切公共官荒，或无主荒地或沙田，概由苏维埃政府处理，分配给农民使用。

8. 销毁一切田契，及其他剥削农民的契约（书面的契约完全在内）。

9. 宣布一切高利贷借约、当约概作无效。

10. 组织农业银行及信用合作社，办理低利借贷。

11. 改良士兵待遇，提高士兵生活，发给退伍士兵土地和工作。

12. 工农兵有言论集会结社出版的绝对自由权（倘有破坏苏维埃政府及其他反动嫌疑

---

① 《闽浙赣革命根据地史料选编》上册，江西人民出版社 1987 年版，第 48—49 页说明：“1929 年 10 月 1 日召开信江第一次工农兵代表大会，决定此政纲。”

② “闽浙赣史料版”为“青年童工”，“赣东北历史版”改为“老年童工”，应是“青工、童工”。

③ 原文如此，“两日”疑为“两月”之误。

者，则剥夺此种自由权）。

13. 女子在政治上、经济上、法律上、社会地位上绝对平等。

14. 废除反动武装（国民党军队、挨户团、靖卫团、保卫团、保安队等武装）去武装工农。

15. 废除军阀、地方一切苛捐杂税，实行统一的累进税。

16. 鼓励生产事业。

17. 统一度量衡。

18. 改良和扩充水利及培植森林。

19. 一切森林河道归苏维埃政府管理。

20. 发展社会教育，提高群众文化程度。

21. 设立补习学校，救济失学的成年群众。

22. 发展普通教育。

23. 救济为革命逃难的群众。

24. 救济老弱残废。

信江特委

七月一日

选自《闽浙赣革命根据地史料选编》上册，江西人民出版社 1987 年版，第 60～61 页。简称“闽浙赣史料版”。

互校版本：方志纯：《赣东北苏维埃创立的历史》，人民出版社 1980 年出版，第 106～107 页，附录一（未注明制定年月）。简称“赣东北历史版”。两种版本排列次序不同，文字表述略有差异。

13. 湘鄂赣边革命委员会革命政纲

1929 年 10 月 2 日公布

一、彻底推翻帝国主义在华统治。

二、没收外国资本的企业、银行和工厂。

三、自动废除一切不平等条约，收回租界占领地，撤销领事裁判权，收回海关，驱逐帝国主义在华海陆军。

四、统一中国，实行民族自决。

五、摧毁国民党各级党部及其御用压迫民众、欺骗民众之政府机关、反动团体。

六、彻底铲除封建势力，推翻豪绅地主阶级在乡村中之反动统治。

七、摧毁湘鄂赣边七县（浏、平、修、铜、万、萍、醴）联防的反动组织及一切团防局、自治筹备处、清乡委员会、区董会等。

八、解除国民党军阀军队、靖卫队、挨户团的武装。

九、解散被反动政府压迫成立之守望队、难民团、自首团，并招抚其群众。

十、摧毁剥削民众的税收机关，如厘金局、杂税局等，并焚毁粮册及地主的田契借券。

十一、推翻国民党的统治，建立工农兵代表会议（苏维埃）政府。

十二、没收一切地主阶级的土地财产，没收的土地归当地苏维埃政府处理，分配给无地或少地的农民及退伍的红军士兵使用。

十三、一切祠堂、庙宇、教堂的地产及其他公田公地，概归当地苏维埃政府没收处理，分配给农民使用。

十四、宣布过去一切高利贷借约概作无效，以后借贷年利不得超过一分五厘，以防对贫民的高利盘剥。

十五、取消湘鄂赣三省反动政府之一切苛捐杂税，由苏维埃政府重新设立单一的农业经济累进税。

十六、提倡平民教育，创办红色学校、成人补习班，允许失业工农兵及贫民子弟免费入学。

十七、释放反动政府牢狱中之被诬囚犯，救济失业工农，收容逃亡民众，抚恤因革命死难烈士的家属。

十八、实行保障工人罢工、结社、集会、言论、出版之绝对自由。

十九、实行八小时工作制，增加工资、失业救济及社会的劳动保险。

二十、实行男女同工同酬，保护童工、女工、废除包工制，严禁压迫学徒店员。

二十一、改善士兵生活，发给士兵土地和工作，优待投诚来归的敌军官兵及俘虏士兵。

二十二、男女政治平等、经济平等、教育平等、离婚结婚自由，严禁买卖妇孺、蓄婢纳妾。

二十三、保护不反动的小资产阶级及商人自由贸易。

二十四、保护交通（如邮电等）及不反动的文化机关、救济团体。

二十五、实行义务的征兵制，建立红军赤卫队，扩大工农武装。

二十六、兴办农村合作社、农民借贷机关，发展农业经济，改良水利，防御天灾，促进农业生产，改善农民生活。

二十七、联合世界无产阶级和苏联，完成中国革命，推进世界革命。

一九二九年十月二日

选自《湘鄂赣革命根据地文献资料》，第一辑，人民出版社 1985 年出版，第 157～159 页。原注："按湖南省档案馆保存的原件刊印"。

互校版本：

1.《中国新民主主义革命时期根据地法制文献选编》，第一卷，中国社会科学出版社 1981 年出版，第 22～24 页。简称"社科法制版"。原注："选自一九二九年十月《工农兵》第二期"。

2.《与红三军团有关的历史问题及文献》，江西现代史学会编，江西人民出版社 1981 年 3 月版，第 325～327 页。原注："《工农兵》第二期 1929.10.2"。在政纲之前有一段引言。

14. 广西东兰县革命委员会最低政纲草案①

1929年10月

一、关于工人方面：

1. 废除包工制。
2. 确定雇佣工人工作时间每日不得超过八小时以上。
3. 免收工人子弟一切教育费用。
4. 没收地主土地，分给工人耕作。
5. 确定工人每日最低工资二毫。

二、关于农民方面：

1. 废除钱粮清赋。
2. 实行焚烧契约债券。
3. 实行不交租、不还债。
4. 没收地主、豪绅的土地，分给贫农。
5. 免收佃雇农子弟的一切教育用费。
6. 严禁虐待雇农。

三、关于瑶民方面：

1. 提高瑶民的智识教育。
2. 瑶民经济、政治、教育、工资上与其他人民一律平等。
3. 严禁虐待瑶民。
4. 没收山主的山场、土地、森林，分给瑶民。

四、关于士兵方面：

1. 废除肉刑制度。
2. 官兵待遇平等。
3. 军队财政公开。
4. 决定士兵服役时的待遇，担负其家庭的生活（伤亡兵待遇）。
5. 决定士兵退伍时的待遇，要有田耕、有屋住。
6. 提高士兵智识教育。

五、关于妇女方面：

1. 废除娼妓制度。
2. 废除多妻制度。
3. 废除使女制度。
4. 废除童养媳。

---

① 原注：一九二九年十月，韦拔群指挥东兰农军攻占县城，东兰县农民协会改为革命委员会，随即迁入县城，并发布这个《最低政纲草案》。

5. 男女教育、经济、政治、工资一律平等。
6. 婚姻绝对自由。
7. 严禁男子虐待妇女。
8. 废除结婚费用。

六、关于青年方面：

1. 提高劳动青年的智识。
2. 免收劳动青年的一切教育费用。
3. 青年工资与成年工资一律平等。
4. 确定雇佣青少年的童工、女工每日工作时间（不得超过六小时）。

七、关于商人方面：

1. 保护小商人的利益。
2. 严禁大商人剥削小商人。
3. 取消关卡厘金。
4. 废除一切苛捐杂税。

八、关于文化方面：

1. 教育劳动化。
2. 创设劳动人民通俗阅报室。
3. 创设劳动人民通俗图书室。
4. 创设劳动人民文化讲习所。
5. 创设劳动人民夜课学校。
6. 提高劳动儿童教育（设立幼稚院）。
7. 创设劳动人民免费学校。
8. 实行男女共同教育。

九、关于地方一般的设施：

1. 修整道路。
2. 改良交通。
3. 整理乡区县政。
4. 创设贫民救济所。
5. 废除一切不良风俗习惯（迷信、拜跪及封建式的称呼）。
6. 严禁早婚（男子十八、女子十六以上始得结婚）。
7. 改良种植。
8. 决定度量衡。
9. 决定物价。
10. 严禁烟赌。
11. 严禁贩卖人口。
12. 废除一切诉讼手续费。
13. 废除呈状公文格式（告状用口诉或面述）。
14. 废除肉刑（反革命例外）。

15. 革命的工农兵、瑶民及劳动妇女有居住、行动、集会、结社、言论、出版之自由。

十、附记：

1. 本政纲于东兰县革命委员会执行委员会正式通过而实行之。

2. 本政纲尚有未妥处，得由民众集会酌量增补之。

选自《左右江革命根据地资料选辑》，人民出版社 1984 年出版，第 173～176 页。原注：“原件藏东兰县档案馆”。

互校版本：《左右江革命史料汇编》，第二辑，革命文献（送审稿），左右江革命历史调查组 1978 年 10 月编印，第 77～80 页。原注：“转抄自《广西壮族地区革命史料汇编》”。

15. 中国红军第七军目前实施政纲①

1929 年 12 月

1. 扩大反帝运动，用民众革命力量驱逐帝国主义出华，取消帝国主义在华一切特权！

2. 推翻军阀国民党政府，建立工农兵代表会议——苏维埃政府！

3. 推翻乡村豪绅地主的统治，乡村政权交乡村苏维埃！

4. 扩大红军割据区域，迅速与朱毛汇合，实现割据两广！

5. 实行减少工人工作时间，增加工资，并制定劳动保护法！

6. 没收一切地主阶级土地归乡苏维埃，分给农民，凡没收之土地不准买卖！

7. 人民有言论、集会、结社、出版、罢工之自由！

8. 男女平等！

9. 改良士兵生活，官兵待遇平等！

10. 取消一切政府军阀的捐税！

11. 实行累进税，并由苏维埃政府制定标准！

12. 没收反革命的财产，交苏维埃政府处理！

13. 保护交通和商人营业！

14. 取消一切债务！

15. 实行平民教育，发展识字运动！

16. 准备武装保护苏联，反抗帝国主义及军阀国民党政府进攻苏联！

中国红军第七军政治部印

选自《左右江革命根据地资料选辑》，人民出版社 1984 年出版，第 178～179 页。原

① 原注：一九二九年十二月一日，我党领导的革命武装在百色起义，建立中国工农红军第七军，邓小平同志任中共前敌委员会书记、政委，张云逸同志任军长。这是在起义时散发的一份文件。

注："原件藏广西壮族自治区博物馆"。

互校版本：《左右江革命史料汇编》，第二辑，革命文献（送审稿），左右江革命历史调查组1978年10月编印，第90页。原注："原件系小张石印宣传品，背面有《打倒豪绅地主军阀!》的漫画，抄自广西博物馆"。

16. 中国红军第八军目前实施政纲[①]

1930年2月

1. 扩大反帝运动：用群众革命力量，驱除帝国主义出华；没收帝国主义在华一切资本企业；取消帝国主义在华一切特权；不准基督教在华活动。

2. 工农兵联合起来，以阶级战争消灭国民党军阀混战。

3. 反抗帝国主义及军阀国民党进攻苏联，准备武装拥护苏联。

4. 与安南革命群众及革命政党取紧密联系，帮助安南民族革命运动。

5. 扩大红军割据区域，迅速汇合红军第七军夺取南宁，汇合朱毛红军及广东革命工农夺取两广政权。

6. 扩大红军组织：吸收革命工农，自动到红军来；游击队农军健全者，即转为红军。

7. 推翻军阀国民党政府，建立工农兵代表会议政府——苏维埃政府，建立乡村苏维埃，彻底推翻豪绅地主统治。

8. 实行减少工人工作时间，增加工资，制定劳动保护法；注意失业救济。

9. 没收一切地主阶级土地归乡村苏维埃处理，发给土地使用证，分给农民，凡没收之土地不准买卖。

10. 官兵待遇一律平等；优待俘虏的敌军士兵，退伍兵士应分给土地耕种；在军士兵亦分配土地给其家属。

11. 人民有言论、集会、结社、出版、罢工之自由。

12. 男女平等；女工在产前后，规定休息时期，工资照发。

13. 保护交通及商人营业；严禁奸商垄断操纵；由苏维埃评定物价。

14. 实行平民教育，发展识字运动。

15. 取消一切政府军团捐税，实行统一累进税，并由苏维埃统一制定标准。

16. 保护童工；青年不做夜工，注意青年教育、娱乐等问题。

17. 没收反革命的财产，交苏维埃处理。

18. 取消一切债务，严禁重利盘剥。

工农群众们！上面的政纲是目前革命民众最低限度要求；本军是民众的武力，负有解

---

① 原注：一九三〇年二月一日，我党领导的革命武装在龙州举行起义，建立了中国工农红军第八军，邓小平同志任红七、红八军总政委，李明瑞同志任红七、红八军总指挥，俞作豫同志任红八军军长，何世昌同志任军政治部主任。这个文件就是在起义后不久发布的。

除民众的痛苦、图谋民众利益的使命。作豫、世昌督促本军全体革命战士，以牺牲精神、奋斗决心，努力此政纲之实现；尚希革命群众，加紧组织，帮助本军，深信红军与工农劳苦群众努力，中国革命定可迅速完成的。

选自《左右江革命根据地资料选辑》，人民出版社1984年出版，第217～218页。原注："载一九三〇年二月十二日龙州《工农兵》报"。

17. 中国红军第七军司令部政治部布告①

1930年

为布告事。溯自帝国主义势力侵入以来，中国一切政治、经济、文化等权利，被夺殆尽。而国民党军阀，竟不惜为帝国主义掠夺之工具，加紧剥削群众，屠杀工农。加之连年以来，各派军阀互争地盘，混乱局面，日益扩大，苛捐杂税，无微不至，各地贪官污吏、豪绅地主，更借国民党为护符，穷凶极恶，横行无忌，人民处于水火之中，惨状实不堪言。本军应革命之要求而产生，其目的在驱逐帝国主义出华，推翻国民党统治，肃清贪官污吏、豪绅地主等反动势力，建设工农兵代表会议（苏维埃）政权，以解除民众痛苦为职志。现游击到此，已将反动驱逐，我劳苦民众，应各安生业，幸毋误听谣言，自相惊扰，兹特郑重将本军对各界民众态度，申明如左：

一、对工人：组织工会，夺取政权，增加工资，减少时间，待遇得改良，失业有保险；
二、对农民：组织农协，土地革命，打倒地主，消灭豪绅，租税尽取消，土地归农民；
三、对士兵：改良待遇，废除肉刑，提高生活，官兵平等，既得参政权，又有土地分；
四、对商民：废除苛捐，取消杂税，保护贸易，买卖公平，严守我军纪，绝不扰商民；
五、对敌军：只打军阀，不打士兵，优待俘虏，不究团丁，愿来当红军，本军最欢迎；
六、对教育：提高文化，普及教育，劳动儿童，免费入学，推翻旧礼教，创造好风俗；
七、对社会：抚恤老弱，救济赤贫，严禁烧杀，保卫安宁，努力来生产，社会得太平。

甚望各界民众，明了主张，共同努力，完成上叙之目的，本军有厚望焉。切切此布。

政治委员　　邓　斌
军　　长　　张云逸
政治部主任　陈豪人
一九三〇年

选自《左右江革命根据资料选辑》，人民出版社1984年出版，第215～216页。原注："原件藏广西壮族自治区博物馆。"

互校版本：《左右江革命史料汇编》，第二辑，革命文献（送审稿），左右江革命历史调查组1978年10月编印，第170～171页。原注："抄自广西博物馆"。

---

① 原注：百色起义后，红七军广泛开展游击。这是红七军游击各地时张贴的布告。

18. 闽西第一次工农兵代表大会宣言

1930年3月24日通过

附：闽西第一次工农兵代表大会决议案目录①

（一）宣言

（二）决议案目录

一、军事问题决议案

二、经济问题决议案

三、财政问题决议案

四、文化问题决议案

五、建设问题决议案

（三）法案目录

一、苏维埃政府组织法案

二、土地法案

三、山林法案

四、借贷条例

五、工会法案

六、劳动法案

七、优待士兵条例

八、商人条例

九、取缔牙人条例

十、取缔纸币条例

十一、保护青年妇女条例

十二、婚姻法

十三、保护老弱残废条例

十四、合作社条例

十五、裁判条例

十六、税则②

闽西第一次工农兵代表会议宣言

自国民党背叛革命以后，国际帝国主义者得了更忠顺的走狗——国民党做工具，益加紧其对中国经济上、政治上的侵略，国内残余封建势力，也同样得着国民党的援助，而到

---

① 原编者注：一九三〇年三月十八日至二十四日，闽西第一次工农兵代表大会在龙岩城召开。大会通过了宣言和各项决议案，制订了土地法、劳动法、文教和财经等政策法令，并于二十五日正式发布。大会成立了闽西苏维埃政府，选举邓子恢、张鼎丞、卢肇西、陈正、郭滴人等三十五人为这届工农民主政府的执行委员会委员，邓子恢同志任主席。

② 以上各法案的全文，分别移至后面各类文件中。

处死灰复燃。因此，“五卅”以来新的中国政治，便重复转入国际帝国主义及国内封建势力双重支配之下，形成目前中国最反动的政治局面。

在这几年当中，国民党为要稳定其反动统治，到处屠杀工农，成千成万的工农革命分子，继续不断地死于国民党屠刀枪弹之下。然而国民党的屠刀枪弹，终于无法解决群众的饥饿问题，这些革命分子所流的鲜血，终于要染红了中国的大地，而重新爆发更伟大、更英勇的斗争，形成中国新的革命高潮。闽西工劳苦群众即在这一环境之下起来暴动，造成今日几百里红旗统治局面，而在中国革命历史上占了光荣的一页。

闽西的赤色割据，将近到了一年，在这长期的割据过程当中，证明了群众力量的伟大与反动统治的崩溃。最近全国军阀混战继续地扩大，各地工农斗争普遍地发展，在这一形势之下，益加重了我闽西群众的任务。本代表会议即适应这一形势，受全闽西劳苦群众的付托，于热烈的光明的“三一八”纪念日中在红色的龙岩城里开幕了。大会前后共七天，在会议当中我们获得了莫大胜利，尤其是看清了目前政治形势与闽西斗争前途，指出了闽西群众革命的正确道路。兹谨为我全闽西劳苦群众详言之，并以告诸国人。

一、中国政治形势

中国军阀制度的存在，与国际帝国主义相互间冲突的反映，豪绅地主阶级与民族资产阶级间不可调和的阶级矛盾是中国历年来爆发战争的主要原因。目前新兴的美帝国主义多方威胁利诱南京政府，取得了在中国的经济发展基础，更引起英日帝国主义的仇视，而促成英日的暂时结合以反美。太原会议决议取消国民党，拥护段祺瑞，反对南京政府，便是日帝国主义企图在北京成立政府以遂其独占华北利益的表现，英拉陈济棠，唆使桂系军阀进攻广州，同样的是反美作用，然而战争越爆发越使这些矛盾加深，必然的要造成连绵不断的混战局面，而更加促成中国社会经济的破产。

现在战争已扩大到全国，战祸连绵，灾区日广，在这种形势之下，一方面证明了反动统治已在自掘坟墓，另一方面工农群众更断定了中国只有实行无产阶级领导之下的民权革命，才能得到彻底的解放，才能实现全国的统一与和平。目前苏维埃区域的普遍与城市工人斗争的激烈，士兵不断的哗变，证明了全国群众对革命已有深刻的认识，新的革命高潮必然的快要到来。虽然中国国民党在帝国主义指使之下，一方面积极进攻无产阶级国家苏联，一方面对国内革命运动施以残酷的压迫与摧残，但终于无法制止群众的斗争，而反使群众斗争日形发展。

福建政局是中国的缩影，全省经济系统非常复杂，因而统治阶级的派别也特别的多。十余年来，是一个割据的状态，中间虽包含着资产阶级与封建地主阶级的矛盾，而帝国主义争夺市场冲突的反映也是主要原因。此次张杨卢的冲突，很明显的是日美帝国主义冲突的表现，也即是蒋阎战争的反映。以地瘠民贫的一个省份，过去受了封建军阀、豪绅地主残酷的剥削及历年战争的影响，已弄得遍地皆匪，农村城市破产陷于顶点，再罹这一战祸，必然要使一般群众更加穷困，革命也更加迫切。在闽西闽北土地革命政治影响之下，需要革命高潮必然要更快地到来。最近农村斗争的发展与城市斗争激烈，便是构成全省总暴动局面的条件，而实现这一局面尤有赖于闽西革命势力的推动，而加重了我们闽西群众的任务。

二、闽西政治经济背景与斗争前途

闽西社会经济大部分还是农业生产，生产方法完全用旧式农具和人工灌溉，主要生产品为米、谷、竹、木、茶、烟叶等。工业则尚停滞在手工业的过程，出产品以做纸、木排、刨烟、制茶、做鞭炮为大宗。以前闽西群众即靠此几种生产以与外来生活品如布、糖、洋油等交换，所以生活极其简单。

自帝国主义洋货侵入后，人民生活程度日渐提高，同时出产品如纸张、条丝烟、茶叶等，受洋货的排斥，日形停滞，尤其是烟、茶两项，有一落千丈之势，木排因为连年战争，也减少输出。因此，纸、木、烟工人失业者日多，农民没有副业，也日益穷困，结果只得出卖土地，大部分土地遂日益集中于地主阶级手里（据去年调查，闽西土地地主占百分之七十，公田其名、豪绅霸占其实的福会堂田占百分之二十，农民所有只百分之十），农民失了土地，穷困益深，地主阶级又复凭借官厅、豪绅势力，剥夺其土地使用权，逐步增加地租至百分之六十以上。农民受了这样繁重的剥削，往往劳力耕田，不够生活，到了青黄不接的时候，便向地主借谷借银，于是更受高利贷残酷的剥削（普通利率在二分以上，有的竟多至一倍者）。此外，则商业资本（这商业资本一样由土地剥削而来）赊货缴本则吃贵货、蚀秤斗，更受意外的吃亏，益促农民破产的加速。

在上述情势之下，农民失业日益加多，而闽西机器工业尚未萌芽，城市因为农村经济破产，也极形冷落，漳厦、南洋一带，更因帝国主义资本的垄断，中国工业不能有发展余地，这一大批失业农民，结果只有当兵为匪的出路，尤其是连城、长汀失业群众数量上更有惊人发展，这便是构成军阀郭凤鸣等的社会基础，而军阀与豪绅地主互相勾结起来，便形成过去纯粹的封建统治局面。

然而闽西统治阶级，因经济系统有三个不同的流系，却分裂得极其零碎，他们相互间利益冲突的战争，连绵不断地表演，战争惨祸影响到群众生活痛苦加深，益加促成工农劳苦的反抗，所以一九二七年的斗争，虽因刮民党清党而受挫折，但接着又有一九二八年的暴动，这充分证明工农群众对革命的急切与决心，反动统治任何方法都不能把这伟大革命的斗争镇压下去。

自去年五月一直至现在，中间得着四军的帮助，消灭了郭凤鸣、陈国辉，击溃了张贞、金汉鼎，赤色区域扩大至五六县，红军赤卫队扩充至七八千，闽西斗争局面从此日形扩大而开展。虽然中间经过金、张、刘数个军阀连续不断的包围，终于敌不过六十万得到解放的群众力量，而终于造成闽西工农兵赤色割据的局面，并且日益发展而扩大。

根据上述环境的分析，闽西赤色政权非特日臻于巩固之境，而且是一个不可避免的发展前途。而实现这一前途，必须执行下列的任务。

三、闽西革命任务

（一）集中一切力量向外发展赤色区域，尤其要向漳厦、潮汕发展，这样才能：（1）使内地纸、木、烟出口，外来生活必需品输入，以解决整个闽西的社会经济问题；（2）发动漳、潮各处工农群众起来斗争，根本消灭张贞等更大的敌人，以巩固闽西赤色政权；（3）扩大政治影响，促成福建全省总暴动局面更快地到来；（4）解决目前政府与红军财政的困难；（5）消灭闽西豪绅潜逃漳、潮的残余势力。

（二）扩大红军，统一军事指挥权，共图向外发展，促成全省总暴动局面，完成武装拥护苏联，消灭军阀混战，巩固土地革命胜利的三大任务。

（三）扩大“打倒帝国主义”“反对第二次世界大战”“武装拥护苏联”“反对国民党军阀混战”的宣传，揭破第三党改组派机会主义者欺骗群众的假面具，以提高群众的阶级觉悟。

（四）整理各级苏维埃，建立真正的民主政权，使广大工农兵士、贫民群众直接管理政事，以达到自己痛苦的解除，而巩固赤色政权基础。

（五）统筹闽西社会经济之发展与调节，使纸、木、烟能够输出，外来生活必需品源源而来，调节粮食、金融，以解决赤色区域群众之生活问题。

（六）统一财政，厘定税则，限制开支，确立预算制度，建立财政独立基础。

（七）确定劳动法。切实保护工人利益，发动工人群众更热烈地起来，成为革命的主力，同时要设法救济城市贫民，以巩固城市政权基础。

（八）确定土地法、山林法，解决债务纠纷，使土地革命胜利更加一重保障。

（九）改良士兵生活和待遇，提高士兵地位，确定优待士兵条例，以加强红军力量。

（十）保护妇女、青年利益，彻底废除家庭社会对妇女、青年的一切剥削和压迫，打破旧礼教，解除婚姻不自由的痛苦，引进妇女、青年群众参加政权，使成为革命之先锋。

（十一）修理道路桥梁，建造被毁房屋，整顿水利，从事新旧的建设等。

（十二）实行免费教育，编制教材，开办报馆及各科训练班，举行识字运动，以提高群众文化程度。

（十三）扩大济难会工作，以救济被难群众。

上述诸项，是巩固闽西土地革命胜利，推动全国革命高潮更快到来之主要条件，大会决以全力贯彻这一主张，愿我全闽西群众协力执行，以期实现，谨此宣言。

一九三〇年三月二十四日

选自《中央革命根据地史料选编》下册，江西人民出版社1982年出版，第39～45页。原注：“《闽西第一次工农兵代表大会宣言及决议案》。”

19. 中国苏维埃政府的十大政纲

1930年5月全国苏维埃区域代表大会通过

第一，取消帝国主义的一切特权，宣布帝国主义从前强迫订立以及国民党献媚卖国订立的条约完全无效，取消一切外债，没收一切帝国主义在华的银行、企业和工厂。

第二，取消军阀制度，实行工农武装，给现在兵士土地与工作。消灭官僚制度，实行由工农兵士贫民代表会议来管理政权。

第三，颁布劳动保护法，实行八小时工作制，童工每日六小时工作，普遍地增加工资，规定最低工资，每月不得少过四十元。女工产前产后休息八星期，工资照给。对资本家征收失业保险费，以救济失业工人，实行社会保险制度，以救济工人的疾病、养育老弱等。设立劳动检查所，由工会代表参加，以监督这一法令的实行。如果资本家违犯劳动法，必须给与严重的处分，以至没收他的工厂。

第四，没收地主阶级的土地，没收教会、庙宇、祠堂占有的土地与反革命的富农的土地，分配给无地与地少的农民使用。禁止土地买卖、租佃、典押制度，以肃清一切封建剥削，并实现土地国有。

第五，根据民族自决的原则，一切少数民族有完全分立与自由联合之权。

第六，一切革命群众有完全的集会、结社、言论、罢工的自由权。

第七，取消一切苛捐杂税，实行统一累进税。

第八，由政府设立农民银行，借给农民资本，以消减高利贷资本的剥削，帮助协作社的组织，以消减投机商人的欺诈的剥削。

第九，由政府建设水利，供给新式耕具，改良种子，提倡协作农场，以提高农业的生产。

第十，联合苏联与全世界无产阶级，援助一切被压迫民族的革命运动。

选自《红旗》，1930-06-04，第二版："中国苏维埃的政纲——摘自全国苏维埃区域代表大会政治决议案"。

20. 中华苏维埃共和国国家根本法（宪法）大纲草案

中国共产党中央提出，1930年9月[①]，中国工农兵会议第一次全国代表大会中央准备委员会全体会议通过

一

中国工农兵会议（苏维埃）第一次全国代表大会的召集，正在革命的工农兵及城市贫民广大群众反对反革命的军阀——帝国主义列强的势力和中国豪绅地主资产阶级的统治，而实行坚决的残酷的斗争，并且领导着新生的中国工农红军和他们实行革命的战争的时候，这一革命战争的目的是要推翻帝国主义国民党军阀的统治而建立全国工农群众自己的政权。因为，这一战争正在日益剧烈和扩大，而苏维埃政权的建立还没有普遍到全中国，所以这次大会还不能够立刻就决定详细的国家根本法的具体条文，但是必须明确地规定苏维埃国家根本法的原则，使全国劳动民众深刻地认识苏维埃是真正的他们自己的政权，热烈地坚决地为这一政权而奋斗！

二

苏维埃国家根本法最大原则之一，就是实现代表广大民众真正的民权主义（德谟克拉西）。

第一[②]，只有苏维埃政权能够保障劳动群众一切自由。它不只是在法律的条文之上规定言论、出版、集会、结社、罢工等自由，而且它用群众政权的力量取得印刷机关（报

① "闽西史料版"误为"1931年11月"，因为中央准备委员会全体会议是在1930年9月召开的。这一《国家根本法（宪法）大纲草案》为拟制《中华苏维埃共和国宪法》确定了基本的指导原则。

② 各种版本皆未标出"第一"。

馆、印刷厂等）、开会场所等，在事实上保障劳动群众取得这些自由的物质基础。

第二，也只有苏维埃政权能够保障劳动群众的平等。在苏维埃政权之下，凡选举权、被选举权以及一切法律命令等，对于劳动者不分男女、不分种族（如汉、满、蒙、回、藏、苗、黎以及高丽、安南等族）、不分宗教的信仰，都是一律平等地看待。

三

苏维埃国家根本法最大原则之二，在于真正实现劳动群众自己的政权，使政治的权力握在最大多数工农群众自己手里：

第一，苏维埃的选举法对劳动群众有最普及的、最广泛的选举权。

第二，苏维埃组织的立法机关和执行机关融化在一起，劳动民众所选出来的代表，自己直接地去执行代表选举人所决定的一切行政事务，自己直接对选举人负责。工农兵会议的代表和执行委员，不像资产阶级里的议员一样，他们要定期对选举人做报告，他们如果是不称职、不能代表大多数民众的意见时，选举人立刻可以决定撤销他们的代表资格。

第三，苏维埃政权的组织是最能够防止官僚主义的政治组织，各级苏维埃执行委员会、各部属（如各部、各局、各科等），能够吸引广大的群众参加种种事务的委员会，这种组织，使苏维埃政权密切地和民众联系起来。

第四，苏维埃政权的选举方法，着重于从事生产的劳动者，尤其是工厂工人，能够直接以工厂为单位，选举自己的代表，手工业工人和农人也能够直接从自己的组织和地域中选出自己的代表。这样，他们才真正能够密切地团结自己、训练自己，从斗争之中学习管理国家的政治和事务。

第五，苏维埃政权解除地主资本家的武装而组织自己的武装——工农红军，由工农自己来指挥军事力量，以保障自己的政权。因此，决不像资产阶级的国家一样，决不怕手里拿着武器的兵士——工人和农民来参与和干涉政治。在苏维埃政权下，一切红军士兵都有选举权。

苏维埃政权因此种种优点，就能够消灭各种形式的地主资本家国家里政府和人民互相对立的现象——工农兵会议（苏维埃）的政权真正是劳动群众自己的政权。

四

苏维埃国家根本法最大原则之三，就是不但彻底地实行妇女解放，定出合理的不受一切宗法封建关系和宗教迷信所束缚的男女关系以及家庭关系的法令，承认结婚、离婚的自由，而且还要实行各种保护女性和母性的办法，要发展科学和技术，使妇女能够事实上有脱离家务束缚的物质基础而参加全社会的政治文化工作。苏维埃政权不但保障青年的一切权利和教育，而且积极地引进青年参加政治和文化生活，创造社会发展的新力量。

五

苏维埃国家根本法最大原则之四，就是彻底地承认并且实行民族自决，一直到承认各小民族有分立国家的权利。蒙古、回回、苗黎、高丽人等凡是居住在中国地域的这些弱小民族，他们可以完全自由决定加入或脱离中国苏维埃联邦，可以完全自愿地决定建立自己的自治区域。苏维埃政权还要努力去帮助这些弱小的或者落后的民族发展他们的民族文化和民族语言等等，还要努力帮助他们发展经济的生产力，造成进到苏维埃的以至于社会主义的文明的物质基础。

六

苏维埃国家根本法最大原则之五，就是争取并且确立中国经济上、政治上真正的解放——推翻帝国主义对于中国的统治，取消帝国主义在中国的一切特权，确立中国劳动民众完全的主权。同时，亦就是与世界革命的无产阶级和被压迫民族，尤其是无产阶级独裁的国家——苏联，结成巩固的联盟。

七

苏维埃国家根本法最大原则之六，是实行工农民权的革命独裁，在将来社会主义的阶段更进于无产阶级的独裁，所以苏维埃政权的选举法明白地、毫不隐讳地规定出剥夺军阀、官僚士绅绅董和一切剥削阶级（如地主、资本家、厂主、店主、作坊主及高利贷等等）的选举权和被选举权以及政治上的自由权。对于宗教问题是绝对实行政教分离的原则，一切公民可以自由地信教，但一切宗教不能得到国家的任何保护及供给费用。因为一切宗教服务人（僧、道、牧师等）都是统治阶级迷惑工农群众的工具，所以必须剥夺其选举权及被选举权。苏维埃的中国为着巩固土地革命的胜利，为着压服地主资本家的反革命的抵抗，将要无情地极严厉地处置一切反革命派的分子。

八

中国苏维埃国家根本法的最大原则之七，就是苏维埃的中国是工人阶级和农民群众的国家，所以苏维埃政府要彻底拥护工人利益，实行土地革命，消灭一切封建残余，没收地主阶级的土地，废除一切封建式的资产阶级的税捐，实行统一的累进所得税的原则，税则完全由工农兵会议（苏维埃）决定。只有这样，农民群众才能够在无产阶级领导之下取得土地。无产阶级领导下的苏维埃政权，一定要坚决地拥护工人的利益，实行对于一切中外资本家的严厉监督——由工人群众组织执行监督生产的任务。镇压中外资本家一切怠工破坏等阴谋，坚决执行八小时工作制及劳动保护法。中国工农苏维埃的国家将要努力在保护工人和农民主要群众利益的原则之下，有系统地进攻资本主义的剥削关系，进行经济的建设，发展全国的生产力，不但要领导中国走出帝国主义压迫束缚之下的巨大恐怖状态，而且要在世界无产阶级和世界无产阶级国家——苏联的帮助之下，努力进到社会主义发展的道路。

九

中国苏维埃国家根本法的这七大原则，很明显地和现在国民党的反动统治是绝对相反的。在国民党统治之下，任何人都没有选举权、被选举权及一切政治的自由，只有地主、豪绅、资本家、军阀、官僚——中国人民中万分之一的人享有任意屠杀、任意压榨剥削、任意卖国的自由权。只有列强帝国主义的资产阶级对于中国，有任意侵略、支配、鞭打以至任意屠杀的自由权。中国工农兵会议第一次全国代表大会，就是要集中革命势力的领导，为着推翻帝国主义国民党的统治，实现全国苏维埃政权而斗争。现在国民党改组派（汪精卫派）、社会民主党……马克思列宁主义的叛徒取消派（托洛斯基陈独秀派）都异口同声地宣传国民会议的口号，而反对并且咒骂苏维埃政权。这些豪绅、地主、资本家的走狗，提出这一资产阶级民权主义的口号，很明显的是帮助帝国主义国民党来企图欺骗民众、阻碍革命，以救济国民党垂死的统治——即便是"最民权主义的"——国民会议也绝对不能给工农群众以平等自由。只有根据上列七大原则而建立的工农兵会议——苏维埃政权是工农兵群众用自己的力量斗争获得的政权，它才能真正保护工农群众的利益，才能使工人阶级和农民群众得到最后的胜利，达到真正的解放。

选自《中国民主主义革命时期根据地法制文献选编》，第一卷，中国社会科学出版社1981年出版，第2～7页。原件未注明史料来源。

互校版本：

1. 前六节，按《红旗日报》，1930-09-25，第四版核对，因停刊数日，未查到续文。

2.《中华苏维埃共和国法律文件选编》，江西人民出版社1984年版，第1～5页。原注："见《新民主主义革命时期根据地法制文献选编》第一卷"。

3.《闽西苏区法制史料汇编》，龙岩市中级人民法院、古田会议纪念馆合编，2008年10月内部出版，第15～18页，简称"闽西史料版"。原件未注明史料来源（以下同）。

21. 赣东北特区苏维埃政府施政大纲

1931年3月6日

一、赣东北特区苏维埃政府的主要任务，是汇合并发展（赣）东北各地革命势力，造成红军铁军，组织革命战争，以进到总的革命客观形势。

二、没收反革命的土地、工厂或商店，由苏维埃处理之。

三、切实执行全国苏区代表大会决定的劳动保护法。

四、没收豪绅地主阶级和寺庙、祭祀、祠堂、教堂等的土地，归苏政府处理，分配给贫苦农民及退伍士兵使用。

五、没收豪绅地主阶级和寺庙、祭祀、祠堂等的财产，归苏政府处理。

六、一切公共官荒或无主荒田，概归苏政府分配农民使用。

七、销毁一切田契及其他剥削农民的契约，书面的、口头的完全在内。

八、宣布一切当约、借约概作无效。

九、严禁高利贷，组织农业银行及信用合作社，经手办理低利借贷。

十、改良士兵生活及待遇，优待红军家属，发给退伍士兵土地和工作。

十一、革命群众有言论、集会、结社、出版、罢工的绝对自由权（倘有破坏苏维埃政府及其他反动嫌疑者，应剥夺此种自由权）。

十二、妇女在经济上、法律上、教育上、社会地位上与男子绝对平等。

十三、解除反动武装（国民党军队、挨户团、靖卫团、保卫团、警察队、保安队等武装），武装工农。

十四、废除军阀地方政府一切苛捐杂税，实行统一的累进税。

十五、允许商人自由贸易，但商人须遵守劳动保护法，缴纳累进所得税，遵守苏维埃政府各种法令。

十六、奖励生产事业。

十七、统一度量衡。

十八、改良和扩充水利及培植森林。

十九、一切森林河道，归苏维埃政府管理与经营。

二十、建筑道路桥梁，建筑船渡。

二十一、帮助群众建立各种合作社。

二十二、设立耕具制造所，尽量帮助无耕具的贫苦农民得由低价买得耕具。

二十三、创办职业学校。

二十四、创办并发展社会教育。

二十五、设立成年补习学校，举行识字运动。

二十六、设立公共医院。

二十七、救济老弱残疾。

选自手抄单行本。原件未注明史料来源。

互校版本：《闽浙赣革命根据地史料选编》上册，江西人民出版社 1987 年出版，第 137～139 页。

22. 中央给苏区中央局第七号电 ——关于宪法原则要点[①]

1931 年 11 月 5 日

中央局：

宪法原则要点如下：

一、宪法任务在保证苏区工农民主专政达到全国胜利，并转变到无产阶级专政。

二、苏维埃全政权属于工农兵及一切劳苦民众，军阀、官僚、地主豪绅、资本家、富农、僧侣及一切剥削者、反革命分子没有参加政权和政治上自由权利。

三、中华苏维埃共和国最高政权为全国苏维埃大会，闭会期间临时中执委会为最高政权机关，下设人民委员会。

四、凡十六岁以上工农兵劳苦民众不分男女、种族、宗教皆享有选举权、被选举权。

五、彻底的改善工人阶级生活状况。

六、消灭封建剥削及彻底改善农民生活，并以实现土地国有为目的。

七、限制资本主义发展，更使工农劳苦群众脱离资本主义剥削走向社会主义制度去为目的。

八、宣布中国民族的完全自主与独立，不承认帝国主义在华政治上、经济上一切特权，宣布不平等条约无效，没收帝国主义的一切财产、企业与租界，目前许可外国企业在

① 副标题系原编者所加，年代系由原编者判定。

遵守苏维埃法律条件下另订租价条约。

九、拥护和参加阶级战争，为一切劳苦民众责任，由志愿兵役过渡到征兵制。

十、保证工农劳苦民众的言论、出版、集会、结社自由。

十一、保证彻底实行妇女解放。

十二、保证工农劳苦民众有受教育权利，并保障青年劳动群众的一切权利。

十三、保证工农劳苦民众有真正信教自由的实际和反宗教宣传自由。

十四、承认中国境内少数民族的民族自决权。

十五、庇护受反革命迫害的中国民众及世界革命战士。

十六、苏区内劳动的外国人，享有法律上一切权利。

十七、联合世界无产阶级与被压迫民族与苏联结巩固联盟。

望按此原则要点在苏大会通过。全文即补送上。

选自《中共中央文件选集》，第七册，中共中央党校出版社 1983 年出版，第 461～462 页。原册未注明史料来源。

23. 中华苏维埃共和国第一次全国工农兵代表大会宣言

1931 年 11 月

一

（一）中国四万万五千万人口当中，三万万以上被剥削压迫的工农劳苦群众，长期受着地主、豪绅、军阀、资本家和凶恶的帝国主义统治。现在的国民党政府，也就是依靠帝国主义，并且就是帝国主义在中国巩固自己势力的工具。

（二）自从中国民族资产阶级叛变革命，第一次大革命——一九二五到一九二七——遭受失败以后，秋收暴动及广州暴动，开始了中国苏维埃运动新的革命阶段。

（三）中国苏维埃运动，现在在长江和珠江流域一带许多省区有了很大的发展，黄河流域亦有新的苏维埃区域产生，这一行动已被中国广大的工农劳苦群众，认为是解放自己的唯一的革命旗帜，这一运动的发展是将以很快的速度普及全中国的。

（四）在苏维埃区域中，推翻了豪绅地主和帝国主义的统治，实行了土地革命，建立了苏维埃政权，创造了工农红军，实行了八小时工作制，工农在政治上得到完全的自由，生活上有了很大的改善，这一切工农群众，只有在苏维埃旗帜下，才得到的利益，在国民党反动统治区域，是完全没有的。

二

（五）中华工农兵苏维埃第一次全国代表大会宣布成立中华苏维埃共和国，并产生中华苏维埃临时中央政府，一切权力都归苏维埃掌管。

（六）现在阶段的苏维埃，是工农民主专政的政权，这一政权对于占全国人口绝大多数的工人和农民群众实行彻底的民主，对于豪绅地主资产阶级及一切反革命派，则施行绝对的专制，揭破一切资产阶级用以欺骗工农的假民主主义。

（七）苏维埃政权的组织，是采取民主集中的原则，全国工农兵代表大会，是最高政权机关，两次代表大会之间，中央执行委员会是最高政权机关。下级苏维埃政府，应绝对服从上级苏维埃政府的决议与命令。

三

（八）为保障工农劳苦群众的权利与自由，防止剥削阶级一切危害工农利益的阴谋与活动，全国工农兵第一次代表大会特宣布如下：

（1）苏维埃工农的政权，不分男女民族与宗教信仰，凡在十六岁以上的工人、农民、士兵、贫民及一切劳动者，均有参加政权的权利，一切剥削者，完全剥夺其参政权。

（2）在苏维埃政权之下，工农劳苦群众，享有一切集会、结社、言论、出版、罢工、居住的绝对自由，剥夺一切剥削者的自由权。

（3）工农劳苦群众，不论男子和女子，在社会、经济、政治和教育上，完全享有同等的权利和义务。

（4）一切工农劳苦群众及其子弟，有享受国家免费教育之权，教育事业之权归苏维埃掌管，取消一切麻醉人民的封建的、宗教的和国民党的三民主义的教育。

（5）只有工农劳苦群众，享有武装自卫的权利，但在中华苏维埃共和国领土以内的一切人民，都有保护苏维埃共和国领土的义务。为着保卫并发展苏维埃政权，一切工农劳苦群众，应热烈拥护革命战争，并且负有参加红军及工农武装组织的义务。

（6）苏维埃政权，根本消灭一切民族对民族的压迫。在中华苏维埃共和国领土以内，不分民族界限，工农劳苦群众都享有绝对平等的权利。

（7）在苏维埃政权之下，取消各种宗教团体的特别权利，剥夺宗教事业者（如喇嘛、和尚、道士、牧师、神父等等）的公民权利，政权组织、教育机关与宗教事业绝对分离，但人民有信仰宗教或反对宗教的自由。

四

（九）在目前阶段当中，主要的任务：第一，是驱逐帝国主义者，推翻军阀统治，完成中国的真正解放与统一；第二，是要实行土地革命，根本消灭地主阶级私有土地制度。这就确定了中国革命性质，在这一阶段当中，是资产阶级性的民主革命。

（十）目前的具体政纲就是：

（1）取消过去中国政府与各帝国主义国家所订的一切条约，和所借的一切外债，推翻帝国主义在中国的一切统治势力，达到中国完全独立与统一。在互相平等的基础上，另行订定平等的条约。

（2）没收帝国主义的资本在中国开设的一切企业和银行，无代价地收回中国各地的租借地与租界。只有外国资本在完全遵守苏维埃政府的法律与法令的条件之下，苏维埃政府可与另订定条约，允许某些企业继续营业。

（3）推翻中国豪绅地主资产阶级的国民党军阀统治，在全中国建立工农兵苏维埃的工农民主专政。

（4）取消过去中国政府对各弱小民族所订一切压迫条约，承认各民族完全的自决权。但是本代表大会希望中国各民族，在自愿结合抵抗共同敌人的完全平等的基础之上，建立中华苏维埃联邦共和国，各民族愿否加入与如何加入此联邦，完全由其苏维埃大会自行决定。

（5）改善工人生活，实行八小时工作制，青年工作八小时，童工工作四小时，禁止十四岁以下的童工工作，改善女工待遇，增加工资，施行失业救济与社会保险等。

（6）无代价地没收一切封建地主、军阀、官僚、祠堂、庙宇，以及其他大私有主的土地与财产，平均分配给贫农、中农和其他失地的农民。苏维埃革命更向前发展，在重要区域取得了胜利，建立了巩固的苏维埃政权之后，即应开始实行土地与水利国有。

（7）改善士兵的生活，发给士兵土地和工具，红军士兵及其家属，应取得各种的优先权。

（8）建立工农自己的武装——工农红军，由志愿兵制应逐渐过渡到实行征兵制。一切剥削者，应完全解除其武装，以消灭他们一切再握政权的企图与阴谋。

（9）在遵守苏维埃政府一切法律与法令下，准许私人资本营业与贸易自由，取消一切国民党政府、军阀、豪绅、地主所施行的捐税和押金，实行统一的累进税。

（10）联合全世界的无产阶级和弱小民族的被压迫群众，尤其是无产阶级的祖国——苏维埃联邦共和国，他是领导全世界无产阶级革命和帮助弱小民族解放运动的，他是中国革命的最好联盟者，应当与他建立密切的联合，一致对抗共同的敌人——帝国主义与中国国民党的统治。

五

（十一）为着实现上面的政纲，就必须揭破国民党反革命的三民主义。要由中国无产阶级领导的半无产阶级——贫农群众，并且要与中农建立巩固的同盟。用武装暴动与革命战争的方法去达到。一切和平的改良的方法，如国民会议等，都是帮助反动统治阶级延长寿命的工具，与工农劳苦群众的利益是完全背驰的。

（十二）现在是世界资本主义崩溃死亡的时期，是苏联社会主义获得伟大胜利更加巩固与发展的时期，民族解放运动尤其是社会主义革命发展的时期，这些国际形势是便利于中国革命发展与转变的。

（十三）中国无产阶级领导的资产阶级性的民主革命的胜利，就会开辟社会主义革命发展的前途，以苏维埃为国家政权形式的工农民主专政，就应当成为转变到无产阶专政的出发点。由工农民主专政过渡到社会主义，须经过必须的步骤，苏维埃政府必须限制资本主义的发展，抑制富农，使工农劳苦群众减轻资本主义的剥削，准备无产阶级专政的前提，以达到中国社会主义革命的成功。

湘鄂赣省苏维埃政府翻印（1933年2月）

选自《湖南现代革命史料汇集》，第三册，湖南省博物馆1957年油印本。

24. 关于中国境内少数民族问题的决议案

1931年11月中华工农兵苏维埃第一次全国代表大会通过

一、中国境内有不少的少数民族，如像蒙古人、西藏人、韩国人、安南人，四川、云南、贵州、广西等处各种苗、黎等民族，新疆、甘肃等省的回族等等，历年都是受中国

（即汉族）皇帝、地主、官僚、商业资本、高利贷资本的剥削和统治的。自从所谓中华民国成立以来，这些少数民族，不但没有得到任何的民族自由与解放，而且军阀、地主、官僚、商业高利贷资本对于他们的剥削与压迫反而加紧，在他们的区域内，造成空前未有的饥荒（如甘肃、新疆等省），对于他们的反抗运动，采取了最残酷的屠杀政策（如冯玉祥的屠杀回民）。代表中国地主资产阶级的国民党，对于中国境内的少数民族，只有加紧的剥削压迫与屠杀。所谓"民族平等"，所谓"五族共和"，完全是国民党政府的欺骗。中华工农兵苏维埃第一次全国代农大会，坚决地号召全国工农和中国境内的少数民族起来，反对所谓孙中山的"民族主义"，因为它完全是代表地主资产阶级的利益，与中华苏维埃共和国的主张根本不能相容的。

二、中国工农与劳苦群众，反对一切对少数民族的压迫，而主张他们的彻底解放。因此，中华工农兵苏维埃第一次全国代表大会郑重地声明：中华苏维埃共和国绝对地无条件地承认这些少数民族自决权。这就是说：蒙古、西藏、新疆、云南、贵州等一定区域内，居住的人民有某种非汉族而人口占大多数的民族，都由当地这种民族的劳动群众自己去决定：他们是否愿意和中华苏维埃共和国分离而另外单独成立自己的国家，还是愿意加入苏维埃联邦或者在中华苏维埃共和国之内成立自治区域。同时，苏维埃共和国完全赞助并拥护一切少数民族反抗帝国主义，反抗中国军阀、地主、官僚、商业高利贷资本的民族革命运动，反对帝国主义国民党军阀对于已经取得独立的外蒙古民主共和国的进攻与咒骂。

三、另一方面，中华工农兵苏维埃第一次全国代表大会必须提出：受帝国主义与中国军阀、地主、资本家压迫、剥削与屠杀的不只是少数民族的劳苦群众，而且也是汉族的劳苦群众。少数民族的劳苦群众，不但受外国帝国主义与中国军阀地主资本家的压迫，而且也受到自己民族内部统治阶级的剥削和压迫。如像蒙古王公活佛、西藏喇嘛、韩国华侨绅士——国民党"殖民府"以及苗族的土司等等，都是帝国主义及中国地主资本家剥削与压迫少数民族劳苦群众的工具，是他们的压迫与剥削者。所以中华工农兵苏维埃第一次全国代表大会号召少数民族的劳苦群众与中国的工农群众共同联合起来，打倒他们共同的剥削者与压迫者——帝国主义与一切民族的地主、资本家的统治，建立工农兵的苏维埃政府。同时苏维埃代表大会号召各少数民族的劳苦群众，反对他们的剥削者与统治者利用任何民族的名义，以民族主义为借口做反对苏维埃联邦共和国（即苏联）与中华苏维埃共和国的斗争，因为这些国家是工农自己的国家，是反对一切帝国主义、反对一切剥削与压迫的国家。

四、中华工农兵苏维埃第一次全国代表大会公开地告诉全中国境内各民族劳苦群众：中华苏维埃共和国的目的是建立一个没有民族界限的国家，是在消灭一切民族间的仇视与成见；为得要达到这一目的，中华苏维埃共和国的一切法令，如像土地法、劳动法、选举法等，绝对应用于共和国的一切劳苦群众，丝毫没有民族的界限。而且苏维埃共和国必须特别注意落后民族共和国与自治区域内生产力的发展与文化的提高，必须为国内少数民族设立完全应用民族语言文字的学校、编辑馆与印刷局，允许在一切政府的机关使用本民族的语言文字，尽量引进当地民族的工农干部担任国家的管理工作，并且坚决地反对一切大汉族主义的倾向。

五、中华工农兵苏维埃第一次全国代表大会认为：目前在全世界上只有苏维埃社会主义联邦共和国（苏联）是真正推翻了本国地主、资本家的统治，使工农劳苦群众得到了完全解放的国家，它是全世界反帝国主义的主力军，是一切被压迫民族的朋友，也只有它在国内没有民族的压迫与仇视，而正确地解决了民族问题。苏大会坚决地相信：只有全世界工农群众与被压迫民族联合起来，在苏联的领导之下，才能打倒全世界帝国主义，消灭一切剥削和压迫的制度。

因此，中国工农兵苏维埃第一次全国代表大会决定：

（一）中华苏维埃共和国的基本法（宪法）上面，必须明白规定对于中国境内少数民族民族自决权，直到离开中国而独立的自决权，它无条件地承认外蒙古的独立。

（二）凡是居住苏维埃共和国的少数民族劳动者，在汉人占多数的区域，亦须和汉族的劳苦人民一律平等，享有法律上的一切权利义务，而不加以任何限制与民族的歧视。

（三）委托中央临时政府特别注意中华苏维埃共和国的少数民族共和国或自治区域内的生产力的发展、文化程度的提高与当地干部的培养与提拔，以消灭民族间的仇视与成见，建立一个没有任何民族界限的工农国家。

（四）委托中央临时政府设法积极地、具体地赞助和拥护少数民族反抗帝国主义和中国国民党军阀以及一切反对中国与非中国的地主和资本家的革命斗争及民族解放运动。

（五）委托中央临时政府同苏维埃社会主义联邦共和国发生最密切的政治上的、经济上的与文化上的联系。

选自《苏维埃中国》，第一集，1933年印行，中国现代史资料编辑委员会1957年翻印，第119～122页。

互校版本：

1.《中华苏维埃共和国法律文件选编》，江西人民出版社1984年出版，第200～202页。简称“江西法律版”。原件未注明史料来源。

2.《中国新民主主义革命时期法制建设资料选编》，第二册，西南政法学院函授部1982年编印，第212～215页。简称“西南函授版”。原注：“选自《苏维埃中国》”。

3.《宪法资料选编》，第二辑，北京大学出版社1982年出版，第21～24页。原注：“《苏维埃中国》第一辑，1933年，苏联外国工人出版社出版”。

25. 中华苏维埃共和国宪法大纲

1931年11月7日[①]中华苏维埃第一次全国代表大会通过

中华苏维埃第一次全国代表大会谨向全世界与全中国的劳动群众，宣布它要在全中国所实现的基本任务，即中华苏维埃共和国的宪法大纲。

---

① 1931年11月7日第一次全国苏维埃代表大会开幕后，原拟定的《中华苏维埃共和国宪法草案》，因条件不成熟，大会主席团特于11月11日决定由任弼时、王稼祥、毛泽东等组成宪法起草委员会，依照临时中央给苏区中央局《关于宪法原则要点》的来电，拟定了《中华苏维埃共和国宪法大纲》（草案）。大会于11月12—18日先后听取了关于宪法问题以及其他法案的报告，经过热烈讨论，最后通过了《中华苏维埃共和国宪法大纲》和其他各种法律与决议。

这些任务，在现在的苏维埃区域内，已经开始实现。但中华苏维埃第一次全国代表大会认为这些任务的全部完成，只有在打倒帝国主义国民党在全中国的统治，在全中国建立苏维埃共和国的统治之后。而且在那时，中华苏维埃共和国的宪法大纲才更能具体化，而成为详细的中华苏维埃共和国的宪法。中华苏维埃全国代表大会，谨号召全中国的工农劳动群众，在中华苏维埃共和国临时政府的指导之下，为这些基本任务在全中国的实现而奋斗。

一、中华苏维埃共和国的根本法（宪法）的任务，在于保证苏维埃区域工农民主专政的政权达到它在全中国的胜利。这个专政的目的，是在消灭一切封建残余，赶走帝国主义列强在华的势力，统一中国，有系统地限制资本主义的发展，进行国家的经济建设，提高无产阶级的团结力与觉悟程度，团结广大的贫农群众在他的周围，以转变到无产阶级专政。

二、中国苏维埃政权①所建立的是工人和农民的民主专政的国家。苏维埃全部政权是属于工人、农民、红军兵士②及一切劳苦民众的。在苏维埃政权下，所有工人、农民、红军兵士及一切劳苦民众都有权选派代表掌握政权的管理。只有军阀、官僚、地主、豪绅、资本家、富农、僧侣及一切剥削人的人和反革命分子，是没有选派代表参加政权和政治上自由的权利的。

三、中华苏维埃共和国之最高政权为全国工农兵会议（苏维埃）的大会，在大会闭会的期间，全国苏维埃中央执行委员会为最高政权机关，中央执行委员会下组织人民委员会，处理日常政务，发布一切法令和议决案。

四、在苏维埃政权领域内的工人、农民、红军兵士及一切劳苦民众和他们的家属，不分男女、种族〔汉、满、蒙、回、藏、苗、黎和在中国的台湾、高丽、安南人等)、宗教，在苏维埃法律前一律平等，皆为苏维埃共和国的公民。为使工农兵劳苦群众真正掌握着自己的政权，苏维埃选举法特规定：凡上述苏维埃公民在十六岁以上均享有苏维埃选举权和被选举权，直接选派代表参加各级工农兵会议（苏维埃）的大会，讨论和决定一切国家的、地方的政治事务。代表产生方法以产业工人的工厂和手工业工人、农民、城市贫民所居住的区域为选举单位，这种基本单位选出的地方苏维埃代表有一定的任期，参加城市或乡村苏维埃各种组织和委员会中工作，这些代表须按期地向其选举人做报告。选举人无论何时，皆有撤回被选举人及实行新选举的权利。为着只有无产阶级才能领导广大的农民与劳动群众走向社会主义，中国苏维埃政权在选举时给予无产阶级以特别的权利，增多无产阶级代表的比例名额。

五、中国苏维埃政权以彻底改善工人阶级的生活状况为目的，制定劳动法，宣布八小时工作制，规定最低限度的工资标准，创立社会保险制度与国家的失业津贴，并宣布工人有监督生产之权。

六、中国苏维埃政权以消灭封建制度及彻底地改善农民生活为目的，颁布土地法，主张没收一切地主阶级的土地，分配给贫农、中农，并以实现土地国有为目的。

---

① “社科法制版”漏掉“政权”2字。

② “社科法制版”漏掉“兵士”2字。

七、中国苏维埃政权为保障工农利益，限制资本主义的发展，更使劳苦群众脱离资本主义的剥削，走向社会主义制度去为目的，宣布取消一切反革命统治时代的苛捐杂税，征收统一的累进所得税，严厉地镇压中外一切资本家的怠工和破坏的阴谋，采取一切有利于工农群众并为工农群众所了解的、走向社会主义的经济政策。

八、中国苏维埃政权以彻底地将中国从帝国主义压榨之下解放出来为目的，宣布中国民族的完全自主与独立，不承认帝国主义在华的政治上、经济上的一切特权。宣布一切与反革命政府订立的不平等条约无效。否认反革命政府的一切外债。在苏维埃区域内帝国主义的海陆空军绝不容许驻扎，帝国主义的租界、租借地①无条件地收回，帝国主义手中的银行、海关、铁路、航业、矿山、工厂等一律收归国有，在目前可允许外国企业重新订立租借条约，继续生产，但必须遵守苏维埃政府一切法令。

九、中国苏维埃政权以极力发展和保障工农革命在全中国胜利为目的，宣告拥护和参加革命的阶级斗争为一切劳苦民众的责任，特别规定逐渐实行普遍的兵役义务，由志愿兵制过渡到征兵制度。惟手执武器参加阶级斗争的权利，只能属于工农劳苦群众。苏维埃政权下，反革命和一切剥削者的武装必须全部解除。

十、中国苏维埃政权以保证工农劳苦民众有言论、出版、集会、结社的自由为目的，反对地主资产阶级的民主，主张工人、农民的民主。打破地主资产阶级的经济的、政治的权利，以除去反动社会束缚劳动者和农民自由的一切障碍。并用群众政权的力量，取得印刷机关（报馆、印刷所等）、开会场所及一切必要的设备，给予工农劳苦群众，以保障他们取得这些自由的物质基础。同时反革命的一切宣传和活动，一切剥削者的政治自由，在苏维埃政权下都绝对禁止。

十一、中国苏维埃政权以保证彻底地实行妇女解放为目的，承认婚姻自由，实行各种保护妇女的办法，使妇女能够从事实上逐渐得到脱离家务束缚的物质基础，而参加全社会经济的、政治的、文化的生活。

十二、中国苏维埃政权以保证工农劳苦民众有受教育的权利为目的，在进行国内革命战争所能做到的范围内，应开始施行完全免费的普及教育，首先应在青年劳动群众中施行，并保障青年劳动群众的一切权利，积极地引导他们参加政治和文化的革命生活，以发展新的社会力量。

十三、中国苏维埃政权以保障工农劳苦民众有真正的信教自由的实际为目的，绝对实行政教分离的原则，一切宗教不能得到苏维埃国家的任何保护和供给费用，一切苏维埃公民有反宗教的宣传的自由，帝国主义的教会只有在服从苏维埃法律时才能许其存在。

十四、中国苏维埃政权承认中国境内少数民族的自决权，一直承认到各弱小民族有同中国脱离，自己成立独立的国家的权利。蒙、回、藏、苗、黎、高丽人等，凡是居住中国地域内的，他们有完全自决权：加入或脱离中国苏维埃联邦，或建立自己的自治区域。中国苏维埃政权在现在要努力帮助这些弱小民族脱离帝国主义、国民党、军阀、王公、喇嘛、土司等的压迫统治，而得到完全的自由自主。苏维埃政权更要在这些民族中发展他们自己的民族文化和民族语言。

---

① “社科法制版”漏一“地”字。

十五、中国苏维埃政权对于凡因革命行动而受到反动统治迫害的中国民众以及世界的革命战士，给以托庇于苏维埃区域内的权利，并帮助和领导他们恢复斗争的力量，一直达到革命的胜利。

十六、中国苏维埃政权对于居住苏维埃区域内从事劳动的外国人，一律使其享受苏维埃法律所规定的一切政治上的权利。

十七、中国苏维埃政权宣告世界无产阶级与被压迫民族是与它站在一条革命战线上，无产阶级专政的国家——苏联是它的巩固的联盟。

选自《苏维埃中国》，第一集，1933 年印行，中国现代史料编辑委员会 1957 年翻印第 17～21 页。原件未注明史料来源。

互校版本：

1.《中国新民主主义革命时期根据地法制文献选编》，第一卷，中国社会科学出版社 1981 年出版，第 8～12 页。简称“社科法制版”。原注：“选自《苏维埃中国》第一集。”

2.《中华苏维埃共和国法律文件选编》，江西人民出版社 1984 年出版，第 6～9 页。简称“江西法律版”。原注：“选自福建省档案馆藏史料”。

3.《中共中央文件选集》，第七册，中共中央党校出版社 1983 年出版，第 464～468 页。简称“中央文件版”。原件未注明资料来源。

4.《闽西苏区法制史料汇编》，龙岩市中级人民法院、古田会议纪念馆合编，2008 年 10 月内部出版，第 13～15 页。简称“闽西史料版”。

26. 中华苏维埃共和国宪法大纲

1934 年 1 月中华苏维埃第二次全国代表大会（修正）① 通过

中华苏维埃第一次②全国代表大会，谨向全世界与中国的劳动群众，宣布它在中国所要实现的基本任务，即中华苏维埃共和国的宪法大纲。这些任务，在现在的苏维埃区域内已经开始实现。但中华苏维埃第二次③全国代表大会认为，这些任务的完成，只有在打倒帝国主义、国民党在中国的统治，在全中国建立苏维埃共和国的统治之后。而且在那时，中华苏维埃共和国的宪法大纲才能更具体化，而成为详细的中华苏维埃共和国的宪法。中华苏维埃全国代表大会谨号召全中国的工农劳动群众，在中华苏维埃共和国临时中央政府的指导之下，为这些基本任务在全中国的实现而斗争。

一、中华苏维埃共和国的基本法（宪法）的任务，在于保证苏维埃区域工农民主专政

① 这一宪法大纲于 1931 年 11 月第一次全国苏维埃代表大会通过，1934 年 1 月第二次全国苏维埃代表大会进行补充修正。带有实质性的补充是在第一条增加了“同中农巩固的联合”；文字上的修改有几十处，如将“红军兵士”改为“红色战士”；“全国工农兵会议（苏维埃）的大会”改为“全国工农兵苏维埃代表大会”；将“参加阶级斗争”改为“参加革命战争”。

② 《红色中华》前者为“第一次全国代表大会”，后者为“第二次全国代表大会”，“中央文件版”与《红色中华》同。

③ “社科法制版”“江西法律版”“西南函授版”“人大宪法版”“北大宪法版”“闽西史料版”皆将前者改为“第二次全国代表大会”，实际上皆是对“第一次全国代表大会”的复述。

的政权和达到它在全中国的胜利。这个专政的目的，是在消灭一切封建残余，赶走帝国主义列强在华的势力，统一中国，有系统地限制资本主义的发展①，进行苏维埃的经济建设，提高无产阶级的团结力与觉悟程度，团结广大贫农群众在它的周围，同中农巩固的联合，以转变到无产阶级的专政。

二、中华苏维埃政权②所建设的，是工人和农民的民主专政国家。苏维埃政权是属于工人、农民、红色战士及一切劳苦民众的，在苏维埃政权下，所有工人、农民、红色战士及一切劳苦民众都有权选派代表掌握政权的管理。只有军阀、官僚、地主、豪绅、资本家、富农、僧侣及一切剥削人的人和反革命分子是没有选举代表参加政权和政治上自由的权利的。

三、中华苏维埃共和国之最高政权为全国工农兵苏维埃代表大会，在大会闭会的期间，全国苏维埃临时中央执行委员会为最高政权机关，中央执行委员会下组织人民委员会，处理日常政务，发布一切法令和决议案。

四、在苏维埃政权领域内，工人、农民、红色战士及一切劳苦民众和他们的家属，不分男女、种族（汉、满、蒙、回、藏、苗、黎和在中国的台湾、高丽、安南人等）、宗教，在苏维埃法律前一律平等，皆为苏维埃共和国的公民。为使工农兵劳苦民众真正掌握着自己的政权，苏维埃选举法特规定：凡上述苏维埃公民，在十六岁以上③皆有苏维埃选举权和被选举权，直接派代表参加各级工农兵苏维埃的大会，讨论和决定一切国家的、地方的政治事务。④ 代表产生方法，是以产业工人的工厂和手工业工人、农民、城市贫民所居住的区域为选举单位，这种基本单位选出的地方⑤苏维埃代表有一定的任期，参加城市或乡村苏维埃各种组织和委员会中的工作；这种代表须按期向其选举人做报告，选举人无论何时皆有撤回被选举人及重新选举代表的权利；为着只有无产阶级才能领导广大的农民与劳苦民众走向社会主义，中华苏维埃政权⑥在选举时，给予无产阶级以特别的权利，增加无产阶级代表的比例名额。

五、中华苏维埃政权，以彻底改善工人阶级的生活状况为目的，制定劳动法，宣布八小时工作制，规定最低限度的工资标准⑦，创立社会保险制度与国家的失业津贴，并宣布工人有监督生产之权。

六、中华苏维埃政权，以消灭封建剥削及彻底地改善农民生活为目的，颁布土地法，

---

① “江西法律版”“西南函授版”“人大宪法版”“闽西史料版”在“限制资本主义”之后还有“在中国”三字，《红色中华》以及“中央文件版”“社科法制版”皆无此三字。

② 《红色中华》与“中央文件版”此处有“政权”二字，“社科法制版”“江西法律版”“西南函授版”“人大宪法版”“北大宪法版”皆无“政权”二字。按1931年《宪法大纲》第二条，此处应有“政权”二字。

③ “社科法制版”“人大宪法版”“西南函授版”此处加一“者”字，《红色中华》及“中央文件版”“江西法律版”无此“者”字。按1931年《宪法大纲》第四条，此处没有“者”字。

④ 《红色中华》“中央文件版”“北大宪法版”为“政治事务”，“社科法制版”“江西法律版”“西南函授版”“人大宪法版”皆印作“政治任务”。按1931年《宪法大纲》，此处应为“政治事务”。

⑤ 《红色中华》及“中央文件版”此处有“地方”二字，“社科法制版”“西南函授版”“人大宪法版”“北大宪法版”“闽西史料版”皆无“地方”二字。按1931年《宪法大纲》，应有“地方”二字。

⑥ 《红色中华》及“社科法制版”“江西法律版”此处皆有“政权”二字，“中央文件版”“西南函授版”“人大宪法版”“北大宪法版”无此二字。按1931年《宪法大纲》第四条，应有“政权”二字。

⑦ 《红色中华》将“工资标准”误排为“工资算准”，各翻印本皆予更正。

主张没收一切地主阶级的土地，分配给雇农、贫农、中农，并以实现土地国有为目的。

七、中华苏维埃政权，以保障工农利益，限制资本主义的发展，更①使劳动群众脱离资本主义的剥削，走向社会主义制度去为目的，宣布取消一切反革命统治时代的苛捐杂税，征收统一的累进税，严厉镇压一切中外资本家②的怠工和破坏阴谋，采取有利于工农群众并为工农群众所了解的、走向社会主义去的经济政策。

八、中华苏维埃政权，以彻底地将中国从帝国主义压榨之下解放出来为目的，宣布中国民族的完全自主③与独立，不承认帝国主义在华的政治上、经济上的一切特权，宣布一切与反革命政府订立的不平等条约无效，否认反革命政府的一切外债，在苏维埃领域内，帝国主义的海、陆、空军不容许驻扎，帝国主义的租界、租借④地无条件地收回，帝国主义手中的银行、海关、铁路、航业⑤、矿山、工厂等，一律收回国有⑥，在目前可允许外国企业重新订立租借条约继续生产，但必须遵守苏维埃政府的一切法令。

九、中华苏维埃政权，以极力发展和保障工农革命在全中国⑦胜利为目的，坚决拥护和参加革命战争为一切劳苦民众的责任，特制定普遍的兵役义务，由志愿兵役制过渡到义务兵役制。惟手执武器参加革命战争的权利，只能属于工农劳苦民众。在苏维埃政权下⑧，反革命与一切剥削者的武装，必须全部解除。

十、中华苏维埃政权，以保证工农劳苦民众言论、出版、集会、结社的自由为目的，反对地主资产阶级的民主，主张工人农民的民主，打破地主资产阶级经济的和政治的权利，以除去反动社会束缚劳动者和农民自由的一切障碍，并用群众政权的力量，取得印刷机关（报馆、印刷所等）、开会场所及一切必要的设备，给予工农劳苦民众，以保障他们取得这些自由的物质基础；同时反革命的一切宣传和活动，一切剥削者的政治自由，在苏维埃政权下都绝对禁止。

十一、中华苏维埃政权，以保证彻底地实行妇女解放为目的，承认婚姻自由，实行各种保护妇女的办法，使妇女能够从事实上逐渐得到脱离家务束缚⑨的物质基础，而参加全

---

① 《红色中华》及“中央文件版”此处有一“更”字，其他版本皆无。按1931年《宪法大纲》第七条，应有“更”字。

② 《红色中华》“中央文件版”“社科法制版”“江西法律版”“闽西史料版”，此处为“资本家”，“西南函授版”“人大宪法版”“北大宪法版”为“资本主义”。按1931年《宪法大纲》第七条，应为“资本家”。

③ 《红色中华》及“中央文件版”此处为“中国民族的完全自主”，“社科法律版”“江西法律版”“人大宪法版”“北大宪法版”为“自由”，“江西法律版”“西南函授版”“人大宪法版”“北大宪法版”将“中国民族”改为“中华民族”。按1931年《宪法大纲》第八条，应是“中国民族”和“自主”。

④ 《红色中华》及多种版本皆为“租借地”，“社科法制版”误为“租界地”。

⑤ 1931年《宪法大纲》与《关于经济政策的决议案》皆为“航业”。1934年《红色中华》刊印《宪法大纲》时为“□业”（“业”前为空白）。“中央文件版”印作“企业”；“社科法制版”“江西法律版”“闽西史料版”“江西司法版”印作“商业”；“人大法权史版”“北京政法版”“西南法制史版”“西南函授版”“人大宪法版”“北大宪法版”皆删略此二字。“航业”是指航海和内河航运业（即外国轮船公司）。以上12个版本皆有瑕疵。

⑥ 《红色中华》此处为“收回国有”，其他多种版本也是“收回国有”，“中央文件版”和“北大宪法版”改为“收归国有”。1931年《宪法大纲》第八条是“收回国有”。

⑦ 《红色中华》“闽西史料版”“中央文件版”“江西法律版”此处为“全中国”，“社科法制版”“西南函授版”“人大宪法版”“北大宪法版”漏一“全”字。1931年《宪法大纲》第九条也有“全”字。

⑧ 《红色中华》及多种版本此处印作“在苏维埃政权下”，“中央文件版”无“在”字。

⑨ “人大宪法版”“西南函授版”此处漏掉“束缚”二字。

社会经济的、政治的、文化的生活。

十二、中华苏维埃政权，以保证工农劳苦民众有受教育的权利为目的，在进行革命战争许可的范围内，应开始施行完全免费的普及教育，首先应在青年劳动群众中施行。应该保障青年劳动群众的一切权利，积极地引导他们参加政治的和文化的革命生活，以发展新的社会力量。

十三、中华苏维埃政权，以保证工农劳苦民众有真正的信教自由①为目的，绝对地实行政教分离的原则。一切宗教，不能得到苏维埃国家的任何保护和供给费用。一切苏维埃公民有反宗教宣传之自由，帝国主义的教会只有在服从苏维埃法律时才能许其存在。

十四、中华苏维埃政权，承认中国境内少数民族的民族自决权，一直承认到各弱小民族②有同中国脱离，自己成立独立的国家的权利。蒙古③、回、藏、苗、黎、高丽人等，凡是居住在中国的地域内，他们有完全自决权，加入或脱离中国苏维埃联邦，或建立自己的自治区域。中国苏维埃政权在现在要努力帮助这些弱小民族脱离帝国主义、国民党、军阀、王公、喇嘛、土司等的压迫④统治，而得到完全自主。苏维埃政权，更要在这些民族中发展他们自己的民族文化和民族语言。

十五、中华苏维埃政权，对于凡因革命行动而受到反动统治迫害的中国民族⑤以及世界的革命战士，给予托庇于苏维埃区域的权利，并帮助和领导他们重新恢复斗争的力量，一直达到革命的胜利。

十六、中华苏维埃政权，对于居住苏维埃区域内从事劳动的外国人，一律使其享有苏维埃法律所规定的一切政治上的权利。

十七、中华苏维埃政权，宣告世界无产阶级与被压迫民族是与它站在一条革命战线上，无产阶级专政的国家——苏联，是它的巩固的联盟者。

原载《红色中华》，1934 年 2 月 14 日第 149 期，第二版。

互校版本：

1.《中共中央文件选集》，第九册，中共中央党校出版社 1986 年出版，第 90～94 页。简称“中央文件版”。原件未注明资料来源。

2.《中国国家与法权历史参考资料》，第二辑，中国人民大学出版社 1954 年出版，第 1～5 页。简称“人大法权历史版”。原注：“选自《宪政问题参考资料》”。

3.《中国新民主主义革命时期根据地法制文献选编》，第一卷，中国社会科学出版社 1981 年出版，第 12～16 页。简称“社科法制版”。原注：“选自《宪法问题参考资料》”。

---

① “社科法制版”“江西法律版”在“信教自由”之后，有“的实际”三字，《红色中华版》“中央文件版”“人大法权史版”皆无“的实际”三字。

② “社科法制版”“江西法律版”“西南函授版”“人大宪法版”“北大宪法版”此处为“各弱小民族”，《红色中华》及“中央文件版”漏一“弱”字。按 1931 年《宪法大纲》第十四条的规定，应为“各弱小民族”。本条下文也有“弱小民族”的规定。

③ 《红色中华》及“中央文件版”“社科法制版”“江西法律版”“闽西史料版”皆为“蒙古”，“西南函授版”“人大宪法版”“北大宪法版”则漏一“古”字。

④ “土司等的压迫”：“人大宪法版”“西南函授版”漏一“等”字。

⑤ 《红色中华》及其他多种版本此处皆为“中国民族”，“社科法制版”印作“中国民众”。1931 年《宪法大纲》等“中国民众”。

4.《中华苏维埃共和国法律文件选编》，江西人民出版社1984年出版，第10～13页。简称“江西法律版”。原注：“见《红色中华》第149期”。

5.《中国新民主主义革命时期法制建设资料选编》，第一册，西南政法学院函授部1982年编印，第1～5页。简称“西南函授版”。原注：“选自《苏维埃中国》”（此注有误，《苏维埃中国》只有1931年《宪法大纲》，没有刊印1934年的《宪法大纲》）。

6.《中国宪法参考资料选编》，中国人民大学出版社1990年出版，第238～242页。简称“人大宪法版”。原注“转自1934年2月14日《红色中华》”。

7.《宪法资料选编》，北京大学出版社1982年出版，第115～119页。简称“北大宪法版”。原注：“《红色中华》1934年2月14日”。

8.《闽西苏区法制史料汇编》，龙岩市中级人民法院、古田会议纪念馆合编，2008年10月内部出版，第18～21页。简称“闽西史料版”。

9.《中国法制史参考资料汇编》，第三辑，西南政法学院法制史教研室1982年12月编印，第144～148页。简称“西南法制史版”。

10. 范佑先主编：《中华苏维埃共和国司法行政史料选集》，江西司法厅1993年2月编印，第88～91页。简称“江西司法版”。

11.《中国法制史参考资料选编》（三），北京政法学院法制史教研室1980年10月编印，第22～26页。简称“北京政法版”。

27. 附：中华苏维埃共和国宪法草案

1931年11月拟制①

第一篇（空缺）

第二篇　苏维埃政权的构成

第一章　中央苏维埃政权

一、全中华苏维埃代表大会

第一条　全中华苏维埃代表大会为中华苏维埃共和国的最高政权机关。

原注：全中华苏维埃代表大会，简称全苏大会。

第二条　全苏大会，由省苏维埃代表大会所产生的代表组成之。（乡村居民每十万人选举一人，城市居民每二万人选举一人为比例。）

第三条　全苏大会照例每年召集一次。

第四条　由中央执行委员会的提议，或全国居民三分之一以上的苏维埃的请求，得召集全中华苏维埃的非常会议。

第五条　因特别事故，全苏大会不能按期召集时，得展期召集之。

① 这一宪法草案原准备提交第一次全国苏维埃代表大会审议讨论的，由于条件不成熟，未经正式通过公布，刊印在此，供研究参考。

第六条　中央执行委员会对全苏大会负责。

第七条　全苏大会闭幕之后，中央执行委员会为中华苏维埃共和国的最高政权机关。

二、中华苏维埃中央执行委员会

第八条　中央执行委员会是中华苏维埃共和国立法行政司法的最高管辖机关，指挥苏维埃政府一切行政机关的工作，监视苏维埃宪法、全苏大会及中央执行委员会的决议案和命令之施行。

第九条　中央执行委员会全会每三个月召集一次。

第十条　由中央执行委员会主席团的提议，或中央执行委员会委员半数以上的要求，得召集中央执行委员会的非常会议。

第十一条　中央执行委员会的委员额，不得超过一百五十人。

第十二条　中央执行委员会对全苏大会负责，应向全苏大会报告政治和行政情形。

第十三条　由中央执行委员会召集全苏大会。

第十四条　中央执行委员会选任人民委员苏维埃及各部的人民委员，以总揽全国的行政事宜。

第十五条　中央执行委员会的委员，得担任各部的职务和中央执行委员会的特别职务。

第十六条　中央执行委员会得颁发各种法律和命令，并施行于全中华苏维埃共和国境内。

第十七条　为保持法令颁布的统一，人民委员苏维埃和各部人民委员所颁布的法令草案，须交中央执行委员会去审查和批准。

第十八条　中央执行委员会主席团、人民委员苏维埃及其他机关的决议和法令①，中央执行委员会有停止执行和变更之权。

第十九条　中央执行委员会选出十五人组织主席团，以为中央执行委员会闭会②期中的最高政权机关。

三、中华苏维埃中央执行委员会主席团

第二十条　中央执行委员会主席团，为中央执行委员会闭会期间的最高政权机关，可由主席团中选出中央执行委员会的主席三人。

第二十一条　中央执行委员会主席团，日常监督中华苏维埃共和国宪法的施行、全苏大会和中央执行委员会的各种决议的实施。

第二十二条　中央执行委员会主席团，有停止或变更人民委员苏维埃和各人民委员会的决议和法令之权。

第二十三条　中央执行委员会主席团，有停止各省苏维埃大会的决议之执行，以待交给中央执行委员会审核之权。

第二十四条　中央执行委员会主席团，有颁布各种法令之权，并有权审查和批准人民委员苏维埃及各人民委员会及其他机关所提出的法令、条例和命令。

---

① “江西史料版”印作“命令”，但第二十二条仍为“法令”。

② “江西史料版”误作“开会”。

第二十五条　中央执行委员会主席团，解决人民委员苏维埃与各人民委员会的关系问题及各省苏维政府之间的关系问题。

第二十六条　中央执行委员会主席团，对中央执行委员会负完全责任。

四、人民委员苏维埃

第二十七条　人民委员苏维埃，为中华苏维埃中央执行委员会的执行和行政机关，负[①]指挥中华苏维埃共和国全部政务的责任。

第二十八条　人民委员苏维埃，为达到本宪法第二十七[②]条的目的，在中央执行委员会所规定的范围内，得颁布各种法令，并得采取行政方针，以保持行政上的迅速和秩序。

第二十九条　人民委员苏维埃的决议和所颁布的各种法令，须即时通知中央执行委员会主席团。

第三十条　人民委员会苏维埃的决议，而与大政方针有关系者，应提交中央执行委员会去审查和批准，紧急事项由人民委员苏维埃的权力，单独执行之。

第三十一条　人民委员苏维埃，得审核各人民委员会所提出的法令及其决议案。

第三十二条　人民委员苏维埃，对中央执行委员会及其主席团负责。

第三十三条　人民委员苏维埃的决议和命令，中央执行委员会及其主席团得变更或取消之。

第三十四条　人民委员及各省苏维埃执行委员会，对于人民委员苏维埃的法令和命令有不同意时，得向中央执行委员会主席团控诉，但不得停止它的执行。

第三十五条　人民委员苏维埃，由下列的人员组织之：

人民委员苏维埃主席；

人民委员苏维埃副主席二人；

外交人民委员；

海陆空军人民委员；

劳动人民委员；

财政人民委员；

土地人民委员；

司法人民委员；

卫生人民委员；

教育人民委员；

工农检察人民委员；

内务人民委员；

交通邮电人民委员；

最高国民经济[③]人民委员；

粮食人民委员；

---

① “江西史料版”漏一“负”字。

② “江西史料版”误作“二十八条”。

③ “江西史料版”印作“人民经济”。

社会保证人民委员；

国内外贸易人民委员。

第三十六条　只有人民委员苏维埃的委员，才能用人民委员这个名称，其他中央及地方的代表不得用这个名称。

五、各人民委员会

第三十七条　本宪法第三十五①条所列举的十五个人民委员，为便于在人民委员苏维埃监督之下，各部分直接进行部务起见，得各自设立人民委员会，根据中央执行委员会所许可的范围行使它的职权。

第三十八条　以各人民委员为各人民委员会的主席。

第三十九条　各人民委员会的委员，由人民委员苏维埃任命之。②

第四十条　各人民委员在它的权限内，有单独解决一切问题之权，但须提交人民委员会去通过和承认。若人民委员会的委员，对于人民委员所解决的问题或决议有异议时，人民委员会的每个委员，有提交人民委员苏维埃或中央执行委员会主席团之权。

第四十一条　各人民委员会的决议，若显然违反中华苏维埃的宪法和法律时，中央执行委员会或中央执行委员会主席团得停止之，并得撤销他的职务。中央执行委员会或中央执行委员会主席团，应将所停止的职务之名单，通知人民委员③苏维埃及有关系的人民委员。

第四十二条　各人民委员对人民委员苏维埃、中央执行委员会及其主席团负责。

六、中华苏维埃共和国最高法院

第四十三条　为确定中华苏维埃共和国领土的革命法律的效力起见，在中央执行委员会设立最高法院。

第四十四条　最高法院的组织如左：

（一）最高法院全体委员会议；

（二）最高法院的民事部；

（三）最高法院的刑事部；

（四）最高法院军事裁判部。

第四十五条　最高法院会议的委员，由中央执行委员会主席团任命之，其人数为七人，其中包括最高法院的院长、副院长二人、中央政治保卫处的代表一人。

第四十六条　最高法院的权限如左：

（一）组织和管理各省法庭的工作；

（二）解释关于一般的法律问题；

（三）审查各省之法庭违反中华苏维埃共和国法律的判决书及决议案；

（四）审查高级机关的职员在执行职务期间内的犯法案件。

第四十七条　最高法院的检察官及其助理检察官，都由中央执行委员会主席团任命之。

---

① “湖南史料版”和“江西史料版”皆误作“三十六条”。

② “江西史料版”漏掉“任命之”三字。

③ “湖南史料版”多一“会”字。

第四十八条　检察官的权限如左：

（一）预先检查案件的证据，以备提到最高法院去审判；

（二）在最高法院开庭审判时，代表国家出庭，襄助告发事宜；

（三）对于最高法院全体委员会议的决议不同意时，得向中央执行委员会提出抗议。

第四十九条　最高法院的全体委员会议之下，得组织特别司法委员会，以审查左列的案件：

（一）有全国意义的重要民刑案件。

（二）中央执行委员会及人民委员苏维埃的委员个人所提出的责问案件。这种案件，最高法院得接受审查，但须经过中央执行委员会或中央执行委员会主席团特别决定之。

七、中央政治保卫处

第五十条　中华苏维埃共和国为压制和侦查在政治上和经济上的反革命活动、反革命的组织及其侦探、盗匪等，在人民委员苏维埃之下，组织中央政治保卫处。

第五十一条　中央政治保卫处的处长列席人民委员苏维埃会议，有发言权而无表决权。

第五十二条　中央政治保卫处直接指导各省的政治保卫分处机关的事宜。各级国家政治保卫处，与别的苏维埃政府不发生横的隶属关系。

第五十三条　政治保卫处的权限，以法律许可的特殊地位为根据。

第五十四条　中央政治保卫处在法律范围内的一切行动受最高法院检察官的制裁。

第二章　全中华苏维埃大会及其中央执行委员会的权限

第五十五条　全中华苏维埃大会及其中央执行委员会的权限如左：

（一）颁布和修改宪法；

（二）代表中华苏维埃共和国对外订立各种条约及批准国际条约；

（三）制定法庭的组织系统，并颁布民事、刑事的诉讼立法；

（四）颁布劳动法；

（五）决定外交内政的大方针；

（六）改正国家的边界，并有放弃中华苏维埃共和国领土之权；

（七）确定地方苏维埃的权力，并裁判各地方苏维埃间的争执；

（八）划分行政区域，并有建立和合并地方机关①之权；

（九）对外宣战及讲和；

（十）制定度量衡和币制；

（十一）发行内外公债；

（十二）编制预算案；

（十三）确定税率，并征收国家的捐税；

（十四）组织并指导海陆空军；

（十五）制定中华苏维埃共和国国民的公民权，及居住中华领土内外国人的公民权；

---

① “江西史料版”漏“机关”二字。

（十六）允许全部或一部的赦免；

（十七）制定国民教育的一般原则；

（十八）管理交通和邮电；

（十九）选任或撤销人民委员苏维埃的委员，并批准人民委员苏维埃的主席；

（二十）制定国家经济建设的计划，并订立租借企业的协定；

（二十一）指导对外贸易，并制定国内商业制度；

（二十二）代表中华苏维埃共和国与中国境内各民族订立组织联邦共和国的条约。

第三章　地方苏维埃政权

第五十六条　地方苏维埃政权规定如左：

（一）全省苏维埃代表大会为全省的最高政权机关，由各县苏维埃代表大会所选举的代表组织之（城市居民每一万人选举一人，乡村居民每五万人选举一人为比例），但代表总数不能超过五百人。

（二）全县苏维埃代表大会为全县的最高政权机关，由各区苏维埃代表大会所选举的代表组成之（城市居民每一千人选举一人，乡村每五千人选举一人为比例），但代表总数不得超过三百人。

（三）全区苏维埃代表大会为全区的最高政权机关，由各乡苏维埃、各城市苏维埃所选举的代表组成之（城市居民每五百人选举一人，乡村居民每□□选举代表一人为比例），但代表总数不得超过二百人。

（四）城市苏维埃为城市的最高政权机关，每二百五十人选举代表一人组成之。

（五）乡苏维埃为乡的最高政权机关，每居民十人[①]选举代表一人组成之。

第五十七条　全省苏维埃代表大会由省执行委员会每年召集一次。全县和全区苏维埃代表大会由县执行委员会和区执行委员会每半年召集一次。城市苏维埃大会每月召集一次。乡苏维埃大会每半月召集一次。

第五十八条　省、县、区苏维埃的非常大会，由省县区苏维埃的执行委员会的提议，或该境内居民三分之一以上的要求，得上级苏维埃政府的许可召集之。

第五十九条　省、县、区苏维埃代表大会闭幕期间，以省、县、区苏维埃执行委员会为省、县、区的最高行政机关。省、县、区苏维埃执行委员会闭幕期间，以主席团为最高机关。城市苏维埃、乡苏维埃仅组织主席团。

第六十条　省执行委员会不得超过三十五人，县执行委员会不得超过二十五人，区执行委员会不得超过十五人。

第四章　地方苏维埃政权的权限

第六十一条　地方苏维埃政权的权限如左：

（一）执行上级机关的命令；

（二）规划该地域内的行政事宜；

（三）解决该地方范围内的地方问题；

（四）计划该地方内的文化教育事业的发展；

---

① “江西史料版”此处为“十人”，“湖南史料版”为“□□”（原件为空白）。

（五）统一该地域内苏维埃的活动。

第六十二条　省苏维埃大会及其执行委员会，有监督该省内苏维埃工作之权，有变更和取消该省内各级苏维埃决议案之权，但重要者须报中央执行委员会主席团。

第三篇　选举权①

第五章　选举权的规定

第六十三条　居住在中华苏维埃共和国领土内的居民，凡年满十六岁者，无②男女、宗教、民族的区别，对于苏维埃都有选举权和被选举权，但以左列的几种人民为限：

（一）工农兵③及其他企业机关和组织的雇佣劳动者、独立劳动者④及一切不剥削他人劳动力者和他们的家属。

（二）中华苏维埃共和国海陆空军中服军役者。

（三）以上二种人民但现时不得工作者。

第六十四条　前条的三种人民之一而犯有下列各条之一者，没有选举权和被选举权：

（一）剥削他人的劳动力者；

（二）靠土地、资本的盈利为生，而自己不劳动者；

（三）商人、资本家的代理人、中间人及买办；

（四）各宗教的传教士、牧师、僧侣、道士、地理阴阳先生及一切以传教为职业者；

（五）国民党及其他反动政府下的警察、侦探、宪兵、官僚、军阀及参加反对工农利益的反动派；

（六）有神经病者；

（七）经法庭判决有罪，而在犯罪期间者。

第六章　选举的手续

第六十五条　选举由当地苏维埃内所组织的选举委员会定日进行之。

第六十六条　选举须在选举委员会主席之前进行之，倘若选举委员会主席不能到选举大会时，须由选举委员会议派该委员会的副主席出席选举大会。

第六十七条　选举的结果，应做成报告书，由选举委员签名提到选举委员会。

第六十八条　选举的详细手续和各生产机关劳动者之间⑤选举，由本地苏维埃政府根据中央执行委员会的选举法令而规定之。

第七章　选举的承认、取消及代表的召回

第六十九条　凡与选举有关系的文件，应汇集交选举委员会并转本地苏维埃。

---

① 《宪法草案》第三篇选举权，共三章 13 条（自第六十三条至第七十五条）。1931 年 11 月中央执行委员会通过的《中华苏维埃共和国的选举细则》，其中有多处直接引用了宪法中有关选举制度的规定，从第七十三条至第八十四条，共计 12 条。从上述两种文献中，可以看出：（一）《中华苏维埃宪法草案》在提交第一次全国代表大会审议时，曾经修改出另一份草案（原文未查到）。（二）宪法草案未被通过公布，但在《选举细则》中，却多处引用的宪法草案的原文，这反映出当时立法技术上的一大疏漏。请将本宪法草案第三篇选举权的规定与《选举细则》《选举委员会工作细则》，相互对照，进行研究。

② “江西史料版”多一“论”字。

③ “湖南史料版”为“工农兵”，“江西史料版”为“工农商”。

④ “江西史料版”还有“独立劳动者”，“湖南史料版”则无。

⑤ “江西史料版”无此“间”字，多出“与闻”二字。

第七十条　选举的结果，由本地苏维埃派委员会审查之，并将审查的结果报告苏维埃。

第七十一条　选举效力有争议时，由本地的苏维埃决定之。

第七十二条　凡遇不生效力的选举时，由本地苏维埃宣告重新选举。

第七十三条　若遇有全部选举违反选举条例时，应否取消，由上级苏维埃规定之。

第七十四条　中央执行委员会为选举上诉的终审机关。①

第七十五条　选举者有随时召回所选代表之权，并得另行选举。

第四篇　中华苏维埃共和国的国徽与国旗

第八章　国徽与国旗

第七十六条　中华苏维埃共和国国徽规定在地球形上插交叉的锤子与镰刀，架谷穗于地球之下和两旁，地球之上为五角星，上书“中华苏维埃共和国”，再上书“全世界无产阶级联合起来啊!”

第七十七条　国旗为红色国旗上加上国徽。

第七十八条　陆军旗为□，海军旗为□，空军旗为□。②

湘鄂赣省工农兵苏维埃政府印

1933 年 3 月

选自《湖南现代革命史料汇集》，第三册，湖南省博物馆 1957 年油印本。简称“湖南史料版”。原注：“湘鄂赣省工农兵苏维埃政府翻印，1933 年 3 月”。

互校版本：《中央革命根据地史料选编》下册，江西人民出版社 1982 年出版，第 121～132 页。简称“江西史料版”。原件标题下注明：“一九三一年十一月”。未注明史料来源。

28. 目前形势与川陕省苏维埃的任务

1933 年 8 月 12 日川陕省第二次全省工农兵代表大会通过的决议

大会指出：目前正处在一个历史时期中，苏联社会主义建设伟大成功，资本主义相对稳定的终结和危机的更加加深，世界革命运动的高涨，以及中国苏维埃红军的空前胜利，国民党统治的急剧崩溃破产，全国反日、反帝以及工农兵斗争的高潮，一省和数省革命正在这许多胜利中逐渐完成。这种胜利指明，只有苏维埃才是工农劳苦群众唯一救自己、救中国的道路，只有共产党才是唯一能领导苏维埃得到胜利的政党。这一形势需要每个工农弟兄都担起当前的历史任务，去开展川陕苏维埃运动的新局面。大会诚恳地号召全川陕的工农弟兄一致坚决地武装起来，扩大革命战争，消灭当前的敌人——国民党军阀刘湘、田颂尧，直到消灭整个川陕国民党的统治，为全川陕省苏维埃的胜利而斗争。争取苏维埃在

① “江西史料版”将第七十三条和第七十四条的次序，相互颠倒。

② □符号表示原稿空缺，余同。

川陕两省的首先胜利，这也就是顺利地进行民族革命战争、争取全中国苏维埃胜利的基本工作。

大会认为：川陕省苏维埃在过去半年中，工作上已有了很大的成绩。在共产党领导之下，苏维埃动员了广大群众配合红军行动，参加革命战争，消灭了田颂尧的大半，赤区扩大了几□□里，红军增加了一倍以上。大会根据在这些胜利中的任务，认为必须纠正过去一切工作上的缺点，切实地广泛地动员全川陕苏区及周围白区的千万工农群众，准备一切力量，粉碎刘湘的新进攻。巩固和扩大川陕苏区，是目前川陕省各级苏维埃一切工作的中心。因此，大会决定目前的紧急战斗任务是：

第一，到处向群众宣传，刘湘、田颂尧这班狗强盗又要来整穷人了。鼓动大家打强盗，女劝男、老劝少。鼓励工农和劳苦青年到红军里去，创造二十万铁的红军。在最近一月内要输送二万新红军到前线上去托枪。同时要加紧把地方武装游击队、赤卫军、战斗连、少先队……等组织好，到处要□做工事、架枪、架土炮，加紧站岗戒严，学习军事，实行全苏区的军事化；加紧组织担架队、运输队、卫生队配合红军行动。

第二，没分田的地方赶快分，已分田的地方赶快以各乡为单位组织查田突击队，加紧查田运动。召集各乡各村群众大会，讨论这个工作。省苏县苏的土地委员要多负责指导这个工作。坚决反对地主窃取土地，富农窃取好的土地。一切好田好地都要分给雇农、贫农。中农土地不动。红军、游击队员分土地有优先权，切实执行苏维埃礼拜六制度，组织广大群众的代耕队，进行替红军家属代耕。秋收已到眼前了，各级苏维埃要立刻加紧秋收秋耕，号召并组织广大苏区公民武装起来，保护秋收，不让有一颗谷子被敌人抢去；同时组织地方武装，大举向白区游击，收割豪绅地主的谷子分给穷人，发动白区群众的秋收斗争。在秋收前后必须加紧耕种，多点秋粮（苦荞、花荞）、冬粮，不让苏区有一寸土地放荒。

第三，坚决执行劳动法令，保护工人阶级的利益。大会认为目前最主要的是马上实行：(1) 工作八小时，青工六小时，童工四小时。(2) 增加工资，最低增加百分之四十。(3) 保护女工、童工。女工不得做重活，十三岁以下的儿童不得做工。(4) 实行社会保险，介绍工作，救济失业等。各级苏维埃的劳工委员必须负责和工会建立密切的联系，切实检查和督促各级苏维埃执行劳动法令的程度，反对过去把劳工委员当成打柴挑水的错误观念。

第四，立刻执行财政、经济、粮食各项政策，充实革命战争的力量，这是目前苏维埃最中心的工作。必须向广大群众解释收公粮、实行累进税的意义，按照公粮条例、工农税务局条例进行。大大地发展苏区的合作社运动和对外贸易，开发苏区富源，进行苏区的经济建设，改善苏区的工农生活。

第五，对于暗藏在苏区里边的反革命分子，必须坚决肃清。一切破坏苏维埃法令，破坏红军，侵犯工农利益的行为，不能容许他继续下去。各县要迅速将保卫局和各区的保卫局代表健全起来，有计划地破获一切反革命的活动。同时要积极宣布反革命的罪恶，揭破一切反革命的无耻造谣，主要目的只是哄穷人去做奴隶。发动广大群众自动起来参加肃反，不让有一个反动分子在苏区存在和活动的可能，以巩固赤区。

第六，广泛地发展苏区的文化教育。工作的重心应当是发展社会教育，各处都办工余学校、俱乐部、识字班、读报班，加紧识字运动，使苏区工农大众能识字，有计划地建立各地列宁小学。建立出版工作，大批地出版共产主义的书籍。同时为了适应苏维埃的需要，大会决定省苏维埃文化委员会马上成立苏维埃学校，培养文化和其他各种专门人才。

第七，为了完成上项紧急战斗任务，就要健全各级苏维埃组织。首先是肃清混入苏维埃里的一切地主、富农、保正、甲长和地痞流氓分子。发动广大工农群众审查和批评苏维埃的工作。以群众的力量去把这些分子赶出苏维埃，吸引斗争精神好、成分好、不怕得罪发财人的工农分子到各级苏维埃来做工作。特别要根据此次大会决定的一切条例，建立苏维埃各部工作，密切苏维埃上下级的关系和指导，建立省苏对各县以及县对各区的巡视制度。

大会于通过了各种具体的决议之外，并成立了新的省苏维埃的执行委员会，里面包括了川陕苏区工农群众中最坚决、勇敢的战士，这便是更加强固了省苏的领导，也是顺利执行这次大会决议的基本条件。各县出席大会的代表必须立刻回去召集各县、各区的苏维埃代表大会，以及各乡、各村工人、雇工、贫苦农民的群众大会，报告这次大会的决议，发动广大群众讨论并切实执行这些决议，拥护新的省执行委员会和监察委员会的领导。

同志们！伟大的历史任务，我们已经肩到肩头上了。我们不斗争就罢，要干就要干成功。苏联弟兄的成功，便是我们的指路碑。只有我们自己的力量、自己的奋斗，才能把我们全川陕的工农弟兄从地狱的生活中间挽救出来，才能使我们现在已经得到的利益不致再被国民党土匪抢掉。

川陕省苏维埃政府

1933年8月12日

选自《川陕革命根据地历史文献选编》上，四川人民出版社1979年出版，第167～171页。原注："原件存四川省博物馆"。

互校版本：《川陕革命根据地资料选编》，四川大学川陕革命根据地科研组1978年编印，第89～92页。原注："原件存四川省博物馆"。

29. 川陕省苍溪县第一次工农兵代表大会决议书

1933年9月8日

苍溪县第一次工农兵代表（苏维埃）大会决议案

第一次工农兵代表大会决议，为目前是两个政权（无产阶级政权与资产阶级政权）对立的尖锐的时候，日本帝国主义在英、法等帝国主义的帮助下，已经占领了东三省、热河、察哈尔一带，其他帝国主义正在积极准备进攻苏联与瓜分中国，代表中国豪绅地主资产阶级的国民党军阀，最近更公开无耻地出卖投降，完成其清道夫作用，同时欲苟喘整个反动统治的垂死命运，所以在各帝国主义的直接指挥指使之下，准备对苏区与红军作最后挣扎的第五次"围剿"。但在全国广大工农劳苦群众反帝反国民党的剧烈斗争之下，及苏区千百万工农红军消灭四次“围剿”的经验，对第五次“围剿”的粉碎是很有把握的，定能彻底粉碎“围剿”，完成苏维埃中国。我红四方面军，为创造中国革命西北后方，大军入川，已建立了十余县的苏区，消灭了刘存厚、田颂尧诸匪的主力。但是国民党军阀，又准备以刘湘为首的对川陕苏区以新的进攻。我们为了彻底地消灭刘湘及四川整个军阀，到处宣传鼓动，号召广大劳苦工农群众起来，认识刘湘及川陕整个军阀是帝国主义的孝子贤孙，是屠杀川陕工农劳苦群众的刽子手。我们应千百倍地动员一切劳苦群众踊跃地参加红军，参加游击队、独立营等地方武装，为保障苏维埃政权而战，为保障土地利益而战。故大会决定目前紧急任务，除坚决切实执行川陕省苏维埃第二次代表大会决议外，特提出如下几点具体工作。

第一，扩大红军与地方武装，在最近要输送一千劳苦青年参加红军，并马上成立县独立团，每区除成立独立营外，并成立模范连或战斗连，每乡要成立游击队（人数不一定），赤卫军要编成团、营、连、排、班，少先队、童子团每乡要成立一中队，每区要成立一大队。

第二，开展新的区域：在现在军事迅速进展当中，我们要坚决创造新的苏区，在烟峰楼、五里子一带建立一区，山川寺建立一区。

第三，集中粮食，要将豪绅地主反动派没收来的公粮很快集中到苏区，并动员群众到白区去割豪绅地主的谷子，县苏要集中三千背，每区要集中五百背。

第四，土地问题：为了要彻底实现土地革命胜利，应立马以乡为单位组织查田队，实行查田运动，坚决地反对地主富农窃取土地利益。

第五，优待红军及其家属。红军是保障苏维埃政权和土地利益的，现又占领仪陇，积极进攻阆中，一片新的胜利当中，应加紧号召群众起来组织慰劳队去慰劳红军，开庆祝红军胜利大会，做鞋、打草鞋送到前方去与英勇红色战士穿，实行切实替红军家属代耕。

第六，迅速要将县工会及各区乡工会完全建立与健全起来，切实执行劳动法令，并最低限度增加百分之四十工资。

第七，关于文化教育，县苏要创办一所剧团，表演工农实际生活，并要竭力帮助每区成立一列宁小学，每乡要成立一工余学校，每村要成立读报班、识字班，提高工农文化程度。

第八，肃反，要加紧站岗放哨，肃清暗藏在赤区内反革命分子，用大力收缴民团、精选队等反动武装来武装工农，如有暗藏武装和反动派不报者，与反动派同罪。

第九，禁烟问题：各级苏维埃绝对禁止摆烟灯，并应大大扩大戒烟宣传教育工作，要群众自动起来戒除，全县在今年冬月应减少百分之三十、明年三月减去一半，五月完全减完。

第十，累进税，要广泛征收，宣传征收累进税的意义，征收累进税的办法要遵照有关税务条例执行。

选自《川陕革命根据地历史文献选编》上，四川人民出版社 1979 年出版，第 250～252 页。原注：“原件存苍溪县文化馆”。

30. 川陕省苏维埃主席联席会议决议

1933 年 11 月 4 日

川陕省各级苏维埃主席会议的主要任务，是号召群众起来巩固苏区，消灭刘湘。要完成这一任务，决定各级苏维埃马上要进行以下的具体工作：

（一）加紧扩大红军和地方武装，各级苏维埃要组织宣传队，对上级来的宣传品要切实散发出去，并向群众解释，马上进行在各石头上刻标语，召集各乡的群众大会、宣传刘湘、刘存厚等的罪恶和红军打垮田颂尧、刘存厚、杨森等的伟大胜利，指出穷人再努一把力就能彻底消灭刘湘，拥护红军、拥护伤病号，做鞋袜、冬衣。集中各种物资送到红军和医院中去。反对苏维埃不把群众拥护红军的东西送到前方去就在后方花费了。各县要马上送一千运输队到绥定去运输各种胜利品。苏维埃要按照中央优待红军条例执行，实行每家每月帮助红军家属或亲到红军家中去慰问，接济衣服、柴、米、割肉送红军家属。合作社和经济公社对红军家属买东西要让价，实行替红军家属代耕……来鼓励群众参加红军，在一个月内完成两万新红军，分三期进行，第一期在十月革命前欢送一万新红军到前线去。各区主席回去马上就动员一连新红军到前线去托枪。全省要组织一个工人师、一个少先团、各县要加紧扩大地方武装，成立新的独立团、独立营、赤卫军、游击队等，实行办火药局、兵工厂，自己造刀枪。

（二）没有分好土地的地方，要马上进行，已经分好的一要组织查田队，反对由苏维埃委派查田队的方式，要由各地工会、贫农团找真正的雇工、贫农来组织，把地主、富农分得土地查出没收，富农只能分坏土地。

目前分土地的严重错误是阶级分不清楚，只机械地以打好多背谷子来决定地主、富农，往往把地主认成富农，把中农认为富农，把真正富农放脱，这要严格反对。划分阶级以剥削关系来决定，自己有土地不劳动佃给别人或完全是由请人耕种收租吃饭的就是地主；富农是自己种一部分土地，把一部分佃给别人或请长年，或放大利；佃富农虽然没有田，但他佃大庄家，请人帮着做，或转一部分给别人，有钱放利，无论哪个富农的生活，主要来源都是剥削他人。中农没有剥削人，还受地主豪绅的剥削，自己做的够吃，即使多点或不足都差不远。贫农自己做的不够吃，还要靠卖几个月活路或借账来维持生活的；雇工是长年帮人做活或每年卖零活在六个月以上的，受剥削最属厉害。

只有雇工、贫农才分好田，只有参加红军的才有分好土地的优先权。地主、豪绅、军阀、官僚、庙宇、教堂的土地一律没收，不能再分土地。富农的土地也要没收，在反革命自己栽种，不再剥削人的条件之下，分给一部分坏的田地给他。富农多余的耕具也要没收分给雇工、贫农使用。

土地分好，就马上进行秋耕，组织生产队、代耕队进行栽种，多种各种蔬菜、粮食，反对种鸦片烟。没有种于的雇工、贫农或红军家属，苏维埃要给种于。

（三）苏维埃要帮助保卫局组织侦探队肃反，要送人到保卫局受训，专门做肃清反革命的工作。肃反要依照阶级路线，分别首从，号召被反革命欺骗的穷人自首，要马上动员群众和地方武装搜山，各处彼此取联络，不分疆界，把藏匿在苏区的反动分子和反革命武装一律要搜查出来。

各地要加紧站岗放哨，每五里设一个岗棚，各要隘要找人把守，往来的行人要路票，要严格地盘问来历，遇到形迹可疑的分子，要送到苏维埃来。

（四）从这次大会后，各县马上要在十一月七号以前召集县工农代表大会，切实地检查过去工作，讨论大会决议，号召群众起来拥护全国工农兵第二次代表大会。在大会以前把各级苏维埃的地主、富农和一切消极怠工的分子洗刷出去，提拔雇工、贫农和最可靠的中农来改造县苏维埃，县苏改造后，马上便要进行区、乡、村各级苏维埃的改造，在十一月内要改造完毕。各级苏维埃要定期召集群众会议报告工作，至少半月举行一次，发动群众起来批评和监督苏维埃的工作，自动起来积极参加苏维埃的活动。

（五）各级苏维埃的没收的银钱货物，通通要缴到上级来。即使异常需用，也只能留一部分，不准私自保存。开支要尽量节省，每月要向上级做报告。要把苏维埃的财委会和经济委员会健全起来，实行统一累进税，宣传群众用苏维埃的票子，发展合作社或经济公社的组织，奖励群众从白区运布匹、棉花、盐、铁等到苏区来卖，苏区群众运白耳、鸦片烟等卖到白区。苏维埃要想法来通过合作社和经济公社来降低药材、布匹、棉花等的价格，提高谷子、猪、羊等的市价。各地要自办盐井、纸厂、铁厂……等，鼓动群众集股来干。工农银行要实行低利率的借贷。

（六）各级苏维埃没收的粮食要保存好，县和区粮食委员会都要设粮食站，把粮食集中起来。乡和村的苏维埃不准保存粮食，要运到苏区来。

没收豪绅地主或富农多余的粮食，动员群众收红军公田的粮食，按照苏维埃公粮条例征收公粮。贫农、雇工、中农属于成年人从五背以上抽五升起，老年、小孩从四背以上抽五升，富农从三背以上抽五升，要赶紧收齐。分别红军公粮仓、苏维埃公粮仓、社会保险仓，保存粮食。苏维埃不能乱用红军公粮，要尽量节省，村苏不起伙食。

目前集中粮食是最主要的工作，各级苏维埃都要加紧做，完成集中五十万石粮食、消灭刘湘的口号。

（七）今年十月革命节，是苏维埃革命成功的十六周年，第一个五年计划完成的一周年，中华苏维埃共和国中央政府成立的二周年纪念，各县、各区要马上准备宣传队出发讲演，散发传单标语到群众中去，切实地准备庆祝。到十一月七号那天，以区或县为单位开群众的庆祝大会，游行示威，各处插红旗、放火炮，群众带武器来参加，地方武装在这天举行大检阅。

大会认为要完成这些工作，必须严格反对过去不讨论上级来的文件或指示，不遵守决议，不检查自己工作，不按期开会，不向上级做报告，以及大家不相互监督工作，不批评工作，只是和平做事，对消极怠工分子不坚决斗争的不好倾向。在这次大会后，各级苏维埃必须根据这次决议，订出工作计划，切实执行，按期检查自己的工作，来完成大会决议。

川陕省苏维埃政府

十一月四号（1933）

选自《川陕革命根据地历史文献选编》上，四川人民出版社 1979 年出版，第 229～233 页。原注："原件存四川省博物馆"。

31. 川陕省江口县第一次工农兵代表大会决议

1933 年 11 月 16 日

（一）土地问题。大会规定全县一月内分完，以村为单位召集群众，组织临时的土地委员会，打锣来召集群众分地和踩田地、分土地，遵照劳动力与人口份来分配。

（二）庙宇公产和地主、富农、区正及一切反革命分子土地都一律没收，分给劳苦群众。

（三）豪绅地主、富农的土地被没收以后，均……[1]土地。

（四）每乡红军公田不能超过五百倍（背）……最少要达到二百倍（背）以上，但红军公田要留。

（五）各级苏维埃政府从村苏起，要团结组织起来，每……十户为一组。

（六）乡、村苏维埃中……户人……

（七）粮食问题。千担粮食送到江口县苏保存，达到每集中一千担粮食，送到县苏保存。

（八）扩大红军问题。每区苏干部一人发动一百人……

（九）地方武装。全县成立两个独立团，每区成立一个独立营，每乡成立一个战斗连。每区赤卫队成立一团，定要将营、连、排、班编制好。

（十）每区少先队、童子团，每区成立一大队，每乡成立一中队或二中队。

（十一）加紧戒严放哨，五里搭一岗棚，在高山上高插红旗，做攻（工）事，架土炮，加紧严纳（拿）敌人。

（十二）戒烟运动。在二十五岁以下、十六岁以上，十一月内定要戒完，二十五岁……

载江口县第一次工农兵代表大会秘书处出版《大会生活》第三期
一九三三年十一月十六日

选自《川陕革命根据地历史文献选编》上，四川人民出版社 1979 年出版，第 253～254 页。原注："原件存平昌县文化馆"。

32. 川陕省巴中道苏维埃主席联席会议决议

1933 年 12 月 27 日

目前，我们和刘湘的战斗已经开始了。现在一刻不能迟缓的紧急任务，便是要各县立

① "……"为原文残缺，下同。

刻百倍努力，发动和组织全苏区工农群众到前线去彻底消灭刘湘，保卫川陕赤区，争取全川苏维埃首先胜利。

大会决定各级苏维埃马上要进行以下具体工作：

一、加紧扩大红军和地方武装——立即进行普遍深入的消灭刘湘、保卫赤区的宣传鼓动。各级苏维埃要组织宣传队、贴发队，把宣传品切实张发出去，要普遍张贴到深山老林去，并马上在各石头上刻标语，召集一村一乡一区的消灭刘湘、保卫赤区的群众大会，男女老少都要拿武器参加，在大会上要准备做非常煽动的简单报告。指明刘湘的罪恶，不打刘湘，穷人便活不成。红军和穷人是一家，红军的胜败，就是我们穷人的胜败，我穷人要和赤区共生死，号召穷人不相信刘湘、杨森等军阀和发财人的造谣欺骗，一条心背靠背打敌人，就能彻底消灭刘湘。保卫赤区，拥护红军，拥护伤病号，一切物资供应到前线上去，一切衣服先给赤卫军、少先队。反对苏维埃不把群众拥护的东西送前方，好东西拿来自己用。各县苏维埃要真正切实按照中央优待红军家属条例执行，实行每家每月帮助红军家属工作两日。苏维埃要经常召集红军家属联欢，或亲到红军家属去慰问，鼓励群众向参加红军多的红军家属送彩、送匾，投稿登报、接济衣服、柴米、割肉送红军家属。合作社、经销分社对红军家属买东西，要让价。没有发优待证的地方，要马上发完，实行帮助红军家代耕……来鼓动群众成群结队，一团一营的来参加红军。在一月完成五万新的红军主力，分三期进行，第一期在十天内要送两万新红军到前线去扛枪，各区主席回去马上就动员一营新红军到火线上去，全省要完成工人师、少先师，要政治动员，反对拉派。各县要加紧扩大地方武装，猛烈成立新的独立团、独立营、赤卫军、游击队、袭击队、妇女侦探队、妇女独立团、独立营，一律脱离生产，马上拿起刀矛到前线上同敌人作战，实行办火药局、兵工厂，自己造大批刀枪。

二、赶快分田查田和改造苏维埃——没有分好土地的地方，马上限期分完，已经分好的要马上组织查田队，反对由苏维埃委派和指定的方式，要由各地工会、贫农团或真正的雇工、贫农，在大会上选出积极勇敢的青年人来组织，坚决把地主、富农分得的土地查出没收，不反革命的富农，只分坏土地。这次大会后，各县要马上在明年五号以前，召集县工农兵代表大会，切实检查过去工作，讨论大会决议，号召群众起来拥护苏维埃共产党中央第 17 次执行委员会，在明年 10 号以前，把各级苏维埃改造好，坚决和彻底地把混入苏维埃的地主、富农、团正、甲长、流氓、地痞和一切消极怠工的不良分子干净清洗出来，提拔雇工、贫农和最可靠的中农来改造县苏维埃。县苏改造后，马上就要进行区、乡、村各级苏维埃的改造。各级苏维埃要经常召集群众会议报告工作，至少半月举行一次，发动群众起来公开批评和监督苏维埃的工作，自动起来积极参加苏维埃工作。

三、严厉镇压反革命——各级苏维埃要百倍地加紧肃反，坚决发动群众斗争，领导群众自动起来报告暗藏的反动分子，与自动捉拿反动分子送交苏维埃来，加紧收缴反动暗藏的武器，使富农家内不容许存放一点武器，最主要多搭岗棚，每二里路要搭一个，白天夜晚都要站岗、放哨，苏维埃要派人去检查。要组织侦察队，动员群众和地方武装要经常搜山，要互相把联络取好，不分界线，要把十家代表选好，实行负责连坐，往来行人要路票，要严格盘问来历，遇形迹可疑之人，立刻送到苏维埃来。苏维埃要加紧教育群众，逮捕的反革命分子，要有准备地进行公审大会，使群众来认清反动的欺骗性和罪恶，但必须依照阶级路线，分别首从，号召被反革命欺骗的穷人自首。是罪魁，是国民党员、区正、团正、甲长、侦探、坐探要一律斩尽杀绝，要严厉地来镇压一切反革命。混入苏维埃中的富农、流氓、地痞、发财人的走狗和包庇发财人的，要丝毫不犹豫地改造。

四、集中粮食和经济物资，保障革命战争的需要——前方各县粮食很多，没收豪绅地主和惩罚富农多余的粮食与收红军公粮的粮食，各级苏维埃要马上集中到赤区中心来，只留很少部分暂时吃住。县和区的粮食委员马上把粮食站设好。没收的银钱货物一律缴到上级来，顶需要到极点的东西，亦只能留极少部分，不准私自保存一点，来分散革命战争的需要，同时要更号召群众不让一颗米留给刘湘，不让一根草留给敌人，实行坚壁清野，一切东西都要集中到赤区中心。

五、建立交通业——各级苏维埃要马上把邮局设好，工作人员要多增加几个，随时训练加紧他们的工作。各县、各区、各乡要把联络取好，在各交通要道设立交通网。接近河边一带的地方，要马上船工集中，制造大批的船，动员群众在各地多架一些桥梁和改造一些道路。切实保护各地电杆电线，遇有偏倒或断的马上动员群众安好。不是军事上骑用的骡马一律集中，就是老百姓的也要鼓动他们自愿拿出来借用，把沿途各处的马栈，有计划地安设好。沿途要多设招待处，每一招待处可增加一两个招待员，把豪绅地主的谷草动员群众集中到招待处和苏维埃来，多准备一些被盖坝草，免冻病运输队、担架队，工作人员不盖不要紧，要拿出来给运输队、担架队盖。一切猪肉好菜要拿出来给运输队、担架队吃，反对苏维埃自己吃得好穿得好，把运输队不当人，把冷饭、生饭给运输队吃。各乡要赶快地组织一连人的运输队，要说服动员不要拉派。

六、帮助保卫局组织侦察队到白区侦察敌情工作——各级苏维埃要切实帮助保卫局组织侦察队，要选择坚决的工农分子送到保卫局去受训练，要有计划地动员侦察队，不管男女老少深入到白区去侦察敌情，报告到保卫局，并要切实帮助保卫局侦察一切反动，反对认为肃反是保卫局个人的事的不正确观念。

七、发展赤区经济——各级苏维埃要鼓动群众在各地集股来多开合作社，把纺纱织布的工人找到，实行纺纱、织布。在巴州附近的地方，设法凿盐井，欢迎大批工人凿井。在广元县马上开煤矿、造铁，并奖励群众，从白区运布匹、棉花、盐、铁等到赤区来卖，赤区群众群众运白耳、鸦片等物卖到白区，努力发展苏区经济，巩固红军的物质基础，奖励群众的创造和新发明的一切东西，来冲破敌人的经济封锁，这是要坚决地去大大加紧宣传和马上组织起来的。

八、道苏要马上召集各县的各部门的委员会联席会议，严格检查各地工作，并讨论出各县的具体工作。在各种会议中，提拔大批工作斗争和成分好，并系清白的好雇工、贫农，分别地马上把道苏各部门工作建立起来。道苏所辖各县，很多接近敌人，要特别建立和健全起来，切实来领导西南各县。各级苏维埃，要与道苏输送大批干部来，反对保守的观念。道苏要号召西南各县群众起来进行革命的战争，道苏要领导西南各县把工人完全团结在工会内，贫农团结在贫农团来，实行一切基本法令来发动群众斗争。

在这阶级斗争决战的关头，要各级苏维埃百倍努力，根据大会决议，定出工作计划，开展斗争。

川陕省苏维埃政府印

中华苏维埃共和国三年（1933 年）十二月二十七日

选自《川陕革命根据地历史文献选编》上，四川人民出版社 1979 年出版，第 240～244 页。原注："原件存川陕革命根据地博物馆"。

33. 川陕省苏维埃政府、西北军区政治部布告——苏维埃政府的法律

1933 年 12 月 30 日

万恶军阀刘湘、田颂尧、孙慰如、刘存厚、杨森等，最怕四川、陕西两省工农穷人起来革命，因此造谣诬蔑共产党苏维埃和红军。

他们造谣说：共产党好杀人，说什么四十岁以上的要杀，小孩子要杀，烧大烟的要杀等等，其实尽是谣言。

苏维埃政府的法律如下：

第一，苏维埃是工人、农民、兵士的政府，因此特别保护工农兵士穷人；对于衰老和幼童，并由苏维埃予以接济。

第二，对于医生、军人、技师、熟练工人、科学家、文学家等专门人材、知识分子和学生，不但不杀害，如果这些人材愿意忠诚在苏维埃政权下服务，政府予以特别优待，对于革命学生，只要他们反对日本和一切帝国主义以及帝国主义走狗国民党军阀，共产党苏维埃和红军对他们特别爱敬。

第三，对于商人、老板和工厂主，只要他们遵守苏维埃法令，缴纳统一累进税，概不没收。一个商人就有十万百万的资本，都可在上述条件下，在赤区自由营业，受苏维埃的法律保护，对于闭市逃跑的大商人即行没收。

第四，对于投降和缴械的兵士，团防、精选队、民团、保卫团团丁、局丁，不但不杀害，还分别与以奖金，对于军官，就是师长军长只要是缴械投诚者，一律不杀害。

第五，对于流氓地痞、滚刀皮、棒老二等，只要他们改邪归正，做工务农，一概不杀，对于烧大烟者，帮助其戒烟。

第六，地主不反抗苏维埃法令者不杀，国民党员诚恳自首者不杀，委员、区正、团总、保正、甲长，自动自首者不杀，只要他们诚恳自首，对于他们过去所犯罪恶，得酌量减罪，若非现行犯，经三个以上穷人具结担保其终身不反动者，并准其在赤区居住生存。

苏维埃只杀两种人：

一、反革命分子。

二、犯死罪者，如杀人、放火等罪。

什么是反革命罪？

一、替帝国主义国民党军阀反动派当侦探者。

二、以言论或行动反对苏维埃政权者。如组织反动政党或团体、张贴或散发布告反动文件者、撕毁布告标语、破坏交通、造谣捣乱等。

三、私藏武器、图谋反叛者。

四、杀害革命分子和穷人者。

五、不自首的国民党员，不自首而继续抵抗苏维埃政权的官僚、军阀、区正、团总、保正、甲长等。

六、对苏维埃政权组织反革命战争者。

被欺骗的穷人犯反革命罪者，得酌量减罪。

帝国主义国民党屠杀工农和共产党何止百万！田颂尧、杨森、孙蔚如、刘湘、刘存厚等军阀和地方豪富有几种办法杀人。第一，直接屠杀；第二，用收款、收租、催债等办法迫死穷人；第三，用严刑吊打杀人；第四，用拉夫、抽丁、强奸、抢掠杀人。帝国主义国民党军阀、官僚、地主豪绅、资本家才是杀害大批穷人的凶犯。

共产党苏维埃和红军却是拥护大众穷人，为最大多数人类镇压反革命凶犯的救星。

共产党苏维埃和红军欢迎一切被压迫逃亡在外的穷人回家安居乐业，欢迎一切革命的政治犯，白区受不起压迫的穷人和兵士，革命学生和同情苏维埃的人们来赤区共图革命大业。

苏维埃政府和红军言出法随，决不失信，特此布告，俾众周知。

川陕省苏维埃政府主席　熊国炳

西北军区政治部主　任　陈昌浩

中华苏维埃共和国 3 年（1933 年）12 月 30 日

选自《川陕革命根据地历史文献选编》上，四川人民出版社 1979 年出版，第 234～236 页。原注：“原件存中国革命博物馆”。

34. 川陕省苏维埃政府的六篇布告

1935 年 3 月

川陕省苏维埃政府布告（一）

1. 反革命的头目与现行犯必须严厉镇压。

2. 个人无私自捉人之权。

3. 地主、富农未参加反革命活动者，可在苏维埃法令监督下生活。

4. 反动首要缴枪投诚，并能破坏反动组织，可减除死罪。

5. 中农、贫农、雇农被反动胁从，可改过自新，仍旧享有原土地及公民权利。

6. 县以下不能关案子、打案子。县革命法庭与县保卫局不得到省苏批准，不能解决案子。

7. 除苏维埃政权机关与政治部、处机关外；其余革命团体及红军经理处、医院、参谋处与事务工作人员，均无捉人、打人之权（反革命现行犯与军事上现行犯除外），违者重惩。

8. 要有确实反革命证据才能逮捕。除现行犯外，逮捕要经过当地苏维埃最高机关常委会或政治部、处主任批准。

9. 无名报告与挟嫌诬陷，以反革命治罪。

10. 枪决反革命案犯，要大大宣布他的罪状。

川陕省苏维埃政府布告（二）

1. 不准私乱没收——乱行没收者，捆送苏维埃处罚；

2. 不准侵犯中农；

3. 不准打害穷人；

4. 不准随便捉人——乱捉乱关的严办；

5. 不准拷打案子——错杀一人者抵命；

6. 不准无名报告——无名报告者无效；

7. 不准挟仇诬害——挟仇诬害的反坐；

8. 不准招摇撞骗——招摇撞骗的有罪。

川陕省苏维埃政府布告（三）

——关于没收征发

1. 没收方面：

（1）没收要经过当地最高政权机关的常委协同该地红军的政治机关负主要责任的批准后执行（如无政治机关时，则由县苏常委负责批准并保证其正确）。没收物资除军用品交给红军外，大部或全部分给群众。

（2）对反动首领的财物，应由打反动的群众与当地穷人共同分受；对反动首领威胁下的群众的财物，一律不许侵犯。

（3）凡违犯苏维埃法令判处死刑的人，须由革命法庭判决宣布；没收其财物时，得由革命法庭通知该地苏维埃，依照判决情形没收分给群众。

2. 征发方面：

（1）为正确深入反富农斗争，坚持以雇工、贫农为支柱，巩固与中农的联盟及纠正过去征发中的错误起见，在原赤区内暂时一律停止征发。征发的目的是为满足群众与革命战争的需要，并抑制富农经济优势。

（2）征发的一般方式：

一、由省苏明令宣布，或由县苏呈请省苏批准后，临时执行之。征发时应给富农以被征发证。

二、若未经省苏宣布重复征发，不得作第二次征发。

三、红军在原赤区内一般的不得施行征发。如遇特殊情况时，得由师、团政治部、处与县苏会商，并呈准上级决定后执行。在战区和新苏区则由师政治部主任以上负责批准，并发给被征发证。在同一时期内，他部分不得再向诸被征发者征发。征发时最好须有当地之工农群众，或群众团体建议和参加。征发之物分一部分给群众。

（3）一切私人（如红军的个别分子及地方各级的工作人员）概不得擅自征发，违者定以革命纪律惩办。

（4）凡中农、雇工、贫农、工人之财物，绝对不许侵犯，违者以破坏群众利益治罪。

3. 各机关和个人所需要的物资，必须用金钱或物质购换。

4. 本法令自通过之日即一体执行。

中华苏维埃共和国五年（1935 年）三月　日

川陕省苏维埃政府布告（四）

——没收工作六大约法

一、没收川陕一切军阀、豪绅、地主、卖国贼、汉奸、团总、区正及反动头目的一切财产、粮食、衣物，分归穷人。

二、服从苏维埃一切法令，不参加任何反革命活动的商人老板可在苏区自由营业，按法只征收统一累进税，不得没收。

三、严禁无组织的私自没收，一切没收工作归该地高级政治部主任会同当地最高政权机关常委组织之没收工作委员会负责办理。

四、所没收之财产、房屋及一切群众必需品，大部以至全部由当地劳苦群众公开分受。

五、如军事必需用品（如枪弹、煤油、电池……），交给当地红军最高机关。

六、凡不遵守本约法私自没收及侵害工农利益者，由雇工、贫农捆送交县以上革命法庭严重惩办。

中华苏维埃共和国五年（1935 年）　月　日

川陕省苏维埃布告（五）

一、没收军阀、地主、豪绅、反动头目的财产、粮食、衣物分给穷人。

二、没收要经过当地最高苏维埃常委会批准（必要时须经当地政治部机关同意）。

三、服从苏维埃法令，不参加反革命的商人，可在苏区自由营业，不得没收。

四、没收的东西，军用品缴红军，日用物品分给群众。

五、反动头子的东西，由打反动的群众和当地穷人共同分受。

六、被反动胁从去的中农、贫农、雇农家内财产、衣物，任何人不得没收或侵犯。

七、对富农不能一般没收，只能由省苏明令宣布时，方可实行征发；个人不得私自征发。目前在苏区内暂时停止对富农征发。

八、如有私自没收或侵犯中农、贫农，破坏群众利益的，由群众捆送革命法庭惩办。

川陕省苏维埃政府布告（六）

各地经济公社、合作社，只准各务各业外：

一、不准没收征发；

二、买雇一律付钱；

三、不准捉人关人；

四、不准估买估卖；

五、运输队要给钱；

六、多多贩卖农具；

七、路上食宿出钱。

如不遵守上列各项，定以苏维埃法律严厉处办，重者处以极刑。

川陕省苏维埃政府

1935年3月（政字2097号）

选自《川陕革命根据地历史文献选编》上，四川人民出版社1979年出版，第186～191页。原注："原件存四川省博物馆"。

互校版本：《川陕革命根据地资料选编》，四川大学川陕革命根据地科研组1978年编印，第117～122页。原注："原件存四川省博物馆"。

四、政权组织

1. 附［历史综述］：江西苏维埃运动的蓬勃发展（节录）

第一次全国苏维埃代表大会后，在苏维埃中央政府的直接领导下，江西苏维埃运动得到了蓬勃发展。

在江西省苏维埃政府所辖的中央苏区江西部分，到一九三二年上半年，苏区已扩大到赣西南和赣东南的十八个县，建立了十六个县苏维埃政府，拥有二百四十四万人口。红军和地方武装也得到了发展。除活动在这一地区的拥有五万兵力的红一方面军外，江西军区拥有七个红军独立师（独立一至六师和新独立六师）、十五个独立团（信康、于都、于南、乐安、石城、赣县、万泰、永丰、胜利、瑞金、宁都、公略、寻乌、南广、安远独立团）、省警卫团和军区直属队，人、枪各一万余。赤卫队、少先队等群众武装，仅兴国、永丰、胜利、公略、宁都、瑞金六县，即有十九万三千余人。在苏区和红军大发展的形势下，一九三二年五月一日，江西省第一次工农兵代表大会在兴国县城的陈家祠召开。参加大会的正式代表二百四十余人，候补代表二十余人。项英代表苏维埃中央政府向大会作了政治报告。大会听取了江西省苏维埃政府执行委员会关于省苏工作的报告，并通过了对省苏工作报告的决议。大会正确地总结了江西苏维埃运动的经验，阐明了江西苏维埃运动的特点和发展规律，指出：“江西是一九二六年大革命爆发的主要地区之一。大革命失败后遗留下来的基础，成为生长江西苏区的动力，因而使苏区的发展不能一开始占据江西的重要城市。从一九二七年万安暴动以来，即是由零星的农村游击战争进到梅花形赤区的开辟，再进到融成一片广大苏区的发展。”大会肯定了江西苏区的历史地位，指出：“一九三一年大规模革命战争的时代，在整年当中击溃国民党军阀三次围剿，加以全苏大会在江西开幕，苏维埃中央政府之成立，遂确定了江西苏区的历史地位成为全国苏维埃运动的中心。”①大会通过了《实行劳动法令的决议案》《土地问题决议案》《对扩大红军的决议》《对地方武装问题的决议案》《财政与经济问题的决议案》《文化教育工作决议》《拥护临时中央政府对日战争宣言》和《拥护临时中央政府对日宣战动员的决议案》。围绕着“扩大革命战争，争取全省胜利”这一中心任务，大会提出了江西苏区的十项具体任务。大会通过选举，产生了新的江西省苏维埃政府执行委员会，曾山继续当选为省苏维埃政府主席。

在江西省第一次工农兵代表大会召开的同时，中共江西苏区第一次全省代表大会在于都桥头举行。这是继一九二八年十二月五日在湖口召开的中共江西省第二次全省代表大会之后，在江西苏区召开的第一次党代表大会。一九二八年十二月召开的江西省第二次党代表大会，产生了以张世熙为书记的第二届中共江西省委。一九三〇年五月江西省委在九江遭到大破坏后，江西党的工作先后由中共红一方面军总前委（毛泽东任书记）、江西省行委（李文林任书记）和相当于省委的赣西南特区委（陈毅任书记）领导。一九三一年十月，苏区中央局决定成立以任弼时为书记的中共苏区江西省委，领导赣西南地区江西苏区党的工作。到一九三二年上半年，江西苏区省委辖有县委十六个，区委一百二十四个，党员二万三千余人。这就是江西苏区第一次全省党代表大会召开的历史背景。这次大会的中心议题，是根据中央苏区第一次党代表大会精神，总结检查江西苏区党的工作，确定江西苏区的斗争任务。大会正式选举产生了中共江西苏区省委，陈正人当选为省委书记。

在湘赣革命根据地，第三次反“围剿”胜利后，苏区和红军都得到了迅速发展。一九三二年三月到六月，湘赣红军在遂川、泰和、吉安、新余、分宜、茶陵一带，广泛开展游击战争，巩固了革命根据地，扩大了二百八十余平方里的新苏区。湘赣革命根据地的范围，已发展到赣江以西、袁水以南、粤汉铁路以东的广大地区，面积一千余平方公里，人口一百余万。湘赣红军和地方武装得到了迅速发展。一九三二年二月一日，根据中央革命军事委员会的决定，成立了湘赣省军区。张启龙任总指挥，李天柱任副总指挥，甘泗淇任政治委员，弋勇任参谋长。下设四个军分区指挥部，分别由李天柱、莫文华、刘子奇、刘克云任分区指挥，苏杰、徐建、张平化、肖伍仔分别任分区指挥部政委。湘赣苏区还设立了红军第四分校，冯达任校长，李芬任政委，杨明任教育长，李贞任政治部主任。在成立湘赣军区指挥部的同时，根据中央革命军事委员会的决定，把湘赣红军独立第一、三师合编，组建了红军第八军，以原独立一师师长李天柱兼代军长，独立一师政治委员王震兼代军政委。不久，中央派肖克和蔡会文到湘赣苏区，正式组成红八军军部，肖克任军长，蔡会文任军政委兼湘赣省军区总指挥，袁任远任政治部主任。红八军下辖三个师，原独一师改为第二十二师，谭家述任师长，王震任政委；新独立师改为第二十三师，杨茂任师长，谢国喻任政委；原独立三师改为二十四师，弋勇任师长，胡楚父任政委。此外，湘赣苏区还组建了新独立第一师和独立第十二师，各县有五个红军独立团和七个独立营。到一九三二年七月，红八军连同湘赣地方武装，共有一万三千余人，四千六百余支枪，已成为一支

① 《江西省工农兵苏维埃第一次全省大会对苏维埃工作报告的决议》（1932 年 5 月）。

具有相当实力的革命武装力量。在根据地和红军大发展的基础上，一九三二年八月一日至七日，湘赣省第二次苏维埃代表大会在永新城召开。王首道在会上作了政治报告。大会通过了《劳动法执行条例》《土地法执行条例》《经济政策执行条例》和《扩大红军与健全地方武装》《文化教育工作》等决议案。大会选举产生了湘赣省苏维埃第二届执行委员会，选举袁德生为湘赣省苏维埃政府主席，张启龙、谭余保为副主席。一九三二年十一月七日至十六日，中共湘赣省第二次代表大会在永新城召开。出席大会的正式代表二百零七人，列席代表一百零二人。大会通过了《政治工作问题决议案》《党的建设问题决议案》《扩大红军问题决议案》《红军与地方武装问题决议案》《职工运动问题决议案》和《青年团问题决议案》，选举王首道、甘泗淇、张子意、张启龙、袁德生、肖伍仔、李瑞娥、刘士杰、黄青龙、刘发松、贺友仁、王震、易灭非、李祥桐、蔡会文、王炳生、刘生元、尤福、谢路生、胡香美、刘其凡、刘燕玉、谭理成、李春香、赵照等二十五人为第二届中共湘赣省委执委，王首道、甘泗淇、张子意、刘其凡、王炳生、袁德生、肖伍仔七人为省委常委，王首道为省委书记。

在湘鄂赣革命根据地，第二次反“围剿”胜利后也得到了迅速发展。到一九三一年底，建立县苏维埃政权的已有平江、浏阳、修水、铜鼓、万载、宜萍、宜丰、瑞昌、武宁、通山、通城、大冶、鄂城、崇阳、咸宁、蒲圻、嘉鱼等十七个县。一九三二年七月，湘鄂赣红军主力（红十六军和独立第一、二、三师）发展到一万五千人。一九三二年八月十七日，湘鄂赣省第二次工农兵代表大会在万载的小源召开。参加会议的代表一百余人。大会通过了《土地问题决议案》《红军问题决议案》等十一个决议案。选举王显德、彭德怀、刘建中等二十七人组成第二届湘鄂赣省苏维埃执行委员会，王显德为湘鄂赣苏维埃政府主席，彭德怀、刘建中为副主席。九月一日至十五日，在万载小源召开了中共湘鄂赣省第二次代表大会，通过了《政治决议案》《职工运动决议案》《组织问题决议案》《红军问题决议案》《对CY工作的决议案》《党在苏维埃政权中的领导问题决议案》和《肃反斗争决议案》等文件。选举林瑞笙、陈佑生、黄加高、傅秋涛、张金楼、孔贺宠、陈桂生等为第二届中共湘鄂赣省委执行委员，林瑞笙为省委书记，陈佑生为副书记。这时，湘鄂赣根据地的共产党员已发展到五万余人。

在赣东北根据地，虽然由于曾洪易推行“持久围攻堡垒”的错误战略方针，未能粉碎敌人的第三次“围剿”。但在中央苏区取得第三次反“围剿”胜利，敌人退出赣东北苏区后，方志敏、邵式平等以机动灵活的游击战术，迅速恢复和发展了赣东北根据地。一九三二年六月，赣东北红军在东乡、贵溪、铅山、乐平、开化等地广泛开展游击战争，取得了许多军事胜利。九月，方志敏率领红十军第二次进军闽北，打通了赣东北苏区与闽北苏区的联系，扩大了革命根据地。到一九三二年底，赣东北苏区已发展到闽、浙、赣三省边界的广大地区。红十军改编为红十一军，开赴中央苏区作战。赣东北苏区以赤色警卫师和各县游击队为基础，组建了新十军，以匡龙海代理军长，聂洪钧任政委。不久，中央派王如痴任新十军军长兼政委。鉴于赣东北苏区已发展到闽、浙、赣三省边界，一九三二年十二月十一日，经苏维埃中央政府批准，将赣东北省改为闽浙赣省，方志敏为闽浙赣省苏维埃政府主席。与此同时，成立闽浙赣省军区总指挥部，唐在刚为军区总指挥，曾洪易为政委，邵式平为政治部主任。闽浙赣省苏维埃政府的成立，标志着闽浙赣革命根据地正式形成。一九三三年三月十八日至二十二日，闽浙赣省第二次工农兵代表大会在横峰葛源召开。方志敏代表省苏维埃政府执行委员会向大会作了省苏一年来的工作报告。大会通过了《省苏执委工作报告决议》《军事工作决议》《执行劳动法令决议》《土地问题决议》《财政工作决议》和《文化工作决议》，发布了《大会宣言》《告全省工农劳动群众书》和《告白区工农群众书》。选举产生了由五十一名执委、五名候补执委组成的闽浙赣省苏维埃执行委员会。方志敏当选为闽浙赣苏维埃政府主席，汪金祥、余金德为副主席。大会宣读了苏维埃中央政府嘉奖方志敏和红十军的来信："中华苏维埃全国第一次代表大会授你勋章一枚，并授红十军全体战士奖旗一面，以嘉奖为苏维埃政权而艰苦奋斗的英雄战士。"这是对方志敏和红十军及其开创的闽浙赣根据地的崇高评价。

第三次反"围剿"胜利和苏维埃中央政府成立后，是江西苏维埃运动的蓬勃发展时期。它开拓了江西苏区的新局面，并为粉碎敌人更大规模的"围剿"奠定了坚实的基础。

选自范佑先主编：《中华苏维埃共和国司法行政史料选集》，江西省司法厅 1993 年编印，第 10～14 页。原注："选自《江西苏区史》，江西人民出版社 1987 年出版"。

2. 江西苏维埃临时组织法

1927 年 11 月①

苏维埃的组织，本来是一个全国的问题，一切组织的形式和产生的方法，均须由中央规定一个统一的组织法，方为合法。但目前中央既未颁布，而江西客观环境又急于需要此项组织法，特别是敌人力量空虚，土地革命潮流异常高涨的区域，如鄱阳、万安、吉安等地，对此需要尤急，当然不能不权宜行事，暂由省委规定一苏维埃临时组织法，交各地备参考。不过在未说到本题以先，为使各地同志明了苏维埃究竟是一个什么东西，须先有以下几点简略之说明：

一、苏维埃之来源——苏维埃这三个字，是俄文的译音，就是代表会议的意思，这即是俄国革命政府②一个特殊名字，在一九零五年革命时，在列宁格勒已有此组织，但不久即归失败，经过一九一七年十月革命成功后才得恢复，而苏维埃之名乃得深印于劳苦群众的脑海中。

二、苏维埃的意义及任务——苏维埃是一种最德模克拉西的政权机关，它不仅仅最接近劳苦群众，而与群众的关系最密切，而且最易受群众的监督，决不至离开群众的实际生活而独立存在，或者因与群众隔离而形成官僚化的机关。同时苏维埃的政权，因为是劳苦群众的政权，所以在苏维埃的机关中，除了少数的知识分子以外，差不多都是没有脱离生产的工农分子来参加，而且这个数量，因为无产阶级文化程度的逐渐提高而激增猛进。现在我们来做一个比例，政府机关的委员及一切服务的人员中，差不多百分之九十都是由工

① 原件无制定年代。推断为苏维埃政权创建初期所拟定。据"江西史料版"所载，在本组织法的标题下注明"附：江西省苏维埃临时政纲"，在政纲最后标明："一九二七年十一月"。

② "江西史料版"此处印作："□□□工农政府"。

厂和乡下来的工农分子，即可证明苏维埃不仅仅本身是接近劳苦群众的，而且不断地吸引工农分子来学习管理政府机关，进而把一切政府机关完全交与工农群众来直接管理。说到它的任务，如果我们明了它的意义自然容易了解。苏维埃是无产阶级国家机关的一种特殊形式。它是随无产阶级的政权和国家之存在而存在的，如果无产阶级的政权和国家消灭了，它亦随之而消灭。因此它的任务是：镇压并消灭一切反革命势力，巩固工农政权，力谋无产阶级经济文化的建设，准备着行向共产社会的道路！

三、苏维埃的组织与资本国家机关的组织根本不同，概言之有以下几点：

1. 资产阶级国家机关的组织是所谓三权——立法、行政、司法鼎立的，而无产阶级国家的组织，则是一切政权归苏维埃，其特点是接近民众，指挥灵敏，无互相牵制之毛病。

2. 资产阶级的政权机关口口声声标榜德模克拉西的招牌以欺骗群众，其实所谓德模克拉西是资产阶级的私产，广大的劳苦群众是绝对谈不上享受的，不独是说不上享受，而且要受种种政治的和经济的剥夺。至于苏维埃的机关，则为真正的德模克拉西，劳苦群众享有一切政治上的自由和经济上的解放。

3. 资产阶级国家的选举，要有私产几千以上才有选举权或几千以上才有被选举权。老实说，这种办法，无异驱逐劳苦群众于选举的场合以外，就是普选，亦不过是美其名而已，实际仍为资产阶级金钱势力所包办。至于苏维埃的选举，则与之绝对相反。第一，它是不分国界、性别的，凡是在苏维埃国家境内的劳动者，无论男女均有选举权及被选举权。第二，它是无经济的限制的，只要是以劳力谋生活的，均有选举权和被选举权。第三，凡属利用私人资本以剥取他人剩余劳动的，不独无被选举权，而且无选举权。由此，我们便可知道，无产阶级国家机关——苏维埃与资产阶级国家机关的根本差异了。

明白了这些，我们便可根据来作苏维埃临时组织大纲的原则，兹分述如次：

一、苏维埃政府依所处地位及管辖范围，暂分以下几种：

1. 省苏维埃政府；

2. 县苏维埃政府；

3. 市苏维埃政府；

4. 区苏维埃政府；

5. 乡苏维埃政府。

二、选举条例：

1. 凡属下列几种人，均剥夺其选举权及被选举权：

a. 利用资本剥削工人剩余劳动以求得利润的资本阶级；

b. 地主；

c. 土豪劣绅；

d. 反动政府官吏；

e. 反动军官；

f. 工贼；

g. 农贼；

h. 依附统治阶级作种种危害苏维埃政权的行动者。

2. 有选举权及被选举权者，规定如次：

a. 产业工人（铁路工人、海员、矿工及各种用机器生产的工厂工人）；

b. 手工业工人；

c. 雇农、佃农、半自耕农、自耕农；

d. 兵士；

e. 不在上列所指而以自身劳动力为谋生活之手段者（如新闻记者及教职员、医生等，有反动嫌疑者不在此例）。

3. 选举人及被选举人的年龄的规定：

a. 十六岁以上者，均享有选举权及被选举权；

b. 十五岁以下十二岁以上者，只有选举权而无被选举权；

c. 十一岁以下者无选举权及被选举权。

4. 选举的形式：

a. 产业工人得依产业组织的类别，各自成一选举区，以县市为单位；

b. 手工业工人可依职业组织，各自成一选举区，以县市为单位；

c. 农民以乡为选举单位；

d. 兵士以县市为单位。

5. 代表产生的标准：

a. 产业工人每五百人得派代表一人，五百人以外，每加二百五十人可派代表一人，以此类推。如不能满五百人者，亦得派代表一人。

b. 手工业工人每千人派代表一人，千人以外，每加五百人加派一人，以此类推。如不能满千人者，亦得派出代表一人。

c. 农民每千五百人派代表一人，千五百人以外，每加千人加派代表一人。如不能满千五百人之乡，亦得派代表一人。

d. 兵士与产业工人同。

三、各级苏维埃产生的方式及组织形式：

1. 省苏维埃：

a. 在第一次全省代表大会未开以前，由省农协、省总工会及其他带全省性质的劳动者组合，各派代表若干人，并参加驻省兵士代表若干人，组织省苏维埃临时执行委员会，执行全省政务，同时负筹备召集第一次苏维埃全省代表大会之责。

b. 全省苏维埃代表大会各县市应派之代表名额，由筹备处临时规定之。

c. 省苏维埃执行委员会由全省苏维埃代表大会推选正式委员十五人至二十一人，候补委员七人至十一人组织之。

d. 省苏维埃执行委员会之下设主席团，由五人至七人组织之，人选由全体执行委员会议推定之。

e. 省苏维埃执行委员会之下设秘书处，人选由省苏维埃执行委员会推定之。

f. 省苏维埃执行委员会之下，应设各种委员会，由省苏维埃执行委员会指定五人至七人组织之，委员中互推一人为委员会主席，主持各该委员会一切工作。详细组织法及工作的分配与技术人才之设置，均由各该委员会拟定，呈请省苏维埃执行委员会核准。至委员会性质，暂定以下几种：

1）军事委员会；

2）财政委员会；

3）土地委员会；

4）教育委员会；

5）内务委员会；

6）外交委员会；

7）劳动保险及失业救济委员会；

8）建设委员会；

9）惩治反革命委员会（司法）。

2. 县苏维埃：

a. 在军事紧张时期，不能召集全县苏维埃代表大会以前，由县工农团体及其他劳动组合各派代表若干人，并参加兵士代表若干人，组织县苏维埃临时执行委员会，执行一切工作，并同时准备召集全县苏维埃代表大会，产生正式县苏维埃执行委员会。

b. 全县苏维埃代表大会，各区应派代表名额，由筹备处临时规定。

c. 县苏维埃执行委员会由正式委员九人至十三人，候补委员五人至七人组织之。

d. 县苏维埃执行委员会之下设主席团，由全体执行委员会互推三人至五人组织之。

e. 县苏维埃执行委员会之下设秘书处，人选由县执行委员会指定之。

f. 县苏维埃执行委员会之下，应设各种委员会，分任各项工作。每个委员会，由县苏维埃执委会指定三人至五人组织之，委员中互推一人为主席。委员会详细条例及工作的分配与技术人才之设置，均由各该委员会拟定，呈请县苏维埃执行委员会核准。委员会性质有以下几种：

1）军事委员会；

2）财政委员会；

3）土地委员会；

4）教育委员会；

5）内务委员会；

6）劳动保险及失业救济委员会；

7）建设委员会；

8）惩治反革命委员会。

3. 市苏维埃：

a. 市苏维埃政府只限于大市镇或大产业区组织之，如南昌、九江、景德镇、吉安、赣州等处。

b. 市苏维埃执行委员会，由全市苏维埃代表大会推选正式执行委员九人至十三人，候补委员五人至七人组织之。

c. 市苏维埃执行委员会之下设主席团，由全体执行委员会议互推三人至五人组织之。

d. 执行委员会之下设秘书处，人选由市执行委员会指定之。

e. 执行委员会之下应设各种委员会，分任各项工作，每个委员会由市执行委员会指定三人至五人组织之，委员中互推一人为主席。委员会详细条例及工作分配与技术人才之设置，均由各该委员会拟定，呈请市苏维埃执行委员会核准。委员会性质暂定以下几种：

1）军事委员会；

2）财政委员会；

3）土地委员会；

4）教育委员会；

5）内务委员会；

6）劳动保险及失业救济委员会；

7）建设委员会；

8）惩治反革命委员会。

4. 区苏维埃：

a. 区苏维埃执行委员会，由全区苏维埃代表大会推选正式委员五人至七人，候补委员二人至三人组织之。

b. 执行委员会之下设主席团，由全体执行委员互推三人组织之。

c. 执行委员会之下，由执行委员会指定一人组织秘书处。

d. 执行委员会指定以下几种委员，分任各项工作：

1）财政委员；

2）土地委员；

3）教育委员；

4）内务委员；

5）建设委员；

6）惩治反革命委员。

5. 乡苏维埃：

a. 乡苏维埃执行委员会，由乡村全体工农大会推选正式执行委员三人至五人，候补委员二人组织之。

b. 执行委员会之下设秘书处。

c. 财政、土地、教育、内务、建设、惩治反革命等事宜，均由执行委员会直接办理，不必设专门委员。

四、各级苏维埃之权限及隶属关系：

1. 全省代表大会为全省最高机关，全省代表大会闭幕，省苏维埃执行委员会为全省最高机关。

2. 县市苏维埃除接受县市代表大会之决议及命令外，应同时受省苏维埃的指挥。

3. 区苏维埃除接受区代表大会之决议及命令外，应同时受县苏维埃的指挥。

4. 乡苏维埃除接受乡全体大会之决议及命令外，应同时受区苏维埃之指挥。

5. 各级苏维埃执行委员会之下的主席团，在各级苏维埃执行委员会全体会议未开期间，即以各级苏维埃执行委员会的名义，行使其职权。

6. 乡苏维埃所辖境内的选民，对该管乡苏维埃执行委员会有不满意时，如得过半数选民的同意，得请求该乡苏维埃执行委员会召集苏维埃全体大会改组之。若该执行委员会不召集时，得直接呈请该管区苏维埃执行委员会越级召集改组之。乡苏维埃对区苏维埃，区苏维埃对县苏维埃，县市苏维埃对省苏维埃均同。

7. 上级苏维埃执行委员会对下级苏维埃执行委员会，认为措施不当时，得直接召集该级代表大会或全体大会，改组该级执行委员会。

8. 各级苏维埃对该管上级苏维埃执行委员会委员有不满意时，得由该委员被产生的机关过半数之同意撤回，另行补选。

9. 各级苏维埃执行委员会在不抵触上级整个的工作政策范围内，得议决该管区域内各项工作并执行之。

五、各级苏维埃执行委员之任期：

1. 省、县、市苏维埃执行委员任期为一年；

2. 区及乡村苏维埃执行委员任期为半年①；

3. 各级苏维埃执行委员均得连选连任。

六、会议——各级苏维埃的会议暂定以下几种：

1. 主席团会议每礼拜二次或三次；

2. 全体执委会——省苏维埃每三月召集一次，县、市苏维埃每月召集一次，区苏维埃每半月召集一次，乡村苏维埃无主席团，应每礼拜召集二次或三次；

3. 代表大会或全体大会——省每年一次，县、市每半年一次，区及乡村每三月一次，临时的不在此例。

选自《中国新民主主义革命时期根据地法制文献选编》，第二卷，中国社会科学出版社 1981 年出版，第 101～110 页。简称“社科法制版”。原件未注明史料来源。

互校版本：《中央革命根据地史料选编》下册，江西人民出版社 1982 年出版，第 4～12 页。简称“江西史料版”。原件未注明史料来源。

3. 中共第六次全国代表大会 关于苏维埃政权组织问题决议案（选录）

1928 年 7 月 9 日通过②

一、准备苏维埃政权的工作

1. 党在准备暴动时应该遍处建立将来政权的核心③

党在准备暴动中的主要任务，在于造成那维持并巩固苏维埃政权的先决条件。夺取了某地方的政权以后，党的主要困难，便在维持并巩固这个政权的问题。因此，党在取得群众使之参加暴动④以外，应事前采取种种必要办法，以组织城市和乡村将来政权之核心，俾此核心能于夺取政权之后，准备各种必要动作，此核心的组织就要成为夺取政权后的政权机关。其意义，列宁在他那《布尔塞维克能否维持政权》一书中，已经指出来了。列宁

① “江西史料版”为半年，“社科法制版”误作“三年”。
② “中央文件版”印作“7 月 10 日”。
③ “中央文件版”删掉所有第二层标题。
④ “中央文件版”将所有“暴动”改为“武装起义”。

说："如果革命阶级的民众创造力没有把苏维埃建设起来，则俄国无产阶级革命就会无望。因为无产阶级既不能用旧机关维持政权，而新机关又非一下便可建立起来的。"

2. 中国大概不会有双重政权的可能，工农夺取政权后，新政权即时实现

中国革命的全部行程告诉我们，要把像俄国十月革命前那种"二元政权"（一方面是苏维埃，另一方面是临时政府）的局面[①]重现于中国，是少有可能的。十月革命前，将来的政权核心曾与旧政权对峙。但这在中国是最难能的。而且我们预料经过工农暴动夺取政权后，新政权必将即时实现。这就是说和俄国一九一七年苏维埃事前能够公开存在，不会一样。因此，中国共产党便须一方面采取必要办法，事先秘密建设政权的核心，另一方面采取必要办法，俾暴动后可以坚决而敏捷地成立政权机关。

3. 党应宣传苏维埃的内容理论和工作，组织工农积极分子做将来苏维埃的干部。

中国共产党应利用苏联苏维埃建设的经验，普遍此经验于党员及广大群众中去，俾预先准备干部人才，以敏捷地建设政权机关。党应在预定的各暴动区域中，预先普遍地明了地宣布[②]苏维埃的理论，宣传苏维埃政权之一切具体形式与具体工作，准备民众在该区域起来时，有迅速建设苏维埃的可能。除宣传工作外，党还应做组织上的工作。这里，可以采上海的旧例，即把民众代表公议于夺取政权前秘密选好。但在中国现在秘密条件下，能否这样选举政权，很难说定。大概适当的条件是不会有的。因此在每一企业内、每条街道上，党应经过支部、党员个人或可靠的工人，预先准备起来，使他们能成为选举苏维埃时的干部，能实现革命委员会和民众间的联系，能参加将来的政府，能充任该区该企业、该街道上的政府的代表者。党应预先拟定将来革命委员会大概的分工计划及最近将来的命令。党应派遣代表往各大乡村实行组织地方政府的工作。这些代表应与农民协会、游击队伍、积极而有威信的农民及一切能帮助实现暴动的组织发生关系，并准备且择定革命而有威信的农民，俾他们能够掌握该区的政权，且加入该区的革命委员会。在这些分子中，必须绝对保证党的影响，以组织革命委员会。

苏维埃的正式名称应当是工农兵代表会议（乡区的可简称农民代表会议）。中国的苏维埃政府的正式名义应当是：中国工农兵代表会议（苏维埃）政府。

二、夺取政权后的任务

1. 党在夺取政权后应吸收劳动群众参加国家政权

夺取政权后的根本任务，即在建立足以保证新政权的存在[③]及其革命政策之现实的政权机关。如果认为这个机关只是一种执行工农兵代表会议的决议案的技术机关，那就错了。这机关的任务与作用，要比一个技术机关的广大得多。列宁在他上述这本书里说："或以为二十四万布尔塞维克党员不能指挥俄国，不能代表穷人利益去反对富人。但这二十四万人已经领导着一百万以上的革命民众。……我们国家机关已经有一百万人，他们在思想上都是忠于社会主义的国家的，并不是希图每月二十号多领些薪水。不但如此，我们还有个'神妙的方法'，一举手能把国家机关增大十倍。这方法是资本主义国家从来不曾有过的，也决不会

① "中国问题指南"抄件漏掉"的局面"三字。

② "中央文件版"将"宣布"改为"传播"。

③ "中央文件版"无"的存在"三字。

有的。这件‘神妙’的事实，就是吸收劳动群众，吸收贫人来参加管理国家的日常工作。”

2. 党应用革命的手段，建立劳动的机关，分配土地、衣食等与劳动群众

“为要减轻那些空前的困难与战争所留下的贫苦，为要补救那些战争所赐与民众的可怕的疮痕，我们便必须采用革命的民主，必须采用革命的办法，就是要适合贫民利益，分配房屋等。同样，城市和乡村的粮食、衣服靴鞋、土地等等，也要适合贫民的利益去分配。这样，我们便能立刻吸收千百万人参加国家机关。这样的机关是任何资本主义国家从来不曾有过的。这样的机关，只有我们才能建立起来，因为我们能够得到大多数民众的完满的同情。这样的机关，只有我们才能建立起来，因为我们有许多觉悟的、经过资本主义长久‘教训’而纪律化的工人（我们并不是徒然在那里受资本主义‘教训’的）。这样的工人能够建立工人民警队，且渐次扩充为全民的民警队。觉悟的工人能够吸收真正劳动群众与被压迫群众，并应该领导他们去参加‘管理政事的事业’。最重要的是要使被压迫者和劳动者相信自己的力量，在实际上劝导他们，使他们知道自己能够而且应当起来管理，周密的、有次序的、有组织的、根据农民的利益，分配面包，分配各种食物、牛奶、衣服、住房等等。”这种由劳动者所成立的新政权之最广大的机关，应在苏维埃或革命委员会的临时政权机关之周围，组织起来。

三、苏维埃与革命委员会

暴动参谋部，即将来的红军司令部，应隶属于革命委员会。革命委员会应设法与民众联系，准备召集代表会议（苏维埃）。①

在正式的代表会议（苏维埃）未组织以前，最初的政权形式是临时的，即革命委员会。革命委员会应由参加准备暴动的各组织之代表成立之。工作开始的第一天，便须把革命委员会的和暴动参谋部的职务划分清楚。暴动参谋部应受革命委员会的指挥，且宜迅速变为红军司令部，指挥该区的一切军事行动，准备动员工人的力量，组织红军的军需和其他需要，以及防卫该区内一般事宜。革命委员会应即变成政权机关，应付民众一般的需要。革命委员会在它组织的第一天，应即宣布新政权的成立，并着手准备成立正式的代表会议政权。革命委员会是临时政府，“代表会议”（苏维埃）是正式政府。革命委员会仿佛是“代表会议”的筹备会议，它应当立即筹备召集“代表会议”；代表会议的成立大会，就是正式政府宣告成立。革命委员会的成分，应绝对保证党的训令之执行。其在军队中或在地方民众中有影响之分子，应当加入革命委员会；可是，如果他们在加入后，立刻就表明他们不能在革命委员会中稳固地保证我们党的组织，那么，我们便须立刻设法使他孤立，并布置一切，准备在适当的时候，把他从革命委员会中开除出去。革命委员会应采取种种办法和群众发生关系，准备建立代表会议政府。因此，革命委员会应定期地召集工农（贫农）兵士代表开会，报告自己的工作，利用参加这种会议的分子去实行并督促革命委员会决议案之执行；革命委员会并宜在该区广大的工农手工业者大会上，报告自己的工作，及至建立了经常行动的正式的工农兵代表会议政府，便可巩固该区政权，获得民众充分的实际拥护，使民众保障代表会议确有革命的成分及革命的政策。

四、组织红军（略）

---

① “中央文件版”删除此两行。

五、军官与政治部人员的成分（略）

六、军队的政治工作（略）

七、军队的给养与服务（略）

八、反对反革命的斗争

在城市中应组织特别机关与反革命斗争。在该机关下，应有特别队伍，由工人组织之。宜学习过去在广州实行恐怖手段的经验。广州的恐怖手段虽极剧烈，然带有毫无系统的性质。只杀死了反革命的走狗，而未杀死反革命的头目。在广州被诛杀者，虽为数甚巨，然广州的军事领袖及反革命势力之领导者，却毫发无损。恐怖手段宜有系统，并应打击反革命的头脑。暴动胜利的第一天，与反革命斗争的机关，便应将地方上资产阶级、地主、军阀、流氓的头目拘捕数十或数百人做抵押。同时并通告全体人民说：这些抵押人应负城市保安之责。① 在乡村中亦拘捕些地主、绅士来做抵押人。

反对反革命的斗争机关，应登记人民的枪械，以便能在必要时立刻没收。暴动胜利的第一天，便须解除商团、流氓和土匪的武装。私藏军械者，概处死刑。对反革命斗争的机关第一天便应举行人民的登记，统计曾经服务军队或军事机关的人员，因为他们以后还有成为反对苏维埃政权之暴动队伍的干部之可能。凡一切地方的、绅士的、大商的、地主的团体都应完全解散。禁止反动分子组织任何团体的企图，否则都应予以严重的惩罚。

在乡村中与反革命的斗争，应由特别的农民自卫机关执行。农民协会会员，参加暴动者，乡村中可靠的分子，都要可以加入农民自卫机关（农民警卫军②）。其责任就是维持乡村秩序，镇压土匪，镇压反革命。

在城市中则须组织平民警卫军。旧时警察不许在警卫军内服务。

九、对苏维埃政府前的军事团体之关系（略）

十、对土匪的关系（略）

十一、对迷信与半迷信的农民武装组织（红枪会等）之关系

在宗教迷信的农民武装组织里（红枪会等等），我们应在民主化的口号下进行工作，并夺取其群众。同时应揭破其首领的行为，使与群众分离，陷入孤立地位。我们须坚持改编这类军队的办法，把他们改编到常备的红军内。如果他们在战争中确能表现纪律化，并忠实于新政权，始可全部保留。

十二、民团

只可以利用民团的部队（因为团丁大半是农民）。在民团长官投降革命后，应开除其军籍，全体民团解除武装；只有这种条件下，才可以利用其部队。但无论如何，决不准民团在农民自卫机关（农村警卫队）或城市平民警卫队内插足。民团的部队，该送往前线上作战。

十三、暴动口号之实现

1. 即刻颁布土地法令及其他实际改善工农生活的法令

革命委员会成立第一天，便该颁布土地法令及改良工农生活的命令，并且组织专门机关，实现这些命令。这些命令在开始实现时特别重要。革命委员会在第一天便须予工农以

---

① 原文如此。

② “中央文件版”将“警卫军”改作“民警队”。

实际的利益，如没收富豪的住室、衣服，分给工人及一般贫苦群众，资助失业工人等。每区内在颁布法令以前，须详加考虑，务使一般的命令与暴动的总口号相联结。

2. 银行收归国有并没收地主、军阀及资本家之财产

为巩固财源起见，须立即没收城市里的地主和军阀的财产。开始使该地银行收归国有，这乃是监督地方财政和市场之强有力的武器。并以新政府之信用制度代替旧银行之信用券。统计该地资产阶级的资本，把财政的监督权完全集中于政府手内。统计银铜等现币总额，禁止现币输出苏维埃区域。违者由肃清反革命斗争的机关处以严刑。

政府机关应速即设法以充实苏维埃的财政。为达到此目的，可对殷实之家施行临时征发，没收反革命者的财产，并实行累进所得税制。苏维埃政权应预先考虑资产阶级在经济上反抗的可能性。因此应预先规定各种办法，如给养之组织、合作社之创立和国家商店等，并由自己监督之。

3. 革命委员会宜置财政部农民工人各部及行政处

革命委员会宜置财政部，置农民部（土地部）以实行土地法，置劳动部及行政处。此等机关初隶革命委员会，苏维埃成立即转隶苏维埃。

十四、劳工监督

1. 有劳工监督亦可以公平税则代替没收

实现工人监督的口号意义非常重大。列宁曾在他一篇论文里说过："问题的要点，不在于没收资本家的财产，而在于全体人民在各方面来监督资本家及其一切可能的拥护者。仅仅没收，那是什么事也做不出来的。可说没收的本身并未含有组织和正确分配的成分。我们只要能够防止种种谎报、假造账目、违法作弊，我们就不难用公平的税则代替没收。想要防止这种可能，便只有工人政府的劳工监督才办得到。"

2. 劳工监督须经过劳动群众的组织来实现

劳工监督须经过职工会、工厂委员会、手工业工人的工会及一切有组织的劳动群众来实现。

3. 置经济部受理各业经济

再则，设置相当的机关监督该区一切经济事宜，并统计该区经济的财富，这个机关就是国民经济部。该部宜有广大的民众参加工作，办事员由大工厂中工人选出担任。国民经济部须统计一切经济富源、工厂企业，并号召一般工人实行监督这种经济活动。

十五、苏维埃的组织

1. 苏维埃的组织应站在劳动群众直接选举的基础上并保证产业工人的领导作用

地方政权已经巩固，便应组织苏维埃。党委员会应估计当地情形，斟酌组织苏维埃的时机。但在暴动前和暴动实现后，党即应有种种组织苏维埃的准备。苏维埃应在劳动群众直接选举的基础上组织起来，决不应像在广州那样（在广州，实际上只有过革命委员会，而非苏维埃），而是要像在海陆丰和一部分在上海（人民代表会议的形式）一个样子。苏维埃不应当仅仅根据上层组织的代表集合，选举时应由工厂工人、各马路工人和贫民、工会工人、手工业者（手工业者全体大会，而不是职业会的执行委员会）、学生等执行，并宜包纳各地下层组织、职工会及党组织的代表。代表成分的分配，应使大多数为直接选出的工人和贫民，并应随地酌定选举条例，务使苏维埃的革命影响得到保障。对于小资产阶

级的策略，应看各地革命的深入程度、政权的巩固程度、阶级的分化程度等等而定。苏维埃中，应有小资产阶级下层成分的代表。本处驻扎的革命军队的兵士亦应参加苏维埃选举。选举苏维埃与进行苏维埃工作时，产业工人应有特权，以保证其在苏维埃中的领导作用。

2. 苏维埃之定义

我们应该牢记下面列宁所下的苏维埃的定义："苏维埃乃新的国家机关，它给我们以（一）工农的武装力量，这力量不像旧式军队一样是脱离民众的，而是和民众密切联结的；从军事上讲，这力量比以前的军队强大得多；就革命的意义上讲，这力量是任何东西所不能代替的。（二）这个机关是和群众及大多数人民密切无间地相联系的，容易考验自己的错误，容易恢复意外的创伤，这是从来国家机关所未曾梦见的。（三）这个机关由民意所选出，因民意而撤换，没有官僚主义的空架子，所以比以前的国家机关不知要更民主得几多倍。（四）它在各项职业间实现密切的联系，所以没有官僚主义，而能促进种种深入群众的改良。（五）它是先锋队，是被压迫的工农阶级中最觉悟、最努力、最先进这个部分的组织形式，这个先锋队可以经由这个机关来教育、训练并领导这些被压迫阶级的全体广大群众——直到而今还是僻处于政治生活及历史之外的群众。（六）它兼有议会主义及直接民主二者之长：人民选举代表，同时有立法及行政之权；和资产阶级的议会政策相较，这种进步，在民主主义的发展上，实有全世界的历史意义。苏维埃只有取得全部国家政权以后，才能真正发展，才能充分展开自己的本能和能力。倘不如此，则苏维埃便毫无长处，不成为嫩芽（嫩芽是不能长久存在的），便流为玩具。'二元政权'是苏维埃的瘫症。"

列宁所下的这个定义把苏维埃目前和过去的作用，说得明白已极。至苏维埃制度和其他组织的关系，也可以由上面体会出来。

3. 苏维埃武装应尽量参加苏维埃的工作

苏维埃（工农兵代表会议）的代表（议员）应提到苏维埃的工作中，执行苏维埃的决议案，或督察决议案的执行。

4. 苏维埃既非群众大会，亦非几个领袖的组织

苏维埃的会议不应如上海市民会议的实行经验，具有那样空有群众大会的性质，更不应如广州苏维埃的实际结果，仅仅只有由高级机关直接指挥的机关——广州苏维埃之所以如此，因为它太窄狭了（总共只十四人到十六人）。

苏维埃政权，从其成立的第一天起，就应号召广大的劳动群众起来，反对苏维埃政府中办事人员可能做出的各种流弊，如官僚主义、办事迟钝和滥权舞弊等等。

5. 苏维埃执行各项职务起见分置各部

苏维埃计划当地及全国的主要政策，为更普遍地提高苏维埃委员会的效率起见，应分置各部，执行各项职务：

（1）军务部（组织防卫队伍及红军）。

（2）财政部（税务、没收及处置财产等）。

（3）市政部（管理学校、自来水、救助病人等）。

（4）社会保险部（劳动保护，分配好房屋给贫民工农和分配工作）。

（5）国民经济部。

6. 苏维埃中实行真正直接的撤回权

苏维埃代表须按期向选举人报告过去工作，选举人有撤回旧代表另换新代表之权。城市苏维埃须包纳近郊农民和全区农民的代表，使他们成为该农区的革命中心。为执行城市的经常工作起见，应选出执行委员会，包纳该城市或该区重要组织的代表：军队、职工会、镇压反革命，并供给必需物品的职员等。执行委员会人数约自十一人至二十七人。执行委员会选出常务委员会，这个差不多是该地的实际政府，人数约五人至七人。

7. 苏维埃各机关的党团须执行党的指示

这些机关的党团，都须绝对执行党的指示，并且一切最主要的政策，都该由该地党委员会批准。

十六、苏维埃与职工会、暴动司令部以及革命军队等的关系

1. 上海市民会议和工农群众隔绝

苏维埃从成立之日起，便要成为真正的政权；于此应当铲除前此在斗争过程中成立同样组织时所犯的错误。例如上海一九二七年三月武装起义时，市民会议实际上不是政权，仅是死的组织，真正的政权却集中于职工会和工人纠察队总指挥部手里；因此，上海市民会议就和广大的群众隔绝，不能发挥经常的活跃的关系。

2. 职工会转成新政权的形式，工人日常的经济斗争遂形停顿

这种情形也令职工会感受极有害的影响；职工会于是不复成为职工会，而成了政权，遂丧失了它与工人经济斗争的通常联系。而政权因此和贫民及劳动群众隔绝，更为危险。广州暴动胜利时，政权实际上属于职工会的苏维埃，职工会遂不能执行工人阶级经济组织的工作，事实上职工会的苏维埃虽代表新政权，但并不曾建设政权的执行机关。

3. 对黄色工会及其他劳动组织应打击其首领夺取其群众

对于黄色职工会及其他贫民或劳动群众的组织，我们应采取非常审慎的态度。此种组织应分化之。打击其首领，而非打击其群众。当广州暴动宣布黄色工会解散时，我们把它的群众和首领一般看待。这种错误，我们以后务须避免。俄国的苏维埃政权不曾封闭黄色工会，但积极和它的首领斗争，因而获得其群众。在中国也该采用同样的策略。我们如果用武力压迫组织内的群众，则他们可以变成反对苏维埃的力量。

4. 苏维埃与职工会应有正确关系

苏维埃应和职工会建立正确的关系，使有组织的工人的代表能在苏维埃内占主要的地位。

所有派往苏维埃的代表，关于苏维埃的工作应对工人有经常的报告，同时关于工会的工作，亦应在苏维埃中作有系统的报告。凡工会与苏维埃一切纠纷，应由企业中派代表所举行之特种会议解决之。凡涉及工人阶级根本利益一切法律和处置，应予先会同该地职工运动之指导机关讨论之。

5. 工人纠察队、红军司令部应服从苏维埃

工人纠察队和红军司令部，应服从苏维埃。苏维埃应坚决采取各种可能手段以保障自己对于兵士群众和对于军官的影响，并可因此监督红军的一切动作。

十七、苏维埃和党的关系

党是苏维埃思想上的指导者，应经过党团指导苏维埃。

党在各处苏维埃中，均应有党团的组织。经过这些党团，经过党员所发的言论，表示

党对苏维埃工作上各种问题的意见。党随时随地都应做苏维埃思想上的领导者，而不应限制自己的影响。不过，党应预防以党代苏维埃或以苏维埃代党的种种危险。党应预先保障其在苏维埃领导机关中的领导作用。因此，党须在苏维埃中，组织有威望的、能工作的党团，以执行党的命令。但是以当地党部代替党团，那就是一种危险。党团只执行党部的指示。当党团和该地方党部的影响不能保持平衡，而后者的作用较小时，苏维埃常有代替党的危险。苏联革命后最初几年，在有些地方，党的作用几乎缩小到极端，这种经验应该顾及。在中国，也有以苏维埃代替党的危险。苏维埃政权之正确的组织是要以党的坚固的指导为条件的；为要达到此目的，必须注意党组织的工作，勿使其发生较弱的现象；所以在党组织里工作的同志，不应当较在苏维埃中薄弱。党经过苏维埃或其他组织内的同志，应该在一切条件之下，应该公开在苏维埃中，在苏维埃工作上增高和巩固党的影响。

十八、乡村中政权机关的组织

1. 党应吸收农民的革命领袖和产业工人进行革命委员会的工作

当乡村中发生暴动时，应在该地组织革命委员会；委员会的组织在暴动前就要由党部规定。在革命委员会中，应吸收农民运动中最坚决的革命领袖，尤其要吸收乡间住的产业工人及出身城市或归自城市的工人。这些产业工人是乡村中党的作用的一个台柱，所以党应该非常审慎地利用每个工人做革命委员会的工作。

2. 革命委员会须设在广大群众运动的地方

革命委员会的所在地，应择具有广大农民运动和多量农村工人的地点。这些工人尤能坚决拥护各种革命政策，而为共产党最可靠的基础。在农民协会中须有革命委员会的基础，特别重要。革命委员会应以农民协会为基础，而成为革命的政权，不应以农民协会为政权（形式上革命委员会应当是农民协会等，在将暴动前选举出来的）。革命委员会的工作，在该区人民中，尤其是在农民协会的会员中要尽量通俗化。为避免农民协会与革命委员会的冲突起见，可以把农民协会的领袖包纳在革命委员会，并将农民协会全部负责人才，吸收在政府机关内。在革命委员会中，应保障那些积极参加暴动的农民之领导作用。

3. 政权一经巩固便该以苏维埃代替革命委员会

当地的政权，尤其是城市中的政权一经巩固，就必须由该区全部劳动群众选出苏维埃，以代替革命委员会进行经常工作。农村里的工人及该区里的工人，应有特殊的较多的代表。

4. 常务委员会内应包纳该地主要的领导者

苏维埃选举常务委员会，应包纳该区最主要的领导者，自然更要保障党在常务委员会内的影响。

5. 苏维埃的中央地点宜择工农运动最大的地方

苏维埃政权的行政的中心地点，不一定仍驻原来旧政权的地方（在这些地方，官僚最多），须择定足以保障工农革命影响的地点。

小城市内，没有工人，便该将该城苏维埃和近郊农民苏维埃联合起来，使苏维埃中的领导作用，归于农民。

十九、农民协会与苏维埃

1. 极力避免农民协会与革命委员会冲突

首先就要避免革命委员会与农民协会间的冲突，然后在农民协会基础上，建立并扩大革命委员会，以代替农民协会。

2. 农民协会是革命委员会的基础

农民协会应准备苏维埃组织的基础，苏维埃则应执行农民协会的全部作用。

3. 没有农民协会的地方可以直接组织苏维埃

不过对于农民协会要非常审慎。在大多数人民尚未深信有组织苏维埃之必要时，不可解散农民协会。惟农民协会变成了上层农民的组织，则须以农民代表会议来与它对立，使农民代表会议成为贫农群众所拥护的机关，使大多数人知道农民协会招牌已为富农、土豪等所把持，而迅速解散之。在没有农民协会的乡村中应直接组织苏维埃。但若下层的群众要求组织农民协会时，那便不可坚持反对他们的组织，而应主张多开农民协会的群众大会，尤其是代表会议，使渐变成农民苏维埃。

二十、苏维埃区域中党的工作（略）

二十一、苏维埃区域的扩大（略）

选自《中国问题指南》第二册抄件。

互校版本：《中共中央文件选集》，第四册，中共中央党校出版社 1989 年出版，第 390～413 页。简称“中央文件版”。原件未注明史料来源。

4. 信江苏维埃政府临时组织法

1930 年 3 月信江特区第二次工农兵代表大会通过①

第一章　总纲

一、信江工农兵代表会议（苏维埃）政府为全信江工农兵贫民的政权机关。

二、信江工农兵代表会议（苏维埃）政府，由全信江工农兵代表大会产生之。

第二章　组织系统

一、现分为下列各级：

1. 信江工农兵代表会议（苏维埃）政府。
2. 县、市工农兵代表会议（苏维埃）政府。
3. 区农民代表会议（苏维埃）政府。
4. 乡农民代表会议（苏维埃）政府。

二、信江工农兵代表大会为信江政权最高机关，代表大会闭幕，信江工农兵代表会议（苏维埃）政府执行委员会为信江政权最高机关。

三、全县市工农兵代表大会为一县市政权最高机关，代表大会闭幕，县市工农兵代表会议（苏维埃）政府执行委员会为一县市最高政权机关。

四、全区农民代表大会为一区最高政权机关，代表大会闭幕，区农民代表会议（苏维埃）政府执行委员会为一区②最高政权机关。

---

① 原件无制定年月，这一年月是编者根据历史资料考证得出的。

② “闽浙赣史料版”此处印作“为一县市（原文如此，恐系全区之误——原抄者）”。“赣东北历史版”印作“为一区”。

五、全乡农民代表大会为一乡最高政权机关，大会闭幕，乡农民代表会议（苏维埃）政府执行委员会为一乡最高政权机关。

第三章　各级代表大会

一、信江工农兵代表大会，在不违反全省工农兵代表大会及省工农兵代表会议（苏维埃）政府决议和命令内，得决议信江范围以及与信江有联系的各问题，并产生信江工农兵代表会议（苏维埃）政府执行委员会。

二、县、市工农兵代表大会，在不抵触信江工农兵代表大会及信江工农兵代表会议（苏维埃）政府执行委员会决议和命令内，得决议全县、市范围内的各种问题，并产生县、市工农兵代表会议（苏维埃）政府执行委员会。

三、区农民代表大会，在不抵触县工农兵代表大会及县工农兵代表会议（苏维埃）政府决议案及命令内，得决议全区各种问题并产生区农民代表会议（苏维埃）政府执行委员会。

四、乡农民代表会，在不抵触区农民代表大会及农民代表会议（苏维埃）政府决议案及命令内，得决议全乡各种问题，并产生乡农民代表会议（苏维埃）政府执行委员会。

五、全信江及各县、市工农兵代表大会，每半年召集一次；区农民代表大会，每三月一次；全乡农民大会，每半月一次；由各级苏维埃政府执行委员会召集之。如有必要时，经各级政府决议呈报上级政府核准，亦得召集临时大会。

六、全信江各县、市及各区经全体原代表三分之一以上的建议，亦得召集临时代表大会。各乡经全体农民三分之一的建议，得召集全乡大会。

七、如有特别原因发生，上级政府亦得越级召集代表大会或农民大会。

第四章　选举

一、凡下列各种人员，不分男女，在十四岁以上、六十岁以下者，有选举权；十六岁以上、六十岁以下者，有被选举权：

1. 工人（产业工人、工厂和工业工人、小手工业工人、店员工人）；

2. 农民（雇农、佃农、半自耕农、自耕农）；

3. 士兵；

4. 自由职业者（教员、医生、革命知识分子等）。

二、凡下列各种人员，不得有选举权及被选举权：

1. 军阀、官僚；

2. 豪绅地主；

3. 资本家；

4. 洋行买办；

5. 工贼；

6. 农贼；

7. 兵贼；

8. 参加反动或有反动嫌疑者。

三、代表名额由召集机关临时规定。

第五章　各级政府的组织

一、各级政府组织如下表：

（表一）

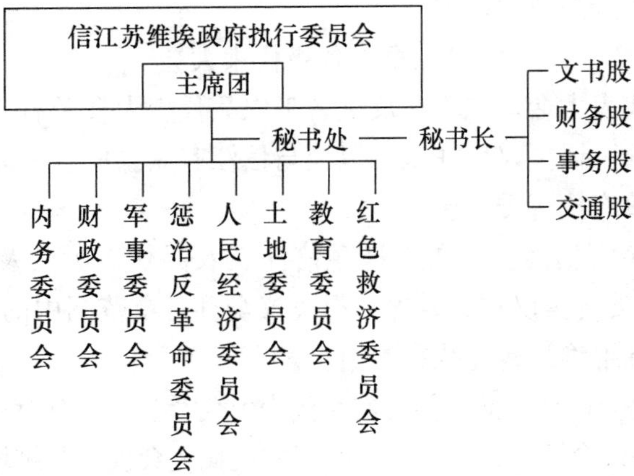

（表二）

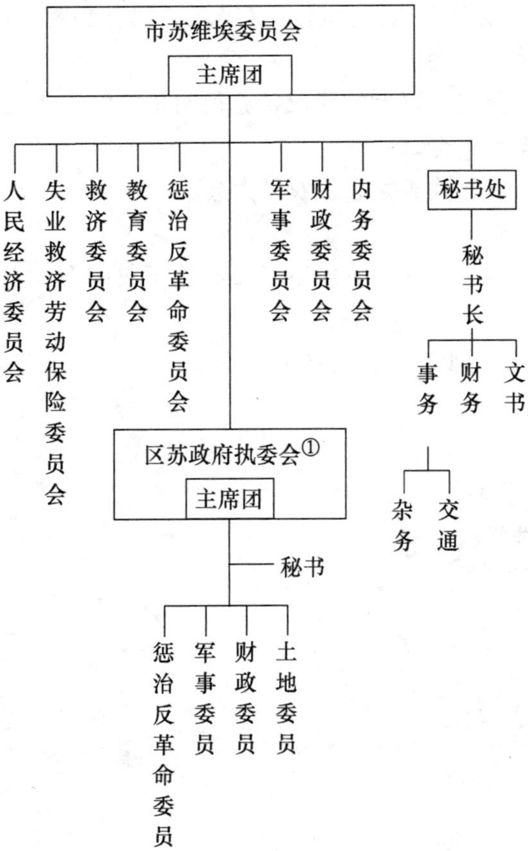

（表三）

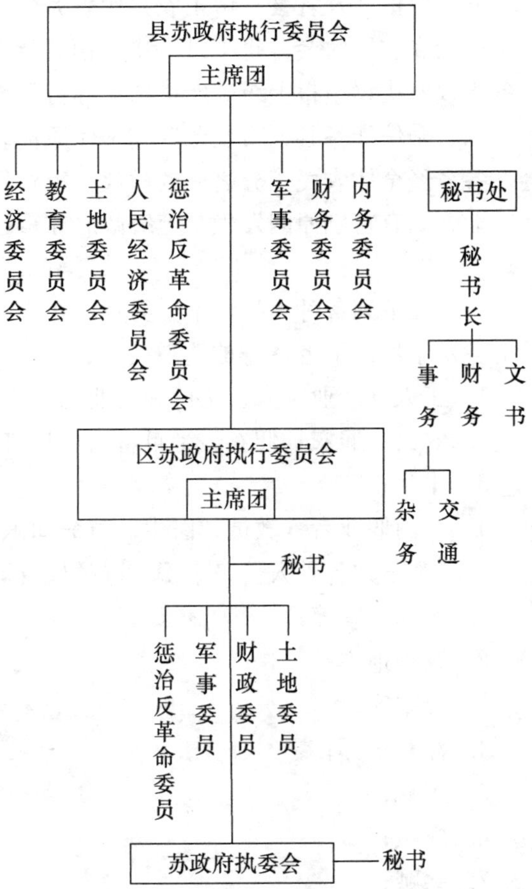

二、秘书长、秘书及各种委员会委员，均由执委会或主席团委任。秘书处及各种委员会均受各级政府执委会及主席团指挥。县工农兵代表会议（苏维埃）政府的各种委员会及

① “赣东北历史版”在“土地委员”“财政委员”等后面多加一“会”字。

区农民代表会议（苏维埃）各种委员，除受本级政府执委会及主席团指挥外，并受上级同类委员会指挥。

第六章　执行委员会及主席团

一、各级政府执行委员会均由各该级代表大会产生，主席团则由执行委员会互推委员组织之。乡农民代表会议（苏维埃）政府主席，则由执行委员会轮流担任。

二、信江工农兵代表大会（苏维埃）政府，及各县、市工农兵代表会议（苏维埃）执委任期为半年，区农民代表会议（苏维埃）执委任期①三个月，如有特别事情召集临时大会，或上级命令均得改组一部分或全部委员。

三、信江工农兵代表会议（苏维埃）政府执行委员，名额十七人，主席团委员九人，候补执行委员五人，各种委员会委员三至七人。

四、县工农兵代表会议（苏维埃）政府执委，自十一人至十五人，主席团委员自五人至七人，候补执行委员二人，各种委员会委员三人至五人。

五、区农民代表会议（苏维埃）政府执委五人②至九人，主席团委员三人至五人，候补执行委员二人至三人。

六、乡农民代表会议（苏维埃）政府执委三人至七人，候补委员一人至二人。

七、最初暴动区域，均得由各农民群众团体（工会、农民团体及士兵团体）组织③临时苏维埃政府，或由上级委任特派员，或筹备委员，组织筹备委员会。

第七章

本组织法如有不适合之点④，系由下届工农兵代表大会或上级政府命令修改之。

本组织法自公布日施行。⑤

信江工农兵代表会议（苏维埃）政府⑥

选自《闽浙赣革命根据地史料选编》上册，江西人民出版社 1982 年版，第 51～58 页。简称“闽浙赣史料版”。

互校版本：方志纯：《赣东北苏维埃创立的历史》，人民出版社 1980 年出版，第 108～115 页。简称“赣东北历史版”。

5. 闽西苏维埃组织法

1929 年 8 月 15 日中共闽西特委颁布

(一) 总纲

1. 工农兵苏维埃是工人、农民、兵士的政权机关，一切行动都要根据工人、农民、兵士

① “赣东北历史版”漏掉以下 17 字：“为半年，区农民代表会议（苏维埃）执委任期”。

② “赣东北历史版”为“七人”，“闽浙赣史料版”为“五人”。

③ “赣东北历史版”漏掉“组织”二字。

④ “赣东北历史版”此处为“如有不足或更改”。

⑤ “赣东北历史版”漏掉此条。

⑥ “赣东北历史版”无此署名。

及其他贫民利益去决定，同时对小资产阶级的利益不加妨碍。

2. 凡年满十六岁的男女，而非剥削劳动者（资本家、地主、重利盘剥者）、非宗教徒和反革命者均有选举权和被选举权。

3. 各级苏维埃议决并执行各该级地区一切事项，承受上级苏维埃的命令掌管各该级的一切权力。

4. 下级苏维埃不能代表工农兵贫民利益时，上级苏维埃得改组之。上级苏维埃不能代表群众利益时，有下级苏维埃三分之二请求须召集代表会改组。

5. 各级代表会的代表有不能代表他所从选出的区域或机关之意见，而为该区域或机关所不信任时，原区域或原机关得撤回改派代表。

（二）乡苏维埃

1. 在一个乡村中大部分群众已经起来，有相当基础的时候则须召集全乡群众大会，选举代表，组织该乡工农兵代表会议，其范围照旧时乡农协一样，但不上百家的小村落可合并于邻乡，群众可自行召集。

2. 代表数目，三百人以下之乡，每十人选举一人。三百人以上八百人以下之乡，每十五人选举一人。八百人以上之乡，每二十人选举一人，但每乡代表最多不超过六十人。

3. 乡工农兵代表会议决本乡一切事项，选举执行委员会。

4. 乡苏维埃执行委员会委员五人至七人，候补委员三人，互推常务委员三人（内主席一人），组织常务委员会管理日常事务，并由执行委员推选财政委员一人（须由常委兼），文化委员一人，赤卫委员一人，裁判兼肃反委员一人，粮食委员一人，土地委员一人[①]，秘书一人，并在执行委员中互推三人组织土地委员会。

5. 乡苏维埃组织系统如下表：

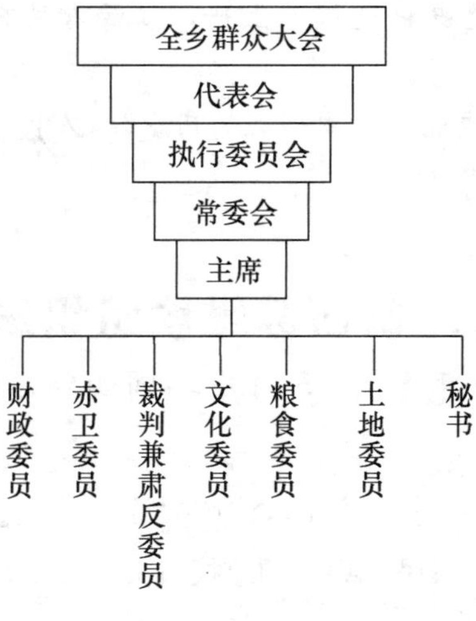

6. 乡工农兵代表会为全乡最高权力机关。闭会后执行委员会为最高权力机关。

（三）区苏维埃

1. 一区之内有三个乡苏维埃成立时，得召集全区工农兵代表会议，其范围以旧时政

---

① 原件所列委员与系统表不一致，现已补全（以下各级，同）。

治区为限。

2. 区之代表由下列团体产生之，代表人数最多不得超过一百人。

A. 由乡苏维埃或乡农会召集群众大会选出代表，但人数多的乡村或数乡合组的乡村不能召集全体群众会，则须配定各乡代表数目，分开选举或由小村落初选到乡苏复选之，其代表占全体代表人数之百分之七十五。

B. 由全区工会或工会支部召集会员大会，选出代表百分之二十，工人数目少者可减少。

C. 由赤卫队、常备队士兵大会选举代表百分之二，其各乡赤卫队则可在各乡群众大会合选。

D. 由本区高级小学以上学生大会选举代表百分之三。

3. 城区苏维埃代表成分与乡区不同，工人代表占百分之四十，近郊农村代表占百分之五十五，学生、赤卫队代表占百分之五。

4. 乡村选举代表人数之比例：

A. 三百人以下之乡，人口在百人以下者选代表一人，百人以上二百人以下者选二人，二百人至三百人者选三人。

B. 三百人以上八百人以下之乡，每增二百人者加选代表一人。

C. 八百人以上之乡，每增三百人加选代表一人。乡苏执委会亦派代表一人。

5. 工会选派代表亦须参照乡村办法，使人数少的工会得有代表出席。

6. 全区代表大会议决本区一切事项，选举执委会。

7. 区苏维埃执行委员会委员七人至九人，候补委员五人，互推常务委员三人（内主席一人），组织常委会，并由执行委员会推选财政委员会、赤卫委员会、建设兼文化委员会、裁判兼肃反委员会、土地委员会、粮食委员会及秘书一人，各委员会主任须执行委员兼。

8. 区政府组织系统如下表：

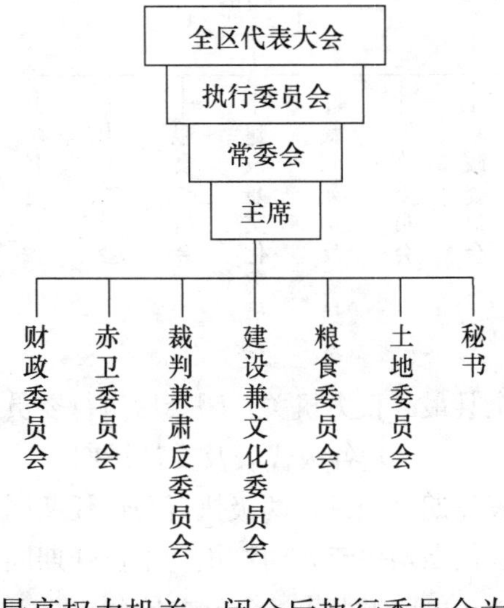

9. 区代表大会为全区最高权力机关，闭会后执行委员会为最高权力机关。

（四）县苏维埃

1. 凡一县之内有三个区苏维埃时，得召集全县工农兵代表会议，但无城区苏维埃代表参加之县苏，只能称为临时县苏。

2. 县苏维埃代表由下列团体产生之（至少在二百人以上，最多不得超过三百人）：

A. 农民代表占百分之［六］十①，其产生方法以一乡为单位，照区苏选举法派初选代表，到区开复选代表会举行复选，依全区人口比例，每千人选派代表一人，区苏执委会亦得选派代表每区一人至三人。

B. 工人代表占百分之二十五，由各区工会召集会员大会选派初选代表，到总工会复选，代表分配以工会人数为比例，总工会执委会亦得选派代表三人至五人。

C. 红军代表占百分之五，由驻防红军士兵委员会选派，如无红军驻扎时，此项代表由工会补派。

D. 赤卫队代表占百分之五，由各区常备队初选，到县总队复选，其代表分配以人数多少为比例。

E. 学生代表占百分之三，由中学以上之学生会选派之。

F. 小学教员代表占百分之二，由全县小学教职员大会选派之。

3. 县工农兵代表大会议决全县一切事宜，选举执行委员会。

4. 县代表会执行委员会委员十三人至十七人，候补委员七人，互推常务委员五人（内主席一人）组织常务委员会，并由执委会组织秘书处，财政委员会，土地委员会，粮食委员会，军事委员会，裁判兼肃反委员会，建设兼文化委员会。各委员会主任均须执行委员兼任。

5. 县苏维埃组织系统如下表：

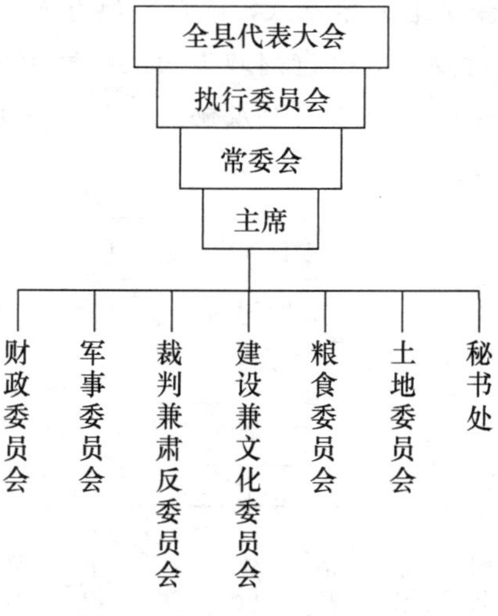

6. 县工农兵代表会为全县最高权力机关，闭会后执行委员会为最高权力机关。

（五）各级代表及委员任期

1. 乡区两级苏维埃代表任期六个月，两级执行委员任期同。

2. 县、闽西苏维埃代表任期均一年，两级执行委员任期同。

（六）各级代表会及委员会会期

1. 乡代表会每半月开会一次，执委会十天一次，乡群众会至少每月一次，如人数过

① 此处疑漏“六”字。

多或几乡合组之乡苏群众会可分开几处举行，总以使全乡男子得到会为目的。

2. 区代表会每月开会一次，执委会半月一次。

3. 县代表会三个月开会一次，执委会每月开会一次。

4. 各级苏维埃执委常委会，乡、区两级均每二日一次，县每三日一次。

5. 各级代表会及执委会除定期外必要时得召集临时会。

（七）各级代表及委员职业成分

1. 各级苏维埃代表中至少有百分之二十的工人，及百分之五士兵参加。

2. 各级苏维埃执行委员至少有十分之二的工人参加。

原编者注：此件系二九年八月十五日闽西印制的。一九二九年九月二十二日，红军第四军政治部印制了另一件《苏维埃组织法》共九节①，比此件增加了“各县联合高级苏维埃”一节，并对各级苏维埃代表会及执行委员会会期作了不同的规定。现将这两节全文抄录如下：

（八）② 各县联合高级苏维埃

1. 在一区域中有几县暴动胜利苏维埃已成立时，该一区域革委会召集该几县代表开代表大会。

2. 某处工农兵代表会议议决各县一切事项，选举执行委员会。

3. 某处工农兵代表会执行委员会委员二十三人，候补委员七人，互推常务委员五人（内主席一人）组织常务委员会。

4. 由执行委员会组织秘书处、军事委员会、经济委员会、裁判兼肃反委员会、建设兼文化委员会、土地委员会。各委员会主任须执委兼。

5. 联县苏维埃组织系统如下表：

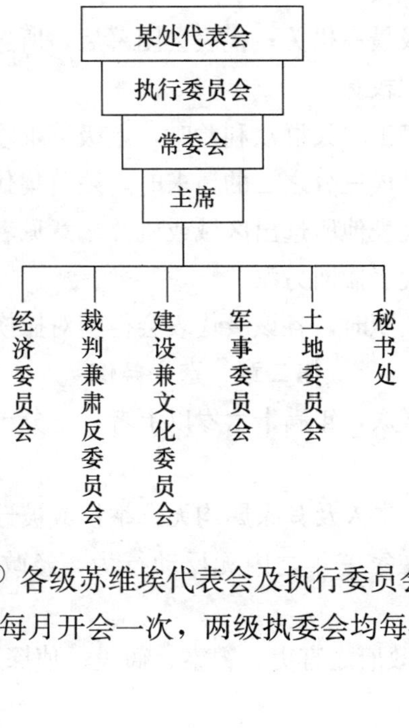

（九）③ 各级苏维埃代表会及执行委员会会期

1. 乡、区两级代表会均每月开会一次，两级执委会均每半月开会一次。

① 原印作“共八节”。

② 原印作“（五）”。

③ 原印作“（七）”。

2. 县代表会一个月开会一次，执行委员会每月开会一次。

3. 联县代表会，每四个月开会一次，执行委员会每两月开会一次。

4. 各级苏维埃执委常委会，乡区两级均每二日一次，县每三日一次，联县七日一次。

5. 各级代表会及执委会，除定期外，必要时得召集临时会。

选自《中央革命根据地史料选编》下册，江西人民出版社 1982 年出版，第 20～27 页。（原件未注明史料来源）。

互校版本：《闽西苏区法制史料汇编》，龙岩市人民法院、古田会议纪念馆合编，2008 年 10 月内部出版，第 27～31 页。原件注明：“1929 年 8 月 15 日中共闽西特委颁布”。

6. 闽西第一次工农兵代表大会苏维埃政府组织法案

1930 年 3 月通过①

第一章 总纲

一、苏维埃是工农兵自己选举代表组织的政权机关，一切行动政纲都要根据工人、农民、士兵及其他贫民利益去决定，同时对小资产阶级的利益不加妨害。

二、凡年满十六岁的男女而非剥削劳动者、非宗教徒和反革命者，均有选举权和被选举权。

三、各级苏维埃议决并执行各该级地区内一切事宜，承受上级苏维埃的命令，掌管各该级的一切权力，行使一切职权。

四、各级代表会为各该级最高机关；代表会闭幕后，所选执行委员会即代替该代表会为最高权力机关，行使一切职权。

五、下级苏维埃不能代表工农兵群众利益时，上级苏维埃得改组之。上级苏维埃不能代表群众利益时，有下级苏维埃三分之二的请求时，须召集代表会改组之。

六、各级代表会有不能代表他所选出区域或机关之意见者，为该区域或机关所不信任时，原区域或原机关得将该代表撤回另派。

七、各级委员有舞弊或失职时，各该级代表会得随对撤换之。

第二章 选举条例

八、凡属赤色区域内之群众，年满十六岁以上者，不分男女，不分籍贯，均有选举权及被选举权。

九、有下列行为之一者，本人及其家属均无选举权或被选举权。但努力革命工作经政府许可，及本人在外其家属在家三年之内无反动行为，经政府恢复其选举权和被选举权者，不在此例。

（一）过去及现在充反动政府之官吏、警察、衙役、侦探及白军营长以上的官吏者。

① 1930 年 3 月 18 日至 24 日闽西第一次工农兵代表大会在龙岩召开，成立闽西苏维埃政府，邓子恢任主席。大会通过了宣言和各种法案，并于 25 日正式发布。

（二）城乡绅士、乡董、民团团总、族长、地保等。

（三）现在反动政党党员。

（四）过去收租过活者。

（五）经常营放高利贷或开当铺者。

（六）利用资本雇用工人谋利的商人及工厂厂主。

（七）宗教师及现在宗教徒、僧道、尼巫等。

（八）凡有精神病、麻风病及吃鸦片者。

（九）有反革命行为经政府剥夺其选举权及被选举权者。

（十）其他与政府法律抵触，经政府剥夺其选举权和被选举权者。

（十一）上列第八与第十两条除本人外，其家属仍有选举权和被选举权。

第三章　代表之职业成分及产生方法

十、各级苏维埃代表的职业成分如下：

（一）闽西各县政府代表：工人占百分之三十，农民占百分之六十，士兵占百分之五，教员、学生占百分之五。人数：闽西代表不得超过三百人，县不得超过二百人。

（二）区乡政府代表：工人占百分之二十，农民占百分之七十，士兵占百分之五，教员、学生占百分之五，但城区代表则工人占百分之五十，农民占百分之四十，人数不得超过一百人。

（三）乡政府代表：农民占百分之八十，工人占百分之二十，教员学生得派代表参加，士兵不另选代表，但城区的乡政府则工人农民代表各占百分之五十，人数不得超过六十人。

十一、各级代表必须在各业各区域内群众大会选举，须复选者须经过复选手续，不得指派或代替。

十二、各级代表产生方法及手续，由各县政府依照代表成分及当地人口比例制定，呈请闽西政府核准施行。

十三、二百人以下之乡政府不必组织代表会，一切事务可召集群众会直接解决。

第四章　各级政府组织系统

十四、闽西政府组织系统如下表：

（甲）权力机关之系统

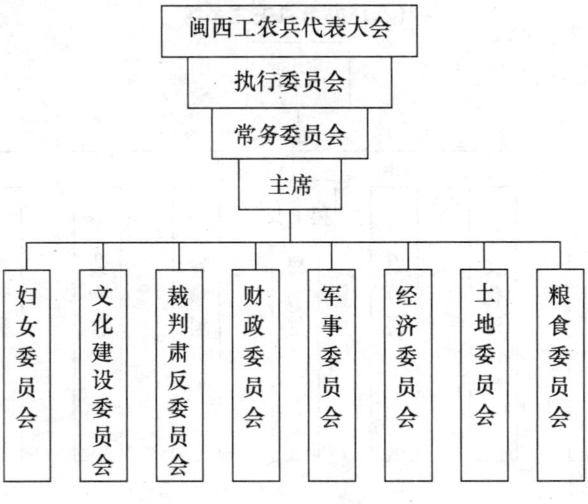

（乙）办事机关之系统

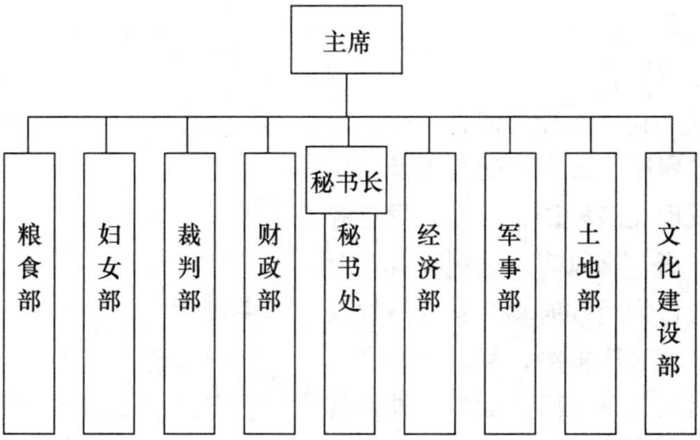

十五、县府之组织

（甲）权力机关之系统

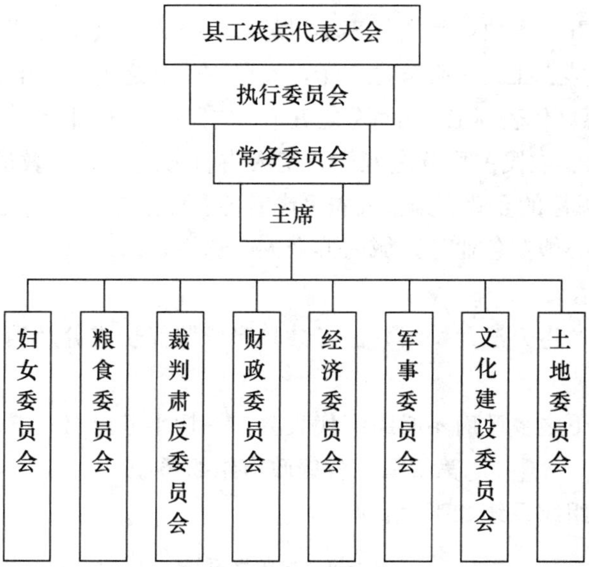

（乙）办事机关之系统

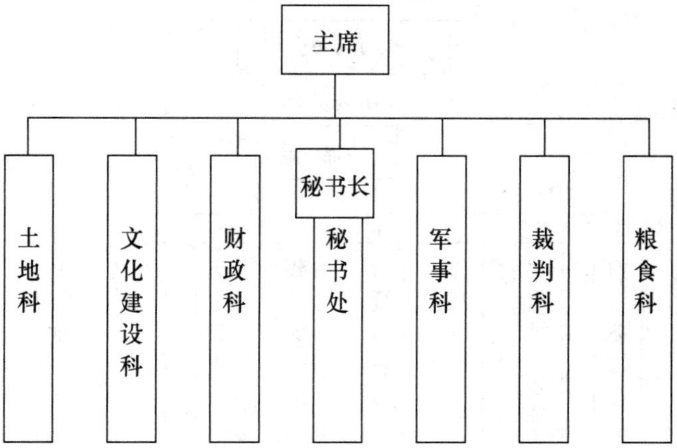

十六、区乡政府之组织

（甲）权力机关之系统

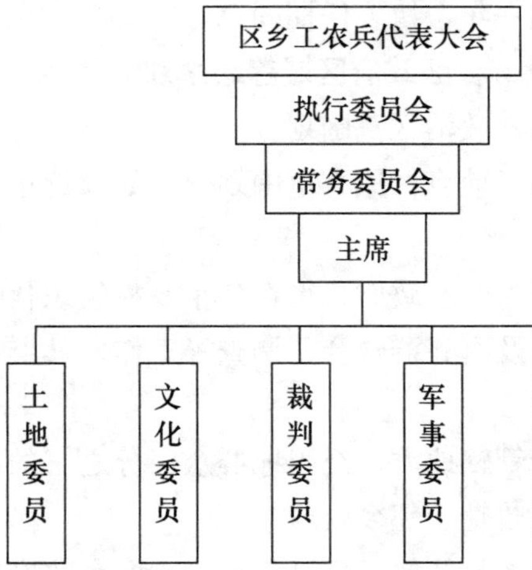

（乙）区乡办事机关之系统

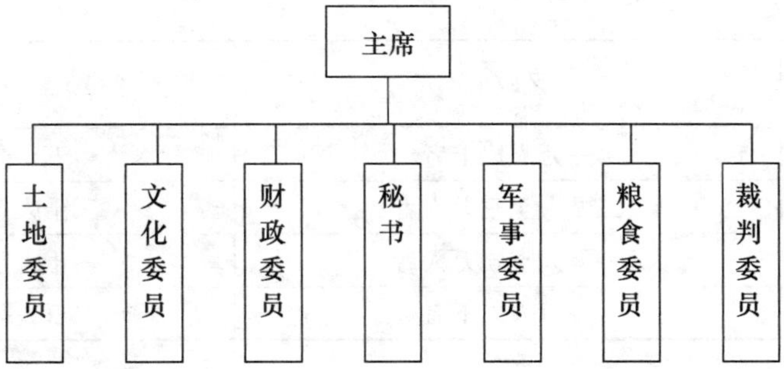

十七、各级政府人员数量如下表：

级别 人数 职别	闽西	县	区	乡
执委	卅五	十七至廿七	十一至十五	七至十一
常委	九	五至九	五至七	三至五
候委	十	五至七	三至五	二至三
军委	九	五	一	一
财委	五	三	一	一
经委	七	三至七	一	○
文委	七	五至九	一	一
裁委	五	三至九	一	一
土委	七	五至九	三至七	三至七
粮委	五	三至五	一	一
妇委	五	三至五	一	○

第五章　任期

十八、区乡两级代表任期六个月，执委任期同。

十九、县及闽西两级代表任期一年，执委任期同。

第六章　乡区政府区域等级之划分

二十、区政府管辖范围，照以前政治区范围划分。

二十一、乡政府管辖范围，照以前乡村原有范围划分，如邻近小村其群众自愿合组政府者听其自便。

二十二、数乡合并，或范围过大的乡政府，得在各小乡村组织代表组，由该地代表公推一人为组长，执行传达政府命令及召集群众会、调查等工作。其群众会可在各地分开召集，使全体群众能够到会。

二十三、不愿意归原所属政府管辖地方，经当地群众四分之三的同意，得上级政府批准者，得脱离该原属政府，合并或改辖于邻乡政府。

二十四、为规定各级常驻工作人员及便于预算起见，各区乡政府应按照人口多少分为甲、乙、丙、丁四等，如下表：

级别 等级	区政府	乡政府
甲等	三万人以上者	五千人以上者
乙等	二万人至三万人者	三千人至五千人者
丙等	一万人至二万人者	一千人至三千人者
丁等	一万人以下者	二百人至一千人者

第七章　政府工作人员及待遇

二十五、各级政府办事人员每月伙食不得超过四元五角，零用钱每月暂定大洋二元，做工照优待士兵待遇。

二十六、区乡政府办事人员规定如下表：

级别 人数 等别	区政府办事人员	乡政府办事人员
甲等	十三人	七人至九人
乙等	十一人	五人至七人
丙等	九人	三人至五人
丁等	七人	一人至三人

二十七、上列工作人员表伙夫交通在外，但要五人以上之政府，始可另设伙夫，其五人以下者则津贴伙食，由他自己设法。

二十八、交通员以区为单位，每区应设多少由各县政府自定，其交通路线之区域，应多设交通员，财政统一后，交通费由县政府担任，乡政府不设交通员，但在交通路线者例外。

第八章　政府与工会关系

二十九、工会要经常向所在的政府报告工作情形。

三十、政府应经常指示和帮助工会工作及经费。

三十一、政府对工会有不同意见时，召开联席会议解决。

第九章　会期

三十二、闽西政府代表会半年开会一次，执委三个月一次。

三十三、县政府代表会三个月开会一次，执委一个月一次。

三十四、区政府代表会二个月开会一次，执委半个月开一次。

三十五、乡政府代表会半个月开会一次，执委会一周开一次。

三十六、乡群众会一个月开会一次。

三十七、各级如有特别情形时得召集临时会。

选自《中央革命根据地史料选编》下册，江西人民出版社 1982 年出版，第 53～62 页：《闽西第一次工农兵代表大会宣言及决议案》法案（一）。

互校版本：《闽西苏区法制史料汇编》，龙岩市中级人民法院、古田会议纪念馆合编，2008 年 10 月内部出版，第 32～37 页。原注："1930 年 3 月 25 日"。

7. 修正闽西苏维埃政权组织法

1930 年 9 月闽西第二次工农兵代表大会通过①

第一章　总纲

一、苏维埃是工农兵自己选举代表组织的政权机关，一切行动政纲都要根据工人、农民、士兵及其他贫民利益去决定。

二、凡年满十六岁的男女而非剥削劳动者、非宗教徒和反革命者，均有选举权及被选举权。

三、各级苏维埃议决并执行该级地区内一切事宜，承受上级苏维埃的命令，掌管各该级的一切权力，行使一切职权。

四、各级代表会为各该级最高权力机关，行使一切职权。

五、下级苏维埃不能代表工农兵群众利益时，上级苏维埃得改组之。上级苏维埃不能代表工农兵利益时，有下级苏维埃三分之二的请求时，须召集代表会改组之。

六、各级代表会有不能代表他所选出区域或机关之意见者，为该区域或机关所不信任时，原区域或原机关得将该代表撤回另派。

七、各级委员会有舞弊或失职时，各该级代表会得随时撤换之。

第二章　选举条例

八、凡属赤色区域内之群众，年满十六岁以上者，不分男女，不分籍贯，均有选举权

① 本组织法与前文《闽西苏维埃政府组织法》基本相同，也有几处删改，如第一、四、九条，供对比研究。

及被选举权。

九、有下列情形之一者，本人及其家属均无选举权。但努力革命工作经政府许可，及本人在外，其家属在三年之内无反动行为，经政府恢复其选举权及被选举权者，不在此例。

（一）过去及现在充反动政府之官吏、警察、衙役、侦探及白军营长以上的军官者。

（二）城乡绅士、乡董、民团团总、族长、地保等。

（三）现在反动政党党员。

（四）过去收租过活者。

（五）经常营放高利贷及开当铺者。

（六）利用资本雇用工人谋利的商人及工厂厂主。

（七）富农分子。

（八）律师、宗教师及现在宗教徒、僧、道、尼、巫、等。

（九）凡有精神病、麻风病及吃鸦片者。

（十）凡不从事生产、专以欺骗、剥削为业的——赌徒、星相、卜卦、鸨母、龟公等。

（十一）有反革命行为，经政府剥夺其选举权及被选举权者。

（十二）其他与政府法律抵触，经政府剥夺其选举权及被选举权者。

（十三）上列（九）、（十）、（十一）三条，除本人外，其家属仍有选举权及被选举权。

第三章　代表之职业成分及产生方法

十、各级苏维埃代表的职业成分如下：

（一）闽西代表会议代表，工人占百分之四十五，农民占百分之四十五，士兵占百分之十，代表人数不得超过三百人。

（二）闽西各县代表会议代表，工人占百分之四十，农民占百分之五十，士兵占百分之十，人数不得超过二百人。

（三）区代表会议代表，工人占百分之三十五，农民占百分之六十，士兵占百分之五；但城区代表，则工人占百分之五十，农民占百分之四十，士兵占百分之十，人数不得超过六十人。

（四）乡代表会议代表，农民和贫民占百分之七十，工人占百分之三十，士兵不另选代表。但城区的乡政府则工人农民各占百分之五十，人数不得超过六十人。

十一、各级代表会代表，必须在各业各区域内群众大会选举，须复选者须经复选手续，不得指派或代替。

十二、各级代表会代表产生方法及手续，由各县政府依照代表成分及当地人口比例制定，呈请闽西政府核准施行。

十三、二百人以下的乡政府，不必组织代表会，一切事务可召集群众会直接解决。

第四章　各级政府组织系统

十四、闽西政府组织系统如下表：

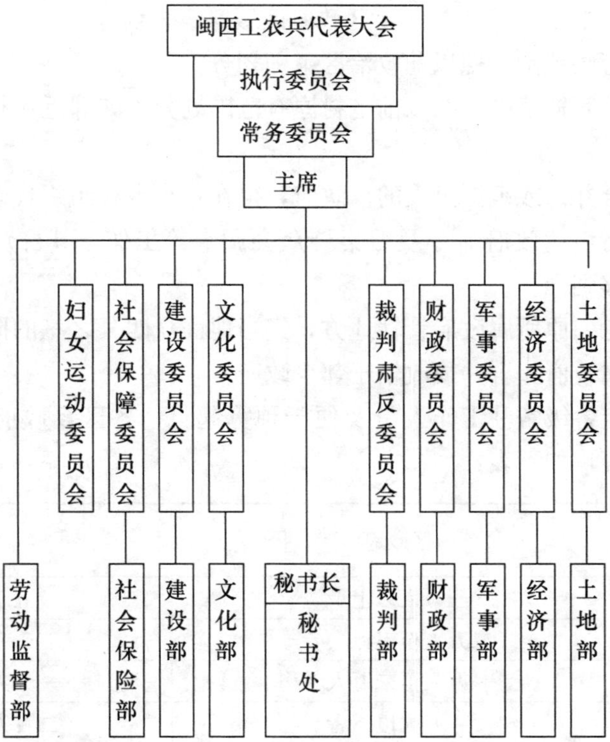

十五、县政府之组织（表略，与 1930 年 3 月的组织法案相同）

十六、区乡政府之组织（表略，与 1930 年 3 月的组织法案相同）

十七、各级政府人员数量如下表：

级别 人数 职别	闽西	县	区	乡
执委	三十五	十七至二十七	十一至十五	七至十一
常委	九	五至九	五至七	三至五
候委	十	五至七	三至五	二至三
军委	九	五	一	一
财委	五	三	一	一
经委	七	三至七	一	〇
文委	七	五至九	一	一
裁委	五	三至五	一	一
土委	七	五至九	三至七	三至七
粮委	五	三至五	一	一
妇委	五	三至五	一	〇

第五章　任期

十八、区乡两级代表任期六个月，执委任期同。

十九、县及闽西两级代表任期一年，执委任期同。

第六章　乡区政府区域等级之划分

二十、区政府管辖范围，照以前政治区范围划分。

二十一、乡政府管辖范围，照以前乡村原有范围划分，如邻近小村其群众自愿合组政府者听其自便。

二十二、数乡合并，或范围过大的乡政府，得在各小乡村组织代表组，由该地代表公推一人为组长，执行传达政府命令及召集群众会调查等工作，其群众会可在各地分开召集，使全体群众能够到会。

二十三、不愿意归原所属政府管辖地方，经当地群众四分之三的同意，得上级政府批准者，得脱离该原属政府，合并或改辖于邻乡政府。

二十四、为规定各级常驻工作人员及便于预算起见，各区乡政府按照人口多少分为甲、乙、丙、丁四等，如下表：

级别 等级	区政府	乡政府
甲等	三万人以上者	五千人以上者
乙等	二万人至三万人者	三千人至五千人者
丙等	一万人至二万人者	一千人至三千人者
丁等	一万人以下者	二百人至一千人者

第七章　政府工作人员及待遇

二十五、各级政府办事人员每月伙食不得超过四元五角，零用钱每月暂定大洋二元，做工照优待士兵待遇。

二十六、区乡政府办事人员规定如下表：

级别 人数 等别	区政府办事人员	乡政府办事人员
甲　等	十三人	七人至九人
乙　等	十一人	五人至七人
丙　等	九人	三人至五人
丁　等	七人	一人至三人

二十七、上列工作人员表伙夫交通在外，但要五人以上之政府，始可另设伙夫，其五人以下者则津贴伙食，由他自己设法。

二十八、交通员以区为单位，每区应设多少由各县政府自定，其在交通路线之区域，应多设交通员。财政统一后，交通费由县政府担任、乡政府不设交通员，但在交通路线者例外。

第八章　政府与工会关系

二十九、工会要经常向所在地政府报告工作情形。

三十、政府应经常指示和帮助工会工作及经费。

三十一、政府对工会有不同意见时，召开联席会议解决。

第九章　会期

三十二、闽西政府代表会半年开会一次，执委会三个月一次。

三十三、县政府代表会三个月开会一次，执委会一个月一次。

三十四、区政府代表会二个月开会一次，执委会半个月开一次。

三十五、乡政府代表会半个月开会一次，执委会一周开一次。

三十六、乡群众会一个月开会一次。

三十七、各级如有特别情形时得召集临时会。

选自《闽西第二次工农兵代表大会决议》手抄件。

互校版本：

1.《中国新民主主义革命时期根据地法制文献选编》，第二卷，中国社会科学出版社1981年出版，第119～127页。简称“社科法制版”。原注：“选自《闽西第二次工农兵代表大会决议》。”

2.《闽西苏区法制史料汇编》，龙岩市中级人民法院、古田会议纪念馆合编，2008年10月内部出版，第38～42页，原标题是：“闽西第二次工农兵代表大会决议案之修正苏维埃政权组织法（1930年9月）”，只有前5章，缺6～9章；第43～47页，原标题是：“永定县第四次工农兵代表大会决议案之修正苏维埃组织法（1930年11月）”，共9章37条，与前文相同略有修改。

8. 暂行湘鄂赣边境工农兵苏维埃政府组织法

1930年5月

第一章　宣言及政纲

自苏维埃这个怪物在中国诞生之后，许多饥饿的穷困的工人、农民、兵士及一切劳苦群众，都成千成万地围绕着它的周围，正在要求着：“要饭吃”“要土地”“要自由”……

但是，苏维埃这个怪物是帝国主义、国民党军阀、地主、买办资产阶级所厌恶所畏惧的：因为苏维埃威权的伟大，便吓得一般有钱有势的老爷们、太太们、走狗们，都一个个屎滴尿流，无处躲避！他们现在正在唤着：“暴动四方八面都起来了，苏维埃这个怪物也到处都产生了，我们的命运如此，只有死路一条……”

这究竟是为什么呢？这是因为苏维埃是工农兵士劳苦群众以团结暴动的力量，推翻反动的统治，由群众自己创造的革命政权，它有任何政府与军队所不及的威权与力量，它是为广大劳苦群众所信仰所拥护的新的政权机关，与帝国主义、国民党、地主、买办资产阶级的反动政府是根本不相容的。这是现在世界上两个针锋对峙的营垒，即一是占人类绝对大多数的无产阶级和农民、兵士劳苦群众的革命营垒；一是占人类绝对少数的帝国主义和国民党地主买办资产阶级的反革命营垒。现在世界上这两个显明的阶级营垒，已经形成了两个很大的阵线，一边是苏联高举着红旗，领导全世界无产阶级及殖民地国家被压迫的民众；一边是帝国主义高举着白旗，领导殖民地地主买办资产阶级。现在这两个阶级正在继续不断地作流血的阶级斗争。

在全世界帝国主义、国民党地主买办资产阶级营垒之下，因为帝国主义互相争夺市场的矛盾，必然不可避免地快要爆发残酷的第二次世界大战，必然不可避免地要爆发整个的世界革命。在中国因为帝国主义争夺统治中国、瓜分中国的矛盾，军阀争夺地盘的战争，和地主买办资产阶级内部派别的冲突，造成了全国政治经济的绝大危机，军阀战争继续蔓延，世界大战又将在中国开始，中国反动局面绝无和平统一的可能。全国城市工商业日益衰败，工厂停闭，工人失业；农村经济危机日益加紧，手工业工人与农民普遍地失业破产，军阀军队中的兵士更因薪饷的欠缺与工农革命的影响，兵变潮流普遍全国。这些政治、经济的根本原因，造成了广大群众的贫困、破产、失业与全国饥荒的惨状，“战争”“残杀”“骚扰”“蹂躏”以及“盗贼”“流氓”“娼妓”……一切惨无人道的罪恶，都日益增加，整个资本主义社会，都成为残酷横行、黑暗沉沉的社会。因为这些客观的原因，更造成了世界革命的高潮，和中国工农、兵士、劳苦群众革命势力的平衡发展，而且由目前成熟复兴的时期，日益走上直接革命的形势，这便决定了帝国主义、国民党、军阀、地主、买办资产阶级的最终寿命，整个的统治阶级，必然要由目前动摇崩溃的状态，很快地走到死亡的末路。

在苏维埃政权革命营垒之下，凡一切革命的劳苦群众都能享受自由平等和一切人类所能享受的幸福，不受任何阶级的剥削、压迫、屠杀与欺骗。做工的可以实行八小时工作制，增加工资，减少工作时间，改良生活待遇；种田的可以没收地主阶级和一切反革命派的土地，分配农民耕种，不要交租，不要完粮，每年都能得到丰衣足食；在红军当兵的，官兵生活待遇一律平等，红军官兵的家属由当地苏维埃政府分配肥美的土地，无力耕种的由苏维埃政府维持其生活；敌军中退伍的士兵，由当地苏维埃政府分配土地和工作，与一般劳苦群众享受同等的待遇；一切没饭吃、没工做的失业贫民，苏维埃政府都能使他们有工做，有饭吃；贫苦的青年学生，都有书读，不受国民党党化教育的麻醉，不受资本主义教育经济上的压迫，可以使一般青年的身体和思想，都能自由发达和长进；一般贫苦的小资产阶级、小商人、教职员和一切自由职业者，都可以自由经营有利于社会之一切事业，不受帝国主义的侵略，不受国民党专横的压迫，不受军阀战争的蹂躏，不受苛捐杂税的剥削，可以得到安居乐业的自由。总之，我们工农、兵士、劳苦群众在我们自己的苏维埃政权之下，失去的是统治、压榨我们的枷锁，失去的是统治阶级给予我们的一切饥寒、痛苦、疾病与罪恶，得到的却是整个革命的政权，一切“土地”“粮食”和“自由”都归于我们革命的群众。从前我们陷于饥寒痛苦、求生不能、求死不得的绝境，现在我们以坚决斗争的决心和牺牲奋斗的精神，冲出一条唯一的生路。从前我们是被统治、被剥削、没饭吃、没自由的奴隶，现在我们以群众团结暴动的力量，推翻统治阶级的政权，一变而为掌握政权新社会上的主人了！

湘鄂赣边境平、浏、修、铜、万、宜、通十余县的革命群众，已经经过长期斗争的历史，对于革命已有深刻的认识，目前边境斗争的发展，已与鄂东南、赣西南等地取得联系，特别是群众生活的痛苦，群众要求革命的迫切与革命主观力量的加强，目前边境革命的形势，已经由革命的成熟复兴，走上直接革命武装暴动的时期，我们运用过去斗争的经验和教训，团结广大劳苦群众的力量，共同站在工农兵士劳苦群众革命同盟的战线上，接受共产党与无产阶级的领导，采取集中进攻的策略，坚决向外发展，深入阶级斗争，反对富农，打破一切保守观念，必然可以彻底消灭边境整个统治阶级的政权，巩固苏维埃政权的基础，以与全国革命高潮汇合，走向全国革命胜利的前途；再进与苏联及全世界无产阶级携手，以达到共同建设无阶级、无国家、绝对自由平等、劳动友爱的共产主义社会。

综合以上种种的意义，目前边境革命的唯一中心任务，便是实行边境总暴动夺取政权建立苏维埃政府，所以此次在边境各县苏维埃区域及民众团体代表大会中，成立湘鄂赣边境工农兵暴动委员会，以为目前指挥各县暴动及边境最高临时政权的机关，指挥各县从斗争中建立各级苏维埃政府，准备于最短期间建立湘鄂赣边境苏维埃政府，同时通过暂行湘鄂赣边境工农兵苏维埃政府组织法，作为各县建立苏维埃政府之基本法则。大会为领导边境各县工农兵劳苦群众一致团结，为建立苏维埃政府而斗争，故郑重宣布湘鄂赣边境工农兵暴动委员会革命政纲如下：

1. 彻底推翻帝国主义在华一切统治。

2. 没收外国资本的企业、银行、工厂归苏维埃政府管理。

3. 自动废除一切不平等条约，收回租界占领地，撤销领事裁判权，收回海关，驱逐帝国主义在华海陆军。

4. 消灭军阀战争，统一中国，实行民族自决。

5. 摧毁国民党各级党部及其御用的黄色工农会与各种反动团体。

6. 推翻军阀、豪绅、地主、买办资产阶级的国民政府及其御用的各种反动机关。

7. 彻底消灭封建势力，摧毁军阀、豪绅、地主的乡村政府，废除团防及一切聚社制度。

8. 解除国民党军阀军队挨户团、靖卫团、保卫团、商团、警察等反动武装，武装工农。

9. 解散反动政府所御用的自治委员会、清乡委员会、难民团、自省团、守望队、民团等一切反动团体。

10. 实行武装工农，采用义务征兵制，扩大红军、赤卫军、纠察队等武装组织。

11. 扩大苏维埃区域，巩固无产阶级在苏维埃政权中的领导权。

12. 摧毁反动政府剥削民众的厘金局、杂税局等税收机关，并焚毁税册及一切契约债券。

13. 实行八小时工作制，增加工资，制定劳动保护法。

14. 实行男女同工同酬，保护女工、童工，禁止童工、女工作危险工作，女工产前、产后休息两个月，工资照给。

15. 没收地主阶级及反动派的土地财产归苏维埃政府处理，分配农民耕种，禁止私人买卖和出租。

16. 没收祠堂、庙宇、教堂及一切公共土地财产归苏维埃政府处理，分配农民使用。

17. 宣布一切高利借贷的契约概作无效，规定最高年利不得超过一分。

18. 创办农村合作社及低利借贷机关，政府扶助农村经济自由发展，办理土地工程，改良水利，防御天灾。

19. 分配敌军退伍士兵的土地和工作，改善士兵的生活待遇，红军官兵家属由当地苏维埃政府分配土地并维持其生活。

20. 取消国民政府及一切地方政府的捐税，由苏维埃政府设立保障贫苦工农利益的统一累进税。

21. 消灭反动教育并没收教育经费，创办各种红色的儿童学校、成人补习学校、妇女职业学校，实行免费教育。

22. 确定男女在政治上、经济上、教育上一律平等，保障婚姻自由，禁止蓄婢纳妾，买卖妇女。

23. 释放反动政府监禁的囚犯，救济失业工农，招抚流氓并分配其工作，养育老弱残废，抚恤因革命死难烈士的家属。

24. 准许贫苦的小资产阶级、小商人、教职员及一切自由职业者自由营业。

25. 联合邻区一切革命势力，汇合全国革命高潮，完成中国革命，并联合全世界无产阶级与苏联，促进世界革命。

第二章　组织原则

第一条　苏维埃政府即工农兵代表会议制的政府，非群众大会亦非少数领袖的组织，是广大的劳苦群众便于直接管理生产的政权机关，兼有议会主义及直接民权二者之长，民众直接选举代表，同时有立法行政之权。各级苏维埃政府代表大会之代表，均由群众直接选举与撤换，彻底实行民权主义，打破官僚制度，与资产阶级专政的代议制度、官僚政府根本不同。

第二条　苏维埃政府是工农兵士劳苦群众独裁的政权，其组织原则，建立于劳苦群众直接选举基础之上，并保障无产阶级的领导，采用民主集中制，一切权利归于工农兵代表大会，各种案件之表决，少数须绝对服从多数，各级政府之隶属关系，下级须绝对服从上级。

第三条　各级苏维埃政府必须从下而上地由群众选举的代表大会产生，边境成立三县以上的县苏维埃政府时，即须召集边境工农兵代表大会成立湘鄂赣边境苏维埃政府，边境工农兵暴动委员会即失其效能。

第四条　苏维埃政权下之人民，凡从事于生产或其他有益于社会之事业者，无分男女种族地域等界限，均得享受下列的权利。

（一）政府保障工人、农民的一切生产事业并扶助其发展，不许任何个人与团体之侵害。

（二）政府设办各种免费学校，人人都有入学的权利。

（三）政府创办各种免费的报纸和印刷机关，供给群众自由阅览和使用，以保障劳苦群众真正的言论自由。

（四）政府保障劳苦群众有信仰自由之权利。

（五）政府保障劳苦群众有自由集会及结队游行示威的权利。

（六）政府保障劳苦群众有自由结社的权利，并由政府给予物质上、精神上的帮助，以巩固劳动者的团结。

（七）政府保障劳苦群众居住之自由权利，及一切生命财产的安全。

（八）凡苏维埃政权下的劳苦群众年满十六岁之男女，均得享受选举权、被选举权及一切建议复决的自由权利。

第五条　苏维埃政权之下人民，除患病及因年龄关系之不能劳动者，无分男女、种族、地域等界限，均须服从以下之义务：

（一）劳动为人类天然的艺术，是人人应尽的天职，政府宣布“劳动为人类光荣的事业”，“不劳动者不得食”；凡一切从事于有利于人类社会事业的人，均为劳动者，无“劳心者治人，劳力者治于人”等阶级之分别，只有各种事业不同之职责与分工。

（二）为争取工农革命之彻底胜利与一切胜利之保障，凡人民均有保卫苏维埃政权独立存在与巩固之责任，故凡身体强壮者，均有服从军役之义务。

（三）政府为创办公共利益及教育事业，得照人民之经济地位征收统一的累进税，人民有依照自己之生活状况向政府缴纳正当捐税之义务。

第六条　政府为保障劳苦群众之一切权利计，凡少数个人或团体有足以妨害大多数人民之权利及阻碍革命进行之一切特殊权利，得由苏维埃政府宣布剥夺之。

第七条　为联合全世界无产阶级及劳苦群众之故，凡迁居苏维埃政权范围内之一切外人，无分男女、种族、国家、地域等界限，凡从事生产或其他有益于人类社会之事业者，均得享受苏维埃政权下人民同等之权利与义务。

第三章　边境苏维埃政府组织法

第八条　边境工农兵代表大会为边境苏维埃政府之最高权力机关，其职权如下：

（一）接受上级机关之一切决议。

（二）批准及改订边境范围内各级苏维埃政府一切法令。

（三）议决边境范围内一切地方问题。

（四）接受和批准执行委员会之报告和提议。

（五）划分行政区域并裁判各级苏维埃政府间的争执。

（六）确定财政经济计划，统一财政，编制预算，审查决算。

（七）确定行政方针及编练红军赤卫军之计划。

（八）议决及改订一切法令及政纲。

（九）确定与邻区苏维埃政府的关系，并对外解决与邻区发生的一切重大问题。

（十）选举及撤换边境苏维埃政府执行委员及出席上级代表大会之代表。

第九条　边境工农兵代表大会之组织，以各县总工会工人每一千人选举代表一人，不满三千工人之县至少须选举代表三人；红军及常备赤卫军每五百人选举代表一人，不满五百人之部队，至少红军各纵队及湘鄂赣边境赤卫军各县总队选举代表一人；各县苏维埃政权下居民每万人选举代表一人组织之。代表会议由边境执行委员每年召集常会二次，临时会议由代表边境人口三分之二以上的苏维埃政府之请求或执行委员于必要时自动召集之。代表任期为一年，但得连选连任。

第十条　边境苏维埃政府执行委员会对边境工农兵代表大会直接负责，在代表大会闭会期间内为最高的立法行政管辖机关，其职权如下：

（一）接受并执行上级苏维埃政府之命令及决议。

（二）接受并执行边境工农兵代表大会之决议。

（三）遇紧急事项不能召集代表大会时，得决议并处理一切紧急问题，但事后仍须报告代表大会得其追认。

（四）接受和批准各县苏维埃政府之报告及提议。

（五）选举及撤换常务委员和出席上级或下级行政会议的代表。

（六）根据实际情形决定选举代表大会代表之人数，并接受上级之指示召集代表大会，准备对大会之一切报告，编定议事日程。

第十一条　边境苏维埃政府执行委员会之组织，由边境工农兵代表大会选举执行委员十一人至二十一人、候补委员四人至十人组织之。执行委员会由常务委员会每三月召集一次。临时会议得由执行委员过半数之提议或常务委员会于必要时自动召集之，执行委员每年改选一次，执行委员任期为一年，但得连选连任。

第十二条　边境苏维埃政府常务委员会对执行委员会直接负责，在执行委员会闭幕期间内为执行边境苏维埃政府全部事务的管理机关，其职权如下：

（一）接受并执行执行委员会之一切决议，经常处理边境苏维埃政府全部之日常事务。

（二）常务委员会为执行全部事务，保障行政的迅速和系统，得发布命令及采用各种必要的行政方针。

（三）常务委员会凡议决一切有关于大政方针之事件，须提交执行委员会得其审核与批准，才能执行，唯紧急事项得单独处断，但事后仍须报告执行委员会得其追认。

（四）管理各种专门的行政委员会及各部日常工作。

第十三条　边境苏维埃政府常务委员会之组织，由执行委员会互选常务委员七人至十一人组织之，常务委员会每周由主席召集一次临时会议，于必要时得由主席随时召集之。常务委员六个月改选一次，常务委员任期为六个月，但得连选连任。

第十四条　常务委员会为执行日常事务及实行集体的分工，得于常务委员会之下组织秘书处以及各种委员会：

（一）主席。

（二）军事委员会。

（三）财政委员会。

（四）经济委员会。

（五）土地委员会。

（六）裁判委员会。

（七）肃反委员会。

（八）食粮委员会。

（九）市政委员会。

（十）卫生委员会。

（十一）文化委员会。

（十二）劳动保险委员会。

第四章　县苏维埃政府组织法

第十五条　县工农兵代表大会为苏维埃政府之最高权力机关，其职权如下：

（一）接受上级机关之一切决议。

（二）议决本县范围内一切行政方针。

（三）接受和批准县执行委员会之报告及提议。

（四）解决本县范围内之一切争执及特殊的地方问题。

（五）选举并撤换县执行委员会委员及出席上级代表大会之代表。

第十六条　县工农兵代表大会之组织，由各区工会工人每五百人选举代表一人，不满五百人之区至少须选举代表一人；红军及常备赤卫军每一百人选举代表一人，不满三百人之县至少须选举代表三人；各区苏维埃政权下居民每千人选举代表一人组织之。代表会议由县执行委员会每年召集常会二次，临时会议由代表全县人口三分之二以上的苏维埃政府之请求，或执行委员会于必要时自动召集之。代表任期为一年，但得连选连任。

第十七条　县苏维埃政府执行委员会对县代表大会直接负责，在县工农兵代表大会闭会期间为最高的立法行政管辖机关，其职权如下：

（一）接受并执行上级苏维埃政府之命令及决议。

（二）接受并执行全县代表大会一切决议。

（三）接受并批准各区苏维埃政府之报告及提议。

（四）选举及撤换常务委员会委员和出席上级和下级行政会议之代表。

（五）根据实际情形，决定选举全县代表大会代表人数并召集代表大会，准备对大会之一切报告，编定议事日程。

第十八条　县苏维埃政府执行委员会之组织，由县工农兵代表大会选举执行委员九人至十三人、候补委员二人至六人组织之；执行委员会由常务委员每两月召集一次，临时会议得由执委过半数之提议或常务委员会于必要时自动召集之。执行委员会每年改选一次，执行委员任期为一年，但得连选连任。

第十九条　县苏维埃政府常务委员直接对县执行委员会负责，在县执行委员会闭会期间内，为执行县苏维埃政府全部事务之管辖机关，其职权如下：

（一）接受并执行县执行委员会之一切决议，处理日常事务。

（二）常务委员为执行全部事务，保障行政的迅速和系统，得发布命令及采用各种必要的行政方针。

（三）常务委员会遇紧急事项得单独处理，但事后仍须报告执行委员会，得其追认。

（四）管理各种行政委员会及各种日常工作。

第二十条　县苏维埃政府常务委员会之组织，由执行委员会选举常务委员五人至七人组织之，常务委员会由主席每周召集一次，临时会议得由主席于必要时随时召集之，常务委员每六个月改选一次，常务委员任期为六个月，但得连选连任。

第二十一条　各县苏维埃政府常务委员会为执行日常事务及实行集体分工，得于常务委员会之下组织秘书处及以下各种委员会：

（一）主席。

（二）赤卫委员会。

（三）财政委员会。

（四）经济委员会。

（五）土地委员会。

（六）食粮委员会。

（七）肃反委员会。

（八）裁判委员会。

（九）市政委员会。

（十）卫生委员会。

（十一）文化委员会。

第五章　区苏维埃政府组织法

第二十二条　区工农兵代表大会为区苏维埃政府之最高权力机关，其职权如下：

（一）接受上级机关之一切决议。

（二）议决本区范围内之一切行政方针。

（三）接受和批准区执行委员会之报告及提议。

（四）解决本区范围内之一切争执及特殊的地方问题。

（五）选举及撤换区执行委员及出席上级代表大会之代表。

第二十三条　区工农兵代表大会之组织，由各乡工会工人每三十人选举代表一人，未满三十人者亦得选举代表一人；赤卫军兵士每十人选举代表一人；各乡居民每三百人选举代表一人组织之。区代表会议由执行委员会每四个月召集一次，临时会议得由代表人口三分之二以上的苏维埃政府之请求或执行委员会于必要时自动召集之。代表任期为六个月，但得连选连任。

第二十四条　区苏维埃政府执行委员会对区工农兵代表大会直接负责，在区代表大会闭会期间为全区最高的立法行政管辖机关，其职权如下：

（一）接受并执行上级苏维埃政府之命令及决议。

（二）接受并执行全区代表大会一切决议。

（三）接受并批准各乡苏维埃政府之报告及提议。

（四）选举及撤换常务委员和出席上级或下级各种行政会议之代表。

（五）根据实际情形决定全区代表大会代表人数，并召集代表大会，准备对大会之一切报告，编定议事日程。

第二十五条　区苏维埃政府执行委员会之组织，由区代表大会选举执行委员七人至十一人、候补委员二人至六人组织之，执行委员会由常务委员会每一个月召集一次，临时会议得由执行委员过半数之提议或执行委员会于必要时自动召集之；执行委员会每六个月改选一次，执行委员任期为六个月，但得连选连任。

第二十六条　区苏维埃政府常务委员会对区执行委员会直接负责。在执行委员会闭会期间内为执行区苏维埃政府全部事务的管理机关，其职权如下：

（一）接受并执行区执行委员会之一切决议，经常处理日常事务。

（二）常务委员会为执行全部事务，保障行政的迅速和系统，得发布命令及采用各种必要的行政方针。

（三）常务委员会遇紧急事项得单独处理，但事后仍须报告执行委员会得其追认。

（四）管理各部日常工作。

第二十七条　区苏维埃政府常务委员会之组织，由区执行委员会互选常务委员三人至五人组织之；常务委员会由主席每周召集两次，临时会议得由主席于必要时随时召集之；常务委员会每三个月改选一次，常务委员任期为三个月，但得连选连任。

第二十八条　区苏维埃政府常务委员会为管理日常事务实行集体的分工，须于常务委员会之下设秘书处及以下各种职务：

（一）主席。

（二）赤卫委员。

（三）财政委员（必须常委兼任）。

（四）裁判兼肃反委员。

（五）食粮委员。

（六）文化委员。

（七）经济委员会（委员会主任须由常委兼任）。

第二十九条　各县县城须成立城区苏维埃政府，凡满五千人口以上之市镇须成立市镇苏维埃政府，受县苏维埃政府之指挥管辖，与区苏维埃政府同一等级，但其组织法须由县苏维埃政府根据特殊情形决定之。

第六章　乡及村苏维埃政府组织法

第三十条　乡民代表大会或群众大会为乡苏维埃政府之最高权力机关，其职权如下：

（一）接受上级机关之一切决议。

（二）议决本乡范围内之一切行政方针。

（三）接受和批准乡执行委员会之报告及提议。

（四）解决本乡范围内之一切争执及特殊的地方问题。

（五）选举及撤换乡执行委员和出席上级代表大会之代表。

第三十一条　乡民大会之组织，由各村居民每三十人选举代表一人或全乡人民组织之；乡民代表会议或群众大会由乡执行委员会每二个月召集一次，临时会议得由全乡人民三分之二以上的请求或乡执行委员会于必要时自动召集之；乡民代表大会每六个月改选一次，代表任期为六个月，但得连选连任。

第三十二条　乡苏维埃政府执行委员会对乡民代表大会或群众大会直接负责，在乡民代表大会或群众大会闭会期间内为全乡最高立法行政管辖机关，其职权如下：

（一）接受并执行苏维埃政府之命令及决议。

（二）接受并执行乡民代表大会或群众大会之一切决议。

（三）接受并批准各村苏维埃政府或人民之报告及提议。

（四）选举及撤换执行委员会之主席和出席上级或下级各种行政会议之代表。

（五）根据实际情形决定全乡代表大会代表人数并按期召集代表大会或群众大会，对大会报告一切工作，提出各种议案交大会讨论。

（六）乡苏维埃政府非有特殊情形者不须组织常务委员会，关于日常事务由主席管理，遇紧急事项不能召集会议时，主席得单独处理，但事后仍须报告执行委员会得其追认。

第三十三条　乡苏维埃政府执行委员会为管理日常事务，实行集体的分工，得于执行委员会之下设秘书一职，各执委之分工如下：

（一）主席。

（二）赤卫委员。

（三）财政委员。

（四）裁判兼肃反委员。

（五）文化委员。

（六）土地委员会（主任由执委兼任）。

第三十四条　凡地域过宽或人口过多之乡，在目前斗争时期，为严密政权组织和便于指挥应付客观环境起见，得依地势的便利，划成若干村，成立村苏维埃政府。其最高权力机关为全村群众大会，其职权在于接受上级机关之命令决议，议决本村范围内之一切日常问题；群众大会由村苏维埃政府每月召集一次，临时会议得人民过半数之请求或执行委员会于必要时自动召集之。

第三十五条　村苏维埃政府执行委员会由全村群众大会选举执行委员三人、候补委员二人组织之；执行委员会互选主席一人，接受乡苏维埃政府之命令及执行委员会之决议，管理日常事务；执行委员会每周由主席召集一次，临时会议于必要时由主席随时召集之；执行委员会每四个月改选一次，执行委员任期为四个月，但得连选连任。

第七章　选举法

第三十六条　凡苏维埃政府下或加入革命的群众团体之人民，为下列所举各种人之一，且在选举日年满十六岁以上者，无男女、种族、国家地方界限之区别，均得享有选举权及被选举权。

（一）凡参加生产事业之工人、农民及其家属。

（二）凡从事于有益于人类社会之自由职业者、小学教师、城市贫民及敌军中之退伍兵士等贫苦民众及其家属。

（三）凡苏维埃政权下各机关职员及红军赤卫军之官兵及其家属。

（四）凡以上三种人民因特殊原因现时不能工作者。

第三十七条　凡属以上四种人民之一，而犯以下各条者，均不得有选举权及被选举权。

（一）国民党及国民政府下的一切反动军官、职员及其走狗。

（二）凡违反苏维埃政府一切法令，专以剥削压迫他人而生存者。

（三）基督教、耶稣教、佛教等一切非劳动而专以欺骗剥削他人之教士。

（四）患精神病及吃食鸦片者。

（五）经苏维埃政府宣布被剥夺选举权及被选举权者。

第三十八条　选举方法应由上级出席代表及当地苏维埃政府组织选举委员会，规定选举日期及选举规则，召集群众大会或代表大会举行投票选举或提名表决，均由选举委员会根据当时情形决定之。

第三十九条　凡遇有选举全部违反规则或发生纠纷时，应否取消，由上级苏维埃政府决定之。

第四十条　选举人有随时收回所选代表的权利并另行选举。

第八章　附则

第四十一条　本组织法经湘鄂赣边境苏维埃区域及群众团体代表大会通过，并由大会决定在未经边境工农兵代表大会正式通过以前，湘鄂赣边境工农兵暴动委员会有修改之权。

第四十二条　本组织法须经边境工农兵代表大会议决通过后，始得成为正式法令。各县苏维埃政府于执行中发生困难或发现不适用之条文时，得提交暴动委员会审查并修改之。

第四十三条　本组织法尚有未详尽之处，委托边境工农兵暴动委员会另有说明书。

第四十四条　本组织法由湘鄂赣边境工农兵暴动委员会公布执行。

湘鄂赣边境暴动委员会颁发

一九三〇年五月

选自《湘鄂赣革命根据地文献资料》，第一辑，人民出版社1985年出版，第334～353页。原注："按湖南省档案馆保存的原件刊印"。

注：另有一件1930年《湖南省工农兵苏维埃政府暂行组织法》8章41条，内容除标题和附则外与本组织法基本相同。参考《中国新民主主义革命时期根据地法制文献选编》，第二卷，中国社会科学出版社1981年出版，第127～146页。后一组织法，是红军在1930年7月攻占长沙后，由湖南省苏维埃政府公布的一整套法律之一。

9. 革命委员会组织大纲

1930年[①]

（一）总纲

（1）革命委员会是工农兵代表会议——苏维埃政府没有产生以前工农兵的政权指挥机关。一切行动都要根据被剥削阶级的利益来决定，同时对于中农和小商人利益不加妨碍。[②]

（2）革命委员会[③]是工农兵贫民夺取政权前指挥暴动的政权机关的组织。

（3）全县或全区工农兵贫民暴动夺取政权后，召集工农兵贫民代表会议产生苏维埃政府，革委会即行取消。

（4）凡年满十六岁的男女有劳动能力者和被剥削者、非宗教徒的工人、农民（富农在外）[④]、士兵、贫民，均有选举权和被选举权。[⑤]

---

① 原件未注明制定机关和年代。文后注明："蕉平寻县苏维埃政府翻印"。据有关史料记载：寻乌县苏维埃政府成立于1930年5月，隶属于赣南革命委员会。1931年1月以后，与广东的蕉岭、平远两县苏区合并，成立蕉平寻县苏维埃政府，隶属于闽粤赣边区苏维埃政府。1931年10月后恢复寻乌县苏政府，受江西省苏政府领导。本组织大纲可推断为赣南革命委员会于1930年6月成立时制定的文件。"江西法律版"的文件名称为"革命委员会组织纲要"。

② "江西法律版"在文字上有如下出入："一切行动都要根据工农兵和贫民利益来决定的，同时对于小资产阶级和商人利益不加妨碍"。

③ "江西法律版"印作"革委会"，"社科法制版"印作"革委"。

④ "江西法律版"无"（富农在外）"。

⑤ "社科法制版"无"被选举权"4字。

（5）地主、富农、买办资产阶级及其家属子弟与僧道、巫尼、流氓等寄生阶级，均一律剥夺他们的选举权与被选举权。

（6）下级革委会不能代表工农兵和贫民利益时，得由上级革委会或本级代表会改组。① 上级革委会不能代表工农兵或贫民利益时，有了群众三分之二的请求或本级代表会之代表三分之二提议，得改组之。

（7）各级代表会的代表如不能代表本身选出的团体的利益时，得由该团体撤回另选之。

（二）组织

（8）县革委会在全县已成立工会四个、乡贫农会②四个、赤卫队一个，得召集工农兵代表会议，选举九人组织革委会执行委员会，选举三人为常委，组织常务委员会，内选主席一人。

（9）县革委管理全县工会、贫农会等的组织及组织各区革委会。各级革委会或群众个人有诉讼事项，由县革委会接受管理。

（10）县革委会设组织、宣传、军事、政治保卫、财务四（五）科和秘书处。组织科下设职工、农民两股，秘书处下设文书、收发两股。其表如下：

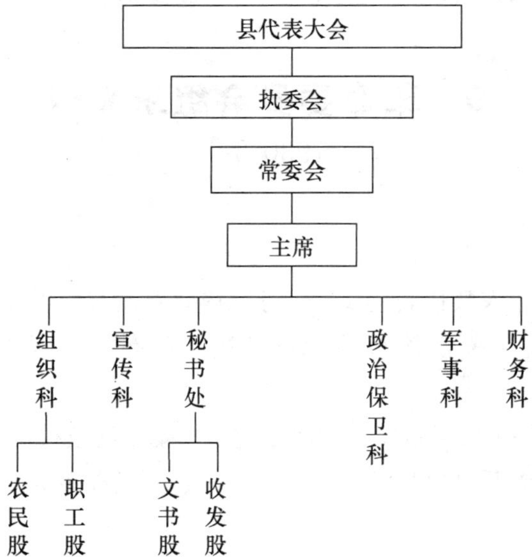

（11）各科设科长一人，干事若干人，各股设股长一人，股员若干人。

（12）各科斟酌工作，依区域内情形而定增减各股。

（13）区革委会在该区域内有贫农会三个、工会三个、赤卫队一个，得召集区工农兵代表会，选举五人至七人组织之，选三人组织常委会，内推主席一人，其内部组织与县同。

（14）县、区两级革委会在没有工会和贫农会组织以前，得召集群众大会产生临时革

① “江西法律版”此处印作“或本级代表会有下级群众的请求改组之”。

② “江西法律版”印作“农民协会”（以下同）。

命委员会。① 但须当场宣布地主、富农、资本家等剥削分子绝对不能当选，并且没有选举权。

（15）县城和各区内有两个工会、两个贫农会，得召集工农兵代表会，产生三人至五人的执委会成立区革委会，内分主席、组织、宣传、秘书、财务各一人。如有四个工会、五个贫农会，会员亦有一百以上者，须增加委员二人至四人。

（16）全县有两个区革委会时，得召集县工农兵代表会产生七人至九人执委会，成立县革委会，内选主席、组织、宣传、秘书、财务各一人，由执委会互选三人组织常委会。有两个区革委会以上者，须增加九人至十一人。

（三）任期

（17）区或城市代表大会代表任期六个月，但得连选连任。

（18）县代表大会之代表以一年为任期。

（19）各级代表大会之代表在任期间有不能代表各产生团体之利益者，随时撤换另选之。

（20）区或城市革委会执行委员任期以六个月为限，但得连选连任。

（21）县革命委员会以一年为任期。

（22）各级执行委员如不能代表各团体利益者，得召集临时代表大会改选之。

（23）各级代表及各级执行委员和各部办事人员，均有尽义务之责。

（四）权限

（24）各级革命委员会是各区域内的最高政权机关。

（25）某区域内之群众团体应接受某一区域内革命委员会之指挥。

（26）各级革命委员会应接受群众团体及个人之控诉。

（27）各级革命委员会应筹划各该辖区之建设等事项。

（28）区革命委员会绝对服从县革命委员会之指挥。

（29）区或城市之工会等群众革命团体②应经常向革命委员会作报告。

（30）本组织大纲如有未尽事项，得由县以上三分之二代表（县革命委员会）之提议修改之。

中国工农红军第三军团总政治部印

蕉平寻县苏维埃政府翻印

选自单行手抄件。

互校版本：

1.《中国新民主主义革命时期根据地法制文献选编》，第二卷，中国社会科学出版社1981年出版，第95～99页。原注："选自中国工农红军红三军团总政治部翻印件"。

2.《中华苏维埃共和国法律文件选编》，江西人民出版社1984年出版，第14～17页。简称"江西法律版"。原注："选自福建省档案馆馆藏史料"。

① "江西法律版"缺但书后的一段。

② "江西法律版"此处为"工会农协"。

10. 鄂豫皖区苏维埃政府临时组织大纲

1931年7月鄂豫皖区第二次苏维埃代表大会通过[①]

一、苏维埃组织原则

苏维埃是工农代表会议，是工农民主专政的政权，是彻底替工农兵谋解放的政权，与地主资产阶级国民党政权完全对立，它的组织原则是立法行政合一，完全运用民主集中制。

二、公民

凡苏维埃下面有选举权和被选举权的人，叫做公民。哪些人有选举权和被选举权呢？工农兵及一般劳苦群众，有选举权和被选举权，叫做公民。富农、豪绅、地主、反动派和一切依靠剥削别人来生存的，剥夺其选举权和被选举权，就不是公民。苏维埃应用政权来统治他们。公民有选举与撤换代表之权，对于各级苏维埃或苏维埃的工作人员有不满意，可以有到工农监察委员会、各级苏维埃或上级苏维埃去控诉的权限。

三、代表

遵照一定之比例选举之（如鄂豫皖区第二次苏代大会选举所规定）。代表大会与代表大会中间时期，为代表任务期间。在任务期间内，有经常受苏维埃政府委托行使其职权。代表有不能胜任之处，由选民随时撤换之。

四、苏维埃组织

（一）全国苏维埃——全国苏维埃工农兵代表大会，是全国最高政权机关，由代表大会选举执委会为大会休会期间最高政权机关，由执委会选举主席团，为执委会休会期间最高政权机关，主席团领导人民委员会工作。人民委员会为经常执行政府工作的政权机关，设正委员长一人，副委员长若干人，委员若干人，由执委任之。人委会之下设立各种委员会，执行各种工作。

关于中央集权的：

①外交委员会，委员若干人，主席一人，办理全国外交事宜，条例另定；

②军事委员会，委员若干人，主席一人，统一指挥全国军事，条例另定；

③交通委员会，委员若干人，主席一人，管理全国水陆交通，如火车、轮船、水电……条例另定；

④财政经济委员会，委员若干人，主席一人，管理全国财政经济，如办理国家银行、经济公社……条例另定；

⑤政治保卫局，委员若干人，主席一人，直接指挥下级政治保卫局，条例另定；

⑥革命法庭，委员若干人，主席一人，内设：A. 审判委员会，正审一人，副审若干人；B. 国家公诉员；C. 辩护员，条例另定。

关于地方分权的：

①内务委员会，委员若干人，主席一人，管理社会保险（设立社会保险局）、赤区民

① 鄂豫皖区第二次苏维埃代表大会于1931年7月1日至8日召开。

警、户口调查、统计卫生、婚姻登记等，条例另定；

②土地委员会，委员若干人，主席一人，办理土地没收，调查分配（山林包括在内），开辟水利、办理肥料……等，条例另定；

③文教委员会，委员若干人，主席一人，办理全国文化教育，条例另定；

④劳工委员会，委员若干人，主席一人，办理劳工保险局、劳工介绍所、失业保险局……等，条例另定。

（二）鄂豫皖区苏维埃——鄂豫皖区苏代大会，是全区最高政权机关，选举若干人，组织执委会，由执委推举若干人为主席团，由主席团任命若干人组织人民委员会，设正委员长一人，副委员长二人，人委会之下设立外交、军事、财政、经济、政治保卫局、革命法庭、内务、土地、粮食、文化教育、劳工各种委员会，执行一切工作，各委员会工作系统同前述。

（三）皖西北特区苏维埃——皖西北特区苏代大会，是皖西北特区政权机关，选举若干人组织执委会，由执委会推举常委会，由常委会推定一人为主席，下设军事、交通、财政、经济、政治保卫局、革命法庭、内务、土地，粮食、文化教育、劳工各种委员会，执行各种工作，各种委员会工作系统同前。

（四）县苏维埃——县苏代大会，是全县政权机关，选举若干人组织执委会，由执委组织常委会，推定一人为主席。下：关于中央集权的，设军区指挥部、交通、财政、经济、政治保卫分局，直接由各该上级机关指挥工作，地方苏维埃得监督其工作。关于地方分权的，革命法庭、内务、粮食、土地、文化教育、劳工各种委员会，执行各种工作，各委员会工作系统亦同前。

（五）区苏维埃——区苏代大会是全区政权机关，选举若干人组织执委会，由执委会推选若干人组织常委会，由常委会推定一人为主席，下设财政经济特派员，交通特派员，政治保卫局办事处，内务、文化教育、土地、粮食、劳工各种委员会，执行各种工作，各委员会工作系统亦同前。

（六）乡苏维埃——乡苏大会是全乡政权机关，选举若干人组织执委会，由常委会推选一人为主席，下设内务委员、文化教育委员、土地委员、粮食委员、劳工委员，执行各该上级委员会的决议，参照当地情形进行各该委员所担负的工作。

（七）村苏维埃——村苏大会是全村政权机关，选举若干人组织执委会，由执委推选若干人组织常委会，由常委会推选一人为主席，全体分工执行上级的决议。

五、工农监委会的组织及与苏维埃的关系

工农监察院是独立组织系统，全国苏维埃由代表大会选举若干人成立工农监察院，鄂豫皖区由代表大会选举若干人成立工农监委会，县由代表大会选举若干人成立工农监委会，区由代表大会选举若干人成立工农监委会，乡由代表大会选举若干人成立工农监委会。各级工农监委会与各级苏维埃是平行机关，受代表大会指挥。其主要工作是工厂检查，会计核查，苏维埃各种工作检查，苏维埃官僚腐化分子检查……如果是个人腐化官僚，则告诉同级苏维埃淘汰；如果是整个苏维埃官僚腐化，则报告上级监委会和上级苏维埃来整个改造。同时要说明的，工农监察院是建议和监督机关，苏维埃是执行机关。

六、本苏维埃政府临时组织大纲，一俟全国苏维埃代表大会开幕，全国苏维埃政府组织大纲颁布后，即停止施行，遵照全国苏维埃政府组织大纲进行工作。

选自《中国新民主主义革命时期根据地法制文献选集》，第二卷，中国社会科学出版社 1981 年出版，第 146～150 页。简称“社科法制版”。原件未注明史料来源。

互校版本：《鄂豫皖革命根据地》，第二册，河南人民出版社 1990 年出版，第 428～431 页。原件未注明史料来源。

11. 鄂豫皖区苏维埃政府关于各种委员会工作概要说明

1931 年 10 月 28 日

鄂豫皖区第二次苏维埃代表大会通过了《苏维埃政府临时组织大纲》以后，对苏维埃各种委员会有相当变更。各级苏维埃政府不知很灵活地运用临时组织大纲进行工作，以致各种委员会的工作不能很好地建立，甚至有些部门不知怎样下手去做。因此《鄂豫皖区苏维埃政府关于各种委员会工作概要说明》是一件刻不容缓的工作，兹根据《苏维埃政府临时组织大纲》简单说明如下：

一、关于中央集权制的：

（一）外交委员会——只鄂豫皖区苏维埃政府设立，办理全鄂豫皖区外交事宜，其条例另定之。

（二）军事委员会——统一全鄂豫皖区军事指挥，下设：军司令部、总政治部、参谋部、秘书处、军事训练班、经理处、军医院。各部都有《组织大纲》和《工作条例》，一看便知，兹不赘。各县设立军区指挥部，指挥部设立正指挥一人，副指挥二人，统一全县军事指挥，军区指挥部直接受军事委员会指挥。

军事委员会
- 军司令部
- 总政治部
- 参谋部
- 秘书处
- 军事训练班
- 经理处
- 军医院

（三）交通委员会——办理鄂豫皖区交通事项，下设：赤色邮政局（计划另定）、电报局（计划另定）、交通站（特别注意驿站的建立，计划另定）、水上交通处（如各渡口安置船排筏，木桥派专人负责，计划另定）、运输栈，集中骡马、手车，专管运输事项（计划另定）。

交通委员会
- 赤色邮政局
- 电报局
- 交通站（驿站）
- 水上交通处
- 运输栈

（四）财政经济委员会——管理鄂豫皖区财政经济事项，下设会计科，管理金钱的收支，有多的款子则存放银行，审查各地账目，规定预算、决算要特别注意节省；建设科，办理苏维埃经济建设事项，如培植森林、豢养牲畜（猪、鸡、鹅、鸭、牛、羊、鱼等）；设计科，规定各种财政经济的计划和条例等；税务局，征收统一累进税，按照财政经济委员会所出的布告和章程征收。工农银行，看银行条例。但税务局、银行、经济公社除受财政经济委员会指挥外，还要受人民委员会的指挥和监督。银行、经济公社有时直接与当地发生经济关系时（如放债等），各县财政经济委员会须与银行、经济公社共同规定整个计划，督促其计划的执行。各县工农监察委员会可以检查该地经济公社、银行的账项及一切负责人不好的情形，轻骑队探听银行、经济公社不好的情形，报告鄂豫皖区工农监察委员会考查处理。

- 财政经济委员会
  - 会计科
  - 建设科
  - 设计科
  - 税务局
  - 工农银行
  - 经济公社①
- 人民委员会
  - 税务局
  - 工农银行
  - 经济公社

（五）政治保卫局——按政治保卫局的工作条例去执行。

（六）革命法庭——革命法庭委员会以正主席一人、副主席二人及其他两个委员组织之。革命法庭之下设：审判委员会，审判委员会的委员可以扩大到二十五人至二十九人，由各地群众选举。如某工厂、某乡村较好，可叫他选举一人为审判委员，不脱离生产，有事临时召集；不好的审判委员或由革命法庭取消其职权，或由群众直接改选。审判重要案件，革命法庭主席、委员必须参加审判；不重要的案件，则不必参加。审判时被告人临时可请辩护员，可必须到案。国家公诉处，研究犯罪人的证据，应判什么罪，由国家公诉员提起公诉，换句话说就是由国家公诉员做原告来告犯罪人。申诉登记处，有人要告状，按照登记规则登记后，规定审判日期和审判该案的委员，交主席批准后通知原告、被告按期到庭审判。执法管理处管理看守所、监狱、劳动实习所等（凡不做工的无业游民送劳动实习所做工学艺）。

- 革命法庭
  - 审判委员会
  - 国家公诉处
  - 申诉登记处
  - 执法管理处
    - 看守所
    - 监狱
    - 劳动实习所

二、关于地方分权的：

（七）内务委员会——下设：婚姻登记处，按照婚姻登记条例登记（条例另定）；户口

① 原注：人民委员会后的括号表示所括的三个单位既接受财政经济委员会的领导，也接受人民委员会的领导。

登记处，按照户口登记条例登记，发给苏维埃下每个人民的执照证书（条例另定）；社会保险局，按照工作条例办理社会救济事业（工作条例另定）；卫生局，规定卫生计划和工作条例（计划和条例另定），办理饮食清洁、医院、登记、防疫检查……等；赤色民警局，按照工作条例（条例另定）维持社会上一般秩序，管理宿娼、酗酒、打人、小偷、讨饭的事项。

内务委员会：
- 婚姻登记处
- 户口登记处
- 社会保险局
- 卫生局
- 赤色民警局

（八）土地委员会——下设：水利局，办理修塘、筑埂、开沟、开河，便利灌溉等事项（其工作计划另定）；没收分配科，办理土地调查登记，发给土地使用证，及规定新发展苏区土地迅速没收及分配实际办法等（其条例另定之）；土地培养科，研究土地的好坏，适宜种什么东西，筹划田地的肥料，帮助农民运输和购买肥料及研究制造肥料的办法，等等。

土地委员会：
- 水利局
- 没收分配科
- 土地培养科

（九）粮食委员会——下设：粮食储藏所，事先将粮食好的储藏，注意粮食的节省，以免临时闹饥荒。种子储藏所，按季收藏各种较好的种子，如谷、麦、豆、芝麻、荞麦、红薯、高粱、包谷、花生、棉花、粟、绿豆、菜子等，以免临时弄不着种子没办法。同时目前调查哪些地方出秋收的种子，如大小麦、豌豆、菜子、萝卜等，火速设法购买、收藏及设法选择种子与改良。粮食调查统计科，第一调查统计赤区粮食多少，第二调查统计赤区每月粮食需要多少，第三调查统计非苏区那些地方有粮食多少，并调查用什么方法可以运输到赤区来。粮食运输栈按照路途规定栈口，集中手车、骡马、布袋及运输粮食的东西，以便好临时动员其运输的工作（其条例另定之）。

粮食委员会：
- 粮食储藏所
- 种子储藏所
- 粮食调查统计科
- 粮食运输栈

（十）文化教育委员会——下设：学校教育科，整理和创办列宁小学，开办医生班、农业学校、苏维埃学校、财政经济学校、教师养成所，审查学校教师等等；社会文化科，办理读报班、识字班、音乐队、俱乐部、新剧团、化装演讲及一切社会文化事业；国家出版科，下分编辑委员会、审查委员会、印刷股、发行股。凡私人要出版的作品，经过国家出版科审查委员会审查后，再交给国家印刷机关付印。

文化教育委员会：
- 学校教育科
- 社会文化科
- 国家出版科

（十一）劳工委员会——下设：失业保险局，管理失业工人救济，向雇主或资本家抽保险费，使工人生活有保障（工作条例另定之）；劳动介绍所，办理失业工人的救济，介绍失业工人的工作（工作条例另定之）；劳动保护局，定劳资条约，宣布条约无效，规定工作时间……等（工作条例另定之）：劳动检查所，检查工厂是否卫生，是否执行劳动保护法（其工作条例另定之）。各工厂附设劳动训练所，训练一般的学徒。取消压迫和剥削青年工人的学徒制（计划另定）。

劳工委员会
- 劳动保险局（失业）
- 劳动介绍所
- 劳动保护局
- 劳动检查所

××在革命战争激剧当中，广大的工农群众学习管理苏维埃政权，许多工作都是在要鼓着革命的勇气来创造。在许多条例、计划未颁布以前，各级苏维埃要按照苏维埃临时组织大纲，参照这个说明来建立苏维埃各种委员会的工作。除军事委员会、政治保卫局已经建立和加紧工作外，首先要将财政经济、粮食、土地、革命法庭各种委员会建立起来，其他各委员会亦须次第建立，但要特别注意的，当目前艰苦斗争中间不要造成一种机关工作。但干部缺乏时，一方面大胆地提拔积极勇敢的工农分子参加苏维埃工作，另一方面有一个人可兼做两部门工作的（具体的决定依照各人的工作能力和事务繁闲来决定），但工作系统不可紊乱。

选自《鄂豫皖革命根据地》，第二册，河南人民出版社 1989 年出版，第 519～524 页。

12. 湘赣苏区各级苏维埃政府暂行组织法

1931 年 10 月[①]湘赣省苏维埃第一次代表大会决议案之一

第一章　省苏维埃政府组织法

第一条，全省工农兵代表大会与省苏维埃政府之最高权力机关及其职权如下：

一、接受上级机关之一切决议。

二、批准及改正省范围内各级苏维埃政府一切法令和决议。

三、议决省范围内一切地方问题。

四、接受和批准执行委员会之报告和决议。

五、划分行政区域并裁判各级苏维埃政府间的争执。

六、确定财政经济计划，统一财政，审查决算。

七、确定行政方针及编练红军赤卫军之计划。

---

① 据《湘赣革命根据地财政经济史料摘编》（湖南人民出版社 1986 年出版），第 684 页。“大事记”所载，湘赣省第一次工农兵代表大会于 1931 年 10 月 17 日－25 日召开。“湘赣史料版”所注“一九三二年一月十二日”，恐不确切。与“湘赣史料版”第 245 页所列决议案目录的年代（1931 年）自相矛盾。

八、议决及改订一切法令及政纲。

九、确定与邻区苏维埃的关系，并对外解决与邻区发生的一切重大问题。

十、选举及撤换省苏维埃政府执行委员及出席上级代表大会之代表。

第二条，省工农兵代表大会之组织，以各县总工会工人每一千人选举代表一人，不满三千人之县，至少须选代表三人。红军及常备赤卫军每五百人选举代表一人，不满五百人之部队的红军各纵队与各县总队，至少选举代表一人。各县苏维埃政权之下选民每万人选举代表一人组织之，代表会议由省执行委员会每半年召集常委会一次，临时会议由代表全省人口三分之二以上的苏维埃政府及过半数代表之请求或执行委员会于必要时自动召集之。代表任期为一年，但得连选连任。

第三条，省苏维埃政府执行委员会对全省工农兵代表大会直接负责，在代表大会闭幕期间内，为最高的立法、行政管辖机关，其职权如下：

一、接受并执行上级机关苏维埃政府之命令及决议。

二、接受并执行全省工农兵代表大会之决议。

三、遇紧急事项不能召集代表大会时，处理一切紧急问题。但事后仍须报告代表大会得其追认。

四、接受和批准各县苏维埃政府之报告及提议。

五、选举或撤换常务委员和出席上级或下级行政会议的代表。

六、根据实际情形，决定选举代表大会之人数并接受上级之指示，召集代表准备对大会之一切报告，编定议事日程。

第四条，省苏维埃政府执行委员会之组织，由全省工农兵代表大会选举执行委员十七人至二十五人、候补委员四人至六人组织之。执行委员会由常务委员会每四个月召集一次，临时会议得由执行委员过半数之提议，或常务委员会于必要时得自动召集之。执行委员会每年改选一次，执行委员任期为一年，但得连选连任。

第五条，省苏维埃政府常务委员会对执行委员会直接负责，在执行委员会闭幕期间内，为执行省苏维埃政府全部事务的处理机关，其职权如下：

一、接受并执行执行委员会之一切决议，经常处理省苏维埃政府全部之日常事务。

二、常务委员会为执行全部事务，保障行政的斗争，发布命令及采用各种必要的行政方针。

三、常务委员会凡议决一切有关于行政方针之事件，须提交执行委员会得其审核与批准，方能执行。确系紧急事项，得单独立断，但事后仍须报告执行委员会得其追认。

四、管理各种专门的行政委员会及各种日常工作。

第六条，省苏维埃政府常务委员会之组织，由执行委员会选举。常务委员七人至十一人组织之。常务委员会至少每周由主席召集一次，临时会议于必要时得由主席随时召集之。常务委员几个月改选一次①，常务委员任期为六个月，但得连选连任。

第七条，常务委员会为执行日常事务及实行集体的分工，得于常务委员会之下组织秘书处以及各部部长，可由常委、执委兼任，或由执委会聘请之。

---

① 原文如此，应是“六个月改选一次”。

一、主席。

二、军事部。

三、经济财政部。

四、土地部。

五、裁判肃反部。

六、交通部。

七、粮食部。

八、文化部。

九、社会保险部。

第二章 县苏维埃政府组织法

第八条，县工农兵代表大会为县苏维埃政府之最高权力机关，其职权如下：

一、接受上级机关之一切决议。

二、议决本县内一切行政方针。

三、接受和批准县执行委员会之报告及提议。

四、解决本县范围内之一切争执及特殊的地方问题。

五、选举并更换县执行委员会委员及出席上级代表大会之代表。

第九条，县工农兵代表大会之组织，由区工会工人每一百人选举代表一人，不满一百人之区至少选代表一人。红军及常备赤卫军每一百人选举代表一人，不满三百人之县至少须选代表三人。各区苏维埃政权之下选民每千人，选举代表一人组织之。代表会议由县执行委员会每年召集常委会一次，临时会议由代表全县人口三分之二以上的苏维埃政府，或过半数代表之请求，或执行委员会于必要时自动召集之。代表任期为一年，但得连选连任。

第十条，县苏维埃政府执行委员会对县代表大会直接负责，在县工农兵代表大会闭会期间内，为最高的立法、行政管辖机关，其职权如下：

一、接受并执行上级苏维埃政府之命令及决议。

二、接受并执行全县代表大会一切决议。

三、接受并批准各区苏维埃政府之报告及提议。

四、选举及撤换常务委员会委员和出席上级和下级行政会议之代表。

五、根据实际情况，决定选举全县代表大会代表人数，并召集代表大会，准备对大会之一切报告，编定议事日程。

第十一条，县苏维埃政府执行委员会之组织，由县工农兵代表大会选举执行委员十五人至十七人、候补委员二人至四人组织之。执行委员会由常务委员会每两个月召集一次，临时会议得由执委过半数之提议或常务委员会于必要时自动召集之。执行委员会每年改选一次，执行委员任期为一年，但得连选连任。

第十二条，县苏维埃政府常务委员直接对县执行委员会负责，在县执行委员会闭幕期间内，为执行县苏维埃政府全部事务之管辖机关，其职权如下：

一、接受并执行县执行委员会之一切决议，处理日常事务。

二、常务委员为执行全部事务，保障行政的迅速和系统，得发布命令及采用各种必要的行政方针。

三、常务委员会遇紧急事项得单独处理，但事后仍须报告执行委员会得其追认。

四、管理各种行政委员会及各部日常工作。

第十三条，县苏维埃政府常务委员会之组织，由县执行委员会选举常务委员五人至七人组织之。常务委员会由主席至少每周召集一次，临时会议得由主席必要时随时召集之。常务委员每六个月改选一次，常务委员任期为六个月，但得连选连任。

第十四条，各县苏维埃政府常务委员会为执行日常事务及实行集体分工，得于常委之下组织秘书处及以下各种委员会。

一、主席。

二、赤卫科。

三、财政经济科。

四、土地粮食科。

五、社会保险部。

六、裁判肃反科。

七、文化科。

第三章　区苏维埃政府组织法

第十五条，区工农兵代表大会为区苏维埃政府之最高权力机关，其职权如下：

一、接受上级机关之一切决议。

二、议决本区范围内之一切行政方针。

三、接受和批准区执行委员会之报告及提议。

四、解决本区范围内之一切争执及特殊的地方问题。

五、选举及撤换区执行委员会委员及出席上级代表大会之代表。

第十六条，区工农兵代表大会之组织由各乡工会工人每十人选代表一人，常备赤卫军每三十人选举代表一人，各乡选民每三百人选举代表一人组织之。区代表会议由执行委员会每六个月召集一次，临时会议得由代表人数三分之二以上的苏维埃政府或过半数代表之请求或执行委员会于必要时自动召集之。代表任期为六个月，但得连选连任。

第十七条，区苏维埃政府执行委员会对区工农兵代表大会直接负责，在区代表大会闭会期间为全区最高的立法、行政管辖机关、其职权如下：

一、接受并执行上级苏维埃政府之命令及决议。

二、接受并执行全区代表大会一切决议。

三、接受并批准各乡苏维埃政府之报告及提议。

四、选举及撤换常务委员和出席上级或下级各种行政会议之代表。

五、根据实际情形，决定全区代表大会之人数并召集代表大会，准备对大会之一切报告，编定议事日程。

第十八条，区苏维埃政府执行委员会之组织，由区代表选举执行委员七人至十一人，候补委员二人至三人组织之。执行委员会由常务委员会每一个月召集一次，临时会议得由执行委员过半数之提议，或常务委员会于必要时自动召集之。执行委员会每六个月改选一次，执行委员会任期为六个月，但得连选连任。

第十九条，区苏维埃政府常务委员会对区执行委员会直接负责，在执行委员会闭幕期间内，为执行区苏维埃政府全部事务的管理机关，其职权如下：

一、接受并执行区执行委员会之一切决议，经常管理日常事务。

二、常务委员会为执行全部事务，保障行政的迅速和系统，得发布命令及采用各种必要的行政方针。

三、常务委员会遇有紧急事项，得单独处理，但事后仍须报告执行委员会得其追认。

四、管理各部日常工作。

第二十条，区苏维埃政府常务委员会之组织，由区执行委员会互推常务委员三人至五人组织之。常务委员会由主席每周召集两次，临时会议得由主席必要时随时召集之。常务委员会每三个月改选一次，常务委员任期为三个月，但得连选连任。

第二十一条，区苏维埃政府常务委员会为管理日常事务，实行集体的分工，须于常务委员会之下设秘书处及以下各种职务：

一、主席。

二、赤卫委员。

三、经济财政委员（必须常委兼任）。

四、裁判肃反委员。

五、粮食委员。

六、文化委员。

第二十二条，各县县城须成立城区苏维埃政府。凡满五千人以上的市镇得成立市镇苏维埃政府，受县苏维埃政府之指挥，管辖与区苏维埃政府同一等级，但其组织法须由县苏维埃政府根据特殊情形决定之。

第四章　乡苏维埃政府组织法

第二十三条，乡代表大会或群众大会为乡苏维埃政府之最高权力机关，其职权如下：

一、接受上级机关之一切决议。

二、决议本乡范围内之一切行政方针。

三、接受和批准乡执行委员会之报告及提议。

四、解决本乡范围内之一切争执及特殊的地方问题。

五、选举及撤换乡执行委员和出席上级代表大会之代表。

第二十四条，乡代表大会之组织，由各村选民每三十人选举代表一人，工人每三人选一人组织之。乡代表会议由乡执行委员会每三个月召集一次，临时会议得全乡人民三分之二以上或过半数之代表的请求或乡执行委员会于必要时自动召集之，代表任期六个月，但得连选连任。

第二十五条，乡苏维埃政府执行委员会对乡代表大会或群众大会直接负责，在乡代表大会或群众大会闭会期间内，为全乡最高行政管辖机关，其职权如下：

一、接受并执行上级苏维埃之命令及决议。

二、接受并执行乡代表大会或群众大会之一切决议。

三、接受并批准各村苏维埃政府或人民之报告及提议。

四、选举及撤换出席上级或下级各种行政会议之代表。

五、根据实际情形，决定全乡代表大会代表人数并按期召集代表大会或群众大会，对大会报告一切工作与财政，提出各种议案交大会讨论。

第二十六条，乡苏维埃政府执行委员会由乡代表大会选举五人至七人，候补一人组织之。非有特殊情形者不须组织常委会，每周由主席召集一次或两次会议，临时会议得由执委过半数之提议或由主席认为必须召集之。关于日常事务，由主席管理，不能召集会议的，主席有权单独处理之，但事后仍须报告执行委员会得其追认。

第二十七条，乡苏维埃政府执行委员会为管理日常事务，实行集体的分工，得于执行委员会之下设秘书处一职，各执委之分工如下：

一、主席。

二、赤卫委员。

三、经济粮食委员。

四、裁判肃反委员。

五、文化委员。

六、土地委员（主任由执委兼任）。

第五章　村苏维埃政府组织法

第二十八条，全村群众大会为村苏维埃之最高权力机关，其职权如下：

一、接受上级机关的一切决议和指示。

二、议决本村范围内之一切行政方针及一切日常问题。

三、接受和批准村苏维埃执行委员会之报告及提议，并得审查其财政。

四、解决本村范围内之一切争执及特殊的地方问题。

五、选举并撤换村苏维埃执行委员和出席上级代表大会的代表。

六、汇集革命群众的要求和调查群众的痛苦，作成意见书提交上级苏维埃政府或代表大会。

第二十九条，全村群众大会之组织，凡苏维埃政权下的人民，不分种族、国家、地方、宗教、性别的界限，年纪在十六岁以上者均得享受发言权、表决权、选举权及被选举权等权利，但有下列条件之一者不准在大会中享受任何权利，或驱逐出会场。

一、豪绅、地主、富农及其家属不准到会。

二、基督教、耶稣教、佛教等一切以宗教维持生活者不准到会。

三、流氓、地痞、患了精神病及嗜好鸦片烟者不准到会。

四、乡苏维埃政府宣布剥夺公权与在红军中洗刷出来的不准到会。

五、以及一切持租税、利息、企业的盈利而生活的剥削分子不准到会。

第三十条，群众大会由村苏维埃执行委员会每一个半月召集一次，临时会议得由全村人民三分之二以上的请求或村执行委员会认为必要时得召集之。

第三十一条，村苏维埃政府执行委员会，对全村群众大会直接负责。在全村群众大会闭会期间内为全村最高立法、行政管辖机关，其职权如下：

一、接受并执行上级苏维埃政府一切决议及命令。

二、接受并执行村群众大会的一切决议。

三、接受并答复人民的报告及提议和要求。

四、根据全村实际情形，决定召集全村群众大会，会议期间对大会工作报告与财政提出各种议案，交大会讨论。

第三十二条，村苏维埃政府由全村群众大会选举三人至五人为执行委员组织执行委员会，不组织常务委员会，由执行委员会互选主席一人，处理日常事务，负责召集执行委员会议，解决重大事项。如遇紧急事项确实不能召集会议时，主席得从权处理，但事后仍须报告执行委员会得其追认。

第三十三条，村苏维埃政府执行委员会不必分工，并不须经常驻会办公。

第六章　附　则

第三十四条，各级肃反委员会的组织，已在肃反条例中说明了，本组织法不另写。

第三十五条，本组织法在全国苏维埃代表大会未颁布以前，完全适用于湘赣苏区各级苏维埃政府。

附：湘赣省苏维埃政府第一次代表大会决议案目录

（1931年10月）

一、湘赣苏区各级苏维埃政府暂行组织法。

二、对全苏大会劳动法草案的决议。

三、土地问题决议案。

（附土地和商业累进税暂时征收条例；重新平均分配一切土地条例）

四、红军与地方武装工作计划。

五、经济问题决议案。

六、文化问题决议案。

七、肃反暂行条例。

八、婚姻条例。

选自《湘赣革命根据地史料选编》上册，江西人民出版社1984年出版，第236～245页。简称“湘赣史料版”。

13. 中华苏维埃代表大会给中共中央电

1931年11月18日

中共中央亲爱的同志们！

苏大会已于十月革命节开幕，黎明举行阅兵典礼，晚间举行提灯庆祝。到会群众，人山人海。红光满天，庄严热烈空前未有。大会于万众欢呼之中，正式开幕。计到会代表六百一十人。中央区、闽西、湘鄂赣、湘赣、湘鄂西、豫东北、琼崖各苏区均有代表出席。红军方面一三军团、二六军、十六军，及各独立师，均选派代表出席。全总、海员、韩国均有代表到会。大会圆满的召集，完全是中国共产党领导中国革命的胜利。大会已热烈讨论你们所提出的劳动法、土地法、红军问题、经济政策、宪法大纲，并一致通过。现正选举中华苏维埃共和国临时中央政府委员。知你们关心大会，特此电闻。

苏大会主席团

选自《中共中央文件选集》，第七册，中共中央党校出版社 1982 年出版，第 463 页。原件未注明史料来源。

互校版本：《中共中央文件选集》，第七册，中共中央党校出版社 1991 年出版，第 771 页。

14. 中华苏维埃共和国中央执行委员会布告第一号（宣布第一届中央执行委员名单）

1931 年 12 月 1 日全国苏维埃代表大会主席团发布

中华工农兵苏维埃第一次全国代表大会，于一千九百三十一年十一月七日苏俄十月革命节在江西苏区开会。议决了政纲、宪法、土地法、劳动法、红军问题、经济政策等重要法令，宣告中华苏维埃共和国成立。选举：
毛泽东　项　英　张国焘　周恩来　卢福坦　朱　德　瞿秋白　张鼎丞　邓　发　王稼蔷　徐锡根　范乐春（女）　陈绍禹　彭德怀　关向应　孔荷宠　方志敏　任弼时　贺　龙　沈泽民　谭震林　黄　平　曾　山　林　彪　陈　郁　罗登贤　夏　曦　邓子恢　刘少奇　刘大朝　陈正人　袁德生　崔　琪　屈登高　段德昌　葛耀山　彭　轨　陈福元　古大存　韦拔群　张华先　何叔衡　黄　甦　胡　海　滕代远　肖恒太　罗炳辉　陈　毅　张云逸　周以栗　庐德光　胡均鹤　徐特立　邵式平　洪紫清　刘光万　余汉朝　吴致民　刘建中　李宗伯　刘生元　王永盛　阮啸仙等，为中央执行委员，组织中央执行委员会，为全国代表大会闭会后最高政权机关。

中央执行委员会于十一月二十七日开第一次会议，选举：

毛泽东为中央执行委员会主席，项英、张国焘为副主席。

并于中央执行委员会之下，组织人民委员会，为中华苏维埃共和国中央行政机关。选举：毛泽东为主席；项英、张国焘为副主席；王稼蔷为外交人民委员；朱德为军事人民委员；项英为劳动人民委员；邓子恢为财政人民委员；张鼎丞为土地人民委员；瞿秋白为教育人民委员；周以栗为内务人民委员；张国焘为司法人民委员；何叔衡为工农检察人民委员。

同时于人民委员会之下设立国家政治保卫局，以邓发为局长。

中华苏维埃共和国临时中央政府业已宣告成立，从今日起，中华领土之内，已经有两个绝对不相同的国家：一个是所谓中华民国，他是帝国主义的工具，是军阀官僚地主资产阶级，用以压迫工农兵士、劳苦群众的国家，蒋介石、汪精卫等的国民政府，就是这个国家的反革命政权机关。一个是中华苏维埃共和国，是广大被剥削、被压迫的工农兵士、劳苦群众的国家。他的旗帜是打倒帝国主义，消灭地主阶级，推翻国民党军阀政府，建立苏维埃政府于全中国，为数万万被压迫、被剥削的工农兵士及其他被压迫群众的利益而奋斗，为全国真正的和平统一而奋斗。他的基础，是建筑在苏区和非苏区几万万被压迫、被剥削的工农兵士、贫民群众的愿望和拥护之上的。他具有绝大威权打击着国民党军阀政府由崩溃走到死灭，他一定要很快取得全中国革命的胜利。

中华苏维埃共和国中央执行委员会，受全国代表大会的付托，当竭全力执行大会制定的政纲、宪法、劳动法、土地法等一切法令和决议，建立巩固而广大的革命根据地，创造大规模的红军，组织大规模的革命战争，使革命在一省或几省首先胜利，以至于取得全国的胜利。现当政府开始工作之时，特为布告全中国工农兵士贫民，和一切被压迫群众，一体明白。

主　席　　毛泽东

副主席　　项　英

张国焘

公历一九三一年十二月一日

选自《红色中华》，1931年12月11日，第二版。

互校版本：

1.《中华苏维埃共和国中央政府文件选编》，《江西社会科学》1981年增刊。

2.《中国共产党组织史资料汇编》，红旗出版社1983年出版，第162～163页。与前者不同处有以下注释：范乐春加“(女)”字。王稼蔷即王稼祥，刘大朝即刘达朝。

15. 中华苏维埃共和国中央执行委员会委任政府人员

1931年12月

委任朱德　彭德怀　王稼蔷　林彪　谭震林　叶剑英　孔荷宠　周恩来　张国焘　邵式平　贺龙　毛泽东　徐祥谦①　关向应　王盛荣等同志为中央革命军事委员会委员。以朱德为中央革命军事委员会主席，王稼蔷、彭德怀为副主席。

委任王稼蔷为总政治部主任。

委任项英代财政委员会主席。

委任范树德、毛泽民为财政委员会委员。

委任梁柏台为司法委员会委员。

委任周以栗为临时中央政府机关报《红色中华》主笔。

委任方维夏为中央执行委员会总务厅厅长。

选自《红色中华》，1931年12月18日，第四版。

16. 中华苏维埃共和国临时中央政府关于苏维埃建设重要的训令

1931年12月15日

过去各苏维埃的组织很不完善。第一，行政区域太宽，使行政的实施不便。第二，政府

① 即徐向前。

级数太多，使指挥迟钝，联系不灵。第三，尤其重要的是选举手续不完备。不是用简单的群众大会，就是不按选举程序地去召集代表会议或主席联席会议以选举各级政府。特别是苏维埃的基本组织——乡与城①苏维埃，没有真正地建立起来。第四，各级政府内部的分工和工作方法，多不适当。以上这些，都是与苏维埃宪法和中央决定的各种条例细则不相符合的。

临时中央政府现在宣布：各地各级政府须依照宪法及中央颁布的各种条例细则，重新划分行政区域，重新改组②各级政府。首先就要依照③划分行政区域暂行条例，重新划分县、区、乡的行政区域（废除村与小组）。再行依照选举细则，选举乡苏维埃和城苏维埃（这是苏维埃的基本组织）。然后依照地方政府暂行组织条例，从城乡苏维埃直到省苏维埃，一律重新建设起来。这是一件极重大的工作，各级地方政府必须下极大决心，用极大的精力，很周密、很审慎地去做，才不致使重新划分的行政区域又和过去的行政区域一样发生缺陷，才不致使重新改组的各级政府又和过去的政府差不多。为了免除这些弊病，各省省政府以极大的努力去指挥这一次地方苏维埃的建设运动。除发出各种详细的文告指示之外，还要在省苏所在地召集县、区两级政府负主要责任的人开会；再择定适当地点召集各乡村政府负主要责任的人开会，由省苏派人去指导。在这些会议中详细明了地讨论地方苏维埃建设运动的意义和实际去做的方法。此外，当实际划分区域改选政府时，省苏还要派人到各县去巡视，随时解释疑难，指正错误。县对于区、区对于乡的指导，也要仿此办理。务必要使这次苏维埃建设运动，得到很好成绩。

江西、福建两省和瑞金直属县，从一九三一年十二月二十日起，到一九三二年三月三十一日止，为依照新法令实行苏维埃建设运动的期间。两省省苏和瑞金县苏，须立即按照此时间做出适当的工作计划，使行政区域的划分和各级苏维埃的选举（乡一级的划分和选举应用去大部分的时间和力量），能于一百天时间内，有步骤地很好地完成起来，并随时将经过情形报告中央政府，以便中央政府能及时加以指导。其他各省自令到之日起实行。此令！

中央执行委员会主席　毛泽东

副主席　项　英

张国焘

公历一九三一年十二月十五日

选自《红色中华》，1931年12月18日，第四版。

互校版本：

1.《中国新民主主义革命时期根据地法制文献选编》，第二卷，中国社会科学出版社1981年出版，第23～24页。简称“社科法制版”。原注：“选自一九三一年十二月十八日《红色中华》第二期。”

2.《中央苏区廉政建设》，中央文献出版社2009年出版，第171～172页。简称“中央文献版”。原注：“原载一九三一年十二月十八日《红色中华》第二期”。

---

① 原文如此。按组织法，即“市苏维埃”。

② “社科法制版”“中央文献版”印作“组织”。

③ 《红色中华》此处空白，“社科法制版”“中央文献版”补为“[依照]”。

17. 地方苏维埃政府的暂行组织条例①

1931年11月中央执行委员会第一次全体会议通过

第一章 总则

第一条 为统一各级地方苏维埃政府的内部组织起见，根据宪法特颁布本暂行条例。

第二条 中华苏维埃共和国领土内的各级苏维埃政府，应严格地遵守本条例，建立健全的组织和工作。

第三条 本条例的停止或修改之权，属于中央执行委员会。

第四条 本条例在实际应用上发生疑问或争执时，解释之权属于中央执行委员会。

第二章 乡苏维埃

第五条 乡苏维埃是由全乡的选民，根据宪法的规定而选举出来的全乡政权机关，为苏维埃政权的基本组织。

第六条 乡苏维埃不设立执行委员会，也不设立主席团，只设主席一人，大的乡苏维埃可设副主席一人。主席缺席时，须选举代理主席行使主席之职权。

第七条 乡苏维埃不分科，一切事件由整个苏维埃负责。有临时事件时，可临时组织委员会进行之，如在没收和分配土地时，组织土地委员会进行没收和分配土地的工作等。各种临时设立的委员会的委员，除乡苏维埃的代表外，可吸收乡里别的②活动分子来参加，这些临时来参加委员会工作的人，有发言权而无表决权。

第八条 苏维埃的每个代表须担负乡苏维埃的③一部分工作。

第九条 乡苏维埃的工作人员以不脱离生产为原则。

第十条 乡苏维埃有生活费的工作人员规定如下：一、主席一人；二、交通一人：三、其余的工作人员一人。但领生活费的工作人员，至多不得超过三人。在狭小或偏僻的乡，又或在经济困难时候，只维持主席一人生活费。别的工作人员不给生活费，或津贴一部分生活费。

第十一条 乡苏维埃领生活费的工作人员，如超过了所规定的名额，必须得区执行委员会的核准。

第十二条 乡苏维埃的全体代表会议，每十天由主席召集一次，有特别事件时④得召集非常会议。

第十三条 乡苏维埃的全体代表会议，不限定在某⑤一地方开。可以移到各村去开。最好是到与讨论的问题有关系的村去开。

第十四条 乡苏维埃每月须向该乡选民做乡苏维埃的工作报告一次。几个村的乡可以

---

① 本文标题，《苏维埃中国》标作“苏维埃地方政府的暂行组织条例”，“江西法律版”以福建省档案馆馆藏史料为根据，标作“地方苏维埃政府的暂行组织条例”。

② “江西法律版”在“的”前有一“别”字。“苏维埃中国”和“社科法制版”则无。

③ “江西法律版”，在“苏维埃”之前多一“乡”字。其他两种版本则无。

④ “江西法律版”在“事件”后多一“时”字。其他两种版本则无。

⑤ “江西法律版”为“某”字，其他两种版本为“每”字。

到各村去召集选民大会报告自己的工作。

第十五条　有重要意义的问题的决议及命令，用布告的形式通知全乡人民或召集①，群众大会做报告，某种不重要的问题由代表口头传达。

第十六条　乡苏维埃主席的权限是召集会议，督促决议案之执行，处理日常的事务。

第十七条　乡苏维埃有权解决未涉及犯法行为的各种争执问题。

第三章　城市苏维埃（中央和省的直属市除外）

第十八条　城市苏维埃是由该城市的选民根据宪法的规定而选出的全城市的政权机关，他和乡苏维埃一样为苏维埃政权的基本组织。

第十九条　由城市苏维埃的全体代表会议选出主席团，再由主席团选出正副主席各一人。

第二十条　城市苏维埃为进行各部门的工作得分设：内务、劳动、财政②、文化、军事、卫生、粮食、工农检查、土地等科。

第二十一条　每个城市苏维埃的代表，至少必须参加一科的工作，并且在代表外还可以吸收该城市的活动分子参加各科的工作。不是城市苏维埃的代表而来参加各科工作的人，有发言权但无表决权。

第二十二条　城市苏维埃的各科得组织干事会，以管理③和计划各该科的工作。其干事须由城市苏维埃主席团委任之。

第二十三条　城市苏维埃得任用指导员以指导和巡视城市苏维埃所管辖的机关的工作。

第二十四条　劳动科之下可设立失业劳动介绍所和劳动检查所。在工农检查科之下得设立控告局。

第二十五条　废止秘书制，设立总务处，以管理城市苏维埃内部一般的杂务，总务处设主任一人。

第二十六条　总务处之下得分设文书、印刷、会计、事务、收发等股。

第二十七条　为办理城市苏维埃主席团文字上的工作，得用技术书记一人。

第二十八条　城市苏维埃领生活费的工作人员规定如下：

一、主席一人；二、副主席一人；三、军事科长一人④；四、劳动科长一人；五、土地科长一人；六、财政科长一人；七、内务科长一人；八、工农检查科长一人；九、文化科长一人；十、卫生科长一人；十一、总务处主任一人；十二、文书、印刷、会计、事务、收发、交通各一人；十三、其他工作人员二人。

但领生活费的工作人员的名额不得超过十九人，在经济困难时及小的城市，城市苏维埃有生活费的工作人员不得超过九人，各科的工作可以兼任，有一部分的工作人员可不脱离生产。

第二十九条　城市苏维埃领生活费的工作人员的名额，若超过所规定之名额时，必须

---

① “江西法律版”在“召集”前有一“或”字。

② 《苏维埃中国》与“社科法制版”漏掉“财政”二字。

③ “江西法律版”此处为“管理”，其他两种版本为“整理”。

④ 《苏维埃中国》和“社科法制版”将“军事科长一人”印作“军事科员二人”；将其他各科的“科长一人”，皆印作“科员一人”。

得县执行委员会批准。

第三十条　城市苏维埃主席团的会议，每星期召集一次；城市苏维埃全体代表会议，每两星期召集一次。有特别事件①时，可召集非常会议。

第三十一条　城市苏维埃各科干事会的会议，每星期须召集一次；各科的全体人员会议，每星期也须召集一次，其记录应送到主席团去批准。

第三十二条　城市苏维埃各科的全体人员会议和城市苏维埃的全体代表会议，不限定在什么地方开，可移到群众所在的企业和机关去开，最好是到②与所讨论的问题有关的企业和机关去开，为的是吸收群众参加所讨论的问题。

第三十三条　城市苏维埃每月须向该城市的选民做自己的工作报告一次。

第四章　区、县、省执行委员会

第三十四条　区、县、省这三级的组织差不多相同。区执行委员会由区苏维埃代表大会选举出来，县执行委员会由县苏维埃代表大会选举出来，省执行委员会由省苏维埃代表大会选举出来。再由各该级的执行委员会选举出主席团。区、县执行委员会设③主席、副主席各一人，只有省执行委员会设④主席一人、副主席二人。

第三十五条　区、县、省执行委员会之下得设立：土地、财政、劳动、军事、文化、卫生、工农检查、粮食、内务等部。

第三十六条　区、县、省执行委员会可任用指导员，以指导和巡视下级苏维埃的工作。

第三十七条　省执行委员会得聘请专门人才，以帮助某几部的工作。

第三十八条　劳动部之下可设立劳动检查所及失业劳动介绍所，工农检查部⑤之下可设立控告局，省苏内务部⑥之下可设立民警厅、市政厅⑦、刑事侦探局。

第三十九条　区、县、省执行委员会须设立总务处，以办理一般的杂务。总务处之下分为文书、印刷、会计、事务、收发、交通等股。

第四十条　为办理主席团文字上的工作，可用技术书记一人。

第四十一条　区执行委员会领生活费的工作人员规定如下：

一、主席一人；二、军事部长一人；三、财政部长一人；四、土地部长一人；五、文化部长一人；六、工农检查部长一人：七、劳动部长一人；八、总务处长一人；九、文书兼收发一人；十、印刷、事务、交通各一人；十一、其他工作人员三人。⑧

但领生活费的工作人员的名额不得超过十五人。若在经费困难时，各部的工作可以兼任，有生活费的工作人员不得超过七人。

---

① 《苏维埃中国》和“社科法制版”此处为“事故”。

② “江西法律版”此处是“是到”，“苏维埃中国”无“是到”二字，“社科法制版”印作“[到]”。

③ “江西法律版”此处为“设”字，其他两种版本为“选出”。

④ “江西法律版”此处为“设”字，其他两种版本为“选出”。

⑤ “江西法律版”为“工农检查部”，《苏维埃中国》和“社科法制版”为“工农检查所”。按本条例第三十五条和附表所列，应为“工农检查部”。

⑥ “江西法律版”此处为“省苏内务部”，《苏维埃中国》和“社科法制版”皆印作“省所属内务部”。

⑦ “江西法律版”为“民警厅”“市政厅”，其他两种版本皆为“民警所”“市政所”。

⑧ 《苏维埃中国》和“社科法制版”漏掉“十一、其他工作人员三人”。

第四十二条　区执行委员会领生活费的工作人员，若超过所规定的名额，必须得县执行委员会的批准。

第四十三条　县执行委员会领生活费的工作人员规定如下：

一、主席一人；二、副主席一人；三、军事部长一人；四、财政部长一人；五、粮食部长一人；六、土地部长一人；七、文化部长一人；八、卫生部长一人；九、劳动部长一人；十、工农检查部长一人；十一、内务部长一人；十二、总务部长一人；十三、文书、印刷、事务、收发各一人，交通二至五人；十四、其他工作人员五人。

但工作人员的总额不得超过二十五人，若在经费困难时，各部的工作可以兼任，领生活费的工作人员不得超过十五人。

第四十四条　县执行委员会的工作人员，若超过了所规定的名额，必须得省执行委员会的批准。

第四十五条　省执行委员会领生活费的工作人员规定如下：

一、主席一人；二、副主席二人；三、内务部正副部长各一人；四、军事部正副部长各一人；五、财政部正副部长各一人；六、土地部正副部长各一人；七、文化部正副部长各一人；八、工农检查部正副部长各一人；九、粮食部长一人；十、卫生部长一人；十一、劳动部正副部长各一人；十二、政府机关报办事人员五人；十三、总务处长①一人；十四、技术书记一人；十五、文书二人，印刷二人，事务一人，会计一人，收发一人，交通四人；十六、其他工作人员十五人至五十三人。但工作人员的总额，不得超过九十人。

第四十六条　省执行委员会的工作人员，若超过了所规定的名额，必须得中央执行委员会的批准。

第四十七条　区、县、省执行委员会的各部得组织委员会，以各部部长为主席，其委员由各该级的执行委员会委任之，委员人数可由三人至九人。

第四十八条　各部是立于平等的地位，这一部不能指挥那一部。若这一部与那一部有关系的问题可共同商议进行之，比较重要的问题，应经过执行委员会主席团。

第四十九条　各部委员会的会议，各级执行委员会主席团的会议，都是每星期召集一次，有特别事件②时得召集非常会议。

第五十条　区执行委员会的全体委员会议，每月由区执行委员会主席团召集一次；县执行委员会的全体委员会议，由县执行委员会主席团每两月召集一次；省执行委员会的全体委员会议，由省执行委员会主席团每四月召集一次。有特别事件③时得召集非常会议。

第五十一条　为审查各级苏维埃的财政起见，得组织财政审查委员会担任这个工作。财政审查委员会的委员，由上级或本级执行委员会主席团委任之。

第五十二条　区执行委员会每两个月须向该区内④的选民做工作报告一次，县执行委员会每四个月须向该县内的选民做工作报告一次，省执行委员会每六个月须向该省内的选

① 《苏维埃中国》和“社科法制版”为“总务处主任”，“江西法律版”为“总务处长”。

② “江西法律版”为“事件”，《苏维埃中国》和“社科法制版”为“事情”。

③ “江西法律版”为“事件”，《苏维埃中国》和“社科法制版”为“事故”。

④ “江西法律版”有“内”字，《苏维埃中国》和“社科法制版”则无。

民做工作报告一次，选民群众可在该工作报告大会上批评政府的工作。

第五十三条　这些工作报告可写成书面，委托某一个执行委员或下级苏维埃政府向选民群众代做报告，选民所提出的意见，须转到做工作报告的政府去，以便参考。

第五章　工作的方法

第五十四条　各级苏维埃的工作方式，大体相同。今规定总的工作方式如下：

一、会议。

二、定期检查各科、各部及下级苏维埃政府的工作。

三、在会议上定期听各科、各部及下级苏维埃政府工作报告并审查之。

四、定期向选民报告自己的工作。

五、组织革命竞赛，并进行定期的竞赛成绩的检阅。

六、布告、通告等。

七、用各种方式将苏维埃政府的各种决议案，广播到群众中去。

第五十五条　会议分为：城市苏维埃的各科干事会议，各科的全体工作人员会议，区①、县、省执行委员会各部的委员会②会议，主席团会议、全体执行委员会会议，城市苏维埃的全体代表会议，区、县、省苏维埃的代表大会。

第五十六条　各科和各部对于它所管辖和有关系的机关，最少两个月须检查一次。检查的结果，在各科的干事会议或全体人员③会议上或各部的委员会议上做报告。

第五十七条　主席团对于各科和各部的工作，最少每两月须检查一次；主席团对于他管辖的苏维埃政府的工作，最少每三个月须检查一次。检查的结果，在主席团或执行委员会的全体委员会议上做报告。

第五十八条　各科或各部须定期地在各科或各部会议上，听各该管辖机关的工作报告。主席团须定期地听各科或各部及下级苏维埃政府的工作报告。执行委员会定期地听主席团或下级苏维埃政府的工作报告。

第五十九条　组织各种竞赛：团体与团体竞赛，乡村与乡村竞赛，城市与城市竞赛，区与区竞赛，县与县竞赛，省与省竞赛。订立竞赛条约，到条约期满后，举行竞赛的成绩检阅。由上级苏维埃政府派代表去检阅和评判竞赛的结果，并给竞赛胜利者以某种奖励。

第六十条　经过布告、通告、命令、壁报、小册子等等，使苏维埃政府的政策决议案等深入群众中去。

第六十一条　工农检查部有它的特别任务，得设立控告局，以接收工农的控告事件。同时，在工农群众集中的地方④，可委托忠实可靠的工农干部，代收工农群众的控告事宜。并且在各地方须挂控告箱，使工农群众投提意见书。此外，还可以组织工农群众的突击队，突然地去检查某机关的工作，以揭破官僚主义者与腐化分子的假面具，还可以组织群众法庭以审判犯法行为的官僚腐化分子。

---

① 《苏维埃中国》和“社科法制版”漏掉“区”字。

② 《苏维埃中国》和“社科法制版”漏掉“会”字。

③ 《苏维埃中国》和“社科法制版”将“人员”误为“人民”。

④ “江西法律版”此处无“同时”二字，而有“在工农群众集中的地方”；《苏维埃中国》和“社科法制版”有“同时”二字，而无后一句。

第六章　地方苏维埃政府的具体工作

第六十二条　地方苏维埃政府（由乡苏维埃、城市苏维埃到省执行委员会止）具体的工作规定如下：

（一）执行上级苏维埃政府的命令、指令、训令、法令、决议等等。

（二）制定该政府一个月至六个月的工作计划及实现这种工作①计划的工作日程。

（三）在召集苏维埃的全体代表会议、执行委员会的全体委员会议、主席团会议、各科各部的会议以前，准备议事日程、报告、提案及其他材料。

（四）解决该区域的争执问题。

（五）指示下级苏维埃政府的工作，并对上级苏维埃政府做工作②报告。

（六）进行人口、土地、婚姻、生死、契约、文书及工商业等等的登记。

（七）办理关于土地问题的事宜，如没收、分配、整理耕地③及水利等。

（八）代收国家捐税。

（九）制定并审查预算、决算。

（十）办理义务劳动，如帮助红军、救灾、修路等等。

（十一）组织地方武装，办理守卫、放哨、通报消息、帮助红军行军④作战事宜等等。

（十二）计划并执行该地方的建设事宜。

（十三）进行该苏维埃境域内的文化教育事业。

（十四）市政的建设。

（十五）民警和刑事侦探的管理。

（十六）进行卫生事宜。

（十七）与官僚腐化分子奋斗（斗争）。⑤

（十八）劳动保险之实现。

（十九）进行社会保险事业。

第七章　地方苏维埃政府的财政

第六十三条　各级地方苏维埃政府机关的一切收入，须完全缴到中央政府财政人民委员部的各级机关去，作为中华苏维埃共和国的国库收入项。

第六十四条　地方苏维埃政府的支出须作成预算案，送上级苏维埃政府批准，按照所批准的预算案支出。

第六十五条　某⑥一项的支出，不准移作别项用途，倘若移作别项用途，须得上级苏维埃批准，才能移用。

第六十六条　不准超出预算案所规定的数额，倘若必须超出预算案时，须得上级苏维埃的核准。

---

① 《苏维埃中国》和“社科法制版”无“工作”二字。

② 《苏维埃中国》和“社科法制版”无“工作”二字。

③ 《苏维埃中国》和“社科法制版”将“耕地”印作“耕田”。

④ 《苏维埃中国》和“社科法制版”漏“行军”二字。

⑤ “江西法律版”和《苏维埃中国》皆为“奋斗”，“社科法制版”在“奋斗”之后加“（斗争）”二字。

⑥ 《苏维埃中国》为“第一项”，“江西法律版”为“某一项”。

第六十七条　预算案期满后，须同一形式地制成决算案两份，一份送上级苏维埃政府去批准，另一份保存在该苏维埃政府内，以便检查时作参考。

第六十八条　若违反本条例的财政支出手续，依照浪费公款论罪。

第八章　文件的署名

第六十九条　地方苏维埃政府的文件，须由主席和副主席署名。要是主席缺席时，由副主席用代理主席名义署名；没有副主席的苏维埃政府，由主席署名，主席缺席时，得由代理主席署名。

第七十条　与某科、某部有关系的文件，须由主席同某科或某部长同时署名。

第九章　地方苏维埃政府工作人员的检查

第七十一条　地方苏维埃政府雇用工作人员时，须填写两份履历书；一份保存在该工作人员做工作的苏维埃政府内，另一份送交比它高一级的苏维埃政府，以备检查。

第七十二条　上级苏维埃政府对下级苏维埃政府的雇用工作人员，得随时检查，并有撤换之权。

第十章　附则

第七十三条　本暂行组织条例自颁布之日起发生效力。

中央执行委员会主席　毛泽东

副主席　项　英

张国焘

附：组织系统图①

省执行委员会的组织系统图表

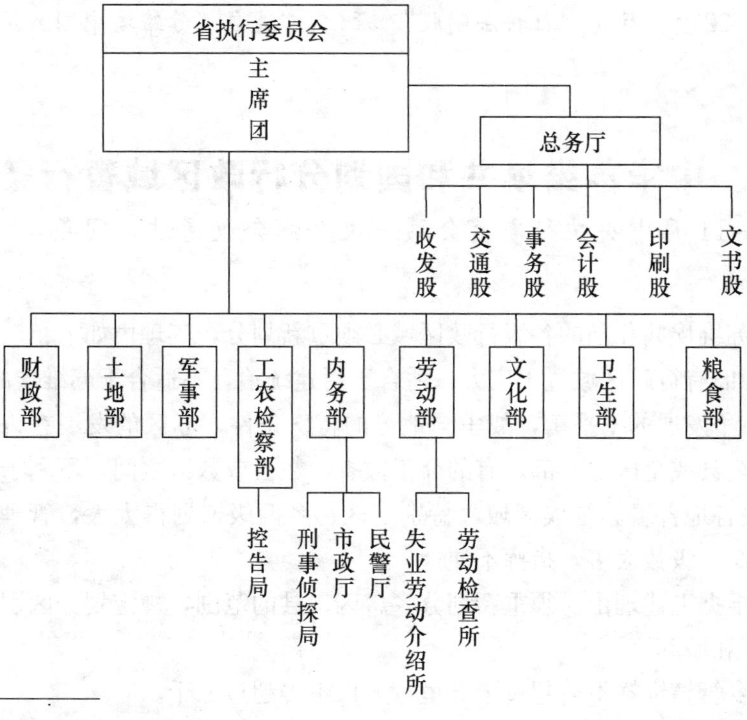

① 两种版本有以下不同：组织系统图，组织系统图表；总务厅；总务处；工农检察部；工农检查部（科）。

原注：区、县执行委员会的组织系统与省相同。

城市苏维埃组织系统图表

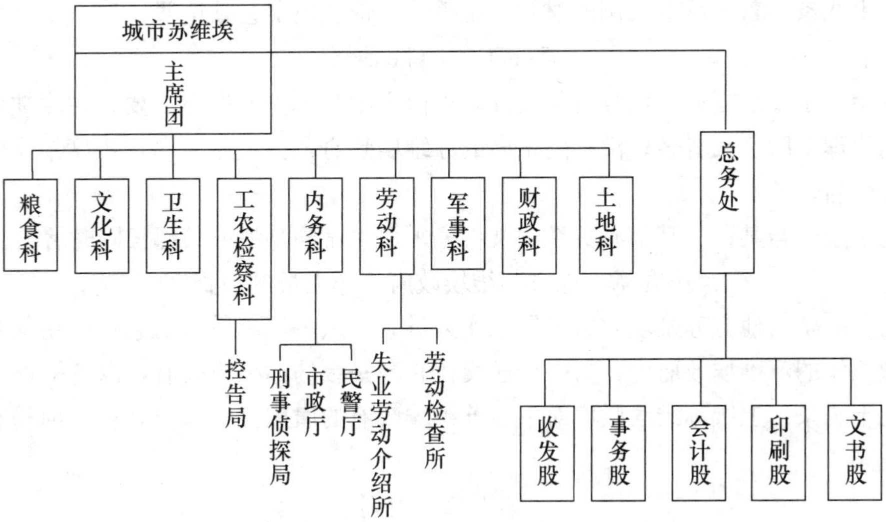

选自《中华苏维埃共和国法律文件选编》，江西人民出版社1984年出版，第25～36页。简称“江西法律版”。原注：“选自福建省档案馆馆藏史料”。

互校版本：

1.《苏维埃中国》，第二集，1935年印行，中国现代史资料编辑委员会1957年翻印，第161～174页，未注明史料来源。

2.《中国新民主主义革命时期根据地法制文献》，第二卷，中国社会科学出版社1981年出版，第7～22页。简称“社科法制版”。原注：“选自《苏维埃中国》第二集，一九三五年版”。

18. 中华苏维埃共和国划分行政区域暂行条例

1931年11月中央执行委员会第一次全体会议通过，同年12月颁布

第一条　苏维埃共和国的各级行政区域必须重新划分，其理由如下：

（一）中国旧有行政区域过于广大，适合于封建统治，不适合于苏维埃的民主集中制。

（二）因斗争发展的不平衡，战争与地势的特殊条件，苏区的发展在许多地方，有的只取得全省、全县或全区之一部，有的介于数省、数县或数区之间，不利于斗争的领导。

（三）过去各地各级苏维埃区域，特别是区、乡两级，划得太大，管理不来，许多地方还有村的组织，级数太多，指挥不便。

第二条　根据上述理由，须重新划分乡、区、县的范围，规定划分区别如下：

（一）乡苏和城苏。

山地：每乡管辖纵横不得超过十五里，人口不得超过三千。

平地：每乡管辖纵横以五里为主，最多不得超过十里，人口不得超过五千。

城苏：除城市范围外，加入附近周围二里的地方。

（二）区苏。

山地：管辖乡数，最多不得超过九乡，地域纵横不得超过四十五里。

平地：管辖乡数不得超过十二乡，地域纵横不得超过三十里。

每区须有一个经济中心——市镇或圩场，作为行政中心。

（三）县苏。

山地多的县，县苏管辖范围至多不得超过十二个区苏，平地多的县，县苏管辖范围不得超过十五个区苏。

县苏必须设立在全县最适中区域。如旧有县过于偏僻，应改设在比较适中之大市镇上。

第三条　省苏管辖范围，在目前应依照战争与地势的原则去划分。

第四条　乡的重新划分，以不改变旧有分田单位为原则。

第五条　各级行政区域的名称，除旧时带着浓厚的封建性的名称须更改外，旧有名称可以沿用。完全改变之旧区域，无旧名可沿用，以该区域内之市场名或大地名作为该新区域之名。有必要时，可采用当地伟大斗争事件，或牺牲的伟大革命领袖的名字，作为该区域的名称。各级行政区域，不用数目字定名。

第六条　此条例颁布后，各省各高级的苏维埃，应即根据这一条例，重新划分乡、区、县的区域，并拟定名称，除报省苏批准外，并须报告中央政府备案（须附区域划分图），省区由中央政府划分。

第七条　本条例自颁布日起发生效力，修改之权属于中央执行委员会。

中央执行委员会主席　毛泽东

副主席　项　英

张国焘

选自手抄本。原件未注明出处。

互校版本：《中央革命根据地史料选编》下，江西人民出版社1982年出版，第192～193页。原件未注明出处。

19. 中央执行委员会关于重新划分行政区域的决议

1933年7月21日

苏维埃行政区域的划分，与旧的反动政府的行政区域有绝大原则上的不同。在旧的反动政府的行政区域，范围都是很大，这因为他们是隔离群众的官僚机关，他们的目的只是削弱和压迫群众。苏维埃划分行政区域的原则与此完全相反，他须尽量接近群众，为群众谋一切利益。因此不论乡、区、县、省，区域都不应过大。中央苏区行政区域的划分，虽经过了不少变更，但一般来说，多半还是沿用旧的区划，没有彻底改变。这对于战争动员，对于经济文化等各方面的建设，都感觉极大不便。因此中央执行委员会议决重新划分中央苏区的行政区域。并规定各级行政区域划分的标准如下：

一、市：

除市场范围外，可管辖市场周围附近的一部分乡村，但不得超过五里以外。

二、乡：

（一）一等乡，即在平地，而人口特别稠密的地方，每乡所管辖的人口，以二千人为标准。如果一个村子或近距离内的几个村子超过了二千人时，乡苏管辖的人口可以较多些，但至多的不能超过二千五百人。同样，因地形的关系（如河流等）宜于分为两个乡，因而一乡的人口不足二千五百人时，乡苏管辖的人口数亦可较少些。

（二）二等乡，即平地与山地参杂的地方。这种地方人口不如一等乡稠密，地域因之较宽，每乡所管辖的人口，以一千五百人为标准。如因地形关系，乡苏管辖的范围以较大些为便利，或以较小些为便利时，一乡的人口可以多于一千五百人或少于一千五百人。

（三）三等乡，即山地多而人口稀少的地方，每乡所管辖的人口，以一千人为标准，如因地形关系，某些村落已划入一个乡管辖便利时，可以多于一千人，但不能使区域过宽，违背苏维埃接近群众的原则。同样，如因地形关系，乡苏管辖不便利时，亦可以少于一千人。在大山多、地域特别辽阔、人口特别稀少的地方，每乡人口可以少至四百人左右，但最低不能少于二百五十人。

三、区：

以每区管辖七个乡为标准，在平地多、人口特别稠密的地方，可以管辖到九个乡。在山地多、地区辽阔、而人口特别稀少的地方，可以减少到只管辖五个乡。

四、县与省：

县与省的划分，责成人民委员会按照接近群众的原则以命令规定之。

中央苏区以外的各苏区，均须按照本决议所述原则重新审查该地的行政区域，其有区域过大不合此原则的，必须实行重新划分。

本决议公布之后，一九三一年十二月所颁布的《中华苏维埃共和国划分行政区域暂行条例》应宣告无效。

主　席　毛泽东
副主席　项　英
张国焘
一九三三年七月二十一日

选自《红色中华》，1933 年 8 月 2 日，第三版。

20. 中华苏维埃共和国地方苏维埃暂行组织法（草案）

1933 年 12 月 12 日中央执行委员会颁布

第一章　总则

第一条　省、县、区、市、乡各级苏维埃政权机关，为苏维埃政权的地方组织，称地方苏维埃。

第二条　省、县、区、市、乡各级苏维埃，必须根据本法组织之。

第二章　苏维埃政权的基本组织

（原注）市苏维埃、乡苏维埃，是苏维埃政权的基本组织，其主要的特点是经常的代表会议制度，代表不脱离生产，散布在群众中。

一、市苏维埃

第三条　市苏维埃为全市的最高政权机关，由全市选民选举代表组织之。

第四条　市苏维埃之下，应划分为若干“市区”，设立市区苏维埃。但四千人以下的市及隶属于区苏维埃的市，不划分市区。城外市区（即乡村划入市苏管辖者）之内，应按距离远近与居民多少，划分若干村，但每一市区之内，至多不得超过五个村。

（原注）市区的名称，小市可以“城中市区”“东郊市区”“西郊市区”等等称之。大市可以著名街道及其他适当地名称之。城外市区内村的名称，可用各村中著名的地方称之，均不得用数字为名称。

第五条　市苏维埃为全市区的最高政权机关，由全市区选民①选举代表组织之。市区苏维埃隶属于市苏维埃。

（原注）市区苏维埃代表人数的标准，暂适用乡苏维埃代表人数的标准。

第六条　除“区属市”之外，市苏维埃的代表，由市区苏维埃的全体代表会议选举之。

（原注）市苏维埃代表人数的标准，依照苏维埃暂行选举法第二十二条至二十五条之规定。

第七条　由市区②苏维埃的全体代表会议选举市区苏维埃主席团，为市区代表会议闭会期间全市区的最高政权机关。

第八条　居民五万人以下的市，由市苏维埃全体代表会议选举主席团，为市苏维埃代表会议闭会期间的全市最高政权机关。

第九条　居民五万人以上的市，由市苏维埃全体代表会议选举市执行委员会，为市苏维埃全体代表会议闭会期间的全市最高政权机关。再由市执行委员会选举主席团，为市执行委员会闭会期间的全市最高政权机关。

（原注）组织了市执行委员会的市苏维埃，其经常代表会议制度仍然存在，与没有执行委员会的市苏维埃之经常代表会议制度同。

第十条　市执行委员会，在居民五万人以下的市，由③二十一人至二十五人、候补委员五人至七人组织之；在居民五万人以上的市，由④三十五人至七十五人、候补委员七人至十一人组织之。

第十一条　市区苏维埃主席团，在居民五万人以下的市，以五人至七人组织之，在居

---

① “江西法律版”和“西南函授版”有“选民”二字，“社科法制版”漏此二字。

② “社科法制版”漏掉“区”字。

③ “江西法律版”和“社科法制版”此处皆加“[委员]”二字，但第十一条却未加，说明原文无“委员”二字。“西南函授版”“西南法制史版”皆无“委员”二字。

④ 同上。

民五万人以上的市，以九人至十一人组织之。

区属市苏维埃主席团，以五人至七人组织之。

县属市苏维埃主席团，以七人至十一人组织之。

省属市苏维埃主席团，以十一人至十九人组织之。

中央直属市苏维埃主席团，以十九人至二十五人组织之。

第十二条　市区苏维埃，或市苏维埃，均推选主席一人，副主席一人至二人。

第十三条　市区苏维埃与市苏维埃代表的任务：一方面是代表选举他们的选民到苏维埃去工作，传达选民意见，及选民所要进行的工作，提到市区苏维埃或市苏维埃去讨论；另一方面是将上级苏维埃所要进行的工作，经过市区苏维埃或市苏维埃讨论之后，传达到群众中去，领导各代表所在范围内居民，坚决执行上级苏维埃的命令和指示，执行市区苏维埃和市苏维埃的决议。

第十四条　市区苏维埃的代表，须按其住所接近，在五个至九个代表之中，由市区苏维埃主席团指定一人为代表主任，在主席团许可的范围内，分配和指导其领导下各代表的工作，传达市区苏维埃主席团的通知，在其领导下各代表召集其领导下的居民开会，解决其领导下居民的较小的问题，必要时得参加主席团会议。城外市区内的各村，如一村中有代表主任在二人以上者，可于各代表主任之中，指定一人，负接受主席团的通知转达于各代表主任，召集以村为单位的居民会议之责。为讨论村的问题，并得召集本村各①代表开会。

第十五条　在市区苏维埃与区属苏维埃管辖的全境之内，为着代表与居民的密切联系，便于吸收居民意见，及领导工作起见，应依照代表与居民住所的接近，将全体居民适当分配于各个代表的领导之下（通常以居民三十人至七十人②置于一个代表的领导之下），使各个代表对于其领导下一定范围内的居民发生固定的关系。

第十六条　市区苏维埃与区属市苏维埃之下，组织下列各种经常的或临时的委员会，其人数与任务规定于下：

1. 扩大红军委员会

委员七人至九人，管理扩大红军与归队运动。

2. 优待红军委员会

委员七人至九人，在城内市区协同工会及贫民代表收集工人、贫民群众的优待月费及市财政部交来的百分之五商业税与店房租，适当分配于没有分到田、生活困难的红军家属及脱离生产的工作人员的家属，领导全市区的能劳动的居民为劳动力不足的红军家属及脱离生产的工作人员砍柴挑水或做其他必要的工作；为红军家属找工作，及领导他们开办生产合作社。在城外市区指导耕田队，为劳动力不足的红军家属及其他脱离生产的工作人员的家属耕种土地，解决红军家属及其他脱离生产的工作人员的家属的一般生活困难问题；

---

①“江西法律版”“西南法制史版”为“并得”，“社科法制版”和“西南函授版”为“并传（得）”；“江西法律版”“西南法制史版”和“西南函授版”皆无“各”字。

②“社科法制版”此处为“七十人”，“江西法律版”为“七八十人”，“西南函授版”“西南法制史版”为“七十八人”。

管理红军公田的耕种、收获与保管。

3. 慰劳红军委员会

委员七人至九人，由市区苏维埃或区属市苏维埃的代表及各群众团体的代表组织之。其任务为领导居民群众举行慰劳红军运动，收集居民群众慰劳红军的物品等。

4. 赤色戒严委员会

委员五人至七人，由市区苏维埃或区属市苏维埃的代表、赤卫军少先队的干部及其他积极分子组织之。其任务为加紧赤色戒严与肃反斗争，如指导并巡查放哨、眺高、查路条、盘问可疑居民与来人，领导群众注意剥削分子的行动，追究反动派的造谣，并帮助政治保卫局与裁判部实行镇压反革命活动等。

5. 防空防毒委员会

委员五人至七人，其任务为指导居民群众防御敌人飞机轰击的各种必要事项，如设立号炮所、构筑飞机洞、准备防毒用具等。

6. 义务劳动委员会及运输委员会

委员七人至九人。调查登记、编制调剂并动员运输队、耕田队、修路队、劳役队（地主及反动富农的）及其他义务劳动事项。为了迅速地动员伕子到前方抬伤病员、搬胜利品及服后方的运输勤务，得单独组织运输委员会，委员五人至七人。

7. 失业救济委员会

在城内市区，在城外失业工人稍多之市区及区属市，均组织失业救济委员会（失业工人没有或极少的城外市区可不组织）。委员七人至十一人，由市区苏维埃或区属市苏维埃的代表、失业工人中的积极分子组织之。其任务为帮助市劳动部的失业劳动科调查登记全市内的失业工人，讨论并实行为失业工人找工作，找住所及筹集经费或物品作临时的救济等。

8. 贫民委员会

于城内各市区组织之（城外市区不须组织），委员九人至十五人。委员必须是市区苏维埃中贫民出身的代表及各业贫民群众中的积极分子。其任务为调查登记全市区贫民的人数，职业与失业状况，讨论与解决各业贫民群众一切生活困难问题。

9. 房屋委员会

委员七人至九人，管理全市区内公私房屋之调查与登记，豪绅地主及反动资本家房屋之没收与分配，工人贫民缺乏房屋问题之讨论与解决，被火①被毁的房屋之设法重建等。此委员会只在城内市区组织之，城外市区不须组织。

10. 户口委员会

委员三人至五人。其任务为按照成分调查登记全市区居民的家户人口，按月登记全市区居民中之出生、死亡、迁移、结婚及离婚之人数。

11. 工业委员会及农业委员会

在各市区特别在城内市区组织工业生产委员会，委员九人至十五人。由市区苏维埃或区属市苏维埃的代表、国营工业职工中的积极分子、工业生产合作社的代表及其他独立

---

① 各种版本皆为“被火”。

生产者中的积极分子组织之。其任务为指导工人贫民群众发展国有的、合作社的、独立生产者的各种工业，监督工业资本家增加资本扩张营业，而反对其运去资本、停歇企业等。

在城外市区，则按照农业生产季候，组织春耕委员会、夏耕委员会、秋收秋耕委员会与冬耕委员会，委员七人至九人。由市区苏维埃或区属市苏维埃的代表及农民中积极而老于农事的分子组织之。其任务为指导农民群众调剂人工，增加肥料，解决耕牛困难，修理添置农具，选择种子，改良栽培方法，消灭害虫，及不失时机收获农产品等。

12. 工业研究委员会及农业研究委员会

委员七人至九人。在城内市区组织工业研究委员会，其任务为指导本市区内国有的、合作社的、私人小企业的各种工业生产中的各种重要问题之研究，如怎样提高生产技术等。在城外市区，则组织农业研究委员会，其任务为指导本市区内农业生产方面各种重要问题之研究，如什么种子什么地方适宜，宜于施放什么肥料，用何种栽培方法较好等，同时管理本市区的农业试验场。

13. 没收征发委员会

委员五人至七人。在城内市区其任务为帮助政治保卫局与裁判部没收反革命犯的财产，没收住居于城市的地主及其暗藏的反革命分子的财产，怠工的资本家的罚款或捐款等，这是经常的组织。

在城外市区，则其任务为没收地主的现款及其他财产，依照国家财政机关的命令，适当地进行富农捐款，这是临时的组织，任务完毕即撤销。

14. 国有财产委员会

委员三人至五人。其任务为管理国有财产，在有国有财产之市区或市属直属市组织之。无国有财产者则不须组织。

15. 商业税或农业税征收委员会

委员七人至九人。在城内市区组织商业税征收委员会，帮助市财政部调查商店营业情形，并帮助征收商业税。这是经常的组织。

在城外市区，则组织农业税征收委员会，帮助市财政部征收农业税。于征收农业税时临时组织之，任务完毕即撤销。

16. 公债发行委员会

委员七人至九人，管理公债之推销、债款债谷之收集与暂时的保存。于发行公债时临时组织之，任务完毕即行撤销。

17. 教育委员会

委员九人至十一人。由市区苏维埃或区属市苏维埃的代表，列宁小学校长，补习夜学校长，俱乐部主任，共产青年团、工会、贫民团、少先队、儿童团、女工农妇代表会等团体的代表组织之。管理全市与区属市内的一切文化教育事业之发展、整理与调查统计。

18. 卫生委员会

委员七人至九人，由市区苏维埃或区属市苏维埃的代表，各街道或各村落群众中积极分子组织之。管理全市区与区属市内通光、通气、通水、扫除灰尘垃圾、清洁沟渠便所、灭蝇、捕鼠、防疫、医药等事项。

19. 桥路委员会

委员七人至九人。管理街道、普通道路、桥梁、船渡、茶亭等之修理与建设。

20. 粮食委员会

委员七人至九人。管理关于全市区与区属市内每季粮食（杂粮在内）的调查登记与统计，调查统计全市区与区属市内居民群众每季共需粮食若干、有余或不足若干。

21. 备荒委员会

委员七人至九人。其任务为筹集粮食于备荒仓而保管之，调查统计全市区与区属市内居民群众中粮食不足及正患饥荒者若干、需要接济粮食若干，并实施救济办法。

22. 森林或山林委员会

委员五人至七人。在城内市区及城外市区之无山者，组织森林委员会，其任务为领导居民群众在一切可能植树的地方如园地、庭院、河旁、路边种植树木并培养保护之。在城外市区之有山者，则组织山林委员会，管理山林之种植、培养与保护。

23. 水利委员会

委员五人至九人。在城内市区管理街道及房屋下阴沟之修理，护城河堤之修筑，城内外池塘水井之疏浚。在城外市区管理坡地、河堤、池塘之修理与开筑，水车之修理与设备。

24. 土地登记委员会

委员三人至五人。在城内市区管理地坡、池塘、水井、园土、果木、树林等的调查登记与统计。在城外市区则管理田地、山林、池塘、园土、沙坝、果木等之调查登记与统计，土地证之发给与补领等。

25. 开荒委员会

委员五人至七人，于城外市区之有荒田、荒土、荒山者组织之。管理领导群众开发荒田、荒土、荒山。

26. 查田委员会

只在城外市区组织之，委员七人至十一人。以市区苏维埃或区属市苏维埃的主席、副主席、文书、贫农团主任、工会支部长、其他群众团体负责人为委员，为查田运动的领导机关，查田运动彻底完成后即取消。在查田运动时，为了没收地主阶级的财产，及富农多余的耕牛、农具、房屋，并分配于群众，得组织没收分配财产的委员会；委员七人至十一人，在查田委员会指导之下进行工作。

同样，为着对于地主的土地及富农多余的与好的土地之没收与分配，在查田委员会之下得另组织没收分配土地的委员会，委员七人至十一人。

27. 选举委员会

委员九人至十三人。于举行市区苏维埃与区属市苏维埃的选举时，由市区苏维埃或区属市苏维埃的代表，各群众团体的代表，及其他积极分子组织之。在市苏维埃选举委员会直接指导之下，管理关于选举的宣传、选民的登记、选举单位的划分、候选名单的准备、选举大会的召集，及其他一切与选举有关系的事项。选举完毕即撤销。

28. 工农检察委员会

委员七人至九人。由工会、贫民团、女工农妇代表会、共产青年团的代表及其他积极分子组织之。直接隶属于市苏维埃的（区属市则隶属于区苏维埃的）工农检察委员会，其任务为经常检查市区苏维埃与区属市苏维埃主席团、代表会议各委员会、赤卫军、少先队及国家企业是不是完全遵照上级苏维埃的法令、指示进行工作。在这些机关与企业中，如果发生了贪污腐化，消极怠工，压制强迫或其他违反选民群众公意，违反苏维埃法令的行为的分子，即帮助市苏维埃工农检察委员会进行对于这些不良分子的检举。

第十七条　市区苏维埃与区属市苏维埃下各种委员会之组织，得按当地工作需要情形增加之或减少之，但须得上级苏维埃的同意。

第十八条　在城外市区，如地域较宽或工作高度发展时，可以村为单位组织某些必要的委员会，每一委员会的人数三人至五人，为乡的委员会的分会，其主任即以乡的委员之一充之。

第十九条　各委员会设主任一人，主持各委员会的工作。

第二十条　市区苏维埃或区苏维埃的每个代表必须参加一个至二个委员会为委员。代表应参加何种委员会，先由代表自己选择，再由主席团适当分配之。

第二十一条　应充分吸收代表以外的工农贫民积极分子参加各委员会为委员。

第二十二条　各委员会进行工作时，不得违背代表会议及主席团的意见。

第二十三条　市苏维埃与区苏维埃的各部对于市区苏维埃与区属市苏维埃下的各种委员会，须按其任务的分别，经过市区苏维埃与区属市苏维埃的代表会议及其主席团发生密切的关系。必要时市苏维埃的各部得召集全市各个市区与自己有关系之委员会的主任到市苏开会，或派人去市区召集有关之委员会开会，指示工作。

第二十四条　市苏维埃、市区苏维埃及区属市苏维埃的全体代表会议各委员会的会议，必要时应移到有关系的企业中、机关中、群众团体中或村落中去开会，以便吸收当地工农贫民群众及当事人参加会议，发表意见。

第二十五条　市苏维埃、市区苏维埃及区属市苏维埃的代表，除规定的常驻人员外，以不脱离生产为原则。

第二十六条　市苏维埃的全体代表会议，在居民五万人以下的市，每月由主席团召集一次；在居民五万人以上的市，每两月由主席团召集一次。市区苏维埃的全体代表会议，在居民五万人以下的市，每十天由主席团召集一次；在居民五万人以上的市，每二十天由主席团召集一次。

市执行委员会，每月由主席团召集一次。

市区苏维埃主席团会议每三天由主席团召集一次。

市苏维埃主席团会议，在居民五万人以下的市，每三天由主席团召集一次；在居民五万人以上的市，每七天由主席团召集一次。各委员会的会议，每十天由主任召集一次。有临时问题，不论何种机关均得开临时会议。

市区苏维埃与区苏维埃的常驻人员，在城内市区为五人。在城外市区，人口在一千以下的二人，人口在一千以上的三人，人口在两千以上的四人，区属市苏维埃四人。

第二十七条　市苏维埃的常驻人员，由人民委员会按照各地居民多少及工作繁简，以命令规定之。

第二十八条　市区苏维埃与区属市苏维埃须每两个月向选民做工作报告一次。市苏维埃每三月向选民做工作报告一次。

选民对于工作报告有批评和建议之权。

第二十九条　市区苏维埃对于市苏维埃、区属市苏维埃对于区苏维埃，至少每月做工作报告一次。市苏维埃对于上级苏维埃至少每月做报告一次。

第三十条　市区苏维埃与区属市苏维埃均可用文书一人，助理主席团的工作。

第三十一条　市区苏维埃与区属市苏维埃的代表，均每半年改选一次。

市苏维埃的代表，在居民五万人以下的市，每半年改选一次；居民五万人以上的市，每年改选一次。代表连选者得连任。

第三十二条　在两次选举之间，代表有违背选民公意者，或无故连续两个月不出席代表会议者，或违抗代表会议决议经过警告不改变者，或犯其他重大错误者，得由选民十人以上的提议，经选民半数以上之同意撤回之；或由代表会议通过，经选民半数以上之同意开除之。撤回或开除之代表，以候补代表补充其职务。

二、乡苏维埃

第三十三条　乡苏维埃为全乡最高政权机关，由全乡选民选举代表组织之。

第三十四条　由全体代表会议选举五人至七人组织主席团，为代表会议闭会时间的全乡最高政权机关。

第三十五条　由主席团推选主席、副主席各一人。

第三十六条　代表的任务，一方面是代表选举他们的选民到苏维埃去工作，传达选民意见，将选民所要进行的工作提到乡苏维埃去讨论；另一方面是将上级苏维埃所要进行的工作，经过代表会议或主席团讨论之后，传达到群众中去，领导各代表所在范围内的居民，坚决执行上级苏维埃的命令和指示，执行乡苏维埃的决议。

第三十七条　乡苏维埃的代表，须按其住所接近，在三个至七个代表中，由乡苏维埃主席团指定一人为代表主任，在主席团许可的范围内分配和指导其领导下各代表的工作，传达乡苏维埃主席团的通知于其领导下各代表，召集其领导下的居民开会，解决其领导下居民的较小的问题，必要时得参加主席团会议。

第三十八条　乡的全境之内，应按距离远近与居民多少划分若干村，但每乡至多不得超过五个村（村的名称可用村内著名的地名称之，不得采用数字）。

如一村中有代表主任二人以上时，可于各代表主任之中指定一人，负有接收主席团的通知，转达于各代表主任及召集以村为单位的居民会议之责，为讨论村的工作，并得召集村各代表开会。

第三十九条　在乡苏维埃管辖的全境之内，为着代表与居民的密切联系，便于吸收居民的意见，并领导工作起见，应依照代表与居民住所的接近，将全体居民适当分配于各个代表的领导之下（通常以居民三十人至七十人置于一个代表的领导下），使各个代表对于其领导下一定范围内的居民发生固定的关系。

第四十条　在乡苏维埃之下，组织下列各种经常的或临时的专门委员会，其人数与任务规定如下：

1. 扩大红军委员会

委员三人至九人。管理扩大红军与归队运动。

2. 优待红军委员会

委员七人至十一人。指导耕田队为劳动力不足的红军家属及其他脱离生产的工作人员的家属耕种土地，解决红军家属及其他脱离生产的工作人员的家属的一般生活困难问题，管理红军公田的耕种、收获和保藏。

3. 慰劳红军委员会

委员七人至十一人，由乡苏维埃的代表及各种群众团体的代表组织之。其任务为领导居民群众举行慰劳红军运动，收集居民群众慰劳红军的物品。

4. 赤色戒严委员会

委员七人至九人。由乡苏维埃的代表、赤卫军、少先队的干部及其他积极分子组织之，其任务为加紧赤色戒严与肃反斗争，如指导并巡查放哨、眺高、查路条、盘问可疑的居民与来人，领导群众注意剥削分子的行动，追究反动派的造谣，并帮助政治保卫局与裁判部实行镇压反革命活动等。

5. 防空防毒委员会

委员五人至七人。其任务为指导居民群众防御敌人飞机的轰击的各种必要事项，如设立号炮所、构筑飞机洞、准备防毒用具等。

6. 没收征发委员会

委员五人至七人。其任务为管理没收地主现款及其他财产。依照国家财政机关的命令，适当地进行富农捐款。这是临时的组织，任务完毕即撤销。

7. 国有财产委员会

委员三人至五人。其任务为管理国有财产，只在有国有财产之乡组织之。

8. 农业税征收委员会

委员九人至十五人。管理征收农业税，于征收农业税时临时组织之，任务完毕即撤销。

9. 公债发行委员会

委员九人至十五人。管理公债之推销、债款债谷之收集与暂时的保存，于发行公债时临时组织之，任务完毕即撤销。

10. 各季的农业生产委员会

按照农业生产季候，组织春耕委员会、夏耕委员会、秋收秋耕委员会与冬耕委员会，委员九人至十五人，由乡苏维埃的代表及农民群众中积极而老于农事的分子组织之。其任务为指导农民群众调剂人工、增加肥料、解决耕牛困难、修理添置农具、选择种子、改良栽培方法、消灭害虫及不失时机收获农产品等。

11. 开荒委员会

委员五人至七人。管理开发荒田、荒土、荒山。这是临时组织，任务完毕即撤销。

12. 山林委员会

委员五人至七人。管理山林之种植、培养与保护。

13. 水利委员会

委员五人至七人。管理坡地、河堤、池塘之修理与开筑，水车之修理与设备。

14. 土地登记委员会

委员三人至五人。其任务为对于农业生产方面各种问题之研究，如什么种子种什么地方适宜，宜于施放什么肥料，用何种栽培方法较好等，同时管理乡之农业试验场。

15.（残缺）①

16. 查田委员会

委员七人至十一人，以乡苏维埃主席、副主席、文书、贫农团主任、工会支部长、其他群众团体负责人组织之，为全乡查田运动的领导机关，查田运动彻底完成之后即撤销。

在查田运动时，为了没收地主阶级的财产及富农多余的耕牛、农具、房屋，并分配于群众，得组织没收、分配财产的委员会，委员七人至十一人，在查田委员会指导之下进行工作。

同样，为着对于地主土地及富农多余的与好的土地之没收与分配，在查田委员会之下，得另组织没收分配土地的委员会，委员七人至十一人。

17. 教育委员会

委员九人至十五人，由乡苏维埃代表、列宁小学校长、补习夜学校长、俱乐部主任、共产青年团、工会、贫农团、少先队、儿童团、女工农妇代表会等团体的代表组织之。管理全乡文化教育事业之发展、整理与调查统计。

18. 卫生委员会

委员七人至九人，由乡苏维埃代表及各村群众中积极分子组织之。管理全乡通光、通气、通水、扫除灰尘垃圾、清理沟渠便所、灭蝇、捕鼠、防疫、医药等事项。

19. 桥路委员会

委员七人至九人。管理全乡桥梁道路、船渡、茶亭等之修理与建设。

20. 粮食委员会

委员七人至九人。管理关于全乡每季粮食的调查登记与统计，调查统计全乡居民每季共需粮食若干，有余或不足若干。

21. 备荒委员会

委员七人至九人。其任务为筹集粮食于备荒仓而保管之，调查统计全乡的粮食不足或正患饥荒者若干，需要接济粮食若干，并实行救荒的办法。

22. 户口委员会

委员三人至五人。其任务为按照成分调查登记全乡居民的家户与人口，按月登记全乡居民中之出生、死亡、迁移、结婚及离婚之人数。

23. 义务劳动委员会及运输委员会

委员七人至九人。调查登记、编制调剂并动员运输队、耕田队、修路队、劳役队（地主与反动富农的）及其他义务等事项。

为了迅速动员伕子到前方抬伤病员、搬胜利品及后方的运输勤务，得单独组织运输委员会，委员五人至七人。

24. 选举委员会

委员九人至十三人，于举行乡苏维埃选举时，由乡苏维埃代表、各群众团体代表及其

① “社科法制版”注明：“15.（残缺）”。“西南法制史版”却将“14”的后半段，误植到“15”（此处残缺——编者）之后。“江西法制版”则误将本组织法的第十五条重印一遍。“西南函授版”出现同样讹误。参照市区所设的委员会，此处可能是贫民委员会或失业救济委员会之类。

他积极分子组织之。管理关于选举的宣传、选民的登记、选举单位的划分、候选名单的准备、选举大会的召集及其他一切与选举有关系的事项。

25．工农检察委员会

委员七人至九人，由工会、贫农团、女工农妇代表会、共产青年团的代表及其他积极分子组织之。直接隶属于区苏维埃工农检察委员会。其任务为经常检查乡苏维埃主席团代表会议、各委员会、赤卫军、少先队是不是完全遵照上级苏维埃的法令指示进行工作。在这些机关及地方武装中，如果发生了贪污腐化、消极怠工、压制强迫及其他违反选民群众公意、违反苏维埃法令的行为的分子，即帮助区苏维埃工农检察委员会进行对于这些不良分子的检举。

第四十一条　苏维埃下各种委员会之组织，得按照当地工作需要情况增加之或减少之，但需得上级苏维埃的同意。

（原注）在乡之区域较宽或工作高度发展时，可以村为单位组织某些必要的委员会，每一委员会的人数三人至五人，为乡的委员会的分会，其主任即以乡的委员之一充之。

第四十二条　各委员会设主任一人，主持委员会的工作。

第四十三条　每个乡苏维埃代表必须参加一个至两个委员会为委员，代表应参加何种委员会，先由各代表自己选举，再由主席团适当分配之。

第四十四条　应充分吸收代表以外的工农，贫民积极分子参加各委员会为委员。

第四十五条　各委员会进行工作时，不得违背代表会议或主席团的意见。

第四十六条　区苏维埃的各部，对于乡苏维埃下的各种委员会，须按其任务的分别，经过乡代表会议及其主席团发生密切的关系，必要时区苏维埃的各部得召集全区各乡或某几乡与自己有关系之委员会的主任到区苏开会，指示工作。

第四十七条　乡苏维埃全体代表会议，每十天由主席召集一次。

主席团会议每三天由主席召集一次。各委员会的会议，每十天由主任召集一次。

有临时重要问题，不论何种机关均得召集临时会议。

第四十八条　全体代表会议，各委员会的会议，必要时应移到与所讨论的事件有关系的村子内或群众团体内去开会，以便吸收当地群众及当事人来参加会议。

第四十九条　乡苏维埃的代表，除规定的常驻人员外，以不脱离生产为原则。

第五十条　乡苏维埃可用文书一人，助理主席团的工作。

第五十一条　乡苏维埃的常驻人员，居民一千人以下的乡为主席、文书二人。居民一千人以上的乡为主席、副主席、文书三人。在重要交通大道而为一天行程的终点、工作特别繁多之乡，得驻四人。

第五十二条　乡苏维埃须每两个月召集选民开会，做工作报告一次。

选民对于乡苏维埃的报告，有批评和建议之权。

第五十三条　乡苏维埃至少每月向区苏维埃做工作报告一次。

第五十四条　乡苏维埃的代表每半年改选一次，但连选得连任。

第五十五条　在两次选举之间，代表有违背选民公意者或无故连续两个月不出席代表会议者，或违抗代表会议决议经过警告不改变者，或犯其他重大错误者，得由选民十人以上之提议，经选民半数以上之同意撤回之，或由代表会议通过，经选民半数以上同意开除之。撤回或开除之代表，以候补代表补充其职务。

第三章　区、县、省苏维埃代表大会及其执行委员会

一、区苏维埃代表大会及其委会员

第五十六条　全区苏维埃代表大会，为全区最高政权机关。

第五十七条　由全区苏维埃代表大会选举区执行委员会，为全区苏维埃代表大会闭会期间的最高政权机关。区执行委员会由委员二十一人至三十五人、候补委员五人至七人组织之。

第五十八条　全区苏维埃代表大会，每三个月由区执行委员会召集一次。

第五十九条　全区苏维埃代表大会的任务是：听区执行委员会的工作报告并讨论之，讨论全区内苏维埃工作的方针与实行办法，选举区执行委员会。但执行委员会的选举，每两次全区代表大会中只举行一次（即六个月一次）。

第六十条　区执行委员会推选七人至十一人组织主席团，为区执行委员会闭会期间的全区最高政权机关。

第六十一条　区执行委员会主席团互推主席、副主席各一人。

第六十二条　区执行委员会主席团得用秘书一人、文书一人至二人，以助理文字等工作。

第六十三条　区执行委员会的全部①常驻人员，由人民委员会按照居民多少及工作繁简以命令规定之。

第六十四条　区执行委员会全体会议每月由主席团召集一次。

主席团会议每三天由主席召集一次。

有临时重要问题均得召集临时会议。

第六十五条　区执行委员会至少每月须向县执行委员会做工作报告一次。

第六十六条　区执行委员会至少每两个月须向区内各个乡苏维埃的全体代表会议做工作报告一次。

第六十七条　区执行委员会须向全区苏维埃代表大会做工作报告。

二、县苏维埃代表大会及其执行委员会

第六十八条　全县苏维埃代表大会为全县最高政权机关。

第六十九条　由全县苏维埃代表大会选举县执行委员会，为全县苏维埃代表大会闭会期间的全县最高政权机关。县执行委员会由委员三十五人至五十五人、候补委员七人至十一人组织之。

第七十条　全县苏维埃代表大会，每六个月由县执行委员会召集一次。

第七十一条　全县苏维埃代表大会的任务是：听取县执行委员会的报告并讨论之，讨论和决定全县苏维埃工作的方针，选举县执行委员会。但县执行委员会的选举，每两次全县代表大会中只举行一次（即一年一次）。

第七十二条　县执行委员会互推九人至十五人组织主席团，为县执行委员会闭会期间的全县最高政权机关。

第七十三条　县执行委员会的主席团互推主席一人、副主席一人至二人。

---

① “江西法律版”“西南函授版”和“西南法制史版”此处皆有“全部”二字，“社科法制版”无此二字。参照本组织法第七十六条、八十九条，应有“全部”二字。

第七十四条　县执行委员会可任用巡视员二人至五人，出发巡视和指导主席团指定的某一项或某几项工作。

第七十五条　县执行委员会主席团得用秘书一人至二人、文书一人至二人，以助理文字等工作。

第七十六条　县执行委员会的全部常驻人员，由人民委员会按照各县居民多少及工作繁简以命令规定之。

第七十七条　县执行委员会全体会议，每两个月由主席团召集一次。

主席团会议每五天由主席召集一次。

有临时重要问题均得召集临时会议。

第七十八条　县执行委员会至少须每月向省执行委员会做工作报告一次。

第七十九条　县执行委员会须向各区苏维埃代表大会做工作报告。

第八十条　县执行委员会须向全县苏维埃代表大会做工作报告。

三、省苏维埃代表大会及其执行委员会

第八十一条　全省苏维埃代表大会为全省最高政权机关。

第八十二条　由全省苏维埃代表大会选举省执行委员会，为省苏维埃代表大会闭会期间的全省最高政权机关。

省执行委员会由委员五十五人至九十五人、候补委员十一人至十九人组织之。

第八十三条　全省苏维埃代表大会每年由省执行委员会召集一次。

第八十四条　全省苏维埃代表大会的任务是：听省执行委员会的工作报告并讨论之，讨论和决定全省范围内苏维埃工作的方针，改选省执行委员会。

第八十五条　省执行委员会互推十三人至十九人组织主席团，为省执行委员会闭会期间的全省最高政权机关。

第八十六条　省执行委员会主席团互推主席一人、副主席二人。省执行委员会可任用巡视员五人至九人，出发巡视和指导主席团或各部指定范围内的关于下级的某一项或某几项工作。

第八十七条　省执行委员会得聘用专门人才，助理主席团或各部的工作。

第八十八条　主席团任用秘书一人至三人、文书一人至三人，以助理文书等工作。

第八十九条　省执行委员会的全部常驻人员，由人民委员会按照各省居民多少及工作繁简以命令规定之。

第九十条　省执行委员会全体会议，每四个月由主席团召集一次。

主席团会议每七天由主席召集一次。

有临时重要问题，均得召集临时会议。

第九十一条　省执行委员会，每四个月向中央执行委员会做工作报告一次。

主席团至少每月须向中央人民委员会做工作报告一次。

第九十二条　省执行委员会须向全省各县苏维埃代表大会做工作报告。

第九十三条　省执行委员会须向省苏维埃代表大会做工作报告。

第四章　各部

第九十四条　省、县、区、市各级苏维埃执行委员会之下，设立劳动、土地、军事、财政、国民经济、粮食、教育、内务、裁判等部，工农检察委员会及国家政治保卫分局。

但省军事部的工作，得归并于军区指挥部，不另设立机关。

国家政治保卫局在区只设特派员。

省设审计委员会。

第九十五条　区及县属市的各部、直隶于县的各部；县及省属市的各部，直隶于省的各部；省及中央直属市的各部，直属于中央的各部；成为直的组织系统，下级绝对服从上级。

第九十六条　区、市、县、省各级苏维埃的各部，除隶属于各该部自己的上级各部之外，受同级执行委员会及其主席团的指导和节制。

第九十七条　主席团没有停止各部执行各该部上级的命令之权。

如主席团对于各该部上级的命令有异议时，应提出到上级执行委员会或主席团去解决，未得上级执行委员会或主席团的指示之前，不得停止各部执行上级的命令。

第九十八条　各级苏维埃非得各部上级的同意，不能随便调动主要的负责工作人员（部长、副部长等）。

第九十九条　各部的部长，除由各该级执行委员会的委员中选任之外，得选任执行委员会以外的人员充任。

各部部长、副部长的选任，须报告上级执行委员会或主席团，经过上级各部审查后委任之。

各部部长、副部长，除不称职者外，不随执行委员会的改选而更换。

第一百条　当各部工作人员交替时，除由原任将工作情形，向新任明白交代之外，须将文书、器具、财产等开列清单，由原任新任共同签字，点交明白。

第一百零一条　各级各部的全体工作人员，由人民委员会按照各部在各地的工作情形，以命令规定之。下面只规定主要的人员。

第一、劳动部

第一百零二条　省、县、区、市各级劳动部之下，均设劳动委员会，为讨论和建议关于劳动部工作中各种问题的机关。

劳动委员会，省由十五人至二十一人，县由十三人至十九人，区由九人至十一人组织之，市按市之大小，由九人至二十一人组织之。

第一百零三条　劳动委员会，由部长、副部长、劳动保护科长、失业劳动科长、社会保险局长，职工会的代表二人至三人，国民经济部及土地部的代表，所在地附近的下级劳动部长及其他工作人员中能任此职者组织之，以部长为委员会的主任。

劳动委员会的委员，经同级主席团审查通过后，须送上级劳动部批准。

第一百零四条　省、县、区、市劳动部之下，设劳动保护科、失业劳动科及社会保险局分局、支局或办事处（社会保险局是暂时受劳动部节制的）。

第一百零五条　省劳动部设部长一人，副部长一人至二人。

县、区、市各级劳动部均设部长一人，副部长一人。

各级劳动部保护科、失业劳动科，各设科长一人。

社会保险局设局长一人。

省劳动部及中央直属市劳动部均设秘书一人。

县劳动部及省属市劳动部均设文书一人。

各级劳动保护科之下，均设劳动检查所。

在工业发展区域，劳动保护科之下，并须设置卫生检查所、技术检查所及经济评判所。

各级失业劳动科之下，均设劳动介绍所。

在失业工人较多区域，当地失业劳动科之下，并须设置失业劳动救济委员会。

第一百零六条　部长、副部长及各科的职权如下：

（一）部长管理本部全部工作，副部长助理部长进行工作，部长因故离职时代理部长之职权。

（二）劳动保护科，管理劳动保护的工作，监督与检查劳动法的实行。

（三）失业劳动科，管理失业劳动的登记和统计、劳力的调剂、劳动的介绍、指导工人组织生产合作社等。

（四）社会保险局，管理社会保险的工作。

第一百零七条　劳动检查所长、检查员，及社会保险局各级局长，由同级职工联合会推荐，经劳动部审查委任之。

第二、土地部

第一百零八条　省、县、区、市各级土地部之下，均设土地委员会，为讨论和建议关于土地斗争、土地生产各种问题的机关。

土地委员会，省由十五人至二十五人，县由十三人至十九人，区由十一人至十七人组织之，市按市辖近郊农村的多少，由十一人至十九人组织之。

第一百零九条　土地委员会由部长、副部长，没收分配科长、山林水利科长、调查登记科长、农事试验场主任、农产品展览所主任，劳动部①、国民经济部、农业工会的代表，所在地附近的下级土地部部长，及其他工作人员中能任此职者组织之。以部长为委员会的主任。土地委员会的委员经同级苏维埃主席团审查通过后，须送上级土地部批准。省、县两级委员要有附近的下级土地部长二人至三人参加。区及市土地委员要有附近乡苏维埃关于土地问题的委员之三人至五人参加。

第一百一十条　省、县、区、市各级土地部之下，均设没收分配科、土地建设科、山林水利科、调查登记科、农事试验场及农产品展览所。在土地没收分配问题彻底解决了的县、区、市，没收分配科的工作，应归并于土地建设科。

区级市土地部之下，还可组织临时的委员会——没收分配委员会、查田委员会、土地登记委员会等。

第一百一十一条　省土地部，设部长一人，副部长一人至二人。

县、区、市各级土地部，均设部长、副部长各一人。

没收分配科、土地建设科、山林水利科、调查登记科，各设科长一人。农事试验场、农产品展览所，各设主任一人。

---

① “西南法制史版”漏掉“劳动部”。

省土地部及中央直属市土地部，均设秘书一人。

县土地部及省属市土地部，均设文书一人。

第一百一十二条　土地部部长、副部长及各科的职权如下：

（一）部长管理本部全部工作，副部长助理部长进行工作，部长因故离职时代理部长的职权。

（二）没收分配科，管理依照土地法令对于土地财产之没收、分配及对于土地之检查（查田运动）。

（三）土地建设科，管理发展农业生产事项，如各季的耕种与收获，调剂人工，开发荒地，调剂耕牛，改良农具，选择种子，增加肥料，改良栽培方法，消灭害虫，组织和指导农事试验场、农产品展览所、犁牛合作社、劳动互助社等。

（四）山林水利科，管理坡地①、河堤、池塘的修筑与开发，水车的修理和添置，山林的种植培养、保护与开垦等。

（五）调查登记科，管理土地的调查、登记、统计及发给土地证等。

第三、军事部

第一百一十三条　县、区、市均设军事部。

省设军区司令部，为县军事部的上级机关。

省军区司令部及县、区、市军事部之下，均不设委员会。

原注：省军区司令部及中央直属市的军事行政机关之组织，由中央军事委员会以命令规定之。

第一百一十四条　县及省属市军事部，设部长、副部长各一人。

部长管理本部全部工作，副部长助理部长进行工作，部长因故离职时代理部长之职权。

第一百一十五条　县及省属市军事部，设第一科、第二科、第三科，各设科长一人。其职权如下：

（一）第一科长，管理地方部队的编制与训练，并兼赤卫军司令部第一参谋。

（二）第二科长，管理扩大红军及一切战争动员工作，并兼赤卫军司令部第一参谋。

（三）第三科长，保管和分配武器弹药，并管理军事部其他杂务。

第一百一十六条　区及县属市军事部，设部长、副部长各一人。

部长管理本部全部工作，副部长助理部长进行工作，部长因故离职时代理部长之职权。

第一百一十七条　区军事部设第一科、第二科，各设科长一人。

其职权如下：

（一）第一科长，管理地方部队的编制训练事项，并兼区或市赤卫军参谋长。

（二）第二科长，管理扩大红军及一切战争动员工作。

第一百一十八条　县及省直属市军事部设秘书一人，区及县直属市军事部设文书一人。

第四、财政部

第一百一十九条　省、县、区、市各级财政部之下，均设财政委员会，为讨论和建议

---

① “社科法制版”为“坡地”，“江西法律版”与“西南函授版”“西南法制史版”皆无“地”字。

关于财政各种问题的机关。

财政委员会，省由十一人至十五人，县由九人至十一人，区由七人至九人组织之，市按市之大小，由七人至十五人组织之。

第一百二十条　各级财政委员会，由部长、副部长、会计科长、税务科长、国有财产管理科长、国民经济部的代表、分库或支库的主任、银行行长、所在地附近的下级财政部长与财政部工作有联系的机关的代表及其他工作人员中能任此职者组织之，以部长为委员会的主任。

财政委员会的委员经同级苏维埃主席团审查通过之后，须送上级财政部批准。

第一百二十一条　省、县、区、市各级财政部之下设会计科、税务科、国有财产科。此外，在应该进行对于剥削者没收和征发的地方，组织没收征发委员会。在农业税征收时，区及市的财政部之下，组织农业税征收委员会。

在发行公债时，组织公债发行委员会。

在山林多的地方，组织国有山林管理委员会。

各委员会的委员，由部长以命令委任之。

第一百二十二条　省财政部设部长一人，副部长一人至二人。

县、区、市各级财政部，设部长、副部长各一人。

会计科、税务科、国有财产科，各设科长一人。

各委员会设主任一人。

省及中央直属市财政部均设总务科，设科长一人。①

省及中央直属市财政部，均设秘书一人。

县及省直属市财政部，均设文书一人。

第一百二十三条　各级财政部部长、副部长及各科的职权如下：

（一）部长管理本部全部工作，副部长助理部长进行工作，部长因故离职时代理部长的职权。

（二）会计科，管理钱币的出纳，账目的登记，预算书、计算书的编制等。会计科之下，设记账、出纳、审核等股。

（三）税务科，管理商业税、农业税、山林税之征收、检查及监督。税务科之下，设农业税股、商业税股及记账员，必要时设山林税股。

（四）国有财产科，管理本部管辖的国有山林、矿山、店铺、房屋、工厂、作坊等国有财产之登记、整理，及出租、借入公款的清查及登记，各种租金的征收。国有财产科之下，可以组织国有财产管理委员会。

（五）总务科，管理伙食、印刷、收发，及一切不属于各科的事项。

第五、国民经济部

第一百二十四条　省、县、区、市各级国民经济部下均设国民经济委员会，为讨论和建议关于国民经济各种问题的机关。

---

① “江西法律版”和“西南函授版”皆为“设总务科，设科长一人”，“社科法制版”印作“设总务科，设［会］计科长一人”。

国民经济委员会，省由十五人至十九人，县由十三人至十五人，区由十一人至十三人组织之，市按市之大小，由十三人至十九人组织之。

第一百二十五条　各级国民经济委员会，由部长、副部长、设计科长、工业科长、调查统计科长、运输管理局长、贸易局长、合作社指导委员会主任，劳动部、土地部、财政部、职工会及其同级合作社的代表，所在地的下级国民经济部长，及其他工作人员中能任此职务者组织之。以部长为委员会的主任。

国民经济委员会的委员，经同级苏维埃主席团审查通过后，须送上级国民经济部批准。

第一百二十六条　各级国民经济部之下，设设计科、工业科、商业科、调查统计科、合作社指导委员会、运输管理局（或支局）、贸易局（或支局），必要时设国有企业科。但区一级非必要时不设工业、商业两科。

第一百二十七条　省国民经济部设部长一人，副部长一人至二人。

县、区、市各级国民经济部，设部长、副部长各一人。

设计科、调查统计科、国有企业科，各科设科长一人。

运输管理局、贸易局，各设局长一人。

省及中央直属市国民经济部内均设秘书一人，县及省辖市[①]国民经济部均设文书一人。

第一百二十八条　各级国民经济部部长、副部长、各科及委员会的职权如下：

（一）部长管理本部全部工作，副部长助理部长进行工作，部长因故离职时代理部长之职权。

（二）设计科，拟具所属范围内农、林、工、商、矿、交通等业发展与调剂的计划。

（三）工业科，管理工业之发展及调剂。

（四）商业科，管理商业之发展及调剂。

（五）调查统计科，管理所属范围内农、林、工、商、矿、交通等业及其他必要事项的调查与统计。

（六）国有企业科，管理各种国有企业经营。

（七）合作社指导委员会，管理指导合作社的发展，并监督其工作。

（八）贸易局，管理国营贸易。

（九）运输管理局，管理国有企业的运输。

第一百二十九条　各级国民经济部，得聘请专门人才，设立专门机关，以进行某些必要的工作。

第六、粮食部

第一百三十条　省、县、区、市各级粮食部之下均设粮食委员会，为讨论和建议关于粮食问题的机关。

粮食委员会，省由十五人至十九人，县由十三人至十五人，区由九人至十五人组织

---

① “西南函授版”“西南法制史版”此处漏掉如下文字：“省及中央直属市国民经济部均设秘书一人，县及省辖市”。

之，市按市之大小，由十一人至十七人组织之。

第一百三十一条　各级粮食委员会由部长、副部长、调剂科长、备荒科长、仓库保管科长、粮食合作社指导员、红军公谷管理委员会主任、土地税谷保管委员会主任、粮食调剂局长，国民经济部、财政部、土地部、职工会的代表，所在地下级粮食部长及其他工作人员能任此职务者组织之。以部长为委员会主任。

粮食委员会的委员，经同级苏维埃主席团审查通过后，须送上级粮食部批准。

第一百三十二条　省、县、区、市各级粮食部之下，设调剂科、备荒科、仓库保管科、红军公谷管保委员会、土地税谷保管委员会、粮食调剂局或支局等。

第一百三十三条　省及中央直属市粮食部设部长一人，副部长一人至二人，秘书一人。

县、市、区各级粮食部设部长、副部长各一人；县及省直属市设文书一人；调剂科、备荒科、仓库保管科，各科设科长一人。

粮食调剂局（或支局）设局长一人；红军公谷保管委员会、土地税谷保管委员会各设主任一人。

第一百三十四条　各级粮食部部长、副部长、各科及委员会的职权如下：

（一）部长管理本部全部工作，副部长助理部长进行工作，部长因故离职时代理部长的职权。

（二）调剂科，调查统计所属范围内粮食产销状况，拟具并执行调剂计划。

（三）备荒科，筹划并管理关于备荒一切事宜。

（四）仓库保管科，管理仓库粮食的出纳事宜。

（五）红军公谷保管委员会，收集所属范围内红军公谷并保管之。

（六）土地税谷保管委员会，集中所属范围内的土地税谷并保管之。

（七）粮食调剂局，调剂粮食的产销，保证红军与民众粮食供给。

第七、教育部

第一百三十五条　省、县、区、市各级教育部之下均设教育委员会，为讨论和建议关于文化教育各种问题的机关。

教育委员会，省由十三人至十七人，县由十一人至十五人，区由九人至十三人组织之，市按市之大小，由九人至十七人组织之。

第一百三十六条　各级教育委员会由部长、副部长、普通教育科长、社会教育科长、编审出版科长，共产青年团、少先队、儿童团、工会等群众团体的代表，政府机关报主笔，当地学校的校长（一至二人），各种文化团体的代表及所在地的下级教育部长等组织之。以部长为委员会的主任。

教育委员会的委员，经同级主席团审查通过后，须送上级教育部批准之。

第一百三十七条　省教育部下，设普通教育科、社会教育科、编审出版科。

县、区、市教育部下，设普通教育科与社会教育科。

第一百三十八条　省教育部设部长一人，副部长一人至二人。

县、区、市各级教育部，设部长、副部长各一人。

普通教育科、社会教育科、编审出版科，各设科长一人。

省及中央直属市教育部，设秘书一人。

县及省属市教育部，设文书一人。

第一百三十九条　各级教育部部长、副部长及各科的职权如下：

（一）部长管理本部全部工作，副部长助理部长进行工作，部长因故离职时代理部长的职权。

（二）普通教育科，管理成年青年的补习教育、儿童教育及中等教育。

（三）社会教育科，管理俱乐部、电影、戏园、地方报纸、书报阅览所、图书馆、革命博物馆、巡视讲演等。

（四）编审出版科，管理普通教育与［社会］教育的①各种材料之编辑，审查下级教育部及私人编辑的材料，并管理出版事业。

第八、内务部

第一百四十条　省、县、区各级内务部之下，均设内务委员会，为讨论和建议关于内务部工作各种问题的机关。

内务委员会，省由十五人至二十一人，县由十一人至十五人，区由十一人至十三人组织之，市按市之大小，由十三人至十九人组织之。

第一百四十一条　各级内务委员会，由部长、副部长、选举指导科长、交通科长、优待红军科长、卫生科长、社会保证科长、民事行政科长、义务劳动科长、民警分局局长或民警厅厅长，苦力运输工会的代表，革命互济会的代表，所在地的下级内务部部长及其他工作人员中能任此职者组织之。以部长为委员会主任。

内务委员会的委员，经同级苏维埃主席团审查通过后，须送上级内务部批准。

第一百四十二条　省、县、区、市内务部之下，设选举指导科、交通科、优待红军科、卫生科、社会保证科、民事行政科、义务劳动科。

第一百四十三条　省内务部所在地，设省民警分局，直属于中央内务人民委员部的民警管理局。民警分局之下，在大城市设民警厅，小城市设民警所，成为直的组织系统，但同时受所在地各级内务部的指导和节制。

中央直属市的民警厅，直属于中央民警管理局，同时受该市内各部的指导和节制。

第一百四十四条　省内务部设部长一人，副部长一人至二人。

县、区、市各级内务部，设部长、副部长各一人。

选举指导科、交通科、优待红军科、卫生科、社会保证科、民事行政科、义务劳动科，各设科长一人。

省及中央直属市内务部，设秘书一人。

县及省属市内务部，设文书一人。

第一百四十五条　省民警分局设局长、副局长各一人。

民警厅设厅长、副厅长各一人。

民警所设所长、副所长各一人。

① “江西法律版”和“西南函授版”此处皆为“普通教育与教育的”，“社科法制版”印作：“普通教育与［社会］教育的”。

（原注：）民警的详细组织，另以专门条律规定。

第一百四十六条　各级内务部部长、副部长及各科、局、所的职权如下：

（一）部长管理本部全部工作，副部长助理部长进行工作，部长因故离职时代理部长之职权。

（二）选举指导科，管理苏维埃的选举工作，监督选举法正确执行，收集和统计关于选举工作的材料，解决选举中发生的问题等。

（三）交通科，管理道路、桥梁、船渡、河堤、茶亭等之建筑和修理，船只车辆之登记等。

（四）优待红军科，管理红军之登记和统计，监督红军优待条例之执行，发动群众并分配劳动力帮助红军耕种土地，解决红军家属的其他困难问题等。

（五）卫生科，管理关于群众卫生运动之指导，医院、诊断所、疗养所之指导，医生之登记和考试，药店之检查，药材合作社之组织，医生教育等。

（六）社会保证科，管理因战争因灾荒而发生之被难群众的救济，地方武装及苏维埃工作人员参加革命战争牺牲或残废者之抚恤，荒年粮食之救济，备荒仓之指导等。

（原注）红军抚恤①，属于中央革命军事委员会所设之抚恤委员会及分会。

（七）民事行政科，管理户口、婚姻、生死之登记和统计，监督婚姻条例正确执行，市政之指导，居民证之颁发等。②

（八）义务劳动科，管理国家一切义务劳动之登记、统计和分配。

（九）民警分局、民警厅及民警所，管理各市民警事务。

第一百四十七条　为讨论某些专门问题，各科之下得组织临时的专门委员会。

第九、裁判部及军事裁判所

原注：各级地方苏维埃设立裁判部，红军部队则设立军事裁判所。

第一百四十八条　省、县、区、市各级裁判部之下均设裁判委员会，为讨论和建议关于司法行政、关于检察与审判各种问题的机关。

裁判委员会，省由九人至十三人，县由九人至十一人，区由七人至九人，市由七人至十三人组织之。

第一百四十九条　各级裁判委员会由部长、副部长、裁判员、检察员、国家政治保卫分局局长或特派员，民警分局或民警厅长或民警所长，工农检察委员会、劳动部及职工会的代表，所在地下级裁判部长，及其他工作人员中能任其职者组织之。以部长为委员会主任。

裁判委员会的委员，经同级苏维埃主席团审查通过之后，须送上级裁判部批准。

第一百五十条　裁判部在司法行政上隶属于中央司法人民委员部。在检察与审判方面则受临时最高法庭的节制。

第一百五十一条　各级裁判部之下，组织刑事法庭、民事法庭，有必要时可组织巡回法庭。市裁判部之下，并须组织劳动法庭。

---

① “西南函授版”“西南法制史版”在“红军抚恤”后多加一“金”字。

② “西南函授版”“西南法制史版”和“江西法律版”此处皆为“居民证之颁发”，“社科法制版”印作“居民众之须发”并注明“原文如此，疑有讹误”。

刑事法庭，审判刑事案件。

民事法庭，审判民事案件。

至于巡回法庭，则到出事地点去审判比较重要的刑事与民事案件，以便吸收出事地点及其附近的广大群众来观审。

劳动法庭，审判关于违犯劳动法令的案件。

第一百五十二条　省裁判部设部长一人，副部长一人至二人，裁判员一人至三人，巡视员二人至五人，检察员一人至五人，秘书一人，文书一人至三人。

县裁判部设部长、副部长各一人，裁判员一人至二人，巡视员二人至三人，检察员二人至三人，秘书一人，文书一人至二人。

区裁判部设部长、副部长各一人，文书一人。

市裁判部设部长、副部长各一人，裁判员一人至三人，检察员一人至三人，文书一人至二人。

第一百五十三条　部长、副部长、检察员、裁判员的职权如下：

（一）部长管理全部工作，副部长助理部长进行工作，部长因故离职时代理部长的职权。

（二）检察员，管理调查案件、预审案件及助理法庭告发事宜。

（三）裁判员，管理审问及判决案件。

第一百五十四条　省及中央直属市裁判部之下，设看守所及劳动感化院；县及省直属市裁判部之下，设看守所，必要时亦得设立劳动感化院，为监禁及教育犯人的机关。区设看守所。

第一百五十五条　在司法范围内，各级裁判部有随时调动赤卫军、民警所、政治保卫队之权。

第一百五十六条　军事裁判所分为初级军事裁判所、阵地军事裁判所及高级军事裁判所。

第一百五十七条　高级军事裁判所在司法行政上隶属于中央司法人民委员部，在检察及审判方面则受临时最高法庭的节制。

何处应设军事裁判所及其管辖范围如何，由中央司法人民委员部以命令规定之。

第一百五十八条　初级和高级军事裁判所之下，均设裁判委员会。

初级军事裁判所的裁判委员会，由五人至七人组织之。

高级军事裁判所的裁判委员会，由七人至九人组织之。

第一百五十九条　初级及高级裁判所的委员会，由所长、副所长、裁判员、检察员、国家政治保卫分局局长或特派员，军队的政治机关的代表，及其他工作人员中能任此职者组织之，以所长为主任。

第一百六十条　初级和高级裁判所均须组织民事、刑事法庭，有必要时，得组织巡回法庭，以审判案件。

第一百六十一条　高级军事裁判所设所长一人，副所长一人至二人，检察员二人至三人，裁判员一人至三人，巡视员二人至五人，秘书一人，文书一人至三人。

初级军事裁判所设所长、副所长各一人，检察员一人至二人，裁判员一人至二人，文书一人至二人。

各级军事裁判所的工作人员，高级军事裁判所得按照工作情形，拟具意见报告中央司法人民委员部，经人民委员会同意之后，以命令增减之。

第一百六十二条　军事裁判所所长管理本所全所工作，副所长助理所长进行工作，所长因故离职时代理所长之职权。检察员、裁判员的职权，与裁判部的检察员、裁判员同。

第一百六十三条　各级裁判部初级及高级军事裁判所，均设置法警，其人数由中央司法人民委员部以命令规定之。

第一百六十四条　没有选举权的人（十六岁以下的人包括在内），不得担任裁判部及军事裁判所的工作。

第十、工农检察委员会

（原注）工农检察委员会的任务规定于苏维埃中央政权组织法内，这里规定的限于省、县、区、市各级的组织。

第一百六十五条　省、县、区、市各级工农检察委员，由各级苏维埃代表大会依照应到名额选出的委员组织之。

省由十三人至二十一人（中央直属市同）。

县由九人至十一人（省直属区市同）。

区由五人至七人（县直属区市同）。

第一百六十六条　各级工农检察委员会的委员，必须具备左列条件者方为合格：

（一）有阶级觉悟、最忠实于苏维埃政权的工人、农民、贫民[①]及其他有革命历史的分子，但工人至少占百分之四十。

（二）没有受过苏维埃法庭的刑事处分者。

第一百六十七条　各级工农检察委员会为各级苏维埃行政机关的一部分，其隶属关系与其他行政机关相同。

第一百六十八条　省、县、区、市各级工农检察委员会，应与中国共产党省、县、区、市各级监察委员会合在一个机关内办公，取得密切的联系。

第一百六十九条　各级工农监察委员会均推选主席、副主席各一人，主席负责处理日常工作及督率工作人员进行工作之责，副主席助理主席进行工作，主席因故离职时代理主席的职权。

第一百七十条　省、县、区、市各级工农检察委员会之下设控告局，管理人民的控告、工农通讯员的通讯等，控告局设局长一人。

省及中央直属市设秘书一人，县及省直属市设文书一人，助理文字及事务工作。

省及中央直属市设巡视员五人至九人，县及省直属市设巡视员二人至五人，负巡视和指导某些指定工作之责。

第一百七十一条　省、县、区、市各级工农检察委员会，须在一切国家机关中、企业中、工厂中、作坊中、矿山中[②]、学校中、社会团体中、街道中、村落中，建立通信员，

---

① “社科法制版”、“西南函授版”为“农民、贫民”，“江西法律版”印为“贫民”、“贫农”。

② “江西法律版”和“西南函授版”此处有“矿山中”，“社科法制版”则无。

形成通信网。通信员不脱离生产。

第一百七十二条 各级工农检察委员会，有向同级苏维埃执行委员会或主席团，建议处罚或撤换某些国家机关中和企业中的工作人员之权。这些人员中如查出有犯罪实据者，须移送司法机关办理。

第一百七十三条 各级工农检察委员会对于其管辖范围内某些国家机关有工作设施的意见时，得直接向该机关或企业提出建议。

第一百七十四条 各级工农检察委员会对于某些国家机关中或企业中的工作人员进行检举时，得组织临时的检举委员会；当着检查某国家机关、某企业的工作时，得组织临时的检察委员会。

第十一、国家政治保卫局

（原注）国家政治保卫局的任务，规定于中央苏维埃组织法内，这里仅规定国家政治保卫局省、县、区、市各级的组织和权限。

第一百七十五条 国家政治保卫局各级的机关，完全为集权组织，下级服从上级，采取委任制度。

第一百七十六条 国家政治保卫局在省及中央直属市、县及省直属市，均设分局，区及县直属市设特派员。

方面军、军团均设分局，师、团及独立营设特派员及干事。国家政治保卫局于必要时，得在某些机关中直接设特派员。

第一百七十七条 各级政治保卫局之下，有一委员会组织，负责审察和讨论保卫局工作及其所得材料。各局局长是该委员会主席，参加的委员应有同级共产党代表及法院（现为裁判部）之检察员。最高国家政治保卫局委员会委员，由中央人民委员会批准委任之，以下各分局委员会委员，则由国家政治保卫局委任。

第一百七十八条 省、中央直属市及方面军军团的各分局，设执行部、侦察部、总务处。

执行部之下，设执行科、预审科。

侦察部之下，设侦察科、检查科。

县、省直属市各分局设执行科、侦察科、总务科。

第一百七十九条 省、中央直属市及方面军、军团各分局，设局长一人，副局长一人。

执行部、侦察部，各设部长一人。

执行科、预审科、侦察科、检查科，各设科长一人。

总务处，设处长一人。

县及省直属市分局，设局长、副局长各一人。

执行科、侦察科，各设科长一人。

总务科，设科长一人。

其他工作人员，由省、中央直属市及方面军分局酌量情形，拟定人数，报告中央国家政治保卫局以命令规定增减之。

第一百八十条 局长及各科的职权如下：

（一）局长管理全局工作，指导下级分局或特派员。副局长助理局长进行工作，局长因故离职时代理其职权。

（二）执行部（或科），管理拘捕、审问及处理犯人，并领导保卫队，监督护照、通行证、路条之发给。

（三）侦察部（或科），组织工作网，指导侦察工作，检查邮件与白区书报。

（四）总务处（或科），管理局内的事务工作。

第一百八十一条　国家政治保卫分局，对于一切反革命案件，有侦察、逮捕和预审之权。至于依据法律判决和执行之权，则一般的属于司法机关。特派员只有在上级给予他的任务的范围内进行工作之权，非经上级许可不得擅自捕人，但遇特殊情形时（如反革命分子逃跑或反革命已决定暴动等）不在此例。

第一百八十二条　国家政治保卫局各级机关的行动，须受法律的限制。在法律范围内，法院的检察员，有检察国家政治保卫局各级机关的案件之权。

第一百八十三条　国家政治保卫局的各级机关对于某机关或某团体内暗藏的反革命分子当执行逮捕以前，必须通知该机关或该团体的主要负责人，如认为该机关或该团体的主要负责人无可以接受预告的资格，则须于执行前通知其上级机关的主要负责人。

第一百八十四条　国家政治保卫局的各分局，有组织为自己使用的武装队伍之权。

第一百八十五条　国家政治保卫局的分局及特派员，与地方苏维埃机关及红军的指挥机关和政治机关，须发生横的密切的联系，局长及特派员，得出席这些机关的会议。

第十二、审计委员会

第一百八十六条　省及中央直属市执行委员会之下，设审计委员会，隶属于中央审计委员会，同时受省及中央直属市执行委员会及其主席团的指导与节制。

第一百八十七条　省及中央直属市审计委员会以委员七人至九人组织之，工农检察部委员会主席，国民经济部长，裁判部长及省一级军事行政机关的首长，为当然的委员，审计委员会设主任一人。

审计委员会之下得设秘书、文书各一人，审核员二人至五人。

第一百八十八条　省及中央直属市审计委员会的任务为：审核省苏维埃及全省一级苏维埃、市苏维埃及全市各市区苏维埃财政收支的预算与决算，审核财政机关的临时收支账目，并得向中央审计委员会提出该省或该市预算的原则。

第一百八十九条　省及中央直属市审计委员会如查出各级苏维埃及地方部队对于财政收支事项有违背法令或不正当的事情时，得提出解决的办法于主席团，并报告中央审计委员会。

第一百九十条　省及中央直属市审计委员会，除随时将审计情形报告中央审计委员会及省市主席团外，于每会计年度之终，将一年审计经过报告中央审计委员会及省市主席团。

第一百九十一条　县不设审计委员会，对于各区及县直属市的预算决议，由财政委员会作初步审核，送省审计委员会审核之。

第一百九十二条　省及中央直属市审计委员会，对于下级苏维埃财政收支事项，认为有调查之必要时，得派遣审核员实地调查之。

第十三、总务处

第一百九十三条　省、县、区、市各执行委员会之下，设总务处管理各级执行委员会内部的事务，各级总务处设处长、副处长各一人，由各级主席团委任之。

第一百九十四条　省及中央直属市县及省属市总务处之下，设文书科、会计科、收发科、管理科，各设科长一人，区及县直属市总务处之下，设秘书一人，文书一人至三人，收发员、管理员各一人。

第一百九十五条　各级总务处仅受同级执行委员会及主席团的节制，不发生上下级①的隶属关系。

但为了某些事务工作的必要，如纠正收发工作的错误，改良文书与印刷的技术，调派技术工作人员等，上级执行委员会的总务处得给下级执行委员会总务处以指示，并得要他对于这些事项做报告。

第五章　地方苏维埃的权力

第一百九十六条　省、县、区、市各级苏维埃的权力如下：

1. 执行中央政权机关的一切法律、命令、决议与指示，执行各该上级机关的命令、决议与指示。

2. 决定并执行本区域内关于各种苏维埃建设工作的计划。

3. 解决一切地方性质的问题。

4. 统一本区域内各级苏维埃机关的行政工作。

第一百九十七条　省苏维埃代表大会及其执行委员会对于全省各级苏维埃有监督之权。

县苏维埃代表大会及其执行委员会对于全县各级苏维埃有监督之权。

下级苏维埃机关绝对服从上级苏维埃机关。

下级苏维埃的决议、命令及指示，有违背中央政权机关的法律、命令、决议、指示及该管上级机关的命令、决议、指示者，上级苏维埃得取消之。

下级苏维埃机关如有违抗上级苏维埃机关的命令、决议、指示者，各该上级苏维埃机关得将其一部改造或全部解散之。②

第六章　临时地方政权机关——革命委员会

第一百九十八条　一切在暴动时期的地方和红军新占领的地方组织临时政权机关——革命委员会。

第一百九十九条　先有革命群众团体的组织与工作而暴动起来的地方，各级革命委员会建立的方式如下：

1. 市或乡的革命委员会，由市或乡的革命群众团体选派代表组织之。

2. 区革命委员会，由市或乡的革命委员会选派代表与区一级革命群众团体的代表共同组织之。

---

① “江西法律版”漏一“上”字。

② “江西法律版”“西南法制史版”此处为“解撤之”，“西南函授版”为“解散之”。“社科法制版”为“解撤（散）之”。

3. 县革命委员会，由区革命委员会选派的代表与县一级革命群众团体的代表共同组织之。

4. 省革命委员会，由县革命委员会选派的代表与省一级革命群众团体选派的代表共同组织之。

但每个革命委员会的名单，除中间被白区隔离、交通断绝的地方外，均须报告上级革命委员会或苏维埃执行委员会得其审查与批准。

第二百条　在红军或游击队新占领而过去没有相当革命群众团体的组织与工作的地方，各级革命委员会建立的方式如下：

1. 市或乡的革命委员会，由该市或该乡工作的红军或游击部队的政治机关指定委员名单，由该政治机关委任之。

但委任后仍须召集该市或该乡工农贫民群众开会，报告此委任的名单，如当地附近不远有上级苏维埃或革命委员会，须报告该苏维埃或革命委员会加以委任。

2. 区的及县的革命委员会，由在该县工作的红军或游击部队的政治机关指定委员名单，加以委任，但须召集全区或全县尽可能到会的工农贫民群众开会提出报告。

第二百零一条　革命委员会，乡由七人至十一人，区或市由十一人至十九人，县由十五人至二十五人，省由二十五人至①三十五人组织之。

第二百零二条　省革命委员会主席团九人至十一人，由省革命委员会全体会议推举，报告中央执行委员会委任之，或由中央执行委员会直接委任之。

县革命委员会主席团五人至九人，由县革命委员会全体会议推举，报告省苏维埃或革命委员会委任之，或由省苏维埃或省革命委员会直接委任之。

区革命委员会主席团三人至五人，由区革命委员会全体会议推举，报告县苏维埃或县革命委员会委任之，或由县苏维埃或县革命委员会直接委任之。

市革命委员会主席团五人至十一人，由市革命委员会全体会议推举，报告其所隶属的上级政府委任之，或直接由上级政府委任之。

乡革命委员会不设主席团。

第二百零三条　省革命委员会、县革命委员会均设主席一人，副主席一人至二人。

区革命委员会、乡革命委员会均设主席、副主席各一人。

市革命委员会设主席一人，副主席一人至二人。

主席及副主席均由主席团会议推举，报告上级政府委任之，或直接由上级政府委任之。

第二百零四条　省、县、区、市革命委员会之下均设劳动部、土地部、军事部、肃反委员会、财政部、粮食部，依其工作发展的程序可以增设其他的部。

各部设部长、副部长各一人。

肃反委员会，乡由七人至九人，区及市由七人至十一人，县及省由五人至七人组织之。

其他工作人员，按工作情形，由省苏维埃或省革命委员会拟定人数，报告中央各部，经人民委员会同意之后，以命令规定并增减之。

---

① “社科法制版”漏掉“省由二十五人至”七字。

各部之下设各部委员会，其人数与职务同于各级苏维埃的各部（粮食部与国民经济部同）。

第二百零五条　各部直接隶属于各该部的上级，绝对服从各该部上级的命令，但同时受同级革命委员会的指导和节制。

第二百零六条　革命委员会的任务是：发展工农贫民群众对于地主资产阶级的斗争，从当地地主资产阶级的武装队伍中夺取其武装，组织革命委员会自己指挥，而成分完全是被剥削的工农贫民（无任何剥削分子参加）的红色武装队伍，极力发展革命的战争，消灭并镇压当地一切反革命武装力量，领导群众极力镇压已被推翻而仍然暗中活动的一切反革命分子，领导群众没收并分配土地，实行劳动法，组织工会及贫农团，使之成为革命委员会的柱石。在城市中特别注意领导工人监督资本家的企业与商店，最后是召集工农兵代表大会，选举正式政权机关（苏维埃）。

第二百零七条　由革命委员会改变为苏维埃，须看当地工农贫民群众革命斗争发展的程度，由当地的最高政权机关决定之。

第七章　附则

第二百零八条　本组织法自颁布之日起发生效力。中央执行委员会对于本组织法的各条得随时修改或废止之。

中央执行委员会主席　毛泽东

副主席　项　英

张国焘

公历一九三三年十二月十二日

选自《中国新民主主义革命时期根据地法制文献选编》，第二卷，中国社会科学院出版社1981年出版，第25～78页。简称“社科法制版”。原件未注明出处。

互校版本：

1.《中华苏维埃共和国法律文件选编》，江西人民出版社1984年出版，第37～77页。简称“江西法律版”。原注：“湘赣省苏维埃政府翻印、湘鄂川黔省革命委员会翻印，公元一九三四年十月二十六日”。

2.《中国新民主主义革命时期法制建设资料选编》，第一册，西南政法学院函授部1982年编印，第94～139页。简称“西南函授版”。其所注出处与“江西法律版”所注同。

3.《中国法制史参考资料汇编》，第三辑，西南政法学院法制史教研室1980年编印，第341～394页。简称“西南法制史版”。其所注出处与“江西法律版”所注同。

21. 中央执行委员会关于召集第二次全苏大会的决议

1933年6月8日

从第一次全国苏维埃代表大会，到今年十一月七日即届两年，目前正当革命战争与反帝反国民党运动进到更高发展的阶段，为了加强对全国革命的领导，使全国反帝国主义国民党的伟大斗争开展新的局面，为了总结两年以来全国苏维埃运动的经验，决定新的方针及改选中央执行委员会，必须召集第二次全国苏维埃代表大会，并决定下列各项：

（一）第二次全苏大会应在一九三三年十二月十一日广暴纪念日开会，开会地点在中央苏区。

（二）责令人民委员会收集一切必要的材料，准备向大会做两年以来的工作报告。

（三）第二次全苏大会以前，应改选各级地方苏维埃：

1. 中央苏区在十一月十五日以前，须将乡、区、县、省四级苏维埃改选完毕，出席全苏大会的代表，须在十二月五日以前到达中央政府所在地。

2. 其他苏区必须在十月三十一日以前，将乡、区、县、省四级苏维埃改选完毕，出席全苏大会的代表须在十一月三十日以前到达中央政府所在地。

3. 各省出席第二次全苏大会的代表，须在省苏代表大会上选举。

4. 在整个苏维埃选举运动中，必须联系到工农群众的实际生活，深入城市与农村中的阶级斗争，进行彻底的查田运动和检查劳动法的工作。

5. 必须发动选民的大多数来参加苏维埃选举。

（四）通知国民党统治区域的一切革命群众团体、抗日义勇军、革命的游击队及同情于苏维埃运动的个别革命分子，欢迎他们派代表或亲身来参加第二次全苏大会。

（五）通知中国邻近各国家各民族的一切革命团体及革命分子，欢迎他们派代表或亲身来参加第二次全苏大会。

（六）各级苏维埃在各该级选举完毕后，即将选举情形按级报告上级。省苏须在十一月十五日以前将总结两年的工作报告送达中央政府。

（七）必须尽一切可能，在一切苏区与非苏区内，向广大工农群众宣传第二次全苏大会的伟大革命意义，号召群众为着苏维埃运动的猛烈发展，为着第二次全苏大会的完全胜利而斗争。

1933 年 6 月 8 日

选自《红色中华》，1933 年 6 月 17 日，第二版。

22. 中华苏维埃共和国第二次全国苏维埃代表大会开幕典礼

1934 年 1 月 22 日

伟大的一天

一九三四年一月二十二日在中国苏维埃赤色的首都——瑞金，第二次全国苏维埃代表大会宣布开幕了！

这天的早晨六点钟，在晓风微拂中，于中央政府运动场举行阅兵典礼。受检阅的有红军大学、第一第二步兵学校、特科学校、中央警卫连等部队；参加观礼者有各机关代表及群众共数万人。首先由阅兵代表向全体红色战士致慰问词，继有朱主席、毛主席及蔡畅同志演说，他们代表全苏区民众向红色战士致革命的敬礼！

其次开始分列式，进行检阅。最后由被检阅各部队巡礼阅兵台前。经过三点钟的时间才结束了这一个伟大的阅兵典礼！

当天下午二时发出了一声声的炮声：轰，轰，轰，在三声炮响之后，接着又是一阵劈劈啪啪的爆竹声。

炮声爆竹声，震动了东方的殖民地。每个劳苦工农红色战士的代表兴奋地集拢来了，大家脸上放着异样的光彩，大家跳动着一颗偌大的心。"哦！开幕了！中国第二次全国苏维埃代表大会开幕了！"大家口中都低低地喊着，同时大家都顺序地向会场走去。

壮伟的开幕式

大家进了会场，都整整齐齐坐了下来。

这是如何壮丽的一个会场呵！四面挂满了红的、绿的绸缎的祝贺旗子，"只有苏维埃才能救中国！""只有苏维埃政府是抗日救国的政府！"许多旗子上面都写着这样的口号。讲演台是一个半圆形的台子，桌上楼上都是铺着鲜红的绸子，会场是一个圆形的巍峨的建筑，四面的窗门都镶着玻璃，场中的光线匀称而充足。

到会的代表一共有七百多人，旁听的有一千五百左右，楼上，楼下，都坐得满满了。

陡然，一阵掌声中，我们的为千百万劳苦群众拥护的毛泽东同志宣布开幕了。

"同志们！现在我代表中华苏维埃共和国中央执行委员会宣布第二次全国苏维埃代表大会开幕了！"

在又一阵雷鸣一般的掌声后，雄壮的军乐奏起来了。

大会的主席团

军乐奏完，大会正式开幕了！首先是毛主席致开幕词，其次选举大会主席团，在江西省代表蔡畅同志提议下，大会选举了：毛泽东、朱德、张国焘、项英、周恩来、邓发、王稼穑、蔡畅、何长工、徐特立、梁柏台、胡德兰、刘国珠、张云仙、谭蔡保等同志及鄂豫皖苏区代表，上海、东北四省、陕西、河南、东江、香港、厦门、四川、山东、朝鲜、爪哇、台湾、安南代表等七十五人为主席团。接着便是中国共产党中央代表，全国红军代表朱德，全国总工会代表，共产青年团中央代表致词。通过了大会议事日程，选举了六个委员会，并选举梁柏台同志为大会秘书长，最后通过了致前方红色战士电、致苏联工人集体农民电、慰问东北人民革命义勇军电、慰问在国民党狱中的战士电，并选举了斯大林、中共中央政治局、加里宁、莫洛托夫、特尔曼、冈野、马尔其、泡力蒂、白劳德、季米特洛夫、高尔基等为大会名誉主席团。大会议程完毕后，全体大会代表即往参加群众大会。晚上举行热烈的提灯大会，并由工农剧社组织了盛大的晚会，大会第一天就这样轰轰烈烈地在紧张的热情中结束了！

大会的议事日程

一、中央执行委员会两年来的工作报告（毛泽东）；

二、红军建设决议报告（朱德）；

三、经济建设决议报告（林伯渠）；

四、苏维埃建设决议报告（吴亮平）；

五、通过宪法及各种法令；

六、选举新的中央执行委员会。

庄严的开幕词

——毛主席讲词的速写

同志们！现在我代表中华苏维埃共和国中央执行委员会宣布第二次全国苏维埃代表大会开幕了。（鼓掌，奏乐）

同志们！今天是第二次全国工农兵苏维埃代表大会开幕的日子，我代表中央执行委员会向全体代表们致革命的敬礼！（全体鼓掌，起立欢呼！）

同志们！第一次全国苏维埃代表大会以来，已经有两年又两个月了。两年以来，全国事变的发展，完全显示了反革命统治阶级是更进一步动摇崩溃，而苏维埃运动与全国革命斗争则是大大地发展了。

中国是一个被帝国主义压迫侵略的国家，是一个受地主资产阶级国民党政府屠杀、压迫、奴役的国家，全国广大的领土是很多被国民党送给帝国主义者了，使全中国受着帝国主义瓜分共管的威胁，使中国快到了完全灭亡的地位。这种情形之下，中国人民，在中国共产党领导之下，自己团结起来，武装起来，创立了自己的政府与军队。我们在第一次全苏大会宣告了中华苏维埃人民共和国的成立，这就是我们的中华苏维埃共和国。从此全中国就是两个政权的极端尖锐的对立了。

两年来革命的发展，使全国革命形势更加开展了。广大民众团结在苏维埃旗帜之下，向我们的敌人帝国主义国民党进攻，两年来我们得到了极大的胜利。帝国主义国民党在我们胜利的面前发抖起来了，他们继续三次"围剿"之后，组织了四次以至五次的"围剿"。但是我们打破了敌人四次的"围剿"，在粉碎第五次"围剿"中间，我们已经得了第一步胜利。现在我们是处在对五次"围剿"的决战中，是处在最紧急的关头。

两年来，全国红军在浴血的战斗中，取得了伟大的胜利，在这中间，我们许多同志为着苏维埃流着最后一滴血，而光荣地牺牲了。许多在国民党区域的白色区域领导革命斗争被帝国主义和国民党屠杀了。许多在东北领导反日游击战争，被日本强盗杀害了。这些同志中间如黄公略、赵博生、韦拔群、恽代英、蔡和森、罗登贤、邓中夏、陈原道、何子述、鲁易、王良、胡阿林、张锡龙、吴高群、彭鳌、孙小宝、傅作玉、童长荣、伯阳①等等，他们是在前线上，在各方面的战线上，在敌人的枪弹下屠刀下光荣地牺牲了。我提议我们静默三分钟向这些同志表示我们的哀悼和敬仰。（全体代表起立静默三分钟）

第二次全国苏维埃代表大会的任务是要彻底粉碎敌人的五次"围剿"，是要把苏维埃运动推到全中国去，是要反对帝国主义国民党灭亡中国的险谋毒计。我们的大会是担负着很大的责任，我们的大会应该号召全苏区全中国民众为着扩大一百万铁的红军而斗争，号召全苏区全中国民众武装起来，集中一切力量，粉碎五次"围剿"，争取革命战争的最大的彻底的胜利，实行抗日讨蒋②，争取革命在全中国的胜利。

---

① "江西史料版"漏掉6人姓名。

② "江西史料版"漏掉"实行抗日讨蒋"6字。

我们的大会是全国最高的政权机关，他有着极大的力量来解决这些问题，我们相信一定是能够解决这些问题，是有完全的把握解决这些问题。我们的大会将使五次“围剿”得到彻底粉碎。把革命发展到全中国去，把苏维埃国扩大到一切帝国主义和国民党统治的地方去，把红旗子插到全国去，让我们高呼：

第二次全国苏维埃代表大会万岁！

苏维埃新中国万岁！

（压倒一切的鼓掌声全体起立欢呼！）

选自《苏维埃中国》，第二集，1935 年印行，中国现代史资料编辑委员会 1957 年翻印，第 233～237 页。

互校版本：《中央革命根据地史料选编》下册，江西人民出版社 1982 年出版，第 285～289 页。简称“江西史料版”。原件未注明史料来源。

23. 只有苏维埃的道路才是全中国民众解放的唯一道路

1934 年 1 月 22 日中共中央代表博古同志致词节录[①]

亲爱的同志们！

我代表中国共产党中央委员会向我们的第二次全国苏维埃代表大会致共产主义者的敬礼！（大鼓掌全体代表起立，热烈欢迎）

同志们！今天我们的第二次全国苏维埃代表大会开幕了，在这里，我们有着全国苏维埃区域各地的代表，有着国民党统治区域的工人、农民、军队、贫民、学生、教育界、新闻界和各界的代表，有着与日本帝国主义作着残酷的民族革命战争的人民革命军的代表，从这里就证明了全中国的广大的民众都认清了：只有苏维埃才是中国民族解放的唯一的道路，只有苏维埃的旗帜才能团结起全中国的四万万民众来。

不仅如此，在今天我们所开幕的第二次全国苏维埃代表大会中，还有着日本帝国主义的统治下的高丽、台湾的代表，还有着在法帝国主义的剥削下的安南的代表，还有着英荷帝国主义的压迫下的爪哇的代表，从这里又证明了苏维埃运动不仅只是中国的民众的唯一的解放的道路，而且同样的还是东方殖民地被压迫民族解放的道路。

同时，同志们，在今天的大会面前，还证明了：只有苏维埃才是中国革命的领导者，只有苏维埃才能领导全国的民众来进行民族革命战争，反对日本及一切帝国主义的侵略；使中国人民得到民族的和社会的解放，使中国人民得到自由、光明和幸福！

我想，这一次我们的大会将要在粉碎帝国主义国民党的六[②]次“围剿”这一战斗的口号下来进行我们的会议，我们的大会将要以粉碎敌人六次“围剿”，争取苏维埃在中国的更大胜利，来做我们的主要议程。

---

① 《红色中华》1934 年 1 月 24 日第二次全国苏维埃代表大会特刊第二期印作：“博古同志致词的节录”，《苏维埃中国》1957 年翻印本印作：“中共中央代表致词节录”。

② 原文如此，详见下文注。

我想，这一次我们的大会将要总结两年来苏维埃运动的经验，把一切经验和教训集中起来，以便使今后的苏维埃运动更有力地向前开展。

我想，这一次的大会应该在开展民族革命战争驱逐帝国主义出中国的这一口号下来推动和领导全中国的民族革命战争，以彻底地为争取中国的自由、独立与统一而斗争。

同志们，我相信这一次到会代表的同志们一定会团结在中国共产党所提出来的口号的周围，为实现党的每一口号而斗争，我相信同志们一定会圆满地完成同志们的任务的！

同志们！我相信在这一次的苏大会以后，我们将彻底地粉碎帝国主义国民党的六次"围剿"，我们的苏维埃区域将有极大的发展和扩大，我们要把我们的红旗最终地插遍全中国。最后，我们高呼：

苏维埃中国万岁！

中国共产党万岁！

第二次全国苏维埃代表大会万岁！（震动全场的大鼓掌，全体起立欢呼，中国共产党万岁！）

选自《苏维埃中国》，第二集，1935 年印行，中国现代史资料编辑委员会 1957 年翻印，第 238～239 页。

24. 向大会致粉碎六次"围剿"的敬礼

1934 年 1 月 22 日朱德同志的致词

我代表中国工农红军，在前方的、在后方的、在与敌人英勇战斗中的红色战士，向大会全体代表，致粉碎敌人六次"围剿"的敬礼！（大鼓掌，全场起立欢呼！）

中国工农红军，在中国共产党领导之下，在苏维埃政府指挥之下，在第一次全国苏维埃代表大会红军决议案指示之下，两年以来造成了铁的队伍，扩大而且巩固了，成为中国人民的无敌的铁拳！无论哪些敌人，都在我们英勇红军力量之下，遭到了惨败。我们的工农红军粉碎了帝国主义国民党的一、二、三、四、五次"围剿"，特别是在粉碎敌人五次"围剿"中，各方面都获得了伟大的胜利，夺取了敌人三万多枝枪，以及无数新的武器。把红军锻炼成为大规模的红军。国民党所有的新式武器，我们都有，我们能从国民党手中夺取过来，使国民党在五次"围剿"粉碎后，没有力量继续向我们进攻，不得不向帝国主义更进一步的投降，向帝国主义请求借款以及武器的帮助，向苏维埃区域工农红军作绝望的六①次"围剿"。

在最近，我们的英勇红军，已经把帝国主义国民党的六次"围剿"粉碎了一半，给了敌人以严厉的打击，阻止敌人向苏区前进，并且坚信，我们有可能很快把帝国主义国民党

---

① 《苏维埃中国》的原文，当时将国民党对苏区政府的进攻，曾一度称作第一、二、三、四、五、六次"围剿"。后来统一改称为五次"围剿"。第一次"围剿"始于 1930 年 11 月，第二次"围剿"始于 1931 年 4 月，第三次"围剿"始于 1931 年 7 月，第四次"围剿"始于 1933 年 2 月，第五次"围剿"是在 1933 年 10 月至 1934 年 10 月红军撤出中央苏区。所谓第六次"围剿"，仍属于第五次"围剿"的后期阶段。此处仍保留原文的提法。

的六次"围剿"完全粉碎。在这里我们需要创造一百万红军，要把这一百万红军训练成铁的红军。在今年我们要进行与帝国主义国民党作更大的决战，我们的英勇红色战士，有了牺牲的把握，我们准备一切，争取苏维埃在全中国的胜利，推翻帝国主义国民党的血腥统治，把我们苏维埃政权搬到南京、北京、武汉、上海等中心城市去，争取全国工农劳苦群众的解放，争取中国民族的解放。

在广大工农劳苦群众热烈的拥护下，在中国共产党中央和中国苏维埃中央政府的领导之下，全体红色战士，有绝对取得胜利的把握，这是我代表全体红色战士，要向大会报告的。

我们敬祝大会胜利的成功，并盼望大会完成创造一百万铁的红军的任务，争取苏维埃在全中国的胜利！

第二次全国苏维埃代表大会万岁！

中国共产党万岁！

中国苏维埃中央政府万岁！

工农红军万岁！

全中国工农兵解放万岁！

（大大热烈的鼓掌，全体起立高呼红军万岁！）

选自《苏维埃中国》，第二集，1935 年印行，中国现代史资料编辑委员会 1957 年翻印，第 240～241 页。

互校版本：《红色中华》，1934 年 1 月 24 日，第二期，第二次全国苏维埃代表大会特刊。

25. 中华苏维埃共和国中央执行委员会与人民委员会对第二次全国苏维埃代表大会的报告
——毛泽东同志作——

1934 年 1 月 24 日下午与 25 日上午①

一、目前形势与苏维埃运动的胜利

同志们！自第一次全国苏维埃代表大会以来已经整整两年了。两年来的事变的发展完全显示了帝国主义国民党统治的更进一步的动摇与崩溃，苏维埃运动的剧烈的开展与胜利！

今天我们所处的时期，正是中国革命形势更进一步尖锐化的时期，也正是全世界紧紧地逼近到革命与战争的第二个新周期的时期。②

社会主义世界与资本主义世界的对立，现在是极端尖锐化了。一方面苏联社会主义经济已经得到了最后的巩固，它的第一个五年计划只在四年内就完成了，第二个五年计划在去年的第一年内，又已经得到了伟大的成绩。苏联早就消灭失业现象，而且全体劳动民众的生活水平与文化水平都是极大地提高了。苏联的国防是极大地巩固了。苏联的和平政策

① "江西史料版"在前言中注明这一报告的时间。

② "江西史料版"此句为："全世界进到战争与革命的新时期去的过渡的时期"。

在全世界革命民众的拥护之下，到处得到了成功，最顽强的美国帝国主义也不能不和苏联订立国交了。

资本主义世界则是另外一个样子①，资本主义的暂时的稳定已经终结，资本主义总的危机已经走进了一个新阶段。各个帝国主义国家正在疯狂地准备战争，日本帝国主义占领满洲的结果，使各个帝国主义间的矛盾，尤其是日美间的矛盾，在新的基础上开展起来，重新分配世界的帝国主义强盗战争是正在极端地威胁着全世界民众。然而帝国主义却又在企图暂时缓和它们内部的矛盾，而从牺牲苏联、牺牲中国去找寻出路。反苏联战争的准备并没有一刻停止，而瓜分中国进攻中国革命的战争则已经在明目张胆地进行中。

但是全世界无产阶级与被压迫民族的革命运动亦在苏联社会主义建设成功的影响之下，在帝国主义经济恐慌与战争威胁之下，生长、扩大起来。猛烈的阶级斗争和民众革命，是在一切资本主义国家与殖民地半殖民地国家里面开展着。全世界的战争与革命的火焰，是逼近着我们。

中国革命是世界革命的一部分，由于民族危机的加深，由于国民党经济总崩溃，由于苏维埃运动的胜利，使中国革命形势更进一步地发展起来，使中国革命推进到了世界革命中特别显著的地位。

目前中国时局的重心，是广大的国内战争，是革命与反革命生死存亡的斗争，是工农苏维埃政权与国民党地主资产阶级政权尖锐的对立，是日本和一切帝国主义积极瓜分中国和中国民众为挽救民族危亡而奋斗的斗争，是帝国主义积极准备太平洋大战和进攻苏联战争，与中国和东方劳动群众为阻止及消灭帝国主义大战、为保护苏联的斗争。

一方面，国民党地主资产阶级，完全投降了帝国主义，引导帝国主义占领中国广大的领土，垄断中国政治上经济上、一切主要的权利；引导国民经济走向全部崩溃，使工农劳苦群众的生活遭受着空前所未有的痛苦，剥夺一切革命民众的自由，压迫一切革命活动，实行疯狂的法西斯蒂恐怖；在帝国主义指挥之下组织一切反革命力量向苏区与红军作拼命的进攻。所有这一切，都是为着一个目的：将中国地主资产阶级的利益与帝国主义的利益融成一片，将中国引入完全殖民化的道路。

另一方面，苏维埃政权，号召、组织、领导全国革命民众进行坚决的民族革命战争，组织领导红军与民众为着保护苏维埃领土发展苏维埃领土而斗争，以坚决地进攻粉碎帝国主义国民党的屡次“围剿”。严厉镇压苏维埃领土内的一切剥削分子的反革命企图。一切土地给予农民红军兵士。工人实行八小时工作制，增加工资，救济失业，实行社会保险制度。给一切革命民众以集会、结社、言论、出版、罢工的完全自由。引进广大工农群众管理自己国家机关，只不准占人民极少数的剥削分子的参加。组织民众的经济生活，使民众生活从过去地主资产阶级统治时代受尽饥寒的地位，进到不但完全免除饥寒并且日益向上改良的地位。组织民众的文化生活，将过去地主资产阶级统治时代完全没有享受教育可能

---

① 对照“江西史料版”，《苏维埃中国》翻印版删掉下列一段：“经济恐慌到了极点，整个资本主义世界的生产事业到了空前的低落，失业工人以数千万计……”“西南函授版”也删掉此段。

编者说明：本报告是代表中央执行委员会和人民委员会的工作报告，是经过中共中央领导机关审议修改的。当时正值第三次“左”倾路线统治时期，报告中包含某些“左”倾路线的观点，是当时历史条件造成的，是可以理解的。因此，为了保留历史文献原貌，对某些“左”倾观点，不必进行删改。有些版本已做删改者，在脚注中各作说明。

的广大民众，进到日益提高文化程度的地位。所有一切，也都是为着一个目的：推翻地主资产阶级在全国的统治，驱逐帝国主义出中国，将几万万民众从帝国主义国民党统治的压迫剥削下解放出来，阻止灭亡中国的殖民地道路，建立自由、独立、领土完整的苏维埃中国。

两个政权对立的日益尖锐化，不能不促进两个政权之间日益激烈的决死的斗争。目前正是在两方面斗争将近决定胜负的历史的时期。反革命的六次“围剿”正在继五次“围剿”粉碎之后大规模地向着我们前进。苏维埃政权的历史任务，就在号召、组织、领导全苏区全中国一切革命民众进入这一伟大的战斗中。动员广大工农群众加入红军，提高红军的政治教育与军事技术，扩大地方武装与游击队，发展广泛的游击战争，加强苏维埃对于各个苏区红军的集中统一的领导；加强苏维埃各方面工作的速度与质量，加强苏维埃财政机关与经济机关的工作，以保证革命战争中的物质需要；开展工人阶级斗争，组织工人群众的革命积极性到粉碎敌人的斗争上面来；开展农民的土地斗争，动员广大农民群众为夺取土地与保护土地而斗争；号召全苏区全中国一切工农劳动群众以一切牺牲、一切努力给予革命战争，这样去彻底粉碎帝国主义国民党的六次“围剿”，这样努力去阻止殖民地化中国的道路，争取苏维埃①在全中国范围的胜利。

二、帝国主义的进攻与苏维埃政府对于反帝运动的领导

临时中央政府成立以来两个年头中间，国内最大的事变就是帝国主义的进攻及反革命对于革命的第四次、第五次与第六次的“围剿”。

从一九三一年九月十八日开始的日本帝国主义的强盗战争，从残酷的飞机大炮的屠杀中占领了东三省与热河，控制了平津，还正在向着内蒙及整个华北准备其更大规模的杀人战争。英帝国主义从西藏向四川进攻。法帝国主义准备侵入云贵。美帝国主义则欲将长江流域及福建置于其直接统治之下。所有这些帝国主义，都在以奴役中国民族为目的，以消灭中国苏维埃政权为目的，以准备进攻苏联为目的，同时还以准备帝国主义强盗之间的第二次世界大战为目的，向着广大的中国领土伸张其毒手与险谋。而中国地主资产阶级国民党，却在一切奉送帝国主义的方针之下，断送了几百万方里的土地，对日本及一切帝国主义的进攻，采取了可耻的不抵抗主义，以一切中国民众的利益为代价，换得帝国主义的政治上、经济上与军事上的帮助，以便利其集中力量对于中国民族生存唯一可靠的力量苏维埃与红军的进攻。

在这种空前严重的民族危机之下，全国革命民众的反帝运动便极端猛烈地发展起来，东三省几十万义勇军的奋斗，上海十九路军兵士和工人群众的血战，普及全国的反帝运动，曾经达到了空前的高涨。

这时候在全国革命民众面前，摆着两个政权的相反的行动：国民党完全投降帝国主义，尽量压迫反帝的民众；苏维埃则坚决反对帝国主义，尽量援助与领导反帝运动。

两年来，苏维埃临时中央政府，曾经屡次通电反对日本帝国主义的强盗战争与国民党的投降卖国。一九三二年四月十四号临时中央政府正式公布对日宣战，同时颁布对日作战的动员令，号召全国民众开始民族革命战争，反对奴役中国的帝国主义与卖国的国民党。

---

① 对照“江西史料版”，《苏维埃中国》翻印本和“西南函授版”此处删掉“的一省与几省首先胜利以至”12字。

临时中央政府与革命军事委员会曾经发布宣言，号召一切进攻苏维埃与红军的国民党军队，在（1）立即停止进攻苏区，（2）保障民众的民主权利（言论、出版、集会、结社、罢工等自由），（3）武装民众创立抗日义勇军，这三个条件之下，苏维埃政府愿意与任何武装部队订立反对日本及一切帝国主义的战斗的作战协定。国民党与日本订立塘沽协定及最近进行中日直接交涉的时候，临时中央政府曾一再向全国全世界宣言，表示代表全国民众严厉反对这种出卖民族利益的政策与行动。各地民众的反日斗争，苏维埃政府是实行援助的，单是上海沪西纱厂工人的反日罢工运动，苏维埃曾以一万六千元援助他们。此外，苏区群众还有对于东北抗日义勇军的募捐援助，对于其他反帝斗争的精神上与物质上的许多援助。

至于苏维埃领土之内，则早已取消了帝国主义的特权，肃清了帝国主义的影响。牧师、神父是被民众驱逐了，教会侵占人民的财产是被收回了，教会学校是取消了。在中国境内只有苏区是脱离了帝国主义统治的地方。

所有这些事实都在指明：只有苏维埃政府才是唯一反对帝国主义的政府。苏维埃政府应向全国民众指出：用直接的民族防卫战争战胜帝国主义，是苏维埃与全体民众的最大的责任。而要实行这一责任，只有依靠于广大民众反帝国主义斗争的发展。首先是团结一切力量战胜帝国主义的走狗国民党，因为它是苏维埃与民众反对帝国主义的障碍物。要使民众明白：只是因为国民党的作梗——它横亘于帝国主义进攻地带与苏维埃领土之间，并且集中一切力量向着苏维埃领土进攻，使红军无法与帝国主义直接作战，使苏维埃与红军不得不以坚决的进攻来肃清道路——粉碎国民党的“围剿”，为实行对日作战的第一步骤。

但是苏维埃与帝国主义之间的直接的广大的冲突，是一天一天的逼近了。这就要求苏维埃十分的加强其对于一切反帝斗争的领导——苏维埃应当成为全国民众反帝国主义斗争的组织者与领导者。苏维埃政府只有用尽一切力量使民众明白当前的危机与国民党的罪恶，依靠于广大民众反帝国主义反国民党的觉悟程度与组织力量的提高，才能顺利地执行自己的神圣的任务——以民族革命战争与革命的国内战争推翻帝国主义国民党在中国的血腥统治。

三、帝国主义国民党的“围剿”与苏维埃政府反对“围剿”的斗争

因为中国苏维埃区域是全中国反帝国主义的革命根据地，中国工农红军是全中国反帝国主义的主力军，因为苏维埃运动与革命战争的猛烈向前发展，所以国民党一次、二次、三次、四次以至五次①在帝国主义的直接帮助之下集中一切力量，向着苏维埃与红军进行绝望的进攻，企图消灭中国革命势力，为帝国主义们瓜分中国担负肃清道路的责任。

但是帝国主义国民党的每一次进攻，都遭到了严重的失败，中国苏维埃与工农红军在全中国民众的拥护之下，由于中国共产党的正确的领导，已经成为不可战胜的力量。同时苏维埃与红军的胜利，更加兴奋了全中国的劳苦民众，使他们认识只有苏维埃与红军才是真正为了民族的独立自由而战，只有苏维埃与红军才能救中国。

当敌人四次“围剿”开始的时候，正是国民党出卖了东三省，签订了上海停战协定之

① 《苏维埃中国》翻印本为“六次反‘围剿’”，“江西史料版”将“六次”改为“五次”，“五次”改为“四次”。以下皆采用“江西史料版”的说法。

后，卖国的国民党不但不以一兵一卒去抵抗日本帝国主义的侵略，不仅不管苏维埃中央政府与红军的屡次宣言愿意与真正抗日军队订立抗日战斗协定的提议；相反的，国民党卖国罪魁蒋介石，在四次“围剿”失败后，立刻接着举行五次“围剿”，集中了数十万军队进攻鄂豫皖与湘鄂西苏区，压迫红军离开围绕武汉的区域。在我们方面，虽然因为要避免与过于强大的敌人力量作战，因为我们主观上某些策略的错误，红四方面军不能不退出鄂豫皖苏区，作了有名的远征，但红四军在四川南江、宣汉、绥定一带创造了新的广大的苏维埃根据地。由于红四方面军的远征，在辽远的中国西北部，开展了广泛的群众革命斗争，把苏维埃的种子广播到革命形势比较落后的区域中去了。红四方面军的英勇善战，在不足一年之内，已经[①]在廿余县建立了苏维埃政权，已经发展了十倍以上的红军队伍，号召了整个四川的工农劳动群众与白军兵士倾向于苏维埃革命。在中国西北部建立下苏维埃革命新的强有力的根据地。川陕苏区是中华苏维埃共和国的第二个大区域，川陕苏区有地理上、富源上、战略上和社会条件上的许多优势，川陕苏区是扬子江南北两岸和中国南北两部间苏维埃革命发展的桥梁，川陕苏区在争取苏维埃新中国伟大战斗中具有非常巨大的作用和意义。[②] 这使蒋介石与四川军阀都不得不在红四方面军伟大的胜利面前发抖起来。同时从洪湖根据地退出的红军第二军团，不但主力没有受到重大损失，而且在川鄂湘边，配合着红四方面军积极行动，取得了新的胜利。即洪湖一带，亦尚有游击队的存在。在鄂豫皖苏区方面，我们的根据地虽然受了部分的损失，但留守的红军部队和游击队，英勇地向四周发展了游击战争。

至于中央苏区，这里是苏维埃中央政府的所在地，是全国苏维埃运动的大本营，因此，当然也就是帝国主义和蒋介石主要进攻的目标，国民党集中了全国大部分的兵力和我们作了顽抗的战斗，他调动了所谓“中央军”、蒋蔡军阀、两广军阀与湖南军阀，从四面包围中央苏区及其临近各苏区，然而经过一年的艰苦奋斗，我们获得了空前的胜利。最大的胜利是在一九三三年的上半年，单只这半个年头，中央苏区红军消灭了白军二十四个团，六个营，二个连，击溃白军三个师，十二个团，五个营，二个连，缴获步枪两万支左右，机关枪短枪一千支左右。尤其是在东黄陂战役，消灭了敌人最顽强的基本纵队，使敌人的四次“围剿”遭受了最后的惨败。

在粉碎四次“围剿”的伟大胜利中，红军不但数量上扩大了，而且质量上增强了，红军指挥员、战斗员政治上的坚定，军事技术上的提高，比五次战役以前是有了长足的进步。苏维埃领土扩大了，除四川广大苏区外，在福建的西北部、江西的东部，扩大了广大的苏区，增加了近百万的人口，建立了新的闽赣省。旧的苏区更加巩固了，这表现在苏维埃工作改善，工农群众革命积极性的提高，农村中城市中阶级斗争的发展，以及苏区中残余的反革命势力遭受到严厉的镇压。同时，这一胜利影响国民党区域非常之大，广大白区的工农群众，在这一胜利影响之下，更加提高了他们的斗争的勇气。一切参加“围剿”的国民党军队，不但兵士中发生了普遍的动摇，甚至干部中亦发生了绝大的恐怖情绪，甚至使蒋介石不得不公开宣布“不剿匪请抗日者杀勿赦”的绝望命令。

---

① “江西史料版”在“已经”之后是“赤化了十多县，号召了”。

② “江西史料版”删掉关于川陕苏区的一大段，即从“在中国西北部……”到“……作用和意义”。

然而这些胜利的取得，决不是偶然的。他依靠了中国共产党政治路线的正确，依靠了苏维埃政府领导集中，与他的政策设施的适当，依靠了红军英勇善战，依靠了苏区广大工农群众的热烈的拥护，并且还依靠了白区工农群众的日常斗争和反帝反国民党的运动的形展，依靠了全世界无产阶级与殖民地被压迫民众的同情与援助。这些都是战胜敌人的基本条件，没有这些条件，是决不能够取得胜利的。

国民党军阀在四次“围剿”惨败之后，唯一的出路是更加无耻的投降帝国主义，从帝国主义取得大批的借款与军械，聘请大批的外国顾问，收集一切旧有力量，组织新的力量（训练新兵，训练新的航空队，训练蓝衣社军官团等），总之，集中一切反革命势力，在帝国主义指挥之下，对于苏维埃与红军进行第五次“围剿”。

苏维埃对于五次“围剿”的斗争，是决定中国或者被帝国主义瓜分共管而成为完全的殖民地，或者是独立自由领土完整的苏维埃中国这个伟大斗争的重要环节之一。

苏维埃应该号召一切苏区中、白区中参加斗争的群众，明白认识这一斗争的严重性。只有团结一切革命力量有百倍积极、百倍坚毅的精神统一于苏维埃指挥之下，才能争取这一斗争的完全胜利。

苏维埃应该指示给一切参加斗争的群众：在粉碎四次“围剿”之后，我们有着战胜敌人五次“围剿”的一切基本的条件。党与苏维埃的正确的领导，红军的坚强与扩大，苏区与白区广大工农群众的斗争积极性；这一切都是我们战胜敌人的基础。

由于我们的努力与统治阶级内部矛盾的发展，已经使帝国主义及国民党的新的大举进攻受到了我们严重打击，敌人的原定计划已经失败了，不得不在新的阵地与新的计划之下，向我们作绝望的进攻，我们是处在五次“围剿”的最后决战的面前。国民党军阀的堡垒政策与经济封锁政策虽然极其残酷，但并不是不可战胜的铜墙铁壁。提高我们的军事技术，加强我们的群众工作和士兵工作，改进我们的军事策略，集中我们的一切力量去克服这些困难，胜利是属于我们的。

我们应该指出：敌人的困难是大大超过于我们，白军士兵的动摇，敌人统治下工人农民以及广大的小资产阶级的愤恨与不满，统治阶级各派军阀之间的斗争与分裂，援助国民党的各个帝国主义者间的矛盾与冲突，以及国民党财政经济的破产，所有这些，都是革命取得胜利的客观方面的条件。

这里应该指出：当着帝国主义国民党进行五次“围剿”之际，福建出现了一个“人民革命政府”。这个“人民革命政府”的出现，表现国民党系统的进一步破裂。由于苏维埃运动的伟大胜利，与国民党在全国民众面前破产，使得中国反动统治阶级的一部分不得不采取新的方式，企图于国民党道路与苏维埃道路之外寻找第三条道路，以保持反动统治阶级垂死的命运。然而这一企图只是徒劳，因为如果“人民革命政府”这一类的组织不从真正中国人民利益出发，不坚决承认苏维埃政府还在去年四月间即已宣布了的三个条件，而与苏维埃政府订立并真正执行反帝反国民党的协定①，而是止于欺骗与讲空话，那么，广大的革命民众不会于“人民革命政府”与国民党政府之间采取任何不同的态度，它必然要

---

① 与福建省政府和十九路军签订的“反日反蒋”协定全文，详见后文“抗日与外交”。推翻这一协定是“左”倾关门主义反对爱国统一战线的表现。

遭受悲惨的失败也是可以预言的。而苏维埃在全国民众对它的信仰日益增加中，在国民党及一切反革命派别的欺骗日益破产中，将坚决地粉碎五次“围剿”，以便努力阻止帝国主义殖民地化中国的道路，努力争取在全国范围内苏维埃革命的胜利，在事实上证实这一句名言：“只有苏维埃能够救中国。”

四、两年来苏维埃各种基本政策的设施

当我们来说苏维埃各种基本政策的时候，首先要问什么是这些政策的出发点呢？答复这个问题，应该明白苏维埃过去与现在所处的环境和从这种环境所产生的任务。

苏维埃的过去时期，他是生长于游击战争中，他是从许多极小的地方生长起来。这些地方是各自独立没联合，每一个苏区的四围都是敌人的世界，敌人对于苏区是每时每刻的摧残与压迫。然而他能够战胜这些敌人，他是从战胜敌人无数次的压迫中间生长和发展起来的。这就是苏维埃产生的环境。

苏维埃现在所处的环境，同过去有许多的不同；他有广大的领土，有了广大的群众，有了坚强的红军，他已将许多散漫的力量集中起来（虽然还没完全集中起来），他已经组织成为一个国家，这就是我们的中华苏维埃共和国。这个国家已经有了他的地方与中央的组织，已经建立临时中央政府，这个政府是一个集中的权力机关，他依靠着广大的民众，依靠民众武装的力量——红军。这个政府是工农的政府，他实行了工人与农民的革命民主专政，他对于工农和广大民众是广大的民主。同时他是一个专政，是对占人民中极少数的军阀、官僚、地主、豪绅和资产阶级的专政，而且已经是一个已经具有极大权力的专政，这个专政已经向着全国范围扩大他的影响，他在广大民众中间有了很大的信仰，他与过去游击战争时代情形大不相同了。然而战争仍是经常的生活，并且更加广大与激烈，原因是这个专政与国民党地主资产阶级专政之间的对立一天一天尖锐起来，现在已经进到两方面快要决定胜负的时期，帝国主义国民党的大规模的“围剿”是摆在他的面前。这就是苏维埃现在的环境。

这种环境决定了他的任务，就是他们必须用全部力量去动员民众，组织民众，与武装民众，必须一时不停地去进攻他的敌人，去粉碎敌人对他们的“围剿”。他的任务是革命战争，是集中一切力量去开展革命战争，用革命战争去打倒敌人，并且还要打倒强大的帝国主义的统治，因为帝国主义是敌人那一个专政的拥护者与指挥者。打倒帝国主义与国民党的目的①，为的是要解放中国人民，为的要把中国四万万人民从日本帝国主义和其他帝国主义的奴役和蹂躏之下解放出来，为的要使几万万中国劳苦同胞从军阀、官僚、豪绅、地主资产阶级压迫之下翻过身来，为的使中国民众能够学习苏联工农一样将来胜利地在中国共产党领导之下建立光明的、幸福的人类新生活的社会主义社会。这就是苏维埃的根本任务。

从此，我们明白苏维埃在这种环境与任务之下，施行各种基本政策，是为了什么呢？为了巩固已经胜利了的工农民众主专政，为了发展这种专政到全国范围内去，为了动员组织武装全苏区全中国的工农劳苦群众以坚决的革命战争推翻帝国主义与国民党的统治，来巩固与发展这个专政，并且为了从现时工农民主专政，准备将来变到社会主义的无产阶级

① “江西史料版”关于革命目的，有不同的表述；似是后人的改动。

专政去，这就是苏维埃一切政策出发点。

中央执行委员会与人民委员会秉承第一次全苏大会的指示，两年以来坚持这种政策的总方向，收到了伟大的成绩。已经从经验上证明给中国全体革命民众看：只有苏维埃政府的政策，才是为了民众政权与民众利益的政策，才是与帝国主义国民党的反革命政策坚决对抗，推翻帝国主义国民党在全国的统治，挽救全民出于危亡，解放全体民众出于水火的唯一的政策。

不待说，在两个政权尖锐对立的中国，苏维埃每一具体的施政，要立即取得广大民众的拥护。在帝国主义国民党的反革命政策之下，受尽压迫剥削的民众，对于苏维埃每一具体的施政，简直如同铁屑之追随于磁石。这种情形，造成了反动统治阶级的极大恐慌，反动统治阶级因此不惜以一切无耻的造谣，来污蔑苏维埃的施政。然而铁的事实，是给无耻造谣的有力回答，每一个有眼睛的中国人，只要不是丧心病狂的帝国主义者和国民党地主资本家，便不能不承认苏维埃政府的政策与国民党政府的政策有何等天渊之别。

（一）苏维埃的武装民众与建设红军[①]

我们首先来说苏维埃的武装民众与建设红军。

为着反对敌人的“围剿”，为着进行革命战争，为着保护中国民族和国家，苏维埃的第一个任务就是武装民众与组织坚强铁的红军，组织地方部队和游击队，组织关于进行战争的给养与运输。两年来在与敌人四次以及五次“围剿”坚决斗争中，苏维埃在这一方面的努力大大取得了成功。

首先是中央革命军事委员会的建立，统一了全国红军的领导，使各个苏区各个战线的红军部队，开始在统一的战略意志之下，互相呼应与互相配合行动起来，这是由散漫的游击队的行动进到正规的大规模的红军部队的行动的主要关键。两年以来革命军事委员会领导着全中国红军，首先是中央苏区红军，进行了光荣的胜利战争，粉碎了敌人的四次“围剿”，并且取得反对五次“围剿”的第一步胜利。而四川红军在中央革命军事委员会领导之下，已经取得了光荣伟大的新胜利。

红军在两年中是迅速扩大了，是比两年前扩大了几倍。这一方面之所以得到了成功，是依靠于广大工农群众参加革命战争的积极性，并且还依靠于动员方法的进步与苏维埃优待红军法令的执行。在一九三三年五月一个月中间，中央苏区的若干个县中扩大了近两万的新战士。很多的地方，工农群众潮水一般的涌进红军中去。一切以为群众不愿意当红军，或者以为在新苏区边区等处不能扩大红军的机会主义的说法，事实已经证明是错误的。然而动员方法之正确、苏维埃优待红军法令之彻底执行，是迅速完成动员计划的关键。放弃一切强迫命令，实施充分的宣传说服，制裁破坏扩大红军以及领导开小差的阶级异己分子，是动员方法的重要节目。提高红军战士的社会地位最光荣的标准，给予红军战士一切可能与必需的精神上与物质上的待遇，分配外籍红军战士以土地，而发动群众代替他们耕种，为每一红军战士的家属很好地耕种土地，实行消费合作社对于红军家属百分之五的廉价，实行为红军家属开办供给日用必需品的专门的商店，实行在国家企业与合作社的盈利中抽出百分之十供给红军家属；号召群众为红军家属的疾病困难募捐接济，号召群

① 《苏维埃中国》翻印本加了这层标题，“江西史料版”无此类标题（以下同）。

众对于红军战士及其家属给予精神上、物质上的慰劳，所有一切关于优待红军战士及其家属的法令与办法，实际上彻底的执行，是保障红军踊跃地上前线去及巩固其在前线上的战斗决心的必要与重要的步骤。这些工作，在苏区各地存在着很多的模范，在这些地方的广大工农群众，以手执武器保护苏区与发展苏区为自己神圣的责任，而大批地不断地涌向前线去。其中如江西的长冈乡十六岁至四十五岁的全部青年成年男子四百零七人中，出外当红军做工作的去三百二十人，留在乡间的八十七人，去的与留的成为百分之八十与二十之比。福建的上才溪乡，全部青年成年男子五百五十四人中，出外当红军做工作的四百八十五人，留在乡间的只六十七人，去与留的比例为百分之八十八与十二。这些乡中的壮丁这样大数量地英勇地上前线去，然而乡村的生产、家庭的生活怎么样呢？不但不发生不好的影响，而且更加扩大了改良了。什么原因？因为劳动互助社、耕田队，及其他一切的办法，有组织有计划地调剂了乡村的劳动力，解决了红军家属每一个困难的问题。我想这种光荣的教训是值得全苏区学习的。

红军铁的一样的巩固，应使与红军的扩大密切地连接起来，两年以来这一方面的工作，同样的得到了好的成绩。现在的红军，已经走上了铁的正规的革命武装队伍的道路，这表现在于：（一）成分提高了，实现了工农劳苦群众才有手执武器的光荣权利，而坚决驱逐那些混进来的阶级异己分子。（二）工人干部增加了，政治委员制度普遍建立了，红军掌握在可靠的指挥者手中。（三）政治教育进步了，坚定了红色战士为苏维埃斗争到底的决心。提高了阶级自觉的纪律，密切了红军与广大民众之间的联系。（四）军事技术提高了，现在的红军虽然还缺乏最新式武器的采用及其使用方法的练习，然而一般的军事技术，是比过去时期大大进步了。（五）编制改变了，使红军在组织上增加了力量。所有这些，大大提高了红军的战斗力，成为不可战胜的苏维埃武装力量。

广泛地扩大赤少队与游击队，是苏维埃武装民众进行革命战争的极端重要的事业，赤卫军少先队是前线红军的现成后备军，是保护苏区的地方部队，并且是从现在的自愿兵役制转变到将来实行义务兵役制的桥梁；而游击队则是新苏区的创造者，是主力红军不可缺少的支队。两年来各个苏区中是发展了这些部队。他们的军事政治训练也相当的加强了。他们加入红军，他们之保护地方，他们袭敌扰敌，在历次粉碎“围剿”的战斗中，显示了他们极其伟大的成绩，致使敌人惊为奇迹，成为敌人侵入苏区的绝大困难。这在中央苏区与闽浙赣苏区，是特别表现了他的作用。把这个制度广布到这一切新开辟的苏区去，极大地扩大他们的组织，加强他们的训练，使这些部队成为红军在革命战争中最可依靠的兄弟，这是苏维埃的重要责任。

充实红军的给养与供给，组织联络前线与后方的军事运输，组织军事的卫生疗治，同是对于革命战争有决定意义的事业。在我们还没有取得若干中心城市与敌人经济封锁的情况之下，这一任务的进行是极其艰难的，然而两年以来，凭借了苏区与白区广大工农的积极性，使我们对这事业亦已建立了相当的基础。我们已经在这一方面保证了红军在过去长期中的给养供给与运输，这不能不说是一个极大的成绩。但是当前粉碎的五次“围剿”的决战，及以后更加广大的战争，需要我们用更大努力增加这一方面的力量，保证这一方面更加充分的供给。

更大规模的革命战争是在我们的面前，苏维埃武装民众政策更加显示了他的绝顶重要性，一刻不放松去武装民众，去从切实的工作中，以最快速度，实现一百万铁的红军的创造，是苏维埃基本的战斗的任务。

苏维埃的基本任务是革命战争，是动员一切民众力量去进行战争。环绕着这个基本任务，苏维埃就有着许多迫切的任务。他应该对广大民众施行广泛的民主。他应该坚决镇压内部的反革命。他应该启发工人的阶级斗争，发展农民的土地革命，在工农联合以工人阶级领导的原则下，提高工农的积极性。他应该执行正确的财政经济政策，保证革命战争的物质需要。他应该实行文化革命，武装工农群众的头脑，以及其他的许多基本政策。所有这一切，都是为着一个目的：以革命战争去推翻帝国主义国民党的统治，巩固与发展工农民主专政，并准备转变到无产阶级专政的阶段去。

（二）苏维埃的民主制度

现在我们来说苏维埃的民主制度。

工农民主专政的苏维埃，他是民众自己的政权，他直接依靠于民众。他与民众的关系必须保持最高程度的密切，然后才能发挥他的作用。苏维埃具有绝大的力量，他已经成为革命战争的组织者与领导者，而且也是群众生活的组织者与领导者，他的力量的伟大，是历史上任何资产阶级国家形式所不能比拟的。但他的力量完全依靠于民众，他不能够一刻离开民众。苏维埃政权需要使强力去对付一切阶级敌人，但对于自己的阶级——工农、贫民、职员、革命知识分子等大多数民众，则不能使用强力，而他表现出来的只是最宽泛的民主主义。

苏维埃最宽泛的民主，首先表现于自己的选举。苏维埃给予一切过去被剥削、被压迫的民众以完全的选举权与被选举权，使女子的权利与男子同等。工农劳动群众对这种权利的取得，乃是中国历史上的第一次。总结两年以来各地苏维埃的选举经验，一般来说是有很大的成绩。第一，关于选民登记。用红榜、白榜的办法，将有选举权的居民与无选举权的居民实行严格的划分。以不准任何剥削分子参加的选民大会的选举，代替了过去开群众大会选举的办法。第二，关于成分比例。为了保证无产阶级在苏维埃政权中的领导骨干①，采用了工人及其家属十三名选举代表一人，农民及贫民五十人选举代表一人的办法，拿了这样的成分去组织市乡代表会议。从区到中央，各级的代表大会与执行委员会，工人与农民的代表都有适当的比例。这样便在苏维埃政权的组织上保证了工人与农民的联盟，并使工人站在领导的地位。第三，关于选举单位。为了保证多数的选民参加选举，并使工人能够选举他们的适当的代表进苏维埃，一九三三年九月中央执行委员会颁布的新的选举法，规定每个乡苏和市苏，分成几个选举单位进行选举。即是农民以村为单位进行选举，工人则单独为一单位进行选举。这样就使民众参加选举十分便利了。第四，关于参加选举的人数。苏维埃选举运动的发展，使选民群众极大地认识了选举与自己生活的关系，过去不积极参加选举的民众，现在许多都积极起来了。一九三二年两次选举与一九三三年下半年的选举，许多地方到了百分之八十以上的选民，有些地方仅只害病的、生育的以及担任警戒的人不曾参加选举会。第五，关于选举名单。一九三三年下半年进行的选举，实行了候选名单制度，使选民在选举之先就有应否选举某人的准备。第六，关于妇女的当

① “江西史料版”为“骨干”，《苏维埃中国》翻印本、“西南函授版”印作“干部”。

选。现在多数的城乡苏维埃，妇女当选为代表的占百分之二十五以上。部分地方如上杭的上才溪乡，七十五个代表中妇女四十三个，占了百分之六十；下才溪乡九十一个代表中妇女五十九个，占百分之六十六。广大的劳动妇女是参加国家的管理了。第七，关于工作报告。即是由乡苏、市苏在选举以前，召集选民开会，报告苏维埃的工作，并引导选民批评这种报告。这一办法在一九三三年下半年进行的选举，也比较上一年实行得更加普通了。所有这些，都使民众对于行使管理国家机关的权利的基本步骤——苏维埃的选举，有了完满的办法，保证了苏维埃政权巩固的基础。

其次，苏维埃的民主，见之于市与乡的代表会议。市乡代表会议制度是苏维埃组成的基础，是使苏维埃密切接近于广大民众的机关，两年来的进步，使人们的这一切制度更加完满了。其最显著的特点在于：（一）为着使乡苏、市苏的代表与当地居民密切联系，便于吸收居民的意见，并便于领导工作起见，依照代表与居民住所接近，将全体居民适当分配于各个代表的领导之下（通常以居民三十人至七十人置于一个代表的领导下），使各个代表对于其领导下的居民发生固定的关系。这样便使民众与苏维埃在组织上连成一片了。（二）乡苏、市苏的代表，按其住所接近，在三个至七个代表之中选举一人为代表主任，其任务是在乡苏及市苏主席团指导之下，分配和指导其领导下各代表的工作，传达主席团的通知于各个代表，召集其领导下的居民开会，解决其领导下居民中的较小的问题。一村之内，并须有一个总的代表主任，负领导全村工作之责。这样便使市乡主席团与代表之间密切地联系起来，并使村的工作得到了有力的领导。（三）在乡苏维埃与市苏维埃之下，组织各种经常的及临时的委员会，如优待红军委员会、水利委员会、教育委员会、粮食委员会、卫生委员会等，其数可以多至数十，吸收群众中大批的积极分子参加这些委员会的工作。不但乡有委员会，村亦应该有某些必要的委员会。这样便把苏维埃工作组成了网，使广大民众直接参加了苏维埃的工作。（四）乡苏及市苏的选举，规定每半年举行一次（区苏亦半年一次，县苏、省苏则每年一次），这样便使民众的新的意见容易涌现到苏维埃来。（五）在两次选举之间，代表有犯重大错误的，得由选民十人以上的提议，经选民半数以上之同意撤回之，或由代表会议通过开除之。这样便使不良分子不能长期驻足于苏维埃机关了。所有这些，都是苏区中许多地方正在实行着的市乡苏维埃的特点。大家都可以看见苏维埃政权的民主发展到了这样的程度，实在是历史上任何政治制度所不曾有的。而苏维埃依靠这一制度，同广大民众结合起来，他就使苏维埃成为最能发扬民众创造力的机关，使苏维埃成为最能动员民众以适应国内战争、适应革命建设的机关，这也是历史上除苏联外无论什么政府所做不到的。区以上各级苏维埃政权机关完全建筑于市乡苏维埃的基础之上，由各级的工农兵代表大会与执行委员会而组成，政府工作人员由选举而任职，不胜任的由公意而撤换，一切问题的讨论解决根据于民意，所以苏维埃政权是真正广大民众的政权。

其次，苏维埃的民主，还见之于给予一切革命民众以完全的集会、结社、言论、出版与罢工的自由。当着国民党统治区域剥夺一切革命民众的自由权利，执行疯狂的法西斯蒂恐怖的时候，苏维埃政府下每个革命的人民，都有发表自己意见的权利，苏维埃并且给予一切可能的物质条件上的便利（会场、纸张、印刷机关等等），一切为了反对帝国主义国民党的集会、结社与言论、出版，苏维埃总是极力地领导着。苏维埃所不允许的，只是那些压迫[1]剥削分子的反革命自由。

不但如此，为了巩固工农专政，苏维埃必须吸引广大民众对于自己工作的监督与批评。每个革命的民众都有揭发苏维埃工作人员的错误和缺点之权。当着国民党贪官污吏布满全国，人民敢怒而不敢言的时候，苏维埃制度之下则绝对不容许此种现象。苏维埃工作人员中，如果发现了贪污腐化消极怠工以及官僚主义的分子，民众可以立即揭发这种人员的错误，而苏维埃则立即惩办他们，决不姑息。这种充分的民主精神，也只有苏维埃制度下方能存在。

最后苏维埃的民主精神，还见之于其行政区域的划分。苏维埃取消了旧的官僚主义的大而无当的行政区域，把从省至乡各级苏维埃的管辖境界都改小了。这是什么意义？这是使苏维埃密切接近于民众，使苏维埃因管辖地方不大，得以周知民众的要求：使民众的意见迅速反映到苏维埃来，迅速得到讨论与解决，使动员民众为了战争、为了苏维埃建设成为十分的便利。国民党军阀利用封建时代的大省大县大庄乡制度，这仅仅便利于隔绝民众，苏维埃政府是用不着的。这里应该指出：关于村的划分是重要的一节。因为乡苏维埃之下，执行苏维埃工作的最便利的方法，是以村为单位去动员民众，依靠了村的适当的划分、村的民众组织的建立、村的代表与代表主任对于全村的有力的领导，乡村的工作才能收到最大的成效。

（三）苏维埃对于地主资产阶级的态度

其次说到苏维埃对于地主资产阶级的态度。

苏维埃实现了最完满的民主制度，他是为广大民众直接参加的，他给予广大民众一切民主的权利，他对于民众绝对不使用也绝不需要使用任何的强力。

但是，地主资产阶级，即一切被革命民众所推翻的剥削分子，苏维埃对之则是另一种态度。

地主资产阶级，因为他们是剥削者，因为他们是过去的统治者，所以他们对于苏维埃是怀着极端深刻的仇恨的。因为他们虽被推翻但并未消灭，他们还有根深蒂固的社会基础，他们还有优越的智识与技术，所以他们虽被推翻，却时时企图复辟，企图推翻苏维埃政权，恢复原来的剥削制度。特别在国内战争时代，敌人对于苏区不断举行军事的进攻，更使这些被推翻的剥削者时刻企图以反革命行动响应进攻的敌人。因此苏维埃政权不能不从各方面对于这些分子施行严厉的制裁与镇压。

苏维埃制裁剥削分子的政策，第一件是拒绝他们于政权之外。苏维埃的宪法规定，对于地主资产阶级及其他一切与革命为敌的人，完全取消他们的选举权，取消他们在红军中在地方部队中服兵役的权利。但这些分子却总是千方百计企图混进苏维埃机关中红军中与地方部队中来，特别在新开辟的苏区，群众斗争的发展还不充分，这些分子更容易利用机会混了进来。过去的经验完全证明：同这些阶级异己分子混入革命政权的活动作残酷无情的斗争，是苏维埃的一个十分重要任务。

第二件，是剥夺一切地主资产阶级的言论、出版、集会、结社的自由。这种自由苏维埃仅只给予革命的民众，而不给予任何地主资产阶级分子。因为地主资产阶级分子必然的

---

① “江西史料版”删去“压迫”二字。

要利用这种自由作为他们反革命的工具，剥夺这些分子的自由是绝对必要的。苏维埃之所以日臻于巩固，剥夺了这些阶级敌人的自由、减少了他们借以活动的机会，也是重要的原因之一。

第三件，利用革命武力与革命法庭镇压一切反革命活动，苏维埃基于武装民众的任务，建立了坚强的红军与广泛的地方部队，这是苏维埃直接依靠的铁的力量，苏维埃依靠了他，才能战胜帝国主义国民党的武力，才能镇压苏区内部的反革命活动。但是，苏维埃还有一个与此相连的镇压反革命的重要的武器。这就是苏维埃法庭。苏维埃法庭直接依靠于武装力量，依靠于国家政治保卫局的活动，依靠于人民的阶级斗争，使苏区中一切反革命企图受到严厉的镇压。数年来各个苏区中都发生了反革命的严重的活动，如中央苏区与湘赣苏区等处的AB团，福建的社会民主党，湘鄂西、鄂豫皖、闽浙赣、闽浙①与闽赣等地的改组派，湘鄂赣的托陈取消派等，都曾经企图甚至已经实行他们的反革命暴动。但结果都受到苏维埃法庭的严厉的镇压，克服了他们的暴动阴谋，巩固了苏维埃政权。在这一方面政治保卫局与苏维埃法庭已经聚集了丰富的经验，纠正了过去许多地方没有执行明确阶级路线的错误。苏维埃法庭的群众化，即苏维埃法庭的制裁反革命应该同广大群众的肃反斗争联系起来，现在也更加进步了，巡回法庭的普遍使用就是证明。

总结起来看，苏维埃具备着对于广大民众的十分宽泛的革命的民主主义，但同时就在这种民主主义中间构成了他绝大的权力——建筑于千百万工农民众坚固的信仰与自觉的需要之上的权力。苏维埃运用这种权力，形成了自己的专政，组织了革命战争，组织了苏维埃法庭，向着阶级敌人开展各方面的激烈的进攻，而苏维埃法庭则在苏维埃领土之内起了他镇压反革命活动的伟大的作用。

如果拿工农专政的苏维埃法庭与地主资产阶级专政的国民党法庭相比较，那又是一幅绝妙的图画。

苏维埃法庭以镇压地主资产阶级为目的，对于工农分子的犯罪则一般处置从轻；国民党法庭以镇压工农阶级为目的，对于地主资产阶级的犯罪则一般处置从轻，法庭的作用完全给政权的阶级性决定了。

苏维埃法庭一方面严厉镇压反革命分子的活动，苏维埃对于这些分子绝不应该有丝毫的姑息；但是另一方面，对于已经就逮②的犯人，却是禁止一切不人道的待遇，苏维埃中央政府已经明令宣布废止肉刑，这亦是历史上的绝大的改革，而国民党法庭则至今充满着中世纪惨无人道的酷刑。

苏维埃的监狱对于死刑以外的罪犯是采取感化主义，即是用共产主义的精神与劳动纪律去教育犯人，改变犯人犯罪的本质。而国民党监狱则是纯粹的封建野蛮的虐杀，法西斯蒂的酷刑，劳动群众与革命者的人间地狱。

消灭敌对阶级的反革命阴谋，建立苏维埃领土内的革命秩序，而废除司法范围内一切野蛮封建的遗迹，这是苏维埃法庭的目的，苏维埃在这一方面的所有的改革，同样是有他的历史意义的。

---

① 《苏维埃中国》和“西南函授版”有“闽浙”，“江西史料版”则无。

② “江西史料版”误排为“就业”。

（四）苏维埃的劳动政策

其次说到苏维埃的劳动政策。

苏维埃基于他的政权的阶级性，基于武装劳动民众以革命战争打倒帝国主义国民党的伟大任务，必须坚决地发展工人的阶级斗争，保证工人的日常利益，发展工人的革命积极性，组织工人的这种积极性到伟大的革命战争中来，并且使工人成为革命战争的积极领导者，成为巩固与发展苏维埃政权的柱石，这就是苏维埃劳动政策的出发点。

在苏维埃劳动政策之下，工人的利益得到了完全的保护，他与过去的国民党统治时代及现在的国民党区域比较起来，真有天堂地狱之别。

当着苏区还是国民党统治的时代，工人是在做雇主的奴隶，工作时间之长，工钱之少，待遇之残酷，工人地位之没有任何法律保障，这是每个工人所永远不能忘记的。所有这些，在现在的国民党区域，不但是一样的存在着，而且变本加厉了。最近的情形，白区工人的实际工资减少了百分之五十以上，而减工、裁工、关厂，则成为资本家进攻工人的普通方法。因此造成了广大的失业，单以产业工人说，失业人数达百分之六十以上。一切国民党统治区域，罢工是犯罪的行为，一九三三年三月国民党在汉口公开宣布罢工者处死刑。一切工人与资本家的争议，国民党无不是站在资本家方面向着工人压迫的。

但是，这些罪恶，在苏区中便一扫而空了。

苏维埃政权之下，工人是主人翁，工人领导着广大的农民担负了巩固苏维埃的伟大的责任。因此苏维埃的劳动政策的原则是保护工人阶级的利益，巩固与发展苏维埃政权。根据这种原则，一九三一年十二月颁布了劳动法，一九三三年加以修改，重新颁布。此次修改的劳动法，对于城市与乡村，对于大企业与小企业，都能使之应用适当。

现在苏区是一般的实行了八小时工作制，订立了劳动合同与集体合同。在城市内与许多的乡村内已经普遍建立了劳动检查所与检查员，目的是检查雇主是否有违背苏维埃劳动法的行为。对于雇主犯法行为的制裁，则属于专门设立的法庭。为了防止资本家对于劳动者的操纵，为了保护在帝国主义国民党长期“围剿”所造成的一部分失业工人，苏维埃垄断了劳动介绍权，一切资本家请工，必须到苏维埃设立的劳动介绍所去。失业救济机关的设立，现在也日益推广了，失业工人一般得到了具体的救济。农村工人又都分配了土地。社会保险制度是确立了，社会保险局已建立在苏区各个城市中。所有这些都是工人们在国民党政权下所丝毫不能得到的。然而苏维埃政权则以为这些政策的实行乃是自己的最大的责任。

由于苏维埃坚决执行自己的政策，苏区工人生活得到很大的改善。

首先是关于工资。苏区各地的实际工资，比较革命前，是一般的增加了。下面是汀州的一个例子：

职业	期间	最高工资			最低工资			中等工资	
		革命前	现在	比较	革命前	现在	比较	革命前	革命后
京果工人	每月	一〇元	三二元	加二二元	二元	二二元	加二〇元	（革命前的没有统计）	三〇元
纸业工人	每月	一〇元	三五元	加二五元	三元	三一元	加二八元		三三元
油业工人	每月	六元	一八元	加一二元	三元	一二元	加九元		一五元

续前表

职业	期间	最高工资			最低工资			中等工资	
		革命前	现在	比较	革命前	现在	比较	革命前	革命后
药业工人	每月	六元	三〇元	加二四元	二元	二六元	加二四元		二八元
刨烟工人	每月	七元	三六元	加二九元	三元五角	三〇元	加二六元五角①		二八元
印刷工人	每月	一五元	三六元	加二一元	五元	二八元	加二三元		三四元
五金工人	每月	六元	一八元	加一二元		一四元			一六元
木匠工人	每日	六毛	八毛	加二毛					
木船工人	由汀州至上杭	一四元	四六元	加三二元					
染业工人	每月	五元五毛	二〇元	加一四元五角②	二元	一八元	加一六元		一九元
油纸工人	每月	五元	二一元	加一六元	二元	一七元	加一五元		一九元
酒业工人	每月	六元	二〇元	加一四元	三元	一八元	加一五元		
布业工人	每月	一〇元	三五元	加二五元	二元	三一元	加二九元		三二元

从这个表看来，汀州工人的工资比战前最少的增加了百分之三十二（木匠），最多的竟增加了百分之一千四百五十，即增加十四倍半（布业工人）。这种惊人的增加，完全是反映了国民党时代的惊人的低落。当然汀州工人的工资是比较其他苏区城市的工资要特别高一些（并且工人吃的伙食是算在内的），但是其他城市的工资也是增加了的，如瑞金城市的泥水木匠工人，在最近一时期，从革命前每日两角五分，增加至每日四角五分，增加了百分之八十。

不但城市，农村中工资也增加了。下面是赣县田村区各时期零工工资的比较。

	手艺工人	纸业工人	农业工人	苦力运输工人
最高工资（每日）				
革命前	三毛	四毛	二毛八分	四毛半
一九三一③年五一前	三毛	四毛	三毛	六毛七分五
现在	三毛五分	四毛五分	三毛二分	九毛六分
比革命前增加	五分	五分	四分	五毛一分
中等工资（每日）				
革命前	二毛二分	二毛二分	一毛	二毛六分
一九三一年五一前	二毛五分	二毛四分	一毛五分	三毛九分
现在	三毛	三毛	二毛	五毛
比革命前增加	八分	八分	一毛	二毛四分
最低工资（每日）				
革命前	一毛	一毛四分	三分	一毛
一九三一年五一前	一毛	一毛一分	六分	
现在	二毛	二毛五分	一毛	二毛
比革命前增加	一毛	一毛一分	七分	一毛

① 几种版本皆漏掉“五角”。

② 几种版本皆漏掉“五角”。

③ “江西史料版”误作“一九三三年”。

这个表表示了一个农村，但其中农村中工资是一般增加了的。至于国家企业中的工资，拿最近两年来中央直辖的若干种企业来说，是一般增加了百分之二十，最高增加了百分之四十。

工资的交付，一般都办到了按期付清，因为苏维埃的监督，雇主拖欠工资的事情是很少了。少数顽强的资本家，经过劳动法庭的裁判，也不敢与工人为难了。

关于法定工作时间——八小时制的实施，两年来在苏区的一切城市是普遍实现了。农村中的雇佣劳动者，每日的实在工作时间也少有超过八小时，十六岁至十八岁的雇佣劳动者的时间，是一般比较成年为少。

关于妇女及未成年人的保护，如同工同酬，产前产后休息，十四岁以下童工的禁止，也是一般的实行了。

关于学徒的保护，则一般的缩短了学徒的年限，改良了学徒的待遇，扫除了对学徒的封建压迫。学徒的生活是相当的改善，学徒的工资是增加了（如江西方面，学徒每年至少有十五元的津贴，多的则有每月三元的）。

关于一般待遇，在城市中，特别在国家企业里，工人的卫生与伙食有了很大的改善，各个城市工人的伙食普通是每月六元以上。农村工人的伙食，与雇主同等。

苏区工人是组织了坚强的阶级工会。这种工会是苏维埃政权的柱石，是保护工人利益的堡垒，同时它又成为广大工人群众学习共产主义的学校。苏维埃对于工会，在法律上保障了它的权利，因此工会会员极大地发展起来。据中华全国总工会的统计，现在苏区工会会员数，仅以中央苏区及其附近几个苏区计算，共有二十二万九千人，其分布：中央苏区一一〇，〇〇〇人，湘赣二三，〇〇〇人，湘鄂赣四〇，〇〇〇人，闽浙赣二五，〇〇〇人，闽赣六，〇〇〇人，闽北五，〇〇〇人。[①] 根据中央苏区的材料，没有加入工会的工人，仅只有三千六百七十六人，不足全体工人的百分之五，即是说百分之九十五的工人是加入工会了。一部分地方如兴国，加入工会的竟达百分之九十八。请问这是国民党区域能够梦见的事情么？不但中国，全世界除苏联外，那一个帝国主义国家是有这种情形的？

总之，两年以来苏维埃的劳动法，已在苏区所有城市中实行了，乡村中也实现了他的主要条文。在两年当中，虽然遇到了不少的资本家富农对于劳动法的抵抗，但因工人群众的积极斗争，与苏维埃的严厉监督，使这种抵抗归于无效。同时对于独立生产者与中农贫农雇用工人，有时发生违反劳动法的事情，即应该经过恳切的劝告使之明了而自动地拥护劳动法。因此工人的生活得到了极大的改善，工人的革命积极性大大发扬起来，工人在革命战争中在苏维埃建设中，是起了他的伟大的作用。

根据中央苏区公略、万太、龙冈、兴国、胜利、西江、雩都、寻邬、上杭、宁化、长汀、新泉十二县的统计，工会会员七万零五百八十人中，现在红军及游击队服务的一万九千九百六十人，等于会员的百分之二十八。参加苏维埃等革命机关工作的六千七百五十二人，等于会员的百分之十，他们大部分是在苏维埃机关负责。以上两项共计二万六千七百一十二人，占会员总数百分之三十八。现在还在家的会员则为四万三千八百六十八人。这十二县在家的工会会员，退还第二期公债四万三千八百五十五元，最近购买经济建设公债

① 几种版本的会员总数与分布数字不相吻合，疑有遗漏或有讹误。

十九万七千八百零三元，在家会员平均每人买了四元五角。在家会员现在是党团员的一万二千四百三十五人，占在家会员总数百分之二十八。从这些统计证明了工人群众积极地加入红军，参加与拥护革命战争，拥护中国共产党。然而这些都是苏维埃保护了工人的利益，发扬了工人的积极性得来的，那些说工人在革命后没有得到什么东西，说工人的积极性没有发扬起来，只可算作完全的胡说。

（五）苏维埃的土地革命

现在我们来说苏区的土地革命。

中国的苏维埃与红军，是从土地革命中生长与发展起来的。广大的农民群众在地主阶级与国民党军阀的残酷压迫剥削之下，只有土地革命才能解放他们。苏维埃土地政策的原则，就在于完全推翻地主阶级与国民党军阀一切封建与半封建的剥削与压迫。

一切过去及现在的国民党区域，农村中是吓人的地租（百分之六十到百分之八十），吓人的高利贷（百分之三十到百分之百），与吓人的苛捐杂税（全国计一千七百余种之多），结果土地集中于地主阶级与富农的手里，绝大多数农民失去土地，陷于求生不得求死不能的惨境。因为土地上面的无情掠夺，农民失掉防御灾荒的能力，结果使水旱灾荒遍于全国，一九三一年被灾区域达八百零九县，被灾人口达到四千四百余万人。因为屡屡的被掠夺，农民缺乏再生产能力，许多耕地变得很瘠，许多简直变成荒地，同时农民仅有的一点出产，又被帝国主义的农产物品倾销所压倒，因此中国农村经济陷于完全的破产状态。农村中土地革命的火焰，就在这种基础上强有力地爆发起来了。

苏区土地革命的威力，扫荡了一切封建的残迹，千百万农民群众从长期的黑暗中惊醒起来，夺取地主阶级的全部土地财产，没收了富农的好田，废除了高利贷，取消了苛捐杂税，打倒了一切与革命为敌的人，而建立了自己的政权，农民第一次从地狱中出来，取得了主人翁资格，这就是苏维埃政权下与国民党政权下农村状态的根本区别。

第一次全苏大会颁布了土地法，使得全国土地问题的解决有了正确的依据。因为农村中阶级斗争的尖锐化，在分析阶级问题上发生了许多的争论，人民委员会根据过去土地斗争的经验，作出了“关于土地斗争的一些问题的决定”，将地主、富农、中农、游民等许多问题给予了正确的解决，农村斗争将更有力地发展起来。关于分配土地方法上面的许多问题，如像距离、肥瘠、青苗、山林、池塘等等，还急待收集各地经验作成必要的决定，这在新区分配土地的领导上是非常的必要的。

为着彻底消灭封建残余势力，使土地革命的果实完全落在雇农、贫农、中农的手里，中央政府发动了广泛而深入的查田运动。根据一九三三年七、八、九三个月的统计，中央苏区江西、福建、粤赣三省共计查出地主六千九百八十八家，查出富农六千六百三十八家，从这些被查出的地主、富农等手中收回土地三十一万七千五百三十九担，没收到地主现款与富农捐款，共计六十万零六千九百十六元。[①] 农民群众的革命积极性更加发扬起来了，雇农工会与贫农团成为苏维埃在农村中的柱石。三个月中间得到了如此伟大的成绩，证明农村阶级斗争还需要苏维埃予以充分的注意，而查田运动是继续发展农村斗争彻底消

---

① “江西史料版”此数为“六十万零六千九百十六元”，《苏维埃中国》翻印本和“西南函授版”误为“六万零六千九百十六元”。

灭封建残余的有力的方法，也是完全证明了。

土地斗争的阶级路线，是依靠雇农贫农，联合中农，限制富农[①]，与消灭地主。这一路线的正确应用，是保证土地斗争胜利发展的关键，是苏维埃每一对于农村的具体政策的基础。因此苏维埃政府对于那些侵犯中农（主要是侵犯富裕中农）及消灭富农的错误倾向，是应该严厉地给予制裁，同时决不应该放松对于那些同地主、富农图谋妥协的错误，土地斗争才能走上正确的轨道。

土地革命斗争的群众工作，两年以来得到了不少的经验。总结其要点则为：（一）分配土地的运动与查田运动，均必须以全力去动员广大贫农、中农以及农村工人群众，自己动手向着地主、富农作斗争。分田与查田的工作，都必须经过群众的同意。每一阶级成分的处理，必须通过于群众的会议中。苏维埃人员单独的少数人的进行分配土地与清查阶级，那便是有降低群众斗争热情的危险。（二）没收地主阶级土地以外的财产与富农多余的耕牛农具房屋，必须以大部分分配于贫苦的群众，如果不是这样做而归之少数人员使用，那么也就要降低群众的情绪，而有利于剥削分子的反抗。（三）土地的分配不宜在长期不定的状态之中，应当在相当短促的期间内分配妥当，使之固定在农民的手中。以后非有当地多数群众的要求，不应轻易再行分配。如果不这样做，那么违反农民的意见，不但影响农民于土地生产的积极性，而且同样将为剥削分子利用了去阻碍土地斗争的发展。（四）查田运动的目的是为了清查剥削成分，而不是为了清查被剥削成分，因此不应该按家按亩去查，而应该动员最广大群众清查那些暗藏着的地主、富农分子。（五）必须打击那些阻碍分田与查田的反革命分子，在群众的同意之下用最严厉的办法处治他们，从逮捕监禁、群众公审，直至枪决，这是完全必要的。如果不是这样做，那么土地斗争就要受到极大的障碍。（六）应该极力发展阶级斗争，而避免地方斗争与姓族斗争，地主阶级与富农却是极力想拿地主斗争与姓族斗争来代替阶级斗争以便阻碍土地革命的前进，苏维埃人员不应该去上地主、富农的当。（七）土地革命的发展，依靠于农村基本群众的阶级觉悟与组织程度的提高，因此，苏维埃人员必须在农村中进行广泛而深入的宣传，必须健全贫农团与雇农工会的组织。

土地革命不但使农民得到土地，而且要使农民发展土地上面的生产力。由于苏维埃的领导与农民劳动热忱的提高，苏区的农业生产在广大的地方是恢复了，有些并且更加发展了。

在这个基础之上，农民的生活是有了很大的改良。农民推翻了地主与国民党的剥削，生产结果落在自己的手里，因此现在农民的生活比较国民党时代是至少改良了一倍。农民的大多数，过去一年中有许多时候吃不饱饭，困难的时候有些竟要吃树皮、吃糠秕，现在则一般不但没有饥饿的事，而且生活一年比一年丰足了。过去大多数农民每年很少吃肉的时候，现在吃肉的时候多起来了。过去大多数农民衣服着得很烂，现在一般改良，有些好了一倍，有些竟好了两倍。

哪一种生活哪一种政权是农民群众愿意的呢？让一切国民党区域的农民群众自己答复这个问题吧！

（六）苏维埃的财政政策

再说苏维埃的财政政策。

① “江西史料版”将“限制富农”误为“剥削富农”。

苏维埃财政的目的，在于保证革命战争的给养与供给，保证苏维埃一切革命费用的支出。但是有着广大的革命战费与革命工作费用的支出的苏维埃共和国，当他还是处在全国范围内的较小部分，又是一些经济比较落后的地方，并且实行着便利于广大民众的税收政策，许多外边人们竟不知道苏维埃财政的出路在什么地方。而国民党占据着广大的区域，大数量地搜刮民脂民膏，为什么反而弄到财政破产?

没有什么奇怪，苏维埃的财政政策与财政的使用，同国民党是根本的不同。

苏维埃的财政政策，建筑于阶级的与革命的原则之上。因此苏维埃的财政来源乃是：(一) 向一切封建剥削者进行没收或征发；(二) 税收；(三) 国民经济事业的发展。

所谓向封建剥削者没收征发，即是向苏区与白区地主、富农筹款，根据过去的经验，这一方面的收入常常占了主要的位置，这和国民党的财政政策恰好相反：苏维埃把主要财政负担放在剥削者身上，国民党则把主要财政负担放在工农劳苦群众身上。

苏维埃的税收，是统一的累进税，现在简单地两方面实行，这就是商业税与农业税，税收的基本原则，同样是重担归于剥削者。

商业税的征收，分为关税与营业税，关税是以按照苏区的需要程度统制货物的进出口为目的，因此税率有完全免征的，有高至百分之百的。在中国境内，只有苏维埃实行了完全自主的关税制，不受任何外国政府的干涉，一切货物在边境税关纳税之后通行全苏区，无第二次之征税，一扫国民党厘金关卡屡屡抽剥虐政。

营业税即是商业所得税（工业税现在没有收），按照商店资本大小、盈余多少，征收统一的累进税，资本小、盈余少的税轻，资本大、盈余多的税重。资本在百元以下、群众的合作社以及农民直接卖出其剩余生产品，这些都实行免税。

农业税依靠于农民的革命热忱，使之自愿地纳税，同样是累进原则的征收法。家中人口少、分田少的税轻，家中人口多、分田多的税重，贫农中农税轻，富农税重。雇农及红军家属免税，被灾区域按灾情轻重减税或免税。

苏维埃采取统一的累进税法，乃是世界上最优良的税法，而一切资本主义国家所不敢采用或者不敢彻底采用的。至于国民党的税收，则是一篇绝大的糊涂账。其税收原则是主要取之于农民及其他小有产阶级。正税之外，有无数的附加税。据天津大公报一九三三年三月二十二日的统计，国民党区域内捐税名目共有一千七百五十六种之多，而四川的田赋预征到了一九八七年，陕西的田赋比国民党未到时增加了二十五倍，这是国民党对于劳苦民众的“恩德”!

从发展国民经济来增加苏维埃财政的收入，是苏维埃财政政策的重要部分，明显的效验已在闽浙赣苏区表现出来，在中央苏区也开始[①]表现出来了。这一方面的着重的进行，是苏维埃财政机关与经济机关的责任。这里应该指出：国家银行发行纸票的原则，应该根据于国民经济发展的需要，财政的需要只能放在次要的地方，这一方面的充分注意是绝对必需的。

至于财政的使用，应该根据节省的方针。应该使一切苏维埃人员明白贪污浪费是极大的犯罪。向着贪污浪费作坚决斗争，过去虽有了些成绩，以后还应加倍[②]的用力。节省每个铜板为着战争与革命事业，是苏维埃会计制度的原则。苏维埃对于财政的使用，应该与

---

① 《苏维埃中国》翻印本和“西南函授版”皆漏掉“开始”二字。

② “江西史料版”印作“加□”，《苏维埃中国》翻印本和“西南函授版”皆为“加倍”。

国民党的使用有绝对的差别。

苏维埃的财政不是没有困难的，红军的扩大，战争的发展，使苏维埃面前有着它财政上面的困难。但是困难的克服，即包含于困难本身之中，开始我们的革命战争，改善我们的苏维埃工作，向着一切国民党区域去扩大我们的财政收入，向着一切剥削分子的肩上安放着苏维埃财政的担子，向着国民经济的发展去增加苏维埃的收入，这就是克服困难的方法。

（七）苏维埃的经济政策[①]

再说苏维埃的经济政策。

只有最无耻的国民党军阀，才会于其统治区域内已经弄到民穷财尽的地步，而却在天天造谣，说苏区如何破坏不堪。不错，帝国主义国民党的目的，完全在于破坏苏区、破坏正在前进的苏维埃建设、破坏已经得到解放的千百万工农民众的福利。因此，他们不但组织了武装力量进行军事上的“围剿”，而且更从经济上进行着残酷的封锁政策。然而苏维埃政府领导广大的群众与红军，不但屡次击溃了敌人的“围剿”，而且更从事于一切可能的与必需的经济建设，去冲破敌人经济封锁的毒计。苏维埃这一步骤，现在也是着着胜利了。

因为苏维埃的中心任务是争取对于帝国主义国民党的战争的胜利，同时目前的苏区，是些经济比较落后的区域，又处在敌人的经济封锁之下，所以苏维埃经济政策的原则，进行一切可能的与必须的经济方面的建设，集中经济力量供给战争，同时极力改良民众的生活，巩固工农在经济方面的联合，保证无产阶级对于农民的领导，造成将来发展到社会主义建设的前提与优势。

苏维埃经济建设的中心是发展农业生产，发展工业生产，发展对外贸易，与发展合作社运动。

关于苏区的农业，现在显然是在向前发展中。一九三三年的农产，中央苏区是比较一九三二年增加了百分之十五（一成半），而闽浙赣苏区则增加百分之二十。四川苏区的农业收成十分良好。[②] 苏区在暴动之后的头一二年，农业生产往往呈现着向下的形势。但经过分田的确定，苏维埃的提倡，与农民群众劳动热忱的增长，生产便取着恢复的形势了。现在则在有些地方不但恢复，而且超过了暴动前的生产。有些地方不但消灭了在暴动过程中荒废了的土地，而且开发了新的土地。很多的地方组织了劳动互助社与耕田队，以调剂农村中的劳动力。组织了犁牛合作社，以解决耕牛缺乏的问题。同时广大的妇女群众又参加了生产战线上的突击。这种情形，在国民党时代是决然做不到的。国民党时代，土地是地主的私产，农民不愿意也不可能用自己的力量去改良土地。只有苏维埃把土地分配给农民，加之以提倡奖励，农民群众的劳动热忱爆发起来了，伟大的生产胜利才能得到。这里应指出：在目前条件之下，农业生产是苏维埃经济建设的第一位，他不但担负着解决最重要的食粮问题，而且应该解决衣服、砂糖、纸张等项日常用品的原料问题（棉麻蔗竹等等）。森林的培养、畜产的增殖，也是农业的重要部分。在小农经济的基础上面，对于某些重要农产作出相当的生产计划，动员农民为着这样的计划而努力（如每省棉花若干万斤）这是容许的，而且必须的。苏维埃在这一方面应该有进一步的注意与努力。关于农业

① 本节在收入《毛泽东选集》第一卷时，题目改为“我们的经济政策”，有些文字上的修改。

② “江西史料版”漏掉“四川苏区”一句。

生产的许多基本条件，如劳动力问题、耕牛问题、肥料问题、种子问题、水利问题等，苏维埃必须用力领导农民求得解决。这里关于劳动力的有组织的调剂，与推动妇女参加生产，是苏区农业生产上面最基本的问题。而劳动互助社与耕田队的组织，苏维埃当着春耕、夏耕等重要季节，对于整个农村民众的动员与督促，则是解决这个问题的有效方法。不少一部分农民（大约百分之二十五）的缺乏耕牛，也是一个很大的问题。组织犁牛合作社，动员一切无牛人家自动地合股买牛共同使用，是苏维埃应该注意的事。水利是农产的命脉，苏维埃更应予以极大的注意。目前自然还不能提出苏维埃农业与集体农业的问题，但为着促进农业的目的，而在每乡每区组织一个小范围的苏维埃农事试验场，并且设立农业研究学校与农产品展览所，则是迫切的需要。

因为敌人的封锁，使得我们的出口发生困难，苏区的许多手工业生产是衰落了，烟纸等项其最著者。但是这种出口困难，不是完全不可克服的。并因苏区广大群众的需要，自己即有广泛的市场。应该为着出口，主要还是为着自给，来有计划地发展工业。两年以来，特别是一九三三年上半年起，因为苏维埃的开始注意，因为群众生产合作社的逐渐发展，许多工业现在是在开始走向恢复。这里重要的是烟、纸、钨砂、樟脑、农具与肥料（石灰等），而且自己织布、自己制药与自己制糖，亦是目前环境中不可忽视的。在闽浙赣方面，有些当地从来就表现缺乏的工业，如造纸、织布、制糖等，现在居然开发起来，并且收得了成效。他们为了救济食盐的缺乏，又进行了硝盐的制造。关于工业的进行，更需要有适当的计划，在散漫手工业基础上，全部的精密计划当然是不可能。但某些主要的工业，首先是国家经营与合作社经营的事业，相当精密的生产计划，则是完全的必需。确切地估计原料的生产，估计到白区与苏区的销场，是每一苏维埃工业与合作社工业从他们开始进行就必须注意的。

苏维埃有计划地组织对外贸易，并且直接经营若干项必要商品的流通，如食盐与布匹的输入，食粮与钨砂的输出，以及粮食在苏区内部的调剂等，现在是异常需要的了。这一工作，闽浙赣方面实行得较早。中央区则开始于一九三三年的春季，由于对外贸易局等机关的设立，已经得到初步的成绩。

现在苏区国民经济的发展，是由国营事业、合作社事业与私人的事业这三方面同时进行的。国家经营的经济事业，在目前只限于可能的与必要的一些部分。这一方面现在不论在工业或在商业均已经开始，他的前途自然是不可限量的。

苏维埃对于私人经济，只要不出于苏维埃法律范围之外，不但不加阻止，而且是提倡的奖励的，因为目前私人经济的发展，是苏维埃利益的需要。关于私人经济，不待说现时是绝对的优势，并且在相当长的期间也必然还是他的优势。目前私人经济在苏区的发展一般是取着小资本的形式。

至于合作社事业，乃是在极快的速度发展之中。据一九三三年九月江西、福建两省里面十七个县的统计，各种合作社共有一千四百二十三个、股金三十万五千五百五十一元，因为经济建设大会的提倡，如瑞金、兴国等县，在大会后一个多月的发展，即赶上大会前整个时期的数目。合作社的大规模发展，现在主要的是属于消费合作社与粮食合作社，其次则为生产合作社。至于信用合作社，还在刚才开始的阶段上。合作社运动的发展，无疑将成为苏区经济发展的枢纽。合作社经济与国营经济配合起来，将成为经济方面极大的力量，在与私人经济作斗争的长期的过程中，将逐渐取得领导的与优越的地位，而使苏区的经济造成发展到社会主义经济的条件。所以尽可能地发展国家企业与大规模地发展合作社，应该是与奖励私人经济发展同时并进的。

为着发展国营企业与帮助合作社运动，人民委员会在群众的拥护之下，发行了三百万经济建设公债。这样依靠群众的力量来解决经济建设的资本问题，乃是目前唯一的与可能的方法。

在全中国卷入经济浩劫、数万万民众陷入饥寒交迫的困难之中，这时候苏维埃政府乃不顾一切困难，为了革命战争，为了民族利益，认真地进行经济建设。事情是非常明白：只有苏维埃战胜了帝国主义国民党，只有苏维埃实行其有计划的、有组织的经济建设，才能挽救全国数万万民众出于空前的浩劫。

（八）苏维埃的文化教育

现在要说到苏维埃的文化教育了。

为着革命战争的胜利，为着苏维埃政权的巩固与发展，为着动员民众一切力量，加入于伟大的革命斗争，为着创造革命的新时代①，苏维埃必须实行文化教育的改革，解除反动统治阶级所加在工农群众精神上的桎梏，而创造新的工农的苏维埃文化。

谁都知道，国民党统治下一切文化教育机关，是操在地主资产阶级手里的。他们的教育政策，是一方面实行反动的武断宣传，以消灭被压迫阶级的革命思想；一方面施行愚民政策，将工农群众排除于教育之外。反革命的国民党把教育经费拿了作为进攻革命的军费，学校大部分停办，学生大部分失学。因此在国民党统治之下，造成了人民的愚昧无知。全国文盲数目占全国人口百分之八十以上。对于革命文化思想则采取极端残酷的白色恐怖。任何进步②的文学家、社会科学家，一切文化教育机关中的革命分子，都要受到国民党法西斯蒂的摧残。使一切文化教育机关变成黑暗的地狱，这就是国民党的教育政策。

谁要是跑到我们苏区来看一看，那就立刻看见是一个自由、光明的新天地。

这里一切文化教育机关，是操在工农劳苦群众的手里，工农及其子女有享受教育的优先权。苏维埃政府用一切方法来提高工农的文化水平。为了这个目的，给予群众政治上与物质条件上的一切可能的帮助。因为现在的苏维埃区域，虽然是处在残酷的国内战争环境，并且大都是过去文化很落后的地方，但是已经在加速度地进行着革命文化建设了。

根据江西、福建、粤赣三省的统计，在二千九百三十二个乡中，有列宁小学三千零五十二所，学生八万九千七百一十人，有补习夜校六千四百六十二所，学生九万四千五百十七人，有识字组（此项只算到江西、粤赣两省，福建未计）三万二千三百八十八组，组员十五万五千三百七十一人，有俱乐部一千六百五十六个，工作员四万九千六百六十八人。这是中央苏区一部分的统计。

苏区中许多地方，学龄儿童的多数是进入了列宁小学校，例如兴国学龄儿童总数二万零九百六十九人（内男一二,〇七六；女八,八九三），进入列宁小学的一万二千八百零六人（内男生八,八二五；女生三,九八一），失学的八千一百六十三人（内男三,二五一；女

① 《苏维埃中国》翻印本为“时代”，“江西史料版”印作“后代”。

② “江西史料版”为“左翼”，《苏维埃中国》翻印本为“进步”。

四,九一二），入学与失学的比例为百分之六十与四十。而在国民党时代，入学儿童不到百分之十。苏区很多地方的儿童们，现在是用了大部分时间受教育、做游艺，只小部分时间参加家庭的劳动，这同国民党时代恰好相反了。儿童们同时又组织在红色儿童团之内，这种儿童团，同样是儿童们学习共产主义的学校。

妇女群众要求教育的热烈，实为从来所未见。兴国夜校学生一万五千七百四十人中，男子四千九百八十八人，占百分之三十一，女子一万〇七百五十二人，占百分之六十九。兴国识字组组员二万二千五百十九人中，男子九千人，占百分之四十，女子一万三千五百一十九人，占百分之六十。在兴国等地妇女从文盲中得到了初步的解放，因此妇女的活动十分积极起来。妇女不但自己教育，而且已在主持教育，许多妇女是在做小学与夜学的校长，做教育委员会与识字委员会的委员了。女工农妇代表会在苏区是一种普遍的组织，它注意于劳动妇女群众的整个利益，妇女教育当然是他们注意的一部分。

群众识字的人数是迅速增加。识字的办法有夜校、识字运动①与识字牌。夜校有一定的地点，识字组在群众的家里，识字牌在道路的旁边。领导识字运动的机关则为乡村的识字运动委员会。拿兴国来说，全县有一百三十个乡的识字运动总会，五百六十一个村的识字运动分会，三千三百八十七个分会下面的识字小组，二万二千五百二十九个加入识字小组的组员。这是扫除文盲的极大规模的群众运动，这种运动应该使之向着全苏区一切城市与乡村中间开展去。

苏区群众文化运动的迅速发展，我们看报纸的发行也可以知道。中央苏区已有大小报纸三十四种，其中如《红色中华》从三千份增到四五万份以上。《青年实话》发行二万八千份，《斗争》只在江西苏区每期至少要销二万七千一百份，《红星》一万七千三百份，证明群众文化水平是迅速提高了。

苏区中群众的革命的艺术，亦在开始创造中，工农剧社与工农歌舞团的运动、农村中俱乐部运动，是在广泛地发展着。

群众的红色体育运动，也是迅速发展的，现虽偏僻乡村中也有了田径赛，而运动场则在许多地方都设备了。

苏区还缺乏完备的专门教育的建设。但为了革命斗争领导干部的创造，我们已设立了红军大学、苏维埃大学、马克思共产主义大学，及教育部领导下的许多教育干部学校。中等教育与专门教育应该跟着普通教育的发展而使之发展起来，无疑的应该成为教育计划中的一部分。

为了造就革命的知识分子，为了发展文化教育，利用地主资产阶级出身的知识分子为苏维埃服务，这是苏维埃文化政策中不能忽视的一点。

苏维埃文化教育的总方针在什么地方呢？在于以共产主义的精神来教育广大的劳苦民众，在于使文化教育为革命战争与阶级斗争服务，在于使教育与劳动联系起来，在于使广大中国民众都成为享受文明幸福的人。②

苏维埃文化建设的中心任务是什么？是厉行全部的义务教育，是发展广泛的社会教

---

① 三种版本皆为“识字运动”，但从上下文来看，应是“识字组”。

② “江西史料版”没有最后一句。

育，是努力扫除文盲，是创造大批领导斗争的高级干部。

每个人都明白，所有这些方针与任务，只有苏维埃政权之下才有实现的可能，因为这是阶级斗争极端尖锐的表征，这是人类精神解放绝大的胜利。

（九）苏维埃的婚姻制度

现在说苏维埃婚姻制度。

为了解放妇女于野蛮封建的婚姻制度之下，为了实行真正男女平等的婚姻制度，还在一九三一年的十一月，中央执行委员会即颁布了苏维埃的婚姻条例。在这里，确定了结婚与离婚的完全自由，废除了包办强迫买卖的婚姻制度，禁止蓄带童养媳。两年来在一切苏维埃管理区域是一般的实行了这一法令，凡非亲族血统在五代以内，非神经病与危险性的传染病，男子年满二十，女子年满十八，经双方同意，并在乡苏与市苏举行登记，即可以实行结婚。离婚则只要男女一方提出要求，经过乡苏或市苏登记就行了。

这种民主主义的婚姻制度，打碎了中国数千年[①]束缚人类尤其是束缚女子的封建锁链，建立适合人性的新规律，这也是人类历史上伟大的胜利之一。

但是，这一胜利，是附属于工农民主专政的胜利之后的。因为工农劳苦群众婚姻制度的解放，必须首先推翻地主资产阶级的专政，实行土地革命，男女劳动群众尤其是妇女第一有政治上的自由，第二也有了经济上的相当的自由，然后婚姻自由才有最后的保障。苏区中劳动妇女同男子一样有了选举权，并且分与了土地和工作，所以新制度是能够完全地实行了。

因为数千年来婚姻关系野蛮得无人性，女人所受压迫比男子更甚，所以现时苏维埃的婚姻法令着重于保护女子，把因离婚而起的义务更多的给了男子去负担。

因为小孩子是革命的新后代，过去社会习惯上不甚注意小孩子的保护，所以关于保护小孩，婚姻法令上有了单独的规定。其中关于私生子地位的承认与私生子的保护，是给了特别的注意的。

这婚姻制度的实行，使苏维埃取得了广大的群众的拥护，广泛群众不但在政治上、经济上得到解放，而且在男女关系上也得到解放。

就拿婚姻制度一件事来说，苏维埃区域与国民党区域，也是两个绝对相反的世界。

（十）苏维埃的民族政策

最后，关于民族政策。

争取一切被压迫的少数民族环绕于苏维埃的周围，增加反帝国主义与反国民党的革命力量，使一切被压迫民族得到自由与解放，是苏维埃民族政策的出发点。

国内的许多少数民族如蒙古人、西藏人、新疆缠回[②]、甘肃回民、高丽人、安南人、苗人、黎人等等，都受着帝国主义和中国历来封建皇帝与封建军阀的剥削和统治，国民党所谓“五族共和”只是欺骗人的鬼话，而且冯玉祥的屠杀甘肃回民、白崇禧的屠杀广西苗族，乃是国民党最近的“赏赐”。另方面，少数民族自己内部的统治阶级，如王公、活佛、喇嘛、土司等，与英日帝国主义及国民党军阀相结合，使这些民族的广大劳苦民众遭受更

① 《苏维埃中国》翻印本和“西南函授版”为“四千年”，“江西史料版”为“数千年”。

② “新疆缠回”系指维吾尔族。按《汉语大辞典》解释，我国部分回民和维吾尔族有用白布缠头的习俗，故称作“缠头回”或“缠回”。“江西史料版”则漏掉此四字。

加厉害的压迫与剥削，或者他们（王公、活佛、喇嘛、土司等）直接投降于帝国主义，引导帝国主义迅速地殖民地化，这些区域（如西藏、内蒙），更进一步地掠夺民众，这是少数民族过去与现在生活的实质。

苏维埃政府坚决反对一切帝国主义与国民党军阀对于少数民族的统治与掠夺。一九三一年十一月第一次全国苏维埃代表大会，在其颁布的宪法大纲的第十四条宣言：

“中华苏维埃政权，承认中国境内的少数民族自决权，直到各民族脱离中国建立自己的独立自由国家。蒙古、回、藏、苗、黎、高丽人等，凡属住在中国境内者，他们加入中国苏维埃联邦，或者脱离苏维埃联邦，或者建立自己的区域，均由各民族照自己的意志去决定。中国苏维埃政权在现在必须努力，帮助这些弱小民族，使他们脱离帝国主义国民党军阀、王公、喇嘛、土司等压迫统治，而得到完全的解放。苏维埃政权应在这些民族中间发展他们自己的民族文化和民族言语”①。

这是对于全世界帝国主义和中国国民党实行民族压迫的响亮的回答，中国广大工农群众及其苏维埃政府，不但自己正在用坚决的民族革命战争以求脱离帝国主义的羁绊，而且号召国内一切弱小民族同时脱离中国统治阶级以及帝国主义的羁绊，直到这些民族的完全独立。不但如此，苏维埃宪法大纲第十五条又说：

“中国苏维埃政权对凡因革命行动受到反动统治迫害的中国各民族以及世界各国的革命战士，给以托庇苏维埃区域的权利，并且帮助他们重新恢复斗争的力量，直到这些民族与国家的革命运动得到完全胜利为止”②。

苏区的许多高丽、台湾与安南革命同志的寄居，第一次全苏大会高丽代表的出席，这次大会的几位高丽、台湾、安南与爪哇的代表出席，都证明了苏维埃这一宣言的真实。

共同的革命利益，使中国劳动民众与一切少数民族的劳动民众真诚地结合起来了。

民族的压迫基于民族的剥削，推翻这个民族剥削制度，民族的自由联合就代替民族的压迫。

然而这只有中国苏维埃政权的彻底胜利才有可能，赞助中国苏维埃政权在全国范围的胜利，同样是各少数民族的责任。③

从苏维埃政府所决定的这些政策和实施的这些成绩看来，很明显的苏维埃中国内的民众已经得到了许多中国历史上空前未有过的政治上、经济上、社会生活上的解放和胜利。然而谁都晓得我们苏区目前所作的一切，还只不过是苏维埃革命伟大解放政纲的部分实现的开始，中华苏维埃共和国自始即有一贯的明显的施政纲领和前途，苏维埃中央政府早已向全中国和全世界明白宣言过，他要完全消灭帝国主义和国民党在中国的统治，他要使中国成为一个完全新式的独立自主的国家，使中国人民过着真正的幸福的新生活。在将来向前发展过程中，他将实行国家工业化政策，他将实行国家农业集体化，他将逐步实行完全有计划的国民经济，他将根本消灭失业痛苦，他将根本消除贫穷的现象，他将使人民享受优裕丰富的生活，他将有不可战胜的国防力，他将有豁然独立的国际地位，他将使中国变

---

① 这段引文与《宪法大纲》第十四条在文字上有些出入，几种版本都是如此。

② 这段引文，与《宪法大纲》第十五条也有文字上的出入。

③ 《苏维埃中国》翻印版和“西南函授版”印有以下本节的小结，“江西史料版”没有刊印。

成永远没有人压迫人和人剥削人的幸福光荣的社会主义社会。换句话说，今日社会主义胜利建设的苏联，这是我们中华苏维埃共和国向前发展的活榜样！

五、苏维埃在彻底粉碎六次“围剿”争取全国革命胜利面前的具体战斗任务

当着我们说到了目前新的形势，说到了两年来苏维埃政权反对帝国主义反对国民党“围剿”的斗争，说到了苏维埃实施的基本政策的时候，就使我们得到一种确定的结论。即是说，苏维埃运动是大踏步前进了。两年以来，苏维埃运动的胜利，明显地变动了敌我两方的力量，敌人加强了他们的动摇与崩溃，而苏维埃运动则在猛烈的发展中，革命的力量是更加壮大了，革命的阵地是更加巩固了。民族战争与革命的国内战争已在中国广大范围内开展着，红军已成为不可战胜的力量，工农民主专政的基础已经确立了，苏维埃工作已经在各方面得到伟大的成绩，苏维埃中央政府的集中领导不但在苏区树立了坚固的基础，而且在国民党统治区域成为广大民众的革命旗帜了，所有这些都已经成为现时生活实际，成为不可否认的客观存在的事实了。

然而革命的前进，要求我们估计到另外一些情形，要求我们以深刻的自我批评精神来检查革命的战线中存在着的弱点，这是我们不能放弃的责任。

估计我们的弱点，首先必须明白，现在苏维埃已经胜利的区域虽然是很广大了，但在全国来说，则还是处在较为狭小的范围内，还是处在一些经济比较落后的地方。反革命还保存着他们的广大的区域，还占据着各个重要的城市。因此，苏维埃争取全国胜利的任务①，是最严重地放在我们的肩上。日益加紧两个政权之间决死的斗争，要求我们以极大的努力去解决这个问题，而不容许丝毫的自满自足观念留存在我们革命队伍中间，也不容许表现任何微小的疲倦态度。

第二，在过去的两年中间，虽然全国民众的反帝运动是广大地开展了，苏维埃中央政府对于运动的领导也有不少的成绩，然而若拿了与当前民族危机的严重性比较，与阻止帝国主义侵略和国民党投降卖国的严重任务相较，则现时发展着的反帝斗争力量，显然还是异常不够的。苏维埃还没有采用更多的办法去发展广大群众的民族的与阶级觉悟，去组织民众的反帝斗争，而且就在民众自发的反帝斗争中，苏维埃政府直接的帮助与领导还是非常不充分。广大白色区域的工人反资产阶级的斗争，农民反地主的斗争，苏维埃还没有充分地尽其组织与领导的责任。即在苏区周围的国民党区域，也还未用最大力量去组织群众的斗争，使这些区域造成迅速变为苏区的条件，使红军在这些区域作战得到群众更多的配合，特别是在白区士兵中造成暴动响应红军的局面。

第三，红军的数量与质量，虽然是迅速扩大和增强了，但对于执行战胜帝国主义国民党整个军事力量，争取革命在全国胜利伟大任务上，倒还是相差很远。后方扩大红军的工作，还不能适应前线的要求。赤卫军、少先队的编制与训练，在许多地方还是差得很。游击队的组织与行动，一般还是很不够的，优待红军家属的工作，在有些地方做得非常之不好。所有这些使得革命战争的发展，还只限于过去的成绩，使得我们每一次冲破敌人“围剿”之后，还不能乘胜直进，争取更加伟大的胜利。

第四，在一切为了战争的任务下，我们还不能使一切苏维埃工作，完全适合于革命战

① “江西史料版”此处有一句“首先争取一省及几省胜利的任务”，其他两种版本皆删掉。

争的要求。这不论在土地斗争方面、在经济建设方面、在财政方面、在肃反方面，以及在文化教育方面，都有它的弱点的存在，指出其一般的弱点，即是说，革命战争要求这些工作以很快的速度、争取大的成绩；然而在各地执行起来，都是参差不齐的。很多地方真正达到了所谓很快速度和最大成绩的标准，依靠了这些地方的工作，使革命战争得到了很大的帮助，但在另一些地方，则不但工作进行非常之慢，甚至经过很长的时期，还不能得到应有成绩，特别在有些新区与边区中间，那里的工作更加差些。这种情形的主要原因，在于这些地方的苏维埃机关中存在着一些不了解甚至不愿意执行苏维埃法令政策的分子。这些分子当中，有些是严重的机会主义者与官僚主义者，有些简直是地主资产阶级派遣进来的暗探。他们不是推进苏维埃的工作，而是妨碍了苏维埃的工作。他们不使苏维埃工作服从战争，而是使苏维埃工作离开战争，他们不愿意去开展群众的斗争，而使群众斗争停顿起来。他们不曾对于广大群众的动员，不曾对于群众的说服教育，去执行苏维埃工作，而是用空谈空喊，甚至强迫命令的官僚主义去执行苏维埃工作。他们不去了解下属的情形，不去教育新进的干部，不去听取群众的意见，而只是机会主义地诬蔑下级干部不好、那里的群众没有革命积极性。在这些地方苏维埃的民主是没有得到充分发展的，没有吸收最广大群众来参加苏维埃的选举，没有吸收群众中大批积极分子来参加苏维埃的工作，这些地方的市乡代表会议制度，还没有很好的建立，还没有使苏维埃成为真正广大群众自己的政权机关。在这些原因之下，就使得许多苏维埃工作，在这些地方缺乏应有的成绩，使他不能适应革命战争的迫切要求。应该明白指出，这是苏维埃工作中间一个很严重的弱点。

所有这些弱点的存在，给了我们一种深刻的警觉：就是必须克服了这些弱点，苏维埃运动才能适应一切客观的有利条件，而采取更大规模向着更大范围内发展去。

我们已经有了一个伟大的力量，这个力量成为我们发展的基础。但是革命形势的需要，超过我们的力量，我们的力量还不够，我们必须增加力量。

为彻底粉碎帝国主义国民党的“围剿”，争取革命在全国的胜利，第二次全国苏维埃代表大会必须号召全苏区全中国的一切革命民众，坚决执行下列各个具体战斗任务。

（一）在红军建设方面

把中央革命军事委员会，对于全国红军的领导，更进一步地强健起来，使全国红军的行动比较过去更加能够在统一战略意志下互相呼应与互相配合，使各地方军事机关更加能够在中央领导之下充分地执行他们自己的职务。

把扩大一百万铁的红军的口号普遍地深入地传播到全苏区全中国广大工农群众中去，号召群众在最短促的时间之内，为着实现这个最低限度的口号而斗争。更使群众明白，摆在面前的苏维埃政权与国民党政权之间的决定胜负的战斗，苏维埃政权与帝国主义之间的直接广大的冲突，依靠我们数百万大红军的创立，因此一百万红军的首先创立，是苏维埃与每个工农群众神圣的责任。中央军事委员会与各级地方苏维埃应该负责，收集两年尤其是去年红五月以来，各地扩大红军的丰富经验。着重地指出以充分的政治鼓动，去代替强迫方法。以残酷的阶级斗争与苏维埃在这一方面的法令，去对付破坏扩大红军与领导开小差的阶级异己分子与不良分子，以充分执行苏维埃优待红军战士及其家属的一切法令与办法，去提高红军战士们的社会地位，去增加红军战士及其家属的精神上的安慰，去解决红军战士及其家属一切物质生活上的困难，是扩大红军的重要方法。还要指出，为红军家属耕种土地以及日用必需的供给，是优待工作的重要部分。一切对于优待红军战士及其家属怠工消极与阳奉阴违的分子，应该受到苏维埃法律的裁决。

应该把巩固红军放在红军建设的重要地位，使红军不但能够很快扩大，而且能够很快强健起来。应该更进一步提高红军战士的政治教育，使每个红军战士都自觉地为了苏维埃新中国而奋斗到底，使红军成为苏维埃的宣传者与组织者，成为创造新苏区的执行者，使红军战士与广大苏区、白区的工农劳苦群众之间发生更加密切的关系。要从政治教育去提高红军的自觉的纪律，使他们明白这是保证战争胜利的重要武器。政治委员制度，应该建立到一切红军部队、地方部队和游击队里面去。应该提拔更多的工人成分充当各级军事的与政治的指挥员。红军学校应当使之成为比较过去更能训练大批高级的与初级的军事政治干部的学校。注意红军中成分的考察，对于地主资产阶级分子混进红军中来破坏红军的企图，应该给与严重的打击。巩固红军使红军成为铁军的工作，与政治工作同等重要而为现时红军所迫切需要的，就是军事技术的提高。这一任务的解决，在战争的规模日益扩大，在帝国主义国民党军队日益采用新的军事技术的前面，对于我们是绝顶重要的。“学会与提高新的军事技术”的口号，应该深入每个红军战士中去，红军学校应该为这一目的去尽他最大的努力。

应该把赤卫军少先队的新的编制方法推广到苏区的一切地方去，把一切劳动的青年成年男女，全部武装起来。红军后备军与地方守卫部队的作用与责任，应当使每个赤少队员清楚地认识。义务兵役制在将来更大规模的国内战争中的需要与作用，现在就应该向一切劳苦群众与赤少队员适当地宣传起来。应当用大力进行一切可能的与必要的军事训练与政治训练，野营演习方法应当尽可能推广到一切地方的赤少队中间去。在敌人进攻与苏区剥削分子企图捣乱的情形之下，赤少队保卫地方的责任应该特别的加重，许多地方赤色戒严的松懈现象，应该给与迅速的纠正。动员模范赤少队整连整队的加入红军中去，与动员之后立即重新编制起这些队伍来，是扩大红军最好的方法之一。与红军作战不可分离而起其伟大支队作用的，是新区、边区以及白区中间的红色游击队。加强和扩大现有的游击队，最广泛地繁殖新的游击队，收集过去游击战争的丰富经验，极大地加强游击战争的教育与指导，把千百支游击队伸出白区去，伸出到敌人的侧方与后方去，在这些地方袭击敌人，发展群众斗争，创造游击区域，以至发展到创造新苏区，特别在尚未连成一片的各个苏区之间去做这些工作，与主力红军的行动互相配合起来，是苏维埃十分迫切的任务。

应该用一切办法去保障红军的给养、供给与运输，苏维埃的财政机关与经济机关，军事系统中的供给运输与卫生机关，应该为着这个共同目标而努力。运输队的动员，应该克服过去的弱点，使红军不致因缺乏运输员而妨碍了运动与作战。一切牺牲一切努力给予战争，是每个苏维埃人员每个革命分子的责任。

（二）在经济建设方面

为着冲破敌人封锁，抵制奸商操纵，保证革命战争的需要，改良苏区民众的生活，苏维埃必须有计划地进行各种必要的与可能的经济建设。

首先是发展苏区广大的农业生产。苏维埃应该用一切方法去提高农民群众的生产热忱。应该乘着春耕、夏耕、秋收各个重要的农事季节，进行提高生产的普遍而广大的运动，动员整个农村民众一齐进入生产的战线中。普遍组织劳动互助社与耕田队，有计划地调剂乡村劳动力，动员广大妇女群众参加生产，是扩大生产的重要方法。应当领导并帮助农民去解决耕牛、农具、肥料、种子、水利以及防止害虫等及农业上面的具体重要的问题。耕牛合作社应当普遍组织。根据去年春耕、夏耕运动的经验，“完全消灭荒田”，“增加今年二成收获”，应当成为战斗的口号。应当收集种棉经验，发展棉区的棉花生产。应当发起植树运动，号召农村中每人植树十株。牲畜的增殖，苏维埃应给予注意。某些重要农业部门如粮食棉花等，中央国民经济人民委员部及各省国民经济部，应当作出具体实施的计划。苏维埃粮食部、粮食调剂局，与群众粮食合作社，应当在工作上密切联系起来，为了完全保证红军与民众的粮食供给而努力。

苏区广大手工业的恢复、军事必需工业的建立，是苏维埃经济建设的重要任务。苏维埃恢复与发展工业的计划，应当放在战争需要、苏区民众需要以及白区出口的可能基础之上。钨砂、煤、铁、石灰、农具、黄烟、纸、布匹、糖、药材、硝盐、樟脑、木材等项，应当是主要部门。应该用极大的努力去发展对于这些工业的群众的生产合作社，将失业工人、独立劳动者与农民，尽量组织到生产合作社来。同时应该容许并奖励私人资本家的投资，扩大苏区的这些生产。苏维埃在目前不应当企图垄断所有的生产事业，但创办并发展一些特别需要与特别有利的国有企业，则是可以而且应当的。提高劳动热忱，发展生产竞赛，奖励生产战线上的成绩昭著者，是提高生产的重要方法。

打破敌人的经济封锁，发展苏区的对外贸易，以苏区多余的生产品（谷米、钨砂、木材、烟、纸等）与白区的工业品（食盐、布匹、洋油等）实行交换，是发展国民经济的枢纽。苏维埃对外贸易局与各种商业机关，必须更加健全起来。同时奖励私人商业，使他们为输出与输入各种必要商品而努力。而普遍的发展消费合作社，把广大工农群众组织在这种合作社内，使群众能够廉价地买进白区必需品，高价地卖出苏区的生产品，则在苏维埃贸易与整个经济建设上都占有特别重要的位置。苏维埃对于消费合作社，中央总社与各省总社的领导，应当极大地加强起来，还没有建立省县总社的地方，应当迅速地建立。

经济建设中资本问题的解决，主要是吸收群众资本，把他们组织在生产的、消费的与信用的合作社之内，应该注意信用合作社的发展，使在打倒高利贷资本之后能够成为他的代替物。经过经济建设公债及银行招股存款等方式，把群众资本吸收到建设国家企业，发展对外贸易，与帮助合作社事业等方面来，同样是要紧的办法。应该在苏维埃法律范围以内，尽量鼓励私人资本家的投资，使苏区资本更加活泼。应该尽量发挥苏维埃银行的作用，按照市场需要的原则，发行适当数目的纸币吸收群众的存款，贷款给有利的生产事业，有计划地调剂整个苏区金融，领导群众的合作社与投机商人作斗争，这些都是银行的任务。

（三）在苏维埃建设方面

苏维埃中央政府的建立，使全国苏维埃运动得着总的领导机关，对于中国革命有绝大的意义。两年以来，在领导反帝国主义反国民党的斗争中间，得到了光荣的伟大的胜利。我们应该指出中央政府在自己的组织上与工作上还存在着许多不健全与不充分的地方。为着加强中央政府对于各苏区与全国革命的总领导，必须使中央执行委员会与人民委员会在工作上划分开来，必须健全中央执行委员会主席团的组织与工作，必须充实各人民委员部的工作人员，并改善他们的工作方法，必须增设必要的人民委员部即如粮食委员部等，使中央政府在革命形势更加开展的面前，能够充分地发挥他总的发动机作用。

省苏维埃是地方政府最高领导机关，是中央政府与各县区苏维埃之间的连锁，必须极大地加强中央政府对于各个省苏的领导，密切中央政府与各个省苏之间的联系（中央区各省与中央区以外各省），严密检查各个省苏的工作。必须极力改善各个省苏的工作。必须极力改善各个省苏的工作方法，实行集体讨论、精确分工与个人负责的制度。加紧对于各县苏区工作的检查。极力纠正过去有些省苏工作上松懈与不集中的现象。

乡苏、市苏是苏维埃的基本组织，因此用极大努力改善乡苏与市苏的工作。必须在一切尚未建立代表会议制度的地方，把这个制度建立起来。必须进一步加强各地代表会议的工作，应该设立他的主席团。应该设立他的许多的委员会，并把委员会制度建立到村里去，吸收大批工农积极分子参加委员会的工作。应该建立每个代表与一定数目的居民发生关系的制度。应该建立主任制，每个村里要有一个主持全村工作的代表主任，应该准许他能够召集一村的代表与居民去开讨论村中工作的会议。乡苏与市苏是动员群众执行苏维埃工作的直接负责机关，他的工作中心是如何最健全地、最充分地动员全市全乡的民众，为着苏维埃的每一任务、每一工作的完满实现而斗争。乡苏与市区苏维埃必须把极大的注意力，放到各村各街道的实际工作上去。必须对于各村与各街道的工作，实行定期检查制度。各村或各街道之间的革命工作竞赛，是争取工作速度的有效方法。乡苏与市区苏维埃切实而迅速的改善，依靠于区苏与市苏正确具体的领导。区苏、市苏的注意力应该全部放在各个乡苏各个市区苏维埃的工作改善上面。充分的解释，频繁的巡视，切实的检查，与民众中间的考验，是区苏、市苏领导方法的要点。县苏对于区苏工作的考查，也应该以这些为标准。

各省苏必须把自己的注意力极大地投到新开辟的苏区去，把在新区建立并加强革命委员会的工作，看成自己重要的职务。革命委员会的组织形式与工作内容，都与市乡苏维埃有许多不同，一切白色区域变为苏维埃区域，经过革命委员会的过程。因此，健全革命委员会的组织与工作，使革命委员会能够负担起来武装民众，发动民众斗争，肃清反动势力，迅速转变到建立苏维埃政权，是各省苏区、各新区、边区县苏应该极大地注意的。

苏维埃的民主虽然发展了，但应该指出，它在许多地方还是异常不够的。必须严厉地展开反对官僚主义的斗争，把那些遮塞在苏维埃与民众之间的废物抛开去，这些废物就是官僚主义与命令主义。苏维埃人员应该从对于民众的动员与对于民众的说服去执行苏维埃工作，而不应该用强迫命令的办法去执行苏维埃工作。苏维埃人员应该注意民众的每一要求与每一提议，而不应该忽视这些要求与提议。苏维埃人员特别是工农检察委员会，应吸引广大民众对于存在苏维埃机关中的不良分子，开展广大的批评斗争，直至用苏维埃法律严厉制裁他们。保证苏维埃与民众中间良好的联系。为了健全苏维埃的成分，必须实行苏维埃选举的群众化。必须向群众解释选举的意义，吸引最广大选民来参加选举。在选举中绝对地摒除那些阶级异己分子、贪污浪费与官僚主义分子。选举大批的工农积极分子，来管理国家工作。在这里，依照选举法的规定，引进大批工人干部，加强工人在苏维埃政权中的领导地位，是健全苏维埃工作的重要关节。为了苏维埃工作的群众化，苏维埃必须与工会、贫农团、女工农妇代表会、合作社及其他一切民众团体发生密切的联系，经过这些团体去动员广大民众，执行苏维埃的工作。

为了争取苏维埃工作的速度与质量，使一切苏维埃工作适合于革命战争的要求，必须用极大的力量除掉苏维埃工作人员中间的松懈不紧张的现象。绝大地提高苏维埃人员的工作热忱，使每个工作人员都自觉地为工农民主专政的国家工作而努力。同时必须森严工作纪律，一切对于工作不积极、疏忽与废弛职务、把苏维埃工作放在不要紧的位置等等的分子，应该向之作严厉斗争，直至开除他们的工作。必须反对贪污浪费现象，因为这种现象，不但是苏维埃财政经济的损失，并且足以腐化苏维埃工作人员，使他们对于工作失去热忱与振奋精神的元素。必须把“一切工作服从战争”“争取工作的速度与质量”的口号，提到全部苏维埃人员的前面去。在这一方面，各级苏维埃的主要负责人，特别是工农检察委员会，应该对于苏维埃工作人员，进行充分说服教育工作。

应该把苏维埃法令政策的彻底与忠实的执行，移在全部苏维埃人员的肩上去，应把违反苏维埃法令政策的行为，首先是苏维埃人员自己的违反放在严厉责罚的地位。

必须充分执行劳动法，把劳动法的每一条文解释给广大工人群众听。八小时工作制的实行，最低工资的规定，是保证工人利益的中心与起码的部分。劳动检查所与劳动法庭，必须使之起完全的作用。必须向着那些忽视工人利益而企图与资本家妥协的人员作坚决的斗争。必须对于失业工人实行具体的与及时的救济，失业救济委员会必须在一切有失业工人的地方组织起来。社会保险制度，必须在一切可能实行的地方真实地实行。必须给予社会保险局的工作以应有的注意，必须避免过去有些地方对于保险支配上的错误。为了这些工作的充分执行，应该把苏维埃劳动部健全起来，劳动部与工会之间应该发生密切的关系。

充分的实行土地法，实行关于土地斗争的一切法令，向着全国范围开展广大的土地革命，这是苏维埃中心任务之一。没收地主阶级和大私有者土地的斗争，应该着重地猛烈地使之在一切新收入的苏维埃版图中开展起来。应该收集过去土地分配方法的许多经验，普遍应用到一切新区去。应该把查田运动开展到一切土地问题尚未彻底解决的地方去，把那些地方封建残余势力给以迅速的肃清。土地斗争中正确的阶级路线与充分的群众工作，是保证土地革命彻底胜利的先决条件。

执行苏维埃的文化教育政策，开展苏维埃领土上的文化革命，用共产主义武装工农群众的头脑，提高群众的文化水平，实施义务教育制度，增加革命战争中动员民众的力量，同样是苏维埃的重要任务。

苏维埃制裁剥削分子及镇压反革命分子的政策，必须坚决执行，国家政治保卫局与苏维埃法庭，必须提高自己的警觉性，对于反苏维埃法令的剥削阶级分子，及一切进行反革命活动的分子，实行严厉的制裁与镇压。在这里政治保卫局工作与苏维埃法庭群众化，动员广大群众参加肃反斗争，是非常必要的。

争取苏维埃工作的速度与质量，使一切苏维埃工作完全适合于革命战争的要求，这是苏维埃工作的总方向。

（四）关于领导反帝斗争与白区工作

为了坚决地反对帝国主义的侵略，为了猛烈地发展全国工农斗争，为了使苏维埃区域扩大到全国去，苏维埃政府必须加强对于全国反帝斗争与国民党区域工农革命斗争的领导。对于这一方面的消极，就是放纵了帝国主义的强盗侵略，就是延长了国民党反动统治的寿命，就是限制了苏区发展的速度与范围。苏维埃中央政府及各省苏维埃，必须把自己的眼光放大到广大的国民党区域去，不但要领导每一个群众自发的反帝运动，而且要在广大工农群众以及小资产阶级群众中间，利用帝国主义的侵略、国民党投降卖国的每一具体事实，启发群众的民族觉悟与阶级觉悟，号召他们组织与武装起来，为驱逐帝国主义保卫中国领土而斗争，特别在东三省、热河、察哈尔、华北等日本帝国主义进攻地带，组织人民革命军义勇军，领导旧有的义勇军，使之脱离国民党的反动影响，而与日本帝国主义坚决地作战。苏维埃政府对于工人的每一反帝罢工、农民以及小资产阶级每一反帝斗争，必须尽可能地给予精神上与物质上的帮助。

对于国民党区域工人反资产阶级的斗争、农民反地主的斗争、一切革命民众反帝国主义和国民党的群众斗争，苏维埃政府必须用一切办法去组织、去援助、去领导。一切苏维埃人员应该明白，要想把苏维埃运动发展到全国去，要想把比苏区庞大若干倍的国民党区域造成转变为苏区的条件，要想创造新苏区，要想在反对帝国主义国民党大规模的"围剿"中间能够得到白区群众的援助，必须把极大的注意放到白区去。必须从苏区派遣人员，准备一切必须的物质帮助，去组织与领导白区群众斗争。对于这一方面的消极，就是对于扩大苏区与发展革命战争的消极。特别是苏区附近的国民党区域，这些地方的群众受苏维埃的影响最大，受国民党军事奴役、食盐公卖等等的压迫最甚。苏维埃尤其是各个省苏及边县苏区政府，必须利用各种时机取得与这些群众的联系，组织他们的日常斗争，发展到游击战争，到群众暴动，到建立苏区与老苏区联结一片。在这里苏区与白区交界地带的工作，应该看得非常之重要。在这些地带苏维埃（或革命委员会）与游击队，必须完全遵守苏维埃的基本政策，禁止一切不分阶级乱打土豪的行为。没收地主阶级及反动派的财物，必须大量地发给当地群众。此外关于赤白对立问题、逃跑群众问题、食盐封锁问题、被难群众问题等，必须根据阶级的与群众路线，很好地给予解决。必须把造成赤白对立与群众逃跑的原因除掉了去。交界地带工作的改善，是争取白区变为苏区的重要关节。①

同志们！我们苏维埃和红军，正在担负着挽救中国民族死亡的重大责任，我们要完成这个责任，就必须完成苏维埃第二次全国代表大会所指出和规定的任务。同时，同志们都知道，中国苏维埃革命的胜利，不仅是四万万中国民众的解放，而且是整个东方被压迫民族脱离帝国主义锁链的先导，是给日本和其他帝国主义在太平洋上爆发世界帝国主义大战的计划一个致命的打击，是使日本和其他帝国主义从东方战线上进攻苏联的计划受到摧毁，是使世界无产阶级革命胜利的时期大大地缩短逼近，我们的任务是何等的光荣和伟大！

同志们！努力！最后的胜利是属于我们的！（演讲完，随着雷鸣一样的掌声，全体代表起立，欢迎毛泽东同志，欢唱国际歌）

选自《苏维埃中国》，第二册，1935年印行，中国现代史资料编辑委员会1957年翻印，第242～303页。（有些地方作了文字上的删改。）

互校版本：

1.《中央革命根据地史料选编》下册，江西人民出版社1982年出版，第290～347页。简称"江西史料版"。原件未注明出处。

2.《中国新民主主义革命时期法制建设资料选编》，第一册，西南政法学院函授部

---

① "江西史料版"删去以下结束语。

1982 年编印，第 140～194 页。简称“西南函授版”。原注：“选自中国人民解放军政治学院《中共党史参考资料》第六册。”

26. 关于中央执行委员会与人民委员会报告的结论[①]

毛泽东

1934 年 1 月 27 日

同志们！关于我代表中央执行委员会及人民委员会向大会所作的报告，同志们已经讨论了两天了，昨天的分组会，今天的大会，在这两天中间同志们发表了很多的意见，从各方面发挥了我们工作中的经验与教训，总括起来对于我的报告可以说是一致承认的。对于目前的形势，对于从这一形势产生的任务，对于两年来苏维埃政策的各方面的实施，以及对于我们工作中存在着的弱点，在昨天、今天同志们的讨论中一般是同意了我的报告，同志们的发言，一般都是非常正确，这是应该首先指出的。

但在昨天、今天两天的讨论中间，主要是在昨天的分组会中间，有个别同志的发言包含着不正确的观点，我也应该在结论中指出。这里主要是关于六次“围剿”的意见。关于这个问题大多数同志都承认我在报告中说的：我们是取得了对于六次“围剿”的第一步胜利，但是六次“围剿”的最后决战却还是严重地摆在我们的面前，号召广大群众，团结一切力量，争取对于六次“围剿”最后决战的胜利，是我们当前的最严重任务。因此在讨论中间有同志说：“六次围剿已经完全粉碎了”，这种意见显然是不对的。又有同志说：“六次围剿我们仅在准备粉碎中”，这种意见也是不对的。照前一说，是过分估计了自己的胜利，把苏维埃最后粉碎“围剿”的严重任务轻轻取消了，而实际上，蒋介石正在集中一切力量最后向我们大举进攻，所以这种估计是不正确的，并且是非常危险的。照后一说，是看不到几个月来红军从艰苦战争中已经给了敌人以相当严重的打击，已经取得了第一步胜利，这种胜利，同粉碎五次“围剿”的伟大胜利合起来，就成为我们彻底粉碎六次“围剿”的坚固的基础，对于自己成绩估计不足，同样是很危险的。

有一个同志对于福建的所谓人民政府，说他带有多少革命性不是完全的反革命，这种意见也是不对的。我在报告中已经指出：“人民革命政府”的出现，是反动统治阶级的一部分，为着挽救自己将死命运而起的一个欺骗民众的新花样，他们感觉苏维埃是他们的仇敌，而国民党这块招牌又太烂了，所以弄个什么“人民革命政府”，以第三条道路为号召，这样来欺骗民众，没有真正革命意义，现在的事实已经证明了。

关于婚姻问题，我在报告中曾经说到男女两方有一方坚决要求离婚，苏维埃政府应该准许离婚。但应该指出红军家属是例外。为了巩固红军战士的战斗决心，中央政府曾经规定，红军战士之妻要求离婚，必须取得其夫同意，只有在两年内还得不到丈夫音信，才可以由妻子一方提出离婚。关于结婚的年龄问题，不少同志主张降低，这种意见，我觉得是不妥当的。为了种族的与阶级的利益，结婚年龄不应该低于男二十，女十八以下，应该明白早

---

① 《毛泽东选集》第一卷中的《关心群众生活，注意工作方法》就是这一结论的一部分。

婚，是极大害处的。同志们！要耐烦一下了啊！（全场哄笑）以前在地主资产阶级统治之下，贫苦工农有到四五十岁还不能结婚的，为什么现在一年两年都等不及呢？（全场又大笑）

以上是我的结论的一部分，但是结论主要部分还在下面。

一个极重要问题。同志们在讨论中间没有着重注意的，就是关于群众生活同革命战争联系起来的问题。这个问题，昨天和今天的讨论中都没着重指出，我们觉得应该把这个问题清楚地提出来。

苏维埃的中心任务，是动员广大群众参加革命战争，以革命战争打倒帝国主义国民党，把革命发展到全国去，把帝国主义赶出中国去，领导革命战争是苏维埃的中心任务。哪一个看轻了这个任务、模糊了这一个任务，他就不是一个很好的苏维埃工作人员。一个很好的苏维埃工作人员，对于这个中心任务，应该看得非常地深刻非常地清楚，如果把这个任务真正地看清楚了，懂得发展革命战争是我们的基本迫切任务，懂得无论如何要把革命发展到全国去，那我们对于广大群众的切身利益问题、群众的生活问题，就一点也不能疏忽，一点也不能看轻。为什么呢？因为战争是群众的战争，只有动员群众才能进行战争，只有依靠群众才能进行战争，因此我们必须把战争的任务提到广大群众面前去。极大规模地去动员群众参加战争、拥护战争，才能取得战争的胜利。

但苏维埃单单动员战争，一点别的工作不做，能不能达到战争胜利的目的呢？我答复：不能。我们要胜利，一定还要做很多的工作。实现苏维埃的基本法令，保障广大群众的利益，领导工人的经济斗争，限制资本家的剥削，领导农民的土地斗争，分土地给农民，提高农民的劳动热忱，增加农业生产，建全合作社，发展对外贸易，群众的穿衣问题、吃饭问题、住房问题、柴米油盐问题、疾病卫生问题、婚姻问题，一切群众的实际生活问题，都是苏维埃应当注意的重要问题。假如苏维埃对这些问题注意了、解决了，满足了群众的需要，苏维埃就真正成了群众生活的组织者，群众就会真正地围绕在苏维埃的周围，热烈地拥护苏维埃。同志们，这时候，苏维埃号召群众参加战争，要求群众牺牲一切给予战争，能够不能够呢？我答复：能够的，完全能够的。

在我们的苏维埃机关中，曾经看见一些这样的情形，有的苏维埃人员只讲扩大红军、扩充运输队、收土地税、推销公债，其他事情呢？不讲也不管，甚至一切都不管。比如以前有一个时期的汀州市苏维埃政府，只管扩大红军、动员运输队，对于群众生活问题一点不理。汀州群众的问题是没有柴火烧，资本家把盐藏起来没有盐买，有些群众没有房子住，而土豪的房子还没有分给群众，那里缺米，米价又贵，这些是汀州群众的实际问题，十分盼望苏维埃政府帮助他们解决的。而汀州市苏一点也不讨论，所以那时汀州市苏维埃改选了以后，一百多个代表，因为几次会都只讨论扩大红军与动员运输队，完全不理群众生活，后来连代表会议都召集不成，大家不高兴到会，扩大红军、动员运输队呢，因此也极少成绩，这是一种情形。但是同志们，送给你们的两个模范乡苏小册子，大概都收到了罢！那里是相反的情形，江西的长冈乡、福建的才溪乡，扩大红军多得很呀！长冈乡成年青年男女百个人中有八十个当红军去了，才溪乡百个人中有八十八个当红军去了。公债也销得很多，长冈乡全乡一千五百人，销了四千五百块钱公债票。其他都得到了很大的成绩。什么理由？你们看他们对于群众生活问题的注意。举几个例子，长冈乡有一个贫苦农民烧掉了一间半房子，乡苏就发动群众捐了六串钱帮助他。有三个人没有饭吃，乡苏同互济会就马上捐米救济他们。去年夏荒，乡苏从二百多里远的公略县水南、富田等处办了米来救济群众。才溪乡的这些工作也是做得非常之好。这样的苏维埃，真正是模范苏维埃。他们同汀州市机会主义、官僚主义的领导是绝对的不相同。我们要学习长冈乡、才溪乡，反对汀州市官僚主义的领导！

我郑重向大会提出，我们应该深刻注意群众生活的问题，从土地劳动问题，到柴米油盐问题。妇女同志要学习犁耙，找什么人去教她们呢？小孩子要求读书，列宁小学办起了没有呢？对面的木桥太狭会跌倒行人，要不要修理一下呢？许多人生疮害病，想个什么办法呢？一切这些群众生活上的问题，每个苏维埃都应当把它提到自己的议事日程上，应该讨论，应该解决，应该实行，应该检查，要使广大群众认识苏维埃是代表他们的利益的，是与他们呼吸相通的。使他们从这些问题出发，拥护苏维埃来了解苏维埃提出来的更高的任务、革命战争的任务、把革命推到全国去的任务，来接受苏维埃的政治号召，来为苏维埃的胜利斗争到底。长冈乡的群众说："苏维埃红军共产党真正好，什么事情都替我们想到了"，模范的长冈乡苏维埃，可尊敬的长冈乡苏维埃！他们得到了广大群众真心实意的爱戴，他们的战争动员号召得到广大群众的拥护。看啊！长冈乡的百分之八十的壮丁是上前线去了！要得到群众的拥护么？要群众拿出他们的全力放到战线上去么？那么，就得同群众在一起，就得去发动群众的积极性，就得关心群众的痛痒，就得真心实意为群众谋利益，解决群众的盐的问题、米的问题、房子问题、衣的问题，甚而至于生小孩子的问题，解决群众的一切问题。我们是这样做了么，广大群众就必定拥护苏维埃，把苏维埃当作他们的生命，把苏维埃当作他们无上光荣的旗帜。国民党要来进攻苏维埃么，广大群众就要用生命向国民党决斗；无疑的，一、二、三、四、五次"围剿"不是实实在在的粉碎了么?!

国民党现在实行他们的堡垒政策，大筑其乌龟壳，以为这是他们的铜墙铁壁？同志们，这果然是铜墙铁壁么？一点也不是！你们看，几千年来那些封建皇帝的城池宫殿还不坚固么？群众一起来，一个个都倒台了。俄国皇帝是世界上最凶恶的一只东西，当着无产阶级与农民的革命起来时，那个皇帝还有没有呢？没有了。铜墙铁壁呢？倒掉了。同志们，真正的铜墙铁壁是什么？是群众，是千百万真心实意拥护苏维埃的群众，这是真正的铜墙铁壁，什么力量都打不破的，完全打不破的。反革命打不破我们，我们却要打破反革命。在苏维埃政府的周围团结起来千百万群众来，发展我们绝大规模的革命战争，我们要消灭一切反革命，我们要夺取全中国！

我要说到第二个重要问题了。我觉得这个问题，同样的要着重向大会提出，就是关于工作方法的问题。苏维埃是革命战争的领导者、组织者，苏维埃是群众生活的领导者、组织者，发展革命战争，改良群众生活，这是我们的任务，这是我们的目的。对于这样的任务与目的，我们不但口里讲，还要实行做。在这里领导方式、工作方法的问题，就严重地摆在我们的面前。我们不但要提出任务，要确定目的，而且要解决实现任务与达到目的的方法。我们的目的是过河，但没有桥或没有船不能过，不解决桥或船的问题，过河就是一句空话，不解决方法问题，任务也只是瞎说一顿。不注意扩大红军的领导，不讲究扩大红军的方法、尽把扩大红军念一千遍，早上念到晚上，今天念到明天，像和尚们阿弥陀佛阿弥陀佛的尽念，结果还是阿弥陀佛，红军战士是没有看见的。（众笑）我们苏维埃工作中有没有这样的情形呢？有！简直还不少啊！我们来看瑞金与福建。瑞金这次扩大红军的突击运动，是值得我们称道的，他们在中央局与中央革命军事委员会直接指导之下，从十二月一号起，在一个半月中间，扩大了近四千人，因为他们应用了正确的方法，开展了反对机会主义与官僚主义的斗争，展开了群众的阶级斗争，所以得到这样的成绩；成为这次全苏区扩大红军突击运动的第一优胜者。但是福建呢？全省十多县的成绩仅当瑞金一个县，还依靠最近半月中央局直接指导下工作方法的转变，若像十二月那种官僚主义的领导，是连瑞金一个县都赶不上的。就拿瑞金说，最近四十五天扩大四千人，而去年八月一个月中却只扩大三十个人，官僚主义的领导与切实而具体的领导，就产生了这样相隔天渊的结果。再拿十二月瑞金的突击运动说，好几个区中，例如城区、下肖区与黄柏区，上半个月因为在官僚主义者的领导之下简直没有什么成绩。撤换了突击队长，改变了工作方法，到了下半个月不但完成全月规定的数目，甚至超过了百分之一百。扩大红军如此，再看推销公债。当着瑞金销完了，并且收齐了二十四万元的时候，我们的雩都县怎样的呢？在机会主义与官僚主义的领导之下，仅推销了一万九千元，他们领去的十九万公债票，至今大概还有十几万保存在那些官僚主义者的箱子里。长冈乡一个乡销了四千五百元，平均每人买了三元八毛，假若每乡都照长冈乡的样，单是中央区就可以发行一千二百万。但若都照雩都县呢，那么一百万也销不完。这不是领导方式、工作方法的问题严重地教训了我们么？其他查田运动、经济建设、文化教育、新区边区工作，一切苏维埃工作，如果仅仅提出任务，而不注意实行时候的领导，不注意工作方法，不开展反对机会主义与反对官僚主义的斗争，不抛弃空谈空喊，而采用实际具体的办法，不抛弃强迫命令而采取耐心说服的办法，那么什么任务也不能实现。

兴国的工作同志，兴国的广大群众，他们创造了第一等工作，值得我们郑重地称赞他们为模范的苏维埃工作。同样，赣东北的工作同志，赣东北的广大群众，他们也有很好的创造，同样是苏维埃工作的模范。像兴国与赣东北的工作同志们，他们把群众生活与革命战争联合起来了，他们把工作方法与革命任务同时解决了，他们是认真地在那里进行工作，他们是仔细地在那里解决问题，他们在革命面前是真正的负起了责任，他们真正是革命战争的组织者与领导者，他们真正是群众生活的组织者与领导者；他们是苏维埃工作最光荣的领袖。其他如福建的上杭、长汀、永定等县的一些地方，粤赣的西江等地方，湘赣的茶陵、永新、吉安等县一些地方，湘鄂赣的阳新一些地方，以及江西还有许多县里的区乡，加上瑞金直属县，他们都有进步的苏维埃工作，同样值得大会的称赞。

但是，我们应该指出：有些地方的苏维埃工作是不能令人满意的，对于这些地方的工作，我们应该用自我批评精神提出最大的革命警觉性，这如在闽赣、粤赣与湘鄂赣省的许多地方，苏维埃工作是存在着很多的弱点，福建与湘赣同样还远不及江西与闽浙赣，即如福建省苏的领导就存在着严重的官僚主义。许多这些地方的工作人员与群众的关系是不好的，他们还不懂得革命战争与群众生活是应该密切联系起来，还不懂得应该努力学习领导群众的艺术，还不懂得没有好的工作方法就决不能实现工作任务，还不懂得应该使一切苏维埃工作完全配合于革命战争。这些地方的工作，在第二次全苏大会之后，应该来一个彻底的转变。特别是那些严重的机会主义者与官僚主义者，他们不明了下层的情形，不理解群众的情绪，只知空谈、空喊，甚至强迫命令来对付苏维埃工作，大会应该严厉地指责这些人员，他们的观点与方法是绝对错误的，是妨碍苏维埃工作的，是不利于革命战争的，他们应该立即转变过来。这些地方，无疑问地有不少的积极干部，群众中涌现出来的很好工作同志，这些同志负担了一种责任就是应该向着那些机会主义者实行严格的自我批评，指导他们，帮助他们，迅速改正错误，把那些顽强不肯改变的分子洗刷出苏维埃去。我们是在伟大的革命的战争面前，我们要冲破敌人的大规模“围剿”，我们要把革命推广到全国去，全体苏维埃人员负担了绝大的责任。大会以后，必定要用切实的办法来改善我们的工作，先进地方应该更加前进，落后地方应该赶上先进地方，要造成几千个长冈乡、几十个兴国县，这是我们的前进阵地，我们占据着这些阵地，从这些阵地出发去粉碎敌人的“围剿”，去打倒帝国主义国民党在全国的统治，去把革命在全中国胜利起来！（大鼓掌）

关于中央执行委员会与人民委员会报告的结论，就在这里结束了，其他我在报告中说过了的，现在不再重谈，我的结论完毕了。（轰烈的鼓掌，会场全体起立欢迎毛主席，唱国际歌）

选自《苏维埃中国》，第二集，1935 年印行，中国现代史资料编辑委员会 1967 年翻印，第 304～312 页。

27. 中华苏维埃共和国第二次全国苏维埃代表大会关于苏维埃建设的决议案

1934 年 1 月第二次全国苏维埃代表大会通过

一、大会听了吴亮平同志报告以后，一致认为自第一次全国苏维埃代表大会以来，各级苏维埃在其组织与工作上，是有了极大的进步与成绩。苏维埃的组织是比较的充实了。吸收来参加苏维埃的工农积极分子是大大地增加了（例如上杭的上下才溪二乡各能吸收一百一十人来参加乡苏下各委员会的工作，瑞金的石水乡吸收了一百一十八人，兴国的长冈乡也吸收了一百余人，并建立了许多村的委员会）。苏维埃对于武装工农的工作，有了极大的成绩，基本苏维埃（乡苏市苏）的工作，是比较以前深入了，在查田运动中涌现出来的许多新干部，被提拔到苏维埃领导机关中来。群众参加苏维埃的选举的人数是增加了（平均在百分之七十五以上，有的达到了百分之九十五）。在许多地方苏维埃机关之内已展开了反对官僚主义的斗争，苏维埃的工作方式是有了相当的改善，所有这些都使广大工农劳苦群众更进一步认识苏维埃是工农自己的政权机关，所以苏维埃能动员最广大的群众来进行大规模的反帝国主义国民党的革命战争。

二、大会指出了上述的成绩，但同时指出，在我们的苏维埃工作中，还遗留着不少的缺点。首先是苏维埃工作的进展，各地还不是一致。在中央苏区，如兴国全县大部分区乡，瑞金、胜利、公略、上杭、长汀等县的一部分区乡；在闽浙赣，如弋阳、横峰、上饶、德兴等县的许多区乡；在湘赣，如永新等县的一部分地方，苏维埃工作是得到极大的成绩；但在粤赣、闽赣与湘鄂赣的大部分地方及其他苏维埃省县的一部分地方，则苏维埃工作还是很差。在这些地方苏维埃吸取群众参加工作的成绩，还是非常的不够，特别是劳动妇女参加苏维埃工作的，还是不多；群众对于代表撤回权的行使，还是很少；市苏代表会议制度，还未能很好地建立起来，尚未能充分运用集体讨论、严密分工与个人负责的制度；在苏维埃机关还存在着官僚主义，对于下面群众情形，还是了解得极不充分，苏维埃内思想斗争的开展，是极其不够，苏维埃内加强无产阶级领导的实际工作，是做得极不充分。所有这些，都是妨碍苏维埃工作的进一步的开展的。大会指出：各级苏维埃必须坚决地克服这些缺点，来取得苏维埃工作的更加伟大的成绩。

三、在目前剧烈的革命战争环境中，组织与领导革命战争，是苏维埃的中心任务。苏维埃为着胜利地担负起这一伟大任务，必须在本身的组织与工作上，采取以下的迫切的步骤：

（一）必须用一切方法，来充实与加强中央政府的组织与工作。第一次全苏大会和苏维埃中央政府的成立，是中国苏维埃运动发展中的一个伟大的胜利。在过去二年中，苏维埃中央政府的工作虽然还存在着一些缺点，但无疑的是已经获得了巨大的成绩，而且已在广大的工农群众中间立了很大的威信，成为全国苏维埃运动的最高的光荣的领导者。为着加强对于全国革命的总的领导力量起见，大会指出，中央执行委员会①与人民委员会必须在工作上有适当的划分，必须成立新的必要的人民委员部（如粮食人民委员部等），充实各个人民委员部②的组织，并使整个中央政府与下级苏维埃以及广大的民众发生十分密切的关系。

（二）中央政府必须用一切办法加强其对各省苏的领导。为使苏维埃的工作更加深入群众，省的③苏维埃的工作必须加强。省的苏维埃执行委员会，是中央政府与各县苏维埃的连锁，各个省苏执行委员会主席团及其下的各部，必须去深切地了解各县的苏维埃工作，经常检查各县苏维埃执行委员会及其各该部对于战争动员工作和其他一切苏维埃工作的执行情形，监督各县对于苏维埃法令及上级决议案的彻底实施。大会责成中央政府用大力去加强各省特别是工作落后的省份的苏维埃工作。建立对于闽浙赣、湘赣、湘鄂赣各省苏维埃的更加密切的领导关系，并设法与鄂豫皖、湘鄂西及川陕等省取得联系。中央政府对于各省苏维埃应该有经常的、具体的、活泼的工作指示与工作检查。

（三）为着增强苏区的动员力量，必须加紧推进市苏与乡苏的工作，因为市乡苏维埃是苏维埃政权的基本组织，一切苏维埃的法律命令与决议，都要经过乡苏维埃与市区苏维埃传达到群众中去，并由他们发动群众来执行。乡苏维埃与市区苏维埃必须尽可能地吸收更多的工农积极分子，来参加苏维埃的各种工作。为着便利领导群众及动员工作起见，大会指出乡苏维埃与市苏维埃，应按照代表与居民住所的接近，将全乡或全市区的居民，分别置于各个代表的领导之下，使代表与居民之间发生固定的关系。在乡及市区的代表中，应该按村或按住所接近情形，建立代表主任及分别召集代表开会的制度，以帮助乡及市区主席团的工作。同时在乡苏维埃及市区苏维埃下面，应依照地方苏维埃组织法，并按本地的需要，设立各种经常的临时的委员会，吸收每个代表，参加一个到二个的委员会，同时必须吸收更广大的工农积极分子来参加各种委员会的工作。在工作发展的乡，某些委员会还可按村来组织。苏维埃必须尽可能地吸收更多的不脱离生产的工农积极分子，特别是劳动妇女，来参加苏维埃的各种工作。

---

① 《红色中华》、“中央文件版”和“江西史料版”印作“中央执行委员会”，《苏维埃中国》翻印版和“社科法制版”印为“中央委员会”。

② “中央文件版”印作“人民委员会”，其他版本皆为“人民委员部”。后者是对的。

③ 《红色中华》、“中央文件版”和“江西史料版”在本段开头有以上 37 字。《苏维埃中国》翻印本和“社科法制版”皆漏掉此 37 字。

（四）为着巩固与扩大苏区，必须在新苏区及某些边区，根据地方苏维埃组织法，组织强有强力的革命委员会①，必须尽可能地吸收对于当地工农群众有信仰的革命领袖来参加革命委员会的工作。革命委员会必须加紧武装工农，组织游击队，建立强有力的肃反委员会，来扑灭任何反革命的活动，并以各种方法宣传并执行苏维埃的政策和法令，帮助群众组织工会、贫农团等革命的团体，迅速解决土地问题，没收地主及反革命派的财产，消灭反革命的物质基础，并且将所没收的财物大部分发给当地的民众。革命委员会必须向一切违反苏维埃的法令和政策的行为，作最严厉的斗争，并加以应有的纪律的制裁。革命委员会应在发动群众斗争②的基础上，尽可能迅速转变为正式的苏维埃。大会着重指出，新区边区革命委员会的工作，对于苏维埃运动的绝顶重要。为着迅速争取新区的广大工农群众，巩固苏维埃政权，并扩大苏区起见，大会责成中央政府及斗争较久③的地方的苏维埃机关，选派大批最好的干部到新区边区工作。并责成边区政权机关加强对于边区游击队的领导，以彻底消灭某些游击队乱打土豪，以致使部分群众逃跑，形成赤白对立的这些不可容忍的现象。

（五）为着加强苏维埃动员群众的力量，必须广泛地充分地发扬苏维埃民主。大会认为二年来④苏维埃民主主义的发展，虽有很大的成绩，但是还是极不够的。大会责成各级苏维埃用力吸收尽可能的更广大的选民群众来参加选举，使群众能够充分提出自己对于苏维埃工作的意见，能够随时撤换工作不好的代表，执行召回代表的权力。苏维埃必须领导群众来最大限度地利用各种物质上的⑤便利（开会地址、印刷机关、报纸、书局等等），引导群众来积极地参加政治生活，尽量扩大群众的言论、出版、集会、结社各方面的活动。苏维埃的代表应该经常向选民群众作工作报告，征求群众对于苏维埃工作的批评，非常注意地倾听群众的意见，解决群众的困难，使苏维埃与工农劳苦群众没有丝毫的隔膜。苏维埃应该尽可能地吸收很多不脱离生产的积极分子来积极参加工作（如在各种委员会内），使他们能够很好地学习管理国家的事宜。苏维埃对于工农群众，是这样广大的民主。但对于地主阶级，对于进行反革命活动的资本家、富农，必须坚决地加以镇压。对于工农群众中个别分子违反整个苏维埃利益破坏苏维埃法令的，苏维埃也应给以相当的处罚。可是就是这些镇压与处罚，也必须经过群众路线，向群众详细说明，得到群众的拥护。因为苏维埃的暴力⑥，是建立在广大工农群众的拥护之上的。各级苏维埃执行委员会必须注意苏维埃法庭的群众化。中央政府关于废止肉刑的法令，必须坚决地执行。

（六）为了使苏维埃更加接近群众、更能动员群众起见，大会指出必须在苏维埃系统内开展无情地反对官僚主义的斗争。苏维埃应该最清楚地明了群众的生活情形，迅速地确当地解决群众困难问题，热烈地动员最广大的群众，为实现苏维埃的每一决定、每一任务

---

① 《红色中华》、“中央文件版”和“江西史料版”在“革命委员会”之下，还有下列42字。但是《苏维埃中国》翻印本和“社科法制版”漏掉这42字，即“必须……革命委员会必须”。

② “社科法制版”漏掉斗争二字。

③ “中央文件版”、《红色中华》、“江西史料版”为“斗争较久”，《苏维埃中国》翻印本与“社科法制版”皆印作“斗争较近”。

④ 《苏维埃中国》翻印本和“社科法制版”漏掉“二年来”中的“二”字。

⑤ 《苏维埃中国》翻印本和“社科法制版”漏掉“上的”二字。

⑥ 《苏维埃中国》和“社科法制版”印作“威力”，《红色中华》、“中央文件版”和“江西史料版”皆为“暴力”。

而斗争。任何脱离群众，不明了群众情形，不迅速解决群众所提出的问题，不从群众的广大的动员去进行苏维埃工作，而只凭空谈、空喊甚至强迫命令的官僚主义，应该遭受最严重的打击。因为中国经济的落后，农民的小生产经济在苏区占着统治的地位，群众文化程度的不足，以及某些阶级异己分子之钻入苏维埃，所以在我们的苏维埃机关中，是存在着官僚主义的赘瘤。大会指出，苏维埃必须以最大的警觉性与极严厉的手段，开展反官僚主义反机会主义的斗争，来洗刷潜藏在苏维埃内部的阶级异己分子及一切不良的分子。各级工农检查委员会必须经过各种群众团体，领导广大工农群众来进行反官僚主义的以及反贪污浪费的斗争。在开展反官僚主义斗争中，苏维埃的领导机关，必须尽可能地减少文件（而且文件要写得明白通俗并切中问题的要点），多致力于实际工作方面的检查与具体的活的指示。为着达到这一目的，在苏维埃的机关内必须实行集体的讨论、明确的分工，并建立个人负责制，各级苏维埃应该把工作人员的劳动纪律，提到最高度，对于不负责任的消极怠工分子，应给以严厉的打击与制裁。

（七）为着进一步开展苏维埃工作，必须与群众团体，特别是工会与贫农团，发生更密切的关系。工会是工人群众的共产主义学校，是使苏维埃与广大工人群众取得密切联系并供给苏维埃以大批领导干部的组织，大会责成各级苏维埃与工会取得比以前更加密切的联系。同时对于贫农团，苏维埃必须加以大地的帮助，健全其村乡组织，吸收广大贫农群众来扩大贫农团数量。农业工人与手艺工人工会应尽可能地全体加入贫农团，使贫农团在无产阶级领导之下，团结着广大贫农群众，并使中农群众环绕于自己的周围，来进行消灭地主阶级与反对富农的斗争，来执行苏维埃各种工作。除工会、贫农团外，苏维埃还必须与其他群众团体，如合作社、反帝拥苏同盟、革命互济会、女工农妇代表会、儿童团等等，发生密切的关系，经过他们各方面地去动员群众，来实现苏维埃政权的任务。苏维埃应该特别注意与各合作社的关系，领导合作社的工作，因为这是与工农日常生活最有密切的广大群众的经济组织。

（八）为着保证苏维埃工作的猛烈地开展，必须用力巩固苏维埃的无产阶级领导。我们苏维埃是工农民主①专政的政权机关，只有强有力的无产阶级领导，才能使苏维埃彻底完成民主革命，并成为将来革命转变的杠杆。所以在苏维埃中一时一刻也不容忽视加强无产阶级领导的实际工作。为着巩固和加强无产阶级的领导，苏维埃首先必须坚决拥护无产阶级政党——共产党——的领导，并与共产青年团取得密切的联系，用全部力量来执行党所指出的任务，实现党所提出的工作，为党的路线与主张而坚决奋斗，开展苏维埃系统中反对机会主义的斗争。此外，苏维埃必须在组织上保证着无产阶级领导权的巩固（如在选举中），必须提拔更多的工人干部来做领导的工作。苏维埃的全部政策，应该严格地遵守巩固工农联盟的原则。必须加紧苏维埃系统中以及对于广大群众的共产主义的教育，使之不但在组织上而且还在思想上保证无产阶级领导的巩固。在巩固工农联合与加强无产阶级领导的条件下，中国苏维埃将不但能够胜利地完成民主革命，而且还一定能够在将来胜利地转变到社会主义的革命。

选自《苏维埃中国》，第二集，1935年印行，1957年现代史资料编辑委员会翻印，第313～319页。

---

① “江西法制版”漏掉“民主”二字。

互校版本：

1.《中央革命根据地史料选编》下册，江西人民出版社 1982 年出版，第 348～354 页。简称“江西史料版”。原件未注明出处。

2.《中国新民主主义革命时期根据地法制文献选编》，第二卷，中国社会科学出版社 1981 年出版，第 79～85 页。简称“社科法制版”。原注：“选自《苏维埃中国》第二集”。

3.《中共中央文件选集》，第九册，中共中央党校出版社 1986 年出版，第 83～89 页。简称“中央文件版”。原件未注明文件来源。

4.《红色中华》，1934 年 2 月 20 日，第五、六版。

28. 中华苏维埃共和国中央执行委员会布告第一号（宣布第二届中央执行委员名单）

1934 年 2 月 3 日

中华苏维埃共和国第二次全国苏维埃代表大会，于一九三四年一月二十一日在苏区赤色首都正式开幕，大会轰轰烈烈地经过了十一天，完全成功地闭幕。大会总结了两年来中国苏维埃运动的经验，提出了苏维埃今后最战斗的历史任务，并且具体地讨论了红军建设、经济建设与苏维埃建设等重要问题，通过了修正的苏维埃宪法及上述各重要问题的决议案。

最后，大会选举了下列一百七十五人为中央执行委员：

博　古	陈绍禹	何克全	刘少奇	毛泽东	项　英	吴亮平	瞿秋白	周月林	金维映
王发桂	谢玉钦	李富春	谢名仁	肖世榜	林国宋	黄长娇	蔡　畅	钟葆觉	娄梦侠
张绩之	徐达志	曾　山	钟昌桃	刘启耀	钟循仁	李卓然	刘广臣	谢先滦	朱　德
周恩来	王稼蔷	刘伯承	贺　昌	何长工	滕代远	彭德怀	杨尚昆	林　彪	聂荣臻
董振堂	刘伯坚	黄　甦	蔡树藩	聂洪钧	王如痴	万永诚	陈　光	寻淮州	罗瑞卿
张纯清	周建屏	周　昆	乐少华	陈阿金	袁国平	叶剑英	陈　毅	毕士梯	陈洪时
肖　克	孔荷宠	朱　瑞	刘畴西	徐彦刚	陈昌浩	徐向前	张国焘	张琴秋	贺　龙
关向应	夏　曦	宋白民	王维周	罗炳辉	洪　水	蔡　乾	张然和	余宏文	王世泰
潘士忠	姜阿三	张冠一	古大存	郑振芬	朱　琪	高俊亭	詹以锦	郑位三	王凤鸣
成仿吾	郭述申	张德三	祝维垣	顾作霖	邵式平	黄　道	朱兆祥	孔书安	刘　晓
钟世斌	傅才秀	周义开	刘明辉	熊仙壁	刘国珠	钟桂新	罗　迈	陈祥生	林伯渠
刘群先	胡　海	范乐春	曾洪易	巫子元	张太和	黄宜章	张鼎丞	李见珍	吴兰甫
吴必先	邱先英	张闻天	陈　云	王盛荣	邓　发	陈潭秋	潘汉年	黄加高	张云仙
张金楼	周少文	何振吾	陈寿昌	黄光保	谭余保	刘士杰	王　震	旷　彪	彭仁昌
任弼时	吴德峰	王秀章	熊国炳	余洪远	李维海	何　畏	李先念	曾广澜	周光坤
李成甲	陈子谦	方志敏	余汉朝	黄万生	汪金祥	关　英	涂振农	关春香	吴玉章
朱地元	杨其鑫	邓振询	何叔衡	高自立	梁柏台	徐特立	阮啸仙	邓颖超	董必武
赵　云	王贤选	罗梓铭	杨世珠	赖美玉					

并以下列三十六人为中央执行委员会候补执行委员：

杨炳龙　谢振富　邱时凤　邓尧盛　董长胜　刘　毅　李美群　邹中才　徐顺垣　徐明富
叶德贵　邓子恢　朱荣生　贾　元　冯雪峰　李一氓　李克农　张爱萍　罗荣桓　李赐凡
颜立记　尹仁桂　刘燕玉　方敬和　谢炳煌　钟义谨　黄富武　方振华　邹敦厚　廖汉华
龙春山　华新湘　周桂香　旷朱权　邓　萍　康克清

中央执行委员即以此正式的和候补的二百一十一名委员组织之，为全苏大会闭幕后之最高政权机关。

二月三日中央执行委员会召开第一次会议，一致选举：毛泽东　项　英　张国焘　朱　德　张闻天　博　古　周恩来　瞿秋白　刘少奇　陈　云　林伯渠　邓振询　朱地元　邓　发　方志敏　罗　迈　周月林等十七人组织主席团，为执行委员会闭幕后之最高政权机关。并以毛泽东为中央执行委员会主席，项　英　张国焘为副主席。

同时又选举张闻天（洛甫）为人民委员会主席。在人民委员会之下，设立下列十一人民委员部为中央行政机关：

王稼蔷为外交人民委员
朱　德为军事人民委员
邓振询为劳动人民委员
高自立为土地人民委员
林伯渠为财政人民委员
吴亮平为国民经济人民委员
陈潭秋为粮食人民委员
梁柏台为司法人民委员
曾山为内务人民委员
瞿秋白为教育人民委员
项英为工农监察①人民委员
又选举朱德为中央革命军事委员会主席
周恩来，王稼蔷为军事委员会副主席
阮啸仙为中央审计委员会主任
并委任董必武为临时最高法庭主席

中央执行委员会除了全部接受二苏大会给予我们一切战斗任务以外，并号召全体苏维埃工作同志紧急动员起来，加紧自己的工作，动员最广大的工农群众，一致团结在苏维埃政府周围，集中一切力量，开展革命战争，为彻底粉碎帝国主义国民党的五次“围剿”，争取苏维埃在全中国的胜利而斗争。

主　席　毛泽东
副主席　项　英
张国焘
公历一九三四年二月三日

① 《红色中华》刊载的“第一号布告”为“工农监察”，《中央苏维埃组织法》规定为“工农监察”，应以后者为法定名称。凡印制“工农监察”或“工农检查”者，均不准确。

选自《红色中华》，1934 年 2 月 12 日，第一版。

互校版本：《中华苏维埃共和国中央政府文件选编》，《江西社会科学》1981 年增刊，第 126～127 页。简称“江西文件版”。

29. 中华苏维埃共和国中央苏维埃组织法

1934 年 2 月 17 日公布

中华苏维埃共和国临时中央政府执行委员会命令（中字第一号）

兹制定《中华苏维埃共和国中央苏维埃组织法》特公布之。此令

主　席　毛泽东

副主席　项　英

张国焘

一九三四年二月十七日

第一章　总则

第一条　本组织法依据《中华苏维埃共和国宪法大纲》的原则而制定，苏维埃中央政府机关必须依本法组织之。

第二章　全国苏维埃代表大会

第二条　全国苏维埃代表大会是中华苏维埃共和国的最高政权机关。

第三条　全国苏维埃代表大会的代表，由各省苏维埃代表大会、中央直属市①、直属县苏维埃代表大会及红军所选举出来的代表而组成。

第四条　全国苏维埃代表大会，每两年由中央执行委员会召集一次。如遇特别情形，不能按期召集时，得延期召集之。

第五条　全国苏维埃的临时代表大会遇必要时，由中央执行委员会自动召集之，或由代表全国人口三分之一的地方苏维埃的要求，由中央执行委员会召集之。

第六条　全国苏维埃代表大会听中央执行委员会的报告并讨论之，制定和修改宪法及其他法律，决定全国的大政方针，改选中央执行委员会。

第三章　中央执行委员会

第七条　中央执行委员会是全国苏维埃代表大会闭幕期间的最高政权机关。

第八条　中央执行委员会的名额，不得超过五百八十五人。

第九条　中央执行委员会的全体会议，每六个月由中央执行委员会主席团召集一次，如遇特别情形不能按期召集时，得延期召集之。

第十条　由中央执行委员会主席团的决议，或中央执行委员会半数以上的要求，得召集中央执行委员会的临时会议。

第十一条　中央执行委员会对全国苏维埃代表大会负责，应向全国苏维埃代表大会做工作报告。

---

① “中央文件版”漏掉“直属市”三字。

第十二条　中央执行委员会得颁布各种法律和命令①，并施行于中华苏维埃共和国的全境。

第十三条　中央执行委员会审核和批准一切关于全国政治上、经济上的政策和国家机关的变迁。

第十四条　中央执行委员会主席团、人民委员会及其他机关的法令和决议，中央执行委员会有停止执行和变更之权。

第十五条　中央执行委员会选出主席团，其人数不得超过二十五人，并选举主席一人，副主席二人至四人。

第十六条　中央执行委员会选任人民委员会及其主席，被选任为人民委员的，应为中央执行委员会的委员。

第四章　中央执行委员会主席团

第十七条　中央执行委员会主席团，为中央执行委员会闭幕期间的全国最高政权机关。

第十八条　中央执行委员会主席团，监督中华苏维埃共和国宪法及全国苏维埃代表大会、中央执行委员会的各种命令及决议之实施。

第十九条　中央执行委员会主席团，有停止或变更人民委员会和各人民委员部②的决议和法令之权。

第二十条　中央执行委员会主席团，有停止或变更各省苏维埃代表大会及其执行委员会的决议或命令之权。

第二十一条　中央执行委员会主席团，有颁布各种法律命令之权，并有审查和批准人民委员会和各人民委员部及其他所属机关所提出的法令、条例和命令之权。

第二十二条　中央执行委员会主席团，解决人民委员会与各人民委员部之间的关系问题，及各省苏维埃之间的关系问题。③

第二十三条　中央执行委员会主席团，对中央执行委员会负完全责任，须向中央执行委员会做工作报告。

第五章　全国苏维埃代表大会及中央执行委员会的权力

第二十四条　全国苏维埃代表大会及中央执行委员会的权力规定如下：

一、颁布和修改宪法；

原注：此项为全国苏维埃代表大会的专有权。

二、代表中华苏维埃共和国对外订立各种条约及批准国际条约；

三、制定法院的系统组织，并颁布民事、刑事及诉讼等法律；

四、颁布劳动法、土地法、选举法、婚姻法、苏维埃组织法及一切单行的法律；

五、决定内政外交的大政方针④；

六、改定国家的边界；

---

① “社科法制版”将“命令”印作“法令”。

② “中央文件 1986 年版”漏掉以下 7 字：“和各人民委员部”；“1991 年版”补上“人民委员部”，漏掉“人民委员会和各”7 字。当时的“人民委员会”是最高行政机关，相当于国务院或部长会议，而“人民委员部”乃是“人民委员会”所属各部，部长称“人民委员”。

③ “社科法制版”和“西南函授版”皆漏掉“及各省苏维埃之间的关系问题。”

④ 《红色中华》与“江西法律版”漏一“政”字。

七、确定地方①苏维埃的权力，并解决地方苏维埃间的争执；

八、划分行政区域，并有建立、合并、改造或解散地方政权机关之权；

九、对外宣战与媾和②；

十、制定度量衡和币制；

十一、发行内外公债；

十二、审查并批准预算、决算；

十三、制定税率；

十四、组织并指导陆海空军；

十五、制定中华苏维埃共和国国民的公民权，及居住在中华苏维埃共和国领土内的其他国籍人民的居留和公民权；

十六、宣布全部或一部的赦免；

十七、制定国民教育一般原则；

十八、选任和撤销人民委员会的委员及主席；

十九、规定工业、农业、商业及交通事业的政策和计划；

二十、代表中华苏维埃共和国与中国境内各民族订立组织苏维埃联邦共和国的条约；

二十一、有撤换和变更下级苏维埃执行委员会委员之权。

第六章　人民委员会

第二十五条　人民委员会为中央执行委员会的行政机关，负指挥全国政务的责任。

第二十六条　人民委员会以下列的人员组织之：

一、人民委员会主席；

二、外交人民委员；

三、劳动人民委员，

四、土地人民委员；

五、军事人民委员；

六、财政人民委员；

七、国民经济人民委员；

八、粮食人民委员；

九、教育人民委员；

十、内务人民委员；

十一、司法人民委员；

十二、工农检察委员会主席。

原注：一、看工作的需要，各人民委员可由中央执行委员会随时增加之。

二、人民委员这个名称只有人民委员会的委员才能用，中央和地方的其他委员不得用这个名称。

第二十七条　为镇压反革命之目的，在人民委员会之下，设国家政治保卫局，其组织

① “社科法制版”和“西南函授版”皆漏掉“地方”二字。

② 《红色中华》为“媾和”，“社科法制版”印作“讲和”。

另定之。

第二十八条　人民委员会为达到本组织法第二十五条的目的，在中央执行委员会所指定的范围得颁布各种法令和条例，并得采取适当的行政方针，以维持行政上的迅速和秩序。

第二十九条　人民委员会的决议及所颁布的各种法令和条例，须报告中央执行委员会主席团。

第三十条　人民委员会的决议如与大政方针有关系者，应提交中央执行委员会或它的主席团去审查批准，但遇紧急事项，人民委员会得先解决，并报告中央执行委员会或其主席团。

第三十一条　人民委员会有审查修改或停止各人民委员部所提出的法令及其决议之权。

第三十二条　各人民委员部及各省苏维埃执行委员会对人民委员会的决议和各种法令有不同意见时，可向中央执行委员会或它的主席团提出意见，但不得①停止执行。

第三十三条　人民委员会对中央执行委员会及其主席团负责，须按时向它们做工作报告。

第七章　最高法院

第三十四条　为保障中华苏维埃共和国革命法律的效力，在中央执行委员会之下，设立最高法院。

第三十五条　最高法院设院长一人，副院长二人，由中央执行委员会主席团委任之。

第三十六条　在最高法院之下设刑事法庭、民事法庭及军事法庭，各设庭长一人。

第三十七条　最高法院的权限规定如下：

一、对于一般法律作法定的解释；

二、审查各省裁判部及高级军事裁判所的判决书和决议；

三、审查中央执行委员以外的高级机关职员在执行职务期间内的犯法案件（中央执行委员犯法案件，由中央执行委员会或主席团另行处理之）；

四、审判不服省裁判部或高级军事裁判所的判决而提起上诉的案件，或检察员②不同意省裁判部或高级军事裁判所的判决而提起抗议的案件。

第三十八条　在最高法院内组织委员会，其人数由中央执行委员会主席团按需要规定，以最高法院院长为主席，讨论并决定关于最高法院职权为各项重要的问题及案件。

第三十九条　最高法院设检察长一人，副检察长一人，检察员若干人，检察长、副检察长由中央执行委员会主席团委任之。

第四十条　最高法院的详细组织另定之。

第八章　审计委员会

第四十一条　在中央执行委员会之下，设立审计委员会，其职权是：

---

① “社科法制版”和“西南函授版”皆漏一“得”字。

② 《红色中华》对所有“检察员”“检察长”及“工农检察委员会”，皆用“检察”二字，现在许多翻印本改为“检查”，是与原文不符合的。

一、审核国家的收入与岁出；

二、监督国家预算之执行。

第四十二条　审计委员会由五人至九人组织，由中央执行委员会主席团委任之。

第四十三条　审计委员会设主任、副主任各一人，其他职员按需要设置。

第九章　各人民委员部及其部务委员会

第四十四条　在人民委员会之下，设外交、劳动、土地、军事、财政、国民经济、粮食、教育、内务、司法各人民委员部。

第四十五条　各人民委员部设副人民委员一人至二人，由中央执行委员会主席团委任之，以助理人民委员的工作，人民委员因故缺席时，代理人民委员的职务。

第四十六条　为便利各人民委员部进行工作起见，得在①各人民委员部之下设立部务委员会，为讨论和建议该部工作的机关。

第四十七条　各部委员会的委员，由人民委员会任命之。委员的人数，由人民委员会随时规定增减。以各该人民委员为该部委员会的当然主席。

第四十八条　各人民委员在他的权限内，有单独解决一切问题之权。但重要的问题须交给该项部的委员会去讨论。如委员会对于人民委员的决定有异议时，有提交人民委员会或中央执行委员会主席团之权。

第四十九条　各人民委员部的职权及详细组织，另定之。

第五十条　人民委员会之下，设革命军事委员会，及工农检察委员会，其职权及组织另定之。

第十章　附则

第五十一条　本组织法自公布之日起发生效力。

选自《红色中华》，1934年2月22日，第五、六版。

互校版本：

1.《中国新民主主义革命时期根据地法制文献选编》，第二卷，中国社会科学出版社1981年出版，第85～95页。简称“社科法制版”。原注：“选自一九三四年二月二十二日《红色中华》”。

2.《中国新民主主义革命时期法制建设资料选编》，第一册，西南政法学院函授部1982年编印，第195～203页。简称“西南函授版”。原注：“选自《红色中华》一九三四年二月二十二日第一五三期”。

3.《中华苏维埃共和国法律文件选编》，江西人民出版社1984年出版，第82～89页。简称“江西法律版”。原注：“见《红色中华》第一五三期，一九三四年二月二十二日”。

4.《中共中央文件选集》，第九册，中共中央党校出版社1986年出版，第109～116页。原件未注明出处。

《中共中央文件选集》，第九册，1991年版，第672～680页。简称“中央文件1986年版”或“1991年版”。

---

① “社科法制版”和“西南函授版”皆漏掉以下14字：“各人民委员部进行工作起见，得在”。

30. 附件一：苏维埃政权系统简明图表（甲、乙、丙、丁四种）

1934 年

编者说明：这四种图表，原收录在《苏维埃中国》第一集，1933 年版，第 137～140 页。从其内容看，是当时对苏维埃政权组织系统的一种设想，与苏维埃共和国建立初期的实际情况并不相符，例如（1）乙图在中央执行委员会之下设有主席团，实际上在 1934 年以前，并无主席团。（2）最高法院列在人民委员会之下，实际上在 1934 年成立最高法院时，是隶属于中央执行委员会及其主席团之下，与人民委员会和审计委员会并列的。

此表在此翻印，仅供研究参考。

甲、产生苏维埃政权的选举系统图表

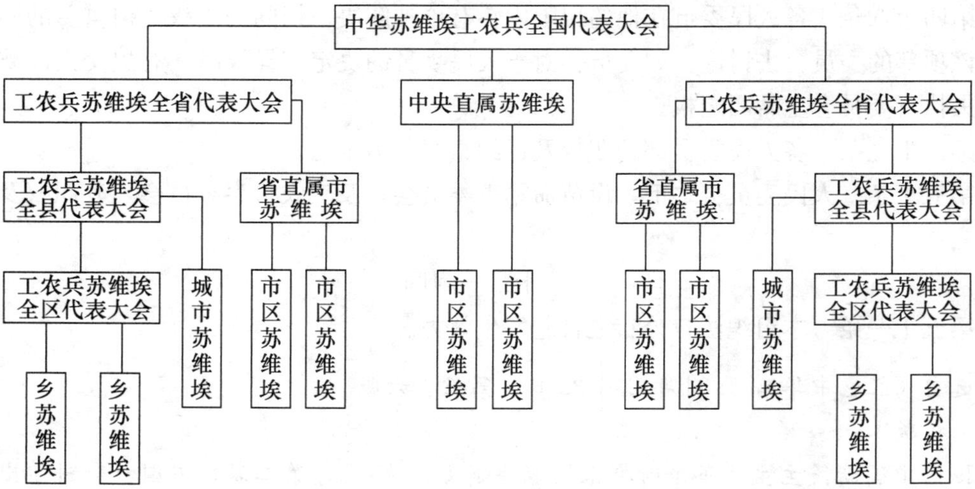

乙、中华苏维埃共和国中央政府组织系统图表

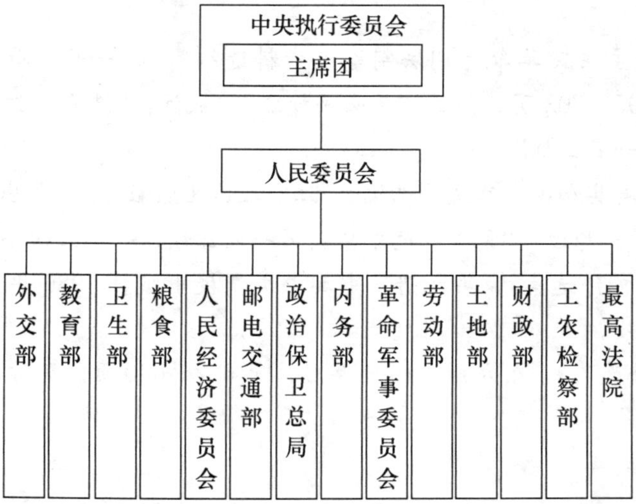

丙、省执行委员会的组织系统图表

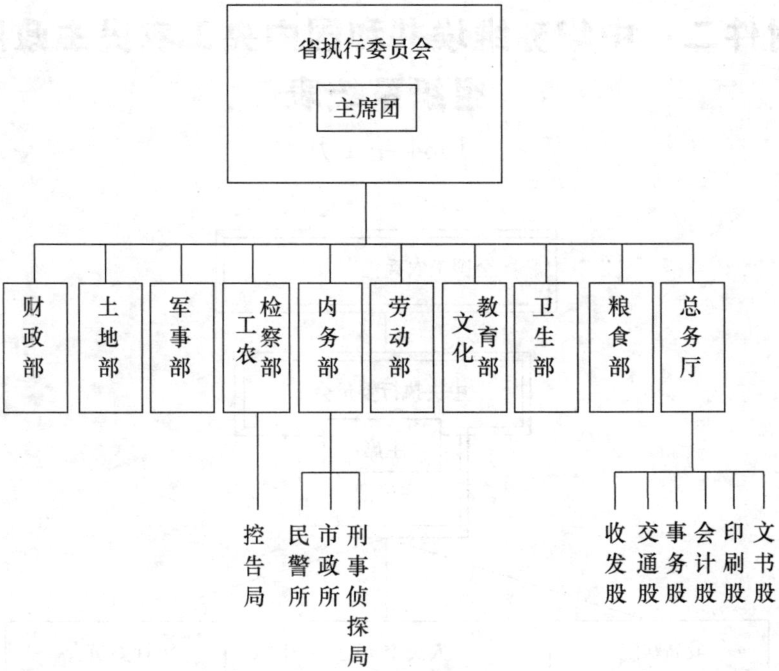

丁、城市苏维埃组织系统表

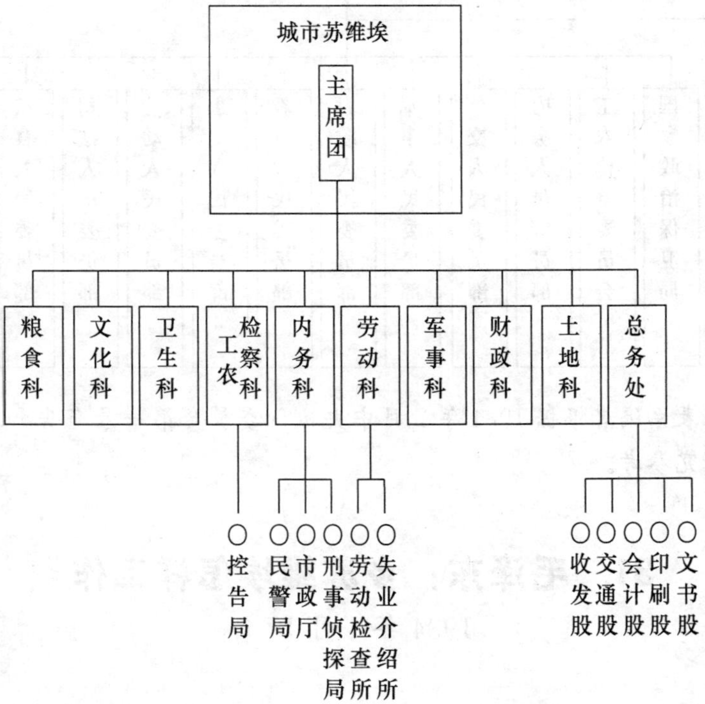

选自《苏维埃中国》，第一集，1933 年印行，中国现代中资料编辑委员会 1957 年翻印，第 137～140 页。

附件二：中华苏维埃共和国中央工农民主政府组织系统表

1934年1月

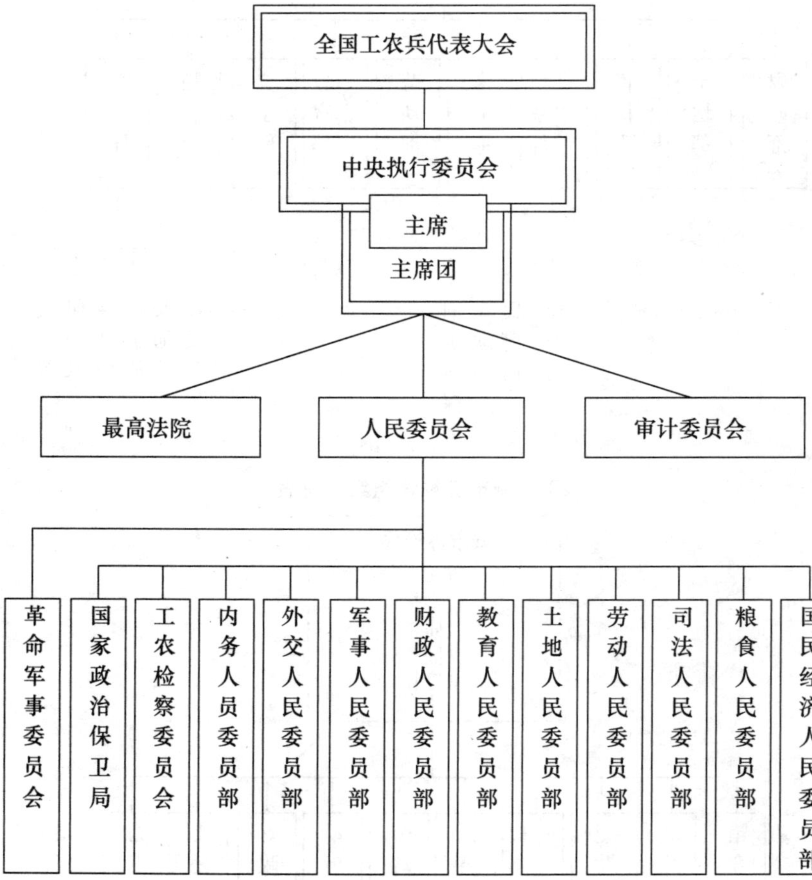

编者注：此表系编者根据1934年2月中央执行委员会第一号布告和中央苏维埃组织法绘制的，供研究参考。

31. 毛泽东：乡苏维埃怎样工作[①]

1934年4月10日

乡苏维埃（与市苏维埃）是苏维埃的基本组织，是苏维埃最接近群众的一级，是直接领导群众执行苏维埃各种革命任务的机关。在国内战争环境内，战争动员工作十分紧张，

① 原标题为《乡苏维埃怎样工作》，《毛泽东文集》改为《乡苏怎样工作?》。

群众生活需要更加改善，因此极力改善乡苏（与市苏）的工作，健全乡苏的组织与领导，使它能够完全适合发展革命战争与改善群众生活的要求，是非常重要的事。改善乡苏工作的方向，应该朝着最能够接近广大群众，最能够发挥群众的积极性与创造性，最能够动员群众执行苏维埃任务，并且最能够争取任务完成的速度，使苏维埃工作与革命战争、群众生活的需要完全配合起来，这是苏维埃工作的原则。现在我们的苏区，已经有许多乡苏工作能够适合这样的原则，创造出许多好的组织形式与工作方法了。但还有许多乡苏的工作违反这样的原则，或者没有完全适合这样的原则。因此根据这种原则，明白具体地规定乡苏怎样工作，使每个乡苏工作人员有一个一般的标准去进行他们的工作，是十分必要的了。

乡苏究竟应该怎样进行他们的工作呢？应该依照下面的规定。

（一）乡苏主席团的工作

（1）主席团人数，大乡七人，小乡五人，他们是代表会议选举出来的，应该选举出最积极最有工作能力的分子。

（2）主席团是代表会议闭会后的全乡最高政权机关，它应该坚决执行代表会议和上级苏维埃的决议与指示，它应该积极领导全乡的工作。

（3）主席团要懂得抓紧每一时期内的中心工作，把这些工作提到代表会议上去讨论，而不应该只忙一些零碎事务，把中心工作丢掉了。

（4）主席团会议要开得好，常驻人员的工作要很紧张很切实地做，松懈懒惰的现象是不应该有的，强迫命令主义要完全废掉。

（5）主席团要明白各村的情形，要了解各村的特点，要注意各村群众中间的困难问题，根据各村的实际情形与特点去推动各村的工作，解决各村群众的困难问题。

（6）要使各村的工作很快进步，就要注意推动各村正副主任，注意各村的代表会议、群众大会与各个代表领导之下的小单位群众会，都能够按时开、开得好。

（7）主席团要注意团结全体代表、各种委员会、各个群众团体于自己的周围，推动代表、委员会与群众团体去动员全乡群众执行各种工作。而不应该离开代表、委员会与群众团体，只是少数人忙着干。

（8）主席团要极力注意代表会议时的领导，每次代表会议，事先都要有好的准备。

（9）主席团会议应该五天有一次，即在前后两次代表会议的中间，主席团要开两次会。村主任可以要他来参加会议。

会议上讨论的问题。头一次，主要是讨论督促各村的主任、副主任及代表同志们怎样执行上一次及以前代表会议的决定，最好在上一次代表会议之后两三天内开。第二次，主要收集近几天各个村里的工作经验，准备下一次代表会议的议题，最好在下一次代表会议之前两三天内开。

主席团会议还要解决一些比较小的问题，不要把这些小问题都提到代表会议去。还要解决那些有时间性急于要解决的问题，不要把这些紧急问题拖延到下次代表会议才讨论。

主席团会议最好在吃晚饭后，开会时间不要多过两点钟。

（10）主席团要有一种分工，要给不常驻的那几个主席团同志一些工作做，比如要他们督促某些村里的某几项工作。

主席，自然是主持全乡工作，主席团会议上当主席，出席上级召集的会议，处理日常事务。他应该抓住每一个时期中上级指示的几件中心工作（如扩大红军、查田运动、选举、修路、收土地税、推销公债、发展合作社、春耕运动等），应该注意那些经常的工作（如赤少队训练、赤色戒严、粮食、教育、卫生、优待红军家属等），还应该注意本乡发生的特殊问题（如饥荒、瘟疫、水灾、反革命活动等）。他应该把这些工作或问题时常地想一想，看这些工作在各个村里怎么样做的，哪一村的工作比较落后，要加紧对哪个村里的突击和帮助。他应该与副主席、文书分工，出席各村的会议，收集各村每一件工作上好的经验和坏的现象，提到主席团会议上或代表会议上作报告，供给会议讨论的材料（当着讨论那个问题的时候）。主席还应与别人分工，担任出席几个委员会及群众团体的会议，出席各村的群众大会。

副主席，要与主席、文书分工出席各村的会议，对于自己担任一个村或两个村的工作，要能够切实督促，收集材料，回来作报告。对全乡工作，也要求得明白，以便主席不在时代理主席处理工作。副主席常驻的要帮助主席处理日常事务，并且经常担任出席几个委员会及群众团体的会议。

文书的工作是办理人口册、土地册、婚姻、生死登记、各种调查表，写对区苏的报告，派交通，下通知于各村，经手打路条，帮助红军家属写信。主席、副主席不识字的，读上级的文件给他们听，在主席团及代表会议上，读文件中的重要地方。会议时写记录。主席、副主席没有注意到的事情，告诉主席、副主席。文书也应该担任出席几个委员会及群众团体的会议。文书如果是代表，应该参加主席团。

（11）主席团应该注意于代表的考察与教育。如果代表中有些是积极工作的，又有些是消极怠工的，那便要将积极分子的模范工作表扬出来，给那些消极分子看样。对于消极分子要有批评，有些要在代表会议上提出他们的名字，来引起大家向他们斗争，这样来教育全体代表，使消极分子积极起来。有些是初次当选为代表，不知道工作怎么样做的，那便要好生告诉他工作的做法。那些经过了几次的批评斗争教育还不改变、不进步的，如像经过一两个月全不能完成交代的工作，或者简直连会也不到，接连五六次故意不到代表会议，那就应该提到代表会议通过，开除他出去，把候补代表补上来。如果对于这种坏得很的代表还不开除、不补充，那是不对的。调动了工作的代表，也要即刻补充。

还要考察有无地主、富农及反革命分子混当代表来破坏我们的苏维埃，如果有，应该即刻开除他。如果是反革命，更要即刻捉起来惩办。

（12）乡苏的交通与哨口检查员，可在下列三个办法中选择一个：或者找人经常担任，吃自己的饭，但免除他们的各种勤务，并派人帮助他家耕田。或者是从少先队中轮流派出，先日下午通知他们，次日来做工作，饭回家里吃，但不派人帮他耕田。或者是由居民出钱米供给伙食，经常住在乡苏。这三个办法由各地自己决定，但以第一个办法为最好。交通与哨口检查员都须选用青年同志，哨口检查员更要精干分子，并要认得字。他们的工作须加以训练。

（二）代表会议的工作

（1）乡代表会议是全乡最高政权机关，经过代表会议的讨论，实行苏维埃的一切法令政策，完成苏维埃的各种任务，所以对于代表会议的领导是十分要紧的。

（2）代表会议通常是十天开一次。农忙时候应在晚上开。开会时间通常以两点钟为好，最多不要超过三点钟。

每次会只分报告与讨论两项，主席与区苏参加人各报告十分钟，多的话到讨论时再讲。在讨论每个曾经在本乡进行过的工作问题时，各村主任可以每人报告几分钟，多的话也在讨论时再讲。其余都是讨论的时间。但在专门检查工作的会议上，各村主任报告的时间要多些。报告的内容要有切实的材料与意见，只讲空话的报告要取消。

（3）每次代表会议只应有一个主要的问题，此外，可以有一个、两个次要的问题。讨论主要问题的时间要多些，讨论次要问题的时间要少些。倘若每次提出好几个大问题来讨论，就会使会议得不到结果。

（4）讨论的问题要实际化。比如讨论春耕问题，要分出“发展劳动互助社”“发展犁牛合作社”“耕田队怎样优待红军家属”“增加肥料”“多犁多耙”“开荒田荒山”“修理陂圳、池塘、水车”“种棉”“多种黏谷少种糯谷”“多种杂粮蔬菜”等项。要按照各村的实际情形来讨论。每项要规定切实办法，比如“发展劳动互助社”一项，要估计全乡现时还可以发展多少人，定出一个总数，然后按各村的实际情形定出每村要发展多少，再交代各村主任、副主任回去按照各代表管辖居民的情形去作更实际的分配，并要规定完成的时间。讨论时要一项一项讨论，第一项得了结果，再讨论第二项。讨论的结果成为决议，写在记录簿上，下次好考查，主席团好督促。讨论不完的下次再讨论。第二次讨论春耕，要按照上次的决议逐项加以检查。检查某一项时应由各村主任报告实行情形，完成与未完成的原因，主要是找出经验教训来供给代表和群众的学习。检查之后再讨论春耕中新发生的问题。在检查时对于没有完成任务的代表与村主任，要按情形给以适当的批评，唤起他们的注意。以上举一个例子，讨论其他问题，都仿这个办法。

许多乡代表会议讨论问题不切实，不分出大问题中的小项目。或者把许多项拢总讨论一顿，不是一项完了再来二项，使人带不到一个明白的结论回去。讨论时不按照各村的实际情形与特点，又不规定各村应该完成的数目（指那些应该规定数目的问题说），又不规定完成的日子，又不责成村主任回去再行分配与督促各个代表去完成他们一定的任务。或者对于按照某村特点规定的任务（如规定某村要开几眼塘，而别村则不须开），又不特别提出来问某村的代表们一声“你们觉得这样规定好不好”，使他们切实负责，而只是一般的通过。有些乡苏则只有讨论决定，不在以后相隔不久的会议上提出来检查，即检查也不能指出各村各屋的特点、成功或者失败的原因，又不对于怠工的代表与村主任加以批评。那么这样的讨论与检查有什么用处呢？这种讨论检查是空洞的，官僚主义的，白费去时间，不能完成苏维埃的任务。对于消极怠工的人采取和平主义，代表会议就缺乏生气，不能激发落后村子、屋子（小村子）的代表们，领导群众努力工作，赶上先进的村子、屋子。这些都是不对的。

（5）要使代表会议开得好，一定要主席团准备得好，所以前头说的主席团要在代表会议之前开一次会，好好准备下次会议的报告与议题，是必不可少的。这种准备工作，特别是主席要负责任，副主席、文书要帮助主席。

（6）代表会议开会时会场上的主席，许多地方是临时推举，有些地方还规定不要推举主席团里头的人，这是不好的。会场主席一定要是常驻的工作人员，最好就是乡苏主席充当，因为只有他们才熟悉全乡的情形，明白前后的经过。

（7）代表会议开会每次都要点名，没有到会的在他的名字上打个记号。主席团要有一张代表名单，分村分屋写出各个代表的姓名、性别、年龄与成分。

（三）村的组织与工作

（1）乡的工作重心在村，所以村的组织与领导，乡苏主席团应该极力注意。

（2）一切没有分村的乡，都要实行划分，有些乡可只分两村，有些乡可分三村，有些大乡则可分为四村、五村，按照实际情形划定。但一般以划得小为好，村划大了不便领导工作。

（3）村设主任一人，副主任一人，由乡代表会议在代表中推举出来，要推举各村代表们中间最积极、最有工作能力的人充当。在有几个屋子的村，主任、副主任不要选在同一个屋子里头。

村主任担负督促全村工作之责，副主任帮助主任督促全村工作。

（注）村主任、副主任如果是家中缺乏劳动力的，当农忙时候，可由乡苏规定发动群众酌量帮助他们一些工，以补充他们因努力苏维埃工作而费去的（比较别的代表要多些的）工作时间。如果得到群众同意，可以完全优待一个村主任，使他能把全部时间用在苏维埃工作上，为全村群众谋利益。

（4）村主任通常每十天召集全村代表开会一次（比如某村有代表十五人，即召集此十五人开会），工作忙时可以五天开一次，检查各代表的工作，按照各屋子各人家的特点，讨论怎样完成乡代表会议交给本村的任务，解决本村居民中间互相救济问题及小的争执问题，准备开村群众大会时的报告，推动村的委员会工作。

（5）这种村代表会议的日子，由乡苏主席团排定，最好在前后两次代表会议中间而比较接近后一次代表会议的日子开会。比如某乡有三村，乡代表会议是逢五开会，便可将第一村排在逢一，第二村排在逢二，第三村排在逢三开会，以便乡苏常驻人员特别是主席到各村去参加会议。如果是五天开一次，便可一次排在上次乡代表会议之后几天，一次排在下次乡代表会议之前几天。这种会议主要是检查与督促工作，并将检查的结果由村主任到下次乡代表会议上做报告。

（6）实行每个代表分工领导居民群众的制度。比如某村有代表十五人，有居民五百人，即将此五百人按家屋接近划分为十五个单位，分配每个代表管一个单位的群众，但不应该平均分配，而应该按照家屋的位置，代表能力的强弱，适当的分配人数，多的可以管至五十人、六十人，少的可以只管三十人、四十人。

这个代表分工的办法，是使全体代表都负起责任来，每个代表要在一定范围内去领导居民群众执行苏维埃工作。（例如督促所管的几十个人努力春耕，宣传几十个人中间的积极分子当红军，宣传各人加入合作社，督促儿童进日学，督促大人进夜学，督促各家扫屋通沟、讲究卫生，带领几十个人去开群众大会，监视地主、富农的活动等等，）很快吸收群众的意见提到村代表会议及乡代表会议上来，很快去解决群众中间的困难问题，真正有莫大的利益。但现在还有很多地方没有实行这个代表分工制度，一定要立即实行起来。

（注）村主任手里要有一本簿子，上面登记本村人口数、土地数、赤少队数、粮食数（共有几多，几家有余，几家不足），以及其他必要事项。每个代表也要有一张开列所管几十个人的名单。

(7) 每个代表要召集所管的几十个人开会，检查各家执行苏维埃工作的情形，讨论现在要做的工作，报告竞赛条约，报告乡苏的决议，征集群众的意见向村乡代表会议做报告。这种会议用谈话的方式，代表就是会议的主席。时间有一个钟头就够了。要在大家得闲的时候开。

这种会议应该规定每十天开一次，全村各代表所管的单位，可以在同一天内开。如果某个代表因为有事而未开会的，责成他另日补开。由乡苏主席召集各村主任排定日子，使他不同乡的、村的其他会议时间相冲突。在这种会议上，要引导群众发展相互间的批评，例如某家收留逃兵不归队，某家春耕不努力，某家帮助红军家属耕田不上紧，某家孤老应该帮助而大家不注意，某家不督促子女读书，某家不讲卫生等等。经过这种会议能够使苏维埃的决定很快传达到群众中去，使苏维埃工作争取更快的速度，使群众生活迅速改良，使群众斗争情绪很快提高。

每个代表在这种会议以外，还要拿出一些时间到所管的个人家去访问，看他们有什么需要解决的问题没有，看他们实行了苏维埃的决定没有，首先是到红军家属与最贫苦人民家中去访问，地主、富农家里也要去看一看，看他们有什么不对的行为没有。

各代表的小单位会议与按家访问，村主任负了督促之责，各代表工作的好坏，可以在这些上头考察出来。

(8) 村的群众大会，是极能够教育群众、动员群众执行苏维埃任务，提高群众斗争情绪的，应该把它看作一种重要的动员与教育群众的方法。许多地方不注意开这种群众大会，那是不对的。

在这种村的群众大会上报告乡苏的决议，报告本村与别村、本屋与别屋的革命竞赛项目，解释上级苏维埃提出来的革命任务，使群众在完全明白之后努力迅速地执行起来。

这种群众大会，应该每半个月开一次，由乡苏主席团排定各村开会日期，通知村主任，不要与别的会议相冲突。各村群众大会日期不要同在一天内开，以便乡苏派人去参加。

这种群众大会，在人口集中只有一个屋子的村，自然全村作一个单位开，村主任即是会场的主席。但在目前苏区多数村是有两个以上屋子的，这些村里就应该分成两个单位开，使男女老幼大多数都能到会，村主任与副主任各在一个会场作主席。对于这种群众大会，事前应该好生准备。怎样推动各代表邀集大多数群众到会，会场上报告些什么，怎样引导群众发表意见，都要在村的代表会议上预先商量好。开会时间不要超过两点钟。要在多数群众得闲的时候开。

至于全乡群众大会，没有重要问题，不是纪念节日，不应随便召集。主要要利用村的群众大会与每个代表的小单位群众会去进行动员与教育工作。

(四) 乡与村的委员会

(1) 乡苏之下，应该组织各种辅助乡苏管理各种专门工作的委员会。吸收群众中的积极分子为委员，每个乡代表都要加入一个或者两个委员会，在里面起领导作用。要把委员会制度看作联系广大群众推进苏维埃工作的一种重要方法，没有组织委员会的要很快组织起来。

(2) 有些委员会是经常组织的，如像扩大红军、优待红军、慰劳红军、赤色戒严、防空防毒、农业生产（春耕、夏耕、秋收、秋耕、冬耕）、生产教育、山林、水利、调查登记、教育、卫生、桥路、粮食、国有财产（有国有财产的乡）、工农检察这些委员会，它们都有经常的工作。

有些委员会是临时组织的，如像查田、没收征发、土地税、公债、开荒、选举这些委员会是临时性质，工作做完了委员会就不要了，等到下次再做这些工作时再去临时组织起来。查田与没收征发委员会在土地问题彻底解决后也就不要了。

（3）有些委员会只有乡的就够了，但有些委员会村还应该有组织。如像扩大红军、优待红军、生产教育、春耕、山林、水利、教育、卫生这些委员会，村里有了组织，工作才更容易普遍深入。

（4）委员会人数，按它们的性质，少的五个人，多的七个或者九个人，不要太多了，凡是乡、村都有的（春耕委员会等），乡的、村的各有五个委员就够了。村委员会的主任，即可以作乡委员会的委员。

（5）委员会的主任及委员，乡一级的，由主席团准备名单提在乡代表会议通过。村一级的由村主任准备名单提在村代表会议通过。

（6）各委员会都要找得一个最积极的同志当主任。主席团要教育各主任怎样去做工作，要督促各主任按时召集他们自己的会议，要检查各主任的工作。主任怠工的要撤销他，换过一个新主任。

（7）主任对于自己委员会的开会，事先要有准备，才使每次会议都能得到结果。会后要分配每个委员一份工作，告诉他们如何做法，下次会议要他们做工作报告。怠工的委员要撤销他，换过新的。

（8）委员会通常六个月改选一次，改选时留下积极分子，去掉消极怠工分子。

（9）乡苏主席团要分工参加乡一级的各个委员会的会议。这种分工最好在一个时期内固定起来，每个人分管几个委员会。例如主席管军事、财政方面（扩大红军、慰劳红军、赤色戒严、防空防毒、土地税、公债、没收征发、国有财产等），副主席管生产、经济方面（优待红军、春耕、山林、水利、粮食、桥路、生产教育等），文书可管其他方面（教育、卫生、工农检察、调查登记等）。在主席团会议上商量分定，各有专责，收集材料，好到主席团及代表会议上做报告。

村的委员会开会，乡委员会主任各要出席自己的下级那个委员会（例如乡教育委员会的主任出席村教育委员会的会议），村的代表主任与副主任也要分工参加。

（10）乡的、村的各个委员开会日期，由乡苏主席团按照各个时期各项工作的缓急去规定，例如春天，春耕委员会开会要多些，但到冬天，冬耕委员会开会就可以比较少一些。每次开会时间不要多过两点半钟。

（五）乡苏与群众团体的联系

（1）乡的各种群众团体（工会，贫农团，女工农妇代表会，反帝拥苏同盟，互济会，儿童团，劳动互助社，犁牛合作社，消费、生产、粮食、信用各合作社，托儿所，消灭文盲协会，识字运动委员会，俱乐部等），要加紧对于他们的注意与帮助，依靠他们的努力去动员广大群众完成各种革命工作。

那些没有上级组织的团体，如像贫农团、女工农妇代表会、劳动互助社、犁牛合作社、托儿所等，乡苏更负了完全领导的责任。要按期检查他们的工作，如果发生了不好情形，要赶快讨论改正，不论什么群众团体，如果他们发生了困难问题，乡苏要帮助他们解决。

(2) 当着主席团及代表会议讨论同某个群众团体有关系的工作时，应该邀那个团体的负责人来参加。各团体开会时，乡苏也应派人去参加。村代表会议与村群众团体的关系也是这样。乡苏主席团应同各群众团体的负责人商量，排定他们的会期，使不同乡的、村的其他会议时间相冲突。

(3) 乡苏应该注意对于赤卫军少先队的领导，要使全体男女青年成年都加入赤卫军少先队，要使他们的村操、乡操都有大多数人到操，使他们的训练天天进步。他们的干部会议要派人去参加。

(六) 革命竞赛与突击队

(1) 为了争取苏维埃工作的质量与速度，使工作做得好又做得快，革命竞赛的方法与突击队的组织，应该在各乡各村实行起来。

(2) 每一项革命工作的竞赛，不管是上级指示的或本乡发起的，都要经过乡代表会议的讨论，村群众大会上与各代表小单位群众会上的报告。同某个群众团体有关系的还要提到那个团体的会议去报告，得到每个代表每个民众的明白与承认，只有在大家完全明白了、承认了之后，才能使大家负起责任来，才能激发大家的革命热情努力去做，才能使工作做得好又做得快，按期或更提早完成竞赛的要求。在这个上面，要废除一切强迫命令的方法。

(3) 每一件工作的竞赛，不只是讨论了、报告了就可以完事，还要紧紧跟着去检查。每个代表检查各家，村主任、副主任检查各代表，乡苏主席团及代表会议检查各个村主任与副主任。没有这种检查，有些人家、有些代表、有些村屋，就会马虎过去，到期不能完成要求，或者数目上有了而工作内容不好。检查制度是争取苏维埃工作质量、速度极其要紧的办法，只有决定，没有检查，就是官僚主义的领导，它同强迫命令主义是一样有害的。

(4) 每一工作的竞赛，到了期满，一定要在村的、乡的代表会议上做出结论，分出优劣，对优胜者给以奖励，劣败者给以批评。

(5) 为了争取苏维埃工作的质量、速度，可以每村组织一个五个人至七个人的突击队，在代表中、群众中，依照自愿的原则，挑选最积极会做工作的同志充当，每村一个队长，队员不要选在同一个屋子里头。

突击队工作的方法分两种：一种是在村内，各个屋子的队员互相到别个屋子去突击(甲屋的到乙屋，乙屋的到甲屋)，但主要是使先进屋子的队员到落后屋子去突击。一种是在乡内，各村的突击队互相到别个村里去突击（甲村的到乙村，乙村的到甲村)，但主要是先进村里的突击队到落后村里去突击。去突击不是去骂人，而是去帮助那里的工作，把好方法告诉那里的同志们，使那里的工作很快进步，使那里学到先进村子、屋子里头的工作方法。

在乡苏主席团之下设一个管理全乡突击队的队长，他有权调动各村的突击队。主席团要按时召集乡队长、村队长开会，检查他们的工作，告诉他们的工作方法，队长再去召集队员开会训练队员。主席团还应该每半月或每月召集全体突击队员开一次大会训练他们。

（七）区苏对乡的领导

区苏要按照前面所说各项切实指导乡苏完全实行起来，要把前说各项好生解释给乡苏同志们听，使他们完全明白，要随时检查各乡苏是不是都照着前说各项实行了，特别对工作落后的乡苏要给与多次的解释和帮助。上级政府检查区苏的工作，就看区苏是不是切实指导所属各乡都实行了前说各项办法，争取了各种苏维埃工作的最快速度与最好成绩。

（注）本文件一般适用于“市区”[①] 苏维埃。

一九三四年四月十日

选自1958年抄自内务部谢觉哉同志保存的《乡苏维埃怎样工作》铅印单行本。简称“手抄本”。

互校版本：《毛泽东文集》，第一卷，人民出版社1993年出版，第343～359页。原注：“根据中华苏维埃共和国人民委员会出版的《区乡苏维埃怎样工作》单行本刊印。”

32. 张闻天：区苏维埃怎样工作

1934年4月6日

加强区苏的领导，在彻底转变乡苏的工作上，有着极端重要的意义。

依照《地方苏维埃暂行组织法》第五十七条，在区苏维埃代表大会闭会期间的最高政权机关为区执行委员会，由委员二十一人至三十五人、候补委员五人至七人组织之。此外，在第六十条上更指出，区执行委员会所选出的七人至十一人的主席团，为区执行委员会闭会期间的全区最高政权机关。

所以在加强区苏的领导上．首先必须加强区苏主席团的工作。如若区苏主席团本身的工作不健全，那要区苏很好地去领导乡苏，当然是很困难的事。

在这里，基本的原则，是在使区苏主席团成为区苏整个工作的领导者与组织者，使一切重要问题的解决都经过主席团。同时使主席团与各部之间保持着适当的关系，使主席团的集中领导不妨碍而且帮助各部本身工作的建立。

在这一方面，我们过去在各地区苏维埃的工作中，一般的看到两种相反的倾向。在江西、福建，及湘赣方面的区苏常常机关庞大，人员众多，缺乏主席团的集中领导，而形成各部各自为政的散漫现象。而在闽浙赣方面则恰恰相反，主席团的领导固然非常集中，但结果使主席团代替、包办，或取消了各部的工作（如弋阳第八区苏主席一人兼任内务部与教育部的工作）。这两种倾向，显然都是违反我们上述的基本原则的。

为了在组织上保证这一基本原则的执行，主席团必须在县苏的指示之下决定它自己本区的具体任务与工作计划。一切主要的问题都必须首先在主席团会议上讨论。这种会议可以在五天或七天内召集一次。至于日常事务的处理，则由主席、副主席、秘书以及与所讨

---

① 抄自内务部的单行本，此处原文系竖排版为“适用于『市区』苏维埃”。《毛泽东文集》将“市区”中间多加一顿号，即变为“市”、“区”，是不符合原文原意的。因为“乡”和“市区”同属于基层政权，所以本文可适用于“市区”；而“市”是“市区”的上级，“区”是“乡”的上级，不可能适用基层政权的规定。

论问题有关系的（只是有关系的）部长或副部长在三天一次的办公会议上解决。在主席团会议之后，参加主席团的各部部长，即依照主席团的决定去布置本部的工作。同时正副主席也必须负责将每一重要的决定通知没有参加主席团的部长。只有这样才能使各部的工作，都能在总的任务与计划之下进行，而不至发生散漫的各自为政的现象。

主席团必须经常讨论与检查各部的工作，使整个主席团对于各部的工作都能有明确的了解，并且能够将具体意见帮助与推动各部工作的进行，这种讨论与检查应该不是一般的与平均主义的，而应该特别着重于这一时期内特别重要的部门，与特别重要的工作。如扩大红军突击运动中则应该特别注意于扩大红军与军事部的工作。如粮食突击运动中则应该特别着重于收集粮食与粮食部的工作。只有在一定的时期内，才去检查与讨论某一部门的整个工作。只有这样，主席团才能加强对于各部门的领导，而且真正能够抓紧每一时期的工作中心。

至于各部在主席团总的领导之下，应该有它们自己的经常工作。这种工作，同时应该符合于各部上级机关的指示。在各部部长之下，应该有它的委员会。这种委员会过去人数很多，往往从九人到十七人，但正因为这样，所以委员会的召集异常困难。一般地说来各部委员会变成了各部部长联席会议，而且其作用也是非常微弱。以后各部委员会一般的只要五人就可以了。除由有直接工作关系的部长兼任委员外，更吸收其他有关的群众组织与附近乡苏不脱离生产的群众领袖参加。各部部长不能兼任三个以上的委员，以免除挂名的形式主义，并使各部部长忙于开会而妨碍了自己本部的经常工作的进行。这种委员会可十天召集一次，讨论本部比较重要的问题。至于日常的工作，则由部长完全负责处理。如部长非为主席团之一，则委员会必须做到有主席团中的一人参加为委员，这样来更加密切主席团与各部的联系。

区苏各部依照最近人民委员会的规定，大都只有一人或两人，至多三人，同时区苏与各部都没有专门的巡视员，所以各部人员大都是经常出发的。但是因为区乡的距离都很近，每次出发时间很短，所以这种出发并不会妨害各部的经常工作。各部部长在主席团与上级苏维埃各部的领导之下，应该有他自己的工作计划与工作日程，尽量吸收下面不脱离生产的以及乡苏有关系的委员会的同志来经常参加自己的“部务会议”（有些一两个人的部也只有吸收其他的同志参加才能成为“部务会议”），给他们一定的任务与工作，并经常检阅他们工作执行的程度。对于某一时期的中心工作，如春耕运动，则土地部在主席团领导之下应该组织春耕运动委员会，这里，土地部长就应该是该委员会的主席，这样更能吸收多的同志来参加工作。上面所说的“部务会议”平常以每七天一次为适当。在突击运动中自然还要多开。

以上所说的会议，不论是主席团会议，或委员会的会议，或是部务会议，必须事先要有充分的准备，要事先指定①某一同志负责在会议上做有具体材料与具体意见的简明报告，报告后经过同志的发言，会议的负责人（主席与部长）必须提出具体工作的决定去执行。每一次会议不要提出很多的问题，通常每次会议以讨论一个或两个问题为好。会议时间至多不得超过两点半钟。

当然，主席团经常应向区执行委员会报告自己的工作，发展自我批评，吸收各方面的

---

① “手抄本”为“推定”，《张闻天文集》为“指定”。

意见，得到一定的结论。除决定本区每一时期内的中心任务外，大的全区的重要问题，都应该提到区执行委员会上讨论，求得集体的解决，并经过它去进行全区的总动员。区执行委员会经常每月召集一次，是完全必要的。这是动员全区所有干部的重要关键。

但是主席团的集中领导与各部经常工作的建立的中心目的，是在使区苏对于乡苏的领导真正加强起来。这里的基本原则，是在使区苏具体的领导乡苏，并且经过乡苏的主席团、乡苏的代表会议与乡苏下的各个委员会来完成一定的任务。

在这一方面，我们工作的基本弱点在于于各乡的情形缺乏具体的了解与一般的领导，以及包办代替与强迫命令的工作方式。许多地方的区苏维埃只是简单地把区苏变成承上转下的机关，把上级的命令与决定通知各乡苏后就算完事。至于如何实行这种命令，如何领导乡苏来执行这种命令与决定，那是它所不问的。在没有办法的时候，它就派人来各乡去超过乡苏的领导机关来召集群众会议，来直接动员群众，以至强迫命令乡苏的负责同志与当地的群众。这两种倾向，同我们上述的基本原则，是完全相反的。

为了在组织上保证这一基本原则的执行，区苏主席团必须召集乡苏主席联席会或区的活动分子会议，来口头上传达区苏的某一指示。这种会议每月依工作的需要，可以经常召集一次至两次，忙时可至三次。区苏的主席团应该经常地听某乡乡苏主席与其他负责同志的报告，并给他们以具体的指示。这种讨论个别乡苏的工作的办法，过去是很少采用的。此外，为了使主席团对于各乡的领导更加深入，更能实行个人负责制，区苏主席团应如像兴国的上社区那样，可指定一定的同志组织“工作小组”，组长由主席团能力较强的同志负责。每个组可以管理两个乡，这个小组对于他所管的乡苏工作的好坏负有完全的责任。但这种工作小组人数不必太多，由三人至五人就可以了。这种工作小组是在区苏主席团直接领导之下的，它专门负责检阅和指导这两个乡苏的工作，解决那里一些日常的个别问题，经常考查那里的下层的实际情形，收集各种具体材料，向主席团做报告，并提出具体的意见。它所解决的问题必须向主席做报告，较大的问题则提出主席团讨论决定。在主席团讨论某乡工作时，管理某乡的工作小组的主任或组员应该做副报告，提出他对于该乡工作的具体意见。

除此之外，主席团应该有计划地同各部协商，经常派人到各乡村巡视工作，某一乡的巡视员一般的应由管理该乡的“工作小组”的同志担任。巡视员出发之前，必须召集会议或谈话，各部也经过这一巡视员传达各部的指示。如巡视员因特别原因非为“工作小组”同志时，则在巡视员出发之前，必须同“工作小组”讨论和协商工作。这样可以不致发生过去那种各部各自派人到乡苏，使乡苏主席忙于接待上级的许多巡视员，忙于给各部巡视员召集许多群众会议的不经（正）常现象。在传达区苏的指示时，巡视员必须经过乡苏主席召集主席团会议，必要时经过主席团会议召集乡苏维埃全体代表会议，经过这些会议来动员群众。过去巡视员超过乡苏主席团与乡苏代表会议，代替主席团与代表会议的工作方式，都是要不得的。同时在一切会议上，应由乡苏主席与主席团同志负责主持，帮助他们准备和决定，而不应由巡视员在会议上作长篇大论的政治报告和结论，来包办一切。巡视员发表意见时，应该具体、简短与明了。空洞的议论应该完全抛弃。

为了深刻地了解下面的实际情形，巡视员不能坐在乡苏机关里，听一听乡苏主席的报告，抄一些数目字，就算完事。这种官僚主义的巡视，对于实际工作，毫无帮助。我们巡视员到了乡苏后不必急于召集会议，可以首先同个别的同志谈话，主要的再到各村去同村的主任、副主任以及个别的代表或群众谈话，倾听每一个同志所发表的意见，仔细地将所得材料加以分析，然后同乡苏同志共同商量，提出具体意见. 准备必要的会议来讨论具体的工作，与推动该乡工作的进行。在巡视员回到区苏后，即应在管理该乡的工作小组上讨论巡视报告，然后向主席报告，必要时则提到主席团讨论。此外，巡视员应将各部委托的任务的执行情形报告各部。

乡苏主席在区苏开会讨论工作或接到区简短的书面指示或听到巡视员的口头传达时，也必须在乡苏主席团会议上以至全体代表会议上讨论，决定以后的具体工作。这种主席团会议通常五天一次，由乡苏主席召集，全体代表会议则十天一次，由主席团召集。应该实行村代表会议制度，由村主任召集，也是十天开会一次。任何脱离乡苏主席团或乡村代表会议的企图，都是有害的，也只有这样，乡苏才能成为全乡工作集体领导者与组织者，使每一个乡苏代表清楚了解整个中心工作，负责召集自己所管理的委员会以及必要的居民的会议，使每一动员真正深入到下层群众中去。

但区苏各部并不因此就不必去巡视乡苏本部的工作了。区苏各部除委托区苏巡视员负责传达本部的工作给乡苏主席、乡苏主席团以及乡苏代表会议，由乡苏的领导机关去监督与推动同该部有关的委员会及群众团体进行自己的工作外，还可以自己派人下乡去巡视工作。但这种巡视员不是像过去那样，什么事都去找乡苏主席要乡苏主席召集各种群众会议，使乡苏主席忙于应付，使乡苏主席变成区苏各部巡视员的技术工作人员。这种巡视员应该同乡苏下的各种有关的委员会（如区土地部应该同山林委员会、水利委员会、查田委员会、土地登记委员会等）直接发生关系，召集各委员会的主任或个别委员谈话，从他们那里得到各种材料，并指示他们的工作。但如召集委员会开会讨论问题时，则事先必须通知乡苏主席，同乡苏主席商量，并要乡苏主席提出意见。比较重大的问题则必须首先在主席团会议上讨论决定。

区苏各部可以经常召集各乡苏下的委员会的同志到区苏来同他讨论工作，并指示工作。平时还可以召集各乡委员会主任联席会议（如区土地部在继续开展查田运动中，可以召集各乡苏下的查田委员会主任联席会议）。有时还可以召集有关的各委员会主任的联席会议（如春耕活动时间可召集山林委员会、水利委员会、查田委员会、农业生产委员会等）。必要时则可召集较大的各委员会委员的全体会议。这种会议，可以吸收许多代表与群众中的积极分子参加各方面的工作，使我们真正能够依靠当地的积极分子来完成我们所要达到的任务。

如若乡苏下的各种委员会没有组织或组织上不健全，那区苏各部应该负责帮助乡苏建立与健全这样的委员会。各部与本部有关的各委员会的关系应该是经常的，不是偶然的或临时的。

在突击运动中，区苏维的任务，是在特别加强对于某一突击运动的领导，但这种领导的加强也不能违背上面我们所说的基本原则，不能取消、代替与包办乡苏的工作。却正相反，在任何突击运动中只有有组织地与有步骤地来推动整个乡苏的工作，加强对于乡苏的具体领导，并且依靠在全乡的积极分子身上，我们才能完成突击的任务。只有这样，在突击运动之后，乡苏的领导不但不会削弱，而且会大大地加强起来，使这一乡苏在以后的工作中能够负担起更多的任务。

为了更好地动员群众，区苏在党区委总的领导[①]之下，应该同各种群众团体经过各种会议或各种委员会发生密切的关系，并经常召集那些没有独立组织系统的群众组织，如乡的贫农团主任或代表会议、女工农妇代表会议、合作社主任或代表会议、犁牛合作社或劳动互助社主任或代表会议等开会，经过他们来动员群众与推动全乡的工作。

最后，区苏的领导应该特别注意于团结全区的积极分子与耐心地培养下面的干部。没有积极分子，没有干部，任何的工作的进行要碰到绝大的困难。如若我们能够依照我们前面所说的区苏工作的基本原则做去，那我们就可以发现很多的积极分子，与创造大批的干部。区苏的任务在这里是要抓紧这些积极分子与这些干部，来推动整个工作。对于这些干部必须在实际工作中给他们以耐心的说服与解释的工作，不要因为某个同志一有错误就给他以“打击”，使他以及其他的同志以后不敢再做工作。对于自己的同志（注意：不是对于阶级敌人!）的思想斗争与自我批评是需要的，但这种思想斗争与自我批评的目的，是为了教育犯错误的同志以及其他同志，使他们知道以后更好地工作，而不是为了处罚或惩办！对于自己同志的友谊的与同志的态度，在区乡苏维埃的工作中尤为重要。苏维埃的纪律，是严厉的，但这种纪律应该是自觉的纪律。

必须在每一工作中，把进行这一工作的具体办法告诉我们的干部，甚至有时要用“带徒弟”的方式做给他们看，这样来在实际工作中教育他们，使他们以后也能够这样的去工作。当然这是一件麻烦的事，然而没有这种坚（艰）苦的教育精神，就没有法子培养出新的好干部。这里，只是简单地向他们解释“目前的政治形势”等的一些抽象的话，显然是完全不够的。

同时区苏维埃领导同志对于区乡的干部应该清楚地了解他们的能力，适当地分配他们的工作。只能做那么多工作的同志，起初只要给那么多的工作叫他做就够了。这样，他才能够每一次完成他自己所负担的任务，提高他对于工作的兴趣与积极性，增强他的工作能力，这样才逐渐增加他的工作与负担。如若一开始就给他许多不能胜任的任务，那他就会感觉到“工作没办法”[②] 而陷于消极。这里，对于他的责备与打击，会使他更是“找不到出路”。

干部流动的现象，在区乡苏维埃中也表现得非常厉害。这种现象对于区乡苏维埃工作的转变是极大的妨碍。以后上级苏维埃的领导机关在提拔干部以及动员工作中，应该特别注意于保持一区一乡中工作比较长久、比较有经验的个别同志在里面负责工作，使这类同志能够负担教育其他新干部的责任，使区乡苏维埃工作的经验更能够积蓄起来，使在不断的努力中创造出新的模范的区乡苏维埃的工作!

各级苏维埃政府，应该把创造这样的模范的区乡苏维埃的工作放到自己的议事日程上来，这会几十倍几百倍地加强苏维埃政权对于革命战争的领导!

一九三四年四月六日

选自1958年抄自内务部谢觉哉同志保存的《区苏维埃怎样工作》单行本。简称“手抄本”。

互校版本：《张闻天文集》，中共党史资料出版社1990年出版，第485～494页。

---

① “手抄本”为“指导”，《张闻天文集》为“领导”。

② 《张闻天文集》印制“工作冒辧（办）法”，“手抄本”为“工作没办法”。

《张闻天文集》“选编说明”：1934 年中央苏区出版了毛泽东、张闻天合著，《区乡苏维埃怎样工作》一书。该书上篇《乡苏维埃怎样工作》为毛泽东所著，下篇《区苏维埃怎样工作》为张闻天所著。当时毛泽东和张闻天都很重视苏维埃政权的建设。毛泽东 1933 年进行了长冈乡和才溪乡调查之后，在瑞金又召开了几个乡的调查会，于是便在调查基础上写了上述文章。张闻天觉得开调查会的办法很好，于是也召集了几个区的同志开调查会，于同年 4 月 6 日写出了《区苏维埃怎样工作》。苏维埃人民委员会特将这两篇指导性的文章，合成《区乡苏维埃怎样工作》小册子在苏区出版。

33. 川陕省苏维埃组织法

1933 年 2 月①

（一）总则

川陕省苏维埃，是川陕工农兵的代表会议。这一政权属于全川陕工人、农民、红军兵士及一切劳苦群众。在中国共产党川陕省委领导之下，坚决执行中华苏维埃中央政府颁布的一切法令和指示，保护工农劳苦群众的利益，彻底推翻帝国主义、国民党、地主豪绅、资产阶级的统治，扩大革命战争，争取苏维埃政权在全川陕的首先胜利、直到全中国的胜利。

（二）苏维埃组织系统及其工作

村苏维埃：

1. 村苏维埃是苏维埃的基本组织，由全村群众大会选举出来，地主、富农和没有公民权的无权利参加。

2. 经常召集全村群众大会和十家代表会议，传达上级苏维埃的各种决议和指令，解决全村发生的一切问题，在开会时一切老弱残废的人可以不到会。

3. 调查和统计全村的人口、成分、土地分配及群众生活改善的情形，报告乡苏。

4. 经常注意村内反革命的活动，调查全村内富农、地主和反动分子的家属有无反革命的活动及对他们进行处理。动员群众严拿敌人的奸细及破坏、造谣的一切反革命分子。力量不足时，报告乡苏，帮助肃清反革命的活动。

5. 动员劳苦群众参加红军和地方武装，组织代耕队，实行替红军家属代耕和动员群众帮助挑水、打柴、优待红军家属的工作。

6. 解决群众的纠纷，如借贷关系、各种争执等。重要事件解决后，须向乡苏报告。村苏不能解决的问题，可移交乡苏或直接向革命法庭提起控告。

7. 发展全村的文化教育，建设俱乐部，经常举行晚会、唱歌、讲演，解释苏维埃的一切法令，进行读报、认字等工作。

---

① 原件无制定年代。据查“川陕文献版”上第 142 页，附有一复印件的照片是：“川陕省苏维埃组织法一九三三年九月十六号。”（未标明是制定时间或翻印时间）“人民川陕版”标作“一九三三年二月”。其他两个版本皆未标明年月。据“川陕革命根据地大事记”记载：1932 年 12 月红四方面军主力撤离鄂豫皖根据地后，至川北开辟川陕革命根据地。1933 年 2 月在通江召开川陕省第一次工农兵代表大会，通过《川陕省苏维埃组织法大纲》，正式成立川陕省苏维埃政府。因此，“人民川陕版”认定 1933 年 2 月为制定此组织法的时间是可信的。

8. 为了更切实执行苏维埃各种法令，在村苏之下，由每十家工农劳苦群众选举一个代表，这就是十家代表。

他的任务：

(1) 发动十家群众严格监视地主、富农和无公民权的分子，他们不在十家以内，无政治上的任何权利，将其生活情形经常向上级报告。

(2) 经常注意当地有无反革命活动和暗藏的反革命分子阴谋破坏的情形，随时报告上级。

(3) 十家群众得到土地利益后，生活改善状况及红军游击队员家属的优待情形，向村苏报告。

(4) 传达村苏决议，动员和督促十家执行。

(5) 经常向十家公民解释苏维埃一切法令。

乡苏维埃：

1. 乡苏由全乡群众大会或各村代表大会选举出来，地主、富农和没有公民权的分子无权利参加。

2. 主席委员：(1) 计划和动员全乡苏委员，指导和检查各村工作；(2) 督促和检查乡苏委员本身的工作；(3) 重要问题自己去解决。

3. 土地粮食委员：(1) 动员群众分配土地，进行查田；(2) 办理农具经理处和农具合作社；(3) 收藏各种粮食的种子；(4) 统计和集中全乡的公粮，督促群众送往区公粮仓；(5) 办理乡苏的经济公社与帮助合作社的发展。

4. 劳动内务委员：(1) 检查劳动法令的执行，介绍工人的工作；(2) 注意卫生防疫和戒烟工作。

5. 裁判委员：解决群众一切纠纷问题，重大事件报告区苏解决，或向革命法庭提起控告。

6. 调查和研究各村反革命的活动，地主和反动分子家属的处理，加紧站岗放哨戒严，检查路票，严拿敌人的侦探、坐探及一切造谣、破坏的反革命分子。

7. 与雇农工会、贫农团发生密切的关系，吸引他们积极参加政权的活动和反富农的斗争。

8. 动员群众参加红军与地方武装。组织代耕队，实行代耕，检查各村优待红军家属的工作。

9. 办理列宁小学校，设立红场，进行军事与体育的操练，设立俱乐部，张贴上级的报纸、布告、宣言、标语，正确地向群众解释。进行普通的识字、读报各种文化教育工作。

区苏维埃：

1. 区苏由全区工农兵代表大会选举出来，地主、富农和无公民权的没有权利参加。

2. 主席委员：(1) 计划和动员全区苏委员，指导和检查各乡的工作；(2) 督促和检查区苏委员本身的工作；(3) 重要问题自己去解决。

3. 土地委员：审查和正确划分全区的阶级成分，实行分田查田，发给土地证，灌溉水利，解决农具问题。

4. 粮食委员：办理公粮仓，集中公粮和保存红军公田的粮食，办理粮食运输，统计粮食，规定禁止粮食出口的办法，储藏各种粮食的种子。

5. 劳工委员：实行劳动法令，介绍工人工作，实行社会保险，向雇主抽社会保险金。

6. 经济委员：集中各乡经济，实行统一开支，审查各乡账目，发展各乡合作社的组织，办理经济公社，代收统一累进税，修筑道路桥梁，安设船只。

7. 裁判委员：解决群众的一切争执纠纷，重大问题向革命法庭提起控告。

8. 内务委员：登记全区的婚姻，登记全区的户口，进行全区的卫生、防疫与戒烟事项。

9. 文化教育委员：发展全区的文化教育，将上级印发的报纸、布告、宣言、标语分发各乡，及设立布告处，办理俱乐部，检查各乡列宁学校教师、教材及认字、读报的成绩。

10. 保卫局代表：负责动员苏维埃和领导群众去做肃反工作，发动群众阶级斗争，调查全区地主和富农家属的处置情形，计划全区要口的岗棚、岗哨和要路票，督促各乡实行戒严，严拿敌人的侦探、坐探及一切阴谋破坏苏维埃的反革命分子。

11. 有计划地扩大红军与组织地方武装，实行全区劳苦群众军事化，审查参加红军与地方武装的成分和社会关系，给予介绍信，检查各乡村红军代耕、优待红军家属、帮助挑水打柴的一切安慰工作。

12. 检查各乡、村苏维埃及十家代表的工作，改选混入苏维埃的阶级异己分子，提拔斗争坚决的真正工农分子到乡村苏维埃工作。

县苏维埃：

1. 县军区指挥部：在省军区指挥部指导下，统一全县的军事指挥，扩大与坚强地方武装的组织，加紧对地方武装的军事政治训练，帮助全县劳苦群众的军事化，及动员群众配合红军行动的一切工作。

2. 县财政委员会：(1) 集中各区现金存放省工农银行，实行统一开支，审查各区账项；(2) 根据省苏财政经济委员会、税务总局的布告，征收统一累进税；(3) 规定全县的预算决算、收入和支出，交上级审查。

3. 县经济委员会：帮助各区合作社的发展，办理经济公社及兑换处；消灭大斗小秤，统一全县度量衡；按照本县生产情形，经营特种生产，根据苏维埃需要，设立各种工厂，制造日常用具，豢养牲畜，培养森林，建筑道路等。

4. 县交通局：办理赤色邮政、电报局、运输处、交通站，根据省苏交通计划执行。

5. 县政治保卫局：按照政治保卫局工作条例和省政治保卫局的指示执行。

6. 县革命法庭：(1) 设审判委员会、公诉处、申诉登记处、执法处；(2) 县革命法庭所解决的案件，必须向省革命法庭做报告；(3) 县革命法庭所不能解决的问题，须移交省革命法庭处理。

7. 土地委员会：(1) 检查各区分配土地是否按照土地法令执行，立即进行查田。新发展苏区，要用很大力量迅速分配土地；(2) 办理修塘、打堰、筑堤、开沟、便利水溉等，研究土质的好坏、适宜种什么东西，计划运输肥料，解决农具的需要，开垦荒地等；(3) 执行省苏对土地问题的决议和指示。

8. 劳工委员会：执行社会保险，向雇主抽社会保险金，介绍失业工人的工作，检查工厂是否安全卫生，是否执行劳动法令。

9. 粮食委员会：(1) 规定各区公粮仓的地点，统计公粮的数目，计算全县粮食的出产和需要，规定禁止粮食出口和节省粮食的办法；(2) 按季收藏各种粮食的种子；(3) 集中骡马、布袋及动员各区的运输队，办理粮食的运输。

10. 文化委员会：设立高级列宁小学、俱乐部，审查各区列宁学校的教师和检查各区文化教育的成绩。

11. 内务委员会：实行婚姻登记、户口登记，发给公民证。建设抚恤执行局，执行在革命战争中伤亡战士抚恤条例。计划全县的卫生、防疫，研究病症，规定公葬地点。规定戒烟办法，实行戒烟，办理赤色民警。

川陕省苏维埃：

甲、关于中央集权的：

1. 省军区指挥部：在西北革命军事委员会直接指挥下，统一各县地方武装的指挥，在地方武装配合红军行动中，红军高级长官可直接指挥，便利于军事行动。省指挥部经常负责对地方武装的扩大与整理，加紧军事政治教育，提高阶级战斗力量。

2. 财政委员会：(1) 工农银行，制造苏维埃货币，统一币制，流通苏区金融，实行对工农的低利和无息借贷，帮助合作社的发展；(2) 税务总局，遵照财政经济委员会所出布告，征收统一累进税；(3) 会计处，制定预算、决算，多的银钱存入银行，注意节省。

财政委员会{
- 工农银行
- 税务总局
- 会计处

3. 经济委员会：(1) 设合作总社，发展与指导全苏区合作社与经济公社；(2) 建设局，经营耳山、盐井、铁厂、锅厂、纸厂、布厂、缝工厂，开垦荒地，改造农业，奖励农业生产，统一苏区度量衡，奖励对外贸易，培养森林，修筑道路，豢养牲畜等。

经济委员会{
- 合作总社
- 建设局

4. 外交委员会：办理苏区外交事项。

5. 交通委员会：(1) 运输处：组织运输队，集中骡马，专管运输事项；(2) 交通局：建立各地交通站，各渡口安置船筏、木板桥梁；(3) 电报局：安置电杆，架设电线；(4) 赤色邮政局：传递赤区各地之信件。

交通委员会{
- 运输处
- 交通局
- 电报局
- 赤色邮政局

6. 政治保卫局：(1) 保证苏维埃政权，镇压反革命的有力组织；(2) 调查各县反革命分子活动的情形；(3) 有计划地进行肃清反革命分子及其活动；(4) 指导各县保卫局的工作。

7. 革命法庭：(1) 审判委员会，可以扩大到数十人，由各地群众选举，如某工厂、某乡苏较好，可叫它选举一人为审判员，不脱离生产，有事临时召集；(2) 国家公诉处，研究犯人的证据，应判什么罪，由国家公诉处提起公诉；(3) 申诉登记处，有人告状，按照登记规则登记后，规定审讯期和审判条件，委员会交主席批准后，通知原告、被告①按期到庭审判；(4) 执法管理处，设看守所、监狱、劳动实习所。

省革命法庭
- 审判委员会
- 国家公诉处
- 申诉登记处
- 执法管理处
  - 看守所
  - 监狱
  - 劳动实习所

乙、关于地方分权的：

8. 土地委员会：(1) 没收分配局，按照土地法令，进行查田，没收暗藏地主分得的土地，收回富农分得的好土地，实行红军游击队员分好土地，有优先权利和代耕制，新发展的苏区用很大力量迅速进行分配土地；(2) 水利局，计划与办理修塘、打堰、筑堤、筑埂、开沟、开河、便利水溉等；(3) 土地培养局，研究土质的好坏，适宜种什么东西，筹划田地的肥料，制造农具，研究种子，开垦荒地等。

土地委员会
- 没收分配局
- 水利局
- 土地培养局

9. 劳工委员会：(1) 设社会保险局，向雇主资本家抽社会保险费，使工人生活有保障；(2) 劳动介绍所，办理失业工人登记，介绍工人的工作；(3) 劳动检查所，检查工厂是否安全卫生，是否执行劳动法令。

劳工委员会
- 社会保险局
- 劳动介绍所
- 劳动检查所

10. 粮食委员会：(1) 粮食储藏所，集中粮食，在适当地方储藏粮食，注意粮食的节省；(2) 粮食调查统计处，统计赤区出产的粮食多少及所需要的粮食，规定禁止粮食出口的办法；(3) 粮食运输处，按规定路程定栈口，集中骡马、布袋及运输粮食的东西，以便临时动员运输工作；(4) 种子储藏所，按季收藏各种粮食好的种子，如谷、麦、包谷、红薯、洋芋、棉花、芝麻、花生及一切主要的粮食种子。

粮食委员会
- 粮食储藏所
- 粮食调查统计处
- 粮食运输处
- 种子储藏处

11. 文化教育委员会：(1) 学校教育局，指导各地列宁学校，审查教师、教材，办理

① “社科法制版”漏掉“被告”2字。

苏维埃学校（和）培养各种专门技术人才的学校；（2）社会文化局，设立大规模的俱乐部、新剧团，经常指导各地读报、识字、俱乐部的工作，发展赤区文化；（3）国家出版局，出版马克思列宁主义的各种书籍，苏维埃理论与实际的各种小册子，工农群众与红色战士的读本，私人著作，经国家出版局审查认可付印。

文化教育委员会{学校教育局；社会文化局；国家出版局}

12. 内务委员会：（1）婚姻登记处，根据婚姻条例进行登记；（2）户口登记处，举行户口登记，发给公民证；（3）卫生局，规定卫生计划，卫生检查，办理清洁防疫，医生登记，研究疾病死亡症候与医疗方法；（4）戒烟局，规定戒烟办法，研究戒烟药品；（5）抚恤执行局，执行对革命战士的伤亡抚恤条例，发抚恤证、抚恤金；（6）赤色民警局，维持苏维埃区域秩序，管理宿娼、饮酒、打人、小偷等事。

内务委员会{婚姻登记处；户口登记处；卫生局；戒烟局；抚恤执行局；赤色民警局}

省工农监察委员会：（1）检查苏维埃执行委员会是否执行苏维埃法令和决议案；（2）检查苏维埃机关工作人员是否徇私舞弊、消极怠工，向执委会提出处分；（3）审查苏维埃经济预算决算。

川陕省苏维埃代表大会：是全省最高政权机关，大会闭幕后为执行委员会，执委会闭幕，设常务委员会。

执行委员会：根据大会的决议，检查工作执行的成绩和决定具体工作的方针。

常务委员会：根据执委会的决议，代表执委会处理一切政务问题。

主席：领导与检查各委员工作，按期召集全体委员会议和各种会议①，处理日常问题，向常委会作报告，建立集体的领导与科学的分工。

秘书长与书记：省与县苏维埃在常委会底下，设秘书长一人，各区乡苏维埃可称为书记。要是同情革命、参加过斗争的工农分子，其职务是起草文件书信，印刷和收发文件书信，搜集各种材料，向主席及常委会报告，无单独处理问题、使用图记、发布信件之权。一切问题要经主席或代理主席的常委签字，才能有效。

总务处和事务长：省与县苏维埃设总务处，各区乡苏维埃设事务长一人，管理苏维埃机关中事务人员，办理粮食给养，开支苏维埃机关用费，招待来往人员，及一切事务工作，一切问题要向主席报告。

---

① “川陕文献版”和“川陕资料版”“人民川陕版”皆为“各种会议”，“社科法制版”为“各部会议”。

川陕省苏维埃组织系统
（附列各表于后）

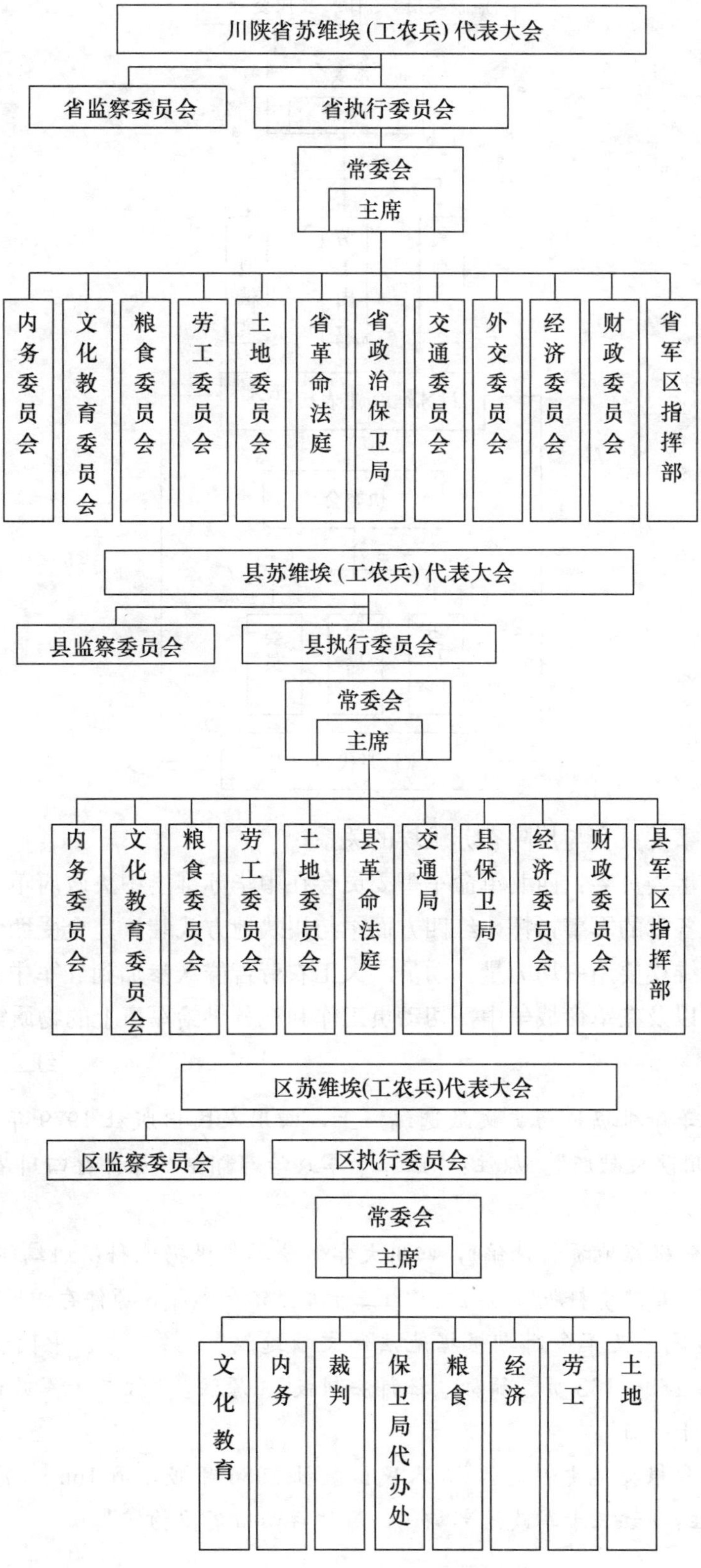

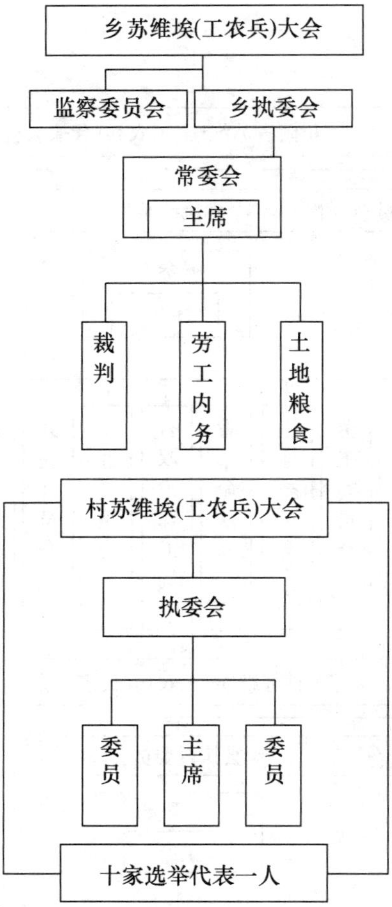

西北革命军事委员会与川陕省苏维埃的关系；

西北革命军事委员会：西北革命军事委员会在中华苏维埃中央政府革命军事委员会指导下，统一西北各省的军事指挥，红四方面军与川陕地方武装，完全受西北革命军事委员会的指导，省苏维埃要用一切力量，动员广大工农劳苦群众参加到红军中去，完成川陕二十万铁的红军，以及在革命战争中一切动员工作和充分供给军事上的物质需要。

红三十军政治部翻印

选自《川陕革命根据地历史文献选编》上，四川人民出版社 1979 年出版，第 143～156 页。简称"川陕文献版"。原注："红三十军政治部翻印，原件存四川省博物馆"。

互校版本：

1.《川陕革命根据地资料选编》，四川大学川陕革命根据地科研组编印（1978 年），第 66～79 页。简称"川陕资料版"。原注："红三十军政治部翻印，原件存四川省博物馆"。

2.《中国新民主义革命时期根据地法制文献选编》，第二卷，中国社会科学出版社 1981 年出版，第 150～162 页。简称"社科法制版"。原注："红三十军政治部翻印，一九三三年十一月二十一日"。

3.《川陕革命根据地史料选辑》，人民出版社 1986 年版，第 165～178 页。简称"人民川陕版"。原注："红三十军政治部翻印，原件存四川省博物馆"。

34. 川陕省苏区苏维埃组织法及各种委员会的工作概要说明

1933 年 2 月

南江县第一次苏维埃代表大会通过了苏维埃临时组织大纲，但各级的苏维埃还不能详细地了解与灵活的运用和执行，至目前各级的组织非常不统一与紊乱，甚至苏维埃还不能很快地在群众的要求之下迅速地建立和执行。因此川北苏区有制定临时苏维埃的组织法与加以说明的必要。

（一）什么是苏维埃？

苏维埃是工农兵代表会议，即是我们工农兵的政权。苏维埃政府，就是我们工农兵穷苦大众的政府。

我们穷苦的工农要推翻帝国主义、国民党豪绅地主、资产阶级的反动统治，得到彻底的解放，就要建立我们穷苦工农群众的政权——苏维埃来领导这一阶级斗争。因此苏维埃政权也就是领导我们穷苦工农群众起来斗争的战斗机关。

过去豪绅地主、资产阶级能够压迫剥削我们穷人，就是因为政权在他们那般狗东西的手上。我们穷苦工农从地下翻转来，只有把政权夺到我们工人、农民、红军兵士及一切劳苦大众的手里。在苏维埃政权之下，只有我们工人、农民、红军士兵及一切劳苦大众有权选举代表掌握政权的管理。只有军阀官僚、地主豪绅、资本家、富农、僧侣及一切剥削人的人，和反革命分子是没有选举代表参加政权和政治上自由权利的。选举人无论何时皆得有撤回被选人及实行新选举的权利。为要保证苏维埃区域的工农民主专政的政权，实行土地革命、劳动法令，顺利地消灭一切封建残余，赶走帝国主义列强在华的统治，达到全中国的胜利，走向社会主义，只有无产阶级才能领导广大农民与劳苦群众，完成根本的任务！

起来！为我们工农兵的苏维埃政权来斗争！

（二）各级苏维埃的组织系统表

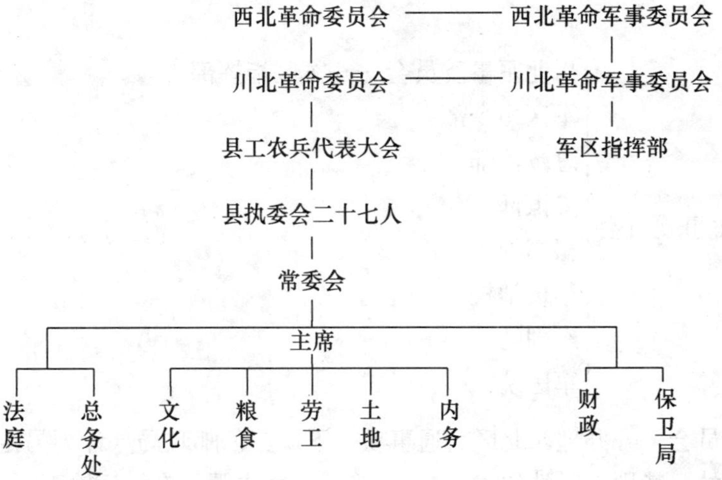

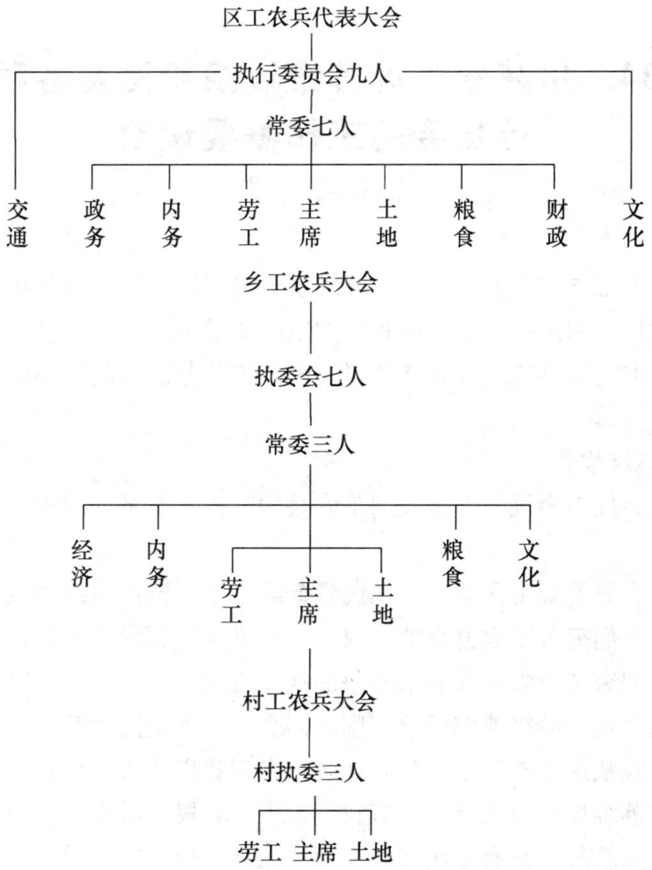

（三）工作概要说明

（甲）关于中央集权的：

1. 外交委员——由西北革命委员会设立，并办理全西北苏区外交事项（其条例另定立）。

2. 军事委员会——统一全西北军事指挥，下设川北革命军事委员会军司令部、总政治部、参谋部、秘书处、彭杨学校、经理处、军医院，各部都有组织大纲和工作条例。各县设立军区指挥部，指挥部设正指挥一人，副指挥一人，统一全县军事指挥，直接由军事委员会指挥。

西北军事委员会
- 川北军事委员会——军区指挥部
- 军区司令部
- 总政治部
- 参谋部
- 秘书处
- 彭杨学校
- 经理处
- 军医院

3. 交通委员会——办理西北区交通事项，下设赤色邮政局（计划另定）、电报局（计划另定）、交通站（特别是驿站的建立）、运输站，集中骡马专管运输事项。

交通委员会
- 赤色邮政局
- 电报局
- 运输栈
- 交通栈

目前交通站图（略）

4．财政经济委员会——下设立会计科，管理银钱收支。有多的款子则存放银行，审查各地账目，规定预算决算，要特别注意节省。建设科，办理苏维埃经济建设事项，如经营白耳山、开盐井、办锅厂、铁厂、修筑道路等。税务局，征收统一累进税，按照财政经济委员会所出的布告、章程征收。工农银行、经济公社。但银行、税务局、经济公社，除由财政经济委员会管理外，还要受人民委员会指挥和监督。

财政经济委员会
- 会计科
- 建设科
- 税务局
- 工农银行
- 经济公社

人民委员会
- 税务局
- 工农银行
- 经济公社

5．政治保卫局——按照政治保卫局的工作条例去执行。

6．革命法庭——革命法庭委员会以正主席一人，副主席二人及其他两个委员组织之。革命法庭下设二审判①，委员会的委员可以扩大数十个，由各地群众选举，如某乡苏、某工厂较好的可叫他选举一人为审判员，不脱离生产，有事临时召集，不好的审判委员，或由革命法庭取消其职权。国家公诉处，研究犯人的证据，应判什么罪，由国家公诉员提起公诉。申诉登记处，要有人告状，按照登记规则登记后，规定审判日期和审判该案件的委员会，交主席批准后，通知原告、被告按期到庭审判。执法管理处，管理看守所、监狱、劳动实习所等。

革命法庭
- 审判委员会
- 国家公诉处
- 申诉登记处
- 执法管理处
  - 看守所
  - 监狱
  - 劳动实习所

（乙）关于地方分权的：

7．内务委员会——下设婚姻登记处，按照婚姻条例登记（条例另定）；户口登记处，按照户口登记条例登记，登记苏维埃下每个人民的执照证书（条例另规定）；社会保险局，按照工作条例办理社会救济事业（工作条例另定）；卫生局，办理饮食清洁、医生登记、防疫、卫生检查、水井检查；赤色民警局，维持社会上一般秩序，管理宿娼、喝酒、打

① 三种版本相同，疑有误。按《苏维埃组织法》(7)，应是“革命法庭下设审判委员会，审判委员会的委员……”

人、小偷、讨饭的事项。

内务委员会
- 婚姻登记处
- 户口登记处
- 社会保险局
- 卫生局
- 赤色民警局

8. 土地委员会——管理水利和［土地］[①]，设没收分配科，办理土地调查登记，发给土地使用证及规定新发展苏区内的土地迅速没收分配，及实际办理及土地培养等问题（另规定有条例）。

9. 粮食委员会——管理粮食储蓄，事先将粮食好好地储藏. 注意粮仓的节省及种子储藏，按季收藏各种较好的种子，如谷麦、黄豆、荞麦、红薯、高梁、包谷、花生、棉花……以免临时弄不着种子。粮食调查统计，第一调查统计赤区粮食多少；第二调查赤区每日需要粮食多少，第三调查统计非苏区哪些地方有粮食多，并调查用什么方法可以运输到赤区来。粮食运输栈，按照路程规定栈口，集中骡马、手车、布袋及运输粮食的东西，以便好临时动员其运输工作。

粮食委员会
- 粮食储藏
- 种子储藏
- 粮食调查统计
- 粮食运输

10. 文化教育委员会——下设学校教育科，整理和创办列宁小学，开办苏维埃学校与培养各种急需的专门人材，审查学校教师等。社会文化科办理读报班、识字班、音乐队、俱乐部、新剧团、化装讲演、通俗演讲所及一切社会文化事业和出版、编辑、审查等。

11. 劳工委员会——依照劳动法令，执行管理失业工人救济，向雇主和资本家抽保险费，使工人有其保障；工作介绍，宣布劳资条约无效，规定工作时间等。

以上工作概要说明，是指西北革命委员会内各部门来说，以明概要。各县苏委员会亦可［参］照运用来建立各种委员会工作。但在目前革命战争激烈当中，广大的工农群众应学习管理苏维埃政权，许多工作都是要鼓着革命的勇气来创造。但特别要注意的在艰苦斗争中不要造成一种机关工作的形式主义或官僚主义，要切实来建立各部门的实际工作。当干部缺乏的时候，一方面大胆提拔积极勇敢的工农分子来参加苏维埃工作，一方面有一个人可兼做数部门工作，但工作系统不要紊乱。

（四）各级苏维埃工作人员与工资的暂行条例

1. 县苏执委二十七人，常委会十一人，由军区指挥部指挥长、保卫局局长、财政、内务、土地、劳工、粮食、革命法庭及文化、总务处长、县苏主席组织之。县苏常委十一人均须脱离生产，每人每月工资六元（伙食费均在内）。各部如需工作人员，经过常委或

① 疑有遗漏，如无水利科等。

执委会会议，可酌量增加，但脱离生产者不得超过十人，工资酌给，不得超过五元。

2. 区苏执委十三人，候补二人，常委七人，由主席、土地委员、劳工委员、粮食委员、财政、内务、文化委员七人组织之。常委七人均须脱离生产，每月工资五元（伙食费在内）。各部在必要时可增加工作人员，但不得超过四人，工资不得超过五元。

3. 乡苏执委七人，加上二个候补，主席、土地、劳工、文化、粮食、内务、财政。常委三人，由主席、劳工、土地三人组织之。脱离生产的只有常委三人，工资每人每月四元（伙食在内）。必要时可增加工作人员，但不超过二人，工资每人每月不得超过四元。

4. 村苏设主席、土地委员、劳工委员，三人均需参加生产，村苏不能起伙。

5. 军区指挥部、保卫局则另定之。

6. 目前各级苏维埃刚在组织时，则暂由苏维埃政府供给，膳食照扣，一俟组织就绪，当即停止，由各工作人员自备。

7. 在各交通区站，可设红军招待处，专招待来往的红军的食宿。各级苏维埃所设场所，由财政经济委员会设立工农饭店，专备工作人员食饭，或由工农集体合作。

南江县苏维埃政府翻印

1933 年 2 月 15 日

选自《川陕革命根据地历史文献选编》上，四川人民出版社 1979 年出版，第 157～166 页。简称“川陕文献版”。原注：“南江县苏维埃政府翻印，1933 年 2 月 15 日”（原件存四川省博物馆）。

互校版本：

1.《川陕革命根据地资料选编》，四川大学川陕革命根据地科研组 1978 年编印，第 80～88 页。简称“川陕资料版”。原注：“南江县苏维埃政府翻印，1933 年 2 月 15 日”（原件存四川省博物馆）。

2.《中国新民主主义革命时期根据地法制文献选编》，第二卷，中国社会科学出版社 1981 年版，第 162～168 页。简称“社科法制版”。原注：“南江县苏维埃政府翻印，1933 年 2 月 15 日”。

五、抗日与外交

1. 鄂豫皖区苏维埃政府对外政策

1931 年 7 月鄂豫皖区第二次苏维埃代表大会通过①

一、帝国主义以大炮、飞机、财政资本的力量，残酷凶猛地统治中国，强占中国的海关，垄断中国的市场，中国领事裁判权及一切治外法权，由帝国主义者掌握。工厂、矿山、铁路、银行听帝国主义者经营，帝国主义者抓住中国的经济命脉，帮助中国军阀与地主资产阶级的统治，尤其是指使中国国民党军阀来不断地镇压中国革命，企图维持其将要死亡的强盗统治，企图消灭他们唯一的敌人——工人、农人。“五卅”惨案、济南惨案中，帝国主义者以大炮、飞机屠杀我革命的工农群众，何止千万以上。近年以来，中国苏维埃运动日益开展，根本动摇了帝国主义者在华的统治。这样使帝国主义者积极输送大炮、毒气. 药械，派遣它们的军事专家与几百个军事顾问，来帮助它们的走狗——国民党军阀进攻苏区，国民党一次、二次“包剿”苏区，（帝国主义）并且亲派军舰炮轰苏区。法帝国主义者派大批的飞机屠杀广西龙州，英、日、美帝国主义者用大批军舰围攻大冶。长沙事件、鄂西惨案，帝国主义炮火毒气之下，血流成河，尸积如山，何一非为苏维埃运动的中国工农。然而，苏维埃旗帜团结了中国千百万劳苦群众，得了全世界无产阶级与一切被压迫的民族的拥护。苏维埃政权不但是帝国主义者大炮、金洋不能消灭，它的胜利根本能推

① 该代表大会于 1931 年 7 月 1 日至 8 日召开。

翻帝国主义者在华的统治，建立全国苏维埃政权。只有这样才能使中国完全独立，才能使中国革命成功。

二、为着推翻帝国主义在华的统治，保障中国完全的独立，苏维埃采取以下的办法：(1) 没收帝国主义在华的租界、海关、银行、邮电、铁路、航业、商店、农场以及其他企业归国有；(2) 完全撤退帝国主义在华的海陆空军，没收帝国主义一切军事建设（航空局）企业归国有；(3) 废除领事裁判权及一切治外法权；(4) 取消一切外债；(5) 公布帝国主义与国民党军阀所订立一切秘密条约；(6) 废除帝国主义在华的投资营业、居住一切特权；(7) 彻底肃清帝国主义在华的文化教育，驱逐一切的教徒和牧师；(8) 没收帝国主义者在华的学校、教堂、游戏场、俱乐部及文化建设；(9) 没收外国资本家在华投资及一切房屋财政（产）（无论合股或个人）。

三、帝国主义统治中国是与加紧进攻苏区、加紧剥削本国无产阶级与压迫其他殖民地与半殖民地不可分离的。苏维埃政府宣布完全拥护无产阶级的祖国——苏联，帮助外蒙古的革命政权，联合全世界无产阶级与殖民地、半殖民地被压迫民族，推翻全世界帝国主义，为全世界苏维埃政权而斗争。

四、在目前苏维埃政府为着彻底推翻帝国主义在华的统治，得执行以下的办法：(1) 完全撤退帝国主义在苏区内的海陆空军，没收苏区内帝国主义的军事建筑；(2) 国民党军阀统治下与帝国主义所订定的一切条约一律无效，重新与苏维埃政府订定条约，并宣布国民党军阀与帝国主义所订密约（无效）；(3) 取消一切外债；(4) 没收苏维埃区内帝国主义的铁路、邮电归国有；(5) 没收海关、租界，苏维埃政府可以在帝国主义者撤退海陆军与遵守苏维埃法令先决条件之下，同帝国主义者实行收回租界、海关的谈判；(6) 苏区境内，外人一切企业必须实行苏维埃劳动法上一切规定（如八小时工作制、劳动保险、罢工、集会、结社、成立工会的绝对自由等），实行工人监督生产；(7) 苏区内，外人一切企业、工厂（除海关、铁路、邮电外）在苏维埃成立之日起，就将资本数量、内部情形，呈报苏维埃政府，完全遵守苏维埃的法令继续营业，苏维埃政府派人管理；(8) 一切外人在苏区内的营业，必须向苏维埃政府缴纳定数的营业税；(9) 外人在完全遵守苏维埃法令及向苏维埃缴纳定数租金的条件之下，可以向苏维埃政府租借以下的营业，如工厂、矿山、开垦、商店……等经营，并可在苏区内贸易；(10) 苏维埃区内外人的居住、营业、诉讼、财产应用等，绝对服从苏维埃的政府法令，无任何旧有的特权；(11) 苏维埃政权统治的地方，如有外人及企业主不遵守苏维埃法令，有破坏苏维埃经济，实行怠工、关闭企业或干涉苏维埃行政，稍有反革命行为者，则其企业立即没收，全部财产没收（归）国有。

五、实施以上的政策，不只是靠苏维埃的法令，更（重）要的是依赖全国千百万劳苦群众，巩固在苏维埃旗帜之下，以群众的力量来争取与保证这一法令的实现。主要是：(1) 建立军事上政治坚强的红军与巩固的苏维埃政府，发动广大群众反帝国主义的斗争，特别是帝国主义企业中的工人罢工示威运动而得到广大群众的拥护；(2) 发动帝国主义军队中的士兵斗争与兵变；(3) 全世界无产阶级与一切被压迫民族反对自己的剥削者——帝国主义的斗争。

六、这个政策是中国千百万劳苦群众对外政策，是全世界无产阶级与被压迫民族——

殖民地、半殖民地的共同拥护政策。彻底推翻帝国主义，武装拥护苏联，建立全国以至全世界苏维埃、苏维埃政权，是全世界无产阶级与劳苦群众共同的责任。

选自《鄂豫皖革命根据地》，第二册，河南人民出版社 1990 年出版，第 431～434 页。

2. 中华苏维埃共和国临时中央政府对外宣言

1931 年 11 月 7 日

全世界劳动的民众与各国的政府：

中华苏维埃共和国临时政府，于一九三一年十一月七日十月革命纪念节于江西正式成立了。他是中国工农兵以及一切劳苦民众的政权，他是代替帝国主义与中国地主资产阶级的国民党的统治，并且继续号召与组织中国劳苦民众起来推翻这一统治的政权。他正式宣布他是世界上唯一的无产阶级的祖国——苏联最好的朋友与同盟者。他的目的是在联合全世界无产阶级和被压迫的民众起来推翻世界帝国主义的统治。他反对帝国主义对于殖民地与半殖民地的任何侵掠而主张彻底的民族自决。

中华苏维埃共和国临时政府，向全世界劳苦民众与各国的政府宣言：他主张取消一切帝国主义国家同中国地主资产阶级的政府所订立的不平等条约，否认一切中国的反动统治者为了镇压中国民众运动与屠杀民众而借用的外债。他主张一切帝国主义的租借地都应该无条件的收回，一切帝国主义的海陆空军都应该退出中国去。尤其是为得要根本消灭帝国主义在中国的统治力量，他主张没收一切帝国主义在华的银行、工厂、矿山与交通工具等。中华苏维埃共和国临时中央政府向全世界劳苦民众与各国的政府宣言：他的最后目的，不但在打倒帝国主义在中国的统治，而且打倒帝国主义在全世界的统治。

但是在目前，中华苏维埃共和国临时政府并不反对与世界各帝国资本主义国家的政府重新订立完全平等的条约。在苏维埃区域内，这些国家的人民在不违反苏维埃一切法令条件之下，可以有经营工商业的自由。但中华苏维埃共和国必须声明：任何违反苏维埃法令的行动，立刻会使犯罪者失去一切自由与他们所有的一切财产。

中华苏维埃共和国临时政府更认为世界帝国主义国家与殖民地半殖民地地主资产阶级国家间的一切秘密外交的目的，是欺骗本国的无产阶级与侵掠殖民地和半殖民地的民众，所以中华苏维埃共和国临时政府坚决地反对任何的秘密外交，而主张外交的完全公开。他将在全中国与世界劳苦民众的监督与拥护之下，进行国际间的一切交涉。他将无条件地宣布过去地主资产阶级的政府同任何帝国主义国家所订的一切密约［无效］。①

中华苏维埃共和国临时政府号召全世界劳苦民众起来帮助并拥护中国唯一的工农兵的革命临时政府，并同他们的兄弟姐妹们一起，去消灭全世界人剥削人的资本主义的制度，

① 此处三种版本相同，疑有遗漏。应在最后加“无效”二字，或在“宣布”之后，加“废除”二字。

而走上苏联工农们所走的社会主义道路。

中华苏维埃共和国临时政府，最后必须声明：他坚决地反对世界大战与中国国内的军阀战争，而主张和平。但是他认为：不打倒帝国主义与国民党的统治，就不能取得真正的和平。所以他号召全世界的劳苦民众起来，用革命的国内战争消灭一切反革命的战争，取得世界的永远和平！

中华苏维埃共和国临时政府

一九三一年十一月七日于江西

选自《中共中央文件选集》，第七册，中共中央党校出版社1983年出版，第488～489页。简称“中央文件版”。原件未注明史料来源。

互校版本：

1.《苏维埃中国》，第一集，1933年印行，中国现代史资料委员会1957年翻印，第27～28页。原件未注明史料来源。

2.《中央革命根据地史料选编》下册，江西人民出版社1982年出版，第119～120页，简称“江西史料版”。原件未注明史料来源。

3. 中华苏维埃共和国临时中央政府关于动员对日宣战的训令

1932年4月15日

自从日本帝国主义侵占中国东三省、进攻上海以来，苏维埃中央政府历次宣言都指出：日本帝国主义的目的，在将东三省完全殖民地化；上海事变将成为帝国主义强盗瓜分中国的具体表演：国民党政府及其他各派军阀只有更无耻地投降帝国主义出卖中国，镇压中国民众的反日反帝运动，绝对不会有任何真正求得中国民族独立与解放的抗日行动。现在事变的发展，完全证明了苏维埃中央政府估量的正确。满洲傀儡政府已在东三省建立起来了，这是日本帝国主义最忠顺的走狗。上海的和平谈判，国际联盟调查团，完全是帝国主义强盗进行瓜分中国的分赃会议和组织。由于英勇士兵自动对日作战的逼迫，不得不以抗日相欺骗的某些国民党军阀，现在也都原形毕露。马占山做了满洲政府的军事部长，蒋、蔡等军阀参加了帝国主义瓜分上海的和平谈判，国民党政府更是随时都准备接受国际联盟宰割中国民族的指令。国民党所谓“长期抵抗”的宣传，一方面是以此来欺骗全国反日的民众；另一方面是企图以此来取得另一派帝国主义（尤其是美帝国主义）的援助，而挑起世界大战，好让帝国主义强盗在大战中来解决瓜分中国问题。国民党政府及其各派军阀几月来最努力的，还是秉承帝国主义的意旨，在各地解散反日团体，压迫反日罢工，屠杀反日反帝群众，用机关枪扫射自动抗日的英勇士兵，并严禁民众义勇军的活动；特别是对于苏区和红军的进攻，更是用最大的兵力来对付。这一切都表示国民党政府及其各派军阀完全是帝国主义直接压迫中国民族革命运动的工具，他们不但永远不会进行反日本帝国主义的民族革命战争，并且是民族革命战争进行的根本障碍。

只有全中国工农劳苦群众，才是真正反帝国主义的力量。只有苏维埃与红军，才真能对日本帝国主义进行民族革命战争。现在全中国被压迫民众在日本帝国主义铁蹄的蹂躏之下，已不甘受国民党的污辱，愤起为反日反国民党而进行革命斗争了。苏维埃临时中央政府为领导全国工农劳苦群众，实现驱逐日本帝国主义出中国的革命任务起见，特正式宣布对日战争，苏维埃临时中央政府向全国被压迫民众指出：苏维埃区域久已脱离了帝国主义的羁绊，而国民党军阀却在帝国主义的领导和指示之下，绝不放松地向苏维埃与红军进攻；要不是国民党军阀的进攻，苏区工农劳苦群众与红军早已与抗日的英勇士兵和义勇军站在一起直接对日作战了。所以苏维埃临时中央政府，现在领导全国工农红军和苏区广大的工农劳苦群众积极进行革命战争，向外夺取中心城市，摧毁国民党统治，正是实际去进行民族革命战争和直接对日作战的必要前提。苏维埃临时中央政府号召全国工农兵及一切劳苦群众在苏维埃的旗帜之下，一致起来积极参加和进行民族革命战争。在白色统治各地，要自动武装起来，组织民众抗日义勇军，夺取国民党地主资产阶级的武装直接对日作战，并成立指挥这一行动的革命军事委员会。白军的士兵要暴动起来，打倒反动的军官，自动对日作战，成立工农红军，推翻国民党在全中国的统治，成立全中国民众的苏维埃政权，这样来实现以民族革命战争驱逐日本帝国主义出中国，反对帝国主义瓜分中国，彻底争得中华民族的独立与解放的任务。

因此，苏维埃临时中央政府除了通电宣言发表这一对日宣战的主张和行动方针外，更对全国工农红军、全苏区各级苏维埃政府，给以下的指示：

（一）中央革命军事委员会，各苏区军事委员会，各地军区指挥部，各县赤卫队部（即军事部）应对于全体红色战士实行对日宣战的动员，要使每个红色战士都能了解，积极发展革命战争，消灭国民党军阀进攻苏区的部队，向外夺取中心城市，摧毁国民党的统治，正是进行反日的民族革命战争的必要前提。国内革命战争愈发展，国民党军阀愈崩溃，直接对日作战的时机将愈迫近。全苏区红色战士应准备着更大规模的民族革命战争的到来。动员对日宣战，绝不是要等到直接与日本帝国主义开火时才做起，并且现在白色统治的沿海各地的英勇士兵与民众义勇军，久已不受国民党军阀的指挥而自动地对日作战了，他们迫切地需要苏维埃和红军的指挥与援助。所以动员对日宣战与积极向外发展革命战争，绝不能割裂开来，而应认为动员群众去发展革命战争，就是对日本帝国主义的打击，就是给白区反日群众和英勇士兵以有力的援助。军事的动员要做到每个红色战士，非因伤病不能离开队伍，开小差的要受到惩罚与群众的耻笑。地方武装要执行红军中一样的纪律，不脱离生产的赤卫队要加紧军事训练。军事委员会要宣布和检查全苏区的赤色戒严；要增加兵工厂的生产；要在交通要道设立粮站与运输站；要屯集一部分谷子准备米荒；要节省经费准备战役的持久；要在发展区域的边境，设立向外推进的警戒工事；要准备筹款的武装队伍（政府的税收自然主要部分也是供给红军），使主力红军得以继续其作战的任务；要组织大批游击队，从苏区各边境向外发展；在接近中心城市与帝国主义势力直接统治的地方，可由游击队领导民众组织抗日义勇军实行游击行动。

（二）工农红军总政治部与红军各级政治部，应该在红军与地方武装中实行政治的动员，要在红色战士中做对日宣战的广大宣传，要在《红星报》及其他军事刊物上，经常不断地揭露日本及一切帝国主义侵占中国、瓜分中国、屠杀和压榨中国民族与国民党出卖中国、污辱中国民族的事实。激励起全体红色战士对日宣战的热忱与勇气，鼓动起他们向外发展革命战争、消灭国民党军阀及其统治的决心。并要编印各种小册子和画报，要提出联系目前实际行动的宣传鼓动口号，特别要注意于红军新发展区域——尤其是接近中心城市的地方的政治工作。

（三）当着红军还未发展到接近日本帝国主义势力的地方，红军的作战任务，首先要是消灭与帝国主义勾结一致的国民党军队。放着当前进攻红军的国民党军队不去消灭，这是给国民党军队配合帝国主义武装以消灭红军的极顺便的机会，这是紊乱反日的民族革命战争的步骤，而不是真实地去进行驱逐日本帝国主义出中国。当着红色游击队向外发展到接近日本帝国主义势力的地方，则应领导民众组织抗日义勇军自动地武装起来实行游击运动，直接对日作战，吸引白军士军，自动对日作战，共同组织指挥这一行动的革命军事委员会，以脱离和推翻军阀国民党的统治。

（四）各苏区各级苏维埃政权立即实行对日宣战的群众动员，首先要加紧动员工农劳动群众自愿到红军中去，向外发展革命战争，准备与日本帝国主义直接作战。要动员全体劳动群众都能自愿地参加革命战争的后方工作，首先是加入不脱离生产的赤卫军和少年先锋队。要使全苏区劳动群众，不论男女，都有接受军事训练准备对日作战的热烈要求；要努力动员执行巩固苏区根据地的工作，要加紧实行赤色戒严与地方自卫①，要节省经费粮食帮助红军；要屯集公谷供给红军；要动员群众努力耕种，充裕今年收成；要整理赤色邮政，并厉行修桥补路，以巩固苏区交通；要立即征收累进的商业税，准备收土地税，以开辟政府的收入；要动员工农劳苦群众，提高红军用品的生产（如制造被服鞋帽与兵工厂的生产等），组织担架队、运输队、洗衣队、慰劳队等帮助红军作战；实行红军优待条例，帮助红军家属耕田，耕种红军公田。

（五）这一训令一直发到工农红军地方武装的下级组织与城乡苏维埃。要根据这一训令，定出自己的动员计划，中央革命军事委员会更应发布自己的动员计划。

中央执行委员会主席　毛泽东
副主席　项　英
张国焘

选自《中共中央文件选集》，第八册，中共中央党校出版社 1991 年出版，第 641～645 页，简称“中央文件版”。原注：“根据 1932 年出版的《中华苏维埃共和国临时中央政府宣布对日战争文告》刊印。”

互校版本：《苏维埃中国》，第一集，1933 年印行，中国现代史资料编辑委员会 1957 年翻印，第 44～48 页。

① 《苏维埃中国》漏掉“要努力……地方自卫”。

4. 中华苏维埃共和国临时中央政府对日宣战通电

1932年4月26日

日本帝国主义自去年九一八以武力强占东三省后，继续用海陆空军占领上海并各地，侵扰沿海沿长江各口岸，用飞机大炮屠杀中国人民，焚烧中国房屋，在东北及淞沪等地之中国人民损失，简直不可数计。这种屠杀与摧残，现在仍在继续发展。反革命的国民党政府与其他各派军阀，本其投降帝国主义的惯技，接连地将东三省及淞沪各地奉送与日本帝国主义，任其随意屠杀中国人民。现更借和平谈判，实行出卖整个中国，促进各帝国主义迅速实行瓜分中国。对于全国的反日反帝的革命运动，则尽其压迫之能事：解放反日团体，压迫反日罢工，屠杀反日群众，强迫对日自动作战与淞沪士兵与民众义勇军撤退，用机关枪扫射抗拒撤退命令的第十九路军的英勇士兵和上海工人，以表现其对帝国主义的忠诚。国民党政府及其各派军阀的所谓“长期抵抗”，所谓“一面交涉、一面抵抗”，实际上是欺骗民众的把戏。现在中国苏维埃区域，早已脱离了帝国主义的羁绊，而国民党军阀宁肯将东三省、上海及整个中国送给帝国主义，而对于真正实行民族革命战争的中国红军，则不断地以其最大的军力来进攻，企图消灭苏维埃政权。国民党各派军阀的一切欺骗，无非想掩饰其出卖中国污辱中国民族的行动，实际上都是帝国主义压迫中国民族革命运动的工具，都是中国民族革命进行的障碍物。

中华苏维埃共和国临时中央政府特此正式宣布对日战争，领导工农红军和全中国广大被压迫民众，以民族革命战争驱逐日本帝国主义出中国，反对一切帝国主义实行瓜分中国，以求得中华民族彻底的解放和独立，苏维埃中央政府向全国工农兵士及一切被压迫的劳动群众宣言：要真正实行民族革命战争，真正与日本帝国主义作战，必须首先推翻帮助帝国主义压迫民族革命运动、阻止民族革命战争的国民党反动统治。只有这样，才能直接地毫无障碍地与日本帝国主义作战，才能使民族革命战争在全国大大的发展起来。苏维埃中央政府郑重声明：要不是国民党军阀以其全力来进攻苏区与红军，苏区工农劳苦群众与红军兵士早已与抗日的英勇士兵和义勇军站在一块，直接对日作战了！所以不推翻国民党的统治，就不能实行真正民族革命战争。

苏维埃中央临时政府正在领导工农红军和苏区广大工农劳苦群众积极进行革命战争，夺取中心城市，来推倒国民党的统治；这正是实际去进行民族革命战争，是夺取直接与日帝国主义作战的前提。我们号召白色统治区的工人农民士兵学生及一切劳苦民众，自己起来组织民众抗日义勇军，夺取国民党军阀的武装来武装自己，以便直接对日作战，并成立指挥这一作战行动的各地革命军事委员会。白军的将士要自动地起来打倒反动长官，自动地对日作战，并成立工农红军。要认识：只有苏维埃政权，才能真正地领导全国的民族革命战争，才能直接对日作战，并反对帝国主义瓜分中国；只有工农红军，才是真正实行民族革命战争的民众武装，只有全世界的无产阶级，被压迫民族和苏联，才是真正同中国民众联合起来去反对帝国主义的可靠力量。

苏维埃临时中央政府号召全国工农兵及一切劳苦群众，在苏维埃红旗之下，一致起来积极地进行革命战争，建立全中国的真正民众政权，成立工农红军，联合全世界无产阶级及被压迫民族与苏联，来实现以民族革命战争驱逐日本帝国主义出中国，反对帝国主义瓜分中国，彻底争得中国民族真正独立与解放。

一九三二年四月二十六日于瑞金

选自《苏维埃中国》，第一集，1933 年印行，中国现代史资料编辑委员会 1957 年翻印，第 41～43 页。

5. 中华苏维埃共和国临时中央政府为争释放牛兰夫妇发表宣言

1932 年 7 月 12 日

中华苏维埃共和国临时政府向世界工农群众宣言：

南京国民党政府统治中国业已五年。其政策，一方面为摧残革命运动与对民众施行最凶残之白色恐怖，另一方面为不断地向帝国主义出卖中国民族独立。

为便利其向已脱除帝国主义羁绊的苏维埃区域进攻计，南京政府便签订了卖送上海的和约。该政府威逼英勇的十九路军及第五路军兵士退出上海，而调他们进攻红军，以阻止苏维埃政府进行反抗日本帝国主义的民族革命战争。

特别是在牛兰案件中，南京政府仰承各帝国主义意旨，毫不迟疑地和上海的外国巡捕合作，将两个中国革命的友人拘捕。该政府更将他们监禁在国民党牢狱中十三个月之久，处他们于最不洁与卑陋的环境之下。

正因为牛兰是一个太平洋工人运动中最热心的分子，他便遇着各帝国主义和国民党的仇视。虽然全世界的工人群众、著作家、科学家和美术家曾雪片似地打电报抗议，但南京政府终于没有释放牛兰夫妇，在今日他俩仍处在有性命之虞的危境。

中华苏维埃共和国临时中央政府现特郑重宣言：本政府愿保护此两个中国革命之友，本政府反抗南京政府之白色恐怖，本政府与全世界共同竭力营救牛兰夫妇，最末本政府已预备释放各苏维埃区域所羁留之帝国主义侦探——外国传教士，为南京政府释放牛兰夫妇之交换条件。

各苏区所羁禁之传教士是各帝国主义统治中国之向导。他们专事欺骗与剥削中国民众。他们曾屡次替国民党及帝国主义作军事奸细，帮助帝国主义及国民党进攻中国红军，中国苏维埃政府有充足与完全的理由将他们拘留处罚。

中华苏维埃共和国临时政府特唤起全世界群众来反抗南京政府之白色恐怖，并要求立即释放牛兰夫妇，为使全世界为营救牛兰夫妇的工人阶级的热情见效计，苏维埃政府特通知国际营救牛兰委员会与南京政府谈判以传教士为交换牛兰夫妇之事。

一九三二年七月十二日
中国江西瑞金

选自《苏维埃中国》，第一集，1933 年印行，中国现代史资料编辑委员会 1957 年翻印，第131～132页。

注：据《红色中华》1932年10月23日报道：牛兰夫妇于10月14日被南京江宁地方法院判处无期徒刑。直到“七七事变”后，经中共南京代表团交涉，始将牛兰作为“政治犯”释放回国。

6. 中华苏维埃共和国临时中央政府反对国联调查团报告书通电

1932年10月6日

全中国工农兵及一切被压迫的群众们！

中华苏维埃共和国临时中央政府早已向全国的民众们宣告：国际联盟是各帝国主义瓜分中国的强盗联盟，它派遣李顿调查团来华的主要任务，便是计划瓜分中国与镇压中国苏维埃旗帜之下的一切革命运动。

现在帝国主义强盗联盟的调查团——李顿调查团，瓜分中国的报告书已经发表了；这是帝国主义向中国民众提出的瓜分中国的哀的美敦书，而卖国辱国的国民党及其政府却完全同意接受的！

李顿报告书公开地最无耻地宣布了瓜分中国的新计划：它公开宣布日本及其他帝国主义，不仅应该占领满洲并且应该瓜分中国的全部，明白地宣布了日本帝国主义占据满洲、华北、上海是正当的不得已的行动。号召各帝国主义都来瓜分中国，消灭中国的革命运动，首先就是要更残酷来进攻中国苏维埃政府所领导的反帝革命和土地革命，来消灭满洲义勇军的反日战争、全国的反日反帝运动与抵货运动。无耻地主张满洲应作为“自治国”，设立国际宪兵，成为国际帝国主义进攻苏联的根据地，去积极向苏联进攻。同时用一些“宗主权属于中国”等名词来企图解除中国民众反帝的武装和欺骗中国民众。最后，再三命令国民党更要积极地去进攻红军，更忠实地去投降帝国主义，出卖民族利益，更努力地镇压反帝运动、抵货运动，凶残地去屠杀中国民众！

李顿报告书是帝国主义奴役中国民族的卖身契！苏维埃政府号召全国的民众武装起来在苏维埃政府领导之下，以革命的民族战争，来撕碎李顿的报告书，反对一切帝国主义瓜分中国、压迫中国革命、进攻苏区、进攻苏联的新企图！驱逐日本及一切帝国主义出中国去，以求得中华民族完全的解放和独立！武装保护苏联，建立中国劳苦群众与苏联亲密的联盟。

苏维埃政府向全国工农兵及一切被压迫的民众宣言，要真正的进行民族革命战争，反对帝国主义瓜分中国，必须首先推翻帝国主义瓜分中国的清道夫、压迫民族战争的国民党反动统治！国民党及其政府是完全忠实地拥护接受帝国主义瓜分中国的报告书，承认作为谈判根据，国民党各派政府一切的讨论研究及口头上对报告书某几点之不满意，无非是掩饰它出卖中国的面具，欺骗中国民众的把戏。国民党宁肯将东三省、上海及整个中国送给帝国主义，而对于领导全国革命民众实行革命民族战争的工农红军，却在帝国主义的指挥和协助之下，动员百万的兵力来进攻，企图消灭真正反帝民众的苏维埃政府，阻止红军及反帝英勇士兵和义勇军站在一起直接与帝国主义作战。同时帮助帝国主义屠杀满洲的义勇军，压迫全国反帝运动，制止抵货运动和工人的罢工，屠杀中国工农劳苦群众以效忠效国主义。只有推翻出卖民族利益的国民党统治，我们才能顺利地进行民族革命战争。

苏维埃政府正在领导全国的工农红军和苏区的广大劳苦群众，残酷地与帝国主义国民党作战，胜利地去粉碎国民党的进攻，以革命战争来推翻国民党的反动统治！全国民众们武装起来！反对国民党进攻苏区！推翻帝国主义走狗的国民党统治！拥护红军和苏维埃政权！只有苏维埃政府才能真正地领导全国的民族革命战争，直接对日作战；反对帝国主义瓜分中国！只有工农红军才是真正的实行民族战争的民众武装！

全国的工农红军战士、苏区的广大的工农劳苦群众们！积极地进行革命战争，向帝国主义国民党坚决进攻来粉碎第五次的“围攻”！白区各地的工人农民士兵及劳苦群众！自动武装起来组织义勇军，举行罢工，进行抵货运动，积极向帝国主义国民党斗争。一切的革命民众们！在苏维埃的红旗之下，一致起来实行革命民族战争，反对帝国主义瓜分中国，推翻国民党的政治，驱逐日本帝国主义与一切帝国主义出中国，建立全中国民众的苏维埃政权，完成中国民族的独立解放！

中华苏维埃共和国临时中央政府主席　毛泽东
副主席　项　英
张国焘
一九三二年十月六日于江西瑞金

选自《苏维埃中国》，第一集，1933 年印行，中国现代史资料编辑委员会 1957 年翻印，第 51～53 页。

7. 中华苏维埃共和国中央政府及工农红军与福建“人民革命政府”及“人民革命军”的外交文件

1933 年 10 月—1934 年 1 月

中华苏维埃共和国中央执行委员会决定（批准下列三个主要文件）

中华苏维埃共和国中央执行委员会完全同意张闻天同志关于苏维埃外交政策的报告，批准上届中央执行委员会主席团与人民委员会所采取的对于福建十九路军与福建人民革命政府的一切步骤，并决定公布下列三个主要文件。

中华苏维埃共和国中央执行委员会主席　毛泽东
副主席　项　英
张国焘
一九三四年一月　日

选自《红色中华》，1934 年 2 月 14 日第 149 期，第四版。

8.（一）中华苏维埃共和国中央政府及工农红军与“福建人民革命政府”“人民革命军”反日反蒋的初步协定[①]

1933年10月26日

中华苏维埃共和国临时中央政府及工农红军与福建省政府及十九路军双方为挽救中华民族之垂亡，反对帝国主义殖民地化中国之阴谋，并实现苏维埃政府及红军屡次宣言，准备进行反日反蒋的军事同盟，因此订立下列初步协定，条件如下：

（1）双方立即停止军事行动，暂时划定军事疆界线（如附件），各在该线不得控置[②]主力部队。同时十九路军，必须运用各种方式排除或消灭存在福建与苏区接壤地间妨碍贯彻本协定之一切障碍势力。

（2）双方恢复输出输入之商品贸易，并采取互助合作原则。

（3）福建省政府及十九路军方面立即解［释］放[③]在福建各牢狱中政治犯。

（4）福建省政府及十九路军方面赞同福建境内革命的一切组织之活动（如民众抗日反帝团体，及革命民众一切武装组织），并允许出版、言论、结社、集会、罢工之自由。

（5）在初步协定签订后，福建省政府及十九路军即根据订立本协定原则发表反蒋宣言，并立即进行反日反蒋军事行动之准备。

（6）初步协定签订后，互派全权代表常川[④]互驻，应由双方政府负责，保证该代表等人员之一切安全。

（7）双方人员有必要往来时，由各驻代表要求签发护照通行证，双方负保证安全之责。

（8）本协定在福建及十九路军方面反日反蒋军事布置未完成前，双方对于协定交涉应遵守秘密，协定之公布须得双方之同意。

（9）在完成上述条件后，双方应该最短期间，另定反日反蒋具体作战协定。

（10）双方贸易关系，应依互助互惠之原则另定商业条约。

（11）本协定在双方全权代表签订草约后即发生效力。正式协定共计两份，经双方政府军事机关正式负责人签名盖章后，各执一份存照。

中华苏维埃共和国临时中央政府及工农红军全权代表　潘健行[⑤]

福建省政府及十九路军全权代表　徐名鸿

公历一九三三年十月二十六日

选自《红色中华》，1934年2月14日第149期，第四版。

---

① “中央文件版”的标题是：《中华苏维埃共和国临时中央政府及工农红军与福建政府及十九路军反日反蒋的初步协议》，“江西史料版”印作本标题。

② 《红色中华》印作“控置”，“中央文件版”印作“控制”，“江西史料版”印作“驻扎”。

③ 《红色中华》印作“解放”，“中央文件版”印作“解［释］放”，“江西史料版”印作“释放”。

④ 原文如此。

⑤ “中央文件版”注：潘健行即潘汉年。

互校版本：

1.《中共中央文件选集》，第八册，中共中央党校出版社 1991 年出版，第 590～591 页。简称“中央文件版”。（未收入第一电与第二电。）

2.《中央革命根据地史料选编》中册，江西人民出版社 1982 年出版，第 384～385 页。简称“江西史料版”。

9. （二）中华苏维埃临时中央政府致福建人民革命政府与十九路军的第［一电］①

1933 年 12 月 20 日

福建人民革命政府与人民革命军的将士们：

苏维埃政府与工农红军的代表同你们的代表订立反日反蒋的协定章约以来，已经有一个多月，但是我们直到现在还没有看到你们积极的反日反蒋的行动，亦没有看到你们在发动群众斗争与武装民众进行反日反蒋的方面有任何具体的实际工作。而蒋介石却已经派了三个纵队向福州与延平进攻，日本帝国主义也已经准备好以占领福州厦门来响应蒋介石的军事行动。你们与福建广大民众是在极端危险的中间，苏维埃政府与工农红军郑重地告诉你们，在这一危险前面的任何消极与迟疑不决，对于中国革命是极大的罪恶。因此苏维埃中央政府与工农红军要求你们立刻依照我们反日反蒋的协定所决定的基本原则，采取断然的行动，集中你们所有的武装力量，立刻开始反蒋的决战，同时必须最坚决的发动与武装广大的民众，组织真正人民革命军与义勇军，真正给人民以言论、出版、集会、结社、罢工的民主权利来开展反日反蒋的群众斗争，我们相信只有依靠于千百万广大民众的力量，我们才能取得最后胜利，我们苏维埃政府和工农红军准备在任何时候同你们联合，同你们订立作战的军事协定以反对与打倒我们共同的敌人——日本帝国主义与蒋介石的南京国民党政府，我们盼望你们迅速告诉我们你们的决定。

毛泽东、朱德

（一九三三年）十二月二十日

选自《红色中华》，1934 年 2 月 14 日第 149 期，第四版。

互校版本：《中央革命根据地史料选编》中册，江西人民出版社 1982 年出版，第 401 页。简称“江西史料版”。

10. （三）中华苏维埃临时中央政府致福建人民革命政府及人民革命军的第二电

1934 年 1 月 13 日

人民政府李陈蒋诸委员：

① 《红色中华》此处空两字，参照下文应是“第一电”；“江西史料版”印作“第一电”。

依据目前情势，福州既濒危急，人民政府已在危险之中，苏维埃中央政府根据过去双方协定敢以反日反蒋联合战线的精神，向贵政府作下列紧急提议：

一、人民政府应立即实践其宣言中及协定上所允诺的人民民主权利。

二、人民政府应立刻武装福州及其附近与泉漳各地的群众，赞助和拥护广大群众参加反日反蒋战线，以保卫福州及泉漳各地。

三、赞助群众，立即组织反日反蒋的斗争团体，不应借口战局紧张妨碍或禁止这种组织的发展。

四、应实际地赞助蒋敌后方（如闽浙沿海各地）的民众武装组织和反日反蒋活动。

五、应有决心地肃清自己队伍中准备向蒋介石投降，或请托帝国主义保证的分子。

六、向十九路军全体官兵宣布为反日反蒋只有与苏维埃和红军合作到底，并采取一切有效方法与联合一致的军事行动。

蒋介石与日帝国主义显已协同动作，并以消灭十九路军为共同目的，贵政府果欲真正贯彻反日反蒋主张，则我们上述提议是挽救目前人民政府及十九路军濒于危险的唯一出路，亦即贵政府对于自己负责的宣言与协定中所许诺者究有决心实现与否之最后试验。要知反日反蒋的民众的与武装的战线果能真实建立，即使福州失陷，蒋介石与日本帝国主义者必不能长治久安，而这一联合战线在全国亦必日益开展无疑。且贵政府果肯武装民众赞助福建首先是福州人民自卫，则时局将有新的开展，福州未必不保也。时机危急，希即考虑赐复为盼。

毛泽东、朱德

（一九三四年）一月十三日

选自《红色中华》，1934 年 2 月 14 日第 149 期，第四版。

互校版本：《中央革命根据地史料选编》中册，江西人民出版社 1982 年出版，第 402～403 页。简称“江西史料版”。

11. 中华苏维埃共和国中央政府与中国工农红军革命军事委员会为中国工农红军北上抗日宣言

1934 年 7 月 15 日

全中国的工人、农民、兵士，以及一切革命的民众们！

万恶的日本帝国主义，并吞了我们的东三省，侵占了我们的热河、内蒙古，现在又夺占我们整个的华北；在中国南方，日本帝国主义的军舰大炮与海陆空军，正在计划福建省的直接占领；日本帝国主义是想把全中国变成它的殖民地，把全中国的民众变为亡国奴，永远受日本盗匪们的屠杀、奸淫、剥削与蹂躏。

国民党军阀——蒋介石、张学良等，对于日本帝国主义的侵略，是一贯的投降与出卖；他们出卖了东三省，出卖了热河、内蒙古，现在又与“满洲国”直接通邮、通车，承认“满洲国”，出卖了整个华北与福建省；他们帮助日本帝国主义镇压中国民众的反日运动、镇压抵制日货运动与反日义勇军的游击战争；他们在“无力抗日”名义之下，集中了全国一百万以上的军队，耗费了十万万银圆，使用了一切他们所有的飞机大炮，向着全中国唯一反日反帝的苏维埃政府与工农红军进行不断的“围剿”。一切这些证明：国民党军阀是日本帝国主义最忠实的走狗，国民党军阀是中国有史以来最大汉奸卖国贼。

中华苏维埃政府与工农红军，对于日本帝国主义不断侵略，曾经一再号召全中国民众武装起来，以民族革命战争，反对日本帝国主义的侵略，公开对日宣战，并下了对日宣战的紧急动员令，动员全体苏区的民众，准备直接同日本帝国主义作战。苏维埃政府与工农红军更曾经向全中国民众一再宣言：（一）立即停止进攻苏区与红军，（二）立即给民众以初步的民主权利——言论、出版、集会、结社、罢工、示威的自由，（三）立刻武装民众与创立群众的反日义勇军，以保卫中国的三个条件之下，愿意同全中国任何武装队伍订立共同对日作战的战斗协定。苏维埃政府与工农红军曾经一再反对塘沽协定，反对中日直接交涉，反对承认傀儡“满洲国”，反对国民党出卖华北，公开援助东北抗日义勇军以及全中国一切反日反帝的革命运动，反对帝国主义国民党对于反日反帝运动的一切镇压与屠杀。

全中国广大的工人、农民、兵士，以及一切革命的民众，都反对国民党出卖东三省，出卖热河、内蒙古，出卖华北，出卖福建与全中国，而拥护苏维埃政府与工农红军的反日主张与反日行动，这不能不使国民党更疯狂地封锁我们，向我们进攻，使我们苏维埃政府与工农红军不能同全中国民众直接联合起来，不能同东北抗日义勇军一致同日本帝国主义进行民族的革命战争，把日本帝国主义强盗们驱逐出中国，国民党军阀们对于苏维埃政府与工农红军一致联合起来共同反日的提议，完全置之不理，而且更无耻地出卖中国，加紧他们对于苏维埃政府与工农红军的五次“围剿”，帮助日本帝国主义吞并中国。

因此，苏维埃政府与工农红军，为了要动员全部力量向日本帝国主义直接作战，不能不首先同进攻我们的百万的国民党匪军血战，保持已经脱离了帝国主义羁绊的自由的苏维埃领土，不再受到帝国主义的走狗国民党匪徒们的蹂躏与出卖。从无数次国民党匪军血战中创造起来的反对帝国主义的中国革命根据地，我们是不轻易放弃的。但是苏维埃政府与工农红军，决不能坐视中华民族的沦亡于日本帝国主义，决不能让全中国为国民党汉奸卖国贼所拍卖干净，决不能坐视全中国广大劳苦民众为日本帝国主义整批地屠杀与蹂躏，以及东北义勇军的孤军奋斗，故即在同国民党匪军的优势兵力残酷决斗的紧急关头，苏维埃政府与工农红军，不辞一切艰苦，以最大的决心，派遣抗日先遣队北上抗日，只要遇到任何武装队伍接受我们提出的三个条件的，我们工农红军的主力即可在先遣队之后全部出动，同全中国一切武装队伍联合起来共同抗日。

全中国的民众们！我们中国工农红军北上抗日先遣队，愿意同全中国的民众与一切武装力量联合起来，共同抗日，开展民众的民族革命战争，打倒日本帝国主义。一切反日的民众，都应该帮助我们工农红军北上抗日先遣队，团结在我们北上抗日先遣队的周围，加入我们的抗日先遣队，武装起来，直接同压迫中国的日本帝国主义的盗匪们作战！一切抗日的民众，都是我们的同伴，我们都要联合起来！一切禁止与压迫我们抗日的个人、团体与武装队伍，都是汉奸卖国贼，我们应一致起来消灭他们！我们认为，只有全中国民众的武装的民族革命战争，才能打倒日本与一切帝国主义，取得中国民族的独立解放与保持中国领土的完整。

为争取民族革命战争的胜利，苏维埃政府与工农红军更具体主张：（一）坚决反对国民党政府出卖东三省、热河、内蒙古、华北、福建省以及全中国，反对国民党政府卖国辱国的中日直接交涉，反对承认满洲伪国，抛弃对国际联盟以及美帝国主义帮助的幻想；（二）立刻宣布对日绝交，宣布塘沽协定与一切中日秘密条约的无效，动员全中国海陆空军对日作战；（三）号召全中国民众，将国民党军库中与兵工厂中所有武装，以及一切入口武器，用来武装自己，组织民众的反日义勇军与游击队，直接参加反日战争与游击战争，积极援助东北义勇军与中国工农红军北上抗日先遣队；（四）没收日本帝国主义者及卖国贼汉奸的一切企业与财产，停止支付一切中国债款本息，设施累进税，并将国民党全部军费拿来作抗日战费；（五）普遍地组织民众的反日团体，如反日会、抵制日货委员会、募捐援助义勇军与红军委员会，以及各种反日的纠察队、破坏交通队、宣传队、运输队等，吸收广大的群众——一切男女、老幼、宗教、信仰、政治派别，到反日团体中，来利用罢工、罢课、罢市与示威，反对日本帝国主义的侵略与国民党政府的卖国投降。

苏维埃政府与工农红军，是不顾一切牺牲，要为这一纲领奋斗！苏维埃政府与工农红军，要求全中国民众拥护这一纲领的全部实现而奋斗到底！

让帝国主义的走狗国民党，让国民党的汉奸卖国贼去叫喊“中国无力抗日”罢，全中国民众的反日总动员，全中国民众的反日总武装，全中国民众反日大团结，有全部的力量打倒日本及一切帝国主义，打倒卖国贼汉奸的集团的国民党！

中华苏维埃共和国中央政府主席　毛泽东
副主席　项　英
张国焘
中国工农红军革命军事委员会主席　朱　德
副主席　周恩来
王稼穑
一九三四年七月十五日

选自《苏维埃中国》，第二集，1935 年印行，中国现代史资料编辑委员会 1957 年翻印，第 152～156 页。

12. 中国苏维埃中央政府中国共产党中央委员会为抗日救国告全体同胞书（八一宣言）（节录）

1935 年 8 月 1 日

（前略）因此，今当我亡国灭种大祸迫在眉睫之时，共产党和苏维埃政府再一次向全体同胞呼吁，无论各党派间在过去和现在有任何政见和利害的不同，无论各界同胞间有任何意见上或利益上的差异，无论各军队间过去和现在有任何敌对行动，大家都应当有“兄弟阋于墙外御其侮”的真诚觉悟，首先大家都应当停止内战，以便集中一切国力（人力、物力、财力、武力等）去为抗日救国的神圣事业而奋斗。苏维埃政府和共产党特再一次郑重宣言：只要国民党军队停止进攻苏区行动，只要任何部队实行对日抗战，不管过去和现在他们与红军之间任何旧仇宿怨，不管他们与红军之间在对内问题上有何分歧，红军不仅立刻对之停止敌对行为，而且愿意与之亲密携手共同救国。此外，苏维埃政府和共产党现在更进一步地恳切号召：

一切不愿当亡国奴的同胞们！

一切有爱国天良的军官和士兵弟兄们！

一切愿意参加抗日救国神圣事业的党派和团体的同志们！

国民党和蓝衣社中一切有民族意识的热血青年们！

一切关心祖国的侨胞们！

中国境内一切被压迫民族（蒙、回、韩、藏、苗、瑶、黎、番等）的兄弟们！

大家起来！冲破日寇蒋贼的万重压迫，勇敢地与苏维埃政府和东北各地抗日政府一起，组织全中国统一的国防政府；与红军和东北人民革命军及各种反日义勇军一块，组织全中国统一的抗日联军。

苏维埃政府和共产党愿意作成立这种国防政府的发起人，苏维埃政府和共产党愿意立刻与中国一切愿意参加抗日救国事业的各党派、各团体（工会、农会、学生会、商会、教育会、新闻记者联合会、教职员联合会、同乡会、致公堂、民族武装自卫会、反日会、救国会等等）、各名流学者、政治家，以及一切地方军政机关，进行谈判共同成立国防政府问题；谈判结果所成立的国防政府，应该作为救亡图存的临时领导机关，这种国防政府，应当设法召集真正代表全体同胞（由工农军政商学各界、一切愿意抗日救国的党派和团体，以及国外侨胞和中国境内各民族，在民主条件下选出的代表）的代表机关，以便更具体地讨论关于抗日救国的各种问题。苏维埃政府和共产党绝对尽力赞助这一全民代表机关的召集，并绝对执行这一机关的决议，因为苏维埃政府和共产党是绝对尊重人民公意的政府和政党。

国防政府的主要责任在于抗日救国，其行政方针应包括下列各点：

（一）抗日救国，收复失地；

（二）救灾治水，安定民生；

（三）没收日寇在华一切财产，充作对日战费；

（四）没收汉奸卖国贼财产、粮食、土地，交给贫苦同胞和抗日战士享用；

（五）废除苛捐杂税，整理财政金融，发展工农商业；

（六）加薪加饷，改良工农军学各界生活；

（七）实行民主自由，释放一切政治犯；

（八）实行免费教育，安置失业青年；

（九）实行中国境内各民族一律平等政策，保护侨胞在国内外生命、财产、居住和营业的自由；

（十）联合一切反对帝国主义的民众（日本国内劳苦民众，高丽、台湾等民族）作友军，联合一切同情中国民族解放运动的民族和国家作同盟，与一切对中国民众反日解放战争守善意中立的民族和国家建立友谊关系。

抗日联军应由一切愿意抗日的部队合组而成，在国防政府领导之下，组成统一的抗日联军总司令部。这种总司令部或由各军抗日长官及士兵选出代表组成，或由其他形式组成，也由各方代表及全体人民公意而定。红军绝对首先加入联军，以尽抗日救国的天职。

为的使国防政府真能担当起国防重任，为的使抗日联军真能担负起抗日重责，共产党和苏维埃政府号召全体同胞：有钱的出钱，有枪的出枪，有粮的出粮，有力的出力，有专门技能的贡献专门技能，以便我全体同胞总动员，并用一切新旧式武器，武装起千百万民众来。共产党和苏维埃政府坚决相信：如果我们四万万同胞有统一的国防政府作领导，有统一的抗日联军作先锋，有千百万民众作后备，有无数万东方的和全世界的无产阶级和民众作声援，一定能战胜内受人民反抗、外受列强敌视的日本帝国主义！

同胞们起来！

为祖国生命而战！

为民族生存而战！

为国家独立而战！

为领土完整而战！

为人权自由而战！

大中华民族抗日救国大团结万岁！

中国（华）苏维埃中央政府

中国共产党中央委员会

选自《中共党史教学参考资料》（2），人民出版社 1957 年出版，第 28～33 页。（原件未注明史料来源）

互校版本：《中共中央文件选集》（9），中共中央党校出版社 1985 年出版，第 486～488 页。

13. 中华苏维埃共和国中央政府 中国工农红军革命军事委员会抗日救国宣言

1935 年 11 月 28 日

全中国的工人、农民、兵士、学生、自由职业者、商人、工业家，东北人民革命军、东北义勇军、一切武装部队的官长们，以及一切热心爱国的志士们！

继东北四省之后，现在又是华北半个中国的沦亡。日本帝国主义强盗们是要把全中国人民变为亡国奴，把整个中国变为殖民地。卖国贼头子蒋介石在出卖东北四省之后，现在又在出卖整个华北以至整个中国，以维持他自己对全中国人民残暴的法西斯蒂的统治。

在亡国灭种的前面，中国人民决不能束手待毙。只有全国海、陆、空军与全国人民总动员，开展神圣的反日的民族革命战争以打倒日本帝国主义，以消灭中国有史以来最大的汉奸卖国贼蒋介石，中华民族才能得到最后的彻底的解放。

中华苏维埃共和国中央政府与中国工农红军革命军事委员会，曾经不断地唤醒全国人民团结起来，对日作战，曾经派遣了自己红军主力，经过二万五千里的长征，受尽了艰难困苦，北上抗日。现在形势更加紧迫了，现在正是要求我们全国人民有力出力、有钱出钱、有枪出枪、有知识出知识，大家团结、大家奋斗，以誓死的决心以对付中国人民公敌的时候。因此中华苏维埃共和国中央政府与中国工农红军革命军事委员会特向全国人民宣言：不论任何政治派别、任何武装队伍、任何社会团体、任何个人类别，只要他们愿意抗日反蒋者，我们不但愿意同他们订立抗日反蒋的作战协定，而且愿意更进一步同他们组织抗日联军与国防政府。这个抗日联军与国防政府我们认为应该有以下十大纲领：

（一）没收日本帝国主义的一切财产做抗日经费。

（二）没收一切卖国贼及汉奸的财产救济灾民及难民。

（三）救灾治水，安定民生。

（四）废除一切苛捐杂税，发展工商业。

（五）发薪、发饷，改良工人、士兵及教职员的生活。

（六）发展教育，救济失学的学生。

（七）实现民主权利，释放所有的政治犯。

（八）发展生产技术，救济失业的知识分子。

（九）联合朝鲜、台湾、日本国内的工农及一切反日本力量，结成巩固的联盟。

（十）对中国的抗日民族运动表示同情、赞助或守善意中立的民族或国家，建立亲密友谊的关系。

中华苏维埃共和国中央政府与中国工农红军革命军事委员会，号召全国人民拥护我们这一些主张，并立刻互派代表，协商具体进行办法。我们相信，只要我们大家能够同心协力实现这一主张，则最后的胜利是我们的！

中华苏维埃共和国中央政府主席　　毛泽东
中国工农红军革命军事委员会主席　朱　德

选自《中共党史参考资料》（三），人民出版社 1979 年出版，第 168～169 页。原件未注明史料来源。

互校版本：《中共中央文件选集》，第九册，中共中央党校出版社 1986 年出版，第 587～588 页。

六、军事法规

1. 三大纪律八项注意

1928—1929 年

三大纪律、八项注意，是毛泽东等在第二次国内革命战争中为中国工农红军制订的纪律，其具体内容在不同时候和不同部队略有出入。在红军初创时期，就已提出部队对待群众要说话和气，买卖公平，不拉伕，不打人，不骂人。一九二八年春工农红军在井冈山的时候，规定了三项纪律：第一、行动听指挥；第二、不拿工人农民一点东西；第三、打土豪要归公。一九二八年夏提出了六项注意：一、上门板，二、捆铺草，三、说话和气，四、买卖公平，五、借东西要还，六、损坏东西要赔。一九二九年以后，毛泽东又将三大纪律中的“不拿工人农民一点东西”，改为“不拿群众一针一线”；“打土豪要归公”改为“筹款要归公”，后来又改为“一切缴获要归公”。对于六项注意，增加了“洗澡避女人”和“不搜俘虏腰包”两项内容，从而成为三大纪律、八项注意。这些纪律，曾经是红军以及后来的八路军、新四军、人民解放军政治工作的重要内容，对于人民军队的建设，对于正确处理军队内部关系、团结人民群众和确立人民军队对待俘虏的正确政策，都起了伟大的作用。

选自《毛泽东选集》，第四卷，人民出版社 1991 年出版，第 1241～1242 页：“中国人民解放军总部关于重行颁布三大纪律八项注意的训令”之注释。

2. 闽西第一次工农兵代表大会军事问题决议案

1930年3月24日通过

甲、扩大红军路线

一、努力扩大红军的宣传，使群众明了扩大红军之必要，打破怕当红军的心理。

二、统一闽西红军的指挥，各团红军一律听闽西政府军委会调动，各团团长及政治委员由军委会加委。但在各所在县境内时，该县县政府得就便指挥之。

三、扩充一、二、三、四、五各团人数和实力，各县好枪，扫（①）数集中到各团去。

四、扩大工纠队、赤卫队、少先队、童子团等组织，区乡赤卫队、保卫队、少先队、童子团等要按期操演，政府、工会及各机关工作人员，每月要下操两次，学校及各种训练班等每日要上操一次，实行农村军事教育。

五、实行征兵制，有下列条件者一律分期征调入伍，两年后准其退伍。

（一）男子十八岁以上卅五岁以下者；（二）体格强健无残废病者；（三）无反动行为者。

六、改良红军士兵的生活和待遇，规定优待士兵条例，由政府切实执行。

七、提高士兵政治教育，扩充军中娱乐、卫生之设备。

（一）军中要设立俱乐部，以便士兵娱乐。

（二）举行识字运动。

（三）开办训练班教士兵以革命理论及斗争经验。

（四）各团要设立卫生队，卫生队组织要完备。

（五）各团要有担架兵、看护兵等，随军出发。

八、继续办理闽西医院，并力求完备。二月份起医院经费由闽西政府负担。

九、提高士兵社会地位，政府及各机关工作人员要以身作则，敬重士兵，以造成全社会敬重士兵的（风）气。

十、士兵逃回乡里或请假回里不去（归）者，政府应负责向其宣传，督促其归队。

十一、政府不得代士兵请假或屡次写信去动摇士兵。

十二、红军及红军学校士兵携带军用品逃回者，政府要负责送回处分。

十三、扩大红军学校组织，以训练军事政治的干部人才，加强红军的领导。

十四、闽西政府要办理修械处、子弹厂以增加武装。

乙、赤卫队与政治保卫队问题

一、各县除红军外，要斟酌环境和经济情形另编赤卫队常备队若干大队，直属于县政府，经常集中训练，参加游击，驻扎地点看环境而定。

二、除常备队外，各区应组织赤卫队一大队，按期会操，平时散归乡里。除所有枪支交伊负责外，不够者应另制刀矛或鸟枪等以武装之。

三、县区及闽西政府应组织政治保卫队，以拱卫政府机关及执行肃反工作。

---

① 原文如此。

四、暴动区域不适用本规定。

丙、工人纠察队问题

一、总工会要有纠察队，经常集中训练，受总工会命令，维持工会利益。

二、目前总工会纠察队以一中队为度，并由政府发给，队员由工人中轮流征调，店中有五人以上者征调一人，被调工人伙食工资仍由店东负担。

三、各工会及各区工联会应组织纠察，定期会操，其无武装者可做木棒与铁器。

四、各工会总工会除公开纠察队外，另可组织秘密纠察队，秘密逮捕反动派及工贼等。

丁、暴动队、少先队、童子团问题

一、暴动队廿三岁至四十岁为合格。

二、暴动队以乡为单位，照赤卫队编制组织之，受乡赤卫委员指挥。

三、少先队、童子团以乡为单位组织之，要尽量扩大其组织。

四、暴动队、少先队、童子团等逮捕反动分子应送交政府，不得私自处分。

五、少先队、童子团要置武器，政府应极力帮助之。

选自《中央革命根据地史料选编》下册，江西人民出版社 1982 年出版，第 45～48 页：《闽西第一次工农兵代表大会宣言及决议案》之一。

3. 闽西优待士兵条例

1930 年 3 月 24 日闽西第一次工农兵代表大会通过

甲、对红军士兵的：

一、改良士兵生活，每月每名发伙食费至少大洋四元五角，零用至少二元，有钱多发，军衣军用品尽可能完备。

二、帮助士兵家属做工，以长年十二个月计算，平均每月至少帮助二工，三、六、十各月加倍。无人做工者，折银津贴其家属，不要津贴士兵本身，其家后无人者不必津贴。津贴工款以区县为单位，按全区全县人口分摊，分四季由区政府征收分发。

三、政府切实保护士兵家属，士兵家属如非有反动事实者，不得施以打击。

四、废除一切肉刑，禁止辱骂。

五、士兵伤病医药费由公家供给，按照伤病轻重酌量增减。

六、乡村中遇有伤病兵过境，政府应特别招待抬送。

七、残废士兵由政府维持其生活。

八、士兵死亡，分得田地准其家属再耕三年。

九、红军士兵为革命而牺牲者，政府应发给抚恤费，如该士兵家属不能维持其生活者，政府应设法救济。

十、士兵在红军服务期内家中发生不测事情，如死亡等无法维持者，当地政府应设法援助。

十一、本条例自公布日施行。

乙、对白军民团土匪士兵的：

一、白军民团中逃出士兵，政府招待其食宿，并为之介绍到红军工作，其携枪逃来投诚者，看枪好坏加偿。

二、俘虏兵及落伍兵由政府招待茶饭，资送出境，其愿入红军当士兵者，政府为之介绍。

三、敌方伤病兵由政府招待茶饭，并为之医治，治愈后由他自愿，政府给予资金，介绍入红军，或遣送出境。

四、白军民团官长投诚来归者，一律与士兵一样看待。

五、被俘虏官长白军自营长以下，民团除团总以外，一律同样招待，但为当地群众及所部士兵深恶痛恨者不在此例。

六、白军中营长以下官兵家属，政府一律保护，如系土豪不在此例。

七、土匪官兵系被压迫者，觉悟归来时，与士兵一样待遇。

八、集团土匪要求收编者，要有革命事实表现，如打土豪、枪毙反动等，始得予以收编。

九、集团土匪收编后，应遵守红军纪律，听从政府指挥。

十、集团土匪收编后，由政府派政治军事人才指导其工作。

十一、帮助土豪打工农的土匪，政府应解除其武装，惩办其首领，但对士兵仍一样优待。

丙、对逃兵的处分：

一、战争时逃跑者枪决。

二、拐逃武装当白军或出卖者枪决。

三、平时逃跑者除拘回禁闭外，在处罚期中没收其本人土地并剥夺其公［民］权。

四、拐逃军用品及款项者，按照情节轻重处以枪决至禁闭之罪。

选自《中央革命根据地史料选编》下册，江西人民出版社 1982 年出版，第 78～80 页：《闽西第一次工农兵代表大会宣言及决议案》之一。

4. 平时及战时政治工作纲要

1930 年 6 月 5 日红军第四军政治部发布①

一、平时政治工作

甲、对本军的工作：

（一）政治教育工作：

（1）规定政治课程。

（2）拟定政治课教材。

① 据《闽西苏区法制大事记》记载“1930 年 6 月 5 日红军第四军政治部发布《红军第四军各级政治工作纲要》”。

（3）注意教授方法的研究。

（4）分配教员及编定课目。

（5）领导文化娱乐工作。

（6）开办战斗员政治训练班。

（7）分组及编班。

（二）党与团的工作：

（1）拟定与团工作计划并监督工作之执行。

（2）制定党团员教育训练大纲。

（3）编制各种图表及统计。

（4）开办党与团训练班。

（5）发展党与团的组织。

（6）健全支部生活。

（7）发展思想斗争与自我批评。

（三）俱乐部工作及列宁室工作：

（1）有计划地进行文化娱乐宣传工作。

（2）领导及健全列宁室及俱乐部的工作。

（3）编定及审查俱乐部各科文化宣传品物图表、新剧墙报。

（4）有计划地进行公开演讲会、报告会等。

（5）组织宣传队。

（四）关于生活问题：

（1）注意改良伙食住室。

（2）注意清洁卫生工作。

（3）设法解决战斗员一切生活上不满及需要。

（4）注意督促医治战斗员伤病。

（5）经过地方政权，解决战斗员家庭生活问题。

（五）领导各社会团体工作：

（1）建立反帝大同盟、革命互济会，协助经济委员会、流通（动）宣传队、军人通讯社等组织。

（2）领导他们开会，督促及检查他们工作。

（3）发展上述社会团体组织。

（4）请人作关于反帝情形及互济会工作的报告。

乙、对群众工作：

（一）调查工作：

（1）调查地方居民成分、出产品、商业、土地、地方武装等。

（2）调查地方工会、雇农工会、贫农团、少先队、儿童团等组织发展状况及活动情形。

（3）调查有没有反动分子及反动武装的存在，调查在革命时期地方的损失及摧残状况。

（4）调查苏维埃工作状况。

（5）调查地方去当红军的数目与留红军公田数目及耕种方法。

(6) 优待红军家属实施的状况。
(7) 调查地方与红军关系及对红军信仰如何。
(二) 宣传工作:
(1) 向居民宣传革命理论。
(2) 解释苏维埃政权作用及组织。
(3) 宣传红军的意义及胜利。
(4) 宣传及鼓动居民参加革命参加红军及各种社会团体的组织。
(5) 鼓动地方居民自动帮助红军,组织各种帮助红军作战的工作。
(6) 向居民演讲革命发展状况及反革命崩溃情形。
(三) 组织及帮助社会团体苏维埃和党及团的工作:
(1) 组织工会、雇农工会、贫农团、少先队等组织。
(2) 帮助他们工作,派人帮助他们的军事训练。
(3) 帮助苏维埃工作,推动帮助实现苏维埃一切法令及决议。
(4) 遇有苏维埃工作不好时提出建议,或经过群众路线进行改造。
(5) 与地方党及团工作上建立联系交换工作经验。
(6) 协助地方一切宣传及鼓动工作,以推动地方工作之进行。
丙、对白军工作:
(一) 调查工作:
(1) 军队编制史。
(2) 军队战史。
(3) 士兵成分及生活状况。
(4) 纪律及战斗力。
(5) 调查白军驻地。
(6) 白军与居民的关系及其欺骗方法。
(7) 白军对红军信仰的程度如何。
(二) 宣传工作:
(1) 向白军士兵宣传革命意义、任务及状况。
(2) 印发种种士兵刊物、小册子、传单、标语、画报、歌谣等。
(3) 宣传鼓动士兵拖枪到红军来。
(4) 宣传当红军的光荣,动摇白军军心。
(三) 组织及破坏工作:
(1) 建立兄弟团等群众团体,以团结士兵群众。
(2) 建立士兵会,以团结士兵起来斗争。
(3) 建立党的组织领导及活动。
(4) 发动士兵斗争闹饷兵变,以破坏敌军组织。
二、战时政治工作
甲、一般的工作:
(一) 战时政治工作,目的在增强红军战斗力及保障战斗胜利。

（二）战时应明了本军人员中党社会民族等的成分。

（三）估计本军政治情形：

（1）战斗员的政治情绪。

（2）战斗员互相间的关系。

（3）工作生活情形（有无家庭及小团体观念）。

（四）巩固红军中政治情绪的提高。必须注意战斗员生活条件、物质精神、伤病疲劳与休息等。

（五）应估计到本军缺点、弱点现象，即时给以纠正。

（六）注意开小差、破坏纪律等现象及事实，用教育方法与之作严厉的、及时的斗争。

（七）鼓励及奖励英勇斗争之战士为提高作战精神条件之一。

（八）依战斗员之成分、文化水平即时供给战斗员以各种宣传品、报纸、小册子等。同时严格注意反宣传谣言鼓动及破坏行动、不正确的战斗消极等的宣传，及时纠正并与之斗争。

（九）为完成战斗任务，指挥员、政治工作人员、党及团员应有坚强勇敢、不屈不挠的模范精神，以领导一般的战斗员作战，保障战斗任务之实现。

（十）发动工农群众协同红军作战、交通、运输、侦探，供给红军粮食与打扫战场等工作。

乙、行军时政治工作：

（一）对本军的：

（1）计算路程远近事先派人前往打前站。

（2）休息时对士兵作宣传工作，如报告沿途市乡革命斗争及敌人土匪的情况等。

（3）检查士兵被毯、包袱、子弹等的重量。

（4）装置宣传品等的担运及文件等整理。

（二）对群众的：

（1）对沿途居民的宣传工作或短期的群众会。

（2）组织宣传队写标语、散传单。

（3）调查市乡社会经济情况及群众生活情形、阶级成分等。

（4）鼓励群众煮茶粥送红军，但须给他们的钱。

（三）对白军的：

（1）询问群众调查白军情况，反对沿途群众的骚扰。

（2）写告白军士兵的标语、传单。

（3）沿途洗刷反动标语、布告等。

（4）收集反动传单、标语向战斗员解释。

丙、驻军时政治工作：

（一）对本军的：

（1）驻军地点的房屋各地等张贴标语口号。

（2）士兵居住的安置。

（3）卫生的条件，如饭水……等。

（4）考察群众对我军的关系。

（5）调查士兵对群众的关系，防止泄漏军事机密。

（6）队伍开拔时上门板、捆禾草、打扫房屋等。

（二）对民众的：

（1）调查群众阶级成分、生活情形、革命的情绪。

（2）调查反动政治派别的活动以及政治影响。

（3）派宣传队向群众作口头宣传或化装宣传。

（4）发贴布告、标语及涂写（口号），发动群众供给红军柴米油盐等食品。

（5）开军民大会。

（6）改造及建立群众的革命团体的组织及苏维埃。

（7）建立党的组织。

（8）以人口为单位平分土地。

（9）组织交通运输侦探救护队，帮助红军作战。

（三）对敌军的：

（1）侦探敌人的行动实力及对民众的欺骗政策。

（2）检查邮电侦探敌军动作。

（3）设法输送宣传品到敌军中。

（四）打土豪及筹款工作：

（1）调查当地豪绅、地主、富农、富商的姓名财产。

（2）发动群众没收豪绅、地主的土地财产，拿土豪勒款。

（3）指示对富商（带地主剥削性的）出款；非广大群众痛恨的地主、土豪的商店，不得没收。

丁、作战时工作：

（一）进攻时：

（子）保障作战计划

（1）向战斗员解释当前战斗的重要及使战斗员明了必胜的任务。

（2）政治工作人员应经过忠实、勇敢党团员及模范战斗员，团结一切战斗员在指挥员命令之下一致地战争。

（3）政治工作人员及党团员应以坚决、忠实、沉着精神坚定战斗员作战情绪。

（4）保障作战计划之实现及完成。

（丑）宣传方法：

（1）呼口号向敌军宣传。

（2）派宣传队向战区居民宣传鼓动来帮助红军作战。

（寅）给养及救伤方面：

（1）保障战斗员饮食的充足及温暖。

（2）领导救伤队工作。

（3）注意医生上药。

（二）防御时：

（1）坚定士兵防御战斗的精神。

（2）对敌冲锋或突破时，我军一切政治工作人员党团员应以身作则，鼓起战斗员的奋勇坚定及必死必胜决心，施行冲锋以保障胜利。

（3）注意饮食给养军火的补充及节省军用品等。

（4）组织后方防御工作。

（三）退却时：

（1）保证有计划有秩序的撤退，进入新防御阵地或施行反冲锋。

（2）保障退却时指挥员与政治工作人员之联系。

（3）有计划地遗弃及散布对白军的宣传品刊物等，作向白军宣传工作。

（4）注意疲劳过分伤兵战斗员的处置，应给疲劳者以充分的休息，对伤者应留意医治。

（5）退出时应通知当地居民，向之解释，使其帮助红军抵御白军。

戊、战后的政治工作：

（一）动员群众清洗战场：

（1）掩埋我军的牺牲义士，最好开追悼会。

（2）收埋敌军的死尸，同时要注意搜索工作。

（3）敌军丢下的伤兵处置。

（4）搜索敌军的遗下枪支子弹、军用品弹壳等和敌人最有价值的战斗计划。

（二）对俘虏兵工作：

（1）清查敌方的官长。

（2）对俘虏的宣传工作。

（3）挑选精壮的补充红军。

（4）资遣敌军回营及回籍。

（三）对本军的工作：

（1）将敌人败退的情况向士兵作报告，鼓动士兵勇气。

（2）报告战斗的结果经过。

（3）批评优点和缺点。

（四）红军中过去政治工作与今后转变：

（1）偏重地方工作，缺乏本身政治教育。

（2）政治部成为事务科。

（3）社会团体组织不健全。

（4）没有娱乐教育。

（5）要实行政治委员制度。

选自手抄单行本。原件未注明出处。

5. 关于红军问题决议案

1931年11月中华工农兵苏维埃第一次全国代表大会通过

在国内革命战争的火线中，在广大工农劳苦群众反对封建地主豪绅资产阶级与外国帝国主义者的无情的斗争中，中国各地零散的工农游击队，在中国共产党领导之下，已经创造了工农红军。

从三年以来英勇斗争的过程中，红军表现是土地革命和反对帝国主义斗争最坚决的执行者。虽然有一些暂时部分的失败，但他仍然英勇卓绝地①为着建立苏维埃的中国而继续与一切反革命势力进行坚决的斗争。

中国红军已经引起了一切革命的敌人（帝国主义、国民党、资产阶级、地主、奴隶主、官僚、警察、刽子手、侦探、牧师以及白俄）之极度仇视与嫉恨，他们动员了一切反革命势力和军阀军队加紧向红军进攻。然而现在敌人虽有极大的军队和精巧的技术，并且在帝国主义充分帮助之下，但仍然不能消灭经验缺乏和技术尚拙劣的中国红军。

现在国内和全世界的工农劳苦群众，对于中国工农红军都表示无限的喜悦和爱戴。

这些情形完全证明中国工农红军是土地革命和反帝国主义革命斗争的武装力量，这也就是证明中国工农群众从长期奴隶生活与一切压迫（帝国主义、地主、豪绅、军阀的残酷压迫，以及血腥的封建式的资本主义关系的剥削——）之下求解放的斗争，已经开始而且顺利地向前发展了。中国革命已经达到了为苏维埃政权而斗争的阶段。

坚决的阶级斗争已经开始了，而且向前发展着。但是为着完成全国革命的最后胜利，在中国工人阶级和革命的农民之前，摆着艰苦斗争的道路，因为中国的反革命势力与帝国主义者，正在用尽一切力量向革命的工农红军进攻。这一已经开始了的历史上的阶级斗争的胜负，将要以武装力量来决定。

为保护苏维埃政权，扩大苏维埃区域和保障革命的胜利，为加紧与中国反革命势力和帝国主义作艰苦的斗争，中国工农群众必须以极大的努力在数量上、质量上去巩固红军。

红军是苏维埃政权最重要的保护者，他是阶级的军队，无论在任务上和精神上，他与国民党的军队和帝国主义的军队是根本不相同的。帝国主义的和军阀的军队是与群众脱离的，为压迫工农、侵略殖民地的工具，是进行侵略战争与军阀混战的；而红军是工农群众自己的军队，是解放工农群众的武装力量，且负有极伟大的国际任务，红军的武装力量是可以加速全世界反动统治阶级的崩溃，消灭资产阶级和帝国主义军队的。

红军是依照劳动群众的国际任务与精神去训练并行动的政治的军队，他是中国历史上有觉悟的革命战士所组织成的。每个红军战斗员都知道为着本阶级的利益而斗争，为一切劳苦群众而服务，绝不是替剥削者和资本家去压迫工农的。

红军中的政治委员、政治部是共产党和苏维埃政府在红军中的直接代表，共产党与共产党青年团是红军不可分离的组织成分。

一切劳动者、工人、雇农、贫农、中农、城市贫民都有武装起来保护苏维埃政权的权利，一切属于统治阶级的和剥削者：军阀、地主、豪绅、官僚、资本家、富农及其家属都不准加入红军。

为着革命的利益，在红军必须建立严格的自觉的纪律，一切指挥、管理以及给养机关，必须完全集中统一，用一切力量经常巩固并提高红军斗争力量，同时必须尽量在红军

---

① “中央文件版”和“江西法律版”漏掉“英勇卓绝地”5字。《苏维埃中国》、“西南函授版”“北大宪法版”皆有此5字。

中提高苏维埃政权的威信。

中国苏维埃第一次全国代表大会委托中央执行委员会主席团迅速①实现组织并巩固红军斗争力量的一切必要的实际办法，大会更具体的有以下委托：

一、指定最高军事机关——革命军事委员会及中国红军总司令，管理红军的给养与组织以及军事训练，并指挥红军的作战行动。只有严格集中的领导（包括一切红军），执行上级领导机关的计划与统一行动之条件下，红军才能战胜军阀和帝国主义的势力，才能扩大苏维埃区域根据地。因此革命军事委员会与其附属机关的一切训令，红军应立刻坚决地执行。

二、设法增加红军中的工人与雇农成分，尽量吸收工人、雇农加入红军，同时大会号召非苏区的工人团体，经常送革命工人到红军来。只有增加工人、雇农的成分，加强政治委员及政治部的工作，巩固红军中共产党与青年团的组织，才能保障红军中无产阶级的领导。

三、大会特别指出：红军中有政治委员、政治部、共产党与青年团是执行阶级的任务，对于红军政治人员的政治教育和巩固红军战斗力是有极伟大作用的。政府与革命军事委员会应该制定政治委员和政治部以及各种政治团体在红军中的责任与应有权限的各种条例，并使每个战斗员都能深刻了解这种条例的内容。

四、经常注意改善红军指导员②的质量，这首先就要引进工人、雇农、贫农以及过去在革命斗争中表现忠实而富有经验的革命战士，去担任军事指导员③及政治工作。

五、采用一切有力的方法去扩大红军的数量（组织新团、师、军），改造红军的质量（按照战术条件，去组织战斗单位，创造红军学校，出版军事法令及各种书籍），以帮助红军战斗力，去战胜革命的敌人。

六、为保障红军军械及一切必需品的供给，应组织弹药制造厂、兵工厂和统一集中的供给机关。

七、没有苏维埃政权各方面的积极帮助，红军作战要取得胜利是不可能的。苏维埃政府应制定革命的法律，规定各级苏维埃各级机关对于红军的权利和义务，以巩固红军和帮助红军的作战行动。

八、应制定和颁行红军战斗员的誓词。

为红军的巩固与扩大、红军战斗力的加强，大会特制定中国工农红军优待条例（见附文）。④

苏维埃大会号召各级苏维埃、共产党、青年团、职工会以及其他革命团体和广大工农劳苦群众，给红军以更大的帮助。要记得谁不帮助红军、不去赞助红军的力量、不去赞助

---

① “中央文件版”有“迅速”二字，《苏维埃中国》、“北大宪法版”和“西南函授版”皆无“迅速”二字，“江西法律版”印作：“主席团和政府迅速……”

② 《苏维埃中国》、“北大宪法版”和“西南函授版”印作“指导员”，而“中央文件版”和“江西法律版”则印作“指挥员”。

③ 同上。

④ 此处采用多数版本的印法，但“中央文件版”此处多出一条：“（九）颁布苏维埃政府下红军战斗员及家属可以得到分配土地、政府经济帮助、社会保险、学校教育各方面的优待权。”

红军的纪律，他在客观上便是反革命、反对红军。

大会相信，有过去光荣胜利的红军，在广大工农群众拥护之下，在共产党与苏维埃政府领导之下，去坚决执行上列各种任务，将来一定能够消灭全国一切反革命的武装力量，完成他自己所负的历史任务①！

选自《苏维埃中国》，第一集，1933年印行，中国现代史资料编辑委员会1957年翻印，第105～108页。

互校版本：

1.《中华苏维埃共和国法律文件选编》，江西人民出版社1984年出版，第167～170页。简称“江西法律版”。原注：“福建省档案馆馆藏史料”。

2.《中国新民主主义革命时期法制建设资料选编》，第二册，西南政法学院函授部1982年编印，第216～219页。简称“西南函授版”。原注：“选自《苏维埃中国》”。

3.《中共中央文件选集》，第七册，中共中央党校出版社1983年出版，第485～488页。简称“中央文件版”。原件未注明史料来源。原标题为：“《中央苏维埃第一次全国代表大会红军问题决议草案》，中共中央提出，一九三一年八月”。

4.《宪法资料选编》，第二辑，北京大学出版社1982年出版，第9～12页。简称“北大宪法版”。原注：“《苏维埃中国》第一集，1933年，苏联外国工人出版社出版”。

6. 中国工农红军优待条例

1931年11月中华工农兵苏维埃第一次全国代表大会通过

中国工农红军在一九二七年革命失败后，到现在的四年艰苦斗争中，在中国共产党正确的领导之下，配合广大工农坚决地执行土地革命和反帝革命②，反对国民党军阀，反对帝国主义，从豪绅地主阶级手上夺回土地，建立工农兵苏维埃政权，自己锻炼成为强有力的红军，打破了帝国主义走狗国民党军阀三次大规模的进攻。这种为工农群众③、为苏维埃政权英勇斗争的精神与胜利，是值得钦佩与崇扬④的。苏维埃⑤革命运动的向前发展，更需要红军的扩大与巩固。红军须要在长期的艰苦斗争中，来争取⑥一省或数省的首先胜利，以达到建设苏维埃的新中国伟大胜利。因此红军战士及其家属，应得苏维埃共和国的各种优待。大会特颁布下列优待条例：

第一条：凡红军战士家眷在苏维埃区域内的，其本人及家属均须与当地贫苦农民一样的平分土地、房屋、山林、水池……

第二条：凡红军战士家眷在白色区域内的，以及新由白军中过来的，则在苏区内分得

① 多种版本为“历史任务”，“中央文件版”印作“历史使命”。

② 以《苏维埃中国》为代表的版本，此处有“和反帝革命”5字，以《红色中华》为依据的，无此5字。

③ 《苏维埃中国》印作“工农群众”，《红色中华》印作“工农阶级”。

④ 《苏维埃中国》印作“崇扬”，《红色中华》印作“称扬”。

⑤ 《红色中华》印作“苏维埃阶段中”，《苏维埃中国》则无“阶段中”3字。

⑥ 《苏维埃中国》印作“来争取”，《红色中华》印作“去采取”。

公田，由当地政府派人代耕。

第三条：红军中退伍军士，不能服务和准长假的，准由红军公田内分配土地，给他耕种，如有在苏区安家的，其家属仍分得土地。

第四条：红军战士，在服务期间，无劳动力耕种家中田地，其分得之公田，应由苏维埃政府（区苏维埃计划，乡苏维埃执行）派人帮助全部耕种、灌溉、收获等工作。所派人工每年不得少于五十工。红军战士家中缺少劳动力的，应按需要予以补助。

第五条：为要执行上述条例起见，特规定凡未在红军中服务者，应实行无代价的优待红军工作日，每人每月帮助红军家属工作两天。时间与工作种类，以红军家属之要求而定。

第六条：红军在服务期内，本人及家属免纳苏维埃共和国之一切捐税。

第七条：红军在服务期内，其家属所居住之国家房屋，免纳租金。

第八条：红军在服务期内，本人及家属享受国家商店百分之五减价①的优待，当必需品缺乏时，有优先购买之权。

第九条：凡红军战士乘坐轮船、火车，其费用概由公家发给。

第十条：一切戏院、电影院等，每月须有一次免费欢迎红军看戏、看电影，平时票价减半。

第十一条：红军在服务期间，子弟读书免纳一切费用。

第十二条：红军在服务期间，因伤病须休养时，应送到最适宜之休养所休养。在休养期间，一切用费由国家供给。

第十三条：在红军服务五年以上而年龄满四十五岁者，可退职休养，由国家补助其终身生活。如本人不愿退伍而愿继续服务者，应得特别优待。

第十四条：国家设立残废院，凡因战争在红军服务中而残废者，入院休养，一切生活费，由国家供给，不愿居残废院者，按年给终身抚恤费，由各县苏维埃政府按当时生活情形而定，但现时每年只能②发五十元大洋。

第十五条：红军与家属通讯，由直属部队负责机关盖章，不贴邮票可直寄回家。红军家属寄信到红军中，则由当地政府盖章，亦不贴邮票可寄到红军机关中转发。各级政府及红军机关应更切实负责办理此事。

第十六条：凡红军战士，在战争牺牲，或在服务中因劳病故者，须照下列条例抚恤之：

1. 凡死亡战士，应将其死亡时间、地点、战役、功绩由红军机关和政府搜集公布。

2. 死亡战士的遗物，应由红军机关或政府收集，在革命历史博物馆中陈列，以表纪念。

3. 死亡战士，应由当地政府帮助红军机关收殓，并立纪念碑。

---

① “江西法律版”“北大宪法版”和“江西史料版”有“减价”二字，《苏维埃中国》和“西南函授版”无此二字。

② “江西史料版”“北大宪法版”和“江西法律版”此处为“至少”，而《苏维埃中国》和“西南函授版”则为“只能”。

第十七条：凡红军死亡或残废者，其家属优待办法如下：

1. 子女弟妹幼小的，由国家设立革命纪念学校专门教育他们，并由国家维持其生活，直至年满十八岁，由国家介绍职业为止。

2. 父母妻子由国家维持以相当津贴。

3. 本条例之三、四、五、六、七、八等条照旧有效。

第十八条：凡红军在服务期间，其妻离婚，必先得本人同意，如未得同意，政府得禁止之。

选自《苏维埃中国》，第一集，1933 年印行，中国现代史资料编辑委员会 1957 年翻印，第 109～111 页。

互校版本：

1.《中华苏维埃共和国法律文件选编》，江西人民出版社 1984 年出版，第 188～190 页。简称“江西法律版”。原注：“见《红色中华》第五期第五版，1932 年 1 月 13 日”。

2.《中国新民主主义革命时期法制建设资料选编》，第二册，西南政法学院函授学院 1982 年编印，第 219～222 页。简称“西南函授版”。原注选自《苏维埃中国》。

3.《中央革命根据地史料选编》（中册），江西人民出版社 1982 年出版，第 594～596 页。简称“江西史料版”。未注明史料来源。

4.《宪法资料选编》，第二辑，北京大学出版社 1982 年出版，第 13～15 页。简称“北大宪法版”。原注：“《红色中华》1932 年 1 月 13 日”。

7. 列宁室组织法及工作条例

1931 年 12 月 15 日中央军革委总政治部颁布

一、总则

1. 发展列宁同志的工作作风及革命精神，加深红色战斗员对列宁主义的学习与实行，以列宁主义来克服一切政治上、生活上不正确的倾向，养成和巩固红色战斗员的革命精神，与统治阶级坚决地斗争，更重要的要使每个红色战斗员不仅成为中国革命很好的战士，而且要养成每个红色战斗员成为世界革命运动中的列宁主义者。

2. 为了培养红色战斗员活泼的生活兴趣，提高其文化水平以补助政治教育所不及，在列宁室内进行娱乐、体育、文化各项工作。

3. 实行各种革命竞赛，以发扬红色战斗员对革命的积极性。

4. 列宁室在连政治委员指导之下进行工作。

二、组织法

1. 列宁室内暂设墙报委员会、识字组、体育组、游艺组、讲演会各部门。

2. 为着工作进行便利，各组会下面，可增设班或股，如墙报委员会下，设立读报班，体育组下，可设立球术股、田径竞赛股、武术股等。

3. 列宁室设干事会，以三人组织之，内设立主任一人，各组设组长一人，讲演会设主任一人，墙报委员会设委员三人至五人，内设主任一人。

4. 列宁室干事会主任及委员，墙报委员会主任及委员，均须由全连军人大会选举产生。其余各组组长，则由各组组员大会选举产生。

5. 列宁室主任及各组组长各会委员任期，均为三个月，但得连选连任。主任组长委员有不尽职者，经全连军人三分之一提议，建议连政治委员核准后，可以临时召集全连军人大会撤换之。

6. 组织图表（略）

三、工作条例

1. 干事会及主任在连政治委员指导之下进行各项工作。

A. 吸收全连指挥员、战斗员来参加各组会工作。

B. 计划并指导各组会工作，如墙报、识字、游艺、体育、讲演之进行。

C. 搜集并陈列列宁遗像、各种革命画报、图书、报纸、宣传品、战利品，以及娱乐器具等。

D. 搜集革命烈士及阵亡战士遗物、格言、照片以及在革命斗争有历史之纪念物品，组织历史图书馆。

E. 保管列宁室及各种陈列品及娱乐用具等。

F. 计划并组织各种革命竞赛。

2. 墙报委员会：

A. 计划并定期出版本连伙食单位墙报。

B. 计划墙报内容及技术上的改善。

C. 组织读报班，并指导其工作。

D. 搜集士兵日常生活情形，在墙报上发表，并向上级政治机关出版的报纸通讯。

3. 识字组，经常计划识字课的进行，举行成绩考查揭示或比赛。

4. 体育组，经常计划并督促各股工作的进行。

5. 游艺组，除经常计划并督促各组工作外，还须进行下列各项工作：

A. 帮助组织各种纪念节或运动周游艺事宜。

B. 帮助组织化装宣传队。

6. 讲演会应该经常按期举行讲演会、讨论会，并须计划讲演会讨论的内容，讲演会、讨论会的经过和讨论，要有书面或口头的报告连政治委员审查指示。

7. 讲演会除进行第六条之规定外，更应进行下列各项工作。

A. 邀请革命领袖讲演革命理论及革命历史和故事。

B. 举行露天演讲和游行演讲。

C. 对于本部生活的改善，讨论会亦可提出讨论，如有何种意见时，可向指挥员、政治委员及政治机关建议。

8. 各组组长及各会主任，领导各组战士，积极进行本条例的各项工作。

中央总政治部组织调查部制发

选自单行手抄本（未注明出处）。

8. 中华苏维埃共和国中央执行委员会训令（第九号）——执行优待红军条例的实施办法①

1932年2月1日公布

中华苏维埃工农兵第一次全国代表大会通过了红军的优待条例。这个优待条例，对于红军规定了许多优越的权利。为什么对于红军要定出这许多的优待条例呢？因为红军在几年来的斗争中，是坚决实行土地革命、坚决反对帝国主义、反对国民党军阀的主要力量，是苏维埃政府的有力保卫者。他在过去中国的革命斗争历史上，做了英勇斗争的光荣事业。目前中国革命是一种残酷的革命战争环境，积极进行革命战争的时候，是要与帝国主义国民党军阀作更残酷的大规模的战争，必须要有广大的红军，才能争取一省或数省首先胜利，以及苏维埃在全中国的胜利。红军是为解放工农及一切被压迫民众而作战，为苏维埃政权而作战的战士，是以最大牺牲精神来为工农及一切劳苦民众利益和解放而奋斗。因此，苏维埃政府和工农群众，就应当对于红军加以特别的优待，使这些红军战士心中得着安慰，对于家属没有什么挂念，可以一心一意地去勇敢作战。因此，第一次全苏大会特别定出这个优待红军条例。

过去各地方苏维埃政府对于红军及其家属的优待，确已有些规定，但在实际上的执行是缺乏注意的，有的地方简直是忽视不执行；有的地方相反地②对待红军家属，简直是破坏红军；这与扩大红军加强红军战斗力是有很大的妨碍的，这是很大的错误。以后各级苏维埃政府应严格地纠正过去的这些错误，绝对执行全苏大会通过的优待红军条例，以后若再忽视优待红军或对执行优待红军条例怠工，须当作反革命一样的来处罚。兹特规定下列优待红军条例实施的具体办法，以便执行。

一、以区为单位，立即调查本区内充当红军的人，这些红军中家庭的人数，土地多少，能劳动的人多少，缺乏劳动和不足劳动的人有多少，统计起来，抄成二份，一份自存，一份交县苏维埃保管，这工作自三月一日起办理完毕。

二、红军各军和独立师及脱离生产之地方武装，由政治部及政治委员会负责，将所有队伍中指挥员、战斗员及一切工作人员的姓名、年龄、籍贯、家庭状况，详细登记，汇报于革命军事委员会或当地苏维埃政府，这一工作也限于三月一日以前办理完毕。

三、红军中以前牺牲了的战士，由地方政府与红军政治部及政治委员尽可能调查清楚，汇报军委或地方政府，以便付交各县政府办理。

四、从前红军和地方武装中，还留有参加反革命组织者，无论是已经处决了的分子，或在队伍中自首自新分子，均须区别阶级成分和首要及附和，由各军、地方武装负责人调查，汇报上级机关，以便决定于对于他们的土地应否没收，决定后交给各地方政府执行。

五、各军登记的名册，除外籍的红军战士外，由中央政府分别转交各区政府，然后各

① 选自《苏维埃中国》的各版本标为“实施办法”，选自《红色中华》的各版本标为“各种办法”。
② “江西法律版”“北大宪法版”有“相反地”三字，《苏维埃中国》和“西南函授版”则无此三字。

区政府依照各军名册与当地政府调查登记名册对照后，报告该上级政府备案；如有不符合者，仍须详细考查和转报上级政府备查，以免遗漏或错误。

六、对于实行优待条例之重要问题，在目前是动员群众帮助红军家属耕田和耕种红军公田；这应由区乡政府依照调查的名册，将该区内各个红军战士家属之无劳动力或缺乏劳动力的数量加以总计，计算共需要义务劳动多少，然后统计全区内各乡的劳动力多少，适当分配某地工农群众帮助某地之红军家属耕田和耕种红军公田，交各乡苏维埃负责，具体分配实行耕种。

七、各乡苏维埃接到区苏维埃的通知后，应立即召集乡苏维埃的会议，决定执行办法；然后召集红军家属及召集该乡全体居民开大会，讨论和公布帮助红军家属耕田及耕种红军公田的意义和本乡所担任义务劳动多少，经过群众赞成，具体地分配义务劳动的天数和时期。同时乡苏维埃还须尽一切可能召集贫农团、雇工工会的负责人开会，请其帮助政府动员群众实行帮助红军及红军家属耕田。当耕种和收获时，乡苏维埃要负督促的责任，同时要防止强迫命令的行为（但对富农不在此例）。

八、当耕种和收获的时候，乡苏维埃要在事前用宣传鼓动方法去动员广大群众，按照规定的义务劳动去帮助红军及红军家属耕种和收获，使红军的田地耕种和收获时间，较一般的耕种和收获要早一些。

九、对于外籍之红军战士留公田的办法，应按照地方每人分田多少，规定留出公田的数额。分田少的少留，分田多的多留。如江西规定的办法，每乡每人分五担者留三人到五人的公田，五担以上者则多留公田，分五担以下者亦须留出公田，最少是二人的公田。其他苏区可按照江西办法规定，除旧有苏区须设法留出公田外，凡新发展区域，当分配土地时，须特别注意留出公田。

十、公田以区为单位，统计起来报告县政府，然后统计起来报告省政府，再将全省公田统计起来报告中央政府。再由红军总政治部根据红军外籍人数与各县公田数目给以分配。一方面报告中央政府交地方政府向各地群众公布，同时向各军战士公布所分公田多少，在何地点，由各军战士推举代表到所分公田地点查看。

十一、各地之公田，由区政府规定特别标志，上写分与某军战士公田；其种子、肥料等项，以动员群众供给为主体，在可能时，得由政府补助。

十二、每年收获后，由区苏维埃负责将收获品出卖变成货币，依次解送县政府、省政府转送红军分配享受公田之人。

十三、对外籍被牺牲了的红军战士，应将其姓名、籍贯、家属登记，将来革命发展到该地，由中央政府令行当地政府按址查明，以优待条例实行对于其家属之优待。

十四、红军战士牺牲后，其家属不够维持生活或完全不能维持生活者，政府应照当地必需生活费给以相当津贴，使其子女达到能维持生活为止。无子女者维持其父母妻子至死为止。

十五、凡设立学校的地方，红军子女有免费入学的权利，由乡区苏维埃负责执行。

十六、红军战士和其家属享有通信上的特别优待，照人民委员会第一号通令办理。

十七、对于残废的红军战士，由军事委员会之红军抚恤委员会和残废院照优待条例办理。

十八、为了执行以上办法及优待条例中之一切规定，在各县政府军事部之下，设立优待红军委员会，负责管理红军优待事宜。省政府之下设立省优待红军委员会，来负指导督促各县优待红军委员会之责。

十九、为督促各级政府切实执行优待红军条例起见，由各级政府工农检查部负责，随时派遣人来考察，如发现各级政府不执行优待条例或经红军战士及其家属控告者，由工农检察部查出来迅速纠正，并得由法庭提出控告，按罪处罚。

现在春天到了，春耕就要到来，各级政府与红军政治机关必须依照优待红军条例和本令所述办法，立即讨论具体执行事项并切实执行，随时将执行的情形按级报告上级机关以至中央政府审查，不得疏忽怠工，是为至要。此令。

中华苏维埃共和国中央执行委员会主席　毛泽东

副主席　项　英

张国焘

一九三二年二月一日

选自《苏维埃中国》，第一集，1933 年印行，中国现代史资料编辑委员会 1957 年翻印，第 112～116 页。

互校版本：

1.《中华苏维埃共和国法律文件选编》，江西人民出版社 1984 年出版，第 191～194 页。简称“江西法律版”。原注：“见《红色中华》第八期 1932 年 2 月 3 日”。

2.《中国新民主主义革命时期法制建设资料选编》，第二册，西南政法学院函授学院 1982 年编印，第 222～225 页。简称“西南函授版”，原注：“选自《苏维埃中国》”。

3.《宪法资料选编》，第二辑，北京大学出版社 1982 年出版，第 16～20 页。简称“北大宪法版”。原注：“《红色中华》1932 年 2 月 3 日、10 日”。

9. 湘赣省关于切实执行红军优待条例的决议①

1932 年 8 月 1 日湘赣省苏维埃第二次代表大会通过

今后各级政府应根据以下的方法，切实执行红军优待条例。

凡属志愿参加红军的工农分子，必须到各该乡苏政府详细登记（省苏应发下一种志愿新兵登记表），然后才有享受红军条例的权利，如若开小差回家和不是因残废重病以及退伍时期（四十五岁）而请长假回家的，均应停止优待条例的享受权。

第一条，凡属红军战士家属在苏维埃区域内的本人及家属均须与当地贫苦农民一般的平分土地、房屋、山林、水池、农具，假使有些地方的红军战士未分得土地，当地政府须设法分配。

第二条，凡红军战士家属在白区的以及新由白军中过来的，则在苏维埃分得公田，由

① 在“扩大红军与健全地方武装决议案”中含有《红军优待条例》68 条。

当地苏维埃政府派人分耕，红军公田过去省苏曾决定每乡应留五人至七人的谷田。但是各级政府没有依照去做，如莲花、安福不留红军公田，永新县将红军公田出租，这是很大的错误。今后已出租的红军公田应立即收回，鼓动当地群众去耕种，并且各地都要成立红军公粪窖，各机关的肥料统归红军公田粪窖，还可以鼓动群众供给红军公田的肥料、种子、耕牛、农具等。红军公田最好是在大路旁边，当地政府要负责设立特别标志，上书“红军公田”。至于各地红军公田收获的谷子及其［它］生产品，各级政府应负责变成货币解送军区指挥部，以便转送红军分配享受公田之人。各地有未留出红军公田［的］必须设法留出来，在新苏分田时要注意留出公田。

第三条，因疾病、年老不能在红军服务而退伍的士兵已准备给长假者，各乡政府应负责以红军公田内分给予当地农民一样多的土地，绝对不准借故不分土地给红军退伍士兵。

第四条，红军战士在服务期间无劳动力耕种家中田地或分得的公田应由苏维埃（区苏计划乡苏执行）派人帮助实行全部耕种，须将收获等工作所派人工每年不得少于五十工。红军战士家中缺少劳动力应按其需要予以帮助。我们实行优待红军条例之主要问题，即在动员群众帮助红军家属耕种和耕种红军公田。这应由区苏政府召集会议很具体地计划，依照调查的名册和统计该区内各个红军家属内之无劳动力或缺乏劳动力的统计，共需要义务劳动力多少，然后总计全区内各乡之劳动力多少，适当分配菜［各］地工农群众帮助菜［各］地之红军家属耕种及耕种红军公田，交各乡政府负责具体分配实行耕种。乡政府接到区政府通知后，召集全体居民开大会，公布帮助红军家属耕种及耕种红军公田在本乡所组织义务劳动多少，经过群众赞成具体分配义务劳动的天数和日期，同时乡政府可以召集贫农团、雇农工会请其帮助动员群众替红军耕田。当收获耕种时，乡政府要负督促的责任，但绝对要防止强迫命令的行为，对于富农则不在此例，但亦须斟酌该富农的情形有个相当的工作日规定。

第五条，为执行上述条例起见，特规定还未在红军服务者，应实行无代价的优待红军工作日，每人每月帮助红军家属工作两天，时间与工作种类依红军家属之要求而定。但这必须用宣传鼓动工作，各乡政府应召集所有居民开群众大会，详细解释实行优待红军工作的意义，使群众深刻了解、自动地起来每月帮助红军家属工作两天，绝对要禁止强迫命令，并须注意到有名无实的帮助红军工作，定要使红军家属得着实际利益。

第六条，红军在服务期间本人及家属免纳苏维埃共和国的一切捐税，过去有些地方曾征收了红军家属的土地累进税，这是非常错误的。

第七条，红军家属所居住的公家房屋，苏维埃不得征收租金，并且苏维埃政府应将富农剩余的及没收豪绅地主反动派的好房屋支配给红军家属居住。

第八条，红军在服务期间本人及家属到国家商店、合作社买东西要便宜百分之五，在日常需要品（如盐油等）缺乏时，红军家属有优先购买权。

第九条，在将来我们占领有火车、轮船时，红军战士应由公家按照当时船车费用如数发给，红军战士自己不要拿出钱来。

第十条，一切剧场每月须有一次免费欢迎红军看戏，平时票钱减半。在我们没有建立戏院子以前，各处演新戏应在戏场前面布置凳，将请红军战士家属坐着看戏并招待以茶水。

第十一条，红军服务期间，子弟读书免缴一切用费，如红军家不能维持生活的仍然须要津贴伙食费。

第十二条，红军服务期间，因伤病须休养时应送到最适宜之休养所休养。在休养期间一切费用由国家供给。并且对于伤病官兵经过的地方，当地的区乡政府应负随到随送之责，以便加速达到目的地医治，同时须招待食宿，派慰劳队慰问，给伤病兵以精神上的安慰，并须以适宜的慰劳品。

第十三条，在红军中服务五年以上，年龄满四十五岁者可退职休养，国家帮助其终身生活费，本人不愿退伍继续服务者应得特别优待。各乡政府红军政治部要尽可能将退伍红军士兵调查清楚，汇报各该政府根据本条之决定照行办理。

第十四条，国家设立残废院，凡在战争或在红军服务中而残废者入院休养，一切生活费用由国家供给，不愿居残废院者，按照抚恤条例按洋给以终身抚恤费。各县府医院、残废院应有很好慰劳。现决定永新、莲花两县每月到医院慰劳两次，萍乡、安福、茶陵、宁冈、吉安、攸县分宜新峡儒延防安福五区每月各到医院慰劳一次，一定要组织歌舞队、洗衣队、补衣队并带丰富的慰劳品热烈慰劳。

第十五条，红军与家属通信，由直属机关盖章，不贴邮票可寄回家。红军家属寄信到红军中则由当地政府盖章，亦不贴邮花可寄至红军中去。各级政府及红军机关应切实负责，并且政府应刻一个红军信免贴邮花的印子，凡是红军家属寄信到红军去都替他盖一个章不贴邮花。过去有些邮局红军的信件也要贴邮花，不贴邮花就不送，这是错误的，必须立即纠正。

第十六条，凡红军战士在战［斗］中牺牲或在服务中因劳病故者，须照下条例抚恤之：

1）凡死亡战士应将其死时地点、战后功绩由红军机关或政府经常汇集公布之，各县负完全登记之责呈报省苏。

2）死亡战士之遗物应由红军机关或政府收集在革命历史博物馆陈列以表纪念。革命历史博物馆暂以县为单位成立之。

3）死亡战士应由当地政府帮助红军机关收殓，并立纪念牌。在附近红军医院及巩固苏区设立公葬地葬埋死亡战士。过去有些乡苏特别是永新三区不负责埋葬医院死亡战士，这是非常错误的。

第十七条，凡红军死亡战士或残废者其家属优待办法如下：

1）子女弟妹幼小的由国家设立革命纪念学校专门教育，他们是由国家维持其生活直到年满十八岁由国家介绍职业为止。

2）残废、死亡之战士的父母妻子在乡村不够维持生活或完全不能维持生活者，各级政府应依照当地必需生活费用给以相当津贴直至死亡为止。

3）本条例之三、四、五、七、八等条例照旧有效。

第十八条，红军战士的老婆离婚须得本人同意，否则政府禁止之。

选自《湘赣革命根据地史料选编》上册，江西人民出版社1984年出版，第551～554页：节录于《扩大红军与健全地方武装决议案》之二。

10. 中央执行委员会关于扩大红军问题训令

1932年9月20日

一、现在革命战争的开展，在全国工农红军继续获得伟大胜利中，加以全国工人罢工的高涨，反帝运动和东北的抗日民族革命战争的大开展，已达到与反革命决死斗争的阶段，使中国工农群众与帝国主义广大武装冲突的历史阶段迫近面前。

帝国主义国民党对于全国苏区和工农红军新的四次大围攻，不断地被我英勇红军在各个战线上继续将其击溃消灭，而遭受不断的惨败，国民党军阀为了挽救其垂死的统治，于是一面集其最大的兵力来死守中心城市，同时采用四师以上的大兵团行动来与红军决战，以企图避免各个击破和消灭。

在这样剧烈的广大的革命战争形势之下，我们为了彻底粉碎敌人四次围攻，迅速完成夺取中心城市、争取江西首先胜利的当前战斗任务，就需要我们以最强大的武装力量来消灭敌人大集团的兵力，不但要号召千百万工农群众武装起来，而且最重要的是强大革命战争的主要武装力量——工农红军。当苏联国内战争时，列宁在某一战役中说“估计敌人的兵力，我们明春要有红军一百万，再后要有三百万才能解答我们所负的任务”。我们估计目前革命战争发展的形势，不仅是为了要迅速地便利地消灭敌人大集团的兵力，而且要随时准备直接的与帝国主义广大武装的冲突。因此在主客观上都需要我们工农红军随着革命战争的发展与要求迅速地强大起来，才能解答目前所负的任务，猛烈地扩大红军在目前是我们彻底消灭敌人的武装，完成一切任务争取苏维埃在全中国胜利的一个最基本条件。

二、最近检查各地对于扩大红军的成绩实在令人不满意，表现地方苏维埃政府对于扩大红军的消极，在江西只能达到原定计划之半，福建更是相差得远。这是证明各级政府没有认识目前革命战争环境和自己的中心任务，因此对于扩大红军工作的消极，不能将扩大红军列为自己的主要工作之一。

首先指出，各级苏维埃政府将扩大红军工作委之于拥护红军委员会，而自己站在不负责任的地位，同时没有从政治动员上去发动工农广大群众，热烈地来参加红军。没有领导工农群众切实执行优待红军条例，以鼓励工农群众踊跃地当红军。事实上的表现，强迫命令代替宣传鼓动工作，甚至变相的利诱方法（如送东西来鼓动等）代替政治动员。对于质量不加考察，于是小的、弱的、老的，甚至阶级异己分子都充数送到红军中去。对扩大红军工作不是经常的，而是忽冷忽热的现象。这是十足的敷衍塞责，这样不能扩大红军，反而阻碍红军的扩大和削弱红军的力量。最严重的有许多区乡政府对于开小差的士兵不积极督促归队，领导群众反对开小差，反而分配在地方工作。甚至如福建各地写信叫红军士兵回家，这实等于公开的直接的破坏红军。有的地方政府对于主力红军的扩大，反不及扩地方武装的积极，这都是扩大红军的障碍。省县政府对于下级政府所犯的这些错误没有以最大力量、最具体办法来纠正和指导，这是对于扩大红军的消极表现。

三、革命的发展与要求，绝对再不容许这些错误继续发展下去。苏维埃中央要求各级政府以最坚决的决心迅速纠正这些严重错误，为实现苏维埃目前的任务而努力斗争。对于阻碍扩大红军之一切工作方式，要根本消灭和放弃。凡是有意和无意的来破坏红军削弱红军力量的，对于该级政府领导者，要予以革命纪律制裁。

四、现在是革命战争之时期，我们一切工作应服从于战争，一切力量都集中于发展和加强革命战争，一切牺牲去为争取革命战争胜利。因此扩大红军是苏维埃政府实际领导和发展革命战争，完成当前任务的一个最基本工作。这一工作应该列在工作日程上第一位，成为经常的工作之一。

1. 扩大红军主要的是政治上的动员。要从革命战争与胜利，从一切阶级斗争的发动与深入，去发动最广大的工农群众对于参加战争的积极性，自愿的踊跃的去当红军。

2. 要切实领导群众执行红军优待条例，对于红军家属的经常慰问和敬爱，并使当红军的，在群众中成为一种光荣事情，来鼓动工农群众，而且使他毫无家庭顾虑地到红军中去。

3. 要以宣传鼓励方式来发动工农群众的热情，鼓动群众当红军的勇气，绝对消灭强迫命令。

4. 要运用一切组织上（如选民大会、代表会议、赤卫军、少先队、工会、贫农团等）的会议来进行经常的扩大红军工作。特别是政治上的宣传与教育，使工农群众在政治上深刻认识当红军和扩大红军的伟大意义，严厉纠正将“扩大红军”变成会议上的口号。

5. 对于成分和质量要加以详细的检查，不要使阶级异己分子和不积极的，身体不健康的分子，充数送去。要使当红军的是工农群众中最健康、最积极的分子，这样才能在质量上去加强红军。

6. 在群众中发动反开小差运动，使群众认为“开小差是对革命怠工”“开小差是帮助敌人”，引起群众对于开小差的愤怒和鄙视，以至受到群众的处罚（如公布名字拒绝参加一切团体组织等等），使开小差的不能在家“优游自得”不以为耻，要以反对开小差的运动来消灭开小差的风气。

五、这些不过是扩大红军的错误，但革命战争愈胜利地向前发展，我们与帝国主义国民党全部武装决战的形势愈扩大剧烈，而我们在这一阶级决战中，以取得苏维埃在全中国的胜利和中华民族的工农群众的解放，就要号召与实行全体工农群众武装起来，建立最伟大的工农群众的革命武力，特别是随着战争的发展来强大革命战争中的主力——工农红军，才能适应这一革命战争，取得战争的完全胜利。

六、苏维埃中央在十四号训令中，正式地提出广泛地建立赤卫军，加紧全体工农群众的武装教育与训练，“都能执行武装起来巩固和发展苏维埃的权利，都能到红军中去参加前线作战的任务”（见十四号训令），同时“为着红军战争的开展中，能得充分军役的补充，并且还能继续地有组织地输送到前方，在目前自愿军役的时期中，认为有立即成立红军补充团的必要”，“每县成立一个红军补充团”（见十四号训令）。这一切工作在各地的执行，非常形式和敷衍。在江西只注意赤卫军模范营的组织和训练，对于全部的赤卫军的工作是十分忽视的。福建对于赤卫军的建立和训练几乎完全没有执行，这是证明各军区与各级政府没有了解武装全体工农群众的意义与储蓄武力、补充前方的作用。因此一般地将赤卫军纯为巩固苏区配合红军行动的武装，没有积极在赤卫军中作扩大红军工作，将扩大红军与赤卫军分开而不相连，这是极大的错误。补充团的工作，还有许多是没有建立起来，已建立的因为扩大红军成绩不好，不能发挥他的作用。

红军的来源应该是：1. 苏区广大工农劳动群众。2. 白区的工农群众，受国民党军阀地主剥削的广大农民和灾农，反帝反国民党的义勇军和一切劳动群众，以及白军中的革命士兵。可是因为各地苏维埃没有积极去发展苏区，去建立白区工作，游击队也形成保守苏区的警卫部队，不深入白区发展游击战争，领导和发展白区工农斗争，创造新苏区。事实上发生许多相反的行动，违反和破坏苏维埃的纪律和信仰，防碍苏区扩大与白区群众的争取，造成赤白对立的严重现象，这是不能吸引白区工农群众到红军中来扩大红军。同时苏区的扩大红军工作，除了因各地苏维埃的消极和工作错误外，加以扩大红军负责机关没有确定拥护红军委员会，事实上不是真正群众团体的拥护红军运动和扩大红军的机关，不过是专门为扩大红军的几个工作人员来负责。在工作上，因无固定的关系和组织基础，成为一种无根基的飘浮不定形式，这样使扩大红军仅靠一种极简单的宣传鼓动，这种鼓动工作又不是经常的而且充分带着命令方式。因此，后方的补充赶不上前方的需要，红军的扩大赶不上客观的发展，这是我们革命战争发展上最大的损失。

现在虽是自愿兵役还不是义务兵役，当然发动工农群众当红军，还靠我们在各方面的政治动员（义务军役虽然还须要政治动员但是带强迫性的）。但以目前革命战争的发展与要求，过去扩大红军的方式，已不能适应目前的要求了，特别是了解前方是使用兵力的，若是后方不能储蓄兵力，源源不绝地供给前方，在保障战争的完成胜利上，是极有害的。因此除了十四号训令外，中央政府更有以下的决定：

1. 目前虽是自愿兵役，但应立即开始宣传义务军役，以准备将来的转变，并使广大工农群众认识当红军不仅是任务，而且是工农阶级的特有权利。一切剥削者，这种权利都被剥夺了。

2. 目前革命战争时期，红军是前方作战的野战军，赤卫军、少先队不但是广大群众的武装组织，而且是巩固苏区、补充红军的守备军、补充队。正式红军属于使用兵力方面，赤卫军、少先队属于储蓄兵力的场所。

3. 赤卫军根据十四号训令，以十八岁到四十岁的工农劳动群众男女都应加入赤卫军（加入少先队者可不加入）。在目前是用宣传方法，使有选举权的自愿加入。但在这一工作中，要能使满十八岁到四十岁之工农群众全体加入，以建立将来实行义务兵役的基础。

4. 赤卫军编制，以一县成立一军，每三区成立一师，每区成立一团，每乡成立一营，每营二连至五连。每连三排，每排三班至五班。每班十人至十五人。城市以工人为主干，单独成立工人赤卫军。但这一编制，在目前有些地方因斗争历史较短，和赤卫军尚未建立，可以逐渐完成这一编制。严厉防止不顾情形，简单用命令强迫群众的行为。

5. 赤卫军隶属于各军区。军长由县军事部长兼，政委由共产党县委书记兼任。师长由军事部呈请军区委任某一区军事部长兼任，政委由共产党县委指定某一区委书记兼任，由军区政治部加委。团长由区军事部长兼，政委由共产党区委书记兼。营连排长由区军事部呈报县军事部委任，连指导员由县委指定共产党城乡支部党员充任。

6. 赤卫军每区成立模范营，每县成立一模范师，以统一指挥，不仅是随时集中配合红军行动，巩固和发展苏区，并且作赤卫军下级的干部训练地方，和准备到补充队和直接到红军的积极分子的组织。

7. 赤卫军的武器，一般的是旧时各种武器，模范营可相当的发给枪支。

8. 赤卫军的训练，应有定期的下操上政治课，由军区负责指导，各县军事部计划和规定，特别是政治课，要严格实行纠正过去只下军事操不上政治课的错误。在教程上，军事应注意实际应用，废止一切形式的花样。在政治上，纠正过去空泛不落实际的空话，应以简单明了，使队员容易了解，特别是注意目前政治上的中心问题。

9. 由每军区负责办一个大的教导队和训练班，经常来训练和培养赤卫军游击队，以及独立团等之中级干部。在干部中，要特别吸引大批工人干部，以加强工人阶级在赤卫军的领导。

10. 各级苏维埃政府应加强对于军事部的领导，区乡苏维埃更要帮助各级赤卫军政委施行政治教育，经常报告苏维埃政府一切法令决议和一切政治问题（材料以政府的各种文件及《红色中华》等），应该以赤卫军作为教育群众的学校。

11. 在新发展苏区的赤卫军组织，可依据该区域之巩固程度，来进行和扩大赤卫军的组织。

12. 扩大红军的工作，应当以选民大会、工会、贫农团、反帝、互济、拥苏等群众团体来鼓动群众去当红军。特别是赤卫军和少先队，更为动员取材的主要场所，因此在经常训练赤卫军时，应在政治上注意鼓动群众当红军，以及鼓动最积极的队员去当红军（但妇女不充当正式红军，可担任看护等工作）。

13. 以前所规定之补充团为容受转输新战士到红军中去的机关。后分到红军去的新战士，须经过补充团的短期训练，对于所规定组织补充团之各县，因为有的是两县合组，但在管理和训练上不甚便当。现在改为每县设一补充队，小到一连，大到一团。补充队是经常的组织，以准备应前方随时的需要。

14. 各边区政府和游击队，应当坚决地去建立白区群众工作，发动群众斗争，扩大苏区。至于建立白军士兵工作，在目前白军士兵日益革命化，尤其是受苏维埃和红军影响的周围，白军更易于建立工作来瓦解敌人的军队，争取白军中的革命士兵，特别是游击队应深入白区，发展战争，争取白区群众，这样可从白区吸收大批工农群众到红军中来。

15. 责成工农检察部在最近期中进行对于优待红军条例的检查，组织大批的突击队对于不执行优待红军条例的实行突击运动。

以上各项，各级政府各军（区）① 这［必］须坚决地遵照执行。同时根据以上的规定，来决定更具体的实行计划，特别是军区在最短期内分别召集各县军事部长会议，讨论实行计划和经常的训练工作。

此令！

一九三二年九月二十日

选自《中央革命根据地史料选编》中册，江西人民出版社 1982 年出版，第 636～643 页。原件未注明史料来源。

---

① 此处应是“军区”疑漏一“区”字，“这”应为“必”。

11. 赤卫军组织法

1932年11月8日湘赣军区总指挥部颁布

一、赤卫军他的主要任务，是担负巩固和发展苏区，镇压一切反革命的活动，实际地参加革命战争的群众武装组织。在目前粉碎帝国主义国民党的四次围剿，与争取江西及邻省的革命首先胜利，发展民族革命战争，反对帝国主义瓜分中国，驱逐一切帝国主义出中国，准备与帝国主义直接作战，实行武装保护苏联与保卫中国革命这一紧急任务之下，赤卫军的组织整理与训练，必须适合这一任务，有重新规定之必要。

1. 凡是苏区的公民（豪绅、地主、商人在外）年龄在十八岁至四十岁者，均要加入赤卫军，十八岁至二十三岁的青年，已加入少先队的，可不加入赤卫军。但少先队应有计划地介绍一部分精壮队员，到赤卫军里面来。取消过去担架队、运输队、向导队单独组织和名称，一概加入赤卫军。每连赤卫军中，每五个人要有一副担架，每人都有一支梭镖、一根扁担，随时可以调动使用。

2. 为了担任目前的紧急斗争任务，赤卫军里面，选择一部分最强壮勇敢的分子，组织赤卫军模范营，准备随时能调往前方配合红军和地方武装作战行为。

3. 凡不满十八岁的青年和老年妇女，可组织慰劳队、洗衣队等。

4. 赤卫军以村落人口集中地区，便于训练起见，凡是大乡编一连，小乡两排，每连三排至五排，每排三班至五班，每班十二人至十五人。每三乡至五乡成立一营，每营三连至五连。每三营至五营成立一团，每三区至五区成立一师，每县成立一军，每军三师至五师。

赤卫军的武器，按现有的武器来决定。在目前是以旧式武器为主要，梭镖、来火枪、土炮（每连中至少要有一个到两个土炮，或松木炮）、步枪等。较大的城市里面，可组织工人自卫军一连至几连，成为赤卫军中骨干。

5. 模范赤卫军编制：

模范赤卫军，大区组织二连至三连，小区组织一连至二连。每连人数，须有战斗兵一百二十名以上。一区或二区组织一营，三营至五营组织一团，每县成立一师，每师三团至五团。他的武器，当然比赤卫军的好些。除洋枪外，每连应有土炮或松木炮三个至六个，每个炮起码应有二十斤土硝，训练也要加紧些，一个命令动员，马上便可以集中行动作战。

6. 赤卫军组织图表（略）

二、赤卫军及模范赤卫军的干部

1. 赤卫军的军长，由县军事部长兼任，军政治委员由中共县委书记兼任，师长由所组成的该师内三区中选一最好的区军事部长兼任，政委由所组成的该师的三区中选一中共区委书记兼任，团长由区军事部长兼任，政委由区委书记兼任，营长由区苏选一最好的勇敢而有军事声望的群众领袖担任，政委由区委区苏决定，连长由乡政府选一最好的勇敢的群众领袖担任，政委由乡支部书记或支委担任之。

2. 模范赤卫军的各连连长，由区军事部选一个能懂得军事的群众领袖担任，政委由区委区苏选派好的共产党的支部书记充任，营长由区苏委员或军事部中选一懂得军事的群众领袖充当，政委由中共区委常委或区工会常委充任，团长由县军事部决定，政委由中央县委和县苏协同决定，师长由县政府选出懂军事的负责充任，政委由中共县委同县苏决定派一人充任。

3. 赤卫军师长以下的干部，由县军事部委任，军长政委由军区委任。模范师团以下的干部，由县军事部委任，师长政委由县军事部决定报告军区委任。

4. 赤卫军及模范赤卫军的训练，赤卫军以每连或排为单位，每一月至少须出操两次，每次时间，以半天为限，操演和讲政治各一半。以营为单位，集中检阅一次。模范赤卫军，每月至少操四次，以连或排为单位，每次时间操演、讲政治各一半（以半天为限），以营为单位，检阅一次。军师团的检阅，不定期，至慰劳队、洗衣队、歌舞团，由儿童妇女单位组织之，每乡各成立一队，人数不定。

选自单行手抄本。

12. 苏区少先队各级部队组织条例

1933 年 3 月 23 日少先队中央总队部颁布

一、总则

第一条　少年先锋队是劳苦青年工农群众军事化的组织，是共产青年团的辅助组织，是红军的后备军及第一个助手，它的任务在于：

1. 巩固和扩大苏维埃和红军，参加土地革命和反帝斗争，争取打成一片的苏区，争取一省数省的首先胜利，进行民族革命战争。

2. 争取青年的特殊要求，保卫青年斗争。

3. 实行广大的共产主义教育。

第二条　少年先锋队在组织成分上是青年工农的组织，不仅允许青工、青年贫农、青年雇农参加，而且允许农村中的一切劳苦青年（中农）参加，必须以青年工人做骨干，树立少先队中强固的无产阶级领导，保持少先队是共产党和青年团的重要武器。

第三条　因为少先队是军事化的组织，须要有集中的领导，所以少先队的组织原则，完全适用集中制，下级队部绝对服从上级队部。各级队部组织应该依照地域，顺着共产青年团支部与委员会的组织，全苏区设立中央总队部，一省设省队部，一县设县队部，一区设区队部，一乡设大队部。

二、队部的隶属系统

第四条　各级队部在共产青年团的政治领导下活动，在组织上日常工作上，下级部队服从上级队部。在前线作战一切行动领导，完全属于红军指挥机关，在后方的军事行动领导则属于苏维埃政府的军事部或赤卫军的指挥机关。

第五条　队部的隶属系统：

中央总队部——省队部——县队部——区队部——大队部

三、队部的组织构造

第六条　大队是少年先锋队的基本单位组织，设大队长、大队副各一人，组织大队部领导全乡队员的活动，对区队部负责，在乡村地域较大或队员人数较多的大队，得划分若干小队，设小队长、小队副各一人。

第七条　区队设：

1. 区队长一人。
2. 党代表一人。
3. 参谋处长一人。
4. 训练处长一人。

四人组织区队部，领导全区队员的活动，指导所属各大队部工作，对县队部负责。

第八条　县队设：

1. 县队长一人。
2. 党代表一人。
3. 参谋处长一人。
4. 训练处长一人。

四人组织县队部，领导全县队员活动，指导所属各区队部工作，对省队部负责。大的县份，得增设参谋及训练员。

第九条　省队设：

1. 省队长一人。
2. 党代表一人。
3. 参谋部长一人。
4. 训练部长一人。

四人组织省队部，领导全省队员活动，指导所属各县队部工作，对中央总队部负责。参谋部下分作战科、调查统计科、军事训练科。训练部下分政治训练科、文化教育科、体育运动科。

第十条　中央总队设：

1. 总队长一人。
2. 党代表一人。
3. 总参谋部长一人。
4. 总训练部长一人。

四人组织中央总队部，领导全苏区队员活动，指导各省工作。总参谋部下分作战参谋科、军事训练委员会、调查统计科。总训练部下分政治训练委员会、文化教育委员会、体育运动委员会。

四、队部各部门的职务

第十一条　各级队部在队长与党代表领导之下工作。部务会议是建议的性质，最后决定权属于队长，各种文件由队长与党代表署名负责。

第十二条　参谋部（处）或参谋在队长与党代表领导之下工作。依照红军的战略，与同级的军事机关，共同规划少先队配合红军及地方武装作战的行动计划，进行队员人数与武器的统计与编制，决定与考察队员的勤务以及决定少先队军事训练科目及方法。

第十三条　训练部（处）或训练员，在队长与党代表领导之下工作。根据政治任务，以阶级的精神，规划队员中政治文化教育，指导俱乐部墙报工作，提高队员的斗争情绪，铲除少先队中的文盲，进行反宗教偏见与反对一切反革命派的理论斗争，组织苏区劳苦青年的体育活动。

五、任免与调动各级队部负责人的手续

第十四条　各级队部的队长，由同级共产青年团团部派代表充任，党代表由同级共产党党部派代表充任，参谋部（处）长或参谋由同级的苏维埃军事机关派军事工作的同志充任，训练部（处）长或训练员由共产青年团部指定团员充任，但必须报告上级队部取得同意与批准，然后才正式公布。

第十五条　关于改换指导机关或解散在阶级敌人影响下的少年先锋队等问题，由共产青年团与苏维埃军事部共同解决，最后决定权属于党的机关，在事前与事后，必须向上级队部作报告。

第十六条　平时调动少先队部负责人的权限，属于上级队部。上级队部得党与团的同意，有权委派下级队部的负责人。

六、与政府及其他革命团体的关系

第十七条　少年先锋队是共产青年团的一种附属组织，完全接受青年团的政治领导。

第十八条　少年先锋队是红军的助手，在军事上受红军（或赤卫军）指挥机关的指导，各级队部应不断地调动队员加入红军与配合红军（或赤卫军）作战。

第十九条　少年先锋队是苏维埃政府地方的保卫者主要力量之一，应当拥护与实行苏维埃政府的一切法令，积极参加苏维埃工作，以及调动队员负责政府各种勤务。

（附）模范队及其队部的组织

第一条　模范队是少先队的战斗性更加加重的武装的阶级自卫组织，是普通少先队一切工作的模范。

第二条　模范队的主要任务，是执行红军战略，配合红军与地方武装作战，发展游击战争，巩固苏维埃根据地，向外发展新苏区。

第三条　少先队中强壮、勇敢、坚决、积极的队员，都可以而且必须加入模范队，但必须是在自愿的原则之下。

第四条　因为配合红军与地方武装作战，主要是采用袭击敌人、白刃战斗的游击战术，所以模范队的编制、武器的配置，应该大刀与刀矛配合使用。

第五条　模范队的组织，采用三排九班制，以十一人为一班，每班设班长一人，在班之下分两组，每组设组长一人（每组连组长一起五人），以三班为一排，每排设排长一人，每连设连长连政治指导员，即由党或红军政治机关委派。

第六条　模范连的武器的配置，每班步枪三支，班长、组长各一支，梭镖八支，每个队员一支，连长、政治指导员、排长步枪各一支。每连共计步枪二十三支，梭镖四十八支。

第七条　模范队每区编一连（如一区能编两连者则编两连），如一区不足七十一人的，可将区附近乡中队员编入，如这一办法难于执行的，则有些班可以缩小而只编一组（即班只五人），连赤卫军三连编为一营，这是战斗的组织。在平时模范队受各地的队部（县或区队部）的直接指挥和领导，在作战时，则受红军或赤卫营营部的指挥。

第八条　模范队的连部，应包含连长、连政治指导员，经营员一人，司号员一人，通信员二人，炊事员三人。如连长及指导员不认识字时，可增加司书一人。

第九条　模范队的连部，应同赤卫营营部经常发生关系，要求他们在教育训练及各方面的帮助，并根据赤卫营的决定，共同计划模范队的工作。

第十条　模范队的政治军事训练，应与普通少先队不同而特别加紧，但模范队应在生活上，及其他活动上同普通少先队一起进行，实现模范队在普通少先队中的领导。

少年先锋队模范营组织系统表（略）

（说明）

1. 少先队模范营的编制每区应扩大一营，如不足三连的，可二连为一营，一连的就是模范连，不成立营，或者有四五连的，就合四五连编一营。

2. 在作战时，少先队模范营完全受赤卫军或红军部队指挥，在平时，模范营受该地队部指挥，赤卫军或红军部队无权指挥。

少年先锋队中央总队部组织系统表（略）

（说明）

1. 各个委员会与各科可聘定三人至九人为委员或科员。

2. 总务部下的各科科员人数不定，以工作多少决定。

少年先锋队省队部组织表（略）

（说明）

1. 各科可根据工作需要，聘定科长二人至七人。

2. 总务处下各科，斟酌工作需要，聘定科员。

选自手抄单行本。

13. 中央政府关于“八一”纪念运动的决议

1933年7月1日

八月一日，是全世界反帝国主义战争纪念日，同时是中国南昌暴动纪念日。中国工农红军即由南昌暴动开始，逐渐在斗争中生长起来。今年的“八一”，正是帝国主义新的强盗战争及反苏联战争的危险极度紧张的时候，正是日帝国主义大规模侵略中国，中国国民党公开出卖东三省、热河与华北的时候，同时是全国反帝反国民党运动极大的高涨，苏维埃运动与革命战争得到空前伟大胜利的时候，因此今年的“八一”有着非常伟大的革命斗争的意义。中央执行委员会为了纪念中国工农红军的成立及奖励与优待红军战士起见，特为决议如下：

（一）批准中央革命军事委员会的建议，规定以每年“八一”为中国工农红军纪念日。并于今年“八一”纪念节授予战旗于红军的各团，同时授予奖章于领导南昌暴动的负责同志及红军中有特殊功勋的指挥员和战斗员。

（二）责成内务人民委员部制定红军家属优待证，发给一切红军战士的家属收执。

（三）在区苏土地部与乡苏之下，组织红军公田管理委员会，管理红军公田的生产收获，及收获品保管等事宜。在区苏土地部与内务部的共同管辖下，及在乡苏下组织优待红军家属委员会，管理优待红军家属的一切事宜。

中央政府主席　毛泽东
副主席　项　英
张国焘

选自《红色中华》一九三三年七月十一日。

14. 中华苏维埃共和国第二次全国苏维埃代表大会关于红军问题的决议案

1934年1月通过

大会听了朱德同志的报告及项英同志的副报告以后，认为临时中央政府及中央革命军事委员会，是执行了第一次苏大会关于红军问题的决议。

大会指出，最近两年来，英勇的工农红军在全国苏区都获得了伟大的胜利，粉碎了敌人四次的“围剿”，击溃了数十万的白军，开展了苏维埃的版图，创造了新的苏区，而最近在反对敌人的五次“围剿”的斗争中，已经得着第一阶段的胜利，我们并处在争取完全粉碎敌人五次“围剿”胜利的前面。

工农红军在不断的胜利斗争中，壮大了和坚强了自己，摆脱了许多游击习气的传统，在正规的铁的红军道路上迈进着。在党及苏维埃的号召下，十数万的工农劳苦群众涌进了红军部队，使红军能够比第一次苏大会时得着几倍的扩大。红军的政治、军事、组织工作都有很大的进步，社会成分的改善，政治觉悟的提高，军事技术及战术的进步，编制的整顿，军队后方组织的建立与改善，都使红军的战斗力大大地提高了。

工农红军是反对帝国主义，领导民族革命战争的真正民众自己的武装。苏维埃中央政府及革命军事委员会的对日宣战及反日的统一战线的几次宣言和红军的实际行动，明白地表示了：只有工农的阶级军队——工农红军，才是真正反帝反日、为争取中国独立自由的武装力量。也只有红军才能公开对日宣战，才能向全中国一切武装队伍提出抗日的作战战斗协定的建议。同时也只有红军才能不断地与地主资产阶级的国民党及其军队进行残酷的战争，为解放中国人民斗争到底。这一切都使工农红军成为整个中国革命运动最重要的杠杆，使红军不仅得到苏区千百万群众的直接拥护与帮助，并且在国民党和所谓“满洲国”统治区域中找到他的广大的同盟者与拥护者。

估计了红军的胜利与进步，全苏大会着重地指出：现在我们是处在日益扩大的革命战争中，帝国主义国民党动员他的一切力量来对全国红军和苏区进行五次“围剿”，这是两个政权——苏维埃政权与国民党政权的残酷的斗争，这是两条道路——殖民地道路与苏维埃道路——斗争中的决定胜负的一个关键。红军不仅是要同国民党军队决战，并且要在各方面准备着去与帝国主义武力直接作战。这要苏维埃政府在“一切为着战争”的战斗口号之下，以最高度的努力来迅速实现创造一百万铁的红军的任务。

（一）吸收和组织全苏区广大工农劳苦群众热烈地加入红军，号召白区白军的工农群众投入红军，组织新的方面军、新的军团、新的师。大会责成革命军事委员会和地方政府整理两年来扩大红军的丰富的经验，健全各级政府之动员机关（即军事部），清洗其中阶级异己分子，来加强对他们的领导，与建立他们的工作。大会再一次地指出：只有工人农民及一切劳动分子才有加入红军的光荣权利；地主、富农及其他的剥削分子混入红军破坏红军的企图，必须受到最严重的打击。为使红军的补充军扩大，得着更经常的更巩固的基础，必须加强巩固红军的后备军——赤卫队和少先队的组织和训练。大会认为：一次苏大会后，我们虽然确定赤卫队和少先队的性质和编制，进行了一些军事政治教育，但是这还仅仅是工作的开始，革命军事委员会必须加强这部门的工作，加强赤少队的军事政治与教育工作，使赤少队真正成为红军的后备军与保卫苏区的群众的武装力量，同时这也是从自愿兵役制转到义务兵役制的重要前提。

（二）必须采取一切办法来巩固红军。首先要洗刷红军中尤其是游击队中的阶级异己分子，加强红军中工人骨干和党的骨干，巩固党在红军中的绝对领导。必须使红军政治教育，不仅仅是目前政治中的一些问题的鼓动与解说；而应同时进行关于中国革命问题的基本教育，使每个红军战士自觉地坚决地为苏维埃新中国斗争到底，使红军部队成为苏维埃的宣传者与组织者。同时必须采取一切实际方法，使红军战士与工农劳苦群众——不仅是在苏区，同样是在白区——的联系更加密切起来。健全工农红军各部队与苏区工农及其团体的联系制度。提高红军中的阶级的自觉的纪律，指挥干部与共产党员，应当是巩固纪律的模范。对于纪律的放任与超过纪律条令之外的惩办制度，都是极端有害的。为巩固红军，动员苏区的共产党员、青年团员、工会会员，以及他们的干部到红军中去，加强红军中政治机关与党的组织是绝对必要的。

（三）为着提高红军的战斗力，必须使红军的政治自觉，英勇与坚定性的巩固，和军事技术与战术的进步，同时并进。在现代的战争中，军队若不具有军事科学的素养，是不能胜利的。大会责成中央革命军事委员会用最大限度的努力，克服红军中军事教育的落后，以现代的战术来重新教育我们的指挥干部，以实际战斗的经验与教训来学会更正确的进行战斗的方法。根据苏联国内战争时的历史与红军建设的伟大成功，和中国红军几年来艰苦斗争的经过，来制定关于战斗最必要的条令，同时必须加强对军事教育机关及学校的领导，以及适当地利用白军的军事人才来培养出质量更高的红色指挥员。此外加紧赤少队的军事教育，实行苏维埃及其他机关的军事化，进行公民中的军事教育，也是必要的。

（四）对于游击队及游击战争中的领导，必须大大地加强，在苏区方面主要采取有效的办法来求得迅速的彻底的转变，改善游击队的成分，培养游击队的干部，加强政治教育、政治工作和军事训练，建立新的游击队，与游击队中脱离工农劳苦群众违反党和苏维埃政策的行动，以及呆板、麻木、软弱的现象作斗争，使游击队真正变成苏维埃的宣传者与组织者，和配合红军主力行动、消灭敌人的有力助手。同时应在白区的农民斗争中、白军的兵变中，以及其他的地方的反帝斗争中，组织新的游击队，使游击战争的发展成为中国苏维埃运动中的新的主力军。

（五）为保障革命战争的胜利，必须以一切力量及时地满足战争物质上的需要。这必须发展苏区经济，特别是与红军给养上有直接关系的部门，首先就是粮食生产的提高，和粮食的集中与储蓄，棉花的种植等等。对外贸易，应特别注意战争迫切需要的物品入口。红军在白区征集资料的工作，必须更有系统地、更深入地进行，来帮助解决红军的给养。此外道路的修筑与运输事业的改善，对于战争同样占有主要的意义。同时必须改善各勤务机关（供给、卫生、兵站等机关）的工作，和提高军事工业的进展，更适合于战争的需要，这一方面的官僚主义、贪污浪费是增加红军的困难，变成危害革命战争的罪恶，对于这些分子的斗争应当是最严厉的。

（六）巩固红军战士情绪与战斗决心与拥护红军，是每个苏维埃机关及群众组织的切身任务。这里，最主要优待红军及其家属的工作，应当把优待红军及其家属工作，变成广大群众运动，教育每个苏维埃公民自觉地为拥护红军而来参加这个运动。一切国家机关与合作社必须准确地执行优待红军家属的条例与法令，广泛地进行礼拜六的工作，凡是对于组织优待红军家属的工作消极怠工与官僚主义应当与之进行无情的斗争。一切苏维埃政府应毫不动摇地执行关于优待红军的全部法令、关于反逃跑的命令，这是在革命战争中苏维埃政府的第一等重要的责任。同时应发动广大工农群众拥护红军的热烈运动，号召他们以一切可能力量与财力来帮助红军。

（七）为着粉碎敌人围攻，为着争取更大的胜利，革命军事委员会必须加强对全国红军及各军区的领导，随时定出作战计划，使各苏区红军在单一的战略意志之下，更好地相互呼应，协同动作，军委会应采取一切办法来保障其单一战略意志的实现，来保障命令的绝对执行，更与一切不听中央命令的危险现象作坚决的斗争。

大会认为：工农红军是中国革命中前线的先锋队，是苏维埃政权有力的武装柱石，红军壮大与坚强是革命胜利的最重要条件之一，大会号召全国工农劳苦群众热烈地加入红军、帮助红军、拥护红军，为巩固和提高红军战斗力而斗争，为创造一百万铁的红军而斗争，使红军担负起历史的光荣的伟大任务，为苏维埃新中国而斗争到底。

选自《苏维埃中国》，第二集，1935年印行，中国现代史资料编辑委员会1957年翻印，第320～324页。

互校版本：《中央革命根据地史料选编》中册，江西人民出版社1982年出版，第721～725页。简称“江西史料版”。原件未注明史料来源。

15. 支部工作纲要红军中党的组织原则及系统

制定年代不详

在中国革命中，工农红军是担负着一种特殊的任务，不仅要消灭豪绅地主并消灭各帝国主义在中国的一切武力，要发展并巩固苏维埃政权，执行并保障土地革命的胜利，完成中国的民权革命，并且在社会主义建设中，红军同样是一种强有力的保卫者。红军更要担负起实行世界革命的国际任务。所以红军的历史任务是非常伟大的。红军要完成上面这些伟大的革命任务，只有在共产党的绝对领导之下，广大的红色战士团结在共产党的周围，坚决地拥护并执行共产党的一切政治主张和革命策略。所以巩固党在红军中的领导，扩大党在红军的政治影响，发展党在红军中的组织，这是保障红军完成其革命任务，保障革命的发展，巩固革命胜利的必要任务。

红军是要在极长期的残酷的大小革命战役中去完成他的历史任务。红军的生活，经常是在战争的环境，因此红军的组织，必须有绝对的集中。在红军中不能有两个指挥系统，就是说红军中的军事行政及作战任务上，不能在军事指挥系统以外，又成立一个党的指挥系统。因为这种多头的指挥，对于红军的作战任务上，是有极大妨害的。集中领导，统一指挥，这是红军争取战争胜利的必要条件。因此党在红军中的组织，亦不能与这个统一和集中指挥的原则相违背。政治委员，是党在红军中的全权负责者。政治部，是红军中党的工作机关。下级党部及党员，是在政治委员及政治部领导之下，进行党的工作。

红军里连队中成立支部，在团一级成立总支部，指挥各连队支部的工作。团以上不设师委、军委及前委。党的工作，均由各政治部负责领导。师直属的各连队成立支部。支部上成立总支部，隶师政治部领导。军和军团、军区都是这样。

共产青年团在红军中不成立单独的组织，只在党的支部中成立列宁青年组，由支部负责领导。

红军中党的最高领导机关，是中国工农红军总政治部。

在师、军、军团、军区及总政治部，均成立各级党务委员会，党务委员会只管批准新党员，执行党纪处罚党员，及解决党员间的一切纠纷问题。至于其他各种党的工作，均由政治部负责，不隶党务委员会管理。

选自手抄单行本。

16. 中国工农红军士兵会章程

制定年代不详

第一，任务和工作

一、红军中的士兵会，是士兵群众的革命团体，是红军战斗员自觉地帮助指挥员和自动地执行革命任务的组织，完全是为了革命，为了工农阶级的利益，用士兵群众的力量，使工农红军更加能执行他的任务而组织的。

二、士兵会的任务和工作是：

1. 群众工作。
2. 文化运动。
3. 维持纪律。
4. 监督给养。
5. 讲究卫生。

第二，会员

三、士兵会会员，原则上凡红军官兵夫都可加入，但下列的不能加入：

1. 本身是富农、地主、商人；

2. 有流氓痞气的；

3. 有反革命嫌疑或参加过反革命组织的分子。

四、富农、地主子弟参加红军两年以上者，证明其思想正确与家庭无关系者可以加入。

五、俘虏兵入会，须经过三个月的候补期，但反水过来的得直接加入。

六、新加入红军的官兵夫，其入会须经会员两个以上的介绍。

第三，组织

七、士兵会在政治部及政治委员指导之下，对于本方工作有讨论执行之权，但是不能妨害整个部队的工作，对于军队行政只有建议之权，政治部及政治委员如认士兵会有不合法时，得立即停止活动，改组。

八、士兵会的组织，以伙食单位为单位，每个伙食单位组织一个士兵会。

九、士兵会设一执行委员会，委员五人到七人。委员会分主席一人，宣传委员一人，组织委员一人，卫生委员一人，财务委员一人。

十、委员之下除分组（每班一组或每排一组），每组设一个组长外，设经济委员会（委员五人至三人，内主任一人）。文化运动委员会之下，又分识字股、墙报股、演讲股、娱乐股。各股设一股长，几个股员。

（附表省略）

十一、士兵会的委员及工作人员的责任职责如下：

1. 主席，总管士兵会一切工作。

2. 宣传委员，管理宣传工作。

3. 组织委员，管理本会组织及群众工作的组织事项。（如调查统计登记，组织群众团体。）

4. 财务委员，管理本会财务，收入会费及指挥经济委员会工作。

5. 卫生委员，监督并指导本会卫生事项及宣传地方的群众讲究卫生。

6. 文化运动委员会，讨论和执行文化运动事项（如识字运动、墙报运动、讲演会、娱乐会等）。文化运动委员会主任，须由宣传委员兼任。

7. 经济委员会，监督给养清算及收支等。经济委员会主任，须由财务委员兼任。

8. 小组长，管理小组工作、训练指导等事项。

9. 文化运动委员会所有关于娱乐、墙报工作，应与团的俱乐部、连的列宁室经常发生密切的关系。

第四，执行委员

十二、士兵会执行委员，须工人、雇农、贫农、中农出身。

十三、执行委员会委员，以战斗员为主，指挥员不能超过委员总数三分之一。

十四、执行委员由全体大会选出，任期三个月，期满改选，但连选可以连任。

第五，会议

十五、士兵会的会议：

1. 士兵全体大会。

2. 执行委员会议。

3. 组长联席会议。

4. 小组会议。

5. 但在营以上政治委员，得召集各士兵会执行委员联席会议。

十六、各级会议的性质和工作：

1. 士兵会全体大会，这是士兵的最高机关，讨论本会所规定的各种工作及解决执行委员不能解决的问题，选举士兵会执行委员等。但为了实际重要工作，可以召集专门的全体大会，报告政治形势、工作任务、请人演讲等等事项。

2. 执行委员会议，解决本身日常工作问题，讨论整个士兵会的宣传、组织、训练等事项。

3. 组长联席会，是帮助执行委员会执行工作的会议，是一个传达机关。

4. 小组会议，训练组员，讨论执行委员会的决议和士兵会的工作。

十七、会议期间：

1. 全体大会每月一次。

2. 执行委员会五天一次。

3. 组长联席会不定期，有必要时就开。

4. 小组会议十天一次。

第六，纪律

十八、士兵会对于会员的言论行动不对，经过谈话批评不改的，则给予处罚，处罚标准是：

1. 破坏纪律，违抗命令的。

2. 怠工的。

3. 不遵守本会决议的。

4. 思想不正确的。

5. 有反革命嫌疑。

6. 无故三个月不缴会费的。

十九、处罚的种类：

1. 劝告。

2. 警告。

3. 开除会籍。

第七，会费

二十、凡本会会员都有缴会费的任务，每月须缴会费铜元两枚。

二十一、会费的用途如下：

1. 宣传费。

2. 慰劳伤兵费。

3. 济难费。

4. 文化娱乐费。

5．本会场用费。

第八，其他

二十二、本章程如发现有缺点时，士兵会得提议各级政治委员转交中央总政治部审查修改。

选自手抄单行本。

17．红军中俱乐部列宁室的组织与工作

制定年代不详

一、红军中文化教育工作的重要意义

中国工农红军在农民斗争和游击战争中发展壮大起来，开始了国内战争。它的成分大部是贫苦的工农，不识字的占极大多数。因此，在学习政治理论、军事技术上，都不免有很多的困难。为着巩固无产阶级的领导，加强红军战斗力及培养活泼的精神与积极工作的兴趣，使其成为坚固而忠实于工农革命的红军，因此加强红军中文化教育是目前红军重要工作的一部分。

为着发展列宁主义的工作作风，加强红军中对于列宁主义的学习，与实行列宁主义来克服一切政治上、生活上不正确的倾向，养成和巩固红军坚决的革命的精神，使每个红军战士不仅成为中国革命的坚决战士，而且要培养每个红军战士成为世界列宁主义者，这都需要文化教育工作来辅助政治教育去完成。

为要培养红军战斗员活泼的生活兴趣，消灭不良习惯，提高文化水平以补助政治教育所不及，所以要组织俱乐部、列宁室。有计划地切实地进行娱乐体育文化教育。用娱乐的方式深入政治教育。发扬红色战士们生活求进步的精神，以适应创造铁的红军，争取中国革命的全部的胜利。所以红军中的文化娱乐工作，是政治工作极重要的一部分，是发扬巩固红军战斗力必要的工作。

二、红军俱乐部列宁室的组织

红军中以师为单位设俱乐部，以连为单位设列宁室。

俱乐部是各小单位的文化娱乐教育领导机关，它经常有计划地进行娱乐工作和指导推动各列宁室工作。

列宁室是每个单位进行政治教育、文化教育、体育、娱乐各项工作最基本的一个组织，并在单位内单位外实行各种竞赛，以发扬红色战斗员对革命的积极性。

1．俱乐部组织

设立主任和管理委员会，下设晚会、艺术、墙报、体育、文化委员会（原图表省略）。

2．俱乐部各部的工作

①俱乐部设主任一人，由政治机关委任，计划执行俱乐部一切对内对外的事件，并领导各列宁室的工作。

管理委员会委员人数，与列宁室同，决定以各单位列宁室主任为俱乐部管理委员。在

俱乐部主任领导之下，计划俱乐部及各列宁室的工作。

②文化委员由各列宁室识字组、讲演组组长兼任，讨论并执行管委对于文委工作的决议案，推动各组的工作。

③体育委员由各列宁室体育组长兼任，讨论并执行管委对于体委工作的决议案，经常地计划并领导体育训练，指导各单位比赛。

④墙报委员由各列宁室墙报主任兼任，讨论并执行管委对于墙委的决议案，计划墙报的改善。

⑤艺术委员由各列宁室化装股长兼任，讨论并执行管委对于艺术的决议案，并尽可能地改变列宁室的布置的方式，并经常地发行通报，组织宣传队。

⑥晚会委员由各列宁室游艺组长兼任，讨论并执行管委对于晚委工作的决议案，经常地计划举行晚会并发动群众参加晚会的工作。

⑦各委员会互推一主席，负本委员会一切工作总任务。

⑧管委及文、体、墙、晚、艺各个委员会最多两星期要开会一次，一方面检阅过去的工作，一方面确定以后的工作程序。

（附注）上面的组织条件是根据目前发展革命战争的情况下规定的，所以俱乐部各种委员会的工作主要的是建立各个伙食单位列宁室的工作及帮助地方上群众俱乐部的工作。

3. 列宁室的组织

（原图表省略）在师俱乐部、连政治指导员之下，设立干事会、列宁室，下分杂要组、游艺组、体育组、识字组、墙委会、青年组，等等。

4. 列宁室各部分分工

①干事会由军人大会选举，并决定一人为主任，在连政治指导员、师俱乐部领导之下进行以下各项工作：

（一）吸收全连指挥员、战斗员参加各种工作。

（二）计划并指导各组工作——如墙报、识字、游艺、体育、讲演——之进行。

（三）搜集并陈列列宁遗像、格言、各种画报、图画、报纸、宣传品、战利品以及娱乐器具等。

（四）搜集革命烈士及阵亡战士遗物、格言、照片，以及在革命斗争上有历史纪念物品，组织历史阁。

（五）保管列宁室的各种陈列品及娱乐用具等。

（六）计划并组织各种革命竞赛。

②墙报委员会：

（一）计划并定期出版本伙食单位的墙报。

（二）计划墙报内容及技术上的改善。

（三）组织读报班并指导读报员的工作。

（四）搜集士兵日常生活情形在墙报上发表，并向上级机关的报纸通讯。

（五）公布各种重要消息。

③识字组经常计划识字课的进行，举行成绩考查、揭示或比赛。

④体育组经常计划并督促各股工作进行。

⑤游艺组除经常计划并督促各股工作外，还须进行下列各项工作：

帮助组织各种纪念节晚会或运动游艺……（脱漏七八字）

⑥讲演组应经常按期进行讲演会、讨论会……（脱漏七八字）讲演会讨论的内容，会后的经过和结构，要有书面……（脱漏七八字）指导员审查指示，此外，更应进行以下的工作：

敦请革命领袖讲演革命的理论及革命历史和故事。

举行露天讲演和游行讲演。

⑦青年组要经常地计划和吸收广大青年、红色战士积极地来参加青年各种特别的游艺和运动，帮助和参加各种青年晚会的工作，搜集本单位内青年生活情形及有关于青年问题的材料，充实墙报青年栏，并提出青年栏的中心问题。

⑧各组组长及各会主任由干事会指派。

⑨为了列宁室工作更好进行起见，应由本单位中请一指导员帮助列宁室的工作，计划与进行并负责答复一切口头的、书面的政治问题，要参加识字、墙报、讲演三个组的会议，多指导这几组工作。

选自《老解放区教育资料》（一）土地革命战争时期，教育科学出版社 1981 年出版，第 174～179 页。

互校版本：《江西苏区教育资料选编》，江西教育厅编，江西教育出版社 1960 年出版，第 95～100 页。

中国工农红军政治工作暂行条例①

（制定年代不详）

第一章　总则（9 条）

第二章　条例（10 件 202 条）

一、中国工农红军政治指导员工作暂行条例（23 条）

二、中国工农红军政治委员工作暂行条例（20 条）

三、中国工农红军团政治处工作暂行条例（5 条）

四、中国工农红军军及师政治部工作暂行条例（6 条）

五、中国工农红军军区及集团军政治部工作暂行条例（6 条）

六、中国工农红军总政治部工作暂行条例（5 条）

七、中国工农红军中党的连支部及团委工作暂行条例（65 条）

八、中国工农红军党务委员会工作暂行条例（19 条）

---

① 原件系手抄本，制定于中央苏区，未注明制定年代。此乃总标题和目录，以下分列总则和 10 个条例的全文。

九、中国工农红军青年团工作条例（28条）

十、中国工农红军政治机关及党部与地方党部关系暂行条例（25条）

第一章　总则

18. 总则

一、中国工农红军生长于农民土地革命和游击战争，他的发展和壮大，开始了国内战争。在他的内部，无产阶级基础还非常落弱，因此在政治上巩固无产阶级领导，加强其战斗力，使其成为坚固而忠实于工农革命的红军，是目前在红军工作中最重要的任务。

二、中国工农红军为要完成其伟大的历史任务，必须接受无产阶级先锋队（共产党）的领导。他不仅要完成中国工农民主革命的任务，同时还要成为创造并保卫社会主义的中坚。红军中的政治工作，就是要巩固无产阶级及其先锋队——中国共产党在红军中的领导，要使红军成为强有力的工农革命的武装力量。

三、政治工作的目的，是巩固红军的战斗力。红军的战斗力不仅是靠军事技术的条件来决定，最主要是要靠他的阶级政治觉悟、政治影响，发动广大工人农民，瓦解敌人军队，使广大工农群众环绕于红军的周围。在红军中，无论政治的、军事的和党的机关，都是向这唯一的目的来进行工作。

四、政治工作的主要内容，为实施无产阶级的教育，使红军战斗员与指挥员，明了红军之阶级的政治责任，与敌人作战的阶级意义，及对于地方居民之阶级的友爱与仇恨。

五、红军为工农联合的一种形式，政治工作须巩固红军中的工农联合，并加强无产阶级对农民的领导。

六、红军在为苏维埃政权而斗争的过程中，同样担负着发动帮助地方工农群众建立政权，实行土地革命，和推翻帝国主义的任务。因此红军中政治工作，除了在政治上巩固红军的战斗力主要任务外，必须进行上述的工作。

七、中国红军在反军阀战争与反帝国主义的任务上，负担着伟大的国际使命。因此每个红军战士，不仅训练为有军事技术战士和建立苏维埃政权、巩固苏维埃政权有阶级觉悟的公民，而且还要训练他们成为世界革命的国际主义者。

八、为加强无产阶级先锋队（共产党）在红军中领导起见，在红军中设立政治委员和政治机关（政治部及政治处）。他是苏维埃政权一部分，是为在红军中政治路线及纪律的执行者。

九、红军政治委员及政治机关，是红军中政治指导者。党的选举机关在政治委员及政治机关指导之下，进行工作。

第二章　条例

19.（一）中国工农红军政治指导员工作暂行条例

1. 为进行红色战斗员的政治教育起见，在连队中设立政治指导员。

2. 政治指导员，是红色战斗员政治教育的指导者，须担任政治教育完全的责任。在政治训练与教育方面，服从其上级直属政治委员，在军务上服从团长。

（附注）：一，在没有上级直属政治委员时，依照直接系统服从上级政治机关和军事指挥员。

（附注）：二，政治指导员，在依照政治委员的命令临时代替政治委员职务时，其权限与责任完全与政治委员相同。

3. 政治指导员必须非常了解中国共产党苏维埃政权及工农红军的组织原则、任务和目的，及军事方面应有相当的军事知识，并须时常学习军事知识。

4. 政治指导员不论执行自己的职务和个人行动上，均须做全体军人的模范，并且在言论和事实上来表现，在行军作战集合操演时，指导员均应与全连军人共同操作。

5. 政治指导员必须了解全连人员的姓名、籍贯、社会出身、个性、工作能力及政治认识能力等等。

6. 政治指导员必须知道连和团的通令和命令，以及连和团的经济生活情形，并将这类情形通知连长及团长。

7. 政治指导员必须是中国共产党的积极党员，并尽可能同是工人党员。在自己一切工作中，须执行党的决议和口号，并巩固在广大红色战斗员群众中的领导作用。

8. 政治指导员依照上级政治机关的规定，进行并指导排长教授红色战斗员的政治课。

9. 政治指导员须组织读报班和识字组，这一工作或由指导员自己担任，或由文字较好的战斗员来担任。

10. 政治指导员管理并指导列宁室及墙报工作，在行军时，管理宣传品流动阅报处及宣传的工作。

11. 政治指导员须组织军事通讯工作。

12. 政治指导员在地方群众中工作时，应吸收全连军人积极参加群众的政治教育，和建立群众团体，建立政权，分配土地等工作。

13. 在无党和团组织的地方，政治指导员必须领导全连队党团员进行创立地方党和团的组织，在有党和团组织的地方，必须领导全连队党团员参加帮助地方党和团的工作。

14. 政治指导员有连长的执法权（关于奖励与处罚问题）。

15. 政治指导员可接受红色战斗员的意见书及申诉书，并直接予以必要的解释，依照正当的手续解决，或提交直接负责人或机关来解决。

16. 政治指导员在战斗员军事训练和教育方面，应尽量地帮助连长，训练他们成为有阶级觉悟的战斗员。

17. 政治指导员须设法消灭连内一切违反道德的行为（如烟酒、赌博、奸淫、打骂、偷窃等等），遇必要时可报告团政治委员解决。

18. 政治指导员在行军时可不列队，并且不担任军事勤务。在连的操演时，指导员应与连长共同出席，在大部队操演时，指导员与连长并列。

19. 政治指导员要经常向团政治委员作口头书面报告，及在工作中所遇的困难。

20. 在作战环境中，政治指导员必须利用各种可能，与红色战斗员进行谈话，读小册子，喊口号，读传单，提高战斗员的革命勇气、纪律决心和对战区群众的友爱态度，并须担任进行俘虏工作。

21. 在作战中，政治指导员必须上火线，要成为艰苦、耐劳、勇敢和遵守纪律的模范。其所处的地位，依作战环境而决定，但不得退到连的后方。

22. 政治指导员的任免手续另定之。

23. 在目前红军的特殊环境中，连队可设政治委员，其权限与军、团的政治委员同，在工作上仍执行此条例。

20. （二）中国工农红军政治委员工作暂行条例

（甲）总则

（一）为直接指导并进行红军中党和政治工作，及训练个别军人，加强阶级的团结及共产主义教育，以及领导全体红军及党团员，进行并帮助地方群众工作和地方党和团的工作起见，在团、师、军、军团、军区、独立营、独立作战的营，以及红军直属机关学校内，任命最有阶级觉悟、最坚强、最勇敢，并有政治教育经验的共产党员（最好是工人党员）为政治委员。

（附注：如非工人党员担任政治委员时，至少须具有两年以上的党龄。）

（二）政治委员不仅是苏维埃政权在红军中的代表，而且同时是中国共产党在红军中全权代表，也是代表政权及党的双重意义，执行党在红军中政治路线，及纪律的完全负责者。

（三）政治委员有监督一切军事行动、军事行政的权力。

（四）政治委员经过党的政治指导作用，保证一切军事行政负责人员很顺利地完成其工作，并吸收他们的积极参加政治和教育工作，同时提高他们在工作中的威信。

（五）政治委员须依照中共革命军事委员会和中国工农红军总政治部以及直属上级政治机关命令进行工作。

（乙）政治委员的责任和权限

一、在军务和行政方面

（六）政治委员为要与军事指挥员共同实施本部教育和训练指导起见，必须：

A. 尽量参加提高和巩固本部战斗力及纪律的工作。

B. 参加挑选考察检举指挥员、军事人员、政治工作人员的工作，并在委任及调动人员的命令上签字。

C. 参加编制起草一切作战、动员、教育、检察的计划和命令，并在命令上签字。

D. 预防反苏维埃政权的行动，并用坚决的办法，消灭用技术、经济的方法来破坏本部组织为目的的分子。

（七）政治委员在政治方面有单独发行命令之权。

（八）政治委员在与同级军事指挥员有争执时，政治委员有停止军事指挥员命令之权，但必须将争执的情形详细报告上级机关。在未得上级机关指示以前，军事指挥员必须依照政治委员的意见执行。同时军事指挥员有向上级申诉之权。

（九）在发现该部一切人员（由同级军事指挥员以至战斗员）有反革命或以破坏军队组织为目的行动时，政治委员有执行革命法律之权。

二、在党务和教育方面

（十）政治委员是中国共产党在红军中的全权代表，固定在军队中做政治会议的主席。

（十一）有政治机关部队中之政治委员，可兼任该政治机关的主任。

（十二）政治委员用以下的方法来指挥本部队中党和政治教育工作。

A. 政治委员在政治认识上、行动上、纪律上、执行党的任务上，均须为群众的模范。

B. 指导和监督课内和课外的作业的进行。

C. 吸收本部队全体军人参加政治和政治教育工作。

D. 指导和监督红军中社会团体（如互济会、反帝大同盟等）的工作。

E. 指导红军群众参加一般苏维埃公民生活（选举苏维埃等）。

（十三）政治委员党员与红色战斗员群众须发生密切关系，预防他们中间违反道德及一切不满意的现象。

（十四）政治委员对党支部及部队经济方面须加重地注意，保证指挥员在战斗员群众及其下级指挥员中得到帮助。

（十五）支部决议，如有违反党的路线，及妨害红军战斗力时，政治委员有停止执行之权，但必须向上级报告。

（十六）政治委员依照红军政治机关与地方营部互相关系条例，依照其必要与地方党、青年团、苏维埃、职工会、贫农团发生密切关系，商议彼此的工作布置。

（丙）政治委员对党的责任

（十七）政治委员关于本队党的一切工作，须对于上级政治机关负完全责任。

（丁）政治委员隶属系统

（十八）政治委员一切关联上服从直属上级政治委员，在军事行政方面，服从上级军事指挥机关。

（十九）全国及各军区、各军团，革命军事委员会，以及军或师的政治委员，对于下级政治委员的一切命令（如政治工作人员调查等），须经过其所属的政治机关，如全国总政治部、军团、军政治部。

（戊）调动、任免、检举政治委员的手续

（二十）凡调动、任免、检举政治委员，须依照全国中央军事委员会的命令执行。

21. （三）中国工农红军团政治处工作暂行条例

（一）步兵团及独立营、独立作战营的政治处，是在团营部所有军人中直接进行党和政治及政治教育，帮助和进行地方群众工作及地方党和团的工作之机关。其目的是使他们成为红军有觉悟的战斗员及有觉悟的苏维埃公民，发展苏维埃区域和党及团的组织。

（二）政治处须依照上级政治机关命令，与军事指挥员协商进行工作。

（三）政治处工作如下：

甲、帮助军队指挥人员，巩固各连各队及团营部各机关之军纪和战斗之精神。

乙、教授其所属部队全体军人的政治课，帮助进行军事课，并办理战斗员识字班。

丙、召集其所属部队的军人大会，讨论政治问题及本部之实际生活等问题。

丁、指导并进行群众工作，建立政权及建立地方党和团的工作。

戊、征求地方苏维埃及地方党部之同意，做所属部队的驻在区域内的群众工作，普及政治教育工作。

己、经常地检查其所属部队中所有政治工作人员的工作，随时给他们以工作改进的指示。

庚、依照其所在部队中总的教育计划制定政治和党务工作日历表。

辛、有系统地收集其所属部队一般政治和党务工作材料，随时报告上级政治机关。

壬、尽量帮助本部队军人生活及其家庭境遇的改善，并将此等问题提于上级政治机关，接收其所属部队中军人之申诉书及意见书，并经过适当组织解决之。

癸、指导本部队中关于经济问题的工作，及红军群众性质之组织。

子、在作战时进行俘虏兵的工作。

丑、凡本部队政治机关的刊物、书籍、图表、用具等物，均应登记入账，作出预算决算呈报上级，并注意保存。

（四）在技术方面，团政治处与团部公用。

（五）团政治处的组成由：甲、政治委员；乙、团委书记；丙、俱乐部主任。

22.（四）中国工农红军军及师政治部工作暂行条例

（一）军、师政治部是依照红军总政治部、军区政治部关于党和政治工作命令，直接指挥所属各部队及机关各学校的党和政治工作，及帮助地方群众和党的工作机关。

（二）军、师政治部的工作如下：

甲、组织各部队的党和政治机关及军、师的政治机关和学校。

乙、直接指挥所属各部的政治委员，政治教育机关，以及党的工作。

丙、依照本军、师具体条件实施上级政治机关的训令。

丁、搜集并整理关于本军、师部队的政治精神态度的材料。

戊、召集政治人员会议，以及党的和一般战斗员的代表会议。

巳、统计并分配本军、师的政治工作人员。

庚、指导本军、师军人记者工作。

辛、监督出版并分配本军、师一切宣传材料。

壬、在作战时指挥并进行对俘虏兵的工作。

（三）在军、师政治部内组织党务委员会，其工作条例另订之。

（四）军、师政治部依照《政治机关与地方党部关系条例》与地方党部协商工作。

（五）军、师政治部的技术与经费由军、师供给。

（六）军、师政治部分下列各部（科）：

甲、组织分配部（科）；

乙、宣传鼓动部（科）；

丙、政务处；

丁、秘书处；

戊、青年工作部（科）。

23.（五）中国工农红军军区及集团军政治部工作暂行条例

（一）军区及集团军政治部，是本军区及本集团军所属各部队、各机关、各学校党和政治工作及帮助地方群众和党的工作的指导机关。军区及集团军政治部须依照全国革命军事委员会和总政治部的命令进行其工作。

（二）军区及集团军政治部工作如下：

甲、直接指挥所属的政治部、政治委员、军、师政治部及其他政治机关军事学校的政治工作党的工作及地方工作。

乙、组织所属各级的政治机关。

丙、依照总政治部训令，规定本军区及本集团军的军队政治训练计划。

丁、依照总政治部训令并与地方党部协商，指导所属各部队及青年团的工作。

戊、设法培养中级政治工作人员。

己、组织并指导红色战斗员的政治教育工作。

庚、出版红军报纸以及军事政治杂志。

辛、组织本军区的军人记者及党务通讯员，并指导其工作。

壬、检查所属各学校、各部队的政治精神状态，以及政治机关、政治教育机关、政治工作人员对于中央政治机关命令之执行。

癸、进行群众中的政治宣传鼓动。

子、收集并整理关于所属各部队的政治精神状态及党和政治工作的一切材料。

丑、召集政治工作人员会议及军区、集团军全体党员代表大会。

寅、指导本军区及本集团军关于政治工作人员的统计事项。

卯、参加检阅本军区及本集团军的政治工作人员、军事指挥人员、管理人员的工作。

辰、依照总政治部命令，参照本军区及本集团军的实际情形，制定本军区的命令。

巳、供给下级政治机关经费。

（三）军区及集团军政治部中组织党务委员会，其工作条例另定之。

（四）为与红色战斗员发生密切关系起见，在军区及集团军政治部中，设立红色战斗员通讯处，其工作条例另定之。

（五）军区及集团军政治部经济，由军区及集团军经理处供给。

（六）军区及集团军政治部设下列各部：

甲、组织分配部；

乙、宣传鼓动部；

丙、秘书处；

丁、政务处；

戊、青年工作部。

24.（六）中国工农红军总政治部工作暂行条例

（一）工农红军总政治部，是指导全国红军党与政治工作的机关。

（二）总政治部的工作如下：

甲、直接指导政治委员、各级政治部、最高军事政治学校及一切所属政治机关的工作。

乙、组织红军中各级政治机关。

丙、依照中国共产党中央的训令，及党章指导各级党部工作。

丁、编制对军人政治教育和普通教育计划。

戊、培养红军中高级和上级的政治工作人员。

己、出版关于党务及政治工作一切出版品。

庚、指导地方军事出版机关及军人通讯网的工作。

辛、指导并组织群众中军事宣传工作。

壬、检阅红军中各级政治人员关于党和政治工作及政治教育工作的进行。

癸、指导关于政治工作人员的统计工作。

子、搜集并整理关于红军各部队政治精神态度及党和政治与政治工作一切的材料。

丑、依照上列的材料规定红军中的风纪。

寅、召集红军中全体政治工作人员代表会议。

卯、参加红军中政治工作人员的政治工作。

辰、参加各军事机关关于政治问题的工作。

（三）为解决红军中所发生的党务纠纷起见，依照中共中央的决议，在总政治部中组织党务委员会，其工作条例另定之。

（四）为与红色战斗员发生密切关系，及解决他们的生活起见，设立红色战斗员通讯处，其工作条例另定之。

（五）总政治部设立下列各部：

甲、组织调查部；

乙、宣传鼓动部；

丙、青年工作部；

丁、秘书处。

25.（七）中国工农红军中党的连支部及团委工作暂行条例

（一）支部的组织

（1）支部是党在红军中的基本单位的组织。每连中有党员三人以上者均得组织支部。

（2）支部组织的手续如下：由连政治委员或团政治委员所指定之党员一人负责召集全连正式及候补党员，开支部成立大会。

（3）第一次成立大会的目的，在于审查到会者的党籍，并选举临时委员三人。

（附注）如部队中党员不足十人者，不能选举临时委员，只选举临时书记一人。

（4）第一次临时成立大会，由团政治委员负责指导进行。在大会记录上要注明到会的姓名。如党籍上有疑问的党员，大会决议函告团委会及团政治委员批准。

（附注）在未得着批准之前，只能组织临时支部，讨论一般党的政治问题，没有代表正式党的组织权利。

（5）已批准的支部，可召集党员大会，正式选举党的支部委员会。委员的名单由连政治委员提出，经大会通过。

（6）支部委员会由三人组织，分为书记一人，组织一人，宣传一人。

（7）只有候补党员多人，或正式党员不满三人时，不得成立支部。

（8）连支部及团总委之图章，遇必要时可利用该部队之图章。

（9）独立部队中的支部，或直接隶属于上级政治部，其职务和作用与团委同。

（10）团政治委员对于支部解散及组织，只有得到党务委员会及政治部许可时，方能执行。

（附注）在作战环境中，遇支部动作妨碍作战行动时，团及连政治委员可直接解散支部，但须尽可能地将解散原因详细报告上级政治部及党务委员会。

（11）如遇支部决议有违党的路线及妨碍红军战斗力时，连政治委员有停止其执行之权，但必须向上级报告。

（12）对新到党员及候补党员应立即登记，并检阅其党证或介绍信。

（13）如调整各部中党的力量，及改善支部工作起见，政治机关可以将各部的党员互相调动。

（14）凡在某部队的党员，均须参加该部队的支部，如该部队无党部组织时，由上级政治机关指定参加其他部队的支部。

（二）团总支部及连支部的指导机关

甲、大会

（15）连支部委员会及连支部党员大会是连支部的指导机关，团委及团党员大会是团总支部的指导机关，团及连的党员大会均须三分之二党员到会方为合法，连支部大会每月至少二次，团总支部大会每月至少一次。

（16）在作战环境中，政治委员依实际情形，得延期召集大会，但应将延期原因立刻报告上级政治机关。

乙、连支部委员会及团委员会

(17) 连支部委员会由正式委员三人和候补委员二人组成之。团党员大会选举团委员，团委员会由正式委员三人和候补委员二人组成之。连支部委员会每三月改选一次。

(附注) 如连支部党员不足十人时，只设书记一人。团委会每六个月改选一次。

丙、连支部书记及团委员会书记

(18) 连支部委员会和大会及团委员会和大会之决议，连支部书记及团委员会书记负责执行。连支部书记及团委书记的当选名单由政治委员提出在大会上通过。

(19) 连支部书记必须有党龄，团支部书记必须有一年党龄。

丁、团党员代表大会

(20) 如遇作战环境或其他重要原因，无召集全团党员大会可能时，得政治委员的许可，可召集团党员代表大会。

(21) 代表大会代表由连支部大会选举，每五人至十人党员可选代表一人。但每支部应有两个代表出席代表大会。

(附注)：

1. 凡当选出席大会代表至少应有三个月的党龄。

2. 候补党员不能当选为代表。

3. 在作战环境中，政治委员亦可能照实际情形变更上列之规定。

(22) 团委员在代表大会上有表决权。

(23) 各连支部应在团党员代表大会之前选举出席大会代表。

(三) 连支部的基本任务与工作

甲、连支部的任务与工作

(24) 连支部的基本任务是：

A. 直接参加部队中一般党的工作。

B. 切实执行上级党部的一切训令和指示。

C. 提高支部全体党员的政治认识和文化水平线，并吸收他们积极参加支部工作，和地方群众工作。

D. 建立党与红色战斗员群众的密切关系，并有系统地用各种具体方法巩固党在红军中领导作用。

E. 在青年团员中进行工作。

F. 吸收新党员并转候补党员为正式党员。

G. 帮助部队中的军事及政治工作人员，教育红色战斗员并改善部队的政治情绪。并领导指挥员、战斗员参加地方群众工作。

(25) 为使 24 条之任务完成起见，支部应有计划地进行工作。

(26) 为训练党员以共产主义的教育起见，支部应有如下的工作：

1. 在党员大会上应讨论一般的政治的及生活的问题。

2. 尽量地使党员遵守纪律积极工作并建立同志间亲密的关系。

3. 在党员与党员间应与一切违反道德的行动作斗争（醉酒、浪漫、嗜好、脱逃情绪等）。

（27）为要吸收党员积极工作并督促他们执行党的任务起见，连支部应当：

1. 对于支部党员在质量和数量上须有精密的统计。

2. 分配所有支部党员及候补党员以党的工作。

（28）在提高党的政治和文化水平方面，连支部应当：

1. 帮助政治常识班收集各种政治问题的材料，并尽量使党员积极参加此类工作。

2. 帮助党员发展关于马克思主义和列宁主义的组织。

3. 鼓动党员经常订阅报纸并作墙报通讯员。

（29）在非党员群众方面应当：

A. 必须使所有党员经常与红色战斗员接近，并和他们发生最密切的关系，以便作个别或集体的宣传工作。

B. 依团委员会的训令进行宣传鼓动的工作。

C. 特别注意列宁室的工作，并须（设经常值日）指派专人负责领导。

（附注）：在作战环境中，须活动地运用列宁室的组织，不能拘于形式，而须注意其工作内容，列宁室工作细则另定之。

D. 吸收非党员参加公开的党员大会。

E. 留意积极和接近党的红色战斗员，吸收他们参加各级社会工作，并吸收其入党。

F. 帮助红色战斗员了解一般政治问题。

G. 对非党群众应分配同志进行个别谈话工作。

（30）在青年团中支部应当：

A. 进行青年团员的登记和统计。

B. 本连中有团员三人以上时，支部应给他们组织小组，组长由支部委员会指定。

C. 给青年团员以一定的工作任务，并吸收他们积极参加各种党的小组和政治教育，以及地方群众工作。

D. 在青年团中须吸收其积极分子入党，不须依拘年龄，而须依其政治认识和觉悟。

（31）在帮助政治及军事工作人员方面支部应当：

1. 用各种方法激励党员，使他们在非党群众中成为积极执行工作的模范。

2. 将本连的经济和政治情形通报政治委员。

3. 有组织地帮助政治委员与有反动倾向的分子斗争。

（32）在战斗环境中，支部应使所有党员特别忍耐行军生活的困苦，同时要勇敢去作战，以作一般红色战斗员的模范，并须消灭部队中对于作战的悲观心理。

乙、连支部大会的工作

（33）连支部大会的工作如下：

1. 讨论一般政治的和党的和生活问题。

2. 听苏维埃机关党团及地方党部机关的报告。

3. 听和讨论支部委员会的工作报告，并通过工作计划。

4. 讨论对于党员的处罚以及开除党员及吸收新党员的问题。

5. 讨论本部队中一般政治的和生活的问题。

丙、连支部委员会及书记的工作

（34）支部党员大会开幕后，支部委员会用支部名义行使职权，应对大会及团委负责。

（35）连支部委员会的工作如下：

1. 监督支部所有党员对于上级党部命令及支部决议之执行。

2. 制定工作计划提交大会通过并注意执行。

3. 分配支部全体党员工作并随时检查其执行程度。

4. 吸收全体党员参加宣传、组织等工作。

5. 支委的分工：书记、宣传、组织、青年干事。

6. 准备和召集支部党员大会。

7. 按期向团委报告支部工作。

（36）支部委员会可委托支部书记执行一切决议，及解决各种临时问题。

（37）支部书记应对于党员每人的个性工作能力均须详细知道。

（38）支部书记应保存文件和记录，管理经济出入，征收党费，制定工作日历，准备支部委员会议的议事程序，并督促组织宣传委员及青年干事的工作。

（四）团总支部及团委的工作和任务

甲、团总支部的任务与工作

（39）团总支部除应执行上述二十四条至三十二条的任务与工作外，还应执行下列各款：

1. 指导连支部的一切工作（，讨论各连支部的工作报告，制定全团党的工作计划）。

2. 用党的各种小组和政治常识班等方法进行党的教育工作，经常地检查所有党员的政治认识程度，并指导他们作自动的研究。

3. 经过在本部队政治教育机关中的党员之保障，在红军政治教育中切实执行党的路线，务使党员们了解将中国革命的十大要求及共产主义，在非党群众中加以通俗的解释，使所有红色战斗员都团结于中国共产党的周围。

4. 在青年团员工作方面，务使所有青年团员团结于支部之下，选其积极分子担任组长工作。

5. 为帮助地方党部工作起见，在总支部日常工作中，应使红色战斗员很密切地接近当地劳动群众，并与当地地方党部发生密切联系，提出苏维埃候补人员和注意苏维埃的代表的工作。

6. 为帮助部队中政治及军事人员工作起见，应使红军社会团体中工作党员作报告，并根据报告提出建议向上级报告。

乙、团总支部大会的工作：

（40）团总支部大会的工作除三十三条的规定而外还有：

A. 通过团总委员会的工作计划。

B. 讨论政治生活及一般党的问题，并提出决议。

C. 听取和讨论团委的工作报告，并对报告提出决议。

D. 选举出席党代表大会的代表。

E. 听取和讨论党务委员会和政治委员的报告。

丙、团委及团委书记的工作

(41) 团委的工作除三十四条到三十九条所规定以外还有：

1. 指导各连支部委员会的日常工作，并定期召集各连支部书记联席会议。

2. 切实执行上级党部和团党员大会的一切决议，并督促各连支部全体党员执行这些决议案。

3. 依照各部队的具体情形，制定工作计划，提到大会通过，并督促执行。

(42) 团委的内部分工如下：

1. 书记；2. 宣传；3. 组织。

(43) 团委书记是团委日常工作之直接指导者。

(44) 团委书记直接职务的范围中，除四十条至四十三条所规定者外，还有下列几项：

A. 直接接受政治委员对本部队党的工作指示。

B. 切实指导各连支部书记的工作。

C. 督促全体党员和团委执行计划和上级党部的训令。

D. 进行党员活动分子的统计。

(五) 互相关系和联系

甲、连支部同团委及党机关的联系

(45) 整个连支部及其领导机关的工作，对团委负责，各独立部队的支部对直属政治机关和党务委员会负责，视党的职务而决定，团委必须给连支部以训令和工作方面的决议。

(46) 团委有权力于必要时将支部党员互相调动。

乙、支部同政治委员及政治指导员的互相关系

(47) 政治委员是党的全权代表，关于本部队党的工作情形他是对党负完全责任。

(48) 团总支部和连支部不能干涉政治委员的指导命令。

(49) 如在团委和政治委员间发生争执时，团委仍当执行政治委员的指示，但团委得将理由向上级政治机关申诉，静候解决。

(50) 团委向上级政治机关申诉政治委员行动时，政治委员无权阻止之，只有在作战条件之下，可以延期，但至多不得超过七日。

(附注) 在支部大会上讨论政治委员的行动，只有得到上级政治部的决议后才能举行，并且在大会上必须要有政治部的代表出席。

(51) 如在连支部与政治委员间发生冲突时，则由团委讨论，其问题由团政治委员解决之。

(52) 在部队内如有反革命宣传和行动发生时，支部应帮助政治委员消灭之。

(53) 团委及个别党员，应在红色战斗员中维持和巩固军事指挥人员军事管理人员的信仰和威望。

(54) 支部不应干涉军事人员的命令指挥。

(55) 如遇军事及军事管理人员不正确执行职务，破坏工农红军法规，或滥用职权等，则支委会应立即报告政治委员。

(六) 红军中支部与地方党的关系

(56) 红军中党的组织，在执行一切工作和任务方面，只服从红军中的政治部和党务

委员会。

（57）地方党部在得政治委员同意时，可以临时调用红军中之人员。

（58）地方党部在得到上级政治机关同意时，才能视察红军中党支部的工作。如遇支部有缺点时，地方党部也只有征求本部队政治委员及上级政治机关的同意，才能提出具体改善工作办法。

（七）接收和开除党员

（59）支部在接收和开除党员及候补党员问题中，应根据中国共产党党章执行。

（60）关于接收或开除党员的问题，按下列次序通过之：连支部委员会，连支部大会，团委会；团总支部党员大会，或党员代表大会。关于接收和开除党员问题，应在会议记录上详细写明。

（附注）接收或开除青年团员依同样手续举行。

（61）在讨论候补党员志愿书以前，须将交来的意见书悬挂于明显的地方给群众看，委员会应检查关于反对其入党申请书，并要申告人出席会议。

（62）关于接受入党问题的最后的决定，属于党务委员会。

（63）关于开除党员的最后决定，属于党务委员会。

（附注）被开除者对于开除的决议，有上诉权。

（64）红军中全体党员及候补党员之缴纳党费，照中国共产党中央及总政治部之决定按月收费。

（65）缴纳的党费由团总支部委员会收管，连支部不能存留。

26.（八）中国工农红军党务委员会工作暂行条例

一、组织

（一）在军区、军团及军、师与其同等之部队政治部中，均须设立党务委员会。

（二）各级党务委员会，由各级党员代表大会选举产生。但在军事行动时期，得由上级党部指定，军区、集团军的正式党务委员九人，候补三人，师正式五人，候补二人。

（三）师党务委员党龄至少二年，书记至少四年，军区、集团军、军党务委员党龄至少三年，书记至少六年。

（附注）在特殊情形下，经过中央允许，可以减少党龄。

（四）师党务委员会须经过军区批准，军区、集团军党务委员经过总政治部交中共中央批准。

（五）党务委员会任期定为一年，但可以连任。

二、职权

（六）党务委员会的权限，在于讨论及决定关于破坏党章及党道德，以及接受党员与处罚党员的一切事项。

（七）师党务委员会对于党员破坏党章及道德的行动，可以预先的调查及最后决定，而对接收党员事项，只对于工人雇农贫农分子可以最后决定。

（八）师党务委员会对其他各成分入党，必须经过上级的批准。

（九）凡党务委员会的决议，可经过同级的政治机关执行，在某种问题有争执时，由上级政治机关或党务委员会的最后决定。上级未解决以前，须执行同级政治机关的意见。

（十）党员对党务委员会的决议如有不同意时，可向军团及军区党务委员会申诉，军团及军区的经过总政治部，可向中央申诉。

（十一）党务委员会有参加同级政治机关各种会议之权。

（十二）各党务委员会须在各级党员代表大会上报告其工作。

三、工作机关

（十三）为执行工作起见，党务委员会推举一负责书记。

（十四）党务委员会负责书记的职务如下：

A. 执行本级或上级党务委员会的决定。

B. 准备党务委员会开会的材料。

C. 审查各种文件。

D. 分配各正式候补委员审查文件。

E. 为调查某项事项，召集必要人员来开会。

F. 指导及督察文件抄写及收发。

G. 作党务委员会工作报告。

（十五）党务委员会在工作上可利用本级政治机关的技术机关。

（十六）军、军团及军区党务委员会书记，经过该本部政治机关主任同意，可按期召集师党务委员会书记联席会议，或令他们做报告。

四、与地方党部关系

（十七）同等的地方党部为实现接收党员的工作及破坏党章的问题的指导起见，可使军区、军团、军或师党务委员会经常作报告，提出自己的意见和决议。

（十八）各地方党部与军区、军团、军或师党务委员会如有必要时，可以互相派遣代表，建立密切关系，并解决需要共同解决性质的问题。

（十九）地方党部在党务委员会的代表或党务委员会在地方党部的代表，如果非选举的，只有发言权。

（附注）凡经上级指定的各代表有表决权。

27.（九）中国工农红军青年团工作暂行条例

一、总则

（一）红军中青年团员及候补团员中的一切工作，是党的工作之一部分；并在政治机关和党的组织直接指挥之下进行。

（二）红军中党对青年团的教育工作，是党的基本任务之一，尽量吸收他们参加一般的政治和群众的工作，以督促他们的积极注意红军中的青年团员是党与非党群众接近的联锁，同时又是红军中党之基本候补军。

（三）红军中的青年团员须参加地方青年团的生活和工作；（对他们的大会参加群众联欢大会等）地方青年团应参加红军中青年团的工作，与部队中党的组织和政治机关要建立工作的联系，并经过政治机关和党的许可，提出工作建议。

（四）红军中不另设青年团支部，青年团员的工作，是受党支部的直接指导。

（附注）在军事学校中可以有支部的组织。

二、青年团员的任务和工作

（五）青年团员的基本任务和工作的包含：

A. 要成为最有纪律、最坚决的红色战斗员的模范，在部队中要与一切不守纪律的行动和观念奋斗，并与非党群众发生密切关系。

B. 参加部队中党的公开会议。

C. 参加党的教育小组。

D. 研究青年运动问题。

E. 在红军非党群众中进行政治教育工作，并将中国共产党共产青年团的决议和口号，向他们通俗的解释。

F. 提高红色战斗员对于军事课程的兴趣。

G. 积极参加红军中各种的社会组织，如俱乐部、列宁室等工作。

H. 在部队所在地做青年工农群众的工作，宣传团的主张，发挥稳定组织，和建立青年群众的组织。

三、列宁青年组

（六）连支部中有青年团三人以上时，得在党支部委员会直接指导之下，成立列宁青年组。有青年团员十五人以上时，得分为二个列宁青年组，最多可分至八个组。如连尚未成立党支部时，则由政治指导员直接指导组织列宁青年组，其余党员应加入此小组。

（附注）青年团员未满三人时，则由党支部直接负责，而不得并入其他一连中的列宁青年组。

（七）列宁青年组的基本任务：

A. 尽量帮助党在青年团员及非党红军群众中，进行党的政治教育工作。

B. 尽量吸收青年团员参与各种政治教育工作，及一切体育游戏的组织。

C. 听和讨论青年团工作问题的报告，并执行对于此报告的决议。

D. 参加各种群众性的广大政治宣传。

E. 讨论关于青年运动问题的报告。

F. 听和讨论组长工作的报告，及个别青年团员关于自己的工作报告。

G. 在红色战斗员中吸收新团员。

（八）连支委会应分配一委员作青年干事。

（九）团总支部下设一青年干事。

（十）在团与连的范围之内的青年团员大会，经常并公开的举行。

（十一）列宁青年组会议，必须经连支委或团委之批准方能举行。

四、列宁青年组组长与青年干事

（十二）连支部及团总支部下的列宁青年组组长和青年干事，由各该党的机关提出最积极和最有威望的青年团员（必须是兼党员）在各该团员大会上通过。其任期为连三个月，团六个月。改选的结果，连的青年干事和列宁青年组长，交团总支部委员批准，团总支部的青年干部，则交师政治部批准。

（十三）在工作方面列宁青年组长及青年干事，是对连支委及团总支部委员会负责。

（十四）列宁青年组组长的工作：

A. 在连支部整个青年工作计划之下，制定本组的具体工作计划。

B. 经常注意并督促青年团员，执行党所委托的任务。

C. 召集并主持本组的会议，保存会议记录。

D. 向连支部委员会经常报告本组的活动和工作。

E. 收集本组团员的团费。

（十五）连支部下青年干事的工作：

A. 依照政治机关及连支部和团总支部委员会的指示，制定青年工作计划。

B. 注意并指导列宁青年组的工作。

C. 在连支部及团委员会和党员大会上，应特别注意青年的问题。

D. 准备召集青年团员大会。

E. 保存青年问题的文件，指导青年运动之研究，供给文化教育机关以青年问题的材料和报纸。

F. 保持和地方青年团组织之密切联系。

H. 进行青年团员质量和数量上的统计，并向连支部委员会及团委会按期做工作报告。

（十六）团总支部下青年干事的工作，除上述六条一般的要进行外，还有：

A. 指导连青年干事的工作。

B. 检阅团部列宁青年组的一般工作和生活的问题。

C. 选举代表出席地方青年团的代表大会。

（十七）团总支部的青年干事应定期与团委共同召集各连列宁青年组长会议，讨论青年工作问题，并使各组互相批评，交换工作经验。

五、青年工作科

（十八）为加强对红军中青年工作的指导，自师政治部至总政治部，其中设一青年工作科。

（十九）各级政治部下之青年工作科，其主要任务是：

A. 依照各该级政治机关之指示，制定青年工作计划。

B. 注意下级青年工作的情形，经常向各该级政治机关提出青年工作的意见。

C. 研究团中央和上级政治机关对于青年工作的指示，拟定具体的执行方法，向政治机关提议以备采纳。

D. 检阅该级直属部队中列宁青年组和青年干事的工作。

E. 考虑地方青年团所提出之青年工作的提议。

F. 指导青年运动之研究，供给文化机关以青年运动的材料和报纸。

G. 保持和地方青年团组织之密切联系。

H. 进行青年团员质量和数量上的统计，并按期作青年工作的报告，由各级政治机关交上级政治机关或团中央。

（二十）青年工作科应与组织科宣传鼓动科发生密切的工作联系。

（二十一）青年工作科，应经常向该级政治机关提议召集下级青年工作科长联席会议，或青年干事联席会议，并参加和主持此种会议。

（二十二）青年工作科除科长一人外，可酌设干事一人或二人。科长和干事，都由该级政治部主任委任。

六、接收与开除

（二十三）对于要求入团的志愿书之审查，由连支部或团总支部的青年团员大会举行之，由团总支委员会作适当的结论，并最后决定。

（二十四）对于开除团员的理由，应在连或团的青年团员大会讨论及最后决定。

七、与地方团部的互相关系

（二十五）为建立与地方青年团组织之密切联系起见，红军中政治机关及党和团的组织的代表，如有必要时，可以加入同级地方的青年团部。红军中的青年团员，亦可当选入地方青年团委员会，但不能任固定工作。

（二十六）地方青年团委员会应以适时工作所需的青年问题材料、报章杂志，及一切宣传刊物，去供给红军中的政治机关。

（二十七）依照地方青年团委员会和政治机关的指示，采取各种联合大会、联欢会及游行、参观等方法，建立与地方青年团组织之密切联系，并交换工作经验及互相调用工作人员。

（二十八）青年团员之缴纳团费，是按青年团中央及总政治部所订立条例执行。

28.（十）中国工农红军政治机关及党部与地方党部关系暂行条例

一、总则

（一）红军中一切党和政治工作的总领导属于总政治部。

（二）总政治部经过其所属各级政治部、军区政治部、军团政治部、军政治部、师政治支部而施行其指导。

（三）各级政治部如有必要时，可用下列各方法与地方党部建立密切的联系：

A. 红军中政治部主任政治委员可参加地方党部为委员。

B. 政治机关和红军党部须积极参加地方党部的工作。

C. 向地方党的报告军队情形及党和政治工作情形。

（四）政治机关须将自己重要的命令，征求地方党部意见，但地方党部并不能改变和取消政治机关的命令。如遇有意见争执时，地方党部可将自己意见报告上级党部或上级政治机关。

（五）地方党部须将红军与地方党的有关系的工作问题，列入自己工作计划，同时政治机关亦可征求地方党部意见，将与政治工作有关系的地方问题列入自己工作计划。

二、红军政治机关派在地方党部代表的规定

（六）为使地方党部与红军发生密切关系起见，如有必要时可依照下列的规定，由红军政治机关的代表参加各级党部的常委会。

A. 军区政治部主任可参加省委（特别区委）。

B. 军团、军和师政治机关主任可参加省委、县委和市委。

C. 团政委可参加区委和市委，但在其防地范围等于县时，亦可参加县委。

D. 独立部队及各军事学校的政治委员，可依照其防地范围和性质参加区委或县委。

E. 连政治委员可参加区委或支部。

（附注）各级政治机关和党参加地方党部，可视其防地范围作具体决定。

三、红军政治机关及党部和地方党部协商工作的手续

（七）军区政治部可将其工作计划和训令送交特别区委和省委征求其意见。

（八）特别区委及省委须将其工作计划及重要指导文件送交军区政治部。

（九）红军中党部应和地方党部一样积极参加地方党部工作（党员大会书记联席会代表大会等）。

（十）由地方党部发起红军中举行各种运动，须征求政治机关的意见。

（十一）凡举行调查红军中党部工作时，须与红军政治机关共同进行，调查结果所得缺点及采用等纠正方法，须经过政治机关执行。

（十二）红军党部和政治机关，须用上述各种办法与白色区域党部建立密切关系。

（注）上列各条（由七至十二）规定的施行，须依照实际环境及需要而决定。

四、接收与处罚党员

（十三）关于红军中接收及处罚党员的讨论和决定，均由红军党务委员会负责进行，但须得到上级党员委员会批准，并征求地方党部的意见。

（十四）地方党部对于接收及处罚党员工作的指导，可用政治机关在地方党部内部常作报告的办法施行之。

五、党员的统计和工作的分配

（十五）红军内党员的统计工作，由红军中政治机关进行，每个党员须有一登记表保存于其所在部队机关。

（十六）凡关于一切主要政治工作人员调动，须通知其所在地之地方党部。

六、群众斗争与战区工作

（十七）地方党部须经常将该地工农群众的组织和斗争情形，经常报告红军政治机关。

（十八）红军政治机关须经常与地方党部讨论关于赤色区域的扩大和巩固，及白色区域群众斗争的发展。

（十九）地方党部须在赤卫队中举行广大的关于红军思想的宣传，并与红军政治机关协商编制红军宣传大纲，并进行在广大工农群众中的宣传。

（二十）地方党部须尽量帮助红军的发展扩大和巩固。

（二十一）在区域的地方党部，须用力帮助红军作战，动员广大工农群众进行侦探交通给养输送及一切参战工作。

（二十二）白色区域地方党部须尽量扩大红军及苏维埃的宣传，并发动群众斗争，在后方破坏敌人，响应红军作战。

（二十三）在红军胜利时，地方党部须与红军中政治机关及群众团体召集庆祝大会，并公开征求工农群众加入红军。

七、工作报告和通报

（二十四）红军中政治委员和政治机关代表，应经常在地方党部会议上报告红军及红军中政治工作情形。

（二十五）在地方党部举行代表大会和扩大会议，可征求红军政治机关同志，由政治机关代表作关于军事问题的报告，在红军代表大会中，则由地方党部作关于地方工作及群众斗争情形的报告。

（完）

以上11件选自手抄单行本（未注明出处）。

29. 川陕省军区指挥部条例草案

1933年8月[①]

一、为扩大和巩固本省各县地方的武装组织集中指挥，有计划进行训练地方武装，加强地方武装的战斗力量，使适合目前革命战争的需要，并指挥地方武装作战，决定设立省军区指挥部，各县设县军区指挥部。

二、根据总的目的，各级军区指挥部的任务如下：

第一，负责建立、领导和指挥该军区内赤卫[②]军、游击队、独立营、战斗连等武装组织，并帮助少年先锋队的发展，在作战时负责指挥少年先锋队。

第二，负责保卫赤区，维持赤区内部的治安，布置反探网，搜捕敌人派来赤区的侦探，和在赤区捣乱的反革命分子及其他组织；宣布并执行赤区的戒严，发展赤区周围或附近白区的游击战争，袭击敌人，动摇敌人后方。

第三，训练群众的军事知识，例如防御飞机、毒瓦斯，确定各地群众的临时集合场，举行紧急集合；提倡武术，学习运用枪械与装置军火和子弹，学习射击；为伤病战士裹[③]伤；使用新式、旧式武器的训练。各地要建立练武场，进行武术竞赛，主持赤色体育会，赞助各种群众性的军事组织，如航空、化学协会等等。造成每个在苏维埃中有选举权的人，都知道一些简单的军事常识。

---

① 原件未注明年代。“人民川陕版”注：“根据《中国工农红军第四方面军战史资料选编》的有关记载，此件为1933年8月制定的”。

② “川陕资料版”漏一“卫”字。

③ “川陕资料版”将“裹”印作“果”。

第四，扩大红军，是军区指挥部的经常工作，必须经常输送地方武装组织中的积极勇敢分子到红军中去。

第五，对于各种配合红军行动的工作，军区指挥部应帮助苏维埃进行，例如组织运输队、担架队、卫生队等。

三、为实现上列各项任务，军区指挥部的本身组织和指挥系统如下：

第一，军区指挥部设指挥一人，副指挥二人。指挥担负全盘军事上指挥的责任；副指挥担负组织训练、参谋的责任，并为指挥部收罗各种军事技术和参谋人才。

第二，军区指挥部在军事行动上，绝对受西北革命军事委员会指挥，军委会随时可指定某军或某师的司令部指挥该地的军区指挥部。

第三，县军区指挥部受省指挥部的指挥，组织同。①

第四，各级军区指挥部和当地党的组织、群众团体、苏维埃机关要建立很密切的关系，地方武装经常的政治教育工作要党和苏维埃有计划地进行；在作战时期，政治工作由该地驻在红军最高级政治机关管辖。

选自《川陕革命根据地资料选编》，四川大学川陕革命根据地科研组1978年编印，第186～187页。简称“川陕资料版”。原注：“抄自四川省哲研所《川陕苏区革命史资料》(政治部分）卷16，第45～47页”。

互校版本：

1.《川陕革命根据地历史文献选编》上，四川人民出版社1979年出版，第328～329页。简称“川陕文献版”。原注：“原件存四川省博物馆”。

2.《川陕革命根据地史料选辑》，人民出版社1986年出版，第304～305页。简称“人民川陕版”。原注：“原件存四川省博物馆”。

30. 西北军区赤卫军条例草案

1933年8月10日

一、赤卫军是工农群众保卫苏维埃、保卫自己阶级利益的武装组织。主要目的在于配合红军行动与敌人作战、镇压苏区内的反革命、保卫苏区，是工农红军的后备军。

二、根据中华苏维埃共和国宪法大纲的第九条“惟手执武器参加阶级战争的权利，只能属于工农劳苦民众”的条文，只有工人、雇工、贫农和可靠的中农，在二十三岁以上四十岁以下的，才能加入赤卫军。一切地主、富农剥削分子没有参加赤卫军的权利，并严防他们冒充工农分子混入赤卫军的组织。四十岁以上的工农民众可按照他的体力状况，由赤卫军指挥机关分配以各种能胜任的勤务。

三、赤卫军是不脱离生产的。为了军事行动和革命战争的需要，可组织临时的少数常备队伍。一团赤卫军的常备队伍，至多不能超过一连人，任务完毕时仍可参加生产，担负

① 原文如此。

一般赤卫军的任务。

四、苏区赤卫军的具体任务，主要是下面几点：

（1）轮流站岗放哨，检查行人，搜捕地方反动，搜缴赤区内的一切反动武装，维持地方苏维埃的秩序与工农生活的安宁，保卫赤区的边疆。

（2）在红军与敌人作战中，赤卫军应全体动员，配合红军作战袭击敌人，包抄敌人，破坏敌人的电线、道路、桥梁以及各种交通工具，截留或烧毁敌人的粮食军火，帮助红军摊派岗哨，到处呐喊助威，组织运输队、担架队，运粮食、抬伤病号等。

（3）赤卫军必须切实扩大红军，经常有计划地输送自己队伍中的勇敢积极分子，到红军中消灭敌人。

（4）经常组织小的游击部队，到苏区周围的白区里边进行游击，发动白区群众斗争，武装他们建立新的苏区。

五、赤卫军的组织和指挥系统：

（1）每十人一班，正副班长各一人；三班一排，正副排长一人；三排一连，连长连副各一人；三连至四连成为一营，营长营副各一人；三营即可成立一团，团长团副各一人，并成立团部，各团由县军区指挥部直接指挥。

（2）排长、连长的决（指）定须得到县军区指挥部的任命和批准，营长、团长的决（指）定，须得到省军区指挥部的任命和批准。有时省军区指挥部经过中国共产党省委的同意，可直接委任团长和营长。在不妨碍省军区指挥部的整个计划时，县军区指挥部应服从县苏的指挥，接受中国共产党县委会的指示，团部可受区苏和区委的指挥。①

六、每个赤卫军的战斗员，都必须把自己的武装准备好。每一连对于大刀、梭镖、土枪、土炮等，都要配备好，按照武器的不同，分别组织大刀队、梭镖队、土枪土炮队，便利作战时的指挥。这些武器，当地苏维埃和军区指挥部应当大批制造，供给各区。并时常研究改良各种火器，以及使用旧式武器的办法，增加旧式武器的力量。在有可能时，赤卫军应当配备一部分新式武器。为加紧赤卫军的训练，以及在行动时能迅速集合，各村各乡各区各县都要建立集合场，集合及行动时的燎火旗号、炮号等讯号，都要规定统一。经常的训练计划，由省军区指挥部决定之。

七、为了大大发挥赤卫军的力量，在县与县间、区与区间的联防制度，当一地发现有白匪来侵犯赤区进行捣乱时，当地有红军驻扎，须立即动员，在红军指挥员指挥之下，和红军共同去消灭敌人。当地没红军，自己力量不足，可直接通知邻区的赤卫军，共同合作向敌人进攻，事后可报告军区指挥部备考。为便利指挥起见，可指定邻近几区，设立联防指挥员。

八、赤卫军同样要建立政治工作的制度。连指导员可由当地共产党支部书记兼，或指定其他坚定的党员担任，营政委、团政委由区委指定极勇敢的同志负责；同时可参加区委工作，是区委委员之一。县军区指挥部设政治部，工作人员由县委决定。省军区指挥部的

---

① “人民川陕版”注：“《中国工农红军第四方面军战史资料选编》所收入的同一文件中，还有：‘（3）赤卫军各级指挥员，得指挥赤卫军的军事行动，并进行教育训练外，不得不经组织路线干涉苏维埃的行政。一切打粮打土豪的行动，需得到地方苏维埃的许可。当直接与敌人作战时期，参与作战的赤卫军完全归西北军事委员会指定作战地区红军的高级指挥机关指挥’”。

政治部由省委决定。赤卫军中的党员平时都要参加当地支部的日常工作。在作战时期，政治工作完全由红军中的政治部指导，党的组织由红军党委会和团委会指导。

九、赤卫军的战斗员指挥员有违反苏维埃法律侵犯群众利益时，依照苏维埃法律处理。因战争牺牲或受伤时，同样按照苏维埃的抚恤伤亡条例处理。

十、本条例自公布之日起施行。

川陕省苏维埃政府印

一九三三·八·十

选自《川陕革命根据地历史文献选编》上，四川人民出版社 1979 年出版，第 330～333 页。原注："原件存四川省博物馆"。

互校版本：《川陕革命根据地史料选编》，人民出版社 1986 年出版，第 300～303 页。简称"人民川陕版"。原注："原件存四川省博物馆"。

31. 中国工农红军第四方面军总政治部布告（为优待参加红军事）

1933 年

为优待参加红军事

劳苦工农群众们！你们过去受国民党军阀、地主、豪绅、资本家的压迫与剥削，弄得无饭吃，无衣穿，无房子住，一天做到晚，一年做到头，还不够完粮、完租与缴各种捐款，鞭打绳拴，使我们工农与劳苦的贫民简直不能活命。劳苦工农群众们！你们要有衣穿，有饭吃，有屋住，不受鞭打绳拴及种种的压迫与剥削，只有广大的工农与劳苦群众联合起来，拿着武器枪刀等等，同那些压迫我们的、剥削我们的国民党军阀、豪绅、地主、买办进行斗争，将帝国主义国民党的统治根本推翻，将军阀、资本家、地主、豪绅及其反动爪牙完全肃清，才能解放我们的痛苦。工农红军，就是由这些革命的工人农民与一切劳苦群众为解放自己而组成的，所以红军拿着武器专门保护工农劳苦群众的利益，彻底消灭一切反动势力，打倒帝国主义，推翻国民党统治，没收军阀、地主阶级及一切反动派的土地房屋财产，分给工农与劳苦群众，实行八小时工作制，增加工资，改善工人生活，建立工农自己的政权——苏维埃政权。

劳苦工农群众们！我们是夺取一切剥削与压迫者的土地、房屋、财产，并保障我们所分得的利益，不再受一切苛捐杂税厘金关卡的痛苦，只有我们大家都来参加红军，根本消灭一切反动势力。参加工农红军，还能享受特别的权利：

一、凡参加红军者，不论苏区或白区及其家属（父母妻子）一律分得最好的田地。

二、凡参加红军者，他分得的土地，家里无力耕种者，当由苏维埃政府替他耕种，收成归红军□□。

三、凡参加红军者，家属的田地，如无生产能力，亦得苏维埃政府优待设法替他耕种。

四、凡参加红军的如因作战伤亡，苏维埃政府除给抚恤外，得享受一切优待权利（另有伤亡优抚条例）。

五、红军中官兵夫生活一律平等，并废除一切肉刑。

六、红军中派选代表参加各级苏维埃政权机关工作。

总政治委员　陈昌浩

总政治部主任　张琴秋

一九三三年□月□日

选自《川陕革命根据地历史文献选编》上，四川人民出版社 1979 年出版，第 208～209 页。原注："原件存四川省博物馆"。

32. 中华苏维埃共和国湘赣军区训练部给各部队关于教育管理的一封指示信

1934 年 3 月 24 日

红色部队指挥员同志们：

红军是苏维埃政权的保护者，他是阶级的军队，是工农群众的武装。所以他们的制度与任务，与军阀军队根本不相同。他的教育管理是根据红军的制度与任务以及阶级利益来决定的。在教育管理方面应采取明确的阶级路线与充分的无产阶级精神，从政治上组织上来克服部队中一切不良倾向。这里必须严格地指出从过去到现在一般红色部队中，对教育管理方面还缺乏以上所指出来的原则，甚至于有些个别部队中，还有打人、骂人、惩办等不良倾向。这是对目前扩大与巩固铁的红军有莫大的障碍，他要助长各种不正确的倾向的发展，我们必须与这些脱离群众的军阀残余官僚主义作无情的斗争，运用充分的说服精神加紧对同志的个别教育，这样才能保障部队的扩大与巩固。因此，我们认为有写这封指示信的必要。

甲、教育方面

教育不特在驻军休息时才能进行，在行军作战的时候也是教育部队的最好机会。过去有些独立团营的个别负责同志认为行军无法教育，非驻军休息时不可。这种说法完全是不对的，并没了解在目前长期国内斗争的时候，行军作战是占了极大多数的时间，我们除在驻军休息有计划按时间进行训练外，并在不妨碍行动条件之下，灵活地利用一切空隙时间来进行各部队的训练最为有利。

1. 驻军时的教育

部队在驻军休息时，应根据部队中的实际情形，按照训练部所规定的教育计划来进行出操上课，并利用时间来开军事政治讨论会和有计划地组织战术研究组，以每个伙食单位每星期讨论一次至两次。讨论的问题最好以每次行军战斗中的优缺点或游击战术、兵团战术等为材料，由连长将所讨论的题目作一报告，然后由战士们尽量发表意见，再由主席作成结论。不论出操或上课开讨论会等，事前须有充分准备。

2. 行军时的教育

部队在行军时，在不妨碍行动条件之下，利用时机来演习侦探、尖兵遭遇战、避飞机等动作。但在未出发前必须将演习的科目动作的要领及实施的方法，集合部队来一个详细的解释（多不能超过二十分钟），利用休息时间将演习中的优缺点作成讲评。宿营时，按照当时的敌情和任务来进行演习实际侦察、警戒、作工事、测量距离等动作。

3. 战斗时的教育

每次进行战斗前，在不妨碍军事机密上，应将本身的战斗任务及战术上应注意的事项向战士们作详细解释。在进攻或防御时，第二梯队及预备队于不妨碍战斗任务之下，进行军事或政治的教育。战斗结束后，应以连为单位召集班长以上指挥员的会议，来检阅战斗中的优缺点，然后在全连军人大会中作详细的宣布；并抓紧这次的战斗经验与教训，教育全体同志。

乙、管理教育

1. 行军时的管理

（一）部队在行军前应严格检查各战士与驻地是否有违犯三大纪律八项注意的行为。队伍集合时，检查本队人员武器及用具等是否有遗失与不到。

（二）在行军中，战斗员有掉队的应督促他赶上，一切不卫生的东西和不洁净的冷水要禁止吃，以免发生疾病。如战士有病或不能行走时，应发动其他战士替他拿枪或背东西，并鼓动他继续前进；万一不能行走，可送往后方去休养；到万不得已时，可送到当地政府休养（如在白区可寄托在可靠的贫苦工农家里休养，并发给休养费）。

（三）到了宿营地，尽可能地督促洗澡洗脚，并检查弹药与武器是否有掉失的。

（四）如战士临时有病，不能担任勤务的，应照实际情况免除之，但指挥员须亲自考查其病的轻重，经安慰与鼓励后，轻则随队休养；重则经过上级机关批准，送往后方去休养。

2. 驻军时的管理

（一）在驻军时，除勤务警戒或有特别事故外，每个指战员要上课出操，同时要使其从政治上深刻了解学习军事技术的重要性，所有指挥员一律参加。

（二）内务的整理，服装的洗晒，驻地附近清洁卫生的打扫，都要使每个战士特别是班排长利用时机去进行。指挥员应做以上的模范者，切实地去指导督促进行这些工作，并经常予以检查。

（三）武器是我们红色军人的生命，也就是我们杀敌人的唯一利器，我们爱护武器就是对革命负责……每星期应尽一切可能与努力来检查一次枪支，班长负责自动的经常（出操与擦枪）的检查全班的武器、枪支的零件与弹药是否失掉等。

（四）警戒地带的哨棚位置应设在隐蔽地点，特别注意伪装。哨棚内地尽可能地多放板子与禾草，在二百米远内不能屙屎屙尿，并禁止烧火喊叫。厕所应在下风头。

3. 战斗时的管理

（一）战斗时随指挥员的人员（如参谋等），应令他们在隐蔽地停止并伪装起来，不可暴露目标。

（二）部队无论在进攻或防御时，都要使每个指战员会利用地形地物伪装，并在运动中停止时，不准任何人暴露目标。

（三）战斗结束后应迅速派人打扫战场，收集战利品，管理俘虏，尤其是伤病人员的招待，更重要的是迅速处置。有计划地指定人员去负责对于本部队人员武器及弹药服装的检查，应很快地统计确定，呈报所属上级指挥机关。

4. 对新战士的管理

（一）各部队来了新战士的时候，除了开军人大会欢迎外，班长应首先召集全班老战士准备欢迎，并分配老战士与新战士们打成一片，帮助新战士解决困难问题，打破界限观念，并加紧对他们军政教育。

（二）新战士初来的时候，应免除一切勤务，经过两星期后可与老战士相配合的去放哨。

（三）新战士病了时，应多派人与他谈话，在精神上给以安慰，同时要派人与他煮粥和烧开水给他吃。

5. 对有病战士的管理

（一）在行军前派人帮助病员捆禾草，行军中将他的东西分给其他同志背，到达宿营地帮病员找禾草，替病员开铺，找热水帮病员洗脚洗澡等，并请医生诊断。

（二）在驻军时，帮病员洗衣服，煮粥饭给病员吃，这些不但是给了生病的同志以精神上的安慰，确表示了我们阶级友爱的精神。

（三）病重战士不能随队行动时，应加以安慰与鼓动后，送往后方休养，并经常由指挥员或战斗员将前方胜利消息及学习的情形告诉他，使他静心休养，早日痊愈，回到前方工作。

（四）伤病战士由后方回来时，应根据他体力恢复的程度如何，叫他随连部休养数日，然后鼓动他自动要求下班去工作（病未好的不能勉强）。该班应表示很亲爱的态度，使他很安心地工作。

6. 对遵守军事机密的管理教育

帝国主义国民党在五次“围剿”中采取了一些新的方法和诡计，利用苏区内及白匪中的一些阶级异己分子来侦察我们的行动与消息，所以我们各红色部队对保守军事机密的教育是万分重要的，除依照军区训令执行外，特有如下指示：

（1）无论在任何情况中，都不要将我军部队的番号、组织及指挥员的姓名、行动等告知他人知道，特别是枪支弹药更要保守秘密。

（2）各级兵团司令部及各部队机关的文件与公章不要随便乱丢，并要指定专人负责。各机关的办公室内如无必要时，任何人不准进去。

（3）请向导带路时，应先从多方用很好的技术去问清路线，然后再来请向导，并告知向导应遵守的秘密和方法（请向导时，要找忠实可靠的）。

（4）驻军时，不要将我军番号与企图暴露出来，尤其做墙报不要写部队的番号，如开差时即将它擦掉。

（5）行军时，前卫所放的路标，后卫尖兵应派人收走，并不准问路和友军的方向。

（6）战斗时，号音不准乱吹，旗号不准随便乱用，部队的位置不要随便暴露出来，指挥员的位置更要注意隐蔽与伪装。

（二）要使上列指示能够完全执行，能够收到极大的成效，来完全克服部队中一切不正确的倾向，真正能巩固与扩大部队，提高部队的战斗力，必须与政治人员和政治机关协同动作，取得政治上的充分保障，才能达到这一目的。

以上教育与管理及遵守军事机密的方法，望红色部队接此信后，立即开会讨论执行为盼。

致　以

铁的红军的敬礼！

中华苏维埃共和国湘赣军区训练部

1934年3月24日

选自《老解放区教育资料》（一）土地革命战争时期，教育科学出版社1981年出版，第169～174页。

33. 红军纪律暂行条令[①]

目　　录

第一章　总则　第二章　奖励　第三章　惩戒　第四章　附则

第一章　总则

第一　军队纪律要紧就在服从，服从什么，服从协同动作的号令，因为战时负有各种任务的大军分布广大的战场，其所处境遇不同，而要使军人们（指挥员和战士们）、广大官兵一心向着一定的方针，一致地动作起来必须听从号令。且必须服从此号令，才能成功，这样看来，军队的纪律就成了军队的命脉。所以应从平时培养其遵守纪律的习惯。

第二　白军士兵占绝对多数工农群众，是被反动统治阶级驱策来，直接镇压受剥削的工农群众，进攻革命，或参加为争夺地盘来剥削工农群众的军阀混战，所以白军的纪律是建筑于反动统治阶级利益上面的。工农红军，是工农群众自己的军队，它在共产党领导之下和工农兵苏维埃政权指挥之下，是为工农群众自己的利益而对压迫剥削自己的敌人，作殊死战斗，它服从自己政权所委任之政治委员和指挥员的号令，也就是服从工农群众自己利益，所以红军的纪律是建筑于工农群众自己利益之上面的。

第三　凡首长人员，随时随地都应使部属人员遵守纪律，以养其在战场上担任艰苦的巨大的战胜敌人之责任，但他一面要使部属人员从阶级的政治立场来认识纪律，从阶级的政治觉悟来提高纪律，另一方面要以本身为作遵守纪律的模范。

第四　凡军人表现有堪为表率之事迹者，给予奖励，在纪律上犯过错者给予惩戒——均是适用于本暂行条令，至于军人作战显有功绩或死亡残废者，则为人于褒扬或抚恤范围，犯罪恶者，则为人于军事刑法以内。

① 原件未注明制定年月。

第二章　奖励

第五　凡军［人］特别能尽职责，勤苦耐劳可作模范者，须奖励之，其奖励的项目如下：

一、□□□口述奖励。

二、队前的口述奖励。

三、□□□奖励。

四、在纪念会场上口述奖励并给奖品。

第六　规定奖励之权如下：

一、排长对所属人员有口述奖励之权。

二、连长和指挥员对所属人员均有队前口述奖励之权。

三、营长对所属人员有通令的笔记奖励之权。

四、团长、政治委员对所属人员均有在纪念会场上口述奖励并给奖品之权。

第三章　惩戒

第七　惩戒是纪律的病态而不是纪律的本质，所以他是于不得已时，以消极的方向来维护纪律的必要手段，应惩戒的犯过行为如下：

一、不遵守遵行号令的一切规定者（如过去游击队规定八项注意或其他军队规定之类）；

二、抵抗指挥者；

三、擅离职务者；

四、损坏武器和公物者；

五、报告失真者；

六、无故开枪者；

七、斗殴者；

八、酗酒嫖赌者；

九、误解或误传命令者；

十、无故迟误时间者；

十一、未经许可出外者；

十二、违犯风纪者；

十三、非因犯刑法而捆绑部属者。

第八　凡犯第七条所属行为者，须按其情节轻重，给以下述行为者的惩戒，这些惩戒仍是含有教育意义的。惩戒项目：

一、劝告。

二、警告。

三、严重警告。

四、在队前悔过。

五、罚三个各种勤务（不得多于五个勤务）。

六、入悔过室（不得多于两个星期）。

七、撤职。

八、开除军籍。

第九　规定惩戒战士之权如下：

一、自排长以下的指挥员（管理排长、副排长和班长）有执行第八条各项目之权。但副排长和班长实施惩戒时须得排长同意，以排长名义宣布出来。

二、连长和政治指挥员（独立排长）有执行第八条前五项目之权。

三、营长（独立连长和指导员）有执行第八条前五项目并有罚入悔过室五天之权。

四、团长和政治委员有执行第八条前五项目并有罚入悔过室二星期之权。

五、师长和政治委员有执行第八条前五项目并有罚入悔过室二星期之权，此外并有执行第八条七、八两项目之权。

第十　规定惩戒指挥人员和政治人员之权如下：

一、排长对所属指挥员有执行第八条前两项目之权。

二、连长和政治指导员对管理排长以下的指挥员有执行第八条前三项目之权，唯对排长只有执行第八条前两项目之权。

三、营长对所属排长以下的指挥员有执行第八条前五项目并有罚入悔过室三天之权，唯对连长只有执行第八条前三项目之权。

四、团长和政治委员对所属自连长及政治指导员以下的指挥员有执行第八条前五项目并罚入悔过室五天之权，其对于营长只有执行第八条前五项目之权。

五、师长和政治委员对所属自连长和政治指导员以下的指挥员有执行第八条前五项目并罚入悔过室两星期之权，其对于营长及其团级政治人员以上的指挥员和政治委员的惩戒则按情节轻重依照上述原则执行。唯对于司务长以下的指挥人员有执行第八条七八两项目之权。

第十一　凡高级指挥员和政治委员对所属团长和政治委员以上人员之惩戒，则按其情节轻重依照以上原则实施之。

第十二　凡司令部参谋长和政治部主任对所属人员的惩戒得按照以上原则实施，但于必要时须报告直属首长执行。

第十三　第八条中第四、五惩戒项目不得实施于留职的指挥员身上，以保其指挥所属人员之威信。

第十四　对于被送入悔过室者不得妨害其健康，不得停止其承受教育和必要勤务员。负责首长人员并须每日与谈话一次，如观其确能悔过则缩短其期限。

第十五　受惩戒者，如对于惩戒命令，认为有上诉理由时，得于受罚后上诉，受上诉的首长人员察明施行惩戒者施行不当时，则给予相当的惩戒，否则对上诉者加以惩戒。

第四章　附　则

第十六　凡曾受苏维埃功勋奖章而犯本条令者，得酌量减轻之。

第十七　本暂行条令在实施中如有不完备之处得呈报军委会增修之。

第十八　本暂行条令自公布之日施行。

选自《陕甘宁边区法律法规汇编》，陕西人民出版社2006年出版，第371～373页。

七、内务、公安与监察、检察

1. 鄂豫皖苏区红色战士伤亡抚恤条例

1931年7月鄂豫皖区第二次苏维埃代表大会通过

第一条　凡参加的红色战士，无论是红军、赤卫军、警卫军、教导队、特务队、游击队、保卫队等武装组织内的战士，因作战伤亡残废，根据本条例抚恤之。

第二条　凡因战争牺牲得按照下列条例抚恤之：

1. 苏维埃负责安葬外，得向苏维埃领取一次抚恤金，数额照家（庭）状况决定之。

2. 凡苏维埃创办之学校，其子弟有免费入学的权利（如无力教育由苏维埃负责）。

3. 其家属得按照代耕条例享有代耕权利。

4. 如无家属的，由军委会制定金质奖章，陈列在革命的博物馆，以旌表其革命历史。

第三条　凡因战争残废或致疾病者，得依下列条例抚恤之：

1. 凡受伤成残废的战士，由军委发给名誉奖章。

2. 依照代耕条例享有代耕权。

3. 有优先权参加当地所创办的工厂及残废院学习各种技术。

4. 向苏维埃领取最高度的生活费（家庭不能供给的），免券搭火车、轮船及各种游艺的权利。

6.[①] 免除一切纳税，（住）苏维埃或农会管理的房屋不纳租税。

---

① 原文序码无5。

7. 完全免费住苏维埃的医院。

8. 其子弟有免费入学受教育之权。

第四条　本条例只限一般红色战士，凡具有第一、二、三条例者，则由该战士所隶属军事机关或当地政权机关，呈报高级苏维埃政府按照本条例抚恤之。

第五条　本条例如有未尽之处，得随时改正和补充之。

第六条　本条例自公布日施行之。

选自《鄂豫皖革命根据地》，第二册，河南人民出版社 1989 年出版，第 441～442 页。原件未注明史料来源。

2. 鄂豫皖苏维埃政府工农监察委员会条例

1931 年 7 月鄂豫皖区第二次苏维埃代表大会通过①

一、工农监察委员会是由鄂豫皖区二次苏代会选举的，由十五人组织之，并推选九个人为主席团。在工农监委会闭会期间，由主席团代行工农监委会一切职权。

二、鄂豫皖苏工农监委会在组织上是与鄂豫皖苏维埃执委会并立的。所以在监委会以内的问题，监委会有权单独解决，执委会有不同意（见）时，可举行执监联席会来讨论，如联席会不能解决时，可提交代表大会解决之。

附注：各级工农监委会与各级苏维埃执委会的关系同此。但意见不同时，交上级执监联席会解决之。

三、各县、区、乡苏维埃政府，都应成立工农监委会，监委会的人数，根据当地情形，由县、区、乡代表大会（乡苏最好是开群众大会）酌量决定。监委会的下层组织经常要向上级作报告，上级监委会应时常给予指导。下级监委会有不能解决之案件，应立即交给上级机关去解决。

四、工农监委会的职权：

1. 考察各级苏维埃是否执行苏维埃的法令和决议。

2. 检查苏维埃中工作人员的官僚腐化及违背苏维埃法令和决议的行为，并接受工农群众对苏维埃政府工作人员的控告和申诉。

五、工农监委会为执行其任务起见，得审查各机关账目、文件、记录……等，并得组织各种委员会执行此项审查工作。

六、工农监委会在必要时，经过执监联席会的决定，由工农监委（会）颁布清洗苏维埃机关的条例，领导并执行这一项工作。

七、工农监委会和主席团，得随时吸收积极工农分子参加工农监委会工作。

八、工农监委会的决定，均交给苏维埃政府相当机关去执行。

选自《鄂豫皖革命根据地》，第二册，河南人民出版社 1989 年出版，第 440～441 页。

---

① 鄂豫皖区第二次苏维埃代表大会于 1931 年 7 月 1 日至 8 日召开。

原件未注明史料来源。

3. 鄂豫皖区工农监察委员会通令第二号
——监委扩大会关于监委会工作的决定

1931年9月18日

各级苏维埃监察委员会：

鄂豫皖区苏维埃监察委员会扩大会已于九月初四日举行了。在这次会议中表现出监委会的工作许多缺点和弱点，各县、区的监察委员会在报告中不知监察委员会的工作怎样，有的地方监委会的组织还没有形成，即形成了组织的也是形式的；同时在报告中连农村阶级都不明了，有的把富裕的中农当作富农，有的把真正富农当作中农；苏维埃的账目不清和决算的错误，不注意审查，反而不准农民吃重了油盐和禁止农民割肉吃，以为监委会的工作是专管农民的生活。其他许许多多的错误真是数难胜数。因此，扩大会对监委会的工作有以下之决定：

一、经常参加苏维埃会议和各团体会议，督促执行上级苏维埃的法令和决议。

二、清算苏维埃合作社、经济公社以及各机关的账目，切实预算和决算。

三、监委在工作上要动员广大群众，特别是贫农团、工会，帮助政治保卫局和帮助监委本身工作。

四、调查各地方分配土地情形，有无徇私舞弊或阻碍分配土地行为。

五、考查群众中的言论行为有无破坏苏维埃和红军的反动言论行为。

六、深入群众中去，从谈话中调查群众对革命主张意见。

七、监督苏维埃有无官僚腐化脱离群众等现象。

八、宣传苏维埃的工作人（员）要看各种文件，并要他将上级的布告、宣传品、通令、通告、通知、训令、各种条例有计划地分发，不许随便弄坏了。

九、宣传苏维埃工作人员生活最高限度要与普通农民一样，不能超过农民生活。

十、加强苏维埃政府对富农的统治。

十一、监督税务局的徇私舞弊者及奸商破坏税收和偷漏税收行为者。

十二、加强各团体的侦探、放哨、守岗、戒严等工作。

十三、督促（在）各级苏维埃住的请假或医病已好的士兵各归原队工作。

十四、收集各种材料，按期作工作报告到上级，特别事故临时报告。

十五、动员广大群众起来反对私运苏区粮食出赤区境地。

十六、各级监委会应按期开会讨论上述一切重要工作的进行。

十七、反对监察委员受苏维埃或某个人的甜言蜜语或小利，袒护某人或苏维埃的错误和罪恶不报告出来。如发生这种现象，开除他的委员职务，在群众面前声讨他的罪恶，以至交法庭按法审判。

选自《鄂豫皖革命根据地》，第二册，河南人民出版社1989年出版，第504～505页。原件未注明史料来源。

4. 工农检察部组织条例

1931年11月中华苏维埃共和国第一次全国工农兵代表大会通过[①]

第一章　工农检察部的组织系统

第一条　自中央执行委员会到区执行委员会及城市苏维埃，应当有工农检察部或科的组织，为各级政府的行政机关的一部分。

第二条　工农检察部机关从中央政府到区政府均称工农检察部，但负责人只有中央政府称工农检察人民委员，省、县、区均称部长。城市苏维埃则称工农检察科，负责人称科长。

第三条　工农检察机关受各该级执行委员会及其主席团的指挥，同时受他上级工农检察机关的命令。

第四条　工农检察人民委员，由中央执行委员会选任之。以下各级的工农检察部长及科长，由各该级执行委员会或城市苏维埃主席团选任之，同时报告上级工农检察部，或工农检察人民委员部[②]备案。工农检察人民委员或工农检察部长以下的工作人员，由工农检察人民委员或工农检察部长和科长以命令委任之。

第二章　各级工农检察机关的任务

第五条　工农检察部的任务，是监督着国家企业和机关，及有国家资本在内的企业和合作社企业等，要那些企业和机关坚决地站在工人、雇农、贫农、中农、城市贫苦劳动群众的利益上，执行苏维埃的劳动法令、土地法令及其他一切革命法令，要适应某阶段的革命性质，正确地执行苏维埃的各种政策，特规定工农检察机关的具体任务如下：

一、监督苏维埃的机关，要他们正确地站在工人、雇农、贫农、中农的利益上去没收并分配土地。

二、监督各级苏维埃机关正确地在执行苏维埃的政纲和策略，以适合某阶段的革命利益，巩固苏维埃区域和苏维埃政权，并向外发展。

三、监督苏维埃机关，对于苏维埃的经济政策，首先是财政与租税政策，是否执行得正确。

四、有向各级执行委员会建议撤换或处罚国家机关与国家企业的工作人员[③]之权，但对于该企业或机关的工作设施，有直接建议权。

五、若发现了犯罪行为，如行贿、浪费公款、贪污等，有权报告法院，以便施行法律上的检察和裁判。

（附注：）自中央工农检察部到区及城市苏维埃的工农检察科，在他所管辖的范围内都须按照本章所列举的任务进行工作。

---

① 此为“中央文献版”的标注。“江西史料版”和“江西法学会资料版”皆未注明通过或公布的年月。“工农检察部”有的印作“工农检查部”。

② “中央文献版”将“工农检察人民委员部”印作“工农检察人民委员会”。

③ “江西法学会资料版”漏掉“人员”二字。

第三章　各级工农检察机关的工作方式

第六条　有计划地检察国家的各机关及经济事业，检察各机关及经济事业的时候，看他的性质可组织各种专门检察委员会（如土地分配检察委员会、租税问题检察委员会等）检察之，其人数由三至五人。

第七条　检察的时候，检察委员会须注意听工农通讯员的报告，听工农的个别谈话，听工作人员的报告等。检察委员会在检查工作中，应注意检察该项机关和经济事业的任务，及应检察的主要事项。

第八条　检察结束之后，应向该机关①或国家生产事业的全体工作人员报告检察的结果（如在工厂，召集全工厂的工人和职员全体大会，在农村则召集该村的农民大会，学校即召集教职员和学生的全体大会等），且须在该级的工农检察委员会会议上做报告和讨论，并对被检察的机关提出具体的建议。被检察的机关②如不同意检察人员或检察委员会的建议时，工农检察的各级机关得提到各级的执行委员会，用命令使该项国家机关和企业执行该项建议。

第九条　工农检察机关须将检察的结果和对于机关或企业的建议随时在报③上公布。

第十条　工农检察部之下须设立控告局，以接受工农对于政府机关或国家企业的缺点和错误的控告事件，在工农集中的地方，得指定可靠的工农分子代收工农的控告书，并须在工农集中的地方，悬挂控告箱，以便工农投递具名意见书。

第十一条　组织突击队，以突然的（方式）去检察某项国家机关或企业的工作。在这种检查之中，很容易揭破官僚主义腐化分子的事实。

第十二条　工农检察机关如发觉各机关内的官僚主义者和腐化分子，有必要时可以组织群众法庭，以审理不涉及犯法行为的案件，该项法庭有权判决开除工作人员，登报宣布其官僚腐化的罪状等。

第十三条　如发觉某机关或某团体的工作人员有违法的行为，应将这些材料转给司法机关，以便提出诉讼。

第四章　工农检察机关的工作人员

第十四条　各级工农检察机关的工作人员应该由坚决的、有阶级觉悟的、在革命斗争中有经验的工人、雇农、贫农及其他最革命分子组织而成，并随时可以吸收积极的工农分子帮助工农检察的工作。

第五章　附则

第十五条　大会赋予中央执行委员会有修改和停止本条例之权。本条例如有未尽事宜，由中央执行委员会以命令公布之。

第十六条　本条例自公布之日起发生效力。

选自《中央苏区廉政建设》，中央文献出版社2009年出版，第166～168页。简称“中央文献版”。原件未注明史料来源。

---

① “中央文献版”漏掉“机关”二字。

② “江西史料版”漏掉“被检察的机关”6字。

③ “江西史料版”在“报”后多一“告”字。

互校版本：

1.《中华苏维埃法制资料选编》，江西省法学会1981年编印，第20～21页。简称“江西法学会资料版”。原注：“转录自于都县革命历史纪念馆《选举、检举、肃反运动》卷二十三”。

2.《中央革命根据地史料选编》下册，江西人民出版社1982年出版，第161～165页附一。简称“江西史料版”。原件未注明史料来源。

5. 闽西苏维埃政府通知
——非政府机关不得擅自拿人、打土豪、没收财产

1931年11月28日

各革命团体：

各革命团体，如工会、互济会、贫农团、贫民协会等，都是群众组织，而不是政权机关，除报告政府执行外，当然不能够擅自拿人、打土豪、没收豪绅地主反动派的东西，或标封房屋。查最近竟有群众团体，不报告当地政府，擅自拿人和没收土豪东西的事实发生。这些错误，应站在自我批评观点上，立即纠正，以免群众指责。希各革命团体，以后特别注意，非报告由当地政府执行，不得擅自拿人或私打土豪。特此通知。

主席　张鼎丞

一九三一年十一月二十八日

选自《闽西苏区法制史料汇编》，龙岩市中级人民法院、古田会议纪念馆合编，2008年10月内部出版，第229页。

6. 内务部的暂行组织纲要

1932年　月人民委员会第十六次常会通过

（一）内务部在中央政府，则隶属于人民委员会，称内务人民委员部，县省受执行委员会主席团之指导，则称内务部，唯区则不设立内务部。

（二）各级内务部，在行政上直接属于上级内务部，建立直接的系统关系，绝对执行上级内务部的命令，但同时则受同级政府的主席团的指导，发生横的关系。内务部可以组织内务委员会，由三人至九人组织之。

（三）下级内务部的部长，经该级苏维埃代表大会选举出来之后，必须送上级内务部去批准。

（四）内务部暂时管理市政、民警、刑事、侦探、卫生、交通、邮电、粮食、社会保护、户口调查、生死和婚姻登记等事项、内务人民委员部下暂时设立：

（甲）市政管理局

（乙）行政局

（丙）卫生管理局

（丁）交通管理局

（戊）社会保证管理局

（己）邮电管理局

（附注一：）卫生、交通、邮电、社会保证、粮食等管理局，是卫生、交通、邮电、社会保证等部未成立前的临时组织，是暂时由内务部兼理这几部的工作。

（附注二：）城市苏维埃区县省的卫生部（或科），目前暂不设立，在内务部之下，暂设立卫生科，但区由主席团负责，城市苏维埃，区县省的粮食部，须另设部（或科），受中央内务人民委员部的指导。

（五）县省两级内务部内只设行政科、市政科、交通科、卫生科、社会保证科，城市苏维埃设行政科，管理民警厅，兼理刑事侦探的工作，大的城市则设立市政科、行政科，以管理市政民警及刑事侦探事项。

（六）内务部除部长和副部长外，中央则设各管理局的局长六人，省设立行政、市政、交通、卫生、及社会保证等科长五人，县则只设科长二人，城市则设行政科长一人。

（附注：）小的县可由部长兼科长，只增科长一人。

（七）除第六项上所列举的负责工作人员外，可酌量用技术工作人员，以担任技术上的工作，由部长以命令委任之。

（八）各管理局（或科）所掌管的事务如下：

（甲）市政管理局（或科），管理市政的建设事宜如：马路、街道、电车、电灯、自来水及其他公用的市政企业的建设和管理。

（乙）行政局和行政科，（1）管理民警，训练和教育民警，调查户口，登记生死和婚姻，街灯之设立监视和指导民警维持市面的治安，街道的清洁以及禁止烟赌等等。（2）管理刑事侦探，训练刑事侦探人员，侦探和逮捕各种刑事犯（如贼盗、杀人犯等等）。

（丙）卫生管理局（或科），管理医院，预防和制止瘟疫与传染病，注意公共卫生，检查车船、公共食堂及人民住宅之清洁，考验并监督医生和药剂师，检查药品及药材之营业等。

（丁）交通管理局（或科）计划和建筑，并检查道路桥梁之修理与改善，船只的管理，航路的疏通，和航路标志的建立，陆上运输的管理与改善，（铁路汽车道航空等等，）以及管理其他关于交通的事宜。

（戊）社会保证管理局（或科），筹划和管理救济社会的贫困，如水灾旱灾以及受各种灾害等区的救济。

（己）邮电管理局，发展和管理全国的邮政有线电报、无线电报、长途电话等事业。

（附注：）邮电是集中管理的，所以只有中央内务人民委员部之下，设立邮电管理局，省以下则不设立。

（九）如在工作上有必要时，各管理局或各科可设立委员会，聘请专门人才为委员，以管理局长或科长为主任，其委员由三人至五人。

（十）地方政府之粮食部卫生部之组织和工作细则，另行规定公布之。

（十一）为督促部务之进行，指导下级之工作，得任用指导员若干人。

（十二）内务部的办公细则另定之。

（十三）本暂行纲要，人民委员会得随时修改和废止之。

（十四）本暂行纲要，在福建、江西两省，及瑞金直属县，自公布之日起施行，但未与中央苏区打成一片的苏区，自文到之日起施行。

选自《中央革命根据地史料选编》下册，江西人民出版社1982年出版，第168～171页附五。原件未注明史料来源。

7. 中华苏维埃临时中央政府内务部布告（第一号）——关于统一苏维埃邮政问题

1932年4月

从前闽赣两省所办的赤色邮政，都是各自为政的，组织既不统一，办法亦各不同，并且组织涣散，致交通停滞，消息阻隔，两日可达之信，迟至十日才能送到，时常发现遗失邮件之事。这样不仅不能帮助苏区交通，而且妨碍目前的斗争行动。本部为整顿邮政便利起见，特决定两省邮政统一办法，并宣布自五月一日起，开始实行下列各项：

一、建立中央邮政总局，统一中央区的邮政。在各省设立邮政管理局，各县及各交通要道，分设甲乙两种邮局，在非交通要道之地，设邮政分局及邮政代办所。从前闽赣两省所设的各样名目，概行遵照新章更名。

二、制定邮件寄费新章，和新式邮票四种，以资统一，自五月一日起，一律按照新章实行。从前闽赣两省所规定之邮章、邮票，实行宣布取消，其已经为各机关购存之邮票，请到各局，退还现金。

三、以后各机关及工农群众凡邮寄信件、印刷物品及包裹等项，均照新章贴足邮票，凡未贴足邮票者，按章加倍罚款。

四、红军信件仍照红军优待条例办理，凡窃盖红军免费印记之非红军信件，一经查出，则加倍处罚。

此布

内务部代部长　何叔衡

选自《中华苏维埃共和国中央政府文件选编》，《江西社会科学》1981年增刊，第19页。

8. 赣东北省苏维埃政府优待红军家属条例

1932年5月29日①

第一条　前赣东北革命委员会颁布的优待红军家属条例，已多不适用，决定实行废

① 原注：此为收文时间。

止，特按照目前情形，制定本条例。

第二条　凡属红军游击队的指挥员、战斗员及其他工作人员本人，及其家属一律要分配土地，并有分得好的土地的优先权。红军及其家属分得的土地完全豁免其应纳的土地税。所指的家属依照土地法的规定。

第三条　红军及其家属由该乡村苏分配土地，其家属无生产成员不能耕种者，由该乡村苏领导群众负责代替他们耕种，其家属有生产成员能自行耕种者，乡村苏只负一般的必要帮助的责任。

第四条　凡非赣东北籍之红军家属住在某乡，即为某乡群众，与该乡红军家属享受同样的优待。

第五条　政府的工厂或学校，凡属红军游击队的指挥员战斗员的家属，有入工厂和受教育的优先权。

第六条　自本条例公布后，凡上年未分田的红军家属，即往居住的县苏或直属区苏报告。在某乡居住，每月每人津贴米四升，十岁以下的小孩减半，柴油自己负责。如有疾病或其他原因，事实上不能自己自给，由住在当地的乡村苏酌量帮助其必须柴火，油盐菜完全由红军家属自己负责。本条例规定的优待办法，到明年秋收割取谷子时候停止。凡上年未分田的红军家属住在某乡，该地县苏优待红军家属委员会须登记起来，报告到省优待红军家属委员会，由省优待红军家属委员会发米票给各县苏优待红军家属委员会转发给他们。

第七条　凡因作战而牺牲或成残废的红军家属与在伍的红军家属享受同样的优待，直到他们的家属能自谋生活为止，残废者并得入红军残废院。

第八条　凡红军开小差或欠假不归队，除立即停止优待外，一方面收他送省军委执行军纪；一方面得由本村群众清缴从前优待的费用及工钱，并缴回其已免去的土地税。如以后归队了并交回清缴的优待费用及工钱和缴回的已免去的土地税。

第九条　红军家属住在白色区域不能分配土地者，由苏维埃优待红军家属委员会设法寄款给其家属。

第十条　本条例由本政府公布施行。

附注：乡村苏帮助耕种的田，是指红军自己、他的妻和儿女、他的父母或是他的自幼抚养成人的抚养者的田（这些人须是没有生产力的），如他有兄弟时，乡村苏只耕种其父母应归他耕种的一份田地。

选自《闽浙赣革命根据地史料选编》上册，江西人民出版社 1987 年出版，第 555～556 页。

9. 福建省苏维埃政府通告
——关于检查白色邮件的规定

1932 年 7 月 1 日

顷接国家政治保卫局函开：关于白色邮件的检查，从本局到汀后，概由我们负完全责任。可是最近长汀童坊区苏在半途搁阻检查，所有的信概扯得稀烂，并擅行没收。他们不但检查不出什么问题，反而妨害我们工作的进行。兹将该区苏没收信件的单据送来一阅，希速令其停止检查，并转令其他各区苏同样遵照。此后本局开动后，一切邮件的检查，概须交给省局负责，各地区苏不得擅行随便检查和扣留。特此通告，仰各遵照，不得故违！

福建省苏维埃政府

一九三二年七月一日

选自《闽西苏区法制史料汇编》，龙岩市中级人民法院、古田会议纪念馆合编，2008年10月内部出版，第86～87页。

10. 福建省苏维埃政府通令
——制止滥发路条及取缔村苏路条问题

1932年8月3日

目前革命飞快地发展，苏区一天天地扩大，引起了军阀团匪极大的恐慌与仇恨，因此他们不断地在苏区内捣鬼怪行为，如造谣、捣乱、侦探消息、恐吓群众……无所不至。近查各区乡苏，有本地乡苏不肯发给路条，走到邻近乡苏去打路条的。甲地不准通过，绕由乙地即可经过的。甚至有些反动侦探请人冒名打得路条在赤区走动，而村政府也有还在发行路条的（村政府应即取消）。这真完全忽视了路条作用与意义，成了一个很严重而且危险的问题。兹特着重指出并规定发行路条办法如下：

1. 为要防止反动侦探苏区消息，各级政府对于发给路条的人应绝对注意，如政府不清楚的人，决不能发给路条。

2. 凡群众打路条，务必到本地政府去打，不得到别个区乡政府去打。如有特殊情形，也须有本地政府的介绍，才能发给路条。

3. 打路条的人，必须亲到发路条的政府去，并须数明人数是否符合，以免反动侦探的冒混。

4. 查村政府早已宣布取消，现还发现以村政府名义发行路条的。为统一路条起见，凡属村政府路条，自应作为无效。

5. 须经常派稍识文字的人到要紧的交通路口，严格检查来往行人的路条。如没有路条的，须即扣留详加审问，切不可马马虎虎随便派一些小孩或不识字妇女去查路条。

以上数点各级政府务要切实做到，如发现仍有滥发路条的事情，定必严究发路条的人，同时政府也同样地要负完全责任。仰即严格遵照办理！

此令

主 席 张鼎丞

副主席 阙继明

张思垣

公历一九三二年八月三日

选自《闽西苏区法制史料汇编》，龙岩市中级人民法院、古田会议纪念馆合编，2008

年10月内部出版，第85～86页。

11. 人民委员会对于赤卫军及政府工作人员勇敢参战而受伤残废及死亡的抚恤问题的决议案

1932年8月

国内战争正在残酷地进行着，广大的工农赤卫军及政府工作人员领导地方武装，英勇地配合主力红军的行动而展开前线及坚固后方的斗争，对于战争胜利，实有决定的意义。在过去几次残酷的斗争中，赤卫军及政府工作人员的勇敢参战，得到了显著的功绩，今后更须加倍广泛地动员参加这一艰苦的斗争，在斗争中受伤残废及死亡的赤卫军及工作人员，是为整个阶级利益而受到的牺牲，应为广大工农群众所钦敬，并须予以抚恤及赞扬。人民委员会第二十次常会，特议决对赤卫军及政府工作人员为作战而受伤残废及死亡的抚恤办法如下：

一、凡赤卫军及政府工作人员，有因作战而受伤残废及死亡者，须由当地县政府登记，呈报省政府，发给抚恤。

二、凡赤卫军及政府工作人员，因参战而受伤者，由政府担负医药费用。

三、凡赤卫军及政府工作人员，因作战受伤而成残废不能服务者，可送往残废院，由政府维持其生活。其愿意归家者，则须给予终身抚恤金，其数目以当地生活程度而定。但全残废每年不得少至三十元以下，半残废每年不得少至十五元以下，全残废与半残废的区别，可依照红军抚恤条例之规定。

四、凡赤卫军及政府工作人员，因作战而死亡者，由政府出资葬埋，有特别意义者，并须勒碑纪念，其遗金遗物，除在遗葬中有特别支付外，应付与其家属，但有革命意义的物品，应保存于革命陈列馆。

五、凡赤卫军及政府工作人员，因作战而残废不能劳动及死亡者，如其家属确无生活能力，应设法帮助，对其子女弟妹之幼小者，由国家负责送入学校读书，并帮助费用，以满十六岁为止。

六、各省苏内务部应制发各种抚恤证，并规定发抚恤金的时期。

七、以上各项办法，非因作战而伤亡残废者，不得享受此种权利，自本决议案颁发之日起施行。

选自《红色中华》，1932年9月13日，第六版。

12. 各省县工农检察部目前的中心任务

1932年8月13日

江西、福建两省、瑞金直属县及中央政府附近会昌、寻邬、安远、宁都、南广、宁化等县工农检察部联席会议决定，各级工农检察部在目前的中心任务如下：

（一）根据中央执委十四号训令加紧检察参战工作，应注意之事项如下：

甲、军役的补充：

1. 一县或几县按期成立红军补充团，每团每月至少成立二连。

2. 发展城都赤卫军，凡十八至四十岁的选民都有加入的义务，但以自愿为原则。区应成立模范赤卫连，大区三四连，小区一二连。

3. 各县游击队全县出击，必搜（遵）照军区或各县政府所规定的游击纲要，绝对禁止游击队非阶级路线的行动。

乙、督促修理交通路（线），尤其是军事交通路线的桥梁道路。

丙、充筹战争经费：

1. 检查销售公债的成绩。

2. 检查保护秋收的成绩。

3. 检查秋收后加种杂粮及禁种鸦片的成绩。

4. 检查游击队筹款工作，绝对禁止搜扰贫苦工农。

丁、发展苏区经济：

1. 如福建之纸、木，江西各县之茶油、夏布、樟脑、煤矿等，必须督促发展。

2. 汀州、白沙、兴国、雩都、宁都、筠岭等大的城市，督促各地政府帮助组织大规模的消费生产等合作社。

戊、检查加紧各地赤色戒严和肃反的工作。按省、县、区、乡清查阶级异己分子，肃清地主靖匪及反动政治派别。

（二）督促各级政府土地部对土地法的彻底执行。

发展土地革命的斗争，使土地革命的深入，要看执行土地法的程度为定。工农检察部应督促各级土地部赶急重新调查土地。如发现地主还据有土地和大房屋，富农还占有好田，必须立即没收，按土地法重新分配。土地未分配好，或分配不合法的地方，必须发动农村阶级斗争来重新分配。在新发展的地区，必须毫不延迟地按土地法做一次将没收分配土地的工作完成。

（三）严格地检查对财政的贪污滥费：

在节省一切经费作充红军供给的口号之下，如对贪污腐化的分子放松应受革命的斥责。各级工农检察部如发现插腰包、打埋伏及种种浪费财政的现象，应严格地检举，提起公诉，从严惩办，乃至枪毙罪犯为止。

（四）监督各种税收。

在发展战争当中，重新确定商业税、土地税、房租等。各级工农检察部，要站在增加国家税收、保证贫苦工农利益的立场上检举偷漏税收、隐瞒或滥用税款，并督促规定的时间收完，不得迟延等等。

（五）检查实行优待红军的条例及其办法：

扩大红军，补充军役的中心任务，均要看执行优待红军办法的程度而决定。在中央执委第九号训令第十九项规定各级工农检察部须负责派专人考查和检举。如发现各级政府不执行优待红军条例，得向法庭提起控告，按反革命一样来处罚。检查优待红军条例，各级工农检察部应负专责。尤其是现在红军公谷的集中和保存，应按中央人民委员会第十八号命令办理，不便有颗粒浪费，是工农检察部目前最迫切的任务。

公历一九三二年八月十三日通过

选自《红色中华》，1932 年 9 月 13 日，第六版。

13. 工农检察部控告局的组织纲要

1932 年 8 月 13 日工农检察人民委员部颁布

一、各级工农检察部或科之下得设立控告局。

二、各级控告局，直属各级工农检察部或科，受其指导和节制，没有上下级的隶属关系。

三、控告局设局长一人，调查员若干人。

（附注:）调查员看各级控告局工作需要来规定。

四、在工农集中的地方，控告局可设立控告箱，以便工农投递控告书。还可以指定不脱离生产的可靠工农分子代替控告局接收各种控告。

五、控告局为调查所控告的材料，按照控告局所发给的证书，调查员方能到各工厂作坊、机关去调查。但是不能妨害该工厂、作坊及机关工作上之进行。

六、控告局日常的工作，是接受工农劳苦群众对苏维埃机关或国家经济机关的控告，及调查控告的事实。但是控告局只接收控告某机关或某机关的工作人员的控告书，不接收私人争执之控告书。

七、如遇所控告者为紧急事件，控告局可以直接通知某机关或某机关的某一部，进行该事项的检察，但事后必须报告工农检察部。

八、控告局调查完毕的事件，须将材料汇集报告工农检察部，以决定执行的办法。

九、苏维埃的政府机关和经济机关，有违反苏维埃政纲政策及目前任务，离开工农利益，发生贪污浪费、官僚腐化或消极怠工的现象，苏维埃的公民无论何人都有权向控告局控告。

十、人民向控告局控告，可用控告书投入控告箱内，或由邮件都可。不识字的，可以到控告局用口头控告，有电话的地方，也可以用电话报告控告局。

十一、控告人向控告局投递的控告书，必须署本人的真姓名，而且要写明控告人的住址，同时要将被告人的事实叙述清楚。无名的控告书，一概不受理。倘发现挟嫌造谣、借端诬控等事，一经查出，即送交法庭，受苏维埃法律的严厉制裁。

中央政府工农检察人民委员　何叔衡

选自《红色中华》，1932 年 9 月 6 日，第七版。

互校版本：

1.《中央革命根据地史料选编》下册，江西人民出版社 1982 年出版，第 164～165 页附二。简称“江西史料版”。原件未注明史料来源。

2.《中央苏区廉政建设》，中央文献出版社 2009 年出版，第 177 页。原件未注明史料来源。

14. 突击队的组织和工作

1932年8月13日工农检察人民委员部公布

一、突击队是人民在工农检察部指导之下监督政权的一种方式，凡有选举权的人都可以加入突击队。

二、突击队每队的人数，最少须有三人，每队须有队长一人。

三、突击队只隶属于当地的工农检察部，受他的直接领导。

四、突击队的队员不脱离生产，他们执行工作是在空暇的时间或休息日，并不是固定的，每次突击可以改换队员分子。

五、突击队的工作方式有以下两种：

（1）公开的突然去检查某苏维埃机关，或国家企业和合作社，以揭破该机关或企业等的贪污浪费及一切官僚腐化的现象。

（2）扮作普通工农群众到某机关去请求解决某种问题，看该机关的办事人员对工农的态度，办事迅速，以测验该机关的工作现状。

六、突击队出发之前，须由工农检察部的负责人预先做出一个计划，与该队长队员详细谈话，使突击队可按照计划去检查。

七、突击队所突击的范围，仅限于苏维埃机关和国家企业方面，私人企业及私人间的关系，不是突击的目标。突击队所要突击的是关于政纲政策执行得是否真确①，工作计划是否实现，参战工作的程度如何，官僚腐化、贪污现象等等问题。

八、突击队突击某机关的时候，应注意不妨害该机关工作之进行。

九、突击队须有工农检察部的证书，去突击的时候，须先把证书交给该机关的负责人看，否则无权去突击。

十、突击队未得工农检察部的许可和指示，不得自由去突击，但是突击队的每个队员，看到了或听到了某种不好现象，应随时去报告工农检察部。

十一、突击队当突击某机关所收集的各种材料，须在该机关负责人之前，当面写成记录，要机关负责人签字，以为证据。

十二、突击队每次突击之后，须向工农检察部做详细的报告。

工农检察人民委员　何叔衡

一九三二年八月十三日

选自《红色中华》，1932年9月6日，第七版。

互校版本：

1.《中央革命根据地史料选编》下册，江西人民出版社1982年出版，第165～166页附三。简称“江西史料版”。原件未注明史料来源。

---

① “红色中华版”印作“真确”，“江西史料版”印作“真［正］确”，“中央文献版”印作“正确”。

2.《中央苏区廉政建设》，中央文献出版社 2009 年出版，第 178 页。

15. 中央工农检察人民委员部训令第二号——关于检察苏维埃政府机关和地方武装中的阶级异己分子及贪污腐化动摇消极分子问题

1932 年 12 月 1 日

在敌人垂死的挣扎，用三分军事，七分政治，下最大决心大举进攻的时候，一切阶级异己分子及各种反动政治派别，必定要混入我们的苏维埃政府机关和地方武装中，来危害和阻碍我们的革命胜利。我们为了粉碎敌人大举进攻，进行和准备与敌人长期作战，保障革命的全部胜利，我们对于被选举的各级苏维埃政府委员，及各级政府委任的工作人员，和各地军事机关及地方武装、独立师团、游击队、赤卫军、少先队等部队的指挥领导人员中的阶级异己分子，和官僚腐化动摇消极分子，要来一个大大的检举运动，洗刷他们出苏维埃政府机关及地方武装中去。

同志们！在一二三次战争中的事实教训我们，到战争紧张时，少数地方政府有阶级异己分子混入操纵，致发生领导反水的严重现象。同样的在少数地方武装内，也有阶级异己分子混入操纵，使我们阶级战争发生污点，这值得我们严重地注意。我们的检举办法，规定如下：

（一）各级工农检察部组织临时检举委员会，以工农检察部部长任委员会主席。

（二）各级检举委员会的组织：

省一级的检举委员会，由省工农检察部、省职工会、省雇农工会、少先队部、军区指挥部、军区政治部各一人，再由省苏政府主席团指定一人，共七人组织之。

县一级的检举委员会，由县工农检察部、县军事部、县职工会、县雇农工会、县少先队部各一人，县苏政府主席团指定一人组织之。

区一级的检举委员会，由区工农检察部、军事部、区职工会、区雇农工会、区少先队各一人，由区苏政府主席团指定一人组织之。

城市检举委员会，由城苏工农检察科、军事科、城区职工会、城苏主席团指定一人组织之。

附注：各级选定的检举委员，要有长期坚决斗争革命历史的工农分子，尤其是工人。

（三）检举委员会的工作：

一、各级工农检察部召集上面所指定的机关和团体派来的人员组织检举委员会，一面定期开会，制定检举表，开始工作；一面呈报上一级工农检察部批准。如上级认某一个检举委员有不称职时，可令撤换，再行拣派。

二、检举本级政府机关及本级所属地方武装组织，详细登载检举表，开会讨论，定出某一个异己分子及官僚腐化动摇消极分子的停职、撤换惩办、监视各办法，向政府机关、军事机关的群众报告，发动斗争、征求同意，再向上级工农检察部报告，提交上级政府机关及军事机关核准执行。

附注：有长期阶级斗争的历史，思想行动已完全无产阶级化者，不在被检举之列。①

三、分发去指挥监督检举下一级的政府机关和地方武装的组织，如省分发到各县，县分发到各区及城市，区分发到乡级之类。

（四）检举工作的联系：

此次检举工作，要与战争紧急动员和改造苏维埃政府，发展地方武装，彻底实行劳动法、土地法等工作联系起来，才有力量和作用。

（五）检举工作的总结：

各级检举委员会的工作报告和检举表，都要写两份，一份存本级工农检察部，一份报告上级工农检察部。检举工作完结，检举委员会即解散。在明年一月五日以前，各省要将检举总结，报告中央工农检察人民委员部。至于各县区的检举总结期间，总在十二月底，要努力完结，万勿视为具文。此令！

工农检察人民委员　何叔衡

一九三二年十二月一日

选自《红色中华》，1932 年 12 月 19 日，第三、四版。

互校版本：《中央苏区廉政建设》，中央文献出版社 2009 年出版，第 181～182 页。原件未注明史料来源。

16. 中央人民委员会命令——为严紧出境行人事

1932 年 12 月 27 日

现值帝国主义国民党对中央苏区大举进攻紧张时期，对于从苏区出境的人，自应特别慎重，非经过严密审察，决不可随便放出苏区，以免豪绅地主及一切反动分子，得以自由出境，从事反革命活动。临时中央政府为了巩固苏区以保障工农群众的利益起见，特规定对于从苏区出境行人的办法如下：

（1）凡从苏区出境者，须有国家政治保卫局的出境护照及政府的路条，方可放行；如只有护照而无路条，尤其是只有路条而无护照者，均不得放行。

（2）国家政治保卫局及省、县分局（区特派员无发护照之权），对于要求出境者，须经过严格之审查，认为确有出境之必要者，方可发给护照，并须于护照下载明出境之路径。

（3）省县区政府（乡政府没有发给出境路条之权），对于持有政治保卫局之出境护照而要求出境路条者，可依照护照上规定之途径发给出境路条，否则不能发给。尤其是区政府打出境路条时，须详细考查，确系本区居民或出境者的路程必须由本区经过，而不是故意从别区跑到本区来打路条的，才可发给。

---

① “红色中华版”有此“附注”，“中央文献版”无此“附注”。

以上各点务望各地政府、各级保卫局、各军事机关、各检查机关，切实照办，以加紧赤色戒严，是为至要。此令！

各级苏维埃政府

各级国家政治保卫局

各军事机关

主　席　毛泽东

副主席　项　英

张国焘

一九三二年十二月二十七日

选自《红色中华》1933年1月7日第三、四版。

17. 中央内务人员委员部命令——禁止粮食出口与靡费

1932年12月27日

在粉碎帝国主义国民党大举进攻央苏区当中，积存充分粮食准备供给红军及苏区群众，使能长期与敌人作战，是争取这一战争彻底胜利的主要条件之一。

近查各苏区粮食出境甚多，如果不加限制，一定要影响到明年的苏区粮食。为此特通令各级边区政府立刻禁止米谷运出白区。并根据各地实际需要，限制粮食浪费，如做粉子、造酒、喂鸡等，并规定具体限制及取缔办法，由省县政府公布执行。这一禁止必须向群众宣传鼓动，使大家明了这是为争取战争胜利，只有使群众大家了解，得到群众的拥护，才能彻底做到。

除禁止粮食出口与靡费外，尚须鼓动群众，多种粗粮、蔬菜，如麦子、蚕豆、萝卜、油菜等，准备明年青黄不接时帮助粮食之不够，此令。

各级苏维埃政府

代内务部长　何叔衡

一九三二年十二月二十七日

选自《红色中华》1933年1月7日第四版。

18. 工农检察人民委员部训令第三号（摘录）——关于健全各级工农检察部组织事

1933年4月13日

……特为规定省、县、区工农检察部的组织内容如下：

子、各级工农检察部长须有专人负责，不能兼其他各部工作。目前如兼有其他工作者，必须辞去，由主席团另推选其他委员接替其他部分工作。省、县两级须设副部长。

丑、立即建立各级工农检察委员会，省以十一人到二十五人组织之，县以九人到二十一人组织之，区、市以七人到十五人组织之。委员会的委员，以能经常到会的为条件，凡只挂名不到会的，要另行委任。委员会的任务，是讨论和计划本部的一切工作，部长为委员会当然主席。

寅、省工农检察部除部长、副部长及委员外，暂定九人至十人担任经常工作，其工作分配如下：

指导员二人至三人，经常到各县指导工作。

控告局局长一人，管理控告局的全部工作。

调查员二人至三人，执行控告的调查工作。

管理和指导突击队的工作一人。

管理指导工农通讯员的工作一人。

秘书一人，管理文件和开会记录。

卯、县工农检察部除部长及委员外，暂定经常工作人员七至九人，工作分配如下：

指导员二人至三人，控告局长一人。

调查员一人至二人，管理突击队一人。

管理工农通讯一人，秘书一人。

辰、区、市工农检察部除部长及委员外，经常工作人员五人至七人，工作分配如下：

秘书一人，控告局局长兼管工农通讯一人。

调查员二人，管理突击队一人。

巳、各级工农检察部除了经常工作人员外，要尽量使委员会的委员能分担部分的工作(委员会的委员可以兼任部内职务和控告局指导员等)，特别是吸收党员、青年团员、工会会员、少先队队员，以及其他团体的人员来参加工农检察部下面各种组织的工作。

午、临时检察委员会（如经济、土地、检举等等）的组织，除由该级工农检察部派定一个委员去主持外，其余委员均应该吸收不脱离生产的各机关中各群众团体中的人员担任，这种临时组织的委员，工作完毕即行解散。

未、各级工农通讯员要广泛建立起来。凡是各机关、各群众团体、各圩场、各村庄，以及城市中各街道，都要找得当地群众团体的人员，机关的职员，工厂中的工人，农村中的农民，街道中的工人及贫民等好的分子加以委任，来担任通讯员，作为工农检察部的眼目，要他们经常作书面通讯和口头报告。

申、突击队要以突击队组织纲要经常建立起来。要吸收青年团员、工会会员、少先队队员以及其他群众团体的会员，大批地参加突击队。对于青年团体的轻骑队员，红色中华的铁锤队以及其他机关的突击队，取得组织的和工作上的密切联系。

酉、建立报告制度，每月下级向上级做工作报告一次。

戌、各级部长以后不能随意调换。如因工作必要调换者，须得上一级的批准。各部工作人员除由各部委任外，并将该工作人员履历报告上级审查备案。

以上各项，须立即遵行，并将执行的经过，按级报告为要。

此令

工农检察人员委员　何叔衡

公历一九三三年四月十三日

选自《中华苏维埃法制资料选编》，江西省法学会1981年11月编印，第31～32页。原注："此件抄录于都县革命历史纪念馆《选举、检举、肃反运动》卷二十三"。

互校版本：《中央苏区廉政建设》，中央文献出版社2009年出版，第173～174页。原件未注明史料来源。

19. 检举运动工作纲要

1933年5月20日

一、检举运动的任务

（一）检举的任务是：

1. 清洗暗藏在苏维埃机关和地方武装里面的阶级异己分子。

2. 检举苏维埃机关和地方武装内的贪污腐化消极怠工分子。

3. 反对苏维埃机关内官僚主义，驱逐官僚分子出苏维埃机关。

4. 发动反官僚主义、贪污腐化、消极怠工的群众，来巩固工农政权，强固苏维埃对于革命战争的领导。

（二）上一次检举运动没有得着什么成绩，主要的错误是：

1. 把检举运动变成填写检查表的运动，并要被检举的人自己填写要检举的项目，这自然检查不出什么东西来。因为被检举的人，绝对没有自己写自己是异己分子，更深刻填写自己的错误，这是十足官僚主义的方式。

2. 绝大多数把检举运动，变成少数人坐在机关内房子内的工作，没有成为广大群众参加的运动。

3. 对于检举的人，很多的只是简单地用行政手段来解决，没有运用检举的事实，来发动群众的斗争，教育广大群众，开展反官僚主义、反贪污腐化、反消极怠工的运动。因为有了这些错误，所以检举运动在几个月中，没有得到什么成绩，现在必须严格的纠正。

二、怎样来进行检举？

（一）充分执行群众路线，发动苏维埃机关内及其邻近周围的群众，来积极参加检举工作，这样才能将隐藏在苏维埃机关的异己分子和贪污腐化、消极怠工以及官僚主义的分子尽量地揭露出来，不让有一个能逃脱检举或掩藏过去。

（二）进行检举运动的第一步工作：

1. 将检举的意义和被检举的机关，以及规定检举的期间，写成布告张贴各处。

2. 由工农检察部商同各群众团体，召集会员大会，出席作报告，发动他们来参加检举运动，供给和举发各种应检举的事实和材料。

3. 特别与当地党团支部工会，建立最密切的联系，取得他们各种的帮助。

三、组织检举委员会及其工作：

（一）通知各团体（工会、农业工会、青年团、轻骑队、赤卫队、妇女代表会、立法会、反帝拥赤会，如乡一级的检举要贫农团参加等等）开会选举积极分子，充当检举委员，组织检举委员会，人数以十一人至十九人，由工农检察部代表为主席。

（二）检举委员会成立后，就要开会订出计划和工作日程，分配各委员到各部门、各机关去搜集材料报告，经常出席那些部门和机关的各种群众会议，即在各会议中发动群众出来检举，经常接近那些地方的群众，听他的意见和报告。

（三）检举委员会须一星期开一次会，由各委员报告工作，审查各地搜集的材料，加以讨论，有不清楚的，须再责成一个或二个委员去调查。

（四）检举表仍要发给被检举机关工作人员填，但对于他的工作一项，应由该机关负责人填写。检举委员会不能根据这一表作为调查材料，向该机关周围的群众去考察是否属实。对于成分一项，更要调查清楚，有必要时，写信或派人到他家住的附近群众和贫农团、工会、政府去调查。

（五）检委会按各方面所得的材料，提出一个一个的人来讨论，然后作出结论——定出被检举人的处治办法。

（六）根据结论，错误大的要组织群众审判会来审判，一般的可召集群众公布，但准许被检举人申诉，或参加的群众提出不同的意见，再由检举委员会最后决定。

（七）检委会将全部检举办完毕后，开会作总结，报告工农检察部审查批准，然后召集全体群众会议公布。

（八）对被检举［者］的处罚，依照其错误大小，来分别给以劝告、警告、严重警告、最后警告、调换工作、撤职［等处分］。至于犯了苏维埃法律的，则请工农检察部提交主席团和裁判部办理。

四、检举中怎样来发动斗争，教育群众？

（一）检举运动，他的目的，不单是在这一次检举中，将检举出来的坏分子给以处罚，驱逐出去，而是要发动群众起来，同这些坏现象［坏］分子做斗争，要使这一斗争继续开展起来，肃清苏维埃机关中的官僚主义、贪污腐化的现象、消极怠工分子，并保证异己分子不敢再潜入苏维埃机关中。

（二）为了发动群众的斗争，应该运用每一个被检举的事实，提交群众会议，要求群众发言来批评、来追问、来讨论所犯的是何种错误，对于苏维埃有如何的影响损害，应受何种处罚，鼓动群众经常向检委会做这报告，举发坏分子。

（三）同志审判委员会，不应当做法庭审判犯人一样，应该成为发动群众斗争、教育群众的方式。在审判时，要将很多事实，用问答式的口气，来发动群众发言，主审人或工农检察部的代表，可在最后来做结论。

（四）检举委员会应当在检举群众大会或同志审判会中，拿许多具体的事实来告诉大会，什么叫做贪污腐化、消极怠工？为什么要反对贪污腐化、消极怠工？这些分子对于苏维埃和工农群众的危害怎样？异己分子隐藏在苏维埃机关有什么危险？这样来教育群众，使他们以后看见这些不良现象和不良分子，就可以起来斗争。

（五）无论检举大会或同志审判会，都要尽量吸引群众参加，可用各种方法（出布告、发通知、贴标语）来动员群众参加，群众到得愈多，则这会议的意义和影响愈大，成功愈多。

五、检举运动与深入阶级斗争的联系：

（一）检举运动与深入阶级斗争是不可分离的，只有紧密联系起来，才能获得最满意的成功。

（二）检举运动必须与土地部的查田运动密切地合作，才能使着这一些隐瞒自己的成分、潜入苏维埃的分子，更彻底地检查出来。同时在检举中，可以考察出各地土地分配是否彻底，而帮助查田斗争的开展和深入。在区乡两级的检举运动，更要与土地部密切联系起来，有时可由工农检察部与土地部开联席会，讨论工作关系上的联系。

（三）同样的检举运动，必须与劳动部、国民经济部、妇女代表会的工作联系起来，才可以检查政府中违反劳动法、经济政策、婚姻法等的错误，和其执行得不正确的分子。

六、工农检察部怎样来领导这一运动?

（一）各级工农检察部目前应以检举运动为自己的最主要的中心工作。

（二）各级工农检察部要根据上面规定，首先定出一个检查计划，分出检举运动程序的先后，然后依次组织检查委员会，用各种运动号召的方式（文字、口头）来发动群众，进行检举运动。

（三）对于同级的检举委员会，要经常由部长或委员出席会议，指导他们的工作，在工农检察委员会，要按期开会，听检察委员的报告，检查他们的工作，给他们的指示，改正他们的工作方法。在每次检举大会或同志审判会，派代表出席，说明工农检察部的意见和决定，以当时的具体事实，来教育群众，发动群众斗争，扩大工农检察部在群众中的威信，吸引他们充当工农检察部的耳目，参加各种检举工作。

（四）上级对于下级的领导，应经常地考察他们的工作、检举的情形、工作方式，并予以具体指示，帮助他们工作的进行。特别省、县对于区乡检举运动，更要派很多巡视员到下面去实际地帮助他们的工作。在同级开检举大会，或同志审判会时，可叫附近下级工农检察部派人参加，学习怎样工作。

（五）各级工农检察部，应该运用自己每次检举经验，与新的工作方式，要普遍到全苏区，应该将每次检举的经验和结论，做成小册子或短文件发下去，以供下级工作的参改，改正他们的工作方式。

一九三三年五月二十日

选自单行手抄件。原件未注明史料来源。

20. 同志审判会临时规则

1933 年 5 月

一、同志审判会的目的，是审判苏维埃各企业、各机关的官僚腐化、消极怠工、贪污浪费的分子，在群众面前，揭破他们不正当的行为，以教育其他工作人员。

二、本会由工农检察部，会同群众团体，召集苏维埃各企业或机关的全体工作人员大会及附近的群众，或各市场、街道、乡村的群众大会，选举审判委员三人，推定主席一人，组织审判委员会来担任审判的工作，由审判委员会指定书记一人，担任记录。

三、到会群众都有发言权和表决权。

四、被审判人，为辩明本身的问题，可以找人证、物证，解释他所被审判的事实，并可请人代为辩护。

五、被审判人及到会群众，未得审判委员会主席的许可，不得随便发言。

六、在审判时，由工农检察部的代表，向群众报告被审判人所犯的事实。

七、审判终结后，工农检察部的代表，可以提出处罚的意见，群众也可以提出处罚的意见，最后审判委员会，提出付表决，以多数人的意见来决定处罚，但不能超出本规则第八项所规定的范围。

八、同志审判会的判决，只是未涉及犯法范围的意见，判决的标准，仅限于劝告、警告、严重警告、撤职、罚款（最高不能超出五元）等。

九、劝告、警告、严重警告三项，由同志审判会直接可以执行；撤职、罚款两项，由工农检察部提交主管机关去执行。

十、同志审判会认为案情重大，已经涉及犯法行为者，应将案件转交裁判部去办理。

十一、同志审判会是审判某个案件的临时组织，审判完了，就宣告解散。

一九三三年五月一日

选自单行手抄件。原件未注明史料来源。

21. 群众审判会组织纲要

1933年5月

一、群众审判会，是根据各级工农检察部按控告局的报告，或群众的直接控告，或各机关各企业负责人的提议，由工农检察部审察情形，再会同各群众团体，召集该机关的全体工作人员组织之。

二、群众审判会，是审判各种妨害苏维埃利益，或违反企业或机关的纪律，尚未达到犯法行为的程度之案件。例如工作人员官僚腐化、消极怠工，不遵守劳动纪律，看不起工农分子等。

三、群众审判会，由该机关的工作人员大会，选举三人或五人组成主席团，担任审判工作，主席团指定主席一人，书记由主席指定。

四、群众审判会的意义，主要是为了教育该机关、该企业的全体人员，其次是为了教育被审判者本人。因此绝对不许有任何威吓或肉刑等情事。

五、群众审判会审判时，可由工农检察部或该管机关企业及群众团体代表，申述该案件的经过，被审判者可以由自己或请人声辩。

六、群众审判会，认为有必要时，可召集与案件有关系的证人证明之。

七、在证人发言之后，旁听群众，得主席团之许可，可以自由发表意见，但主席团有停止其发言之权。

八、在双方当事人申述意见，及见证人和群众发言之后，主席团可向群众提出处罚意见，由群众付表决，以多数的意见为标准。

九、群众审判会，可以给被审判者以劝告、警告、严重警告、最后警告、开除工作、登报宣布错误，以制裁之，但对开除工作一项的标准与执行，须经过该主管行政机关。

十、群众审判会，在听到各方面意见后，如认为案情已涉及犯法行为者，应移交当地政府裁判部去审理。

十一、被审判者，如对群众审判会的决定，有不服时，可向上级工农检察部申述不服理由。如上级工农检察部认为其申述理由充足时，可以改变群众审判的意见。

一九三三年五月

选自单行手抄件。原件未注明史料来源。

22. 中央工农检察部的指示——怎样检举贪污浪费？

1934 年 1 月

苏维埃机关中，军事机关中，国家经济事业机关中，贪污浪费的事件，现在已经发现了好多处，未发现的还不知多少。消灭贪污浪费，使一切经费为着战争，这是我们目前的重要任务之一。中央工农检察部在人民委员会指导之下，督促各级工农检察部注意开展这一斗争以来，已在瑞金等处查出了几个大的贪污、浪费案，中央审计委员会在裁减军政机关不必要的随意浮开预算表中，仅仅十二月份已经节省了二十万元以上。开支及这一事实告诉我们，抓紧着开展这一斗争，是何等的重要。然而在各省县区以至市乡政府却至今还没有把这一斗争开展起来，这是不容许的现象。

为了广泛开展这一斗争，我们提出下面的要点：

（一）要提起对于贪污浪费的警觉性

瑞金县苏主席团及工农检察部在中央严正指出他们的问题后，漫不经心，拖延至一个月之久不进行检查，最后还是中央直接派人检查，才查出二千余元的贪污案来。各地主席团及工农检察部切不要以为自己机关中没有任何人员在作贪污或浪费的事情（自然不一定每个机关都有这种事实），一定要注意查察，有一点小的表现就要跟着去查，常常能从小的事件查出大的问题来。瑞金的大贪污案，就是从他们灯油浪费一件小事着手查出来的。

（二）贪污浪费常常不能分开

浪费多的地方多半藏着贪污分子在内，不制裁贪污分子就不能完全消灭浪费。瑞金、会昌及中府总务厅的检举，已经证明了这一点。

（三）发动群众反对贪污浪费

要知道反对贪污浪费是残酷的阶级斗争之一种，因此必须发动群众对于这一现象的斗争。一个贪污案子如果不发动那一机关的全体群众，就不能彻底查清楚，就不能禁绝以后再产生贪污事件。浪费的彻底消灭，也是如此。

（四）要注意许多机关里的贪污浪费

根据我们的经验，不仅是财政部人员可以发生贪污浪费现象，如内务部、裁判部、军事部、别的军事机关、国民经济部、政治保卫局、总务处，以及一切经手收钱用钱的机关，都有贪污浪费的可能。甚至贫农团主任、乡苏代表都有这种可能（如经手罚款捐款，发行公债，退还借谷票公债票，收集节省来手现金等），税务机关、国家贸易机关、粮食调剂局、合作社，贪污浪费的可能更大。如以为只有财政部系统中有贪污浪费现象的存在，而忽略其他机关的检查，是错误的。

（五）要根据中央政府新颁布的惩治贪污浪费令从严治罪

贪污五百元以上的实行枪决，五百元以下的分别监禁或罚苦工，浪费的亦应按照情节处罚。贪污分子及重大的浪费分子都应举行群众公审。每一次贪污浪费的检举，都应作出结论，采取必要的处置的办法。

（六）要组织审查委员会审查贪污浪费

这是临时的组织，省县区乡四级都应组织起来。以工农检察会主席，主席团派一人，青年团派一人，工会派二人组织。首先从财政部及总务处下手，及国民经济部及其所属的经济机关，次及各部以至一切经手款项的人，务必查他一个彻底。前后方军事机关，尤其后方各机关同样要组织委员会来审查。

在艰苦的国内战争环境中而有贪污浪费现象发生，完全是一种罪恶。而肃清这种罪恶的结果，不但省出了经费为着战争，而且将要紧张苏维埃人员的工作精神，提高工作效能，因为贪污浪费的反面就是刻苦勤奋，而贪污浪费分子除掉了，其他的工作人员以至广大群众将更加兴奋起来，所以反贪污的斗争，是执行苏维埃一切战斗任务不可分离的部分。

选自《红色中华》，1934年1月4日第140期，第二版。

23. 中央关于优待红军家属的决定

1934年1月8日

共产党中央“扩大百万铁的红军”的口号，不仅在苏区并且在苏区附近的白色区域，都得到广大群众实际的拥护。广大的工人农民群众如潮水一般的涌到工农红军里面来。为着巩固红军的发展，为要使前线上的战士安心作战，不顾虑他们的家属。必须建立普遍的、经常的、更好的优待红军家属的工作。共产党中央与苏维埃中央政府特再公布以下的决定：

（一）中央内务人员委员部须立即参照《中国工农红军优待条例》、苏维埃中央执行委员会第九号训令《执行红军优待条例的各种办法》，中央内务人民委员部一九三三年十月十六日关于城市红军家属优待办法的命令，并根据各地优待红军家属的经验，制成优待红军家属的专门条例，以命令公布之。

（二）对于分有田地的红军家属的最主要的工作，是保障他们的田地得到及时的、完善的耕种和收获。凡属缺乏劳动力或劳动力不足的红军家属，必须组织广大群众的义务劳动去帮助其耕种和收获。义务劳动的最好的组织方式是优待红军家属的耕田队，每个耕田队担任帮助一定的红军家属，农忙时或者其他必要时以乡以区为单位实行临时的调动。对现在各地已经组织起来的耕田队，必须迅速地整理并扩大之。每个未脱离生产而具有劳动力的共产党员和团员，都应加入耕田队。中央内务人民委员部须立即制定耕田队的具体条例颁布之。

（三）严格地普遍地实行优待红军家属的礼拜六。党、政府、后方军事机关、青年团以及其他群众组织各机关的工作人员，从中央到乡政府和乡支部止，必须全体参加。每个机关所在地的红军家属的优待，必须由该机关工作人员担负，并且作出优待红军家属的模范。

优待红军家属礼拜六的条例，另行规定公布之。

（四）给予红军家属优待证，凡属国家商店及合作社等，卖给红军家属的货物，一律九五折。当粮食油盐等日常必需品，遇到货物缺乏时，须首先供给红军家属。除此还应宣传鼓动群众集股组织优待红军家属的合作社，实行更高度的廉价。

各级党部和政府必须经常注意红军家属的日常需要和困难（如疾病，缺乏日常需用品等），领导群众帮助其解决。

（五）党的各级妇女部、工会女工部必须把红军家属中的工作当作首要的工作，经常地在红军家属中进行文化教育工作，经常召集红军家属的会议，指导和帮助红军家属对于前方战士的通信鼓励和增加他们作战的勇气，引进红军家属的先进分子参加党的苏维埃的以及各种社会工作。各级妇女部、女工部和女工农妇代表会必须能够首先将红军家属的需要反映到苏维埃和党部，并成为党和苏维埃优待红军家属工作的重要助手。

（六）凡设立学校的地方，红军子女有免费入学权利，由乡区政府负责执行。对于成年红军家属愿意入补习学校或其他训练班的，应尽可能招收他们。

（七）责成内务人民委员部立即进行关于红军家属的各种状况的调查统计，此种调查统计至迟不能延过三月底必须完毕。

（八）为着优待红军家属的工作有组织有计划地进行，必须在各级苏维埃下设立专门的管理机关，中央内务部下之优待红军家属局及省县区优待红军家属科须立即健全起来，县区乡设委员会。局、科特别是县区乡的委员会必须最大限度吸收红军家属中的积极分子参加工作。

上述机关必须与苏维埃军事部、红军总政治部、军区政治部发生最密切关系。党和政府的县区军事部必须经常去检查和指导上述机关的工作。

（九）责成红军总政治部及军区政治部经常地将红军胜利及前方战士英勇战斗的消息介绍红军家属知道，有组织地派遣红军战士代表到后方各地向红军家属做报告，建立联系制度，兴奋和安慰他们。同样，政府各级优待红军家属管理机关应组织红军家属代表，经过红军政治部派到前方部队中去报告他们受优待的情形，慰劳和鼓励前方战士。总政治部更应指导和帮助前方红军战士与其家属的通信。

（十）优待红军家属是一种广大的经常的群众运动，只有依靠广大群众的热情和力量，才能解决红军家属的需要和困难。各级党部必须领导青年团、工会、女工农妇代表会以及互济会、反帝拥苏同盟等以革命竞赛的热情来参加优待红军家属的运动。凡属优待红军家属工作中的模范，应该受到党和政府的光荣的奖励。

（十一）各种机关报特别是《红星》报应经常登载优待红军家属的消息，给以指导。并应在红军家属中建立经常的通讯员。

（十二）为着保障本决定和苏维埃政府关于优待红军家属的各种条例的绝对执行，各级监察委员会必须经常考察优待红军家属的工作。如发觉对于本决定和优待条例不执行的消极怠工的以及官僚主义的分子，必须给以严厉的处罚。如有破坏上项决定和条例的，须当作反革命论罪。

红军家属对于上述情形，有随时到当地工农检察委员会和党的监察委员会控告之权。

中国共产党中央委员会

中华苏维埃共和国人民委员会

选自《中共中央文件选集》，第九册，中共中央党校出版社 1986 年出版，第 6～8 页。原件未注明史料来源。

24. 优待红军家属礼拜六条例

1934 年 1 月 10 日中共中央、人民委员会公布

中国共产党中央与中华苏维埃中央政府责成各级党部、各级苏维埃、后方军事机关及各群众团体，除严格执行红军家属优待条例外，还须严格地执行下列的优待红军家属的礼拜六条例。

（一）党、苏维埃、后方军事机关、青年团、工会以及一切群众团体的各级机关——从中央直到乡支部、乡政府每个党员、每个团员、每个工作人员，凡是脱离生产的，都应参加实行优待红军家属的礼拜六工作。

（二）礼拜六的执行，是每个机关工作人员在每星期实行优待红军家属的一日。定在星期六或星期日，实行礼拜六的工作时间必须算足四小时。

（三）优待红军家属礼拜六工作，包括着替红军家属做一切关于土地山林，以及砍柴挑水等日常家事的工作。

（四）各级机关的工作人员可以组织成为“礼拜六”队，由各级党军事部和苏维埃共同负责组织，各队工作的分配由当地乡苏负责，各队队员工作的适当分配由队长负责——为着不妨碍本机关工作，每机关工作人员可分成两部，在星期六或星期日轮流实行礼拜六。

（五）各级机关工作人员实行礼拜六，必须以身作则地在当地作成优待红军家属工作的模范。每个工作人员实行礼拜六的工作表现，由各机关的主要负责人员负责考察。

（六）各级机关工作人员到别区别乡巡视工作，如逢当地机关实行礼拜六时，必须同

样参加所到地的礼拜六工作，并受当地机关负责人的监督。

（七）各级机关工作人员除在所在地努力实行礼拜六外，并应帮助当地乡苏将群众的耕田队组织起来，并经常进行优待工作，务使红军家属能依据其需要经常得到一切的优待。

（八）责成党的各级监察委员会和工农检察委员会，经常检查礼拜六工作的执行状况，严厉打击对礼拜六工作敷衍怠工的行为。

（九）优待红军家属礼拜六望［是］每个机关工作人员的一定的职责，如完不成礼拜六的工作，当作不完成他在机关中的经常任务一样看待。

（十）责成党部、苏维埃、工会、青年团、红军政治机关、后方军事机关将本条例进行最广大的宣传鼓励，并提到每个支部大会，乡代表大会，军人大会，群众大会上报告和讨论，造成礼拜六工作的热烈空气和自觉地负责地有纪律地按时进行礼拜六的工作。

（十一）本条例从宣布之日起实行。

中国共产党中央委员会

中华苏维埃中央人民委员会　1934.1.10

中华苏维埃共和国湘赣军区政治部翻印　1934.3.3

选自《江西苏区妇女运动史料选编》，江西人民出版社 1982 年出版，第 393～394 页。

25. 托儿所组织条例

1934 年 2 月 21 日内务人民委员部公布

（1）组织托儿所的目的，是为着要改善家庭的生活，使托儿所来代替妇女担负婴儿的一部分教养的责任，使每个劳动妇女可以尽可能地来参加生产及苏维埃各方面的工作，并且使小孩子能够得到更好的教育与照顾，在集体的生活中养成共产儿童的生活习惯。

（2）小孩进托儿所的条件：凡是有选举权的人生下来，过一月至五岁的小孩都可以进托儿所，但是有传染病（疥疮、梅毒、肺病、瘟疫等）的小孩都不收。

（3）托儿所以大屋子或附近几个屋子为单位来组织，每个托儿所收容小孩至多不能超过二十个，同时最少须有六个小孩以上才能建立托儿所。各托儿所，总的领导属于乡苏维埃及女工农妇代表会议。

（4）托儿所指定些能脱离家庭生活的妇女专门来做看护，负责管理小孩的事情。每个人至少要管理三个小孩，每所设主任一人，托儿所的工作人员得享受优待。除了代他耕种土地之外，在群众自愿的原则下，每年可给他一些谷子。

（5）托儿所的房子要选择比较清洁、光线充足及空气好的地方。托儿所的用具，由群众的力量设法购置，在特殊情形之下，苏维埃政府可津贴一部分。

（6）托儿所只能在白天寄托小孩，所以母亲早起把小孩送到托儿所去，到晚上必须领回家里来，小孩子的饭食由父母供给。

（7）当地政府与妇女代表须经常检查托儿所的工作，每月应召集小孩的母亲会议一次至二次，要向他们提出对托儿所工作的意见。

(8) 责成卫生机关经常派人检查托儿所的卫生和小孩身体的健康。

(9) 托儿所的主任管理该所内总的一切事务，他计划全所工作，并管理小儿日常的必需品和器具（如床、桌子、玩具等）。

(10) 托儿所的看护人对待小儿要耐烦照顾，注意饭食、着衣等，特别是小孩的卫生。小孩进托儿所时，看护人必须给他洗脸或洗身，饭前要洗一次手。

(11) 在特别情形之下，小孩的母亲出外，不能当天回家的，应事先通知托儿所看护人，由他照顾。

(12) 托儿所每天于上午八时开始办事，下五五时停止工作，小孩子由家里吃了早饭送来托儿所，回家吃晚饭，在托儿所只吃中饭。

(13) 本条例由中央内务人民委员部颁布，由省县区各级内务部检查其实行。

代内务人员委员　梁柏台

一九三四年二月二十一日

选自《红色中华》，1934年2月22日第155期，第四版。

26. 中央工农检察委员会训令（检字第二号）——继续开展检举运动

1934年4月2日

在目前粉碎敌人五次“围剿”的决战，已到了最紧张最尖锐的决定最后胜负的阶段。这一决战的胜负，有决定中国苏维埃革命的发展与胜利的重要意义。这个时候，动员与领导全苏区的工农劳苦群众加入决战，巩固与扩大红军，动员与集中一切力量与资源，为着战争前线的胜利，来争取彻底与完全的粉碎五次“围剿”的全部胜利，这是我们当前最战斗的紧迫任务。

我们各级苏维埃为了执行与完成这一最光荣的历史的伟大任务，就要最高度地提高我们的工作能力，改善一切工作方法，紧张我们的工作速度，正确地实施一切政策与法令，使苏维埃与千百万工农劳苦群众更亲密地联系起来，这样来领导和执行当前的一切战斗任务。

在这一最战斗的紧急任务之下，一切工作中不好的现象和坏的分子都要妨碍任务的实现影响战争的胜利，尤其要警觉苏区内阶级异己分子与反革命，他们不仅在下面更加积极活动，以与敌人进攻相呼应，而且必然地用各种方法混入苏维埃机关，直接地来进行反革命的阴谋。因此，为了保障目前的一切战斗任务的实现，为了使一切工作围绕于战争任务的周围，必须坚决地反对一切妨碍任务实行、削弱战争力量的现象与行为，扫除我们工作中的障碍。中央工农检察委员会为执行这一战斗的紧急任务，决定继续在各地开展检举运动。

继续检举运动，主要的是反对对于目前一切战斗任务的消极怠工，反对退却逃跑，不坚决领导群众斗争，反对将工作与战争脱离，反对对于阶级敌人妥协，反对不执行和曲解一切政策法令，反对贪污浪费的现象，反对官僚主义的领导。在这一斗争中，来检举苏维埃机关内的消极怠工的分子，贪污、腐化、浪费的分子，脱离群众离开群众利益和工作上的官僚分子，退却逃跑、动摇不坚定的分子，包庇地主富农与妥协的分子，违反法令与破坏纪律的分子，特别是检举暗藏在苏维埃机关内的阶级异己分子和反革命。

继续检举运动的目的，主要的是在检举与斗争中来改善与加强苏维埃的工作，教育工作人员转变工作方式，建立劳动纪律，提高工作速度，节省经济充裕战费，保证一切任务正确的执行，使各级苏维埃成为更坚强而有力的来动员群众领导群众充分地执行一切的战争任务。因此我们在检举与斗争中不仅是反对某一现象或某一坏分子，而是拿着这一现象与分子做例子开展斗争，教育群众，实际地改善与转变我们的工作（比如反贪污浪费不仅是检举几个贪污的分子，而是拿这一事实来教育全体工作人员，什么是贪污浪费，他对于革命的危害是怎样，并实际建立和改善会计制度，实行节省，使一切工作人员热烈参加反贪污浪费斗争，自动地来开展节省运动，减少各种费用，订出许多具体的节省办法。这不过是举一个例子），我们在每一检举与斗争中，都要达到这一目的。

过去的检举运动，虽在某些检举上（如反贪污浪费、洗刷阶级异己分子）得出一些成绩，在某些地方（如中央一级、瑞金、西江、博生、就同［龙冈］[①] 等地）有了相当开展，但仔细检查起来，还没有在全苏区各地更大地开展起来。主要的有两个大缺点：第一，是将检察运动形成了消极的洗刷坏分子，没有在每一检举中从积极方面来转变与改善该机关的工作；第二，是只检举而不开展斗争，几乎一般地将坏分子检举出来后，撤职了事。很多群众审判会，也变成法庭的公审，只批评了错误，经过群众做一个结论，而不是运用群众公审会来教育工作人员与群众，特别是由这一斗争开展更大的斗争，由这一分子的检举更进一步地揭发其他的分子与现象，普遍将斗争单纯化，不能由这一斗争，继续开展其他的斗争。如反贪污的斗争，就不能开展反浪费斗争，反官僚主义斗争。因此过去的检举运动就不能更大地普遍地开展起来，这是我们在继续开展检举运动中应立即纠正与改善的。

检举运动是广大群众斗争的行动，我们不仅动员自己的工农通信员、突击队来参加，揭发一切坏现象与坏分子，来帮助检举的进行，而在某一机关进行检举时，要召集各种会议（如列宁室、工会、青年团，及工作人员会等等），报告检举的意义来动员群众积极参加检举，举发一切坏现象与坏分子，吸收他们中间积极分子来组织检举委员会，发动该机关中的通信员、突击队、轻骑队积极活动，采用一切方法来鼓动和吸收群众的意见，特别是依靠该机关党的领导与帮助。这样才能使检举运动成为广大的群众的斗争行动。

检举的标准，应当以工作为主体，任何机关和部分、任何工作人员，要从工作上去检查他们，每一工作人员的检举，当然要注意他的斗争历史、阶级成分，特别是现在的工作。

检举的进行不是普遍的检举，而是首先选择目标，选择最标本的代表来作例子，发动斗争去揭发一切现象与坏分子，使检举运动开展和深入。

检举运动是带着充分的实际教育性质，不仅利用每一事件来教育全体工作人员，而对

---

① 《红色中华》此处印作“就同”，疑是“龙冈”的误排。

于每个人的错误，应分大小与轻重，处置上同样要有区别。大的重的应受检举与做组织上的结论，小的轻的或偶然的错误，不必用检举方式或在工作人员会议上或用个别谈话的方式来批评，特别是细心教育与说服他们。对于成分不同，处置也不同。工农群众应着重在教育，阶级异己分子犯了错误的应该洗刷，严格纠正过去检举中没有区别的一律撤职处罚，这是惩办主义，是检举中最凶的官僚办法。

边区特别是战争临近区域是我们检举运动的工作中心，各省检委应当以大力来领导这些区域的检举工作，每一县区应该以他的工作最落后最严重的区乡为开展检举工作的中心。每一县与每一机关的检举，都应以当地情形与工作最严重的现象为检举与斗争的主要目标（如边区县主要的是反对退却逃跑，反对对参战工作怠工，对于查田分田运动的检查，洗刷机关中阶级异己分子与暗藏的反革命和侦探，等等，如合作社、经济机关，主要的是开展反贪污腐化斗争等等）。各县订出检举与斗争的主要目标；在这一主要目标下再联系其他各种检举与斗争，反对一般地平均地进行检举。

对于一切检举应当以当前的一切战斗任务（例如目前春耕与赤少队等等）为主体，离开了当前的工作，那完全失掉了检举运动的主要意义与目的。

各级检委接到这一训令后，应当立即具体讨论，计划与开展各级检举运动，并将自己的计划与工作，随时按级报告。

这一检举运动的成绩，应当以该地工作的转变与开展为检阅工作的标准。

主席　项英

1934年4月2日

选自《红色中华》，1934年4月19日，第三版。

27. 中华苏维埃共和国临时中央政府人民委员会命令——为检查和取缔私人枪支禁止冒穿军服事

1933年4月15日

枪支是战争的重要武器，应当集中到红军部队及地方工农武装组织里面，去进攻敌人，发展战争，私人不能随便携带。对于工农阶级的敌人——地主、富农、资本家及一切反革命分子——更是绝对禁止他们手中存有武器，并严格防止反革命分子潜入我们武装队伍——红军独立师团、赤少队中来窃取武装，这是保障革命胜利的一个必要前提。

军服是红军穿的，不是红军的人员就不能随便穿红军的制服，以免混淆不清。

我们考查在一、二、三次战争胜利中，有很多枪支散失在农村中，没有完全收清。同时过去各地的地主武装虽被我们完全消灭，但不免有少数枪支被反革命分子所埋藏。这些枪支的散布，难免不落于反革命手中。据最近事实，在汀、会、石等县检查地主、富农的时候，搜出有不少枪支。更就肃反中所发现的反革命派组织暗杀队①（会昌）、扑杀队

① 《红色中华》为“反革命派组织暗杀队”，“社科法制版”此处漏一“派”字，“杀”改“探”字。

（雩都）、秘密守望队（寻邬、万太）等等武装阴谋，都足以表示这一问题的严重。当目前阶级斗争到了最剧烈的时候，我们不仅要彻底消灭外面进攻的敌人，而且要彻底解除苏区内部反革命派的武装，镇压反革命一切企图来保卫苏区，加强苏区的发展和胜利。枪支是武装中最主要的武器，应当保证在工农武装队伍手里。举行检查和取缔私人的枪支，实行枪支登记，这是保障革命胜利的一个重要工作。

近日红军制服遗散于群众中者甚多，特别是开小差的随身穿回家去，这样使红军与非红军分别不清，使政府损失大批经济，更直接影响于革命战争经费，非立即加以检查和取缔不可。

因此决定以下办法：

一、举行枪支检查，除正式武装部队——红军独立师团、游击队、警卫部队、赤少队以外，私人不得携带和隐藏枪支。

二、凡县一级以上之各机关和国家保卫局特派员，因工作关系必须携备枪支者，只限于短枪步枪，由该机关负责人签名，向同级国家保卫局登记领取枪证。边区之区乡两级工作人员如因环境及工作关系须要携带枪支者，由直接隶属的县机关证明登记，领取证书。

三、以后凡无证书之私人枪支，一经查出，即以私藏军火论罪。

四、除脱离生产之武装部队在职战士，政府在职之工作人员，红军残废战士回家者得穿红军制服外，赤少队、群众团体及私人，均不得穿红军制服。至战士和政府工作人员退职时应将军服缴还。

五、中央区规定以五月为检查枪支、制服的时期，其他苏区自文到之日起二十天内检查完毕。

六、在检查期内自动缴报者不加处置，否则，一经查出，即以私藏军火制服论罪。但过期后能自动缴报者可减轻处罚。

七、检查机关以县区军事部协同保卫局来进行。

八、在检查中必须动员赤少队和各群众团体来参加，并且发动和鼓动群众经常向政府和保卫局举发私藏枪械者。

以上各项由各级政府及各级国家保卫局机关协同拟定进行具体办法，并将检查登记情形按级报告为要。此令！

主席　毛泽东

副主席　项　英

张国焘

公历一九三三年四月十五日

选自《红色中华》，1933 年 4 月 20 日第 71 期，第五、六版。

互校版本：《中国新民主主义革命时期根据地法制文献选编》，第三卷，中国社会科学出版社 1981 年出版，第 2～4 页。简称“社科法制版”。原注：“选自《红色中华》第七十一期。”

28. 川陕省苏维埃政府优待红军及其家属条例

1934 年 5 月 26 日

红军是保护苏维埃政权，保证土地革命与反帝国主义革命胜利的阶级战士。我们苏维埃及全体群众应特别优待红军及其家属，无论是苏区或白区来参加红军者，得享受此条例之规定。

一、凡参加红军的战士及其家属（父母妻子）一律分与好田地，尚没有分得田地者立即分与。

二、分给红军及其家属的田地上的一切粮食，归红军战士及其家属所有，任其自由处理。如红军家属缺乏粮食时，得由苏维埃发给或借贷，欢迎群众自动拥护之。

三、红军家属之没有生产能力的，由当地苏维埃负责动员群众为之代耕，收耕一切种子、耕牛、农具，苏维埃负责帮助解决；其有生产能力者，亦得酌量帮助其种子人工……

四、红军家属及红军公田如缺少水利时（如天旱时），有优先分得水利之权。

五、如遇饥荒时，红军家属得由苏维埃负责救济，如发给粮食、防水救旱等。

六、红色战士如因战争和工作中伤亡者，由苏维埃实行伤亡抚恤条例（另行公布），特别优待抚恤。

七、红军及其家属由苏维埃发给优待证，如在苏维埃经营之经济公社或合作社购买物品时特别廉价优待；如该物品缺乏时，且享有购买的优先权。

八、没收豪绅、地主、一切反动派的衣服、房屋、财物实行分配时，首先分给红军及其家属，帮助其解决一切物质困难。

九、红军家属入学读书时完全免费，并给入学优先权；其书籍纸笔墨等费，如无力举办时，由苏维埃帮助解决。

十、红军家属有病，可由苏维埃国家医院或工农药房免费医治（如请医、送药、抬送红军医院等）。如遇死亡，由当地苏维埃帮助殓葬，并帮助照料其家属等。

十一、经常动员群众做慰问红军家属并帮助其解决困难问题（如少先队、童子团等帮助红军家属砍柴、挑水等）。

十二、白区工农兵士来苏区参加红军的，一律分予好田（名为红军公田）。红军公田及其粮食由区苏维埃负责请人代耕代收和保管，或群众自动代耕，非必要时不得动用红军公田之粮以为代耕者之报酬。粮食任由红军战士变卖处理，其家属并可移往赤区，一样享受优待条例的优待。

十三、参加地方独立团独立连游击队之红色战士及其家属，均享受本条例之规定。

十四、本条例自颁布之日起发生效力。

主席　熊国炳

中国共产党川陕省委员会翻印

五月二十六日

选自《川陕革命根据地历史文献选编》上，四川大学等编，四川人民出版社 1982 年版，第205～207页。原注："原件存芦山县文化馆"。

29. 西北军区政治部关于优待红军家属条例摘要①

制定年代不详

参加红军优待条例摘要：

1. 参加红军的及红军家属要分得好土地，并有优先权。

2. 红军家属由当地苏维埃负责实行代耕。

3. 红军家属购买物品，苏维埃商店贱价优待，并有优先购买之权；在红军合作社购买物品，照价减半优待。

4. 红军家属所需要的耕牛、农具、种子及物质上的、生活上的一切问题，当地苏维埃负责解决，并享受一切优待。

5. 红军家属往前方去看望其参加红军的亲人，完全享受各机关和红军饭店食宿的优待。

附注：红军家属只限参加红军的父母妻室儿女。

西北军区政治部

选自《川陕革命根据地历史文献选编》上，四川大学等编，四川人民出版社1982年出版，第204页。原注："原件存四川省博物馆"。

30. 川陕苏区赤色民警条例草案

制定年代不详②

一、为要保卫赤区安宁秩序，取缔一切破坏苏维埃法律的行为起见，特设赤色民警管理这些事情。

二、赤色民警的具体任务如下：

（1）制止反革命活动和逮捕反革命的现行犯；

（2）干涉一切破坏苏维埃法律的行为，如偷盗、打架、不注意卫生……等；

（3）指挥交通；

（4）调查户口；

（5）帮助指导一般卫生事业；

（6）保护苏维埃政府的一切建设。

三、赤色民警在执行他的职务时他的权限；

（1）逮捕的案犯不能直接处理，反革命案犯押交政治保卫总局，普通案犯送交革命法

---

① 摘自西北军区政治部《红军家属优待证证书》。原件上有马克思、列宁像。

② 原件未注明年代。

庭处理，拘留案犯不得过两天；

（2）没有拷打人的权利；

（3）不得收受任何款项，不得假名招摇向民众吓诈，没有向案犯判处罚金的权利；

（4）没有随时搜查住宅之权。

四、赤色民警的组织：

（1）成分要选择，十六岁以上、三十岁以下的，坚决勇敢的工农分子充任；严防一切流氓、地痞或地主富农混入赤色民警的组织内。

（2）组织形式采取班排连营的制度。十人一班，班长一人；三班一排，排长排副各一名；三排一连，三连一营……等。每地依据地方和警戒范围的大小，决定赤色民警人数的多少。总之以足派勤务维持治安做标准，由当地地方最高级苏维埃政府的内务委员会设立民警局管他们，民警局长由内务委员会任免。

（3）为密切民警与当地民众的关系，采取轮流担任制度。每个赤色民警队员在执行职务时候若必要脱离生产，轮期至多半年。在轮流替代期间，没到时即由内务委员决定一批新的队员加以一般的警戒勤务的训练，轮期有到马上拿新队员替代，旧的队员们仍旧恢复他从前的生产中去。

（4）赤色民警队员有新式武器更好，如果没有新式武器，可背刀或持指挥棍也可以。

五、赤色民警队员，如不能尽忠于自己的职务，甚至违反苏维埃纪律，或与反革命沟通，依照苏维埃颁布的治罪法严厉惩办。

选自《川陕革命根据地历史文献选编》上，四川人民出版社 1979 年出版。原注：“（原件存中共达县地委档案室）并存四川省博物馆。”

互校版本：《川陕革命根据地资料选编》，四川大学川陕革命根据地科研组 1978 年编印。原注：“抄自四川省哲研所《川陕苏区革命史资料》（政治部分卷 16，第 78～80 页）（原件存中共达县地委档案室）”。

31. 川陕苏区戒严条例草案

制定年代不详

一、苏维埃政府为了镇压苏区的反革命，防范外来侦探的活动，保卫苏维埃政权，使革命战争得顺利进展，宣布长期戒严，直到苏维埃彻底胜利为止。在特别情形之下，得宣布特别紧急戒严。

二、戒严主要的任务：

（一）检查来往行人和客商的行李和通行证。

（二）检查可疑的信电及居民。

（三）禁止一切富农、地主、剥削分子的集会。

（四）检查一切来往新闻纸、邮电、印刷品。

（五）搜查旅馆客店。

（六）搜查反革命所藏匿的武器。

（七）严防赤区边境敌人偷照相片，窥探赤区地形行为。

三、戒严区域内禁止的事件如下；

（一）没有通行证，不得从这地通过到那一地。

（二）没有苏维埃的特许证，不得携带任何武器。

（三）禁止剥削分子、地主、富农家里收藏武器。

（四）地主、富农和一切剥削分子没有集会结社的权利。

（五）在一定区域内的居民，不得隐居不报，不得窝藏反动分子。

（六）不准张贴反动印刷品和进行反对苏维埃的活动。

（七）未经苏维埃政府的许可，不得在赤区内照相。

四、戒严区域内必须普遍设立岗棚，分派岗哨，最大距离十里路须设一岗棚。由少先队、童子团、赤卫军日夜轮流防守，在险要处要建筑工事，架起土枪、土炮，并用燎火、吹角、张旗等方法约定集合分散和紧急事件的记号。

五、在执行戒严时，川陕省军区指挥部接受西北革命军事委员会的革命指挥，各级地方武装普遍实行戒严。在同一地区有红军驻扎时，该地戒严的指挥权属之于驻扎红军的最高级指挥机关。在大城市和中心乡区在军事上有必要时，驻扎红军赤卫军游击队少先队，各部推举代表合组一赤卫司令部，有计划进行所在地的赤卫事宜。赤卫司令由西北革命军事委员会密任。宣布临时紧急戒严，要得到西北革命军事委员会或该地驻扎红军最高级指挥机关的许可。

六、担任戒严的武装队伍，和当地政治保卫局与革命法庭要建立密切的联系，在执行任务力量不足时，可通知各该机关帮助。如已将反革命或形迹可疑的人逮捕时，不能直接处理，需送往当地苏维埃分别案情，送往保卫局和革命法庭处理。

七、担任戒严的任何武装队伍，不得有收受贿赂放走反动分子的行为，一经查出按照苏维埃法律严厉处置。地方工农民众也可以根据这种事实，向革命法庭提出控告。

八、本条例自公布之日起施行。

选自《川陕革命根据地历史文献选编》上，四川人民出版社 1979 年出版，第 201～203 页。原注：“原件存四川省博物馆”。

互校版本：《川陕革命根据地资料选编》，四川大学川陕革命根据地科研组 1978 年编印，第 100～101 页。原注：“抄自川陕省哲学所《川陕苏区革命史料》（政治部分卷 16，第 48～50 页）”。

八、财政金融与税务

1. 闽西第一次工农兵代表大会财政问题决议案

1930 年 3 月 24 日通过，3 月 25 日公布

甲、一切税收以县为单位，由县政府统一征收，各区乡政府机关经费，概由县政府发给，肃清以前滥行开支流弊。

乙、各县政权机关经费，应按照规定等级制定预算，由县政府汇集提出县代表大会通过。

丙、临时费之支出，每月份中乡以二十元、区以五十元为限，超过规定数目时，须报告县政府批准后始得开支。

丁、各级政府经费之支出，每月应造定决算表，交县政府审核公布。

戊、财政收入规定下列三种：

（一）土地税；（二）商业累进税；（三）公产。

己、土地税之征收分田地、山林、店房地基税三种，其税率如下：

（一）田地税，照农民领耕田地面积征收百分之五至百分之二十。

（二）山林税，农民领耕茶山、竹山，得酌量征收最低之税或免收。

（三）店房地基税，照租金征收百分之十。

庚、商业累进税之征收，依据商人（商店、纸木商、工厂、行商）所营业务，于每年

或每帮结算后，按赚得红利数额分为下列几等征收：

（一）二百元以下者免收；

（二）五百元以内者收百分之三；

（三）一千元以内者收百分之六；

（四）二千元以内者收百分之十二；

（五）三千元以内者收百分之二十；

（六）五千元以内者收百分之三十；

（七）五千元以上者另订。

辛、公产范围有下列几种，由政府拍卖或出租，征收其租金：

（一）三家以上之共有继承物及一切私人所有物。①

（二）土豪的店房、股本、山林出产品、现金、用具、机器等。

壬、各乡政府没收反动或公共财产，应报告县政府批准后才可执行，其在暴动期间的地方例外，但事后须报告县政府。

癸、原有摊子税得由区政府征收，但须报告县政府。

子、各县政府应组织财政审查委员会及清理逆产委员会，以整理全县财政。

选自《中央革命根据地史料选编》下册，江西人民出版社 1982 年出版，第 50～51 页：《闽西第一次工农兵代表大会宣言及决议案》之（三）。

2. 闽西暂行税则条例

1930 年 3 月 24 日闽西第一次工农兵代表大会通过，4 月公布

第一章　田地税

一、农民领耕田地，应照所领田地所收实谷面积，向政府缴纳田地税。

二、田地税之税率，以分田多少为标准，分单季、双季两种征收，不准增加。

（甲）属于单季田（指下冬不能种水稻者）的税率如下：

分三担田以下者抽收百分之五；

分三担田以上者抽收百分之十；

分五担田以上者抽收百分之十五。

（乙）属于双季田（指早晚都可种水稻者）的税率则以早收担数为标准：

分三担田以下者收百分之十；

分三担田以上者收百分之十五；

分五担田以上者收百分之二十。

三、上列税率标准概照耕田证所耕田地面积征收，其担数以十六两秤，每担干谷一百斤扣算。

---

① 原文如此。

四、田地税之征收，以谷为标准，将所领田面担数，照上述税率，扣成实谷再扣干谷，按照市价扣价。收款不收谷，其谷价由征收人与区政府协同决定。

五、征收时间，在收获结束一个月后，开始征收。其双季田之税款，可分两季对半征收。

六、征收田地税，由县政府派专人，或委托区政府办理。农民缴款以县三联印收为凭。

第二章　山林税

七、山林税，只收竹麻税，照生产数量征收至多百分之十五，其余不收。详细办法，由各县自定。

八、茶山照政府规定出租额征收，不另收税，其农民自种者不收。

第三章　店房地基税

九、按照店主收得店税数额收百分之十，向商家提取。

第四章　营业所得税

十、商业累进税之征收，依据商人（商店、纸木商、工厂、行商）所营业务，于每年或每帮结算后赚得红利数目，分为下列几等征收：

（一）二百元以下者免收；

（二）五百元以内者收百分之三；

（三）一千元以内者收百分之六；

（四）二千元以内者收百分之十二；

（五）三千元以内者收百分之二十；

（六）五千元以内者收百分之三十；

（七）五千元以上者另订。

十一、上述税则，如有虚报，希图少抽者，照原税加倍处罚；所罚之款以半数赏给报告人，以资奖励。

选自《中央革命根据地史料选编》下册，江西人民出版社1982年出版，第87～89页：《闽西第一次工农兵代表大会宣言及决议案》之（十六）。原注：“除3月25日公布者外，其余皆4—6月陆续公布。”

互校版本：《闽西苏区法制史料汇编》，龙岩市中级人民法院、古田会议纪念馆合编，2008年10月内部出版，第82～84页。原件附有公布税则条例的第六号布告，注明“一九三〇年四月”。

3. 闽西取缔纸币条例

1930年3月24日闽西第一次工农兵代表大会通过，25日公布

一、各地不得自由发行纸币。

二、发行纸币机关，要信用合作社才有资格。

三、信用合作社要有五千元以上现金，请得闽西政府批准者，才准发行纸币，但不得超过现金之半数。

四、纸币数量限一角、二角、五角三种，不得发到十角以上。

五、各地所发纸币不合上列条例者，要限期收回。

六、本条例自公布日起施行。

选自《中央革命根据地史料选编》下册，江西人民出版社 1982 年出版，第 81～82 页：《闽西第一次工农兵代表大会宣言及决议案》之（十）。

互校版本：

1.《中央革命根据地财政经济史长编》下，人民出版社 1982 年出版，第 373 页。

2.《闽西苏区法制史料汇编》，龙岩市中级人民法院、古田会议纪念馆合编，2008 年 10 月内部出版，第 84～85 页。

4. 闽西苏维埃政府布告——关于征收土地税问题

1931 年 7 月 15 日

土地税是苏维埃政府最主要的收入，要巩固苏维埃政权，保障土地革命胜利，冲破敌人围攻与进行社会建设，必须征收最低限度的土地税。

过去征收土地税有错误的地方：第一，规定收钱不收谷，以致谷价一下子跌低下来，甚至流入白区；第二，富农与贫农一样收税，犯了富农路线；第三，价格不统一，有的高，有的低，减了政府的税收；第四，收税迟缓，少数地方税尚未收清。

站在贫农、雇农、中农的利益及斗争的需要上，决定现年收税办法如下：

1. 雇农、贫农、中农的土地税，照其所收实谷征收百分之十。

2. 富农的土地税，照其所收实谷征收百分之二十。

3. 每担谷炸燥后一百斤（十六两秤）计算，值得价大洋三元半。

4. 收土地税以收钱为原则，同时也可以纳谷（燥谷）。

5. 群众须负责保存土地税，凡征收、存储、挑运均须负起责任，在某地方（由政府另行指定）政府先举行登记，可以由群众分别保存，需要时提用。

6. 双季田收两次，单季田收一次，均按其所收实谷照上列标准征收。

7. 土地税自八月一日开征，九月底结束。

8. 收土地税须用三联单，纳税人、区苏、县苏各存一份，乡苏照数抄存，县苏须将其税收详细报告闽西政府。

9. 如某个乡村或某个群众的田禾遇重大灾害时（如风灾、雨灾、旱灾、水灾、虫灾……等），得当地政府许可后可以酌减或豁免其土地税。

10. 财政委员会须以极大力量去整理和征收土地税，土地委员会经济委员负责帮助。

选自《中国新民主主义革命时期根据地法制文献选编》，第四卷，中国社会科学出版社1984年出版，第88～89页。原件未注明史料来源。

5. 闽西工农银行章程

1930年9月闽西苏维埃政府发布“关于建立闽西工农银行”的第七号布告

一、名称——闽西工农银行。

二、地点——总行设在龙岩城，分行设在各县政府所在地，并在各乡区政府附设代理机关。

三、任务——调剂金融，保存现金，发展社会经济，实行低利借贷。

四、营业——存款、放款、汇兑、买期票、买卖金银、发行纸币、铸造铜片、兼营储蓄业务。

五、资本——总定额二十万元，分作二十万股，每股大洋一元，一次收清。

六、股票——用无记名式，分一股一张，五股一张，十股一张三种。

七、组织——如下表

- 银行委员会——主任
  - 秘书
    - 杂务
    - 伙夫
    - 特务组
  - 会计科
  - 营业科
  - 司库

八、职权——1. 由闽西政府选派七人组织银行委员会，执行下列任务：

（一）计划一切（银）行事宜。

（二）任免并监督银行主任及各科科长。

（三）审查银钱账目各预算决算。

2. 由委员会选派主任一人，统管银行一切事务，直接对委员会负责。

3. 由委员会选派秘书一人，会计科长一人，[营业科长1人，][①] 司库一人，分别管理各科事宜，直接对主任负责，间接对委员会负责。

4. 其余工作人员，由主任及各科科长斟酌选出并指挥之。

九、利息——放款月利百分之〇.六，定期存款半年以上者，月利百分之〇.四五，活期存款百分之〇.三，每一周年复利一次。

十、红利之支配——逐年赢利，以百分之二十作公积金，百分之二十奖励工作人员，百分之六十归股东照股摊分。

十一、本章程之增删或修改，由银行委员会决议执行之。

---

① “财经史长编”漏掉“营业科长1人”6字。

选自《中央革命根据地财政经济史长编》下，人民出版社1982年出版，第299～300页。简称“财经史长编”。

6. 设立闽西工农银行宣传大纲

1930年9月4日闽西第二次工农兵代表大会通过

闽西政府为着广大群众的需要，现在拥护设立工农银行了。

闽西自从实行土地革命，推翻反动统治，建立赤色政权，到现在已二年有余。闽西群众得到土地革命的胜利，生活及一切都比之往日在军阀豪绅地主统治之下的时候好得多。可是，因为反动派经济封锁的结果，群众都受到一部分的痛苦。这痛苦是什么呢？是经济封锁之后的金融恐慌！

闽西工农银行之设立，一方面是调剂金融，同时也是发展社会经济，争取社会主义前途的第一步工作。

工农银行在着手筹备了，他将使闽西工农群众的一部分痛苦解除。他将成为闽西革命群众与敌人斗争有力的工具。他是目前何等重要的一种组织啊！

要调剂金融，必须设立工农银行。目前闽西的金融，因为纸币输入现金流出，以致市面上纸币日多，现金日少，在全国总暴动日益迫近的当中，纸币时有变成废纸的可能。若不把现金集中起来，存储于银行，自己发行纸币，设法使最近要成废纸的纸币不致输入，而且使现在已经输入来了的纸币逐渐输出，则金融的危机将不可挽救。

要发展社会经济，必须设立工农银行。金钱零星散存于大众身上，谁都无可能把些少金钱举办大宗事业，这是很明显的事。如果把零星分散的金钱集存于一处，变成大量的款项，则举办大规模的生产事业，必更容易！

要免再受高利贷的剥削，必须设立工农银行。过去工农群众，受豪绅地主的高利贷剥削，非常痛苦，现在虽然豪绅地主已经打倒，可是，工农群众谁个有如意使用的金钱？急用借贷，仍是不可免的，因此，发生富农秘密高利借贷，群众忍痛借款的事情，工农银行实行低利借贷，可以根本肃清高利剥削。

要更利于扩大斗争，必须设立工农银行。扩大斗争的口号，已普遍地发动了闽西的群众，可是，在扩大斗争中，扩大红军，向外发展，如果没法解决群众经济困难，必有碍于斗争的扩大。工农银行的低利借贷、调剂金融及发展社会经济都可使工农安心执行扩大斗争的任务，不致因被封锁而灰心。

争取社会主义胜利的前途，必须设立工农银行，集中资本，限制私人资本发展，是准备达到社会主义的条件。因为社会主义的建设，是大规模的产业国有，并由国家经营的伟大的建设，达到社会主义的条件的准备，必须在土地革命胜利的时候开始。设立工农银行，集中资本，才能战胜私人资本的发展，才能争取社会主义胜利的前途。

工农银行招股的办法，工农银行的资本，是由工农群众集股的，每个群众以极少量的金钱，集合起来，积成大量的资本，把他发展社会经济，使农村工业化起来，准备将来达到社会主义的建设。而在目前工农群众受着敌人经济封锁及借贷上的剥削，工农银行正可以解决这困难。因此，群众须努力使工农银行迅速地实现。同时，各级政府、各工会、各部队，应负责宣传并募股，各合作社、各粮食调剂局应购买股票。工农银行第一次会议，曾经决定招股办法；各级政府组织募股委员会，县委员五人，区委员三人，各工会、各部队，也要组织募股委员会，普遍而且深入地宣传群众入股（股金以大洋为单位，收现金不收纸币，旧银器每两扣［折］大洋六角，金器照时价推算）。此外，各合作社每资本百元，至少应买股票十元；粮食调剂局每资本百元，至少买股票二十元（先交半数，十二月交半数）。政府工会各机关工作人员，至少每人买股票壹元。

只有全体动员，才能实现工农银行。工农银行的设立，在目前是解决闽西工农群众的经济上的困难，在将来是争取社会主义胜利前途的准备。闽西工农群众们！工农银行在龙岩城设立了，资本的总额，暂定二十万元，闽西百万的群众全体动员投资入股，则银行朝夕间便可以实现。

闽西工农群众们！全体动员来使工农银行实现吧！

闽西第二次工农兵代表大会

一九三〇年九月四日

选自《中央革命根据地财政经济史长编》下，人民出版社1982年出版，第387～389页。

7. 琼崖苏维埃政府通令
——组织财政支销检查委员会

1931年7月28日

本政府现要各机关财政完全公开，实行机关群众监督账目起见，特规定各级苏维埃各革命团体，以及红军各部，一律组织“财政支销检查委员会”以检查日常开支账目，由三人组织之。至于检查的账项，是分物质重量、物价、银额和人数等，以检查是否依预算开支和舞弊。

各级苏维埃各革命团体，以及红军各部，接到此通令后，即开始组织财政支销检查委员会，切实执行检查日常开支账目，勿违此令。

常务委员会委员长：符明经

委员：蒙汉强　王业熹　陈业祝　王玉甫

王建良　曾昌鸾　王永成　杨关盛

选自《中国革命根据地审计史料汇编》，北京工业大学出版社1990年出版，第218页。原件未注明史料来源。

8. 湘赣省土地和商业累进税暂行征收条例

1931年10月湘赣省苏维埃第一次代表大会通过，1932年1月公布①

一、土地累进税

1. 苏维埃政府为保障土地革命的利益，彻底推翻帝国主义的统治，组织工农红军保卫革命政权以及创办邮政修筑道路等交通事业，改良农村水利，建立学校、医院、残废所、养老院、贫儿院等公益事业，由苏维埃政府正式决定，向富裕的农民征收极低的土地累进税。

2. 苏维埃政府为实现贫苦农民的利益，宣布过去反动政府所有之一切捐税厘金完全无效，实行站在贫苦农民群众的利益上征收统一的累进税。

3. 凡属参加红军的革命战士，及每家平均每人每年收获干谷在六百斤以下的贫苦农民，得由苏维埃政府免税。

4. 土地累进税一律以重量计算（统一每斤为十六两），由政府征收生产品或由农民自愿扣成银币亦可。

5. 土地累进税率根据目前苏区经济情形，暂以百分之十为标准率。

6. 土地累进税以户口为单位，按照农民每家每年的收获量（即收获的谷石）和消费量（即食用的谷石）的多少，除去全家食用（以每人每年须食用干谷六百斤计算）外，将所剩余的干谷按百分率累进计算，实行征收土地累进税，具体规定累进税分率如下：

全家总剩余量	税率	实收税
一百斤以下的	百分之〇	〇
一百斤以上至二百斤以下的	百分之十	十斤
二百斤以上至三百斤以下的	百分之十一.五	二十三斤
三百斤以上至四百斤以下的	百分之十三	三十九斤
四百斤以上至五百斤以下的	百分之十四.五	五十八斤
五百斤以上至六百斤以下的	百分之十六	八十斤
六百斤以上至七百斤以下的	百分之十七.五	一百〇五斤
七百斤以上至八百斤以下的	百分之十九	一百三十三斤
八百斤以上至九百斤以下的	百分之二〇.五	一百六十四斤
九百斤以上至一千斤以下的	百分之二二	一百九十八斤

以下每一百斤开增加百分之一.五税率照推。

7. 以各县各直属区苏维埃政府为该地最高征收机关。

① “江西史料版”第250～254页《土地和商业累进税暂行征收条例》与第306～309页《湘赣苏区土地和商业累进税暂行征收条例》雷同，文字上略有出入和讹误。现经统一校正。前一版本未注明年月，后一版本注明“一九三二年一月六日”（是原编者考证的）。但该书第245页“附：湘赣省苏维埃政府第一次代表大会决议案目录”注明是“一九三一年”（原编者考证）。据查湘赣省苏维埃第一次代表大会是在1931年10月17日至25日召开，推定为1932年1月公布。

8. 征收期限以年为一期限，每年秋收后由当地政府定期号召农民自动缴纳完毕，至迟不超过十二月。

9. 各级政府所征收的累进税，由该县政府统一支配，作为当地建设、教育、社会、交通各种工［公］益事业外，须以百分之三十缴为［给］省苏维埃政府。

10. 凡茶油、苎麻、纸张、木材、樟脑油、茶叶等大宗农业出产品，得由各县或直属区苏维埃政府另订极轻之税则，交省苏批准征收累进税，其余小宗农业附产一律免税。

11. 征收办法由乡苏维埃政府召集工农兵代表大会或群众大会，详细解［释］征收之意义及办法，大会选举有信仰的贫苦农民五人至七人，组成税收委员会，负责办理征收税务。如发觉隐瞒不报或以多报少者，由省苏维埃制定累进税惩罚条例，由群众监督调查实行严重惩罚。

12. 本税则经全省工农兵代表大会，或三分之二以上县苏之请求得随时修改之。

13. 本税则自公布之日施行。

二、商业累进税

为着整理苏维埃区域的贸易，准许商人自由营业与保障贫苦工农与小商人的利益，抑制私人资本超度的发展而走向资本主义的前途，苏维埃政府特规定下列条例，为目前苏维埃区域商业累进税征收税则。

（一）凡准许在苏维埃政权下营业的商店，须依照本条例缴纳商业累进税。

（二）取消过去反动政府一切厘金关卡与各种苛捐杂税，作有利于贫苦工农各种社会建设事宜之用。

（三）按照商店资本之多少（金钱、货品、店铺等统计），以五十元起码征收其利润。

（四）税收的标准按照商店种类而决定，商店共分为下列三种。

1. 必需品——茶油、食盐、洋火、药材等一律免税。

2. 普通品——洋油、粗布、文具、纸张等，按照资本多少以平均年利二分计算，其征收税率如下：

资本总数	征收率	实收率
五十元以下的	百分之〇	〇
五十元以上至一百元以下的	百分之二	二元
一百元以上至二百元以下的	百分之二. 五	五元
二百元以上至三百元以下的	百分之三	九元
三百元以上至四百元以下的	百分之三. 五	十四元
四百元以上至五百元以下的	百分之四	二十元
五百元以上至六百元以下的	百分之四. 五	二十七元
六百元以上至七百元以下的	百分之五	三十五元

以下每一百元增加百分之零. 五五。① 征收率照推。

3. 奢侈品——洋货烟酒等按照资本多少以平均年利三分计算，其征收税率如下：

① “湘赣史料版”另一处为“百分之一”。

资本总数	征收率	实收率
五十元以下的	百分之〇	〇
五十元以上至一百元以下的	百分之三	三元
一百元以上至二百元以下的	百分之四	八元
二百元以上至三百元以下的	百分之五	十五元
三百元以上至四百元以下的	百分之六	二十四元
四百元以上至五百元以下的	百分之七	三十五元
五百元以上至六百元以下的	百分之八	四十八元
六百元以上至七百元以下的	百分之九	六十三元

以下每一百元增加百分之一征收率照准［推］。

（五）以各县及直属区苏维埃政府为该地最高征收机关。

（六）征收期限一年分三期，每四个月为一期，每期缴纳全年税率三分之一，并不得逾期不交。

（七）各级政府所征收之累进税集中县苏或直属区苏统一支配，为当地办理教育、卫生、救济孤老残废、社会交通外，以百分之三十汇送省苏维埃政府。

（八）店员、工人、学徒及贫民有监督商店资本之权，如隐藏资本或无故怠工倒店，得呈报苏维埃府后，照累进税惩罚条例严行处罚。

（九）本条例经全省工农兵代表大会，或三分之二以上县苏之请求得随时修改之。

（十）本条例自公布之日施行。

选自《湘赣革命根据地史料选编》上册，江西人民出版社1984年出版，第250～254、306～309页。简称“湘赣史料版”。原件未注明史料来源。

9. 鄂豫皖区苏维埃政府关于商业累进税之规定

1931年10月

苏维埃政府的任务到处解除工农贫民所受的残酷剥削。在税务方面，苏维埃政府取消国民党一切剥削劳苦贫民的苛捐杂税，实行统一的累进税。这种累进税的意义就是对于工人、贫农和城市贫民不抽税；对于有钱的，却是资产愈富所抽的税愈重，要把捐税的负担移在最有财产的剥削阶级身上。

鄂豫皖区苏维埃政府第二次苏维埃（工农兵）代表大会决定，开始建立税收，广大工农群众的生活定有很大的进步。这必为广大工农群众所拥护，同时要遇到资产阶级和反动分子的消极抵抗，积极破坏累进税的征收，将成为一种剧烈的阶级斗争。每个自觉的工人、农人和城市贫民，必须帮助苏维埃政府监督税务的进行，兹颁布各项累进税的章程及征收方法纲要如左：

一、佣金税。凡猪行、米行、茶行以及一切以商业中间人之资格取收佣金为其利润之来源之行家，皆通此种税则。其征收方法，每日由苏府税务局派员检查各行家账目，凡每日营业二十元以下者完全免税，超过二十元者开始征收税，只行家抽收佣金。内外不得超过百分之三，累进税率即按其每日营［业］数额多寡规定如左：

每日营业额二十元者，抽佣金所得额之百分之十五。

每日营业额四十元以上至七十元者，抽佣金所得额之百分之二十。

每日营业额七十元以上至一百元者，抽佣金所得额之百分之二十四。

每日营业额百元以上至一百五十元者，抽佣金所得额之百分之二十七。

每日营业额一百五十元以上至二百元者，抽佣金所得额之百分之三十。

每日营业额二百元以上至二百五十元者，抽佣金所得额之百分之三十二。

每日营业额二百五十元以上至三百元者，抽佣金所得额之百分之三十四。

每日营业额三百元以上至三百五十元者，抽佣金所得额之百分之三十六。

每日营业额三百五十元以上至四百元者，抽佣金所得额之百分之三十七。

每日营业额四百元以上至四百五十元者，抽佣金所得额之百分之三十八。

每日营业额四百五十元以上至五百元者，抽佣金所得额之百分之四十。

每日营业额五百元以上至七百元者，抽佣金所得额之百分之四十二。①

每日营业额七百元以上至九百元者，抽佣金所得额之百分之四十三。

每日营业额九百元以上至一千元者，抽佣金所得额之百分之四十四。

二、营业累进税适用一般开设一定铺面，贩运各种货物，陈列在铺子里面出卖的商店。此类商店营业比较固定，用按月征收税制。因苏区商店簿记一般的不发达，暂用每月营业估计每月营业额数的方法去收税。其方法由税务局派员调查其每日及每月贸易数量，双方协定后即开始征收。此项估计遇特别情形，得由税务局或业主方面提起重新估计。税率如左：

每月营业额不到一百五十元者完全免税；一百六十元以上至二百元者，抽税千分之五；二百元以上至三百元者，抽税千分之六；三百元以上至四百元者，抽税千分之七；四百元以上至五百元者，抽税千分之八；五百元以上至六百元者，抽税千分之九；六百元以上至七百元者，抽税百分之一。

按照这税率，凡每月营业一百六十元者，抽税八角；二百元者按千分之五计算，抽税一元；三百元者按千分之六计算，抽税贰元一角②，余类推。凡在苏区开设商店，在苏维埃税务局注册立案，并按月抽税者，其货物进口即可按照税务局注册为凭，免征进口税（特项货物如奢侈品类、禁止品类在外）。

三、进口累进税。凡无固定铺之商贩，其货物进口须纳进口累进税，即在苏区边界之机关缴纳。在苏区境内，苏维埃各种税收机关及政治保卫局等机关，随时检查各商贩之缴纳税凭单。无凭单者得随时令其缴纳。三次不能缴上凭单者，则以漏税论。其每次进口税率适用第二项规定的营业税率，兹不再重复说明。

四、特种税分以下两种：

（一）属于禁止性质者为烟酒及其各种麻醉药品。苏维埃政府对此项物品知其不能简

---

① 原注：原文缺“每日营业额五百元以上至六百元”和“七百元以上至八百元”两个档次的抽税率。编者按：“五百元以上至七百元”，“七百元以上至九百元”已经包括了，原文是对的。

② 原注：“原文如此，疑有误”。编者按：可能是千分之七的税率。

单以法令禁绝，特抽重税以期减少其买卖。暂时先征收以下三种税：（甲）纸烟税抽百分之三十；（乙）酒税抽百分之三十；（丙）本国产烟叶、烟丝抽百分之十。

（二）属于奢移［侈］类者，丝绸及各种肉类，按照苏区生活程度实属奢移［侈］性质，除一般奢移［侈］性质税将另有税则公布外，暂先举［实］行屠宰税，凡宰杀猪羊等，一律按值抽百分之五。凡粮食、棉布、药材、棉花等类货物，输入苏区内部往来通运发售，完全免税。

五、工人、农民所办之消费合作社及其作一切合作性质之营业，由财政经济委员会酌量具体情形，给与减轻税收或完全免税。

以上各种税率之规定，按照阶级原则之下皆得免税，小康之农民、商贩所纳者皆极轻之税，与国民党之捐税相差天壤。苏维埃政府在实施本税则的时候，特警告一切商人和有资产的人，这些税则的实行，将以苏维埃政府的法律为后盾，每个纳税者须注意下列事项：

1. 漏税是破坏苏维埃政权的犯罪行为，犯者按苏维埃政府的法律充公其货物，并处以十倍的罚金或监禁：期满逐出苏区不准再来营业。

2. 假造账目希图逃避纳税者，经法庭判决得没收其营业。

3. 造作谣言反对各种税收或企图破坏累进税者，以反动治罪。

选自《鄂豫皖革命根据地》，第二册，河南人民出版社 1989 年出版，第 525～528 页。

10. 鄂豫皖区人民委员会通令第十四号
——征收粮食累进税的补充规定

1931 年 11 月 2 日

粮食累进税，是一种巩固革命政府保证革命胜利的统一税则，他是为了全体的工农红军要饭吃、要衣穿而规定的。其主要收入还是加重在剥削阶级（富农）的身上，对于贫农、雇农，政府早已宣布不收税了，对于中农只抽很少的税。这种意义在本政府前不久的各种文件上都已说到。但考察各县的执行上仍然弄不清楚。现在为要使这一工作好好地去做，特补充下列的说明：

一、富农是农村的剥削阶级，粮食累进税的征收应以户口计算，除掉全家每人三石以外的粮食，须按普通税率更加百分之五征收。

二、其他革命群众的税务征收，应该按人口计算，按每人除开四石以外的多余粮食个别征收，这样就更减轻他们对于税务的负担。

三、除开雇农、贫农宣布免费［税］外，牺牲的红色战士家属完全免税。遇着意外灾害（蝗虫、水灾）的纳税群众得免收或减收，初得到土地革命的利益而农器家具事事缺乏，只多余少数粮食之家不收税。其他耕牛、农具、种子等需要都有而粮食又有多余之家，均得按照累进税的收集原则征收很轻的税。

以上各点均系征收粮食累进税的主要原则，各级苏维埃须切实遵照执行为要。

附注：

1. 富农以户口累进按以前收集储藏条例的原文没有更动。

2. 其他群众除每人四石以外的多余粮食以人口累进。例如，一家二人有十石粮食，除两人共需要八石外，其余分到每人只有一石，苏维埃就按他每人多的一石收税……等。

选自《鄂豫皖革命根据地》，第二册，河南人民出版社1989年出版，第529～530页。

11. 中华苏维埃共和国暂行税则

1931年11月28日中央执行委员会决议，1931年12月1日生效

中华苏维埃共和国中央执行委员会第一次会议关于颁布暂行税法的决议。

——一九三一年十一月二十八日

（一）国家的财政收入和支出，税收是主要的来源，中央政府根据宪法的规定，废除国民党军阀的一切田赋丁粮、苛捐什税、厘金等，实行统一的累进税。

（二）统一累进税对于任何方面都只是征收一种税。征收的原则，除去将纳税的重担放在剥削阶级身上外，依阶级的原则来解决。对于被剥削的阶级与最苦的阶层群众，免除纳税的义务。

（三）在目前因革命战争关系，全国苏区不能连成一片，以及许多特殊情形之下，对于农业税只能以主要出产为收税的标准。对于一切副产品暂不征收。农业税率的规定，也只能以能维持必需生活费外，为开始征收标准，按数逐渐起累，不足标准者概免税。富农则征收较重，起征的标准要低于贫农中农一半。规定这一原则，由各省政府根据当地实际情形，定出农业税的税率。

（四）在目前为发展苏维埃区域的经济起见，对于商业出入口税和工业的出厂税暂行免收。

（五）本税则自一九三一年十二月一日起实行发生效力。

中央执行委员会主席　毛泽东

副主席　项　英

张国焘

暂行税则

第一章　总　则

第一条　确定统一的累进税，废除国民党军阀政府的一切田赋、丁粮、厘金、苛捐什税等。

第二条　税的种类：分为商业税、工业税、农业税三种。

第二章　商业税

第三条　税率：暂将商业资本税从二百元至十万元分为十三个等第。按照等第规定税

率，征收其资本营利的所得税（即全部营利收入，非征收资本）。资本在十万元以上税率另定。列表如下：

商业税

等第	资本	税率
第一等	二〇〇元至三〇〇元	百分之二
第二等	三〇一元至五〇〇元	百分之二点五
第三等	五〇一元至七〇〇元	百分之三
第四等	七〇一元至一〇〇〇元	百分之三点五
第五等	一〇〇一元至一五〇〇元	百分之四点五
第六等	一五〇一元至三〇〇〇元	百分之五点五
第七等	三〇〇一元至五〇〇〇元	百分之六点五
第八等	五〇〇一元至一〇〇〇〇元	百分之八
第九等	一〇〇〇一元至二〇〇〇〇元	百分之九点五
第十等	二〇〇〇一元至三〇〇〇〇元	百分之十一点五
第十一等	三〇〇〇一元至五〇〇〇〇元	百分之十三点五
第十二等	五〇〇〇一元至八〇〇〇〇元	百分之十六
第十三等	八〇〇〇一元至一〇〇〇〇〇元	百分之十八点五

第四条　征收方法：依据商店向政府财政机关所领取的营业证，按其资本多少，来规定税率，然后按税率征收所得营利。

第五条　征收时期：每期［年］分为二期，但季节生意，得于其生意结束后征收之。

第六条　免税办法：

（甲）凡遵照政府所颁布之合作社的条例组织之消费合作社，复经县政府批准登记的，得由县政府报告各该省政府许可免税。

（乙）肩挑小贩及农民直接出卖其剩余生产品者，一律免收商业税。

（丙）商业资本两百元以下的一律免税。

（丁）商人遇险或遭意外损害，报告政府经查验证实者得许免税。

（戊）对于某种必须（需）品的日用商品和军用品，得随时由政府命令公布免税。

第三章　农业税

（注）现时农村生产与物品价值，极为复杂，不能规定一个统一的税收办法，只能规定农业税征收的原则，各省可依据此原则，按照当地情况，定出适当的农业税。

第七条　农民分得土地后，按照全家每年主要生产的收获，以全家人口平均，规定出每人每年的收获数与生活必需的支出，根据此标准，再定出向每人开始征收的最低数额及累进税。

第八条　只征收主要生产（谷麦）的税，副产暂不征税。

第九条　茶山、棉麻、果园，当作稻田麦地分配，成为主要生产的，亦应征税。

第十条　红军家属按照红军优待条例免税。

第十一条　雇农及分得田地的工人一律免税。

第十二条　贫农收入已达开始征收的税额，但仍不能维持其一家生活的，得由乡苏维埃决定个别减税或免税。

第十三条　对于过去富农的征税，要较重些。

第十四条　遇有水旱等灾，或遭受白匪摧残的区域，按照灾情轻重，免税或减税。

第十五条　因改良种子、改良耕种所增加的农业收入免税。

第十六条　开垦荒地，所收获之农产品，免税三年，富农则依照收获情形，减税或免税一年。

第十七条　农业税征收的办法和时期，在农产品收获后一月至二月开始征收，收税时依照税率规定，向各家征收每人应纳之税额。

第十八条　农业税征收现款或农产品，依据农民的意愿而定。

附：江西省农业税征收办法，以作各省的参考。

农产品平均每家每人收获量以干谷四石以上计算开始征收。

担数	税率	担数	税率
四担	百分之一	五担	百分之二
六担	百分之三	七担	百分之四
八担	百分之五	九担	百分之六点五
十担	百分之八	十一担	百分之九点五
十二担	百分之十一	十三担	百分之十二点五
十四担	百分之十四点五	十五担	百分之十六点五

对于富农从二担起即抽百分之一，三担即抽百分之二，以上类推。

第四章　工业税

第十九条　生产合作社经县政府批准备案的，得由县政府报告省政府许可免税。

第二十条　在目前为促进苏区的工业发展，暂时免收工业品的出厂税。

第二十一条　工业所得税按资本大小，规定税率征收其利润，其税率另行规定，但须较商业税为轻。

第五章　附则

第二十二条　本税则自公布之日起发生效力。

中央执行委员会主席　毛泽东

副主席　项　英

张国焘

一九三一年十一月廿八日

选自《中华苏维埃共和国法律文件选编》，江西人民出版社 1984 年出版，第 291～295 页。原注：“选自福建省档案馆馆藏史料”。

互校版本：《中央革命根据地史料选编》下册，江西人民出版社 1982 年出版，第 566～571 页。原件未注明史料来源。

12. 湘赣省工农银行暂行简章

1931年12月[①]工农银行筹备委员会提出，
1932年2月湘赣省苏维埃政府批准

第一章　总则

第一条　名称　中华苏维埃共和国湘赣省工农银行。

第二条　宗旨　实行阶级经济政策，发展农村经济，帮助工农贫民，兴办公共生产及各种合作社，统一货币制度，防止金融外溢，冲破敌人经济封锁，巩固并发动苏区群众经济，帮助苏维埃政府创办一切建设事业，以促进革命的巩固与发展。

第三条　基址　设立永新县城。

第四条　基金　暂决定基本银洋四万元，由省苏维埃政府拨出。

第五条　货币　以银元为主币，出入计算以银元为单位。

第二章　集股

第一条　集股原则

（1）暂定集六万股。

（2）筹备股金发行三联股票。

（3）每银洋一元即为一股。

（4）未满一元者不得入股。

（5）股金不得以货物抵折。

第二条　股员资格

（1）团体股员——各级苏维埃政府及各革命团体均得投资为股员。

（2）个人股员——革命的工人、农民、兵士、小商人及一切劳动贫民，不分男女老幼，均得投资为股员。

第三条　股员权利

（1）每年由银行经理委员会决定代表产生法及会期，召集全体股员代表大会一次，以审查银行簿账，批准和讨论银行工作。

（2）股员得按章享受股本的息金。

（3）股员得按照银行每年的多少赢利，享受赢余金。

（4）股员入股在一年以上的，如有特殊事故必须退股时，准其退股，但须在两星期以前报告银行。

（5）股员退股非在每满一年的结算时，只按月算股本息金，不给赢余金。

（6）股员在每年接受本息金及赢余金时，如愿将此款再投入银行者，准其按数作储金。

---

① 湘赣苏区大事记记载：湘赣工农银行筹备委员会于1931年12月末提出此简章，经省苏维埃政府批准后，于1932年1月15日正式成立。“湘赣史料版”考证为“一九三二年二月十六日”。

（7）股员如遇在发展各种生产事业的需要上得到当地苏维埃保证时，可由银行借款应用。

第四条　股员责任

（1）股员应将组织银行的意义作广大的宣传，提高银行的信用，以扩大组织，充实财力。

（2）股员应可能的随时随地换用银行票币以申请银行信用。

（3）股员要随时随地侦查有无富农、奸商、反革命派故意造谣破坏银行，拒用银行票币，输送现金外出，伪造银行票币……等，一经发觉，即飞报告。

第三章　借贷

第一条　凡在湘赣苏区内的各种合作社及公共产业，在扩张营业的需要上，经过当地高级苏维埃政府的保证而在本银行财力可能时，得向本银行借款应用。

第二条　凡革命的工人、农民、兵士、小商人、劳动贫民，如遇在发展各种生产事业的需要上得到当地苏维埃政府的保证，而在本银行财力可能时，亦得借贷应用。

第三条　凡借贷者经过当地苏维埃政府的保证，并要填具借贷证券，以资凭信。

第四条　凡借贷者于借款时须确定偿还期间，如届期不送还者，本银行不派人追催，由保证者负责任。

第五条　偿还本银行的借款者，不准用货物抵折及其他票币。

第六条　借贷期间至多不得超过一年。

第四章　储蓄

第一条　凡属各级政府及各革命团体与革命民众，如有余裕金钱愿储蓄在本银行者，均一律收储。

第二条　储蓄者于储金时，须领得本银行的储蓄证以资执照。

第三条　储蓄金由储蓄者自便出入，但至少要过一个月。

第四条　储蓄者须收回储蓄金时，须在一星期以前通知本银行。

第五章　汇兑

第一条　凡因路程过远而困于转输的银钱，均可交本银行汇寄。

第二条　凡汇款须首先填具汇款证，然后交清汇款及汇费，领取汇条。

第三条　汇寄款项至少要在一百元银洋以上，少则不准汇寄。

第四条　汇费凡在湘赣苏区内汇寄者每洋一元收汇费两厘，如汇至其他苏区者当与本银行面议，斟酌情形及路途远近而决定之。

第五条　汇票如果不发生效力时，由本银行负担汇款的往来旅费。

第六条　汇款人须妥为保存汇票，倘若遗失，本银行不负责任，并不准挂遗失号。

第六章　出入息金

第一条　基金息每年每元银圆给息金三分正。

第二条　股金息每年每元银圆给息金二分正。

第三条　借贷金息每月每元收息金五厘正。

第四条　储蓄金息按期间长短累进月息金。

（1）储蓄一月者不给息金。

（2）储蓄二月者每月每元银元给息金一厘八毫。

（3）储蓄三月者每月每元银元给息金二厘一毫。

（4）储蓄四月者每月每元给息金二厘五毫。[①]

（5）储蓄五月者每月每元给息金三厘正。

（6）储蓄六月者每月每元给息金三厘六毫。

（7）储蓄到六个月以上的时间的，按月照六月例给息。

第五条　凡属年息月息的算结，均按交接金钱之日起，不满月的由双方临时斟酌决定之。

第六条　凡属按月算息的，均不得于未结算前息上加息，按年算息的如已满一年未结的，即料算多少转作储蓄金。

第七章　赢余金

第一条　每满一年，清算一次银行大账的结算赢余金的数目。

第二条　结算赢余金，须除开一年用费及所制器具费等与基本金、股本金和各种息金以外，所得的才算是赢余金。

第三条　赢余金归出基本金及出股本金者所享受。

第四条　赢余金每年于结算后发给一次。

第八章　附则[②]

本简章经省苏维埃政府核准，由本银行公布施行，如有未尽善处，后由股员代表大会修改之。

选自《湘赣革命根据地史料选编》上册，江西人民出版社 1984 年出版，第 316～320 页。简称“湘赣史料版”。原件未注明史料来源。

互校版本：《湘赣革命根据地财政经济史料摘编》，湖南人民出版社 1986 年出版，第 403～406 页。简称“湘赣财经版”。原注：“湘赣省工农银行暂行简章 1931 年 12 月”。

13. 中华苏维埃共和国暂行财政条例

1932 年 2 月中央执行委员会颁布[③]

第一条　为实行财政统一，一切国家税权，概由国家财政机关（中央及各省县区财政部，及城市财政科）按照临时中央政府所颁布的税则征收。地方政府不得自行规定税则或征收。每年或每季开始征收税款，必须接到中央财政部关于收税的时间与手续等的规定的通令，才能征收，中央财政部得指定银行，代理收税。

---

① “湘赣史料版”（3）（4）两项有误，此按“湘赣财经版”纠正。

② “湘赣史料版”缺第八章，按“湘赣财经版”补齐。

③ 此为手抄本，未注明年代，《中央革命根据地财政经济史长编》（下）人民出版社 1982 年版，第 439 页认为颁布《中华苏维埃共和国暂行财政条例》的时间是“一九三二年二月”。但该书未列举条例原文，只作简介。简称“人民财经史长编。”

第二条　各级财政机关，所收入之税款，及政府经营事业的入款，或罚金或没收的财产以及其他收入等款项，概应随时转送或直送中央财政部，或中央财政部所指定之银行，各级财政机关在未收到上级财政机关的支付命令以前，不得自行支配扣用或抵补，亦不得延期不缴。

第三条　各级行政经费，各军伙食杂用等经费，统由各该部分的财政机关造具预算，交他的直接上一级财政机关审查，并报告中央财政部批准，统由中央财政部依据批准之预算付款。

第四条　凡中央财政部各直接下一级财政机关（各省政府财政部、中央革命军事委员会之总经理部）应于每月二十五日以前，造报其下月预算，送交中央财政部审查批准。其各级财政机关，应于每月二十日以前造其下月预算，送交其直接上一级财政机关，以便审查总合造报。

第五条　中央财政部在批准他的直接下一级财政机关预算后，依据预算，发给该财政机关发款通知书，该财政机关，依次批准他的直接下一级财政机关的预算，并次次发给发款通知书。

第六条　各级财政机关接到此发款通知书后，填具领款证，由财政机关负责人，及其政府机关或军事机关负责人共同署名（为省政府的领款证，须有财政部长及省政府主席之署名）才能向直接上一级财政机关领款。

第七条　凡中央财政部直接下一级的财政机关，须于每月十号以前将他的上月决算表，送交中央财政部审查批准。各级财政机关，须于每月五号以前，将他的上月决算表，送交他的直接上一级财政机关审查批准。

第八条　各级财政机关送决算表时，应将他的一切单据贴在单据簿上，随同送交他的直接上一级财政机关，此等决算单据，即保存于各上一级财政机关，不要再行转上了（各师部之决算单据等保存在军部经理处，区财政部之决算单据等保存在县之财政部）但上级财政机关认为有必要时，随时领取各下级财政机关的单据表册，及所要的材料等。

第九条　不能取得单据之用款，由经手人代填单据，并须声明不能取得单据的理由。

第十条　各级财政机关之预算表、决算表，应备同样的两份，一份自己保存，一份送交他的直接上一级财政机关备案。

第十一条　所有各级财政机关，凡关系财政事项所使用的账簿、表册、单据等，须一律遵用中央财政部所规定的统一的格式，不得沿用旧式账簿，或另立新奇。

第十二条　所有各种账簿单据，他的银钱记账单位，应一律折合大洋计算，并须将折合的时价，附记清楚（多少小洋或铜元值一元大洋）。但如收入是金条、银锭及不能用十足通用的纸币，应将原件缴送中央财政部，不得自行折价。

第十三条　各级财政机关的账簿、表册、单据等保存期间为五年，过期得由该机关负责人监视销毁之。

第十四条　本条例自公布之日起施行之。

选自手抄本。原件未注明史料来源。

14. 中华苏维埃共和国临时中央政府人民委员会命令第十四号——关于货币兑换办法[①]

1932年6月21日

一、在国家银行各地兑换处未普遍设立以前，各级政府各部队的经理机关要代理兑换国家银行发行之各种钞票，并须挂起“国家银行钞票代兑处”的招牌，指定专人负责。

二、对持票要求兑换者，须尽量兑付现洋，不得拒绝；同时要向持票人宣传，以提高他们对国家银行钞票之认识和信仰。

三、一切税收要完全缴纳国家银行钞票及苏维埃二角银币，其他什币概不收受。

四、各级政府各部队的经理机关，不但要代理兑换，而且要帮助发行国家银行的钞票，其收入之钞票，要从各方面使用出去，俾得在市面继续流通，但须向群众作广大的宣传，不得强迫人使用。

五、各级财部及各部队的经理机关，在目前应相当储蓄一部分现金来兑换国家银行所发行之货币。

六、为防止流币起见，兑换钞票时应注意以下各点：

（一）一元钞票一张，兑付光洋一元，如光洋与杂洋价格不同的地方，杂洋应照补水。

（二）一角辅币券每十张兑付光洋一元，不满一元者不兑。

（三）没有号码和签字的钞票不兑。

（四）只剩半张的钞票不兑（至少要有全张三分之二存在的才兑）。

（五）两边号码不同的钞票不兑。

七、每十天或半月将兑换情形向国家银行总行报告，以备考核。

以上各项望遵照执行。此令

公历一九三二年六月廿一日

选自《红色中华》，1932年6月30日第25期，第四版。

互校版本：《中华苏维埃共和国法律文件选编》，江西人民出版社1984年出版，第307～308页。原注：“见《红色中华》第二十五期第四版，1932年6月30日”。

15. 中华苏维埃共和国临时中央政府布告 第九号——公布“革命战争”短期公债条例[②]

1932年6月25日

现在革命大大地发展，革命战争在全国各方面继续获取伟大的胜利，鄂豫皖最近连获五次大胜利，而中央区消灭张贞占领漳州，湘鄂西在襄北的战争与最近消灭进攻的川军等等胜

① 副标题系编者所加。
② 副标题系编者所加。

利，全国反帝运动与东北义勇军抗日战争，均在更扩大地发展，尤其是工人总同盟罢工在上海等地日益扩大，这样使得帝国主义国民党及一切反动派，更加恐慌，极力来挽救他将要死亡的统治，集合全力来抵抗革命，特别是对苏区和红军的进攻。这个时候是革命进到与反革命决斗的时期，是革命战争进到与帝国主义全部武装作战的阶段。本政府为争取革命战争继续的伟大胜利，粉碎帝国主义国民党的进攻，去夺取江西及邻近省区的首先胜利，去实行以民族革命战争驱逐一切帝国主义滚出中国，使苏维埃取得全中国胜利，现正积极动员与领导全国工农红军及各苏区工农群众，以全部力量来积极发展革命战争，实行全线的总进攻。为要保障革命战争更有力地向前发展，保障红军继续地去消灭敌人夺取江西首先胜利，必须广大工农踊跃地参加红军，加强红军的力量，同时要准备充分的战争经费与红军的给养，这成为革命战争胜利的二个主要条件。现本政府为了充裕革命战争的经费，以保障革命战争的继续胜利与发展，特举行募集短期的“革命战争”公债六十万元，专为充裕战争的用费，规定以半年为归还期，到期由政府根据所定利率偿还本息，其详细办法另列条例于后。

政府发行公债，完全是为争取革命胜利，与谋工农解放，不但有利息而且能按期偿还，能买卖、抵押、缴纳租税，与其他财产有同等之价值与信用，凡我工农劳苦群众及苏维埃境内之居民，每个人都有购买公债之义务。这是工农群众对于革命应尽的义务，大家踊跃购买公债，即是积极参加革命战争的工作。

本期发行之短期“革命战争”公债票除以十万元在湘赣、湘鄂赣省发行外，在中央区共发行五十万元，分五期发行，每期十万元，从七月一日至卅日发行完毕。望我工农劳苦群众及一切居民一体明白。此布

附：发行“革命战争”短期公债条例

第一条　临时中央政府为发展革命战争起见，特募集公债以充裕战争经费，故定名为“革命战争”公债券。

第二条　本项公债定额为国币陆拾万元。

第三条　本项公债利率定为周年一分。

第四条　本项公债票分为三种如左：

一、五角，二、一元，三、五元。

第五条　本项公债规定半年还本还息，以一九三三年一月一日起为还本息时期，届时本利同时兑还。

第六条　本项公债完全得以十足作用的完纳商业税、土地税等等国家租税，但缴纳今年税款则无利息。

第七条　本项公债准许买卖、抵押及代其他种现款的担保品之用。

第八条　如有人故意破坏信用、破坏价格者，以破坏苏维埃与革命战争论罪。

第九条　本项公债所经售债票及还本付息，由各级政府财政机关、红军经理部、国家银行及政府所委托之各地工农银行、合作社等分别办理。

第十条　本条例自一九三二年七月一日公布施行。

选自《中华苏维埃共和国中央政府文件选编》，《江西社会科学》1981 年增刊，第 24～25 页。

16. 中华苏维埃共和国临时中央政府执行委员会训令（执字第十三号）——为发行革命战争短期公债券事

1932年6月26日

目前革命战争在全国苏维埃运动的新发展和红军的积极行动之下，已大大开展起来，继续不断地在全国获得最伟大的胜利，反动统治——帝国主义国民党军阀等，在革命战争胜利的极端威胁之下，为挽救它将要死亡的统治，更是集全力地来抵抗革命，帝国主义已由秘密地帮助国民党军阀进到直接公开地以武力来干涉中国革命。最近国民党军阀动员中部南部的全部反动武装来向全国苏区和红军作全线的四次围攻，但全国苏区工农群众与红军的英勇作战，已开始给国民党军阀四次围攻的计划以严重打击。现在我们是动员与领导全国苏区工农群众与红军有配合地互相呼应地作全线的总进攻去粉碎敌人四次围攻，争取江西和邻近几省的首先胜利。中央政府除积极领导全国红军和工农群众有计划地积极进行革命战争，更为充分准备革命战争经济，使红军能继续胜利去消灭敌人争取江西首先胜利，除加紧开发财源征收商业税、城市房租，计划土地税的征收，组织游击队到白区筹款响（应）革命外，更要动员群众在经济上的帮助来保障革命战争的经费，不受其任何困难和阻碍，而影响战争的进行。因此本政府决定向全苏区工农群众募集“革命战争”短期公债六十万元，专为充裕革命战争的用费。除以十万元由湘赣、湘鄂赣两省推行外，在江西与福建发行者共五十万元，分五期发行，每期十万元，其发行具体办法如左：

甲、发行分配数目

①红军共四万元。

一、前方三万元。

二、红校一千元。

三、江西、福建军区及后方办事处各三千元。

②城市商人共六万元。

一、汀州三万元。

二、瑞金五千元。

三、龙岩四千元。

四、�门岭四千元。

五、会昌三千元。

六、于都二千元。

七、广昌二千元。

八、宁都三千元。

九、石城二千元。

十、寻邬二千元。

十一、安远二千元。

十二、兴国一千元。

③各县共三十九万元。

一、兴国、长汀、瑞金各三万五千元。

二、上杭三万元。

三、赣县二万五千元。

四、胜利、公略、万泰、会昌、宁都各二万元。

五、于都一万七千元。

六、南广、寻邬、永丰各一万五千元。

七、乐安一万二千元。

八、永定、新泉、安远、石城各一万元。

九、龙岩、宁化、武平各四千元。

十、连城、信康各二千元。

④其他党团政府共一万元。

乙、发行日期的分配和缴款日期：

（一）第一期十万元，七月一号发出，十五号款项集中。

（二）第二期十万元，七月五号发出，二十号款项集中。

（三）第三期十万元，七月十号发出，三十号款项集中。

（四）第四期十万元，七月十五号发出，八月十号款项集中。

（五）第五期十万元，七月二十号发出，八月十五号款项集中。

丙、集中款项地点如下：

（一）福建各县及军区集中汀州省苏转解中央。

（二）江西石城、宁都、会昌、瑞金、红校直接将款集中中央国家银行。

（三）江西永丰、乐安、胜利、公略、万泰、赣县、兴国集中江西省苏。

（四）江西于都、安远、寻邬、会昌、后方、江西军区集中安远江西军区。

（五）前方红军集中总经理部。

丁、湘赣、湘鄂赣两省，根据以上原则由该两省苏负责执行。以上所拟各种办法特别是分配数目与集中款项日子，是要按期达到丝毫不能迟延或贻误，必须百分之百的做到，才能适合战争的发展的需要。

按公债是政府向工农群众所募集的债款，而为革命战争之用，这种债券限定半年照款由政府归还，另按年利一分付息。六个月满后，除还本外，每元另付半年息洋五分，并准许买卖抵押，及完纳国家租税。最主要的公债发行与群众的购买踊跃是表现群众对于苏维埃的拥护与参加革命战争的积极。而苏联的五年经济计划正因群众的拥护，特别是购买五年计划公债的踊跃得着雄厚经济力量的帮助，使五年经济计划更迅速地顺利地去进行和完成。当然我们苏区在目前发行公债时，工农群众开始当不易了解这一伟大意义，因此各级政府立即向广大群众作宣传鼓励解释公债意义，与工农群众购买的义务，帮助革命战争有力发展的作用，使每个工农群众都踊跃地来买公债，要造成这种“不买公债券是一个革命战士的耻辱”的空气，因此各级政府应执行以下工作：

（一）用宣传鼓动的方法来鼓动工农群众自愿来买公债券，切不能用命令强迫，但对于富农、大中商人可以责令购买。

（二）由区市乡召集乡代表会议做报告讨论，推销和鼓励群众的办法，由城乡政府和代表召集商民大会报告政府发行公债券的意义与公民的义务，特别要从政治上参加革命战争上来鼓励，使群众自动地购买。

（三）用革命竞赛方法，县与县，区与区，乡与乡，村与村，团体与团体比赛，谁购买多缴款迅速，谁就胜利，由上一级政府，给奖旗和名誉奖。

（四）各村各市由代表及城乡政府负责将款转解上级。

（五）各级政府根据以上各项来决定本身执行的具体办法（例如分配方法、鼓励方法、收款方法等）。

总之，决定公债的发行，能按以上规定实际做到，最主要的是靠我们动员与鼓励群众工作如何来决定，谁能积极去动员群众，谁就能够达到任务，必须严厉纠正过去不发动群众，专靠用命令的错误工作方式。

目前对于各级政府工作检查，就以这一工作为检查的中心来考查各级政府工作的成绩，如再发现如过去之敷衍怠工者，就要给予革命纪律的处罚。此令

选自《中华苏维埃共和国中央政府文件选编》，《江西社会科学》1981 年增刊，第 26～28 页。

17. 中华苏维埃共和国临时中央政府执行委员会命令第七号——关于修改暂行税则问题

1932 年 7 月 13 日

革命战争向前发展中继续地得到了伟大的胜利，夺取中心城市完成湘鄂赣几省革命的首先胜利，以广大反日反一切帝国主义的民族革命战争，争取全中国革命胜利，这是革命的当前主要任务。为要完成这个任务，充足革命战争的经费和红军的给养，是保障革命战争继续胜利的一个主要条件。税收为国家财政的主要收入，国家的行政费，革命战争的一切经费，主要的来源应当出自税收。本执行委员会鉴于目前革命的需要与保障革命的胜利起见，因此必须变更一九三一年十二月一日所颁布的暂行税则的税率。对于改变税率特作以下的规定：

一、一九三一年十二月一日所颁发的暂行税则的第二章商业税，从第三条到第六条及第三章农业税的第七、八、十、十一、十五、十七、十八等条完全宣布作废，另行规订（定）新的条文。

二、征收商业税的期限由一九三二年七月起，由每年征收两次，改为每月征收一次，季节生意也改变为按次征收。

三、肩挑商的资本在一百元以上者，也同样要收税。

四、农业税的税率，江西、福建两省从前所规定的税率，亦须宣布作废，另行规定新的税率标准，送中央政府批准。

五、其余各章各条的条文仍然有效。

各级政府接到本命令之后须立即执行，今年的农业税，也必须按照新的税则去征收。此令

一九三二年七月十三日

选自《红色中华》，1932 年 7 月 14 日第 27 期，第五版。

互校版本：《中华苏维埃共和国中央政府文件选编》，《江西社会科学》1981 年增刊，第 29 页。

18. ［修正］暂行税则

1932 年 7 月 13 日

第一章　总则

第一条　确定统一的累进税，废除国民党军阀政府的一切田赋、丁粮、厘金、苛捐杂税等。

第二条　税的种类：分为商业税、农业税、工业税三种。

第二章　商业税

第三条　税率：暂将商业资本税从一〇一元至五十万元分为十四个等第，按照等第规定税率，征其资本营利的所得税（即全部营利收入，非征收资本），资本在五十万元以上税率另定。兹列表如下：

等第	资本	税率
第一等	一〇一——二〇〇元	百分之六
第二等	二〇一——四〇〇元	百分之七
第三等	四〇一——七〇〇元	百分之八
第四等	七〇一——一〇〇〇元	百分之九
第五等	一〇〇一——一五〇〇元	百分之十
第六等	一五〇一——三〇〇〇元	百分之十一
第七等	三〇〇一——五〇〇〇元	百分之十二
第八等	五〇〇一——一〇〇〇〇元	百分之十三
第九等	一〇〇〇一——二〇〇〇〇元	百分之十五
第十等	二〇〇〇一——三〇〇〇〇元	百分之十七
第十一等	三〇〇〇一——五〇〇〇〇元	百分之十九
第十二等	五〇〇〇一——八〇〇〇〇元	百分之二十一
第十三等	八〇〇〇一——一〇〇〇〇〇元	百分之二十三
第十四等	一〇〇〇〇一——五〇〇〇〇〇元	百分之二十五

第四条　征收方法：依据商店向政府财政机关所领取的营业证，按其资本多少，来规定税率，然后按税率征收所得营业税。

第五条　征收时期：每月征收一次，季节生意也须按次征收之。

第六条　免税办法：

（甲）凡遵照政府所颁布之合作社的条例组织之消费合作社，复经县政府批准登记的，

得由县政府报告各该省政府，许可免税。

（乙）肩挑小贩资本在一百元以下及农民直接出卖其剩余生产品者，一律免收商业税。

（丙）商业资本一百元以下的，一律免税。

（丁）商人遇险或遭意外损害，报告政府，经查验证实者，得许免税。

（戊）对于某种必须（需）品的日用商品和军用品，得随时由政府命令公布免税。

第三章　农业税

（注）现时农村生产与物品价值，极为复杂，不能规定一个统一的税收办法。只能规定农业税征收的原则，各省可依据此原则，按照当地情况，定出适当的农业税报告中央政府批准施行。

第七条　农民分得土地后，按照全家每年主要生产的收获，以全家人口平均规定出每人每年的收获数与生活必需的支出，根据此标准，再定出向每人开始征收的最低数额及累进税，但富农则按劳动力来平均（而不以人口平均），计算收获与纳税标准。

第八条　只征收主要生产（谷麦）的税，副产暂不征税。但每年收获谷麦二次者，应征税二次。

第九条　茶山、棉麻、果园，当作稻田麦地分配，成为主要生产的，亦应征税。

第十条　红军家属（限本身父母、妻子及无劳动力的弟妹）按照红军优待条例免税。

第十一条　雇农及分得田地的雇佣工人、苦力本身和妻子一律免税。

第十二条　贫农收入已达开始征收的税额，但仍不能维持其一家生活的，得由乡苏维埃决定个别减税，或免税。

第十三条　对于过去富农的征税，要特别加重些。

第十四条　遇有水旱等灾，或遭受白匪摧残的区域，按照灾情轻重免税或减缴。

第十五条　因改良种子、改良耕种，所增加的农业收入免税。

第十六条　开垦荒地，所收获之农产品，免税三年，富农则依照收获情形，减税或免税一年。

第十七条　农业税征收的办法和时期，由中央财政部公布。但其他阻隔之各苏区可依据当地情形，由当地最高政府决定公布。收税时依照税率规定向各家征收每人应纳之税额。

第十八条　农业税征收现款，以中华苏维埃共和国的国币为限，其余的杂洋币不收。

第四章　工业税

第十九条　生产合作社，经县政府批准备案的，得由县政府报告省政府许可免税。

第二十条　在目前为促进苏区的工业发展，暂时免收工业品的出厂税。

第二十一条　工业所得税，按资本大小，规定税率，征收其利润，其税率另行规定，但须较商业税为轻。

第五章　附则

第二十二条　本税则自公布之日起发生效力。

中央执行委员会

选自《红色中华》，1932年7月14日第27期，第六版。

互校版本：《中华苏维埃共和国法律文件选编》，江西人民出版社1984年出版，第

296～300 页。

19. 土地税征收细则

1932 年 7 月

（一）总则

一、本细则适用于稻田，其果树、竹麻、茶油、茶叶等另定. 园圃当田分者，无论栽种何种农产品，在早收期间内，一律照稻田收税。

二、凡两季种稻者，应征收两季税，但下各种什粮者暂时免收。

三、为便利及避免损失起见，土地税一律按照税额折成银款，按国币计算征收，不收谷物。公债票最好，但不计息。

四、收税一律以实谷计算（每十六两秤一百斤干谷为一担）。所谓实谷不是凭农民报告，是按照分田时，每人分田多少的中等田，在今年年成可收实谷多少为标准（这个成数由乡代表会估量），根据这个标准来决定税率，各人分得之田，即照这个标准折成实谷，照税率交税。

五、谷价由县苏按照各区某时期市价（江西是按新米上市的第三圩场六天后的最高市价）分别斟酌规定，并由县苏公布之。

六、农民缴税前，由乡代表发给纳税证明书，替他填好；如有免税者应填好免税证明书。农民即按证明书带款送交各该税收委员会，取得收据为凭。无收据者以漏税论。最好托乡代表收集各人税款，集合完纳，以资利便。

七、收税时间，应按照各地实际情形，暂定八月十日至八月半前后为收税之期，但务须于九月底征收完毕。

八、所收税款，应一律缴解上级，如区缴县、县缴省，并应五天一缴。各级政府未得上级命令前，绝对不能动用丝毫，如有违犯者，按照法律严办。

（二）组织与工作

一、土地税之征收，以县为单位，每二区或三区设立一个土地税征收委员会，人数九人至十一人，以区苏负责人及积极忠实分子担任，至少要有四人坐收，其余的人，做动员与督促工作及参加各地税收会议。各委员均由县苏委任。

二、办公地点，可依照实际需要酌量移动，但彼此距离，不可太远。

三、在未收税前，委员会一定要动员各区及各乡苏召集乡代表会议，及选民大会等报告税收之意义和手续，要乡代表详细向群众解释。

四、纳税及免税证明书由各税收委员会按照中央制定样式自行设法印发，分给各乡代表向群众详细填明，以便收税时计算。

五、税收委员会设主任一人负总责，指导和参加一切工作，并应经常将税收情形报告上级，每日要详细审查账目，另指定会计二人、出纳二人专负征收。

（三）责任与手续

一、如账目弄错了，则归出纳负责；收据错了，则归会计负责；如两人都错了，则由主任负责。如发现有贪污事情，则按照法律严办。

二、收据绝对不能扯去一张，如写错了，可另外再写过一张。不过在那张写错了的应写“作废”，仍把那张存留在上面，如果发生扯去情事，以舞弊贪污论罪。

三、收据用完后，应在全本上将总数写在封皮上面，并由主任盖章签名。

四、收据绝对不用铅笔或钢笔写，一定要用毛笔，并且数目字均要写大楷（如一二三……应写壹、贰、叁等）。

五、税款收入应一律以国币计算，尾数采取四舍五收的办法。

六、征收时每日办公时间应规定，以免农民缴款来时，无人负责，应通知各区乡群众，以便按时前来缴纳。

七、群众缴税时，会计员应照他带来的证明书，照样填好算好，然后交给出纳员，出纳员再复算一次，即收钱将收据盖印给他。

附江西农业税的税率与纳税及免税证明书于下：

富农从一担起征，税率如下：

担数	税　率
一	百分之四
二	百分之五
三	百分之六
四	百分之七
五	百分之八
六	百分之九
七	百分之十
八	百分之十一
九	百分之十二点五
十	百分之十四
十一	百分之十五点五
十二	百分之十七
十三	百分之十八点五
十四	百分之廿
十五	百分之廿二

贫农、中农从三担起征，税率如下①：

担数	税　率
三	百分之四
四	百分之五
五	百分之六
六	百分之七
七	百分之八

① 《红色中华》及各版本皆漏掉此行，此为试补者。

八	百分之九
九	百分之十
十	百分之十一
十一	百分之十二
十二	百分之十三点五
十三	百分之十五
十四	百分之十六点五
十五	百分之十八

附：如收干谷三担九斗九升的，亦照三担税率计算起征，但九斗九升还是要收税，余类推。

纳税证明书

省县区乡

纳税人姓名

什么成分

每人分田多少

今年折实谷多少

全家几多人

共分田多少

乡代表

公历一九三二年　月　日给

免税证明书

省县区乡

免税人姓名

为什么免税

全家几多人

免税几多人

共免税多少

主席

公历一九三二年　月　日给

选自《红色中华》，1932年7月14日第27期，第六、七版。

互校版本：《中华苏维埃共和国法律文件选编》，江西人民出版社1984年出版，第300～304页。原注："见《红色中华》第二十七期第六版，一九三二年七月十四日"。

20. 中央执行委员会关于发行经济建设公债的决议

1932年7月22日

革命战争的猛烈发展，要求苏维埃动员一切力量有计划地进行经济建设工作，从经济建设这一方面把广大群众组织起来，普遍发展合作社，调剂粮食与一切生产品的产销，发展对外贸易，这样去打破敌人的经济封锁，抵制奸商的残酷剥削，使群众生活得到进一步的改良，使革命战争得到更加充实的物质上的力量，这是当前的重大战争任务。为了有力地进行经济建设工作，中央执行委员会特批准瑞金、会昌、于都、胜利、博生、石城、宁化、长汀八县苏维埃工作人员查田运动大会及八县贫农团代表大会的建议，发行经济建设公债三百万元，并准赎买者以粮食或金钱自由交付。

除以一部分供给目前军事用费外，以最主要的部分用于发展合作社调剂粮食及扩大对外贸易等方面。为了确定公债用途及还本付息等项手续起见，特制定发行经济建设公债条例。责成人民委员会督促财政人民委员部与国民经济人民委员部指导地方政府，根据本决议及公债条例，正确迅速地发行并支配此项公债，同时对工农群众及一切遵守苏维埃法令的居民，进行广泛的宣传解释工作，使经济建设运动迅速地在苏区全境发展起来。其有反革命分子企图破坏公债信用及任何经济设施者，责成国家政治保卫局采取必要办法，严厉镇压这些分子，以保障经济建设工作的顺利进行。

主席　毛泽东
副主席　项　英
张国焘
一九三三年七月二十二日

附：经济建设公债条例

1933年7月22日

（一）中央政府为发展苏区的经济建设事业，改良群众生活，充实战争力量，特发行经济建设公债。以三分之二作为发展对外贸易，调剂粮食，发展合作社及农业与工业的生产之用，以三分之一作为军事经费。

（二）本公债定额为国币三百万元。

（三）本公债利率定为周年五厘。

（四）本公债利息，从一九三四年十月起，分七年支付，每元每年利息大洋五分。

（五）本公债还本，从一九三六年十月起，分五年归还。第一年即一九三六年还全额百分之十，第二年即一九三七年还百分之十五，第三年即一九三八年还百分之二十，第四年即一九三九年还百分之二十五，第五年即一九四〇年还百分之三十。偿还办法，届时由财政人民委员部另行制定公布之。

（六）本公债以粮食调剂局、对外贸易局及其他国营企业所得利润为付还本息之基金。

（七）本公债准许买卖、抵押并作其他担保品之用。

（八）卖买本公债者，交谷交银，听其自便，交谷者谷价照当地县政府公布之价格计算。

（九）本公债票面价部分为五角、一元、二元、三元、五元五种。

（十）如有故意破坏本公债信用者，以破坏苏维埃经济论罪。

（十一）本公债发行事宜，由各级政府公债发行委员会负责，所收款项，送交分支库，所收谷子，则交与仓库保管委员会。

（十二）本条例自一九三三年八月一日起施行。

中央政府 主 席 毛泽东

副主席 项 英

张国焘

公历一九三三年七月二十二日

选自《红色中华》，1933年7月26日，第一版。

21. 财政部暂行组织纲要

1932年8月17日人民委员会第二十二次常会通过

一、财政部在中央政府则隶属于人民委员会，称财政人民委员部；省县区则受各该级执行委员会主席团的指导，称财政部；城市则受苏维埃主席团的指导，称财政科。

二、各级财政部或科在行政系统上直接隶属于上级财政部，建立上下级的系统关系，绝对执行上级财政部的命令，但同时则受同级政府主席团的指导，发生横的关系。财政部须设立财政委员会，由三人至十一人组织之。

三、下级财政部长，经各该级执行委员会或城市苏维埃选举出来之后，必须送上级财政部批准。各级财政委员会的委员，由各该政府主席团委任后报告上级财政部批准备案。

四、财政人员委员部执行国家经济政策，计划岁入岁出，并管理国库、税收、公债、钱币、会计、银行、国有财产、合作社等事项。

五、财政人员委员部之下，暂时设立会计处、审计处、总务处、税务局、公债管理局、钱币管理局、国产管理局、合作社指导委员会。

六、省财政部设会计科、出纳科、税务科、审计科及合作社委员会。县财政部与省同，但不设审计科。与省县同级之市财政部均设出纳、会计、税务三科。但省县所在地之市财政科则不设税务科，区以下财政部不分科。

七、各局处及委员会所掌管事项如下：

（一）会计处掌管国家关于总预决算编制，金钱物品之会计，会计制度之确立等事项。

（二）审计处掌管关于总预决算的审核，簿记之察查及审核国家预算之支出，国库现金及存款事项。

（三）总务处掌管财政人员委员部内各种财产、文件及一切什物。

（四）税务局掌管关于各项税务之计划、整理和征收，各级税务机关之建立和监督。在国家登记局未设立以前，兼管理工商业之登记事项。

（五）公债管理局掌管关于公债之计划，发行推销，还本付息，买卖抵押，登记注册及各种证券的管理和取缔等事项。

（六）钱币管理局掌管关于币制的统一、国币之制造与发行，银行和造币厂之管理和监督，金融之调剂等事项。

（七）国产管理局掌管关于国有山林、矿山、店铺、房屋、工厂、企业之经营，管理出租和各种租金之缴收等事项。

（八）合作社指导委员会掌管关于指导和计划各种合作社之建立和发展等事项。

八、除第七项各种分工组织外，必要时还可以组织各种专门委员会，从事研究各种专门问题，并可聘请专门人才为委员。该项委员会由部长以命令委任之。各管理局和处，也可以组织委员会从事研究和进行与该局处有关系的问题。委员人数三人至五人，以局长或处长为主任。

九、中央财政人民委员部设部长一人，以财政人民委员为部长，副部长二人，由人民委员会以命令委任之。局长四人，处长三人，合作社指导委员会主任一人。省县两级财政部，设正副部长各一人，各科科长各一人，税务员二三人。区仅设部长一人，会计一人。城市设科长一人，会计一人。

十、除第九项上之负责工作人员外，可酌用各种技术工作人员，由部长以命令委任之。

十一、县以上财政部可用指导员若干人，指导下级财政部工作，税务检查员若干人，以检查人民的纳税事宜。

十二、财政部各局各处各科的办事细则另定之。

十三、本暂行纲要人民委员会得随时修改和废止之。

十四、本暂行纲要，在江西、福建两省及瑞金直属县自公布之日起发生效力，但未与中央苏区打成一片的苏区，自文到之日起发生效力。

选自单行手抄件。原件未注明史料来源。

22. 中央财政人民委员部训令——统一会计制度

1932年12月16日

财政人民委员部自成立以来，即颁布了财政统一的训令，但一直到现在财政还未能彻底统一，这固然是因为各级政府与武装部队未能了解财政统一的意义，但会计制度没有确定、国库没有建立，确是重要原因。考察过去会计工作缺点甚多，最主要的：

第一①，就是收钱机关、管钱机关、用钱机关混在一起，没有分开。每个县区政府，收钱是他，管钱是他，用钱也是他，他要钱用时当然会自己打开柜子任意拿用，哪里还会向你做什么预算决算等候批准等麻烦手续呢？这样要财政统一当然很难做到。而且任各级自收自用，中间更免不了生出许多贪污浪费舞弊的毛病出来，这是会计工作第一个缺点。

第二，是各项收入与经费没有分开，没有各成系统，不论土地税、商业税、行政费、军事费、教育费、司法费等都由省县政府收支，上月收支与下月收支，也没有分开，甚至连私人移借都混在一起。因此省县政府账目弄得非常麻烦，会计不易整理，中央则更无从确知各项收支数目，因而妨碍到整个岁入岁出之预算与决算，致中央不能有计划地去节省

① 《红色中华》原件未标出“第一”，试补之。

不必要的开支，而集中一切财力来充实战争经费，这是第二个缺点。

第三，是各项会计科目没有一定名称，办公费、特别费、购置费、路费、巡视费、印土地税收据费，各处自立科目，名称不一。就在同一科目之内，如办公费、特别费等所包含的范围也各处不同。这样自然弄得各处会计非常紊乱，不能一目了然，而且不能彼此相较，互相对证，这是第三个缺点。

第四，是簿记单据没有一定格式，除中央两省及瑞金直属县外，其余县份尚多沿用旧式簿记，有些则更没有记账，单据表册，更未能照中央规定填写。有些则更没有单据，只凭口说记账，就中央簿记单据亦多仿用银行样式，没有一定格式和大小，这样不独妨碍保藏与审查，而且容易舞弊，这是第四个缺点。

第五，是财政交代无一定手续，交卸者无清单无报告，接管者也不去根究点查，此中舞弊情形不言可知，结果是公家损失，这是第五个缺点。

上述这些缺点，都证明会计制度不确立，要统一财政防止财政舞弊是很难的。要彻底统一财政，要防止财政上一切舞弊行为，非有健全的科学的会计制度不行，怎样叫做科学的会计制度呢？

第一，就要把收钱的、管钱的、领钱的、支配的四个机关分开，不再混在一起。就是：（一）收钱机关（税委与财政部）只准收钱。收到了款，分文解交管钱机关（各级国库）。自由动用库款或埋伏短报者严办。（二）领钱机关（即各级政府、各部队、各级司法教育机关）须按月作预算，按照系统送交本部（支配机关）批准，发给支票，才得向国库领款，否则不给支款。（三）国库收到之款，只准送交上级国库或照上级支票付款。无支票乱付者严办。这样一切浪费、舞弊、不做预决算等毛病自然日益减少，把财政逐渐统一起来，同时各级会计也自然非常简单，容易计算。

第二，要把各级收入及开支，都分别划分，各成系统，如租税归各税委收缴，打土豪罚款归财政部或裁判部经收缴库，行政费则归财政部领支，教育费归文化部，司法费归司法部经领，这样分开系统，各项收支自然有条有理，中央也便随时可以明了收支状况，而能有计划地去支配整个财政。

第三，就要确定会计科目，把各项收入及开支节目规定一定名称，与一定范围，使收付款项有条有理，一目了然，而且得以彼此相较，互相对照。

第四，就要规定预决算规则，实行预决算制度，无预算决算者不给钱。自中央至县区乡政府，必须照规定时日严格执行，使会计按月结束，中央才能临时了解整个收支状况，而使财政计划逐步做到。

第五，就要统一簿记单据，确定记账方法，使各级采用新式簿记，使每条账目都有凭证，每种单据账簿格式大小都能一致，这样可以防止会计上许多舞弊以及错漏情事。

第六，要规定交代章程，以防止交卸接管中间的舞弊与损失。

为确定会计制度彻底统一财政起见，本部特规定暂行国库条例、会计规则、会计科目表、预决算规则、交代规则，并规定各种簿记单据等发下，决定自明年一月一日起各级会计即照此规定实行。接此训令后：

（1）各省县政府必须马上成立国库分支库，原财政部之会计、出纳两科，即移到国库分任会计、出纳工作，财政部之出纳、会计二科，即移到国库分任会计、出纳工作，财政部之出纳、会计二科，另外找人，国库主任另由本部分别委任。

（2）本年十二月以前账目另行结束，从明年一月一日起，概换新账，所有存款全数移交国库收存，不得截留不缴，以前账目整理方法另行颁布。

（3）明年一月份开支可照十二月份用度先行支用，一面即做预算来，以便补发支票。自一月五日起各县必须按期将二月份预算做来。切切此令。

财政人民委员　邓子恢

一九三二年十二月十六日

选自《红色中华》，1933 年 1 月 7 日，第四版。

23. 人民委员会训令（第八号）——统一财政建立国库制度[①]

1932 年 12 月 27 日

现为统一财政，须随时明了全苏区财政现象，便利于整个财政计划和支配起见，财政人民委员部已决定于明年一月一日起建立国库，实行会计制度，将一切财政收入一律交到国库分支库，由中央支配。此是建立统一财政的重要基础。各级机关各红军部队，及一切地方武装，必须深切了解统一财政在政治上军事上的重要作用。自一月一日起要照财政人民委员部颁布的国库条例及会计规则办理，并规定以下几项：

一、各机关各部队一切开支一定要按照各个系统做预算向自己上级报告，未取得财政人民委员部支票，绝对不能向支库支款，或区时扯借，违者以破坏财政统一论处。

二、各地方游击队独立团及一切地方武装经费要办到自给，但地方武装所筹之款，亦归还军事机关有计划分配。

三、如有些地方武装，因一时困难经费不能自给者，须做预算向军区报告支取，无论如何不能自由向支库支用。

四、各级财政部要更有计划地指示和督促下级机关，加紧一切财政收入，开发财政来源，不能因为开支可向上级领取，便放松对财政款项之收入，违者以怠工论处。

五、各级预算须按规定日期造报，一切开支须按上级批准各项内的数目按数支用，非有特别理由另表报告经上级批准，未经批准自由超过预算者，则由其自认。

上述各项，各机关各部队，必须切实遵照执行。此令

主　席　毛泽东

副主席　项　英

张国焘

公历一九三二年十二月二十七日

选自《红色中华》，1933 年 1 月 7 日，第三版："中央人民委员会训令第八号"。

① 副标题是编者所加。

24. 中华苏维埃共和国国库暂行条例

1932年制定，1933年1月1日起实施①

第一条　国库掌握国家所有现金项目之收入、保管及支出等项业务。

第二条　国库之一切，均由财政人民委员部国库管理局来管理。其金库则委托国家银行来代理。总金库（中央金库）设于总行（国家银行），分金库设于分行，支金库设于支行。尚未设立支行的省、县，则由总金库所指定的专人组织国库的分金库、支金库，而附设于省、县的财政部内。但是，它不受省、县财政部的支配。

第三条　红军当中不设国库，而是由总政治部②代理国库，进行已经决定了的筹款额数的现金征收工作。

第四条　各级金库，应由以下三名人员组成。即：主任一名、会计一名、出纳一名。在收入少的县，其主任一职，也可以由出纳来兼任。

第五条　国库管理局长，应由财政人民委员来任命，总金库、分金库、支金库的主任，则由国家银行的总行、分行、支行的行长来兼任。尚未设立分行、支行的省、县的分金库、支金库主任，应先由总金库主任指定，然后申请财政人民委员加以任命。

第六条　国家的税收及其所有的现金收入，都应当交纳给国库的支金库、分金库。无论如何征收现金的机关，都不得将征收来的现金隐瞒不交。如有违反者，应按贪污、渎职来加以处罚。

第七条　各种经费的支出，应当按照各机关所编成的预算，先送交各级财政人民委员部会计检查处，经其审查后，再申请财政人民委员部批准，然后始可由国库管理局开出支票。各金库在收到支票后，应先行确实证明无误，然后才可以支出现金。在遇没有拿来支票的场合，则不能予以支付。

第八条　在各机关、各部队当尚未收到支票时，一律不准向各金库领取现金。如遇本系原来的现金领取机关，而尚未获得新预算之批准者，在此场合，应参照前一个月的预算，可允许其暂先领取相当于一半金额的现金。

第九条　银行不得任意自行挪用金库之在库金。如有剩余现金时，可由财政人民委员斟酌情况，将在库金存入银行。在此场合，可以生利息。

第十条　国库之金库，可随时进行监查。监查时，应由财政人民委员部和工农检察人民委员部共同派遣专人，进行监查。

第十一条　为了更好地担负起专门管理国库之金库责任，应在各级银行之内另设国库科，由其专负管理之责。

---

① “江西法律版”第313页《国库暂行条例》标作“一九三三年十月二十二日中华苏维埃共和国临时中央人民委员会颁布”，这一年月恐不确实。“人民财经史长编”第547页，标作“一九三三年一月一日正式公布实行”。根据1932年12月27日中央人民委员会第8号训令，1933年1月1日实施是可信的。

② “人民财经史长编”在“总政治部”之后还有“及各省军区政治部”8字。此外，两种版本在文字表述上歧异较多，恕不一一标出。

第十二条　国库金库的各项经费，均由银行负担。对于附设于省、县财政部者，则应由该省、县之政府来担负，不应由各级金库支出。

第十三条　国库之总金库，应当每天编成收支日报表和在库表，而向财政人民委员部提出报告。分金库，则应当每三天编成一次上述两种表格，并且写成同样的两份，一份提交总金库，一份提交财政部。支金库，则应当每五天编成一次上述两种表格，并且写成同样的三份，一份提交总金库，一份提交分金库，一份提交支金库。

第十四条　支金库、分金库的在库金，应当作出一俟总金库有命令来到，可以随时提出的准备。

第十五条　对于金库之账簿种类或出纳细则，应由财政人民委员部予以制定。

第十六条　本条例自金库设立之日起施行之。

选自《中华苏维埃共和国法律文件选编》，江西人民出版社 1984 年出版，第 313～314 页。简称“江西法律版”。原件未注明史料来源。

互校版本：《中央革命根据地财政经济史长编》下，人民出版社 1982 年出版，第 313～314 页。简称“人民财经史长编”。该书第 546～548 页也有对国库条例的介绍，两者在文字上皆有出入。

25. 湘赣省分库组织暂行条例

1933 年 2 月 9 日

第一条　为要统一全省现金出纳，有组织地建立财政收支系统，特决定湘赣省设立国家分库一所，定名为“中华苏维埃共和国国库湘赣分库”；又于莲花、酃县、北路等处，各设支分库一所，定名为“中华苏维埃共和国国库湘赣分库□□县支库”，办理全省现金出纳保管诸事宜。

第二条　为使保管出纳便利起见，湘赣分库暂附设于工农银行，各支库附设各县分行。

第三条　分库在未与中央打成一片取得密切联系以前，直接受省苏财政部之指挥监督，各支库直接受分库之指挥监督。

第四条　凡关于湘赣省之国家岁入悉归省分库收入之，国家岁出悉由省分库支出之。

第五条　各支库之岁入岁出以分库所指定范围或临时的命令为限。

第六条　分库设主任一人（可由省银行行长兼任），主任之下分设岁入事务科、岁出事务科、金柜等分司其事。每科设科长一人，科员一人至二人组织之（各科之办事细则另定）。

第七条　支库设立主任一人，主任之下，分设岁入事务股、岁出事务股、金柜等分司其事。每股设股长一人、股员一人（各股办事细则另定之）。

第八条　根据本条例第四条之规定，分库及支库应与各地征收机关及收入机关发生横的密切连［联］系。

第九条　根据本条例第四条之规定，各地征收机关及收入机关［的］一切收入，应即直接解缴省分库或指定之支库。

第十条　分库或支库必要时可直接代征国税。

第十一条　本条例仅限于未与中央国库取得密切连［联］系以前，适用于湘赣分库及各支库。

第十二条　本条例如有未尽事宜时得随时由省苏财政部以命令更改之。

第十三条　本条例自发布日起实行。

湘赣省苏财政部

选自《湘赣革命根据地史料选编》下册，江西人民出版社 1984 年出版，第 325～326 页。

26. 湘赣省分库办事细则

1933 年 2 月 9 日

一、本分库为湘赣全省现金出纳之最高机关。凡属湘赣省一切岁入现金、岁出现金，应由本库办理之（如农业税、商业税、店房租金、矿山租金、入口出口税所收入之现金，并红军地方武装之临时收入和全省一切支出等均属之）。

二、本库原直隶于中华苏维埃共和国国库，并受同级财政部之监督，但在未与中央国库取得密切连［联］系以前，本库一切现金出纳诸事宜直接受省苏财政部之指挥监督。

三、本库设主任一人，主任之下设岁入事务、岁出事务、金柜等三科，分司现金出纳、保管、记事。宜每科设科长一人，科员一人至二人，帮助各该科办理一切事宜。

四、主任在省苏财政部直接指导之下，综理全省现金之岁入、岁出及本库一切事宜，并督促各科进行其工作。

五、主任对于上级机关（即省苏财政部）所发来之支付命令，如核对无讹，有绝对执行支付之义务；但如支付命令或其凭证单据有违反支付手续，失去支付作用时，主任为慎重国币起见，得拒绝支付之，同时应申明其拒绝支付之理由于领款机关及支付命令机关。

六、发生下列事项时，分库或支库均得拒绝支付之。

1. 有支付命令而无支付通知书者。
2. 有支付通知书而无支付命令者。
3. 支付命令有涂改模糊或破烂其数目字者。
4. 支付通知书与支付命令不相符者。
5. 命令负责人没有签名盖截［戳］者。

七、主任对各科工作人员有督促进行各该科工作之责任。如各科工作人员有渎职行为时，得报告省苏财政部办理之。

八、主任每天应将各科工作日记检阅一次，并随时监督各科工作，尤其是金库科的现金出纳，应随时检查，并于每月终编造现金出纳计算书报告于省苏财政部。

九、岁入事务科科长，在主任直接指导之下办理本科之收支事项，并督促本科科员进行其工作。

十、岁入事务科收入现金时，必须得到收入机关或征收机关之解款通知书，按照书面金额收入之。如解款通知书有模糊、涂改等弊时，立即查究。

十一、岁入事务科接到收入机关或征收机关之解款通知书，如查核无讹，即以解款通知书连同现金送于金柜科。同时报告于省苏财政部，并立即登记于收入各种簿记内。

十二、岁入事务科每日工作完毕后，应即分别汇集本日收入数目，填造日报表一份，每月月终编造每月收入计算书一份报告于主任。

十三、岁入事务科应备置下列各种簿表，整理现金收入诸事宜。

1. 收入簿。2. 分类簿。3. 收入日报表。4. 收入计算书。

十四、岁出事务科长，在主任直接指导之下，办理本科一切现金岁出事宜，并督促本科科员进行其工作。

十五、岁出事务科接到支付机关之支付命令后，即与支付通知书核对，如无其他差谬，即按照支付命令上所记之金额数目，立即登记于支出各种簿记，并将领款单据粘贴于单据簿上，登记其号数，署发支付命令送到金柜科支付现金于领款人。

十六、岁出事务科每日须将本日之支付数目填造日报表一份，每月月终编造支出计算书一份报告于主任。

十七、岁出事务科应备置下列各种簿记表，整理现金支付诸事宜。

1. 支付总簿。2. 单据粘存簿。3. 支出分类簿。4. 支付日报表。5. 月终支付计算书。6. 支付分类簿。

十八、金柜科长在主任直接指导之下，办理本科现金出纳保管诸事宜，并督促本科科员进行其工作。

十九、金柜科接到岁入事务科转来之解款通知书和现金后，即按照通知书数额收入现金，并立即登记于现金出纳簿之收入栏内，发给收据于解款人。

二十、金柜科接到岁出事务科转来之支付命令后，即按照命令上所记之金额数目登记于现金出纳簿之支出栏内，并要领款人写回收据，粘贴单据于粘贴存簿，付现金于领款人。

二十一、金柜科每天须将本日之出纳数目结算一次报告于主任。同时须与岁入、岁出科核对其收支数目是否相符。

二十二、金柜科应备置下列［各］种簿表，整理现金出纳诸事宜。

1. 现金出纳簿。2. 收支日报表。3. 现金出纳计算书。4. 命令粘存簿。5. 单据粘存簿。

二十三、各种工作人员对职务上，均负有公法上之责任，谁弄错谁应负责。

二十四、各科科员在主任及各科长直接指导之下进行其工作。

二十五、本细则如有未尽事宜时得随时修改之。

二十六、本细则自公布之日起施行。

附则

二十七、支库办事细则，与分库同。但应注意下列各点：

1. 支库之收入，应在分库指定范围以内（特别原因除外）。

2. 支付及收入现金时，应即以现金收入书报告于分库。

3. 支库支出现金时，应得到命令机关之命令同时要得到分库之通知书，方能支付现金。

4. 分［支］库每十天要将收入状况报告一次于分库。

湘赣省苏财政部

选自《湘赣革命根据地史料选编》下册，江西人民出版社 1984 年出版，第 327～329 页。

27. 湘赣省苏维埃政府财政部训令　第二号
——节省办法

1933 年 2 月 16 日

节省一切开支，充裕战争经费，是在争取革命战争胜利的条件下具有非常伟大意义。不仅积少成多，可以补充经费，尤其要养成我们刻苦的工作精神，获得工作上更大成效。因此，节省一分，便是对革命有一分帮助，便当得供给一颗子弹去射击敌人。

过去我们的节省运动是犯了形式主义。在各种用途上节省出来的钱，没有集中起来充助战费，依然就在各级用得一塌糊涂。结果用费依然浩大，节省没有成效。今后我们要停止这种用多抽少的形式主义的节省办法，速将过去抽出来的节省钱集中到本部来作一结束。我们今后要从减少用费上来节省，不必格外抽出钱来。力求在实际上收得成效。

同时我们从前的节省运动是很狭隘的，没有发动广大群众的节省运动。我们必须使每个群众都了解节省用费的重大意义，都为充裕战费来节省家常用度，将节省钱贡献到本部来做红军战费。但是收集这些钱、节省钱也要改变方法，不要在平时东集西收，防止借故诈索的行为，来损坏苏维埃威信。必经本部决定、在某个纪念节中统一收集一次，收集后总结数目公布群众，严予检查弄弊舞法行为，提高苏维埃政府的威信。兹指示下列实际节省办法，仰各级讨论执行为要。

一、节省用量

1. 一切消费品，应设法到来源地去购买价格便宜的，或认股加入当地群众的消费合作社取得价格低廉的消费品。

2. 一切公用的物品器具均应善为爱护使用，反对东抛西掷随意损坏的腐［败］现象，以减少一般购买费。

3. 过去有些游击队伍违反经济政策，在非阶级路线的行动下，捉了许多不是土豪（商人、甚至中农、贫农分子）关在后方，不但无钱送来而且消耙［耗］很多经费，应速即限期清理，开释出去，以减少伙食用费。

4. 土豪犯人的伙食费，每日至少只能发给四分，只准他吃两餐饭，只给油盐菜类，其他一切烧火费铺□费都不得发给丝毫。

5. 依据省苏维埃执行委员会第十九号训令，节省教育经费，在女子职业学校并应做到，成为苏维埃的一项收入，反对曲解义务教育的办法。

6. 实行集中办公，即可节省光油，又可减少烤火盆。

7. 建立实际指导工作，多用口头传达指示与进行宣传工作，以减少纸张印刷费。

8. 有煤炭及烧炭较更［便］宜的地方，其机关应一律燃煤。

9. 各县熬出很多樟脑油，各级机关应一律去买樟脑油照［明］，或参加三分之一的煤油要减省很多钱。

10. 现时还可每日吃两餐饭，在不防［妨］碍卫生的条件下应买比较便宜的蔬菜吃。

11. 不关重要或不投交很远的信件可以减用信套，写信的字不宜大，画画可以缩小篇幅减少纸张。

12. 拟录草稿可以用不作用的表格或残书本等。此外封束文件、点火、吃烟、揩屁股均可以用字纸。

13. 晚上九时就寝睡后必须熄灯，每个机关留一盏过夜的小火灯够了。

14. 节省医药费，病人用药中病则止，不准借病多吃补药，特别要反对诈病服药而实际怠工的。

二、减少用途

1. 非特殊秘密的后方，可附设给某乡苏维埃机关，由该乡负保管责任，必要时可派一人去。

2. 尽量裁掉吃饭不做事的冗员，要力求人少工精事半功倍。

3. 来往人员要向他取伙食钱，实行不招待客饭，但对出外的工作人员须按天数发伙食钱，并须比在机关上每天多发大洋贰分（不上一天路的不在此例）。

4. 并合机关，减少伙食单位。如拥苏反帝拥红互济等并设工会机关之类。

5. 借炭灶或火盆燃火不要买火柴火用。

6. 各种大会不由公家出钱送赠品，要由私人集资赠送之，尤其赠送食物以减少大会用途。

7. 一切大会的铺张布置要鼓励机关群众去负责任，不必请纸马匠，不费公家的钱，反对专尚漂亮的形式主义。

8. 一切不必需的器具可不置用，勉可居住的房屋只要注意清洁卫生不必加以修理，要反对一切和平建设。

9. 各种会议要很紧张的开过，力求缩短时间。［时］期很短的［会］应尽可能的鼓励赴会者自备伙食。在一天内开完的可不备饭餐，以减少公家用途。

10. 吃茶可以吃白水，并且适宜于卫生，更可免除茶叶钱。

11. 一切可以动员群众来做到的事，可以鼓动群众在自愿条件下义务劳动完成之，免用公费。

三、利用废物

1. 土豪犯人（除拘束手足的），可以利用他的故技做生产事业，以增加零星收入。

2. 根据省苏维埃执行委员会第十九号通令，集中豪绅地主做运输、开垦及其他生产事业，以增加国家收入。

3. 用过了及写过了的纸张均可收集起来，卖到纸槽下去做原料。

4. 用过的或旧棉花可以洗涤干净做其他制造的原料之用。

5. 收集旧的或破烂的铜器（旧铜钱更好）以及子弹壳送到兵工厂去做原料。

6. 病人吃过的药料可以收集晒干起来做牛药及做洗澡治疥疮之用。

7. 破铁器、破玻璃、破布……等均可收集屯留，做其他制造之用。总而言之，一切废物各有各的作用，只有要我们是否知道利用他［它］。

这些办法当然是非常不够的，可是都有实际节俭的作用。倘若各级机关能按此逐类旁通便可发扬更大的作用。仰各级切实注意详加讨论执行此令。

各级苏维埃财政部

部　长　　谭余保

副部长　　胡　湘

莲花县苏维埃财政部翻印

选自《湘赣革命根据地史料选编》下册，江西人民出版社 1984 年出版，第 333～336 页。原注：“莲花县苏维埃财政部一九三三年三月十日翻印”。

28. 中华苏维埃共和国临时中央政府财政人民委员部训令第十八号——关于整顿商业税问题

1933 年 4 月 21 日

商业税是国家财政主要收入之一，当此革命战争向前开展，战费日益浩大的时候，整顿商业税收，向商人收足税款，供给红军作战，是我们当前的紧急任务。但各级财政部对这一工作，却做得极不充分，各处商税往往过期不收（如瑞金等），各圩场商税一般尚未开征，有些连全县都还没有开始（如永丰、宜黄等县），商人资本及营业数额很多以多报少，被发觉的也没有严厉取缔（如博生县某药铺造假簿，被发觉抓起来了，后来却没有什么处罚便轻轻放了他，公略坡头某店铺以多报少，被税务科抓起来，县政府却马上把他释放，深怕得罪商人）。这样自然商人胆子大起来，弊端百出，查不胜查。近来各处商人更把资本分散，另外摆摊子，以逃避纳税，百余元资本的摊寮小商，更借口无簿账可凭，少报资本一律免税。流动的季节商人，如盐船等也多未征税。会昌筠门岭盐行老板更将所买之盐，直接送到船上，假充船老板的，以免纳税。这些弊端，都表现出过去商业税收中的缺点很多。其主要原因是由于各级财政部与税收人员对商人的阶级妥协。因此，促成今年以来税收大大减少的坏现象，（当然主要原因是由于经济封锁，）结果妨害到战费的供给，这些阶级妥协行为，客观上是帮助了反革命。

本部为整顿商业税收，增加财政收入，以充裕战争经费起见，特根据此次省县税务科长联席会议的意见，指出商业税征收办法如下：

一、首先就要严格登记资本，凡该店之公本、余本、一年以上之存款或缴货，以及未作存款之店房估价等概须包括在资本之内。嘱各商人自己详细填写商业登记表，限期交到税务科，以便检查。检查资本时主要以上年盘货簿及来往簿为凭。老店资本用空及小资本无账簿可凭者，概以生意大小为估计资本之标准。凡小店及摊寮小商，多无簿账可凭，资本无从查实，应以每月所做生意为凭，凡生意满一百元的即要按照资本一百元的税率收税（自己肩挑的小贩不收税），不得借口资本不到一百元企图免税。其兼赴几个圩场的摊寮税款，由发给营业证机关收取。不开门面的流动或季节商人，如盐商、烟商、纸商等，不论进口商、出口商，凡是为卖买目的，在苏区内买货或卖货的，都要于买卖时向所在地税收机关交纳营业税。其资本按照每帮运货价值及用费总数估计之。

二、除资本登记确实以外，尚须查实生意数量，主要是查他的银钱簿、卖货买货簿互相对照，但须考察其笔迹与墨迹及账簿边痕的新旧，以防假造。调查生意及收税时不必税收人员自己亲到各店，可于每月二三号起发出营业调查表，嘱各店自己照实填报，盖章负责，此调查表限他们两天或三天填好送来，不填者即照一月加倍收税。此调查表送来后，税务科审查可疑者即派人前往查账。如认为无甚可疑，即将调查表数目填在商业税分户账上，扣算税款，填发商人纳税通知书，也限他们二天或三天内将款送到税务科交清，过期不交者，照税额加倍征收。这样商人自然不敢故意延期不交。为提防商人舞弊起见，可于收税后经常突然间去检查某几家商铺账簿，这个月查那几家，下个月又查这几家，有时也可以查一查一月份二月份或去年之账，如有调查表与账簿不符者，即须严厉处罚（如扣留、封店、罚款等），这样使商人防不胜防，自然不敢作弊。

三、为避免麻烦起见，对于每月生意只做一二百元的小商店或摊寮不必每月查账，可按照各月大概情形确定他每月交好多少税款。以后即照此确定税款按月征收。

四、屠户营业税，必须先收钱后盖印。由税收员指定某适中地点令各屠户将猪送来盖印，盖印后才准出卖。一方面盖印，另一方面即派人巡查，这一巡查亦须采取突然手段，使屠户防不胜防。各乡村屠户所杀之猪，由区税收员将收据委托乡政府代收，屠户收得收据才准出售，收据填完后交回区苏算账。

五、烟捆无论黄烟（即条丝烟）熟烟（即黑烟粗烟）都以五十斤计算，超过五十斤的按斤数增加，少的照斤数减少，但相差不满十斤的捆仍照五十斤计算，不必增减，这是指刨烟的烟捆，至烟行的烟叶，则须照普通营业税率征税，不能用此税率。

六、战费日益急迫，各级财政部税务科必须赶快将各县区税收人员找好，加紧努力，认真收税，尤须与当地工人及合作社取得好的联系，要时时刻刻采用各种方法去对付商人舞弊，特别要打击那些对商人妥协分子，以为收税手段太严厉了会促成商人不做生意的右倾错误观念。大家一定要晓得目前的战争紧张，要用极大的努力将各城市各圩场各种营业税按月收齐，以增加政府财政收入，而完成战争的更大胜利。此令

各级财政部

税务科

财政人民委员　邓子恢

税务局长　李六如

公历一九三三年四月二十一日

选自《红色中华》，1933年5月11日，第五版。

互校版本：《中华苏维埃共和国中央政府文件选编》，《江西社会科学》1981年增刊，第58～59页。

29. 中华苏维埃共和国临时中央政府财政人民委员部训令第十九号——建立现金出口登记制度

1933年4月28日

中央执行委员会为保障苏区经济发展，便利市场交易起见，此次特颁布现金出口登记条例，凡携带大洋或毫子往白区办货，在二十元以上者，须向市区政府登记，一千元以上者，须向县政府登记，取得现金出口证才准出口。无出口证及非为办货用的，一律不准出口。向银行或兑换所兑换现大洋的，也要有现金出口证为凭，无出口证的，显系在苏区内使用，则一律兑换国币及毫子。这样一来，豪绅地主资本家想假冒办货名义偷运现大洋出外的就困难了。这是保存苏区现洋，维持市场交易的必要办法。

这一登记工作，是要市区财政部登记员负责，要店员工会或乡政府介绍证明，没有证明的不能登记，不能发出口证。为要防止商人或地主假冒名义带钱逃跑起见，于商人请求登记时，必须详细考问，审察其证明书，真假如何，日期对不对，证明机关所填事项与登记人口说是否相符。如发现可疑之点，必须再行审察，不能马上登记，工会及乡政府证明机关也要详细考察，不能随便介绍证明。但确系办货或卖完回去者，即须立刻予以证明或登记，不得故意延缓留难，致碍商人办货。银行及兑换所兑换大洋，亦须看清出口证为凭，无出口证的，只兑国币及毫子，不兑大洋，防止地主富农资本家私藏大洋，致碍市场流通。

现金出口时，关税处同国家政治保卫队，以及边区、区乡政府必须切实检查现金数量，并按照出口证一一盘问明白，检查后须将该出口证收回，寄还原发给出口证机关对照，以证明该现金确系出口。如发现无出口证或现金与出口证不符者，须将送款人扣留送交当地政权机关讯办。但严防检查人员徇私舞弊或留难勒索等弊端。

现金出口以后，须照出口证上所载（买货回来）月日去检查该商人是否如数买了货来，如未按期办货回来，又未前来申明，即须追究该商店。这些工作，须与该业店员支部好好联络，对带钱逃跑商人，必须严厉取缔。但须调查确实，不能随便处罚，致引起商人恐慌，反而妨碍办货。

各级财政部，接到本训令及现金出口登记条例以后，必须立刻召集财政人民委员会及各市区登记员联席会，详细讨论执行办法，并将发来现金出口证及出口证明书样式照样翻印，交各市区及工会等使用。实行登记时，并须召集商人开会，说明登记意义、登记手续与兑现办法，宣布开始登记日期。对工农群众，尤须作广大宣传，分别派人出席工会贫农团，详细解释，使大家明白登记现金出口及兑现办法，是保护苏区工农的经济利益；要大家起来帮助政府切实执行。此令

财政人民委员　邓子恢

公历一九三三年四月二十八日

选自《红色中华》，1933年5月11日第78期，第六版。

互校版本：《中华苏维埃共和国法律文件选编》，江西人民出版社1984年出版，第309～310页。原注："见《红色中华》第七十八期第六版，一九三三年五月十一日"。

30. 现金出口登记条例

1933年4月28日临时中央政府财政人民委员部公布

一、为保持苏区现金流通，便利市场买卖，防止豪绅地主资本家私运现金出口，破坏苏区金融起见，特颁布现金出口登记条例，以取缔现金之无限制运往白区。

二、凡苏区群众往白区办货，或白区商人运货来苏区贩卖，须带现洋（大洋及毫子）出口，在二十元以上者（未与中央苏区联系之苏区由当地省政府酌定数量）须向当地区政府或市政府登记，现洋出口在一千元以上者，须到县政府登记，汀州商人带一千元以上出口者，则须到省政府登记。登记后取得现金出口证，才准通过出口检查机关，但不满二十元者不在此例。

三、非为办货目的或货卖完回去输运现金出口者一律禁止，不得发给出口证。市区政府徇私发给者，严办市政府负责人。其确系运往白区办货者，亦不得借故留难，如有故意留难或贪污舞弊者，一经查出即行究办。

四、凡商人或合作社运现洋出口向政府登记，须由该业店员支部或当地店员工会介绍证明，乡村无店员工会者由乡政府给证明书。该证明书，须载明运输商号，送款人姓名，现金数量，作何用途，运往何处，经过何地，何时可以买货回来等项。

五、凡运现洋往白区，须向银行及兑换所兑换大洋者，须带有现金出口证为凭。如在苏区使用，无出口证为凭者，一律兑换国币及毫洋，以防止地主、富农、资本家私藏大洋，致妨碍苏区现金流通。

六、各关税处、国家政治保卫队，以及边区之区乡政府，须负责检查现金出口。检查后，须将该出口证收回，每十天汇集寄回原发给出口证机关，以便审查。凡满二十元无出口证者，将该出口现金没收。但商人因为不明手续，致未取得出口证者，得向原住地市区政府申明，经考查属实后，得斟酌情形准予从轻处分（照出口金额罚款百分之五至百分之十），余款发还。

七、商人输运现金往白区办货，须限期如数办货回来（，除应有路费之外），并于货物回来后开具清单向原登记政府报［告］销案。如到期无货回来，或所办货价比运出现金较少者，即严厉处分该商人。但有特殊原因，如货物被白军抢劫或因运输不便致延时日等，经商人提出确实证据前来申明者，得予免究。

八、现金出口，由市区政府财政部登记员负责登记，县政府所在地之城市则归县政府财政部登记。

九、现金出口证明书及出口证格式由财政人民委员部规定，县政府印发各市区政府及工会使用，以昭划一。

十、本条例由人民委员会制定或修改之。

十一、本条例自公布之日起实行，未与中央区联系之苏区，自文到之日起施行。

选自《红色中华》，1933年5月11日第78期，第六版。

互校版本：《中华苏维埃共和国法律文件选编》，江西人民出版社1984年出版，第311～312页。原注："见《红色中华》第七十八期第六版，一九三三年五月十一日"。

31. 关税征收细则

1933年5月财政人民委员部公布

（一）各种货物过关，无论大商小贩合作社，无论陆路行船，运货人须将所运货物之名称、数量、价值、由何处来、往何处去，及运货商号等项，报告关税处，请求派员检验。除免税品外，均须按照税率表过税，税款由运货人交清，未交税或交税未清者，将货扣留，不准其进口出口或通过。

（二）报关时须将买物的发票，随货交来税关查验，但买货时无发票者，亦得照货征税。

（三）关税处遇货经过，即派人前往检查，检查后再照税率计算税款，税款如数缴清后，再发给进口、出口或通过凭单。

（四）关税只征收一次，凡持有进口、出口或通过凭单者，经过其他税关，不再征税，但每种凭单不能互用（如进口凭单不能抵出口凭单等），地点不符者亦无效。

（五）运货人缴清税款，取得进出口或通过凭单后，始得过关，如私自前行过关或弯路避免过税者，查出将货全部没收。没收来的货物，由关税处拍卖变价归公。

（六）运货人运货报关以多报少者，照原税额加一倍至五倍处罚，罚款归公。

（七）没收货品拍卖款及罚款，得取出五分之一至二分之一赏给报告人，以资鼓励。

（八）关税处为便利收税起见，对于适用从量征税而又有一定数量装置的货物，可根据中央关税税率表按照该处货物装置习惯，分别件数或重量规定从量税率，以便计算，免得逐件临时估价，但须报告中央批准。

（九）税率表中未规定的货物，各关税处得斟酌各货比例征收之。

（十）关税处须随时探明当地各货价格，以便估价收税。

（十一）各关税处要设备尺秤，以便征税时有所依据。

（十二）货物如因水湿致价格减低者，得按价酌量减税。

（十三）征收税款，一律按照国币计算，算到分为止，厘以下四舍五收。

（十四）各征收人员，除照税率征收外，不得额外勒索，借故留难，如查有此等舞弊及贪污情事者，撤职查办。

财政人民委员　邓子恢

选自《红色中华》，1933年5月11日第78期，第五版。

互校版本：

1.《中华苏维埃共和国法律文件选编》，江西人民出版社1984年出版，第305～306

页。原注："见《红色中华》第七十八期第五版，一九三三年五月十一日"。

2.《中华苏维埃共和国中央政府文件选编》，《江西社会科学》1981年增刊，第60页。

32. 中华苏维埃共和国国家银行特别往来存款暂行规则

1933年7月[①]

中华苏维埃共和国国家银行特别往来存款暂行规则，全文如下：

第一条　凡与本行开特别往来存款者，第一次存入金额须在五元以上，以后每次存款，亦不得在三元以下。

第二条　本行收到存款时，即将所存金额记入特别往来存款折内，交存款人收存作证。

第三条　存款人初次存款时，须填写印鉴票交本行，以便取款时照对签字图章，如须更换时，应另填印鉴票送交本行。

第四条　存款人提取存款时，须缮具取条连同存款折交本行，其取条上之签字图章，应与交存本行印鉴票中之签字图章相同，方可付款。但存户于第一次存款时，声明凭折取款，不用取条者，不在此限。

第五条　特别往来存款，照每日之结余，每年六月、十二月两期按照本行所定利率付给利息，但计息时，以元位为止，一元以下之尾数概不计息。

第六条　存款人之图章或存折，如有遗失、被盗情事，应随时报告本行挂失，但于报告本行以前若被人冒取，本行不负责任。

第七条　如系注明凭折支款，不用取条之存折，倘有遗失、被盗情事，除报告本行挂失外，须登报声明作废，经二个月后，如无纠葛等情，应由存户觅妥实保证人证明后，方能补给存折。

第八条　特别往来存款，不得在市面流通、转让或抵押。

第九条　特别往来存折上之数目如有误记或误算时，可由存款人随时告知本行查明更正。

第十条　为鼓励工农群众储金起见，在本行未专立储蓄部以前，暂于特别往来存款规则中，特定例外办法如下：

1. 每次存入金额至少须一元以上。

2. 存入期间，至少须六个月以上，未满六个月即要求提取者，照普通的特别往来存款计算。

3. 此项存款利率，依存款期间之长短，比普通的特别往来存款月利增加二厘至六厘。

4. 本规则第二、第三、第四、第六、第七、第八、第九各条仍然适用。

---

① 此系湘赣省苏维埃财政部翻印时间。

选自《中央革命根据地财政经济史长编》下，人民出版社 1982 年出版，第 365～367 页。简称“中央财经史长编”。原注：“存放款暂行规则七种，均系湘赣省苏维埃财政部 1933 年 7 月翻印资料”。

33. 中华苏维埃共和国国家银行往来存款暂行规则和使用支票规则

1933 年 7 月①

中华苏维埃共和国国家银行往来存款暂行规则，全文如下：

第一条　凡与本行开立往来存款者，第一次存入金额须在一百元以上。

第二条　第一次存款时，须将签字图章式样填制印鉴票交存本行，如须更换时，应另填印鉴票送存本行。

第三条　凡在本行营业时间内，随时可以现金或票据存入。

第四条　本行对于往来存款户，发给往来存款送金簿、支票及往来存款折。

第五条　存款人于存款之时，须将存入金额、存入月日及存款人姓名填入往来存款送金簿内，连同现金送交本行照收后，即盖章于送金簿中交还存款人，但不愿用送金簿者听［便］。

第六条　凡以票据或支票当作现款存入者，须由存款人署名盖章于票后，以明来历，该票据或支票上之金额，在本行未兑得现款以前不能支用，且不起利，设有不能兑得现款情事，即将原票交还存款人，按其金额如数在存款内扣除。

第七条　存款人提取存款时，得用本行之支票，用支票时，必遵本行之支票用法。

第八条　存款人提取存款时，无论数目多少，均可发用支票，但无透支契约者，所提之数以存款为限，如于存款额外发出支票，本行概不支付。

第九条　支票上所用之签字或图章，须与交存本行之印鉴票中相同。如不相同，即不付款。

第十条　支票上所用之图章，如有被人窃取盗用或遗失情事，其所生之损害，均由存款人负担之。

第十一条　支票如有遗失时，须将支票号数、金额及受款人之姓名、住址报告本行。

第十二条　存款人发出之支票，若欲本行为支付保证时，本行即由存款人之存款中提出另储。

第十三条　往来存款折存款人不得自行记载，每月应送至本行二三次，以便登记。存折如有误记、误算之处，可由存款人随时告知本行查明更正。

第十四条　往来存款利息，照每日结余之数，每年六月、十二月两次按照本行所定利率算给。但对于五元以下之结余数，概不计息。五元以上之结余数，以元位为止。一元以下之尾数概不计息。

第十五条　往来存款之契约，可听本行及存款人之便，随时解除。但解除契约时，应

① 此系湘赣省苏维埃财政部翻印时间。

将往来存款折及剩余之送金簿与支票交还本行。

第十六条　往来存款折不得转卖或抵押。

第十七条　存款人如因事不能自行签字盖章须托人代理时，应将代理人之签字图章填制印鉴票，并具函送本行，经本行许可后，始得用代理人之名义填发支票，此项代理人所发之支票均须书明某人之代理人。

附：使用支票规则

第一条　支票上应记事项如下：

1. 受款人姓名；

2. 金额；

3. 发出年月日；

4. 存款人（或予定代理人）之署名盖章。

第二条　支票上之签字或图章，必须与予存本行印鉴票中之签字或图章相同。

第三条　支票宜顺号使用，不得以铅笔填写。所用数目字宜紧接大写（如一二三要写壹贰叁），并于数尾加一正字。

第四条　如金额数目字误写时，即行作废。不可添注涂改。若非金额之文字误写时，得于误写字旁改正之，但须于误写上加盖图章。

第五条　存款人支票用完时，得将末页之支票领取证填送本行，领取新支票。

第六条　支票簿如全册遗失或失落数张，应随时报告本行注意。如已签字盖章之支票失落时，须速将支票号数、受款人姓名、金额、日期报告本行，俾得停止支付。如在通知本行以前，已被人冒取，本行不负责任。

第七条　用支票人如不注意以上各条，因而贻误发生事故者，由用支票人自行负责。

选自《中央革命根据地财政经济史长编》下，人民出版社 1982 年出版，第 363～365 页。简称“中央财经史长编”。

34. 中华苏维埃共和国国家银行定期存款暂行规则

1933 年 7 月[①]

中华苏维埃共和国国家银行定期存款暂行规则，全文如下：

第一条　定期存款须于存入之际，约定支出之期，未到期前不得任意随时提取。

第二条　存款期限，至少须在三个月以上。

第三条　存款到期后，存主不来提取或未请求转期时，所有过期后之日数概不付利息。

第四条　存款到期之日，如愿续存者，应到本行换领存单，以换单之日起，从新计算利息。

第五条　存款金额至少须在五元以上。

---

① 此系湘赣省苏维埃财政部翻印时间。

第六条　存款单据不得在市面流通、抵押、转让，如有特别情形，得本行之许可者，可将存单作为抵押品，向本行借款。

第七条　存单如有遗失、被盗情事，应由存户报告本银行挂失，并登报声明作废，经二个月后，如无纠葛等情，再由存户觅妥实保证人具立保单，方能补给存单，但于报告本银行挂失以前，若被人冒取，本行不负责任。

第八条　存户于到期之日提款或转期时，须于存单后面所定之存户签字格式内，照章签名盖章后，方能提取或转期。

第九条　存户于存款时，应将图章签字式样填制印鉴票交与本行，以备到期提款或转期时核对。

选自《中央革命根据地财政经济史长编》下，人民出版社 1982 年出版，第 367 页。简称“中央财经史长编”。

35. 中华苏维埃共和国国家银行往来透支暂行规则

1933 年 7 月①

中华苏维埃共和国国家银行往来透支暂行规则，全文如下：

第一条　凡为本行往来存款之存户，商得本行之许可，并订立透支契约者，可于存款之外透支。

第二条　透支数目，不得超过约定之极度金额，但透支金额虽在约定限度以内，本行亦得随时通知停止支付。

第三条　透支之款虽未到期或无定期者，本行如欲提早收回，均得先日通知透支人备款归还。

第四条　往来透支利息，每年分六月、十二月两次交清。

第五条　详细条件临时面议，于透支契约中订定之。

第六条　往来抵押透支，其抵押品之处理，适用本行定期抵押放款之规定。

选自《中央革命根据地财政经济史长编》下，人民出版社 1982 年出版，第 368 页。简称“中央财经史长编”。

36. 中华苏维埃共和国国家银行定期信用放款暂行规则

1933 年 7 月②

中华苏维埃共和国国家银行定期信用放款暂行规则，全文如下：

---

① 此系湘赣省苏维埃财政部翻印时间。

② 此系湘赣省苏维埃财政部翻印时间。

第一条　本规则专为各种合作社和贫苦工农群众，用途确系有利于发展社会经济之放款而定，其他放款非经本行特许者，不能适用本规则。

第二条　本规则分对合作社的与对个人的两部。

甲、对合作社的

1. 凡经政府登记之各种合作社，经本行审查，认为必要时，可照本规则向本行借款。

2. 合作社向本行借款时，须办理下列手续：

A. 将该社组织内容（社员人数、资本总额、分红办法以及负责人姓名等），营业状况（营业项目、收支总数、损益实况等）填具报告表，先交本行审查。

B. 上项报告表，须经当地政府盖章证明该表内容之确实。

C. 须向当地政府取得借款介绍书，并证明该社确经政府登记。

D. 须缮具借款请求书，连同报告表介绍书寄交本行。

E. 经本行许可借款后，须照本行制定之格式填写正式借据，借据上须有当地政府盖章保证。

3. 借款金额，以不超过该社原有资本之半数为度，但本行得考察其需要之程度而增减之。

4. 各合作社在向本行借款期内，须按月将营业收支和决算期的资产负债损失利益数目，详细报告本行。

5. 借款期限不得超过六个月，到期后，如要求续借，须具请求书，说明续借理由，经本行审查认为必要时得许可之，但须还清利息，重立借据。

乙、对个人的

1. 凡工农群众借款用途为下列之一者，均得向本行要求借款。

A. 购置农具或肥料；

B. 耕种用费；

C. 开辟荒田和整顿水利；

D. 其他有关于发展社会经济之用途。

2. 凡向本行借款之人，须有当地政府及群众团体——贫农团、雇农工会、职工会之一的担保介绍。

3. 凡欲向本行借款者，至少须邀集三人以上（人数愈多愈好）为一组，联合订立借据，并须指定一人为组长，以便通讯。

4. 借款人须先具请求书，说明借款用途，经本行许可后，须照本行制订之格式填写正式借据，借据上须有当地政府及群众团体盖章保证。

5. 借款人如有拖欠情事，该保证团体及联名借款之个人，均须负连带责任。

6. 借款期限不得超过六个月，非特别情形不得延期。

7. 本行得依照一般需要，随时宣布每个人借款之最多金额，以资限制。

8. 借款虽未到期，如因特别情形，本行认为须提早收回时，得先日通知，借款人应即将本利一律还清。

附：信用放款的正式借据式样：

借款人　　　金额
担保人　　　期限
定期放款借据
第　　号　　一九三　年　　月　　日到期

立借据人　　　今向国家银行借到　　　订明　　息　　期限　　自本日起至一九三　年　　月　　日止，到期本利清还，倘有拖欠延宕情事，由担保人负责备款归还，此据。

国家银行存照

立借据人
担保人

公历一九三　年　　月　　日

借款人		
职业	住址	通讯处

保证人		
职业	住址	通讯处

选自《中央革命根据地财政经济史长编》下，人民出版社 1982 年出版，第 368～370 页。简称“中央财经史长编”。

37. 中华苏维埃共和国国家银行定期抵押放款暂行规则

1933 年 7 月[①]

中华苏维埃共和国国家银行定期抵押放款暂行规则，全文如下：

第一条　凡备有相当抵押品，抵押用途在不抵触苏维埃法律与不妨碍经济政策，而商得本行之许可者，无论个人、团体、商店、工厂均可向本行抵押借款。

第二条　抵押品须具有下列条件者，方能抵押：

1. 不会灭失损毁而便于保存者；
2. 价格极少变动者；
3. 随时可以就地变换现金者。

第三条　抵押金额，最多不得超过该抵押品时价所值百分之七十。

① 此系湘赣省苏维埃财政部翻印时间。

第四条　抵押品在抵押期限内，中途价格低落至十分之一以上时，借款人应即增加抵押品，或交纳现金，至少以补足低落价格为准则。

第五条　如借款人到期不还，或在限期中抵押品价格低落，得本行通知后一星期内，不增加抵押品或交纳现金时，即由本行将该抵押品拍买，但拍买之款仍不足抵还本利时，须向借款人追补，并由保证人负连带责任。

第六条　借款期限最久不得超过六个月，如有特别情形，经本行许可者可以延期，但须还清到期利息，另订契约。

第七条　借款人可于未到期前先还借款之一部分，但借款人如要求将抵押品内先行取出一部分者，须酌收手续费。

第八条　抵押借款，除照收利息外，须酌收手续费和保管费，但经本行认为免收者则免之。

第九条　抵押品如因天气时令等关系或有损坏，本行不负赔偿责任。

选自《中央革命根据地财政经济史长编》下，人民出版社 1982 年出版，第 371～372 页。简称“中央财经史长编”。

38. 中华苏维埃共和国国家银行贴现放款暂行规则

1933 年 7 月①

中华苏维埃共和国国家银行贴现放款暂行规则，全文如下：

第一条　凡商店、工厂售货收入之迟期票据，未到期而急于用款者，可将该项票据商得本行之许可，照章贴现。

第二条　凡票据之付款人即系贴现人，或贴现人自开之店号者，不得向本行贴现。

第三条　凡票据经本行认为不能贴现者，不得贴现。

第四条　凡来本行贴现者，应觅有相当保证人，或交纳相当之抵押品，但经本行认为可靠者，得通融办理。

第五条　贴现利息应于贴现预先交清。

第六条　如贴现票据之付款人到期不能付款时，应由贴现人自行清偿，并由保证人负连带责任。

第七条　凡贴现人交有抵押品者，对该抵押品之处理，适用“抵押放款规则之办法”。

选自《中央革命根据地财政经济史长编》下，人民出版社 1982 年出版，第 372 页。简称“中央财经史长编”。

---

① 此系湘赣省苏维埃财政部翻印时间。

39. 湘赣省苏维埃财政部土地税征收细则

1933年8月30日

第一章　总则

（一）凡属苏维埃分配或私人开垦之稻田，无论栽种何种产物，都照稻田征税。种早禾、晚禾两次者分两期征收，以全年计算。第一期从八月二十日至九月二十日为征收时间，征收税百分之七十，下期征收百分之三十。但因禾迟，尚未全收获者，则在十月底开始征收一次，征收完毕。

（二）凡园土、菜圃及沙坝等，在分配时折成稻田分配者，照折实稻田收税。其园多田少的地方，也须将园土折成稻田，按照谷物征收。其标准以该园土收获价值与稻田收获之价值之比例为原则。

（三）山多田少的地方，将山折成田亩来分配者，也照折实稻田征税。

第二章　税率与税款之计算

（四）土地税以实收干谷（中等年成）为单位计算，税率依照本部制定之税率表征收之。

（五）各人实收谷多少，不能根据各人自己的报告，要由当地区乡政府主席联席会议，按照各乡三年的收获平均每年计算，分别估定每人所分之田可得实谷多少为标准，一律折成实谷交税。

（六）为便利收税及避免损失起见，边区不收谷子，应将谷子扣成银款，征收国币。其谷价除北路一元八角外，各县通以贰元计算。中心区域，亦须尽量鼓动群众，缴纳国币，如群众要求纳谷者，可酌量收谷。

第三章　免税之规定

（七）凡红军（独立团、游击队、警卫连、保卫队、医院等）之官兵伕，其本身及其父母妻子无劳动力之弟妹，一律免税，其他叔伯兄弟不免。短期配合红军行动（三个月）者不免。

（八）凡雇农苦力及其妻子一律免税。

（九）手艺店员工人免本身，但职员无论在工厂及国家企业机关不免。

（十）群众参加革命被牺牲者，本身免税三年。

（十一）贫苦工农的老婆是富农，如果在一九三一年底以后结婚者应按照富农征收。

（十二）遇水旱、天灾、虫蚀、鸟兽破坏或受白匪摧残的区域，斟酌灾情轻重，免税或减税。

（十三）贫农不能维持其生活者，个别减税或免税。

（十四）开垦荒山荒地者，免税三年，富农免税一年或斟酌减税。

（十五）现在在政府工作人员（不是调短期的工作人员），脱离生产者，本身及其父母妻予减半税征收。

（十六）所收出产品未到征税标准者，一律免税。

（十七）凡免税减税人以取得乡政府主席盖印之免税证书者为凭，减税人须经乡主席决定，呈报区政府批准之。

第四章　征收机关与征收时间

（十八）土地税征收之权，省苏委托县苏主席团负责，委任五人至七人组成县征收委员会；区征收委员会由区苏主席团委任委员七人至九人，驻常办公者五人；乡由乡苏代表会委任三人组织乡征收委员会，均应报告所属上级机关。

（十九）土地税区征收委员会设主任一人、会计二人、出纳二人；乡征收委员会设主任一人，会计一人，出纳一人。开支公给，会计可向合作社聘用写算俱全之技术人才。

（二十）以八月二十日起至九月二十日止为征收时间，乡限二十天、区限一月征收完毕。

第五章　征收手续

（二十一）纳税人纳税以取得本部制定三联收据为凭，无收据者以漏税论。

（二十二）纳税人纳税时由乡政府发给纳税证明书，替他填好，如有免税者应填好免税证书。纳税人即按纳税证明书带款向征收机关纳税，最好由乡代表各人税款一次纳完，或由乡苏代表领导纳税群众，按指定地点和时间，一齐来缴纳，不准拖延不缴。

（二十三）征税人收税以乡政府主席盖印，发给之纳税及完税证明书为凭。按照此证明书中所开列数目，照税率计算收款，款收清后，发给收据。

第六章　附　则

（二十四）税谷以区为单位，由区政府找好忠实可靠的贫苦工农三人至五人组织仓库委员会（边区不组织），内以一人为主任，专负保管之责，属于支库系统，受支库指挥。

（二十五）税谷无论何人不准动用。

湘赣省苏维埃财政部

八月三十日

选自《湘赣革命根据地史料选编》下册，江西人民出版社 1984 年出版，第 490～493 页。

40. 湘赣省土地税征收委员会办事细则

1933 年 8 月 30 日

1. 各县区未征收前，税委会应将发来的纳税及免税证明书，发给各级税委会使用。并将收据存根填好号码，按照各区税户多少发给。

2. 征收前应出通知说明征收地点，每天征收时间，并负责人姓名等使群众周知。

3. 本部发来之收据本后，张数号码应另列簿子分别登记，以免遗误。

4. 各县征收委员会在未征以前，应分开召集各级征收人员开会讨论上级文件、工作办法及工作日程和手续等（填表证明书）。

5. 某本收据用完后，应在封面上将该本填好张数及首尾号码写明并由负责人盖印。

6. 收据绝不能扯去一张，如写错了另外写过一张，其那张写错了的应写“作废”二字，仍把那张保留在内，不能扯去，否则以舞弊论。

7. 收据绝对不能用铅笔、钢笔写，一定要用毛笔墨写，并且数目字要用大楷如一、二、三应写壹贰叁等。

8. 税款收入一律以大洋计算，不准算铜元，尾数采取四舍五收的办法。

9. 群众交税时会计员照证明书将收据填写交给出纳员核过一次，即按数收款，然后再将收据盖章发结。

10. 为便利起见，本部已将税率人数、担数呆板的算定了，收税时会计员即问明纳税人，人数担数成分即照表计算。如遇有几十斤者，则按人数担数税率计算税谷，以谷价贰元折成税款。例如一家六人（富农税率较高），每人平均收干谷伍佰陆拾斤，其算法以六人乘五百陆拾斤再乘税率陆．伍，这家则应纳税谷贰百一十八斤四（四即大两四钱），以二元折款，则为四元三角六分八厘，以四舍五收办法则为四元三角七分，这家便应交税款四元三角七分。如种早禾、晚禾二次者，以全年计算征十分之七（十斤收七斤）。

11. 款子算错了归出纳员负责，收据写错了归会计员负责，两人都错了由主任负责，如发现有贪污情事则按法严办。

12. 征发数目款子及发出收据每晚应复算并对照一次，错了马上追究纠正，或向交税人补取。

13. 每晚复算对照后，应将各证明书按照各乡各村清理编订成册，俟收齐后，将各乡各村所发证明书之张数及纳税免纳人数税款等一一填写明白，妥为保存，遗失者以舞弊论罪。

14. 所收税款应一律缴解上级，乡二天缴解一次到区，区三天缴解一次到县，县收集满一千元就缴解到省。各级政府未得省财部的支付命令，不能动用分毫，违者严办。

15. 土地税征收结束后，应将纳税备案券及免税纳税证明书写明册数页数，号码填明，报告送交省税务科，存根送交县税务科保存，遗失者以贪污论罪。

16. 收税结束后，负责人应按照本部制定之土地报告表填明送区，区送县，由县财政部再汇集分别统计填写报告表送省，以便核查统计。

湘赣省苏维埃财政部

八月三十日

选自《湘赣革命根据地史料选编》下册，江西人民出版社 1984 年出版，第 493～494 页。

41. 川陕省苏维埃政府公粮条例

1933 年 8 月川陕省第二次工农兵代表大会通过①

一、推翻了国民党、军阀、豪绅、地主、资产阶级的统治，取消了苛捐杂税，组织了

① 原件未注明年代。据查本条例系 1933 年 8 月川陕省第二次工农兵代表大会通过。参见“川陕文献版”——“大事月表”。

工农与自己的苏维埃政权机关。苏维埃公务人员和红军以及社会保险，必有一种保障生活的规定。省工农兵第二次代表大会议决，在自动原则上，在数量规定范围内，群众捐助粮食，这就叫做苏维埃公粮。①

二、这公粮规定的数量范围，是由每个成年、老年、小孩，在每年吃穿尽够，还有剩余的粮食来决定：

甲、成年，收谷在五背以上者，应纳苏维埃公粮五升；六背以上纳七升半；七背以上纳一斗；八背以上纳一斗二升五；九背以上纳一斗五升；十背以上纳一斗八升（五背以下统统不纳公粮）。

乙、老年、小孩，由四背以上纳五升；五背以上纳七升半；六背以上纳一斗；七背以上纳一斗二升五；八背以上纳一斗五升；九背以上纳一斗（四背以下不纳）。

丙、富农，由三背以上纳五升；四背以上纳七升半；五背以上纳一斗；六背以上纳一斗二升五；七背以上纳一斗五升；八背以上纳二斗。

三、如完全系旱地，即纳包谷、麦子、豌豆或杂粮。可分两季缴纳，秋收纳五分之三，春收纳五分之二（包谷背数以净米米包谷）。

四、公粮的分配，以十分之四作苏维埃公务人员及来往运输队吃；以十分之四作红军吃；以十分之二作社会保险（即发给没有生产能力的鳏、寡、孤、独、废疾者吃）。

五、公粮集中，以区为单位，每区设置仓库保存，苏维埃必经常派人看守。

六、公粮计斗的大小及轻重，以每斤二十两，以每升一百两（即五斤），每斗五十斤，按照两斗即一背计算。

七、本条例自公布之日起施行。

选自《川陕革命根据地历史文献选编》下，四川人民出版社 1980 年出版，第 533～534 页。简称“川陕文献版”。原注：“原件存四川省博物馆”。

互校版本：

1.《川陕革命根据地资料选编》，四川大学川陕革命根据地科研组 1978 年编印，第 260～263 页。原注：“原件存四川省博物馆”。

2.《苏维埃中国》，第二集，1935 年印行，中国现代史资料编辑委员会 1957 年翻印，第 213～214 页。简称“《苏维埃中国》翻印版”。原件未注明史料来源。

42. 川陕省苏维埃税务条例草案②

1933 年 8 月

第一条　本局为执行中央累进税率，并根据此次川陕省工农兵代表大会决议，以增进

① 《苏维埃中国》翻印本对本段文字表述是：“苏维埃公务人员和红军，必须有一律保障生活的规定，同时，还须建立社会保险制度。省工农兵苏维埃第二次代表大会决议，在自动原则上，在数目规定范围内，由群众捐输粮食，这种叫做公粮”。本条例按“川陕文献版”和“川陕资料版”翻印。

② 原件未注明年代。根据第一条推断本条例经 1933 年 8 月川陕省第二次工农兵代表大会审议决议。

和巩固工农自身利益，发展社会经济为目的，故命名为川陕工农税务局。

第二条　全省设总局一所；各县设分局一所；县所属之各场市，斟酌繁简，得设税务分所若干（如市镇交通繁盛，地域繁盛广阔，可增设分局）。各县所属之场市税务分所，直属该县税务分局；各县分局直属总局。

第三条　税目种类及税率标准

（甲）特种税

一、白木耳：按每两之价值，抽百分之五（但因革命受伤不能生产、红军家属、有特殊情形资金不满三十元以上，经苏维埃证明得免税）。

二、鸦片烟：开设烟馆者，每月照三等征收：头等二元；二等一元；三等五角。专门以贩卖鸦片烟为业，按每两抽百分之五。

三、屠宰：专门在市场营业者，按每百斤百分之五抽收。但工农冠婚丧祭，自己养肥之猪，自己杀着吃，皆得免税（地主、富农不在此例）。

（乙）营业税

凡经营商业者，每月所得金在五百以上，七百以下，抽百分之零点五（即千分之五）。七百以上，一千以下，抽百分之一。一千以上，二千以下，抽百分之二。二千以上，五千以下，抽百分之三。五千以上，一万以下，抽百分之四。一万以上抽百分之五（但在入口税上第二项所指定免税的东西皆不征收）。

（丙）入口税

一、纸烟、酒、旱烟、水烟、香水以及非工农必须物品，皆得从值百抽五起，以至百分之十为止。

二、盐、布匹、棉花、粮食、中西药材、耕牛、小猪、洋油、生发油等，皆得免税。

（丁）出口税

一、粮食、布匹、棉花、中西药材、耕牛、小猪、盐等，皆得从值抽百分之二十起，以至抽百分之五十为止。

必要时，苏维埃政府得禁出境。

二、茶叶、锅、煤炭、木耳、木料、鸦片烟等皆得免税。

第四条　本局印制三连据单（存根二条，执照一条），数字印花（几分、几角、几元），纳税人必保存执照，与执照上所贴之印花，以凭考核检验。

第五条　非经本局检派负责人员，无论何人不得代征代收。

凡派出各级税务人员，除公家津贴伙食外，每月暂规定报酬二元。绝对禁止徇私舞弊，不得向纳税人员妄取分文。在收税款时，税局无吊打人的权利。

第六条　凡税务机关所设之地，当地苏维埃机关得监督税务人员，（防止）徇私舞弊，并帮助盘查偷、漏（税）等奸商。一次查出，除缴应征税款外，即科以罚金；二次查出，全部没收。再如，借贸易为名，实做反革命工作者，一经查觉，立即交苏维埃革命法庭惩办。

第七条　各场市税务分所负责人员，每十日必将收税款及发出之三连单存根、印花贴消数目表，报该县分局，各分局每到月终汇报省总局，转财委会备查。

第八条　本条例自公布之日施行。

川陕省苏维埃政府　印

选自《川陕革命根据地历史文献选编》下，四川人民出版社 1980 年出版，第 535～537 页。简称“川陕文献版”。原注：“原件存四川省博物馆”。

互校版本：《川陕革命根据地资料选编》，四川大学川陕革命根据地科研组 1975 年编印，第 261～263 页。简称“川陕资料版”。原注：“原件存四川省博物馆”。

43. 人民委员会新的财政计划（节录）

1933 年 9 月 15 日人民委员会四十九次会议决议

中央财政人民委员部研究过去路线的错误与缺乏计划，致财政工作不开展，特根据财政负担放在剥削者身上，发展国民经济增加财政收入，及依靠工农的革命积极性帮助国家财政这二个原则，提出六个月（九月至二月）财政收付计划。其中向地主富农筹款约六百万元。为要做到收支适合，各级财部组织要加强。中央财部的没委会、公债局、税务局、国有财产管理局，有的要增人，减少兼职，有的要加以整理。国家银行应于九月起，在财部监督之下实行独立，执行银行本身职务。

当决定：（一）支用经济建设公债三分之一的方案，应坚持，不能多用一钱。（二）要彻底肃清官僚主义的工作方式，与开展财政系统内的反贪污腐化斗争。（三）九月份是财部工作最应抓紧的时期，不应放松了。做到最近须召集瑞金各区检阅推销公债的成绩，对估计群众力量不足及命令主义错误予以纠正。（四）节省运动应在各方面开展起来，主要是苏维埃与红军后方机关两方面。（五）财部的计划，应按时检阅，为完全实现此计划而斗争。（六）各级财部应一律设副部长。（七）成立审计委员会，以高自立、梁柏台、吴亮平为委员。其余均照财部所拟通过。

选自《中国革命根据地审计史料汇编》，北京工业大学出版社 1990 年出版，第 219 页。原注：“摘自 1933 年 9 月 15 日《红色中华》第 109 期第二版”。

44. 中华苏维埃共和国国家银行暂行章程

1933 年临时中央政府人民委员会批准颁布

第一章　总则

第一条　本条［行］为巩固苏维埃金融，帮助苏维埃经济发展之国营事业，直接隶属于财政人民委员部。

第二条　本行设于中央政府所在地，并得设立分支行于各地，或与其他银行订立代理合同或汇兑契约，为本行之代理处。

第三条　本行分支行之设立、废止及移设，均应经管理委员会之决议，呈请财政人民委员部核准。

第二章　资本

第四条　本行开始营业时之资本，定为国币一百万元，由国库于预算案内拨给之。

第五条　本行因业务上之必要，须增加资本时，得经管理委员会决议，呈请财政人民委员部核准，由国库拨给之。

第三章　业务

第六条　本行得为下列业务：

一、帮助发展生产，对于国有工商业或合作社事业，得为有抵押或无抵押之放款，但私人企业之借款须有抵押。

二、商业确实票据之买卖贴现或再贴现，但票据期限自贴现日起，至多不得逾六个月。

三、依照法律之许可，为生金银及外国货币证券或汇票之买卖。

四、办理各种汇兑及发行期票。

五、收受各种存款。

六、代人保管贵重物品，但其期限不得逾五年。

第七条　本行受政府之委托办理下列事务：

一、代理国库之一切出纳。

二、代理政府发行公债及还本付息事宜。

第八条　本行由中央政府授予发行钞票之特权，得发行各种之纸币，该项纸币得照票面十足缴纳国税。

第九条　发行之纸币，分为一元、五元、十元三种，并得发行辅币券。

第十条　发行纸币，至少须有十分之三之现金，或贵重金属，或外国货币为现金准备，其余应以易于变售之货物或短期汇票，或他种证券为保证准备。

第十一条　本行不得为下列各项事务：

一、投机性质之营业。

二、购入不动产、或承受不动产为借款之抵押品。

三、购入或承受私人企业之公司股票。

第四章　组织

第十二条　财政人民委员部得监督本行一切事务、指导本行业务之方针，核准本行各种营业规则及利率，监督本行业务，核准本行经费之预算决算，审查各项报告并资产负债表等。

第十三条　本项［行］之分支行及代理处之组织及管理，由中央财政人民委员部所属之各该地财政机关负责监督之。

第十四条　工农检查人民委员部得派代表参加现金存款及会计年度终了时之决算为共同检查。

第十五条　本行由财政人民委员部呈请人民委员会，委任委员九人组织管理委员会。

第十六条　管理委员会设常务委员五人，由人民委员会于管理委员中指定之。

第十七条　本行管理之权属于管理委员会。

第十八条　管理委员会主任，由财政人民委员部呈请人民委员会任命之。

第十九条　管理委员会之职权如下：

一、业务方针之规定。

二、发行纸币数量之规划。

三、准备现金集中之规划。

四、预算决算之审定。

五、各种规章之编订。

六、分支行之设立及废止。

七、纯利之处置和分配。

八、资本之增加。

九、内部事务之监督。

第二十条　管理委员会非有委员过半数之出席不得开会。

第二十一条　管理委员会有［所］议之事，如多数议决之议案，主任不同意时，得呈请财政人民委员部决定之。

第二十二条　本行及分支行设正副行长各一人，均由管理委员会呈请财政人民委员部批准委任之。

第二十三条　行长总理全行事务，为全行代表，并执行管理委员会一切决议。副行长佐理行长办理全行事务。

第二十四条　财政人民委员部每年应派若干人组织审查委员会审查账目。

第二十五条　本行和分支行均设放款及贴现委员会，至本行则由管理委员会主任及委员，财政、劳动、工农检查人民委员等部之代表，全国各种合作总社之代表各一人组织之。在分支行则由各该行之行长为主任，副行长亦得为委员，其他各委员由各当地政府之财政、劳动、工农检查等部代表、各种合作总社之代表各一人组织之。该委员会均得聘请专门人员若干人参加，但须呈报管理委员会主任批准。

第五章　决算及纯利之分配

第二十六条　本行于每年十二月终为总决算期，应制下列表册书类交管理委员会和审查委员会审定后，呈请财政人民委员部核准备案。

一、财产目录。

二、资产负债表。

三、营业报告书。

四、损益表。

五、纯利处置表。

第二十七条　公积金由纯利项下提存之，其数额无限制。倘本行损失超过公积金之总数时，则应将不足之数列入国家预算案内，由财政人民委员部另提款项补足之。

第二十八条　本行每年所得纯利提百分之五十为公积金。为增进或改善本行行员生活之用，得于纯利项下提拨一部分款供给之，但总数不得超过百分之十。余款悉数解交国库。

第二十九条　本行章程之修改与增加，由财政人民委员部呈请人民委员会核准之。

第三十条　本行应依本章程之规定，由管理委员会订立各种规程及办事细则。

第三十一条　本章程由财政人民委员部审定，经人民委员会核准后施行。

国家银行组织系统表

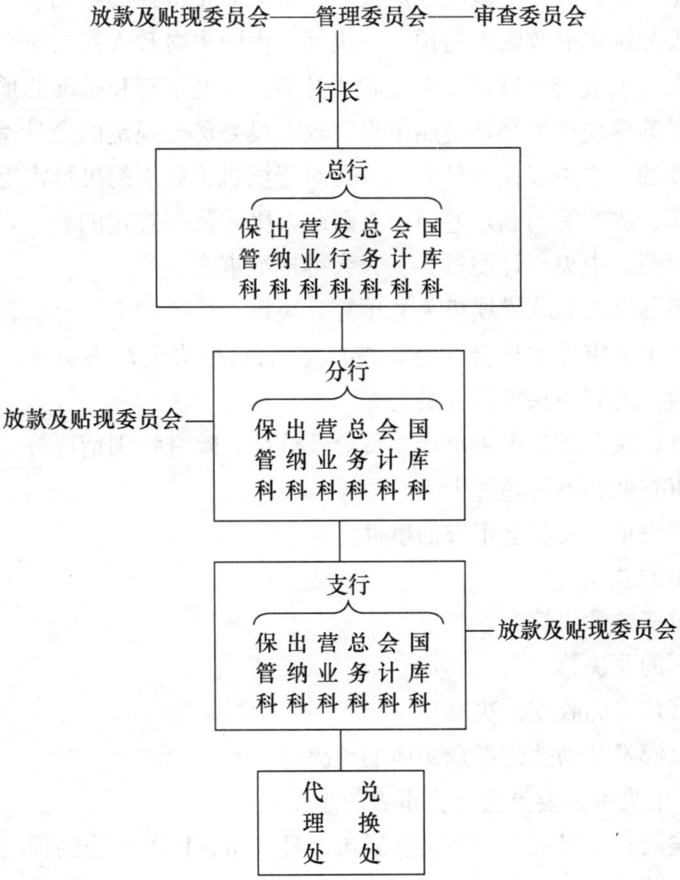

选自《中央革命根据地财政经济史长编》下，人民出版社1982年出版，第308～313页。简称“中央财经史长编”。

45. 中华苏维埃共和国审计条例

1934年2月20日中央执行委员会公布

中华苏维埃共和国中央执行委员会命令　第二号

兹制定审计条例公布之，此令。

主　席　毛泽东

副主席　项　英　张国焘

一九三四年二月二十日

审计条例

第一条　为着保障苏维埃财政政策的充分执行，裁判检举对贪污浪费的行为，使财政收支适合于目前革命战争的需要，特制定本条例。

第二条　本条例的施行，中央审计委员会及分会须与中央、省及中央直属县、市工农检察委员会取得密切联系，使更能吸收广大工农群众对于审计的意见。

第三条　各级苏维埃财政收支的预算和决算，由中央财政人民委员部汇编，经中央审计委员会审查，人民委员会通过，中央主席团批准。未经审查和批准的预算……①

第四条　各级苏维埃机关必须遵照中央财政人民委员会规定的会计季度编制预算、决算，逾期不做决算的，中央审计委员会、分会对于该机关后来的决算将拒绝审查。

第五条　预算、决算的编制须遵照中央财政人民委员部规定的表式，详细填载、决算必须附送单据，否则，中央审计委员会及分会得拒绝审查。

第六条　各级苏维埃对苏维埃机关的预算、决算，须严加审查（省及中央直属县、市的预算、决算，由中央审计委员会分会审查），然后送中央财政委员部，由中央财政委员部汇集加以审查后，送到中央审计委员会。

第七条　预算、决算送达中央审计委员会及分会，除有特别情况外，预算须于五天内审查完毕，决算审查期亦不得超过十天。

第八条　由中央审计委员会审查的事件［项］②：

一、岁入岁出的总预决算。

二、全国行政费的预决算。

三、海陆空军的预决算。

四、关于经济建设的收支预决算。

五、由中央政府发补助费的群众团体的预决算。

第九条　由③中央审计委员会分会审查的事项：

一、省苏维埃及省一级机关、中央直属市、县及市、区苏维埃的预决算。

二、各县、市苏维埃的预决算。

三、地方武装的预决算。

四、受中央审计委员会命令审查之件。

第十条　中央审计委员会分会得向中央审计委员会提出该省或该县市的预决算……在这原则之下进行审查。

第十一条　中央审计委员会分会的职权，除本条例另有规定外，悉依照地方苏维埃组织法第186条至192条之规定。

第十二条　中央审计委员会于每会计季度之终，应将审计经过情形向中央主席［团］④ 作总结报告。

第十三条　中央审计委员会及分会对于下级苏维埃财政收支，认为有调查必要时……派遣审计员实地调查之。

---

① 原注：“……原文不清。”

② 参照第九条，“事件”应为“事项”。

③ 原文此处为“应”，参照第八条应为“由”。

④ 参照第十四、十八条，应是“主席团”。

第十四条　中央审计委员会及分会审查决算认为有浪费或贪污应处罚及应负赔偿责任的，随时报告主席团（中央或省、中央直属县市）执行，在分会应同时报告中央审计委员会。被处分人如不服时，在分会被处分的提出辩明书，请求中央审计委员会备查；在中央审计委员会被处分的不①得提出辩明书，请求再议，但均一次为限。

第十五条　中央审计委员会编定关于审计上各种规则及表式。

第十六条　中央审计委员会及分会须随时检查各机关现用簿记，其不合格的通知该机关更正之。

第十七条　中央审计委员会及分会对于审查事项，在必要时可行委托审查，受委托人或机关须报告审查结果于中央审计委员会或分会。

第十八条　本条例如有未尽及不适宜之处，得由中央审计委员会随时提议，请求中央执行委员会主席团修改之。

第十九条　本条例自公布之日起施行。

选自《中国革命根据地审计史料汇编》，北京工业大学出版社 1990 年出版，第 1～2 页。原件未注明史料来源。

46. 人民委员会为节省运动的指示信

1934 年 4 月 19 日

各苏维埃主席团及后方各军事机关负责同志：

目前正处在彻底粉碎帝国主义国民党第五次“围剿”的紧急关头，一切帮助应该给予战争，最大限度地开展节省运动，充分保障前线上红军的物质资源，是保证战争全部胜利的重要条件之一。最近在《红色中华》节省八十万的号召之下，节省运动在许多地方热烈地开展着，得到了许多成绩。在政府方面节省行政经费，节省粮食，自带伙食等运动都在进行着。特别是中央政府各部，在三月份及最近半个月来的节省运动，得到更伟大的成绩，行政经费一般的做到比二月份减少百分之四十以上，普遍地实现了每人每天节省二两米一分菜钱又一个铜板（有的是二个铜板）。四月份还在继续不断地努力。在这里人员大大地裁减，苏维埃菜园大大地开辟，并进行养猪养鸡等生产工作。国家企业的工人和职员都热烈地大部或全部地节省工费和津贴。由于节省运动的开展，反贪污浪费斗争的深入，最高度地发扬了工作人员的劳动热忱，在工作的进行上不但不因人员的裁减而使工作有多少妨害，而且更增高了工作的速度与效能，发扬了工作人员的创造性。然而，仔细检查我们全部的节省运动，却还有许多地方表现得异常之差，行政经费的支付，在许多县份，没有依照中央审计委员会核准的数目来开支，以致超过核定的预算（福建省苏三月份超过百分之九十），人员的裁减还没有全部做到人民委员会规定的数量。有些县份的行政经费预算，不但没有减少而且增加了。省苏对于各县节省运动的领导极端薄弱，对于各县的预算

① 原文如此，这一“不”字疑是误加的，或是“也”字的误排。

更不负责审核。节省运动固然还没有全部开展起来，特别是没有开展到群众中去，这是再不能容许下去的现象。

为了战争的全部胜利，为了苏维埃的利益，继续开展节省运动，是各级政府机关及后方军事机关的当前最紧急的中心任务之一，因此人民委员会认为：

（一）各级政府主席团及后方军事机关，必须立即检查各该所属范围节省运动的情形，定出具体的节省计划，有系统地去领导进行，经常检查这一计划的执行情况，给各该下级以经常的具体的指示，发扬节省的光荣例子，建立会计制度，严格执行预算决算制度，绝对负责地审查各该所属机关的预算与决算。

（二）为了充分保障红军给养，立即在群众中开展每人节省三升米帮助红军的群众运动。

（三）各级苏维埃政府及后方军事机关工作人员，要多开辟苏维埃菜园，多种杂粮蔬菜，养猪养鸡养鹅等，做到完全能供给工作人员的食用。并以所种的三分之一来帮助前方红军（多晒干菜，运送前方），特别要实际地领导群众多种杂粮蔬菜，消灭夏荒，并多晒干菜捐助红军。

在执行上列诸任务中，各级苏维埃政府必须注意于：

（一）每人节省三升米的群众运动，必须依据与深入广泛的群众动员依靠于群众自觉自愿的原则，及干部带头节省的模范领导作用。联系着红色五月的各方面动员，来实现和超过，防止一切强迫摊派及流为征发的现象发生。一切不经过群众的动员，企图用强迫摊派的方法来进行和实现这一运动的，都必须受到最应有的打击以至行政上的处分。各级政府对于这一运动的执行，必须具体地估计所属地方的情况，规定自己的计划。为实现和超过这计划而斗争。同时对食粮比较缺乏的个别的区、个别的乡以及个别的群众，不能机械地、一律地来进行三升米运动。但是在这一运动中，必须普遍地深入宣传鼓动工作，使个别地方、个别群众食粮比较缺乏不能完全做到节省三升米运动时，也要使他们完全了解节省一切给予战争的战斗意义。尽量来帮助革命战争，尽其可能拿出多少米来捐助红军。

（二）在开展节省运动中，必须联系到工作的改善，要从节省运动中去开展反贪污浪费与消极怠工的斗争，从节省运动与反贪污消极怠工的斗争中来肃清混入苏维埃及军事机关中的阶级异己分子，为改善苏维埃及军事机关的组织与工作而斗争。

依据于工农群众拥护革命战争的积极性的更高度的发展，依据于去年生产的增加（一成至二成），人民委员会相信在党的积极领导之下，在各级苏维埃工作人员的努力之下，是能够胜利地完成和超过这一运动的。

主席　张闻天

四月十九日

选自《红色中华》，1934 年 4 月 24 日，第三版。

互校版本：《中国革命根据地审计史料汇编》，北京工业大学出版社 1990 年出版，第 335～336 页。原注：“1934 年 4 月 24 日《红色中华》第 179 期第三版”。

中央审计委员会审计实务（八件）

1934 年 3—9 月

47.（一）中央审计委员会审查国家企业会计的初步结论

我们曾经分别召集中央印刷厂、造币厂、邮政总局、贸易总局、粮食调剂总局等负责人来开会，（有些地方并派过突击队去工作，）检查其经济收支状况，所得情形如下：

中央印刷厂

该厂每月有七千元以上的营业收入，是一个大的印刷机关。但还说不上有生产计划和完善的管理，还未有尽到苏维埃国家企业机关应有的作用。他们有支出预算，无收入预算。问他们过去几月赚钱或蚀本，成本费如何？他们可以答不知道。只知道收来的钱都用光了，而且每月的开支，似乎还向国家领过钱，但没缴过钱给国家。——厂长古远来同志这样说的。该厂印刷物的估价，是把原料、工资、管理费及例假双工资等算入，另加百分之十的纯利。又据中央国民经济部检查，该厂印刷《红中》[①] 一期，只需油墨十二磅，而报账为二十四磅半，排字只七工半而报账为十二工，这是说印刷厂得的利益当更多（，国家经济部说这是浪费，其实并未有用到这多，不过向红中报社却收了这么个数目，应该是增加了印厂的纯利）。但这些利益哪里去了，他们也可以回答不知道。这里面当然包含着很大的不仅是浪费而是贪污。他们的账簿极不完全，（现正在清查中，）用钱没有标准，如工人借款，有时竟达到七八百元。负责人不了解整个生产情形及每个生产品的成本，因而不知道哪些是浪费，哪些人是多余，所谓生产计划、劳动纪律、节省运动，都提不出具体办法来。

邮政总局

邮局自一九三二年建立了会计制度，一九三三年成立各级经济审查委员会及节省运动委员会，并开始了反贪污浪费斗争，这不能不说是有相当的成绩。但实际上据我们派去的突击队的报告，这一成绩，只在当时某一种运动刺激之下，就兴奋了一下子，未有在积极方面建立的经常的工作，所以现在的审委会和节委会都形成了停顿状态。同时发现了去年十二月决算存余三百多元，没有转入一月份的账，而一月的决算已做了，这笔钱就不知下落了。（现已责成他们限期清查出来。）又三月份预算，我们以其未有遵照人民委员会节省三成经费的指示原则，责令重做，而重做来的仍然一样，这是由于该负责人不了解各邮局实际情形，也没有发动工作人员来共同讨论，不知道怎样节省，只好把上月预算数照抄，

---

① 即中央机关报《红色中华》。

把下级预算照转，就算了事。最严重的，二月份邮局工人节省和募捐达二千余元，该局总务同志说，邮局工人自一九三二年以来，每月都有自动节省，平均在千元左右，那么，一直到现在，这笔数当然是很大。但总局只知道大概数字，钱是工会收集，有的存在省一级工会，有的存在本工会，有的解到全总执行局，而国家（中央财政部）并未有收到一个片。有一位节委负责同志告诉我们说，时间已久，当时收款人又未有发回收条，连我自己节省了多少钱也忘记了。工人热烈帮助战争，而国家不能及时地实际收到此款，该局不去追问这个下落，中央内务部也似乎不完全知道这回事，如果如此巨款，竟被吞没了，这是谁应负的责任？

中央造币厂

也只有支付的预算，没有每月生产品的数字，对于国币的铸费多少？合算不合算？厂长全都不晓。工资每月未有开支到预算的数字，原因是请假的多，这也可见其劳动纪律的松懈。最近发现有三担原料，九十五斤一担，实际只七十斤，因为厂里过去没有检查过原料和出品的比较，恐怕以前还有不少这样的事。

粮食调剂总局

一月以前因贸易局长兼调剂局长的原故，两局账目混起来，且二月以前未有预决算，只知道粮食调剂局从开始到二月底盈余一万七千多元，在去年青黄交接时总局粮食价比市价便宜百分之六十，分局百分之三十，起了相当的调剂作用——于此可见有计划地进行，其调剂作用，当更有可观。而因为预决算没有建立，不能随时随地明了收支状况，因此不能提出整个计划，与分局的关系很坏，劳动纪律也很差，竟有工作人员出发半年，局里负责人不知他是干什么的，等到他要回来时，算了一笔很大的费用给他，也就完事了。

贸易总局

同样也是二月以前的账弄不清楚，每月盈余的数字，约莫知道一些，比较完全不知盈亏的，可说是进了一步了。他们也未有能够有计划地进行对外贸易，对各分局工作，也是不能了解。

上列诸厂局，一般的缺点是不明了本身在苏维埃经济上的性质和作用，不知道也不考察产品的成本，不知计算盈亏，有钱就用，没钱向国家主管机关要。邮局虽不是生产机关，但他造的预算竟未列邮票一项的收入，如果仅看他的预算竟成有出无入的机关。毫无疑问的，我们苏维埃的国家企业是簇新的发展的形势，但因上述的缺点，还未能得到尽可能应有的进步，这是第一。第二，各厂局都曾做过检举贪污浪费和反官僚主义运动；而因为没有从斗争中去抓住各厂局的特殊性质与缺点，来从积极方面整理账簿，建立会计制度和管理法制，以致贪污浪费现象无法肃清，官僚主义的领导方式，未能彻底转变。厂长、局长不了解实际情形，提不出具体的办法，反使节省运动和提高劳动纪律变成空喊。如贸易局早就在《红中》登载过要求政府停止津贴，但我们的突击队去进行深入的节省号召之后，才发现以前要求停止津贴之举，是从上而下的决定，往后连举手赞成过的人也忘了，到了这时，才真正地从下而上地，成为群众的自愿与自（觉）的实现。同时上级机关，没有经常的检查和具体的指导，也应负相当的责任。

此外还有两种现象：一是工人同志积极性的提高，邮局工人经常地大量地节省，调剂局贸易局工人响应《红中》号召，自动地完全不要工资，贸易局工人且每天减少一分半钱伙食，这是值得赞扬的。但各厂局长则对于原料、生产、营业、办公费的节省，尚待考虑，而对工人节省是有把握。这里，恰恰与领导者的作风相反，这就是告诉我们，反对官僚主义的作风，把各厂局来彻底整理，我们依靠着群众劳动热忱，是不难得到应有成绩的。

二是在大多数工人的革命竞赛与冲锋突击来提高生产情势底下，各厂局长一般地不仅不能领导这一劳动热情，反而容忍不可避免地混进苏维埃经济机关来的害虫，以破坏劳动纪律，有些领导者诿为工会的事、工人自己的事，似乎表示这是重视工人、重视无产阶级的领导（?）这里，又恰恰相反，这正是向工人、向无产阶级领导开玩笑。这就是告诉我们，张闻天同志在最近《斗争》上发表的《从强迫的劳动到自由的劳动》一篇文章，对于我们目前是有非常重要意义的。

三月二十七日

选自《红色中华》，1934年3月27日第169期。

48.（二）中央审计委员会稽核瑞金经济开支的总结

我们稽核瑞金最近几个月一般的财政状况，认为他们反浪费斗争已经得到很大成绩，拿数目字来讲，去年十月全县用七四六六元，今年二月减到四六一六.一，节省五分之二强。县苏本身去年十月用二四四四.二元，今年二月减到七四九.四，节省三分之二强。三月份造来的预算除食米外，县区乡行政经费共一七六六，县苏本身只三二九.五，总计达到了三成经费的节省（比二月份）。同时在节省过程中，县区工作都有进步，县苏从前三百人的，现已达到一〇四人，有些区从前五六十人，现亦作到大区三十人小区二十二人。因执行集中指导与个人负责制有了新的转变，工作反而紧张起来了。这证明人委会为着提高劳动纪律，增加工作效能，来重新规定工作人员数目，开展节省运动之完全正确。瑞金县苏坚决执行这一指示，是值得赞扬的。

二月份瑞金在节省过程中缴回剩余谷子三十多石，内县苏本身十九石，这证明瑞金工作人员已能够涓滴归公。他们响应《红中》的节省号召，进行自带伙食和减吃二两米等，也已有了成绩，据他们初步统计，县苏本身已有八十余人自带伙食。这一成绩是与他们在党和中央政府直接领导底下，积极执行了完成和超过扩大红军、收集粮食、赤少队等突击运动是有互相关联的。这就是说：谁能坚决执行党和政府的正确策略，谁就在各个战线上达到应有成绩。

虽然有了上列成绩，但工作上还有不少缺点：

一，县苏本身预算制度相当建立了，但区一级虽有决算，而预算是县苏代做的，没有发扬区工作同志对于执行财政政策的积极性，节省运动也还未有深入到区乡去，区乡节省的百分比，还不及县苏本身的数字，节省的政治宣传也做得不够，除裁减人员外，对于各项开支，还未有发动群众的积极性自觉做到更多创造的光荣例子。

二，裁减人员未有更好地联系到改善工作方式和增加工作效能，虽人人有工做，仍未免有人力浪费和分配不得其当的缺点。

三，检举贪污浪费，追缴贪污款子达六千多元，但未有把发生贪污的根源（如官僚主义的领导方式，豪绅地主阶级恶报性的遗留，与阶级异己分子隐藏在苏维埃做经济破坏等等）和防止贪污的方法（如建立正确会计制度，号召工农学习管理自己财政，和群众审查监督财政等等），来教育广大群众，造成群众运动的热潮。因此，反贪污斗争只限于几个区发展，不能使一切贪污分子都被检举，更难保证贪污现象不继续发生。

四，县审计委员会虽然成立了并开始了查账工作，且各区都有经济审查委员会的组织，但在审核预决算上、深入节省运动上，起的积极作用还很小。我们要求瑞金负责同志更深刻地从实际工作中补救这些缺点，创造出有效的方法，使瑞金真正成为财政上的模范。

三月三十一日

选自《红色中华》，1934 年 4 月 5 日第 171 期。

49.（三）中央审计委员会检查互济会反帝拥苏同盟财政收支的总结

互济总会：互济会的财政状况，有下列严重缺点：

一，拿救济费做机关开支，总会一月份决算，共收大洋一一五七元多，内会费只四元四角六分，付出大洋一五〇一元，内机关行政费占三〇八元五，二月份决算机关行政费用去二七〇元六，而会费收入也只四元多。又据福建省苏审计委员会检查该省互济会从去年八月至今年二月，共开支机关行政费大洋一〇七四元四角，而收入除各种募捐外，会费仅收到三元八角四，总会与福建分会如此，其他省县可想而知。很明显的互济会不仅没有拿会费的大部或一部分来做救济事业，反而把群众为着某种事件，热烈地募捐款项，因为经过互济会之手而做了他们本身机关开支，这是绝对不可容许的事。

二，会费一塌糊涂：据总会负责人报告，全苏区会员有四十六万多，平均能收百分之四十的会费（说是各省的报告），且不讲不止收这些，就算百分之四十，每人收两片，每月该有三十六万八千片，合大洋一千一百二十多元。这些钱哪里去了？总会不晓，也没有企图去晓得。照福建的情形，省会与总会是一样，自然这里面包含着很大的贪污。福建省会就发现了司务长与宣传部蓝道雄的贪污浪费事件。可是互济会的主要负责人没有理会这件“小事”，反正他们手里有钱可以自由使用，这里明显地表现出官僚主义的领导。

三，各种捐款没去检查：除总会号召募捐的，如援助东北义勇军和援助德国反法西（斯）工人的款子有数外（是否实际检查过还是问题），其他募捐如慰劳红军、救济难民等，经过互济会的，总会全然不晓，下级也没有报告。福建省苏审委会检查该省互济会去年八月至今年二月共收有各种募捐除被用去仍存大洋一四〇七元，这些数字，总会似乎是不知道。这是一只（个）最严重不过的问题。

四，开支项目的不适当：机关的开支，是为着要达到该机关的目的，互济会在总的革命任务之下，有他自己的行动纲领，他应该拿反对白色恐怖援助革命来团结群众，特别是边区及苏区附近的白区遭受白色摧残的地方。可是总会一月、二月的决算中，找不出宣传费，虽然宣传部有两个工作人员，至于深入边区及附近白区去做宣传和救济的工作，更不消说得。在经济开支里面看不出这些工作的具体表现。就办公费方面来说，拿人数和其他行政费作比，也用得多些。

由上所述，互济会工作尚在严重状态中，怎样转变呢?

第一，要认真互济会本身的特别任务，为要达到他的任务来检查各级的用费和捐款，使所有款子都用在发展工作和救济事业上。为要达到他的任务来进行征收月费运动，造成反对白色恐怖援助革命的热烈空气，使每个会员为着反对白色恐怖参加革命战争而缴纳月费，这样机关中的宣传、组织、救济、巡视等人员才联系着工作起来，同时财政系统也能建立起来。

第二，建立各级会计制度，收款支款和经手的救济款项，都要有详细的计算和检查，发动会员群众来监督款项的保管和检查用途。捐助款绝对禁止做机关开支，月费都应做到大部用在救济事业。关于保管，如援助义军、援助德国工人等款，在未寄出前，绝对不准挪移。去年秋募集的七八千石谷子，要有计划地保管。至于各级办公费的节省，以及检举和防止贪污事件，总会均要有计划地立刻并始执行。像目前任其自然的状态，是再也不能容许其存在了。

反帝拥苏同盟：反帝拥苏收月费工作比互济会好些。江西省盟未成立前，公略、兴国、博生、胜利等县盟月费为总盟主要收入。省盟成立后，红军、兵工厂等一二两月交到总盟的月费，还有二二九元多。不过总盟对于月费，也是任其自然，据称有四十万会员，月收一片，全收有一三〇〇多元，折半也有六七百元，他们没去整理，只靠政府津贴和红军月费来开支。最近才检查出粤赣省门岑县一只（个）区主任贪污三十多元，西江一只（个）区主任贪污了十六七元，砂星区一只（个）主任贪污三吊多钱，又前主任贪污百多毛，赤鹅区主任贪污四元，梅坑区一只（个）乡主任贪污百多毛，都是贪污了月费。可惜他们没把检查月费和反帝拥苏工作联系起来，用宣传鼓动提高会员反帝拥苏的热忱，来开展节省，收月费及扩大战争运动。他们二月份决算宣传费只七角五分，占开支总数二百五十分之一，这是一个大的缺点。

总盟与各级分盟关系没有建立好，粤赣福建要总盟去钱津贴。会计制度一般的未建立起来，总盟本身开支也还有浪费。在目前节省经济来帮助战争的任务下，反帝拥苏应做到停止政府津贴，实行经费自给。

四月一日

选自《红色中华》，1934 年 4 月 7 日第 172 期。

50.（四）中央审计委员会审查三月份中央政府预算的总结

1934 年

为着开展节省运动，健全与建立会计制度，我们首先检查中央各部。先由总务厅召集各部工作人员组织突击队相互到各部查阅账目，号召节省运动，并帮助编制预算决算。迨接到三月份预算时，又直接与各部负责人按照工作需要上来详细检讨。现在已把这个月预算查讫，特宣布其结果如下：

（一）三月份核定预算与前几个月的比较

名称	十一月	二月	三月
总务厅	4 175	1 345	110
劳动部	376	221	104
土地部	1 473	600	411
财政部	349	543	384
检委会	252	258	215
国民经济部	778	193	103
教育部	3	156	192
内务、司法部	626	258	237
粮食部			170
合计	12 032	3 673	2 831

注：1. 主席团、人民委员会、中审会、最高法院的经费是包括在总务厅之内的。

2. 十一月份是赵××做总务厅长时代，也正是他领导浪费时代。自开展反赵××的浪费斗争，用费遂有很大的递减，现在又是新的开展节省运动，看这三个月的数字，就可见其内容。

3. 二、三月预算是（食）米不在内，十一月预算是包括食米的。

4. 三月份有些部门是新成立或从新整理的，如粮食部、教育部，故总数比二月份没有节省到百分之三十。但如劳动部、国民经济部节省到百分之五十以上，司法、内务、土地部节省百分之三十以上。除粮食、教育部外，各部平均已达到节省百分之三十。

5. 三月份若照各部原来预算数，则不但比上月未有节省，而且一般地增加了的。

（二）这次的预算，都能按照工作实际需要上，来详细加以核减，从前随便开列数字的现象，差不多没有了。可保证将来的决算与预算无大出入，这是预算确立过程中的大进步。

（三）关于改善工作方式与裁减不必要的工作人员方面，除新成立的粮食部外，二月份共八百四十九人（运输队、通信排在外），三月份则为六百八十人。减了一百六十九人，这不能不算是一个大的数目。同时减人不是机械的平均主义的减，而是按照实际工作的需要及人的能力上来进行的。因此，有的减得很多，如总务厅和土地部；有的不但没减，反而增加了的，如教育部、工农检委会。裁减的结果，据确实调查所得短短时间，一般地说，各部门的工作方法改善了，工作的情绪比以前紧张了，劳动纪律提高了。

（四）关于经费问题与节省运动，劳动部做得最好，国民经济部次之。劳动部在工作人员方面比经济部多十七人，而办公什支的用费却是一样多。劳动部买印厂里的纸头纸尾来办公，一月只块把钱，灯火有一定的限制，每月减少预算只七元，修理房屋器具自己动手，每日节省一分菜钱，出发工作的，从远来买回比较便宜的油盐，自己种菜养猪，伙食反而较好。尤其他们负责人经常注意经费问题，也能及时举发贪污浪费行为，差不多整个动员做这一工作，这是值得大家学习的。

（五）在审核预算中，有几个问题——我们的缺点，须得指出的：

一、是各部首长对于预算决算制度，还未有提到于整个苏维埃政策的重要性来注视这一工作。有的没有配合实际工作的需要，来负责检讨经费问题。单就土地、司法、内务三部，造来的预算上，关于工作人员方面来说，在详细审核时，会计科长算不出这么多人来，总务处长又说那么多，部长说实在没有这多，即此可见一斑。一般地说，预算决算行政首长是很少过问的，最多是过一过目而已。

二、是阶级警觉性不够，如土地部会计科长王××是一个地主，在我们突击队发现他的贪污时，他就开小差逃了，几乎被卷去巨款。他们的工作团李××是被公审过的，在宁化工作时就有贪污行为，土地部就未曾加紧追究他，接着他又报说失掉二百多元。明知王××是地主，而忽视了，将财政权放在他掌握中，使他贪污了且逃跑，这是值得提出来警觉我们的。

三、有些工农出身的干部，不会写算，不会管账，差不多成了一般的现象，在这应警觉我们，提高热忱学习管理自己国家的财政！

四、各部裁减冗员，节省不必要的开支，还没在积极方面提高应有的限度，我们要求各部负责同志决心做出更进一步的成绩，作成全苏维埃模范的领导。

51.（五）中央审计委员会审核粤赣省三月的预算的总结给粤赣省苏主席团的一封信

1934年3月

审查你们三月份的预算，有几点须严重指出的：

一、二月十一日人民委员会第七号命令重新规定省县区乡苏工作人员，而你们三月份预算，省的人数二二〇，县的如门岭一二七，西江一二五，雩都一七七，会昌一六六，区的人员也未有核减。似乎你们未有接到第七号命令一样。又二月廿二日人民委员会第一号指示，关于裁减人员和节省经费，要各级政府按照这一指示编制三月份预算，须较二月份预算经费节省百分之卅。而你们的预算，如省苏本身九九〇比二月份预算核定数六六五增加了，会昌一九九〇比二月一五六一增加了，西江二〇九五比二月一六五九也增加了，特别是雩都七五三六比二月二一五一增加了三倍以上，这完全反映出这次雩都大检举案的严重性。这里又似乎你们没有接到人委会第一号指示一样。这样忽视上级命令，忽视节省一个铜片为着战争的意义。尤其雩都的贪污浪费，还未有引起你们的警觉，不能不使我们视为惊奇的事！

在中央号召之下的节省运动，各地正在开展，江西、瑞金自定县区人数都比七号命令少些，力求三成经费节省的实现或超过，为着战争，粤赣省就不应该落后呀！

二、你们忽视了节省运动，现在又须防止机械地进行节省。人委会要求各级政府按照节省三成经费做预算的指示上说到以“提高每个工作人员的劳动纪律，发扬他们工作积极性，来达到节省运动的目的，一切以为减少经费，工作就做不好的消极观念，必须给予严重的打击”。因此，减少你们的预算，同时必须唤起你们对于这一预算的执行，格外加以考虑。比如工作人员不是机械或平均地减，而是看他实际需要，就是说所有工作人员，是不是每天都有工作，都有八小时工作，都有能力工作，如果没有，就可以减少或调动。所谓“宁少毋滥”。人委的规定是一般的不能超过这限度，不是说一定要有这多，少一个都要不得，就要补足。在减少人员时，还要注意某些地方经验，如瑞金县苏，从三百多人减到百零几人，工作并未因此减弱了，这里没有别的，就是需要提高我们的劳动纪律，改善我们的工作方式。其次在办公费方面，节省方法很多，最近在《红中》报上，发表了不少的好例子，如果十分认真地用，那现核准的文具印刷费必不会不够。不过这里来不得一点儿官僚主义，而是要深刻地检查和了解实际支付情形，不仅注意大处，即在小的消费上如用好纸揩秽、浪用信纸信套之类，也不许忽视。尤其要注意政治上的群众动员，提高每个群众的积极性与创造性，以及切实监督自己的财政。

三、省审计委员会虽然建立起来了，还未有根据地方苏维埃组织法和中央审计条例，真正地工作起来，对于这次预算是未有尽到他的作用的。这里希望你们的审委很快地认真工作。

四、末了，你们的预算来得太迟了，经过中央财政人民委员部和粮食人民委员部，到三月十五日才到达我们这里来，而事实上你们已在那里开支了半个月，那不是预算已等于形式主义吗？在这里又使我们感觉到，过去预算的不合实际，决算之未有按期交来，使我们苏维埃财政政策正确执行上不能不发生某些困难，这是值得在此地向你们提出来的。

（附注）这封信刚写好，便接到三月十一日粤赣省苏发的第五号《关于执行中央人委会第七号命令：规定县区乡苏常住工作人员》的命令，这里证明经过一个月才讨论和执行上级的命令，而人委会二月廿二日的第一号关于节省经济的指示，还未有讨论到。

52.（六）中央审计委员会检查中央各部三月份节省成绩的总结

自红色中华报号召节省后，中央政府各部工作人员热烈地响应，经过党团支部小组、各群众团体、工作人员会议迭次讨论，讨论一次就热烈一次，他们在三月份已有如下的成绩：

一、行政经费的节省

部别	二月份实支数	三月份预算数	三月份实支数	与二月份比较
总务厅	2 968.544	1 446.5	1 455.587	减 1 512.957
财政部	701.62	384.70	192.023	减 509.588
劳动部	236.577	104.6	134.872	减 101.705
教育部	205.459	192.3	189.9	减 69.559
司法、内务部	331.48	237.7	197.49	减 133.99
土地部	1016.974	643.6	679.771	减 337.203
国民经济部	136.435	103.5	137.95	减 1.514
粮食部	431.2	170.6	202.66	减 228.54
工农检查部	274.931	215.1	239.255	增 35.676
国家银行	1 272.505	215.1	1 237.558	减 37.947
总计	7 620.726		4 658.06	2 962.66

三月份实支总数与二月份比较，节省二千九百六十二元六角六，达到了百分之四十。单拿中央各部讲，差不多达到百分之五十。国民经济部、粮食部、劳动部超过预算，一因买了下月用纸，一因粮食突击运动，邮花增多，一因工作团出发在先，未领米票。其他项目，只减少，无增多。纠正了过去造预算不顾实际，随便填写数字，及用钱时不遵守预算的毛病。

二、工作人员节省伙食

（在规定伙食数内节省的）

部　别	节省米（或谷）	节省菜钱	说明
总务厅	米207斤6两	121元8角6分	内输送队连存了好久的伙食尾子全部捐入，计85元8角6
财政部		56元6角	内节省的米算成钱
劳动部	谷100斤	6元8角5	内有猪洋5元
工农检察部	米35斤	2元8角6分5	
教育部	谷150斤	19元3角9分	内有私人做菜角9元3角
土地部		31元8分5	内有自备伙食的钱15元1角1分
国民经济部	米40斤	5元5角	
国家银行		31元1角2分	连训练班的在内
财政训练班		31元9分	
总计	米282斤6两，谷210斤	306元6角6	

节省的款子，都交了金库，节省的谷米，报告粮食部作为下月食米。还有银行工作人员退回公债六十元五角，输送队退回公债二十元不在内。又“三八”节省五十多元，交区委集中的，也不在此数内。

三、节省运动的深入

由于动员得好，每个工作人员都来想法子节省，为着战争不肯浪费一张纸，甚至一根火柴。如财部的节省委员会有调查员，见点着空灯就吹熄，可以合并的灯即合并，因此比上月洋油减少六十两，樟油减少一百四十五两。伙食委员会轮流监厨，检查菜价，贵的不买。到远点地方去买便宜的油盐（成趸买），钱节省了，伙食还吃得过。各部都合并办公油灯，限制点的时间。教育部从前二十盏灯，现只九盏，劳动部每晚只要樟油七两，总务厅从前每夜用八斤樟油，现只用三斤半。办公用纸头，信封用废纸做。笔墨责令要用好久，劳动部三月份只添买得三角钱笔墨。灯泡注意保护，打坏的少了。司法、内务部发火柴每个房子一盒，每月减少二十余盒。出版处同志研究毛边纸当腊纸，得到意外成功，减少腊纸一百三十多张。四月以后可以完全不用腊纸。同时对于津贴和工资，最大多数不要。四月一日银行发放上半月工资，当纷纷退回。差不多是全数。各部不要公家发夏衣的，也差不多是全数。

四、节省运动的经验

由上所述，节省运动和其他运动一样，一是动员要深入，只有每个同志都来想法子节省，都来监督节省，才能有料不到的成绩。那些以为群众不愿节省的固然是胡说，而不耐心做宣传鼓动工作，只简单地在会议上通过节省也是得不到好的成功的。二是节省不仅要注意大处，同时要注意小处，一张纸，一盒火柴，一餐客饭，一盏小灯集起来可以成多。

三是实行节省可以促进劳动纪律，而劳动纪律的提高，又可以促进节省。中府各部人员都减少了，经费减少了，但工作比以前做得更好。就是如赤少队下操、卫生运动、苏维埃菜园、养猪等，也都在这个时期做得成样子了。这里给了那些说："钱少了不好办事"的胡说以事实的回答。四是因为群众热烈地监督节省，反贪污斗争也大大地开展起来。赵宝成时代遗下的贪污分子，可说已全数揭发。同时会计制度相当建立了，在月终的第三天，多数部的会计同志能报告上月实支和节省的数字。五是为着使节省的款子，很快送给前线，各部节省委员会都把集中的款子，直接送交财部金库，取得收据，免去从前由各团体转交各团体上级集中，经手太多，很久不能送到财政机关，甚至于发生挪用和遗失的毛病。上列这些，都是值得各级苏维埃机关和革命团体学习的。

不过这些成绩，我们还不能认为满足。节省还没达到顶高度，报名自带伙食的还不很普遍，各部节省运动还不是平衡发展，就是与节省运动联系着的劳动纪律，也还是布尔塞维克化的初步。我们期望着，准备红板（版）来登载他们四月份节省战线的捷报。

1934 年 4 月 14 日《红色中华》
第 175 期第五版

53. （七）中央审计委员会关于总卫生部系统中五六月节省成绩的总结

总卫生部领导下各部门——医院、疗养院、残废院、疗养所、卫生学校的节省运动，四月底才开始，但在红五月开支方面减少了四万三千一百二十三元六角三分，已领去而又缴还，及自备伙食捐助战费，退还公债等项，达一万七千二百四十四元二角五分，共计六万三百六十七元八角八分。六月份全部节省共二万六千一百六十元一角七分。（六月节省数比红五月少是因为红五月节省内有不领夏衣的五千人计二万元，回家残废同志捐一千五百元，第八预备院捐出余款约五千元，这是六月份没有的。又六月休养减少菜钱节省比红五月少三千三百多元。）这一惊人成绩，证明了我们的休养员工作人员对于拥护战争之如何热烈。打破了认为医院不能节省的机会主义观点，突破了《红中》四个月节省号召的记录。

他们所以得到这些成绩是因为：在动员方面，召集了西北线医院与东北线医院两个会议，组织了突击队，其任务为（一）提高治疗。（二）倡导节省。（三）用挑战方式，激起群众节省热潮。（四）每院举代表二人有一个懂医的组织参观团相互参观其治疗及节省成绩。（五）提出在节省运动中改善休养员的给养的积极口号。

这一号召，得到了各医院响亮的回答。

第一后方医院和疗养院动员最好，深入到每组每班都讨论了节省意义及方法，因此他们的成绩更好。许多休养员说："没有革命时，我们不是几年都难做套衣服吗，现在每年发新单衣棉衣，节省套把，甚么要紧?"有的说："工作人员吃四分菜钱，我们节省二分，还吃八分。应该更节省一点"。有些医院休养员要求把伙食尾子，捐助作战养费，有的把医院余款全部捐助（如第八预备院）。至红色医生节省津贴三四五个月的更是普遍。

治疗和生产，也都相当地提高。

五月、六月出院人数都超过了计划。个别医院的伙食，在节省运动中改善了。

但不是没有缺点的，有如下的严重缺点：

第一，动员工作除了个别医院外，多数是自上而下的方式。甚至如第七预备院、第六预备院采取命令摊派，说上级有命令，节省两分菜钱，有公债票的缴上来，致引起休养员不满。过左和锦标主义，有不少医院存在着。这些错误，虽会引起领导机关的注意，但迅速地严格地去纠正的工作，这是非常不够。

第二，以节省运动推进医院工作还做得很差。休养员和工作人员怎样自己提出意见来管理自己的生活——建立和健全伙食委员会与生产委员会，怎样检查和改善各院的财政与会计工作，怎样反对贪污浪费与消极怠工等等，来改善和健全总卫生部系统中各部门的工作。这一方面，不能举出好的例子（但应估计到各院已有了一些创造，只是没有反映到上面来）。相反的方面，五六两月各院中还发生许多贪污事情，这是我们上级卫生领导机关的注意不够，而存在着一种市省成绩好坏看各院原来工作如何而定的观念，没有把节省运动抓得很紧，作为推进整个卫生工作的工具，这是我们没有能够普遍地深入地动员各级领导机关及全体工作人员大大发展创造性与积极性的主要原因。

惊人的节省成绩，是休养员工作人员对一切给予战争的热烈回答。为着发扬与巩固这一成绩，必须更进一步地推动群众积极性创造性，使整个卫生工作的效率飞速提高以配合目前战争的急切要求。使每班休养员在节省运动中有着更好的休养和治疗，更快地恢复康健继续参加战争工作。

这是我们的各级卫生领导机关要深切注意的。

1934 年 8 月 15 日《红色中华》第 226 期

54.（八）中央审计委员会关于四个月节省运动总结

苏维埃的号召：从四月至七月四个月内节省行政费八十万元来拥护革命战争，这一号召得到各级全体工作人员及广大工农群众布尔塞维克的回答，而且继续地日益深入地开展下去。

总计四个月节省数字在开支方面，以二月开支数字为准。计：

四月份　减少　二一三,二二一元三

五月份　减少　二一〇,三七七元一

六月份　减少　一四二,七九五元四

七月份　减少　五九,四八二元一

共计　六二五,八七六元

这是根据财粮两部预算的支付数比较，其中应特别证明的，即：（一）五六七月扩大红军六万多名，保卫队员两千多名，实际需要是必然加多，但预算总数反而缩小，这里因为我们各级会计工作不完善之故，估计在上面数字里未有表现出的节省，当不下三四十万元。

（二）上面数字是根据预算，而不是根据决算（而决算没全做来）。一般地说决算超过的少而有余的多。比如中央各部预算核定数，比二月份减少百分之三十（根据人委会二月二十二日第二号指示信）而实际开支减少到百分之五十至六十，有的百分之六十以上（六七月），总卫生部各医院五六月份缴还数在一万元以上。各省县区政府以前多有超过，四月以后，此现象克服了。因此，如以决算来比较，节省数目还要增加许多。

关于缴纳节省款（包括捐助，自缴伙食钱，节省款及已开支的工资津贴而又自动缴还等）据金库报告：

四月份　收　三〇，三七五元一二二

五月份　收　一六，七一八元七五八

六月份　收　一八，七一二元四四七

七月份　收　二二，〇八九元八三三

共八七，八九六元二〇八

这是根据金库收到的数字，但是我们知道实际数字并不止此，而且要超过很远，举个例子：

邮务工人在这几个月内缴还工资达七千元，邮总局没把他马上送交金库（八月内才送到四千多元）。又邮务工人以前交把邮工会的节省款数目还没弄清。又总卫生部各院五月节省及捐助款一五，一六六元二二五，六月份八，一七二元二〇六（退回公债在外）都没有列入金库的收账。

保卫局报告：三月至六月节省共钱四，六九三元七三二（节省衣服在外），而已在金库收账的只三三六元九六八。瑞金直属县报告：自四月份节省以来收到节省款二，五六五元三八四，而在金库收账的只三，三五二元六〇一（原文如此）。

粤赣审计分会报告：二月至六月节省款一，八〇五元六八九，又群众节省款一，三九八元一五四，而在金库收账的只一，九九二元七九。总供给部各部改（的）节省金额统计：四月份九七〇元，五月份五，四〇九元，六月份二，一三五元二五六，而金库五月至七月收总供给部的账只三八六元一二四。江西审计分会统计：二月至六月全省各项节省款二〇，一〇五元一五，而金库四月至七月收入江西各项节省款却有三〇，六七八元三五八：这是统计没有确实。又国家企业机关（经济部所管的）的节省，据国民经济部会计局报告：共计有四，〇七二元六三三（没说何时起至何时止），但这一统计是不确实的，比如金库曾收到中央印厂节省款三二二元七，研［但］会计局的统计，都没有印厂的名字。

由上面这些不完全的报告，可知道群众节省的实际数目，与金库的收入相距很远，这些款子有的缴到了某团体的上级，没有转来，有的有意打埋伏或扯用，甚至还有个别企图贪污的。中央财政部曾通知凡捐助款、节省款都须直交当地金库，取得三联收据，这一手续没普遍地在各地实行，广大群众拥护战争的热烈与帮助，不能使国家财政机关马上收到。这是立刻要纠正的。

其次粮食节省，许多机关学校，后方部队人员于人委会批准每人节省食米二两外，还自动节省一两或二两，及食谷多出的米子归公（一百斤谷折米六十八斤十二两，实际好的谷子做米七十多斤），这笔数目也不是小（粮食部尚没把他统计出来）。

关于节省夏衣方面，这是预算上有，而实际不要开支的，比如保卫局系统不领夏衣的二,〇六六人，总卫生部各级不领夏衣的五千人，中央各部及中央一级机关差不多全部。□□□□□，要节省三四万元。

关于退回公债，在节省热潮里，许多同志定要把他的公债退还公家。据江西审计分会报告，二月至六月，退还公债的有三〇,四七一元，总卫生部各院五六两月退还公债二,五四三元，合之其他地方退还为数当亦不小。

四月至七月的节省运动，不仅完成了八十万元计划，而且可以说将近超过一倍即一百三十万以上，这一估计不会离开实际的。

在这一运动中须得指出的，即：

一，随着节省运动的开展，工作人员的劳动纪律提高了，发扬了他们的积极性与创造性。对革命任务的认识加强了，反贪污腐化消极分子的斗争开展了，这一成绩比节省的金钱还要大，这是伟大的成绩，不能以数目字估划的。

二，节省运动还在不断开展中，开展到了县区乡政府中，开展到了广大群众中，在三升米节省运动表现出惊人的成绩，虽然还有些县区乡政府，还不免落后，特别是各省苏对于节省的领导，还很不够。

三，工作人员的生活，医院休养员的生活，一般说来在节省运动中改善了，他们注意管理自己生活，增加生产，普遍的群众养猪，中央总务局还自制苏维埃腊纸、苏维埃蚊香，现又通知各级总务处熬苏维埃盐，使得我们的生活更能改善。

四，在节省运动中粉碎了对群众节省力量估计不足的观点（如总卫生部），同时也打击一些平均主义，不吃菜，不吃饱的过左办法。这些倾向，以后须注意。

五，在收集和统计检查节省款子谷子的工作，较前已有进步，但仅仅是有进步，在统计方面，除财政部保卫局能告诉我们以数字外，其他各个部门还不能有系统的报告，各群众团体的统计更差，不能提出任何数字，并为了解其情形，为着鼓励广大群众更热烈的帮助战争，并使群众了解他的物质帮助，能马上送到前线，不要损失了一片一粒，这就需要我们对于收集检查与统计工作，加以有力的改善。

六，在节省运动高潮底下，推动了我们苏维埃的会计工作的建立，和预决算制度之初步实现，在我们财政经济战线上，在苏维埃法度里，打下了一个根基，使我们可以夸耀着：只有苏维埃是空前的真正的廉洁政府。尤其在争取国内战争（无论如何要胜利）的上面，存在着伟大的实际的意义。为着继续发扬与巩固这一节省的胜利，在这里我们要说到：中央财政人民委员部的会计工作，是有了长足的进步，中央各部过十数的部门，模范的瑞金县，国家企业如银行，是正确地执行了预决算制度的，其他如国民经济、建设、教育、司法、内务、土地、劳动等经费系统中的会计工作和预决算制度正在开始建立中，群众团体如全国职工会才开始转变，反帝拥苏总同盟，特别是互济总会还未有应有的转变（依照《红军》一七期公布了的本会给他们的总结于七月二十六日再检阅他们工作是未有应有转变的)。这里还说到一个问题，一个重要的问题，就是我们苏维埃的会计工作，还未曾提到政治水平的最高点，我们的会计工作往往不能设想到战争的实际状况，正确地估计到每一个财政经济上的动员在政治上发展的状况，如中央粮食部的会计工作正有如党中央所指出他们的文牍主义发展到最高点。再举例说明，如军委总供给部、国家政治保卫局等会计工作，他们对于红五月以来，扩大了六万多红军、二千多赤色保卫队里头人就应有必要的经费的增加，而预算总数反减少了，显然包含着另方面有很大的节省，而他们未曾估计到我们说这里的节省数字，不下三四十万（见上面特别说明）。而他们说四个月节省计划（军事后方机关十六万元）未有完成，保卫局会计负责同志说，自己承认了的每月节省六千元，未有达到。这不是仅仅依靠别的数目所能了解的，这不仅是简单的技术问题，而是一个政治工作，恰在这个地方表现了我们会计工作的弱点，很大的弱点。

我们号召：我们苏维埃的会计工作与预决算制度的正确，建立节省运动成绩组织的巩固与发扬，要把他提到（必须积极的改善过去不好的工作方式. 提高每个工作人员的劳动纪律，发扬他们的工作积极性!）配合争取战争胜利的政治任务的最高地位上来。

1934年9月11日《红色中华》第232期

以上8件皆选自《中国革命根据地审计史料汇编》，北京工业大学出版社1990年出版，第270～284页。

九、经济管理

1. 闽西第一次工农兵代表大会建设问题决议案

1930 年 3 月 24 日通过，25 日公布

一、各区乡政府要尽可能修筑桥梁道路以利交通。
二、各区乡政府应设法修理被烧房屋，木料由公家供给，使被难群众得以安居。
三、各级政府要整理市政。
四、闽西政府应仿照邮局办法设立总交通局，规定交通路线，定期往来传递消息。
五、各区乡政府要设立公共看病所，由政府聘请公共医生，不收医费。
六、各交通路线分歧处应设立路碑以便利行人。
七、闽西政府要修理岩坎马路。
八、各乡政府于交通路线要安置茶亭以利行人。

选自《中央革命根据地史料选编》下册，江西人民出版社 1982 年出版，第 53 页：“《闽西第一次工农兵代表大会宣言及决议案》之（五）。原注：1930 年 3 月 24 日通过 25 日公布”。

2. 闽西第一次工农兵代表大会经济政策决议案

1930 年 3 月 24 日通过，25 日公布

（甲）保护纸、木、烟之输出：

一、各级政府切实保护纸、木、烟来往，不准扣留没收。

二、保护外来客商，不准向他筹款，以免外商裸（裹）足不前。

三、各级政府经常召集纸、木、烟商人开会，讨论输出办法，并说明政府保护的意义，叫他们去招来外商。

四、由政府出护照，保护纸、木、烟商人货品出口，但反动者例外。

五、政府没收来之纸、木减价出售，并可借一部分给他做资本，使其定期交还。

六、组织纸、木、烟贩卖合作社，经营输出。

七、各级政府对于非本乡之纸木商人，非得县区政府批准，不得借口土豪，自由筹款。

八、各地政府非得县政府批准，不得没收商品，违者严办。

（乙）维持外来必需品（盐、布、糖、洋油、药材）之输入：

一、各地政府要切实保护商店，维持自由买卖，政府不予规定物价，或自由没收商品等。

二、各级政府经常召集商民会议，鼓动商人办货并为商人解决困难问题。

三、不可没收商业资本，没收来之土豪存款或股本，须斟酌该店情形，酌予分期摊还，以资周转。

四、禁止店东自由提用股金，工人有监督资本之权。

（丙）调节粮食之产销：

一、由政府出布告禁止青米做酒。

二、禁止米粮输出白色区域，但赤色区域内仍要流通。

三、禁止做粉干，如有特别情形者可暂缓。

四、粮食缺少地方组织办米合作社，向白色区域买米。米多地方要组织贩卖合作社，运米到别地销售，政府对办米合作社要帮助其进行。

五、各县要在余米地方做好工作基础，要派游击队帮助其斗争，使余米地方送米出境。

六、各级政府经常召集米商米贩开会，讨论采米办法，并帮助其进行，予以保护。

七、各乡政府要调查统计粮食多少数额，报告县政府，以资计划调节。

八、各级政府不得限定米价。

（丁）确定商人条例，保护商人买卖。

（戊）保存现金，维持市面之流通：

一、设法使土产出口，使商人买货不须运出现金。

二、普遍发展信用合作社组织，以吸收乡村存款。

三、集商家开会，说明现金缺少的坏处，并讨论维持现金的办法，尤须使工人明白现金缺少与将来自己生活有关，而自动起来维持。

（己）限制纸票之发行——另订取缔纸票条例。

（庚）取缔牙人制度——取缔条例另定。

（辛）发展合作社组织。

一、规定合作社条例，予以保护。

二、各处合作社要纠正过去照股分红之错误，要照社员付与合作社之利益比例分红。

三、各地尽量宣传合作社作用，普遍发展各种合作社的组织。

四、有乡合作社地方，要进一步组织区或县合作社。

五、政府经常召集合作社办事人开会，讨论合作社进行方法。

选自《中央革命根据地史料选编》下册，江西人民出版社 1982 年出版，第 48～50 页：《闽西第一次工农兵代表大会宣言及决议案》之（二）。

3. 闽西合作社条例

1930 年 3 月 24 日闽西第一次工农兵代表大会通过，5 月公布

闽西苏维埃政府布告第十一号——合作社条例

1930 年 5 月

闽西自去年暴动以来，已建立了许多县区乡苏维埃政府，在苏维埃政权下的群众，解除了国民党军阀的政治压迫，与苛捐杂税的剥削。但是因为受军阀的经济封锁，商人的购买怠工，以致物价高贵，金融停滞，群众痛苦不能彻底解除，因此合作社的组织，是目前闽西群众最急切地需要。兹将第一次代表大会决议公布如下，仰各级政府及全体群众一概知悉，并切实进行为要。

主席兼经济部长　邓子恢

公历一九三〇年五月

闽西合作社条例

一、有下列条件者，始得称为合作社。

（甲）照社员付与合作社之利益比例分红，而非照股本分红者。

（乙）社员是自愿加入者。

二、在业商人可以加入，但不能办事。

三、合作社所得红利，照如下分配：

（甲）百分之四十照股金分配，作为利息。

（乙）百分之十作为公积金。

（丙）百分之十抽与办事人花红。

（丁）百分之四十照社员付与合作社之利益比例分配。

四、合作社办事人由社员公选，政府不予干涉。

五、合作社不受工会法之支配。

六、合作社货物之运输及账目之追收，政府应予以保护及帮助。

七、合作社免向政府缴纳所得税。

八、合作社有向政府廉价承办没收来之工商业及农业之优先权。

九、合作社借贷买卖及各种章程，由社员大会规定。

十、合作社应将社员人数、股本、章程、分红办法及办事人姓名报告政府登记。

选自《中央革命根据地史料选编》下册，江西人民出版社 1982 年出版，第 83～84

页：《闽西第一次工农兵代表大会宣言及决议案》之（十四）。

互校版本：《闽西苏区法制史料汇编》，龙岩市中级人民法院、古田会议纪念馆合编，2008年10月内部出版，第101～102页。

4. 闽西商人条例

1930年3月24日闽西第一次工农兵代表大会通过，3月25日公布

一、商人遵照政府决议案及一切法令、照章缴纳所得税者，政府予以保护，不准任何人侵害。

二、商人自由贸易，政府不予限制其价格。

三、商家来往账目，政府不予取消，维持商家账簿。

四、各地船只货物来往，如非违反苏维埃禁例物品者，输入与输出政府一律予以保护。

五、所有武装团体，不得借口逮捕犯人，骚扰商店。

六、非经县政府审判有罪之商人及闽西政府批准者，不得投收其商店，违者严办。

七、商人不得私藏枪械，违者严办。

八、商人不得操纵金融，银价涨跌须经苏维埃批准。

九、工厂、商店因亏本而倒闭者，须经工会审查，其因自己恐慌而关闭者，应限期开门营业，政府予以保护，如逾期不开者，政府将货品盘与工人经营之。

十、商人贩运或私造铜银、假造纸币者严重处分。

十一、商人所用秤斗尺，须造出一样，不得用手段来剥削工农。

十二、本条例自公布日施行。

选自《中央革命根据地史料选编》下册，江西人民出版社1982年出版，第80页：《闽西第一次工农兵代表大会宣言及决议案》之（八）。原注："除3月25日公布者外，其他皆在4～6月陆续公布"。

互校版本：《闽西苏区法制史料汇编》，龙岩市中级人民法院、古田会议纪念馆合编，2008年10月内部出版，第104～105页。

5. 闽西取缔牙人条例

1930年3月24日闽西第一次工农兵代表大会通过，25日公布

一、取消包办制度，牙人只做一个帮助买卖的中介人，任买者卖者自由雇托，其双方可以面订，无须牙人说合者，听其自便。

二、牙人佣钱一律减少抽收，由卖者出钱，减少若干，由各所在地政府自定，但至少须减至一半以下。

三、牙人要向政府登记，经政府认可，其舞弊者由政府撤职查办。

四、如各地牙人太少买卖有争执时，政府可添设牙人，但不宜过多，以能维持买卖为度。

五、以前承包之牙税及执照取消，以后不准再收税款。

六、城市行家得适用本条例。

七、本条例自公布日施行。

选自《中央革命根据地史料选编》下册，江西人民出版社 1982 年出版，第 80～81 页：《闽西第一次工农兵代表大会宣言及决议案》之（九）。

互校版本：《闽西苏区法制史料汇编》，龙岩市中级人民法院、古田会议纪念馆合编，2008 年 10 月内部出版，第 105 页。

6. 闽西借贷条例

1930 年 3 月 24 日闽西第一次工农兵代表大会通过

第一章　旧债

一、各地民众债务及来往钱款，如有利借贷、无利借贷、赌账、票款、银会、谷会、孝子会、牛会、婚姻票款、所欠公款，自暴动日起一律取消，但工钱及商账例外。

二、土豪欠公堂之款要归乡政府收取，但经政府处罚无力再还者不在此例。

三、各债务及来往钱款如与他乡发生争执者，以先暴动乡村暴动日期为标准。

四、已暴动乡村不得向白色区域贫民讨债。

五、以前借约债券一概焚毁无效。

第二章　典当

六、典当债券取消，当物无价收回。

七、典屋纠纷照土地法房屋规定解决。

八、出典店房者由出典人收回。

九、出典其他建筑物如［及］水车等由出典人收回。

第三章　商账

十、商家关于商品赊出之账仍旧要还。但暴动前一年元旦以前之账，及非本身所欠之账不还。

十一、商家对农民所放之账，含有重利性质，如放纸槽、放赊纸、缴纸本、烟叶本、豆饼本等取消。

十二、农民欠商家之账在暴动前一年还账者，应照新账扣除，不得借口收入旧账。

十三、商家对商家来往之账目，自暴动前一年之元旦起，照旧维持。

十四、民间存商店之款照旧维持，但本年利息豁免。其土豪反动财产及公款在商店之存款或股金，归该存款人所在地乡政府没收，该商店应向政府转立凭单，分期摊还或缴纳利息。

第四章　利息

十五、以后来往利息，最高不得超过一分五厘以上。

选自《中央革命根据地史料选编》下册，江西人民出版社 1982 年出版，第 70～72 页：《闽西第一次工农兵代表大会宣言及决议案》之（四）。

互校版本：《中央革命根据地财政经济史长编》下，人民出版社 1982 年出版，第 290～291 页（省略第二章典当）。原注：“《闽西第一次工农兵代表大会决议案——借贷条例》1930 年 3 月 24 日”。

7. 修正闽西借贷条例

1930 年 9 月闽西工农兵第二次代表大会修正通过

一、各地民众债务及来往钱款，如有利借贷、无利借贷、赌账、票款、银会、谷会、孝子会、牛会、婚姻票款、所欠公款，自暴动日起一律取消，但工钱例外。

二、土豪欠公堂之款要还，归乡政府收取，但经政府处罚无力再还者不在此例。

三、各债务及来往钱款如与他乡发生争执者，以先暴动乡村暴动日期为标准。

四、已暴动乡村不得向白色区域贫民讨债。

五、暴动前借约债券一概焚毁无效。

六、典当债券取消，当物无价收回。

七、暴动前工农贫民欠商家账目一律取消，但已还者不退回。

八、追收暴动前旧债者处以债额十倍之罚金。

九、以后来往利息，最高不得超过年利一分，违者严办。

选自《中央革命根据地财政经济史长编》下，人民出版社 1982 年出版，第 291～292 页。原注：“《闽西第二次工农兵代表大会决议案》1930 年 9 月”。

8. 鄂豫皖区人民委员会布告第十二号
——实行二次苏维埃代表大会财政经济政策运动周

1931 年 8 月①

二次苏大会决定的财政经济政策，各级苏维埃政府不仅执行得特别不够，而且注意很少，甚至许多事情违反大会的政策。因此，人民委员会第五次会议特决定八月二十六日起至九月三日止，为实行二次苏大会财政经济政策运动周。在这一运动当中，我们应执行如下之工作；

一、我们要宣传广大群众起来拥护苏维埃征收累进税。苏维埃的累进税与军阀政府的

① 原注：原文无时间，此时间为原档案整理者判定。

苛捐杂税没有丝毫相同的地方。苏维埃的累进税是收有钱的人的税，资财愈富的人纳税愈重。苏维埃政府必须有这种税收，方能替工农群众做各种有益的事业。这种税收是苏维埃政府正确的财政来源。苏维埃的这种税收完全是代表工农群众利益的，广大工农群众自然要起来拥护这种税收。正因为累进税是搁在有钱人的身上，正因为累进税的收入是供苏维埃政府拿来为工农群众办有益的事，所以一般投机商人就要起来反对。现在许多投机商人买的时候，他少把些价，说是要纳累进税；卖的时候他又多要几个钱，说是要纳累进税，借着累进税的名义来剥削工农贫民群众。有些投机商人造谣破坏累进税，有些投机商人千方百计地漏税。反对这些商人投机行为，单靠政府的法律是不够的，一定要广大工农群众起来实行阶级的斗争，看哪个投机商人有这样的行为，随时报告税局或革命法庭。关于猪肉、酒、小烟等东西，因为是奢侈品，是无益的东西，应该收点税是不成问题的。至于轻重有不适当的地方，可以更加（发动）群众讨论，讨论的结果可以报告上级苏维埃政府修改。

各级苏维埃、各革命团体，应该把这些意义、税收章程讲给工农群众听，并随时帮助税收人员进行税收。税务局没有派专人负责的地方，乡苏或区苏可以照章程代收（如黄安之城×区）。苏大会闭幕后，各级苏维埃政府对税收的宣传特别的少，并且有些苏维埃觉得这是特苏的事，还有讨厌税务人员的表现，这是严重的错误。

二[①]、关于财政问题，各级苏维埃应切实执行财委会的通令，这里的中心工作还是在清洗流弊、反对腐化。据最近的考查，委员、司务长、买办，腐化舞弊的事情还是不少，甚至有些负责人有这样的事情，机关中有什么东西，他家也有，他的老婆往往穿的是机关的衣服，至于他的爱人[②]更多是穿用出于机关。苏维埃政府特郑重地向广大工农群众宣告，政府、革命团体的东西你们应该清查，你们看见哪个有腐化舞弊、肥私为己的情形，应随时报告监查委员会或革命法庭，只有这样才能保障苏维埃政策的执行。

三、各政府机关、各革命团体特别要举行节省运动。特苏财委会为提倡节省运动，曾发有专门通令××禁止用油光纸糊墙，非必要时禁止用洋烛等具体办法都指出来了，各地虽在开始执行，但是还做得非常不够。我们应该以革命纪律来帮助这种法令的执行，绝对反对浪费金钱。

四、苏大会的经济政策决议至今未有普遍和深入的宣传，禁止富农做生意，禁止粮食出村境（禁止粮食贩卖到白区去是对的），抑制物价等等现象还没根本转变。一百赚一百元的投机事业还在赤区流行，合作社的缺点很多，银行的作用还不很大，群众卖贵买贱[③]、借贷不便的困难还没有很好地解决，有利农民的生产事业还建立得很少，这些现象都要求我们刻不容缓地来执行苏大会的经济政策。

五、只有把合作社发展起来，才能大大地打消工农群众买贵卖贱的现象。现在的合作社有这样的毛病：（1）苏维埃随便扯合作社的钱；（2）合作社的人员机关主义倾向；（3）成本太少，地方主义浓厚（如每村一个几十元的本不愿合[④]）；（4）营业不得法，特

① 原件在一、三中间漏掉二的标号。

② 原文如此。

③ 原注：应为“买贵卖贱”。

④ 原文如此。

别是没注意到工农群众的需要转变的方针。应该是把组织扩大起来，改造负责人的成分，要使各地的合作社取得联系，要训练大批合作社的人才，并且合作社的发展就是反对投机商业的有力武器。

六、工农银行是供给群众低利贷的机关，他于群众的利益应该是非常之大。银行的作用如果大起来了，工农群众的借贷就特别方便，苏区经济更易于发展。过去，各级苏维埃、各革命团体没有深入这种宣传，致使群众有这样一种观念，以为银行只是放款，不知道还需要存款。我们现对于银行工作必须有一个普遍深入的宣传，引起广大群众起来帮助银行的工作，使银行时常有人存款，时常可以放款。宣传的材料应说明银行作用、银行的章程、存款放款的手续，等等。

七、在这一运动周内，各级苏维埃、各革命团体、各村的群众，都须开会讨论上面这些问题，并成立执行的决议案，不必举行大规模的群众大会，免得防（妨）害割谷。

人民委员会委员长　王平章
副委员长　胡立廷
郭述中

选自《鄂豫皖革命根据地》，第二册，河南人民出版社 1989 年出版，第 469～472 页。

9. 关于经济政策的决议案

1931 年 11 月中华工农兵苏维埃第一次全国代表大会通过，
1931 年 12 月 1 日大会主席团和中央执行委员会公布

为着反帝国主义革命与土地革命的发展，工农革命联盟的巩固，中华工农兵苏维埃第一次全国代表大会特规定下列基本条例，作为目前苏维埃经济政策的根据。

一、工业方面

（一）为保障国家完全独立和民族解放起见，苏维埃政府将操在帝国主义手中的一切经济命脉，实行国有（租界、银行、海关、铁路、航业、矿山、工厂等）。在目前允许外国某些企业重新另定租借条约，继续生产，但必须遵守苏维埃一切法令，实行八小时工作制及其他各种条例。如这些企业主违反这些条例，实行怠工和关厂，或干涉苏维埃政府的行政①，维护反革命，则必须立即没收其企业作为国有。

（二）苏维埃政府对于中国资本家的企业及手工业，现尚保留在旧业主手中而并不实行国有，但由工人监督生产委员会及工厂委员会实行监督生产。② 若这些企业主怠工破坏苏维埃法律或参加反革命的活动，故意破坏或停止生产，则必须立即没收他的企业，按照具体条件，交给工人劳动合作社或苏维埃政府管理。

（三）竭力促进工业的发展，苏维埃特别注意保障供给红军的一切企业的发展（工厂、

① “中共中央文件版”此处为“行政权”，“江西史料版”为“内政”，“江西法律版”“北大宪法版”和“《苏维埃中国》翻印本”皆为“行政及”。

② “江西史料版”此处为：“但由工厂委员会、职工委员会，由工人监督生产”。

作坊、手工业、家庭企业等）。

二、商业方面

（一）苏维埃应保证商业自由，不应干涉经常的商品市场关系；但苏维埃必须严禁商人的投机和提高价格。应解散商会，禁止大小商人以商会名义垄断价格。如遇商人怠工，或经济封锁而危及基本群众主要生活商品的供给，或因红军需要，苏维埃政府应规定必需品之最高价格。但这种方法，须在必要时施行，有可能即须恢复商业自由。

（二）与非苏维埃区域的贸易，还绝不能实行"对外贸易垄断"；同时，苏维埃政府应实行监督这些贸易，以保障苏维埃区域必要商品的供给。银币输出必须得该地苏维埃允许。

（三）为着整个苏维埃贸易与保障劳苦人民的利益及改良劳动群众必需品的供给，苏维埃政府必须极力帮助合作社的组织与发展。苏维埃对于合作社，应该以财政的协助与税的豁免，苏维埃应将一部分没收的房屋与商店交给合作社使用，并且为要保证劳苦群众的供给，苏维埃政府必须提倡公共仓库、储蓄粮食，以便实行廉价供给与接济。

三、财政与税则

（一）消灭国民党军阀政府一切的捐税制度和一切横征暴敛，苏维埃另定统一的累进所得税则，使之转由资产阶级负担。苏维埃政府应该豁免红军战士、工人、乡村与城市贫苦家庭的纳税。如遇意外灾害，更应豁免或酌量减轻一切税额。①

（二）取消过去一切口头的书面的奴役及高利贷的契约，取消农民与城市贫民对高利贷的各种债务，严禁预征或债务的奴役。应以革命的法律，严防并制止一切恢复奴役与高利贷关系的企图。城市与乡村贫民被典当的一切物品，完全无代价的归还原主，当铺应交给苏维埃。

（三）苏维埃区域内的旧货币，在目前得在苏维埃区域内通行，并消灭行市的差别；但苏维埃须对这些货币加以清查，以资监督。苏维埃应发行苏维埃货币，并兑换旧的货币，对于旧的货币，开始亦可采用加盖图记通用。② 外来的货币，须一律兑换苏维埃自己发行之货币。

（四）为着实行统一货币制度，并帮助全体劳苦群众起见，苏维埃应开工农银行，并在各苏维埃区域内设立分行，这个银行有发行货币之特权。工农银行对于各农民、家庭工业者、手工业者、合作社、小商人等实行借贷，以发展苏维埃经济。这个银行应实行兑换货币，其分行并代征税收。

（五）对各土著及大私人银行与钱庄，苏维埃机关应派代表监督其行动，禁止这些银行发行任何货币。苏维埃应严禁银行家利用本地银行，实行反革命活动的一切企图。

四、市政方面

苏维埃应实行相当调剂，以减轻城市贫民的房租。没收地主、豪绅、军阀、官僚、政客的房屋和财产，这些房屋应交给工人、苦力、学徒等居住。财产由城市贫民分配，或由

---

① "江西史料版"漏掉"一切税额"4字。

② 《苏维埃中国》翻印本和"中央文件版""江西法律版"及"北大宪法版"此处漏掉一行："并兑换旧的货币，对于旧的货币，开始亦可采用加盖图记通用"。

苏维埃用作公共事业。城市苏维埃应采取一切办法改良贫苦人民的居住条件。

中华工农兵苏维埃第一次全国代表大会主席团常务主席
项　英　周以栗　曾　山　张鼎丞
张正人　朱　德　邓　发
中华苏维埃共和国中央执行委员会主席　毛泽东
副主席　项　英
张国焘
一九三一年十二月一日①

选自《中央革命根据地史料选编》下册，江西人民出版社 1984 年出版，第 563～565 页。简称“江西史料版”。原件未注明史料来源。

互校版本：

1. 《中华苏维埃共和国法律文件选编》，江西人民出版社 1984 年出版，第 239～241 页。简称“江西法律版”。原件未注明史料来源。

2. 《苏维埃中国》，第一集，1933 年印行，中国现代史资料编辑委员会 1957 年翻印，第 89～93 页。简称“《苏维埃中国》翻印本”。原件未注明史料来源。

3. 《中共中央文件选集》，第七册，中共中央党校出版社 1983 年出版，第 482～485 页。简称“中央文件版”。原件未注明史料来源。

4. 《宪法资料选编》，第二辑，北京大学出版社 1982 年出版，第 6～8 页。简称“北大宪法版”。原注：“《苏维埃中国》第一集，1933 年，苏联外国工人出版社出版”。

10. 中华苏维埃共和国《工商业投资暂行条例》

1932 年 1 月施行

中华苏维埃共和国临时中央政府关于
工商业投资暂行条例决议

为巩固和发展苏维埃境内的经济，保障劳动人民的利益起见，临时中央政府根据第一次全苏大会所决定的经济政策的原则，特颁布工商业投资条例，以鼓励私人资本的投资，并决定这一条例于一九三二年一月起实行。

工商业投资暂行条例

第一条　凡遵守苏维埃一切法令，实行劳动法，并依照苏维埃政府所颁布之税则完纳国税的条件下，得允许私人资本在中华苏维埃共和国境内自由投资经营工商业。

第二条　凡投资者先将资本的数目、公司章程或店铺的名称、经营的事项、经理的姓名等详细具报，向当地苏维埃政府登记，取得营业证，即可按照规定事业去经营。以后改营他业时，亦须向政府报告和登记。

---

① “江西史料版”最后标明决议发布机关和年代，其他版本则无。

第三条　无论国家的企业、矿山、森林等和私人的产业，均可投资经营或承租、承办，但须有双方协商，订立租借契约和向当地苏维埃登记。但苏维埃政府对于所订合同，认为与政府所颁布的法令和条件相违①反时，有修改和停止该合同之权。

第四条　凡遵守一、二、三条之规定的私人投资所经营之工商业，苏维埃政府在法律上许可其营业之自由。

第五条　如有违反苏维埃政府的法令或阴谋反动破坏苏维埃经济者，要受苏维埃政府法律的制裁。

第六条　本条例自颁布之日起发生效力。

选自《苏维埃中国》，第一集，1933 年印行，中国现代史资料编辑委员会 1975 年翻印，第 96 页。原件未注明史料来源。

互校版本：

1.《中华苏维埃共和国法律文件选编》，江西人民出版社 1984 年出版，第 265 页。简称“江西法律版”。原注：“见《红色中华》第五期第五版，一九三二年一月十三日”。

2.《中央革命根据地史料选编》下册，江西人民出版社 1982 年出版，第 572 页。简称“江西史料版”。原件未注明史料来源。

3.《中国新民主主义革命时期法制建设资料选编》，第三册，西南政法学院函授部 1982 年编印，第 1～2 页。简称“西南函授版”。原注：“选自《红色中华》一九三二年。”

11. 中华苏维埃共和国借贷暂行条例

1932 年 2 月 1 日临时中央政府公布实施

中华苏维埃共和国临时中央政府关于借贷暂行条例的决议

为保障工农劳苦群众的利益，除彻底肃清一切封建剥削，废除和禁止一切高利贷外，对于帮助各种生产事业的发展和便利于工农群众的资金周转之借贷，不加干涉；特此颁布借贷条例。这一条例决定自一九三二年二月一日起，发生效力。

借贷暂行条例

第一条　根据苏维埃的政纲，取消和废止一切高利贷形式的借贷。过去高利贷的契约，完全宣布无效，并废止之。同时，严禁以后不得再有高利贷事实发生。

第二条　凡国家银行、信用合作社或私人借贷之非高利贷性质的周转，和帮助某种生产事业而举行的各种借贷，不违背本条例之规定者，苏维埃政府不加以干涉。

第三条　苏区中借贷利率，高者短期每月不得超过一分二厘，长期周年不过一分。短期利息②于期终付给，长期利息每周年付一次或分季付给。一切利息都不能利上加利。

第四条　凡订立借贷合同，须照以上的规定，经双方同意，在合同上须注明借贷数

① 《苏维埃中国》和“西南函授版”漏此“违”字。

② 《苏维埃中国》和“西南函授版”将“利息”误作“利率”。

目、利率、用途和归还日期，以便遵守。如团体性质之合同，须向政府报告请求登记。

第五条　如违反以上之规定，或用其基金作高利贷的剥削，以及帮助反革命行动者，一经政府查出或经群众报告，除将资金没收外，并须予以法律之制裁。

第六条　本条例自颁布之日起发生效力。

选自《苏维埃中国》第一集，1933年印行，中国现代史资料编辑委员会1957年翻印，第97页。原件未注明史料来源。

互校版本：

1.《中华苏维埃共和国法律文件选编》，江西人民出版社1984年出版，第238页。简称“江西法律版”。原注：“见《红色中华》第七期第八版，一九三二年一月廿七日”。

2.《中国新民主主义革命时期法制建设资料选编》，第三册，西南政法学院函授部1982年编印，第2～3页。简称“西南函授版”。原注：“选自《红色中华》一九三二年”。

12. 中华苏维埃共和国人民委员会关于春耕问题的训令

1932年2月8日

春天到了，春耕在即，这一问题是苏区国民经济的主要部分，不但关系苏区工农群众日常生活的需要和改善，同时关系经济的发展与巩固。因为生产增加，是巩固与加强苏区和红军向外发展的力量。目前正当着帝国主义积极瓜分中国的时候，而国民党反革命政府正无耻地出卖中国，使中国无数万的群众牺牲于帝国主义宰割之下；同时全国反日反帝反国民党的运动，工人大罢工猛烈地发展着，各地群众自动组织义勇军，有些白军士兵已自动起来与日帝国主义作战，各地苏区与红军得到新的伟大的胜利和发展，这些事实完全证明目前中国的形势又到了革命最紧张的时候。我们要大大地向外发展，配合和领导全国工农及一切革命群众的反日反帝反国民党的运动，以组织广大民众的民族革命战争，来争取中国的民族解放和国家独立。因此发展和提高苏区生产，强固苏区向外发展的经济力量，在目前便更有极伟大的意义。

在发动和加紧春耕运动中，特别要注意对于去年被白匪摧残区域，应当用多种方法去帮助群众去解决春耕中各种问题——耕牛、种子、肥料、工具等，以及在春秋之间的粮食问题，这是苏维埃政府一个实际任务。对于广大工农群众，苏维埃政府要努力领导他们来解决春耕中各种困难问题，使今年粮食收获大大地增加，来改善群众生活，来加强向外发展的力量，来充分供给红军的给养，以开展和帮助目前积极进行的革命战争。临时中央政府人民委员会现在决定如下办法，希望各级政府切实地更具体立即执行：

一、要把春耕运动作一大大宣传鼓动，动员广大群众彻底了解发展生产与加强革命力量的意义，去努力发展生产，增加生产，并用革命竞赛的方法来鼓励群众。

二、要发动群众特别要由贫农团来领导，在春耕中实行耕种互助运动，无论人工、耕牛、农具、种子，一概彼此帮助，以便相当地解决目前春耕中各种困难问题，来促成耕种的顺利进行。

三、去年有些地方（如东固、龙岗一带），因为白军摧残，耕牛、农具、种子等物多受烧杀毁坏的损害，在今年春耕中必然发生许多困难和障碍。因此，各地政府应立即详查现有耕牛、农具、种子多少及缺乏多少，有计划地来解决这一问题。对于灾区应当在可能范围内代其设法购牛，设立耕牛站，无代价或极廉价租与无牛的农民使用。另一方面农民须尽可能地集股去买耕牛共用，并可向信用合作社借贷（各地须创办信用合作社），富农多余的耕牛、耕具等均要没收分给无牛或缺牛的雇农，或是富农的牛除他耕种自己的田地以外，一定还要租给别人耕种，也可付最低的租金；中农、贫农的牛须宣传鼓动他们在耕种互助之运动之下，除自己使用外，还须以相当的租金出租给无牛的农民。农具一项，应极力提倡生产合作社尽量制造，同时要把富农多余的农具设法分配给没有农具的贫苦农民。非灾区的多余农具，除首先分给当地缺少的农民外，应鼓动群众捐助送给灾区。种子一项，各地政府和群众都要善为筹划，有种子的地方，运往没有的地方去卖，没有的地方，要向有的地方购买或募储。

四、过去因土地分配不定，以致妨碍耕种，现在凡是土地没有分配好的地方，尽最大力量在春耕以前一律分好。

五、今年春耕应向群众宣传鼓动提前耕种，以改正过去旧的展期耕种，在未到春耕时以前，应多种杂粮以资补助。

六、各地要鼓动广大群众踊跃帮助红军家属耕种，并耕种红军公田。地方武装在可能范围内来帮助当地群众耕种。加入反革命组织的工农自新分子，在未满期时可编成劳动队，分配到劳动力缺少的地方去帮助耕种。

七、对于春夏之交青黄不接的时候，缺乏粮食的地方，现在各级政府立即调查清楚，县省政府应当根据各地余粮或缺粮实际情形详确统计，实行各地粮食的调剂，以解决粮食缺乏的困难。

以上各点，务望各地政府按照当地情形切实执行，并由县区政府负责人详细讨论执行办法和经常派人到各乡去指导，并随时将执行情形向上级政府报告为要。

人民委员会主席　毛泽东
副主席　项　英
张国焘
一九三二年二月八日

选自《苏维埃中国》，第二集，1935 年印行，中国现代史资料编辑委员会 1957 年翻印，第 210～212 页。

13. 人民委员会对于植树运动的决议案

1932 年 3 月 16 日第十次常会通过

为了保障田地生产，不受水旱灾祸之摧残，以减低农村生产，影响群众生活起见，最便利而有力的方法，只有广植树木来保障河坝，防止水灾、旱灾之发生，并且这一办法还能保护道路，有益卫生，至于解决日常需用燃料（如木柴、木炭）之困难，增加果物生产，那更是于农民群众有很大的利益。况中央苏区内空山荒地到处都有，若任其荒废则不甚好。因此决定实行普遍的植树运动，这既有利于土地的建设，又可增加群众之利益。现值初春之时，最宜植树，特决定以下办法，各级政府必须切实执行：

一、由各级政府向群众作植树运动广大宣传，说明植树的利益，并发动群众来种各种树木。

二、对于沿河两岸及大路两旁，均遍种各种树木，对于适宜种树之荒山，尽可能的来种树以发展森林，必须使旷场空地都要种起树来。

三、在栽树时，由各乡区政府考察某地某山适合栽种某种树木，通告群众选择种子。

四、为保护森林和树木发育起见，在春夏之时，禁止随意采伐，免伤树木之发育。

五、这一运动最好用竞赛来鼓动群众，以后要注意培养树木种子，在每年春天来进行此种运动。

选自《中华苏维埃共和国中央政府文件选编》，《江西社会科学》1981年增刊，第15页。

14. 中华苏维埃共和国合作社暂行组织条例

1932年4月12日颁布，同年5月1日生效

中华苏维埃临时中央政府关于合作社暂行组织条例的决议

1932年4月12日颁布

根据全国苏维埃大会经济政策之原则，特颁布合作社暂行组织条例，以发展苏维埃经济，保障工农劳动群众的利益，并决定这一条例，自一九三二年五月一日发生效力。

合作社暂行组织条例

第一条　根据苏维埃的经济政策，正式宣布合作社组织为发展苏维埃经济的一个主要方式，是抵制资本家的剥削和怠工，保障工农劳苦群众利益的有力的武器。苏维埃政府并在各方面（如免税、运输、经济、房屋等等方面）来帮助合作社之发展。

第二条　合作社系由工农劳动群众集资组织的，富农、资本家及剥削者均无权组织和参加。其种类只限于下三种：

（一）消费合作社——为便利工农群众，贱价购买日常所用之必需品，以抵制投机商人之操纵。

（二）生产合作社——制造各种工业日用品，以抵制资本家之怠工。

（三）信用合作社——为便利工农群众经济周转和借贷，以抵制私人的高利剥削。

第三条　消费、生产、信用合作社之社员不仅兼股东，并且是该社的直接消费者、生产者、借贷者。[1] 不合此原则者，不得称为合作社。

---

① 《苏维埃中国》漏掉“借贷者”。

第四条　消费、信用合作社之消费者、借贷者，要以社员为主体。对于社员，除享受红利外，还应享有低利①借贷和廉价购买之特别权利。对于非社员之价目和利息，亦不能超过社会一般规定之上。

第五条　每个社员其入股的数目不能超过十股，每股金额不能超过五元，以防止少数人之操纵。

第六条　凡工农劳动群众所组织之合作社，须先将章程、股本、社员人数和营业项目等，向当地苏维埃政府报告，经审查登记后，领取合作社证书，才能开始营业。

第七条　凡此条例未公布前，各地所组织之合作社，须照第六条之手续登记并领取证书。

第八条　凡不遵照此条例组织之合作社，苏维埃政府得禁止之。同时对于各种合作社，认为有违反此种条例行为时，苏维埃政府有随时检查和制止之权。

第九条　本条例自公布之日起发生效力。

中央执行委员会

一九三二年四月十二日

选自《红色中华》，1932 年 4 月 13 日，第五版。

互校版本：

1.《苏维埃中国》，第一集，1933 年印行，中国现代史资料编辑委员会 1957 年翻印，第 94～95 页（省略条文前的决议）。

2.《中华苏维埃共和国法律文件选编》，江西人民出版社 1984 年出版，第 266～267 页。简称“江西法律版”。原注：“见《红色中华》1932 年 4 月 13 日”。

15. 信用合作社章程

1932 年 4 月临时中央政府制定

第一条，本社以便利工农群众经济的周转与帮助发展生产，实行低利借贷，抵制高利贷的剥削为宗旨。

第二条，本社遵照合作社暂行组织条例第六条之规定，向□□县政府登记取得合作社营业证书。

第三条，本社定名为□□县□□区信用合作社。

第四条，本社社员以工农劳苦群众为限，富农、资本家、商人及其他剥削者，不得加入。

第五条，当地政府必要时可认股参加，但政府只有一普通社员资格，无任何特权。

第六条，本社社员数量无限制，准许自由继续加入，但成立以后接收新社员要经社员大会之通过。

① “江西法律版”漏掉“借贷和廉价购买”7 字。

第七条，社员如有要求退社者，须经管理委员会之许可。

第八条，社员有破坏本社行为者，得由社员大会通过开除之。

第九条，本社股金定每股大洋一元（附注），以家为单位，其一家愿入数股者听[之]。

第十条，凡交足股金之社员，均有选举权、被选举权、表决权，但每一社员（代表一家）不论入股多少，均以一权为限。

第十一条，凡交足股金之社员，由本社发给股票。

第十二条，本社股票概用记名式盖以本社图记，由管理委员会主任及副主任签名盖章。

第十三条，社员有转让其股权及于承继人之权，但须得管理委员会之可决。

第十四条，股票如有遗失情事，应先报知管理委员会挂失，一面登报申明作废后，再向本社请求补发新股票。

第十五条，本社应以极低利息贷款借社员，但社员借款用途以发展生产临时周转或特别用途，经管理委员会认为必需者为限。

第十六条，本社应尽先贷款给社员，须至股金充裕时，始可对非社员放款。

第十七条，非社员借款，应订定保障安全之规则，以限制之。

第十八条，非社员借款利息，应较社员略高，但不能超过借贷条例之规定以上。

第十九条，本社以社员大会为最高组织，由全体社员组织之。

第二十条，社员大会每三个月开会一次，如有临时事故发生或社员三分之一以上之要求时，可由管理委员会召集临时大会。

第二十一条，社员大会须有三分之二社员出席方能开会。

第二十二条，社员大会之职务如下：

1. 选举、罢免或处分管理委员及审查委员。
2. 制定或修改本社章程及办事细则。
3. 订定贷款标准利率及贷款规则。
4. 通过或开除社员。
5. 审查三个月之营业报告及决算。
6. 决定下三个月之营业计划。

第二十三条，管理委员会，由社员大会选举七人至十一人组织之，设正副主任各一[人]。

第二十四条，管理委员会任期以三个月或半年为限，但有连选连任之权。

第二十五条，管理委员会每星期开会一次，其职务如下：

1. 依照大会决议定出具体办法。
2. 依据贷款标准及规则，允许或拒绝社员及非社员借款之请求。
3. 聘请或辞退本社职员。
4. 按期向社员大会及当地政府作营业报告。
5. 处理其他日常事务。

第二十六条，管理委员会主任必长住本社，可与其他职员同样照劳动法支给工资。

第二十七条，管理委员会应负社务之完全责任，所聘用之社员如有溺职舞弊情事，应由管理委员会负责。

第二十八条，审查委员会由社员大会选举五人至七人组织之。

第二十九条，审查委员会任期以三个月或半年为限，但得连选连任。

第三十条，审查委员会每月开会一次，审查管理委员会之行为及账目。

第三十一条，管理委员会，如有徇私舞弊违章犯法时，得由审查委员会召集社员大会改组或处分之。

第三十二条，管理委员会与审查委员会共同舞弊时，得由社员三分之一以上之提议，召集社员大会改组并处分之，重者得向法庭控告。

第三十三条，本社定三个月决算一次，决算期应制下列表册、书类交社员大会审定后，报告当地政府及中央政府。

1. 资产负债表；
2. 损益表；
3. 财产目录；
4. 营业报告书；
5. 红利分配表。

第三十四条，每期纯利，以百分之五十为公积金，百分之十为管理委员及职员之奖励金，百分之十为办理社员公共事业，百分之三十照社员所付利息额为标准，［按］比例分还社员之借款者。

第三十五条，本章程如有未尽事宜，得由社员大会决议增删或修改之。

第三十六条，本章程系遵照中央政府所规定之标准章程而订，增删修改之权属于社员大会，但须向苏维埃政府登记备案。

（附注）“我们为使最贫苦的工农群众都能加入起见，每股股金不宜定得太多，如得多数贫苦工农之同意，当然每股也可以多至二、三元至四、五元，但不能超过五元以上。”（1931 年 11 月《中华苏维埃共和国中央政府合作社标准章程》）

选自《中央革命根据地财政经济史长编》下，人民出版社 1982 年出版，第 327～330 页。

互校版本：《湘赣革命根据地财政经济史料摘编》，湖南人民出版社 1986 年出版，第 410～414 页。原注：“《湘赣省信用合作社章程》1932 年 4 月”。系按中央临时政府《信用合作社章程》翻印转发。

16. 湘赣省生产合作社简章

1932 年 4 月湘赣省职工联合会第一次工人代表大会通过

为着发展社会生产，养成工人的集体生活，取消一切资本制度的剥削与压迫，我们实行组织生产合作社。关于生产合作社的组织，大会暂成草订这个简章：

1. 凡工人、失业工人、学徒、手工业者，都得约集组织各种合作社。

2. 生产合作社最好按产业或职业组合组织之。

3. 合作社的基金，可由社员集股征集之，并得向政府及私人借贷。

4. 凡社员以自己的生产工具移到合作社使用时，应按照该工具酌量估定价钱，或作为股金，或作为借款，支付一定利息和租金。

5. 凡在合作社做工的社员，按照劳动时间和熟练程度由合作社给以工资。工资应有高低，并可按生产量之多少，或按件发给工资。

6. 合作社亦得雇佣工人，与之订立各种集体合同或劳动合同，但须绝对遵守劳动法［的］一切规定。

7. 合作社须制定劳动证。凡在合作社参加劳动的均有劳动证，内载工作时间及工资多少，按时实行清算，发给工资。

8. 合作社应备置公共饭堂和寄宿舍，无论工人或社员或他们的家属，原在合作社寄食餐宿者，可规定每月每日或每餐的伙食钱多少，到月终结算交付伙食钱。

9. 合作社的最高权力机关，为社员大会。关于规定工资、集股、添置新的生产工具及一切社内重要事宜，均须在社员全体大会上讨论通过执行。

10. 合作社设管理委员会，管理一切社务，由社员大会选举组织之。管理委员会应设主任一人，并至少应设下列的委员：财务委员、会计委员、检查委员、文化委员、卫生委员。管理委员会执行社员大会一切决议，并计划在社内外工作绝对向社员大会负责。

11. 管理委员会的任期与改选或撤某委员之职，均须经社员大会决定之。

12. 管理委员会主任及委员，除办公时间，还是［要］参加生产，并同样取得工资。

13. 管理委员会应按月将成本工资及收入以及各种支出，核算清楚，并将赢利数目拟定新的生产计划，提出［交］社员大会审查通过。

14. 为着扩大生产，添置新的生产工具，及进行文化教育工作，以及参加各种公益事业，合作社必须将赢利储蓄一部分，切不能将赢利完全瓜分。储蓄之多少，由社员大会决定之。

15. 为着救济合作社社员或其家属之贫困，或遭受各种意外事变与疾病……等，合作社必须在赢利中由社员大会决定抽出一部分作为救济费。

16. 合作社必须创办读书班（或俱乐部），提高社员（甚至附近群众）的文化程度。

17. 为着使各业合作社或为有系统地、有计划地、有组织地进行社务，发展生产，流通生产品，可成立全省各业合作社，发生上下级关系，并随时开各业合作社大会，讨论一切问题。

18. 各生产合作社得兼办消费合作社，贩卖各种必须［需］品，并将该业合作社的生产品推销出去，特别要注意与白区交换生产品，流通与白区的商品关系。

19. 各业合作社的生产品，首先应供给红军及各革命机关的需用。

20. 合作社每月结算，可将红利之一部分实行平分。

21. 合作社必须切实遵守劳动法及苏维埃一切法令。

22. 社员有权退出合作社，但须在一定条例之下，经管理委员会或社员大会许可。该条例由社员大会决定之。

湘赣省职工联合会

一九三二年四月二十七日印发　于永城

选自《湘赣革命根据地史料选编》上册，江西人民出版社 1984 年出版，第 395～397 页。

17. 中华苏维埃共和国店房没收和租借条例

1932 年 8 月人民委员会颁布

第一章　总则

第一条　凡属建筑商店营业用的房子适用本条例。

第二条　大小作坊的房屋如油糟、车寮等，以及圩坊上之摊寮，都适用本条例。

第二章　没收范围

第三条　凡属军阀、官僚、豪绅地主、反动派、祠堂、庙宇、福会、公产，以及一切反动机关团体等所有的店房、作坊、摊寮，一律没收为苏维埃所有。其店内作坊内附属的柜台、家具、工具等为系原主人所有物，也一律没收。

第四条　凡属工人、雇农、贫农、中农、城市贫民（及独立劳动者）的所有物不没收，仍归原主所有。

第五条　公共店房、作坊等，不论合股的或祖遗的，其中属于第三条应没收的部分则没收，属于第四条部分则不没收。

第六条　商人及作坊主所有店房、作坊，如系自己营业的不没收，其自己使用不了因而出租的也不没收，但为营利目的而建筑的店房、作坊则没收之。

第七条　以前没收错的店房、作坊，一经证实，即应归还原主。

第三章　出租与租金

第八条　凡为苏维埃政府没收来的商店及作坊的房屋，商人作坊主要向县或市苏维埃政府重新订定租金，填写租据，按期交租，始准在店营业，否则勒令搬出，将店收回。

第九条　各圩场及各街市摊寮归苏维埃没收的，过去有租金者，也照店房条例重新订定租金，或由苏维埃规定最低租额，招商投标以多为得。

第十条　订定租金以店房等的码头地位、建筑大小，并参照生意衰旺为标准，增加或减少，以能增加苏维埃利益，不妨害商业发展为原则。过去各处照原租一律减折者，要从新改订。

第十一条　凡填写租据按期交租之店房等，准其每年租借营业，不加租金，但如果社会的生活程度一般地提高，或市面商业发展，政府认为有加租之必要时，得增加租金。

第十二条　凡向苏维埃承租之店房、作坊等，常年修理费用，归承租人负责，如有重大破漏或意外破坏需要大修理时，得向苏维埃请求修理。

第十三条　凡向苏维埃承租之店房、作坊等，未得苏维埃准许，不得自行改造，但为便利装置，在店内改变门窗等不在此例。

第四章　免租与减租

第十四条　原系租来营业之店房，现在本人破产歇业作为住屋者，应酌量减租或免租。但店屋、码头都好者，政府得另找房屋与他掉换。

第十五条　乡村及偏僻街道的小商店，营业不能维持生活者，得酌量减租或免租。

第十六条　依合作社条例组织之合作社向县政府登记批准者，有优先租借权，并得酌量减轻租金，但不合条例未得批准者，以股东商店论。

第十七条　圩坊及街市中肩挑小贩及有摊无寮者，一律免租。

第十八条　免租的店房、作坊、摊寮，仍要填写租据，负责修理房屋，保存家具，不租时交还政府。

第五章　收租机关与期间

第十九条　城市店租由县政府财政部直接收取，合圩坊店租，摊租及乡村作坊租金，由县政府委托区政府代收，或派员收取。

第二十条　省政府所在地之中心城市店租，由省政府财政部派员直接收取。

第二十一条　各地租金一九三二年上半年的，限期一次收齐，七月份起于每月终收之。

第六章　附则

第二十二条　本条例由财政人民委员部修改或废止之。

第二十三条　本条例自公布日起发生效力。

选自手抄件。原件未注明史料来源。

18. 中华苏维埃共和国矿产开采权出租办法

1932 年 8 月人民委员会颁布

根据土地法之规定，一切矿产的所有权与开采权都属于国家，但现为增加矿产生产及发展社会经济起见，国家准将各种矿产开采之权出租与私人资本投资开采。并根据工商业投资条例，规定矿产开采权出租办法公布如下：

一、凡属地下埋藏之矿产，如金、银、铜、铁、锡、煤炭、钨沙、石灰等，都准许私人资本承担开采。

二、凡承租人，必须向当地县政府订定租借合同，订照承租年限，应纳租金等。但特种矿产为钨沙矿、金矿等，则须经省政府批准。

三、已经开采之矿产，如煤炭、钨沙、铁矿等，亦须向县政府申请承租开采权，限九月内一律订立租借合同，订定租借年限、应纳租金等，其租金自八月份起算，须按额缴齐，否则停止其开采。

四、该项租金由各县政府与承担人双方面定，或由县政府规定最低限度租金，招商投票（标）以多为得。但投票（标）人须先缴押柜金若干，如投得后反悔者，即将押柜金没收。投票（标）规则由县政府规定。

五、承租人与政府订立合同后，必须先缴两个月租金以为押租金，以后即按月缴清。

不缴或欠缴租金者，即将该押租金扣除，并停止其开采。

六、承租人除履行合同条件，按月缴纳租金外，必须依照苏维埃一切法令，如劳动法、登记条例等，并须依照税则缴纳所得税，否则依照法律处分。但合同内订明税款并入租金计算者，不在此例。

七、承租年限满期后。须再请得该管政府之许可，重订承租合同，始准继续开采。

八、凡工人依合法手续组织之生产合作社，对于各种矿山之开采有优先权，并得比私人资本减少租金。

九、如为发展纸业生产与改良地质起见，石灰任人自由烧制，不收租金。

选自单行手抄件。原件未注明史料来源。

19. 福建省苏维埃政府通令
——关于重申严禁造粉干及杀牛出白区

1932年8月

1. 查制造粉干能够消费大宗粮食。在这发展革命战争的时候，应该尽力增加粮食的生产，多开荒地多种杂粮，一面节省消耗，禁止造粉干，禁止食米造酒。最近有大批粉干上市，此是违犯禁令，故特重申严禁，仰各级政府迅出布告。如在布告三日后，再发现有造的、卖的一律没收，没收以后须马上报告上级处置。

2. 过去一般农村中的习惯，禾子一割即把耕牛卖的卖、杀的杀，到明年春天来临时买牛。如今年春耕的时候，耕牛大大缺乏。查更有贪图高价卖出白区，有些奸诈屠户，把耕牛的脚骨打断，说是跌坏，这样一来对于农业生产上，会受极大的影响，应即禁止。如有把耕牛卖出白区及故意打断牛脚者，严行处办。凡属死了的牛，要埋在深土以免传染，如是确系老牛或跌死的，应卖一毫小洋半斤，如有少卖，即将屠户扣留，严行处罚，并将牛肉没收。所有农村中的牛，要由乡政府登记，登记时须向群众说明，是防止贩出白区和故意打坏来卖。间有要调换的牛，也要报告乡政府，须注意牛［贩］的舞弊。

3. 查有些地方禁止肉猪卖出别乡，并限定便宜价钱，作本乡人买吃，以要［致］有猪卖的群众不满意。这种地方界限的在苏区内这样禁止，绝对不行，应该立即纠正，或有阳奉阴［违］的，也应给予相当处分。

以上三条，仰各级政府切实执行。

此令

主　席　张鼎丞
副主席　阙继明
张思垣
一九三二年八月

选自《闽西苏区法制史料汇编》，龙岩市中级人民法院、古田会议纪念馆合编，2008年10月内部出版，第106～107页。

20. 湘赣省经济政策执行条例

1932年8月1日湘赣省苏维埃第二次代表大会通过

大踏步开展着的反帝运动与土地革命，正以苏维埃旗帜争取中心城市，在巩固工农联盟的基础上，湘赣省二次工农兵代表大会遵照全苏大会经济政策精神，规定下列目前苏维埃经济政策施行条例。

（一）工业方面

1. 帝国主义在华一切经济命脉（如租界、海关、银行、铁路、船业、矿山、工厂等）实行国有，在目前允许外国某些企业重新另订租借条约继续生产，但必须遵守苏维埃一切法令，实行八小时工作制及其他各种条例。如这些企业主违犯这些条例实行怠工、关闭企业，或干涉苏维埃政府的政权，拥护反革命，必须立即没收作为国有。

2. 苏维埃对于本国资本家的企业及手工业尚保留在企业主手中，尚不实行国有，但由工厂委员会职工会由工人监督生产。若这些企业主怠工破坏苏维埃法律，参加反革命活动，故意破坏或停止生产，则必须没收他的企业，按照具体条件交给工人劳动合作社或苏维埃政府管理。

3. 竭力促进工业的发展，特别要注意保障供给红军的一切企业的发展，目前省苏首先帮助兵工厂、军服厂、石印局的扩大，并立即责令各县建立矿厂、樟脑厂、武器制造厂，反［供］应红军地方武装的需要。关于造纸油墨腊纸厂、木材厂、铁厂、煤矿厂、锅炉厂、石灰厂、石膏厂，各级苏维埃应切实领导群众以生产合作社的形式集股开办，工农银行应给以便利借贷（亦可向私［人］借款），苏维埃可与这些工厂预订合同，有优先权贱价地使用这些生产品。

4. 没收来的工厂和企业，尽可能租给或卖给私人或租给生产合作社来管理。

5. 苏维埃应提倡手工业工具及农具的改良，并在可能条件之下，首先在兵工厂等国家军事工业中运用新式机器。

（二）商业方面

1. 苏维埃应保证商业自由，但须严禁商人的投机以抬高物价，不准商人以任何名义垄断价格，各地故意以高价卖给红军的现象应严格禁止。如遇商人怠工或经济封锁危及基本群众主要品的供给，或因红军需要，苏维埃应规定必须物品之最高限度的价格。但这种方法在必要时实行，有可能必须恢复商业自由。

2. 与非苏区贸易，在各县边境选择一适当地点建立与白区货物交换所为定，白区商人小贩定期在交换所贸易。各合作社的代表及商人亦定期载运赤区商品或金钱去交换苏区必须的商品。凡苏区所需要的东西，合作社或通知苏维埃军区指挥部设法贩买进来，苏维埃应监督并帮助计划这一工作。

3. 苏区内剩余的生产品如树木、煤、铁、豆子、棉花、茶油等（除食粮军事需用品外），均须尽力经过合作社商人及农民输出白区出卖，并与白区商人订立合同销售，换得现金或商品。

4. 为着保障劳动群众必需品的供给，苏维埃政府必须极力帮助消费合作社的组织和发展，苏维埃对于合作社应给以财政的帮助与税收的豁免，各县的消费合作社为便利于转输贸易及有计划地采办货物，须由各合作社联合共同组织转运机关，苏维埃应以一部分被没收的房屋与商店交给合作社使用。

5. 为使苏区的生产发展，苏维埃应帮助群众创立各种生产合作社。这种合作社要禁止一切行会式的垄断，而须有计划地积累合作社的基金发展生产直接地帮助革命，他们的生产品应有计划地卖出白区去换得现金或商品进来。

6. 苏区的经济须求充分地发展，要尽量利用各种天然的生产，开辟矿源，使苏区走上经济自给的原则，不要完全依靠白区的供给。赤区土产品需要品及白区需要品工业品等须进行调查统计工作，苏维埃要有计划地建立赤白通商关系，调剂苏区内部的经济，使供给与消费得着适当的配合，苏区内部的货物得着便利的流通交换，活泼苏区经济，打破敌人的经济封锁。

7. 各级苏维埃政府必须提倡公共仓库积蓄粮食，以便廉价卖给红军与接济贫苦工农群众或红军，并应切实督促农民家里的谷子自动地贮藏，绝不浪耗粮食、盐、洋油及各种必需品，家家都有贮藏以准备革命战争之需。

（三）财政与税则

1. 消灭一切国民党军阀政府捐税制度和一切横征暴敛。

2. 省苏遵照中央政府累进税则制定全省累进税征收条例，实行单一的统一累进税。××由富农及资产阶级负担，实行豁免红军工人乡村与城市贫民家庭的纳税，如遇意外灾难亦应豁免或酌量减轻。

3. 土地累进税须按照农民所分的土地为标准，根据这一原则，另定土地累进税征收细则。

4. 为着促进赤区的贸易恢复与发展，目前苏区的市镇在商业尚未完全恢复与发展之前，暂不征收商业累进税入口税，工业亦暂不征收出厂税。

5. 取消过去一切口头的或书面的奴役及高利贷的契约，取消农民及城市贫民对高利贷的各种债务，严禁预征或债的奴役，以革命的法律严防并制止一切恢复奴役及高利贷的企图，城市与乡村贫民被典当的一切物品，完全无代价地退还原主，当铺没收归苏维埃。

6. 工农银行为苏区内调剂金融的机关，他有发行票币的特权。其货币即苏维埃的国币，苏区内任何人都应使用，苏维埃公民应集股给银行。

7. 苏区内任何人应将金银货币自动地去工农银行兑换货币，在苏区流通，而须出白区使用则到工农银行兑取白区货币。现金出口必须得该地苏维埃允许，金银器具或首饰应自动到工农银行兑换货币，奖励以土货兑换现金入苏区。

8. 工农银行对于各农民家里工业者、合作社、小商人实行借贷，以发展其经济，这个银行应实行兑换货币，其分行并代征税收。

9. 白区现金照样通用，其纸币可到工农银行兑换工农银行货币使用，但须减低价格。

10. 对新占领的中心城市，各土［豪］及大私人银行与钱庄，苏维埃应派代表监督其行动，禁止这些银行发行任何票币，苏维埃应严禁银行家使用本地银行实行反革命活动的一切企图。

（四）市政方面

1. 苏维埃要实行相当调剂以减低城市贫民的房租，目前小的市镇上应豁免贫民的房租，没收豪绅、地主、军阀、官僚、政客的房屋交给工人、苦力、学徒居住，财产由城市贫民分配，或由苏维埃用作公共事业，城市苏维埃应采取一切办法改善贫苦人们的居住条件。

2. 苏维埃应设法筹集款项并发动群众改良市政街道。

3. 为着使苏区农产品与工业品便利交换，使农工产品易于出售以交换需要品，须恢复原有市场或建立新的市场，流通经济。

4. 红军及地方武装在新占领的区域须宣布经济政策，准许商人自由贸易，纠正过去破坏的错误。

5. 红军在服务期间本人及家属得享受国家商店百分之五减价的优待，当必需品缺乏时有优先购买权。

6. 为宣布苏维埃经济政策及转载赤白区商业及经济情形，收集各种经济调查统计材料，须出版一种刊物。

选自《湘赣革命根据地史料选编》上册，江西人民出版社 1984 年出版，第 536～540 页。原目录标作“湘赣省苏维埃第二次代表大会决议之三”。

21. 人民委员会训令——发展粮食合作社运动问题

1932 年 8 月 21 日发布

目前，苏维埃区域在帝国主义国民党采用经济封锁政策之下，形成极严重的剪刀现象。一方面外来工业品，如布匹、洋油、洋火、食盐等减少收入，价格日见高贵；另一方面内地农产品，如纸、木、豆、烟叶、夏布、粮食等销不出去，价格大跌特跌。因此农民只靠耕田为生，很难找到别种副业收入，所以收获时，需要种种用钱，而又借不到，只有便宜出粜米谷，因而酿成到处惊人的跌价（如江西之万太、干县、永丰、公略等县跌到六七毛钱以下，实际上连农民耕种土地的成本都要蚀了一大半）。到了青黄不接之秋，因为农民食米多数卖空，要向市场籴米，却又促成米价之高涨（一般米价却比收获时要贵两三倍）。这种米价之特起特落，实际上农民仍然受了很大剥削，这样影响到农村生产低降，荒田加多，税收减少等坏的现象；但是另一方面却使商人富农，利用买贱卖贵，增加对于群众的剥削，而促成私人资本的发展。这些现象都会给予革命以很大的不利，结果会障碍群众的发展与革命的发展。为相当救济这种现象起见，现决定粮食合作社办法，于收获时高价向社员收买米谷，到了青黄不接之时则低价出粜，其中所得的钱一半作公积金，其余则按照社员粜谷多少为比例分配。这种合作社主要作用是调节粮食价格减少剪刀现象，是工农贫苦阶级抵抗商人富农商业资本剥削的一种经济组织，是冲破敌人的封锁，使土地革命深入与继续。兹特制定粮食合作社简章发下。各级政府接到此项训令及简章后，必须由上而下召集各级主席、贫农团、雇农会等联席会议，详细讨论，切实计划，动员广大群众入股，建立和发展粮食合作社的组织。限十月底以前各主要县份，必须做到每乡都有粮食合作社的组织（边区除外）。以后再有计划建立区以上的粮食合作社组织系统。这里必须注意的，就是合作社是一种群众经济团体，征求社员一定要有宣传讨论，要使群众自己深切了解合作社的作用，要使群众自动地加入，无论如何不可有些毫强迫命令的态度。你们要在群众中造成极浓厚的空气，要造成（不加入合作社就是革命者的耻辱）的空气，只有宣传工作做得好，才能发动广大群众，普遍合作社的组织，加厚合作社的资本。组织合作社一定要联系到扩大苏区争取工业中心城市的宣传，只有取得工业城市，使工业品与农产品能够互相供给，才能根本消灭剪刀现象。只有这样工人农民才有工做，有担挑，有钱用，也才能消灭粮食价格的特起特落，而使农民不致再受商业资本的剥削，以至于破产困穷，也只有把合作社工作联系到向外发展，争取中心城市的宣传，更能更加发动群众的热情与兴趣，而打破他们的地方保守主义，这样合作社才能更加发展而不致限于地方的组织。各级政府关于粮食合作社的计划动员，以及组织成绩，必须随时报告上级，以便更具体地指导你们工作，切切此令。

选自《中华苏维埃共和国中央政府文件选编》，《江西社会科学》1981 年增刊，第 30 页。

互校版本：《中华苏维埃共和国法律文件选编》，江西人民出版社 1984 年出版，第 271～272 页。原注："见《红色中华》第三十一期第七版，1932 年 8 月 30 日"。

22. 粮食合作社简章

1932 年 8 月 21 日人民委员会发布

第一章　总则

一、本社为工农阶级的粮食组织，以调节粮食价格，抵抗商人富农买便宜谷粜贵米之剥削为目的。

二、本社定为××县××区××乡粮食合作社。

第二章　社员

三、本社社员以本乡内中农、贫农、雇农、工人、苦力及独立劳动者为限。富农、商人、资本家及一切剥削者都不能加入。

四、本社社员有米谷出粜，或要籴米谷，都要向本社买卖。在本社资本不够买时，才可以卖给社外。

五、本社社员不限多少，随时可以加入，但须管理委员会审查通过。为扩大计，分×期征收社员（两个月为一期），还（凡）愿意者，第一期已加入者，第二、三期可再入股。

六、社员不遵守社章，或破坏本社者，由社员大会开除之。

七、社员如要求退社时，要报告到管理委员会批准，退社社员股金须三个月后退回。

八、社员交足股金后，即有选举权、被选举权、表决权、粜谷权、籴谷权。但每一社员，不论入股多少，都以一权为限。

第三章　资本

九、本社股金每股大洋一元，以一家为入股单位，一家愿入数股者听之。交股金时，交谷交银都可以，但谷子须扣成银数。

十、社员入股数多者，可分期缴纳股金（以两个月为一期）。但入股时须申明并订某期交股金多少。

十一、凡交足股金之社员，由本社发股票及社员证。票面上要记姓名，由管理委员会盖印为证。股票及社员证遗失时，须先报知管委会申明失票作废，以后再向管委会补助（发）。

十二、社员可以将股金转让给别人，但须得管委会批准。

十三、在收谷时要款用，可向社外借款，给付利息。粜谷时存款可放入银行或信用合作社行息，不许徇私借给私人，致分散难收。

第四章　业务

十四、本社为调节粮食价格，于收获时集中资本先向社员籴谷，不籴米，谷价要比当地市价高一点。在资本未充足以前，不能向社外籴谷，并要规定向社员籴谷的最高限度，使社员得到平等权利。此限度及谷价比市价高多少，由社员大会规定之。

十五、各社员粜谷多少，要用簿子登记起来。籴来之谷子一定要是车净晒干的，将他放存仓内。装满后要登记担数加封，并要防偷漏、鼠吃、虫蚀、水湿等损失。

十六、这些谷子到旧历过年以后，准社员买回，但须自己吃，不准买回出粜。并要规定各社员籴谷的最高限度，价钱比当地市价要低一些。此限度及谷价比市价便宜多少，也由社员大会规定之。

十七、储存谷子到旧历四月以后，估计本社社员自己消不完，始可在当地市场出售，价格也要比市价低一些，以抑本市场米价。如当地米价不甚高涨，则可运到米贵地方去出售。

十八、米谷买卖价格，由管理委员会根据社员大会所规定比市价高低多少决定之。但社员认为不合时，得由审查委员会或召集社员大会改定之。

十九、粮食合作社，遇到粮食恐慌，拥护红军委员会无从采办军米或特别需要时，应将存储粮食尽先卖给红军。如倘有军米可买时，则不能开仓，以免影响民食。红军家属对粮食合作社之买卖与社员一样有优先权。

二十、合作社资本充足时，可附带向社员收买别种农产品，如豆、糖、茶油等，但须顾到不妨害米谷之收买。

廿一、粮食合作社为要装置谷子，得请求政府借用没收来之公仓及其他家具，或采砍公有木材自己制造。

第五章　红利之分配

廿二、本社于每年谷子粜完后，结算一次，账目经审查委员会审查后，再交社员大会审查。

廿三、本社除开消外年中可得红利，除出百分之五十为公积金不分外，其余百分之五十，按照社员所粜给合作社之谷子多少为比例分配之，但社员愿意不分者不分配。

廿四、为奖励合作社办事人员起见，得于社员分红利中抽出多少，按人数分配给办事人员，但至多不得超过百分之十。

第六章　组织

廿五、本社以社员大会为最高机关，由全体社员组织之。

廿六、由社员大会选举五人至七人为合作社管理委员会，负责管理本社一切事情。管理委员互选正副主任各一人，一年改选一次，但连选得连任。

廿七、谷子买卖出入时，在管理委员会之下，设会计一人，出纳一人，出入仓二人或二三人。这些人员可由管委会另外聘请，但出纳一定要自己负责。工作时间内可由合作社发给伙食及相当工资，平时不给工资。

廿八、为监督和检查管理委员会工作起见，由社员大会选举三人至五人组织审查委员会，一年改选一次，但连选得连任。

第七章　会议

廿九、社员大会于每年收谷及粜谷以前各开会一次，规定每个社员粜米籴谷的最高限度与谷价比市价高低数目，并改选管委会及审委会，有特别事故时召集临时大会。

三十、管委会每月开会一次，审委会两个月开会一次。

第八章　附则

卅一、本简章由社员大会规定或修改之。

卅二、本简章须呈请县政府登记备案。

选自《中华苏维埃共和国法律文件选编》，江西人民出版社 1984 年出版，第 273～276 页。原件未注明史料来源。

互校版本：《中央革命根据地财政经济史长编》下，人民出版社 1982 年出版，第 136～139 页。

23. 中央执行委员会训令
——为提前春耕集中力量粉碎敌人大举进攻事

1932 年 12 月 28 日

革命战争已到了万分紧张的关头，帝国主义国民党以最大力量向中央苏区大举进攻，挽救其垂死的统治，这一残酷的阶级战争，正在剧烈地开展着。这次战争是敌人拼死的挣扎，较之一二三次战争，更为激烈与持久。我们为了彻底粉碎敌人的进攻，争取更大的胜利，必须动员广大工农群众，用一切力量来与敌人作坚决持久的艰苦斗争。但现隔春耕之期不远，在春耕期内，当是战争最剧烈的时候，因此，中央政府为了使广大工农群众，得以安全耕种，迅速完成春耕工作，毫无顾虑地集中全力去消灭进攻的敌人起见，决定全苏区境内，一律提前春耕，并设法尽量增加生产与工农速度，其于最短期内，使苏区粮食的收获，大大增加，以牢固红军的给养及改善工农群众的日常生活，造成革命战争彻底胜利的保障。所以这一决定，关系非常重大，各级政府，务须协同各群众团体——如雇农工会、贫农团等以最大努力，动员全体群众，依照下列各项办法，切实施行：

一、在公历正月内，要把所有的土地，一概犁好，一切河圳修好；

二、播种栽秧，至少要比往年成例，提前一个月举行；

三、要每家立即充分准备肥料，选择最好的种子，这不仅可以大量增加生产，而且是便利于迅速地播种下秧；

四、各地群众要实行耕种互助，一切人工、种子、耕牛、用具都要彼此协助，以便迅速进行春耕工作；

五、红军公田及红军家属的田地，务须发动群众优先耕种，不可荒芜寸土。

以上各项办法，各级政府，务须依据情形，拟定更具体办法，召集雇农工会、贫农团及选民大会作广大的宣传鼓动，并定出革命竞赛和奖励办法。谁乡谁人的土地先犁完，河圳先修好，肥料种子先准备好，先播种，先下秧，即由县区政府给以奖励，尤其是土地尚未彻底解决的地方，须立即分好，以免阻碍春耕，此令！

主　席　毛泽东

副主席　项　英

张国焘

一九三二年十二月二十八日

选自《红色中华》，1933 年 1 月 7 日，第三版。

24. 闽浙赣省苏维埃执委会通令——关于建立贮粮合作社组织问题

1933 年 1 月 5 日

在革命战争紧急开展的目前，来进行广泛的贮粮合作运动，是一种很重要的工作，因为这贮粮合作运动，是有下列的伟大意义。

一、现在我们所处的是帝国主义国民党围攻的环境，我们还没有用新式机器耕种，没有建设新式的集体农场和苏维埃农场，当然还不能绝对保证一定没有饥荒，假使没有大批粮食的贮积，一遇荒年，就难免受饥荒的痛苦，所以贮粮合作运动，就是防备饥荒。

二、目前帝国主义国民党拼死命进攻苏区，焚烧抢劫、无恶不作，边境苏区群众的谷米，每被白军烧抢，如果贮积了大批粮食，遇有此等情形，就可拨谷或借谷接济被难革命群众，帮助他们解除粮食的困难。

三、在大规模的革命战争进行中，准备充足的粮食是取得战争胜利的一个重要条件，我们贮积有大批粮食，就可以在必要时借给或捐助红军，以争取革命战争的胜利。

四、闽浙赣苏区每年谷子新出时，米价极低（有时一元卖到五斗米）。这样贱价的米，连耕种血本都蚀去了，对于农民生活的改善有极大的妨碍。如果组织贮粮合作社，每年青黄不接时，估量到不至饥荒，苏区的食粮不会缺乏，即酌量将贮积的谷米卖出白区。下年秋收后，可用比较高的价格收买社员多余谷子来贮积，使社员群众有谷卖得钱来用。这样，就可以免受奸商贱买贵卖的剥削，帮助农民生活的改善。

省苏根据上述的意义，认为进行贮粮合作运动，建立贮粮合作社组织，是非常的重要！除已制定贮粮合作社暂行条例颁布外，并对这一运动的进行步骤有以下的决定：

（一）以乡为单位组织贮粮合作社，征求社员委员会，委员九人至十一人，以乡苏代表群众团体的负责人或在群众中有信仰的工农积极分子担任之。内设主任一人，以乡苏主席或其他人担任，均由区苏政府委任之。

（二）各乡贮粮合作社征求社员委员会成立后，即由苏区政府召集全体委员会和主任开联席会议，解释贮粮合作社组织条例。对群众的宣传方法，着重说明贮粮合作社的意义和入社的利益。如廉价粜谷，低利借谷，每年新出时，社员又可高价卖谷给合作社，利益极大。

（三）各乡贮粮合作社征求社员委员会联席会议开毕，即分头到各村召集群众大会（每个委员担任一村或二村征求工作），报告依照宣传要点，解释贮粮合作社意义和入社的利益，鼓励并征求群众入社。

（四）群众自动的加入贮粮合作社后，即给他临时社证一张，愿入几股，就填几股。

（五）规定自一月十五日起至一月三十一日止为征求社员期间。

（六）征求社员完毕，即分区召集全区社员代表大会成立区贮粮合作社，各乡贮粮合作社征求社员委员会即行解散。

（七）在这一运动中，各级苏维埃粮食部要多负责任积极进行。

各县政府及各群众团体接到这一通令以后，必须以最大的力量和速及［度］，动员各区乡政府与广大工农群众来进行。在进行过程中，要坚决地反对官僚主义的命令方式，必须艰苦地向群众作详细解释和广泛的宣传，使群众完全了解储粮运动对于本身的利益及对革命战争的利益，使群众自动地踊跃入社，完成省苏政府的储粮计划！此令。

主　席　方志敏
副主席　汪金祥
余金德
省苏粮食部长　余金德
一月五日

选自《闽浙赣革命根据地史料选编》下册，江西人民出版社1987年出版，第262～264页。原注："原载闽浙赣省苏维埃政府机关报《工农报》一九三三年一月第六十五期第五至六版"。

25. 湘赣省苏维埃执行委员会训令　执字第二十号——纠正违反经济政策行动建立赤白贸易关系

1933年2月12日

目前资产阶级性的民权革命的基本任务是铲除封建势力，打倒帝国主义。因此我们的经济政策是要以发展社会经济，提高工农生活，巩固工农联盟，发展大规模的土地革命与民族革命战争为目的。对于国内工商业资产阶级在服从苏维埃法令的条件下的，保留其所有资本照旧营业，由工人切实监督生产，以发展苏维埃区域的经济。所以对于随意没收资本、捉拿商人罚款是目前苏维埃经济政策所绝对不允许的。

近查各县地方武装，甚至红军队伍抱着单纯筹款的观点，每到白色区域不分［青红］

皂白地没收商店或捉商人罚款，甚至连贫农、中农都捉起来。如北路游击队没收商人货船；莲花独立营捉了许多商人罚款；吉安的白区商人怕游击队去乱抢，走来哀求保护。至于各赤白边区捉商人照土豪打，更是普遍的现象，甚至为那些负责人所乐意做的事。特别是各县都捉有罚几十元或百余元的土豪关在后方，这毫无疑义的是捉了许多贫农、中农在里面。由于这种破坏经济政策与非阶级的行动，造成许多赤白对立现象，帮助敌人来加紧经济封锁，尤其影响到争取白区群众，发展新的苏区，扩大革命战争妨碍更大，这是经济自杀政策。对于建立赤白通商关系发生严重问题，我们必须以最大的决心与这种倾向作残酷斗争，以最大的力量来建立广泛的赤白区通商关系。

兹决定下列各点，仰各级切实讨论执行为要：

一、各级政府、各级部队立即召集会议，宣布这个训令，严格指出过去的错误，发展思想斗争，切实纠正这种倾向。自训练纠正之后，谁仍犯到这种错误，必须予以严厉处分。

二、立即进行清理后方土豪，凡在二百元罚款以下而无显著的反动罪恶的一律释放出去。各级政府不要因为经费困难便迟疑不执行。须知把这些人释放了，更是进一步的捉土豪罚款的办法①，因为可以利用他们做很多事。

三、执行明确的阶级路线，不但释放这些非土豪就算了事，同时要反对只向土豪筹款的单纯的经济主义；对于那些罪大恶极为群众痛恨的土豪除罚款外，必须处以死刑，以争取白区群众发动其阶级斗争扩大苏维埃的政治影响。

四、开释这些非土豪时，要进行有力的宣传工作并可作个别谈话，要承认过去游击队伍的错误，向他们详细解释，更宜指出过去的错误是少数负责人做出来的，绝不是苏维埃政府的主张，以提高苏维埃的威信。利用他们去侦探敌情、调查土豪、催土豪款、当土豪代表及做赤白通商的商人等。

五、在赤白交界的县或区，苏维埃须派一个至两个专人负建立赤白贸易关系的责任。在白区组织中，发动他们来与赤区通商，并可传达外界消息；再则领导赤色难民组织贩卖合作社，深入白区去，找到各种关系来替国家或消费合作社采办货物，推销出产品。

六、广泛宣传准许商人营业保护赤白通商关系的口号，并时常召集商人开谈话会解释国家经济政策。发动白区商人来与赤区相交易，由各消费合作社或国家营业机关与之订通商条约，并由各消费合作社组织货物转运局，大批交易各货物。

七、如遇交易繁盛的地方或大批交换货物的时候，各级政府须派武装去掩护之，以免双方受损失，而挫落商人的热忱。

八、凡土豪能推销苏区生产品的可减少罚款，如罚款一千元的土豪能推销苏区生产品五六千元的可以不罚款，释放。

同志们，我们要发展农业和商业的生产，只有广泛推销生产品，提高出产品的价格。要想经私商推销这些出口货，保证我们生活必须品的供给，彻底打破敌人经济封锁。只有发展交易往来，同时要想开发租税来源，充裕国家财政，发展革命战争，也只有从基本上来解决这赤白通商的问题，不容我们有丝毫忽视和怠工。特此剀切指示，仰即注意及之为

① 原文如此。

要，此令。右令：
各级苏维埃政府
各红色部队

湘赣省苏维埃执行委员会
主　席　袁德生
副主席　张启龙
谭余保
军区指挥部
总指挥兼政委　蔡会文
政治部主任　于兆龙

选自《湘赣革命根据地史料选编》下册，江西人民出版社 1984 年出版，第 330～332 页。

26. 开垦荒地荒田办法

1933 年 2 月中央政府训令公布

一、县区土地部、乡政府，要马上调查统计本地所有荒田荒地，切实计划，发动群众去开荒。

二、今年开垦的土地，免收土地税三年，富农开垦的，免收土地税一年，地主开垦的，今年就要收税。

三、荒田已经分配了的，要督促本人去开，如本人不开，则发动别人去开。每年交租多少，耕种几年，由双方自行订定。但交租至多不能超过收获量五分之一，期限至少五年不收回（富农、地主例外）。

四、过去未分配的荒田荒地，乡政府应发动群众来领取开垦，或有计划地按劳动力多少分配给群众去开。新开垦的土地，归开垦人所有，不收回。贫农、中农及一切有选举权的劳动群众，有先开之权。

五、凡有荒田荒地的地方，该乡政府应发动群众，组织开荒队，有计划地指定地点与人数去开荒。各开荒队，可以互订竞赛条约，进行竞赛，优胜者由区乡政府特别给奖，以提高群众的劳动热忱。如果还开垦不完，可要求劳动力充足的邻区邻乡来开。所开如是公地，以后即归该开荒人所有，所开如是私地，则照上边第三项办法办理。本乡本区开不完的荒地，亦可容许别地移来的富农开垦。

六、人多田少的地方，可将当地富农移到荒田很多的地方去居住，利用他们开荒。

七、各级政府，特别是区、乡政府，对于这个开荒运动，必须积极地去领导，从群众的切身利益上去宣传鼓动，发动他们热烈地开荒，一直做到没有一丘荒田为止。

选自《红色中华》，1933 年 2 月 25 日第五十六期，第一版。

互校版本：

1.《中华苏维埃共和国法律文件选编》，江西人民出版社1984年出版，第338页。简称“江西法律版”。原注：“见《红色中华》第五十六期第一版，一九三三年二月廿五日”。

2.《中央革命根据地财政经济史长编》上，人民出版社1982年出版，第463～464页。

27. 闽浙赣省第二次工农兵代表大会关于财政与经济问题的决议案

1933年3月23日①

一、财政是国家的命脉，财政工作不好，直接便影响到军事与行政，间接则影响到整个社会经济与整个阶级政权。尤其是目前革命与反革命决死战斗，大规模革命战争激烈开展的时候，更须要发展苏区经济，改善群众生活，开发财政来源，增加财政收入，以充裕战争经费，使广大工农群众与红军，在长期的残酷战争中，不致受到敌人的封锁，与给养的困难，这对于争取革命战争的完全胜利，是含有决定的重要意义。省苏与各级苏维埃政府均应清楚地了解财政工作的重要，加强对财政部工作的领导，使能完成其应有的任务。

二、大会检阅了省苏财政经济工作，认为省苏在一年零四个月以来的努力建立了统一的财政系统，实行财政的完全统一，减轻了土地税额，做到以税收为主的经常收入，脱离专靠红军筹款的状况——检查省苏一［年］来的收数内，红军筹来的款子，只占很小的比例数。节省经济，帮助战费，已收到了很显著的成绩。在经济上，逐渐恢复和提高了苏区的生产，许多苏区须［需］要品自行制造，尤其是耕种运动的发动，增加苏区谷米的生产，对外贸易处工作的改善，在敌人的封锁之下，流通了苏区与非苏区的贸易，而且部分的由入超变为出超。消费合作社已普遍建立，并建立少数生产合作社，得到了群众的信仰，最近苏维埃商店的创立，也取得初部［步］成绩。

三、省苏在财政经济方面，虽获得上述工作成绩，但仍不能掩盖下列表现出来的缺点：

1. 执行苏维埃的经济政策，有时表现“左”倾错误，如将商人当土豪打，任意没收商店及商人的货物，游击队和群众到白区行动，还会发生烧抢行动，经济政策的宣传解释十分不够，破坏经济政策的影响。

2. 合作运动，仅只建立消费合作社与少数的生产合作社，来尽量发动群众开办生产的和信用的各种合作事业。消费合作社的工作，还有不少的缺点，消费合作社购办的货物，还不能满足群众的需要。

3. 省苏除了征收土地税、货物出口税、货物通口税②以外，营业税尚未开始征收。

4. 各县对于土地税、谷子的保存，还没有十分注意，去年竟被白军抢去一万数千石

① 根据该次会议的日程，3月23日通过各种决议案。“闽浙赣版”印作“三月二十二日”（原注：“此时间是编者考证的”）。

② 原文如此，疑为“进口税”。

之多，是一种巨大的损失。

5. 在过去对打土豪筹款的工作，显然做得异常不够，尤其是红军部队没有将打土豪筹款，作为在军事行动中重要工作之一，筹款帮助苏维埃财政收入的成绩很差，缺乏到白区找给养的注意。游击队亦没有学会打土豪筹款的技术，打土豪筹款的成绩也是不够。

6. 省苏财政部对全体财政经济工作人员的政治教育，还是异常缺乏，各级财政经济机关，一般地忽视政治与工作的讨论，到处表现着浓厚的事务主义的倾向。

7. 下级财政经济机关，还隐藏着一些阶级异己分子与不良分子，故经常发生贪污中饱和账目不清的坏现象；省苏财政部对他们工作与账目的实际检查非常之少。洗刷阶级异己分子与反贪污浪费，消极怠工及一切不良倾向的斗争，差不多没有发动起来。

四、大会针对着目前战争形势的开展，特决定财政经济工作的具体方针，交新省苏执委与财政部坚决执行。

（一）在经济上

1. 坚决地执行中央政府的经济政策与工商业投资条例，在苏维埃政府监督、有系统地限制资本主义发展的条件之下，保证贸易自由，进行各种企业和商业的恢复，绝对纠正一切违反经济政策的行为：

①对外贸易处仍可存在，但绝不准有任何垄断对外贸易的企图。对外贸易处本身仅只是进行对外贸易的机关，不过负有监督调节进出口贸易及征收出口税的任务。

②红军攻克城市，绝对禁止任意没收商店和工厂，不能把商人当土豪打，对于企业主和商人，凡能遵守苏维埃法令，没有参加反苏维埃、反共产党的反革命活动，那就只收其营业税，或向他们筹取必要的红军战费。

③将经济政策普遍向工农群众与红色战士详细解释，使他们了解并执行经济政策，以完全消灭有些游击队和群众到白区的烧抢行动。

2. 尽量发展苏区生产，鼓动群众，加紧春耕，垦荒运动，培植森林，及提倡畜牧运动，提高农业生产，恢复并发展各种家庭手工业，制造苏区各种日需品，如布匹、篾子、文具、各种印刷用品，及医药上某些用品，均须尽量在苏区内自行设法制造，尤其是闽北的茶叶、竹木、纸张和闽笋，更应培养与制造。大会认为去年省苏关于经委会工作决议，还适用于现在，新省苏执委还应该继续执行这一决议。

3. 对外贸易处、合作社和苏维埃商店，均须加紧团结白区群众及招徕商人的工作，使他们经常来与苏区贸易，以打破敌人的经济封锁——尤其是食盐封锁。对于购买食盐，要鼓动群众用集款合作的办法来购买，以免受投机奸商的严重剥削。

4. 尽量奖励出口贸易，使苏区多余的生产品，能高价运输出口，逐渐变“入超”为“出超”。闽北的茶叶、竹木、纸张、闽笋，更应鼓动出口，以增加苏区大批金钱的流入。

5. 凡制造红军军需品的手工业或工厂，均须予以便利和奖励。

6. 合作社的发展，是发展苏维埃经济的主要方式，消费合作社的工作，还须进一步的转变。同时应该鼓励和帮助群众开办各种生产合作社（如烧石灰、开煤炭、造纸、纺织等），以及信用合作社，以发展苏区生产，解决少数失业工人的工作问题，并采用一切有效的方法抵制一切投机者对工农群众的剥削。投机商人卖盐应与商店、合作社的盐价平价。

7. 苏维埃商店，在目前可以帮助苏区商业的恢复和发展，打破敌人的经济封锁，充裕工农群众的供给，并限制私商剥削，省苏与财政部应加强商店工作的检查和指导，纠正其错误，使得到迅速的发展与进步。

（二）在财政上

1. 在目前苏区工业品的输入和农业品的输出，价值还不能相抵，租税收入还不足供应开支，打土豪筹款还是目前政府收入的重要来源，同时打土豪又可以发展白区群众斗争，扩大苏维埃影响，发展新的苏区。因此，各级苏维埃，特别是红军游击队，要改正过去忽视打土豪筹款的现象，加紧到白区捕捉豪绅地主，筹取巨款，以调节苏区的现金流出。苏维埃政府应积极努力发展苏区生产，开展各种财源，筹划充足的战费，以供给红军。但红军游击队，则应有从战争的胜利中解决自己的给养问题的决心和精神，这样才能转变目前财政困难状况，使财政充裕起来。大会委托军区政治部严格督促各红军游击队，学习红军方面军打土豪筹款的经验，将筹款工作列为重要工作之一，力争在最近一切经费自给的前途。

2. 省苏财政部应实行开始征收营业税，以增加财政收入，并扩大营业税在白区的宣传。

3. 节省经济、帮助战费的运动，要扩大到整个苏区与白区的群众中去，要实现每人每天节省一个铜板，帮助红军作战的口号，特别要执行深入的政治动员，使群众了解这次战争的重要，自愿地加紧生产、节省用费，以捐助战费。绝对不准有丝毫强迫摊派的行动，工农报并要极力提倡奖励这一运动。对于浪费的分子，要给以严厉打击，各种机关一切不必要的开支，须尽量节省。

4. 省苏与财政部要严格而且经常地检查各种财政经济机关的账目和工作，特别要注意反革命派对苏维埃财政经济的破坏，洗刷一切阶级异己分子，对于账目不清、贪污中饱、消极怠工的分子，委托工农检查部，发展突击运动，以肃清这些坏现象。

5. 船舶检查局，应特别加紧船工运动，及对岸白区群众工作，建立对岸苏区，完全断绝敌人的陆路运输，使一切货物，都不能不由河道输运，这样去彻底转变船舶检查局的工作。在信河、乐河的下游，还须增设船舶检查局。

6. 苏维埃银行，在发展苏区生产调节金融帮助政府解决某些时期的财政困难是起了极大的作用。一年来的工作，也有相当的进步。目前应该鼓动群众向银行入股与贮蓄，以扩充银行基金，极力保障和提高银行钞票的信用。银行的资本，最大部分要用于帮助各种合作事业的建立与发展，并贷款于工人、农民、小手工业者，帮助他们置办工具，购买耕牛耕具和肥料。

7. 大会指出：各财政经济工作人员政治文化水平的低落与工作能力的薄弱，是障碍财政经济工作进展的重要原因。省苏财政部以后应有计划地加紧工作人员的政治文化及实际工作教育，建立各机关按期的会议生活，学习文化政治，讨论实际工作以训练与培养财政专门人才，首先要训练一批会计人才，使用划一的新式簿记，改换旧的账簿。

选自《闽浙赣革命根据地史料选编》下册，江西人民出版社 1987 年出版，第 384～388 页。简称“闽浙赣版”。

28. 中华苏维埃共和国临时中央政府土地人民委员部训令第四号——为发起犁牛合作社

1933 年 4 月 13 日

（一）现在苏区中雇农、贫农的耕牛农器甚为缺乏，其所以缺乏的原因：

第一，因为帝国主义、国民党累次向苏区进攻，尤其是在前年三次战争时，许多地方被敌人摧残，耕牛被敌人杀了很多，农器被敌人焚烧破坏，农民吃了大亏。

第二，各县有些奸商，故意宰杀耕牛，同时地主、富农、奸商又把赤区的耕牛大批地运出［到］白色区域出卖。

第三，过去许多地方政府，在没收豪绅地主的耕牛农器以及富农多余的耕牛、农器，没有很好地分配，甚至不分给雇农、贫农，而拿来出卖。至于那些分给了雇农、贫农的，又因没有合作社的组织，以致无人管理，把耕牛、农器弄死、弄坏了许多。因有以上三个原因，所以苏区内一般耕牛、农器感觉缺乏，特别是雇农、贫农，缺乏得更加厉害。结果造成生产品减少，荒田增多，谷价高涨，大大增加了贫苦工农的困难。

（二）为要解决群众的困难，争取群众的利益，就要发展耕牛运动，消灭荒田，扩大耕地面积，完成今年增加二成收获的计划，以充裕苏区群众的粮食。在这里首先就要解决耕牛、农器缺乏的困难问题，最好办法，是组织犁牛合作社。现在瑞金武阳区及云集区第四乡的经验告诉我们，应该首先把没收地主富农的耕牛、农器，组织犁牛合作社，有组织地分配，有计划地保护与管理，才能使耕牛、农器不至于遭受损失。但是单把没收地主、富农的耕牛、农器组织起来，还是不够，必须发动群众入股，大家出本钱添买耕牛、农器。此外，还要发动那些自己有耕牛、农器的人加入合作社，给他以相当的租金，用互助两利的办法，来解决贫苦农民缺乏耕牛、农器的问题。

（三）各区乡组织犁牛合作社基金不足时，要努力帮助财政部向富农捐款的工作，已由中央财政人民委员部紧急通令第二号第四条内规定办法，这个办法是说："人民委员会批准将富农捐款中抽出一部分借给犁牛合作社，凡各区中富农捐款总数为三千元，那么收到二千元以上时，可借十分之一，即二百元。收到三千元时，可借三百元。如收到三千五百元，除原额三百元外，再将超过数五百元借一半，合借五百五十元。此借款三年后还本，由区政府负责，具条领取，按照各乡需要，分配借给犁牛合作社买牛"。这个办法，是很好的，只要我们努力去做，不同富农妥协，向富农捐得多，合作社也就更加借得多了。

（四）本部发布了犁牛合作社的组织大纲，望各级政府，及其土地部，接到这一训令和组织大纲后，更详细地更具体地讨论办法，发动广大群众起来进行组织。现在已是夏耕的时候了，耕牛、农器，正在此时当紧要用，区乡政府，更要赶快进行，不要失了这个最好的时机，是为至要。此令。

代理土地人民委员　胡海

一九三三年四月十三日

选自《中央革命根据地财政经济史长编》上册，人民出版社 1982 年出版，第 409～

410页。原注："《红色中华》1933年4月20日第71期"。

29. 人民委员会关于设立国民经济部的训令

1933年4月28日

提高苏区的各业生产，扩大对内对外贸易，发展苏区的国民经济，打破敌人的经济封锁，这在目前激烈发展的国内战争环境下，有第一等重要意义。因此中央执行委员会曾发布第十九号命令，在中央增设国民经济人民委员部，在省县两级增设国民经济部，要各级政府转变过去忽视经济建设的错误，迅速开展经济战线上的进攻。自从帝国主义国民党向苏区与红军举行第四次"围攻"，同时实行残酷的经济封锁以来，由于共产党与苏维埃的正确领导，红军与群众的积极进攻，我们已经得到了极大的胜利。但各级政府必须明白：我们与帝国主义国民党的战争是长期艰苦的战争，即拿完全粉碎四次"围剿"，争取一省数省首先胜利来说，亦尚须给与极大的努力。拿经济建设上的胜利，去改善工农群众的生活，激发群众更高的革命热忱，同时保障红军的需要以配合整个的战争动员，这对于胜利的战争是有决定意义的。

在上述原则之下，各级政府必须抓住目前经济建设上几个中心工作，如农业与工业生产的发展，粮食的调剂，合作社的扩大，对外贸易处的建立，国有企业的发展等，实际的进行起来。为了进行这些工作，人民委员会特制定各级国民经济部暂行组织纲要，在此纲要内，规定设立国民经济部最主要的机关——设计局与调查统计局，并规定在各专门行政机关——农业部、工业部、交通部、国内外贸易部等未设立以前，这些机关的行政工作，全部或一部交由国民经济部管理。各级政府接此训令及纲要后，应立即按照规定建立各种机关。过去由财政部管辖的一些工作，如粮食调剂局、合作社、对外贸易处等，应划归国民经济部管辖。过去归教育部管辖的国家印刷厂，亦暂时划归国民经济部。过去归司法部及省县裁判部管辖的劳动感化院，应将制造与营业的部分划归国民经济部管辖。但内务部管辖的交通行政，只将运输部分划归国民经济部，其邮电、路政等项仍归内务部管辖不变更。过去省县两级的粮食部，应归并于国民经济部的粮食科。各级国民经济部内，均应设立国民经济委员会，以为规划及建议的机关。省县两级国民经济部机关的建立，人员的委任，均应迅速报告中央国民经济人民委员部备案。至于该管区域国民经济的计划，及具体指导的方案，亦限早日拟委，呈候中央国民经济人民委员部核准施行。此令！

主　席　毛泽东

副主席　项　英

张国焘

公历一九三三年四月二十八日

选自《红色中华》，1933年5月8日，第五版。

互校版本：《中华苏维埃共和国中央政府文件选编》，《江西社会科学》1981年增刊，第61页。

30. 中华苏维埃共和国各级国民经济部暂行组织纲要

1933 年 4 月 28 日

一、国民经济部在中央隶属于人民委员会，称国民经济委员部，设部长、副部长各一人，省县在执行委员会之下，称省县国民经济部，省设部长、副部长各一人，县设部长一人，区市暂不设国民经济部。

二、省县国民经济部，在行政上直属于上级的国民经济部，绝对执行上级的命令，但同时受同级执行委员会及主席团的指导与监督。

三、各级国民经济部之下设国民经济委员会，中央以九人到十五人，省以七人到十一人，县以五人到九人组织之，各级委员由人民委员会及各同级的主席团分别委任之。国民经济委员会的职务，系专门讨论计划、建议与于发展国民经济的一切事宜，开会时以部长为主席。

四、下级国民经济部的部长，经各该级执行委员会或主席团选出后，必须送上级去批准。

五、国民经济人民委员部内暂时设立下列各局处。（一）设计局（二）调查统计局（三）粮食调剂局（四）合作社指导委员会（五）对外贸易局（六）国有企业管理局（七）总务处。以上各局处会，各设局长、处长和主任一人，视事务之繁简各设局员、处员、委员和干事若干人。

六、省县国民经济部内设立设计科、调查统计科、粮食科、合作社指导委员会及文书科，各科各设科长一人，科员一人或数人视事务之繁简定之。但文书科长暂时可不设置，合作社指导委员会设主任一人，委员五人至十一人，干事若干人。

七、国民经济人民委员部各局处会掌管事务如下：

（一）设计局，管理发展全国农工商矿、交通、运输及一切关于国民经济的设计事宜。

（二）调查统计局，管理全国工农商矿、交通、运输及一切关于国民经济的调查与统计事宜。

（三）粮食调剂局，管理粮食的籴粜、运输及仓库存储等事宜，使粮食有合理的分配，以适应红军、政府机关及全体国民的需要。

（四）合作社指导委员会，指导全国合作社事宜，帮助合作社有系统地建设，监督合作社的营业，调整物品的需给，平准物价的低昂，抵制商人的操纵，以期在经济上团聚和教育广大的工农群众，准备走向社会主义的道路。

（五）对外贸易局，管理苏区对外贸易事宜，设法打破封锁，保证苏区境内的生产品与境外的商品，得有经常的交换，消灭农业生产品与工业生产品价格的剪刀现象。

（六）国有企业管理局，管理各种国有企业，并度量衡事宜。

（七）总务处，掌管会议记录，文书的收发保存，会计庶务等事宜。

（八）省县国民经济部各科会掌管事务如下：

1. 设计科，拟具计划提高省县范围内的各业生产，参与省县范围内的国有企业及交通运输之监察与管理，并随时将其办理情形，报告上级机关。

2. 调查统计科，管理省县范围内一切国民经济部门的调查统计事宜。

3. 粮食科，调节地方粮食的价格，保证红军给养与地方工农群众食品的充实。

4. 合作社指导委员会，指导合作社的发展并监督其工作。

5. 文书科，管理文书、会计、庶务、传递及不属于他科的各事宜。

（九）在工作上有必要时，得聘请专门人才设立专门会议，以解决某种任务。

（十）为督促部务进行，指导下级的工作，得设指导员若干人。

（十一）各级国民经济部办事细则另订之。

（十二）本暂行纲要，人民委员会得随时修改和废止之。

（十三）本暂行纲要，在福建、江西及瑞金直属县自公布之日起施行，但未与中央苏区打成一片的苏区，自文到之日起施行。

国民经济人民委员部

一九三三年四月廿八日

选自《红色中华》，1933 年 5 月 8 日，第五版。

互校版本：《中华苏维埃共和国中央文件选编》，《江西社会科学》1981 年增刊，第 62～63 页。

31. 开荒规则和动员办法

1933 年 5 月 25 日中央土地部训令第八号

开荒规则：

（一）关于不曾分配的荒田荒地

1. 凡是工人、苦力、雇农、贫农、中农及一切有选举权的群众所开发的无主的荒田荒地，即属于开荒人所有，开荒人有永久支配该土地之权。苏维埃政府为了奖励他们，准许三年不收土地税。

2. 凡一切有选举权的群众开发不完的无主的荒田荒地，应准许富农去开。凡属富农开发的荒田荒地，富农有使用之权，并准免土地税一年。

3. 工农群众及富农开发不完的荒田荒地，应准许地主分子去开。苏维埃政府允许他耕种五年，但无土地所有权。第一年免交土地税，五年之后该土地归还苏维埃政府管理。但如果无他人接收，仍可租给地主分子继续耕种。

（二）关于已分配了的荒田荒地

1. 凡已分配的荒田荒地应该首先发动土地所有人限定期间（五天至十五天）去开，如本人期满不开，即发动其他群众去开，荒田主人不得阻止。

2. 去年未荒的田，今年本人不能耕种，势将变成荒田，政府同样应发动人去耕种；所收农产物，至多二八开。即将收获实谷一担交租二斗给田主。土地税由田主缴纳，至明年田主依旧不能自己耕种时，仍归今年耕种人耕种，租谷多少由他们自己

［约定］。①

3. 荒了一年的田，本人不开他人去开时，土地税免收二年。若开的是富农，免税一年，租额不得超过所获农产物十分之一。即收实谷一担交租一斗，土地税归开荒人出，开荒的人可连种三年，三年后田主得收回自耕，如田主依旧不耕时，仍归开荒人耕种（不再分租与田主），至田主收回自耕时为止。

4. 荒了二年或二年以上的田。本人不开他人开时，免收土地税年至五年，若开荒的是富农免税一年至二年，开荒的人可连种五年至十年。五年至十年后，田主得收回自耕。如果那时田主依旧不耕时，仍归开荒人耕，至田主收回自耕时为止。均不交租与田主，免税期满后之土地税归开荒人出。

开荒动员办法：

1. 凡有荒田荒地的地方，县苏区苏要有切实的领导，乡苏要在乡代表会中讨论开荒问题，还要发动雇农工会、贫农团、妇女代表会开会讨论。

2. 组织开荒宣传队，每乡三人～九人，设队长一人，到农村中做宣传，对宣传队要有训练，要教训他们怎样做宣传……去激发群众的劳动热情，发动他们热烈开荒。

3. 组织开荒队，每队人数由三人～五人、十多人都可，以农民群众自愿联合为原则，由队员用共同的劳力去耕种，并按照各人的劳力分配生产物。

4. 不加入开荒队而愿个人去开荒的，乡政府同样要组织领导，并奖励他们开荒。

5. 组织开荒巡视团，人数由五人～九人。他的工作是切实调查全乡的各种荒田的数量，检查各村各屋开荒情况。乡苏定期召集开荒宣传队、开荒巡视团开会，检查督促他们的工作。

6. 乡政府要发动开荒队互相订立开荒竞赛的条约。

7. 乡苏要设立开荒登记处，除登记全乡各种荒田外，并要登记开出来的荒田及开荒人，以便依照开荒规则进行工作。在开荒者来乡苏登记时，乡苏给予开荒证，在证上载明何种荒田，数量多少，免税几年，连耕几年，应否交租与田主等。

8. 在人多田少、邻区邻乡荒田很多却又开发不完的地方，该地政府应发动群众个人或组织开荒队到邻乡去开。在这里开荒规则完全同用。

选自《中华苏维埃共和国法律文件选编》，江西人民出版社 1984 年出版，第 339～340 页。原件未注明史料来源。

互校版本：《中央革命根据地财政经济史长编》上，人民出版社 1982 年出版，第 465～467 页。

32. 合作社工作纲要

1933 年 6 月中央财政人民委员部颁发

1. 消费合作社，是社员因自己要消用货物而联合起来共同购买或制造，就是对大批

① 原注：“［约定］”为编者所加。

买进，零星卖出，免被零卖商人赚一手钱。其社中除开销外赚得之钱，则照社员买货多少为比例分配。

消费合作社以乡村（乡村很阔地方可以几村合并为单位），工厂、学校、机关或城市街道为单位组织，范围不能太宽。社员有了合作社以后，一来买货便宜，二来买货更近方便，三来可以赊货，四来可以分红。

…………

2. 购买合作社，是社员为大家要用某种物品（不是为的消费，而为的生产或转卖）联合起来，共同购买，免受批发商人剥削，中间所得的钱按社员买货多少为比例分配。

购买合作社有两种：一种是个人合组的，则以乡为范围组织，如肥料购买合作社、石灰购买合作社、粮食购买合作社等；另一种是各合作社合办的，则以同一货源为范围组织之，如各消费合作社联合的购买合作社、生产合作社联合的购买合作社等，这些联合合作社即以原合作社为社员。

购买合作社等于坐地买货之行家作用，办货直到货源大批采买，行情明了，不但价钱便宜，而且多运转也更好地招扶，再则合起来办货，免得各社员自派人去采办，此中开销、人力也节省好多。

3. 贩卖合作社，是社员个别制造出来的东西，联合起来共同贩卖，免受商人操纵。其中赚得之钱，按照社员卖货多少为比例分配。

贩卖合作社也有两种：一种是个人合组的，则以乡村为范围组织，如茶油贩卖合作社、纸业贩卖合作社、粮食贩卖合作社、草鞋贩卖合作社；另一种是各个合作社合组的，则以同一销路为范围组织之，如生产合作社联合的贩卖合作社等。

贩卖合作社是专为代社员卖货而设的，有了他，行情可以更明了，不会受廉价及秤头之亏，卖货时免得自己麻烦，跌价时被合作社赚去的钱，可以自己分回来的。

4. 粮食合作社，是社员自己籴米的组织，所赚之钱照社员粜谷多少为比例分配。

选自《中华苏维埃共和国法律文件选编》，江西人民出版社1984年出版，第281～282页。原件未注明史料来源。

33. 生产合作社标准章程

1933年9月10日中央工农民主政府制定

第一条　本社以发展苏区生产，抵制资本家之剥削与怠工，救济失业之困苦与生活之改善为宗旨。

第二条　本社遵照合作社暂行组织条例第六条之规定，向××县政府登记取得合作社证书。

第三条　本社定名为××县××区××生产合作社。

第四条　本社社员以工农劳动群众直接参加本社之生产者为限，无参加本社生产之人不得为本社社员。

第五条　本社社员数量无限制，凡参加本社生产及本社雇佣之工人职员均得自由陆续加入本社，不得以任何理由拒绝之。

第六条　本社社员如有特殊原因长期不能参加生产者，得要求退还股金，但因病请假或其他原因短期不能参加生产者不在此例。

第七条　本社社员如因参加生产而致残废者，除由本社按照情形分别抚恤外，仍保留其股权分红权利，其分红数目以参加生产社员之平均数为标准。

第八条　社员有故意怠工或破坏本社行为者，得由本社社员大会通过而开除之。

第九条　本社股金定每股大洋一元，以劳动力为单位，其一个参加生产的劳动力愿入数股者听便。

第十条　凡缴足股金参加生产之社员，均有选举权、被选举权、表决权，但每个社员不论入股多少，均以一权为限。

第十一条　凡缴足股金的社员，由本社发给股票。

第十二条　本社股票概用记名式，盖上本社图记，由管理委员会主任签名盖章。

第十三条　社员如欲转让其股于继承人时，须该继承人仍愿参加本社生产者，方能许可。

第十四条　股票如有遗失情事，应先报告管理委员会挂失，一面登报声明作废后，再向本社请求补发新股票。

第十五条　本社应社会需要制造□□□，但时机许可时，得兼营其他生产事业。

第十六条　本社于必要时，得雇佣工人或职员。工资与工作时间，须遵照劳动法之规定，并须尽可能做到较私人资本所办之生产事业对工人之待遇条件要优。

第十七条　本社对长期雇佣之工人，须尽量吸收其为本社社员，对短期雇佣之工人，须尽量允许其加入或退出本社之要求。

第十八条　本社以社员大会为最高组织。由全体社员组织之。

第十九条　社员大会每三个月开会一次，如有特殊事故发生或社员三分之一以上要求时，可随时召集临时大会。

第二十条　社员大会须有三分之二以上社员出席，方能开会。

第二十一条　社员大会之职务如下：

1. 选举、罢免或处分管理委员及审查委员；

2. 制定或修改本社章程及办事细则；

3. 决定工资及工作时间；

4. 通过和开除会员；

5. 审查三个月生产与销售之报告及决算；

6. 决定奖励之数目及其分配；

7. 决定下三个月之生产及销售计划。

第二十二条　管理委员会由社员大会选举三人至十一人组织之。

第二十三条　管理委员会任期以三个月为限，但得连选连任。

第二十四条　管理委员会每星期开会一次，其任务如下：

1. 根据大会决议定出生产与销售之具体办法；

2. 雇佣或辞退工人；

3. 按期向社员大会及当地政府作社务报告；

4. 处理其他日常重要事务。

第二十五条　管理委员会互选三人为常务委员，以一人为主任，一人司会计，一人司银钱生产品之出纳。

第二十六条　常务委员如不能担任上项职务时，得由本社聘请职员帮助，但其责任仍为该委员负之。

第二十七条　常务委员会除酌给奖励金外，如因社务繁忙，不能参加生产劳动或一部分时间不能参加劳动时，得较照情形，酌给予劳动时间应得之同等工资。

第二十八条　审查委员会由大会选举五人到七人组织之。

第二十九条　审查委员会任期以三个月为限，但得连选连任。

第三十条　审查委员会每月开会一次，审查管理委员会之行为及账目。

第三十一条　管理委员会如有溺职舞弊、徇私、违章时，得由审查委员会召集社员大会改组并处分之。

第三十二条　管理委员会与审查委员会通同舞弊时，得由社员三分之一以上提议，召集社员大会改组并处分之，重者向法庭控告。

第三十三条　本社定三个月结算一次，决算期，应制下列表册书类，交社员大会审定后，报告当地政府及中央政府：

1. 资产负债对照表；

2. 损益表；

3. 红利分配表；

4. 财产目录；

5. 生产和销售情况报告书；

6. 雇用工人情形报告书。

第三十四条　每期纯利除酌提若干为常务委员会及职员之奖励金外，以百分之五十为公积金，百分之二十为社员公共事业（如文化教育等），以百分之三十照社员人数平均分配。

第三十五条　本章程如有未尽事宜得由大会决议增删或修改之。

第三十六条　本章程系遵照中央政府所规定之标准章程而订，遇有增删修改时，由社员大会决定报告苏维埃政府批准备案施行。

选自《中华苏维埃共和国法律文件选编》，江西人民出版社1984年出版，第285～288页。原件未注明史料来源。

互校版本：《湘赣革命根据地财政经济史料摘编》，湖南人民出版社1986年出版，第304～307页。原注："湘赣省职工联合会经济部：《生产合作社标准章程》，1933年10月"。

34. 湘赣省苏维埃国民经济部组织各种合作社工作大纲

1933年9月11日

为什么要发展各种合作社

为了发展苏维埃经济，抵制资本家的剥削与怠工，以及防止奸商富农的操纵金融、垄断商场，调剂粮食价格，和便利工农消费以及农产品之流通，而保障工农劳动群众的利益，提高各业生产，更大大地改善工农生活，以高度地激发工农群众的革命情绪，而积极参加目前战争动员的一切工作，很快地粉碎敌人五次“围剿”，争取革命战争全部胜利。因此我们必须发展各种生产合作社，首先是织布合作社，组织粮食合作社，扩大消费合作社的基金和营业，以开辟苏区大的经济来源而保证群众和红军日常必需品的供给。所以我们只有以最大的力量来发动群众热烈地集资，组织各种合作社，发展苏区经济，使工农群众求得最后切实利益。

合作社应该是阶级的组织，系由工农劳动群众集资而组织的，富农、商人、资本家及剥削者均无权利组织和参加。我们在发展合作社运动中，应该严格地防止这些分子混入，以免破坏合作社，目前急于要做的分以下三种：

（一）组织粮食合作社，是调剂粮食的价格抵制商人、富农买便宜谷、粜贵米的剥削，保障红军及群众粮食给养为前提。

（二）发展各种生产合作社，首先是组织织布合作社，是准备做到苏区内的布自给，特别红军军服布料的供给。发展苏区生产，抵制资本家的剥削，以冲破敌人的经济封锁，改善工人生活为目的。

（三）扩大消费合作社。为了便利工农群众得到购买便宜所需要的日常必需品，抵制投机者及奸商垄断的剥削，尤其是在目前敌人五次“围攻”的前面，实行对苏区严厉的经济封锁，特别是封锁食盐，在这个情况底下应号召群众凑集现金到合作社，转交贸易局设法深入白区采办食盐进来供给群众和红军之给养，使群众不吃贵盐和掺了石膏米粉之盐，并要揭破敌人的经济封锁与奸商投机者故意提高盐价，以粉碎敌人经济封锁而得到充分的食盐。

怎样去完成这些合作社的运动

（一）以充分的政治动员

1. 把目前敌人五次“围剿”的严重性与阶级力量对比的转变，我们具有充分的粉碎敌人五次“围剿”的胜利条件，详细告诉群众。如红军在一、二、三、四次战争中及最近东方军和中央区红军之一部在吉水乌江的胜利，以及我红二、四方面军近来所获得光荣伟大胜利，缴到敌人无数万枪枝［支］，红军力量更大大地加强，苏维埃运动猛烈地向前发展与巩固，工人罢工潮流的高涨，灾民斗争的激烈，各地农民战争的扩大发展，白军士兵日益觉悟革命化，兵暴兵变不断地发生，整连营团或整师拖枪反水投红，全国反帝反国民党斗争的急激高涨，国民党武断宣传在群众中完全破产，尤其是国民党将整个华北出卖给日本及其他帝国主义以来，更引起群众对他们的仇视，将这些铁的事实告诉群众。

2. 同时要将工农群众的生活利益与政治形势密切联系起来，要免除富农、奸商及投机者的严厉剥削，必须开展经济战线上的进攻，大家来集股组织粮食合作社、织布［合作］社及其他各种生产［合作］社（如熬硝、烧石灰、造纸……等），扩大消费合作社以发展苏区国民经济以改善工农自己的生活地位。将这些意义详细地向群众解释，使群众有明确的了解，而激发他们发展合作社的热情。

（二）有组织的来动员

1. 县国民经济部合作社指导委员会，区粮食部、财政部、合作社指导委员与同级主席团商酌召集县区一级的会议。县区苏劳动部妇女代表会主席团、县区合作社各革命团体都到会，请共产党和青年团、工会、农工会来参加。在会议上来讨论与定出发展合作社的工作计划，并派人深入到乡村去作有力的政治鼓动宣传，并首先抓住一二个区的工作做好以推动其他各区。

2. 县区派出的同志到了乡区，与乡苏主席计划工作日程，召集代表会议和经济动员委员会会议，贫农团主任、合作社主任、妇女代表会主席团及指导员、工会、农业工会，请共产党青年团参加。在会议上报告讨论上级所定出的计划与决议，一致动员紧急地执行。

3. 各个代表经济动员委员会的委员贫农团与合作社主任妇女代表会主席团负责人及指导员，工会农业工会在乡苏开了会回去后，应有计划地接着各自召集选民贫农团员合作社社员妇女群众工会会员开会，来讨论组织与发展粮食社、织布社、扩大消费社基金，凑集现金买盐等问题。

4. 这些会议时间不要开久了（最多不上二点钟），须在晚上开。在会议上并分配每个到了会的选民会员社员妇女群众要担任宣传员的责任（并编为队三人至十一人不等），利用各种机会（如遇晚上闲坐、日间在田野间做工时，甚至走路做事休息时）向广大劳动群众作个别的宣传，处处着重地讲到组织粮食合作社、织布合作社，扩大消费合作社，凑集现金到合作社买盐的好处，与工农群众应如何求得自己生活更大的改善，使群众了解这些意义于他们是有极大的利益。

5. 经过一个相当的宣传时间后，以村或乡为单位召集群众大会举行公开征求股员运动。发动工农群众自动集股并可提起竞赛（如入一股、两三股等），但首先应有很好的布置。乡苏代表农业工会会员妇女代表应起到领导的核心作用。准备一些同志自己报告入股，拿现金买盐，以引起广大群众踊跃地集股加入各合作社。要做到每个工农都入一股（每股一元），自愿入四五股的听之。

6. 公开征求股员完毕时后，由乡苏、工会、经济动员委员会召集社员大会选举合作社管理委员会来进行合作社的一切工作，收集基金，粮食合作社收买谷子，织布合作社计划开工织布，消费社拿现金交贸易局去采办食盐。

7. 发动妇女群众纺纱，以村为单位组织纺纱小组。并领导他们日益求精，要纺得紧嫩和细匀，并鼓励竞赛，如纺得多又纺得好的实行奖励，以提高妇女参加这一生产的积极性。

省苏国民经济部印发

九月十一日

选自《湘赣革命根据地史料选编》下册，江西人民出版社 1984 年出版，第 495～497

页。原注："安福县国民经济部，一九三三年九月十六日于茶洋市翻印"。

35. 中华苏维埃共和国劳动互助社组织纲要

1933年临时中央政府颁布

（一）劳动互助社的作用，是在农村中农民互相帮助、做工，有计划地去调剂农村中的劳动力，使一方面劳动力有余的不致闲置，一方面劳动力不足的不致把农事废弃。这个办法特别在一年中几个农事最忙的季节，如莳田、割禾等有极大的作用，同时在这个办法下，又养成了群众的阶级互助精神。

（二）劳动互助社的发展，依靠把互助社的作用向群众作详细的宣传解释，使各人自愿入社，不得用强迫命令方法。

（三）劳动互助社以村为单位组织，最大的只能以乡为范围，乡以上不应有组织。

（四）加入互助社者以家为单位，凡是农民（贫农、中农）、农业工人及其他有选举权的人，不论男女老幼，都可加入，但地主、富农、资本家以及其他无选举权的，一律不准入社。

（五）劳动互助社以社员大会为最高权力机关。社员大会于每一个农事繁忙季节（如莳田、割禾等）的前后各开大会一次，必要时可召集临时大会。

（六）劳动互助社由社员大会选三人至五人组织委员会，再公推一人为主任（委员人选是要耕田有经验而不自私自利者），社员按照住处接近编成小组，小组人数多少不限，公推一人为组长，委员会分配人工时，须召集组长会议。

（七）劳动互助社调剂劳动力的办法，是每个入社的社员须在事先将自己哪一天割禾或莳田（或别种工作），须要雇几多人工，要几天完毕，一个月内自己能有几天帮助别人做工等，向互助社委员会报告。由委员会分别登记在簿上。然后统计，在农忙时期内，自某日起至某日止，每天共需要多少人工，社员内共有多少人工给他们适当分配，某些人某天为某些人割禾或做其他工作，如社员内人工不够分配时，可向别村别乡别区农事比较迟或农事已经完毕了的劳动互助社，订互助合同，叫他先来本社帮助，以后再由本社调人前去帮助他。

（八）社员按照委员会之分配，帮助其他社员做工时，应照工计算工资，请其他社员来帮助时，也须照工资计算。不过这个工资不必马上拿钱，可由委员会在簿上登记起来，你帮助别人做的工资记你"来数"，别人帮你做的工资记你"去数"，等到一阵农忙（如秋收）结束后，拿各人的"来数""去数"对除，如有多的，由互助社补钱给你，少的则你照数补给互助社，但先要钱用者，可设法先给钱或谷子。

（九）互助社工资多少，系按照各地生活程度与往年习惯斟酌增减，由社员大会多数决定之，不能过高，也不能过低，须兼顾到雇农、贫农、中农各方面的利益。但社员对社外做工时，仍按照时价，不受本社限制。

（十）这个工资应按照各人的工作能力与技术的高低分别规定，不能死板一律规定，致使能力强者，反而不愿意入社。但高低、差别不能过大。

（十一）结算工资时，如某人应补出多少，即应交钱，但确实无钱者，可准其照价交谷，由互助社向调剂局设法卖钱。其应补出工少而银谷两无或不够者，在社员同意之下，可准其以后帮别人做工，将工资扣抵。

（十二）人工之分配，互助社委员会应事先做好计划，分成若干小组，提出社员大会通过，某组哪几天帮助哪一家，都须当场使大家讨论磋商，不满意者便须对调，这是最重要的一件事。分配人工时，必须注意到各人住处相近，能力技术配合适当，与过去感情关系。应尽可能避免把有恶感的，或能力弱技术差的同编在一个组做工。无论如何，总要求得帮助人做的、请人帮的，双方愿意。切不可用命令强迫去分配，致帮人做的、请人帮的，双方都不愿意，使互助社不能发展。

（十三）关于乡与乡或村与村的劳动互助社，双方互订帮助合同，应规定工资多少，人工多少，几时来帮，要几时交换人工。在区乡互订合同，要当地乡苏或村苏土地部负责介绍，并要从政治上去鼓动社员的阶级互助精神。

（十四）劳动互助社分配人工时，须将社员中应帮助红军公田、红军家属耕田的人工计算在内，做个调剂，并须先与耕田队长商订红军公田及红军家属耕田的时间，按时调社员前去工作。

（十五）劳动互助社应与当地土地部、建设委员会及劳动介绍所发生很好关系。但劳动互助社主要是农民自己互相帮助耕种与收获的组织，不能侵犯劳动介绍所的权限。

（十六）劳动互助社由区苏土地部指导，乡苏推动，贫农团在第一次社员大会未开会以前，由贫农团委员会负责，办理征收社员入社等手续，直至第一次社员大会选举劳动互助社委员会时为止。

选自《中央革命根据地财政经济史长编》上，人民出版社 1982 年出版，第 400～402 页。

36. 消费合作社章程

1933 年临时中央政府颁布

一九三三年，中华苏维埃共和国临时中央政府颁发了《消费合作社章程》，全文如下：

第一条：本社以便利工农的消费，抵制投机者操纵和剥削为宗旨。

第二条：本社遵照合作社暂行组织条例第六条之规定，向□□县政府登记，取得合作社证书。

第三条：本社定名为□□县□□区□□乡消费合作社。

第四条：本社社员以工农劳动群众为限，富农资本家商人及其他剥削者不得加入。

第五条：当地政府必要时可认股参加，但政府只有一普通社员资格，无任何特权。

第六条：本社社员必为本社之直接消费者，都要向本社营业。

第七条：本社社员数量无限制，准许自由陆续加入，但成立以后加入之新社员，要经社员大会通过。

第八条：社员有破坏本社行为者，得由社员大会通过开除之。

第九条：社员如有要求退社者，须向管理委员会报告许可。

第十条：本社股金定每股大洋壹元，以家为单位，其一家愿入数股者听［便］。

第十一条：凡交足股金之社员，均有选举权、被选举权、表决权，但每一社员（代表一家）不论入股多少，均以一权为限。

第十二条：凡交足股金之社员，由本社发给股票及购买证。

第十三条：本社股票及购买证概用记名式，盖以本社图记，由管理委员会主任及副主任签名盖章。

第十四条：社员有转让其股权于承继人之权，但须得管理委员会之可决。

第十五条：股票及购买证如有遗失事情，应先报知管理委员会挂失，一面登报声明作废后，再向本社请求补发新股票。

第十六条：购买证只限该社员一家使用，不得借给非社员，并不得持证代非社员向本社购物，如发觉上项情事，应给该社员以停止分红一期之处分。

第十七条：本社以社员之需要为前提，大批采办日用必需品，零星售给社员。

第十八条：本社商品应以极低廉的价格售给社员。

第十九条：本社商品亦可售给非社员，其价格应比社员略高，但不能超过一般市价以上。

第廿条：必需品缺乏时，社员有优先购买之权。

第廿一条：本社以社员大会为最高组织，由全体社员组织之。

第廿二条：社员大会每三个月开会一次，如有临时事故发生，或社员三分之一之要求时，可由管理委员会召集临时大会。

第廿三条：社员大会须有三分之二社员出席才能开会。

第廿四条：社员大会之职务如下：

1. 选举、罢免或处分管理委员及审查委员；
2. 制定或修改本社章程及办事细则；
3. 通过或开除社员；
4. 审查三个月之营业、报告及决算；
5. 决定下三个月之营业方针。

第廿五条：管理委员会由社员大会选举七人至十一人组织之，设正副主任各一人。

第廿六条：管理委员会任期以三个月（或半年）为限，但得连选连任。

第廿七条：管理委员会每星期开会一次，其职务如下：

1. 依照社员大会决议，定出营业进行之具体办法；
2. 聘请或辞退本社职员；
3. 按期向社员大会及当地政府作营业等报告；
4. 处理其他日常重要事务。

第廿八条：管理委员会之委员，至少须有一人以上兼任本社职员。

第廿九条：管理委员会主任如不能兼任本社职员时，每日至少应到社一次，检查收支账目、营业情形等。

第卅条：管理委员会应负社务之完全责任，所聘用之职员，如有渎职舞弊情事，应由管理委员会负责。

第卅一条：审查委员会由社员大会选举五人至七人组织之。

第卅二条：审查委员会任期以三个月（或半年）为限，但得连选连任。

第卅三条：审查委员会每月开会一次，审查管理委员会之行为及账目。

第卅四条：管理委员会如有渎职舞弊或违章时，得由审查委员会召集社员大会改组处分之。

第卅五条：管理委员会与审查委员会通同舞弊时，得由社员三分之一以上之提议，召集社员大会改组和撤职以及向法庭起诉。

第卅六条：本社定三个月决算一次，决算期应制下列表册书类，交社员大会审定后，呈报当地政府及中央政府：

1. 资产负债表；
2. 损益表；
3. 财产目录；
4. 营业报告书；
5. 红利分配表。

第卅七条：每期纯利以百分之五十为公积金，百分之十为管理委员及职员奖励金，百分之十为社会公共事业，百分之三十照购买额为标准比例分还社员之消费者。

【注一】：利益之分配各地可由社员大会决定，但公积金须超过三分之一以上。

【注二】：分红给购买者之办法如因有登记计算之困难，可按照社员人数平均分配，将平日货价格减低，但公积金就要增加。

第卅八条：本章程如有未尽事宜，得由社员大会决议增删或修改之。

第卅九条：本章程遵照中央政府所颁发之标准章程与社员大会之决定所规定，增删修改之权，属于社员大会，但须向苏维埃政府登记备案。

选自《中央革命根据地财政经济史长编》下，人民出版社1982年出版，第150～153页。

37. 中华苏维埃临时中央政府征求专门技术人才启事

制定年代不详①

中华苏维埃中央政府现以苏区缺乏技术人员，特以现金聘请。凡白色区域的医师、无线电人才、军事技术人员同情于苏维埃革命而愿意来者，请向各地共产党组织及革命群众团体接洽，并填写履历，特询中华苏维埃共和国中央政府内务人民委员会，即可答复并谈判条件，于订立合同后，护送入苏区。

选自《苏维埃中国》，第一集，1933年印行，中国现代史资料编辑委员会1957年翻印，第135页。

① 原件未注明制定年月，可推断为1933年。

38. 川陕省苏维埃政府优待专门人才暂行条例

制定年代不详[①]

在国民党政府统治之下，广大劳苦群众，只供军阀豪绅地主资产阶级的奴役，没有受教育的可能，学习一切专门技术之机会，只为统治阶级子弟所专有。因此，在革命战争与进行赤区各种建设的目前，需要招致一批专门人材，给予优待，供苏维埃政府之使用，俾一切为统治阶级所秘守的一切专门技能得以转移于劳苦工农手中，使各种工作能更迅速地前进。

一、川陕苏维埃政府为了进行赤区建设，开展赤区富源，改善农业，发展工商业，提高工农生活与文化水准，冲破国民党军阀的封锁，使统治阶级所秘有的技术转移于贫苦工农，必须招致一批专门人才，供苏维埃政府使用。因此，特制优待专门人才暂行条例。

二、愿意在苏区服务之专门家须遵守苏维埃政府法令，不得与反革命勾结或参加其行动，并须忠实其本身工作。

三、各种专门人才在苏区服务之薪金，不受苏维埃薪资条例之限制。每月薪额由六十串至两千串，有特别技能其薪资超过两千串者，临时规定之。

四、凡有关于学术上的著述，由国家出版审查委员会审查后，交国家印刷所付印，并斟酌其价值，予著述人以相当报酬。

五、关于学术上之新发明，经苏维埃文化机关审查后，从优给以奖励。

六、在苏维埃政府服务之专门家，忠实工作三年以上者，得享有公民权，或减免其本身犯罪之刑罚。

七、在苏区服务之专门家，忠实工作五年以上，因年老或病患请求解职者，苏维埃政府每年予以退职金。

八、专门家在苏区服务与苏维埃政府相互间之条件，须预先经双方同意载入契约，共同履行。

九、专门人才之家属来苏区居住者，苏维埃政府当予以生活上一切之优待。

十、各种在苏区服务之专门人才，其子女得入苏维埃学校肄业，并享受免费优待。

十一、各种专门人才在苏维埃政权下服务有相当劳绩者，其残废或死亡，苏维埃政府予以抚恤金；其金额与年限，由苏维埃政府酌定。

十二、赤区内地主、富农有专门技能愿意在苏维埃政权下忠实服务者，同样享受本条例之优待；过去虽参加反革命行动，有贫苦工农担保其悔过自新者，得减轻其刑罚。

十三、本条例自公布后施行。

十四、本条例得由省苏执行委员会修改之。

川陕苏维埃政府　印

选自《川陕革命根据地历史文献选编》上，四川人民出版社 1979 年出版，第 210～

① 原件未注明年代。

211页。原注："原件存四川省博物馆"。

互校版本：《川陕革命根据地资料选编》，四川大学川陕革命根据地科研组1978年编印，第103～104页。原注："原件存四川省博物馆"。

39. 中华苏维埃共和国人民委员会命令中字第十六号——苏维埃国有工厂管理条例

1934年4月10日

（1）国有工厂的负责者为厂长，厂长由各该隶属的上级苏维埃机关委任，对于厂内一切事务，有最后决定之权，并向苏维埃政府负绝对的责任。

（2）厂内其人员或组织，如对厂长的决定有不同意时，可向该管上级机关控告，但在上级机关未废除厂长的决定以前，绝对无权停止决定的执行。

（3）在厂长之下，设工厂管理委员会，由厂长、党支部代表、团支部代表、工会代表、工厂其他负责人、工人代表等五人至七人组织之，开会时以厂长为当然主席，以解决厂内的重大问题。管理委员会内组织三人团：由厂长、党支部代表及工会支部代表组织之，以协同处理厂内的日常问题。

（4）工厂的各生产部门，须建立主任及领班的制度。主任与领班，执行厂长的命令与决定，对于各该所属生产部门的工作，负有绝对的责任，并有解决该部门内一切问题之权。但因工人违犯厂规而处分或开除工人时，必须呈报厂长才能执行。

（5）为发扬工人创造性，发展生产起见，应设生产讨论会，以研究生产技术，推进生产发展。生产讨论会应尽量吸收广大的工人积极分子参加。

（6）国家工厂内工资不得预支。但工人有特别事故（如家有丧葬、结婚、生小孩、生病等）得到厂长批准，可以预支工资，但最多不能超过该工人一个月工资，并须在下两月的工资内扣还。

（7）国家工厂的工资由国家机关与工会双方议定，国家工厂内不领工资的职员，得与政府工作人员受同等的待遇。

（8）工厂内关于扩大或缩小生产量，或非因临时事变而停工，或普遍增加工人工资，或签定足以影响其他工厂工人一般待遇的合同条件，或增加预算等事，厂长必须得到上级经济机关的允许才能执行。

（9）厂长不执行上级命令，或浪费金钱物料，或使工厂受到重大损害者，须受刑事处分。

（10）国家工厂必须确立经济核算制度，按月规定生产计划，与财政预决算。按月将生产计划的实行情形，详细报告该管上级机关。此外，工厂必须详细规定三月、半年以至一年的生产计划。完成生产计划和减少成本费，是国有工厂管理的最大任务。

（11）国有工厂的工人除一般的适用劳动法外，对于个别问题，得按实际需要，由工会代表与工厂负责人另行订定解决的办法。

主席　张闻天

一九三四年四月十日

选自《红色中华》，1934年4月14日，第四版。

互校版本：

1.《中华苏维埃共和国法律文件选编》，江西人民出版社1984年出版，第289～290页。原注：“见《红色中华》第一七五期第四版，一九三四年四月十四日”。

2.《中央革命根据地财政经济史长编》上，人民出版社1982年出版，第566～567页。

40. 中华苏维埃国家工厂支部工作条例

1934年4月21日中央组织局颁布

一、苏维埃国家工厂支部的基本任务。

支部在工厂中，一方面应经常广大地向工人解释和教育“以新的态度对待新的劳动”，每一党员应有最高度的劳动热忱，绝对地执行劳动纪律，学习与具备最熟练的技术，在事实上做群众的模范，教育群众怎样才是以新的态度为自己的工厂做工；另一方面支部应经常了解群众的实际生活，倾听群众的意见，从各方面去改善群众的生活。支部只有从这两方面联系进行，才能团结工人，组织工人积极性，提高工人群众的觉悟，实现每次的生产计划。

二、保证生产计划的完成。

支部应经过各种不同的方式去发扬和巩固工人的劳动热忱，来保证生产计划的完成：

（一）组织欢迎生产计划的运动——生产计划的订出，预先经过生产会议（技术好的工人和生产模范队长必须参加）提出草案，将各部门生产计划草案，交各部门讨论，尽量吸收工人意见，正确定出精密计划。在支部大会、工人大会上，由厂长（或政委与工程师）报告过去计划完成的程度，宣布新的计划，支部必须领导积极分子，充分的讨论过去生产中的缺点与错误，对新计划发表怎样完成的意见，务使新的计划在群众热烈欢迎下得到完成与超过。

（二）组织生产模范队——支部须经过工会在各部门组织与领导生产模范队工作，把能按厂规上工下工，完成每个生产数量，节省原料，质量最好，经常为工人模范的分子，组织在模范队里面。一般党员应为生产模范队员（不能当模范队员的党员不配为党员）。支部可经过模范队中党的积极分子号召队与队、部门与部门、个人与个人的生产竞赛，提出数量、质量、时间的快慢及成本费的节省等实际数目字，按时检查其工作，使模范队能帮助技术差或生产落后工人完成生产计划。工厂在原料与工具上须首先充分予以便利，对于最好的队员须予以奖励，对于超过生产计划的模范队或队员，可提议工厂给与奖励或送上红板。

（三）建立经济核算队——支部须经过工会，在各部门组织善于想尽一切方法发明各种节省时间、人力与原料等办法的分子到经济核算队中（这种队员往往又是生产模范队员），以节省的办法应用全厂，工厂可将节省项下抽若干为奖励金或给名誉奖。

（四）提高生产技术——支部须保证生产数量的完成，同时须注意质量的改善，应领导不熟练的工人学习更为熟练的工人。可以在俱乐部里面设立技术研究组，提倡技术竞赛。组织生产品展览会。派最好的党员和团员在最好的技术工人或技师中学习专门技术，决定专门的人教授学徒，特别须奖励那些学习最用功进步最快的分子。技术的发明家应当受到全厂工人的欢迎和国家的奖励。

（五）建立三人团——在生产过程中使许多问题迅速解决不致妨碍生产计划的完成，如工厂某部分工人怠工，工人提出的要求，克服某部分生产落后的现象等类，必须经过厂长、工会委员长、支部书记迅速共同解决的问题，得开三人团会议来解决。各部门亦可建立工厂小组长，工会支部主任（或小组长）与代表主任的三人团。会议由厂长（或工头）召集。如会议发生争执，最后取决于厂长。如支部或工会不同意厂长的最后决定，仍须执行厂长的意见，支部或工会可将意见提交上级解决之。有政委的工厂，政委参加三人团会议，政委有最后决定的权力。在三人团决定的一切问题，必须经过党的行政的支部的工会的各个系统，立即执行。

三、改善工人的政治文化与经济生活。

为了使工人了解为自己的国家工厂工作，把劳动热忱提到极高度，支部应该一方面经过俱乐部，吸收全厂工人参加夜校、读报、识字、墙报、娱乐、体育等组织，提高政治文化水平。全体工人参加赤卫军少先队学习军事。另一方面，必须了解工人日常生活中所发生的问题，如吃饭、卫生、居住、娱乐、教育等，不论工人已提出或未提出，即就是很小的问题，支部必须经过三人团迅速解决。工会可领导工人合作社便利工人购买日常用品。支部在这两方面进行许多具体的工作。同时对于那些消极怠工，偷窃行为，故意破坏公物，破坏厂规等标本的坏蛋，必须经过工会，在工人中具体的开展斗争，以至严厉惩办这种坏蛋。

四、加强对工会与青年团工作的领导。

上面许多任务，支部必须依靠工会与青年团来完成。支部应使工会吸收全厂工人（除地主、富农出身以外）统统加入工会。工人大会上的问题，工会名单与工作计划，必须在支部干事会中讨论。工会须特别注意工人教育工作，经常检查生产模范队与经济核算队工作，青年团是党在工厂中有力的助手，必须使顶好的团员参加生产模范队与经济核算队，组织轻骑队，领导青工学徒加紧技术的学习。工会委员长与团支书必须是党员，都应参加党的干事会（即工会干事与团工作干事），干事会须经常检查其工作。

五、支部干事会的组织与本身工作。（从略）

六、工厂支部与地方党的关系。

除军事工业中有政委的工厂支部，与地方党只发生横的关系（如协助地方工作，请地方党部作地方工作报告等）外，其余的工厂应一律直接受地方党的区委或县委的领导，经常向所在地的党委员会作报告，请求讨论本厂支部工作。一般的工厂支部应有计划的由苏维埃干事领导帮助当地乡支部或小组工作，领导工人实行优待红军礼拜六工作。

一九三四年四月十日

选自《中央革命根据地财政经济史长编》上，人民出版社 1982 年出版，第 567～570 页。

41. 川陕省财政经济问题决议草案

1934 年 10 月中共川陕省第四次党代表大会通过①

我们党领导广大工农劳苦群众及英勇善战的红四方面军，打垮了刘湘为首的全川军阀们的进攻，奠下了赤化全川全西北的胜利基础。我们目前的任务便是在这个伟大胜利的基础上，以更紧张的努力，更坚决的进攻精神，更伟大的残酷血战，争取苏维埃在全川全西北的完全胜利。

反革命的进攻不单在政治上和军事上，而且采取经济封锁的毒策，想来增加我们的困难。敌人时常说："苏区物质缺乏不能持久作战。"因此解决物质的困难，冲破敌人经济封锁，在长期的残酷的战争中，绝对保证工农红军的给养与供给，改善工农的生活，这是战胜敌人的必要条件。

财政经济政策的目的，便是供给红军的需要，改善穷人的生活，增加群众的利益，保证苏维埃和红军的胜利。

一切为着战争的胜利

保证红军的给养与需要，动员一切为着战争的胜利！川陕苏区的党和苏维埃，过去对于这个工作做得非常不够，特别是有些地方党部和苏维埃，特别是区乡以下表示充分的不了解。他不独不能为着战胜敌人而动员一切物质供给红军需要，最坏的甚至于说出"红军糟糕"，"估到提"等等，形成与红军对立的最坏现象。我们今后首先要用最大的力量来转变一（这）个错误的观点和行为。地方党和苏维埃要用尽一切力量动员一切物质资源，供给红军需要和增进工农利益，来战胜敌人，巩固苏区，扩大苏区与红军。

发展合作社运动

党和苏维埃要用极大力量来推广合作社运动。过去的合作社许多被乡村苏维埃的不良分子私人侵蚀，整年没有算账，社员吃不到合作社的相因盐，也未分红利，又不算账。现在应立刻号召各地算合作社的账，按期算账分红。

加入合作社一定要农民自愿，反对强迫。要用实在的利益来引诱农民大批的加入合作社。应到处宣传合作社的好处，按期算账分红，严厉反对一切"徇私舞弊""经济不清"和奸商式的经营和地主富农混入合作社，破坏合作社等等行为。

合作社要成为群众运动，群众自动到处成立各种各样的合作社（特别是多多成立粮食盐布合作社），由群众自己推举经理，群众自己经营。不是每村只成立一个，穷人愿意可以每村多成立几个合作社，越多越好。群众到处自己拿出钱来买棉花纺线织布，买卖盐油，成立合作社去经营盐井、掘矿或收买粮食，或贩卖日常用品，四方八面各种各样的生意和企业。头钱愈大愈好，股东愈多愈好。各县要大大地推广合作社运动，要高山老林到处都有群众的合作社，工人合作社、农民合作社、粮食合作社、布匹种子合作社等等。使苏区的货物流通丰足，到处一样的相因。一个人办不到的合力来办，老林里用不完的运到

① 原件未注明年代。按"川陕文献版"所载"大事月表"，川陕省第四次党代表大会于 1934 年 10 月召开。

坝子来卖，这要依靠广大群众得到利益，自动热心来办，要党和苏维埃的领导，才能成为广大的群众运动。

开发苏区特产与发展手工业

南部、赤江的盐井，广元的煤炭，赤北、南江、万源的煤铁，赤北、红江、赤江、巴中、红胜的白耳、茶叶，万源、城口的茶叶，仪陇、恩阳的棉花，巴中的白蜡，以及全苏区的桐油、猪毛、药材、木料这些苏区的特产，要用最大的力量来发展。

宣传群众到处成立纺织工厂，打盐井，挖矿，开铁厂，锅厂、铧厂、纸厂、糖房、油房、药行，排耳山。

对于这些事业一方面鼓吹群众自力的进行，同时政府方面尽可能的帮助保护，如无利借本等。

过去（在）“满工不分田”“半工分半田”和富农造谣说什么“新富农”等的影响之下，现在乡村手工业工人许多怕做手艺，怕带徒弟，我们要用最大努力，揭破这一切破坏造谣，大大提高手工业的生产，组织手工业工厂。同时发展家庭手工业，工人利用农闲或雨天晚间，在自己家里做手艺，拿手艺工业品到市场上来卖，供给市场需要。

加紧生产运动

目前秋收已过，党应立刻发动农民分田的斗争，非常迅速地将土田分好。各乡召集秋耕委员会火速领导秋耕，征发富农农具、种籽、耕牛，应各乡各区成立耕牛、种籽和农具的合作社，或耕牛、种籽合（和）农具的租借处，解决秋耕的困难。集中豪绅、地主和反动的家属由区苏负责编成强迫生产队，首先替红军家属代耕。穷人成立劳动互助社，互换活路，火速把冬粮点上，利用冬天农闲将以前的荒田、空田把连耕种起来。号召农民到城市去背粪尿做堆肥、修水路、掘堰塘、补田缺、种树等，以便利来年的春耕。

同时要大大发展农村的副业，多多喂养耕牛、骡马、母猪、肥猪，养蚕织布，养蜂，栽种棉花，养羊、兔、鸡、鸭等。

对外贸易与自由投资

收集黑白木耳、桐油、白蜡、木材、猪毛、羊皮等赤区多余和不需要的东西输出白区，由白区大批收买棉花、布匹、西药、食盐等赤区需要的东西。各边区立刻建立对外贸易的机关，奖励苏区农民，发展对外贸易。

同时奖励开办各种工厂与企业，欢迎自由投资，苏区、白区各种资本可以自由经营。在严守苏维埃的法令之下可以允许商店工厂自由营业而且加以保护，利用他们来供给苏区的需要和发展苏区的生产。

加紧执行统一累进税

统一累进税，是我们的阶级税收政策，征收有钱人的税来办穷人的事，不要穷人出一个钱，这和国民党整穷人的苛捐杂税绝对不同。这一工作非常重要，我们还要百倍努力，正确地执行这一政策。大大向工农劳苦群众解释统一累进税的意义，动员广大雇工，贫农、中农，特别是青年帮助顺利地和普遍地进行这一工作。

除各重要场口设立分所以外，到处找可靠的群众帮助代收，县分局的巡视员每十天巡视一次算账并提钱。

节省经济与增加生产

苏区经济要励行节省，一切浪费行为应给予严重的打击，特别各工厂各农场一切生产场厂要极力提倡节省原料，利用废物，提高工人的革命热情，自动为节省原料与增加生产举行革命竞赛。

一切机关里面规定工作人员数目，反对徇私舞弊，浪费公物，对粮食、盐巴、燃料等严格按人计算励行节省，每月费用有精确的预算决算。各县成立经济审查委员会，批准预算审查决算。

各级苏维埃的开支，按期清算，励行统一经济，工作人员一律发给工资。

拥护银行与调节物价

一切反革命分子和敌探用尽种种毒计想破坏我们银行的信用，阻碍我们苏洋苏票的流通，或造假票或造谣言，或故意抑压低票价操纵市面。我们首先就要动员广大群众严厉镇压这种反革命分子和敌探，动员广大群众拥护工农银行，拥护工农银行的票子和洋元。号召个个穷人自动拿钱向银行入股，集中农民手里的零碎经济聚成集团经济，变乡村睡着的经济成为活动生利的经济。银行一方面吸收穷人的零碎经济，一方面向穷人作无利或低利的借贷。

在广大群众拥护之下，首先安定洋价来有计划地调节物价。一切物价要跟着银价卖，不能无故高抬市价，任由奸商操纵市面。开展反奸商的行动。一切布匹油盐和粮食价格应站在整个阶级的群众利益上有意地调节。

苏区内的秤、尺、升、斗，应实行政府专卖，统一度量衡，严禁大斗小秤，一切舞弊情形。

举办交通与水利事业

苏区河流对我们的运输有非常大的帮助，各县各区应大大钉船修河，凿滩开路，集中骡马牲口，成立交通站，修补桥梁道路，动员当地群众发展交通事业。

没收工作

各县财委会下面成立没收委员会统一没收工作，有条理地执行没收，进行征发富农冬衣。

同志们：敌人时时刻刻都在说我们苏区物资缺乏，不能作持久战。敌人过去虽然遭受了惨败，受到了我们严重的打击，但敌人临死的挣扎，仍然是要采取更残酷的经济封锁政策的，敌人是不会自己放松他的进攻的，只有依靠我们百倍的努力和实际的工作才能粉碎敌人的封锁和进攻。

坚决完全地执行党的经济政策，发展对于工作的弱点与错误的残酷的自我批评与两条战线的斗争。为着苏区经济的流通与发展，为着保障红军的供给与给养，为着战争的胜利，党与苏维埃要以最大的力量来全部完成党在经济战线上的战斗任务。少说一句空话，多做一件实际工作！

完全消灭刘湘！

苏维埃四川万岁！

赤化西北万岁！

川陕全省第四次党员代表大会　印

选自《川陕革命根据地历史文献选编》下，四川人民出版社 1980 年出版，第 540～

547页。简称“川陕文献版”。原注：“原件存阆中县文化馆”。

42. 川陕省苏维埃政府布告——苏区营业条例

制定年代不详[①]

一、苏维埃政府对于遵守苏维埃法令的中小商人，均准其商业上的自由，并予以苏维埃法律的保证。

二、苏维埃区域行使的货币为苏维埃工农银行的洋钞，一切商人不得拒绝使用苏维埃政府发行的货币。

三、苏维埃区域内一切商店必须依照累进税则的规定纳税。

四、商店雇用店员、学徒必须依照苏维埃劳动法令，执行的是实行八小时工作制，增加工资，承认并实行社会劳动法。

五、商人不得任意提高商品的价格，尤其是对于群众必需的商品（如盐、糖、布……）。但在极度需要的时期内，苏维埃政府得对于那些首先最必需的主要物品，规定最高价格。

六、苏维埃区的商人对外贸易，必须到当地县苏维埃或区苏维埃详细报告或登记，苏区必需物品和禁止入口商品，都不能私自运送。

七、非苏区的商人与苏区的商业贸易，必须遵守第（二）、第（三）、第（五）、第（六）等条例，得准其贸易，但其货品必须首先运至赤区边境税务局检验。至于在苏区内地的一切行动，都必须得苏维埃的允许。

八、苏维埃政府对于苏区中的企业的领有者，在遵守和施行本条例的第（二）、第（三）、第（四）、第（五）、第（六）等条例，允许他继续生产。企业领有者实施条例如果破坏一个，无论是怠工生产或是关闭营业，苏维埃政府立刻施行没收。

九、苏维埃政府宣布：一切帝国主义的企业或反革命国民党的企业，一律收归国有。

十、对于反革命的商人或以商业而进行反革命阴谋的商人，他的营业财产，一律没收，并根据苏维埃治罪法制裁。

十一、商人凡违反本条例的执行，都要受苏维埃法令惩罚。

十二、本条例自公布日起施行。

选自《川陕革命根据地历史文献选编》下，四川人民出版社1980年出版，第538～539页。原注：“原件存川陕革命根据地博物馆”。

---

① 原件未注明制定年代。

国家社会科学基金特别委托项目，项目编号：10@zh027，
项目名称：“革命根据地法律文献整理与研究”

革命根据地法律文献选辑

（第二辑） 下卷

第二次国内革命战争时期中华苏维埃共和国的法律文献

（1927—1937）

张希坡 编著

中国人民大学出版社
·北 京·

下卷目录

下　卷

下　卷

十、文教卫生

1. 闽西第一次工农兵代表大会文化问题决议案

1930年3月24日通过，25日公布①

一、区政府、县政府、闽西政府应组织文化委员会，计划各种文化教育之进行。

二、闽西政府开办各种高级学校，以造就各种人才。

三、闽西政府应聘请富有斗争经验者，经常开办各种工作人员训练班，造就各种干部人才。

四、闽西政府及各县政府应出版日报，经常登载各处工农生活状况及斗争情形。

五、各县应开办全县最高级的学校一所，招收男女学生读书，免收学什费及书籍费。

六、各区乡应普遍开办高级初级劳动学校，招收男女学生读书，除膳费外一律免费。

七、六岁以上及十四岁以下之男女应入学校读书，父母不得阻止。

八、各乡区应普遍开设补习学校或夜学，俾失学男女有求学机会。

九、各区乡应尽可能开办阅报社、俱乐部。

十、各县应组织新剧团，经常出发表演新剧。

十一、各级政府及机关要出版宣传刊物，须经县政府文化委员会批准。

---

① 1930年3月18—24日，闽西第一次工农兵代表大会在龙岩城召开。大会于24日通过各项政策法令，25日正式发布。

十二、新剧剧本须经区以上之政府审查方得表演。

十三、县以上政府有检查邮政权，如区乡政府所在地有邮局须检查时，可由县政府委任检查。

十四、各级政府应置一群众意见箱，以征求群众意见。

十五、各县教育经费至少要占全县收入百分之二十。

十六、废止国民党党化课本，另由闽西文化委员会编制新课本，或由县政府编制，经闽西政府批准。

十七、教员要规定最低限度薪金，多少由县政府规定。

十八、对于腐败教员，有学生多数反对者即应撤换。

十九、各地教员要经过区政府审查批准。

二十、学生会得派代表参加校务会议管理校务。

二十一、闽西政府应开设书店，采办各种革命书籍。

二十二、各区乡政府要切实进行识字运动。

选自《中央革命根据地史料选编》下册，江西人民出版社1982年出版，第51～53页。原注：“《闽西第一次工农兵代表大会宣言及决议案》之（四）”。

2. 瑞金县苏维埃政府目前文化工作总计划（选录）

1930年9月20日文委会第一次会议决定

目前教育方针

1. 养成在革命环境中所需要的革命工作的干部人才。

2. 社会教育，普遍而深入地提高群众阶级觉悟、政治水平、文化程度。

3. 采取强迫性质的教育。凡六岁至十一岁的儿童，有必须受小学教育（小学的学制采取三三制的年限）的权利和义务。

4. 施教的方针，以养成智力和劳力作均衡的发展为原则，并与劳动统一的教育之前途。

5. 各地小学的名称，概改为劳动小学，如某县某区第〇高级小学，某县区第〇初级小学。

6. 关于数量的分合问题。从一九三一年下半年起，所有学校，从新编制，根据当地儿童数量、地方距离及经济情况等决定分开或合并。

7. 学校经费问题。各级学校的教育经费暂由当地苏政府负责。

8. 关于编审小学教材问题。催促编审委员于最短时间将闽西及赣东南文委会所编成的初、高级教材翻印之。

9. 减少文盲运动。各区乡应履行减少文盲运动。学校中应定一周为减少文盲运动周。在此周中，应张贴标语，演讲，组织十人识字团及其他一切方法足以减少文盲者。

甲、问字所：乡村中每隔二十户，街道上每隔十铺须设问字所。

…………

丙、凡指导员皆为训导员：……

丁、训导之实施：

（1）训导员开会决定训导方针。

（2）以训导员数除学生数，得每月指导员应负责训导学生数。

（3）训导员根据训导标准而实行训导（训导员与学生须发生密切的关系，借以察知学生之思想行为而加以训导，最好每天晚（饭）后同他们去散步，每日特别开一谈话会）。

戊、训导生团，训导生宜常常更换，最好每月一次。

己、事务科，设主任一人，书记、会计事务各一人。以上各科除主任外，应多量提用学生。

（1）训练学生的办事能力。

（2）训练学生的责任心，对什么事都抱求知的态度，负责任的思想。

（3）密切师生间的联系。

（4）训练学生自动能力。

附志：以上组织是完全的，规模大的学校用的。如果规模小的，尽可斟酌减省，如体育课可归并于事务课；教务员可由主任兼……

1. 各种会议之构成。
2. 校务会议，由全体指导员，职员构成。
3. 教务会议，由教务科全体指导员及职员构成。
4. 训导会议，由训导员全体构成。
5. 事务会议，由事务科全体职员构成。

在以上各种会议中，学生均得派代表二人参加，但无表决权。所以要这样，是鉴于过去学生对校务隔膜，因而常起风潮，为避免各种隔膜，校务公开是必要的，而且有学生参加意见，学校一切设施必更能适应学生的需要。

一九三〇年九月二十八日印于瑞金县苏文化部

选自《江西苏区教育资料选编》，江西省教育厅编，江西教育出版社1960年出版，第147～149页。

3. 列宁学校条例

1931年

第一条　苏维埃教育完全实行强迫制，以六岁为学龄儿童。

第二条　实行奖励政策，凡办学有优良成绩者，个人或学校，政府给以发榜和赏赠物品两件奖赏。

第三条　普遍建立列宁学校：（1）每县至少设立列宁完全小学一堂；（2）每区至少设模范小学一堂；（3）列宁小学各校须普遍建立于各乡；（4）其他各工农夜校、俱乐部、识字处、通俗讲演所等社会教育，须普遍建立。

第四条　规定教育经费，县政府应由全县整个收入百分之十作教育经费，不够时，可举行募捐，但须造成广大运动。

第五条　教育行政，学校绝对要统一。全县各学校均与县文委会发生直接指挥关系，经费由县文委开支，但上级政府文委会与下级政府文委会，不得发生直接关系。

第六条　列宁学校实行二四制，前期四年，后期二年。

第七条　列宁小学实行校长制，由校长、教务主任、训育主任、事务主任及学生代表一人，共五人组织校务委员会议，解决一切校务。

第八条　学生待遇，必须优待红军及死难烈士子弟，立于阶级观点上来决定，决不一律平等。其待遇分：(1) 红军及死难烈士和工人子弟走读的，学校供给书籍，住校者伙食自备，如万不能接济时，由当地政府斟酌情形津贴之。(2) 贫农子弟一切费用由自己负担。(3) 中农及独立手工业和中小商人子弟，一切费用由自己担任外，每学期缴学费洋四元。

第九条　列宁小学教材，除自然科学采用旧的外，其余共产主义教材，均由县政府文委编辑发给。所有五经四书及反动教科书一律禁止教授。

第十条　严厉取缔私塾，凡未经政府批准者，禁止开办。

第十一条　教师待遇，每月生活费七元，按十二月发给，废除薪金制。

第十二条　提高女子教育，凡满学龄之女子，必须进列宁学校读书。

第十三条　彻底肃清封建思想，禁止缠足、穿耳、敬神。

第十四条　苏维埃教育以政治化、军事化、科学化为原则。

第十五条　以上各条各级政府须切实遵照执行。

第十六条　本条例自公布之日起即发生效力。

选自《老解放区教育资料》（一）土地革命战争时期，教育科学出版社 1981 年出版，第 166～167 页。原注："节自《湖南现代革命史料汇集》第三册，第 238～340 页"。

注：此条例乃《华容县苏维埃政府文委会通告第四号》的附件，单独列出。

4. 江西省苏维埃政府通告
——选派活泼青年女子入看护学校

1931 年 2 月 1 日

各级苏维埃政府：

中国的局部革命战争开始了，反动统治阶级愈加发狂的恐慌，用极残酷的白色恐怖，加紧向革命势力进攻。中国工农群众为从帝国主义、国民党军阀铁蹄之下解放出来，推翻国民党统治政权，建立工农兵代表会议苏维埃政权，因此目前积极准备武装暴动，为苏维埃政权斗争。在这种激烈的革命战争之下，无数英勇战士奋不顾身，与敌人肉搏血战，有不少牺牲受伤者。故赣西南红色医院，为要使一般负伤革命同志，有人照护和安慰，而使其平心静气地医治，不得不开办一女看护学校，专学习看护技术，以资将来做看护工作。学生名额一百名。年龄在十五岁以上二十二岁以下者，要忠实活泼可靠（稍识文字更好），决定二月十五号前开学。望各级政府接此通知后，限十日内选派大批女同志前来学习。但须注意勿使AB团、取消派等分子混入，政府须绝对负责。

总医院设兴国城岗，如离该地附近，政府可直接介绍前去。特告。

江西省苏维埃主席　曾　山

1931年2月1日

选自《老解放区教育资料》（一）土地革命战争时期，教育科学出版社1981年版，第246～247页。原注："录自江西省档案馆"。

5. 华容县苏维埃政府文委会通告第四号

1931年上季文化教育工作计划

各乡政府：

各乡政府接受一代会精神，执行目前革命最急迫的任务，已举行了第一次文化教育联席会议，制订一九三一年上季的文化教育工作计划，并指出过去各级政府对文化教育工作的忽视和错误观念。

（1）认为文化教育工作，此际正与敌人短兵相接，不十分需要，是以都一般地忽视；（2）认为教育与政治无关，是专为教育而设，以致形成脱离斗争的和平主义；（3）封建思想特别浓厚，以为新的教育不如旧学，致使一般儿童青年坐废，阻止革命进化；（4）没有建立在阶级意义上，对于学生都是一般地看待，以致富农子弟充满了学校，在前线斗争的战士、死难烈士的家属及无产阶级的子弟，反失掉了受教育的权利。以上种种错误观念，在执行严重政治任务的时候是应坚决纠正的。

在目前阶级斗争极端尖锐的时候，工农阶级与统治阶级作肉搏血战的时候，苏维埃区域的任务特别加重，对于文化教育工作的目标应当是：

（1）要适应革命的需要，造就身强力壮忠实于无产阶级的战斗员，绝不是培养一般书呆子。

（2）要注意共产主义的教育，造就无产阶级的阶级思想，使劳动者了解资本主义是矛盾的社会，必然崩溃，而代之以共产主义的社会，务使认识共产主义社会是美满的，是必然的，是可能实现的。为要达到这一目的而努力，而自信，而忠实，尤其是要加紧国际教育，打破国家界线，才能建立苏维埃的社会基础，巩固苏维埃政权。

（3）要站在无产阶级的立场上，特别加紧工人教育，提高工人的阶级觉悟，加紧无产阶级的领导力量，尤其是对于前线红军战士及死难烈士的子弟，特别优遇，以鼓励革命战斗员。

（4）是斗争的彻底摧毁孔孟思想，提高科学教育。

在过去因感觉人才的困难，而影响到文化教育工作，但是宣传工作之没有建立，确是重要原因之一。此后须扩大苏维埃教育意义的宣传，号召群众自己起来努力劳动文化的创造，担负教养后代国民——社会主义新一代任务。因此各级文委会应扩大宣传工作（标语、墙报、讲演）。

（甲）列宁小学的普及

各区列宁小学，虽有的已建立数校至十数校者，但还没有普及到各乡各地。对于离学校较远的地方，一般儿童仍然没有读书的机会。为普及教育起见，特决定具体办法如下：

（一）列宁小学，每大乡最低限度建立三校，小乡须建立两校，每校学生四十名，用教员二名（不满四十名者，只用教员一人），校址须设在学生集中的地点，使广大儿童都能得到教育。

（二）每区建立列宁模范小学校一堂，设备上要稍完备，教授上须采用新的方式，按照学生成绩，分成班级教授，以作列宁小学的模范。学生数目要在一百名以上，用教员五名，校址要在中心地点。

（三）列宁模范小学应该附设特别班，使一般年龄较大而失学的学生，得到相当教育。

（四）列宁完全小学校由县文委会负责办理，最低限度须设法成立一校，分高初两等，学生三百名，用教员八名。高级决定开两班。初级小学学生从六岁起至十二岁止，高级小学学生从十岁起至十五岁止。年龄过高而程度相差太远者，编入特别班教授。

（五）凡儿童年满六岁者，其家庭应送往学校读书，当地政府有督促之责，实行强迫教育。

（乙）学生待遇

（一）学校分走读与住校两种：（1）列宁学校只有走读的，模范列宁小学大部分应当是附近学生，只有程度在高年级的及完全学校，而家庭距校太远者才能住校，伙食自备；（2）红军及死难烈士和工人子弟走读的，学校供给书籍，住校的伙食自备，如十分困难时，当地政府得斟酌实际情况津贴之；（3）贫农子弟一切费用由自己担任；（4）中农及独立手工业、中小商人子弟，一切费用自己担任外，每学期缴学费三元，（5）富农子弟及大商人子弟，一切费用由自己担任外，每学期交学费四元；（6）白色区域学生，按情决定。

（丙）社会教育的实施

（一）通俗讲演所，每乡每区须建立×十所，在小市上和人户稠密之地方，都应尽可能地建立。每日须规定明了政治和了解马克思主义的同志讲一次，并要言语通俗，使群众易懂，才能引起群众研究政治和马克思主义兴趣。

（二）儿童识字处，是实行教育普及工作之一。各区每乡尽量设立二堂或三堂，每日派人写几个大字，指教儿童认识，并解释其意义，最好写些革命首领名字，例如马克思、列宁、李卜克拉西、卢森堡女士……等，同时介绍其历史。又要将日用的东西及常见的物件一类的字教给儿童，并要引起儿童的兴趣。为使其易于召集，其地址最好要在列宁小学及乡政府附近，教授由列宁小学及政府负责人担任。

（三）平民夜学校

（1）应设立在列宁小学一起，每个学校内须设立一堂。

（2）年龄从十六岁起至三十五岁止。

（3）书籍用品、油灯及读书时候所需的东西，概由当地政府津贴。

（4）课程分常识课本、苏维埃法令、共产主义、习字。

（5）授课时，每晚从六点钟起至八点钟止。

（6）教授由列宁小学教员及苏维埃政府负责人担任之。

（7）修业期限，规定三个月卒业。

（四）赤色俱乐部，要与总工会共同计划，尽量建立，至少在县城建立一所。务须扩充到塔市驿、墨山铺等市镇和工集场。其内容分阅报、讲演、读画、新剧、音乐……等部。

（五）工农读画处，每乡须于中心地点建立一堂。在列宁小学附近的，可由教员担任教授。在没有列宁小学的地方，可举出几个负责人，指定主任一人，负担教授和保管之责。

（六）新剧社，每区须建立一所。剧本由县新剧团发给。在新剧运动，要是艺术性的，是最好的宣传方式。筹备费可由政府津贴。

（丁）教材与学制

（一）学制采取四二制，初级四年，高级二年，所用教材如下：

高级：国语、算术、自然、地理、历史、体育、音乐、艺术、共产主义、作文、集会、习字。

初级：（一、二年级）国语、常识、算术、艺术、习字、游戏、集会，（三、四年级）加共产主义。

（二）高级每星期授课三十六小时，初级一、二年级三十小时，三、四年级三十二小时，功课时间表，由县政府文委编发。

（三）关于教科书，已组织编辑委员会，并开始编辑各种教材，在刮民党的杀民主义教材，除采用算术、自然、艺术外，其余四书五经及其他一切书籍，列宁小学校绝对禁止教授。

（四）各区乡应尽量收集各种科学书籍，缴送县文委会，以供编辑之参考材料。

（戊）教育行政与学校行政

（一）全区学校均归区文委会指挥，经费须由县文委会统一开支，学校名次须在全县统一，依次的规定，各区乡文委会负督促指导之责。

（二）县文化教育委员会，以五人组织之，委员长一人，统计科、社会教育科、巡视科、编辑科等，内设秘书一人。区文委会以三人组织之，委员长一人，社会教育股主任一人，委员一人，乡文委员×人。

（三）学校采取校长制，设教务、训育、事务主任各一人。组织校务委员会，处理校务。校委会由校长、教务主任、事务主任、训育主任、学生代表一人，共五人组织之。

（四）假期：除星期假期和革命纪念日外，每年总放暑寒假各一月。

（五）学生学费，由事务主任收缴县文委会。教员生活费，由县文委会每月发给七元，寒暑假期不扣。

（己）教师与学生的组织

（一）教师得自由组织研究团体，讨论各种科学及革命理论。模范学校教员，每星期举行两次讨论会，须邀请附近列宁学校教师参加。对于研究用的小册子，由县政府发给。

（二）初级列宁学校学生，组织学生童子团，属当地最高团部指挥。高级列宁小学组织学生会。学生会没有全县的组织，它的任务是参加学校管理，服务于校内的种种劳动，复有暂修学校道路、照顾公共事务责任，以养成儿童有为团体目的而劳动的精神，最主要的就是要担负革命宣传工作。

（庚）反封建思想运动

要巩固革命基础，不得不注意反封建思想运动，使广大青年都得到新的教育。兹决定以后的工作：

（一）加紧反宗教运动，各列校须组织宣传队，在课余或星期日举行打破迷信及剪发放足各种宣传，同时要多制画报标语张贴。

（二）各列校绝对禁止教授四书五经及孝经等读物。

（三）要多制反封建思想一类的新剧，发给各区乡文委列校，以便时常在民间表演，举行新剧的反封建宣传。

（四）要加紧反封建思想的斗争，肃清孔孟思想及刮民党的杀民主义与改良主义……等。

选自《老解放区教育资料》（一）土地革命战争时期，教育科学出版社1981年出版，第160～165页。原注："节自《湖南瑞代革命史料汇集》第三册"第234～340页。

6. 鄂豫皖苏区的文化教育政策

1931年7月鄂豫皖区第二次苏维埃代表大会通过

在封建地主压迫之下，中国劳苦群众，一向沉沦文化低落的黑暗地狱中间。国民党的地主、资产阶级依然压制工农群众文化的发展。所办的学校高收学费，专门教育地主、资产阶级的子弟，养成为地主、资产阶级服务压迫革命运动的人才。帝国主义者的教会在中国所办的教育，养成替帝国主义侵略中国、反对革命的干部。只有工农自己的苏维埃能够发展真正广大的文化教育工作，去为广大群众谋利益。依靠革命的伟大创造力，我们要在革命战（争）的创造中，去创造鄂豫皖苏区的文化教育工作：

一、苏维埃政府在共产党领导之下，发展苏区的无产阶级文化教育，对于工农分子实行免费的教育；对于地主、商人及一切依靠剥削别人的分子，征收特定额的学费。

二、为广大建立苏区文化教育工作，苏维埃按照自己的财政状况作出预算，划出一定款项来作文化教育工作，各群众团体亦划分相当经费，创办文化教育事业。

三、苏维埃政府定出整个教育计划，设立各级普通学校（苏维埃工作干部学校、工艺美术、农业学校等），造成苏维埃政府各方面所需要的人才。

四、审查各种教材，严格反对三民主义的、孔孟之道的、耶苏教会的以及一切地主资产阶级思想的材料。统一教材的内容，严格以马克思列宁主义为根据，同时编定各种模范课本，供给学校使用。实行生产训练，每个学生都要参加生产，实行生产化的教育。

五、重新审查各方面文化教育的干部，广大地吸收非苏维埃的革命群众、文化教育工作人员到苏区来工作。

六、广大发展和建立俱乐部、游艺会、美术、戏剧、化装讲演等工作，在红军、苏维埃机关、工会等一切组织中去发展这些组织。

七、苏维埃政府定下计划，建立公共图书馆、博物馆、革命博物馆、公共阅报所、通信讲演场等群众教育组织。

八、苏维埃政府须努力消灭文盲运动，除广大发展学校文化教育外，广泛组织识字班、读书班等组织。

九、奖励书籍著作。非苏维埃公民有价值的著作，苏维埃文化教育机关审查许可发行者，苏维埃予以独立发行出版的便利，其条例另定之。不经过政府机关批准，私人不得出版作为刊物。

十、利用文化教育机关广大群众各种及［反］迷信的宣传教育工作，提倡卫生运动。

选自《鄂豫皖革命根据地》，第二册，河南人民出版社1989年出版，第435～436页。原标题：《鄂豫皖区第二次苏维埃代表大会文件》(1931年7月1日—×日)。

7. 鄂豫皖区赤色教师学生代表大会决议案——发展苏维埃教育文化事业的任务与政策（节录）①

1931年8月②

一、苏维埃教育文化事业

(1) 我们要明白苏维埃教育文化事业，必须对苏维埃政权有一个正确的了解，它是代表工农群众谋利益的政权，所以它的一切事业都是以无产阶级的观点出发，因此苏维埃的文化教育必须是建筑在广大工人群众身上，为培养革命的工人干部，尽量提高他们的文化知识，使他们的伟大的创造能力和新的思想尽量发展，以完成整个革命任务。

(2) 在苏维埃运动日益发展，工农红军日益加强的情形之下，一切反革命的进攻，必定更要残酷，我们必须加紧培养为阶级作战的工农干部，来坚强阶级的领导。但目前在各种工作中都感觉人才的缺乏，所以要开办许多短期训练班，专门提出实际问题，如怎样分配土地，怎样组织苏维埃和怎样管理财政等来和他们讨论，帮助他们解决工作中的困难。文化工作必须在这样艰苦的斗争中建立起来，才能答复目前的革命需要。教育是与生产相联系的，这一点绝不是像那些同志们在平常所了解的一样，一面学习，一面又参加生产，就叫着生产化的教育，这样是不够的。我们不仅仅是要一面学习一面又参加生产，而且要学习一件东西，就要了解这一件东西的实质。例如种秧，我们要使学生知道怎样犁田，上肥料下秧以后如何可以生长，长成稻子之后又如何去割，稻子的成分怎样，都要使学生了解，而且要亲自去做，怎样计划这一个工作等都要学生参加意见的。

① “鄂豫皖根据地版”有此副标题，“鄂豫皖教育史版”无有副标题。

② 原注：原文无年代，此年代为原档案整理者判定。

（3）学生在学校参加学校一切管理，并于怎样来进行课程，应用什么方式来实现这些功课，学生都可以发表意见。这种事实只有在苏维埃政权之下才能实现，因为它根本是要叫这一工作深入到广大群众当中的，适合广大群众要求的，与资产阶级的不同点就在这里。资产阶级的学生，所学的都是为他们压迫工农所需要的，而我们的学生在学校所学的恰恰是工农阶级自己所要求的，真是能合实际的。

二、目前实现苏维埃文化教育政策困难和阻碍

（1）反革命的进攻和破坏。因为苏维埃运动是要根本消灭一切反革命的势力，求得工农群众的彻底解放，所以它（苏维埃政权）是与一切旧势力相对立的。目前苏维埃运动的发展，工农红军猛烈的扩大，动摇了帝国主义、国民党、军阀的统治。他们为延长他们的生命起见，屡次向我们赤区和红军进攻，破坏苏区的物质，对苏区四面八方的封锁，企图消灭革命运动，使我们在敌人的“包剿”中发生许多困难。特别是经济的缺乏，对文化教育工作的发展是有很大关系的。假如我们真正来实现生产化的教育，就必须有很大的设备和参考，这都是需要很大的经费才能完成的。但是我们现在处在敌人不断的进攻中，要执行这个任务，自然不是很容易的，是要有极大的刻苦精神与这些困难作斗争，要在这个困难中来建立我们的工作。

（2）因为几千年封建制度的统治，中国的文化教育沉沦在黑暗的地狱中，一旦要来建立新的文化，而那些封建的余毒还没肃清，他不明白这新文化的实质，所以不能迅速地来拥护这一政策，使他实观，相反的有时还要遇着他们的反抗。例如现在有人说我们的新教科书是说白话，没有用的。这样现象，无疑地对于我们是有很大的妨碍。

（3）在苏维埃政权之下，都是工农群众，过去因为受了压迫没有受到相当的教育，而在资产阶级社会里所谓教育人员，都是为资产阶级当走狗，赞扬资产阶级的，他们在苏维埃政权之下是丝毫没有作用的，所以目前苏区教育人员缺乏，也是我们在执行文化教育工作中的困难之一。

三、资产阶级文化教育

（1）资产阶级为维持本阶级的利益起见，不得不培养出许多干部。例如帝国主义在中国开办许多教会学校，他并不是觉得中国的文化落后来提倡中国的文化的，而是为培植他们在中国压迫中国民族革命运动的忠实走狗，实行他的文化侵略政策。所以有许多青年完全为他们欺骗。现在国民党军阀一样的是在到处设立学校，实行三民主义的教育，教育大批的地主、资本家的子弟，压迫工农群众以维持他们的统治。

（2）他们的教育方针在一般的看起来，好像是很进步的。因为他们看到了过去那种死板的教法，使学生死读诗书，是没有用处的，所以他们现在为要使他培养出来的真正能够起得作用，就采取了所谓设计教育，叫学生一面学习，一面参加实际去做，什么道尔顿制，要学生自己研究，教师在旁边指导。这种方法自然可以发展学生自动研究的能力，可是我们要明白这不过是资产阶级在玩弄一般所谓受教育的青年，实际上他们决不会叫学生自己来参加一切教学的计划，而是他们已有了一定的规定，拿来欺骗一般青年。所以资产阶级在这种情形之下培养出来的学生，是真正能够执行他的任务，压迫工农、剥削工农的，对于我们工农群众革命的利益丝毫没有利益的。

（3）明白了上面的情形，我们可以不言而知，在资产阶级统治下的群众，是丝毫不能

有受教育的权利。因为他们（资产阶级）所办的学校高收学费，一般工农劳苦群众哪里有钱来住学校。所以我们说在资产阶级统治之下，是有极少数小资产阶级有受教育的权利，广大的工农群众只有在他们的高压之下过着黑暗的牛马生活，他们伟大的创造能力和活泼的新的思想就不能很快地发展起来。

四、教师应怎样帮助苏维埃规定文化教育政策

（1）现在的苏区教师最大多数对苏维埃是个什么东西，都没有很好的了解，苏维埃的政纲是些什么也不能深刻地明白，这样要来实现苏维埃的文化教育是非常不够的。每个教师在每次会议以后必须要加紧对政治问题的研究，提高自己的政治程度，才能帮助工农的学习。

（2）什么是生产化的教育，教师要了解实行这个工作，教师要有怎样的任务，若是教师不明白这个教育的意义，他就不能帮助和指导学生的学习，所以教师要切实来研究怎样来执行这个教育工作。

（3）在资产阶级社会里，一般教师都是他们的走狗，因为他们所培养出来的，都是压迫工农群众的，所以我们反对他们的。但是现在赤区的教师，有许多以为自己教学不是一种革命工作，有的以为自己横直是不懂什么，所以对于这一切事情，都是取旁观的态度，不来积极参加其他的工作，这种现象是非常不好的。只要自知担负工作，积极完成应有的任务，培养工农干部，就是革命工作。

（4）许多教师到现在还是采取那最落后的教授方法，每天死板板的不能引起儿童对学习的兴趣，更谈不上提高儿童自动研究的能力，这对于我们来实行新的文化教育是有很大的妨害，所以教师应当彻底改良过去教授方法。

（5）苏维埃为要很快地提高工农文化程度，到处设立各种文化团体，如俱乐部、列宁室、读报班等，教师在这些组织当中应积极地帮助工农作知识运动。

五、学生应怎样帮助苏维埃实现文化教育政策

（1）学生和教师一样的必须明白这政策的意义，才能了解这个政策对自己有什么利益。苏维埃的文化教育，是要广大工农得到教育的权利和机会，所以这个政策的实现就是工农利益的实现。

（2）为实现这个政策，学生必须积极参加反对阻碍这个政策的一切障碍物。我们大众明白了苏维埃政府是要消灭反革命的势力，在目前这个斗争正是最紧张的时期，一切敌人是要用种种方法来消灭革命运动的，所以学生必须参加整个的革命工作，帝国主义、国民党、军阀、改组派，就是我们目前的障碍，我们必须坚决消灭他。苏区内封建残余的思想、宗教迷信等，是阻碍我们的教育文化工作的，所以学生应积极起来与这些东西作斗争，消灭帝国主义、国民党、军阀的统治，肃清改组派的活动和封建残余，才能保障文化教育工作的提高。

（3）为要使学的是目前革命斗争和工农阶级利益所需要的，学生必须参加学校的管理，对于课程的规定，学生须参加意见，免得在学习完毕后不能担负革命工作。

（4）文化工作的顺利执行要在消灭了一切障碍的时候，这些障碍多半是旧社会遗留下来的，所以目前最大的困难就是工农的文化低落。一般青年学生应当加紧扩大文化工作，积极参加一切文化团体的组织，并将这些组织要尽量地扩大，要使每个工农都来参加识字

运动，提高他们文化程度和政治认识，只有在这种情形之下，文化政策才能有保障地顺利执行。

※　※　※

注意，补充决议

（1）各县应设立公共图书馆及公共体育场、政治理论研究会、通俗讲演所等社会教育的组织。

（2）教师、学生要积极参加反帝大同盟、反宗教大同盟等组织，宣传群众了解帝国主义瓜分中国和进攻苏联的阴谋，同他在中国的统治，造成的中国军阀混战。宗教迷信就是维持帝国主义的统治、中国的封建制度，他们是中国革命的死对头。

（3）各县应调查学龄儿童多少，增加列宁初小，并每校最低限度附设工余学校一所，厉行识字运动，以提高一般工农群众的文化程度。

（4）各县教联应迅速地帮助文委会调查和统计学龄儿童工作，及教师学生调查统计等。

（5）各县教师要明了教工农识字也是革命重要工作。除担负学校教育外，如读报班、识字班、演讲所……等，要自动地热心教授。

（6）各县苏设印刷科，印刷大部分的学校的应用课本及翻印各革命书籍以充足材料。

（7）各县应开办职业学校，培植专门人才以应目前革命斗争中的需要。

（8）各县应设立教师训练班，限期1月或2月内要训练出一批新的教师，以洗刷那腐化的封建的老学究。

（9）各级文委会要加强小学教师的领导，经常编辑政治问题的小册子发给教师阅读。各教师亦应加紧自己的学习，因为现在的教育不独生产化，还要政治化。

（10）请求各级苏维埃加紧建立文化委员会的工作，对教师的生活，要求各级苏维埃政府设法维持；但教联会亦应加紧对各地教育工作的督促，加紧社会教育工作，使广大工农群众真能得到智识的机会。

（11）各教师应经常与（以）日常的生活中所有的材料，如卫生、反宗教迷信和学校中的一切情形、工作的经验、成绩、错误，在各种报纸上发表，以扩大文化工作。

（12）教师的生活、薪水问题，除出特苏①文委会12号通令切实执行外，如教师害病，请求苏维埃予以相当的医药费。

以上各项有的在文委扩大会议中及本会决议草案中已经提出，但希望各级文委会、教学联遵照执行。

选自《鄂豫皖苏区教育史》，河南大学出版社1988年出版，第205～210页。原注："选自：中国共产主义青年团中央委员会办公厅编《中国青年运动历史资料》"。简称"鄂豫皖教育史版"。

① "鄂豫皖教育史版"印作"除出特苏"，"鄂豫皖根据地版"印作"除出［去］特苏"，并在脚注认为"特苏"似系"鄂豫皖区苏"。本编者按：（1）"出"字似是多余的。（2）"特苏"应是指"鄂豫皖区苏维埃"下属的行政单位，如"皖西北特区苏维埃""鄂东北特区苏维埃"。

互校版本：《鄂豫皖革命根据地》，第二册，河南人民出版社 1989 年出版，第 489～490 页。简称“鄂豫皖根据地版”。

8. 鄂豫皖区教师联合会简章

1931 年 8 月①

第一章　总　则

一、本会定名为鄂豫皖区赤色教师联合会（各县可仿此）。

二、本会宗旨：

（一）实行苏维埃文化教育政策，补（辅）助各文化教育委员会进行一切文化和教育工作。

（二）究竟②学术以充富教材和良好教学法、管理法。

（三）锻炼集体生活和实现教师、学生的特殊利益。

（四）促进社会教育的建立，解释苏维埃法令政纲。

（五）厉行文化斗争，毁灭资产阶级死气的虚伪的旧文化，建设无产阶级新文化。

三、本会会址由各级代表大会决定之。

第二章　会　员

四、本会会员资格：

（一）负学校教育责任者。

（二）身体健康，无不良嗜好及恶习者。

（三）无反动言论行动和富农分子及其他政治嫌疑派别者。③

（四）思想进步精神活泼者。

（五）热心教育努力研究学术者。

五、入会之手续除已组织之乡、区、县教联会外，会员入会，须得会员二人以上之介绍，小组之批准后方为本会会员，开始组织者，须得发起二人以上之介绍方可入会。

六、会员享受权利：

（一）有发言权、表决权、选举权和被选举（权）。

（二）得享用普通会员所得之一切权利。

七、会员的义务：

（一）服从并执行本会一切决议。

（二）担负本简章第二条所规定之各项工作。

（三）缴纳会费。

---

① 原注：原文无年代，此年代为原档案整理者判定。

② 原注：“究竟”似为“研究”之误。

③ 原注：此句原文如此，似应为“无反动言论行动者和非富农分子及其他非政治嫌疑派别者”。

第三章　本会组织系统及其工作

八、本会执行会务机关为各级执行委员会，遇有特别重大事故得组织委员会直属于各级执委会。

九、本会最高机关为全苏区教师代表大会，闭幕后为执委会，县、区亦如之。

十、各级执委会由各代表大会或全体大会选举之。

十一、各级执委会人数：

鄂豫皖区执委员——二十一人——候补九人。

特区执委员——十五人——候补七人。

县执委员——十一人——候补五人。

区（执）委员——九人——候补三人。

设小组——设组长一人。

十二、各级执委会分设主席、组织、教宣、学术、编辑五部。复由各部部长组织常务委员会，各部得依事之繁简聘请干事若干人。

十三、各部任务：

（一）主席是负督促各部工作及文件审查、会计、庶务等责。

（二）组织部——负各种组织及互相交通，制定各种表册，调查各种事实以及各种运动指挥之责。

（三）宣传部——负对内教育、对外宣传与成立学术研究会、俱乐部、新剧团、社会教育等责。

（四）学术部——负研究和指导游剧运动及艺术——文学、美术、音乐和卫生管理等责。

（五）编辑部——负编辑教材、刊物、教学法、管理法等责。

（六）关于各部门工作各部负担之；共同之工作，各部共同负担之；其他军事运动、体育等大会，组织、学术两部负责；参加群众大会及社会教育——通俗演讲所、夜校、半日学校、读报班……等，由组织、教宣、学术三部共同负责。

十四、下级机关按期将各种情形报告上级：

（一）乡小组，每周报告一次。

（二）区教联，两周报告一次。

（三）县教联，一月报告一次。

（四）遇特别情形随时报告之。

第四章　会期及任期

（一）鄂豫皖区代表大会每年开会一次。

（二）特区代表大会每年开会一次。

（三）县代表大会每半年开会一次。

（四）区代表大会每半年开会一次。

（五）乡全体会每周开会一次。

（六）总教育联合执委会三月一次；特区执（委）会两月一次；县执委会每月一次；区执委会每半月一次，各常务临时召集会议。

（七）总教联执委会及特区执委会任期为一年，县及区执委会任期为半年。

十五、倘有特别事故发生，以教师二人以上或下级机关两个以上之请求，上级机会（关）得临时召集会议，或上级直接指定召集之。

十六、凡破坏本会之组织与不尽本会所规定一切责任之会员，得有以下之处罚：

（一）劝告。

（二）警告。

（三）严重警告。

（四）开除会籍——会内一切权利不能享受。

（五）呈请苏维埃撤职查办。

十七、本会会费由代表大会决定之，每月一百，并得呈请各级文委会拨款补救之。遇有特别事故——如拥护红军、互济等得临时来捐。

十八、本简章有不适宜处，由区代表大会修改之。

十九、本简章经特苏文委会及特代表大会通过之日起实行。

选自《鄂豫皖革命根据地》，第二册，河南人民出版社1989年出版，第479～483页。

9. 鄂豫皖区赤色学生联合会简章

1931年8月23日

第一章　总　则

第一条　本会定名为鄂豫皖区赤色学生联合会。

第二条　本会宗旨如下：（1）助理学校行政；（2）学生利益实现；（3）练习集体生活；（4）提高青年斗争情绪及推动社会进化之一切准备工作。

第三条　本会会址由各级代表大会决定之。各校学生公社即设校内（校内地址太窄者，即酌予学生易于集聚之处设立之）。

第二章　会　员

第四条　本会会员资格规定如下：（1）在校学生；（2）无不良嗜好者；（3）无反动言论、行动者。

第五条　会员入会之手续：在有组织之校，须经会员二人以上之介绍，校委会之批准。开始组织者经发起人二人以上之介绍即可。

第六条　会员权利：（1）发言权；（2）表决权；（3）选举权；（4）被选举权；（5）会中一切他人得享之权利。

第七条　凡属会员均应尽下列义务：（1）服从并执行本会一切决议和工作；（2）缴纳会费。

第八条　本会组织系统如下：鄂豫皖区学生联合会——皖西北学生联合会——县学生联合会——区学生联合会——乡学生联合会——校学生公社。

第九条　本会执行会务机关为各级执委会，如有重大事故，得组织委员会，（该）会隶属各级执委会。

第十条　本会最高机关为全苏区学生代表大会，开（闭）幕后为执行委员会，县、区亦如之。

第十一条　各级执委会由各级代表大会或全体大会选举之。

第十二条　各级代表大会所选派代表法，由各级执委会临时决定之。

第十三条　各级执委会人数如下：鄂豫皖区执委会二十一人，候补九人；特区执委会十五人，候补七人；县执委会十一人，候补五人；区执委会九人，候补三人；乡小组，设组长一人；校执委会七人，候补三人。

第十四条　各级执委会分设：总务、组织、宣传、教育、体育、卫生、生产、交际八部，再由各部部长组织常务委员会。总务部得聘请秘书一人，倘事务繁多，各部得聘请干事若干人。

第十五条　各部工作任务：（1）总务部：负督促其他各部工作及文件、会计、庶务之责；（2）组织部：负组织、交通以及各种行动指挥之责；（3）宣传部：负对外宣传之责。（4）教育部：负对内教育之责，如组织研究会、讨论会、演讲所、俱乐部等等；（5）① 卫生部：负指导监督学生自身之衣服、用具与学校设备上清洁整理之责；（6）生产部：负指导全体会员参加生产，养成劳动习惯；（7）交际部：负对外一切交际接洽联系之责；（8）如关于各部共同有关之事宜，由各部共同负责；关于参加军事训练由组织、体育两部负责；关于参加群众大会，由宣传、组织、体育三部共同负责。

第十六条　下级机关须按期将各种情形报告到上级。

第三章　会期与任期

第十七条　鄂豫皖区代表大会每一年开会一次；特区代表大会每一年开会一次；县代表大会每半年开会一次；区代表大会每半年开会一次；乡全体会每周开会一次。校执委会每星期开会一次。各级执委会任期均半年。

第十八条　遇有特别事故，得以学生二人以上或下级机关两个以上之请求，由上级机关召集临时会议，或由上级机关直接命令召集之。

第十九条　凡破坏本会组织与抛弃应尽义务之会员，得按情形轻重予以下列之处罚：（1）劝告；（2）警告；（3）严重警告；（4）开除会籍——不得与会员享受同样权利；（5）请求学校当局开除学籍。

---

① 原件漏体育部的规定，其序号应是（5）。

第四章　会　费

第二十条　每月缴纳会费一百文，穷苦学生得由校委会酌量免收。

第二十一条　如有特别事故应征收自由捐。

第五章　附　则

第二十二条　本简章如有不适宜处，由（鄂豫皖）区代表大会修正之。

第二十三条　本简章自通过之日起实行之。

选自《鄂豫皖革命根据地》，第二册，河南人民出版社1990年出版，第466～468页。原注："鄂豫皖区苏维埃政府文化委员会通过"。

10. 鄂豫皖区文化教育委员会通知第四号
——发展社会教育、训练小学教师

1931年8月10日

各县教育文化委员会、教联会、学联会：

兹有数事通知如下，并盼望你们执行：

一、各级文委会应切实建立起来。最近一星期内，应将县文委会工作情形、委员名单，作一详细报告。

二、每个列宁初级小学校，在附近地方应负责设立一所贫民夜校及通俗演讲所、读报班。各机关驻扎地方亦应尽可能地建立这些组织。县文化委员会应按期制定通俗演讲大纲，供给演讲人材料。

三、特区文委会准备在秋收后开办比较长期教育训练班，供给各县高小之用。除一面出布告招考外，你们应在教联会议及巡视各校时，留意进步教师，以便将来选派前来。

四、各级教联会、学联会多未成立，也半是形式。你们应在两星期内将这两种组织建立起来，并切实建立和领导他们的工作。

五、列宁初小教师，多半不知道怎样去教授儿童、管理儿童，你们在暑假期内应尽可能开办短期教师训练班来训练教师，并应选择比较进步、懂得教授法的教师充当流通教师，改进各学校的教授和管理。

六、各地列宁初级小学校应按学生入学的年次编班教授。如入校一年的学生编做一班，入学两年的学生也编做一班等，余类推。把程度相等的学生编做一班是容易教授些。

鄂豫皖区文化教育委员会

选自《鄂豫皖革命根据地》，第二册，河南人民出版社1989年出版，第457～458页。

11. 鄂豫皖区苏维埃政府优待医生暂行条例

1931年9月1日

帝国主义、国民党正在加速度地崩溃，苏维埃区域日益扩大，工农红军在苏维埃政府革命委员会正确的领导之下，到处得到惊人的胜利。正是苏区面积渐渐加大，需要红色专门家——医生日必增多，苏维埃政府规定下列优待医生条例：

第一条 凡是在苏维埃政府注册的医生，无反动派别，遵守苏维埃法令，忠实其工作者，与苏维埃公民享受同等权利。

第二条 凡是从反动统治下来的医生，或将家眷入赤区，或在赤区成家的妻室儿女，苏维埃政府应尽量维持其生活。

第三条 凡在赤区内革命机关中服务的医生，得由苏维埃政府规定适当的月用金。

第四条 医生之家属愿意耕种者，得享有分配土地之权利。

第五条 凡苏维埃所创之学校，其子弟有免费受教育之权利。

第六条 苏维埃政府应分配较好的房屋给医生居住，不纳租金。

第七条 其子女害病得完全免费住苏维埃医院。

第八条 本条例自公布日开始执行。

选自《鄂豫皖革命根据地》，第二册，河南人民出版社1989年出版，第491页。

12. 湘鄂赣苏区万载县苏第一次执委扩大会议文化决议案

1931年12月万载县苏文化部印发

文化问题——教育方面

一、健全文化部及各级文委，并确定其经常工作。

（一）选用健全干部。

（二）每一群众大会县文化部及各级文委，必须尽可能地派人出席，以作广大宣传。

（三）乡文委必须经常与当地学校教职员取到工作上的联系，并切实维持学校教授上设备上的一切需要。

密切上下级关系，下级文委必须经常将一切工作情形很实际地报告上级文委，以便指示，并规定至少须每五天报告一次。

二、确定教育经费实行免费教育。

（一）保留教育公田，一区应留田三千石，二区留田二千石，三区留田五百石，四区留田六百石，五区留田一千二百石，共七千三百石为教育经费，由县文化部统筹支配。此项教育经费，除教育行政开支外，无论如何不得动用或挪移。

（二）凡各级学校学生的学费、膳费（红色初小学生自备）、书籍费等一律不收（但富农地主阶级的子弟除学费不收外一律自备）。

（三）规定各级学校的办公费，列宁学校每月不得超过八元，红色初小学校每学期不得超过两元，女子职业学校与列宁学校同（如遇特别情形，不在此限，但必须事先呈报县文化部批准）。

（四）规定教职员生活火（伙）食衣服医药等费，每月共大洋五元，按月支给（一年以十二个月计算六十元）。

三、规定学龄儿童的修业期限，调查学龄儿童，从七岁起，实行四、二制的普遍教育，强迫教育。

（一）由县苏统计局制定学龄儿童调查表，分发各区文委，进行调查，限1932年1月调查完毕。

（二）在七岁以上的学童不论男女，必须一律入校读书，不得无故留在家里。

四、积极整顿红色学校和列宁学校。

（一）由区乡文委，按照当地情形和学童多寡，不分乡界的选择适中地点，设立红色初级小学校，以便利儿童入学。

（二）严格应用教职员（凡富农地主等外阶级分子，以及一切怠工腐化不懂教育的分子，坚决不要）。

（三）改良教学方法，实行科学教授，无条件地反对复古式的点读鞭策的教学方法，和徒然在功课表上写几种科学的名目，而不实行按照科目教授。

（四）加紧巡视工作，县文化部和区文委，必须经常派员往所管各学校巡视，并规定县文化部至少须四个月巡视一次，区文委至少须两个月巡视一次。

（五）确定巡视员的工作如下：

（甲）考察教职员的勤怠；（乙）检阅并测验学生成绩；（丙）指示教育上的一切进行方法；（丁）按照实际情形报告文化部或文委查考。

五、注意成年失学教育，调查失学工农和妇女，有计划地开办成年补习夜校和女子职业学校。

（一）各红色初级小学校必须附设成年补习夜校。

（二）制定失学成年男女调查表，实行调查失学男女。

（三）任定筹备员，筹备开办女子职业学校，并规定一九三二年一月实行开办。

六、审定并培养小学教育人才：

（一）实行教职员登记，严厉审查其资格。

（二）利用本学期寒假开办赤色教职员训练班，凡现在任职各级学校的教职员，必须入班训练。

七、统一和编制教材（由县苏文化部规定或编制）。

八、实行男女教育平等，男女同校。

九、县（号）召学生群众，坚决反对复古教育和国民党党化教育。

十、实行下早操和礼拜六做工；

（一）各级文委必须尽可能地号召群众，实行下早操和礼拜六做工，如修理道路，清扫街道，帮助红军家属砍柴担水等。

（二）各级学校学生，必须实行下早操和礼拜六做工，列宁学校学生可修理道路，帮助红军家属担水或砍柴，红色初小学校学生可修理道路、校舍等。

十一、推广认字运动：

（一）号召群众举行认字运动周。

（二）利用公共娱乐场的娱乐机会，教群众认字。

十二、创办各种娱乐事业，组织新剧团、化装演讲团，俱乐部游艺，公共娱乐场等进行社会教育。

十三、积极提倡工农劳苦群众有集会、结社、言论、出版等自由权。

（一）彻底铲除旧礼教的束缚，废除女子一切痛苦（如蓄发、缠足、穿环等），反对男子治外女子治内的恶习，实行男女社交公开。

（二）破除求神拜佛、星相卜卦、信仰宗教等迷信，焚毁一切反革命书籍和刊物。

（三）彻底打破家族主义，土客界限，肃清一切封建残余。

（四）推广卫生教育，举行清洁运动：

①各级文委，必须经常扩大并深入卫生宣传。

②各机关各学校负责人，须实行礼拜六，注意机关中的清洁，同时应注意家庭卫生，以作广大群众注意卫生的模样。

③举行卫生运动周，实行卫生竞赛。

（五）改良自由声出版时事简报。

（六）健全列宁图书馆，印刷各种书籍和刊物，制造一切教育上所需要的物品。

（七）扩大并深入各种宣传，提高群众政治和科学常识，促进社会文明。

（八）县苏文化部应注意教育行政，以促进学校教育和社会教育。

（万载）县苏文化部印发
公历一九三一年十二月印
公历一九三二年二月翻印

选自《江西苏区妇女运动史料选编》，江西人民出版社 1982 年出版，第 447～450 页。

13. 湘赣省社会文化与卫生运动决议案（节选）

1932 年 3 月湘赣全省劳动妇女第一次代表大会通过

在封建制度底下广大劳苦妇女群众，都是被抛弃在优越教育生活以外，做了一个无知识与学问的妇女，更加上种种旧礼教旧道德的束缚，过那如牛如马的奴隶生活，简单不能得到丝毫自由与解放，这是旧社会文化所遗下来的流毒。

卫生运动与社会文化是有密切的关系，所以文化程度高的地方，卫生就特别讲究，因此他们的身体就康健，生命也能延长。过去湘赣各县的群众，一般的原始意义［识］尚未铲除，对于卫生丝毫不懂，以致病疫流行，传染各地，每年死亡的人，难以计数。这是由于不讲究卫生的恶果。

大会为要使广大妇女群众铲除旧社会文化的流毒，建立工农阶级的各种文化娱乐事业，及废除那些与妨碍卫生各种恶习，积极进行卫生的建设，特有左列的决议：

甲、关于社会文化方面（略）

乙、关于卫生运动方面：

A、个人的：

1. 实行每日早起刷牙漱口洗脸。
2. 实行饭前饭后洗手洗脸。
3. 实行勤洗衣服被褥。
4. 彻底消灭臭虫虱蚤。
5. 实行热天每日沐浴一次，冷天三日，或五日沐浴一次。
6. 实行盛饭后，扦好饭瓢。
7. 禁止喝冷水。
8. 禁止吃自死的猪牛鸡鸭等。
9. 禁止抽药面。

B、家庭的：

1. 反对人与猪同睡。
2. 反对所堂卧室随便放猪。
3. 实行建立猪栏关猪。
4. 反对屋内乱堆垃圾。
5. 实行房屋内每天扫除一次。
6. 实行勤洗门窗、桌椅、锅灶及日常用具。
7. 实行清洁天井、沟渠。
8. 实行焚烧或煮洗因病而死的人的一切卧具。
9. 实行捕蝇捕蚊运动。
10. 实行养猫捕鼠。
11. 建立适合卫生的洗澡堂。
12. 实行房内开宽大的窗户。

C、公共的：

1. 实行礼拜六扫除祠堂、庙宇、公共房屋、街道。
2. 反对街上随便放猪。
3. 反对街上公共地方乱堆垃圾。
4. 禁止随地吐痰便溺。
5. 反对抛弃死物和秽物于河中、塘中。
6. 反对井水附近建筑厕所。
7. 实行建立公共厕所。
8. 实行焚烧垃圾腐物。
9. 实行深葬（七尺）死尸。

10. 遵照中央颁布防疫条例坚决执行。

永新县苏维埃政府改良妇女生活委员会

1932年3月19日翻印

选自《江西苏区妇女运动史料选编》，江西人民出版社1982年出版，第237～240页。

14. 江西省工农兵第一次代表大会文化教育工作决议

1932年5月通过

甲、过去文化教育工作的检阅

江西苏区经过五六年的艰苦斗争，对于文化教育工作，则完全忽视而未建立起来。连年激烈的革命战争，固然是为阻碍文化教育工作建立的原因，然而各级苏维埃政府未了解工农劳苦群众应有革命阶级教育的重大意义，而忽视或放弃了文化教育工作，甚至将文化教育工作与革命战争环境分割起来，以为这种工作一定要太平的时候才能建立，因此即是政府有文化教育机关也视为和平建设事业，并且只着眼在学校教育方面及儿童教育方面，绝不注意以阶级教育的方针，来注意社会教育和广大工农群众的教育。因为文化宣传不深入，所以还未将苏区的封建思想肃清、迷信打破，并未肃清地主富农和反革命派的利用迷信，进行其反革命宣传，如兴国蜈蚣山等地方，用法童的方式，来进行反革命活动。赤色腹地群众的太平保守和边区群众的悲观失败情绪，亦不能从加强文化教育工作中来克服，使工农群众的斗争情绪不能积极发展，政治水平不能提高。这是何等的严重啊！

…………

乙、今后的文化教育工作

今后的文化教育工作，各级政府应协同群众团体，以十二万分的努力，发展群众和儿童的文化教育，扫除文盲，使文化教育与目前革命斗争联系起来，使劳动与知识联系起来。简单说来，就是要使文化教育社会化、政治化、实际化、劳动化。

文化工作

一、注重工农群众的文化工作。各级政府文化部、文化科以及教育委员会，要与群众团体取密切联系，普遍在各区乡建立俱乐部。

二、注意青年和儿童的文化工作。各级政府文化机关应与共产青年团部取密切联系，帮助他们扩大少队部、儿童团的文化工作。

三、各地方遇有新旧书籍、标本仪器、古物及革命的遗迹，应由当地政府报送省文化部处理与保管。

教育工作

一、学校教育：学校教育以养成教员、编印课本、规定经费、整理和改造学校为当前任务。

1. 各县文化部，应选用列宁师范毕业生二人或四人，担任文化教育、巡视工作。各级文化部应经常指导工作，考察县立学校的教员，考查课本，指示教法，办理调查登记，划分学区，及筹设小学、夜校等。

2. 省政府继续开办列宁师范，以期养成苏区能担任文化教育工作的人才，本年度省政府至少还要办两期列宁师范班。各县政府文化部也应有计划来训练列小教员，尽可能开办训练班（或与邻县合办）。但各科材料，应由省文化部编辑或审定，尽可能派员帮助，或采取男女巡视教授。

3. 各级政府努力恢复列宁小学和创办列宁小学。凡满六岁的儿童至十六岁男女实行强迫教育。

4. 列小教科书，省文化部已编第一册，应继续在最短期内编好，教授法也应计划编发。

5. 制定列宁小学、俱乐部、识字运动等组织条例，报告中央政府教育部批准发布。

6. 各县整理、统一财政，节省浪费浮支，筹定各县教育经费，应根据现在的学校数、教员数及办列宁师范训练班的规划，规定文化教育经费。亦应根据现在的学校，按月先造预算，报告省政府批准支领。对于封建式的、宗教式的学校与教员，应严加禁止。群众教育不独与儿童教育并重，以目前革命需要发展斗争的形势而论，应视为首务。除每个列宁小学附设夜学、识字班、读报班外，应厉行识字运动组织，使每个工农群众及士兵都要有能得到经常识字的机会，要有计划地经常地做扫除文盲的工作。

7. 各县如有读过三年四年书的学生较多，要由县文化部计划办第二级学校，高等小校；由省文化部预备编第一学年用的教科书。

总括起来，除各机关工作人员应照中央政府（规定）施行强迫教育外，对于儿童厉行免费的强迫教育，对于不识字的成人和青年工农，不独以俱乐部识字班、夜学校及普遍的识字运动组织，施其教育，更要注意文化工作，厉行革命的政治教育。对于青年女工农妇，应使与男子受同等的文化教育；对于成年妇女也要设法劝其入俱乐部夜学及识字运动。

以上文化教育工作，各县、区、乡文化部、文化科以及教育委员会，应采取革命竞赛方法，以促进行，如列小和列小，甲俱乐部和乙俱乐部，乡与乡，区与区，县与县，可互相订竞赛条约，按月评判，由上级派员参加。

选自《老解放区教育资料》（一）土地革命战争时期，教育科学出版社1981年出版，第77～80页。原注："抄自中共江西省委党史研究室翻印本"。

15. 湘鄂赣省苏维埃政府训令——颁布学制与实施目前最低限度的普通教育

1932年5月7日

中国反动统治下的学制，是初小四年，规定为义务教育期间。高小二年、初中三年、高中三年、大学五年，还有其他初级和高级的农工商等业专门学校等中学和大学。它的详细情形暂不谈及。惟此地所应深刻明了的，乃它的学制，系欧美资本主义国家贩来，完全是适合资本主义制度和资产阶级的需要。首先拿初小四年的义务教育来说吧。为什么资本主义的制度的学制，要规定四年义务教育期间？为什么封建制度的学制，不要规定？封建制度的经济的基础是农业，农业只要跟父母每天到田地上去，种莳、施肥、除草、收获等生产上的必要事项，都能由经验而习得的。且那时的经济，又是地方的、小单位的自给自足。因这些理由，以农业生产为社会主要生产的封建时代，庶民没有研究学问的必要，纵使目不识丁，也很能够做他的生产事业。庶民如果能读能写、能说一两句道理，于当时的支配阶级的武士，反只烦累罢了。

可是资本主义时代怎样呢？经济的基础是大工业生产和国际通商，小地方的自给自足不是他们的希望。庞大的商品生产和国际市场的获得，才是资本主义的理想。那么，就工厂生产和通商来想一想教育上的关系，在工厂生产上，无学的文盲同多少能读能写的人比较起来，大有能率上的差异。锄犁、锹子、镰刀等，即是没有文字，也立刻可以记得住。但是试问纺织女工眼前在运转的机械的名称看吧，她们为记住它，不晓得要费多少苦心哩。读和写在今日是由工作的本身要求着。并且在自给自足的封建时代，货物的搬运，不过只用手车或马车尽够了。但是资本主义时代，货物的搬运，须用汽车、火车、轮船。所以销货也非有文字不行了。从前的苦力没有识字的必要，但是汽车夫或电车夫没有一个能毫无学问而能完成任务的。资产阶级为着需要大量的识字劳动者，去供其剥削，所以就定四年的义务教育期间，来督促一班无力入学的劳苦群众的子弟去受得一点知识，以备它随时随地的需要。不过它为着自己的需要而使儿童受到一点教育，也就是做了大的冒险事业，因为它同时是造成了葬送它入坟墓的人的知识，也同它办一个工厂剥削工人，而同时造成了葬送它自己的一样。不过这是它不可避免的，必然要做的，但它也很聪明地防备到这一点，在它的课程里，吹进一些对于资产阶级的归依与尊敬，使劳苦群众自卑观念的麻醉毒药。

人道主义者以学问的普及当做人道主义解释而自形得色，是因为未曾明了学问普及的真实原因吧，在客观上是做资产阶级的宣传鼓动者维持其统治地位吧。如果照人道主义者所想，教育的普及是以国民的教育为目的，为什么穷人的儿子无论怎样聪明，却比不上富豪的低能儿，更向上面的学校升学，而眼巴巴地看他辍学了呢？这是因为资本主义的社会无论于哪方面是为资产阶级的利益而经营的。国民义务教育制度，也不过是奉侍资本主义制度的主人翁资产阶级的东西罢了！

不用说吧，反动统治的学制，当然是适合反动统治的需要。小学、中学、大学一级一级地升上去，入学费用也一级一级地增加，口里是喊教育平等，人人可以进大学，实际上只有有钱人平等，穷光蛋是摒除于学校之门外。

不过它的学制的怎样适合其经济组织及其一切详细内容，当然还应更加地详细分析，更求完全的了解，而作为我们实施无产阶级教育的参考。

苏维埃的学制，当然是要适合社会经济的组织。而苏维埃要建设的社会经济组织，是社会主义制度的“各尽所能，各取所需”的共产社会，所以苏维埃最终目的的学制，是要适应人人自生至死都受到适当的最快乐的教育生活，至于这种学制的怎样规定，自有当时的教育机关来制出。此地应深刻了解的，是在此过渡时期的学制：

（一）普通学制，分为三类：一、幼稚园。二、列宁小学校。三，特别学校（为残废等特别儿童的教育而设）。自三岁至七岁是儿童入幼稚园，自七岁至十四岁的儿童入列宁小学校。列宁小学校分为二阶段，前期四年，后期三年。课程刚包括各科的普通知识。

（二）专门学校，适应实际的需要而分别设立。如：一、工厂学校。训练在工厂里工作少年，一方面得到工业的理论，同时在工厂里实习，成为有技术的工人。二、农场学校。训练农村少年，一方面得到农业理论，同时在农村实习，造成农业技术人才。三、教员养成学校，以各种学校的模范学校为基础而建立，一方面研究教育理论、教育方法，同时在模范学校里实习，造成学校教育劳动者。四、……五、……凡列宁小学校毕业生，以及在工厂、在农村工作的失学少年，都可入专门学校，年度暂不呆板规定，以当时学生的能力和需要为转移。

（三）研究院。适应各种需要，设立各种专门研究院。凡专门学校毕业生，具有必要的资格和志愿，都可以适应其能力而分别入院。

（四）保育院。为着使三岁以前的婴儿度着在有专门知识的保姆保护下的适当生活，为着代劳动妇女白天的看护婴儿，应适合实际情形设立保育院。

（五）上述规定，是我们在此过渡时期所根据去适合实际情形来办理学校的原则，在目前最低限度的实施。各县应普遍设立前期列宁小学校，按能力和需要设立后期列宁小学校、模范列宁小学校。以模范列宁小学校为基础，而办理小学教员研究所。

关于学校教育的设施，极为重要，需深刻明了上述意义而实际执行之。此令

一九三二年五月七日印

选自《江西苏区教育资料选编》，江西省教育厅编，江西教育出版社 1960 年出版，第 132～135 页。

互校版本：《老解放区教育资料》（一）土地革命战争时期，中央教育科学研究所编，教育科学出版社 1981 年出版，第 115～118 页。原注："录自江西省档案馆"。

16. 赣东北苏区的文化教育

1932 年 5 月 29 日①

1. 在东北方面，设立了一红色教育养成学校与一妇女职业学校。红校并设立附属列宁小学一所。红校有学生八十余人，分甲、乙、丙三班，红校与附小教员共有八人。红校课程有政治、社会、自然、算术、军事训练、音乐、图画、地理、国语等。附属列小课程有儿童课本、算术、常识、音乐、游戏、体操、制作（包括写字、图画等)。妇校学生有六十余人，教员三人，课程有工农读本、算术、政治、常识、体操、音乐、园艺、手工等。红校与妇校毕业期限均定十八个月，附属列小未定。二校收生都特别注意成分，妇校成分以劳动妇女占多数，其次为红军家属妇女。

2. 设立一新剧团，设立期间到现在将近一年。现有团员四十几人，其中女团员八人，所演戏剧，都是这里新编的。团内科目：音乐、排演、布景等科，在开始时只经训练一个

---

① 原注：此年代是编者考证的，月日是收文时间。

月后，就到各地公演，虽然艺术还差得很，但在久未见过戏面的东北，还能到一处即博得一处群众热烈的欢迎。每次出去公演一时期后，即开回东北整顿一次，到现在已有些进步，所演戏剧的内容大都含有政治宣传鼓动的意义。现在并正在预备增编卫生宣传等类的戏剧，因为没有专责（职）编新戏的人为良好的导演员，所以很好的戏本还是缺乏的很，排演的艺术也还是异常的浅薄，这也就是新戏团得不到很快进步的最大原因，目前已正在设法补救这一缺点。

3. 出版的书籍有工农读本，第一、二、三册，劳小算术一册，各种劳小教科书等，都正在编印中。

4. 全东北共有劳动小学一百五十余所，各劳动小学生都有卅［人］以上（总数还没有统计）。在各村并设立了农村俱乐部、工农补习夜校、识字班、壁报等，壁报还正在开始进行，除工农补习夜校得到一些成绩外，其他农村俱乐部虽是一般地都建立了，但大部分还没有丰富的内容。

附一：成年补习夜校具体实施办法

成年补习夜校为文化委员会最重要的工作，现在要将各地夜校普遍地建立起来，就不能不有实行的步骤。

第一，各县文委会接到这个通知之后，即须开会决定各区应成立夜校，预先计议好了，即好去进行。

第二，在夜校尚未成立之前，须先根据识字运动宣传大纲，尽量地去作一次极庞大的宣传，我们不能强迫群众来读书，应该宣传群众来读书。

第三，开学前的准备，每村组织成年补习夜校筹备委员会，筹备委员三人至五人，主任一人，由村苏主席当任，委员由村苏主席聘定。这一筹备委员会应进行［下］列工作：甲、找定校址须比较宽大而清洁，可请当地苏维埃政府将没收豪绅地主的房屋拨来充用。乙、准备教堂内有点器具如桌凳等，能做长的更好，不能做长的，吃饭桌也可以用，黑板可找祠堂内的横匾，把上面的字削去，再用漆漆上，如果找不到漆就用一块木板，教的时候，用白纸贴上去，可将字写在白纸上。此外教堂四周须多贴标语和图画，总要能够提起学生读书的兴趣。丙、邀某学生对于工人、雇农、贫农、中农，我们尽量去宣传，使他们都来报名，尤其是劳动妇女学生至少须占全校人数三分之一。富农如果要求读书，也可以准许他报名，不过要收点学费。报名时一定要把名字写在报名簿上，汇集起来，如一村不能办起一夜学校，可联合邻村共成立一校。丁、聘请和训练教师——教师是义务性质，但成绩好的得按照文委会颁布的奖谷条例给奖。教师可由当地文化程度较高者担任，教师聘定后，须报告县苏文委会，由县苏文委会规定期间开办一短时期训练班，教以成年读本，务使教师能完全懂得，才能去担任教师的工作。戊、小村只办夜校一校，大村群众很多可办数校。

第四，到了九月一日就要一律正式开学。甲、要行开学典礼，并预先呈请区苏和县苏文委会派人出席指示。乙、开学典礼大会要讨论的主要问题，就是议定夜校规则：无故迟到或不到者要怎样处分，无故中途退学者，要怎样处分。处分的办法，一定要这个大会大家同意的通过，因为经过大家通过的规则，执行起来就没有什么困难。夜校最容易发生的就是迟到或中途退学，这是要十分注意的。丙、某村成立的夜校，就定名为某村成年补习夜校。有大村成立数校，则定名为某村第几成年补习夜校。

目前正在举行识字班，办法是编定七人至十人为一班。一班之内，编入一识字的人，由这识字的，帮助班内同志识字。

最近已经恢复设立读报委员会，并重新订定了读报条例，详细办法规定在条例中。

附二：指导群众读报条例

第一条　为要加强对苏区内工农群众的政治教育、提高群众的政治水平起见，将苏区内各种报纸（红旗报、列宁青年报、工农报、红军报等）所载的文字消息传达到广大工农群众中去，使他们完全了解，组织读报会是主要办法之一，省苏政府认为有指导群众读报的必要，特制定本条例。

第二条　每村组织一读报会，凡是革命男女群众自十岁以上均须加入，十岁以下者听其自愿。读报会主任由村苏主席兼任（或其他人兼亦可）。有俱乐部的村乡，读报会即附属于俱乐部，是俱乐部组织的一部分。

第三条　每村设读报委员一人，就该村挑选识字较多者担任，最好由工农补习夜校教员担任。

第四条　每区设读报指导员一人，直属区文化委员或由文化委员兼任，或就该区中挑选文化程度较高者担任。

第五条　每县设读报总指导员一人，直属县文化委员会或文化委员会主席兼或由各该县县苏秘书长担任。

第六条　村读报总指导员均由县苏文化委员会指定。

第七条　读报总指导员每七天须召集各区读报指导员开会一次，朗读七日内出版的各报，并解释各报上所载的文字消息的内容及疑难字句。

第八条　区读报指导员到县开会之后，即须召集全村群众开读报会，清晰明朗地读给群众听，同时详细解释务使群众明了报纸上所载的文字消息的内容（读报后并须将报张贴于阅报处），并对于能够读报的群众负指道（导）及解释的责任。

第九条　村读报委员参加全区读报委员会回来，即须召集全村群众开读报会，清晰明朗地读给群众听，同时详细解释务使群众明了报纸上所载的文字消息的内容（读报后并须将报纸张贴于阅报处），并对于能读报的群众负指道（导）及解释的责任。

第十条　村读报委员，纯尽义务，区读报指导员每月由区苏给大洋两元，作为津贴，各区读报指道（导）员开联会的火（伙）食，由县苏担任，各村读报委员开联会的火（伙）食，由省苏每月津贴每区大洋叁元，乙种米票五张。

第十一条　红军赤警师中，每逢组织读报会，读报指道（导）员由连指道（导）员或连部司书担任。游击组织一读报会，读报指道（导）员由队指道（导）员或司书担任。各机关（如红军医院、残废院等），各工厂（如被服厂、兵工厂……等），均须组织一读报会，读报委员由各该机关工厂内秘书或文书担任。读报委员之任务与村读报委员同。

第十二条　本条例自公布日实行。

一九三二年五月二十九日

选自《江西苏区妇女运动史料选编》，江西人民出版社 1982 年出版，第 422～425 页。

原标题："赣东北苏区的文化方面"。

互校版本：《闽浙赣革命根据地史料选编》上册，江西人民出版社 1987 年出版，第 560～563 页。原标题："赣东北苏区文化方面"。

17. 苏维埃工作人员学习问题的决议案

1932 年 7 月瑞金工农兵苏维埃全县第四次代表大会通过

为要加紧革命的领导力量与建立坚强而有工作能力的苏维埃政府，来领导广大工农劳动群众以实现目前的紧急革命任务，中央政府人民委员会曾颁布了第六号命令，对于苏维埃工作人员，必须努力文字的学习。因为在苏维埃政府内的工作人员大多数是工农分子，文化水平很低，不识字的工作人员也很多，因此苏维埃工作很难建立起来，上级的命令不能深刻了解地来执行，这是减弱苏维埃政府对于革命领导的力量。这一个命令，关系于革命工作很大。但是瑞金的各级政府，对于这个命令，没有切实地去执行，各级政府的识字班并未成立，这样忽视上级命令，实为瑞金工作上的大错误。大会为执行人民委员会的第六号命令，特通过以下的决议：

一、县、区、乡及城市各级政府，必须在大会闭幕后即开办识字班。政府的委员，城苏、乡苏的全体代表及工作人员之不识字者，必须全体都加入识字班。谁若不愿意学习，谁就是对革命怠工。

二、根据人民委员会第六号命令，以识字者教不识字者，识字多的工作人员，有帮助不识字者学习的义务。

三、根据人民委员会第六号命令，每人每日最少须记五个生字。这个最低限度的规定，必须完全使之实现。最好是用竞赛的方法来鼓动学习，超过这个最小限度的规定。

四、识字少的同志，每人要有识字日记簿，每日要有识字的总计算。绝对禁止无事闲跑、无事闲谈的恶习惯。

五、县对区每月须检查一次，以检阅识字班的成绩和每人学习的成绩。如有怠工而不学习的，则上级政府可用违犯革命纪律来处罚。这一检查和指导工作主要的责成各级文化部和文化科负责。

六、用各种法令和条例、决议案来做教材。识字班的油灯纸笔用费，按照预算，由文化经费项下开支。

七、识字较多，文化水平较高，而工作能力较好的工作人员，可另设一班，研究比较深一点的条例、法令及各种政治刊物，互相帮助，共同学习，有不了解的地方可以写信问上级政府，要他解释。

选自《老解放区教育资料》（一）土地革命战争时期，教育科学出版社 1981 年出版，第 222～223 页。原注："原载于《瑞金工农兵苏维埃全县第四次代表大会各种决议案》第 61～63 页，1932 年 7 月印行。"

18. 湘赣省关于文化教育问题的决议

1932年8月1日湘赣省苏维埃第二次代表大会通过①

大会认为文化教育工作是负有铲除旧社会遗传下来的一切道德、宗教、风俗、旧礼教等封建残余的重要作用，建设工农阶级的文化事业，使群众的知识增进，政治水平线提高，得以发动阶级斗争，坚强阶级意识，而巩固苏维埃政权的社会基础。因此，文化教育工作是苏维埃重要工作之一。

湘赣各级苏维埃执行文化教育工作当中，检阅起来虽收到有点成绩，但还是非常微弱。如对一切旧社会制度没有彻底铲除，反迷信工作没有深入，列宁学校大半有名无实，识字运动及俱乐部没有很好建立，卫生运动一般的忽视；另一方面在相当进行文化教育工作当中还发生了有些错误和缺点。因此大会对湘赣苏区今后文化教育工作的方针，有下面的具体决定。

一、学校教育方面的

（一）确定教育原则

1. 反对帝国主义基督教。基督教是帝国主义侵略中国的文化工具，我（们）要宣传鼓动群众，深入了解帝国主义文化侵略的罪恶。

2. 反对国民党党化教育。国民党党化教育是束缚思想欺骗群众的反动教育，应当尽量捣破其欺骗改良政策，禁止各种学校采用国民党党化书籍，实行将这些书籍搜集交给苏文化部封禁焚烧之。

3. 反对复古教育。对于四书五经等封建教材禁止各学校采用，并坚决反对三纲五常等孔孟学说及一切复古思想，用唯物的、科学的理论肃清唯心的、非科学的学说。

4. 实现共产主义教育。教育是为阶级斗争的武器，我们要发扬无产阶级的文化，洗刷一切反动教育的遗毒，与资产阶级封建阶级的思想作心理斗争，使苏维埃政权得以巩固。必须用马克思列宁主义的革命理论和经验，来启发学生群众的阶级觉悟和认识，坚强学生的阶级意志和斗争决心，以确定学生群众的革命人生观。

（二）普遍建立各种学校

1. 各县应开办列宁高级小学及女子职业学校，各区应开办一个至几个列宁初级小学，尽量收纳学童男女入校读书，并由每区规定几个学校作模范学校，必须尽可能地开办中学一所。

2. 每乡应普遍开办工农夜校，妇女半日学校，尽可能地做到一村开办一个，使失学男女都有求学机会。

3. 工会得自由开办工人学校及工人子弟学校等各种补助学校。

（三）学校编制与入学年龄标准

1. 学校编制采用四二制，暂时规定初小四年卒业，高小二年毕业，初中三年毕业。

① 原文标题是“湘赣苏区大会决议之四”，现标题是原编者所加，时间是原编者考证的。

2. 年龄的标准从七岁起入初小学校，十二岁入高小学校，十四岁入初中学校。

3. 列宁初高两级的六年教育为义务教育期间，凡苏区儿童必须受此教育，并实行强迫教育，父母不得借故阻其入校。

（四）课程标准与教学方法

1. 列宁初小课程暂规定国语读本、自然常识、劳动实习、社会活动、算学、手工、图画、唱歌、游戏等科；列宁高小增加地理、历史、卫生、政治等科。

2. 初小各科［课］受课时间，国语读本应占全部课程五分之二，自然常识占全部课程五分之一，画画、唱歌、游戏占全部课程五分之一，劳动实习可编星期六下午整个来做（每校开辟一农场）。社会活动不编入课程表，即根据苏维埃社会教育的各种活动来指导儿童去进行（如各革命纪念节、各种识字、卫生改良风俗习惯等运动）。

3. 初小每天五节课，每节至多不能超过四十五分钟，高小每天六节课，每节可延至五十分钟，所增加的时间即教地理、历史、卫生等科。

4. 教学方法须采取启发式与讨论式，废止呆板的注入式。

（五）确定教育经费实施免费教育

1. 教育经费完全由各级苏维埃负担。

2. 凡入校读书者实行一律免费（学费、杂费、书籍等）。

3. 富农、地主、店东、厂主、手工业主的子弟入校读书，必须缴纳学费及书籍费等。

4. 寄宿生的伙食费由学生家庭负担，但红军家属子弟、殉难战士子弟、职业革命家子弟等无从依靠者，由学校特别津贴。

（六）注意培养教师人才

1. 各县区文化部应在寒暑假期内开办教师讲习所，省苏文化部须开办长期师范学校。

2. 严格审查各校教师，由各县文化部检定之。

3. 富农、地主出身的教员在原则上不得充当教员，恐其在校活动与模糊学生革命意志。

4. 培养技术人才，需开办技术人才训练班。

5. 改善教师生活和待遇。

（七）注意学校设施与学生卫生。

（八）养成学生的社会活动能力，如组织学生社加入共产主义儿童团、少年先锋队等组织。

（九）举行运动会及成绩展览会、游艺会。

二、社会教育方面的

（一）厉行识字运动铲除文盲

1. 省县区乡都应积极组织识字运动委员会同革命团体联席会议，产生由［出］同级文化部，计划进行识字运动工作。

2. 农村中接近的邻舍数家为一组，受乡识字运动委员会之指挥。红军赤卫队以一班为一组，少先队每小队或若干人为一小组，各机关团体、工厂、合作社以工作有联系的为一组，受同级识字运动委员会指导与帮助。

3. 识字运动委员会以三人至九人组织之，他没有直接系统，也没有行政指挥权。

4. 各村、各学校、各机关团体、合作社、工厂等，均建立识字班识字牌。

5. 识字教材由省县文化部规定，实行村乡区县比赛。

（二）反对宗教，破除迷信

1. 各种宗教完全是束缚工农劳苦群众的枷锁，是压迫阶级利用他来欺骗、麻醉被压迫阶级、模糊阶级意志的工具。要唤起群众自动地反对宗教，不敬菩萨与毁灭神像、匾额、祖牌等。

2. 禁止还愿打醮、立教传徒、募捐建筑庙宇以及一切影响苏区治安的集体行动。

3. 勒令和尚、道士、尼姑以及看相、算命、堪契的人改换职业。

（三）铲除封建习俗

1. 根本肃清旧社会里所遗传下来的三从四德、男尊女卑、守节守贞等旧礼教旧道德观念。

2. 反打［对］做寿、做酒、送礼、纳聘、做丧事等封建习俗。

3. 废除穿耳、蓄发、缠足、束胸等封建残余。

4. 消灭农民的地方门户家族观念和保守主义。

（四）实行婚姻自由

1. 提倡社交自由，实行婚姻自由，禁止买卖婚姻、包办婚姻以及童养媳等不良制度。

2. 切实遵照中央颁布的婚姻条例执行。

（五）每乡应建立俱乐部，注意各种娱乐事业，各村建立阅报处，使广大群众都来看报。

（六）各县区应组织新剧团、化装讲演团、跳舞队到乡村去表演，禁止表演花鼓淫戏以及一切宣传迷信、发展帝王英雄思想的旧社会戏剧。

（七）各机关团体、军队、学校、工厂、合作社、医院等都要组织列宁室。

（八）省苏文化部要出版一种关于文化教育方面的刊物，区应出版农村小报。

（九）省县均须开办列宁图书馆，收集与采买各种革命书籍及学校各种用具，以供群众阅览及购买。

三、扩大有力的宣传工作

（一）苏维埃政府为着便利地执行政纲法令，启发群众的斗争情绪，动员群众参加革命战争，必须提高群众的政治水平线，使其自觉地为苏维埃而奋斗。宣传工作虽不是苏（维埃）的一种中心任务，但在苏维埃的行政中确能给予有力的帮助。因此，宣传工作也成为苏维埃文化中主要内容之一。

（二）苏维埃的新社会是从封建资本主义社会胎生出来的，一切文化制度及艺术文学，都不能把旧社会遗留下来的恶根一时消灭净尽，必须经过思想上的斗争，创造新的社会。所以在目前革命过程中，宣传工作是肃清反动思想、建设新社会的有力武器。

（三）宣传工作主要的建筑在群众上面，是一种有组织的工作，反对狭小命令式，因此抓住某一政治事变和行［动］事宜进行宣传工作是非常必要的，并要实行表演新剧、化装讲演、文艺刊物等各种方式，扩大宣传的范围，使我们的宣传工作深入到群众中去。

（四）今后宣传工作应以执行苏维埃建设、发展革命战争为中心。因此大会对今后的宣传工作有下面各点：

1. 反对帝国主义进攻苏联镇压中国革命，拥护中央政府对日宣战，武装拥护苏联，实行以民族革命战争驱逐帝国主义出中国，争取中国的民族独立与解放。

2. 动员广大群众参加革命战争，夺取中心城市，争取一省数省革命首先胜利。发动白区群众反对国民党军阀投降帝国主义出卖民族利益，而为推翻国民党统治建立苏维埃而斗争。

3. 发动群众执行苏维埃的政纲法令，扩大苏维埃的政治影响，提高苏维埃的威信。

4. 揭破AB团、改组派及一切反动政治派别的阴谋罪恶和改良主义的假面具，在思想上与反动政治派别作激烈的斗争。

5. 举行苏维埃的建设，反对官僚主义腐化现象，发动群众监督并批评苏维埃的工作，创造健全而有工作能力的苏维埃政府。

6. 发动工农群众自动到红军中去，扩大铁的红军，提高红军地位。

四、加紧卫生防疫运动

湘赣苏区的卫生运动虽然全省各机关团体有相当的注意，可是群众家庭仍是一般地忽视。我们为要使群众都有健康的身体，勇敢地参加革命战争，消灭国民党军阀，对于卫生防疫运动工作，除遵照临时中央政府暂行防疫条例坚决执行外，有下列的规定：

（一）传染病发生时，应举行防疫检查。

（二）鼓动群众布种牛痘。

（三）强制患特种病症或传染病者入院治疗，以免传染。

（四）各县如发生时疫病，应建立临时防疫医院。

（五）提倡建立城市和乡村公共医院。

（六）提倡建立城市和乡村公共浴室。

（七）城市与乡村应定期举行卫生清洁运动。

（八）注重日常卫生，肃清闹疮。

（九）取缔一切妨碍卫生的食品，如自死的猪牛鸡鸭及腐烂的东西发卖。

（十）污秽东西须禁烧或沸水洗净。

（十一）死尸要速埋与埋七尺深，并由苏维埃划出公山埋葬。

（十二）房屋宜开大窗户，以通空气。

（十三）不准街道上与房屋里随便放猪牛。

（十四）注意灭蝇、灭蚊、灭鼠的工作，以免疫病发生。

（十五）街道上的厕所应建立在偏僻地方。

五、建立文化部本身工作

（一）各级文化部应取得上下级的密切关系，下级应尽量传达上级寄来的一切文件和宣传品，同时须将一切实际工作情形及工作计划，在每月月终须作一详细的书面报告到上级文化部及同级主席团，以便得到更正确的指示。各级文化部并应发生横的关系。

（二）省苏文化部须颁布文化部所设识字运动委员会、教［育］行政、各种学校等法规，及教育阅报馆、图书馆、列宁室与公共娱乐场等建立纲领及规例，并决定初小教育方案、初中教育方案、师范教育方案等。

（三）省苏文化部要制定各种统计调查表册。各地文化部应计划文化事业的经费，并制定预算和决算交上级文化部及同级主席批准。

（四）对下级文化工作的指导，除用通令训令及信件外，省苏文化部应在每半年召集各县区文化部长联席会议一次，县同样在半年内召集各区文化部长各校校长联席会议一次，区应三个月召集各校长教员联席会议一次，讨论文化教育工作的进行，与检阅教育中的错误与缺点。在开会以前，下级须呈请上级派员出席指示。

（五）区文化部每年应到各校巡视一次或二次，县文化部应每半年到各学校巡视一次，省文化部每一年应到各县高校及邻近各中心学校巡视一次或二次，详细地考察各校组织和内容，提出具体的意见，随时加以批评和指示。

（六）各级文化部对上级出版刊物及同级出版刊物须负投稿之责，每十日内至少一次。

（七）各级文化部须与各级党部团部及革命宣传机关得互相间取得密切联系。

（八）各级文化部须在每月内巡视同级机关的读书班识字牌工作，加以批评和纠正。

（九）各区文化部至少须有一人单独办公，各县文化部须有三人驻会办公，省须有五人以上的单独办公。

（十）每学期终结时，各级文化部应按照规定的表格作一次总报告。

选自《湘赣革命根据地史料选编》上册，江西人民出版社 1984 年出版，第 541～548 页。

19. 湘鄂赣省鄂东南彭杨学校[①]学生须知

1932 年 8 月 15 日训令

训　令

为令遵照事，本校依据环境的需要，递次由一队扩充至四队之众，学生既多，管辖的范围亦广，如果专赖人力以维持，势有不及，因此特制定学生须知一书，务盼各生共同遵守，勿稍违误，是为至要。此令！

卷　头　语

纪律是维系军队的先决条件，也就是军队中的命脉。《操典》说："人无命脉必僵，军队无纪律必败。"规则是纪律的代表，也是纪律的执行者。我们要有钢铁般的纪律，须先从各个规则去执行。因为各个规则的当中，无一件不是纪律的化身，要这样才叫纪律，成为钢铁般的纪律。进一步的来说，有了钢铁的纪律，用来维系千军万马，同时得着众心一致，任顽强劲敌、坚固堡垒等不难一鼓荡平。

学生们，你们是士兵的表率，你们对于纪律，不但是一个步骤的认识就算完事的，必须深刻地去研究和着无条件地去遵守执行，否则仍属清谈耳。

1. 寝室规则

一、寝室内的卫生和秩序，必须共同讲究和维系。如有某一学生，故意不讲究卫生或不遵守秩序者，即以妨害公共卫生及公共秩序论。

---

① 原注：彭杨学校，系为纪念彭湃、杨殷二烈士而设立的军事学校。

二、关于一切寝具——枪支，以及书籍、面巾、饭袋、草马、鞋袜等件，须有一定的顺序。衣被要随时换洗，枪支要随时拭擦干净。每日由寝室值日督促施行之。

三、每天早晨，闻着起床号音后，学生须立即起床，迅速整理自己的服装和枪支子弹，以及洗面、大小便等事，不准听号音而仍躺卧床褥，（病者不在此例）或者借故装病希图苟安一时，最所严禁。

四、收操下课需要到寝室休息时，务须特别遵守秩序，不准高谈阔论，以及歌唱等事。说话只要互相听闻就算了。

五、晚点名后，在十分钟以内，各生须一律到寝室就寝，不准借故到他寝室游玩，免妨他人的睡眠。在未就寝以前，须将自己的枪支子弹，以及行李等件，放在一定的位置，以备发生紧急（事项）时，不致慌张失措。

六、闻熄灯号音后，学生须一律就寝熄灯（病兵、卫兵不在此例）。在睡眠时，每个学生须着里衣睡眠，不准赤身露体，免得妨害夜警。

七、班长以上的指挥员，每夜最低限度，要有一次的清查寝室。如查有违反本规则之一者得执行相当警告或处罚之。如违反本规则三条以上者，须报告上级处理之。

八、夜间发生紧急事项时，各生务须沉着静肃，先将公物携带身傍，于可能范围内，再携带私人物件，并须迅速到指定地点集合。

2. 课堂规则

一、闻吹奏上课号音，学生须用跑步到集合场集合，“最多不得超过八分钟的时间，免妨课程”，再由值星队长，清点人数后，率领鱼贯而入，学生则按照自己的座位，依次坐定，不准高声谈话，以及嬉戏歌唱等事。

二、教官临堂时，由值星队长（队长不在，值日班长亦可）发立起口令，并向教官报告其人数，俟教官答礼后，然后令学生坐下。此时的值星人员，须巡查学生之勤惰，俾助教官之不及。

三、在授课当中，任何人不准谈讲私话，并不准参看他种书籍以及涂图、写不正经的书画。如因特别事故，或大小便，必须出课堂时，须报告教官，经许可后，方得出堂。

四、因重病或其他特殊情形不能按时到课时，须先向值星队长请假，最低限度须得值日班长的证明，方为有效，否则即以怠课论。

五、听下课号音，学生仍须镇静，不得丝毫牵动其学习精神，如教官发“下课”口令词，仍由值星队长（或班长）发立起口令，俟教官出堂后，然后令学生到集合场集会。如某个学生违反了规则，须留于晚点名时改释之，不能骤合时讲解，免妨其他功课。

六、下课以后，学生须迅速将私人事件（如饮茶、吃烟以及大小便等），在十分钟以内办理清楚，以便再事受课或其他功课等。

3. 食堂规则

一、听吃饭号音，各队的学生须到集合场集合，并先派上饭的值日生，到食堂上饭，然后由值星队长率领入堂，不准争先恐后。到了食堂，各生则按照自己的定位坐好，闻值星队长哨笛后，方可就食。

二、饮食中严禁谈话，以及争菜抢食等事，免得妨碍卫生，并在五分钟以内就要吃完。

三、添饭时不准谈话、咳嗽，以及咀嚼乱抢，桌上地下，不准遍散菜饭，以重公食。

四、进食间如某一学生，先行吃完时，不准借故先出，须听值星队长的哨笛或全体食完后，可准挨次出堂，并到集合场集合，然后解散。

4. 卫兵规则

一、卫兵对于外来的客宾，须问明来会何人、有何事件，一面由传令兵通知被会者，一面指定在会客室等候，如来会上级官长或有紧急事务者，不在此限。

二、卫兵须附带监视航空，遇敌飞机来时，即鸣枪一响，（以纸火炮表示）以待警报，其他须至不得已时，概不准放枪。

三、卫兵对于校内人员出入时，须验明出入证，或持有校长及总值星官假条者准许外出，否则任何人一概不准外出。倘有不遵守卫兵规则强行外出者，即以违反纪律论。

四、对于携带包袱、行李外出时，必须有校长或总值星官放行条方准携带出，并须严密检查，以防不良分子窃物外出。

五、对于营房附近的火警，尤须特别注意。倘若一旦发生，一面飞报校长或总值星官处理之，一面则监视发警地点，以防反动分子煽惑破坏秩序。

六、夜间如有人经过卫舍时，或卫舍一百米达以内者，即呼问为谁，或即问口令。若经问三声而不答者（聋子不在此限）即令止步。倘仍不服干涉时，即开枪射击之。

七、如官长经过卫舍时，概不敬礼。官长有问则须端其姿势和颜悦色以答复之。不要因为废除卫兵礼节，而生浪漫甚至对同志表示不好的现象，在所严禁。

八、卫兵在服务时间不准坐卧，以及吃烟歌唱等事。日间用持枪肩枪姿势，夜间用肩枪挽枪姿势。遇有闲杂人等接近卫兵时，则用横枪姿势。

5. 卫生规则

甲、集体卫生

卫生乃是补助身体健康之一种。死亡虽属有定，可是因不讲究卫生而致死亡者亦不乏其人。健康之术必须当从卫生着手，如果不重卫生，因而疾病削弱自己身体者就是间接帮助了敌人。兹举集体卫生四条，务盼共同遵守。

一、居室方面，对于天井不准停留积水，亦不准乱泼污水，纵有之，必须洒扫尽净，尤其大小便，务须严密禁止。对于人员集中的地点，必须设置痰盂，严禁随便唾吐，且随时督促清扫伕洒扫之。

二、饮食方面，首先责成给养及炊事人员务须注意卫生。关于食料菜蔬，务宜多加洗涤，茶水要常时煮沸，并督促伙夫常时剃头，常剪指甲，常时换洗衣裳。

三、寝室方面，对于寝具——被服、冬衣，常加刷晒，桌凳床板亦宜常时抹洗。地下每日最低限度要扫两次。破鞋烂袜以及不要的东西，就不要堆积在寝室内。

四、厕所方面，要常时用石灰撒扫。因为苍蝇是由蛆变成的，要杀灭苍蝇，必将蛆杀死。且每天最低限度要撒扫三次，方合卫生。

乙、个人卫生

一、宜常时沐浴多吸收新鲜空气，每天至少要有两点钟的出汗运动。

二、宜常时剃头剪指甲，每未吃饭以前，必须漱口一次，然后进食。

三、对于饮食须有节制，切忌饥饱不匀。

四、里衣要时常洗涤。病人食具不可共用。如要用时，须先用沸水洗净然后用之。

选自《老解放区教育资料》（一）土地革命战争时期，教育科学出版社 1981 年出版，第 179～184 页。原注："湘鄂赣省鄂东南彭杨学校印"。

互校版本：《江西苏区教育资料选编》，江西省教育厅编，江西教育出版社 1960 年出版，第 190～195 页。

20. 第二次闽浙赣省苏大会文化工作决议案

1932 年秋

在目前日益开展的国内阶级战争中，加紧工农群众的革命的阶级的政治教育，提高工农群众的文化水平，激励工农群众的斗争情绪，坚定工农群众对革命斗争的胜利信心与决心，粉碎反动统治阶级麻醉工农群众的精神工具——封建迷信和国民党教育，团结工农群众在革命的阶级战线上，争取革命战争的完全胜利，这是文化教育工作的中心任务。

省苏第一次代表大会后，县区苏维埃政府仍没有了解文化教育工作在革命过程中的重要意义，对文化教育工作是忽视的态度，甚至认为在斗争环境中，只要斗争，不要文化，把文化与政治分离开来；或者认为文化工作的建立，要在革命成功以后，视文化工作为和平建设事业。在这一忽视与不了解文化工作重要的条件下，使苏区的封建思想、迷信观念，中心苏区群众的太平保守，边境苏区群众的悲观失望情绪，都没有从文化工作去克服与肃清，以致工农群众的斗争情绪、文化政治水平，不能适应斗争环境的需要而充分的提高。

大会号召全省工农群众，并责成各级政府，反对过去忽视文化教育工作的严重错误，开展苏维埃文化教育运动，从文化教育工作中来提高工农群众的文化政治水平与斗争情绪，以加强苏维埃政权的战斗力量，实现文化教育在革命斗争过程中的战斗任务。

一、过去文化教育工作的检阅

1. 各级文化部组织不健全，工作没有建立好，尤其是各级文化部没有健全的政治生活，工作人员的文化的政治的水平，是异常低落。这是由于不了解文化工作的重要与没有加紧对文化工作的领导。

2. 在很早以前，有些文化教育机关，被少数阶级异己分子、改组派、AB 团分子混进，因为这些反革命分子破坏文化工作的结果，没有获得大的成绩，这证明过去对选用文化工作人员缺乏无产阶级的警觉性。

3. 俱乐部工作，没有在各地建立起来，就是建立了俱乐部，没有实际工作，没有给工农群众的文化政治教育；所谓俱乐部，也不过打打串堂，开开晚会，开会演演新戏。俱乐部的读书、识字、读报、研究等工作，没有切实建立起来，最大的缺点就是没有吸收群众参加俱乐部工作，仍然没有尽量发挥俱乐部的作用。

4. 识字运动，比较有成绩，参加工农补习夜校八千余人，参加识字班的亦有六七千人，但是很少有日常的工作，也没有充分从政治上动员工农群众参加识字运动。中央政府强迫学习命令传到以后，各机关工作人员才开始了对读书识字的注意。

5. 读报工作，在各县大部分乡村中是建立了，但因村读报员文化程度的低落，不能将各种报的内容传达到工农群众，并且有些县份忽视了读报工作。在一两个月内，没有召集过区读报指导员联席会议（万年、乐平、余江），区读报指导员很少巡视各村读报工作。

6. 壁报在各县是建立了些，但已建立的壁报，也很少按期出版，同时，缺乏工农群众投稿，很少社会化、斗争化、实际化的内容；各机关的壁报，很多是技术人员包办，绝少成为群众言论机关。

7. 新戏运动没有深入到群众中去，工农剧社（过去红色剧团）在各地公演，虽然在群众中获得相当的宣传教育作用；但省文化部没有抓紧政治上、工作上的中心问题编成新戏，用艺术手段传达到群众中去。这是运动中极大的缺点。

8. 列宁小学，在各县部分地获得好成绩，提高了儿童的文化程度，但有一部分因为教员的文化的、政治的水平低落，没有做教员的能力，不知教授方法；除了不读封建书籍外，与旧的私塾，没有多大的差别的；并且有少数学校，因为教员加入了改组派、AB团、受了革命的法律的裁判后，没有很快地补充新的教员，以后停办了（闽北）。这是一个极大的缺点。

9. 列宁小学教科书，没有编印出来，一般是读工农读本。理科仪器、标本，更是一无所有，教授上增加很多困难。

10. 教员缺乏，致使小学不能在各地开办起来，就是已建立的一六三所列宁小学（闽北在外），其中仍有少数教员是老迈腐朽在充数。在教员这样缺乏的条件下，而各县还是忽视选送学生到省开办的列宁师范中去。

11. 列宁师范过去（在红校时代）被反动分子混进去做校长、教师，由于这些反动派破坏的结果，没有得到成绩，现在又缺乏教员，不能按计划去一批一批培养出小学人才；同时，教科书极其缺乏，标本、仪器又不完备，所以一些学生毕业后，仍然不能成为健全的小学教员。

12. 省文化部组织不健全，部长及委员，都是兼任其他工作，没有建立对下级的巡视制度，没有健全的编纂工作，只是写指示信、开联席会训练班，缺乏对下级工作的实际检查与活泼的领导，各种书籍和歌曲剧本不能充分地编印。这都是工作中的极大缺点。

二、今后的文化教育工作

今后文化教育总的方针，应该是加紧群众阶级的政治教育，提高群众对革命战争的热情及战争胜利的信心和决心；发展识字运动，扫除文盲，着重青年儿童的文化教育；发展新的社会力量，反对把文化与斗争割离，与工农群众实际生活割离，以及把劳动与知识割离开来；实行政治化的、社会化的、劳动化的文化教育。依据这个总的方针，执行下列的文化教育工作：

1. 俱乐部工作，是文化工作最主要的部门，是最易于团结群众、鼓动群众、教育群众的文化机关。各级政府与各级群众团体密切联系起来，协同努力，建立普遍各乡的俱乐部。在俱乐部里面，应包括识字、读报、壁报、工农补习夜校、新戏运动、晚会、研究工作各部分。在这些工作中，都要以给群众阶级的、政治的教育，鼓动群众对革命战争的热情，传达解释苏维埃一切重要的决议与中心工作为主要内容。同时省文化部应计划与实行训练大批俱乐部工作干部。各级政府应发动甲俱乐部与乙俱乐部互订比赛条约，进行各种工作的比赛，更有力地促进俱乐部的各种工作的进步。

2. 为提高群众的政治水平和阶级的政治教育，扫除文盲，是目前极重要工作；除本年上季三百一十所工农补习夜校完全建立与健全其工作以外（闽北苏区要尽可能地开办工农补习夜校），下季全闽浙赣省应开办四百所。在今年一年中，参加工农补习夜校要达两万人以上。识字班是识字运动的补助方法，应在各村普遍建立起来，大的村需组织三十人至四十人的识字班，小的村要组织二十人至三十人的识字班，在本年参加识字班的，要达八万人；合参加工农补习夜校，要完成十万人识字的计划。为完成这一识字运动计划，要经常举行识字的政治运动。各级群众团体应协同各级文化部以极大的努力求得识字运动的开展。在各村俱乐部建立了以后，识字班与工农补习夜校工作，可归并到俱乐部去。区文化部应发动各村夜校识字班于每月月终举行成绩竞赛；以促进识字运动的进行。同时，还应激励识字人教会不识字的人识字，实行识字教学互助。

3. 壁报应在各农村各工厂各学校各机关都应建立起来。工农群众的言论，当地实际生活情形，红军地方的斗争消息，以及工农群众青年儿童文艺绘画等工作，都应经常搜集在壁报上披露。这对教育群众、推动工作、紧张斗争有极大作用。但壁报工作，反对一人或几人包办，必须尽量吸收工农群众投稿，充实壁报内容。建立了俱乐部的地方，可将壁报工作，合并到俱乐部去。小学与工农补习夜校的教员以及村读报员，应帮助当地建立壁报工作。区文化部应举行全区壁报展览会，好的壁报，应用各种方式奖励之。

4. 读报工作，应普遍各村地建立起来。已经建立了俱乐部的地方，利用俱乐部的晚会，进行读报工作。区读报员于每一期报来，应召集村读报员开联席会议，解释报的内容，讨论读报的技术，并有计划地轮流检查各村读报工作。征求工农固定读者，虽获得较好的成绩，还须继续征求，增加工农读报者的数量，推广工农报的宣传教育作用。同时，县区村读报员应经常搜访各当地群众斗争生活，及各种工作进行的情形；经常通讯到工农报社，反映群众实际情形到上级苏维埃政府来，尤其要帮助工农通讯建立工农通讯网。通讯网的具体办法，省文化部应单独具体规定之。工农报社应设法建立与白区群众通讯，宣传苏维埃区域各种革命事业的成功。

5. 鼓动群众对革命战争的热情，加强群众的阶级教育，揭发反动派反动宣传，肃清封建迷信。戏剧、歌曲，最容易取得宣传教育作用，省县文化部、省县俱乐部，以及工农剧社，应不失时机地为宣传战争的胜利，启发群众的阶级斗争，揭破反动派的欺骗，以及反封建迷信思想。编印最容易为工农群众所了解的新戏歌曲，散发各俱乐部各红军部队、各学校、儿童团、少先队以及工农剧社去排演歌唱；开展戏剧运动，在戏剧运动当中，特别要注意开展群众的演戏运动，广泛地建立工厂的、农村的、学校的剧团组织，注意培养工农群众演戏的人才。同时，在演剧和编剧方面，应尽量采取群众化的形式，扫除不为群众所理解的对话和场面；利用为群众所熟悉的和最简便的演剧形式——如街头剧、儿童剧、活报等。

6. 社会科学是工农革命重要的武器，在目前为了使广大工农群众逐渐地获得社会科学的高深知识为目的，要尽量开展马克思列宁主义的初步知识传播运动。在这一运动当中，要发展与一切反动的、不正确的思想斗争，以求得理论与实际的统一。

7. 反封建迷信还是要继续不断地进行，彻底肃清反动统治阶级利用麻醉工农群众的封建思想迷信观念。非基运动①，亦须在群众中进行。

8. 体育运动，应在工农群众中去开展，发动群众经常做各种运动，特别要做关于战争需要的运动，如跳高、跳远、赛跑、游泳等运动，强健身体，锻炼在革命战争中所需要的技能，更有力地粉碎敌人的大举进攻与四次“围剿”，争取革命在中国的完全胜利。

9. 搜集斗争中的纪念品，及为革命牺牲的红色战士的可留为纪念的物品，一切革命烈士的纪念品，以及革命战役的照片等等，建立革命纪念馆，使群众观览，兴奋群众革命的斗争情绪。

10. 学校教育方面：

（1）列宁小学，在今年于全省范围内要增加到二百所，每所学生要达四十人以上。在建立了列宁小学的地方，凡七岁至十六岁的儿童，应实行免费强迫教育。在各县如有读过三四年书的学生多，应由县文化部计划办第二期小学（高等小学）。

（2）为培养小学教员人才起见，列宁师范除原有学生毕业后，应继续开办师范班四班，每班至少六十人。各县文化部也应有计划地训练列小教员，尽可能地开办训练班，省文化部尽可能地派员帮助。在本年暑期中，各县应开办工农补习夜校教员训练班，以便在本年下季增设夜校。

（3）各学校内，应设夜校，吸收当地工农群众到夜校里读书。

（4）现有的学校，要进行改造：教法的改善，教员中的老迈腐朽，应实行淘汰，实行教员资格的检定，严厉取缔封建式、宗教式的学校与教员。

（5）列宁小学，应以区为单位，实行每月工作考查，并举行学校成绩的比赛，特别好的报告县文化部给奖。

（6）为表扬红色战士为革命牺牲的伟大精神，与特别优待革命烈士子弟，省苏政府无论如何在本年下季，成立革命烈士子弟学校，实行完全免费的教育，培养革命烈士的子弟。

11. 列宁师范与列宁小学的教科书，省文化部应继续编印，求得完善，教授法也应计划编发。

12. 各种文化教育工作，应多多吸收青年工农群众参加，加强目前斗争的和将来新社会的力量，青年女工农妇应使其受男子同等教育，对妇女，也应劝其加入俱乐部、识字班、工农补习夜校。

13. 各级文化部，必须有专人负责日常工作，并应吸收同级各群众团体派人参加文化部工作，取得工作上的帮助与更有力的推动。县文化部应任用两个比较有文化工作经验的做巡视员。省文化部除副部长外，应增加经常工作人员和文化的技术人员，以充实与健全省文化部组织，加强文化工作的领导。

选自《老解放区教育资料》（一）土地革命战争时期，教育科学出版社 1981 年出版，第 118～125 页。原注：“录自江西省档案馆”。

---

① 原文如此。

21. 湘赣省苏维埃政府训令（关于节省教育经费问题）[①]

1933年1月26日于永新城

当此革命与反革命决死斗争的时期，一切工作都应以革命战争为中心，一切经费、一切力量、一切牺牲都要用在发展革命战争上面，争取革命战争完满胜利。过去湘赣苏区对教育经费没有明确的规定，各县女子职业学校大都是挂空招牌，没有实际设立职业科，一切费用都由苏维埃开支。永新女子职业学校（比较办得好）去年下学期共花钱一千余元，只做三百多双袜子，大部分由苏维埃津贴。曲解免费教育的原则，以致列宁学校学生的书籍纸张都由苏维埃发给，有些列宁高小学校还津贴学生的伙食费，学校办得有名无实。乡苏呆板的以村为单位，每乡创办几个列宁初小，有的列宁初小只有一二十个学生，教员生活费同样支付，实际上只是消耗了一些经费罢了。这些现象是一刻不容许存在的。本府根据中央财政人民委员会致湘鄂赣省苏财政部电："为了要供给战费……必要时教育经费应得停发……"配合湘赣苏区实际情形，第十八次主席团会议讨论成立以下的决案：

（一）教育经费是苏维埃支出的重要部门，在目前充实筹足战费、积极发展革命战争总的任务下，有急应节省开支的必要。除立即纠正曲解免费教育的错误外，以后列宁学校学生的伙食、书籍、零用等费，一律由学生自备。初小学校尽可能鼓动学生拿钱来买粉笔。

（二）各县创办的列宁高小，学校开支很大，学生又少，宣布一律停办。由永新区文化部各在本县开办列宁高小一个，永新收容永新、吉安、安福、宁冈北路青年学生，莲花收容茶陵、攸县、萍乡青年学生。

（三）列宁初小以乡为单位开办一个，如学生过多（一百以上），地域较宽（十里以外）的乡，得开办列宁初小两个。

（四）女子职业学校由各县斟酌开办。在目前革命战争发展中，学生日用物品如剪刀、尺、梭子……等由学生自备，苏维埃以不津贴为原则，尽可能地做到女子职业学校成为苏维埃一种收入。

（五）各级文化部、各种赤色学校不是单纯读书机关，要成为省苏维埃共产党的宣传者。共产党苏维埃的政纲法令和各种决议，教职员应经常告诉学生，由学生传达到家庭及广大工农群众中去，并要经常写标语、画画报、标语，画报少用纸，多用石灰、黄泥、煤炭画壁。

（六）俱乐部、列宁室识字运动，都做得没有成绩，都是空洞的形式主义，打一下锣鼓，玩一玩、笑一笑就了事，这些工作应立即实际地建立起来，俱乐部、列宁室用费群众自行供给。

（七）教员生活费与苏维埃工作人员同等待遇，每人（不分别已否分田）每月另发给零用费五角。

---

① 副标题是编者所加。

（八）省文化部根据这些原则订出自己的具体计划，进行文化教育事业。

各级苏维埃接此通令后，立即遵照执行为要。此令。

右令

各级苏维埃政府

湘赣省苏维埃执行委员会

选自《老解放区教育资料》（一）土地革命战争时期，教育科学出版社 1981 年出版，第 94～95 页。

22. 湘赣省苏维埃文化部通令（第十六号）——关于女子职业学校暂行简章的决议

1933 年 3 月 16 日①

为了造就女子职业专门人才，发展苏维埃经济，使每个女子都有一种职业，达到女子的经济与职业独立，特颁布女子职业学校暂行简章，仰各级苏维埃文化部、各女子职业学校遵照办理为要。此令。

右令

各级苏维埃文化部

各女子职业学校

部长　龙承绪

女子职业学校暂行简章

第一条　任务：以造就女子职业专门人才，发展苏维埃经济，使每个女子都有一种职业，达到女子的经济与职业独立。

第二条　组织：校长主持全校事务。在校长之下，组织校务委员会，分教务、训育、事务、工务等科，依照办学指南的规定，进行全校工作。

第三条　编制：设缝纫科、纺织科、染色科三科。按照学生志愿，编入各科。不要使每个学生每科都要学习。

第四条　就学年限：两年毕业。

第五条　入学资格：在十六岁至二十五岁，稍识字，身体强健的工农女子，过去本人及其家属不是靠剥削为生活的为合格。

第六条　待遇：学膳费免收，书籍、笔墨、纸张、杂用等费自备。

第七条　科目：

1. 国语：以应用为主，达到能看布告、报纸、标语等类日常应用文字，同时要达到自己能做能写。

2. 算术：加减乘除，心算，珠算。

---

① “湘赣史料版”标明“1933 年 3 月 16 日”，“妇女史料版”只标出“三月十六日”未标明年代。

3. 政治科：以当时的政治问题为主，使学生有一般的政治知识。

4. 职业科：按照各科常识，个别的分别教授（如缝纫科，即教授缝纫常识）。

5. 艺术科：体操、音乐、游戏，以适合于女子的技能为限，手工、图画，以日常生活、实际应用的技能为主，并与以各科的知识。

第八条　授课时间：1. 每星期国语、算术、政治科、职业科，各授二小时，手工、图画、音乐，一小时，体操、游戏不要编入课程内，只在早晚练习。2. 每天职业六小时。

第九条　教员生活费之规定：教职员生活费分两种，文科教员与列宁学校教员同等待遇。职科教员除与列宁学校教员同等待遇外，并在每天课余工作红利中以百分之十作为奖励金。

第十条　学生入校手续：学生入校须取得县或区苏维埃政府的证明书方可入校。入校时并须填写志愿表两份，一份存本校，一份呈报文化部，不准中途退学。如籍（借）故中途退学者，发给证明书的区或县苏维埃政府须负责追还津贴费，“按照免纳一切费用（学费在外）计算”。如有特别情形确要退学时，须得所属文化部许可，并须呈报上级文化部备案。

选自《湘赣革命根据地史料选编》下册，江西人民出版社 1984 年出版，第 355～356 页。简称“湘赣史料版”。

互校版本：《江西苏区妇女运动史料选编》，江西人民出版社 1982 年出版，第 403～404 页。简称“妇女史料版”。原注：“永新县苏文化部翻印”。

23. 中华苏维埃共和国临时中央政府教育人民委员部训令第一号——目前的教育任务

1933 年 4 月 15 日

（一）苏区当前文化教育的任务，是要用教育与学习的方法，启发群众的阶级觉悟，提高群众的文化水平与政治水平，打破旧社会思想习惯的传统，以深入思想斗争，使能更有力地动员起来，加入战争，深入阶级斗争，和参加苏维埃各方面的建设。目前帝国主义国民党用其全力来对付革命，战争日益扩大激烈，打破敌人进攻，争取一省数省首先胜利，成了苏维埃十分紧急的任务，这就越发加重了……[①]教育上动员群众的责任，对于文化教育的怠工，简直是革命战争的罪人……

（二）现在的情形怎么样呢？（1）许多地方把教育和斗争分开，因此在……忽视文化教育工作，以为这种工作是不紧要的，许多政府主席团的议……完全没有文化教育这一项，因而在这些地方文化建设的成绩是非常之……（2）有的地方偏重儿童教育和学校教育，忽视了当前革命主力军的青年、成年……会教育。（3）许多地方文化部负责人员，存

① ……为缺字，以下同。

有一种观念，以为没有人、没有（经费）……作，要进行工作，除非上级派教员、发经费。(4) 从中央教育部起一直到……的领导系统没有建立起来，许多地方连文化部都没有，如福建省茉素……长负责。有些地方拿了地主、富农或思想不正确的人当文化部长。许多……文化部长时常调动，一个人还未摸清工作头绪又调往别处去了。或者文化部长……务，把他的本职大部分荒废不管。以上这些现象，完全把文化教育在……重任务放弃了。这是一方面的情形。但是另一方面，苏区的文化运动又……取得群众的热烈拥护，启动的筹款，并有系统地有组织地进行文化教育工作。例如……村均村三区外，俱乐部、识字委员会和认字小组、列宁小学、青年成年……夜学纷纷地建立了。单是夜学，设立了二千校。做教育领导工作的，从政府的文……会起，至夜学和列宁小学止，共有六千人之多，这些都是从群众中……群众热烈地要求识字、读书、听政治消息、自己供给笔书本费及教员的工资……批判了那些……不靠上级派人发钱就不能进行教育的机会主义观点。群众已在用热烈……开始创造自己的文化生活。兴国之外，文化教育还在许多区域，只要是……也都发展起来了，在上述文化教育发展的地方，一切战争动员和苏维埃……到了很大的成绩，完全证明文化教育的发展与苏维埃基本任务的执行……不可分离的关系。

（三）中央教育人民委员部现在唤起各地各级政府及其教育部……转变过去观点上组织上的严重错误。迅速执行下列工作以推动……的前进：

(1) 照本部所发教育部（各级文化部均改为教育部）组织纲要，立即健全……及教育委员会的组织。经过主席团的同意，把人员调齐起来……完全要从群众中去调，调那些积极而稍为识字的分子，即使不识字，只要他是……积极能发动群众的，都可以做文化教育的领导工作。省教育部还要注意从文化运动进步的县里调动人员到落后地区的县里去做文化领导工作。县教育部则从进步的区调人去落后的区。区教育部从进步的乡调人到落后的乡。各级教育部要有集体的领导、系统的领导与科学的分工。

(2) 俱乐部识字运动，夜学、小学，是目前群众教育的主要部门，在这里特别要加紧青年成年教育和社会教育。同时不能放松对小学教育的注意，因为儿童是革命的新后代，是新社会的建设者，同时也是目前参加革命斗争的一员。但我们要坚决反对过去许多地方只办小学校忽视社会教育和成年青年教育的错误。这些工作实际进行的办法：

第一，在那些还未开始建立，或稍为建立而成绩甚少的县、区、乡里，要立即动手（建立）……并整理起来，从每乡建立一个俱乐部、一个识字委员会、一个夜学、一个……都要有实际的工作，不得挂空招牌，也并不是一定要各乡同时建立，但要定……迅速推广。

第二，在那些已经有成绩的县、区、乡里，就要把已经建立了的逐个充实他的……好的教育干部（俱乐部主任，识字运动委员和组长，夜学、小学教员），同……教育机关普遍地推广起来，使得每个村子每个圩场，都有这些教育机关……

第三，城市要按照一个大区的规模去进行。大的城市（如汀州、瑞金）还要按照……进行，将城内分为几个文化区，每区建立一个俱乐部、一个识字班……学做起，逐渐将他推广。

第四，不论进步区域与落后区域，不论城市与乡村，都应将工作在全区域内……同时并进地去做。要首先注意地位重要、工作重要的中心区域的工作……一般区域用较少力量，使中心区域能推动其他区域的工作。同时要发动落……范区域。但模范区不是预先指定的，而是在工作中依着他的成绩决定……模范区不一定是中心区。

第五，文化运动完全是广大群众的，要发动群众自己来干，政府极力地领导。……俱乐部、识字运动、夜学、小学的干部，都要从劳动群众中挑选出来……在教育工作中既不妨碍生产，那么就更能吸收广大的群众来工作来学……

第六，要发起文化竞赛，来推进俱乐部、识字班、夜学、小学的运动。家……村与村竞赛，乡与乡竞赛，区与区竞赛，以至发展到县与县竞赛……乡文化委员会领导之下，订立口头或文字的竞赛条约，这是促进……有效办法。这里要特别指出，竞赛应该建筑在群众自动的积极参加的基础上……不能由上级机关预订了些空洞的条文，命令下级照样举行。

（3）供给文化教育上的材料，以及革命的歌谣，油印的地方报纸，墙报的做法等等，都急（需）……教育部编辑供给之处，各级教育部同样负有供给之责。但地方教育部编辑……是要带地方性的，尤其是教科书以外的补充材料。但比较经常一点、普遍一点的……中央教育部审查，只有那些还与中央隔离的苏区，则归当地省教育部审查。……这些材料的原则：第一要适合目前斗争的环境。第二要有地方性和时……简明通俗。

（4）为了发展文化运动，供给好的领导干部仍是需要的。这不是说……去，而是从群众中挑选积极分子来训练。各级教育部或教育科当自己培养……尤其是在短期训练班及其工作中去培养他们。

以上四项（健全教育行政机关，发展俱乐部、识字班、夜学小学运动，供给材料，培养干部）是目前的教育中心工作。各级政府接此训令，要立即经过主席团与文化部的讨论，按照当地的情形，定出具体计划，推动下级切实执行起来。并将所定计划和进行状况，按级报告来本部（各县对省的报告，复写一份寄本部），以便考查检阅。此令。

1933 年 4 月 15 日

选自《老解放区教育资料》（一）土地革命战争时期，教育科学出版社 1981 年出版，第 29～33 页。

互校版本：《江西苏区教育资料选编》，江西省教育厅编，江西教育出版社 1960 年出版，第 125～129 页。

24. 省、县、区、市教育部及各级教育委员会的暂行组织纲要

1933 年 4 月 15 日人民委员会批准

（一）省、县、区、市教育部及乡教育委员会的任务是在正确执行中央政府及中央教育人民委员部关于文化教育的政策、计划、命令、训令，领导广大的工农群，用教育与学习的方法，提高群众的阶级觉悟、文化水平与政治水平，打破旧社会习惯的传统，使能有力地动员起来加入战争，深入阶级斗争，参加苏维埃各方面的建设，以争取苏维埃运动在

全中国的胜利。

（二）省、县、区教育部，在行政系统上，直接隶属于上级教育部及中央教育人民委员部，绝对执行上级的命令。同时受同级执行委员会及主席团的指导与监督。城市则受市苏维埃的领导，称教育科。乡在乡苏维埃领导之下设教育委员会。

（三）各级教育部长、市教育科长，经各级执行委员会或主席团选任之后，必须开具履历，送上级教育部批准。非经上级许可，不能撤换调动，或兼任其他职务。

（四）省、县、区教育部长，市教育科长及乡苏维埃之下均须设立教育委员会。其职务为讨论计划，建议并检查关于发展该管区范围内文化教育运动的一切问题。但市乡教育委员会，兼有帮助市教育科、乡苏维埃直接动员群众进行教育工作的职务。部长或科长为委员会的当然主席。其组织内容如下：

（1）各级委员会的人数，省九人至十五人，县七人至十三人，区或市七人至十三人，乡九人至十五人。

（2）各级教育委员会委员的产生，是从群众团体（青年团、少队部、儿童团等），政府机关报主笔，政府所在地及其附近的下级教育部长，各种文化团体，及各该级教育部内职员中之有经验者，由各该级教育部长提出名单，经各该主席团委任之。

（3）省、县、区、市教育委员会每月至少开会两次，有特别事件由教育部长或教育科长召集临时会议。乡教育委员会每月至少开会三次。

（五）省、县、区、市教育部之职员及分工：

（1）省教育部设部长一人，副部长一人。其下分为普通教育科，科长一人，科员二人至六人。社会教育科，科长一人，科员二人至六人。编审出版委员会，主任一人，委员三人至七人。总务科，秘书、文书、会计、统计等四人至八人，另设指导员五人至十人。

（2）县教育部设部长一人，副部长一人。其下分为普通教育科，科长一人，科员一人至二人。社会教育科，科长一人，科员一人至二人，指导员一人至三人。文书一人。统计由两科兼。

（3）区教育部、市教育科，设部长或科长一人，普通教育兼文书一人，社会教育兼统计一人。

（4）上列各级教育部职员，除部长副部长及市教育科长之外，均由各该级教育部长（市教育科长）委任或罢免之，但须报告上级教育部备案。

（5）各级教育部长及市教育科长的职务，是按照上级教育部的命令和指导，经常地计划并检查所属地区内一切文化教育的进行。指示并督促本部的及下级的工作人员执行这些计划，及对于这些计划的实施状况加以检查。副部长帮助部长进行工作，部长出外或有病时，代理部长的职务。

（6）普通教育科的职务，是管理成年补习教育、青年教育（如夜校、识字运动等）及儿童教育（如列宁学校）等。

（7）社会教育科的职务，是管理俱乐部工作，地方报纸，书报阅览所，革命博物馆，及巡回演讲等。

（8）编审出版委员会的职务，是编辑普通教育、社会教育的各种材料，审查下级编辑的材料，并以之出版。但中央苏区及与中央苏区发生了直接联系的苏区，重要材料的审查权在中央教育部。

(9) 指导员的职务，是往所属各地巡视直接指导下级的工作。

(六) 由乡苏维埃指定一部分的代表，协同群众团体组织、乡教育委员会，在乡苏领导之下，发展该乡文化教育运动。其具体工作如下：

(1) 制定每月全乡的教育实施计划；

(2) 以扫除全乡文盲为目的，进行广泛的识字运动，领导识字运动委员会开办各村的识字班或识字组；

(3) 领导俱乐部委员会在各个圩场上及村庄上建立俱乐部，发展俱乐部内的各项工作；

(4) 建立夜学，使之普及于全乡大小的村庄上；

(5) 建立列宁小学，并使他发展起来；

(6) 建立巡回读报会及巡回讲演会；

(7) 动员群众解决教育上的一切物质问题（教育、伙食、学校设备费、灯油费等）；

(8) 分别年龄、性别登记在学（识字班、夜学、小学等）与失学的人数；

(9) 经过乡苏召集全乡文化教育的活动分子会议；

(10) 领导全乡的教育竞赛，并与邻乡订立文化竞赛条约；

(11) 月终向乡苏作本乡文化教育状况的报告。

(七) 本暂行组织纲要人民委员会得随时修改或废止之。

代教育人民委员　徐特立

公历一九三三年四月十五日

选自《江西苏区教育资料选编》，江西省教育厅编，江西教育出版社 1960 年出版，第 101～104 页。

互校版本：《老解放区教育资料》（一）土地革命战争时期，中央教育科学研究所编，教育科学出版社 1981 年版，第 67～69 页。

25. 中华苏维埃共和国中央教育人民委员部训令第二号　关于建立和健全俱乐部的组织和工作

1933 年 6 月 5 日

为着提高广大工农劳苦群众的文化水平和政治水平，在一切乡村、一切城市、一切机关、一切部队中，广泛地进行文化教育工作，最主要的机关，除识字运动委员会、夜校外，就是俱乐部。因为俱乐部能利用各种各样适合年龄及文化程度的教育方法，直接和间接地教育广大群众，能利用各种各样的机会来吸收群众、动员群众；能利用群众自己参加工作来教育自己，所以他在教育上占极高的位置。

过去俱乐部在机关中、红军中、学校中，有相当的成绩，尤其是红军中成为教育群众的政治文化的中心。但是在乡村，大部分俱乐部偏重在娱乐，忽略政治及其他的文化工作。具体的表现是俱乐部只有中乐及改良的旧戏，甚至就演封建式的旧戏，墙报很少看见，读报、政治讲演、政治讨论，差不多完全没有。有些乡村还没有俱乐部，或者只有一间小房子，没有大的群众集会场所。在机关俱乐部，也有不少的错误，例如墙报大部分没有斗争，甚至开始斗争就用压迫自我批评的手段压迫下去了。即江西省政府过去曾发生这种现象，会昌某区的机关墙报因反对个别的官僚腐化，文字上牵涉整个机关，就用官僚的方式把批评的青年罚禁闭，这一官僚的方法，就把斗争的工具降落为和平的工具，这是俱乐部工作中最可耻辱的事。在群众各种集会，除纪念以外，俱乐部都没有很好利用他们进行教育工作，尤其少先队、儿童团、赤卫军，每月定期会操时，是读报和讲演的好机会，俱乐部还没有和他们发生组织上的联系，有系统地来进行这一工作。在夜校进行读报，也是宣传鼓动的经常的工作，除兴国普遍地实现外，有些地方刚才开始，有些地方简直没有。总括起来说，过去的俱乐部没有普遍地建立，尤其是在乡村没有系统的经常的工作，忽视了政治动员，偏重娱乐，没有很好地利用各种群众集会和开放俱乐部为群众集会场所，来进行教育工作，没有广泛吸收劳动妇女及儿童参加工作，没有利用墙报做斗争工具。

各级教育部，应该经过各级教育委员会，经常讨论有计划地领导俱乐部工作，尤其是社会教育科是他的专责，要十二万分注意，议事日程上要把他经常列入；乡教育委员会要经常领导乡村俱乐部，经常检查工作，迅速地彻底地转变过去的工作方法，消灭组织上不健全的现象，切实执行本部颁布的俱乐部组织和工作纲要。在开始进行工作的地方，及过去成绩不好的地方，不要将俱乐部的一切工作同时进行，要选择几项中心工作来推动其他工作，如唱歌、游戏、识字、讲演、读报等。当首先进行，在开始的一日，就要编定工作日历，进行调查登记，俱乐部的组织工作、地点与经常负责人并怎样领导的，有些什么困难和经验，报告上级教育部，并转中央教育部。中央教育部发给俱乐部的印刷物，要充分地寄到乡村俱乐部，并要检查是否完全使用了，不得扣留一份在各级教育部，并要将收到的印刷物随时登记数目，汇报中央教育部。凡是全乡俱乐部共用的印刷物，如报纸，各村俱乐部要轮流传递，如俱乐部以外的团体，要借用俱乐部的印刷物，要定期交还，保存在乡教育委员会。此令。

代部长　徐特立
1933 年 6 月 5 日

我湘赣苏区的俱乐部、列宁室的组织与工作是非常的不够，现虽有不少的组织，但大半是没有建立经常的实际工作，墙报仅在省一级红色部队及个别的县一级有些实行，但不普遍，读报、政治讨论、政治讲演更不普遍，体育运动除红色部队及省一级几个比较工作好一点的列宁室外，差不多完全没有，其他的缺点和错误更属不少，这是由于各级教育部对俱乐部、列宁室工作忽视的结果。希即遵照这一训令及本部前颁发俱乐部、列宁室的组织与工作，迅速地立即转变过去的错误和缺点，消灭组织上工作上不健全的现象，在开始进行工作及过去成绩不好的地方，先选择几点中心工作来推动其他工作，每个俱乐部、列宁室要备《湘赣斗争》《列宁青年》《红色湘赣》以及党团政府和各革命团体的文件及各种革命书籍陈列，使群众阅览，并要妥为装订保存。又读书、读报、政治讲演会、墙报、新剧、化装讲演、唱歌、打拳、赛跑，把最容易举行的工作首先建立起来，逐渐推广。各级教育部、乡教育委员会，按照这一训令立即把俱乐部与列宁室的组织工作、地点与经常负责人并怎样领导的，有些什么困难和经验，一律限于二月十五日以前逐项报告本部为要。

湘赣省苏教育部

1934年1月10日

选自《老解放区教育资料》（一）土地革命战争时期，教育科学出版社1981年出版，第280～282页。原注："录自《中央教育人民委员部重要文件汇集》，湘赣省苏教育部翻印"。

26. 中华苏维埃共和国中央教育人民委员部训令第三号　关于新调来的教育干部训练问题

1933年6月8日

目前各级教育部，大部分按照本部第一号训令陆续调了工作人员来部工作，转变了过去不从下级提拔干部的错误。但是，人员调来了，也没有好的训练，坐在那里仍是不能工作，使教育部就成为很大的一个官僚机关，也是一个严重问题。因此决定下列四种训练干部的办法：

一、在工作中训练。新调来的干部，一到就要分配工作，不应该闲居在教育部，把教育部变为消闲机关。其中工作经验不够的，首先就要放在附近区乡做工作，以便随时指导。或组织某一处或某一项特殊工作的工作团，将新旧干部配合，以其中有经验、有能力、工作积极的来领导，在这集体领导中，进行一定时间的工作。在工作团的工作，检查后按能力、经验和积极性，来分配各个人独立的工作，及分别到较远的地方工作。

上级干部的工作，不是直接教育群众，是计划、指导和检查下级的工作。因此上级干部如果不能耐烦地听下级的报告，或未曾做过下级工作的，往往了解问题偏于一般的原则，具体来领导下级工作是困难的。所以上级干部还要有相当的时间直接帮助附近乡村俱乐部和学校的工作，把所在地的区乡做一个工作试验场。尤其是新调来的经验不足的干部，必须最先做直接的工作。但上级干部主要的还是领导工作，计划整个的工作；直接做最下层的工作，不是自己的任务，是自己学习的一个方法。

在集体领导中，仍须分门或分区域担任工作，以发展各个人的创造力和责任心。同时还要互相参观，互相报告，取得各种不同的经验，使经验丰富起来。

二、在斗争中训练。我们过去的教育机关，向来是过和平生活，没有斗争的。因此阶级异己分子、消极怠工分子得以在机关和学校中站得住脚，一部分有错误可以教育的干部，也得不到相当的教训。这样就不只阻碍了教育的进行，还失掉了可以教育的干部。所以我们要经常不断地不怕麻烦地发动斗争，从群众的火焰中来揭破阶级异己分子和消极怠工分子破坏教育的行为，教育我们的干部，教育我们自己。并时时刻刻记着，开会发动斗争虽然不及命令的直截了当，要麻烦得多，但是效果不低，比命令高十倍百倍。

三、用行政纪律来教育。经过群众批评，行为还不改变的分子，必须用纪律上的制裁，从劝告、警告，一直到开除工作，也是教育方法之一，不可缺乏的一部分。但这是一个比较要少用的方法，并不可用这一方法来代替斗争，不可拿它放在斗争的前面。

四、开办短期的训练班。新调来的干部成分比过去好，斗争历史也比过去好，文化水平虽赶不上他们的成分和经验，也还是好的现象。从事教育工作没有最低限度的文化水平也是困难的。我们对于文化水平最低的工作人员是不是不能用呢？是可以用的。但应该使其花半年或二三个月时间在训练班学习得必要的文化水平。这类工作人员一来就送到短期训练班学习。但并不需要一次将文化水平提到足够的程度，学习和工作可以交互进行。这样的办法，一面造就了干部，一面解决了工作人员缺乏的困难。短期训练班目前最便利的就是从一星期到一月的训练班，应继续不断地开办。第一步先来一个大的数量，质量比较数量稍微降下一点，再逐渐提高质量，延长训练时间到半年至一年甚至几年。详细办法适用于须延时间的，可以本部编有教育干部训练大纲做基础，再酌量当时当地实际情形去适用。

各级教育部接到本训令后，就要开始工作，一天都不可把干部闲居在机关中，一刻也不要忘记耐烦训练。

右令

省、县、区苏维埃政府教育部

代部长　徐特立

1933 年 6 月 8 日

选自《老解放区教育资料》（一）土地革命战争时期，教育科学出版社 1981 年出版，第 220～222 页。原注：“录自《中央教育人民委员部重要文件汇集》，湘赣省苏教育部翻印”。

27. 中华苏维埃共和国中央教育人民委员部命令第十二号　颁布夜校办法大纲

1933 年 8 月 6 日

目前在国内战争环境中，一般的青年和成年男女，必须普遍地能做报告，能看各种文件，最低限度也要能看标语和路条；尤其是工作人员，提高文化和政治水平更为重要。解决这一问题，过去有识字小组和夜校两种办法，而夜校更为重要，但没有明令规定办法，以致办法不统一，尤其是文化落后的区域，自己不能创造最好的方法进行工作，明令规定办法更觉重要，本部特此规定夜校办法大纲六条，各级政府务宜切实执行。此令

省

县　苏维埃教育部

区

代部长　徐特立

1933 年 8 月 6 日

附：夜校办法大纲

一、夜校的任务：在不妨碍群众的生产和工作的条件下，于短期间扫除文盲，与提高群众的政治文化水平，这就是夜校的任务。

二、夜校的设立：校址必须设在人口比较集中的地方，务使学生到校的路程不致太

远，最好每村设立一个或几个（以过去的经验来看，兴国平均每乡有夜校十五个，全县有一千九百余个，很便于群众来学，所以在兴国三十五岁以下的失学男女差不多都入夜校）。

三、夜校的组织：夜校必须设立校长负专责，同时要在学生中选举班长一人，组长若干人，帮助校长进行工作。

四、夜校的功课：夜校中除识字外，要教政治和科学常识，同时还要注意写字和作文。本部编有成人读本三册，于识字中包含各种常识，可用作教材，但这是一般的教材，另外必须采取带地方性及在某一最短时间的特别材料，用作补助教材，如《捷报》及《红色中华》《青年实话》中的政治消息，各区乡本地的党、政府、贫农团、工会、少队等传来的消息和墙报中的讨论和记载，都可拿来做补助材料。教法注重讨论和问答，注意写墙报，写开会的记录和决议，最低限度也要学到写标语口号，这样才能发展学生的自动性、创造性，最要注意的一点就是要把书上所写的拿来应用，要把应用放在第一位。

五、夜校教员的培养：由区开办短期夜校教员训练班，此外并在乡开办不脱离生产、夜间上课的夜校教员训练班。还要在工作中训练教员，如夜校学生成绩较好的，同时可兼任识字小组的教员。

六、夜校经费：粉笔、公共用的灯火及教员用的课本和参考图书均属办公费。在新苏区夜校刚才建立的时候，办公费由公家支付，学生用的文具、书籍、灯火自备。较老的苏区，夜校已经建立起来的，一切经费应发动群众来解决。

各级教育部教育委员会接到这一命令，希即遵照《夜校办法大纲》把各乡村已组织的夜校，建立日常实际工作，未组织的马上建立起来，尤其是在冬季做到以屋场为单位，设立一所夜校，吸收广大的失学青年（或成年）来参加。夜校必须设立校长负专责，并在学生中选举班长、组长，帮助校长进行工作。夜校功课，除照夜校办法大纲中所规定的以外，在目前应以中少共省委出版的《湘赣斗争》《列宁青年》《红色湘赣》等为补助教材。要做到每晚上课一小时，使附近青年成年都到夜校去读书，落雪落雨时可改在日间上课，各级教育部教育委员会，应每周检查并督促夜校的工作，训练其教员为要。

选自《老解放区教育资料》（一）土地革命战争时期，教育科学出版社 1981 年出版，第 254～256 页。原注：“节自《中央教育人民委员部重要文件汇集》，湘赣省苏教育部翻印，1934 年 1 月 10 日”。

互校版本：《江西苏区教育资料选编》，江西省教育厅编，江西教育出版社 1960 年出版，第 105～107 页。原注：“《中央教育人民委员部重要文件汇集》，湘赣省苏教育部翻印”，并附有 1934 年 1 月 10 日由湘赣省教育部发出的通知（略）。

28. 少共中央局、中央教育人民委员部联席会议关于目前教育工作的任务与团对教育部工作的协助的决议

1933 年 8 月 30 日

团中央与中央教育人民委员部联席会议，讨论了目前教育方针和任务，与团对教育部

工作的协助问题之后……联席会议认为：

一、目前教育工作的方针与任务，应该从估计在战争的环境与苏维埃政权之下的观点出发，这就是说应当把教育工作为着战争与广泛的马克思共产主义的教育观点出发，把教育为着战争，就是说满足战争的需要，用教育工作帮助战争的动员、战争的发展，随着苏区的扩大与苏维埃工作的发展需要，广泛地提高群众和干部的政治文化水平，来执行新的任务，以帮助战争的动员，需要经过教育的工作去提高广大工人与劳苦群众的阶级觉悟。

广泛的马克思共产主义的教育，只有在苏维埃政权之下才有可能，这里不但有着政治上的一切条件，因为从推翻反动统治与建立苏维埃政权后，苏维埃政府首先就给予劳苦人民以言论、集会、结社的自由，而且有着物质上的一切条件，虽然在我们前面因帝国主义、国民党的进攻与封锁，使物质上的条件感受极大的困难，但是苏维埃政府将所有一切可能的东西都给予了劳苦的民众，首先如用作言论出版自由的纸、印刷机、印刷厂，用作集会结社自由的房屋会场，都交给了劳苦的民众。在旧的统治之下，工人与劳苦民众是没有权利去受教育的，因为一方面是经济上的剥削，另方面政治上的压迫，在苏维埃政权下劳苦群众生活的改善，是给予劳苦群众愿意去提高自己的文化政治水平极大的刺激，同时苏维埃政府在政治上的保障与提倡，能够有着可能去广泛地进行马克思共产主义的教育，就是从灌输以阶级斗争思想讲到无产阶级专政，必然走到社会主义。

过去在教育工作中，存在着不正确的观点，以为要为着战争，就是把学校关门，这事实上是取消教育，阻止教育的发展，即使是在战争的情形之下，也不能减弱教育工作的建设与苏维埃学校系统之初步的建立。另一个不正确的观点，就是在教育部工作中存在资产阶级思想的倾向，把教育工作限制在反封建思想与迷信的范围内。如果没有系统的马克思共产主义的教育与宣传，反对封建迷信是不会得到成功的。

目前教育工作的方针，就是满足战争的需要和帮助战争的动员，进行广泛的马克思共产主义的教育。

二、在目前的环境之下，要达到上面的这个任务必须把教育的中心工作放到：（一）社会教育，（二）普通教育上面去。极大地发展社会教育，经过俱乐部、列宁室、识字班、工农剧社等等的群众组织来提高群众的文化政治水平，是非常的重要。教育部应当去帮助群众和各社会团体。必须估计到社会教育的发展，并提到更高的顶点上去，必须要有相当的普通教育发展的基础，以及因普通教育发展而获得的帮助。为着社会教育的发展，必须相当地建立普通教育的系统，为着适应于目前的环境，不管是社会教育方面或是普通教育方面我们需着重在政治教育，这并不是说，在某种情形之下，（为着战争或开始初步经济建设的需要）不要去发展职业教育，尤其在普通教育中有可能把政治教育与职业教育相联系。苏维埃教育的出发点是：必须把教育与劳动有联系，使校内的学习与校外的活动很好地配合。

在教育部的工作中，存在着不正确的观点，以为我们“没有人，没有钱”不能发展普通教育，不了解社会教育与普通教育间的相互关系，这种观点表示在教育部工作中的游击主义残余。在教育部工作中的游击主义残余，是没有计划性的工作，没有建立苏维埃教育制度，我们必须与这种倾向斗争。

教育部应当开始来确立苏维埃的教育制度与教育系统，目前教育部的方针，应当为普及教育义务教育而斗争，虽然在今天我们还没有可能来完全地实现义务教育，但是，这些苏维埃教育的基本方针，即使在今天在教育部的工作中，也应当开始来准备完全实现普及的义务教育的基础。

三、发展文化教育的一个重要的条件，是培养干部与利用旧的知识分子的问题。只有在苏维埃政权之下，我们才有这样大的可能，来准备自己的干部，这完全不是说，我们不要利用旧的知识分子，为苏维埃工作。列宁曾经这样的警告过我们说：我们如果不利用资产阶级的专门家，为苏维埃工作，这是傻瓜。……在我们的领导同志以为不识字的都可以做文化教育工作。因此有这样不正确的观点，以为“识五十字的教不识字的，识一百字的教识五十个字的，识五百字教识百字的等”。联会认为要开展极大的思想斗争来纠正这一错误，必须学习苏联利用资产阶级的专门家的光荣的例子。在教育部工作中的一个严重现象是我们既没有培养无产阶级的知识分子，也没有利用旧的知识分子……以为只有“有长期斗争历史的知识分子才可利用”，这实际上也是拒绝利用旧的知识分子，我们必须用革命的空气去包围他们；造成他们的工作环境，使他们为苏维埃而工作。这并不是说，不要对于他们的监督，对于他们必须有敏捷的阶级的警觉性。在不妨害苏维埃，在有利于苏维埃之下允许他们的自由，在某些情形之下，还给他们以优待。

在教育部的前面，提出须要采取一切的手段与方法来培养无产阶级的知识分子。因为这是我们忠实可靠的基础，要能成功地去利用旧的知识分子，也正依靠于我们对于培养无产阶级的知识分子解决的程度而决定。

四、团对于教育部的协助运动必须是全团的事情。从支部起来到区委、县委一直到中央局为止，必须担负着对于教育工作与各级教育部的协助。各级团部应当与各级当地的教育委员会开联席会议，共同地讨论这一决议，订出具体的协助的项目与条件。协助运动的成功与否，责任是在团的身上。协助运动的成功，就依靠于每个团员参加协助运动。团应当成为一切俱乐部、列宁室、识字班的协助者，团应当成为一切学校的协助者。为着胜利地完成协助运动，应当加强团在学校中的活动，加强对于学校中团的组织的领导。

在为着消灭文盲的运动中，团应当成为积极的提倡者。经过识字班、夜学、俱乐部、列宁室，组织消灭文盲的协会，不让一个团员是文盲，也没有一个少先队员是文盲。每个团员负责消灭一个文盲。虽然我们反对把“认识五十字的教不识字的，认识一百字的教认识五十字的”当作一个发展的方针，但是在目前干部困难与发展群众的积极性之下，我们在俱乐部、列宁室，尤其是识字班，我们还需要请他们去教书，并且提出在他们身上担负消灭文盲的一定的任务。

联席会议决定在江西、福建两省开办省的学校各一个，在兴国、瑞金、长汀三县，开办县的学校，团应当成为这几个学校的协助者。

输送自己的干部到学校中去，到教育部，到一切文化教育的战线上去。

五、联席会决定，在十月二十日召集一个扩大的文化教育会议，由团与教育部双方派代表出席。出席代表，教育部工作同志二百人，团一百人，出席的代表分配由双方另行通知。

少共中央局
中央教育人民委员部
一九三三年八月三十日

选自《江西苏区教育资料选编》，江西省教育厅编，江西教育出版社1960年出版，第162～166页。原注：“《苏维埃的教育政策和目前教育工作的任务》，一九三四年一月，省苏教育部印”。

29. 江西省苏维埃政府命令第四号 创办江西省苏维埃干部学校计划书

1933年8月31日

兹制定干部学校计划书公布之，希各县苏立即按照计划书的办法切实执行，不得忽视延推或折扣。

此令

主　席　　曾　山
副主席　　陈正人
吴家俊
公历一九三三年八月三十一日

创办江西省苏维埃干部学校计划书

在目前尖锐的紧张的开展革命形势之下，创造成千成万的工农干部来加强苏维埃，特别是边区新区苏维埃对革命战争的领导使各方面工作都得到胜利的开展，是目前伟大而迫切的任务，省苏为着解决这一任务，坚决创办江西省苏维埃干部学校，其计划如下：

甲、班次

一、土地干部、国民经济干部、财政干部各一班，以造就该三部的边区新区的县区两级工作人员为目的。

二、文化教育干部一班，以造就列小教员、训练班和高级列小学校的教员为目的。

三、内务干部、劳动干部、工农检查干部及裁判干部共二班，以造就该四部目前的必须人才为目的。

乙、人数和选出的地方

一、每班以六十人为标准，共计三百六十人，由各县按照下列条件选送。

二、土地班的应以区乡查田委员会中挑选，国民经济班的应以县区合作社指导委员会及合作社管理委员会及各种生产部门中挑选，财政班的应以没收征发委员会及税务委员会中挑选，文化教育班应以教育部及其委员会与列小、俱乐部等等广泛的教育组织中去挑选，内、劳、工、裁等都应在自己的组织内挑选，这是主要的。此外还可以在区乡代表中及各群众团体的领导机关中选送（自然要就得同意）。

附表

三、三百六十人中，应有三分之一的女性。各县应调人数如下表：

项别 县别	男	女	共计
兴国	25	20	45
赣县	15	10	25
万泰	12	8	20
公略	20	10	30
永丰	10	5	15
乐安	11	4	15
宜黄	11	4	15
广昌	15	5	20
南丰	5	2	7
龙岗	15	10	25
石城	15	5	20
胜利	15	10	25
博生	20	5	25
洛口	14	6	20
长胜	15	5	20
赤水	8	2	10
杨殷	10	5	15
新淦	4	1	5
崇仁	3	0	3
总计	243	117	360

调来的干部每一人要填一份履历表：

姓名		性　别	
年龄		成　分	
教育程度		籍　贯	
过去任过何种工作			
现任何种工作			
有什么技能和特长			
愿意加入何班			
备考			

丙、资格：

1. 政治坚定，对革命有认识者。
2. 能够打破家庭观念，服从政府调动者。
3. 年龄在十八岁以上、三十五岁以下者。

4. 身体强健，无传染病和暗疾者。

5. 有相当文化程度，能了解指示条子者。

丁、学习和到校时间：

1. 九月十七日至十月二十日为学习期间。

2. 被送学生限九月十九日以前一律到校。

戊、课目及其学分：

一、以四星期计算，共一百四十四个学时即一百四十四个学分——俱乐部工作和政治讨论会除外。

二、课目分三种：

1. 政治课目——五次围剿和工农群众的任务，共产党，青年团，苏维埃，土地问题，劳动问题，经济问题，红军问题，地方武装问题，肃反问题，职工会，少先队，儿童团，反帝拥苏，互济会，妇女问题……等。

2. 专修课目——按照各班性质另定。

3. 常识课目——地理、自然、算术、唱歌、体操等。

三、政治课目占四十八学分，全体或分二组上课。常识课目占三十六学分，按程席［度］分两组或三组上课。专修学分占六十学分，分班甚至分组（劳、工、裁）上课。上课时间表另定。

己、经费：

一、来者路费由当地政府负责。

二、在校膳费、书册费及回县路费由学校负责。

三、被服碗筷等日常用品归学生自带。

庚、教员：

一、政治课目归省一级工作人员共同负责。

二、常识课目，另聘专人担任。

三、专修课目，由各部工作人员分别负责。

辛、地点：

决定在博生城，详细计划另定。

壬、工作分配：

毕业后由省属各部按照各县情形，分配到各县工作。

选自《老解放区教育资料》（一）土地革命战争时期，中央教育科学研究所、陈元晖、璩鑫圭、邹光威编，教育科学出版社1981年出版，第229～233页。原注："录自1959年2月江西省博物馆革命文物展览会"。

互校版本：

1.《江西苏区教育资料选编》，江西省教育厅编，江西教育出版社1960年出版，第178～180页。原注："博生城，现江西宁都县城"。

2.《江西苏区妇女运动史料选编》，江西人民出版社1982年出版，第105～108页。原件未注明史料来源。

30. 开办苏维埃大学

1933 年 8 月 1 日《红色中华》

因为革命战争的猛烈开展，环绕着革命战争的每个重大工作，如查田运动、经济建设、工人斗争、文化建设、财政工作、肃反工作、道路建设、新苏区的发展以及目前的选举运动，都需要大批干部，这不是几十几百人的事，而是要有几千几万继续供给到各个工作的战线上去。中府[①]各部都在开办训练班，为着集中领导统一教授与学习的方向起见，决定开办苏维埃大学，以毛泽东、林伯渠等五位同志为大学委员会委员，以毛泽东为校长，立即进行开办。

选自《江西苏区教育资料选编》，江西省教育厅编，江西教育出版社 1960 年出版，第 183页。原注："人民委员会第四十八次会议，'红色中华'。一九三三年八月一日"。

31. 苏维埃大学的创立

1933 年 8 月 31 日《红色中华》

中央人民委员会最近于四十八次会议上决定创办一苏维埃大学，为着吸收与争取新的力量，创造大批新的苏维埃工作干部，完全粉碎五次"围剿"的新任务，争取战争的全部胜利。人民委员会已委令毛泽东同志为校长及其他许多同志组织大学委员会来领导这一大学工作。现大学委员会已于本月二十一日开第一次会议，决定招收一千五百名学生，暂分普通班与特别班（土地、国民经济、财政、工农检察、教育、内务、劳动、司法等八班），并决定在中央政府附近建筑新校舍，以作学生住宿上课之用。于九月初苏维埃大学将定一适当日期举行盛大的成立开学典礼。这一苏维埃大学的创立是苏维埃运动中新的胜利，是值得我们欢呼庆祝的。

选自《江西苏区教育资料选编》，江西省教育厅编，江西教育出版社 1960 年出版，第 184 页。原注："《红色中华》，一〇六期，四版，1933. 8. 31"。

32. 中华苏维埃共和国中央教育人民委员部训令第五号

1933 年 9 月 8 日

最近中央教育部与团中央局开了一次联席会议，详细讨论了目前教育工作的方针任务

① 原注："中府"，苏维埃临时中央政府的简称。

上团协助教育部问题，并一致通过了一个决议案（另抄附上）。各级教育部应根据这一决议上所指出的教育方针与任务，来纠正过去在教育工作中一切错误与缺点，为完全实现这一决议而斗争。

团中央局所发起的团对教育部工作的协助运动，无疑的是今后开展苏区文化教育的最有力的推动力量。各级教育部应与各该级团的领导机关发生最密切的关系，并在一切教育工作中，求得广大的团员同志热烈的参加与协助，这样，我们才能很迅速地来完成目前教育的任务。

此　令

代部长　徐特立

副部长　沙可夫

1933年9月8日

选自《老解放区教育资料》（一）土地革命战争时期，教育科学出版社1981年出版，第34～35页。

33. 洛甫[①]：论苏维埃政府的文化教育政策

1933年9月9日

我们苏区的党在最近时期内，不论在军事战线上、经济战线上，或是在查田运动的战线上，都得到了极伟大的胜利。但是在文化教育的战线上，则特别表现了我们的落后。

在我们党内存在着一种机会主义的思想，以为现在是革命战争的时期，现在是一切应该服从战争的时期，所以苏维埃区域内的文化教育的工作应该取消，学校应该停办，一切苏维埃政府的文化教育经费都应该拿来放到战争上去。这种机会主义思想的结果，造成了苏区内文化教育工作的特别的落后，甚至使苏维埃中央政府的教育都变成了无人顾（过）问的机关。

犯有这种机会主义思想的同志，显然根本不了解苏维埃的文化教育政策同国民党的完全不相同，根本不了解文化教育工作同革命战争有何密切的关系。

国民党政府的文化教育政策主要的是在把全中国最大多数的被压迫民众，放在文盲、闭塞与愚昧中间，这样使中国的豪绅地主与军阀官僚更容易欺骗与剥削他们，使他们变为统治阶级的工具。在国民党全部财政的支出方面，用在文化教育上的不到百分之一。如南京政府今年岁出预算照国民党自己所说的为一万六千一百五十万元（其实不止此数）。其中用于教育经费者不到一百零六万余元。但这还不过是在纸上。挪用教育经费充作其他用途的事，在国民党方面，是不算希［稀］寄［奇］的。没有一个国民党学校的经费，不是拖延到好几个月的。近年以来，就是仅有一些学校，也大半关门停办了。

就是那些少数的文化教育机关，在国民党统治之下，同样是欺骗民众的工具。正像列宁所说的：

---

① 洛甫即张闻天。

“旧式学校时常表白自己是造就人才的，培养科学知识的机关，然而我们知道这是一种骗人的话，因为旧式社会是建筑在有阶级——被压迫阶级与压迫阶级——的基础上的。所以一切旧式学校当然是根据于阶级利益和精神的，所给的知识仅有利于资产阶级和他的子孙，因为每种教材都是依着他的利益而编定的。”

“在这些学校受教育的工农子弟，也不过是为了资产阶级的利益，资本家要教育他们无非是培养一班驯服的奴隶，使他们能善于工作出多的利润，同时不敢于反抗自己。”

但是由于中国国民党经济的总崩溃，就是在国民党教育机关中所培养出来的少数科学的与技术的知识分子，也找不到应用他们知识技术的所在，以至发生了“知识分子”的生产过剩。

同国民党政权的文化教育政策完全相反，苏维埃政权的文化教育政策，是在使每个苏维埃公民受到苏维埃的教育。这种教育不是在愚弄民众为剥削阶级服务，而是在启发民众，使民众为自身的解放而斗争。这种教育决不是封建时代的教育，不是资产阶级的教育，而只能是无产阶级的教育，即是马克思与列宁主义的教育，即共产主义的教育。因为只有马克思列宁主义，才能武装我们的头脑，使我们为中国工农民众的最后解放而斗争，并且使我们的斗争能够得到胜利。

正像一些机会主义者，认为中国革命目前是民主资产阶级性的革命，所以我们苏维埃的德谟克拉西，只能是资产阶级的德谟克拉西一样，有些机会主义者也认为在中国革命目前的阶段之上，我们的文化教育只能是资产阶级的教育，企图把我们的教育限止在反封建反迷信等资产阶级的教育之上。关于这一基本问题，就是我们一些领导同志中也是没有明确了解的。在中央政府教育人民委员会第一号训令上，关于苏区文化教育的任务曾说：

“苏区当前文化教育的任务是要用教育与学习的方法启发群众的阶级觉悟，提高群众的文化水平与政治水平，打破旧社会思想习惯的传说，以深入思想斗争，使能更有力地动员起来，加入战争，深入阶级斗争，和参加苏维埃各方面的建设。”（一九三三年四月十五日）

这里关于苏维埃文化教育的任务的解释是模糊不清的，这里没有明显地指出以马克思列宁主义的教育，来教育广大的工农群众。因此在我们现在微弱的文化教育工作中，已经在不少的地方表现出这种资产阶级教育的倾向，把苏维埃的教育当做了资产阶级的启蒙运动。并且正是这种倾向，给“为了战争应该取消教育”的机会主义思想以理由与根据。

以马克思列宁主义的教育，来教育全苏区广大的劳苦群众，这种巩固无产阶级在思想上的领导作用的教育不但不妨害革命战争，而且也是革命战争伟大胜利的必要条件。

毫无问题的，苏维埃革命运动，本身就是一个极大的学校，它吸收千百万过去在黑暗中生活着的劳苦群众，走向光明，它教育他们互相团结起来为了推翻剥削者的统治，为了自身的解放而斗争，他们在经济的政治的斗争中了解到共产党领导的正确，从实际经验上相信马克思列宁主义的正确，并且也在斗争中抛弃了他们旧社会的思想习惯与传统。这对于苏区内千百万工农劳苦群众是最好的教育。

不但在苏区内的工人中间，即在苏区内广大的农民中间，马克思列宁主义有着极大的权威。在每一个苏维埃的工会的以及其他群众的机关内，差不多没有一个地方没有马克思与列宁的遗像或是写他们名字的红纸条，这里虽是有不少滑稽可笑的现象，如把马克思、列宁当做菩萨一样供奉，然而对于马克思、列宁的尊敬与崇拜是到处一样的。

在斗争中来教育苏区内千百万的工农劳苦群众，自然是我们最主要的教育方法。正像在共产国际纲领中所说的："要大批培养共产主义的认识，要推进社会主义事业，就应该大批改造人，这种改造只在实际运动中、革命中方才可能。所以工人阶级之需要革命，不但因为除革命以外没有别的方法可以推翻统治阶级，并且还因为推翻旧制度的阶级只在革命中方能清除本身所带的旧社会的全部污秽，而能创造新的社会。"（中课本，二十二页）

在苏维埃运动中，我们正在"大批改造人"，培养成千成万的管理家、组织家以及技术家与思想家。但是这一任务的完成，是同我们的文化教育工作不能分离的。军事从革命的实际中，使群众相信或崇拜马克思列宁主义自然还是不够的。对于马克思列宁主义的信仰，就是在工人阶级中，也还不能消灭封建的、资产阶级以及小资产阶级思想的残余，对于农民那更不用说了。他们现在相信马克思列宁主义，只是因为他们从共产党所领导的苏维埃政权手里，取得了土地的自由。这就是说，我们"除了用革命实际所给与的鲜明的训练之外，又应该经过有系统的宣传，把马克思主义列宁主义的基本原则与方法深入于广大群众的意识中"（共产国际关于宣传工作的提纲，见《斗争》一十三期）。文化教育工作的重要，也就是在此。

斗争与教育，对于我们是不能分开的。在苏区党内过去存在着所谓"狭义经验论"，实际上是想把斗争与教育分开的机会主义的思想。没有思想上的教育，我们的斗争就会失去方针，我们就会走向错误的道路。我们是要在斗争中加紧我们的文化教育工作。譬如在进行查田运动中，我们开办了短期的查田运动训练班，召集了查田运动大会，同时经常不断地把查田工作团召集回来，再给他们进一步的教育工作。这里，我们看到了斗争与教育的一致。正因为这样，所以在苏维埃政权底下，涌现出了成千成万工农的干部。

不站在马克思列宁主义的立场上来提高工农群众的文化程度与政治水平，使他们能够运用各种科学、技术及管理的工具，苏维埃社会的建设是不可能的。就是拿苏维埃机关中的官僚主义来说吧。官僚主义的产生，不但是由于一部分阶级异己分子或机会主义者，把持苏维埃的政权机关，而且也是由于我们自己文化教育程度的落后。所以反对官僚主义不但应该洗刷苏维埃机关中的阶级异己分子，而且也应该提高群众的文化教育的水平。资产阶级国家内所施行的"普及教育"，是为了要使工人知道更好地利用工厂中的机器，更多地为资本家生产剩余价值。在我们苏维埃国家内，文化教育的发展是为了工农群众更好地管理自己的国家，建立苏维埃的新社会。

但是有系统地进行马克思列宁主义的文化教育工作，我们还没有开始，甚至我们教育人民委员会第一号训令内没有提出进行十七岁以下的男女的义务教育，是我们苏维埃教育的中心任务，因此，一直到现在我们的教育部还没有定出一个苏维埃教育的学制出来，依照这个学制来有系统地进行我们的教育工作，同时在训令上也没有以消灭文盲看做苏维埃社会教育的中心目标。

工农的民众革命不但推翻了地主资产阶级的统治，而且也消灭了他们对于文化教育的垄断。我们没收了国民党的学校、图书馆，我们建立了我们自己的印刷厂与我们自己的书局。自地主资产阶级对于文化教育的垄断消灭以后，我们已经有着极大的可能，来大规模地发展苏维埃的文化教育工作。这将给全中国民众看到：只有在苏维埃政权下面，工农群众才能每一个受到新的教育，消灭他们在文化上的落后。这种铁的事实将证明出：苏维埃政权不但能破坏旧的文化教育，而且能够建设新的！

经过义务教育与社会教育，使每一个苏维埃的公民受到苏维埃的必要的教育，这是我们苏维埃政权的基本政纲之一。虽是由于战争的环境、敌人的封锁，以及各种物质上的困难，我们不能立刻完成这一任务，然而我们应该以完成这一任务，作为我们的战斗的目标。可是一直到现在，由于我们没有明确的了解以及机会主义的了解，使我们没有向着这一目标坚决地不动摇地做去，所以我们现有的许多物质上的可能，并没有拿来使用，甚至我们的教育部有了极少数的教育经费，也不知道去尽量地利用的。

以共产主义的教育去广泛地教育苏区内成千成万的工农劳苦群众，是革命战争的胜利、苏维埃政权的发展与巩固的必要的保障。同时必须在这种普通教育的基础之上，创造工农，尤其是工人阶级自己的政治上的、军事上的、经济上的以及文化教育上的较高的专门人才，以供给革命战争以及苏维埃的各方面建设的需要。我们必须毫不迟疑地说；革命战争的开展，以及苏维埃各方面的建设，要求我们造成我们自己的知识分子，尤其是工人知识分子。正像共产国际纲领上所说的：

“人类新社会组织者的作用，需要无产阶级本身在文化上的成熟，无产阶级对于自己本身的改造以及新的工作人才的造成，使之能够运用各种科学、技术及管理的工具，以推进社会主义建设与新的社会主义文化。”（十页）

一直到现在，在我们一小部分同志中间还存在着一种错误的倾向，认为我们只要工农出身的干部，至于工农出身的知识分子的养成，那简直没有必要。所以比较高的师范学校与高等学校的设立，还没有开始，过去中央教育部所设立，后来又因为“战争的需要”而自动取消的那个列宁师范，实际上是成人的初等小学校，这种师范学校在目前我们极端缺乏教员的情形之下也有它存在的理由，然而要经过这种学校来提高苏维埃的文化教育的程度，显然是不可能的。这种现象已经在兴国等社会教育比较发达的县份内存在着。要消灭这种现象，创办较高级的师范学校或高等学校，实为必要的条件。

这种高等学校的建立，在苏维埃目前的条件之下，不是不可能的。马克思共产主义学校已经有了半年的历史，苏维埃大学也已经有了它的雏形。这种学校在各省苏维埃政府所在地，当然还有继续创办的可能。这种学校的招收学生，虽是一般的经过各地选择，但必须经过入学试验的手续，使每一学校保持它的文化教育的水平。

但是为了发展苏维埃的文化教育工作，为了养成工农自己的知识分子，旧的知识分子（不论他的出身是地主或是富农）的利用是绝对必要的。对于这一必要，我们一直到现在还没有清楚了解。就拿教育人民委员会第一号训令，关于这一问题来说吧：

“不要那些地主、富农、资本家出身而思想不正确工作不积极的分子做教育部的工作。思想正确，工作积极，有革命斗争历史，而非工农分子出身的，自然不拒绝他们做文化工作，但须开明履历，报告上级文化部以至本部，经过审查与批准。”

这里可以看出我们文化教育的领导机关，对于利用旧的知识分子的问题是不完全了解的。他们要求每一个旧的知识分子都是老布尔什维克（因为“思想正确，工作积极，有革命斗争历史”的知识分子自然应该是老布尔什维克!），甚至就是那样的分子，也只是“不拒绝他们做文化工作”，而且还要“开明履历”，还要“报告上级”，还要“经过审查与批准”。经过这样的限制之后，当然不会有一个过去的知识分子到文化教育界上来做工作了。

列宁同志关于这个问题，曾经说过这样的话：

“我们不仅要恐吓资本家，使他们感觉到无产阶级国家的强大力量，使他们不敢妄想积极反对无产阶级国家，我们还要打倒消极的反抗（无疑的，他是更加危险，更加有害），我们不但要压服任何的反抗，我们应该强迫他们在新的国家组织的范围内工作。‘赶跑’资本家还是不够的，应该（在赶跑一钱不值的毫无希望的反抗者以后）叫他们作新的国家的工作；对于资本家资产阶级知识分子及职员等等一部分上层分子，都应该如是做去”。（“二月到十月革命”二百八十四页）

此外列宁还常常说：“我们需要从资产阶级那里去学习许多东西。”联邦共产党曾经依照列宁的指示，很有成效地利用了旧的知识分子“叫他们作新的国家的工作。”我们的同志中以“左”的空谈拒绝旧的知识分子的利用的路线，当然同列宁的指示没有丝毫相同的地方。

我们苏区在革命以前是一个文化落后的区域，然而旧的知识分子一直到现在还有不少。这些知识分子现在大都隐藏不出，或者做些体力劳动，或者摆小摊头过活。对于这些知识分子，我们从没有想拿来利用。我们惧怕他们，怕他们闹反革命，我们不相信我们自己有控制他们的力量。

甚至在我们的党内，这种党员知识分子不论他们工作是否积极，因为他们成分不好，也有不少遭到开除的。关于这一问题虽是党中央局曾经有过专门的指示，但是下级党部依然重复着这一错误。“吃知识分子”的现象，依旧存在。

这种“左”的倾向必须立刻纠正，我们不但应该尽量地用这些知识分子，而且为了吸收这些知识分子参加苏维埃的文化教育工作（其他工作也是如此），我们还可给他们以优待，使他们能够安心地为苏维埃政府工作。我们的师范学校或高等学校还可招收一些旧的知识分子，给他们以新的训练，使他们为我们工作。对于特别努力工作的分子，苏维埃政府还可以给他们以特别的奖励。一些过去犯过错误或参加过反革命活动（不是主要人物），现在编在苦工队中的知识分子，也应该利用他们的所长。如他们工作努力，可缩短他们的处罚时间，以至恢复他们的公民权。我们决不希望他们变成布尔什维克，但是我们要利用他们的所长来教育我们，造成我们自己的知识分子。当然为我们所利用的知识分子中的反革命活动，是不会消灭的，但是我们决不因此就不去利用他们。我们相信我们有着一切力量去防止他们的反革命活动，而且我们的新的策略对于这些知识分子可以发生比较良好的影响，使他们的一部分甘心为苏维埃政权工作。

我们苏维埃政权正确的文化教育政策与实施，更可以从国民党区域中吸收更多的高级的知识分子来为苏维埃工作。这些所谓“廉洁的”“清高的”知识分子将看到只有在苏维埃政权下，他们才能发挥他们的特长与天才。

最后，文化教育的发展，尤其是社会教育，如消灭文盲（就是使不识字的工农分子，能看普通的书报与文件，能写普通的信件，单单识一二百字或能够识自己的名字不算消灭了文盲）、俱乐部、夜学等工作，必须尽量经过社会团体与群众的协助与努力。如青年团、工会、少先队、工农剧社、赤色体育会、消灭文盲协会、赤色教师联合会、赤色学生联合会（后面三个组织还没有成立），在这一方面都应该用极大的力量，完成一定的文化教育上的任务。少共中央局关于各级少共对于各级苏维埃政府教育部的协助运动，可以说是这一动员的开始。

在文化教育的战线上，我们同样需要布尔什维克的有力的动员。我们要以思想的武装，武装全苏区的工农劳苦群众，去战胜帝国主义与国民党。

九月九日

选自《闽西苏区教育资料选编》，福建省教育科学研究所，中共龙岩地委党史资料征集研究委员会1986年8月编印，第204～213页。原注："原载《斗争》第26期，1933年9月15日"。

34. 小学教育制度草案（摘录）

1933年10月4日中央教育人民委员部发布

第一章 总 则

第一条 在工农民主专政下的小学教育，是训练现在参加民主革命斗争的后代，同时在这基础上准备将来共产主义的建设者，现在和将来绝对不可分离。

说明：如果只以儿童教育为准备将来而离开儿童的现在环境，那么，就把儿童现在的经验抛弃了，把儿童现在的要求拒绝了，不能在现在给以发展，怎样还有将来呢？另一方面的错误，以为目前的生活就是教育，这样就把儿童教育束缚在目前狭隘生活的经验中，没有用自己生活直接得来的经验整理起来，以创造原始的科学方法，以创造新的知识，以从他人的言论著述中吸收他人的经验。总括以上的理由，所以儿童教育，现在和将来绝对不可分离。

第二条 用共产主义的文化教育，做斗争的工具，同时用斗争，做文化教育的工具，斗争和教育，绝对不可分离。

理由：马克思的共产主义是斗争的唯一武器，我们如果没有把这样教育来武装群众头脑，把他成为一种普及教育，那么，斗争就是一种盲目的，不独社会主义的前途不能达到，而民主革命也不会完全胜利，所以我们在激烈的阶级斗争中，一则不能忽视马克思共产主义的教育，同时要认清楚阶级斗争的本身，就是一种有力的教育，如果脱离了实际斗争，来谈马克思共产主义的教育，只是把共产主义排去活的革命精神，把共产主义抽象化，这样来学习共产主义，实际上是污蔑共产主义、背叛共产主义，所以教育和斗争，是绝对不可分离的。

第三条 教育以劳动为本位，与生产紧密地联系着，劳心劳力，绝对不可分离。

理由：生产包含着物质生产力与生产关系，儿童参加生产，相当的从劳动中锻炼了身体，并获得技术的基础，同时，得到自然和社会两方面的知识。所以参加生产，有很大的教育意义，但不能脱离教育，成为一种单纯的增加生产为目的的机械劳动，把儿童变为机器的附属物。例如工厂中以生产为目的的机械的劳动，在十四岁以下的儿童应该禁止的，因为这种劳动，没有教育意义，但是教育不能离开劳动，否则变成地主资产阶级治人的教育，把儿童变成寄生虫，所以教育与生产绝对不能分离。

第四条　小学教育不分性别与社会的差别，一概施以免费的强迫教育。

理由：儿童是将来共产主义社会的建设者，就是无剥削无阶级社会的建设者，所以小学教育是苏维埃政权下一切儿童所必须的，与地主资产阶级社会只有统治者少数人受教育绝对不相同的。

选自《江西苏区教育资料选编》，江西省教育厅编，江西教育出版社1960年出版，第108～109页。原注："本草案共七章摘录其中第一章，中央教育人民委员部一九三三年十月四日发布征集意见。湘赣省苏教育部翻印"。

35. 小学课程与教则草案

1933年10月中央教育人民委员部发布

第一章　总　则

（一）小学教育应达到的程度

儿童是将来共产主义的建设者，同时也是目前参加阶级斗争的新后代，需要有以下的教育：

1. 政治水平要达到了解马克思主义的基础；因为儿童目前是参加阶级斗争的一员，同时是共产主义未来的后辈，所以政治水平，必要达到能了解阶级斗争一般的理论和策略，就是要有马克思列宁主义的基础。

2. 知识、技能、身体要达到能满足目前斗争和一般生活最低限度的需要，同时要准备将来学校专门知识和技能最低限度的基础。

（二）针对着儿童发展的过程决定教育实施的阶段

1. 最初的时期。是八岁开始到十岁满的时期，这时期的儿童生活范围此较狭窄，尤其是农村的儿童，他们的知识主要的是从实物观察、实际行动得来的，在这时期，是以做事为学习的中心，怎样做的知识和技能，是本期儿童直接需要的，所以艺术和作业，就是这时期儿童的中心课程，制造儿童活动的环境，是本期教育方法的中心，至于文字和计算，在课程上虽然列入了，但是要从艺术和作业的需要来教文字和计算，在初期的教育价值，只是在作业和艺术需要上才表现出来，才增加他的重要性。

2. 第二时期：是十一岁开始到十二岁满时的时期。这时期的儿童，是由自己经验直接获得知识扩大到从别人言语文字中间直接获得知识，把直接得来的知识，扩大和加深，例如第一期教授儿童的言语文字，只是直观的标记和描写，第二期就扩大到想象和联想的方面了，具体指出如左：

（1）从第一期注重游戏的基础上，进到增加作业和社会生活。

（2）从实物观察和实地进行学习，进到形体数量和符号的学习。

（3）把儿童自己创造的粗笨方法，和不正确多缺点的认识，按儿童经验发展的程度，相当的加以带系统性的补充和纠正，从偶然的孤立的片段的认识，扩大到认识相互的关系，科学方法，就在这里种下了最初步的科学种子。

3. 第三时期：是十二岁满到十四岁满的时期。这时期直接间接的知识更加扩充，能用观察、回想、经验的方法，渐渐组成合于科学的知识，这时期，更有系统地学习初步的科学方法和一般的科学知识，完成普通生活必须的知识技能，同时准备了将来自己独立学习和学习专门的科学最低限度的基础。

第二章　小学各学年各科课程和教则

（A）第一学年的课程和教则

（一）国语

是供给儿童现在的生活环境直接需要文字语句拿来发表自己的意思和了解他人的意思做出发点，所以需要利用和造成各儿童各种生活环境来做教学国语的基础，来达到如下的规定：

1. 关于读本方面：主要的是利用在生活中多方面的活动，来丰富其语言中的词句，利用这些口述的词句，换以笔的记载和描写来学习文字，把语言文字亲密联系起来，因此，教材要在生活需要时来供给。至于教科书，不是第一学年主要的工具，只把他做参考之用。教科书中有和环境及和儿童了解力不适合的，临时在授课中，由教员和学生共同讨论来改正。利用环境在学校生活中有很多的机会，例如学校中的房屋、器具、挂图、标本、人名、菜园名用文字语句来标记，使学校中的一切器品，都成为教科书，平时上课、下操、扫地及其他轮流的工作，及学校对儿童简单的指示和禁令，如禁止吐痰，要开窗门，莫涂墨在桌上等一切行动，用口说了以后，同时还用纸写，贴在壁上或写在黑板上，都可用来做生活的国语教材，这样就使整个儿童环境都成为天然的教科书。第一学年教授短文，以教能独立的句子构成的短文为主，凡一个主句，配了几个副句的文字，虽是短篇也要少教，第一学年的文体，应该是描写体和对话体，合于儿童口语的。

2. 关于写字方面：开始写读本中笔画简单的字，不用影本和红字，只要教员写模范字在黑板上，令儿童对照来写，书法向前进一步，就开始写教室中所有各种标语和禁令，或儿童自己找材料来写。

3. 关于作文方面：单句的听写（教员口述，儿童笔记），单句的填充（缺主词或缺宾词的单位句填充成一完全的单句），一问一答的简单记录，最后学习物品的描写（描写其大小、位置、数量、颜色、形状）和简单动作的描写（例如向左向右，吃饭饮水）。

（二）数学

本学期从教基数开始，用实物计算为主，辅以心算来教基数的数法及混合教授加减乘除法，基数熟悉后，当然到十以外，二十以内的数法及加减乘除，十以外的数，是用心算为主。但是为着正确儿童数的观念，常要利用实物计数算来证明，同时要学认数字和认算式，但认字与认式要在第一学期末，不可太早。

（三）政治

主要的在斗争中学习政治，教员要领导儿童参加儿童能执行的、能了解的，尤其是和儿童本身有联系的各种政治活动，读本上的政治课，只拿来指点给儿童做参考材料，更具体指出于左：

1. 参加关于学校的儿童团的各种政治活动。

2. 参加各种一般的每人都参加的群众活动，如欢迎欢送红军，参加示威游行，帮助红军家属等等。

3. 教授儿童读本中的政治课，只能教具体的事实，而事实要是儿童政治生活中包含着的，并且要当着政治生活需要时教授。如果某种政治问题是儿童经常过着的，有他的经验基础，那么，教授就不必拘定在政治活动需要的时间。

（四）自然

生理、卫生、自然、地理、自然物和自然现象，混合学习。学习的方法是实物观察和实地活动，就是从栽培植物、饲养动物、捕集昆虫、采集植物等工作中，来认识自然物。这一方法是各学年所共用的方法，但一学年学习自然的课程，另有他的范围，具体规定于下：

1. 认识常见的，可为代表自然物廿种上下（每周一种）。认识的范围是外部的，属于一般易知特点：

甲、一般的外部、形态的特点及作用：如鸡的翼、爪、嘴，鱼的鳞、鳃、鳍。

乙、一般的名称（非科学名）第一种名：如鸡、鸭、薯、芋、笋等。第二类名：如鸟类、鱼类等。第三部分名：如植物的根、茎、叶，动物的头、胸、腹、肢。第四关系名：如益虫、害虫，鸣禽、小鸟等。但这些名称不是能一次教学的，是利用各种需要的机会来教某种名称。

丙、对于人类一般的效用：饮料、食料、油料、建筑材料、衣料等，但不是把所有的效用，都拿来教学，只教学当时必要的一项或几项。

丁、生活的状态：如山生、水生、冬眠、昼伏等，随需要选教。

2. 在捕蝇、扫除、剪指甲、洗身、换衣、开窗、运动、休息、睡眠、营养等，学习卫生并养成卫生的习惯。

3. 在散步旅行中来认识山地、田野、河流、沟渠、池塘的特性，如山是倾斜的，田野是平坦的，河流是流动的，池塘是不流动的及其特殊的作用。

（五）唱歌

1. 曲调：练习长音阶、平等拍手，三度以下的音程为主，但能使儿童高兴学习的歌曲，可破除这例，这期以听看为主，只准备将来看谱唱歌。

2. 歌词：主要的是具体地描写儿童参加斗争的生活，或者是描写游戏的动作，歌词能够直接表演的。

（六）图画

初年儿童喜欢画动的东西，喜欢画自已要发表的东西，所以初年生的图画，是自由画，不用教员所画的和图画帖做样本，也不用标本和实物来写生，但在改正儿童自由画中，当就儿童有经验的各点教以形状、颜色、位置等某些部分，初年级手指运动还是粗笨的，画线比较困难，当以学习涂抹为主。

（七）运动

一般儿童的心理是不喜欢正式体操，只喜欢在桿上、环上、秋千上翻腾，喜欢攀登、跳跃、赛跑、掷石和竞争游戏、表情游戏，一年级就以这些运动为主。至于普通操，不甚有味，因为普通操可使身体平均发育，应该每次运动用九分钟来练习。此外，规律运动，要特别教得简单，不然会使儿童感觉运动的苦恼。例如报数，低年级学生常站在最后的位置人数如果到了二十以外，会数不清楚，因为学算还没有超过二十。初年级儿童筋肉没有充分练习，动作很难正确，立正稍息和转法不能做到整齐，所以规律运动以少为宜，并且要十分简单。

（B）第二学年的课程和教则

（一）国语

内容取之于儿童生活中具体的事实，就是儿童能了解的自然常识和社会常识，一切常识和国语联系并为一科，不分科教授可以，国语不特别规定内容，而形式规定于左：

1. 关于读本方面：利用环境和制造环境来丰富文字语句的需要，同第一学年。在文体一方面仍以描写为主，说明次之，空间的描写和时间的描写并重，对白和独白并重，除学习集合单语单句构成的短文外，逐渐于单句单语短文上，加以各种补足句子构成的短文，同时文章也比一学年要加长一点。

2. 关于作文方面：主要用直观法描写自然物和人工物，或把文字代图画的描写，并描写儿童自己的生活，及目见的社会活动与动物活动，主要的是独立的单句构成的文。文字错误，在黑板上教员利用儿童共同讨论订正。

（二）数学

学习百以内的加减乘除计算法，以心算为主，但在教求积和尺度，还要利用实物或图来计算。最后的一学期，应开始用笔演草，在乘除法用笔来演草时，位数只宜一位，而一位数的除法，只用短除法。第二学期，开始学习十进诸等数，并从十进诸等数学习小数，同时准备了百分数的基础，开始学测量长度和面积，在教室内、走廊中、运动场中的壁上和地面上，画长度面积的实际的图形，以中尺为标准。

（三）政治

参加阶级斗争同第一学年，领导方法也同一学年。社会关系的认识，在斗争和日常生活中，要随时引起注意：第一要从儿童本身利害上来引起阶级仇恨，就是要从儿童生活中来了解地主资产阶级对于儿童和其家庭的剥削和压迫。第二要使儿童了解政府、学校、群众团体与儿童的家庭关系及儿童本身的关系，随时在斗争中利用各种机会，使他们了解这种关系，使他们对苏维埃、对群众团体、对学校有相当的认识，自觉地起来拥护，自动地参加工作。同时要利用这些事例编成课文，在国语的时间或在政治活动时间内，用讨论式和问答式来教授。

（四）自然

在一学年的基础上扩大和加深，具体说明于左：

1. 从第一学年已学的代表自然物扩大到与代表同类的或相反的自然物，从个别孤立的认识到比较联系的认识。

2. 从山地、田野、河流、沟渠、池塘的特点，说明特点的特殊作用，及与人生的特殊关系，如山地是倾斜的，不能蓄水，多石不肥，不生产粮食，只生产竹木，有岩石和煤铁等矿物（随本乡所有的教授），山地不便交通，路小人口少。田野是平坦的，能蓄水、肥沃、无大石，但有泥土或细砂生产粮食，交通便利，人口多。

3. 卫生方面，除保持一学年卫生习惯外，更具体地加以意义的说明。

4，教授日常习见的自然现象，如风云雨露等，并须从认识自然物的关系中，来了解自然现象。

（五）唱歌

在第一学年的基础上加以扩大。

1. 曲调：开始练习不平等拍子，练习七个音阶的全体音程扩大到七度。

2. 歌词：内容形式同第一学年，但稍增长。

（六）图画

由儿童自由画，进到概形的写生，同时认识被写物件的形状、颜色、部分名称和习性，以发展儿童的观察力，并利用写生画的成绩，拿来配合改变做作画和图案的单位，只发展儿童的想象力。

（七）运动

大部分同一学年，教练和普通操逐渐增加，但教练还占次要位置。

（C）第三学年的课程和教则

（一）国语

1. 关于读本方面：普通文大部分同二学年，同时插入少数的应用文，开始认识标点符号，及文章的段落。

2. 作文方面：大部分同二学年，但描写自然物、人工物、自然现象，须渐次由大概的描写进到各部分分解的描写，除描写自已生活外，还要描写本区乡群众的生活，并加以最简单的批评。文件错误的订正要宽大，忌吹毛求疵，要教员学生共用讨论来订正。

（二）数学

数位还是以二位为主，扩大到四位、五位，心算和笔算并重，整数和小数并重，但仍是用十进诸等法来学习小数。小数读法有十分数和分厘毫丝忽微等两种读法。第一种读法，于百分数有关，因为他是以十分之几、百分之几来读数。第二种读法，于利息有关，因为利息是用几分或几厘的名称。只学第一种准备百分数的基础，第二种读法待四学年学习单利时教授。求积法同第二学年。只在数量上扩大。

（三）政治

于二学年应有的政治生活，应有的政治认识外，开始历史发展的了解，就是要开始了解过去现在不同的情形。在了解本区乡各阶级的关系时，兼要了解本区乡阶级斗争的经过和革命的发展。

（四）自然

本学年以参加生产劳动做中心，来认识自然物和自然现象。

1. 从栽培植物中，认识植物的形态、生态、种名、类名、用途等。同时学习栽培法，就是学习作畦、播种、移栽、中耕、灌溉、施肥等方法，并观察植物繁殖和发育各种状况与环境的关系并利用法。

2. 从饲养家畜中、饲养捕集各种小动物中，认识各种动物的形状及生活与环境的关系，并饲养法和利用法。

3. 从采集植物中认识植物的产地、产生的时期及形态，从各种理化游戏及日常生活中准备理化的初步知识。

4. 从一二学年一般的卫生了解做基础，进到了解人体的主要的各部分和各部分的卫生。

5. 在自然地理方面，应该包含左列内容：

①本区乡的气候、地势、生产物与衣食住的关系。

②本区乡衣食住等所用的原料的来源及与本地经济的关系。

③本区乡的物产和外来的商品交换的情形。

（五）唱歌

1. 曲调：同二学年，对于音的高低和强弱的区别，应有明确的认识并能正确地唱出。在这学年，应该逐渐认识谱表。

2. 歌词：同二学年逐渐增长。

（六）图画

在二学年的基础上，扩大和加深写生，作画和图案并重。关于图画的知识也宜开始教学，但要在某一个具体材料上有计划地教学，不是排列成系统一次来教学，并从图案中学习几何形体的一部分，开始学日用的简单的几何图。

（七）运动

1. 学习正步和跑步，学习队形的变换，以加重教练的学习。

2. 器械操仍同二学年，普通操稍加复杂。

3. 游戏和普通操还要和二学年一样注意。

（D）第四学年的课程和教则

（一）国语

1. 读本方面：还是以叙述文为中心，但论说文的分量要逐渐比三学年加多，开始从读本中学习文法中几个要点，从了解标点符号的基础上，进而了解文章的段落和其中主句与副句的分析。

2. 作文方面：练习写笔记，从工作中学写传单和报告，并从其中学习提要和制图表。

（二）数学

1. 数位的三位做基础，同时在笔算演草中，练习三位以上的数。

2. 开始学习本国度量衡的计算法及日常的简单几何图形。

3. 由百以内数的乘除法做基础，来学习简单的比例、分数、百分数。主要的是用心算来了解乘除法比例、分数、百分法相互的关系，并用心算来代替珠算除法的歌诀。珠算主要的是练习加减法，开始要学习珠算的记数以做加减的基础。除法除学习通常的珠算歌诀外，还要学习不用珠算除法歌诀；用心算计算法，并从心算彻底了解珠算歌诀的意义。

4. 教材要取之于日常生活中，纯科学的题目不用。

（三）政治

儿童的全部教育是参加阶级斗争，参加党和团各种各样的活动，总的目标没有学年的区别，各学年不同的就是教的方式及材料的分量和联系，第四学年和以前学年的差别如下所举：

1. 在参加反对地主资产阶级的剥削和压迫中，要扩大到反地主资产阶级的主人（帝国主义），要从斗争中加深阶级的认识。

2. 在儿童团活动中，要联系到党和团的领导，联系到苏维埃对儿童各种保护，和儿童帮助苏维埃的工作。

3. 在帮助苏维埃工作中，从某些具体的儿童曾参加的事实拿来做基础，以教苏维埃的根本任务，苏维埃的民主专政及其他特点，苏维埃的建设情形以及工作方式。

4. 在优待红军家属及欢迎欢送红军中来教红军的任务及红军与群众的关系，教红军的故事等等。

5. 政治以斗争为主，书本上的政治课，只带一般斗争的性质，缺乏地方性，所见须要有临时补充的材料，但一般的政治稍带原则性的，还是要儿童了解，所以一般的政治课也是不能少的。

（四）自然

要时刻注意莫忽略三学年前已学的，必须过去的经验来帮助新的了解，具体的规定于左：

1. 用比较类推的方法来扩大第三学年直接取得的知识，就是在三学年所学的教材中，选择模范教材做基础，扩大到了解其他教材和其他的方法，使知识更丰富起来，技术更巧妙起来。

2. 在生产劳动的技术外，扩大到了解生产关系和经济建设。

3. 自然地理从本区乡的自然地理基础上，扩大到中国的物产、地势、气候。但政治地理可附在政治中教授，也可附在自然中教授，随学习时的条件来决定。教本国和世界地理的常识，当与本区乡和儿童本身有直接联系的，可用直观的问题做基础，例如从儿童的日常用品来找他的产地，从儿童家庭出卖的生产品，说明他的销场，从风景的照片风俗画等来说明实在情形。

4. 生理卫生要了解人体构造的大概及其生理和卫生。

（五）唱歌

同三学年加以学习短旋法，并能独立地认识谱表唱歌。

（六）图画

在各种的自然物和人工物的写生中和临画中，兼学习在图画常用的各种法则，如骨格法、轮廓法、远近法、阴影片，写生与作画图案并进。

（七）运动

同三学年，但须注重教操。

选自《江西苏区教育资料选编》，江西省教育厅编，江西教育出版社 1960 年出版，第 110～121 页。

互校版本：《老解放区教育资料》（一）土地革命战争时期，中央教育科学研究所编，教育科学出版社 1981 年出版，第 297～307 页。

36. 苏维埃学校建设决议案

1933 年 10 月 20 日中央文化教育建设大会通过

苏维埃学校制，是统一的学校制，没有等级，对于一切人民，施以平等的教育，所以需要普遍地消灭文盲，普遍地进行义务教育。但同时要顾到目前国际和国内的革命形势的激急的转变，需要工农分子的政治、军事、工业和文化教育人才。因此在学校种类上、科目增减上、修业期限上、课程标准上，以至教材选择上，均须有极大的伸缩；惟不违背实际环境，达到逐渐统一的目标。依照原则建立下列的学校：

第一类的学校，属于青年和成年的教育，主要是消灭文盲的教育，同时更进一步提高青年和成年的文化和政治水平。学校的种类如下：

（1）夜学校和星期学校：它的任务，主要是消灭文盲。学习期限，随学生原有的文化程度来决定，务必达到能看普通文件为学习的终点。设立主要区域，以每村一校为原则，城市和人口集中的市场，尽可能集中开办教育。教员以小学教员兼任为原则。

（2）短期的职业学校：它的任务，是提高青年和成年群众一般生活的知识和技术。在城市以工业为主，在乡村以农业为主。最低限度要相当于劳动学校的后期期限，以学完必修的课程来决定。

（3）短期的政治学校：它的任务，是提高青年和成年群众的政治水平，主要的整理斗争的经验，了解实际问题，同时联系到马克思列宁主义。

（4）短期的教员训练班：它的任务是培养初级的教员。在目前，首先培养年长的儿童和青年。修业期限，由半月、一月渐进到三月以上。

第二类的学校，是劳动小学校。它的任务，是培养共产主义的新后代。修业期限五年。分为二期，前期三年，后期二年。一切儿童自满七岁至十三岁，施以免费的强迫教育。但在某种条件下，能早完成，或不能如期完成规定课程，可以减少修业年限，或增加修业年限。学校的种类如下：

（1）劳动学校。

（2）儿童补习学校。

第三类的学校，是劳动学校和大学中间的学校，种类如下：

（1）列宁师范学校：它的任务，是培养劳动学校和程度相当于劳动学校的教员。

（2）职业学校：它的任务，是培养从事工业、农业及其他职业的干部及管理人员的学校。

（3）政治学校：它的任务，是培养中级工作干部。

（4）蓝衫团学校：它的任务，是造就带专门性的艺术人才。

以上四种学校，以中央立或省立为原则。年限由一年至二年。目前需要人才，并得更缩短期限。

第四类学校，即大学。它的任务，是培养高等专门人才。现在要建立的学校如下：

（1）开一月毕业的教员训练班十八所，每所学生六十名。区域分配如下：

1. 宁化；2. 长汀；3. 上杭；4. 篛岭；5. 会昌；6. 雩都；7. 西岗；8. 广昌；9. 乐安；10. 博生；11. 石城；12. 永丰；13. 公略；14. 兴国；15. 干县；16. 胜利；17. 瑞金；18. 万太。

（2）开办中学二所，目前先办每所二百人。地点为左：1. 兴国；2. 瑞金。

（3）开办高等列宁师范一所，学额二百名。地点在洋溪。

（4）开办教育干部班，学额二百名，属在苏大一部分。

选自《老解放区教育资料》(一) 土地革命战争时期，教育科学出版社 1981 年出版，第62～64 页。原注：“原载《中央教育人民委员部重要文件汇集》，湘赣省苏教育部翻印，一九三四年一月十日”。

互校版本：《江西苏区教育资料选编》，江西省教育厅编，江西人民出版社 1960 年出版，第 139～141 页。

37. 消灭文盲决议案

1933 年 10 月 20 日中央文化教育建设大会通过

1. 大会认为苏区的文盲是过去地主资产阶级遗留下来的一个障碍物，我们必须扫除这一障碍物，而且在工农管理政权下，有充分的可能扫除这一障碍物，但须有计划地有组织地定期地来进行工作。

2. 过去消灭文盲的组织，如夜学、识字小组是有相当的成绩，但识字运动的程度，仍是很低落，没有把消灭文盲运动很尖锐地提出来，识字运动仅有乡以下的组织，没有建立全苏区整个系统，有些地方的识字小组，没有和夜校配合起来，用夜学的组织来帮助识字小组，乡教育委员会没有经常检查识字，乡委员会和识字小组工作，结果成为形式的工作，表现是寒热症。

3. 今后的组织，仍当以乡为基本组织，每乡设立一个消灭文盲协会，夜学和识字小组、短期训练班、半日学校等，仍旧有的组织系统属于乡协会，旧有的识字运动委员会和分会取消，从乡到中央，均组织消灭文盲协会，成为独立系统的广泛的群众组织。在行政上，受各级教育部指挥、监督并帮助工作进行。

4. 大会推举钟增文、李庭英、黄有鸿、刘本生①等五同志组织消灭文盲临时中央委员会，帮助督促建立各级消灭文盲协会的组织，并准备召集全苏区消灭文盲协会的代表大会。

选自《江西苏区教育资料选编》，江西省教育厅编，江西教育出版社 1960 年出版，第158 页。原注：“《中央教育人民委员部重要文件汇集》，湘赣省苏教育部翻印，一九三四年一月十日”。

互校版本：《老解放区教育资料》(一) 土地革命战争时期，中央教育科学研究所编，教育科学出版社 1981 年出版，第 249 页。原注：“《中央教育人民委员部重要文件汇集》，湘赣省苏教育部翻印”。

38. 目前教育工作的任务的决议案

1933 年 10 月 20 日中央文化教育建设大会通过

(一) 在工农民主专政的苏维埃共和国内，一切教育事业的设施，无论在政治教育范

① 原件少一人名。

围内，或普通的工艺的教育范围内，或文艺的范围内，都应当从阶级斗争出发，从争取工农民主专政的胜利，从推翻地主资产阶级的统治出发，从为着转变到社会主义的革命出发，从消灭阶级，从消灭人剥削人的制度，从为着共产主义社会的斗争出发。因此，苏维埃的教育应当是共产主义的教育。

（二）教育大会的进行，是在这样的情形之下：一方面我们正处在五次［反］“围剿”决战的前面，红军在反对五次“围剿”中获得了许多胜利，另方面，是苏维埃工作和经济建设工作发展的时候，因此，教育工作目前的任务，是帮助战争的动员和争取粉碎五次“围剿”的胜利。

大会认为苏维埃的教育工作发展的前提，须要吸收工人和农民和红色战士以及一切劳动者，积极参加教育事业，特别是参加一切国民教育和社会教育事业建设。

（三）苏维埃教育制度的基本原则是为着实现对一切男女儿童免费的义务教育到十七岁止。但是估计着我们在战争的情况之下，特别是实际的环境对于我们的需要，大会同意把义务教育缩短为五年。为着补救在义务教育没有实现以前，已超过义务教育年限的青年和成年，应当创造补习学校、职业学校、中等的学校、专门学校等等。

对于私人的学校，在服从苏维埃法律，首先是遵守苏维埃的教育制度的条件下，允许存在。

（四）社会教育是我们一个有力的武器，是吸收工人、农民及红色战士、广大工农群众参加文化教育工作的武器。必须有系统地领导发展消灭文盲运动、俱乐部、列宁室、工农剧社、蓝衫团等等的工作。大会同时指出社会教育的发展，并提到顶上去，必须获得普通的工艺的教育发展的帮助。过去以为只要发展社会教育的那种观点是不正确的。为着有系统地领导消灭文盲运动，大会提议发展消灭文盲的协会。

（五）大会指出教育工作的错误，主要的是忽视共产主义的教育，在教育工作中存在着一种资产阶级教育的倾向，缺乏对于教育服从于战争的了解。在目前还是存在着一种忽视教育工作的现象，教育部工作在苏维埃各部工作中除了部分地方外，是一个落后的部门，必须用最大力量注意纠正这些错误。

（六）大会指出过去教育部对于旧的知识分子和专门家，采取了不正确的政策，没有吸收他们到教育工作中来。特别对于组织小学教员的问题上，没有系统的工作，必须立即开始有系统地来组织小学教员，造成小学教员工作的环境，改善小学教员物质生活，达到一般群众生活的水平，最主要的是提高他们的熟练的程度，使他们获得普通教育和政治技术教育的知识。对于那些有理论的和长期实际工作中有经验的专门家，中央教育部必须统计这些工作人员，研究他们工作的年龄，检查他们工作的结果，有系统地吸收他们到地方的特别是中央负责工作。

大会认为要成功地团结旧的知识分子和专门人才，必须反对“左”的吃知识分子的倾向；同时必须反对曲解阶级路线的“右”的机会主义的错误。

摆在目前重要的任务，必须进行有系统地培养工农的干部，从工农积极分子，与文化水平较高的干部中，准备一批熟悉教育工作人才，提拔妇女参加教育工作，首先是列小的教员，为着团结苏维埃下的教育人才，大会提议在教育部的领导之下，发起红色教员联合会。

（七）教育部最近必须编印主要科目的课本，并大批印刷，一有可能印，应编印短期训练班的和识字组的课本。

大会指出在目前的经济困难的情形之下，必须发动广大的群众对于这方面的援助。

（八）为着建立教育部的有系统的经常的工作，必须健全各级教育部的组织。首先应当巩固和加强中央教育机关，吸收积极的干部到各级担任负责的工作，必须固定教育部的主要工作干部，并培养成熟悉教育工作的人才。过去乱调干部的现象，必须立即采取有效的办法来纠正。

（九）大会同意团所提出的协助条约，要求团中央局和中央教育部共同地监督这一条约的执行。

选自《闽西苏区教育资料选编》，福建省教育科学研究所，中共龙岩地委党史资料征集研究委员会 1986 年 8 月编印，第 223～224 页。原注："原载《青年实话》第 3 卷第 1 号，1933 年 11 月 13 日"。

互校版本：

1.《老解放区教育资料》（一）土地革命时期，中央教育科学研究所编，教育科学出版社 1981 年出版，第 60～62 页。原注："原载于《青年实话》第三卷第一号 1933 年 11 月 13 日"。

2.《江西苏区教育资料选编》，江西省教育厅编，江西教育出版社 1960 年出版，第 136～137 页。原注："《青年实话》周报，第三卷第一号，一九三三年十一月十三日出版，第 3～5 页"。

39. 业余补习学校的办法（工人补习学校简章，附识字班办法）①

原说明：合作社、政府机关均可参照这一简章创办补习学校，只须将工人生产技术课改为合作社或政府机关的工作方式等。

一、目的：提高工人的文化政治水平，扫除工人中的文盲，加强工人工业技术上的进步。

二、编制：在大的企业工厂设立的，所有企业工厂的工人、学徒与工作人员都可加入。在城市圩场设立的，所有城市圩场的各业工人、学徒都可加入，而按程度、职业分班教授。

三、学生：除吸收一切工人及其家属来校学习外，在可能范围内，还应吸收附近群众来校学习。

四、教员：文化政治课的教员由教育部供给，工业技术上的教员由国家经济机关及职工会供给。一切教员、校长的聘任概归工会。

五、教材：按照各种工业的需要，随时选择教材。文化政治课的教材，必须与各工业

① 原件无制定机关与年月。

生产情形及技术有密切的联系，使学生易懂易记，而所学到的能切合适用。技术课的教材与教法，由各业工会文化部规定。同时还必须加入苏维埃基本常识及每一时期的中心口号做教材，使学生了解一般政治问题。

六、时间：每天日间或夜间，随各校情形自由决定，但要不妨碍各工人的作工，使每人每天至少须受一点钟的教育（星期日例外）。

七、经费：学校一切经费开支，概由职工会的文化基金经常供给。如不够用时，由政府教育部津贴。

八、校址：企业工厂设立的，或在本企业工厂余地做校址，或在企业工厂附近找校址，随各地情形决定之。但在大的城市、圩场设立的，学生是各街各店的工人，就一定要在便利工人来校的地方设立。

九、组织：学校须设立校长一人，主管学校一切校务和教务，领导教员进行工作。教员和校长任期以不领生活费为原则。学生中设班长、小组长若干人，赞助校长教员的工作。

附：识字班办法

凡是政府机关群众团体的基本单位，均得在自己的列宁室创办识字班。

一、一切不能加入夜校或半日学校的完全文盲，都得编入识字班。

二、编制：依生活（住所、饮食、工作）接近，少的三人，多的十人为一班，每班每日经过列宁室或消灭文盲协会找识字的人充当教员，有程度比较好的日学或夜校学生充当亦可以。

三、教法：随时随地随人数都可以教（即是在乘凉时、喝茶时，三四个人都可以教），起初划地为字，随后各立一簿或用识字片。字应以适合环境、适合实用为第一要紧。各人自立簿子记录，每月所识的字，规定数天或二星期由消灭文盲小组组长收齐送交教员看改。

四、检查：识字班工作及成绩的检查，归消灭文盲协会负责。例如村协会干事会负责检查该村各识字班，乡协会干事会检查各村识字运动的成绩（余类推）。各级消灭文盲协会负责综合各地经验及成绩，定期公布，以推进识字运动的发展。

选自《老解放区教育资料》（一）土地革命战争时期，教育科学出版社 1981 年出版，第 258～260 页。

40. 关于主席团分配工作调动［教育］干部的决定

1934 年 1 月 10 日中央文化教育建设大会通过

因为忽视教育的结果，分配教育干部的工作和调动教育干部有左（下）列的现象：

1. 教育部工作人员由主席团分配做别部工作，放弃教育工作，在瑞金表现得特别充分。

2. 新调来的干部，刚到明了教育工作的情形，即调往他处工作，再换以新手，如福建四月中调换三次部长。

3. 调人不通知管理机关，不找人补充，到处有这种情形，尤其是列小教员。大会认为教育工作人员应熟练，有时还要专门化，随便调人有很大损失，拟请人民委员会规定左（下）列的限制：

（一）凡调动列小、俱乐部等教育机关主要的熟练的工作人员（如校长、主任以及好的教员等），必须得乡苏主席和教委会主任的同意。

（二）凡调动乡教委会主任及各级教［育］部正副部长，必得上级教育部同意。

（三）教育部工作人员进行教育工作中应该注意苏维埃各项工作，使教育部与别部发生密切联系，在不妨碍教育工作条件之下，可帮助别部工作，但不得放弃教育工作去做其他工作。

（四）主席团调教育工作人员到别部工作，只能在临时必要公共合作的情形之下，才能调动，还要保证教育本身的经常工作不致放弃。

选自《老解放区教育资料》（一）土地革命战争时期，教育科学出版社 1981 年出版，第 70 页。原注：“原载《中央教育人民委员部重要文件汇集》，湘赣省苏教育部翻印”。

41. 中华苏维埃共和国临时中央政府人民委员会命令第八号——中华苏维埃共和国小学校制度暂行条例

1934 年 2 月 16 日

第一章 总 纲

第一条 在工农民主专政下的小学教育，是要训练参加苏维埃革命斗争的新后代，并在苏维埃革命斗争中训练将来共产主义的建设者。

第二条 共产主义的文化教育是革命的阶级斗争的工具之一，必须运用实际斗争的教训和经验来施行教育，使教育与斗争联系起来。

第三条 要消灭离开生产劳动的寄生阶级的教育，同时要用教育来提高生产劳动的知识和技术，使教育与劳动统一起来。

第四条 小学教育的目的，要对于一切儿童不分性别与成分差别，皆施以免费的义务教育。但目前国内的战争环境中，首先应该保证劳动工农的子弟得受免费的义务教育。

第五条 苏维埃政权下的小学教育，要发展儿童的创造性和自治能力，儿童在学校，当有自己的组织和独立的活动，教育者只站在领导地位。

第二章 设 置

第六条 小学校要划分学区设立，一学区内的学生，距学校至多不超过三里，但偏僻乡得由三里到五里，学区的分划由乡政府拟具计划，区政府核准施行。

第七条 一学区的设立小学校一所，学校规模的大小以能容该区内全体学龄儿童为度，人口稀少交通不便的乡村有学生二十左右，即可设立一校，在城市和大村庄便于集中教育的学区，尽可能开办大规模的学校一所。

第八条 小学校校长和教员，应在乡教育委员会领导之下负责调查该区的学龄儿童，发动儿童家属督促其入学，并留意改善他们的校外生活。

第三章　编　制

第九条　小学修业年限以五年为标准，分前后两期：前期三年后期两年。以八岁至满十二岁为学龄。但失学儿童在十五岁以内的，仍须施以学龄儿童的教育，其中有家庭教育基础或其他教育条件，能早完规定的课程的儿童，修业年限可以少于五年，如不能完成时得增加年限。

第十条　能集中上课的圩场、城市、大村庄概用单式编制，每个学年的学生编一班，人口不集中的乡村，如果各学年的学生都不满一班时，用复式编制，几个学年的学生合为一班。

第十一条　每班学生最多限度不得超过四十人，最少限度不得少于二十人，但偏僻乡村人口很少，学龄儿童不够时，可在二十人以下。

第十二条　小学修业每年分为两学期，从二月十日至七月二十日为第一学期，八月二十日至第二年一月二十日为第二学期。在第一学期之终放暑假一个月，在第二学期之终放寒假二十日。在农忙时可以休业，其日数由区政府按地方情形决定，但一年不得超三十日，每次不得超过一星期。

第十三条　小学校每周学习时数除校外工作及校外教学外，规定如下：前期三学年均为十八小时；后期第一学年二十四小时，第二学年二十六小时，但校外教学和工作均不得少于十二小时。

第四章　科　目

第十四条　前三年的科目为国语、算术、游艺（唱歌、运动、手工、图画），但国语的课目中要包含乡土地理、革命历史、自然和政治等（不单独教授政治、自然及其他科目），游艺也须与国语、算术及政治劳动教育等有密切的联系。后二年科学和政治等科目，须带系统性教授，其课程和教则另行规定。

第十五条　小学教科书，凡经教育人民委员部审查过的，教员可自由选用，并应随时采用带地方性的具体教材，以及儿童劳动所需要教材来补充书中的教材，但不得违反教育人民委员部所颁布的课程和教则的内容和程度。①

第五章　设　备

第十六条　教室和室外的运动场、学校园、俱乐部，为校舍必不可缺少的部分，有相当物质条件时，须增设图书室、工作室，目前尽可能利用一切旧有的祠堂庙宇，及地主的房屋与菜园，如果必须从新建筑，无论经费是公款或私款，均须预先报告当地教育部审查是否合于学校建筑法，得其批准。

第十七条　教室用具、运动用具等项，购置保管，另定规则。

第六章　职　员

第十八条　每班设主任教员一人，一班学生在四十名以上者，得增设助教员一人。

第十九条　凡列宁小学学生只有一班者，以主任教员兼充校长为原则，有二班以上四班以下者，以上级主任教员担任校长，四班以上得设专科教员；五班以上的校长不兼主任教员，但可兼其他较轻的职务。

第二十条　小学校长和教员，由城市教育科长或乡主席委任，但已委任的教员，如果

---

① “江西教育版”漏掉“程度”2字。

学生及其家庭不信任时，得由教育当局召集学生家长联席会议解决之。

第七章　教员的待遇

第二十一条　教员生活费的标准，照当地苏维埃工作人员。其他的优待，另行规定小学教员优待条例。

主席　张闻天（洛甫）

1934年2月16日

选自《闽西苏区教育资料选编》，福建省教育科学研究所，中共龙岩地委党史资料征集研究委员会1986年8月编印，第263～266页。原注："原载《苏维埃教育法规》"。

互校版本：

1.《老解放区教育资料》（一）土地革命战争时期，中央教育科学研究所编，教育科学出版社1981年出版，第308～311页。原注："原载《苏维埃教育法规》"。

2.《江西苏区教育资料选编》，江西省教育厅编，江西教育出版社1960年出版，第23～26页。简称"江西教育版"。

42. 中华苏维埃共和国临时中央政府人民委员会命令第九号——小学教员优待条例

1934年2月16日

第一条　小学教员的生活费，依照当地政府工作人员的生活费。

第二条　乡苏维埃应发动群众帮助小学教员耕田，与苏维埃工作人员同等待遇。

第三条　小学教员在任课期内，与苏维埃工作人员同样减纳土地税，但任期要在半年以上。

第四条　在城市没有分田的小学教员，市苏应发动群众帮助教员家属工作或给以其他物质上的帮助。

第五条　在任课期内，教员有疾病照苏维埃工作人员一样，有权到国家医院医治，不取诊断费和药费。

第六条　小学教员每半年给奖一次，其给奖条件和等第如下：

一、能将该处所划定的学区内的学龄儿童吸收百分之七十至八十者（在先进区如兴国已经达到此数者，必须继续发展到百分之九十），而且经常到校的学生要占全校学生十分之七以上（先进区域须达到十分之八）。

二、大部分的学生对于中央教育部所规定的课程能学完和能了解。

三、大部分的学生经常参加革命斗争工作。

四、以上三项完全的为第一等。其中有一项弱的为第二等。奖金为半年生活费百分之五至百分之二十。

第七条　一个教员连续取得第一等奖金两次的，按年增加原有奖金十分之二至十分之三。

第八条　教员应该给奖的由区教育部会同当地乡政府将该教员的成绩查明登记，经过县教育部与省教育部报告教育人民委员部审查给奖，同时在报纸上发表。与中央苏区尚未打成一片的地方，由省教育部审查给奖。

第九条　经过奖励的学校，区教育部须发动群众团体以名誉上的奖励。

主席　张闻天

1934 年 2 月 16 日

选自《闽西苏区教育资料选编》，福建省教育科学研究所，中共龙岩地委党史资料征集研究委员会 1986 年 8 月编印，第 263～266 页。原注："原载《苏维埃教育法规》"。

互校版本：

1.《老解放区教育资料》（一）土地革命战争时期，中央教育科学研究所编，教育科学出版社 1981 年出版，第 331～332 页。原注："原载《苏维埃教育法规》"。

2.《江西苏区教育资料选编》，江西省教育厅编，江西教育出版社 1962 年出版，第 27～28 页。

43. 红军子弟免费读书

1934 年 2 月 23 日中央政府内务、教育人民委员部的联合通知

为百分之百执行优特红军条例，根据该条例第十一条"红军服务期间，子女读书，免纳一切费用"的规定，特由内务人民委员部及教育人民委员部共同决定具体实施的统一办法如下：

凡是在服务期间的红军子弟入校读书的，由乡优待红军家属委员会，于优待红军家属的基金中抽取一部分，作为津贴纸张、笔墨、书籍等费，每名每学期津贴大洋二角五分到三角，交由乡教育委员会代购书籍纸笔等文具发给红军子弟。这是鼓励红军子弟读书的兴趣，免除红军对子弟教育费的负担，使他们能更安心地在前线作战，争取粉碎敌人五次"围剿"的彻底胜利。

乡优待红军家属委员会、乡教育委员会接此通知后须共同负责，遵照执行为要，特此通知！

2 月 23 日

选自《闽西苏区教育资料选编》，福建省教育科学研究所，中共龙岩地委党史资料征集研究委员会 1986 年 8 月编印，第 270 页。原注："原载《红星报》1934 年 3 月 4 日"。

44. 红色教员联合会暂行章程

1934 年 2 月教育人民委员部批准

一、任　务

红色教员联合会是在区教育部领导之下的组织。它的任务是团结小学教员，研究教授

和管理儿童的方法，有组织有计划地领导儿童参加革命运动工作，并发展苏维埃小学的建设，改良教员本身的生活，实行教员群众的互助。

二、会　员

凡是现任列宁小学的校长、教员，积极而努力为苏维埃发展与改良小学教育的，皆得加入某区红色教员联合会为会员。

三、组　织

红色教员联合会，是以区为单位的单独组织（不必建立县以上的组织系统）。由每区红色教员联合会会员大会选举正副主任各一人，检查和推动各会员的工作及决议的执行，一乡在三个教员以上的，可以成立一个小组，选工作积极比较有教授和管理经验的教员为组长。

四、会　议

每月内，主任召集会员大会一次，检查一个月的工作成绩和管理教授的经验与缺点，讨论今后工作等。

各区红色教员联合会主任或教育部，遇有必要时得召集会员紧急大会，检查工作和讨论重要的问题。

1934年4月3日印

选自《老解放区教育资料》（一）土地革命战争时期，教育科学出版社1981年出版，第333～334页。原注："原载《苏维埃教育法规》"，标题为"红色教员联合会暂行章程"。

互校版本：

1.《闽西苏区教育资料选编》，福建省教育科学研究所，中共龙岩地委党史资料征集研究委员会1986年8月编印，第271页。原注："原载《苏维埃教育法规》，目录题为《小学教员联合会暂行章程》（一九三四年二月教育人民委员部批准）"。

2.《江西苏区教育资料选编》，江西省教育厅编，江西教育出版社1960年出版，第52页。标题为"红色教员联合会暂行章程"。

45. 小学课程教则大纲

1934年3月教育人民委员部订定

第一章　初级小学及高级小学的课程

一、列宁小学的课程依照一九三四年二月十六日人民委员会所颁布的"中华苏维埃共和国小学校制度暂行条例"规定如下：

（一）初级列宁小学（"前期"三年）：

国语

算术

游艺（唱歌、图画、游戏、体育等）

（二）高级列宁小学（“后期”二年）：

国语

社会常识

科学常识

算术

游艺（唱歌、图画、游戏、体育等）

二、初级小学的国语课应包含政治（最浅易地叙说革命常识、乡土地理、革命历史等）及自然（浅易地叙述理化及生物生理卫生的常识），同时必须在初级小学的三学年中教授儿童以最简易的叙述文的作法，使初级毕业时，学生能自动地写作简单语句的短文。

三、初级小学的算术应教完整数加减乘除四法，及诸等数因数以及小数的最初阶段。①

四、初级小学的游艺，包含唱歌、图画、游戏、体育等，发展儿童的艺术才能，使能从模仿进到自动的创造，并养成其集体生活的习惯，发扬革命奋斗的精神。

五、高级小学的国语，仍应包含政治及自然的教材，增加议论和批评的成分，同时必须在高级小学的二年中教授儿童以初步的议论文的作法，使高级毕业时学生能自动地写作最浅易的短篇文字，尤其是应用文（如信口、路条、短篇论文等）。

六、高级小学添设社会常识及科学常识两种科目。

（一）社会常识课应包含有系统而最浅易的历史、地理及社会关系的常识，社会现象的叙述逐渐引导到时代及地域的普通概念以及社会经济和阶级关系等的观念。

（二）科学常识课应包含有系统而最浅易的理化、生物、生理卫生的常识及具体的自然界现象的叙述，逐渐引导到最浅显的科学公律的概念。

高级小学增设社会科学两课的目的是在于给儿童以最低限度的有系统的知识，而且使国语课中可以侧重议论文（政治）和描写文（自然），并增加关于革命斗争的实际问题的教材（例如苏维埃公民的最低限度的常识等），但同时社会科学两种课本的文字，必须与高级小学国语程度相配合并辅助叙述文的练习。

七、高级小学的算术至少应学完百分数、小数、分数（命②分）、开方及比例，并给以最浅显的几何学知识，且必须教授簿记（记账）、会计等实用科目的简单方法。

八、高级小学的游艺应培养并发扬儿童的艺术上的创造性以及集体行动中自我组织能力。

九、小学的一切课目都应当使学习与生产劳动及政治斗争密切联系，并在课外组织儿童的劳作实习及社会工作，劳作实习应当同当地经济情形相配合，有计划地领导学生学习各种工艺、园艺、耕种及其他生产劳动。

十、小学的一切课目都应当与游艺有相当的联系，尤其是初级三年（上课不必完全在教室以内），应当配合着游戏参观、短途旅行等法，教授各科常识及文字。社会政治

---

① 此处乃按“老解放区版”“闽西版”印作“及诸等数因数及小数的□□阶段”；“江西版”印作“加减乘除四法，以及小数的讲授阶段”。编者推断，此处应是：“教完整数加减乘除四法，以及小数的最初阶段。”

② “老解放区版”印作“命分”，“闽西版”印作“□分”，“江西版”印作“（○○）”。

工作，亦应当与当时当地的政治任务密切相关，并采取相当的教材，配合国语及算术等课目来进行。①

第二章　小学课程之分配

一、初级小学每星期上课时间为十八小时，课外教学（劳作及社会工作）至少十二小时，其分配如下：

（1）国语：每星期六小时（每星期教三课）

（2）算术：每星期四小时（每星期教二课）

（3）游艺：每星期八小时

（4）劳作实习：每星期六小时（课外）

（5）社会工作：每星期六小时（课外）

二、高级小学第一学年（即小学四年级）上课时间为二十四小时，第二学年（即五年级）为二十六小时，其分配如下：

（1）国语：每星期六小时（每星期教三课）

（2）算术：每星期六小时（每星期教三课）

（3）社会常识：四年级每星期二小时（每星期教一课）
五年级每星期三小时（每星期教一课半）

（4）科学常识：四年级每星期二小时（每星期教一课）
五年级每星期三小时（每星期教一课半）

（5）游艺：每星期八小时

（6）劳作实习：每星期六小时至八小时（课外）

（7）社会工作：每星期六小时至十小时（课外）

三、小学课目的分配应使每学期有两星期以上的空余时间，以便组织儿童的长途旅行、参观等，以及农忙时的休业、纪念节日的放假，或必要时的复习及补习，并实行考试。列宁小学概以秋季为第一学期，春季为第二学期，破除阴历过年的旧习惯，所以最重要的学年考试（决定学生的升级、降级）及毕业考试，都在上半年末举行。

四、初级小学每年第一学期（八月二十日至一月二十日）共二十二星期——应教国语五十六课、算术三十八课，第二学期（二月十日至七月二十日）共二十三星期——应教国语六十课、算术四十课。

五、高级小学第一学年的第一学期——教国语五十六课、算术五十六课、社会常识及科学常识各十八课，第二学期——教国语六十课、算术六十课、社会常识及科学常识各二十课。高级小学第二学年的课程，国语算术与第一学年同，但社会常识及科学常识——在第一学期各二十八课、第二学期各三十课。

第三章　小学教授方法的原则（一）
——小学教育与政治斗争的联系

一、苏维埃的小学教育，同地主资产阶级的儿童教育是绝对不同的，首先就是我们的教育公开地和工人阶级及农民群众的政治斗争联系着，成为阶级斗争的一种武器，而地主

① “闽西版”缺最后21个字。

资产阶级的教育表面上“说要离政治而独立”，事实上都在用一切种种方式经过教育来维持剥削制度和地主资产阶级的专制，蒙蔽和欺骗群众；民众从最早的儿童时期起，就在有意的无意的受着一种奴隶教育。

二、苏维埃政权公开地宣布工农民主专政，公开地认定教育政策是发展阶级斗争和革命战争的一种武器。而且，在剧烈的革命的国内战争的环境中，教育也只有同革命战争的各方面——儿童的实际生活联系着，方才能够真正培养共产主义建设者的新后代。

三、教育和政治的联系，应当表现在养成儿童的共产主义的道德、阶级的友爱和互助精神，集体生活和遵守纪律的习惯，勇猛的克服困难的精神，坚实的意志，刻苦耐劳，勤快敏捷的品性，对于同阶级的劳动者和革命者（不论是父母伯叔、兄弟妹妹或是朋友同伴），都能够敬爱、体恤、服务，绝对不谎骗、不虚伪，而对于阶级敌人、剥削者和压迫者，能够反抗斗争，有组织地经过集体接受正确的领导，开始参加反对阶级敌人的种种斗争，能够排斥和克服自私自利的利己主义和个人主义，能够尊重和爱护公共的财物，注意公共卫生，能够厌恶和改正懦弱的性格，唾弃投降困难的卑怯的性格，能够有辨别是非的判断力，不盲从，不机械地服从命令，了解无产阶级的民主集权的意义等等。

四、苏维埃的儿童教育，因此，必须着重在养成儿童的自治能力，必须领导儿童参加社会工作（例如扩大红军、慰劳红军，地方苏维埃的工作，地方的赤色戒严，各种社会群众团体的活动等），在适合于儿童能力的条件之下，参加一切群众革命斗争，课外的社会工作以及学生会，儿童团的组织和工作，应当成为小学教育的极重要的成分。

五、小学一切课目的教材，都应当根据上面的所说的原则，适当地配合课外的实际行动。小学教员不但应当在教科书之外采取当地的材料（例如乡土地理、当地的革命历史）来做教材，而且应当在讲授功课的时候，随时插入当时政治斗争的材料，以及当时当地学生会或儿童团生活之中的材料。这必须配合着每一年级学生的程度，同时加强他们的文字知识、科学知识及政治知识。

六、儿童教育与政治斗争的联系，决不应当机械地限于动员他们参加各种突击运动，还应当从根本上训育儿童，读书讲解和实际行动要有密切的联系，有系统地加强儿童的知识能力和对于政治问题的了解。

第四章　小学教授方法的原则（二）
——小学教育和生产劳动的联系

一、地主资产阶级教育，目的总在于造成少数的知识阶层作为统治阶级的工具；苏维埃教育的目的恰好相反，是要从培养极大多数的工农的知识分子，进到将来完全消灭智力劳动和体力劳动之间的分别，要教育极广大的劳动群众的子弟，使他们成为有能思想的头脑、有能劳作的两手、有对于劳动的坚强的意志的完全的新人物。苏维埃的教育，是要除扫那种“读书”同生产脱离的寄生虫式的教育制度的残余，而使学校教育同生产劳动密切地联系起来。

二、普通教育应当建立真正科学的唯物论的——马克思列宁主义的世界观①的基础，但是假使没有“工艺教育”（polyte chnicum），那么，真正唯物的普通教育也是不能有的。

① “闽西版”漏“观”字。

一切科学知识，一切对于社会经济的认识，都必须在生产劳动的过程中去取得。这样才能消灭理论与实践的分离。

三、因此，小学的劳作实习有十分重要的意义。八岁到十二岁的儿童，自然还只能够给他们认识各种生产过程的表面动作。但是，在这时候，就必须使儿童脑力的发展同劳动生产的技能密切地联系起来，并且还渐使儿童了解并认识集体分工的大规模生产的优点。(现在苏区至少已经有了分工的手工工场可以作为实例。)

四、小学劳作实习的教授方法，应当尽现在所有的可能，使得学校与附近的农场（红军公田及一般农田）或者市墟的工场发生密切联系，有计划地领导学生参加生产劳动，从简单的动作进到复杂的动作，从单纯的个人生产进到复杂的分工的互相配合的生产。甚至学校本身的打扫、整理、布置，使学生轮流值日和分工，也可以成为劳作的实习。

五、劳作实习的材料，必须尽量配合每一年级的程度加入国语、算术等的课目，作为教材。

第五章　小学教授方法的原则（三）

——小学教育及儿童创造性的发展

一、地主资产阶级的教育大半是灌输式的，使儿童机械地记忆教员所教授的东西。苏维埃的教育，必须采取启发式，要充分发展儿童自动的能力和创造性，用实物显示，参观各种机关团体，观察自然界的物产和现象的兴趣，自动地思索、解答。对于儿童，必须用种种游艺，适合着儿童智力体力的发展，去引导他们来观察和了解新的问题、新的事物、新的现象和运动，必须完全用诱导劝告和帮助的方法，绝对禁止强迫或者甚至敲打的手段。

二、地主资产阶级的教育，总是把整个科学知识——对于自然和社会公律的认识——极呆板地分割成为许多琐屑的片段，甚至在小学教育方面也用这种分割的不相联系的各部门知识，去教授幼年的儿童（例如加法和乘法分离，字法和句法分离等)。苏维埃教育应当反对这种教授方法，必须采用混合和统一教授的方法，拿实际生活里的整个现象做对象，显示他的各个方面之间的联系（例如加法与乘法的密切关系等)，显示一切现象的不断变更和突然的变动（例如风、雷的现象，例如植物的生长和果实的降落等)。

三、苏维埃小学的教授方法，还必须从具体的进到抽象的，不应当先叙述某种科学公律、极端抽象的概念和术语，然后呆板地去讲解、证明。应当从叙述和描写客观的现象，逐渐归纳，逐渐引导到科学公律的概念，从具体的某种生产劳动的动作和技术，引导到对于整个生产过程的了解。同样，在文字课目方面，必须注意到韵文（山歌、儿歌、诗）及儿童戏剧、故事等教材，这些教材都是合于“从具体到抽象”的原则的，文艺性质的文章不但可以同游戏、运动、跳舞、唱歌等密切联系着，而且这里所表现的总是具体的事实、人物、动作，直接从实际生活里采取来的。必须从这种文艺性的记叙文和描写文进到议论文。

四、儿童教育必须领导儿童知识和能力的发展，使他们不但能够在行动中逐渐了解或发现许多新的问题，并且，从新的知识进到自动的创造的行动，因此，必须运用“联想”的公律，先了解儿童所已经有旧观念，逐渐地引导他们进到新的观念，必须把一切课目同课外的社会工作和劳作实习联系起来，就是国语课的本身目的也决不仅在于使儿童认识多少新字，而在于使他们能够逐渐运用自己的言语以至文字，来发表自己的思想、表现自己的感情，国语课必须要有练习题或问题，直到作文的练习。而且必须根据社会工作及劳作实习的材料，组织儿童的演讲练习，表演最简单的戏剧等。

五，小学教育成绩的检查，应当以儿童自动能力和创造性的发展做标准，从发展儿童的集体批评和自我批评能力为目的，经常的每一个星期要记录这种成绩（打分数），每一学期要在综合各星期的成绩之后，举行后期考试和学年考试。考试的方法，不是背书、默书，而是用革命竞赛的方法，组织儿童的活泼的表演、演讲、自动的写作、口头的答问。而且必须综合社会工作和劳作实习的成绩，和笔试口试的成绩要学生会及儿童团方面的批评。根据这三项：——（一）课外教学的社会工作（二）劳作实习（三）课内的平常成绩和考试的结果，再加上（四）儿童团方面的（五）学生会中间的批评——来决定小学生的成绩，而制定每个学生的"鉴定书"，应当将鉴定书向全班学生讲解，征求儿童自己的意见；经过充分的讨论批评，然后作为考试的最后决定，通知儿童的家长，并报告乡教育主任及区教育部。如果总计这三方面的成绩，有些学生了解所授的功课，及执行课外工作的任务，都不及百分之四十五的成绩，那么，这种学生，就要留级以便给他补习的机会。

小学的年级制度（附）

一、列宁小学暂定一律秋季始业，从本年八月廿日起至来年七月廿日止当一学年，第一学期（本年下半年）举行一次学期考试，而第二学期（即来年上半年）举行学年考试。

二、凡是上半年（二月间）插班的一年级生，教员应另外替他们补考第一册列宁小学教科书上的新字及算术，有必要时得每日增加一小时的补习课。

三、凡是第一学期，学期考试不及格的学生，可以暂时随同本级继续上课，假使学年考核的结果，仍旧不及格者，即实行留级一年。

选自《闽西苏区教育资料选编》，福建省教育科学研究所，中共龙岩地委党史资料征集研究委员会1986年8月编印，第276～285页。简称"闽西版"。原注："原载《苏维埃教育法规》1934年4月教育人民委员部颁布"。

互校版本：

1.《老解放区教育资料》（一）土地革命战争时期，中央教育科学研究所编，教育科学出版社1981年出版，第311～319页。简称"老解放区版"。原注："原载《苏维埃教育法规》"。

2.《江西苏区教育资料选编》，江西省教育厅编，江西教育出版社1960年出版，第29～38页。简称"江西版"。

46. 江西省第一次教育会议的决议案

江西省第二次工农兵代表大会之后的第一次全省各县教育部长联席会议通过，
1934年3月中央教育人民委员部批准

第一，关于省教育部报告的决议

本会议听了江西省教育部前任代理部长肖峰云同志的报告（关于文化建设大会及江西

教育工作成绩的报告)，听了省教育部长甘立成同志关于今后江西教育工作方针的报告，听了中央人民委员瞿秋白同志关于新的教育政策的报告，经过详细的讨论，通过下列的决议：

一、教育文化工作的成绩　认为江西省在文化建设大会之后教育文化工作的确有了相当的成绩。这是由于各级教育部及文化团体的努力，由于青年团和儿童团的协助，尤其是由于工农群众自发的革命热忱的推动，由于苏维埃政府及共产党的正确领导。……

二、计划没有完成　本会议检查现在所得的成绩，根据十一、十二、一、二，四个月的成绩统计，照原定计划比较起来，所完成的只是极少的数目，原定发展一千零二十八个新列小，结果只有了二百五十五个；原定要增加七千八百个新夜校，结果反而比原有的校数减少了三百四十二个。太雷、天水、永丰、干县、洛口、石城、宜黄，甚至兴国，在发展夜校方面完全没有成绩，而万太甚至反而减少了一百三十六个。俱乐部在工会方面完全没有。识字班虽然增多了六百二十六个，但是同时又减少了三千一百六十二个。文化建设大会之后的计划，是没有完成的。

三、教育文化工作的缺点　本会议认为江西省教育工作有下列的缺点：

(一) 主要的是工作无系统，计划不切实，只顾空洞的数量的增加，而没有改善质量的切实办法。

(二) 甚至检查工作的时候，根本不注意质量的问题（肖峰云同志的报告中间，就完全不提这样的问题，也不提到所得成绩和原定计划相差如此之远)。对于各种工作（例如教员训练班）都没有认真地去总结和考核。

(三) 教育与政治斗争的联系，仍旧不能令人满意，在粮食突击运动中间有些地方甚至完全放弃教育文化的本身工作。

(四) 反机会主义、反消极怠工和反官僚主义的思想斗争，没有开展，对于省教育部内的一些机会主义的表现，直到党的省委指出之后，经过很久的时间，才开始斗争，教育部自己始终没有走上正确斗争的道路。这是绝对不容许继续的现象。再则省教育部以前对于×××等类贪污腐化的分子，也始终没有揭发和开展斗争。

四、反机会主义的斗争　反机会主义的斗争必须是布尔什维克的两条战线的斗争。例如对于无条件利用地主富农的知识分子的观点……应当加以最严厉的打击。……

再则对于消极怠工、贪污的官僚主义分子，对于开小差自由放弃工作，不请假就回家，巡视期间任意延长去干个人私事，对于这些怠工分子……应当立即动员群众，来开展斗争，坚决消灭这类现象。……

反机会主义、反消极怠工和反官僚主义的斗争，必须在教育群众的过程之中去开展，必须是为着改善工作，为着纠正同志的错误，绝对要消灭一些个人复仇和纠纷的现象。至于到现在还顽强地坚持，巧妙地掩饰，不肯真正认识自己的错误，甚至更加表现消极怠工的分子……那就必须有组织上的制裁。这个问题交省教育部具体解决。

五、工作方式应当转变　省教育部及各县教育部必须转变自己的工作方式，以前的方式带着极浓厚的官僚主义成分。必须严格执行中央所颁发的《教育工作纲要》。必须用训练巡视员的经常工作，用调查先进及落后县区的工作方法，用召集个别县区的教育部长及职员谈话的方法，直到亲自参加乡教委及列小、夜学等的工作方式，去了解下层的情形；

必须用突击的方法，建立各种模范工作，去领导和推动落后的县区。县区教育部对下级的指导，尤其要多多采用口头指示的方法。

六、教育工作与群众的联系　一切教育工作，无论是普通教育或是社会教育，都应当与群众及学生发生极密切的联系，绝对避免那种脱离群众的现象。例如，列小之中应当一面建立学生会的组织（中央即将颁布），与儿童团发生极密切的关系；另方面定期地召集家长联席会，各团体的参观团，评判会等等。一切学校都要有俱乐部的工作，引起学生的兴趣，发扬学生及群众的革命热忱。

七、关于教育的宣传　一切教育工作，必须取得群众热烈的信仰，在群众之中要开展广泛的宣传，说明儿童义务教育的必要，消灭文盲的重要意义等，尤其要动员群众对于反革命的破坏教育的阴谋，加以无情地打击。

八、小学教员优待条例的执行办法　对于小学教员的优待，要执行中央颁布的条件，而且奖金的发给，必须经过群众。例如区教育部，查明某一小学有很好的成绩，应当发动各群众团体（贫农团、工会、合作社、儿童团等）以及青年团派代表来共同参观审查，开评判会，正式决议呈请给奖，而且最好要发动群众团体，捐钱来发给这类奖金。各县成绩特别好的，还可以在中央批准的奖金之外，另外由群众团体募集并发给特殊的奖品。

九、优待红军子弟的办法　优待红军子弟的办法，应当遵照中央内务、教育部的联合通知去执行，尤其要督促各县、区、乡的优待红军家属委员会的建立，和优待基金的募集。

十、准备地方教育基金办法　各县应当负责执行中央关于教育经费的决定，限期造具预算决算，同时必须在群众中宣传，并且切实准备地方教育的基金。省立师范学校等的经费的大部分，固然应当归中央教育部负担，而列小（初级及高级）教员的生活费，只是暂时由中央教育经费之中支付。因此，应当在最近几个月起就将这笔经费移归地方负担。小学教员生活费要像现在的小学办公费、社会教育经费一样，大部分由群众团体募捐。应当逐渐地建立地方教育基金，例如由各群众团体每月经常捐助若干之类的方法筹措款项归县教育部存放国家银行或国库，以备当地教育经费的支付。这件事各县应当具体的去规划执行，随时报告省及中央教育部。

十一、教育部与群众团体　教育部必须与各群众团体（尤其是青年团、儿童团）发生更密切的联系：（一）在教育部开会时应有系统地检查各团体的文化工作，每次决定互相协助的具体办法。（二）要严格执行地方苏维埃的组织，消灭乱调教育干部及教员的现象。（三）同时教育部的师范学校毕业生之中，应当分出一小部分供给各群众团体和乡苏、区苏（师范学校之中应当注意一般苏维埃建设及社会教育、俱乐部等课目）。（四）发动列小教员等加入合作社、赤少队等团体。

十二、书报发行与粉笔等问题　省教育部应规定供给广大群众的文化需要的工作。例如，经过消费合作社（在人口集中的地方可以开办红色书店），建立广大的书报发行网（儿童读本等的销售）；与国民经济部协商，建立粉笔工厂，推广简易的制造黑板的方法等。

十三、健全各级教育部组织　省县各级教育部应当健全自己的组织，减少不必要的人员，肃清无用的文件，改良分工的方法，而区教育部应当吸收不脱离生产的干部来做教育委员，适当地分配他们的工作。乡教育委员会，尤其是应当与群众有经常的密切联系，使群众对于教育工作的意见，能够迅速地反映到县和省及中央教育部来。

十四、注意新区、边区工作　省教育部应当加紧注意新区、边区工作。在省苏最近要调到新区、边区工作的人员之中，必须保证有适当数量的教育干部；而且省教育部在经常指导工作的时候，至少每个月要特别严厉地检查边区、新区教育工作一次。

十五、青年团的协助问题　本次会议对青年团建议，要团方面更加加强协助的工作，不但要有计划地给教育干部，并且要经常帮助教育干部检查教育文化工作，监督教育干部一切决定的真正实行，同时本会议向青年团建议，在会议后立即订立双方的新的协助条约（省县两级一样的进行）。

十六、儿童团与小学的关系　本次会议向儿童局建议，要在最短期规定儿童团与列宁小学的关系的具体办法，并且儿童团应当在列小学生之中发挥政治上的领导作用，尤其要帮助列小儿童俱乐部的工作和体育游戏等的发展。

第二，关于最近突击任务的决定

一、在最近突击任务——收集粮食，整理和扩大赤少队，春耕运动之中，江西各县区教育部必须加紧努力，在省教育部的领导之下，动员一切学校和文化团体，来切实地宣传教育群众，帮助这些突击运动的主要负责机关完成他们的任务。这些任务的完成，对于粉碎敌人“围剿”，扩大苏区，发展全国革命，有极重大的意义。江西各县教育部，必须认清自己的责任，在这些工作之中，从教育文化战线上去开展极伟大的斗争，克服并肃清一切种种机会主义的表现及反革命的活动。

二、收集粮食的突击运动，江西省至迟在三月间必须要完成自己的任务。各县教育部应于四月十日以前总结教育系统中突击的成绩（不但收集数量上的总计，而且要着重在工作经验的收集研究和比较），报告省教育部。目前仍旧要继续努力，更广大地动员一切学校及文化团体，参加突击，加速地完成各县粮食突击的任务。

三、整理和扩大赤少队的工作，应立即遵照中央教育人民委员部的训令（第一号）进行工作，各县、区、乡应具体的规定自己的宣传计划和工作，尤其要注意的是消灭文盲运动与赤少队文化工作的联系。各乡赤少队得成立赤少队的训育委员会，区、乡的教育委员及列小教员应当有系统地参加他们的工作。

四、春耕运动的宣传计划已经由中央教育人民委员部颁布，省教育部及各县教育部应在三月间立即领导区乡开始执行。

五、这些突击任务，都应当在开展和改善教育工作的过程中去进行，绝对不应当重复过去的错误，以致放弃教育部本身的工作，不但如此，这三种突击运动，应当切实地互相联系起来，防止并且严厉地打击那种“突击太多不能兼顾”的机会主义观点和消极怠工。

第三，普通教育问题的决议案

一、学区问题　省教育部应当立即遵照中央政府人民委员会所颁布的《小学制度暂行条例》督促县、区各级教育部实行划分各县学区，统计和调查已有的列宁小学等的数目和地点，说明各县尚缺少的小学多少，学龄儿童有多少，失学儿童有多少，并规划下半年最急需开办的列宁小学，拟定具体计划，限五月十日以前报告省教育部，以便转报中央。

二、整顿现有小学　各县应在最近期间遵照《小学制度暂行条例》，努力整理现有的小学，使各小学的课程及设备等，完全符合中央政府的规定，并须调查清楚每一小学的年级及课程等的情况，一面报告省教育部，一面立即决定具体改良办法。这是普通教育方面在上半年的最重要的工作。

三、发展新的小学的办法　各县应在四月十五日以前，尽自己的力量所及（经费及教员），开办新的列宁小学。这些列小必须能够在暑假以前学完一年级第一学期的课程。如果还有多的新教员，来不及派他们在四月十五日以前去开办列小的，那么应当送到省立的师范学校受训练，以便下学期再发展列小。不必贪图目前列小数量上的增多，定要注意质量的改善。

四、准备两级小学的办法　各县应立即调查当地列小之中，共有几所已经有了三年级第二学期（即现在已读第六本儿童读本的）。并估计当地的力量（努力筹措经费，找到适当的教员），从速决定和规划下半年在此等学校之中选最好的几所来开办四年级（即后期小学的第一年）。

注：后期小学——决定改名为高级小学，不单独办。凡是只有前期三年的小学名为初级列宁小学，凡是有两年级或有四年级及五年级的小学名为初高两级列宁小学（高级的学龄是十一岁至十二岁，决不是十四至十八岁）。

五、审查不合格的小学　各县必须执行中央教育人民委员部关于教育经费的通令（中字第五号），将各乡一切小学校（初级的及两级的）加以严格的审查，详细地报告省及中央教育部。凡是不合通令上的三个条件的，立即停发其教员生活费；并责成乡教育委员会及该校长教员，自筹经费，努力在最短期间改善之。只有十分坏的小学（例如，学生经常上课的不上十人，而且根本不能教授儿童读本的），才能停办。

六、合作社、工会开办列小办法　应当发动合作社、工会来开办列宁小学，经费完全由各该团体负担（工人子弟或合作社员子弟可以享受入学优先权），校长、教员由教育部委派。此等列小须遵照《小学制度暂行条例》及教育部的一切法令。

七、试办短期中学的问题　兴国、万太等有力量的先进县份，可以试办职业中学（招收十三岁至十八岁的学生）等，其办法由省教育部在最短期间与兴国、万太等县教育部协议决定之。

八、规划短期及初级师范　省教育部应遵照中央教育部的指示，立即规定在三月底以前，结束各县现有的教员训练班及干部训练班的办法。并规划在四月初，开办三个短期列宁师范，及一个初级列宁师范的具体步骤。各县派送学生时，应当严格遵守简章所规定的条件，绝对不应当乱送一些不堪造就的分子。

九、红色教员联合会及家长联席会议　必须切实地进行组织红色教员联合会的工作，执行优待小学教员条例，并有系统地在各列宁小学召集学生家长联席会议。

十、普通教育与政治斗争的联系　一切学校必须加强地方的和社会的工作：一方面建立和健全俱乐部、学生会等；另方面有系统动员一切学校及文化团体，去参加革命战线的各方面的工作，尤其是最近期的整理赤少队和春耕运动的宣传，必须遵照中央教育部的计划，按照当地情形去切实执行。

十一、一切学校应成为文化中心　列宁小学、职业中学、短期师范等，必须成为当地的文化中心，经常帮助当地苏维埃政府及群众团体的文化工作。在广大群众之中，经常地实行反对封建迷信及反动意识的斗争。

十二、地方教育基金问题　省教育部应准备在下半年实现“小学经费由县区负完全责任”的办法（筹措地方教育基金），上半年即须在几个先进县份试行，以便推动到其他落后县份。

第四，社会教育问题的决议案

一、消盲周　根据中央教育人民委员部的决定（消灭文盲运动周的问题及其他），江西省、县教育部应即准备五月十五日到五月三十日的消灭文盲运动周的工作。这一运动中要：（一）检阅全江西革命后所消灭的文盲人数和程度（大概的数目），要检阅最近半年来识字组及夜校学生的成绩（可以用游行示威、公开试验读报、识字能力的方式等等）。（二）要在检阅中间，广大地征求消灭文盲协会的会员，成立新的识字组和夜校（各县具体的数目字由各县部长在本会散会后立即订立竞赛条约）。

二、消灭文盲协会　各县立即消灭那种识字会和消灭文盲协会并行的重复紊乱的现象，凡是识字小组及夜校等学生和教员，都得加入消灭文盲协会；凡是识字分会和总会都立即照消灭文盲协会的组织系统改组。每一识字组（或识字班），每一夜学，立即成立消灭文盲协会的一个小组；每一村的各个消灭文盲协会小组的组长立即互选主任，联合起来成立各该村的消灭文盲分会。消灭文盲小组，应在每次识字或上课后开会讨论会务：例如会员的学习成绩和教授方法的改良，发展新的会员，成立新的小组，识字班及夜学校的费用，以及各组之间的竞赛等问题。村以上的消灭文盲协会的组织，应综合各村各区各县的经验，计划并执行出版画报、建立识字牌等工作，有系统地总结每次竞赛的成绩，这样去领导下级的工作。

在最近期间至少每一个列宁小学，要附设一个夜校，每一个团体的下层组织，及每一个机关都至少要成立一个识字班。

三、补习学校　各县教育部应当计划开办各种“业余补习学校”，帮助各业工会开办工人或艺徒的补习学校，帮助合作社开办合作社的补习学校（可以用半日学校、夜校的形式）。这种补习学校除文字和算术等的教员由教育部推荐外，各该团体应当委派各该行业的技术教员，使学生在学习的时候能够同时学到文字上和技术上的知识，而且教授上应当使这两种课目互相之间有密切的联系。

四、俱乐部　各县必须在最短期间整顿并发展俱乐部。俱乐部的工作不应当限于晚会，晚会也不应当限于演戏。俱乐部至少须包含下列六项工作：（一）政治演讲会或谈话会（关于当时当地的政治动员的）。（二）科学（农业卫生、反宗教反迷信等）的演讲会和谈话会。（三）读报和讲报的工作。（四）运动和游艺（可以多采取中国的旧形式，例如中国的乐器、山歌、中国旧式图画的研究会、象棋等游戏、农村中原有的体育运动等）。（五）墙报须针对当地的具体问题，多吸收群众的投稿。（六）演戏及化装演讲等，也要切合当地群众的需要，采取当地的具体材料。各俱乐部，应有每个月的工作日程，有系统地进行各种集会和表演。

五、工农剧社　凡是各县俱乐部自己有组织演戏晚会能力的，都可以组织各区甚至各乡的工农剧社（支社），每一工会及机关也可以组织支社。每县的各个工农剧社支社，可以联合起来，成立该县工农剧社分社，综合各支社的经验，研究新戏及化装讲演等的方法，互相交换剧本等等，这样去领导各支社的工作。江西有五县成立了这种有群众基础的工农剧社分社之后，就应当筹备成立工农剧社江西省分社。各支社应当仍旧属各乡或各机关的俱乐部，适应各该俱乐部的需要，而准备并举行晚会时的表演。

六、临时苏维埃剧团　各县工农剧社分社，应当估计全县戏剧干部的能力，组织临时苏维埃剧团（例如兴国现在已经有的蓝衫团，就是这种性质，应即日改名），其任务是在县教育部领导之下，出发各区乡作短期间的巡回表演。在表演期间，这些干部自然要脱离生产，但是回来之后，他们仍旧各回原有的工作或生产。

七、社会教育与斗争联系　社会教育的各种工作：（一）消灭文盲运动（即以前的识字运动）的识字班、夜校。（二）业余补习学校。（三）俱乐部。（四）工农剧社及苏维埃剧团。必须同整个革命的任务、革命战争的各种突击任务密切地联系起来。社会教育机关及文化团体参加这些突击运动，绝对不是取消自己本身的工作去干，必须要在自己的工作过程之中去进行，而且要在这些运动中去改善社会教育的工作和组织。

八、经常地反对反动的思想的斗争　社会教育应当同普遍的教育有密切的联系，而且在成年群众之中，要格外加强反对封建迷信及一切反动思想的斗争，经常地有步骤地经过各种方式去肃清豪绅、地主、富农、资本家的反革命宣传的影响，最近尤须特别加紧反对迷信的宣传运动。

九、注意妇女教育　各级教育部要特别注意妇女教育与妇女干部之培养。为了吸收广大的妇女参加夜学、识字班及俱乐部的工作，必须：（一）开展反对家婆禁止媳妇、老公禁止老婆参加文化教育工作的斗争。（二）要宣传托儿所的建立（根据中央内务部的条例，如《红中》上的材料）。

本决议案经过中央教育部批准之后（中央教育部关于各文化团体的组织问题将要同中央一级的各文化团体协商改变），凡是消灭文盲协会、工农剧社等以前的组织办法及章程，同本决议案不相符合的，一概认为无效。

江西省教育部印

1934 年 3 月 15 日

选自《老解放区教育资料》（一）土地革命战争时期，教育科学出版社 1981 年出版，第80～91 页。原注："原载《苏维埃教育法规》"。

互校版本：《江西苏区教育资料选编》，江西省教育厅编，江西教育出版社 1960 年出版，第 9～22 页。

47. 女子职业学校暂行简章

1934 年 3 月 16 日湘赣省苏维埃文化部通令

关于女子职业学校暂行简章的决议

为了造就女子职业专门人才，发展苏维埃经济，使每个女子都有一种职业，达到女子经济与职业独立，特颁布女子职业学校暂行简章，仰各级苏维埃文化部、各女子职业学校遵照办理为要，此令。

右令

各级苏维埃文化部

各女子职业学校

部长　龙承绪

女子职业学校暂行简章

第一条　任务：以造就女子职业专门人才，发展苏维埃经济，使每个女子都有一种职业，达到女子的经济与职业独立。

第二条　组织：校长主持全校事务，在校长之下，组织校务委员会，分教务、训育、事务、工务等科，依照办学指南的规定进行全校工作。

第三条　编制：设缝纫科、纺织科、染色科三科，按照学生志愿编入各科，不要使每个学生每科都要学习。

第四条　就学年限：两年毕业。

第五条　入学资格：在十六岁至二十五岁、稍识字、身体强健的工农子女，过去本人及其家属不是靠剥削为生活的为合格。

第六条　待遇：学膳费免收，书籍、笔墨纸张杂用等费自备。

第七条　科目：

A. 国语：以应用为主，达到能看布告、报纸、标语等类日常应用文字，同时要达到自己能做能写。

B. 算术：加减乘除心算、珠算。

C. 政治科：以当时的政治问题为主，使学生有一般的政治知识。

D. 职业科：按照各科常识个别的分别教授（如缝纫科，即教授缝纫常识）。

E. 艺术科：体操、音乐、游戏，以适合于女子的技能为限；手工、图画以日常生活、实际应用的技能为主，兼授以各科的知识。

第八条　授课时间：

A. 每星期国语、算术、政治科、职业科各授二小时；手工、图画、音乐，各一小时；体操、游戏不要编入课程内，只在早晚练习。

B. 每天职业六小时。

第九条　教员生活费之规定：教职员生活费分两种，文科教员与列宁学校教员同等待遇。职科教员除与列校教员同等待遇外，并在每天课余工作红利中以百分之十作为奖励金。

第十条　学生入校手续：学生入校须取得县或区苏维埃政府的证明书，方可入校。入校时并须填写志愿表两份，一份存本校，一份呈报文化部。不准中途退学，如借故中途退学者，发给证明书的区或县苏维埃政府须负责追还津贴费（按照免纳一切费用［学费］在外计算）。如有特别情形，确要退学时，须得所属文化部许可，并须呈报上级文化部备案。

选自《老解放区教育资料》（一）土地革命战争时期，教育科学出版社1981年出版，第237～239页。原注：“录自江西省档案馆”。

48. 消灭文盲协会章程

1934年3月消灭文盲协会临时中央干事总会重订，教育人民委员部批准

消灭文盲，提高广大劳动群众的文化水平和政治水平，这是苏维埃革命的重大任务之一。苏维埃革命进展中，已经产生了许多工农干部，三五年前，一个字不识的人，现在能够看文件，这是苏维埃文化革命的伟大胜利，虽然这样，新干部还是很少。

本来在地主资本家的剥削压迫之下，不能够有系统的学习，不能够在文化上充分的发展；大多数人在革命中无时无刻不感觉到文化程度不够的痛苦。列宁曾经说过："不识字的人是同政治隔离的"。革命战争的剧烈斗争，使得我们更加急迫地要识字和需要知识，这也是我们粉碎敌人的武器。

因此，为着最大多数工农群众的学习识字和取得最低限度的常识起见，为着发展成年劳动者有系统的补习教育起见，我们组织了消灭文盲协会。不过以前本会的章程草案与我们的工作太不适宜，例如各级协会的成立需要极繁难的手续、复杂的形式，而同时并没有规定各级协会的具体工作，所以本会特宣布以前的章程草案作废，重新规定本会章程。

第一章　总　纲

第一条　本会在广大群众的迫切要求及教育人民委员部的领导之下，以组织广大群众实行消灭文盲为任务。

第二章　会员资格及任务

第二条　凡是赞成本会宗旨，愿负责为本会工作，执行本会决议的苏维埃公民，皆可加入本会。会费采取自由捐助的办法，即会员入会时自己约定每月交纳会费若干，不交纳亦可。非苏维埃公民（剥夺选举权的），经分会建议和区协会干事会同意之后亦得加入，但必须积极为协会工作，并不违反苏维埃法令。

第三条　每个会员的任务是负责教育或学习文字和常识。非文盲的会员应当帮助识字班、夜校等工作，如有不能担任教员者，则至少也要负责宣传消灭文盲运动，或按照他的生活工作情形，由他自己在入会时正式认定消灭文盲协会的某种工作。文盲的会员，则在加入协会后，必须加入某种补习学校或识字班学习。对于不肯执行上述的一种工作的会员，须发动会员群众同他斗争，甚至可以取消他的会员资格。

第三章　各协会的组织系统及人员的分工

第四条　本会以村协会为基本组织，村协会之下，分为若干消灭文盲小组，每个小组同时就应当是一个识字班或夜学校或半日学校。

第五条　村协会设干事会，其干事即由各识字班、各补习学校所选举的组长充任并互选一人为主任。乡协会的干事会由村分会的主任联合组织之，并互选一人为主任。村和乡的协会须定期召集会员大会，检查工作和研究经验。

第六条　区县省的协会机关各由下一级主任联席会选举干事会成立之。例如区可召集乡，乡有可能时召集村及小组长的联席会议选举干事会，执行区协会的工作；省县也可同样（各级干事人数，依照工作的需要决定）。各级干事会各设主任一人，必须能实际负责

担任协会工作的人员充任。区协会主任，最好是区教育委员会的委员，而不脱离生产。县协会要有常驻人员办公，大的有三人，小的有二人常住。

第七条　各机关及团体（政府党团工会少队等）内所建立的消灭文盲小组——亦同时即为识字班或夜校，每级设立一干事会，其干事即以组长充任，而选举一人为主任（组织系统参看附表，略）。

第八条　遇必要时，县省中央得召集消灭文盲协会代表会，其组织及选举方法临时规定之。

第四章　经　费

第九条　各机关及各团体内识字班及补习学校的经费概由他们自备。但补习学校的用具（如黑板桌凳等）无法解决时，在不妨碍列小工作原则之下，可借用列小学校的用具。如果油灯费不够时，由各团体（合作社工会等）的文化基金津贴一部分。

第十条　省县中央协会的常驻人员生活费及办公费印刷费等，大部分是依靠本会会员所交的会费（即会员的每月自由捐）以及群众团体筹助的款项开支。此外当在群众中举行定期的募捐运动，如仍不够开支时，可向教育部领取少数津贴，但不应完全依靠教育部供给。

附注：

（一）省县干事会的干事，除第五条规定的常驻人员外，其他干事须不脱离生产的人员兼任，各干事由干事会决定适当的分工。

（二）省以下，只须设立组织科及巡视两种［科］。组织科管理发展会员，综合下级经验，并调查消灭文盲的成绩、缺点，编制各种统计。巡视科管理检阅工作，综合巡视员的报告，分配巡视员的工作。中央除这两科外，另设编审科。

（三）各级协会的巡视员，是吸收各机关各团体的巡视员及干事会的干事兼任，不得开支常驻伙食及其他费用（同时县以上的协会，可以委托同级教育部的巡视员去巡视）。

选自《老解放区教育资料》（一）土地革命战争时期，教育科学出版社 1981 年出版，第 250～253 页。原注：“原载《维埃教育法规》”。

互校版本：

1.《闽西苏区教育资料选编》，福建省教育科学研究所，中共龙岩地委党史资料征集研究委员会 1986 年 8 月编印，第 272～276 页。注：此件第 273 页第五条错印出七行。

2.《江西苏区教育资料选编》，江西省教育厅编，江西教育出版社 1960 年出版，第 78～82 页。

49. 沈泽民苏维埃大学简章

1934 年 3～4 月间订定

第一条　苏维埃大学以造就苏维埃建设的各项高级干部为任务，定名为沈泽民大学，以纪念中国苏维埃革命运动的领袖之一——沈泽民同志。

第二条　凡年在十六岁以上，不分种族、性别，曾在政权机关、群众团体或党团负责工作有半年以上，而积极的；在边区积极参加过革命斗争的，其文化程度能看普通文件，均有入学资格。

附注：在各种突击工作有成绩者亦可入学。

第三条　设本科、预科两部。

第四条　修业期限以环境需要和可能决定。但最低限度，本科不得少于半年，预科随学生入学时的程度来决定。设立预科的目的是要对文化程度不足的学生给以补习的教育。

第五条　课程包括：苏维埃工作的理论、实际问题和实习三项。其中的百分比照修业时间长短和环境需要来决定。

第六条　设校长一人及大学管理委员会，以领导全校。校长为管理委员会的当然主任。

第七条　校长由教育人民委员会提出名单，人民委员会委任。大学管理委员会委员则由教育人民委员部委任之。

第八条　在校长及管理委员会督促之下设立“学生公社”，由全体学生大会选举干事会领导之。

第九条　在校长和管理委员会指导监督之下，设校务、教务二处。校务处管理全校一切行政事宜。教务处管理一切教务及训育事宜。

第十条　教员分正教员和副教员。正教员负各科目领导的责任。副教员帮助正教员收集材料，编辑提纲及答学生质问，并检查学生的学习。

第十一条　学费、膳费、书籍纸笔费由学校支给。被服及其他日常品用（如碗筷等）由学生自备。

第十二条　为要生活军事化，全校工作人员学生均得加入赤卫军，进行经常的军事教育。

第十三条　本章程如有未尽善的地方，得由教育人民委员部，随时提交人民委员会审定之。

选自《老解放区教育资料》（一）土地革命战争时期，教育科学出版社 1981 年出版，第 226～227 页。

互校版本：《江西苏区教育资料选编》，江西省教育厅编，江西教育出版社 1960 年出版，第 69～70 页。

50. 国立沈泽民苏维埃大学开学志盛

1934 年 4 月 3 日《红色中华》

国立沈泽民苏维埃大学，经过充分的筹备，于本月一日在瑞金本校举行开学典礼，各机关都派有代表参加，全体学生，因为在战斗的环境中开始了自己的课程，情绪极为热烈。

在校务主任宣布了开会以后，由学生推举临时主席一人，依着典礼程序进行，首先是校长瞿秋白同志的报告，略谓大学开学的战斗任务，是为了发展中国的苏维埃革命，供给苏维埃革命运动的干部人才，每个学生同志都应深刻地了解自己伟大的使命，努力学习，努力参加实际的社会工作，遵守纪律，严厉制止一切地方观念以及开小差的行为，为中国的苏维埃革命运动而斗争。继有人民委员会张主席、中革军委会朱主席、党团中央局及红军大学的代表演说，大致均谓苏维埃大学的开学，处在粉碎敌人五次“围剿”决战的环境中，一切学习都要为了战争的胜利，勉励各学生同志以最紧张的精神学习自己的课程，以实现党与中央政府所提出革命任务。次由学生代表起立发言，略谓全体学生在革命战争的环境中开始学习，必当努力完成自己的功课，以切实地担负起开展苏维埃革命运动伟大的使命云。

张主席演说记略　人民委员会张主席的演说，极为深切，略谓“苏大学在国内战争的环境中开学，每个学生同志都应了解到自己的任务是学习领导革命战争，苏维埃大学学习的中心任务，和红军大学稍有不同，红军大学学生所学习的是领导广大的红色战士和敌人进行武装斗争，而苏大学生却应当学习领导广大的工农劳苦群众，进行一切战争动员工作，来帮助战争，如动员群众运输红军粮食，组织游击战争等等工作，都要极努力地去学习。第二应该学习改善群众生活问题，学习怎样去保护工人农民的日常利益；牺牲地主、资本家、富农的利益，来保护工人农民的利益，这是苏维埃大学学生应该学习的。苏维埃政权最大的任务就是为了广大群众生活上的改善而斗争。第三，苏维埃干部应该学习怎样管理苏维埃政权，怎样管理自己的国家，这是我们过去没有学习过的，过去我们在地主资本家统治之下，被地主资本家统治剥削，现在我们推翻了地主资本家的统治，建立了我们自己的政权，我们已经是国家的主人，应该学习管理自己国家的方法，学习乡苏怎样工作，区苏怎样工作，苏维埃怎样领导广大群众进行革命战争。这些课程就是马克思列宁主义，苏维埃大学以马克思列宁主义的实际课程教育学生同志，希望学生同志努力加紧学习，深刻地了解到在目前战斗的环境中，一分一秒钟也不要浪费，加速度完成自己的功课云”。张主席这篇演词极为重要，不但苏大学生应该深刻地了解，即各级苏维埃工作人（员）也应该细心研究的，特附记于右。

选自《闽西苏区教育资料选编》，福建省教育科学研究所，中共龙岩地委党史资料征集研究委员会1986年8月编印，第285～287页。原注：“原载《红色中华》第170期，1934年4月3日。”

互校版本：《老解放区教育资料》（一）土地革命战争时期，中央教育科学研究所编，教育科学出版社1981年出版，第227～229页。原注：“原载1934年4月3日《红色中华》第一七期。”

51. 中央农业学校简章

1934年3～4月间订定

第一条　为着苏维埃农业建设的需要，建立中央农业学校，执行下列任务：

一、培养农业建设中下级干部。

二、搜集苏区农民群众经验和农事试验场的经验，加以科学的整理，广泛进行一般农业技术传播。

三、与土地人民委员部建设局发生亲密的联系，计划苏区的农业建设。

第二条　根据第一条的任务，中央农业学校（简称农校）附设农事试验场及农产品展览所，进行以下的工作：

一、农事试验场和农产品展览所试验和研究的结果，定期的临时的向全苏区农民群众作报告。

二、随时注意纠正苏区农民群众对于农作方法上的错误，用来教育群众，同时教育学生。

三、搜集选择优良的农作物种子，经过试验场的试验，将所得的经验发动群众进行育种，以供给苏区各种优良的种子。

四、关于主要农作物的病害、虫害的预防法及临时消灭法，利用农民的经验和苏区物质条件之可能，决定具体的办法，随时向群众作报告。

五、调查苏区主要的农作物，制成简明的耕种与收获日历公布之。

六、经过试验场展览所，从实际方面给学生以必要的农业知识。

第三条　农事试验场和农产品展览所，一方面供给学生学习之用，另一方面准备各种优良的品种及优良的栽培方法，尽可能供给农民群众采用。

第四条　农校设本科、预科及教员研究班。本科一年毕业，在需要条件之下得以缩短或延长。预科修业两个月。教员研究班无定期。

第五条　本科课程和教法如下：

一、政治常识：最基本的政治常识及苏维埃建设的实际问题。

二、科学常识：气候常识、植物生理和病理常识，简易测量和算术常识。

三、以实习为中心学习以下的农业知识：

1. 苏区主要作物栽培法、育种法。
2. 苏区现有的主要肥料的制造、保存和施用法。
3. 主要农作物的虫害、病害的预防和消灭的方法。
4. 农业经营法，尤其是节省土地、肥料、劳动力的方法。
5. 作物概论。
6. 土壤改良法。
7. 农产品简单的制造及保存法。

第六条　预科从实习中准备农业简单常识和农业上必要的文字和算术。

第七条　教员研究班以教员组织之。用科学实验的方法，根据苏区的经济条件，具体的研究苏区的农业。

第八条　学生入校手续和工作分配如下：

一、农民和农业工人及有志愿学习农业的公民，年龄在十六岁以上、三十二岁以下，有决心学习的，不分性别，均有入学资格。

二、入校由土地人民委员部介绍；毕业，交土地人民委员部分配工作。

第九条 设校长一人主持全校事务，由教育人民委员部委任之。——学校的管理，直接受教育人民委员部管理。——在校长领导之下设管理委员会，以校长为当然主任，其余委员由教育人民委员部和土地人民委员部委任之。

第十条 在校长领导之下，设立学生公社，由全体学生大会选举委员会领导之。

第十一条 全体学生和工作人员加入赤卫军少先队，进行经常的军事训练。

第十二条 本简章由教育人民委员部和土地人民委员部共同颁布之，如有要修改之处，校长和管理委员会均得提出意见，由教育人民委员部和土地人民委员部共同审核修改之。

选自《老解放区教育资料》（一）土地革命战争时期，教育科学出版社 1981 年出版，第 233～236 页。原注：“原载于《苏维埃教育法规》”。

互校版本：《江西苏区教育资料选编》，江西省教育厅编，江西教育出版社 1960 年出版，第 63～65 页。

52. 教育行政纲要（原名教育工作纲要）

教育人民委员部 1934 年 4 月修正

第一章 教育部的组织系统与经费

第一条 教育部的基本组织为乡教育委员会，设主任一人，在乡苏主席团领导之下执行一乡的教育工作，对于区教育部负责报告教育成绩并受其教育工作上的指导。教育委员会的委员最好要每村一个，以便直接管理各村教育，乡教育委员以不脱离生产为原则。而乡苏维埃政府常驻人员之中必须有一人负责管理教育事宜，领导乡教育委员会。

第二条 区教育部长之下设立区教育委员，部长及副部长一人或二人常驻，其余均以不脱离生产为原则。区教育委员会除三人至五人在区苏所在地外，其余各委员宜于不脱离生产而居住于各乡的人担任，以便每次开会时即可检查各乡教育工作，具体规定各乡工作计划。区教育部虽不分科，但必须兼顾普通教育及社会教育。

第三条 县教育部分为普通教育科及社会教育科，县教育委员会必须包含党、团、工会、儿童团等的文化教育工作人员，必须与各群众团体互相检查，互相协助，县教育部的巡视员必须兼为某科科员，使在工作中不但了解教育工作的一般状况，而且有机会学习某科的专门知识。

第四条 省教育部的分科与县同，其教育委员会的组织及巡视员的职务亦同。

第五条 中央教育人民委员部分为，（一）初等教育，（二）高等教育，（三）社会教育，（四）艺术四局。初等及高等教育两局协同管理普通教育，社会教育局及艺术局协同管理社会教育，此外另设编审局领导编审教材事宜；及巡视委员会，计划并领导巡视工作。

第六条 初高级列宁小学以区立为原则，乡教育委员会在区教育部领导之下，监督并检查各列宁小学的工作，以及各乡社会教育的进行。

第七条　短期职业中学以县立为原则，小学教员的假期训练班亦以县立为原则。县以下的一切教育经费应由县教育部负责；县教育部应领导各种群众团体，每年定期募集地方教育基金，存放国库，由县教育部按照预算支付。县立区立各种学校，以及社会教育津贴费，皆不领取中央教育经费，但县区教育经费的全部决算预算，仍当按月呈报省教育部核准，转报中央存案。

第八条　短期师范、初级师范以省立为原则；其经费及省一级文化团体及省立苏维埃剧团等的津贴，归省教育部支付，由省教育部每月具造全部预算呈报告中央核准后，向中央领取，并每月综合报告全省一切教育经费的总决算，不得零星报账领费，以致紊乱会计制度。省县教育部如不按期交到预算决算，中央得减半以至完全停发其经费，并通告群众团体停止县教育经费的供给。

第九条　中央教育人民委员部直接支付国立学校经费及中央一级文化团体的津贴费，但一切群众的文化团体或职业的戏剧文艺学术团体，均以自给为原则，应发动群众募集各该团体的基金；只在不得已的情势下，方能向教育人民委员部领取少数津贴。

第十条　教育部在教育方针及政策上领导全国学校教育（普通教育）及社会教育。各级教育部除直接指导所办学校外，必须负责协助或领导各种社会教育及一般文化革命运动的领导团体。小学教育必须与儿童团取得最密切的联系，中等以上的教育，必须与马克思主义研究会等学术团体建立必要的联系。社会教育方面，尤须依据群众的俱乐部、工农剧社、苏维埃剧团、工农通信协会、赤色体育会……尤其是消灭文盲协会；应当同这些团体建立最密切的关系，并予以文化教育方针上的领导。教育部必须取得共产党及共产青年团方面的政治上的领导和协助，负担文化战线上的动员一切群众与儿童参加政治斗争及革命战争的责任。

第二章　反对文化战线上的错误倾向的斗争

第一条　要利用一切群众的力量，群众的物质条件，来帮助教育工作，尤其是消灭文盲协会的会员、日夜学校的学生和教员，必要用组织的方法，吸收他们参加工作；反对脱离群众，专靠政府供给经费的主张。

第二条　要在工作中逐渐来建立和健全各种教育组织，同时要有组织地来建立和健全工作，所以组织和工作要亲密联系起来，消灭只建立机关而不工作的现象，例如以前的消灭文盲协会。

第三条　要消灭一切官僚主义的工作方式：如脱离实际的工作计划，检阅后不改正错误，巡视不做调查登记，不解决问题，做了决议和计划，不按期进行工作等。

第四条　要消灭离开群众的工作方式，例如以前的工农剧社，必须利用群众所了解的形式（不论新旧），充实以革命的内容，去教育群众。

第五条　消灭过去把政治斗争和教育工作对立起来的错误应该以战争动员做教育的中心目标，同时为着战争的需要，更要加紧我们的阶级教育和消灭文盲运动。

第六条　消灭过去生产工作和教育工作对立起来的错误，在农忙的时候，要有计划地有定期地休业，使儿童参加生产；除规定参加生产时间外，不得借口儿童无时间求学而缺课。

第七条　反对借口党和团及苏维埃主席团不帮助教育工作，来掩盖自己对工作的消极，而与党和团及主席团对立起来。

第八条　消灭借口群众不了解教育而放弃工作的机会主义；要向更落后的地方，加紧工作。

第三章　巡视和报告的办法

第一条　巡视教育工作，同时要了解当地政府一般政治的领导和工作方式，才能具体指出缺点、优点和错误。

第二条　巡视员除直接在教育机关考查外，还应该询问当地的党和团及群众团体，甚至向个别的群众去询问，征求他们的意见，尤须亲自到学校及文化团体之中去亲切的考察具体的情形，有时可参加苏维埃主席团会议和代表会议，或翻阅主席团的会议记录。

第三条　巡视检阅各级教育部的工作，除口问目见外，还要检阅他们的工作计划，会议录，指示信及工作布置与执行的程度，切实从实际调查，加以正确的批评。

第四条　出发巡视，须配合下级教育部的人员，一同去巡视，以便在工作中教育下级工作人员，同时还可吸收下级的经验。

第五条　用定期普通的巡视，以了解整个的情形，同时要用抽查的方法，以检查最好的、最坏的和可疑的，及检查某一特别问题。

第六条　巡视不只是调查登记，除巡视已有的日夜学校、俱乐部、工农剧社、消灭文盲协会及其他教育组织外，还应该帮助建立和改造学校，及其他属于教育的组织。

第七条　到下级巡视工作，每日要填写巡视日记，以备考查，尤其是要记入待解决的问题，和可学习的问题。

第八条　调查登记为着求事实的真确，必须登记自己当日所亲见最具体的事实，更补充各方面所得的材料，同时要指出错误、缺点和优点，帮助改善工作。

第九条　每次调查巡视登记的表册，及开会的记录与决议，都要准备两份，一份存本部，一份送上级。

第十条　巡视员除随时随地用简单信件报告外，在一区或一县巡视完毕时，还须做一个总的书面报告，报告所属的教育部，各级的教育部长，对巡视员的一切报告，应在教育委员会议或工作会议时，提出讨论回答，并将讨论的结果，做成指示信，指示巡视员，及下级教育机关。

第十一条　各级教育部向上级报告每月一次，报告整个的工作，对于某些特别问题，还须随时报告，但调查统计及学期总结，只在每学期终报告。三个月不报告，尤其是不做学期总结报告者，以故意消极怠工论。

第十二条　各级教育部巡视与报告工作，具体规定如下：

一、乡教育委员，按村分工，二日或三日检查该村的学校识字小组、消灭文盲协会分会的工作一次，检查的结果，报告教委主任，主任应该随时加以指示。

二、区教育部，每月抽查各学校及其他的教育组织一次，同时每十天开区教育委员会一次，令驻在各乡的教育委员报告工作并讨论决定以后的工作。

三、县教育部，每二个月要把全县各学校及其他教育组织，普遍检查一次，所派巡视员应抽查最好的及最坏的区，以便普遍地运用这些区的经验，而改良全县的工作；同时在这期间必须研究各区报告指出缺点和优点，而做一次总结，每学期再综合三次检查，做学期总结。

四、省教育部，除正副部长两科长文书调查统计等驻部工作外，其余按县分配巡视指导工作，但派遣巡视员时，切勿全部派出，应轮流出发。使留部的巡视员得学习全部工作及某科专门工作。

第四章　各级教育部的会议

第一条　乡教育委员会，每星期开会一次，检阅本星期的工作，并计划下星期的工作，同时召集于所讨论的问题，有关系的人出席，在每月最后的那星期的会议，要召集列小和夜校的校长及教员俱乐部主任、消灭文盲主任等，到会参加，做一个月的总结，和计划下一月的工作。

第二条　区教育部，每十天一次召集区教育委员会，检阅十日内区教育部的工作，每月最后五日内，召集乡教育委员会主任会议一次，检阅本月的工作，并计划下一月的工作，有特别需要时，可召集某些学校校长和教员参加。

第三条　县教育部，每半月召集县教育委员会一次，检阅县教育部工作，并计划工作；每两个月召集各区教育部长会议一次，检阅和计划工作，每学期结束后，召集区教育部长，及有成绩的夜校和列小教员、校长、乡教育委员会主任等会议一次，检阅本期工作，和计划下期工作。

第四条　省教育部，每半月召集教育委员会一次；每半年要召集各县教育部长会议一次，检阅和计划工作。

第五条　教育人民委员部，每一月召集教育委员会一次，检阅和计划工作，每月召集某些省或县、区、乡的某一部分工作人员会议，检阅工作。每半年召集省教育部长，和某一科或几科长会议一次，检阅本学期的工作，并计划下一学期的工作。

第六条　各级教育部，除上列各种会议外，并应该随时召集办公会议。

第七条　在工作中要组织突击队，以先进的区域，帮助落后区域的工作。

第八条　各级教育部联席会议，要有竞赛精神，订立竞赛条约：省与省竞赛，县与县竞赛，区与区竞赛，乡与乡竞赛，村与村竞赛，这校与那校竞赛，以至在一校之中，这班与那班竞赛。

选自《闽西苏区教育资料选编》，福建省教育科学研究所，中共龙岩地委党史资料征集研究委员会1986年8月编印，第291～297页。原注：“原载《苏维埃教育法规》1934年4月教育人民委员部颁布。”

互校版本：

1.《老解放区教育资料》（一）土地革命战争时期，中央教育科学研究所编，教育科学出版社1981年出版，第71～77页。原注：“原载《苏维埃教育法规》”。

2.《江西苏区教育资料选编》，江西省教育厅编，江西教育出版社1960年出版，第1～8页。

53. 小学管理法大纲

1934 年 4 月教育人民委员部制定

引 言

苏维埃的小学管理法，主要的目的是发展儿童的自治能力，养成学生自觉地遵守团体纪律的习性，确立整个学校（校长教员学生）的集体生活，这决不是地主资产阶级的学校管理法，他们的学校是把学生群众当做“被统治者”看待的。单就从处罚学生的态度来说，苏维埃的列宁小学就绝对不准采取惩办制度，而且要发展群众的自我批评的精神，养成工农民主集权的习惯。至于学生成绩的检查、班次的编定、升级降级的办法、学校的设备等等，也都要完全适合苏维埃教育政策的三大原则。（参看“小学课程教则大纲”）。

第一章 小学的组织

一、列宁小学设校长一人（参看“小学制度暂行条例”）由乡教育委员会提出，乡苏主席团委任，报告区教育部核准。

二、列宁小学的教员，由校长征求乡教育委员会主任的同意，聘任之（辞退教员的手续亦同），其人数的多少依照学生数量的多寡决定（参看同上条例）。

三、小学校长的职务如下：

（1）领导全校的工作，负责编造预算决算报告乡教育委员会及区教育部，保管小学的财产器具，计划并进行学校设备的改良。

（2）领导教员进行全校的教务及训育事宜，并负责检查其成绩。

（3）领导学生会的工作，协助校内儿童团训练全校学生。

（4）负责定期召集学生家长联席会议，讨论教授及训育方法，及其他与家长有关系的问题。

（5）在学校行政问题上，校长对外代表全校，并领导教员学生参加种种社会工作。

（6）负责对乡教育委员会及区教育部报告每月工作及每学期的成绩总结。

四、校长因故不能工作时须向乡教委主任请假，并指定相当的代理人。

五、小学教员的职务如下：

（1）分别负责教授学生的各种课目，训育各班学生遵照中央教育人民委员部所颁布的“小学课程教则大纲”进行教育工作。

（2）分别负责领导各班学生的劳作实习及社会工作。

（3）参加各种社会工作协助乡苏及当地群众团体。

（4）经常地注意各班学生的健康与卫生问题（例如儿童的种牛痘等）。

（5）测验学生的成绩，编造各该班学生的成绩登记表及每学期的鉴定书。

六、教员因故不能工作时，必须向校长请假，并推荐暂时的代理人。

七、小学校内组织学生会，由全校学生大会或代表会选举委员会为执行机关，在校长领导之下，进行学生自治及参加政治动员的工作。其组织法另定之（参看“列宁小学学生组织大纲”）。

第二章　小学的教务

一、小学的招生

（1）每学期开学前十天至十五天，即须组织招生委员会，以校长为主任，必须邀请当地儿童团代表、贫农代表、农妇代表会代表等参加。

（2）招生委员会应发动全学区的群众，号召他们送学龄儿童入学，尤其要使得已经超过八岁的儿童来插班。

（3）特别重要的是要经过儿童团动员儿童自己来报名入学。

（4）招生广告，必须详细确定地规定报名日期、开学日期及入学条件。

（5）凡是初入学的儿童，必须每学期立一报名册，详细登记学生的年龄、成分、住址、家长的名字等（参看附录的报名册式）。

（6）每学期入学的新学生，必须经过特别试验（常识问答——如果已经识字，即可令书写，依照他的程度插入二年级或三年级等）。

二、小学的编制

（1）小学按照程度分为初级小学：一年级、二年级、三年级；高级小学：四年级、五年级。

（2）每年秋季开学时，入学的新学生，程度较高者分别插班（即已经能够了解第一、二册国语、算术教科书的儿童，可令插入二年级，其余类推），此外一概编入一年级。

每年春季开学时的新学生，除程度较高可插入高年级者外，皆应插入年级的第二学期，即一开始就读第二本教科书，其程度不及者，须特别补习，有必要时，得在课程表外，另外每天增加一小时，专门替新生补习第一册教科书的主要内容（这种特别班可称为春季新生补习班）。

（3）每一年级以组织一班为原则，即年级须有一专门课堂，这种编制叫做单式编制。

但是在物质条件不可能时，得使几个年级同在一个课堂上课，编为一班。这种编制叫复式编制。在复式编制的时候，教员应适当分配教材，例如一年级上书时，二年级应使自习或习字算题等，勿使一部分学生荒废时间。

（4）单式编制每级为一班，由学生选一班长。复式编制每班包含几个年级，应先由各级选一级长，然后各级长互选班长一人。班长和级长的任务是在教员领导之下，维持课堂秩序，注意学生的纪律等。

三、小学的规则

1. 小学必须有明确简单的（一）课堂规则，（二）运动场规则，（三）请假规则；由校长公布之。

2. 课堂规则，应规定上课下课点名（参看附录“点名册式”）的秩序，禁止随地吐痰骚扰喧哗等妨碍学习的行为。

3. 运动场规则，应规定游戏时的秩序，禁止毁坏公物等违犯集体利益的行为。

4. 请假规则，应规定学生因事不能到校（事假）时，应在前一天向教员或校长请假，不请假而不到者作为旷课论。

学生因病不能预先请假（病假）者，应派班长或级长到这学生家里去慰问并且叫他补行请假。

凡是无故不到的逃学学生，必须发动学生群众及儿童团去劝告他或他的父母，以儿童群众的“归校运动”来肃清逃学的现象。

5. 凡是学生家长（或学生自己）不愿再叫儿童入学的时候，亦必须发动儿童群众的“归队运动”，向他们斗争，至少要做到家长或儿童自己说明理由，正式向校长请求退学。

四、小学的课程

1. 校长应会同教员规定课程表，一切课程的时间均须遵照“小学课程教则大纲”的规定妥为排列，使各班各年级的科目不相冲突。

2. 课程表必须在开学前两天公布，使学生周知。

3. 课程表的编排，必须使各种课目互相间隔，并使游艺、社会工作、劳作实习的时间与国语、算术等的时间极适当地配合着，务使儿童不感觉到学校生活的枯燥无味。

五、小学的考试

1. 每星期教员应检阅学生成绩一次，检阅的方法即用课内的练习题为标准，检阅的结果，必须登记作为积分。

2. 每月在儿童墙报上公布四星期的成绩总批评表一次，加以相当的说明，并征求学生群众自己的意见，发展自我批评，而且要发动他们革命竞赛，订立每月的竞赛公约。

3. 每学期举行学期考试。初级小学的考试科目：（一）国语——认字，讲书，造句，写字等；（二）算术——笔算心算；（三）常识问题。高级小学考试的科目：（1）国语——讲书作文；（2）社会科学问题；（3）自然科学问题；（4）算术试题；（5）政治问答和演讲。考试的方法，须应用革命竞赛及学生的自我批评，不得采用地主资产阶级的学校考试的旧方法。

每年暑假时的学期考试即为学年考试，寒假学期考试不及格者，暂留本级继续学习，到暑假学年考试仍不及格者，则应降级。

4. 平时成绩的积分，每月的批评及学期学年考试，除上述功课的检阅及测验外，皆须加入劳作实习及社会工作的成绩综合计算。例如，每个学生的工艺、园艺、耕种等技能及积极性，每个学生参加政治动员的成绩和积极性（如扩大红军，收集粮食，春耕秋收等宣传工作，参加群众大会，慰劳和优待红军家属的工作，公共卫生的注意，学生会中的工作等等），都要估计到同功课的成绩配合着，才决定学生的等级。

5. 学生成绩只须分为五等：完成任务百分之一百者为第一等，百分之八十以上者为第二等，百分之五十以上者为第三等，不及百分之五十者为第四等，不及百分之二十者为第五等。不及格及最劣等的学生降级后，教员应特别帮助他们学习和工作，有必要时得在一般课程表外，增加“降级生补习班”的时间。

6. 学期学年考试的总结，应与学生会及儿童团共同决定每个学生的批评，制定每个学生的鉴定书（参看附录的格式）然后提出学生大会报告，在儿童墙报上登载“红板”和“黑板”交学生群众讨论，并发动他们订立假期自修的竞赛条约。

7. 学期或学年考试的鉴定书及总结报告，应由校长答应分送：（一）乡教育委员会，（二）区教育部，（三）而各个学生的鉴定书，应另录一份分别送给各该学生的家长。

六、小学的赏罚

（1）小学学生的成绩和平日的行动应当配合着去衡量，对于懒惰和不守纪律的学生，必须加以处罚，而对于努力学习和工作，并且遵守纪律的学生，应当加以奖赏。

（2）苏维埃小学的赏罚，绝对不应当有惩办主义和锦标主义的现象，而应当是发展革命竞赛和集体批评的办法。

（3）对于怠工和破坏学校规则的学生的处罚可以分做三等：（一）最轻的处罚是在儿童墙报的"黑板"上宣布某一学生的犯规，发动学生群众在学生的各种集会上对他批评，给他的警告。（二）屡次犯规不改的学生，经过学生大会或代表会的决议给严重警告或最后严重警告。（三）在最后严重警告之后，仍旧故意违犯规则或怠工的学生就应当经过学生全体大会的详细讨论和批评，而决定开除。开除的决定，必须得校长的核准和乡教育委员会的批示方发生效力。被开除的学生，应交给当地儿童团去监视和教育，如果能够改正错误，仍得恢复学籍。

（4）对于成绩极好，而且特别积极的学生的奖励，也可以分做三种：（一）在墙报"红板"上登载他的成绩或社会工作中的事实；（二）在学生大会上宣布他的特别优良成绩，由学生会赠送光荣牌给他；（三）由学生会议决请求校长特制奖品，如旗帜之类赠送给他。

第三章　小学的设备

一、学校的房屋要合于卫生，不可潮湿，必须宽畅，尽可能要能容纳全学区的儿童；而教员校长的办公室，最好要不设在学生课堂之内。每一年级最好要有一个单独的课堂，以便单式编制，课堂必须明亮，空气流通，所以窗户应当开阔。再则校舍附近不可任意抛弃污物，尤其要离开厕所远些。总之，必须清洁，必须经常打扫——经过学生会的组织，分配小学生轮流值日，每天打扫课堂及校舍，每星期举行共同的扫除。校舍的位置，第一，须在学区的中心，尽可能勿使儿童过高山、过河。如果是在圩场上，那就要选择较僻静的地点。

二、学校的俱乐部（小学都设儿童俱乐部，下设墙报委员会、图书室等，不必再分设列宁室——参看"列宁小学学生组织大纲"）最好要单独的一间房屋，如果不可能而要设在课堂内，那末也要布置得宜，勿使妨碍学习。俱乐部里的布置要儿童化，除各种容易得到的游戏器具和玩物，以及一般价廉而美观的布置外，必须选择儿童自己的作品（图书、剪纸、扎纸等手工品）；由儿童自己帮助着来布置陈列。尤其要有革命意义的图画和挂像。这些陈列品，至少每月要更换一次，并且要对学生说明新陈列品的内容、历史意义等。

三、学校的课堂，至少要有黑板和抹黑板的湿布（不能置备黑板的学校，应当利用简便的方法，例如刷黑的墙壁等来代替），黑板的位置要适中，要不反光，使黑板上的字迹清楚，不致损害儿童的目光。揩黑板布要用湿布，以免白粉飞扬，损伤儿童及教员的肺部，课堂内的桌椅要适合儿童的身量，便于写字读书。

四、学校的运动场，至少须有一平坦的草坪，尽可能设备一些体育用具和建筑。例如秋千架、杠子、跳远的沙地等。

五、学校的工场或园地，依照当地情形设置。在城市工人区域的小学，可以建立儿童工场（木工、铁工、泥水工等），同时也要设立儿童乐园，而在农村中的学校，必须建立儿童园地（不但种植蔬菜，并且可以种植米麦），并附设儿童肥料所——作为儿童劳作实习的场所，使儿童于优待红军家属的杂役之外，还可以在校内的劳作之中，观察农产品生长的过程，或工艺制造品的生产过程。

第四章　小学与群众的关系

一、学校必须与学生家长有密切的联系，至少每月必须召集家长联席会议一次，讨论学校的改良，学生的增加、教授方法的改善，学生设备的进步等问题，要经常地征求家长的意见和他个别谈话来改进教育儿童的方法，并研究对于各个儿童所应特别注意之点。

二、学校须与工会或贫农团合作社等建立经常的联系，工会、贫农团、消费合作社，以及女工、农妇代表会，是最基本的群众组织，事实上组织了最大多数的学生家长。此学经费的来源固然要靠这些团体动员群众每月或每学期募集经费建立经常的地方教育的基金，而且小学教育的成绩也须由这些团体经常的从旁督促和推动。所以学校应定期地约会这些团体派代表参观或开联席会议，讨论学校的改良问题。

三、儿童团在共产青年团和共产党领导之下，应当成为每一列小的核心。儿童团应当在小学学生会之中实现他的领导作用，因此儿童团同小学校校长必须有最密切的联系，双方互相通知协商重要的决定等。

四、学校与其他的群众团体，例如消灭文盲协会、工农剧社、反帝拥苏同盟、革命互济会等等，也须有密切的联系，尤其是消灭文盲协会，这个团体同列小学校有最重要的关系，因为列宁小学的教员，大半兼着夜学校等的教员，也就大半是消灭文盲协会的会员，列宁小学之中应当附设夜学校或其他补习学校。

五、所有上述的一切团体与学校的关系，自然都应当经过乡或市教育委员会去建立。乡或市教育委员会以及小学校长，应当定期邀请各团体代表组织评判会，来审查列宁小学，检举最坏的小学，奖励最好的小学，优待小学教员条例的执行应当根据这种评判会的结论。群众团体的小学评判会于每学期总结的时候，应当经过乡或市教育委员会向区教育部提出最好的学校和教员，报告他们的具体成绩，而由区教育部决定给奖的办法。各团体还可以参考这种决定募集特别奖品、奖章、奖旗赠给这些教员及校长。

六、列宁小学，在每个学生之内，应当成为当地文化的中心，经过儿童俱乐部的晚会，学生家长联席会等等，去宣传苏维埃文化，宣传卫生知识，发展社会教育，反对迷信宗教，传播科学、农业、工艺等的常识，帮助群众以至乡苏等的文化工作。不但如此，小学的学生、教员、校长还应当努力参加政府的一切战斗动员，经过学生去影响他们的家长，影响一切群众，宣传当地的群众，更热烈地拥护革命战争。

七、小学教员自己的群众组织——红色教员联合会的简章，另行规定之。

附：各种册式（略）

选自《闽西苏区教育资料选编》，福建省教育科学研究所，中共龙岩地委党史资料征集研究委员会 1986 年 8 月编印，第 298～311 页。简称“闽西版”。原注：“原载《苏维埃教育法规》1934 年 4 月教育人民委员部颁布。”

互校版本：

1.《老解放区教育资料》（一）土地革命战争时期，中央教育科学研究所编，教育科学出版社 1981 年出版，第 320～331 页。简称“老解放区版”。

2.《江西苏区教育资料选编》，江西省教育厅编，江西教育出版社 1960 年出版，第 39～51 页。

54. 小学学生组织大纲

1934年4月教育人民委员部订定

共产主义的人生观和宇宙观，必须在斗争中、劳动中、实际工作中去学习。离开了斗争、劳动与实践，专拿书本来读，是说不上共产主义教育的。因此小学之中，就必须要有学生的组织，应该养成学生的集体生活和有组织地参加革命斗争的能力，使他们在实际工作中去了解集体的劳动和学习的意义。

一、列宁小学学生组织应称为某某列宁小学“学生会”。

二、小学学生会的任务主要的是：

1. 使教育与实际工作不相分离，发扬学生的创造性，加强他们的学习与工作的积极性，巩固入学儿童，使全体学生有集体的生活、互助的精神和革命斗争的组织能力。

2. 学生会组织学生自己的生活，发展自治的能力，参加学校行政的管理，并动员学生参加校外的社会工作，培养将来社会主义的建设者。

三、学生会的组织

1. 学生会在校长的领导之下进行工作，是各个学校学生的单独组织，不必建立上下级的整个系统。学生会对于一切问题，得向校长教员建议，一切决议必须经校长审查。

2. 学生会的最高组织为全校学生大会。四十人以下的学校，由学生大会选举委员会为执行机关。四十人以上的学校，得斟酌情形，由大会选举代表若干人组织代表会，再由代表会选举委员会执行一切事务。

3. 四十人以下的学校，其学生委员会由三人组织之，分工如下：主席一人（兼军事、裁判、劳作的职务），检察委员一人，文化委员一人。

4. 四十人以上的学校，其学生委员会由五人组织之，主席（兼劳作委员）、军事委员、裁判委员、文化委员，各该委员之下得设各种委员会，再由代表会选举检察委员会若干人，组织检察委员会。

小学（四十人以上的小学）学生会组织系统表（略）

四、会议

1. 全体学生大会，一个半月一次，改选代表。

2. 代表会半月开一次。

3. 学生委员会，七天开一次（必要时临时召集）。检查和指导各委员会的工作。

说明：各委员的工作：

1. 学生检察委员会，主要的是检察学生及委员等的工作和行为，但同时还应调查校外破坏教育工作的反革命分子，向裁判委员报告，并发动学生反对阻止儿童入学的斗争等。

2. 裁判委员，是管理检察委员会及学生的控告事件。[①] 必要时组织临时学生公审会，按劳动纪律去判决被公审的分子，判决后报告校长核准，有重要问题，交当地苏维埃判决。

① “闽西教育版”印有“必要时……”以下两行，“老解放区教育版”则无。

3. 军事委员，赞助校长，施行军事训练，领导学生有秩序地参加各种示威游行及群众大会。平时各班各组长要管理并督促本班本组学生经常到校上课及维持路上来回的秩序。

4. 劳作委员会，组织和动员学生做优待红军家属与慰劳红军工作，同时还要帮助教员领导学生的劳作实习（进行园艺或其他工作），分配轮流扫地做卫生运动等工作。

5. 文化委员，指导俱乐部工作，为俱乐部管理委员会当然主任。

选自《闽西苏区教育资料选编》，福建省教育科学研究所，中共龙岩地委党史资料征集研究委员会 1986 年 8 月编印，第 312～314 页，改称“列宁小学校学生组织大纲”。简称“闽西教育版”。原注：“原载《苏维埃教育法规》”，目录题为“《小学学生组织大纲》（一九三四年四月教育人民委员部订定）”。

互校版本：《老解放区教育资料》（一）土地革命战争时期，中央教育科学研究所编，教育科学出版社 1981 年出版，第 334～336 页。简称“老解放区教育版”。原注：“原载《苏维埃教育法规》”。标题称作“列宁小学校学生组织大纲（1934 年 4 月教育人民委员部订定）”。

55. 列宁小学校学生组织大纲

1934 年 9 月 28 日中央教育人民委员部印①

一、列宁小学的学生组织称为某某列宁小学“学生会”。

二、小学学生会的任务主要的是：

1. 使教育与实际工作不相分离，发扬学生的创造性，加强他们的学习与工作的积极性，巩固入学儿童，使全体学生有集体的生活、互助的精神和革命斗争的组织能力。

2. 学生会组织学生自己的生活。发展学生的自治能力，参加学校行政的管理，并动员学生参加校外的社会工作，培养将来社会主义的建设者。

三、学生会的组织

1. 学生会在校长领导和教员指导之下，进行工作，是各个小学的单独组织，不必建立上下级的整个系统，学生会的一切问题得向校长教员建议，一切决议必须经校长审核。但是校长教员不应当代替学生会的工作。

2. 学生会的最高组织为全校学生大会，由大会选举主席（兼军事）、劳作委员、文化委员、检查委员、协助消盲委员，共五人组织主席团。

3. 学生大会不定期开（看工作来决定）。主席团的委员每学期开学后改选一次，如委员不胜任时，临时开学生大会补选。

4. 组织系统（略）

四、主席团的工作

1. 主席团是学生大会后全校最高的组织，他应该坚决执行学生大会的决议，与校长

① 此件与前件《小学学生组织大纲》相近似，但年月和内容又有不同。据推测，前者为 1934 年 4 月订定的原件，后者为 1934 年 9 月 28 日刊印时修订版，现将两者分别刊印，供研究参考。

和上级的（教育部）决定及指示，积极领导全校学生的工作。

2. 主席团除抓紧每一时期内的中心工作外，必须解决每天学生中的一切问题，重要的问题可临时召集学生大会。

3. 主席团要注意学生会议的领导，每次会议前要有准备，并要运用很活泼的方式去开会（如在树林、游戏场、田野间或打野操、做游戏时开会），开会讲话要简短，使学生发言，讨论的问题不要太多，要使学生明白了解而积极执行。

4. 主席团要了解各年级各村各屋的学生的情形，要注意学生的困难。如果有学生逃学，那就要去调查他逃学原因，根据学生的困难等情形去解决，并且教育他们。

5. 要检查和讨论各委员的工作。

6. 主席团五天至七天开会一次，每次会议要检查前一次会议决定的执行程度。

7. 要领导学生参加各种动员和工作，鼓励学生的积极性。

8. 主席团要注意团结学生的干部（如模范学生等），利用这些干部去领导学生，组织学生的竞赛，开展学生群众中的思想斗争。

9. 主席团要接受儿童团的指示与领导并受教员指导，每次会议请他们参加。

10. 主席团每学期的工作要作总结并向校长作报告。

五、主席与委员的工作

1. 各委员会的会议日期由各个小学自己决定，开会时请主席团派人参加或请教员指导。

2. 主席——负责领导与督促检查各委员的工作，召集主席团会议，并负责组织学生、武装学生和学生的军事训练。

3. 检察委员——主要的是检察学生及委员的工作和行动，检察逃学的学生，同时调查校外破坏教育的反革命分子，经过主席团报告校长及乡教委以便决定办法，发动学生及家长群众的斗争。

4. 劳作委员——组织和领导学生做学校优红（优待红军家属）礼拜六工作及菜园肥料所（城市中的工场）的生产实习，分配学生轮流扫地、做卫生运动等工作。

5. 文化委员——除指导儿童俱乐部的工作为俱乐部当然主任外，必须负责组织学生的宣传队在群众中去做各种战争动员及反迷信等的宣传。

6. 协助消盲委员——负责领导组织各村各屋的学生去发动群众（尤其是红属）来加入夜校、半日学校、识字班学习并分配模范学生去帮助负责夜校、识字班的工作或者做识字班的教员。

选自《江西苏区教育资料选编》，江西省教育厅编，江西教育出版社1960年出版，第122～124页。

56. 短期职业中学试办章程

1934年4月教育人民委员部颁布

（一）职业中学以完成青年的义务教育，使能了解马克思列宁主义的最低限度常识，及实际的生产劳动之一种为任务。

（二）十三岁至十六岁为职业中学的年龄，中学年限应为四年。但暂时先试办一年至两年毕业的短期中学，以适应极紧张的革命战争的需要。年龄亦可变通为十三岁至十八岁。

（三）短期职业中学的课程，分为社会科学、自然科学、某种技术及文字课目四项，生产技术必须占课目百分之四十以上；社会科学（政治常识等）——百分之十五；自然科学（数学在内）——百分之二十，文字课——百分之十五；其他（学术、政治讲演、社会工作等）——百分之十。

（四）职业中学的设备，必须适应生产技术实习的需要，例如农业中学要靠近农村或红军公田，棉业中学要靠近棉田，纺织业中学要靠近机织工场等。

（五）短期职业中学，设校长一人，副校长一人，由县教育部委任。经费亦归县教育部负责。(注)：省教育部亦得直接办理短期职业中学。

（六）职业中学设校务、教务二处，由正副校长分别兼任之，校务处管理全校一切行政事宜，教务处管理一切教务及训育事宜。

（七）学生在校长及管理委员会监督之下成立学生公社，由全校学生选举干事会领导。干事会主任或代表得参加校务会议及教务会议。

（八）学生一概免纳学费，但对富农地主子弟，得酌收学费。学生膳费及一切用具，一概自备。

（九）全校工作人员及学生，均得加入赤卫军、少年先锋队，进行经常的军事教育。

（十）本章程如有未尽善地方，得由省县教育部随时酌改，提交中央教育人民委员部审定之。

说明：现在江西公略、万太等已经开办的“十四岁至十八岁”的所谓高级小学，应当遵照本章程改组，兴国、博生等确有能力试办这种短期（职业）中学的县份，亦应遵照本章程办理。其他省县必须确有筹措经费的能力，并且能够找到适当的教员，才可以试办这种短期职业中学。

选自《闽西苏区教育资料选编》，福建省教育科学研究所，中共龙岩地委党史资料征集研究委员会1986年8月编印，第312～314页。原注：“原载《苏维埃教育法规》，1934年4月教育人民委员部颁布”。

互校版本：

1.《老解放区教育资料》（一）土地革命战争时期，中央教育科学研究所编，教育科学出版社1981年出版，第236～237页。原注：“原载《苏维埃教育法规》”。

2.《江西苏区教育资料选编》，江西省教育厅编，江西教育出版社1960年出版，第61～62页。

57. 夜学校及半日学校办法

1934年4月教育人民委员部重新审订

凡是政府机关、群众团体、俱乐部、工厂等皆得出资创办夜学校或半日学校。

（一）校址：必须设在人口比较集中的地方，以便利学生来校（兴国平均每乡有夜校十五个，很便于群众来校，所以在兴国三十五岁以下的失学男女差不多都入了夜校）。

（二）组织：每个夜校至少须有校长一人负专责（或由教员兼任），请定二三人任课（以免缺课）。同时教员和学生应该组织为一消灭文盲小组，须选举一人为组长，帮助校长、教员进行工作。校长、教员又由同级教育部或消灭文盲协会推荐，而由各该主办团体机关委任。

（三）功课：除采用本部编印的各种读本外，还必须采取带地方性（如某人发现贪污或浪费，而将他的名字事实）、时间性（如现在开展春耕运动，而以春耕运动的中心口号）做辅助教材。尤其要注意写墙报、写记录、写信、做报告决议等的练习。

（四）夜学教员的培养：由区教育部开办夜校教员短期训练班，而各乡可以开办夜校教员经常训练班，不脱离生产，夜间上课（以列小教员做训练班的教员），夜校学生成绩比较好的，应兼任识字小组的教员。夜校教员训练班所需经费不多，即由区一级群众团体募集，其功课即以夜校教材为教材。

（五）经费：夜学校教员、学生公用的粉笔、灯油等费，主办团体或机关负责津贴，再由当地合作社职工会的文化基金经常供给一部分，贫农团体供给一部分，发动群众募捐供给一部分。但各人私用的文具书籍以自备为原则，贫苦的人不能自备者，方由夜学校募集津贴。

（六）毕业标准：以能写信、做报告、看“红中”为毕业标准。

（七）半日学校的办法与夜学校同，凡是夜间不便，而白天有闲暇的人，就可以进半日学校。

选自《闽西苏区教育资料选编》，福建省教育科学研究所，中共龙岩地委党史资料征集研究委员会 1986 年 8 月编印，第 316～317 页。原注：“原载《苏维埃教育法规》，1934 年 4 月教育人民委员部颁布”。

互校版本：

1.《老解放区教育资料》（一）土地革命战争时期，中央教育科学研究所编，教育科学出版社 1981 年出版，第 257～258 页。

2.《江西苏区教育资料选编》，江西省教育厅编，江西教育出版社 1960 年出版，第 72～73 页。

58. 业余补习学校的办法（工人补习学校简章）

1934 年 4 月教育人民委员部颁布

原说明：合作社政府机关等均可参照这一简章创办补习学校，只须将工人生产技术课改为合作社或政府机关的工作方式等。

一、目的：提高工人的文化政治水平，扫除工人中的文盲，加强工人工业技术上的进步。

二、编制：在大的企业、工厂设立的，就所有企业、工厂的工人、学徒与工作人员都可以加入，在城市圩场设立的，就所有城市圩场的各业工人、学徒都可加入，而按程度、职业分班教授。

三、学生：除吸收一切工人及其家属来校学习外，在可能范围内还须吸收附近群众来校学习。

四、教员：文化政治上的教员由教育部供给，工业技术上的教员由国家经济机关及职工会供给。一切教员、校长的聘任概归工会。

五、教材：照各种工业的需要，随时选择教材。文化政治课的教材，必须要与各工业生产情形及技术有密切的联系，使学生易懂易记，而且所学到的即合于实用，技术课的教材与教法，由各业工会文化部规定。同时还须加入苏维埃基本常识及每一时期的中心口号做教材，使学生了解一般的政治问题。

六、时间：每天日间或夜间，随各处情形自由决定，但要不妨碍各工人的作工，使每人每天至少须受一点钟的教育（星期日例外）。

七、经费：学校一切经费开支，概由职工会的文化基金经常供给。如不够用时，由政府教育部津贴。

八、校址：企业、工厂设立的或以本企业、工厂的余地做校址或在企业、工厂附近找校址，随各地情形决定之。但在大的城市圩场设立的，学生是各街各店的工人，就一定要在便利工人来校的地方设立。

九、组织：学校须设立校长一人主管学校一切校务与教务，领导教员进行工作。教员和校长任期以不领生活费为原则。学生中设班长、小组长各若干人，赞助校长、教员的工作。

附录：大规模的工人补习学校得按下列组织建立各种组织和推选负责人。附表如下（略）。

注解：学校管理委员会的委员，应由当地教育部与同级工会的文化教育部及企业工厂的主要负责人共同开会决定之。所决定的委员须分任教务主任、校务主任及各班班务主任等职责。班长由学生各班自己推选，小组长除各班在必要时分组推选以外，还必须要按学生生活接近分组，各组学生来校时到课时由小组长负责邀集。

选自《闽西苏区教育资料选编》，福建省教育科学研究所，中共龙岩地委党史资料征集研究委员会1986年8月编印，第318～319页。原注：“原载《苏维埃教育法规》，1934年4月教育人民委员部颁布。”

互校版本：

1.《老解放区教育资料》（一）土地革命战争时期，中央教育科学研究所编，教育科学出版社1981年出版，第258～259页。

2.《江西苏区教育资料选编》，江西省教育厅编，江西教育出版社1960年出版，第74～77页。

59. 识字班办法

1934年4月教育人民委员部重新审定

凡是政府机关、群众团体的基本单位，均得在自己的列宁室创办识字班。

（一）一切不能加入夜校或半日学校的完全文盲，都得编入识字班。

（二）编制　依生活（住所、饮食、工作）接近，少的三人，多的十人为一班。每班各自经过列宁室或消灭文盲协会找识字的人充当教员，有程度比较好的日学或夜学学生充当也可以。

（三）教法　随时随地随人数都可以教（即是在乘凉时、喝茶时，三四个人都可以教），起初划地为字，随后各立一簿或用识字片。字应以适合环境、适合实用为第一要紧。各人自立簿子记录，每日所识的字，规定几天或一星期由消灭文盲小组组长收齐，送交教员看改。

（四）检查　识字班工作及成绩的检查，归消灭文盲协会负责。例如村协会干事会负责检查该村各识字班，乡协会干事会负责检查各村识字运动的成绩（余类推）。各级消灭文盲协会负责综合各地经验及成绩，定期公布，以推进识字运动的发展。

选自《闽西苏区教育资料选编》，福建省教育科学研究所，中共龙岩地委党史资料征集研究委员会1986年8月编印，第320页。原注："原载《苏维埃教育法规》，'办法'为一九三四年四月重新审定"。

互校版本：

1.《老解放区教育资料》（一）土地革命战争时期，中央教育科学研究所编，教育科学出版社1981年出版，第259～260页。

2.《江西苏区教育资料选编》，江西省教育厅编，江西教育出版社1960年出版，第71页。

60. 高级师范学校简章

1934年3～4月间订定

第一条　高级师范学校的任务如下：

一、培养目前实际上急需的初级及短期师范学校教员、训练班教员及社会教育与普通教育的高级干部。

二、用马克思主义唯物辩证法的教育方法，来批评传统的教育理论与实际，培养中小学的教员，以建立苏维埃教育的真实基础。

三、利用附属小学与成人补习学校，进行实习，以实验我们苏维埃新的教育方法。

第二条　以学习关于教育文化的专门知识为原则，但在目前急需干部，而学生又缺乏普通教育基础的条件之下，仍以综合教学为主要部分，只在某些必要条件之下才分科。

第三条　学科大概分为教育学、教育行政、社会政治科学、自然科学及国文文法（课程另订）。教学时间的比例按修业的年限和环境需要来决定。但政治工作、教育实习和科学实验在任何条件之下都不可放松。

第四条　修业期限以一年为标准，按战争环境需要伸缩之，但最低限度，不得少于六个月。

第五条　学生以能看普通文件的工农劳动群众为原则。但劳动妇女不限定识字，另设预科教育之。旧知识分子确有相当知识技能，可在短期训练成就的，只要他们愿为苏维埃服务，另设教员班训练之，并得同时任本校副教员。

第六条　设校长及管理委员会。管委会为学校最高领导机关，校长为管理委员会当然主任。校长及其他委员，由教育人民委员部委任之。

第七条　校务、教务各设一专员，由校长委任之。

第八条　为着学生自己管理自己，及进行社会工作，在校长和管理委员会监督之下，设立“学生公社”，由全体学生大会选举干事会领导之。

第九条　为着学生军事化，全体工作人员和学生，均得加入赤卫军，进行经常的军事训练。

第十条　附设小学校，并参加附近夜校、识字班、补习学校工作，以便实验苏维埃新的教育方法，同时要领导学校附近的农村工场的教育，以取得实际经验。

第十一条　学生不收学膳书籍等费，被服及其他日常用品，由学生自备。

第十二条　本简章由教育人民委员部颁布之，如有要修改之时，校长或管理委员会得提出意见，由教育人民委员部审核修改之。

选自《老解放区教育资料》（一）土地革命战争时期，教育科学出版社 1981 年出版，第 239～241 页。原注：“原载《苏维埃教育法规》”。

互校版本：《江西苏区教育资料选编》，江西省教育厅编，江西教育出版社 1960 年出版，第 57～60 页。

61. 初级师范学校简章

1934 年 3～4 月间订定

第一条　初级师范以养成能用新的方法，从事实际的儿童教育及社会教育的干部为任务。

第二条　学习小学五年课程的教授法、小学组织与设备、社会教育问题、教授方法总论、教育行政概论、政治常识与自然科学的常识，均以实际问题为中心。在可能条件之下，仍教学生一般基础理论。当以百分之三十的时间，从事于实际问题的讨论、教学的实习和社会工作。

第三条　修业时间以六个月为标准，得按照环境伸缩之，但最低限度不得少于三个月。

第四条　学生资格，以能看普通文件的工农劳动者，在政治上积极的为原则。但收劳动妇女，不限制文化程度。收旧知识分子，必须有相当的文化水平，而愿为苏维埃服务的。

第五条　设校长一人及管理委员会，为学校最高领导机关，校长为当然主任。校长及其他委员由省教育部委任之，并报告教育人民委员部存案。

第六条　校务教务均须有专人负责，由校长委任之，但学生在一百名以下的，可由教员兼任。

第七条　为着学生自己管理自己，及进行社会工作，在管理委员会和校长监督之下，设立“学生公社”，由学生大会选举干事会领导之。

第八条　为着实行军事化，全体工作人员和学生，均得加入赤卫军，进行经常的军事训练。

第九条　学生不收学膳费与书籍费，被服及其他日常用品，由学生自备。

选自《老解放区教育资料》（一）土地革命战争时期，教育科学出版社 1981 年出版，第 241～242 页。原注：“原载《苏维埃教育法规》”。

互校版本：《江西苏区教育资料选编》，江西省教育厅编，江西教育出版社 1960 年出版，第 58～59 页。

62. 短期师范学校简章

1934 年 3～4 月间订定

第一条　短期师范以迅速培养教育干部及小学教员为任务。

第二条　课程以小学五年课程为教授原则，小学管理法、社会教育问题为主，此外必须学习教育行政略论、政治常识及科学常识。学习时间百分之三十当从事小学教授的实习及社会工作。

第三条　修业时间以三个月为标准，得照环境伸缩之，但最低限度不得少于两个月。

第四条　学生资格以能了解小学前三年的全部教科书，而政治上积极者为原则。但劳动妇女可不限制文化程度（程度太低而政治上确甚积极者，亦得收纳，并特别增加一个月补习时间）。旧知识分子的确愿意为苏维埃服务者，方得收纳。

第五条　设校长一人，管理全校事务，由省或县教育部委任之，并报告教育人民委员部存案。

第六条　校务教务均须有专人负责，由校长委任之，但学生在一百名以下时，应由教员兼任。

第七条　在校长监督之下，设立学生公社，由学生大会选举干事会领导之。

第八条　为着实行军事化，全校教职员及学生均须加入赤卫军，进行经常的军事训练。

第九条　学生不收学费膳费与书籍费，被服及其他日常用品概由学生自备。

选自《老解放区教育资料》（一）土地革命战争时期，教育科学出版社 1981 年出版，第 242～243 页。原注："原载《苏维埃教育法规》"。

互校版本：《江西苏区教育资料选编》，江西省教育厅编，江西教育出版社 1960 年出版，第 57 页。

63. 小学教员训练班简章

1934 年 3～4 月间订定

第一条　小学教员训练班，以只在寒假、暑假期间开办为原则，专收现任或将任列宁小学教员者为学生。

第二条　学生文化程度以能看前三册小学教科书为原则，男女兼收，首先当收工农分子，但忠实于苏维埃的旧知识分子，亦得收纳。

第三条　课目以小学管理法及小学五年级教科书为主，注重小学教育的实习、批评会的工作，并须讨论社会教育问题及政治问题。

第四条　训练班设校长一人，由县教育部长委任之。在校长指导之下，由学生组织"学生公社"，选举干事会，管理学生的日常生活。

第五条　学生不收学费，伙食以自备为原则，一切日常用品，概由学生自备。

选自《老解放区教育资料》（一）土地革命战争时期，教育科学出版社 1981 年出版，第 243 页。原注："原载《苏维埃教育法规》"。

互校版本：《江西苏区教育资料选编》，江西省教育厅编，江西教育出版社 1960 年出版，第 56 页。

64. 高尔基戏剧学校简章

1934 年 3～4 月间订定

（一）本校名称为高尔基戏剧学校。

（二）本校由中央教育人民委员部直接管辖。

（三）教育目的：

栽培苏维埃戏剧运动与俱乐部、剧社、剧团的干部，养成苏维埃文化运动的人才。

（四）教育期间

第一学期学生四个月毕业（届时得酌量增加实习的时间）。

（五）入学资格

1. 凡年龄在十六岁至二十七岁不分种族或性别，曾在革命机关或群众团体工作或参加革命斗争，积极工作的。

2. 须得当地政府机关的介绍。

3. 对戏剧运动和文艺运动确有兴趣的。

4. 文化程度须能看一二百字的（但如对戏剧确有特长者可特别收容）。

5. 身体健全，无任何传染病及嗜好的。

（六）教育计划

（甲）教育方针：

1. 给学生以戏剧运动及革命文艺运动的基本常识。

2. 有组织地分配到各地的俱乐部、剧社、剧团去实习。

3. 在学习期中，组织各种研究会，培养学生的创造性。

（乙）教育内容：

1. 前四星期

唱歌：发音、音符。

舞蹈：动作姿态、跳舞。

活报：排演、解说。

文学课：读解、写字。

政治：政治问答。

2. 后十二星期

戏剧理论：舞台、剧本、排演。

政治常识

俱乐部问题：剧社工作、剧团工作、俱乐部组织。

（丙）课外教育：

1. 每天早晚练习跳舞、唱歌和军事操。

2. 音乐——中乐、西乐——文艺、故事、诗歌（歌谣）。

3. 参加地方群众工作及各种突击运动。

（七）设备

1. 学生的学费、膳费、纸墨书籍由学校供给。但日常用品和被服碗筷由学生各人自备。

2. 中央苏维埃剧团与本校实习工作有极密切的联系，故本校设备及经费，须同时顾及剧团的需要。

（八）学校行政组织

1. 校长一人，由教育人民委员部委任，领导全校工作。

2. 管理委员会五人，由教育人民委员部委任，协助校长的工作，讨论全校重要问题。

3. 校长之下设教务及校务二处；

一、教务处：计划分配各科教育工作，经常抽查学生成绩，领导训育工作。

二、校务处：分设文书科与管理科，进行各科事务工作。

4. 教员：

一、正教员：教授各科专门技术与理论。

二、助教员：教授各科初步技术并指导学生课外教育。

（九）本校章程若有不合适的地方，得由中央教育人民委员部增订或修改。

选自《老解放区教育资料》(一)土地革命战争时期，教育科学出版社1981年出版，第244～246页。原注：“原载《苏维埃教育法规》”。

65. 俱乐部纲要

1934年4月教育人民委员部订定

一、俱乐部应该是广大工农群众的“自我教育”的组织，集体的娱乐、学习、交换经验和学识，以发扬革命情绪，赞助苏维埃革命战争，从事于文化革命为目的；所以俱乐部是苏维埃社会教育的重要组织之一。俱乐部的一切工作，都应当是为着动员群众来响应共产党和苏维埃政府每一号召的，都应当是为着革命战争，为着反对封建及资产阶级意识而战斗的。

二、(甲)俱乐部的设置。俱乐部是每一级政府机关或每一个大的工厂企业，每一地方的工会、合作社之内的组织。乡苏的俱乐部，同时也就是该乡一切农民基本群众的俱乐部。每一俱乐部之下，按照伙食单位(或村庄)成立列宁室，每一列宁室至少需有识字班、图书室及墙报，此外还必须有运动场或游艺室的设备(规模小的列宁室，则图书室和游艺室可以合用一间)。至于一般的政治动员及社会工作(例如优红的礼拜六工作等)由列宁室主任负责领导。

(乙)俱乐部的部员。凡是苏维埃公民都得加入他所在地方的某一俱乐部，非公民而能担负俱乐部工作，并无违犯苏维埃法令的行为者，亦得加入。加入的手续是向俱乐部管理委员会报名，并自己认定俱乐部某种工作(在俱乐部尚未成立之前，由各机关或团体的主管人指定临时主任组织之)。

(丙)俱乐部的经费。各俱乐部的经费由部员大会决定募集方法，不够时得请求各该机关或团体津贴。

三、俱乐部的执行机关和俱乐部的部员之间，应该有最密切的联系，必须定期召集部员大会或部员代表会议。俱乐部的执行机关须向部员群众定期报告自己的工作(或者向大会及代表会议口头报告，或者在墙报公布书面报告)，每次部员大会或代表会议的决议必须切实执行，在限期以内完成自己的任务，将检查结果报告部员群众。

四、俱乐部机关必须每星期规定俱乐部的工作日程，按照一定的计划进行自己的工作。而这些工作之中，应当以政治动员为中心工作。俱乐部部员应随时向俱乐部机关建议，提出自己对于俱乐部工作的意见，监督工作日程的执行。

五、俱乐部的组织形式，应当适合当时当地的条件，灵活地适应当地一般群众的需要。高级政府机关或群众团体、国家企业，文化程度较高，物质条件较丰富的俱乐部，可以有比较复杂的组织；而在乡村中，却宜于建立比较简单的组织。但是一切俱乐部必须由部员大会选举管理委员会(人数自定)及其主任，各自规定报告及选举的期限，及定期募捐保管基金的方法。

六、最简单的俱乐部除各种政治动员由主任及管理委员会负领导责任外，其组织可分为三部分：

1. 演讲股　由主任按照每月工作日程，规定演讲次数及题目，聘请演讲员，事前必须广泛地通知群众到会；最好在演讲会时同时组织小规模的晚会（山歌队、音乐部、双簧化装表演等），同时可以组织部员的演讲练习和讲演比赛。

2. 游艺股　由部员自己分别组织歌谣音乐（中国乐器）、图画（壁画、布景画、标语插图）以及戏剧等组，平时各组自己研究练习。而管理委员会或主任决定组织晚会时，就可以登台表演，唱歌说故事……再则可以组织各种体育游艺的竞赛。

3. 文化股

甲、由部员中选出墙报委员会，负责编辑墙报，并组织投稿人，协助工农通讯协会发展其会员，向这些给墙报投稿的同志进行宣传，加入红色中华的工农通讯协会。

乙、布置俱乐部的图书室（或即在某一列宁室内），组织部员的读报组，负责宣传当地群众读报；不能读的人，俱乐部的读报组应当负责定期召集他们到一定的地点，最好就在俱乐部的图书室，宣读各种报纸，同时讲解给他们听，甚至逐字逐句地解释。

丙、协助消灭文盲协会发展俱乐部部员之中的消灭文盲小组、识字班，以至夜学校、半日学校等。

七、俱乐部的工作必须深入群众，因此在乡村农民中、在城市贫民中，尤其是文化水平较低的群众之中，一定要尽量利用最通俗的广大群众所了解的旧形式而革新他的内容——表现和发扬革命的阶级斗争的精神。例如：

（一）讲演：题目当然要和当时政治斗争的突击任务联系（政治讲演），同时，也要针对着当地群众的旧习惯，具体地进行有计划的反对宗教迷信的斗争，改革风俗、改良卫生，研究生产（春耕、秋收、植棉等技术上的问题）等等的讲演（科学讲演）。而讲演的方法，却必须用最通俗的日常谈话的语句，逐渐地加入政治科学的专门名词，切忌千篇一律的术语堆砌起来讲演，而且这种讲演会，可以用谈话的方式、问答的方式，使听的群众自己参加意见，或者再进一步成为讨论会。

（二）游艺：更可以用最大众化的方式，就是：

甲、体育方面，未必每地方都可能打乒乓、篮球；在最荒僻的地方，可以组织踢毽子、放风筝，或赛跑、跳远等简易运动的竞赛。

乙、游戏方面，除新式的游戏之外，同样可以运用象棋竞赛等类的旧方法。

丙、音乐唱歌方面，可以多量收集民间的本地的歌曲、山歌，编制山歌队，或练习中国乐器（锣鼓、拍板、笙笛、胡琴等），编成音乐队。

丁、表演方面，可以采用说大鼓书、说故事（或者配上简单的音乐）等方法，以至最简单的化装表演等。

戊、戏剧方面，戏剧（分幕的新戏）是复杂的表演，不必每个俱乐部都能办到。假使能够有这样的力量，也得估计到群众的了解力，必须适当地配合中国乐器，表演得清楚明了，同时还可以组织“说戏队”，向群众讲解剧本的内容，练习说故事的技能，这同样可以引起群众的兴趣。

戏剧及一切表演的内容，必须具体化，切合当地群众的需要，采取当地群众生活的材料，不但要一般地宣传红军战争革命，而且要在戏剧故事里，表现工农群众的日常生活，暗示妇女解放、家庭及生产条件等的革新，揭破宗教迷信的荒谬，提倡卫生及一切科学思想，发扬革命的集体主义和战斗精神。

（三）文化工作：首先是墙报，墙报必须吸收群众的投稿，使他们学习写作，编辑者必须要具体地指导和帮助他们文法上的学习。墙报应当反映一般的政治问题，尤其要联系到当地的地方政治情形，要发展当地群众的日常生活问题上的自我批评，要包含文艺作品（山歌，尤其是故事之类）；要新辟“新闻栏”，使墙报不仅只登载论文，而且每期有系统的记载当地的地方新闻（例如当地的春耕或粮食收集，赤少队，扩大红军等工作的发展的事实），加以简单的批判和指示。一切稿件的文句，都要浅显简短通俗（像口头上说的话一样）。至于读报和识字的工作，也同样要适合群众的需要，便利群众的参加。

八、俱乐部的基本工作的发展，随着当地群众文化水平的提高，可以日益进到比较复杂的组织，例如省一级或县一级的机关俱乐部，就可以：

1. 把讲演股分做政治演讲、科学演讲，或者组织经常的政治研究会、各种科学研究会等。

2. 游艺股分为体育、各种各式的新的游戏以及音乐图画等股。把戏剧股独立出来。

3. 文化股中的墙报委员会可以独立。读报组可以指定专门的委员会负责等。

总之，应当适合着当地的条件去进行组织工作，而用不着纸面上的呆板的规条，来自己束缚自己。

九、俱乐部的戏剧组（或戏剧股）发展扩大之后，研究和参加的人比较多，比较有经常的工作，那时就可以成立工农剧社支社，其社员仍旧兼做各该俱乐部的部员；所以工农剧社在地域关系上，一定隶属于某一俱乐部，而在戏剧运动的组织上，隶属于全苏区的工农剧社系统。剧本的政治内容的审查归当地同级教育部负责，有争执时，可以经过上级工农剧社转报上级教育部决定。至于组织演戏、晚会，一切组织上的问题，仍由各该剧社所属俱乐部管理委员会协同剧社决定（工农剧社的组织法另有章程）。

十、俱乐部与消灭文盲协会、工农通讯协会、各种学术研究会，或体育文艺等的研究会的关系，应当和俱乐部与工农剧社的关系同样办理。

选自《老解放区教育资料》（一）土地革命战争时期，教育科学出版社1981年出版，第282～287页。原注：“原载《苏维埃教育法规》”。

66. 工农剧社简章

1934年4月教育人民委员部批准

一、工农剧社是工人、农民、红军、苏维埃职员等研究革命戏剧的组织；以发展戏剧战线上的文化革命斗争，赞助苏维埃革命战争的艺术运动为宗旨。

二、凡是不脱离生产或工作，而对于苏维埃艺术运动，尤其是戏剧有特殊兴趣，愿意研究的，都可以加入工农剧社为社员。社员必须遵守本社规约，按时交纳社费（社费每人每月至少一枚铜元，再多则由社员加入时自行约定），并执行本社所分配的工作。社员之中有违反苏维埃法令或坚持自己的错误，经过社员群众及本社执行机关批评，而屡次重犯，不能纠正者，得由执行机关开除之。

三、本社的基本组织为工厂、工会、合作社、学校、部队、各级苏维埃机关及革命团体之内的“工农剧社支社”。工农剧社支社以隶属于某各该团体机关之俱乐部为原则。支社的社员大会选举常务委员会（委员人数各自此照当地情形决定）为该支社的执行机关，常务委员互选一人为主任。支社的常务委员及主任均不脱离生产或工作。

四、工农剧社支社在县范围之内已经建立三个以上时得联合组成。该县工农剧社分社，各支社的代表会议（代表人数各依当时情形自行决定）选举分社常务委员会及其主任为执行机关，分社至多只须一个脱离生产专理社务的常务委员。

五、工农剧社在一省范围之内已经建立五个以上时得联合组成该省工农剧社。省分社各县分社的代表会议（代表人数各依当时情形决定）选举省分社的常务委员会及其主任为执行机关，省分社至多只要二个脱离生产专理社务的常委。

六、各省分社成立后，召集各省剧社代表会议（代表人数临时决定之）选举工农剧社中央总社的正式常务委员会及其主任为全苏区剧社的执行机关，中央总社至多只要三个常驻的常务委员脱离生产及工作来专理社务。

说明：现在的“中央总社”性质只是临时的常务委员会，即中央总社筹备委员会，使全苏区代表会议开会选出正式常委会后，即行停止职权。

七、工农剧社的支社、分社、省分社、中央总社的经费，以社员社费为主要来源，同时，得每年举行两次募集剧社基金运动。支社经费及捐款的收入自留十分之三，以十分之二归县分社，十分之二归省分社，十分之三归中央总社，此项收入不敷时，得由同级教育部及苏维埃剧团津贴。

八、省及中央苏维埃剧团的演员职员等，得直接加入中央总社及分社为个人社员，其社费直接交给中央或省的剧社常委会。

九、工农剧社的支社分社的常务委员每六个月改选一次，省分社及中央总社——每一年改选一次。①

十、工农剧社支社各在所属俱乐部筹备并举行演戏晚会或表演活报，组织音乐队、唱歌队以及其他更简易的化装表演、双簧、说故事等游艺；平时有系统地有计划地研究戏剧理论及剧本，收集当地材料，练习上述各种游艺，并按时将工作情形及所收集的材料报告分社。

十一、工农剧社的县分社及省分社负责指导下级剧社，供给短篇剧本，指示工作方法，并按时报告中央剧社常委（各县分社并应赞助县教育部组织临时苏维埃剧团）。

十二、工农剧社中央总社负责指导省总社编制剧本，并会同高尔基戏剧学校及中央苏维埃剧团编发戏剧运动函授讲义，在理论上及实际上领导全苏区工农剧社。

十三、工农剧社所编剧本等即以常务委员会为最初审查机关，如有争论或疑问时，当报告同级教育部决定；最后审定权属于中央教育人民委员部艺术局。

---

① “江西教育版”将第九条与第八条印在一起，故全文共 14 条，“老解放区教育版”第八、九条分开，全文 15 条。

十四、各级工农剧社常委会内部的分工，由各该常委按照工作需要自行决定。

十五、本章经过教育人民委员部批准后发生效力，作为暂行章程。一俟全苏区剧社代表会议开会，即当重新讨论，规定详章。

选自《老解放区教育资料》（一）土地革命战争时期，中央教育科学研究所编，教育科学出版社 1981 年出版，第 294～296 页。

互校版本：《江西苏区教育资料选编》，江西省教育厅编，江西教育出版社 1960 年出版，第 88～90 页。

67. 苏维埃剧团组织法

1934 年 4 月教育人民委员部订定

（一）中央苏维埃剧团

1. 中央苏维埃剧团由中央政府教育人民委员部根据工农剧社中央总社的推荐，挑选国立戏剧学校（前称蓝衫团学校）毕业生及其他戏剧干部组织之。

2. 中央苏维埃剧团设委员会及主任一人（委员会人数由教育人民委员部协同剧社主任决定）。剧团委员会及其主任由中央教育人民委员部委任，管理剧团全部事务（内部分工由剧社委员会自己决定）。

3. 剧团工作人员，除每次表演前后的会议讨论具体的分工及检查该次成绩外，应定期召集全体大会，在主任及委员会领导之下，讨论检查并总结一定期间的工作，将决议及报告书，送交教育人民委员部审定。

4. 中央苏维埃剧团的任务是：（一）研究并发展苏维埃的革命的戏剧运动，争取无产阶级意识在戏剧运动之中的领导权。（二）在戏剧的技巧内容等方面，帮助广大工农群众的工农剧社运动的发展。（三）用表演戏剧等的艺术宣传，参加一般的革命斗争，赞助工农红军的革命战争。（四）发挥革命和斗争的精神，并有计划有系统进行肃清封建思想、宗教迷信，以及帝国主义及资产阶级的文艺意识的坚决斗争。

5. 中央苏维埃剧团在中央教育人民委员部领导之下，举行定期的巡回表演——其经过苏区各省的路线，每次临时决定。

6. 中央苏维埃剧团设在“高尔基”戏剧学校内，助理戏剧学校实习课目的教授，所以剧团在不出发表演期间的一切经费（伙食与办公费）由高尔基戏剧学校负担。

7. 中央苏维埃剧团在出发表演期间，一切经费以自给为原则，即发动当地群众供给伙食，募集必要的办公费及伙食费。

8. 中央苏维埃剧团，每年举行二次基金募集运动，并得收受各种团体机关部队或个人的捐款（定期的、经常的，或一次的）。捐款募集之后，应以剧团名义存入国家银行，作为改进剧团工作，购买布景物件、维持团员生活等的用途。一俟基金充足，即应自己支付不出发期间的一切用费，不再由高尔基戏剧学校供给伙食等费。基金尚未充实之时，遇有临时支出必须款项之时，得向教育人民委员部领取相当数量的津贴。

9. 每次巡回表演之后，委员会必须向中央教育人民委员部做书面的总结报告，并先在团员大会上讨论批准，采纳团员意见，一并报告教育人民委员部。①

10. 每次巡回表演出发之前，必须充分准备剧本，练习表演戏剧，活报及其他简单的表演，如跳舞、唱山歌、说故事、奏音乐、化装讲演等。

11. 剧团的工作不应当只限于大规模的戏剧，还应当组织最简单的化装宣传队（十几个人的到五六个人的），以适应乡村的条件和政治斗争的需要，因为这样可以分成几组出发，同时进行几次的宣传。而且行动和供给都较为便捷得多。

12. 剧团在巡回表演的时候，应考察当地情形及群众的生活，采取当地材料，临时更改剧本的节目，或编制新的剧本和活报，这样去适应文化战线上的战斗任务。

（二）省立苏维埃剧团

1. 省立苏维埃剧团由省教育部挑选中央高尔基戏剧学校的毕业生及当地其他戏团干部组织之。

2. 省立苏维埃剧团的任务、组织及工作方式与中央剧团相同，不过巡回的地域较狭，表演的规模更小。

3. 省立苏维埃剧团在出发期间以自给为原则，在不出发表演期间的伙食费用暂由省教育部津贴。一俟省立剧团自己的基金募集充实之后即应以完全自给为原则。

4. 省立剧团每次巡回表演的总结和检查，以及政治上组织上的领导，由省教育部负责，但是在剧团问题上的研究方法、经验、剧本等，中央剧团得直接指导省立剧团。

（三）县立临时苏维埃剧团

各县不必成立经常的苏维埃剧团，但得建立临时苏维埃剧团，其组织法如下：

1. 县教育部挑选当地各区乡及机关的一切俱乐部、戏剧组，或工农剧社支社与分社的干部，组织临时剧团，人数的多少依当时的需要和可能决定。

2. 临时苏维埃剧团的职务，只在县教育部领导之下，出发到本县各区（或邻近县区）巡回表演，表演的节目不必全要繁重的分幕戏剧，可以更多量的采用轻巧而灵活的方式。例如春耕唱歌队、山歌队、锣鼓队、化装说故事，或化装演讲、独幕活报等。

3. 临时苏维埃剧团，每次表演成绩的检阅和总结，由县教育部负责。出发期间的经费皆以自给为原则。县教育部津贴少数的出发费（化装品、布景等）。

4. 临时苏维埃剧团巡回表演终了之后，即行解散。其工作人员，各自回到自己的岗位去，或照旧从事工农业生产。

对于戏剧问题的领导，可由中央及省立剧团经过工农剧社及教育部的系统去执行。

选自《老解放区教育资料》（一）土地革命战争时期，中央教育科学研究所编，教育科学出版社1981年出版，第291～294页。简称“老解放区教育版”。

互校版本：《江西苏区教育资料选编》，江西省教育厅编，江西教育出版社1960年出版，第91～94页。简称“江西教育版”。

---

① “江西教育版”第二层标号只标到“9”，现按“老解放区教育版”将“10”以后补齐。

68. 苏区教育的发展

1934年9月29日《红色中华》

谁要是跑到我们苏区来看一看，那就立刻看见这里是一个自由的新的光明天地，这是[里]一切文化教育机关，是操在工农劳苦群众手里，工农和他们的子女，有享受教育的优先权，苏维埃政府用一切方法，来提高工农的文化水平，为了这个目的，给予群众以政治上与物质条件上一切可能的帮助。

——毛泽东

几个统计

到今年三月为止，在中央苏区的江西、福建、粤赣、瑞京等地，根据不完全的统计，我们有了三千一百九十九个列宁小学，学生约达十万人。四千五百六十二个补习学校，学生约达八万八千。二万三千二百八十六个识字组，识字的组员只在江西一省约达十二万人。一千九百十七个俱乐部，参加这些俱乐部文化生活的固定的会员，就有九万三千余人。在各种机关团体中，文化生活成了工作人员日常生活的重要部分，每个组织都附属有自己的列宁室，进行群众的文化教育工作。

这些统计还只是中央苏区的部分的统计，但是就在这部分的统计中我们可以看见，苏维埃文化教育，是在怎样的飞跃飞展着。

新的教育

最值得夸耀的，是我们的教育，不仅在数量上，而且在质量上比地主资产阶级的教育优胜。我们的教育是共产主义的教育，生活的教育，劳动的教育——新的教育。我们的教育工作，是在剧烈的国内战争中战斗地进行的，我们的教育工作，又推动了许多新的力量涌上战斗的前线。每一次的突击运动，各地列宁小学的学生显示了他们的力量，今年红五月的扩大红军突击，瑞京三千九百多名新战士中，经过列小儿童宣传鼓动的，有一千五百名。粮食突击中列小学生打锣高叫“集中粮食呀！不要使红军哥哥饿肚皮呀!”收到了很大的效果。在生产战线上，列小学生的肥料所、捕虫队，以及皮安尼儿（少先队）的菜园，都尽了不少的作用。在学校中，每个学生参加学生会，习惯着自己管理自己。

专科学校

为要创造领导革命斗争的干部，我们又建立了许多大学和专科学校，我们有马克思共产主义大学、郝西史红军大学、沈泽民苏维埃大学、高尔基戏剧学校、通信学校、卫生学校、商业学校、银行专修学校、师范学校、农业学校等。生活在这些学校里面的，是工农出身的专科学生，他们发挥了惊人的创造的才能，以超过一切地主资产阶级子弟学习的速度，修完了自己的课程。在很短促的期间内，他们带了他们所学到的功课走向实际工作中去。

除了这些专门的学校以外，我们许多机关都创办了许多干部训练班，去年的教育训练班，从九个发展到五十个，在寒假期内又开办了□十个□——这仅仅是教育组织系统内的。

妇女教育

妇女群众，是在从几千年的黑暗生活中解放出来了，她们和男子受着同样的教育，在许多专门学校里面，妇女占着极大的数量，银行专修学校，有一期全部招收女生。在兴国一县，一千多个夜校，一万六千多学生中，妇女占一万一千人。妇女识字组员一万五千三百余名，占兴国全县识字组员百分之六□。在许多学校中，妇女充当教员、教委主任，直至校长。

群众事业

我们这些成绩，是在国内战争的环境中，极端困难的物质条件下获得的。布尔什维克的群众工作克服了一切困难，开展了苏维埃文化教育工作。在今年上半年，全中央苏区热烈进行着教育经费自给运动，“我们要创办很多学校，而且还要自给”。在节省战线上，文化教育的部门有着许多荣耀的成绩，许多教员自己带伙食到学校里面来授课。另外有些没有分配土地的教员，就由学生家属轮流供给他的伙食，节省公家的经费来帮助战争。许多□□团体，都保有了不少的基金，这些基金是一分□片由广大群众自愿募集来的，苏维埃的文化教育工作已经实际地成为广大群众的事业！

（特约通信员王昌期集材）

选自《闽西苏区教育资料选编》，福建省教育科学研究所，中共龙岩地委党史资料征集研究委员会1986年8月编印，第328～330页。原注：“原载《红色中华》第239期，1934年9月29日”。

69. 消灭文盲协会组织纲要

1934年9月30日翻印

一、消灭文盲协会，是各社会团体、各机关、学校、工厂、部队，在同级教育部领导下，以完全消灭文盲为目的而斗争的组织。它的任务是猛烈地开展消灭文盲运动，提高群众的文化政治水平，执行教育部关于消灭文盲运动的号召，广泛地开展消灭文盲的宣传，并把不识字的人组织在工农补习夜校与识字班中来。

二、消灭文盲协会，不取消从上而下的有系统的组织，它由各省县区乡各级教育部教育委员会，召集同级各团体、各机关代表组织之，并领导它的工作。

三、消灭文盲协会的产生，由各团体、各机关、工厂、学校、部队（或每一伙食单位）选派代表一人，在同级教育部领导下开成立大会，由全体代表选举常委，执行协会的工作。

四、常委的人数五人至七人，内设主任一人，在常委下设宣传部、组织部，全体代表，都为常委下的干事，由常委分配以应有的工作。

五、协会的工作

①各干事要动员本组织内不识字的人，一律加入工补或识字班，并使本组织内的识字工作健全起来。

②组织宣传队，作消灭文盲的宣传。

③有计划地把工补、识字班广泛地建立起来。

④举行消灭文盲的运动周，消灭文盲运动大会，竞赛大会等。

⑤检查工补、识字班、识字版（板）工作，并使其健全起来。

⑥在常委领导下举行各团体消灭文盲的工作竞赛。

六、消灭文盲协会的会期，常委会每星期一次，代表会每月一次，在必要时，得临时召集之。

七、常委任期，每半年改选一次，如有其他原因得三分之二人数同意，虽不到半年，亦得改选之。

省苏教育部印发

分苏教育部翻印

1934 年 9 月 30 日

选自《老解放区教育资料》（一）土地革命战争时期，教育科学出版社 1981 年出版，第 253～254 页。

70. 苏区教育人物——成仿吾

成仿吾是湖南新化人。1887 年 8 月 24 日生。1910 年留学日本，在东京帝国大学专攻造兵工程，青年时代就精通日语、德语、英语，曾同其兄成邵吾编纂《汉英辞典》。

1918 年，成仿吾开始和郭沫若、郁达夫等人在日本从事文学活动，筹办创造社。1921 年 4 月，与郭沫若一道回国，7 月同郭沫若、郁达夫等人在上海发起成立创造社。先后编辑出版《创造季刊》等多种文学刊物，发表许多文学评论、小说和诗歌，宣传革命文学和马克思列宁主义文艺理论。

1924 年至 1927 年，他到当时的革命中心广州，担任广州大学（后改名中山大学）教授，兼任黄埔军官学校教官。大革命失败后，他被迫出国，于 1928 年在法国参加了中国共产党。在国外期间，编辑中共柏林—巴黎支部机关刊物《赤光》。

1931 月秋，他奉党的命令从法国回到上海，在上海从事革命活动和革命文艺活动。1931 年 11 月，中共中央派他进入鄂豫皖苏区，担任中共鄂豫皖省委宣传部长、鄂豫皖省苏维埃政府文化委员会主席。在这期间他为创建苏区的教育事业，亲自主持制订文化教育政策，编审课本，到彭杨军政干部学校、列宁高等学校、师范学校、干训班等处讲课。为发展苏区文化教育事业、培养革命干部和进行革命宣传，做出了极大的贡献。

成仿吾在鄂豫皖省苏维埃政府文化委员会工作期间，先后主持制订的文化教育政策，规定有：《鄂豫皖省苏维埃文化委员会决议案》（草案）（1932 年 5 月 10 日）、《鄂豫院省赤色教师联合会简章》（1932 年 7 月 14 日）、《鄂豫皖省赤色学生联合会简章》（1932 年 7 月 14 日）、《怎样组织工农演讲所》（1932 年 7 月 4 日）、《识字运动周宣言》（1932 年 1 月 16 日）等。还亲自撰写有《工农干部和识字运动》论文，号召工农干部积极学习文化，掌握文字工具，提高文化水平，学习管理政权机关的能力，加强每个工农的战斗力。为了组织工农群众识字，在列宁纪念日，鄂豫皖区总工会和特苏文化委员会还举办了识字运动周

(1931.1.21—1.28)，号召工农每天至少识一个字，打倒工农群众不识字的现象。这些活动都是在成仿吾主持下进行的。

1932年10月张国焘率领红四方面军主力西越京汉线退却后，成仿吾和中共鄂豫皖省委沈泽民等许多同志继续在极端困难的情况下坚持斗争。11月，省委在红安召开了军事会议，重建了红二十五军，继续对进攻苏区的敌人以沉重打击。

1933年10月6日，鄂豫皖省委在红安紫云寨召开扩大会议，检查工作，总结经验，确定今后斗争方针。会议决定派成仿吾到上海向党中央汇报工作，揭发张国焘的逃跑行为，同时要求中央派军事干部加强鄂豫皖根据地的领导工作。临行前，省委书记沈泽民在成仿吾衬衣上写了一封介绍信，署名是用俄文写的。当时，红安周围敌人层层封锁。为了突破敌人的封锁线，省委派了一个有400多人的独立团和由陈先瑞、韩先楚等组成的40人的便衣队护送成仿吾。这支部队在黄陂和孝感一带打了一个多月的游击，才突破敌人的封锁线，成仿吾得以来到武汉，然后乘船到上海。

成仿吾到上海已是严冬。他在根据地已患疟疾，时间已8个月，身体十分虚弱，连上楼的力气都没有。他住在小旅馆里，原来接头的党组织已经转移，找了一个多月，幸亏鲁迅先生的帮助，才找到了党中央上海分局，并和党中央取得联系，通知他到中央苏区开会。1933年12月30日成仿吾从上海出发，经过10天的艰苦历程，在五中全会开会的第二天到达中央苏区。

1634年1日，成仿吾在江西瑞金出席中央苏维埃第二次全国代表大会，被选为中华苏维埃共和国中央政府委员。

党的五中全会以后，成仿吾向党中央详细汇报了鄂豫皖苏区的工作，愤怒揭发了张国焘擅自逃跑的罪行，并要求中央调派军事干部到鄂豫皖根据地工作。以后中央决定派程子华到鄂豫皖根据地。1934年6月，程子华离开瑞金前往鄂豫皖苏区。至此，成仿吾完成了鄂豫皖人民交给他的任务。

在中央苏区，成仿吾从事党的宣传教育工作。1934年10月，他参加了长征。1935年到达陕北，先后在中央党校和红军大学（后改抗大）工作。

抗日战争爆发后，成仿吾先后在陕北公学、华北联合大学工作，担任校长，为党培养了大批抗日军政干部。1945年他参加了党的“七大”。日本投降后，他在晋察冀继续主办华北联合大学。1946年秋，他率联大师生经过800里行军，到达冀中解放区，扩大招收平津青年，毕业生大部分参军南下。1948年华北联大与北方大学合并成立华北大学，成仿吾担任副校长（吴玉章为校长），1950年成立中国人民大学，成仿吾任副校长，协助吴玉章校长工作。1953年以后，他历任东北师大、山东大学校长。1974年担任中央党校顾问，致力于马列主义著作。1978年中国人民大学恢复，他担任校长、党委书记。1987年5月17日病逝于北京。

建国以来，成仿吾被选为一至五届全国人大代表，历届政协委员，党的“八大”代表，中国文联委员，中国教育学会名誉会长，为中国人民的革命教育事业做出了重大贡献。

（王　如）

选自《鄂豫皖苏区教育史》，河南大学出版社1988年版，第166～168页。

十一、土地法

1. "八七"中央紧急会议文件——最近农民斗争的议决案（节录）

1927 年 8 月 7 日

在最近的期间，农民暴动的口号应当是：

一、农村政权属于农民协会。

二、肃清土豪乡绅与一切反革命分子，没收他们的财产。

三、没收重利盘剥财产者，以改良农村中贫民的生活。

四、没收大地主及中地主的土地，分这些土地给佃农及无地的农民。

五、没收一切所谓公产的祠族庙宇等土地，分给无地的农民。

六、对于小田主则减租，租金率由农民协会规定之。

七、由农民协会取消重利盘剥者的债务苛刻的租约与苛约。

八、解除民团团防等类的武装与其他地主的军队，而武装农民。

九、改良雇农生活及其劳动条件（工资待遇等等）。

十、对于乡村一般失业贫民，革命政权当尽可能地筹措基金救济之，并予以工作（如协作社等类办法）。

十一、对于一切新旧军阀政府的税捐实行抗纳，并实行抗租。

选自《中共中央文件选集》，第三册，中央档案馆编，中共中央党校出版社 1983 年出版，第 225～226 页。

2. 广东省委决议案——暴动后各县市工作大纲（没收土地财产）

1927 年 9 月

（上略）

二、没收土地财产

（1）没收反革命土地。

（2）没收土豪劣绅土地。

（3）没收大中地主土地。

（4）没收一切公产的祠族［堂］庙宇土地。

（5）没收以靠田租为生活者（不论其居住城市）之土地，其限度以三十亩或五十亩为大致标准，由当地农会决定之。

（6）田租至多不得过百分之三十，由当地农会决定其多寡。

（7）没收土豪劣绅、贪官污吏及一切反革命者财产（一般财产不没收）。

（8）没收之财产，归县政府支配（救济难民、贫民，办地方公益及补充军需等用途）。

（9）没收之土地，由县政府分配与佃农、无地农民及革命军退伍兵士。

（10）所没收之土地分配标准，由当地农会决定之（大致以农家三十亩为标准）。

（11）改良雇农生活及其劳动条件。

（12）取消苛刻租约及重利盘剥。

（13）救济乡村失业贫民，并与以工作（如协作社等类办法）。

选自《第二次国内革命战争时期土地革命文献选编（1927—1937 年）》，中共中央党校出版社 1987 年出版，第 14～15 页。

3. 海陆丰工农兵代表大会决议案——没收土地案

1927 年 11 月

理由：

从前田地的例规是田主私有的，农民耕田就要纳租，定出种种方法——造田契，筑田茔，并利用政府来剥削农民，结果使农村经济破产，生出种种弊病：第一，帝国主义者乘机发展实业，极力帮助资本家、土豪劣绅、大地主施行其侵略政策，而资本家……等也极力勾结帝国主义，以巩固其一切利益；第二，田主利用田地剥削农民，自己不用劳力，在家享福，农民终日劳苦不得一饱；第三，农民既没有田地，所以对田地观念很弱薄，不肯努力改良办法。如把土地交还农民，他一定是有加一点功夫去耕作，落多一点肥料，使收获增加，那么经济才能一天一天的发展。总而言之，田地是天生自然的，天就是田主，人如何称田主。试问他从哪里来？他一定不能回答，只好说是他的父亲传下来的，问他的父亲哪里［得］来的？他说是祖父传下来的，问他的祖父哪里［得］来的，他又说……终不能说是什么人做的，这岂不是笑话？天是空的，也不能做出田地来，只有我们农民才能开垦创造，不过后来给田主霸占去罢了！所以没收田地归还农民，理由是非常正当。不过没收的方法很多，请各代表在大会尽量地发表意见。

办法：

甲、拥护工农革命军，消灭民团、保安队……等反革命军队，赞助工农革命军伙食；

乙、打倒反革命政府；

丙、焚烧契约租簿——应调查之一，田主有私藏契约者，田佃替田主包庇者，另外抄去多一张者，俱一律枪决；

丁、掘去不妨碍农民工作之田茔，使田主认不清楚；

戊、由苏维埃政府发田地使用证，分给贫民；

己、分配田地——苏维埃政府成立后，即调查明白实行分配田地。

讨论结果：

甲、关于“甲”、“乙”、“戊”三条通过。

乙、关于“丁”条田茔应怎样掘法？几时掘完？结果：由乡苏维埃认为无妨碍工作可掘者即掘去，时期限旧历十一月十五日以前掘完。

丙、关于“己”条（一）田地要怎样分配法呢？1. 热心农会而无田可耕的同志应该怎样？2. 有人田地有余要雇工的，有人田地不够耕的应该怎样？3. 一家中人数增加或减少或迁移时应该怎样？4. 一分永不再分，或一年分一次，三年分一次呢？彭湃同志提出五种分田标准：1. 照人数多少分；2. 照人的力量（老幼强弱）分；3. 照家庭经济（有无别种收入）状况分；4. 照土地肥瘠分；5. 田地的时期则不必限定，照俄国办法，经乡苏维埃认为要分时则分之。结果：俱通过。彭湃同志对于分配田地时并提出两个口号：1. 不劳动不得田地。2. 不革命不得田地（俱鼓掌高呼通过）。

（二）田地分配后每年出息应抽多少供给各乡、区、县政府做办公益费。结果暂抽十分之一，自明年六月起实行。

（三）田地分配后对于兵士家庭应该怎样维持？兵士家里有田地不得回家耕种者，应准其雇工，以便供给其父母妻子；没有土地者，退伍后应分配田地给他。

三区农民代表古鸿冈同志发表意见；凡荷枪的同志没有田地者，由苏维埃政府设法，结果：通过。

选自手抄单行本。未注明出处。

互校版本：

1.《中国新民主主义革命时期法制文献选编》，第四卷，中国社会科学出版社 1984 年出版，第 67～69 页。简称“社科法制版”。（未注明史料来源）

2.《第二次国内革命战争时期土地革命文献选编（1927—1937 年）》，中共中央党校出版社1987年出版，第19～20页。简称“土地文献版”。原件未注明史料来源。

4. 琼崖工作计划大纲（土地问题）

1928年

土地问题

1. 琼崖也是和海陆丰一样，许多暴动区域还没有实行分配土地，这种迟缓的错误很容易使农民对于土地观念模糊不清，现时琼崖各县应求暴动一起，即以苏维埃名义宣布“没收一切土地归苏维埃”，“田地分给农民兵士耕种”。初没收时，自然将地主的土地先行分配，但继着即须将自耕农的土地一并分配，这两个阶段中间并不必停留好久，最好能缩短到同时执行。

2. “耕者有其田”的口号不适用于土地国有的意义，应即取消。

3. 琼崖的大产业，如树胶、椰子、槟榔、盐田及矿山、森林，其生产开采法如已工业化、集中化，便应收归苏维埃公有，由政府管理，雇工工作。工人自亦须参加管理，并提高保障其生活，工人亦得组织农业工人协会。

4. 土地分配法，依照省委扩大会决议案办理。

5. 土地分配后，老弱残废概由苏维埃给养。

6. 土地分配后，政府得征收土地公益捐百分之十至十五。

选自《第二次国内革命战争时期土地革命文献选编（1927—1937年）》，中共中央党校出版社1987年出版，第86页。

5. 井冈山土地法

1928年12月制，在井冈山①

一、没收一切土地归苏维埃政府所有，用下列三种方法分配之：

（1）分配农民个别耕种；

（2）分配农民共同耕种；

（3）由苏维埃政府组织模范农场耕种。

以上三种方法，以第一种为主体。遇特别情形，或苏维埃政府有力时，兼用二、三两种。

二、一切土地，经苏维埃政府没收并分配后，禁止买卖。

三、分配土地之后，除老幼疾病没有耕种能力及服公众勤务者以外，其余的人均须强制劳动。

---

① 原标题为“土地法”。为了与其他土地法相区别，故标明“井冈山土地法”。

四、分配土地的数量标准：

1. 以人口为标准，男女老幼平均分配。

2. 以劳动力为标准，能劳动者比不能劳动者多分土地一倍。

以上两个标准，以第一个为主体。有特殊情形的地方，得适用第二个标准。采取第一个标准的理由：

甲、在养老育婴的设备未完备以前，老幼如分田过少，必至不能维持生活。

乙、以人口为标准计算分田，比较简单方便。

丙、没有老小的人家很少。同时老小虽无耕种能力，但在分得田地后政府亦得分配以相当之公众勤务，如任交通等。

五、分配土地的区域标准：

1. 以乡为单位分配。

2. 以几乡为单位分配（如永新之小江区）。

3. 以区为单位分配（如遂川之黄凹区）。

以上三种标准，以第一种为主体。遇特别情形时，得适用第二、第三两种标准。

六、山林分配法：

1. 茶山、柴山，照分田的办法，以乡为单位，平均分配耕种使用。

2. 竹木山，归苏维埃政府所有。但农民经苏维埃许可后，及享用竹木。竹木在五十根以下，须得乡苏维埃政府许可。百根以下，须得区苏维埃政府许可。百根以上，须得县苏维埃政府许可。

3. 竹木概由县苏维埃政府出卖。所得之钱，由高级苏维埃政府支配之。

七、土地税之征收：

1. 土地税依照生产情形分为三种：

(1) 百分之十五；

(2) 百分之十；

(3) 百分之五。

以上三种办法，以第一种为主体。遇特别情形，经高级苏维埃政府批准，得分别适用二、三两种。

2. 如遇天灾，或其他特殊情形时，得呈明高级苏维埃政府核准，免纳土地税。

3. 土地税由县苏维埃政府征收，交高级苏维埃政府支配。

八、乡村手工业工人，如自己愿意分田者，得分每个农民所得田的数量之一半。

九、红军及赤卫队的官兵，在政府及其他一切公共机关服务的人，均得分配土地，如农民所得之数，由苏维埃政府雇人代替耕种。

[按]①：

此土地法是一九二八年冬天在井冈山（湘赣边界②）制定的，这是一九二七年冬天至一九二八年冬天一整年内土地斗争经验的总结，在这以前，是没有任何经验的。这个土地

① 《毛泽东文集》说明：“这个‘按’是毛泽东在延安编辑《农村调查》一书时加写的”。

② 《毛泽东文集》为“边界”，《毛泽东农村调查文集》为“边区”，其他多种版本印作“边区、苏区”。

法有几个错误：

1. 没收一切土地而不是只没收地主土地；

2. 土地所有权属政府而不是属农民，农民只有使用权；

3. 禁止土地买卖。这些都是原则错误，后来都改正了。

关于共同耕种与以劳力为分配土地标准，宣布不作为主要办法，而以私人耕种与以人口为分田标准作为主要办法，这是因为当时虽感到前者不妥，而同志中主张者不少，所以这样规定，后来就改为只用后者为标准了。雇人替红军人员耕田，后来改为动员农民替他们耕了。

选自《毛泽东农村调查文集》，人民出版社1982年出版，第35～37页。原注："根据毛泽东著《农村调查》（一九四一年延安出版）刊印"。

互校版本：

1.《毛泽东文集》，第一卷，人民出版社1993年出版，第49～51页。原注："根据人民出版社一九八二年出版的《毛泽东农村调查文集》刊印"。

2.《中共党史参考资料》（三），人民出版社1979年出版，第35～37页。原注："原载毛泽东著《农村调查》新华书店一九四九年七月出版。"

3.《中央革命根据地史料选编》下册，江西人民出版社1982年出版，第361～363页。原件未注明史料来源。

4.《中国新民主主义革命时期根据地法制文献选编》，第四卷，中国社会科学出版社1984年出版，第2～4页。原注："选自《农村调查》一九四九年版。"

5.《中国新民主主义革命时期法制建设资料选编》，第三册，西南政法学院函授部编印，第77～79页。原件未注明史料来源。

6. 中共六大"土地问题决议案"中的土地纲领

1928年7月9日

目前资产阶级民权革命阶段"土地问题决议案"上段略中国共产党的土地纲领。

根据上面的分析，为了更完全消灭中国农村中所有封建遗迹，为了更让农村中的阶级斗争尽量发展，所以中国共产党要将采取以下的方针：

一、推翻豪绅地主官僚的政权①，解除反革命势力的武装去武装农民，建立农村中农民代表会议（苏维埃）的政权。

二、无代价地立即没收豪绅地主阶级的土地财产，没收的土地归农民代表会议（苏维埃）处理，分配给无地及少地的农民使用。

三、祠堂、庙宇、教堂的地产及其他的公产官荒或无主的荒地、沙田，都归农民代表会议（苏维埃）处理，分配给农民使用。

① "中央文件版"此处的表述是："推翻地主资产阶级政权"。

四、全省区中的国有土地的一部分，作为苏维埃政府移民垦殖之用，分配给工农红军的兵士，供其经济上的使用。

五、宣布一切高利贷的借约概作无效。

六、销毁豪绅政府的一切田契及其他剥削农民的契约（书面的、口头的完全在内）。

七、取消一切由军阀及地主衙门颁布的捐税，取消包办税则制，取消押金，设立单一农业累进税。

八、国家帮助农业经济：

（一）办理土地工程；

（二）改良扩充水利；

（三）御防天灾；

（四）国家办理移民事宜；

（五）国家由农业银行及信用合作社，经手办理低利借贷；

（六）组织消费及生产合作社①；

（七）统一币制，统一度量衡。

九、一切森林河道归苏维埃政府经营管理。②

选自《中国问题指南》，第二卷，第 204 页。

互校版本：《中共中央文件选编》，第四册，中共中央党校出版社 1983 年出版，第 207～208 页。简称“中央文件版”。

7. 兴国县土地法

1929 年 4 月兴国县土地法③

一、没收一切公共土地及地主阶级的土地归兴国工农兵代表会议政府所有，分给无田地及少田地的农民耕种使用。

二、一切公共土地及地主阶的土地，经工农兵政府没收并分配后，禁止买卖。

三、分配土地的数量标准：

1. 以人口为标准，男女老幼平均分配；

2. 以劳动力为标准，能劳动的比不能劳动的多分土地一倍；

以上两个标准，以第一个为主体，有特别情形的地方得适用第二个标准。

采取第一个标准的理由：

甲、在养老育婴的设备未完备以前，老幼如分田过少，必至不能维持生活。

乙、以人口为标准计算分田，比较简单方便。

---

① “中国问题指南”没有此项规定。

② “中国问题指南”将此条列入第八条的第七项，而“中央文件版”则列为第九条。

③ 原标题为“土地法”。为了与其他土地法相区别，故标作“兴国县土地法”。它是根据中共六大决议案修订的。

丙、没有老小的人家很少，同时老小虽无耕种能力，但在分得田地后，政府亦得分配以相当之公众勤务，如任交通等。

四、分配土地的区域标准：

1. 以乡为单位分配；

2. 以几乡为单位分配（如永新之小江区）；

3. 以区为单位分配。

以上三种标准，以第一种为主体。遇特别情形时，得适用第二、第三两种标准。

五、山林分配法：

1. 茶山、柴山照分田的办法，以乡为单位平均分配耕种使用。

2. 竹木山归苏维埃政府所有，但农民经苏维埃政府所许可后得享用竹木。竹木在五十根以下须得乡苏维埃政府许可。百根以下须得区苏维埃政府许可。百根以上须得县苏维埃政府许可。

3. 竹木概由县苏维埃政府出卖，所得之钱由高级苏维埃政府支配之。

六、土地税之征收：

1. 土地税依照生产情形分为三种：

（1）百分之十五；

（2）百分之十；

（3）百分之五。

以上三种方法以第一种为主体。遇特别情形，经高级苏维埃批准，得分别适用二、三两种。

2. 如遇天灾或其他特殊情形时，得呈明高级苏维埃政府核准，免纳土地税。

3. 土地税由县苏维埃政府征收，交高级苏维埃政府支配之。

七、乡村手工业工人，如得自己愿意分田者，得分每个农民所得田的数量之一半。

八、红军及赤卫队的官兵，在①政府及其他一切公共机关服务的人，均得分配土地，如农民所得之数，由苏维埃政府雇人代替耕种。

［原编者按］：

这是前一个土地法制定后第四个月，红军从井冈山到赣南之兴国发布的。内容有一点重要的变更，就是把“没收一切土地”改为“没收一切②公共土地及地主阶级的土地”，这是一个原则的改正。但其余各点均未改变，这些是到了一九三〇年才改变的。这两个土地法，存之以见我们对于土地斗争认识之发展。

选自《毛泽东农村调查文集》，人民出版社 1982 年出版，第 38～40 页。原注：“根据毛泽东著《农村调查》（一九四一年延安出版）刊印。”

互校版本：

1.《中共党史参考资料》（三），人民出版社 1979 年出版，第 38～40 页。原注：“原

① 除《毛泽东农村调查文集》之外，其他 4 种版本皆无“在”字。

② 除《毛泽东农村调查文集》之外，其他 4 种版本皆漏掉“一切”2 字。

载毛泽东著《农村调查》，新华书店一九四九年七月出版”。

2.《中央革命根据地史料选编》下册，江西人民出版社 1982 年出版，第 364～365 页。原件未注明史料来源。

3.《中国新民主主义革命时期根据地法制文献选编》，第四卷，中国社会科学出版社 1984 年出版，第 4～6 页。原注：“选自《农村调查》一九四九年版”。

4.《中国新民主主义革命时期法制建设资料选编》，第三册，西南政法学院函授部编印，第 79～81 页。原件未注明史料来源。

8. 鄂豫边革命委员会土地政纲实施细则

1929 年 12 月[①]鄂豫边特别区第一届工农兵代表大会通过

一、没收细则

第一条　凡豪绅地主所有之土地，一律无代价地没收。

第二条　凡祠堂、庙宇、教堂、祖积、公积所有之土地，及一切公产官地，一律没收之。

第三条　凡经革命政府肃反委员会宣布没收财产之反革命分子所有之土地，一律没收之。

二、分配细则

第一条　凡没收之土地得照下列情形分配之：

1. 无地之农民；
2. 少地之农民；
3. 愿安家耕种之雇农；
4. 愿耕种之工人；
5. 红军的官兵；
6. 革命职业家；
7. 退伍的兵士；
8. 愿耕种之小贩及其他职业者；
9. 凡豪绅反动派已经解决，其家属确经当地革命团体证明无反动嫌疑者。

第二条　凡鳏、寡、孤、独、残废及无力耕种者，由当地农委会酌量分配土地，其耕种办法得由雇人耕种或由当地农委会负责办理（或帮耕或代耕）。

第三条　分配土地之多少，以食粮需要（全家人每年需多少粮食吃）为主要条件。在此条件之外，当地如有宽余之土地，得依照耕种能力分配之。

第四条　分配土地，男女有同样权利。

第五条　分配土地不可以以土地面积为标准，须以出产多少为标准。

---

① 原件无制定年月。据《鄂豫皖革命根据地》第四册“大事记”记载：1929 年 12 月 27 日，鄂豫边特别区第一届工农兵代表大会在光山县南部召开，通过《土地政纲实施细则》。

第六条　每家分得之土地，以配合同冲、同畈为好，不可把面积宽大之丘划细。

第七条　人烟稠密之乡，得由上级机关酌量情形迁移一部分人民到人烟稀少之乡。

第八条　毗连之乡，土地宽裕者，须斟酌情形，拨出一部分土地与土地缺欠之乡。

第九条　中农在别乡之土地，交给别乡分配，本乡得以同量之土地分给该中农（如无土地调换，则别乡不得分配其土地）。

第十条　凡没收之柴山、竹园、池塘，由当地乡农会管理。但池塘水分原管田地，仍得照旧使用。

第十一条　分配土地方法，由乡土地委员会详细讨论，经乡农代大会，通过交区（乡）[1] 农会施行。

三、附则

第一条　焚烧豪绅地主一切契约，发给分得土地者土地使用证。

第二条　取消包佃制和批字顶札押字。

第三条　凡没收之随田棉地，得按分配细则分配之。

第四条　分得土地之人，如若死亡或不愿耕种时，须将土地退还该乡农会另行支配。

第五条　没收和分配时，不得侵犯自耕农利益。（不得分配其土地）。[2]

第六条　凡富农愿将土地拨出归公者，当地乡农会得接受分配之。[3]

第七条　凡无反革命嫌疑而逃亡在外者之土地，得由当地乡农会代为佃给有耕种能力者耕种，其他一切财产及租稞均由该乡农会负责保管（业已分散者除消耗外，须尽量清出[4]），俟该逃亡者归，即交还之。

选自《中国新民主主义革命时期根据地法制文献选编》，第四卷，中国社会科学出版社 1984 年出版，第 176～179 页。简称“社科法制版”。原件未注明史料来源。

互校版本：《第二次国内革命战争时期土地革命文献选编（1927—1937 年）》，中共中央党校出版社 1987 年出版，第 172～174 页。简称“土地文献版”。

9. 赣西临时苏维埃政府土地法

1930 年 2 月 7 日[5]

第一章　田地之没收及分配

第一条　暴动推翻地主阶级政权后，须立即没收一切豪绅地主阶级及祠堂、庙宇、会社的田地、山林、池塘、房屋，归苏维埃所有，由苏维埃分配与贫苦农民及其他需要田地等项的人民。只有农民协会，尚未成立苏维埃时，农民协会亦得执行没收及分配。

---

① “区”疑为“乡”之误排。

② “社科法制版”无括号内 7 字。

③ “土地文献版”附则共 7 条，“社科法制版”漏掉第六条。

④ “社科法制版”无括号内 15 字。

⑤ 这一土地法，以后曾以下列名称公布：《土地法》《兴国苏维埃政府土地法》和《赣西南苏维埃政府土地法》，都是 4 章 32 条，内容基本相同。1930 年中国革命军事委员会颁布的《苏维埃土地法》，在此基础上删改为 31 条。

第二条　自耕农的田地、山林、池塘、房屋，除自食自用外，尚有多余经当地多数农民要求没收者，苏维埃批准农民的要求，没收其多余的部分并分配之。

第三条　豪绅地主及反动派的家属，经苏维埃审查准其在乡居住又无他种方法维持生活者，得酌量分与田地。

第四条　现役红军官兵夫及从事革命工作者，照例分田并由苏维埃派人帮助其家属耕种。

第五条　乡村中工商学各业能够生活者，不分田，生活不够者，得酌量分与田地，以补足其生活为限。

第六条　雇农及无业游民愿意分田者，应该分与田地。但游民分田者，须戒绝鸦片、赌博等恶嗜好，否则苏维埃收回其田地。

第七条　旅外不在家乡者不分田。

第八条　分田的区域标准有二：

（1）以乡为单位：由某乡农民将他们在本乡及邻乡所耕田地总合起来，共同分配。

（2）以数乡为单位：如有三四乡互相毗连者，内中几乡田多，几乡田少，若以一乡为单位分配，其田少之乡不能维持生活，又无它种生产可以维持生活的，则以三四乡合为一个单位去分配。

以上两种方法，第一种是普遍适用的，如有特别情形，经区乡苏维埃要求得县苏维埃批准者，可用第二种办法。

第九条　分田的数量标准：

（1）为满足多数人的要求，并使农民迅速得到田地起见，应依乡村人口数目男女老幼平均分配。

（2）有特别情形的地方，经区乡苏维埃请求得县苏维埃批准者，得以劳动力为标准分配，能劳动的比不劳动的多分一倍（十四岁以上至六十岁能耕种者为一劳动单位）。

第十条　为求迅速破坏封建势力起见分田以抽多补少为原则，不得采取绝对平均主义，重新瓜分。分田后，由苏维埃制定木牌插于田中，载明此田生产数量，现归某人耕种。

第十一条　所有豪绅地主及祠庙公田的契据，限期缴交区乡苏维埃或区乡农民协会，当众焚毁。自耕农的田契，如有多数农民要求焚毁者亦得焚毁。

第十二条　田地分配后，由县苏维埃或区苏维埃发给耕田证。

第十三条　凡乡中死亡、改业和外出者，将其所分得之田地收归苏维埃再行分配，外来或新生者，苏维埃应设法分与田地，但须在收获之后。

第十四条　暴动分田时，如值农民业已下种，则本季生产归原耕农民收获，他人不得割取。

第十五条　河坝及大规模池塘，不便分者，归苏维埃管理，供给人民公共使用，并督促人民修浚整理。

第十六条　大规模山林不便分配者，归苏维埃管理。人民需要采用竹木时，按照下列数目，得苏维埃批准，可以采用。二十根以下者由乡苏维埃批准。二十根以上五十根以下者由区苏维埃批准。五十根以上者由县苏维埃批准。

第十七条　大规模山林的出产，除供给人民需要外，其余归苏维埃出卖，所得之价，作苏维埃用费，各级苏维埃应得之成数，由高级苏维埃规定。

第十八条　木梓山、竹山、杉山之不便于个别分配者，得由人民数家合为一组，向苏维埃领取、栽种，以其生产分配组员使用。

第十九条　为满足贫苦农民要求起见，应将所有没收田地尽数分与他们，苏维埃不得保留公田，但得保留没收房屋之一部分为公共事业之用。

第二章　废除债务

第二十条　工农穷人欠豪绅地主之债，一律不还，债券债约限期缴交苏维埃或农会焚毁。

第二十一条　豪绅地主及商人欠公家或工农贫民或小资产阶级之债务，不论新旧，都要还清。

第二十二条　工农穷人欠商家交易之账而非商业高利贷者仍旧要还，但非本身之账不还，年限太久之账不还。

第二十三条　工农穷人自己来往之账，革命以前借的，应全还、或减还或免还，由区乡苏维埃按照情形，适当规定。革命以后借的，全然要还。

第二十四条　工农穷人典当物件及房屋与豪绅地主及典业奸商者，无条件收回抵押品。

第二十五条　工农穷人典当物件及房屋与小资产阶级的，其抵押品应收回若干或不收回，由乡区苏维埃按照双方经济情形决定之。

第二十六条　钱会谷会，豪绅地主奸商接取工农穷人在先的，接会人应将钱谷交还于纳会人，该会取消。工农穷人接取豪绅地主在先者，接会人无须交还钱谷于纳会人，会亦取消。

第二十七条　苏维埃政权之下，禁止高利借贷，由县苏维埃按照当地金融情形规定适当利率。但不得超过普通资本在当地一般经济情况所得利息之数。

第三章　土地税

第二十八条　为了打倒反革命的需要（如维持并扩大红军及赤卫队，维持政权机关等），及增加群众利益的需要（如办立学校、看病所、救济残废老幼，修理道路河坝等），苏维埃得向农民征收土地税。

第二十九条　土地税须在苏维埃建立之后，而且群众已经得到实际利益，并经高级苏维埃批准时，方可征收。

第三十条　土地税按照农民分田数量分等征收：

（1）每人分田收谷五担以下的免收土地税。

（2）每人分田收谷六担的收税百分之一。

（3）每人分田收谷七担的收税百分之一点五。

（4）每人分田收谷八担的收税百分之二点五。

（5）每人分田收谷九担的收税百分之四。

（6）每人分田收谷十担的收税百分之五点五。

（7）每人分田收谷十一担的收税百分之七。

（8）每人分田收谷十二担的收税百分之八点五。

以后每加收谷一担加收土地税百分之一点五。

第三十一条　土地税按照下列比例分配于各级苏维埃：

百分之五十归乡苏维埃；

百分之二十归区苏维埃；

百分之二十归县苏维埃；

百分之十归省苏维埃。

第三十二条　山林出产，只供人民自己食用，没有多余的，不收税。自己食用之外尚有多余的，其多余部分，由苏维埃按照出卖价值，用适当比例收税。

第四章　工　资

第三十三条　农村手工业工人及雇农，以前工资过低的要相当提高，以后工资数目，由苏维埃依照生活物价涨跌及农民收入丰歉两个标准决定之。又乡苏维埃规定工资，须得县或省苏维埃批准。

选自《中央革命根据地财政经济史长编》上册，人民出版社1982年出版，第254～258页：《赣西南苏维埃政府土地法》。

互校版本：

1.《湘赣革命根据地财政经济史料摘编》，湖南人民出版社1986年出版，第151～154页。原注："《赣西南临时苏维埃土地法》1932年2月7日"（摘录）。

2.《第二次国内革命战争时期土地革命文献选编（1927—1937年）》，中共中央党校出版社1987年出版，第191～196页。原注："原载江西人民出版社《中央革命根据地史料选编》下册，第377～381页《土地法》。"

10. 闽西第一次工农兵代表大会土地法令

1930年3月24日通过，25日发布①

第一章　土地之没收

一、所有田地不论水田、旱田一律没收，归苏维埃政府处理，分配与农民使用。

二、凡旧时关于土地之契约、批字、粮册概行焚毁。

三、没收后，土地禁止买卖抵押。

第二章　土地之分配

四、分田范围以乡为单位，由该乡农民在本乡及别乡所耕之田总合起来共同分配。其数乡合组一乡政府者，照原有乡村范围分配。如果合起来分比较妥当，群众自愿总合分配者例外。

五、分田以乡为单位，按照该乡人数及田地面积为比例计算，每人平均分配得实谷六

① "江西史料版"注："1930年3月18—24日，闽西第一次工农兵代表大会在龙岩召开。大会通过各种议案法令，并于25日公布。成立闽西苏维埃政府，选举邓子恢为主席。"

担以上者（以全年收获为准）照人口平均分配，但商人及在业工人不分田。

六、其计算分不够六担者，则商人家属及在业工人本身不分田，但失业工人可以酌分。

七、有下列条件之一者，无论该乡田多田少一概不分：

1. 旅外不在本乡者不分田，但红军、赤卫队及以革命为职业者例外。

2. 反革命者其本身及家属不分田，但已觉悟归来有事实表现，经代表会认许者不在此例。

八、分田方法以抽多补少为原则，抽出之田以肥瘦均匀为度，好田多者抽好田，坏田多者抽坏田。

九、分田机关与手续：由土地委员会先行调查统计田地人口之总数，预定每户分田多少及每户应抽应补之数额，交代表会讨论分配，其土地委员会委员必须贫农分子充任。

十、分田面积以收获实谷计算，单季者折半扣算。

第三章　土地之收回

十一、有下列一者，将田地收回：

1. 死亡者将其本身之田收回，但为革命而死亡，依照士兵优待条例准其家属再耕三年。

2. 逃跑或迁徙外乡者，将本身之田收回。

3. 分田后过期不事耕耘或不愿耕者，收回其田地。

4. 分得田地后仍从事反革命者，其本人及家属领耕田地收回。

十二、农民领耕田地不得自由转耕，其因便利耕作起见，彼此自愿交换者，得报告政府登记，换取耕田证。

十三、田地之收回应在收获之后，时期由区政府自行规定公布，其既种下之农产物仍准其收获。

十四、田地被收回以前仍须耕作，其所做工作由新领者津贴。

第四章　土地之使用

十五、农民分得田地后得继续使用五年，在五年内如有特别情形，经四分之三以上群众要求，得县政府批准者，得重新分配之，其五年满后尚无问题，农民相安者，仍可不分。

十六、凡耕领田地，不准种鸦片与违禁品等。

十七、领耕田地不准建造地坟。

十八、领耕田地未得政府批准者，不准自由架造房屋。

第五章　公田之处置

十九、分配后有余田地不好再分者，作为公田。如田地可以分配则须分完，政府不须另外抽取公田。

二十、乡中新生及外出回来者，由政府将公田或收回田地中分与田地耕作。

二十一、公田及收回田地不须分配者，由政府租与劳动力充足或原耕种农民耕种，政府加收其土地税，其加征之税不得超过原税一倍。

第六章　土地之开垦

二十二、凡开垦荒田者，六年之内不收土地税，十年之内任其使用，政府不予收回。

第七章　土地之登记

二十三、农民领耕田地应报告乡政府登记，转请县政府发耕田证；耕田证失落或破损者，应请求补发，无耕证者，发生争执时，政府不予保护，开垦荒田者准此。

第八章　水　利

二十四、坡圳、水车由乡政府管理。其水流连贯数乡的坡圳，应与该有关系乡政府组织某坡圳管理委员会管理之。

二十五、各乡土地委员会应设巡圳委员，每日巡视圳路堵塞、漏流，排去障碍，以利水流。

二十六、修理陂圳、水车工钱，少数由公家负责，过多则照灌溉田亩分配，派钱派工均可。

二十七、旧有水利组织，如水摆等，应照旧维持，但过去如有豪绅舞弊者，可以改正。

二十八、田地上下相连，水利相通者，应准其流通。其自愿划沟者，听其自便。新开水路所有经过地方，无论何人不得借故阻挠。

二十九、田埂崩坏由耕田者修理，如数目过多者，由政府设法帮助。

三十、所有池塘归政府没收，出租与农民畜养水产物，其与水利及消防有关者应以水利消防为重。

三十一、秧塘照田亩酌量分与农民，或作为公田任农民播种，不收租税，但秧苗收清后应归公众，租人养鱼。

第九章　耕　牛

三十二、有下列条件之一者，其耕牛由乡政府没收：

1. 买牛与农民饲养而收牛租者。
2. 反革命经政府判决收回其田地者。
3. 经政府判决没收其财产者。

三十三、有下列条件之一者，其耕牛不没收：

1. 农民自买自养者。
2. 农民数家合买者。
3. 买牛与农民饲养不收牛租者。

三十四、政府没收来之耕牛，仍交与原饲养人使用，不收租税，但应向政府登记，领取耕牛证。

三十五、没收来耕牛所生牛子，一半归政府，一半归饲养人，但须一年后才可分，一年之内归养主。

三十六、没收耕牛卖出之款，除没收时原价归政府外，所得盈余归养牛人所有。

三十七、各处耕牛耕田力钱，由代表会按照当地情形规定，养牛者不得故意刁难无牛的农民。但牛有病或疲劳过甚者，不在此例。

三十八、杀牛要经区政府批准给予凭证。非有下列条件之一者，禁止屠杀，以保存耕牛，牛之买卖不禁止。

1. 牛老弱不会耕田者；

2. 牛有重伤者；

3. 跌死者；

4. 凶狂会伤人者；

5. 菜牛。

第十章　房　屋

三十九、所有以前房租一律取消，店房例外。

四十、土豪房子、洋人房屋、教堂、祠堂、庙宇及其他公共建筑物等，由政府没收，其房屋由政府分配与无房屋住者居住，免收租税，但须向政府登记。

四十一、被难乡村房屋被烧毁者，由政府为之调节，将房屋有余者腾出与无房住者居住。

四十二、房屋被烧以后要建造时，由政府酌量将公家木料供给，不收价款，如该乡不够者，可报告上级政府向别处征调供给。

四十三、典屋问题照下列办法解决：

1. 因贫苦而出典房屋，其房屋系自己居住而纳税与受典者，其房屋归出典人，免纳屋税。

2. 因无屋住而受典房屋，其房屋归受典人居住者，其房屋归受典人所有。

3. 如出典者与受典者双方都缺少房屋，则照双方全家成年人口与所有房屋为比例，其所典房屋应归更少者所有。

四十四、店房问题照下列办法解决：

1. 城市店房之大税及新税减半征收，其系土豪反动财产及三家以上的遗传公众店房，归县政府没收，租户即向县政府缴纳店租。

2. 城厢店房小税一律减半，归县政府征收（按小税即二房东性质）。其因生意冷落把租来店房分与别人营业而收附税者例外。

3. 市镇店税照上述规定由区政府执行。

4. 归政府没收之店房，商人应向政府登记领取凭证，如停止营业者，应交回政府，不得自由转租，其店里家私俱归原租店人所有。

四十五、租路亭营业者免收税租。

四十六、土豪反动派及三家以上遗传的纸厂没收归公，私人的不没收，但在做纸时期自己停厂，不做连续半年以上者，应借与别人使用，不得霸占，要否租钱由各县自定。

选自《中国新主主义革命时期根据地法制文献选编》第四卷，中国社会科学出版社 1984 年出版，第 69～75 页。标题为《闽西第一次工农兵代表大会土地法令》。简称“社科法制版”。原注：“选自《闽西第一次工农兵代表大会宣言及决议案》，一九三〇年三月二十五日。”

互校版本：

1.《中央革命根据地史料选编》下册，江西人民出版社 1982 年出版，第 62～67 页：《闽西第一次工农兵代表大会宣言及决议案》（二）土地法令。

2.《第二次国内革命战争时期土地革命文献选编（1927—1937年）》，中共中央党校出版社1987年出版，第233～238页。标题为《土地法案》。

3.《闽西苏区法制史料汇编》，龙岩市中级人民法院、古田会议纪念馆合编，2008年10月内部出版，第90～93页。标题是："闽西第一次工农兵代表大会宣言及决议案之土地法令，1930年3月25日"。

11. 闽西第一次工农兵代表大会山林法令

1930年3月24日通过

第一章 总 纲

一、一切山场归苏维埃政府公有。

二、山林中所藏矿产归政府公有。

三、山林出产品另行规定。

四、人民私有或分得之山林出产品，系指山林之使用权；不得视为私人所有权。

五、人民埋葬需用坟地者不收山税，但不准自由砍伐树林。

第二章 杉山及杉树

一、一切杉树归政府没收，但居山农民自己种植的杉树而靠以为生者不没收。

二、没收来杉树由所在地乡政府管理，其两乡之间界限不清或向来无人管理者，由两乡共同负责管理。

三、杉树卖出所得价款，在一年以内出售者，乡得百分之二十，二年以内出售者，乡得百分之二十五，三年以内出售者，乡得百分之三十，其余缴交上级。

四、已经砍下或出水的杉桐，其系土豪反革命者由政府没收，以低价拍卖，所得价款抽百分之二十归乡政府，其余缴交上级。

五、小商人所经营的杉桐不没收，其以前未缴清之价款被减三分之一缴交县政府，政府保护其出口。

第三章 竹 山

一、土豪及公众竹山一律没收归政府处理，其农民自己种植者不没收，但农民多数要求没收得县政府批准者例外。

二、没收来之竹山由政府分配与原耕山农民耕种，但山多田少地方农民无田可耕多数要求分山者，得由乡政府分配，但不会耕山者不分。

三、分山以竹之多少为标准，其山可拆成田亩来分，多分山者少分田。

四、最好则由要分山的农民组织生产合作社，将领得之山共同经营之，俟做出竹笋时除原料本外，所余红利按照各人做工多少分配。

五、竹山分配之范围以乡村为单位，凡该乡村内竹山由该乡群众分配，但外乡人在该乡内耕田者要仍旧分配与原人，其几乡交界分不清者归原耕山农民所住乡村分配。

第四章 茶 山

一、凡属土豪公众经营之茶山没收，其农民自己经营茶山不没收，但雇用工人须照工会所订优待工人条例执行。

二、没收来之茶山由政府低价租与农民，或生产合作社经营之。

三、茶山所得租价以百分之三十归乡政府，其余缴交上级。

四、桐、梓照茶山办理，其无人耕管者不问。

第五章　杂山及园地

一、樟树由政府管理，卖得价款以百分之三十归乡政府，余缴上级。

二、松树由乡政府管理，自由处置。

三、香菇树已经砍下者任其经营，予以保护，不准偷取或故意为难，如未砍下者应向政府再行订购，卖得价款乡政府得百分之三十，余缴上级。

四、水果园属农民的不没收，反动的没收，由乡政府标价出租与人种植，租金由乡政府与承租人酌定。

第六章　公用问题

一、各处修理陂圳、桥梁、公共建筑物、渡船公用器具及其他公共事业，得取用公众杉松不取价款。其房屋被烧要修理者准此。

二、取用木料应报告乡政府转区政府批准，指定砍伐，如所属区内无材木或不够者，得请上级函令各区通融办理。

三、乡中树木多的地方，民间须采取多少木料者，得报告乡政府酌量准其取用，但须报告上级。

四、烧木炭、陶器者任其自由。

第七章　山林之开垦与保护

一、农民开垦荒山者十年内免收山税。

二、为保护水源，防止山崩，调节气候，储藏富源起见，由各乡政府规定禁例，厉行禁山。

第八章　矿山问题

一、山中矿产如煤矿、石灰矿、石粉、铁矿等任人开采不准收捐，其开采煤矿、铁矿者，须向乡政府转报县政府登记，给予凭证。

二、开采矿产有争执时，用下列方法解决之。

（一）以登记先后为标准。

（二）共组合作社经营之。

（三）双方抽签决定之。

三、铁厂应向县政府缴纳所得税。

四、有妨害田禾及水利、道路、房屋的煤炭及其他矿产者，不准开采。

五、凡开采矿产地方不准借口迷信加以阻挠。

六、已经开采之矿产停止一年以上不做者，准他人开采，原人不得霸占。

选自《中央革命根据地史料选编》下册，江西人民出版社 1982 年出版，第 67～70 页："《闽西第一次工农兵代表大会宣言及决议案》（三）山林法令，1930 年 3 月 25 日"。

互校版本：《闽西苏区法制史料汇编》，龙岩市中级人民法院、古田会议纪念馆合编，

2008 年 10 月内部出版，第 102～104 页。

12. 皖西北苏区六安县第六区苏维埃大会各种决议案（雇农、债务、森林、土地问题）

1930 年 4 月 17 日

（一）雇农工资办法：

一、雇农原工资在六十串钱以下者，照原工资加一倍。

二、雇农原工资在六十串钱以上、[百]① 二十串钱以下者，照原工资加三分之二。

三、雇农原工资在百二十串钱以上者，照原工资加三分之一。

四、雇农如有疾病，医药费要归雇主担任。

五、雇农参加各种纪念日运动及各种会议，雇主不得干涉之。

六、雇农与雇主一律平等，不得有打骂虐待等情。

（二）手工业工人办法：

一、废除工头剥削。

二、增加学徒工资，照原价加一倍。

三、手工业工资以日计算者，由工会酌量增加。

（三）债务办法：

一、凡欠豪绅地主之债者，一律不还。

二、凡反动之家属确无反动行为者，其出入债务得照革命群众同样处理。

三、欠租积、公积之债者，当地乡苏维埃得按欠主经济情形酌为处理，或减本，或不还。

四、欠富农自耕农之债者，如经济地位与债主相等，须一律偿还，经济地位较低者，当地乡苏维埃酌为处理，或减本，或不还。

五、除上列情形外，其余一切债务，如往来赊欠交易上钱等，一律偿还。

六、店家的票子及会账一律照旧。

七、以后所有借贷债务，长年利息不得超过一分五厘。

八、立即恢复赊欠借券。

（四）森林办法：

一、森林除供给人生使用外，有保存雨量之益，各民众都负有保护之责任。

二、凡值百元以上之森林，一概没收，由当地乡苏维埃管理。

三、凡没收后的森林、竹、茶、桑、油漆果等树，分给农民，只许看管使用，不许毁坏或转卖。

四、柴山不问没收不没收，砍柴时不许砍伐树苗。

五、凡无山场之居民欲使用他处竹木时，须报告当地乡苏维埃，经许可后始得通知某

---

① 原文为“二十串钱”，参考下文，疑丢一“百”字。

处取用，并不得伤害森林或自由强伐。

六、长成之森林山场分给农民后，只许提棵变卖或（采）茯苓，不得乱砍。

七、凡护守及路旁树木，一律不准砍伐或转卖，并有培植的义务。

八、凡屋拐、田头、路旁、河下、荒山，农民都要尽量栽插树木。

（五）土地政纲实施细则：

（甲）没收细则

第一条　凡豪绅地主所有之土地一律无代价没收。

第二条　凡祠堂、庙宇、祖积、公积之土地及一切公产、官地一律没收。

第三条　凡经革命政府肃反委员会宣布没收财产之反革命分子之土地一律没收之。

第四条　富农剩余之土地一律没收之。

（乙）分配细则

第一条　凡没收之土地得照下列情形分配之：

一、无地之农民

二、少地之农民

三、愿耕种之富农

四、愿耕种之工人

五、革命职业家

六、红军的官兵

七、退伍的兵士

八、愿耕种之小贩及其他职业家

九、凡豪绅反动派已经解决者其家属确经当地革命团体证明无反动嫌疑者。

第二条　凡鳏、寡、孤、独、残疾及无力耕种者，由当地苏维埃酌量分配土地，其耕种办法得由雇人耕或由当地负责办理或代耕。

第三条　分配土地之多少，以粮食需要（全家人口要多少粮食吃）为主要条件。

第四条　分配土地男女有同样的权利。

第五条　分配土地不可以面积为标准，要以出产为标准。

第六条　每家所得之土地以配在同冲、同畈为好，不可将面积扩大的田分零碎了。

第七条　工人小贩及其他职业者，如愿耕种土地，要估量他原有的职业收入再酌量分以土地。

第八条　人烟稠密之乡，得由上级机关酌量情形迁移一部分人民到人民稀少地方。

第九条　毗连之乡土地宽裕者，须斟酌情形发给部分土地与缺少之乡。

第十条　中农在别乡之土地交给别乡分的，本乡得以同量之土地分给中农，如无土地调换，则别乡不能分配。

第十一条　凡没收之柴山、竹园（不值百元的），得照田分配，池塘养鱼归附近农民公共管理，水路仍得照旧使用。

第十二条　凡佃农既分得土地所耕种的土地分给他人耕种时其原批价一律豁免。

第十三条　分配土地尽先分给革命死难家属。

第十四条　土地分配后，接受分配的农民对于土地只有使用权，无所有权。

第十五条　土地分配后，接受分配的农民对于土地如有保护不力、耕作培植不良者，由苏维埃政府立即收回，再分配给其他农民。

第十六条　土地分配后如有多少肥瘦不均者，以后得随时更改之。

六安中心县委

四月十七日

选自《第二次国内革命战争时期土地革命文献选编（1927—1937 年）》，中共中央党校出版社 1987 年版，第 248～251 页。

13. 闽西苏维埃政府布告第二号——关于重新分田问题

1930 年 9 月

过去闽西有些地方政权落在富农手里，分田时雇农、贫农不能与富农比较，所以一般分田只做到抽多补少，很少做到抽肥补瘦。有些地方富农自耕的田地反而以多报少抽，与贫农的则以少计多，这样一来，贫农分得的田地仍是利不及费。这是多么不公的事。所以重分田地成了广大贫农群众迫切的要求，本政府根据闽西代表大会决议，特号召全闽西广大贫农群众起来实行抽肥补瘦、好坏搭半的重新分配田地，如有从中作梗，霸占肥田，不照决议重新分配或匿报田地者，当予以严厉之纪律制裁！

特此布告

主　席　张鼎丞

副主席　罗国英

1930 年 9 月

选自《中国新民主主义革命时期根据地法制文献选编》，第四卷，中国社会科学出版社 1984 年出版，第 75 页。原件未注明史料来源。

互校版本：《第二次国内革命战争时期土地革命文献选编（1927—1937 年）》，中共中央党校出版社 1987 年出版，第 326 页。

14. 洪湖苏区监利县土地问题决议案

1930 年春监利县第一次工农兵代表大会通过

一、监利农村中土地关系和豪绅地主剥削的方式

1. 地主阶级的剥削——监利的大地主固属很少，而一般自己耕种一部分，而以一部分土地出租与人的半地主阶级，因为他本身的收入很少，就加紧对劳动者的剥削。

2. 所谓公田，是豪绅的私产——监利的农村中，多系以豪绅掌握他自己家族中和地方的政权，他们以自己的地位，借公事的名义，遂以来掌握这些公产，又借公事的名义来

收租，所以公产就变为豪绅的私产而成为实际的地主。

3. 军阀混战和豪绅创办清乡团遂加紧了对农民的剥削——军阀战争每次消耗的费用，都要加增到田赋和税收方面，就是豪绅的清乡团的检（捐）款，也都是由抽取田亩、灶捐及明的抢款而来，这些都是加紧对农民的剥削，促成农村经济破产的原因。

4. 在封建土地关系上是帝国主义剥削农民的顺利条件——农村中的商业资本与高利贷，是封建土地关系所造成，帝国主义就利用这种制度，先限期借给许多资本与货物于商业资本家与高利贷（者），可购极贱的原料。

二、土地革命的意义与作用

1. 是肃清一切封建压迫剥削制度——农村中封建压迫剥削制度完全建筑在旧的土地关系上，必须实行土地革命，才能根本肃清。

2. 是消灭统治阶级的经济基础——军阀、豪绅、地主等统治阶级，他们的经济基础，也是完全建筑在旧的土地关系上，只有实行土地革命，才能消灭统治阶级的经济基础。

3. 部分地推翻帝国主义在华的统治力量——帝国主义在华的统治还是以经济作基础，尤其是以农村经济作基础，如果是我们实行土地革命，就是扫除帝国主义在华的农村中的经济基础，部分地推翻帝国主义在华的统治力量。

4. 是向社会主义发展的第一步——土地革命实行以后，在工农政府有大工业生产机关，而在国有的城市大工业领导之下，去举行集体的农村经济，发展合作社。经过合作社，而使数千万农民经济与城市的社会主义工业经济相联系，就是向社会主义发展的第一步。

三、实行的条例

1. 建立苏维埃政府，尽可能地解除反革命的武装（民团、商团……等），武装农民。

2. 无代价地没收豪绅、地主阶级及一切反革命的土地财产，没收的土地财产归苏维埃政府处理，分配给无地和少地的农民使用。

3. 池塘、祠堂、庙宇、神会、教堂及其他的官产、公产或无主废地，都归苏维埃政府处理，分给贫农使用，或办公共事业。

4. 各省区中国有土地的一部分作为苏维埃政府移殖开垦之用，分配给工农军的士兵，供其经济上的使用。

5. 宣布一切高利贷债务一概无效。

6. 销毁豪绅政府的一切田契及其他剥削农民的契约（书面的、口头的都在内）。

7. 废除一切由军阀及地方衙门所颁布的捐税，取消包办税则制，取消押金，设立统一的农业经济累进税。

8. 国家帮助农业经济的发展。

（1）办理土地工税（程）（如开垦荒田）。

（2）改良扩充水利（如疏河道筑堤等）。

（3）防御天灾（如疏河、植树、杀虫等）。

（4）政府办理移民事业。

（5）政府办理农民银行及信用消费合作社、低利借贷所。

（6）统一币制、度量衡。

（7）一切森林、河道归政府经营管理。

9. 洪湖收归苏维埃管理——洪湖为大宗渔业生产的湖水，同时它又能供给农民许多燃料和肥料，因此也是社会生产品的生产机关，应收归苏维埃管理。

选自《第二次国内革命战争时期土地革命文献选编（1927—1937 年）》，中共中央党校出版社 1987 年出版，第 239～241 页。

15. 信江特区苏维埃土地临时使用法

1930 年 3 月信江第二次工农兵代表大会通过①

1. 一切土地，归苏维埃政府所有。
2. 苏维埃政府得按照群众的需要，将所有土地分配给群众使用。
3. 凡是贪官污吏土豪地主及一切反革命派，剥夺其享受使用土地权。
4. 凡是土地不许秘密接受。
5. 群众享受不了政府所给与土地，或有荒芜时，及有反对苏维埃政权之表现者，苏维埃政府可随时收回其土地。
6. 凡是使用土地的群众，都要依照苏维埃政府所订的土地税税则，交纳土地税。
7. 本使用法有不适合处，得由下届信江工农兵代表大会或上级命令修改之。
8. 本使用法自公布日施行。

选自方志纯：《赣东北苏维埃创立的历史》，人民出版社 1980 年出版，第 117 页。

互校版本：《第二次国内革命战争时期土地革命文献选编（1927—1937 年）》，中共中央党校出版社 1987 年出版，第 232 页。原注："1930 年 3 月 20 日，转引自方志纯《赣东北苏维埃创立的历史》第 11 页，时间是编者加的。"

16. 广西右江苏维埃政府土地法暂行条例②

1930 年 5 月 1 日

苏维埃政府之主要任务，在推翻一切压迫工农劳苦群众之特殊阶级与解决群众之需要。目前中国革命任务之一是深入土地革命。而土地之取得，更为乡村农民之实际要求，故特颁布下列《土地暂行条例》，仰各县、区、乡苏维埃切实执行为要。

一、农村阶级成分的分析

（一）凡将自己土地全部或一部分佃给农民，而以佃租制度来剥削农民者，皆谓之为

---

① 原件未注明制定机构和时间。据该书第 38 页记载：信江特区苏维埃代表大会于 1930 年 3 月 20 日于弋阳县湖塘村召开，通过临时土地法及其他条例，成立信江苏维埃政府，选举方志敏为主席。

② 原注：一九三〇年三月，邓小平同志向中央汇报工作后，由上海回到右江，亲自领导右江根据地的土地革命。右江工农民主政府于五月一日颁布了《土地法暂行条例》，是右江革命根据地开展土地革命的主要法令。

地主阶级。

（二）凡利用政治的、经济的、军事的势力，剥削群众，压迫群众者，谓之豪绅阶级。

（三）凡农民：（1）除了自给外，还有剩余者；（2）非豪绅地主阶级之放高利贷者；（3）自己土地较多，须雇雇农耕种者；（4）还有一种将自己剩余财产埋藏，而在乡村中有个人之经济地位者。以上数种，皆谓之为富农，仍是站在剥削穷苦农民之地位。

（四）凡农民每年所得，仅能勉强自给，不剥削人，亦不被人剥削者，谓之中农。

（五）凡农民每年所得，不足维持最低之生活，而必须为人作短工、借高利贷，或用其他方法以维持其困难生活者，谓之贫农。

（六）凡自己没有土地，亦未佃地主土地，而以帮地主或富农种田者，谓之雇农。

（七）凡在乡村不种田地，而专以其他职业维持其生活者，谓之乡村手工人。

（八）“自耕农”“佃农”均不能成为代表一种成分的标准，因自耕农或佃农之中，均有富农、中农、贫农之分，应按上面标准以确定之。

二、应没收之土地财产及处理原则

（一）立即无代价地没收地主豪绅阶级之土地财产。

（二）没收一切反革命的财产、土地，及反革命之标准如下：

（1）勾结一切苏维埃之敌人（即一切反革命派）或与之作侦探，或在经济上帮助敌人者；

（2）阴谋企图倾覆苏维埃政府者；

（3）反抗苏维埃政府之法令者；

（4）进行反苏维埃政府之小组织。

（三）没收一切祠堂、庙宇地产，及有其他公产、官荒或产生的荒地、沙田。

（四）没收之土地财产，均归农民代表会议（苏维埃）处理，分配无土地或其他的农民佃用。

（五）凡没收的土地财产之所有权，属苏维埃政府（即所有民众），绝对禁止自由买卖。

（六）原属自耕农之土地，其管理权归苏维埃政府，其使用权仍归原有土地之农民。

（七）县苏维埃得于本县，酌量提出一部分土地作为该县移民垦殖之用。

（八）销毁豪绅、地主、政府的一切田契及其他剥削农民的契约及其口头的完全在内。

（九）凡不分配之地产则不必分给各人，由苏维埃直接经营之。

三、分配办法

（一）分配土地应以乡为单位，由乡苏维埃召集大会或代表会议讨论执行，由县、区苏维埃切实指导之。

（二）如甲乡与乙乡之土地与人口之比例，相差太远时，可由县、区苏维埃用移民等办法解决之。

（三）凡没收之土地在甲乡者，由甲乡苏维埃处理之；在乙乡者，由乙乡苏维埃处理之。

（四）凡没收之土地，完全分给无地或地少的农民使用。

（五）农民所耕种之土地，必须领苏维埃颁发之土地使用证。

（六）分配土地应以人口为标准，以出产之多寡，平均分配之。暂用每一劳动单位分全份，非劳动单位分半份之办法处理之。

（七）出外当红军者，亦得分一份地给其家属，并得请雇农耕种之。

（八）凡贫农、中农因地域关系，出租他人之一部分土地被没收者，亦得于其本村，按分配原则［享］受分配土地之权。

（九）凡地主之孤寡，其土地被没收后，不得再分给土地，生活另由乡苏维埃解决之。

（十）雇农及手工工人如自愿不分土地，得按另行颁布之劳动法，解决其问题。

四、税收

（一）取消一切军阀政府及地方衙门所颁布的捐税，取消包办税则制，取消厘金。

（二）宣布一切高利贷的借约无效，并即刻焚毁。

（三）实行单一的农产累进税。

（四）单一的农业累进税之标准，暂定按照各人出产，缴纳百分之五。

（五）剩余较多之农民，得于征收单一税百分之五外，以累进税为原则，由乡、区苏维埃决议征收之，其标准如下：

（1）有余谷五十斤至一百斤者，征收百分之四十；

（2）有余谷一百斤至三百斤者，征收百分之五十；

（3）有余谷三百斤至五百斤者，征收百分之六十；

（4）有余谷五百斤至一千斤者，征收百分之七十；

（5）有余谷一千斤以上者，即特别征收之。

征收累进税以一家为经济计算单位。

（六）苏维埃收得之税项，完全作为政费、红军及赤卫队用费、社会保险、改良农业经济，办理教育、建设之用。

五、工具

（一）没收豪绅地主、反革命之耕田工具，如耕牛等，均分给无工具或少工具之农民借用。

（二）如不够分配时，则由苏维埃政府向耕具多之农民借出，发给无工具之农民使用。

（三）如在一处工具无法普遍分配或缺乏时，得由各该乡苏维埃计划共同使用耕具之办法。

六、其他

（一）苏维埃在尽可能的范围内，帮助下列各项发展农业经济之事业：

（1）办理土地分配；

（2）改良扩充水利；

（3）办理移民事业；

（4）防御天灾；

（5）办理农业银行及信用合作社，经手办理低利借贷；

（6）统一币制，统一度量衡；

（7）一切森林、河道归苏维埃政府经营管理。

（二）如在某种军事困难时期，乏人耕种土地时，可由苏维埃指定用共耕的办法以解决之。

（三）苏维埃政府应随［时］按照改良劳苦群众生活之原则，确定其一种或几种物品之价格。①

七、附则

（一）本暂行条例，自右江苏维埃政府颁布之日实行。修改之权，属于右江苏维埃代表会议。

（二）不遵守本暂行条例之规定者，以反革命论罪。

右江苏维埃政府

一九三〇年五月一日颁发

附：土地使用证②

（一九三〇年五月十三日）

东兰县长江区安桃乡苏维埃政府

土地使用证									
使用者签名盖章	韦甫 劳动四人								
签订号数	426								
土地名称	那峨	论让	各歪	电兰	阿闷	那朝	可有	更修	拉盘
类别	田								
地质	沙	瘠土	肥土	粘土	肥土	粘土	肥土	粘土	同
亩数	五块	十块	九块	一块	一块	半块	四块	一块	三块
用谷种量	一斤	二斤半	五斤	三斤	一斤	一斤半	一斤半	五斤	二斤半
出产量	六十斤	一百二十斤	二百斤	二百五十斤	四十斤	六十五斤	四十五斤	二百二十斤	一百斤
所在地方	本乡								
距离乡政府路途	五里	一里	一里	一里	半里	同	同	同	同
备考									
×××经手员签名盖章	韦名标 牙仁封								
一九三〇年五月十三日填发									

县第捌壹叁壹号

（原件藏广西壮族自治区博物馆）

① “左右江史料”印作“几种□□之□格”，“社科法制版”“土地文献版”印作“几种物品之价格”。

② “左右江史料”原注：“一九三〇年五月，右江土地革命时，东兰县苏维埃政府发给壮族农民韦甫的土地使用证。”

选自《左右江革命根据地资料选辑》，人民出版社1984年出版，第236～242页。简称“左右江史料”。附：土地使用证。原注：“原件藏广西壮族自治区博物馆”。

互校版本：

1.《中国新民主主义革命时期根据地法制文献选编》，第四卷，中国社会科学出版社1984年出版，第107～111页。简称“社科法制版”。原件未注明史料来源。

2.《第二次国内革命战争时期土地革命文献选编（1927—1937年）》，中共中央党校出版社1987年出版，第255～259页。简称“土地文献版”。

3.《左右江革命史料汇编》，第二辑，革命文献（送审稿），左右江革命历史调查组1978年10月编印，第200～201页。原注：“抄自广西博物馆，原件系一九三零年九月十八日奉议县苏维埃政府翻印。”

17. 广西右江苏维埃政府共耕条例①

1930年5月15日

一、总　则

（一）苏维埃政府为解除工农劳苦群众的痛苦，与保障工农劳苦群众的利益，执行目前中国革命的主要任务，深入土地革命。

（二）遵照右江苏维埃政［府］土地问题决议案及土地法暂行条例，没收地主阶级及反革命之土地，分给无地及少地的贫苦农民。

（三）土地的没收与分配，以一乡为单位，一切没收及分配方法，均要经过全乡群众大会或代表会议决定。

（四）兹各乡群众大会有决定将全乡所有土地共同耕作者，右江苏维埃政府站在领导地［位］，使不致发生不好结果起见，特颁布“共耕条例”，以资执行。

二、土地的管理

（五）全乡的土地，如田产、畲地、池塘、果园、森林、坟山、桐场等，完全归苏维埃政府管理，由土地委员协同经济委员负责。

（六）全乡土地有在同一平面者，即铲除过去田界合零为整，以便划一。

（七）全乡土地由乡苏维埃政府编号签订，并计算土地的面积及生产量。

（八）全乡所有的土地，绝对不准任何人自由买卖。

（九）全乡的土地如有过剩，应准别乡、区移民共同耕作，移民数量由区、县苏维埃政府决定。移来之民，与原乡民众享有同等之权利。

三、耕　作

（十）全乡群众自十六岁至六十岁之男女，均要负责全乡所有土地的生产工作，但乡

① 原注：“共耕社是右江根据地土地革命的一种形式。一九三〇年春，邓小平和韦拔群同志亲自在东兰县武篆区东里屯试办了共耕社。《共耕条例》就是在东里共耕社取得经验的基础上制定的。”

苏维埃政府应酌量各人之年龄与体力，分配以适当之工作。

（十一）全乡劳动童子团，由乡团部分班编组，轮流教育并轮流牧牛。

（十二）全乡群众耕作时间，由乡苏维埃政府按农作之需要，随时规定之。

（十三）每日开工及收工，由乡苏维埃政府传析通知或由各组自定。

（十四）负责耕作之群众，由乡苏维埃政府编十人为一组，公选组长一人，负责领导一组的工作，组长之人选，以有农事经验且能得该组民众之信仰为标准。

（十五）各组之工作任务，由乡苏维埃政府决定分配。

（十六）乡苏维埃政府应随时注意农事之考察，并经常纠正耕作中之各种缺点，与防止坏现象之发生。

（十七）凡群众中有残废疾病，或有特殊情形不能耕作时，应向所属组长报告请假，由组长转报告乡苏维埃政府。

（十八）全乡所有耕作工具，如犁耙耕牛等，完全归乡苏维埃政府管理。

（十九）耕作工具缺乏时，由乡苏维埃政府得按照各组工作的需要，分发各组使用。

（二十）耕作工具缺乏时，由乡苏维埃政府负责购置。

（二十一）全乡群众应尽各人能力，改良耕作、工具，使增加工作效力。

（二十二）如乡苏维埃政府经济充裕，可能购置新式耕具时，也应购置。

（二十三）在共耕初期，粮食仍以由各人负责为原则，但在困难时，乡苏维埃政府亦可向本乡富裕农民征发其盈余之几分之几，作为耕作者火［伙］食之用。

（二十四）炊爨任务可由各家自己负责。

（二十五）乡苏维埃政府审查各乡情形，有可能公膳时，由乡苏维埃政府负责办理。

六、肥　料①

（二十六）由乡苏维埃政府建造肥料贮蓄处及公厕。

（二十七）凡牲畜粪料及农业副产物，可能作为肥料者，除留小部作为自己种菜园之用外，余均送到肥料贮蓄处贮积。

（二十八）如肥料不足．由乡苏维埃政府出钱购置使用，或设其他办法解决之。

七、农产物的分配②

（二十九）乡苏维埃政府负责计算全乡土地生产的农产品及副产品的数量，及统计人口，按照平分的原则分配。

（三十）凡一岁以上之男女均得分一份。（因婴孩必须有较好的营养故）

（三十一）每年生产不足时，得由乡苏维埃计划用改农事，增加生产量，及各自经营其他副业，如养牲畜、经商等工作以补助之。

（三十二）分配剩余的农产品，完全归苏维埃政［府］贮积管［理］，以备不时之需，或作苏维埃政费及建设公共事业之用。

（三十三）每年分配之方法、时间，由乡苏维埃政府召集民众大会决定之。

---

①② 两种版本皆没有四、五两章的标号，但条文不缺，（二十五）紧接（二十六）。可能序号编排有误。“六、肥料”应是“四、肥料”，“七、农产物的分配”应是“五、农产物的分配”，以下应是“六、建设”“七、纪律”“八、附则”。

八、建　设

（三十四）乡苏维埃政府应负责计划全乡的建设事业：

1. 救济机关；2. 卫生机关；3. 教育机关；4. 经济机关，办理开垦及合作社等事业；5. 娱乐场所；6. 交通及住宅；7. 其他。

（三十五）一切建设事业由全乡群众共同负责，乡苏维埃政府管理。

九、纪　律

（三十六）共耕系极有组织之行动，故须有严密之纪律，以维持整个之利益与行动。

（三十七）凡经乡苏维埃及群众大会或代表大会议之决定，全乡民众必须共守，不得破坏，如有异议，亦须经过合法手续，在群众大会或代表会议，从新讨论解决之，但在未经复议之前，仍应执行原有之决定。

（三十八）在乡苏维埃规定召集之群众大会或代表会议期以外之时间，民众如有急迫解决之问题，得由乡苏维埃政府自动召集大会或代表会议解决之，否则经过全乡五分之一的小组请求时，亦须立即召集。

十、附　则

（三十九）参加共耕之民众，必须按照规定工作，绝对禁止怠工。

（四十）如发生有破坏行动，妨碍公共利益及怠工之分子，得由乡苏维埃政府裁判，按罪之轻重惩罚之，并在大会中宣布。

（四十一）本条例自右江苏维埃政府颁布之日，各乡得按照实际情况执行。

（四十二）本条例之修改由右江苏维埃代表会议决［定］之。

右江苏维埃政府颁布

一九三〇年五月十五日

选自《左右江革命根据地资料选辑》，人民出版社 1984 年出版，第 243～247 页。原注：“原件藏广西壮族自治区博物馆”。

互校版本：《左右江革命史料汇编》，第二辑，革命文献（送审稿），左右江革命历史调查组 1978 年 10 月编印，第 207～211 页。原注：“抄自广西博物馆，标题中缺四、五两项”。

18. 土地暂行法

1930 年 5 月全国苏维埃区域代表大会通过

一、凡属地主的土地，一律无偿的没收。

解释：

1. 凡占有土地自己不耕种，利用来榨取地租者，都是地主。这样的地主的土地，一律没收。

2. 富农占有土地，除自己使用外而出租一部分给他人耕种者，出租部分的土地一律没收。

二、凡属于祠堂、庙宇、教会、官产……等占有的土地，一律无偿地没收。

解释：

3. 这些祠堂、庙宇、教会、官产……等的土地，大半都是归豪绅、僧尼、牧师、族长所私有。即或表面上是一姓一族或者当地农民公有，实际上还是族长、会长、豪绅所垄断，利用来剥削农民，所以这样的土地一律没收。

三、积极参加反革命活动者的土地，一律没收。

解释：

4. 反革命的以及违反苏维埃法令者的土地，一律没收。

5. 反革命的富农的土地，应一律没收。至于被地主、富农欺骗影响①之下的中农、贫农群众，应尽量用宣传教育的方法，不能与富农同样看待。

四、没收的土地，一律归苏维埃政府分配给地少与无地的农民使用。禁止一切土地的买卖、租佃、典押……等；以前田契、租约、押据等一律无效。

解释：

6. 取消土地买卖、租佃、典押制度，就是免除新的地主、豪绅的发生。

7. 分配给农民使用，即是不耕种土地的人，不能享有土地的使用权。

五、分配土地的方法，由乡苏维埃代表大会决定。

解释：

8. 分配土地以乡为单位，因为各地的关系与土地分配状况都极复杂，所以不能有一致的办法，只能就各乡的实际情形决定办法。

9. 土地分配，有两种办法：（1）一切土地平均分配；（2）只就没收土地分配，原耕农民不动。分配的标准，也有两种：（1）按人口分配；（2）按劳动力分配。各乡苏维埃，可以按照本乡的实际情形，来决定适当的办法。

10. 大规模的农场，不得零碎分割。应组织集体农场、生产合作社等，实行集体生产，以免减弱生产力。

11. 在乡苏维埃分配土地发生困难时，应提到区苏维埃政府决定之。

12. 没收地主或反动富农的耕具、房屋，应分配给缺少耕具、房屋的农民使用，不得无故破坏。

13. 如乡苏维埃大会对于缺乏劳动力耕种的家庭（如孤儿、寡妇等），必须同时决定实际的办法，来维持他们的生活。最好采取社会救济的办法。

14. 红军兵士已分有土地者照旧，尚未分有土地者，俟全国苏维埃政府成立时，再行决定分与土地。

15. 雇农按照苏维埃政府的劳动法令，享有特殊的保护，不必分取土地。如果苏维埃会议决定同样分与土地时，必须同时分与耕牛、耕具，并须让他们集合起来，组织集体的农场。

16. 土地分配以后，必须到县苏维埃政府领取土地证。

---

① “江西法律版”漏掉“骗影响”三字。“社科法制版”漏掉“影响”二字。

六、大规模的山林、河道、湖沼、盐场、农场、桑地，原归政府者，概归苏维埃政府管理经营。

七、以前军阀、豪绅剥削农民的田赋、契税及一切捐税等一律取消。分有土地的农民，应缴相当的公益费，其数目由当地苏维埃政府按照累进税的原则规定之。

解释：

17. 以前军阀、豪绅用各种捐税的名义来剥削农民，有时比地主对农民剥削还更残酷，所以要一律取消。

18. 苏维埃政府，须办理一切公益事业，如建立农民银行，组织生产、消费合作社，办理教育事业，维持孤儿寡妇……等。特别是正在进行残酷的革命战争时候，一切红军军事用费更为重要。所以农民耕种所得，应缴纳相当的公益费。

19. 累进税的原则是所得愈多者，缴纳公益费的比例应同时增加。特别是雇用雇农耕种的富农，缴纳公益费的比例，必须比独立劳动的农民增多。

八、各县如有特殊情形，本法令所不能包括者，由县苏维埃代表大会议决办法。

九、全国苏维埃政府成立，颁布了正式的土地法令时，本暂行法令即行取消。

选自《红旗》，1930年6月4日第107期，第二、三版："全国苏维埃区域代表大会特别号"。

互校版本：

1.《中华苏维埃共和国法律文件选编》，江西人民出版社1984年出版，第363～365页。简称"江西法律版"。原注："见《红旗》第107期。"

2.《中国新民主主义革命时期根据地法制文献选编》，第四卷，中国社会科学出版社1984年出版，第7～9页。简称"社科法制版"。原注："选自《红旗》第107期"。

19. 修正[①]土地暂行法

1930年5月全国苏维埃区域代表大会通过，
1930年9月全国苏维埃大会中央准备委员会会议修订

一、凡属地主的土地，一律无代价的没收。

[解释]：

1. 凡占有土地自己不耕种，而利用它来榨取地租者，都是地主，其土地一律没收。

2. 富农占有土地，除自己使用外，尚有一部分出租给他人耕种者，出租部分的土地，一律没收。

二、凡属祠堂、庙宇、教会、官产……等占有的土地，一律无代价地没收。

---

① "修正"2字为编者所加。修订的要点是根据1930年9月中央三中全会决定承认农民土地所有权的原则，删除第四条关于"禁止一切土地的买卖、租佃、典押"的条文和解释6，另有几处文字上的修改。

［解释］：

3. 这些祠堂、庙宇、教会、官产……等的土地，大半都是豪绅、僧尼、牧师、族长等所占有，即或表面上是“一族公有”“一姓公有”或“地方公有”，实际上还是族长、会长、豪绅所垄断，利用来剥削农民的，所以这样的土地，一律没收。

三、积极参加反革命活动者的土地一律没收。

［解释］：

4. 反对革命者的土地，一律没收。反革命富农的土地，亦予没收，至于地主富农欺骗影响之下的中农、贫农群众，应尽量用宣传教育的方法促其觉悟，不能与富农一样看待。

四、没收的土地一律归苏维埃政府分配给无地与地少的农民使用，原有地契完全作废，土地归苏维埃政府重新分配之后，另行发给土地使用证。

［解释］：

5. 土地分配给农民使用的意义，即是不耕种土地的人，不能享有土地的使用权。

五、分配土地的方法由乡苏维埃代表大会决定。

［解释］：

6. 分配土地以乡为单位，以人数平均分配为原则，因为各地的土地关系与土地分配状况都极复杂。所以具体详细办法，只能根据各乡的实际情形由当地农民群众自己协议规定，苏维埃各级政府的任务，只是在分配土地的问题上，坚决拥护贫农的利益，打破富农一切欺骗群众的企图。例如——富农提议要按照每家所有耕具的多寡平分，耕具多的多分，耕具少的少分之类。

7. 在乡苏维埃分配土地发生困难时，应提到县苏维埃政府解决之。

8. 没收地主或反动的富农的耕具、房屋，应分配给缺少耕具、房屋的农民或苏维埃政府、群众团体使用，不得无故破坏。

9. 如乡苏维埃大会对于缺乏劳动力耕种的家庭（如孤儿寡妇）在没收其土地后，必须同时决定实际的方法，来维持他们的生活，最好采用社会救济的办法。

10. 红军兵士长官及其家属，均应有分配土地之权，如耕种上有困难时，由乡苏维埃政府解决之。

11. 雇农是受雇的农村工人，按照苏维埃的劳动法令，享有特殊的保护，不一定去分配土地。如果乡村中当地的苏维埃会议决定同样分与土地时，必须同时分与耕牛耕具等。

六、大规模的山林、河道、湖沼、盐场、农场、桑地等原归反动政府经营者，一概没收归苏维埃政府管理经营。

七、以前军阀、豪绅反动政府剥削农民的田赋，契税及一切税捐等。一律取消，农民只要交纳相当的公益费，其数目由当地苏维埃政府按照累进税的原则规定之。

［解释］：

12. 以前军阀、豪绅、反动政府用各种捐税的名义来剥削农民，有时比地主对于农民的剥削还更残酷，所以要一律取消。

13. 苏维埃政府须办理一切公益事业，如创办农民银行，组织生产、消费合作社，办理教育文化事业，实施社会救济（维持孤儿寡妇等）……等。特别正在残酷的革命战争的时候，一切红军军事费用更为重要，所以农民耕种所得，应缴纳相当的公益费。

14. 累进税的原则，是所得愈多者，缴纳公益费的比例应同时增加，特别是雇用雇农耕种的富农缴纳公益费的比例，应比独立劳动的农民增多。

八、各县如有特别情形本法令所不能包括者，由县苏维埃议决办法。

九、全国苏维埃政府成立，颁布了正式土地法令时，本暂行法即行取消。

选自《第二次国内革命战争时期土地革命文献选编（1927—1937年）》，中共中央党校出版社1987年出版，第319～321页。

20. 湖南省工农兵苏维埃政府暂行土地法

1930年7月29日[①]

第一章　总　则

第一条　“要土地”为目前广大农民迫切的要求，故凡以暴动推翻军阀豪绅地主官僚政权的区域，必须立即建立苏维埃政府，实行宣布土地法，彻底解释土地问题，以满足农民之要求。

第二条　凡过去豪绅政府及地主压迫农民所订之一切田契佃约，无论其书面的或口头的概作无效，并须收集一切田契及其他剥削农民的契约，限宣布土地法三日内概行当众焚烧。

第三条　目前土地问题之根本原则，在于巩固苏维埃政权，改变土地所有关系，故没收地主阶级一切反动派的土地，交工农兵代表会议处理，为目前解决土地问题之根本原则。其解决土地问题之方式，以满足广大贫农之要求，及巩固中农之同盟，以反对富农，使广大的地少或无地的农民实际得着土地耕种为原则。

第二章　土地制度

第四条　根据目前边境广大贫苦农民的要求，宣布没收地主阶级及一切反革命派之土地财产归代表工农兵士劳苦群众的苏维埃政府所有，分配给农民使用，禁止土地买卖，并废除私人占有土地之剥削制度。

第五条　凡不劳动利用土地私有权，以租佃制度直接剥削农民者，均为地主阶级。此等地主阶级，无论其土地为何种人所有，或多或少，只因其为剥削关系之故，均须一律没收归苏维埃处理。

第六条　凡大规模的及有共同性质的森林、河道、矿山、公共建筑物，及一切水利公产等之不便分配者，概归苏维埃政府经营管理。

---

①　这一土地法是红二军团于1930年7月27日攻占长沙后，由湖南工农兵苏维埃政府在7月29日颁布，刊登于1930年8月2日出版的《红军日报》。

第七条　凡现在从事于农业之农民，及目前无他项生产事业以维持其生活之劳动贫民及其家属，无论男女老幼均得享受土地使用权。

第八条　中国土地制度的前途，在现时中国资本主义不能向前发展，和无产阶级领导力量日益加强，特别是在苏联和世界无产阶级帮助之下，必然可以走向社会主义的前途，中国贫苦工农，亦只有实现社会主义，才能根本得到解放。故政府目前必须渐次采用农业生产合作制度，以政府的力量，帮助集体农业经济之发展，以达到实现社会主义之目的。

第三章　土地分配法

第九条　凡以使用土地获得农业生产品以供给生活需要为目的，而非以剥削他人为目的者，即以自己的劳力，耕种土地，或以一部劳力自己经营管理耕种土地而非出租土地之农民及其家属，无分男女种族地域之界限，均得分配土地，但非劳动之剥削阶级及反革命者不得分配土地，故分配土地以下列各种人民为限：

（一）无地及少地的农民及其家属。

（二）以自己的劳力耕种土地的自耕农及其家属。

（三）红军官兵及政府机关职员，目前完全脱离职业专从事革命工作者的家属。但其本人因自身生活问题已经解决，且因从事革命工作无法兼顾耕作者，不分土地。

（四）凡乡村中的手工业、小商人、小学教师及自由职业者，因长期失业而无他项职业者及其家属，但其有职业或能维持其生活者，一律不分土地。

（五）失业之雇农，且其要求分配土地有能力耕种不致荒废者及其家属。

（六）社会上之乞丐流氓盗贼及一切无业游民，其愿以劳力耕种土地者，但其懒惰成性不能改变其游惰、掠夺、鸦片、赌博等非正当行为者，不得分配土地。

第十条　凡红军官兵政府机关职员及一切完全脱离职业专从事革命工作者，家属所分之土地，无力耕种者得雇人耕种，或与其有劳动能力之亲属合并，共同耕种土地，以维持其生活。无力雇人而无亲属者，得由当地苏维埃政府指导农民帮助其生产，以维持其生活。

第十一条　分配土地数量的标准，须调查当地土地人口之实际情形分配之。可按每一个农家劳动的强弱，人口的多少，及土地之肥瘦为原则，由乡民代表大会或群众大会讨论议决具体办法，交乡苏维埃政府执行分配之。但目前为满足农民的要求，迅速解决土地问题起见，得依照乡村土地人口的多少，以人口为标准，马上实行男女老幼平均分配。

第十二条　分配土地应以乡为单位，由苏维埃政府土地委员会调查土地人口的数量，共同分配之。如有数乡相毗连的或因多者因少者等特殊情形时，得由数乡联合为一个单位共同分配之。但事前须报告苏维埃政府，得其批准方能执行。

第十三条　分配土地之方法，以该农家居住附近之土地分给之，实行抽多补少的办法，依照分配土地之标准分配之。分配后由苏维埃政府详细登记，并制定木牌插于分配土地之界线中，载明此土地的生产数量及为何人耕种等字样。

第十四条　凡死亡、或出外而其土地无人耕种者，得由苏维埃政府收回，重新分配外来或新生者耕种。

第十五条　凡一切大规模有共同性质之森林、矿产、水利、公共建筑及开发公产之不便分配而便于管理者，概归苏维埃政府管理。其便于分配且需要多量劳力经营管理之山土、果园、茶山、桐山等，均可分配农民使用。

第十六条　凡私人请求经营公共产业以发达生产者，或为私有需要请求采取以供日常需要者，须经当地苏维埃政府之批准，其重大者须经县及省苏维埃政府之批准。

第四章　农业合作社

第十七条　为实行保护雇农利益，救济失业贫民，及组织集体农场，渐次采用新式生产方式，改进农业生产，实行领导农民走向建设社会主义经济的道路，政府须竭力奖励提倡农业生产合作事业。

第十八条　农业合作社之组织法另定之，目前可分两种形式组织之：

（一）政府出资组织之集体农场，由每乡苏维埃政府计划一块公共地，召集无力独立生产之雇农及失业贫民共同耕种，生产品共同分配。

（二）个人集股合资组织之农业合作社，由缺少资本与农具之农民自由联合组织之，按各个社员所出资本与劳力的多少而分配所得生产品之成数。

第五章　农业累进税

第十九条　为维持苏维埃政权，如扩大红军赤卫军等的需要，及增进群众利益，如设立红色医院，创办各种学校，便利交通，救济失业民众，抚养老弱残废等需要，政府得依照农民的经济状况，征收农业累进税。

第二十条　农业累进税，须按农民的收入及经济地位之优劣而定征收之等级，对贫农须一律免征。

第二十一条　农业累进税，须于建立苏维埃政府分配土地农民得着实际利益之后，始能由县以上之苏维埃政府公布征收之。

第二十二条　农业累进税，概作各级苏维埃政府之经费，其各级应得之比例，由县或省苏维埃政府临时公布之。

第六章　债务与借贷

第二十三条　宣布过去一切高利借贷概作无效，一切期票借字尽行焚烧。

第二十四条　雇主所欠工人之工资，小商店日常货账，及无息金、无票据的临时扯借，应一律偿还。

第二十五条　凡工农贫民典当之物件及房屋，概行收回，交归原出当人。

第二十六条　苏维埃政权之下，禁止高利借贷，其最高年利不得超过一分。

第二十七条　凡因债务问题发生纠纷时，由当地苏维埃政府裁判之。

第七章　附　则

第二十八条　本土地法经省工农兵代表大会正式通过之后，由省工农兵苏维埃政府公布施行之。

选自《红军日报》，1930年8月2日。

互校版本：

1.《中国新民主主义革命时期根据地法制文献选编》，第四卷，中国社会科学出版社

1984 年出版，第 112～117 页。简称“社科法制版”。原件未注明史料来源。

2.《第二次国内革命战争时期土地革命文献选编（1927—1937 年）》，中共中央党校出版社 1987 年出版，第 293～298 页。原注：“原载《红军日报》1930 年 8 月 2 日”。

21. 湘鄂西土地革命法令

1930 年 10 月湘鄂西第二次工农兵贫民代表大会通过

第一条　没收一切地主阶级的土地和财产。

第二条　没收富农所余出佃的一部分土地，不动中农的土地。

第三条　没收教堂、庙宇、祠堂、会馆占有的土地及一切带有公共性质的土地。

第四条　没收的土地，由政府召集群众大会讨论，平均分配无地和少地的农民，及失业贫民，男女老幼均可分得土地。

第五条　红军战士及其家属亦得分配土地。

第六条　退伍兵士、投诚土匪，只要是本地人民亦得分配土地。

第七条　雇农要求分配土地亦应分配土地。

第八条　无业游民，只要不是反革命，亦可分配土地。

第九条　土地有余时，可分一部分给非富裕的中农。

第十条　不禁止雇佣耕种，不禁止买卖。

第十一条　豪绅地主和农民间的一切口头的或文字的契约字据，一概交由政府焚毁之。

第十二条　废除豪绅地主军阀政府所设立一切捐税。

第十三条　政府只按照累进率的原则收公益费。

第十四条　取消一切高利贷，通常借贷利率，不得超过年利二分。

第十五条　取消当业。

第十六条　由政府设立农民银行办理储蓄借贷。

第十七条　政府帮助人民组织生产、信用、消费等合作社。

第十八条　统一币制，统一度量衡。

第十九条　政府办理土地工程，整顿水利，防御天灾以及移民事业。

第二十条　政府须多办及协助人民自办公共农具场，帮助没有农具的农民。

第二十一条　农民要求组织集体农场，政府得帮助之。

第二十二条　所辖区域内之农民协会及革命委员会得有没收和分配土地，焚烧豪绅地主与农民间的契约，取消高利贷等权限。

选自《第二次国内革命战争时期土地革命文献选编（1927—1937 年）》，中共中央党校出版社 1987 年出版，第 351～352 页。

互校版本：《中国新民主主义革命时期根据地法制文献选编》，第四卷，中国社会科学出版社 1984 年出版，第 118～120 页。原件未注明史料来源。

22. 上杭县东山区苏维埃布告
转发闽西政府第二届第二次委员会规定之租田条例

1930年12月30日

一、农民老弱残废无法维持生活者，得出租田地。

二、红军士兵及贫苦农民（无人耕田无耕牛农具的）无法耕耘不能生活者，得出租田地。

三、在政府工作人员不得出租田地，万不得已的，需经贫农团认可，上级政府批准。

四、出租田地收租谷由［出］租人承租人商量，但不能超过过去土地私有制时期的收租数量。

五、出租田地要先经过贫农团认可，政府批准。

六、田地出租限期三年，在三年内或三年外要收回时，须得政府批准。

七、出租田地的土地税，由承租人向政府加五缴纳（例如收百分之十的要收百分之十五）。

八、剩余田地出租者，如家庭经济充裕的，即应将其田地收回分给贫民耕耘。

以上条件是民权革命阶段过程中的一种办法，绝不是鼓动群众租田，只可答应群众的要求，同时出租田地的农民，一定要具备上列条件经过上列手续，如不照上列条件私行出租田地者，一经查觉，当予处罚，此布。

闽西上杭县东山区苏维埃主席　钟宝华

选自单行手抄件。原件未注明史料来源。

23. 苏维埃土地法

1930年中国革命军事委员会颁布[①]

第一章　土地之没收及分配

第一条　暴动推翻豪绅地主阶级政权后，须立刻没收一切私人的或团体的——豪绅、地主、祠堂、庙宇、会社、富农——田地、山林、池塘、房屋，归苏维埃政府公有，分配给无地、少地的农民及其他需要的贫民使用。只有农民协会，尚未建立起苏维埃的地方，农民协会亦可执行没收及分配。

第二条　豪绅地主及反动派的家属，经苏维埃审查，准其在乡居住，又无他种方法维持生活的，得酌量分与田地。

① “经济史长编”称作“中国革命军事委员会土地法”。多数只标出“1930年”，唯有“社科法制版”标作“1930年6月”。

第三条　现役红军官、兵、夫及从事革命工作的人，照例分田，并由苏维埃派人帮助其家属耕种。

第四条　乡村中工、商、学各业能够生活的不分田，生活不够的，得酌量分与田地，以补足他的①生活为限。

第五条　雇农及无业游民，愿意分田的，应该分与田地。但游民分田的，须戒绝鸦片、赌博等恶嗜好，否则苏维埃收回他的田地。

第六条　旅外不在家乡的，不分田。

第七条　分田以乡为单位，由某乡农民将他们在本乡及邻乡所耕田地总合起来，共同分配。如有三四乡互相毗连的，内中几乡田多，几乡田少，若以一乡为单位分配，那田少之乡不能维持生活，又无他种生产可以维持生活的，则以三四乡合为一个单位去分配，但须经乡苏维埃要求区苏维埃批准。

第八条　为满足多数人的要求，并使农人迅速得到田地起见，应依乡村人口数目，男女老幼平均分配，不采以②劳动力为标准的分配方法。

第九条　城市商人及工人，以不分田为原则，但失业工人及城市贫民要求分田者，得酌量在可能条件之下分配之。

第十条　为求迅速破坏封建势力并打击富农起见，分田须按抽多补少、抽肥补瘦的原则，不准地主富农隐田不报及把持肥田。分田后，由苏维埃制定木牌插于田中，载明此田生产数量，现归某人耕种。

第十一条　所有豪绅、地主、富农及祠庙公田的一切契据，限期缴交乡苏维埃，或乡区农民协会，当众焚毁。

第十二条　田地分配后，由县苏维埃或区苏维埃发给耕种证。

第十三条　凡乡中死亡、改业和外出的，将他所分得的田地，收归苏维埃再行分配。外来或新生的，苏维埃应设法分与田地，但须收获之后。

第十四条　暴动分配田地，在农民业已下种之时，田中生产即归分得该部田地之农民收获，原耕人不得把持。

第十五条　菜园、河坝、荒地（能耕种杂粮的）要分配。大规模池塘不便分配的，归苏维埃管理营业或定价出租。

第十六条　竹山、木梓山，须按照其收成，折成③田亩计算，合并田地分配。但其原来系雇佣劳动，设厂制造，有工业资本性质的，可由苏维埃整个出租，不必分配。

第十七条　松杉等项山林，由苏维埃政府经营或出租，但该乡人民须用以修坡圳，建造公物公屋，修理被反动派焚烧的房屋等等。要用木料时，经区苏维埃政府批准，可以采用。

第十八条　柴火山由苏维埃政府公禁公采。

---

① “江西法律版”“经济史长编”为“他的”，“社科法制版”为“其”，“江西史料版”和“西南函授版”为“其他”。

② “江西史料版”和“社科法制版”“西南函授版”为“不采以”；“江西法律版”“经济史长编”为“不以”。

③ “经济史长编”漏掉“折成”二字，其他几种版本皆有此二字。

第十九条　为满足贫苦农民要求[①]起见，应将所有没收田地，尽数分与他们，苏维埃不必保留。但在某种情形之下，得将分不完的部分，建设模范农场，或临时出租。同时得保留没收房屋之一部分，为公共事业之用。

第二章　废除债务

第二十条　工农穷人欠豪绅地主富农之债，一律不还。债券借约，限期缴交苏维埃或农会焚毁。

第二十一条　豪绅地主及商人，欠公家[②]或工农贫民之债，不论新旧，都要清还。

第二十二条　工人贫民在暴动前欠商家交易之老账，无论是否商业高利贷的，或是否本身之账，一概不还。

第二十三条　工农穷人自己往来之账，在暴动前借的，原则上亦一概不还。只有那种以友谊扶助为目的，不取利息之债，经借债人自己愿意归还的，不在此例。

第二十四条　工农穷人典当物件及房屋与豪绅地主、富农[③]及典业商人，无条件收回抵押品。

第二十五条　钱会谷会，概行取消。

第二十六条　苏维埃政权之下，禁止高利贷。由县苏维埃按照当地金融情形，规定适当利率，但不得超过普通资本在当地一般经济情形中所得利率之数。

第三章　土地税

第二十七条　为打倒反革命的需要（如为了扩大红军及赤卫队，供给政权机关等）及增加群众利益的需要（如设立学校、看病所，救济残废老幼，修理道路坡圳等），苏维埃得向农民征收土地税。

第二十八条　土地税以保护贫农、联络中农、打击富农为原则，须在苏维埃建立之后，而且群众已经得到实际利益，经高级苏维埃批准时，才可征收。

第二十九条　土地税按照农民分田每年收谷数量，分等征税：

1. 每人分田收谷五担以下的，免收土地税；
2. 每人分田收谷六担的，收税百分之一；
3. 每人分担收谷七担的，收税百分之一点五；
4. 每人分田收谷八担的，收税百分之二点五；
5. 每人分田收谷九担的，收税百分之四；
6. 每人分田收谷十担的，收税百分之五点五；
7. 每人分田收谷十一担的，收税百分之七；
8. 每人分田收谷十二担的，收税百分之八点五。[④]

以后每加收谷一担，加收土地税百分之一点五。

第三十条　土地税之收入支出，须统一于高级苏维埃政府，低级政府不得自由收支。

---

① “经济史长编”漏掉“要求”二字，其他几种版本皆有此二字。

② “经济史长编”为“公众”，其他几个版本皆为“公家”。

③ “经济史长编”此处有“富农”，其他几个版本皆无“富农”。

④ 有的版本印作“百分之八”，有的印作“百分之八点五”，按累进税率原则应是“百分之八点五”。

支付标准，按照税收多寡及各级政府需要的缓急轻重，由高级政府决定。

第四章　工　资

第三十一条　农村手工业工人及雇农，以前工资过低的应该提高。以后工资数目，由苏维埃依照生活物价涨跌①及农民收入丰歉两个标准决定之。乡区苏维埃规定工资，须得县或省苏维埃批准。

选自《中华苏维埃共和国法律文件选编》，江西人民出版社1981年出版，第366～369页。简称"江西法律版"。原注："选自福建省档案馆馆藏史料"。

互校版本：

1.《中央革命根据地财政经济史长编》上册，人民出版社1982年出版，第286～290页。简称"经济史长编"。原件未注明史料来源。

2.《中国新民主主义革命时期根据地法制文献选编》，第四卷，中国社会科学出版社1984年出版，第10～14页。简称"社科法制版"。原件未注明史料来源。

3.《中央革命根据地史料选编》下册，江西人民出版社1982年出版，第415～419页。简称"江西史料版"。原件未注明史料来源。

4.《中国新民主主义革命时期法制建设资料选编》，第三册，西南政法学院函授部编印，第81～85页。简称"西南函授版"。原件未注明史料来源。

24. 闽西永定县苏（维埃）关于土地问题草案

1930年

一、目前永定土地情形

（一）土地革命后的现象

1. 封建势力已经消灭——地主阶级经济基础铲除干净，他们中间死的死，屈服的屈服，就有些还在着的，失了生活的经济来源，而且成了农民的死敌，不能存在于农村。因此，整个封建势力在赤色农村中已经消灭干净。

2. 农民束缚解除，经济向前发展——农村中封建剥削取消了，农民得了土地，有了粮食：(1) 大部分农民不须再靠（当）雇工挑担为生活，能尽其劳动力去经营土地；(2) 土匪、盗贼、烟赌绝迹，真是夜不闭户，野无流氓，社会上大部分人类等于被（分）去劳动；(3) 水利相当改善；(4) 土地因为人工充足而得改良；(5) 肥料因人力制造及资本购买而增加，结果今年早禾虽缺乏牛工，但肥料比较充足。所以一般人说来，今年收获比上年还要好些，这证明土地生产在封建束缚解放之后，得到了初步的发展。

3. 富农路线会减少了土地生产——过去田地之分配犯了富农路线，因为政权落在富农手里，没有做到抽肥补瘦的办法，贫农雇农所领田地都是山田或瘦田，生产异常之低，

---

① "经济史长编"为"物资涨跌"，其他几种版本皆为"物价涨跌"。

尤其是因为分田时要补还原耕种农民（其实多是富农）工资肥本，因此贫农雇农虽领了田地，却很难耕种。同时又兼以剪刀现象，遂使有些田地荒芜，这可证明富农路线足以减少土地生产。

（二）土地革命后坏的现象

土地革命只能减少农民痛苦，不能根本解决社会上生活问题。

现在农村中米价低落，出产不销，农民依然无担挑，无钱用，只死板地耕点田地。同时商业资本涣散，新的社会资本尚未形成，加以白色势力经济封锁，外来工业品价格一般的提高，形成剪刀现象，使农民购买力低落，因而造成市场冷落，手工业停滞，工人失业加多。这样，又会障碍土地生产的发展。这一现象虽然不很厉害，但确是社会全般的痛苦，这证明土地革命只能减少农民的痛苦，不能根本解决整个社会生活问题。因为永定和整个闽西都是农村经济，而现在社会生活专靠土地出产是不够的，它部分要靠城市工业生产。在整个中国革命尚未成功以前，永定农村经济与外面大城市经济不能流通、配合，而且时刻受了障碍与破坏。这样，群众痛苦是不能解决的，唯一的出路只有在中国革命成功以后，工人阶级取得了城市工业生产，使城市经济与农村经济在苏维埃支配之下取得联系，急速转变到社会主义的生产。这样，剪刀现象才可以改变，土地生产才可以加速发展。

二、检阅过去的策略

1. 平分田地的最大优点是斗争争取了广大群众。

2. 平分田地不独不会减少生产，而且会增加生产。反之，以劳动力分配土地却会减少生产。虽然田多地方一部分人不愿意多耕田地，但这是剪刀现象酌结果，更证明要平分田地以强迫劳动才能维持生活。

3. 田少的地方机械式运用分田策略，不加限制，连商人都分予田地，结果发生转租的现象，变相剥削地租。

4. 分田政纲虽然规定“抽多补少，抽肥补瘦”，但末后却说不可妄想平均以（减）少手续，这恰好为富农利用，尤其是富农把持政权的地方分田时，富农占了优势，帮助了富农发展。

5. 分田后，田不是归分田者所有，而归原耕种农民收获，或分田人补以相当工资。这是保护富农或新富农，是富农路线。

6. 不取消一切债务及商家账目，和店租减半征收，是富农路线。

7. 没收杉材与耕牛，取消房租，是反富农斗争的开始，但山林问题执行得不充分。

8. 粮食调剂局是反富农斗争的开始，是认识富农的验器，但现在各区还没有注意迅速普遍组织起来。

9. 分田有部分地方不平均（如溪南区），以劳动力以人之岁数来分配，这是会减少生产。

10. 金丰（区）自耕农的田不分，是富农路线。

三、今后土地政纲

（一）防止富农资本发展

①缴收累进税；②迅速普遍组织粮食调剂局，向富农借款；③减少和限制耕牛力钱；

④没收反动富农的耕田及农具；⑤没收转租或出租者的好谷子，无阶归与耕田者所有；⑥照抽多补少、抽肥补瘦的分田方针，将以前为富农把持政权时所分的田地迅速地重分过；⑦分田以按照劳动力来分配的（如溪南区），须迅速地重新平均分配，发动雇农贫农切实调查田地，如果过去分田时有虚报田地者，须使其忠实补报；⑧金丰区田地须按人口平均分配，要以抽多补少、抽肥补瘦方法，但商人、在业工人不分；⑨切实做到调查工作，如有秘密转租者，则收其谷子无价归耕田者所有，如系富农、商人须加以处分。

（二）建立集体农场生产。

1. 迅速地组织农业合作社，并鼓励和帮助农业合作社的发展。

2. 对农业合作社减征土地税。

3. 没收的耕牛首先要借与农业合作社。

4. 政府贷资本与合作社。

5. 准农业合作社调换田地。

（三）改良土地

1. 大规模地整顿水利。

2. 输入肥料。

3. 选择种子。

4. 改良土地和工作方法。

5. 帮助雇农、贫农资本和农具。

6. 迅速以区为单位组织农事试验场及农业研究会，以改良农业生产。

7. 发动农民开垦荒芜的田地；最近一二年荒芜者可免收三年土地税。如果荒芜多年，要很大力量才能并辟者，可以四年或五年免收土地税。

8. 土地生产要准备社会主义条件。争取社会主义胜利前途。

土地革命后，富农容易转变到中农，贫农一部分也曾发展为富农。这些富农在苏维埃法令取缔之下，虽然不敢经营封建剥削，但经营商业资本剥削雇佣劳动，这些资本主义剥削的方式是向前发展了。虽然在帝国主义、大资本压迫之下剪刀现象的发展，与大农场经济没有建立形成，富农发展是异常之困难的。但如果苏维埃政权落在非无产阶级手里，或策略上犯了富农路线，不能限制富农之发展，不能把富农资本转移到社会主义下面来经营大规模农业生产，而仍旧让土地生产停顿在小农经济的现状，则农村经济仍然不能发展，工农群众痛苦仍然不能解除，这样是于整个社会不利的。因此，土地革命取得相当胜利的现在，为了救济目前剪刀现象的痛苦，为了开辟将来农村经济之发展，土地革命斗争的总路线必然要准备社会主义的条件，争取社会主义胜利的前途。

选自《中国新民主主义革命时期根据地法制文献选编》，第四卷，中国社会科学出版社 1984 年出版，第 99～103 页。原件未注明史料来源。

25. 闽西上杭县第一次工农兵代表大会决议案（节录）——土地粮食问题

1930 年[①]

（一）分谷问题

1. 凡土豪、劣绅、福会、众堂以及反动分子的米谷概行没收，分与贫民，但其家属不反动者亦可照分。

2. 凡收租谷五十石以上之地主，将谷子没收分配与无米吃之贫民。

3. 五十石以下之小地主谷子不分，但须限价，每斗谷子小洋叁角发粜贫民，不准米谷商人垄断。

4. 为保护商家交易起见，商店米价不加限制。

5. 各乡没收来之谷子，由各乡自行分配，但米谷够吃者不分。

（二）土地问题

1. 一切地主、土豪及福会、众堂等田地，不论典当与卖绝，一概没收，归苏维埃政府分配与农民耕种。

2. 凡未分配的地方，要马上分完，已分配的地方，要登记，由县政府发耕田证。

3. 分田以人口平均分配为原则，但田地少者例外，分田标准与手续由县政府定出详细办法。

4. 分配后的田地不准买卖典押，或私相授［受］，违者严办。

5. 自今年起永远取消田租，强收者和送租者罚。

6. 所有地主阶级的田契佃批等，限期缴交当地政府焚烧，违抗不交者枪决，但自耕农田契不烧。

（三）山林问题

1. 所有土豪地主以及公堂、公山、山场一律没收归公，山契焚毁，但农民自力耕山者不没收。

2. 没收来之山场如系茶山竹山，又系山多田少而农民要求分配者，可由苏维埃政府酌量按照分田办法分给农民使用。

3. 没收来之山场出产品——松杉杂树由乡政府没收，竹茶之类则由乡政府以低税出租，所得价款乡得六成，县区各得两成。

4. 没收来之山场如系农民租种者，其种植之山林出产品不没收。

5. 山中蕴藏矿产者概归县政府公有，煤矿任人采掘，不收捐税，但须向政府请准登记。

6. 凡山林税率及采伐问题，由县政府按情规定详细办法，通令实行。

（四）债务问题

1. 工农穷人欠土豪地主，反动派之债不还，债券借约限期焚毁，违抗者办。

---

① 原件未注明年月，从内容推断为 1930 年。

2. 利息高至二分以上之高利债务不还，不到贰分者还本不还利。

3. 凡属赌债及勒骗的债务一概取消。

4. 工农穷人自己往来之债仍旧要还，但古历十八年元旦以前老债不还。

5. 对商家交易之账［仍旧要还］①，但古历十六年底以前旧账取消，非本身所欠之账也不还。

6. 以后利息率最高不得超过一分半，违者以高利贷办罪。

7. 农村中银会、谷会仍须维持，但欠土豪及反动派会款不还，首会会款取消。

8. 商家借土豪、公堂、福会的债，归政府没收，不取利息。

9. 豪绅地主反动派欠工农穷人的债仍要还，但其家产经政府没收者不在此限。

（五）捐税问题

1. 所有以前军阀时代的政府衙门、民团、商团、厘卡等捐税一律取消，收捐者格杀勿论。

2. 店税一律减半，其属土豪地主反动派及公家之店税，归县政府征收。

3. 各圩场摊子税减半，共属于土豪地主反动派及公家之摊子税，由区政府征收。

4. 为补助残废老弱及建设地方公共事业并政府赤卫队等用费起见，政府得向农民征收土地税。

5. 在未分田以前，土地税之征收分三等：米谷够吃者收一成，有余者收成半，有余粮二十担以上者抽二成，只有半年粮者收半成，不够半年粮者不收。

6. 已分田地方土地税征收分三等：①分田五担以上者收一成半；②三担至五担者收一成，三担以下者收半成；③分田十担以上者收二成。

7. 土地税由乡政府征收分配，乡政府得五成，区县政府各得二成，闽西政府得一成。

（六）粮食问题

1. 赤色区域中粮食要彼此流通，但对白色区域则由区以上政府经营，限制输出。

2. 为维持各地粮食起见，凡粜米者须得乡政府粜米证，不得自由多粜，致现时米多，跌价以后米少饥荒。

3. 对城内粮食，政府应设法办理平粜，并准各区自行筹款，买米救济贫民。

4. 各区乡政府应调查各乡所存米谷，报告县政府，以便调剂。

5. 商家贩运米谷，价格不可限制，办米者由政府给予采办证。

选自《中国新民主主义革命时期根据地法制文献选编》，第四卷，中国社会科学出版社 1984 年出版，第 103～106 页。原件未注明史料来源。

26. 赣西峡江县土地暂行条例

1930 年

（一）所有豪绅地主阶级、祠堂、庙宇公田的契据，限期缴交乡、区苏维埃政府或区

---

① 此处疑有遗漏，参照 4 补以“仍旧要还”。

农民协会当众焚毁。

（二）推翻土豪劣绅政权，没收一切豪绅地主阶级、祠堂、庙宇的田地、山林、池塘、房屋归苏维埃所有，由苏维埃分给贫苦人民。

（三）以乡为单位分田。将没收的土地，采取抽多补少，抽肥补瘦的办法，按乡村人口的数目按人平均进行分田。分田后，由苏维埃政府发给土地证。

（四）红军官兵和革命工作者照例分田，并由群众帮助家属耕种。

（五）工农穷人欠豪绅地主的债务一律不还，债簿、债约限期缴交苏维埃政府或农会焚毁。豪绅地主及奸商欠公家或工农贫民的债务，不论新旧账目都要还清。

（六）工农穷人典当给豪绅地主的田地、房屋和其他一切物件，工农群众可以无条件收回抵押品。

（七）豪绅地主、奸商接取工农穷人的钱会、谷会，应将钱谷交还给穷人，该会取消。而工农群众接取豪绅地主、奸商者，不必交还谷钱，而会亦取消。

（八）工农群众欠商家交易账，而非高利贷者，仍应归还。但若非本身的账则不还，年限太久的账亦不还。

（九）苏维埃政府禁止高利贷。

选自《中国新民主主义革命时期根据地法制文献选编》，第四卷，中国社会科出版社1984年出版，第132页。原件未注明史料来源。

27. 毛泽东：《民权革命中的土地私有制度》①
——中央革命军事委员会总政治部给江西省苏维埃政府的信

1931年2月28日

曾山同志并转省苏维埃诸同志：

现在春天到了，各地农民动手耕田的还很少，这件事值得我们注意。为什么农民动手耕田②的很少呢？有些固然是习惯上的原因，耕田时季素来推迟，但除了这个原因之外，据我们调查还有：（一）田没有分定；（二）耕牛缺乏；（三）红白交界靖匪威胁，不好耕田几种原因。

关于田没有分定一层，在现在红色区域是个大问题。过去田归苏维埃所有，农民只有使用权的空气十分农厚，并且四次五次分了又分，使得农民感觉田不是他自己的，自己没有权来支配，因此不安心耕田。这种情形是很不好的。省苏应该通令各地③各级政府，要

---

① 本文是一封信，原无标题，学术界根据内容拟定为“民权革命中的土地私有制度”。有的印作“中央革命军事委员会总政治部给江西省苏维埃政府的信”。收入《毛泽东文集》时，改为“关于加强春耕工作的意见”。但本文的核心内容是说明土地私有制度的重要意义及其相关的政策法律，前两标题比较恰当。

② 《毛泽东文集》丢一“田”字。

③ “湖南财经版”丢“各地”二字。

各地政府命令[①]布告，催[②]促农民耕种，在命[③]令上要说明过去分好了的田（实行抽多补少、抽肥补瘦了的）即算分定。[④] 得田的人，即由他管所分得的田。这田由他私有，别人不得侵犯。以后一家的田，一家定业，生的不补，死的不退，租借买卖，由他自主。田中出产除交土地税于政府外，均归农民所有。吃不完的，任凭自由出卖，得了钱来供给另[⑤]用，用不完的由他储蓄起来，或改良[⑥]田地，或经营商业，政府不得借词罚款，民众团体也不是勒捐。那些说农民余钱剩米归苏维埃公用的话，完全是谣言。农民一家缺少劳力耕田不完，或全无劳力，一点不能自耕的，准许出租，租完多少，以两边[⑦]不吃亏为原则，由各处议定。还有红色区域准许自由做生意，赚得钱来，均归本人。以上这些规定，是民权革命时代应该有的过程。共产主义不是一天做得起来的，苏联革命也经过许多阶段，然后才达到现在社会主义的胜利。这是希望各级苏维埃及民众团体负责同志大家明了的。实行上述办法，AB团等反动派别或者要乘机造谣，说共产主义不成功了，又要恢复地主制度。各级政府负责同志，便应根据民权革命的意义加以驳斥。说明只有实行现在民权革命时代所必要的政策，才是真正走向共产主义的良好办法，决不是什么恢复地主制度。那些反动派别的话，完全是错误的。

缺牛一层，第一，要提倡耕种互助，邻近乡村牛多的帮助牛少的耕田。但这种帮助，不是完全白送，除牛多人家自愿送耕不要租钱之外，应该准许租牛。只有正式准许租牛，才能相当解决缺牛问题。第二，全乡或全区缺牛太多，简直不能下耕的，县区乡等级政府，应为设法调剂，鼓动牛多区乡把牛出借或出卖。在这里县区两级政府，应有全县全区牛数的调查。有了这个调查，才能实行调剂。第三，禁止杀牛。现在一边缺牛，一边各圩市尚有杀牛的，违反贫农利益，应加禁止。第四，红白两区域一般农产品与工业品流通交易，应许完全自由。没有特殊情形（如米荒时）不加禁止并不限价（红色区域内部更不限价）。但目前贩牛出口，因为红色区域缺牛太甚，影响很大，应暂时禁止。

至于红白交界，农民受靖匪威吓不敢耕田，以致荒了许多田地。解决这个问题，只有领导工农武装向地主武装猛力进攻，使红色区域向前发展，过去不能耕种的地方，便可以耕种了。

---

① “党史资料版”和“人民经济史版”此处为“命令”，《毛泽东文集》印作“录令”。

② “党史资料版”和“人民经济史版”此处为“催促”，《毛泽东文集》印作“推促”。

③ “人民经济史版”“湖南财经版”为“在命令上”，“党史资料版”印作“在命（令）上”，《毛泽东文集》印作“在令上”。

④ 关于这段话应如何断句，学界一直存在分歧。人民大学出版社1979年出版的《中国革命史讲义》第322页写到：“过去分好的田（实行抽多补少、抽肥补瘦了的）即算分定得田的人”，“这田由他私有，别人不得侵犯”。“人民经济史版”，采用两种断句法，一种是该书第291页第二自然段，同意上述分法，即：过去分好的田“即算分定得田的人”，“这田由他私有，别人不得侵犯”。但在第三段节录全文时，却是另一种分法：“过去分好了的田（实行抽多补少、抽肥补瘦了的）即算分定，得田的人即由他管所分得的田，这田由他私有，别人不得侵犯”。《毛泽东文集》采用第二种分法，是正确的。不过，在“过去分好了的田就算分定”，此处应加句号。因为该文第一层的意思是解决田地分定了没有？回答是肯定的：“就算分定”，以后不再重分。编者认为这是实施农民土地私有权的大前提。

⑤ “党史资料版”和“湖南财经史料版”“人民经济史版”皆为“另用”，《毛泽东文集》印作“零用”。

⑥ “党史资料版”和“人民经济史版”“湖南财经史料版”，此处皆为“改良田地”，《毛泽东文集》无“良”字。

⑦ “人民经济史版”和“湖南财政史料版”皆为“两边”，《毛泽东文集》则无“边”字。

以上意见望讨论施行，并复信给我们为要。

中央革命军事委员会总政治部主任　毛泽东

二月二十八日

选自《毛泽东文集》，第一卷，人民出版社 1993 年出版，第 256～258 页。原注：“根据中革军委《总政治部通讯》第四号刊印”。

互校版本：

1.《中共党史参考资料》，第六册，中国人民解放军政治学院党史教研室编印，第 383～384 页。简称“党史资料版”。

2.《中央革命根据地财政经济史长编》上，人民出版社 1982 年出版，第 291～292 页。简称“人民经济史版”。该书第 291 页说明：“毛泽东在总结了实践经验，根据共产国际和三中全会指示精神，于一九三一年二月二十八日以中央革命军事委员会总政治部主任的名义，给当时江西省苏维埃政府写了一封题为《民主革命中的土地私有制度》的信”。

3.《湘赣革命根据地财政经济史料摘编》，湖南人民出版社 1986 年出版，第 221～222 页。简称“湖南财经版”。原注：“毛泽东：《给江西省苏维埃政府的信——民主革命中的土地私有制度》1931 年 2 月 28 日”。

4.《第二次国内革命战争时期土地革命文献选编（1927—1937 年）》，中共中央党校出版社 1987 年出版，第 389～390 页。原注：“原载中央革命军事委员会《总政治部通讯》第 4 号”。

28. 江西省土地问题提纲

1931 年 3 月江西省县区苏维埃主席联席会议通过

一、帝国主义侵略与农村经济破产

1. 洋货侵入与土货衰败，农村自足经济的打破。

2. 地主需要增加，就加重了对贫苦农民的剥削。

3. 金钱需要增加，在军阀混战的破坏剥削，使农民更加贫困化。

4. 农村失业人数的增加，与土地要求迫切。

二、中国旧有田地分配与阶级关系

甲、土地分配：

1. 土地大部分在地主阶级手里，约占百分之三十。

2. 富农占有的土地仅少于地主，约占百分之二十。

3. 公田地是地主富农所掌握，约占百分之二十。

4. 中农土地占百分之十五。

5. 贫农土地占百分之十至十五。

乙、中国人口之比较：

1. 地主、富农占人口百分之十。

2. 中农占人口百分之二十。

3. 贫农、独立劳动者、雇农及其他贫民共占人口百分之七十。

丙、剥削方法：

1. 地租百分之五十至八十。

2. 利息年利百分之三十至百分之四十。

3. 捐税种类甚多，不胜枚举。

4. 商业资本高与［向］农民低价收买农产品。

三、土地革命是中国革命的主要内容

1. 打倒封建势力。

2. 打倒帝国主义。

3. 满足农民土地要求，解放广大贫苦农民群众。

4. 消灭兵匪战祸，防御天灾。

5. 发展生产，解决中国的贫乏问题。

四、坚决领导平分

1. 没收地主阶级的、公共的、富农的及其他的私有者的土地，执行一切土地平均分配。

2. 平分土地是粉碎封建势力，彻底完成民权革命，走向社会主义的必经桥梁。

3. 一切平分是土地革命中的一个重要原则。

4. 分田不但要平，并且要快。很快地平分土地，才能很快地争取群众。

5. 平分就是要实行抽多补少、抽肥补瘦，田地质量不齐的，必须分上、中、下三等平均分配。

五、平均分配的方法

1. 应以乡为单位分配土地，但山多田少地方辽阔之乡，有些田少人多之村，群众自己要求以一个村或几个村为单位分配土地，经区政府批准后，得以一个村或几个村为单位分配。

乡界的划分，在可能范围内要注意田地的调剂，不可使一乡太多，一乡太少。那些划得不好，分田多寡相隔太利害，田少之乡多数群众要求再分时，须重新划分，再行分配。

2. 以人口为标准不分男女老少，以乡人口总数除一乡田地总数，平均分配。

3. 原耕总合分配。由本乡人口在本乡及邻乡所耕田地总合起来，平均分配。在必要时得由邻近数乡开联席会议，整理重划乡界，使一乡的人口耕本乡的土地。

4. 留公田问题：

(1) 人多田少之地方，为了满足群众的需要，完全不能留公田。

(2) 田多人少地方，除按人口需要平均分配外，得留出一部分土地作为公有，为国家移民之用。在移民未到前，发给或租给劳动力多的农民耕种，但声明必要时要收回的。

(3) 田尾分配不尽时作为公田，交雇农耕种或租给其他农民耕种，遇有移民来时，即把它分配移来的农民。

5. 实行分青，不补肥本。

6. 分谷问题。游击队初到时，必须分发谷物发动群众。群众斗争起来必发生平谷运动，应实行平均分地主富农的谷子，以满足群众的需要。这是新发展区域的必要的斗争，红色区域当不在内。

7. 分山问题：

（1）木梓山产普通行照田品[①]的法子（如兴国两石半茶子山品一石谷田），只有那些不便分割、群众又愿意共同经营的地方，可得区政府许可，可以联合经营，分开消费。

（2）竹木山：（一）普通的竹木山一概给农民，用平分办法及得由政府在各人所分山内保留一相当部分竹木，作公共修造之用；

（二）大规模的竹木山，除按山中居民需用，以一部分给他们应用，其余归政府管理出租或自己经营。

（3）杂粮果木山平分也照田品。

（4）柴火山以村为单位，竹木公禁公采，茅权流通采伐。

（5）荒山平均分配，奖励栽种。

（6）矿山归政府管理出租或自己经营，或任凭采取。

8. 分塘：

（1）所有池塘以灌田为主，养鱼次之。

（2）分配方法：（一）按照情况若干家合组养鱼；

（二）照田品。

9. 分屋：

（1）乡村房屋：在地主阶级房屋及富农多余房屋，除留出政府及群众团体公用一部分外，一概分给缺乏房屋的人。

（2）城市房屋：资产阶级的房屋不没收，地主阶级的反革命分子的房屋应该没收，除留出公用部分外，分与贫民工人居住。

10. 油槽水碓：富农地主的油槽、水碓没收归乡政府管理，但中农贫农不没收。

11. 耕牛农具：地主阶级的牛及富农多余的牛没收，分给无牛或少牛的人合组使用，富农多余的农具分配给缺乏农具的人使用，但不分组。

12. 雇农分田，雇农要那分田。

13. 贫乏的农村中，手工业工人及其他独立劳动者、小市镇贫民及其他自由职业者的家属照例分田，其本人半失业者分半田，全失业者分全田，不失业者不分。

14. 乡村小市镇贫苦小商人，如营业能维持一家生活者不分田。不能维持生活者，按人口酌量补助。

15. 富农分田与中农贫农一律，不能让他独霸好的，也不应故意分坏田给他。

16. 地主家属服从苏维埃法律不反革命的，应一律分田，强迫他们劳动。

17. 白军士兵应该分与田地，但白军官长不得分田。

18. 靖卫团丁是贫苦工农出身的，应分田给他，但半年不回家的，要把田收回。

六、民权阶段中分田后的土地问题。

1. 确定土地归农民私有，发展斗争，发展生产。

2. 生的不补，死的不退。

---

① 原注：系赣南地区群众的土话，意思是把山林折合成良田。

3. 土地可以自由租借，自由买卖，租额由出租者、承租者双方自由议定。买卖土地时应向政府登记。

4. 土地遗产任土地所有者生前自由处理，或分给子女，或送给继承亲属，或捐办公益，政府不加干涉。

5. 女子与男子间有平等土地权，结婚离婚时，对于自己的土地有完全自由处理之权。

6. 在肯定土地私有、允许自由贸易、发展生产之下，农村贫富的差别必然是难免的，只是团结广大的贫农与中农结成巩固的同盟，扩大斗争，争取民权革命的全国胜利，经过许多过渡阶段，取得国家财政帮助，使贫农的经济逐渐向前发展，由贫农中农的集体经济得到最后的解放，达到社会主义的胜利，贫苦农民群众才能挤倒富农的私人经济。

七、债务问题

甲、分田前的债务：

1. 暴动以前一切剥削债务，一概废除。

2. 豪绅、地主、富农和商人欠贫苦工农的账项，应一律照还。

乙、分田后的借贷问题：

1. 准许借贷，借贷要还。

2. 利率按各地情形规定，以不超过年利一分为原则。

选自《第二次国内革命战争时期土地革命文献选编（1927—1937 年）》，中共中央党校出版社 1987 年出版，第 395～400 页。

29. 土地是我们的，耕种起来呵！

1931 年 3 月 15 日江西省苏维埃政府发布

春天到了，马上努力耕种起来呵！

拼命斗争的结果，推翻了豪绅地主阶级、国民党，夺回了土地，我们要将土地斗争，联系到反对国民党军阀进攻苏维埃和红军的斗争。

去年的收获，比往年更丰富得多，而且快活得多；国民党的苛捐什税取消了，地主豪绅的封建剥削没有了，土地归我们所有了。过去我们没有一块土［地］，现在抽多补少，抽肥补瘦，匀匀称称，平平整整了，现在既经分配，便生的不补，死的不退了。现在的农村，都是我们的农村，不是压迫我们人的农村了！

可是，过去因反动军阀进攻革命和苏维埃工作上发生了好多错误，使我们惊慌不安，国民党军阀、靖卫团、守望队到苏维埃区域骚扰劫掠，抢牛抢谷，到处焚杀，使我们不能按时耕种。分田一次二次还分不成，使我们怕得了土地又靠不住，大家对富农的认识不清楚，打倒中农、贫农了，使我们恐慌，再加之反动的经济封锁，耕牛缺少，农具破坏了。这种种原因，确实使农民的不能努力耕种。

省苏维埃已经宣布了土地归农民，土地一经分定，土地使用权，所有权通通归农民。省苏维埃政府更要号召所有农友，努力耕种：

（一）大家互相帮助，解决耕牛、农具、种子等问题！

（二）赶速犁田，下种插禾！

江西省苏维埃政府

选自《第二次国内革命战争时期土地革命文献选编（1927—1937年）》，中共中央党校出版社1987年出版，第394页。

30. 闽西苏维埃政府通告　第五号地字第一号——关于租田问题

1931年春①

闽西过去分配土地，系按人口平分，无论男妇老幼，都分得了田地，解决了群众生活大部分的痛苦，推翻了封建势力。可是有一部分老、幼、残废、鳏、寡、孤、独及没有耕牛、农具或自己参加红军的革命群众，对于耕种田地，在生产工具及劳动力上都感受困难。同时，在这两个政权对立，两个战争对抗，国内战争严重的时候，我们要争取全国革命胜利，实行大规模的建设，而实现共产社会，目前政府建设养老院、育婴堂、残废院等，事实上尚做不到，所以这一般老弱残废无法生活，及参加红军工作的革命群众，虽得土地，亦不能很好地耕耘。因此本政府第二届第二次全体委员会，特规定了租田的办法，以减少这些人的困难，使当红军的人很安心地在外杀敌，更利于扩大斗争，同时亦可以增加土地生产，兹将出租田地的条例通过于下：

1. 农民老弱残废无法生活者，得出租田地。

2. 红军士兵及贫苦农民（无人耕田、无耕牛农具的）无法耕耘及不能生活者，得出租田地。

3. 在政府工作的人员不准出租田地，万不得已的须经贫农团认可，上级政府批准。

4. 出租田地其租谷田出租人与承租人商量，但不能超过过去土地私有制度时期的收租数量。

5. 出租田地要先经过贫农团认可，乡政府批准。

6. 田地出租限期三年，在三年内或三年外，要收回时须得政府批准。

7. 出租田地的土地税，由承租人向政府加五缴纳（例如收百分之十的［收］百分之十五）。

8. 剩余田地出租者，如家庭经济充裕的，即应将其田地收回，分给贫农耕耘。

上列条件，是民权革命阶段过程中的一种办法，绝不是鼓动群众租田，只可答应群众的要求。同时出租田地的农民，一定要具备上列条件，经过上列手续，如不照上列条件私行出租田地者，一经查觉当予处罚。

各级政府得此通告后，随即召集会议讨论办理为要！

---

① 原件无制定年月。从内容分析，是在1931年2月《民权革命中的土地私有制度》发表后发布的。

选自《中国新民主主义革命时期根据地法制文献选编》，第四卷，中国社会科学出版社1984年出版，第97～98页。原件未注明史料来源。

31. 闽西土地委员扩大会决议案（节录分田与山林问题）

1931年4月16日

地点：虎冈本政府会议厅。

到会人数：出席委员四人，各县各区参加十六人，政府各部参加六人。

1. 报告：a. 政治，b. 工作。

2. 讨论：（一）分田问题：

A. 过去在土地革命斗争中之错误和缺点：

（1）过去提出没收一切土地的号召是过左的，是违反了目前资产阶级民权革命阶段的中心策略的错误。

（2）分田时有些富农把持了政权，富农田地占绝顶优势，雇农、贫农都分得坏田。

（3）单纯以人口为单位，平均分配一切土地，结果富农的人口多，帮助了富的利益。

（4）禁止土地买卖、抵押、出租，结果不独使劳动力不足的老弱残废的及红军战士的家属，分得了田地没法耕种，很难维持生活，而且使农村经济不能很好地调剂，减少生产的数量。至若创造集体农庄，晋（设）置公田，物质条件未齐备，实行了过早办法同样的使生产不能增加，甚至有些地方反而减少。

（5）在业工人和商人，同样的平分土地，削弱了贫农、中农利益，减少了无产阶级的领导力量，违反了以劳动力为原则的分配土地。

（6）豪绅地主及一切反动家属，同样分田给他，是离开了土地革命观点，向豪绅地主阶级“仁慈”“妥协”，失了土地革命的意义。

（7）分配了田地之后，又决定死亡者收回，新生者补分，这是很复杂而且太麻烦的事，使土地问题永远分配不清楚，不能解决。

（8）没有确定正确的分田原则，一次、两次、三次的重新分配田地，使农民不敢下种下肥，妨碍了耕作，减少了生产，同时使农民对土地革命怀疑，脱离了群众。

B. 今后土地之没收及分配的原则与处置：

（1）一切军阀、豪绅地主阶级、祠堂、庙宇、教堂及反革命派的土地及财产，无条件的一概没收（富农或半地主出租的田地亦没收）。过去分给地主阶级土地者，应即收回，一切财产，亦即刻没收归公。

（2）土地没收后，由政府按照以劳动力为原则，站在贫农、中农的利益观点上，以人口平均分配给贫农、中农。雇农要田的，亦须分给他，而且要好田。农民分得之田，政府应登记清楚，并由县政府发给土地所有证。如遇该证失去时要向政府请求补发。无所有证者，如发生争执时，政府不予保护。

（3）分田范围以乡为单位，由该乡工农兵会议（苏维埃）将本乡及别乡所耕之田，总合起来，共同分配。其数乡合并为一乡者，照分田原有乡村范围，或合并范围分配，由该乡群众意见决定。

（4）分田的标准，只要是有劳动力的农民，应领得一部分土地。小孩、老人，由群众大会决定酌量分他们一部分田地，作为“附加亩数”。亩数多少，要按照当地生活情形，经过乡苏群众大会通过规定，但每人领得的“附加亩数”，不得超过有劳动力的人每人应得的亩数的三分之一。

（5）分田的时候，应注意到田地位置、肥瘠，特别是水旱田之别，土地面积不计，以收获数量多少，来决定分配，并应以贫农、雇农为前提，把好的田地分给雇农、贫农、中农。

（6）雇农、红军士兵家属，应该分配田地，半耕半工的劳动者及失业的工人有要求田地的，由群众大会决定酌量分配给他，但商人及在业工人，无论如何不得分田。

（7）有下列条件之一者，无论该乡田多田少，一概不能分田给他。如已分了给他的地方，应马上收回，分配给雇农、贫农。

a. 豪绅地主及一切军阀、官僚及其家属。

b. 加入反革命政治派别，始终不觉悟的反革命分子，收回其本身田地和财产。

c. 长期旅外不在本乡者，本身不分田，但红军、赤卫队例外。

（8）分田机关与手续，由土地委员会先行调查统计田地、人口（分有劳动力与不能劳动者两种）之总数，预定每人分配亩数与附加亩数的多少，交工农兵会（苏维埃）决定分配，其土地委员会委员必须是雇农工会会员、贫农团贫农，绝对不许富农参加。

（9）没有容养及没有劳动能力的孤寡，由当地苏维埃实行社会救济。

（10）农民分得之田地（红军的在内），如雇农、贫农不要求或不愿意，不得随便重分。农民领得田地即为自己所有，有权转租或变卖、抵押，苏维埃不禁止，但绝对严防富农利用机会来欺骗诈取贫农、中农的田地。

（11）田地、山林分配给农民之后，死亡的不收回，新生的不再补。

（12）凡分得田地不准种鸦片烟及一切违禁物，或建造地坟、庙宇。

（13）凡新垦荒田，归农民所有，不收土地税，并得由苏维埃政府酌量情形予以物质上的帮助，但须向苏维埃政府登记。

（14）分田时应注意，是要防止暗藏在革命中的富农分子，及社会民主党阴谋捣乱，破坏分田，每个雇农、贫农都要负责侦察，如有造谣捣乱的分子，立刻捆送交政府处办。

（二）山林矿产问题：

A. 过去分配的错误：

（1）不了解群众实际的要求，不把山林分配给群众，使山林荒芜，所以现在山林问题是迫切要求解决的问题。

（2）富农把持了苏维埃，一贯消极怠工，不想办法来管理山林与发展山林经济。

（3）反富农走上了专门罚款甚至打中农的错误，致群众怀疑有一点钱就是富农，不努力去发展经济，使很大生产的山林不去开垦。

（4）社会民主党造谣说是有二个钱即富农，土地做好些即富农，使群众怕用资本去发展山林经济。

（5）断绝交通，禁止纸、木出口与外来商人买卖，是自杀政策。

（6）工人工资超过苏维埃社会生活，至无法维持生产资本。

（7）山林税的损失，苏区经济减少，影响斗争上增加很大困难。

B. 解决山林问题的重要意义：

（1）发展苏维埃的经济，增加农村生产，巩固苏维埃政权。

（2）解决农业工人的生活与减少流氓分子，使他们都有工作，都能生产。

转变群众斗争，站在群众利益上，动员广大群众，为拥护苏维埃而消灭团匪，与消灭社会民主党。特别是上杭北四区的付柏翠占据大的山林矿产（石灰矿）。

C. 解决山林问题的原则与工作：

（1）凡以劳动力直接生产的农场、山林（如竹山、茶山、鱼塘、桑田、果园、杉山等），一概分配给农民。

（2）以劳动力为原则，站在雇农、贫农、中农利益上，实行人口平均分配。

（3）以乡为单位与田地一样分配，可以田一半、山一半，红军士兵及老弱小孩（残废的不分）要分山是可以分配给他。

（4）如果大山以区来解决，由乡来分配，由各乡与邻乡开联席会议，或由区苏召集某几乡雇农工会、贫农团主任联席会议决定划分山界，这个联席会要最忠实的雇农、中农、贫农来参加。

（5）组织调查委员会由雇农、贫农、乡苏土地委员负责，以乡为单位实行各山林、矿产的调查，并且以人口决定，召集代表或群众大会，通过实行平均分配。

（6）没有经过劳动力的大山或荒山是防风灾水祸的山林不要分配，由苏维埃管理，群众要求开垦大山应由县苏批准。

（7）在山多田少地方，把山分配当不成问题，在山少田多地方，应以雇农、贫农利益为前提，群众认为不分时，可归苏维埃政府组织委员会管理之，发动群众组织劳动合作社开垦。

（8）杉山由群众意见也要分配。政府则看山之远近、肥瘠、木之大小正确估价加重其税收。如发生分配杉山困难时，则应站在雇农、贫农利益上来分，不得分给富农。受摧残群众要做房子或公共建筑桥梁，可由政府设法供给木料。

（9）石炭、石灰可供私人自由开采（但须向政府登记），或组织生产合作社经营之，以增加生产为原则。

选自《中国新民主主义革命时期根据地法制文献选编》，第四卷，中国社会科学出版社 1984 年出版，第 76～81 页。原件未注明史料来源。

互校版本：《第二次国内革命战争时期土地革命文献选编（1927—1937 年）》，中共中央党校出版社 1987 年出版，第 417～421 页。

32. 闽西苏维埃政府布告　第十四号
——关于深入土地革命分配土地的原则及制度问题

1931 年 4 月 27 日

目前，中国革命在资产阶级性的民权革命阶段中，土地问题成了极重要的部分。过去闽西土地革命对于解决土地问题的办法有很多不正确的地方，土地革命的利益没有完全落在贫农、中农手里，单纯以人口为单位平均分配一切土地，连豪绅地主及一切反动家属以及在业工人和商人都分得了田地，甚至贫农分得了坏田，这一原则，利益了富农。对于土地的制度上则禁止土地买卖出租，设立集体农庄，留置分田，这是过早的办法。对于山林，不了解群众的实际的要求，许多地方不把山林分配给农民，使山林成了荒芜。矿山又没有组织地去开采，以致天然富源置藏无用。因此，对于土地问题的处置是违反了目前革命阶段的办法，削弱了贫农、中农的利益，减少了生产数量，农村经济不能得到很好地调剂和发展。现在对土地问题的具体办法规定如下：

（一）一切军阀、豪绅地主阶级、祠堂、庙宇及反革命派的土地及财产无条件的一概没收（富农或半地主的出租那部分的田地亦没收，非出租那部分的田地拿了出来分配）。过去分给豪绅地主的土地应立即收回，分配给贫农、中农，一切财产亦应即刻没收。

（二）把没收的土地一起按照劳动力为原则，站在贫农、中农的利益上，以人口平均分配给贫农、中农，雇农要求田地的亦得分配给他而且要好的。

（三）分田范围以乡为单位，由该乡工农群众大会（苏维埃）将本乡及在别乡新耕种之田总合起来，共同分配，其数乡合并一乡者，照原来乡村范围或合并乡村，共同分配，由该乡中农贫农群众意见决定。

（四）分田的标准，只要是有劳动力的农民应领得一份土地，小孩、老人则由群众大会决定酌量分给他们一部分田地，作为附加亩数，亩数多少要按照当地生活情形，经过乡苏群众大会通过，但每人领得的附加亩数，不得超过有劳动力的人每人应得的亩数的三分之一。

（五）分田的时候应该把土地位置、肥瘠、好坏，特别是好水旱田之别，土地面积不计，以收获数量多少来决定分配，并应以贫农雇农为前提，好的田地分给雇农、贫农、中农。

（六）雇农、红军士兵及其家属应该分配土地，半耕半工的劳动者及失业工人有要求田地的，由群众大会决定酌量分配给他们，但商人（小商）及在业工人无论如何不得分田，没有劳动力的孤寡残废则由政府设法救济（目前可酌量分给他土地）。

（七）有下列条件之一者，无论该乡田多田少，一概不能分田给他，如已分了给他，地方应马上收回，分配给雇农贫农。

①豪绅地主及一切军阀、官僚及其家属。

②加入反革命政治派别始终不觉悟的反革命分子，收回其本身田地和财产。

③长期旅外不在本乡者，本人不分田，但红军、赤卫团例外。

（八）农民分得之田地（红军的在内），如雇农、贫农不要求或不愿意，不得随便重分。农民领得的田地即为自己所有，有权转租或变卖、抵押，苏维埃不禁止。但绝对严防富农利用机会来欺骗诈取贫［农］中农的田地。

（九）田地、山林分配给农民之后，死亡的不收回，新生的不再补。

（十）凡分得田地不准种鸦片烟及一切违禁物或建造地坟庙宇。

（十一）凡新垦荒田归农民所有，不收土地税，并得由苏维埃政府酌量情形予以物质上的帮助，但须向苏维埃政府登记。

（十二）凡以劳动力直接耕种的农场、山林（如竹山、茶山、桑田、果园、杉山等），一概分配给农民（其分法与分田的原则相同）。

（十三）没有经过劳动力的大山、荒山或山林是防风灾水祸的山林，不要分配，由苏维埃管理，群众要求开垦大山应由县苏维埃批准。

（十四）在山多田少的地方，把山分配当不成问题。在山少田多的地方，应以雇农、贫农利益为前提，群众认为不分时，可归苏维埃政府组织管理委员会管理，或发动群众组织劳动合作社开垦。

（十五）石炭、石灰可给私人自由开采（但须向政府登记），或组织生产合作社经营之，以增加生产为原则。

（十六）实行征收山林累进税，各种山林税之多少，应先估价杉山税，则应以落山价多少及收获多少来规定。

各级苏维埃政府、革命群众一体遵照此布告，立刻切实执行，保障贫农、中农在土地革命中所得的实际利益，如果有故意违反者，以反对土地革命、违背工农利益论罪。此布！

选自《中国新民主主义革命时期根据地法制文献选编》，第四卷，中国社会科学出版社 1984 年出版，第 81～84 页。原件未注明史料来源。

33. 闽西苏维埃政府布告　第十九号
——重新分配土地条例

1931 年 6 月

我们过去分田犯了许多错误，单纯地按人口平均分配，富农人口多占了便宜，豪绅地主与农民一样分田，没有彻底消灭封建势力，土地不是农民所有，而禁止出租买卖。这些充分证明过去分配田地违背了贫农、雇农、中农的利益。

为彻底消灭豪绅、地主，站在贫农、雇农、中农利益上，决定重新分配土地。兹将重新分配土地条例公布如下：

第一，下列所有人的土地，无论下种与否，都应马上没收：

（一）豪绅、地主及其家属的土地，彻底清查没收；

（二）祠堂、庙宇的土地没收；

（三）富农的土地同样没收（没收以后其能劳动者另分坏田给他）；

（四）枪决了的社党，如是中农、贫农与雇农则收回其本人的土地，家属不反动者其土地不收回。

第二，将所没收的土地连同农民自己所有的一切土地，依照劳动力及人口照下列标准马上重新分配。

（一）贫农雇农中农分三等分配：

1. 一岁至十岁及六十一岁以上分三分之一；

2. 十一岁至十五岁分三分之二；

3. 十六岁至六十岁分足成（即三分之三），六十一岁以上劳动力强大者可酌量增加。

（二）富农一岁至十五岁及六十一岁以上者不分土地，十六岁到六十岁分足成，富农应分坏田（山田、少水、远田）。

（三）红军战士本人分田应得下列优待：

1. 现在所有的红军与赤卫团的战士照（一）项标准分，分好田（肥田、水田、秧田）。

2. 已牺牲的红军战士应分一部分田作为抚恤田，交给其家属，数目由乡自行决定，无家属者不在此例（过去富农、流氓及豪绅地主的子弟当红军牺牲者不分抚恤田）。

3. 红军战士因伤残已回家者，照（一）标准分田，并应酌量增加抚恤田。

（四）在业工人不分田，失业工人愿耕田者酌量分田，在业与失业工人的家属在农村者照（一）项标准分田，半工半农者看其做工与耕田的时间为标准酌量分田。

（五）商人、独立劳动者及知识分子（有知识技能不参加劳动者）不应分田。

（六）由白区来赤区的工农，不在赤区分田，另行设法安置与救济。

（七）在押犯人已判决入模范监狱者，照（一）项分田，未判决者不分田。

（八）富农加入反动政治派别的，本人及其家属均不分田。

上列标准，各乡可以依照实际情形，酌量增减，不过一定要特别注意到贫农、雇农的利益。

第三，分配土地，以一乡为单位，大乡可以看实际情形，由各乡自己决定按村落分配计划，土地应分别好田坏田，计算割谷的实额（收获量）。土地不要分割散乱，以致不便利耕种。

第四，土地重新分配之后，各依所分的土地收谷割禾，如有特别情形不便马上依所分土地割禾者，由各乡雇农、贫农、中农多数的意见自行决定，各乡苏维埃政府不得强迫命令。同时，应禁止富农弄鬼，时时注意到贫农、雇农、中农的利益。

第五，茶山、竹山可以分配者，应与田地一样分配，不能分配者由苏维埃政府处理。石灰、石炭可以自由开采，只要向政府登记及纳税。

第六，土地经此次重新分配之后，生者不再分，死者不收回，可以出租或买卖（由本政府颁布出租及买卖的条例），要在五年之后依照实际情形再行重新分配。

第七，豪绅、地主及反革命派的房屋、财产、耕具应一律没收，由苏维埃政府分配雇农、贫农，有的充作公用。牛只、耕具可以组织犁牛经理处，轮流租借。豪绅地主及反革命派的家私、粮食、银钱、牲畜、烟纸等，应归本政府拨给红军作用费。

第八，各乡应马上依照下列手续进行分配土地：

（一）开乡苏大会推选土地委员七人至十一人，组织土地委员会，负责分配土地。土地委员应由工人雇农贫农充当，中农亦可参加。

（二）土地委员会马上派人分别召集各村落各家的代表开会，调查人口数目、年龄及阶级成分，并调查土地多少、出产数量，加以审查计算。

（三）由土地委员会拟定分配办法，先行公布，并将田地分别标明分给何人，征求大家的意见，随即作最后的决定。

（四）雇农工会、贫农团应全体动员，帮助土地委员会分配土地，并应时常提出办法。

（五）马上监视地主家属及富农流氓，并应马上整理各乡赤卫军，提防社会民主党及富农造谣捣乱，破坏重新分配土地。

第九，在七月十五日以前，各乡应将土地重新分配清楚，愈快愈好。

第十，关于土地税及经营大山林、矿山等办法，本政府当即另行颁布详细条例。

选自《中国新民主主义革命时期根据地法制文献选编》，第四卷，中国社会科学出版社 1984 年出版，第 84～87 页。原件未注明史料来源。

互校版本：

1.《第二次国内革命战争时期土地革命文献选编（1927—1937 年）》，中共中央党校出版社 1987 年出版，第 439～441 页。

2.《闽西苏区法制史料汇编》，龙岩中级人民法院、古田会议纪念馆合编，2008 年 10 月内部出版，第 94～96 页。最后署名是："主席张鼎丞、土地部长范乐春，一九三一年六月"。

34. 闽西苏维埃政府通知　第六十四号
——关于纠正分田错误倾向

1931 年 6 月 26 日

各级苏维埃政府：

自本政府重新分配土地的条例颁发之后，各地都积极地把所有土地都重新分配，但在这一重新分配土地工作当中，有些地方发生了错误倾向，如把没收富农的田禾，决定割来拥护红军，及呆板地执行分青苗的办法，以雇农、贫农及中农的劳动力所耕种的田，硬要把来分青苗等，不明了我们没收富农的肥田而另换坏田给他，若把没收来的肥田的禾，割来拥护红军，而坏田的禾又换与富农去割，则雇农、贫农及中农换来的富农的肥田的禾，变为落空，减少了贫农、雇农及中农的利益。

兹决定纠正办地如下：

1. 马上实行重新分配土地，土地平分以后，即行交田，得此田的人便可以割此田的禾，无论豪绅地主的土地也好，富农的土地也好，枪决了的社党的土地也好，一律拿来分配。

2. 在分配土地时，最好把所有土地合并起来，整块整块的分配。但如果雇农、贫农不愿意把自己的青苗分给别人时，则可不必过于调动，雇农、贫农得到好田后、他的坏田应照他应得的亩数足额后，抽调出来。

希遵照切实执行为要。

选自《中国新民主主义革命时期根据地法制文献选编》，第四卷，中国社会科学出版社1984年出版，第87～88页。原件未注明史料来源。

35. 江西省苏维埃政府关于土地问题的布告

1931年5月

土地问题是目前中国资产阶级性民权革命阶段中的主要内容，中国南方各省贫苦农民为着获得土地及为苏维埃政权的斗争，已普遍发展了。但赣西南经过几年来激烈的斗争，一直到现在，尚有不少的地方，关于土地的分配没有执行抽多补少、抽肥补瘦、以乡为单位、以人口为标准彻底平分的办法。这是一方面因过去各级苏维埃政府里面隐藏有不少的富农、流氓、豪绅地主的子弟及AB团等反革命派在那里把持捣乱，如过去有些地方发现有假分田（以房为单位分田）、不分田及延迟分田的都是这个道理。另一方面各级政府没有把分配土地的深入群众，就是说没有发动雇农、贫农来坚决执行平分土地，只是由政府下命令一次二次甚至五次六次的分了又分，反使贫苦农民感到讨厌，这些都是足以阻碍土地革命的深入与发展……

最近又因国民党军阀二次围攻苏区的结果，豪绅地主乘机从农民手里抢回田地，现在敌人已被我工农红军击溃，但对于土地问题又难免要被反动分子乘机动摇过去平分土地的原则。同时因各地精壮的贫苦工农在战争前均忙于应敌，以致无余力耕种田地。尤其是经过白军摧残的地方，更感着耕牛、农具、种子的缺乏，这些问题都是马上要解决的。

省政府根据赣西南主席联席会土地问题决议案的精神，对于目前的土地问题有如下的决定：

一、土地的分配依照赣西南主席联席会的决议以乡为单位，以人口为标准，抽多补少，抽肥补瘦，彻底平分田地，山林、房屋、池塘一律分配，一经分定的土地，即归农民所有，任其出租、买卖，生的不补，死的不退。

二、已经彻底分配的不再重分，如未按照上面的原则彻底分配的，甚至有以房为单位分配的（如永丰有些地方），贫苦工农应即起来督促政府执行彻底平均分配，已插禾的可分青苗。

三、豪绅地主的家属不应分田，已分配的土地应即由政府收回，但可以准其家属租借土地，租额不规定，可根据当地贫苦工农的意见。

四、杀了的逃跑的反革命分子、AB团、取消派等，政府应没收其已分得的田地，如其家属完全有反革命的事实时，则没收其全家的土地。政府没收来的田地，可租给贫苦工农群众耕作。

五、凡豪绅地主、富农乘军阀进攻革命的机会，从贫苦工农手里抢去土地，应由贫苦工农起来，在政府领导之下夺回田地，这些土地仍然依照过去的分配去耕种，不得混合。

六、山林、池塘，豪绅地主的及富农剩余的房屋，按赣西南主席联席会议执行分配，限最短期间内，要督促各级政府分配完毕。

七、逃跑的反动派家里的耕牛、农具、种子、肥料，一概由政府没收分配给贫苦工农。

八、被难的贫苦工农的土地未耕种的及原来的田，附近村庄的群众应互助耕种（借耕牛、农具及出人力），把这些荒田不论插禾、种杂粮都要很快的种好。

省政府特号召赣西南广大的贫苦工农努力地起来，监督各级政府执行这八个办法。如果发现政府负责人对这项工作怠工时，即可由当地工农兵代表大会予以撤换，必然要这样才能使贫苦工农得到利益，使苏维埃成为真正的工农兵的政权机关。

此布

主　席　曾　山

选自《中国新民主主义革命时期根据地法制文献选编》，第四卷，中国社会科学出版社 1984 年出版，第 120～122 页。原件未注明史料来源。

互校版本：《第二次国内革命战争时期土地革命文献选编（1927—1937 年）》，中共中央党校出版社 1987 年出版，第 431～432 页。

36. 中共苏区中央局关于土地问题的决议案

1931 年 8 月 26 日

（一）共产国际关于中国问题的决议案和中共中央最近提出的土地法令草案是正确的，解决了中国土地革命中的一切问题，并且决定了很多具体的方法。各级党部应当领导地方政府来坚决地实行这个法令。

国际与中共中央明确的指示：中国土地革命是根本消灭地主的封建的剥削，但是土地革命应当是贫农、中农的，而不是富农的，土地革命的利益应当落在贫农、中农的手中，而不让富农去窃取，我们应当实行完全没收地主阶级及大私有主及教堂、庙宇、祠堂等的一切土地，这样来消灭地主土地所有制及地主阶级。在分配土地时地主豪绅及其家属，根本无权分得土地。

中国的富农是兼地主和高利贷者，所以他们的土地也应当没收，在分配土地时，富农可以分得一份较坏的土地，但是有一个条件，就是富农是用自己的劳动力去耕种这份土地。

被没收的土地应当按照平均分配一切土地的原则（数量上质量上的平分，就是多少分匀，好坏分匀）来分给农民，因为平均分配一切土地是消灭土地关系中的封建制度的最彻底的办法。平均分配土地应当以人口为标准，因为中国乡村中人口过剩土地缺乏的客观条件，土地革命发展的形式（农民战争的形式）要求迅速地分配土地，所以以人口为标准来平分土地是正确的，同时也是广大贫苦农民群众的坚决拥护的。这样以劳动力为标准，或以人口与劳动力混合为标准就是不适当的了（在人口少土地多的地方是可以照劳动力的标准来分配土地）。在平均分配一切土地的过程中，应当把已经没收的地主土地和富农土地和中农、贫农自己的土地一起拿来平分，使雇农、苦力、贫农、中农分得同样多同样好的土地，就是多少分匀，好坏分匀。但是在分配土地时只有雇农、苦力、乡村中失业工人、贫农、中农有绝对平均分得土地的权利，地主豪绅及家属、宗教事业者（和尚、道士等）都不能分得任何土地，富农只能分得坏田。

这种对富农的办法并不是为的消灭富农，因为民主性的土地革命，不能消灭富农的，并且在革命后富农还是产生的要发展的，只有中国革命从民主革命转变到社会主义革命时，才可以消灭富农。富农分坏田，这种办法是打击富农的经济、政治地位，是使富农落到被压制［被统治］的地位，使富农不能偷取土地革命的果实；使中农、贫农得到更大的利益，因此现在消灭富农、杀尽富农的口号是绝对错误的有害的。

这是执行贫农、中农的土地革命的正确方法，这是土地革命的阶级路线。

在江西闽西等地的苏维埃区域中是执行了平均分配一切土地的，执行了所谓“抽多补少”“抽肥补瘦”，这是土地革命中的一个成绩。但是在平分土地的时候，是把土地分给乡村中的一切男女，豪绅地主及其家属和富农等都同贫农、中农享受同等的权利，分得数量上质量上同样的土地。

这种分配土地的原则，是不正确的，是非阶级的，这种原则在事实上是没有执行完全没收地主阶级的一切土地，而是执行了不正确的非阶级的“抽多补少”“抽肥补瘦”的办法，因为在分配土地时，地主及其家属仍旧分得土地，并且时常就是保留其原有土地的，一部分富农的土地也没有没收，所分得的土地是与贫农、中农同样多同样好，并且时常偷取较好的土地。

这种分配土地的原则，是容易使地主阶级瞒藏土地不拿出来分配，是容易使富农偷取土地革命的果实，而不能使贫农、中农取得土地革命的最大利益，这种原则是模糊了土地革命的阶级意义，缓和了乡村中的阶级斗争，自然这是阻止了贫苦工农的革命积极性的发展，而使地主［子弟、富农等］易于混进了政府军队党的组织中来进行反革命的工作，组织反革命的团体——AB团、社会民主党、改组派等。

现在应当按照国际的指示来转变路线，从分配土地给乡村中的一切男女，这种非阶级的路线转变到贫农、中农的土地革命的阶级路线，我们应当纠正过去的错误，来执行中共中央所提出的土地法令。

在执行这一阶级路线时，我们要坚决地反对一种左的倾向（这种倾向在闽西已经发生），就是主张：“富农分坏田，中农分中田，贫农分好田”。这种倾向似乎是使贫农得到最大的利益，但是在实际上是侵犯了中农的利益，破坏了我们与中农的联盟，这是使雇农、贫农孤立，使中农跑到富农的影响和领导之下去来反对雇农、贫农，这样不但不能使贫农得着土地革命的最大利益，而是根本要断送土地革命，使它走上失败的道路，因此我们要坚决地反对这种表面上是拥护贫农利益，而实际上是破坏土地革命的“左倾”。我们应当认清在平均分配土地中，雇农、贫农、中农有绝对平等的权利，分得同样多同样好的土地，而不应有丝毫的差别。

（二）在新发展的赤区的党，应当一开始就要执行最近提出的土地法令，在旧有的赤区的，为要执行这一路线，首先就要收回地主豪绅及其家属的土地，凡是革命前据有土地自己不劳动而专门剥削农民的人，（不问其占）有土地的多少，都是地主阶级的一切（经济）。（靠出租）一部分土地，自己还耕种（一部分土地的人），只要出租部分比自己土地多的时候，就应当当做半地主看待（他们的土地完全没收），他们的土地、房屋、财产（森林水流）以及生产工具都应当完全没收。少数参加革命，而实际上是混入革命队伍的地主子弟的土地也应当收回。坚决的要反对所谓“优待革命分子，参加革命的豪绅地主及其子弟的土地可以不没收”的右倾机会主义。

封建制度的附属品，和尚、尼姑、道士、阴阳先生等，凡是专以宗教事业来度生者的土地都须一概收回。至于以农为主，以宗教事业为副的分子和受压迫受剥削的和尚、尼姑等的土地，在大多的农民群众允许的条件之下，可以［不］实行收回。

商人是不应当分得土地，已经分得土地的，现在应当收回。但这种办法只限于那些专门经营商业的商人。至于以农为正，以商为副的农民则不在此例。

至于流氓，在愿意用自己的劳动力去耕种时，可以分得土地，那些已经分得土地而自己不耕种，使土地长期荒芜的流氓的土地，在大多数农民赞成的条件之下，可以实行收回。

参加反革命活动及反革命团体——AB 团、社会民主党改组派等——的分子，凡属于地主、富农、商人等阶层者，皆须没收其全家土地财产，凡受欺骗加入这些活动及这些团体的工农分子的土地则不须要没收，至于贫苦工农的分子，在反革命团体中充当坚决分子和领袖时，则他们本人的土地应当没收。凡家属在赤区内而本人在白军及充当士兵者，只要本人是雇农、贫农、中农者，都可以分得土地。贫苦农民在靖卫团充当团丁者，只要他们回家，其本人及其家属都可以分得土地。

政府及各机关中的工作人员，凡过去不是雇农、苦力、贫农者，都不能分得土地，已经分得土地的，现在仍当收回。再各级政府不应当保留很多的土地而不分给农民，政府现在还保留土地，的应当立即拿出来分给农民。

红军战士绝对应当分得土地，家中无人耕种者及劳动力不够耕种者，当地政府应当组织农民来帮助耕种，过去这一点完全没有做到，各地方党部应当特别担负起这个责任，领导政府来纠正过去的错误，来领导农民代红军战士家属耕种土地。

被没收的土地、房屋、财产、森林、生产工具等应当按照平均分配的原则分给工人、雇农、贫农、中农（房屋则可以留一部分给政府及各革命团体使用）。被没收者根本不能再分得任何土地，也不能据有其原有的房屋的，一部分田中的稻禾以及已收获的谷子也应当没收，一部分要分给农民，一部分归政府，以便救济被难群众。土地被没收的豪绅地主、和尚、道士等，及其家属，在不参加反革命活动而能遵守苏维埃法律的条件之下，得允许其在赤区内开垦或做苦工，但一旦有反革命行动时则须要以革命法律来处置他们。

富农过去分得的土地，应当交出来重新分配，好田应当转分给雇农、贫农、中农，而把他们的坏田转给富农，但只有在富农愿意用自己的劳动力去耕种这份坏田的条件之下。在执行这个办法的时候，一定要认清富农与中农的分别，只有在革命前据有较多土地，自己耕种一部分，而以一部分出租或放高利贷及经常雇用雇农的人，才叫做富农，才能向他们执行上述的办法，应当坚决地反对和防止把对富农的办法应用到中农身上——靠自己劳动而不剥削他人的中农身上（至于农忙时临时雇用工人，家中稍有裕余者都是中农，而不能列入富农之例）。我们要重复地说：侵犯中农的利益是土地革命中的最危险的倾向。

在执行收回地主土地及重新分配富农的土地时，不一定须要实行普遍的重新平均分配一切土地。在过去“抽多补少，抽肥补瘦”比较彻底的地方，要尽量地使贫农、中农能够保留其原来已分的土地。而在“抽多补少，抽肥补瘦”不彻底的地方（赣东一带）则须要按照土地法来执行彻底的重新平均分配一切土地。这一点要根据贫苦农民的大多数意见来决定。

分配土地最好以乡为单位，并且要尽量地办理移地（即把这一乡的土地划为另一乡分配）、移民的事业，但这必须取得广大群众的赞成，绝不能以命令来执行。

重复地说：土地的买卖与出租，现在仍旧不禁止，（应）严（防）富农的投机与地主买回土地，但是土地国有的口号，应当在群众中作广大宣传。在执行土地革命路线转变，我们必须发动广大贫苦农民群众，发展雇农工会贫农团的领导作用，来使贫苦农民自觉的拥护党的路线，而来反对地主豪绅及其家属，来反对富农。我们应当坚决地反对用脱离群众的命令主义来执行上述的一切办法。再［在］各级党部应当把土地革命中的路线转变与苏维埃政府和党与团的改造联系起来，进一步地把地主豪绅子弟和富农从革命队伍中洗刷出去。

党应当用全部力量来领导土地革命中的这个转变，要坚决地反对现在最主要的危险——右倾机会主义，对阶级路线执行的怠工，对地主豪绅和富农的让步与妥协，同时不能丝毫放松反对侵犯中农利益，破坏与中农联盟的“左倾”斗争。我们相信，党在坚决地领导执行这种阶级路线的过程中，能使贫苦工农群众的积极性发扬起来，能够使党、苏维埃政府以及一切革命群众团体巩固起来，一直达到建立坚固的革命根据地的目的。

附：

军队中及地方上各级委员会和支部在接到这个决议后，一定要详细讨论，并规定具体计划来执行这个决议，此外还须把国际关于中国土地问题的决议案和中共中央提出的土地法令一同来讨论来执行。

中国共产党苏区中央局

八月二十六日晚

选自《第二次国内革命战争时期土地革命文献选编（1927—1937 年）》，中共中央党校出版社 1987 年出版，第 470～475 页。

37. 湘赣省土地问题决议案

1931 年 10 月[①]湘赣省苏维埃第一次代表大会通过

湘赣苏区各级苏维埃过去因为接受了右倾机会主义及 AB 团路线的领导，没有彻底平

① 原件未注明时间。据查湘赣省苏维埃第一次代表大会是在 1931 年 10 月 17 日至 25 日召开。“湘赣史料版”标为“1932 年 1 月 12 日是编者考证的”，恐不确切。

分一切土地。对土地革命怠工，土地革命的利益不是全部落在雇农贫农中农的身上，而是被富农及其他一切阶级异己分子抢夺去了。如富农分得好田，豪绅地主家属、商人以及封建剥削分子和尚、尼姑、道士等同样得享受了分配土地的权利。这无疑义地脱离了阶级立场而违反了工农群众的利益，所以土地革命不能发动广大群众起来斗争。一般劳苦群众对分配土地采取调和观望态度，使土地革命容易走上消沉悲观以致破产的前途，这是最严重的现象。

湘东南苏维埃自接受了中国共产党对分配土地的正确指示以后，曾经颁布了很正确的重新平分一切土地的条例。可是各县对重新平分一切土地的工作，还没有彻底执行。这是证明了湘赣苏区右倾机会主义及AB团路线的流毒，还没有彻底肃清，苏维埃政权里面还是充满了不少的阶级异己分子及反动政治派别，湘赣苏区的工作路线还没有彻头彻尾地转变过来。

大会为要很正确地执行全国苏维埃土地法草案，及接受中共湘赣苏区省委的正确政治领导，彻底地坚决地转变湘赣苏区对于重新平分一切土地的工作路线，及批准过去湘东南苏维埃政府所颁布的“彻底平分一切土地条例”外，还有下面的具体规定：

一、湘赣苏区所包含在赤区里面的土地，一般说来只有一部分土地已经分配好了，大部分还没有彻底分配，甚至分假田的怪现象（如安福）还没有彻底肃清。大会认为这是很浓厚的右倾机会主义表现，是绝对不正确的。大会号召湘赣苏区劳动群众坚决与右倾机会主义奋斗，要将湘赣苏区所有的土地再来一个重新分配（指没有分配好的），争取土地革命圆满胜利。

二、没收豪绅地主祠堂、庙宇以及官田大私有产者的土地，实行贫农、雇农、中农而非富农利益的土地革命。雇农、苦力绝对有分配土地之权，同时须防止动摇中农分配土地的办法，可征求群众意见采取按照人口平均分配，或者以劳动力为标准，人口为辅助混合原则进行分配。雇农、苦力、贫民、中农均不分男女老幼同样有分配土地的权限。贫苦的老幼残废以及孤寡不能自己劳动而没有家属可依靠的人，应由苏维埃政府实行社会救济或分得土地另谋处理。富农只能在广大群众坚决进攻富农斗争底下尽可能分坏田给他。

三、对没收富农土地给以坏的（按）劳力分地以及收回豪绅地主家属的土地和财产这一决定，大会认为是非常正确的，是完全为中农、贫农、雇农利益的。为要努力完成这一任务，大会坚决号召湘赣苏区的劳动群众，继续努力这一工作的进行。

四、过去无条件地分给商人、流氓及封建剥削分子和尚、尼姑、道士、堪舆等以［的］土地，是十分不正确的，各级苏维埃应动员广大群众马上收回来。

五、凡是手工业工人，如专门做工为生活者，其本人不分给土地，他的家属如果可以种田的须给以土地。至于半工半农的工人可按照其种田的限度，本人分配一半土地给他们。

六、红军本人及其家属须给以较好的土地，苏维埃须派人帮助他们耕种，同时帮助他们的耕牛、种子和肥料。至于在前方牺牲的革命战士则不必收回其土地，过去没有分田的在重新分配土地中须要分得田地。

七、凡是参加土地革命游击战争的积极分子，特别是被豪绅地主反革命政府通缉逮捕的分子，须给以分得土地的权利，但须按其阶级地位定出给与土地的标准。

八、没收一切积极参加反革命组织者及白军武装组织的土地和财产，但贫苦农民非自动的，而是被欺骗勾引反对苏维埃或被压迫反水逃走的，经当地群众大会决定，不收回其土地并准其回家耕种所分得的土地。

九、分配土地时必要注意土地数量上的多少与质量上的肥瘦，实行按照耕种的便利彻底地平均分配。收获多费力少的好土地应分给雇农、贫农、中农，瘦瘠土地及零星散漫不便耕种的土地则分给富农。在［为］便利雇农贫农中农耕种起见，可令富农移居，分出房子给雇农、贫农、中农住。

十、从白区新迁移来（的）逃亡人民，必须在该地安居者，亦应同样的分得土地。但邻近苏区一时敌人骚扰逃到其他苏区不能久居者不须分配土地。

十一、没收豪绅地主家属的财产房屋分配给雇农、贫农、中农及红军家属，富农家里多余的农具、耕牛、肥料亦须没收分给缺乏农具的农民。由政府根据在农民群众的要求，集中没收来的农具、耕牛，组织牲畜、农具经理处供给农民公共使用。

十二、茶山、竹林、池塘如稻田一样按照当地农民群众的自愿分配给他们耕种使用，如不便分配的大森林及公共池塘等归苏维埃管理。

十三、雇农工会、贫农团是领导土地革命，保障土地革命胜利的坚固柱石，准许向苏维埃政府提出关于分配土地的意见并可派人去参加分配土地工作。同时各级政府组织土地委员会，委员一定要雇农、贫农及积极的中农充当，绝对反对富农参加。

十四、实行土地归农民的所有权，准许买卖出租，但严禁一切投机与地主收回土地的企图。同时要宣传土地国有是改良农村生活最可靠的办法，事实上是转变了农村经济达到高度的社会主义发展的必经步骤，在将来全国主要区域土地革命胜利与基本农民群众拥护这个要求条件下方能实现。

十五、开垦荒山荒田，疏通水利，种植森林，豢养牲畜，这些工作须鼓动农民在自愿条件之下积极去进行。

十六、农民分得田地后自愿将各人所分得的田地集中起来公耕，苏维埃政府须予以大力帮助并建立公耕制度。

十七、大会全部接受中共中（央）所提出全苏大会土地法草案，湘赣苏区自省苏起，村苏止均应真实执行这一正确指示。

选自《湘赣革命根据地史料选编》上册，江西人民出版社 1984 年出版，第 246～249 页。简称“湘赣史料版”。原件未注明史料来源。

互校版本：《第二次国内革命战争时期土地革命文献选编（1927—1937 年）》，中共中央党校出版社 1987 年出版，第 533～536 页。原注：“载《湘赣革命根据地史料选编》上册，第 246～249 页。”

38. 湘赣苏区重新彻底平均分配土地条例

1931 年 10 月湘赣省苏维埃第一次代表大会通过

1. 没收豪绅地主、军阀、祠堂、庙宇及大私有者的土地，根据基本农民的意见，实行按照人口平均分配，或以劳动力为标准、以人口为补助混合原则进行分配。雇农、苦力及劳动农民均不分男女同样有享受分得土地的权利。

2. 过去分给豪绅地主家属及商人、道士、和尚、尼姑等的土地，由当地苏维埃号召群众一律收回。但尼姑、和尚、道士如能自己劳动来谋生活、脱离流氓习气、放弃故有职业而系中农、贫农以下的经济地位者，则可分给坏的土地（但过去专以流氓为生活的剥削分子不分给土地）。

3. 富农的土地亦同样的没收与分配，但没收后，富农在服从苏维埃法令并自己以劳动力去耕种土地条件下，得分配较坏的"劳动份地"。

4. 凡继续参加反革命组织及白军的武装组织者的家属，其财物和土地一概没收，并将家属驱逐出境。如系中农经济地位以下的贫苦工农非自动的而是（受）欺骗、胁迫反对苏维埃或反水逃走的，经当地群众大会决定不收回其土地，并准其回家耕种。

5. 分配土地的原则以乡为单位，各县须根据当地实际情形与基本群众的意见，以几村或几乡联合去分配亦可以。分配时不但要注意数量上的多少，而且要注意质量上的肥瘦（上中下三等），要切实按照耕种的便利、田地位置的远近、收谷的多少，彻底的平均分配。收获多费力少的好土地应分给红军家属及雇农、贫农、中农，瘠瘦的土地及零星散漫不便耕种的土地则分给富农。在（为）便利贫农、雇农耕种起见，可令富农移居或分出房子给贫苦农民居住。

6. 红军本人及其家属须给以较好的田地，苏维埃须领导群众帮助他们耕种，同时帮助他们的耕牛、种子和肥料。在前方牺牲的革命战士则不准收回其土地，过去没有分田地的。在重新分配土地中须要分得土地。

7. 凡是参加土地革命的游击战争的积极分子，特别是被豪绅地主反革命政府通缉逮捕的分子，须给以分得土地的权利，但须按照阶级地位定出给以土地的标准。

8. 凡工人专门以职业为生活者，或做工的日子占每年三分之二以上者，则不分给田地；如做工之日占每年三分之一以下者，则可分给一半田地。至于工人家属如果（是）农民须分配其田地，失业工人而无法救济者须与农民一样分得土地。

9. 凡以商业为生活者（家属在内）的小商人不分配田地，如其家属原以农业为生活的须分配其田地，但本人不分田地，如果是富农经济地位只分坏田。

10. 各乡村所分到而不好分配的土地，在贫苦农民同意之下，可作为红军公田或作为苏维埃公田（绝对不准借口多留公田。尽可能的分给农民）。此项公田由当地苏维埃领导群众耕种，作为红军给养与维持红军家属、红色医院及其他公益事业之用。

11. 凡贫苦的老弱残废以及孤寡不能自己劳动而又没有家属可依靠的人，应分给一份土地，或由苏维埃实行社会救济。

12. 凡已进行分配土地的地方，须将契约、文据、粮册、承耕分管等字据一律焚烧，如故意隐瞒不交出者，则以反对土地革命论罪。

13. 各县的矿山、森林、河道、水利、童山沟归苏维埃管理。如有开垦童山者，苏维埃除将所得的利益概归本人享受，免收累进税三年外，并予以奖励和帮助。

14. 荒田荒地可以生产者应尽可能地平均分配给农民。如不易开垦需要很多劳动力者可分给富农等。还仍剩余时，苏维埃得奖励劳苦群众开垦之，并免累进税二年或三年，但反对地主豪绅及家属去占有。

15. 取消高利贷及一切苛捐杂税的剥削，实行统一的累进税（累进税条例，按照湘东南苏维埃颁布的执行）。

16. 没收豪绅地主反革命家属的房屋，分配给无屋或少屋住的贫苦工农及红军家属。没收富农家里多余农具、耕牛、肥料分给缺乏农具的农民，或在农民群众主张之下（用）没收来的农具、耕牛组织农具、耕牛经理处，供给无农具、少农具的农民公共使用。

17. 没收豪绅地主家属的茶山、桐山、杉山、竹山、池塘等，同稻田一样，按照当地农民群众的自愿分配给他们耕种使用。如不好分配的及公共池塘、油榨、水碓、纸厂等归苏维埃管理。富农、和尚、道士、尼姑、商人的茶山亦同样没收与分配，但在遵照苏维埃法令并能用自己的劳动耕作的条件下，得分给以较坏的茶山（过去专以流氓习气为职业剥削别人的，仍然没有分给）。

18. 雇农工会、贫农团是领导土地革命保障土地革命的坚固柱石，准许向苏维埃政府提出关于分配土地的意见，并可派人去参加分配土地的工作。同时各级政府土地委员会一定要雇农、贫农及积极的中农当委员，反对富农、流氓参加分田工作。

19. 分配土地时，须召集群众大会、各区乡土地委员会联席会，详细解释全苏大会土地法草案与全省代表大会土地决议案及本条例，并充分讨论执行分配的具体办法。

20. 从（重）新分配土地后，须督促分得田地的人如（各）自维持其冬耕，如原耕人已经下了肥料、种子（红花等）等，须由得田人出还种子、肥料钱与原耕人，如种了花麦、油菜等仍须归原耕人收割。

21. 开垦荒田、疏通水利、种植森林、豢养牲畜这些工作，必须鼓励农民在自愿条件下积极进行，去提高农村生产。

22. 农民分得田地后，自愿将各人所分得田地集中起来公耕，苏维埃政府须予以大力帮助，并建立公耕制度。

23. 实行土地与农民的所有权，准许买卖出租，但严禁一切投机与旧地主收回土地的企图，同时要知道土地国有者［是］改良农村生产最可靠的办法，事实上是转变农村经济达到高度的社会主义发展的必须步骤，在将来全国资产阶级民主革命胜利以后，与基本农民群众拥护这个要求条件底下才能实现。

24. 本条例自公布之日起即发生效力。

25. 此次重分土地，因为过去分配土地不是阶级的分配，豪绅地主家属也同农民一样分得田地，富农把持了好田及阶级异己分子都享受了分田的权利，省苏区要使土地革命的利益完全落在中农、贫农、雇农、苦力手里，所以再来一个重新分配。自此以后的土地，农民有买卖、租佃之权，不举行分配了。

26. 此次重新平等分配一切土地是站在阶级立场上来分配的，无疑，那些富农、流氓，以及阶级异己分子从中来捣乱来破坏，故意把这工作做得不好，如瞒田，把持好田，不准贫苦农民说话，借公济私等，故意散布谣言，蛊惑群众来不执行这一正确条例，来破坏真正中农、贫农的土地革命。省苏要完全实现全省代表大会的决议，为要舍死拥护工农利益，使农民真正得（到）土地革命利益起见，应当毫不顾虑地领导广大基本群众起来与他作残酷斗争，一直到用革命手段拿起他来交群众处决。

选自《中国新民主主义革命时期根据地法制文献选编》，第四卷，中国社会科学出版社1984年出版，第133～137页。原件未注明史料来源。

互校版本：《湘赣革命根据地史料选编》上册，江西人民出版社1984年出版。其只有前16，缺后10条。

39. 鄂豫皖军委总政治部关于怎样分配土地的宣传材料

1931年10月11日

一、为什么要分配土地?

封建的土地制度，是封建势力的根本基础，彻底没收地主阶级土地，分配给无田和少田的农民耕种，就是根本肃清封建势力、驱逐帝国主义，推翻国民党统治，建立苏维埃政权的主要办法。但是许多同志不了解及不坚决地分配土地，并有如下的机会主义的观点：

（一）非苏区不能分配土地，甚至连口号都不敢提出。

（二）非苏区如果没有巩固的政权来保障分配土地也不能算数，并且说农民不要土地。纵然执行分配土地，又机械的光从“调查统计”来迟缓和阻碍土地革命的斗争。

（三）新苏区分配土地，怕富农反动，不没收富农的土地，或只没收剩余的土地，反使富农得着好土地。

（四）分配土地的时候，完全有少数人把持、支配或单纯由红军给与的办法，不动员广大群众分配。

（五）分配土地的时候，一部分的共产党员、青年团员及苏维埃和群众团体负责人，假借着革命势力分得好土地，反使雇农、贫农得不着好土地。

（六）被豪绅地主压迫跑反群众不分土地，或等待跑反群众通统回家再分土地。

这都是非常严重的实际工作中机会主义。每个同志要肃清这些倾向。要根本认识分配土地是发动非苏区群众斗争，发展新苏区和巩固政权的根本武器，是民权革命阶段中的主要内容。工农红军是土地革命的执行者，每个红色战士应该坚决地成为土地革命斗争中的领导者。

二、为什么鄂豫皖苏区要重新分配土地?

鄂豫皖苏区的土地虽经过几次的分配，但因过去路线上的错误（立三路线和三中全会的调和路线），土地革命的利益大部分被豪绅地主和富农窃去，雇农、贫农、中农、工人（要土地耕种的）没有得到土地革命的利益，特别是红军土地没有分配好，红军公田制度没有实现。过去解决土地问题多不正确，鄂豫皖革命委员会所通过的土地没收细则和鄂豫皖边苏维埃第一代表会后所颁布的土地暂时法，犯了许多机会主义的路线。地主得着好土地，未有没收，还在雇人耕种。富农土地不是全部没收，只没收剩余的土地，因此富农把好土地得着，把顶破的土地拿出来。工人、农民、士兵有些还未得着土地革命的利益。尤其是去年在立三路线之下，集中农民土地建立农场，惹得农民不敢要好土地的等等严重错误，以致土地问题没有相当解决。自鄂豫皖苏维埃第二次代表大会接到全国苏维埃第一次代表大会通过的土地法令，大会认为［是］非常正确的。因此通过了遵照土地法令重新分配一切土地的决议。

三、过去分配土地中的错误和毛病？

平均分配一切土地是根据阶级路线，按人口与劳动力混合起来分配。地主阶级和富农土地应全部没收过来，地主阶级土地被没收后，不能取得任何丝毫土地；富农如果要种田地，可分给以较坏的劳动份地，但必须自己劳动去耕种。过去地主、富农都得着较好的土地，红军、工人还不分得土地，红军公田制未曾实现。同时在分配土地时没有号召广大群众参加，是由少数土地委员，苏维埃委员、共产党的负责人以及农村中的上层分子、富农等，占了分配土地的优势，完全由少数人支配。因此互相作怪弄弊，用感情，讲观念，藏土地，瞒子粒，分田不分山地，想种种方法阻碍土地革命的进行。现在重新分配一切土地，又遇到一般负责人因自己得了好土地和富农路线的主张，借着民众怕麻烦名义，企图阻碍平均分配一切土地。这种非阶级路线的主张，我们是要反对的。因此，没收地主阶级的土地（富农土地包括在内），重新分配一切土地，是党领导目前广大农民深入土地革命的紧急任务。

四、怎样分配法？

目前平均分配一切土地，应以乡为单位，按照人口与劳动力混合起来分配，并召集全乡群众开大会，选举观念正确的农民、工人为土地委员，每乡选举十七人至二十一人组成土地委员会。由土地宽裕之乡开始，到某一村把锣一打，号召当地民众各家多派人同土地委员一路去踩田地、山场。首先把红军的田分好，红军公田提起来，再把远近好坏的田地、山林、池塘、竹园等作一总的计算，兼配得好好的，按人口与劳动力混合划分。划分时以各家跟着分田的大多数群众意见为主。划分清楚后，立刻宣布名单，贴在大路旁墙上征求各家的意见，无人修改作为通过。但在踩田的时候，不能以田的面积和亩数为标准，反对私人舞弊，由广大群众作主。如某人认为分得不好，应大胆的提出意见来修改。如吃亏太大无人过问时．可向工农监察委员会和共产党的各级监察委员会及红军政治部告状。非苏区分配土地一样的按照土地法令执行，这是非常正确的办法，但是这样干下去或许发生复杂情形。除由广大群众讨论想出最好办法解决外，特具下面的农村阶级说明和土地问题解答，作为广大群众在分配土地时运用的参考。

五、农村阶级说明

（一）打长工的是农村中的无产阶级，叫做雇农。

（二）自己有少数土地、卖短工、做贩或佃种人家的土地耕种，受人家的剥削和压迫，一年收入不够穿吃用的，这是农村中的半无产阶级，叫做贫农。

（三）自己的田地自己耕种，在政治上受豪绅地主的压迫，在经济方面受苛捐杂税的剥削，他本人又不剥削人家，一年收入供给他全家人口需要恰恰够了，没有多余的，叫做中农。或一年请几个短工，或请一个放牛的，全年收入供给全家需要所多无几，一年或多上几担谷，或出卖货物多一二百串钱，叫做富裕中农。

（四）自己有多余土地租给他人耕种，他可收租或自己种不完雇人耕种剥削雇农，或自己种田又有多余的金钱放高利贷，或自己种田地，又请人做生意（如开榨坊、粉坊、杂货店等），一年除供给自家普通农民生活需要外有多的，这个多的是以剥削得来的，就叫做富农。

（五）自己把田地佃给别人耕种，专靠剥削人家过生活，自己不劳动者叫做地主。

（六）富农与地主的区别：大部分是靠自己种田、小部分是把多的土地租给别人种，叫做富农；大部分土地是租给人家种，小部分土地是自己种，叫做地主。富农主要的是带资本主义剥削方式或雇用劳动（如请长工）或放高利贷等；小地主主要是带封建剥削方式，把土地佃给人家收租课。如万一富农与小地主分不清楚，可交给群众大会解决之。

附：土地问题解答

问：红军公田每乡该留多少？要山地否？

答：以乡为单位，按照乡内土地多少，留一石至五石。不要山地，顶好路边的好田，做一个石牌或木牌，上面写“红军公田”几个字。同时由当地群众开会讨论代耕法，顶好由代耕人公举一二人经常负看管责任。

问：红军公田的出产怎样办？

答：出产代耕人得十分之三，红军得十分之七，苏维埃负责保存，由红军自己支配。

问：农村手工业工人是否分土地？

答：要分土地，在工人自愿的条件下，可按他的工作时间分配一部分。譬如一年之时间他做三分之二的工，可分三分之一的土地；做三分之一之工，可分三分之二的土地，余此类推。

问：雇农与革命工作人是否分土地？

答：要分土地，如果他自动地不要，可以不分。

问：革命地主和富农家属是否分土地？

答：参加革命很久的地主、富农分子，他完全出卖了他的阶级，投降无产阶级，始终不变地坚决为劳苦群众谋利益，他的家属又热心革命，遵守苏维埃的法令，不统治农村，可照普通人一样分得土地，但绝对不代耕。如果借着革命势力压迫农民，与其他地主、富农一样看待，要时常监督他，统治他。地主就不分土地给他，要他做苦工，富农分坏的土地给他。但革命家属只包括他的父母、妻室、儿女，他的叔伯、哥哥、兄弟、姊妹等不包括在内。

问：如毗连两乡，一乡土地多一乡土地少，是否可拨一部分到少的？

答：当然可以的。但事先要开两乡联席会议，最好是开两乡群众大会，请上级派人参加，从教育说服当中拨一部分土地到少的乡分配，被拨出的土地要与少的乡连界。

问：过去分得了好土地的人，不愿拿出来重新分配怎办？

答：号召广大群众起来与他作斗争。

问：中农土地是否拿出来与雇农、贫农抖散分配？

答：中农土地以不动为原则。我们从教育中宣传鼓动中说明彻底平分一切土地，是彻底肃清农村封建势力最好的办法，使他自动地拿出来平分。中农如果不愿意，不能丝毫野蛮要他拿出来，动摇中农和侵犯中农的利益。但种自己的田地的中农可像这样做，如果佃田的中农就要拿出来平均分配，因为这个田地是没收豪绅地主的，不是他的。

问：富农小孩子和妇女是否分好土地？

答：要分最坏土地，由他自己耕种，万一他自己不能耕种，他可以与人家做换工，或他的亲戚替他帮助，我们也不反对。

问：中农山多田少、贫农山少田多是否可以更换？

答：可以更换，并要在分配土地时双方拿出平均分配，但必须是群众的双方愿意。

问：非苏区民众不愿统计土地怎办？

答：分配非苏区土地，是要从积极领导斗争中来没收和分配地主阶级的土地，不是光统计调查就算得了的。我们主要的是从领导和发动斗争中来分配土地，自然农民对革命负责，自然农民不怕统计调查。

问：农民得了好的坏的两样土地，把坏的荒了怎样（办）？

答：要教育农民爱惜土地，培养土地，从宣传教育中教他好好地种出来，使苏区土地一寸不要荒掉。苏维埃还可以奖励他们。如果故意怠工荒废土地，苏维埃可以召集群众大会制裁他，最坏不改的可以剥夺其土地权。

问：赤白边界地方土地，少数人不敢种怎办？

答：动员后方农民有计划地有组织地配合武装去耕种，不能让它荒了。

问：水打沙压的田分给个人，个人不要怎办？

答：破田分给个人要个人负责修补是不对的，要动员群众帮助整理起来分配。

问：甲乡有多数土地在乙乡，乙乡有少数土地在甲乡，更换土地又不相等怎办？

答：为便利起见要更换，事先召集联席会说明更换的理由。如甲乡认为吃亏时，可把乙乡与甲乡连界的山地补点。

问：很多农人得了田地，没有农具、耕牛怎办？

答：没收地主的农具和没收富农的多余的农具可以帮助他。同时由农民合股或苏维埃负责办农具、牲畜经理处，帮助无农具的人种田耕地。暂时可借用，或用人力换牛力等办法来解决困难，

问：雇农得田后到雇主家去耕种是否可以？

答：当然是可以的，但田的出产一定要归雇农。

问：剃头工人每年是收谷，是否可以分田？

答：剃头的个人可以不分得田，但不是说他没有土地权，因为他在剃头收的谷如种田一样。他如不剃时还是分田。他的家属一定要分田给他。

问：有些地方在分田时，把大田划小了怎办？

答：大田可分给人口多的人家，免得划细了占几条埂子占了土地。广大农民如是因他处田少要分细，只可两头做记，不能在田中扶一条大埂，顶好是分得田的人共同耕种，照分得的分子分配谷子。

问：有好多农民得了好土地，他故意说他是坏的；又有人在过去在山冈上种，现在想到平畈来；又有人不要远的坏的，专要好的近的怎办？

答：按照上面的办法由群众作主，好歹远近兼着分配，分得大家都是一样。我相信民众会分得很好，不会发生（分）了好的说是坏的话。

问：苏维埃、共产党负责人及红军的土地都要农民代耕吗？

答：不，农民只替无生产能力之红军家属代耕，其余任何人不代耕。我们要坚决反对借着革命势力，强迫农民替他代耕一种奴隶农民的办法。

问：脱离生产的共产党员及苏维埃的委员不代耕，他家里又没有人生产怎办？

答：他的家真正一点生产能力没有，可以请长工或短工，或者农民因为革命友爱关系，自愿地帮助他耕种是可以的，但绝对禁止要农民代耕的办法。

问：土地窄少的地方，民众个个不肯移居怎样（办）？

答：这是农民的地方保守观念未打破，要以宣传鼓动教育群众的方法，实行小区域的移民。他如果不移，他情愿得少土地，我们不能命令他移居。

问：田分配了，随田的水利怎办呢？

答：水利要按原来的情形，根据群众的意见定出使用水利的办法。如有特殊情形可归苏维埃管理，在天干时估量能救多少田，就多少田使用，不可水分散了。

问：乡村做小生意、开饭店、做小贩可不可分配土地呢？

答：假如他自己的生意足以谋生，就不必分配土地给他，但对需要土地的很贫苦的小贩等，还是要分配土地。

问：女子分配土地是不是与男子一样的？

答：应该一样的。

问：女子出嫁之后，她分配得的土地怎办呢？

答：她可将她分得的土地带到婆家自己耕种，或另（留）在娘家叫自己的丈夫来帮种，或自己来帮种。我们要打破以为女子足小不能耕田，就不分配土地给她的错误观念。

问：某家分配土地之后，忽然死了一个人，是不是马上就把此人分得的土地收回呢？

答：不必马上收回。因为死人不是经常的现象，并且人死时又需要一些特别费用（如衣衾、棺木、埋葬等费）。过了一二年之后，再把多的土地交还给苏维埃另行支配缺少田地农民耕种。

问：寡妇可不可分土地？

答：地主寡妇不分配土地，富农寡妇如愿耕种可分以坏的土地。如是雇农、贫农、中农出身的寡妇，可以分配土地或雇人耕种或托人代种或将土地出租都可以；她如不愿耕种土地就不必分配土地给他，可由苏维埃酌量予以救济。

问：赤白界边站不住脚跑在后方的群众，应不应该分配土地？

答：应该分配土地，但壮丁仍应尽量到前方种田，加紧放哨、站岗、侦探工作。如果人数少的可几家设法伙种。后方群众应尽量动员帮助前方的耕种及侦探、戒严工作。

鄂豫皖军委总政治部

十月十一日

选自《鄂豫皖革命根据地》，第二册，河南人民出版社 1989 年出版，第 510～518 页。

互校版本：《第二次国内革命战争时期土地革命文献选编（1927—1937 年）》，中共中央党校出版社 1987 年出版，第 488～496 页。原标题为《怎样分配土地》，最后落款是“鄂豫皖军委总政治部，十月十一日”。

40. 鄂豫皖区人民委员会通令第十五号
——红军公田的代耕、分配等问题

1931 年 11 月 5 日

一、苏维埃的支柱、土地革命的先锋队——工农红军战士个个都应得到好土地，这是当然的必要条件。现在的红色战士，有的家在苏区，都已分得了好的土地给其家属管理。有的是从白军哗变过来的参加红军的革命士兵，和在白区受不过豪绅地主的压迫而自动地来投身红军的工农苦力，这些战士当然也应得到好的土地。因此，本政府特决定以乡为单位，提起一石至五石不等的土地作为红军公田。这些公田，一方面要按现在没有分田的红色战士指名分配，其余的随时增加，随时分配。

二、红军公田的耕种，应由乡苏维埃负责召集当地群众举行会议讨论代耕办法。耕田的耕具、耕牛、种子，由苏维埃负责帮助（如苏维埃帮不够，得借用一部分）。水道、禾稼、肥料要有专人负责料理。

三、红军公田的出产品已经指明分配了的，除应留少数借用的耕牛、种子费外，其余完全交给该红色战士。没有分配的公田出产品，由当地苏维埃负责，作为救济红军家属和抚恤伤亡红色战士和中农、贫农土地的数量。①

各级苏维埃政府接到这一通令，务须切实讨论遵照执行，并将执行程度随时报告本政府为要。

选自《鄂豫皖革命根据地》，第二册，河南人民出版社 1989 年出版，第 531 页。

41. 土地法草案②

1931 年 2 月 1 日③中共中央提出，同年 3 月 9 日《红旗》周报发表

无产阶级所领导的农民斗争，继续发展，日益扩张到新的区域。④ 帝国主义和军阀虽然发疯似的要来抵抗，可是苏维埃运动还是向上增长，并且扩大。中国农民武装了自己，组织到红军中去，一县又一县把自己从数千年来在封建地主豪绅的压迫之下，解放出来，没收并分配这些压迫者的土地，打断了外国资本的锁链，消灭了国民党的政权，建设了工农苏维埃政权，独一无二地能够完成中国反帝国主义及土地革命的政权。

中国苏维埃区域第一次大会，批准没收地主的、国家的及其他大私有主的土地。为使

① 原注：这一句原文如此，疑有误。

② 编者注：这一《土地法草案》与同年 11 月大会通过的《中华苏维埃共和国土地法》是两个文件，内容基本相同，后者在文字上有几处修改。

③ 原件无制定年月。根据中共鄂东南分区委翻印《中国苏维埃第一次全国代表大会的法令草案》第十五页，注为：“一九三一年二月一日中共中央提出”。

④ “中央文件版”印作“日益高涨”。

全国的没收和分配土地有一个统一的制度起见，第一次大会站在基本的农民群众与革命发展前途的利益之基础上，采取下面的土地法令，作解决土地问题的最好的保障：

第一条　所有封建主、地主、豪绅、军阀、寺院，以及其他大私有主的土地，无论自己经营或出佃，一概立即无任何代价地实行没收。被没收的土地，经过苏维埃由贫农与中农实行分配。被没收的旧土地所有主，无权取得任何分地。雇农，苦力，劳动农民，均不分男女，同样有分得土地权。老弱残废以及孤寡不能自己劳动，而又没有家属可依靠的人，应由苏维埃政府实行社会救济，或分配土地后另谋处理。

第二条　红军是拥护苏维埃政权推翻帝国主义统治的先进战士，无论其本地是否建立苏维埃或尚为反动统治，均须分得土地。在未分配以前，其家属生活由当地苏维埃另谋处理。

第三条　中国富农的特性，是兼半地主或高利贷者，他们的土地亦须同样没收与分配。中等农民阶级的土地不没收。富农在被没收土地后，可以分得较坏的“劳动份地”。不过有一个条件，就是他必须用自己的劳动力去耕种这些土地。

第四条　没收一切反革命组织及白军武装队伍的组织者及积极参加者的财产与土地。但贫农、中农非自觉地被勾引而反对苏维埃，经该地苏维埃认可者，可作例外。对其首领，则须无条件的按照本法令执行。

第五条　第一次代表大会认为平均分配一切土地，是消灭土地上一切奴役的封建的关系，及脱离地主私有权一切束缚最彻底的方法。不过苏维埃地方政府，无论如何不能以威力实行，不能由上命令，必须向农民各方面来解释，这个办法，仅在基本农民群众愿意和直接拥护下才能实行。

第六条　苏维埃地方政府，在农民自愿，不伤碍他们的宗教感情条件下，得自行决定关于宗教团体及祠堂等土地的处理问题。但教士的、氏族的、庙宇的土地，苏维埃政府必须力求无条件地交给农民。

第七条　凡较富裕的农民，企图按照生产工具分配被没收的土地，第一次代表大会认为这是富农有意阻碍土地革命发展，为自己谋利益的反动企图，须给以坚决的反抗。地方苏维埃政府应根据各个乡村当地情形，选择最有利于贫农中农利益的原则来分配土地。土地可按照家庭有劳动能力者之多寡，或同时又按人口之多寡的混合原则，进行分配。但不仅应计算土地的面积，而且应估计土地的质量（特别是收获量）。在土地分配时，还应尽可能的适合划分的土地改革，预备消灭窄狭片段、大阡小陌的各种封建遗迹。

第八条　没收一切封建主、军阀、地主、豪绅的动产与不动产，如房屋、仓库、牲畜、农具等。富农在分得土地后，多余的农具牲畜等亦须没收。当地农民经过苏维埃，根据贫农中农的利益，利用这些没收来的财产、房屋，由没有住所的贫农中农居住，或由学校、俱乐部、地方苏维埃、党及青年团委员会、赤色职工会、贫农团和各机关使用。牲畜和农具，可由贫农中农按组或按户分配。或根据农民意见，自愿的将各种没收农具，办初步的合作社。或在农民主张，苏维埃同意下，设立牲畜农具经理处，供给贫农中农耕种土地的使用。经理处应由地方苏维埃管理，农民得按照一定规例，支付相当的使用金。所有农具的修理，经理处工人的供养，以及新农具、新牲畜的购备，由农民加付使用金的百分之几以资弥补。

第九条　没收地主豪绅的财产及土地，同时必须消灭口头的及书面的一切佃租契约，取消农民对这些财产与土地的义务或债务，并宣布一切高利贷的债务无效。所有旧地主与农民约定自愿偿还的企图，应以革命的法律，加以严禁，并不准农民部分地退还地主豪绅的土地，或偿还一部分的债务。

第十条　一切水利、江河、湖泽、森林、牧场、旷野，概由苏维埃管理，建设便利贫农中农的事业。其他小经营的桑田、竹林、茶山等，得如稻田的麦田的一样，依照基本农民群众的志愿，分配给他们种植使用。

第十一条　为着实际地、彻底地、实现土地革命的利益，第一次苏维埃代表大会宣布雇农工会、贫农团一切组织行动的自由，认为这些组织是苏维埃实行一切革命的土地改革的基本柱石。

第十二条　第一次苏维埃代表大会认为，只有①在苏维埃政权下，土地与水利的国有，才是改良农民生活最可靠的方法。事实上就是转变农村经济到高度的社会主义发展的必经步骤。不过实际实施这个办法，必须在全国最主要区域，土地革命胜利与基本农民群众拥护国有条件之下，才有可能。在目前革命阶段上，苏维埃政府应将土地与水利国有的利益向农民群众解释，但现在尚不应褫夺农民的土地出租权与土地买卖权，苏维埃政府同时应严禁一切投机与旧地主收回土地的企图。

第十三条　地方苏维埃如在该地环境允许下，应成为创办下列事业的组织者：（一）开垦荒地与实行小区域的移民；（二）改良现有的与建立新的灌溉；（三）培养山林；（四）加紧建设道路，创办企业，促进农村经济的发展。

第十四条　本法令不仅实用于已存在苏维埃的区域，而且应在非苏维埃区域，应在苏维埃政权新夺取的疆土内立即施行。

选自油印原件《中国苏维埃第一次全国代表大会的法令草案》，中共鄂东南分区委翻印，1931 年 8 月再版（原件存中央档案馆）。

互校版本：

1.《中共中央文件选集》，第七册，中共中央党校出版社 1983 年出版，第 468～471 页。简称“中央文件版”。原件未注明史料来源。

2.《第二次国内革命战争时期土地革命文献选编》，中共中央党校出版社 1987 年出版，第 382～385 页。简称“土地革命文献版”。标题为：“《土地法草案》1931 年 2 月”。原注：“此草案是中共中央和共产国际远东局于 1931 年 2 月为苏维埃第一次全国代表大会起草的五个文件之一。3 月 9 日，是在《红旗》周报第一期发表的时间”。

42. 中华苏维埃共和国土地法

1931 年 11 月中华工农兵苏维埃第一次全国代表大会通过

1931 年 12 月 1 日大会主席团与中央执行委员会颁布②

无产阶级所领导的农民斗争，正在继续发展和日益高涨；帝国主义军阀虽然疯狂似地

① “中央文件版”无“只有”二字。

② “社科法制版”标作“一九三一年十二月一日中华苏维埃第一次全国代表大会通过”。

来抵抗，可是苏维埃运动还是向上增长并且扩大；日益使中国的工农[①]武装了自己，组织了红军，一县又一县的农民，从数千年来在封建地主豪绅的压迫之下解放出来了，没收并分配了这些压迫者的土地，打倒了封建制度，消灭了国民党政权，建立了工农苏维埃政权。这个政权，是能够彻底完成中国反帝国主义的革命及土地革命任务的政权。

中华工农兵苏维埃第一次全国代表大会，批准和决定没收地主的土地及其他大私有者的土地，为没收和分配土地有一个统一的制度起见，第一次代表大会站[②]在基本农民群众与革命发展前途的利益之基础上，采取下面的土地法令，作为解决土地问题的最好的保障。

第一条　所有封建地主、豪绅、军阀、官僚以及其他大私有主的土地，无论自己经营或出租，一概无任何代价地实行没收。被没收来[③]的土地，经过苏维埃由贫农与中农实行分配。被没收土地的以前的所有者，没有分配任何土地的权利。雇农、苦力、劳动贫农，均不分男女，同样有分配土地的权利。乡村失业的独立劳动者，在农民群众赞同之下，可以同样分配土地。老弱残废以及孤寡，不能自己劳动，而且没有家属可依靠的人，应由苏维埃政府实行社会救济，或分配土地后另行处理。

第二条　红军是拥护苏维埃政府、推翻帝国主义和地主资本家政府[④]的先进战士，无论他的家庭现在苏维埃区域或在尚为反动统治的区域，均应分得土地，由苏维埃政府设法替他耕种。

第三条　中国富农特性是兼半[⑤]地主或高利贷者，对于他们的土地也应该没收。[⑥] 富农在被没收土地后，如果不参加反革命活动而且用自己劳动耕种这些土地时，可以分得较坏的劳动份地。[⑦]

第四条　没收一切反革命的组织者及白军武装队伍的组织者和积极[⑧]参加反革命者的财产和土地；但贫农中农非自觉地被勾引去反对苏维埃，经该地苏维埃认可免究者，可在例外；对其头领则须无条件地按照本法令执行。

第五条　第一次代表大会认为：平均分配一切土地，是消灭土地上一切奴役的封建关系及脱离地主私有权的最彻底的办法；不过苏维埃地方政府无论如何不能以威力实行这个办法；不能由命令来强制执行，必须向农民各方面来解释这个办法，仅在基本农民群众愿

---

① 《苏维埃中国》两种版本皆为“工农”，“社科法制版”“西南函授版”“北大宪法版”也是“工农”，“江西法制版”和“江西史料版”印作“农民”。

② “江西法律版”和“江西史料版”此处有一“站”字。《苏维埃中国》翻印本和“社科法制版”“西南函授版”“北大宪法版”皆无“站”字。按《土地法草案》此处有“站”字。

③ 《苏维埃中国》两种版本皆有“来”字，“社科法制版”和“西南函授版”也有“来”字，“江西法制版”和“江西史料版”皆无“来”字。按《土地法草案》此处无“来”字。

④ “江西史料版”漏掉“和地主资本家政府”8字（“江西法律版”此处印作“与地主资产阶级政权”)。

⑤ “江西法律版”和“江西史料版”皆为“半地主”，其他版本无“半”字。按《土地法草案》此处有“半”字。

⑥ “江西法律版”和“江西史料版”在“应该没收”之后，还有一句“中等农民阶级的土地不没收”，其他四种版本则无此规定。

⑦ “江西法律版”和“江西史料版”此处的表述是：“富农在被没收土地后，可以分得较坏的劳动份地。不过有一个条件，就是他必须用自己的劳动去耕种这些土地。”

⑧ “江西史料版”和“江西法律版”皆有“积极”2字，《苏维埃中国》翻印本及“社科法制版”“西南函授版”“北大宪法版”皆无“积极”2字。按在其以后公布的《赣东北省苏维埃执行委员会土地分配法》和《黔东特区没收土地和分配土地条例》此条皆有“积极”2字。《土地法草案》有“积极”2字。

意和直接拥护之下，才能实行。如多数中农不愿意时，他们可不参加平分。

第六条　一切祠堂、庙宇及其他公共土地，苏维埃政府必须力求无条件地交给农民；但执行处理这些土地时，须取得农民自愿的赞助，以不妨碍他们奉教感情为原则。

第七条　较富裕的农民，企图按照生产工具多少来分配被没收的土地。第一次大会认为，这是富农有意阻碍土地革命发展和为自己谋利益的反动企图，须给以严厉的制止。地方苏维埃政府应根据各乡村当地情形，选择最有利于贫农中农利益的方法；可按照每家有劳动力之多寡，同时又按人口之多寡——即混合原则来进行分配；或以中农贫农雇农按照人口平均分配，富农以劳动力（即按照人口平均分配土地的地方，富农每个有劳动力者，所得分田数量，等于按人口平均分配每一人所得分田数量）为单位，人口为补助单位去分配。分配土地时，不仅应计算土地的面积，而且应估计土地的质量（特别是收获量）。在土地分配时，还应尽可能地使之适合于进行土地改革，预备消灭官荒，片段，大阡陌等各种封建遗迹。

第八条　没收一切封建主、军阀、豪绅、地主的动产与不动产、房屋、仓库、牲畜、农具等。富农在没收土地后，多余的房屋①、农具、牲畜，及水碓、油榨等，亦须没收。经过当地苏维埃，根据贫农、中农的利益，将没收的房屋分配给没有住所的贫农、中农居住，一部分作学校俱乐部、地方苏维埃、党及青年团委员会、赤色职工会、贫农团和各机关使用。牲畜和农具可由贫农、中农按组或按户分配，或根据贫农意见，自愿地将各种没收农具办初步合作社，或在农民主张和苏维埃同意下，设立牲畜农具经理处，供给贫农、中农耕种土地的使用。经理处应由地方苏维埃管理，农民得按照一定规则，支付相当的使用金，所有农具的修理，经理处工人的供养以及新农具新牲畜的购备，由农民加纳使用金的百分之几，以资弥补。

第九条　没收地主豪绅的土地及②财产，同时必须消灭口头的及书面的一切佃租契约，取消农民对这些财产与土地的义务与债务，并宣布一切高利贷债务无效。所有旧地主与农民约定自愿偿还的企图，应以革命的法律加以严禁，并不准农民部分的退还地主豪绅的土地，或偿还一部分的债务。

第十条　一切水利、江河、湖沼、森林、牧场、大山林，由苏维埃管理，来便利于贫农、中农的公共使用。桑田、竹林、茶山、鱼塘等，必如稻田、麦田的一样，依照当地农民群众的自愿，分配给他们使用。

第十一条　为着实际地彻底地实现土地革命的利益，中华工农兵苏维埃第一次全国代表大会宣布雇农工会、苦力工会、贫农团，是必要的团体，认为这些组织是苏维埃实行土地革命的坚固柱石。

第十二条　苏维埃第一次全国代表大会认为在苏维埃政权下，土地与水利的国有，是彻底消灭农村中一切封建关系，而事实上就是使农村经济达到高度的、迅速的发展必经步骤。不过实际实行这个办法，必须在中国重要区域土地革命胜利与基本农民群众拥护国有

---

① “江西法律版”漏掉“房屋”二字。

② “江西史料版”“江西法律版”此处有“土地及”，《苏维埃中国》“社科法制版”“西南函授版”“北大宪法版”皆无“土地及”三字。按《土地法草案》第九条是“财产及土地”。

条件之下，才有可能。在目前革命阶段上，苏维埃政府应将土地与水利国有的利益向群众解释；但现在仍不禁止土地的出租与土地的买卖，苏维埃政府应严禁富农投机与地主买回原有土地。

第十三条　地方苏维埃如在该地环境应许条件之下，创办下列事业：

一、开垦荒地；二、办理移民事业；三、改良现有的及建立新的灌溉①；四、培植森林；五、加紧建设道路，创办工业，促进农村经济的发展。

第十四条　本法令不但适合于现已成立之苏维埃区域，而且应用于非苏维埃区域及新夺取的苏维埃政权的区域，各苏区内已经分配的土地，适合本法令原则的，不要再分；如不合本法令原则的，则须重新分配。

中华工农兵苏维埃第一次全国代表大会主席团
常务主席　项　英　周以栗②曾　山
朱　德　张鼎丞　陈正人
邓　发
中华苏维埃共和国中央执行委员会主席　毛泽东
副主席　项　英
张国焘
一九三一年十二月一日

选自《苏维埃中国》，第二集，1935 年印行，中国现代史资料编辑委员会 1975 年翻印，第 205～209 页。原注：“中华苏维埃共和国土地法曾在本出版社一九三三年所印出的‘苏维埃中国’第一集上发表。但这次所发表的，只有七条，尚非该土地法的全文。现在本出版社在国内各种报纸上搜集的结果，得到该土地法的全文，共计十四条，兹在‘苏维埃中国’第二集上完全发表，请读者注意。”

互校版本：

1.《中央革命根据地史料选编》下册，江西人民出版社 1982 年出版，第 459～463 页。简称“江西史料版”。原件未注明史料来源。

2.《中华苏维埃共和国法律文件选编》，江西人民出版社 1984 年出版，第 370～373 页。简称“江西法律版”。原注：“选自福建省档案馆馆藏史料。”

3.《中国新民主主义革命时期根据地法制文献选编》，第四卷，中国社会科学出版社 1984 年出版，第 15～19 页。简称“社科法制版”。原注：“选自《苏维埃中国》第二集”。

4.《中国新民主主义革命时期法制建设资料选编》，第三册，西南政法学院函授部 1982 年编印，第 85～89 页。简称“西南函授版”。原件未注明史料来源。

5.《宪法参考资料》，第二辑，北京大学出版社 1982 年出版，第 1～5 页。简称“北大宪法版”。原注：“《苏维埃中国》第一集，1933 年，苏联外国工人出版社出版”。

---

① “社科法制版”在“灌溉”之后加“［工程］”二字。

② “北大宪法版”误为“周以粟”。

43. 中央关于“平分一切土地”的口号的决议

1931 年 12 月 24 日

中央近来检阅各苏区的报告，觉得各苏区党部对于“平均分配一切土地”问题的解释与执行是不相一致而且有错误的。譬如皖西北特委，在第二次扩大会议决议案上说：

“有些地方是离开了没收豪绅地主阶级的土地与实行彻底分配一切土地的原则，形成了一贯的富农路线”（七月三十一日）。

从这一段话上看来，似乎不彻底实行“分配一切土地”那就要犯了富农路线的错误。但是在皖西北地方苏维埃政府对鄂豫皖区苏维埃政府的报告上，又说：

“商城分配土地，犯了极严重的错误，主要是没收的原则应用到中农的土地上去。所以商城不是没收豪绅富农的土地，而实是没收一切土地，平均分配一切土地”（六月底）。

从这一段话看来，则是“平均分配一切土地”是“犯了极严重的错误”。

在鄂豫皖区苏维埃给皖西北地方苏维埃的一封信上则说：

“对中农的土地，不可变更他原来的位置，如果已经变了的，必须宣传叫他提出意见来。如不满意，必须以山地等补充之”（七月二十九日）。

这里是说不可变更中农原来的土地，这就是说，在实行“平均分配一切土地”的原则之下，中农的土地是不包括在内的。

在鄂豫皖中央分局给麻城县委的信上也说：

“侵犯中农的利益，是绝对不行的。他们的土地，以不动为原则”（九月十六日）。

这是在鄂豫皖苏区的情形。

在黄某某同志巡视鄂东苏区的报告中说：

“在平均分配一切土地的口号之下，把中农土地没收，使中农动摇”（七月十一日）。

这就是说，在平分一切土地的口号之下，也没收了中农土地，也分配到了中农的土（地），以致使中农动摇。

在赣东北苏区、赣东北特委政治决议上说：

“在扩大会决议上，没有特别指出‘平分一切土地’是错误的”（七月二十二日）。

赣东北省委第一次扩大会决议上指出省委的中心任务，是在：

“彻底地解决土地问题，实行平分一切土地”（十月十三日）。

“所有被没收的土地及一切土地，一律经苏维埃平均分配”（赣东北省委报告）（十月三十一日）。

在中央苏区，则以为：

“被没收的土地，应当按照平均分配一切土地为原则（数量上质量上的平分），就是多少同好坏分匀，来分给农民。因为平均分配一切土地，是消灭土地关系中的封建制度最彻底的办法。……在平均分配土地的一切过程中，应当把已经没收的地主土地和富农土地和中农贫农自己的土地一起拿来平分，使雇农、苦力、贫农、中农分得同样多同样好的土地，就是多少分匀，好坏分匀”（见苏区中央局《关于土地问题的决议案》，八月二十一日）。

在湘鄂西苏区，在湘鄂西省军事委员会《关于九师最近行动的决议》则这样写着：

“武装农民发展农民战争，同时宣传平分一切土地，并在农民自愿的条件之下实行”（八月二日）。

中央认为，虽是有些苏区正确地了解到“平分一切土地”口号的执行，决不能侵犯中农的利益，然而有些苏区对于这一口号的了解与执行，还是模糊的与错误的。

中央必须再一次地告诉苏区的各级党部，共产国际还在一九三〇年七月在《中国问题决议案》上分明地写着：

“必须坚决打击富农的企图，这些企图或者是想阻碍没收地主的土地，或者是想按照农民各自所有的生产工具去分配已经没收的地主土地。党对于这种富农的企图应当反抗，就是要实行没收一切地主的土地，没收教堂、寺院以及其他大私有财产者的土地，把这些土地依平均分配的原则交给贫农和中农，同时不要把没收的原则应用到富裕农民的土地上去”（这里是指富裕的中农说的）。

中央根据国际这一指示，曾经起草了中华苏维埃第一次全国代表大会的法令草案。该草案上关于中农的土地与平均分配一切土地的问题给了很明确的如下回答：

“中等农民阶层的土地不没收”（第三条）。

“平分一切土地是消灭土地上一切奴役的封建的关系及脱离地主私有权一切束缚最彻底的方法。不过苏维埃政府无论如何，不能以威力实行，不能由上命令，必须向农民各方面解释，这个办法仅在基本农民群众愿意和直接拥护下，才能实行”（第五条）。

从这里我们可以分明地看到，我们在土地革命中的中心口号，仍旧是“没收地主、教堂、寺院以及大私有财产者的一切土地”。“富农的土地也在没收之列，但在富农不参加反革命，自愿耕种土地的条件之下，仍可分得坏的土地”（像赣东北党那样所提出的“没收地主与富农的土地”，把地主与富农平等看待是不正确的）。中农的土地绝对不能没收。至于没收来的土地平均分配，或是更进一步地实行平均分配一切土地（自然中农的土地也在内），那最好由农民的最大多数去决定。

中央认为，有些苏区的党部，如赣东北、中央区等，只是机械地去平分一切土地，以为不实行平分一切土地，就是富农路线，就是机会主义，这种观念是完全错误的。他们在这种了解之下，完全忘记了中农，侵犯了中农的利益。中央根据各苏区分配土地的经验，必须使全党同志了解，在实行平分土地的过程中，中农的土地以不动为原则。对于那些利用平分一切土地的口号去侵犯中农利益的“左”的企图，必须给以最严厉的与坚决的打击。但是我们不反对而且赞成在“基本农民群众（自然中农也在内）愿意和直接拥护之下”去实行平均分配一切土地，因为这是土地革命最彻底的办法。而且我们在目前还应该尽量宣传“土地国有”的口号，对于这个口的宣传，苏区的党部是忽略的。

苏区的各级党部必须向广大的雇农、贫农群众解释，他们要保持他们所分得的土地，要扩大与巩固苏维埃政权，要坚决地去战胜反革命与富农，他们必须同中农结成最密切的同盟，必须不但不损害到中农的利益，而且要给中农以土地革命的实际利益，就是中农所有的土地比雇农与贫农所分得的较多些，我们不能以平均分配一切土地的口号，去分配他们的土地。妨害中农的利益，强迫平均分配他们的土地，必然会使他们动摇到敌人方面，来反对苏维埃政权。这种“左”的反中农的路线，是富农路线的另一表现，实际上同掩护富农利益的机会主义，根本没有丝毫的不同。

选自《中国新民主主义革命时期根据地法制文献选编》，第四卷，中国社会科学出版社1984年出版，第19～23页。原注：“选自《红旗周报》第二十八期，一九三二年一月十八日”。

44. 赣东北省苏维埃执行委员会土地分配法

1931年12月省苏第二次执委会修改通过

赣东北苏区为要彻底解决土地问题，平分一切土地，深入土地革命，使土地革命的利益切实为雇农、贫农及中农所得。特根据苏维埃第一次全国代表大会所通过的“土地法”的原则，参酌赣东北土地实际情形，规定下列土地分配法。

一、土地的没收：

（一）所有封建地主、军阀、豪绅、寺院以及其他大私有者的土地，无论自己经营或出租，立即无代价地实行没收。

（二）中国富农的特性是兼封建地主或高利贷者，其土地亦须同样没收。

（三）没收一切反革命组织者、白军武装队伍组织者及积极参加者的土地与财产；但贫农、中农非自觉地而受欺骗反对苏维埃者，经该地苏维埃认可，并得上级苏维埃同意者，可作例外。对其首领，则应无条件地没收。

二、土地的分配：

（一）所有被没收的土地及其他土地一律经过苏维埃实行平均分配。平均分配一切土地，本是消灭一切土地上奴役的封建关系及脱离地主私有权的束缚的最彻底的办法；不过这个办法绝对不能由苏维埃的命令实行，一定要在基本农民群众——雇农、贫农及中农愿意和直接拥护之下，才能实行。如果中农不愿意拿出他的土地来平分时，即可不更动他的土地。

（二）分配土地应以劳动（力）人口的混合为标准，来平均分配为原则。反对主张按照耕具多少来分配土地的富农的企图。土地的具体分配法如下：

1. 分配土地以乡为单位，该乡农民群众在暴动开始时所耕种的土地，即为该乡全体群众所有的土地。

2. 全乡有劳动力能生产的男女群众，每人作为两个或三个人口，全乡不能生产的男女群众及老幼残废者每人作为一个人口。全乡的田地照全乡人口的总数平均分配，但山坑或人多田少的地方，得酌量情形分配，须使足够每人的生活。

3. 所有上田、中田（以收获量为标准去规定）仅由红军雇农贫农中农去分，富农只分得较坏的下田，并必须由他们自己耕种。工人以不分田为原则。有工做的工人，如裁缝、袜匠、铁匠、剃头匠，不分田。在革命后未完全失业的工人，如木匠、石匠等，得分人口田。住在乡村的工人家属得分田。各机关工作人员有分田的必要时得分田。以经商为职业者不分田。被没收的土地所有主无权利取得任何土地。

4. 妇女分劳动田，须以她们参加革命斗争及实际参加种地种园各种生产事业为标准。

妇女不参加革命斗争、不愿劳动、不愿生产的，只能分人口田。

5. 全乡的菜园、旱地及茶地，均依照“2”“3”二项办法去平均分配。

6. 山场的分配以在山分山为原则。凡素来靠山生活者可以分山，少分田。按照山的肥瘦及各家的劳动力，由各家平均或几家合垅分得一山或山的一方，共同开产，共同采摘和砍伐。但好山应分给雇农、贫农、中农，富农只能分得较坏的山。

7. 凡红军占领或新建立的苏维埃区域，须照上法立即没收。没收的土地即经过雇农、贫农、中农之手，平均分配。所有的土地不得借口因调查等原因来延缓和阻碍分配。

8. 某乡田多，某乡田少，得由多的乡村发一部分田地给田少的群众，实行田少的乡村群众迁移一部分人口于田多的乡村去居住。

9. 鱼塘油榨可酌量当地情形，作成田亩分给人去管理，或由全村群众共同管理。

三、土地的转易与收回：

（一）苏维埃政府现在还不禁止土地租佃和买卖，但要防止地主、富农乘机收回其土地。

（二）土地分配之后，非必要时，不再重新分配。如因人的生产和死亡的关系，苏维埃政府得按照情形将死亡者土地转入与生产者。

（三）农民分得土地山场，须努力耕种开铲，以免荒芜。如因怠工致田地山场荒废者，苏维埃政府土地委员会得全部或一部分收回其土地，另给他人耕种。其人并须受苏维埃的法律处分。

选自《苏维埃中国》，第一集，1933年版，中国现代史资料编辑委员会1957年翻印，第68～70页。

互校版本：

1.《中国新民主主义革命时期根据地法制文献选编》，第四卷，中国社会科学出版社1984年出版，第137～140页。简称“社科法制版”。原注：“选自《苏维埃中国》第一集”。

2.《闽浙赣革命根据地史料选编》上册，江西人民出版社1987年出版，第565～567页。

45. 江西省苏维埃政府对于没收和分配土地的条例

1931年12月1日临时中央政府批准，1931年12月31日颁布实施①

一、哪些人的土地应该没收？

（一）豪绅地主大私有者的土地、房屋、财产、用具，以及一切出租的土地，须一律

① 本条例原件未注明颁布的时间。“社科法制版”在标题之下标出“1931年12月31日颁布”。据查本条例第5条规定以“一九三一年十二月三十一日”为法定时限，所以认定1931年12月31日为本条例的颁布实施时间是对的。但是，“江西法律版”和手抄本皆在标题之下，标作“1932年12月1日临时中央政府批准”。后者疑为“1931年”的误排。主要根据是：《红色中华》1932年6月23日刊载的中央土地人民委员部答问中，曾提到“中央政府批准的江西省苏没收和分配土地条例”，因此可以断定中央政府的批准时间只能是1931年12月，不可能推到一年后的1932年。

没收。

（二）祠堂、庙宇、公堂、会社的土地、房屋、财产、用具，须一律没收。

（三）经证明确实（加入）① 反革命组织（如AB团、社会民主党等）的富农的土地及生产工具，全家没收，房屋可以调坏的给他住。但其家属经过苏维埃政府考察确未加入反革命组织，又无反革命行动，并向政府恳切表明与其家中反革命分子脱离关系，而当地群众不加反对者，得由政府酌量发还其按照富农地位，在土地法上可发还应得土地的部分。

（四）富农的土地应该没收。

二、哪些人应该分配土地？

（五）凡是在雇农、贫农须一律平均分配土地。中农是否与雇农、贫农一律平均分配土地，以中农群众自己的意见来决定。如中农群众中多数愿意平分，即使有少数不愿意，应即实行平分；为中农群众中多数欲保存原有土地，不愿意平分，应不实行平分。少数愿意平分者，仍给那少数人以平分的权利。但本省各县，在一九三一年十二月三十一日以前，对于中农的土地，已经平分好了的，不应再行变动。

（六）乡村工人苦力的家属，须一律平均分配土地。本人失业的，亦应该同样分得一份土地。（失业指一年中多数时间失业，若只有少数时间失业，是临时失业，不在此例。）

（七）独立劳动者（没雇雇工而带徒弟的亦在内），医生、农村教师失业半年以上者，要分配土地（他的家属，如是贫农、中农的，自然与贫农、中农同样分田；不是贫农、中农的，可以按照实际需要，酌量补助。补助之额，每人不能超过平均分田每人所得三分之二）。

（八）乡村中老板及其家属不分田。

（九）富农按劳动力与人口混合原则分坏田。即有劳动力者，按照当地每人分田数量，分以坏田；无劳动力者，酌量补以坏田，所补之田，不能超过当地分田每人数量三分之二。

（十）豪绅地主及加入了反革命组织，和自动领导群众反水的富农的老婆、［儿］媳妇、女儿，同工人、雇农、贫农、中农结婚的，本条例公布以后，不得分配土地。

（十一）凡属豪绅地主及反革命富农的妻女②，用招郎的办法与工人、雇农、贫农、中农结婚，企图保存原有财产者，政府仍应将其财产、房屋一律没收。但在分配房屋财产的时候，结婚的工人、雇农、中农、贫农，应分得本人的一份。

（十二）豪绅地主及加入反革命组织的富农，过去所抚养旁人的或买来的儿女，在生活上教育上与豪绅地主一样的，绝对不分配土地。如果专为豪绅地主当奴隶的，本人可以分得土地。

（十三）和尚、道士、尼姑、斋公、算八字的、地理先生等封建残余，及基督教天主教的牧师、神父，本人是专以宗教为职业吃饭的，不得分配土地。过去分了的土地应收回。如果是以宗教为副，以耕田为主的，经群众赞成的，可以分配土地。这些人的家属，为果不靠上述职业为生，而是工人、雇农、贫农、中农，或是富农的，仍依照工人、雇

① 在“确实”和“反革命组织”之间疑有遗漏。“社科法制版”增补为“［参加］”。参照本条例第十二条第三十五条的规定，应增补“［加入］”2字。

② 手抄本为“妻女”，“社科法制版”和“江西法律版”为“妻子”。

农、贫农、中农或富农的地位，分配土地。

（十四）凡贫苦工农收容的豪绅地主的子女，自此条例公布以后，不能分配土地。

（十五）豪绅地主及其家属与自动领导反水的富农，全家不得分配土地，过去分配的应收回。

（十六）在革命以前，乡村小商人以做生意为主，而谋供给全家生活的，不分配土地，过去分配了的要收回。如果革命后失了业，可按照独立劳动者办法分田。

（十七）小圩场的商民失业的，应该分配田地。

（十八）凡妇女出嫁时，土地由本人自由处理。

三、土地怎样分配法？

（十九）应以乡为分配土地的单位，但据贫农中农大多数意见，要以村为单位分配土地时，亦得以村为分配土地的单位。

（二十）雇农、中农、失业工人，失业独立劳动者，应按照人口，将田地好歹均匀、多少均匀地去分配。但中农[①]须按照自愿的原则。

（二十一）茶山、竹木山、杂粮山，可算成田数或确定价钱，按照当地情形平均分配，富农只能得荒山。大森林应交苏维埃政府负责管理。

（二十二）矿山须由国家管理，由政府决定租借，或组织生产合作社开采。但目前应以租借为主要办法。

（二十三）鱼塘可作田亩或作价或合股养鱼去分配，只分养鱼不分水，塘水以灌田为主，养鱼为次。

（二十四）富农多余的耕牛、房屋、农具，须没收，按照贫苦工农需要（没有或缺少）来分配。

（二十五）豪绅地主及自动领导反水的富农的房屋财产农具用具没收后，除留一部分交苏维埃及革命团体应用，一部分救济红军家属、被难群众外，其余的分配给劳苦工农。

（二十六）政府及各革命团体工作人员，如果不是雇农、贫农、中农、失业的工人苦力与独立劳动者，一律不能分配土地。

四、红军土地怎样分法？

（二十七）红军家属土地的分配与贫农中农一样，但须分得附近与不太远的地方（离红军家属家里）。

（二十八）留红军公田标准：每乡每人分得五担田以上的，每乡须留红军公田三人到五人。如田多的地方，应多留公田，田少的地方（分不到五担田的），亦必须留出至少二人的公田。山林木梓不要留。红军公田主要的是发动群众耕种。耕牛、肥料、种子，由群众自愿供给，必要时，再由政府帮助。如果在某种困难条件之下，可以出租，租额由租田人与政府商定。

五、租借、买卖、承继及其他

（二十九）土地分配后，可以租借，但不能租借给豪绅地主家属。租谷多少，由双方议定。

---

① “江西法律版”漏掉“中农”二字。

（三十）土地分配后，可以买卖，但不可以卖给豪绅地主家属。土地价钱，由双方议定。土地买卖，须报告当地政府登记。

（三十一）土地分配后，实行家人承继。生的不补，死的不退。但死者无家属的，其土地由政府收回。

（三十二）凡属经过分配土地，土地革命的利益，确系雇农、贫农、中农得着的地方，即在当地群众大多数不要求重新分配的地方，不应重新分配土地。在这些地方，有与新的决定和土地法令不符合之点，可按照新的决定与土地法令，将不符合的部分加以抽补。只有土地革命的利益，未为雇农、贫农、中农得着，而为富农得着的地方，便应动员雇农、贫农、中农群众，重新分配土地。

（三十三）被迫反水群众，除反水首领外，余者一律分配土地。如耕种时，仍未回家时，可由其亲属代为耕种。回来时，作为租借论。但一年不回者，其土地得由政府收回。

（三十四）当白军、靖卫团、保卫团士兵的，一律分配土地，其家属亦一律分配土地。但豪绅、地主、富农出身的，不能分配土地。对靖卫团、保卫团、警察队团丁士兵，限期叫他回家来耕种。过限期后，可由政府收回。

（三十五）被欺骗加入反革命组织（如AB团、改组派、社会民主党等）的工人、雇农、贫农、中农等自首自新分子，须照样分配土地，现在拘押者，尚未判决者，除富农外，仍须留田。

（三十六）现有荒田，应尽先奖励雇农、贫农、中农耕种，可由政府准许若干年岁不收租，不收土地税。雇农、贫农、中农租不完的荒田，可以租给富农耕种，酌量减租或免租，减税或免税。① 但免租减租的年限，须较雇农、贫农、中农为短。只有上述各种人租不完的荒地，以及尚未开垦的荒田，无邻地移民的需要，或移民使用有余，当地群众不反对，并在乡政府与群众严密监督之下，才可以租给豪绅地主家属耕种或开垦。但不得减免租税，并且这只限于赤色腹地，边区不适用此种办法。出租荒田荒山的租期租额和税额，由当地政府规定。

选自一件早年手抄本。原件未注明史料出处。

互校版本：

1.《中华苏维埃共和国法律文件选编》，江西人民出版社1984年出版，第374～378页。简称“江西法律版”。原注：“选自福建省档案馆馆藏史料”。

2.《中国新民主主义革命时期根据地法制文献选编》，第四卷，中国社会科学出版社1984年出版，第122～127页。简称“社科法制版”。原件未注明史料出处。

46. 中央执行委员会关于土地等②法令的解释

1932年4月12日

我看对于重新分配土地方面，有多数群众要照人口平均分配土地（不分老幼），有些

① “社科法制版”此处有“减税或免税”，“江西法律版”和手抄本则无此5字。

② 原标题无“土地等”3字。内容包括土地法、劳动法及优待红军条例的解释。

要照劳动力来分配土地，发生许多争执。我看中华苏维埃土地法令内第七条有许多看不明白的意义（思），就贫农方面来说，到底按人口之多寡来平均分配，或按照劳动力之多寡来分配土地？富农无劳动力者又要分不要分？我等虽不是分田负责人，是第三者，不过替分田负责同志设法函恳指示，即希答复。

杭武篮家渡区　头乡第一劳动学校启

四月二日

现在我有几个问题不能了解请即答复：

（一）土地法第二条"红军是拥护苏维埃政权、推翻帝国主义的先进战士，无论其本地是否建立苏维埃或尚为反动统治，均须分得土地，由苏维埃政府设法替他耕"。那现在豪绅地主不分田，假若某个红军战士他的家庭经济地位是个豪绅地主，这又怎样呢？我问了好多同志，他们的答复不一致：有的说如果他们家族是豪绅地主无论如何不能分田。有的说还是同样分田。

（二）红军优待条例第四条："红军战士，在服务期间无劳动力耕种之家中田地，或分得之公田，应由苏维埃政府派人帮助全部耕种、灌溉、收获工作……"从前我们在赣县扩大红军时，有一个红军家属是个富农，他家里只有四个人（二男二女），两个男的都到一军团当兵去，几年家里无劳动力耕种田地。政府问我们这一家红军家属优待不优待，我也无把握答复，最后我们去县政府和县委，他们说不能优待，但他们也迟疑不决，不能硬怎样决定。

（三）劳动法第二条："对于中华苏维埃共和国海陆空军服军役的战斗员指挥员不受本劳动法的拘束"。我也同样的不能解释，问其他的同志，他们解释说："红军战指各员每天上课、下操、作工事……等都是劳动，所以这个劳动不能按照劳动法每日来作八小时"。这个解释，对不对呢？不妥吧！

力梁　四、三于清溪三师政治部

关于以上的问题解答如下：

一、土地法第七条之分配土地的方法，限定富农只按有劳动力的，可分一份坏田，无劳动力的，按人口来分，即是所分的坏田，只能少于有劳动力所分得的田，或半份或只三分之一，由各地来定。同时，对于贫农中农之分田两种办法——按人口平均分配，以劳动力与人口混合分配——之决定一种，须看当地贫农中农的大多数，以那种方法为最有利益的来决定，而不是以少数人的意见来决定的，同时也不是单以贫农的意见，还要顾及大多数中农的意见。

二、土地法第二条所指红军战士，主要的系指工农群众而言，假如有豪绅地主子弟来参加红军，要看他们是否是革命开始时——即当地苏维埃政权未建立前后——参加红军来定，如若当地暴动后，他来参加革命，我们考察出来，就要驱逐出红军，更谈不上分田，如系当地暴动时参加的，或当地未暴动建立政权而来参加红军的，对革命又努力（如外来参加红军，白军反水过来的）应作例外来看。因为他本人已牺牲本身阶级之利益，而来拥护工农阶级的利益，不能如一般豪绅地主子弟来看，同样要享受分田的权利。

三、红军优待条件第四条重要的意义与上面土地法第二条的意义作一样的解释，如该富农参加红军甚早——在暴动的时候——以及在红军中作战勇敢而有功绩者，应照优待条例执行。但优待条例的范围仅限及于他妻子和父母，旁人都不能享受，如不属上项者，该本人红军应将他驱逐出去。

四、劳动法第二条所指，因为充当红军，不是简单劳动，而是一种革命的义务，非如一般工人相同。况且军队因战争的关系，更不能分时间与工资，故不照劳动法来实行。

中央执行委员会

一九三二年四月十二日

选自《红色中华》，1932 年 4 月 13 日第十七期，第六版。

互校版本：《中国新民主主义革命时期根据地法制文献选编》，第四卷，中国社会科学出版社 1984 年出版，第 23～26 页。简称“社科法制版”。原注：“选自《红色中华》第 17 期，1932 年 4 月 13 日”。

47. 中央土地人民委员部关于分配土地问题的答复

1932 年 6 月

中央苏维埃政府鉴：

我们为要彻底分配土地，使一切没有土地权利的人们，不能偷取工农半点土地的利益，也就必须要靠下层每一个做工作的干部，首先定能了解执行一切土地法令的根本问题。那么，下层有了每一个干部在土地问题上发生不了解的地方，也就谈不上土地分配的彻底。因此，我在分配土地的工作上，也还含有几个地方，还不十分的了解来做结论。所疑质的问题上，其一，就是富裕中农的问题，我们看见各种报纸登载的及一切文件上，对于纠正反中农的错误，只说：中农的土地不曾出租，也并不请长工短工，而靠专向自己劳动力，或者农忙时期稍为请些零工，除他够吃够用外，还稍为剩余粮食者，或还放债有七八百毫洋者，这不是富农，还是富裕的中农，是不错的！我也了解了。但有一类人，当然他的土地不出租也并不请长工短工，除剩余十多担谷子出粜外，所放的债务又不止七八百毫，甚至二三千毫，这种人究竟（是）富农阶级，也还是富裕中农呢？其二，是对于富农与地主交界的问题，比方一家人，他有三四个人吃饭，有田三四十担，他不请长工、短工，债务也未曾放，可是他的土地出租超过半数，甚至出租土地又没有超过三分之二，这类人，是否地主阶级，或者还是富农阶级呢？其三，至于地主阶级，还在未革命前，我们不顾问他们有田多田少，或者欠了多少债及欠债的原因，因为全部专向土地出租收租，坐在家里，专靠收租吃饭，剥削工农，这当然是地主吗？其四，有人所做过的说：“开商店的地主阶级，只能没收他的一切土地，但他们的财产是不能没收。”他说：“因为要保护商店”。这一事件究竟是真与否呢？其五，我最后问你一个清楚，根据土地法令上，还每一富农家属参加了守望队、靖卫团、白军，以及一切反革命政治派别，如 AB 团、社会民主党等，当然是要同地主一样的看待没收。有一种工作同志含糊认为自首自新的富农 AB 犯未被杀掉，是不要没收，这句话是不对吗？

上面几个问题在我们土地工作进行上发生过许多争论，结果总是没有一个人来解释清楚，究竟谁对谁非也不明真相。同时，也不单是我个人不了解，而且我所经过许多下级地方，及下层干部同志，同样的糊涂。也不但胜利县如此，相信其他各县也恐有下层干部不晓。因此，这几个阶级问题，望中央政府发表，最好在红色中华报上作一具体的解答，以求方便，使整个的下层多数不了解的干部都可看见，能清楚懂得，积极进行。

嘉宾同志：

来信收到，你所问的五个问题，兹答复如下：

一、富裕的中农与富农的分别这一点，我们应该站在生产关系中去了解他，更具体地说，要在剥削关系上来认识。富裕的中农，他的一切生活资料的供给，是由他自己劳动所得来的。他每年或者有比较多的谷子出粜，来购买他一切需要品，或者在农忙时，还要雇零工，或有时还要放几点债出去，如果所放的债，不是成为他经常收入的一部分，他生活的供给主要部分不是由剥削来的，这不能算为富农。假使他剥削所得的成为他经常收入的一部分，成为他生活资料的主要来源，那就是富农。来信所举的例子："如有一类人，不出租田，也不雇长工短工，除剩余十多担谷子出粜外，还要放二三千毫子的债，是不是富农？"要答这个问题，首先要看二三千毫子，是不是经常专门用来剥削人的，成为他生活中经常收入的一部分，来决定是富农或富裕中农。

二、富农与地主的分别，主要的是看他与土地的关系，如果占领有多数土地，依赖剥削人为生活，其本人不参加土地生产而专靠收租为生活，或虽耕种一部分土地而主要的收入都靠出租土地剥削者为地主。自己参加土地生产，同时利用土地剥削或放高利贷，或剥削雇工者为富农。

三、坐在家里，专靠收租吃饭，当然是地主无疑。

四、地主所有的土地、房屋、财产一律没收（参看中央政府批准的江西省苏没收和分配土地的条例第一条）。如借口保护商店，而不没收地主的财产，这完全是机会主义的办法（这是指地主主要的收入，是从土地上剥削来的，商店是附带的营业，至于商人兼地主，他的收入以商为主而兼土地的剥削，那只没收他的土地不没收商店）。

五、富农参加过反革命政治派别的，不论自新或自首，他本人的土地财产等应无条件地没收。但其家属的处置，可按照中央政府批准的江西省苏没收和分配土地条例第三条执行。说参加反革命组织的富农，自新自首的不没收，这完全是错误。

中央土地人民委员部

中央政府：

兹对于土地问题的疑问几点请答复：

一、阅了江西省政府起草、中央政府批准的没收和分配土地条例第十条"豪绅地主及加入反革命组织和自动领导群众反水的富农的老婆、媳妇、女儿同工人、雇农、贫农、中农结婚的，本条例公布以后不得分配土地"。那么，没有加入反革命组织及自动领导群众反水的富农的老婆、媳妇、女儿和工人、雇农、贫农、中农结婚的可以分配土地吗？分配了土地的要抽回吗？再则，条例说自本条例公布以后不得分配土地，这"以后"二字是否说了以前分配的就可以不撤回？

二、豪绅地主以及加入革命组织的富农的老婆、媳妇、女儿与工人、雇农、贫农结了婚，以前分配了土地，男人是去当红军了，其所分配的土地要撤回吗？如不撤回则与条例有抵触，如撤回则变撤回红军家属的田地了！

上杭县苏土地部长温恒贵

六月十七日

温恒贵同志：

来信收到，兹答复如下：

一、江西省苏起草经中央政府批准的没收和分配土地条例第十条："豪绅地主及加入反革命组织和自动领导群众反水的富农的老婆、媳妇、女儿同工人、雇农、贫农、中农结婚的，本条例公布以后，不得分配土地"。这里所说的"不得分配土地"，是指从该条例颁布以后，在开始分配土地，或重新分配土地的地方不得分配土地。假如过去分配土地，土地革命中的利益落在雇农、贫农、中农身上，同时亦没有大多数群众要求重新分配土地的地方，因为过去错误分配了而分得的土地的，但该豪绅富农的妇女与工农结婚（已）久而其分配土地之利益落在结婚之工农身上的，可不必撤回。豪绅地主及自动领导反水的富农等本家，过去分得的土地应收回。同时，应注意，如果豪绅地主及加入反革命组织的富农的老婆、媳妇、女儿与工人、雇农、中农在该地暴动前结婚的，在分配土地时，有分配土地之权，分得的土地，不撤回。没有参加反革命组织及自动领导群众反水的富农的老婆、媳妇、女儿和工人、雇农、中农结婚，在该在暴动前，可依照雇农、中农等一样分田，结婚时是在暴动后，则应按照其本来富农地位分坏田。如分配土地已久的地方而分了田的，在没有重新分配土地时，可不撤回。

二、豪绅地主及加入反革命组织的富农的老婆、媳妇、女儿在该地暴动前与工人、雇农、贫农、中农结婚，可以按照工人、雇贫、中农家属分田。在暴动后结婚的，不能分田，如已分得了田，不得重分土地，可不撤回。

中央土地人民委员部

选自《红色中华》，1932年6月23日第二十四期，第七、八版。

互校版本：《中国新民主主义革命时期根据地法制文献选编》，第四卷，中国社会科学出版社1984年出版。第26～30页。简称"社科法制版"。原注："选自《红色中华》第二十四期，一九三二年六月二十三日"。

48. 江西省工农兵第一次代表大会土地问题决议案

1932年6月3日

中国在目前民权革命阶段中，土地革命是主要内容。江西在几年斗争中，现有的赤区土地执行了平均分配，反富农斗争渐次深入，分配土地的执行明确阶级路线，在许多方面确有了它的伟大成功。但是在这些斗争中，错误仍然不少，在这次大会，一定要严格的以自我批评的精神揭发土地问题中一切错误和缺点，正确决定执行全苏大会所颁布的土地法令和中央政府批准省苏发的土地分配条例。在省苏大会后，各地应充分团结广大群众执行这个决议，彻底纠正分配土地工作中的错误，使土地革命的果实真为中农、贫农、雇农所获得，来彻底消灭封建势力，使苏区更能巩固地向外发展，驱逐帝国主义，争取全中国胜利。

一、过去分配土地的工作检阅

（一）土地革命中的非阶级路线：

1. 过去江西分配土地是抽多补少，抽肥补瘦，以人口为单位平均分配，已是非阶级路线的全民土地革命，以致一般豪绅地主家属也分得土地，富农与雇农、贫农、中农，数量、质量分得同样的土地，这完全是一种非阶级路线的分配方法，土地革命中的果实仍然落到富农手上，这是最主要的错误。这一错误在老苏区经过重新分配比较减少了，在新发展区域仍然盛行着。

2. 江西苏区的发展，绝大多数是红军或地方武装打下了一个地方，便进行分配土地，农民自己暴动起来，推翻豪绅地主统治，建立政权分配土地的地方比较（少），在分配土地的错误路线上面，加之没有充分的群众工作，红军一到某地没有充分发动群众的阶级斗争，限制三天至五天就要把土地分好。这种不是群众自己动手来分配土地，而是红军少数工作人员命令，从上而下的指派的分配法，广大的基本群众未发动起来斗争，因此到处发现瞒田，富农分好田，豪绅地主家属也分到田，甚至不敢要豪绅地主的土地现象（如雩都）。土地分配要经过几次，这是普遍现象，一般群众完全是倾听上级命令，土地随时变更，农民对土地问题有些地方便发生怀疑，甚至动摇了农民对土地革命的信念。尤其在新发展区域土地分配得更坏，因此产生一种理论说：这个土地是一次分配不好，一定要几次的分配才行。因此，在分配土地时便敷衍了事，而更给基本的农民不好的影响，新发展区域苏维埃政权更不易巩固起来。这种和平地派田而又对派田怠工的错误，必须坚决地给以肃清。

（二）没收土地方面：

在没收豪绅地主及大私有者一切土地原则下，江西苏区普遍地将中农的土地一起没收分配。不了解与中农结成巩固的同盟的严重意义，而形成侵犯中农的错误，和对富农让步，不没收富农的土地，豪绅地主房屋、山林，有些地方仍保留没有没收的错误，必须要彻底的纠正。

（三）分配方面：

自全苏大会颁布了土地法令之后，坚决执行豪绅地主家属不分田，富农分坏田，在这一工作，大多数地方确实发动进一步的斗争，已经有了很大的成绩。在新发展的雩都、会昌、安远、寻邬、信丰、石城、胜利、南广、宁都，有的因才开始做这个工作的成绩较差，在南广发现中农分下田、贫农分中田、雇农分好田，胜利县新发展地区，中农分较坏的土地，这种侵犯中农的左倾现象，我们要坚决反对。另一方面南广豪绅地主、富农一样分田，公略县的罗家区有些乡说好的豪绅地主还是可以分田，好富农与中农、贫农、雇农一样分田，公略、永丰普遍发现富农还分得作种的好田，万泰也有部分的是这样，公略县的陂头区（对）豪绅地主的家属的东西不敢没收，宁都还是以抽多补少，抽肥补瘦为分配土地的原则，另有些地方（发生）一切大姓分好田，小姓分坏田的错误，明显是被非阶级分子利用氏姓来包办分田，这些都是表现对豪绅地主富农让步的一种极右的观念。

在分配土地时，对于分房屋、鱼塘、山林都没有着重注意，以致现在还有许多地方的房子、山林、鱼塘还没有分配，有的又是被富农得着好的。

过去只注意到分配土地，没有注意分配土地以后的工作，怎样来发展生产，怎样来防止荒田，怎样培植森林。现在到处发现有破坏森林（的现象），万泰、公略、永丰、南广发现许多荒田无人耕种，对于水利改良、种子改良、肥料改良这个工作，只有兴国做到修河岸的工作外，其余都是没有做到，尤其在目前国内战争的环境里面斗争紧张，怎样发展生产，努力参加生产，确实是一件很重要的工作。

二、今后进行土地革命的工作方针

（一）我们在分土地的当中，一定要执行明确的阶级路线，没收豪绅地主及富农的土地，平均分配给雇农、贫农、中农耕种，豪绅地主家属不分田，而富农也只能分坏田，反对对豪绅地主让步的办法。

（二）反对过去侵犯中农利益的办法，我们为巩固中农联盟，中农的土地若是中农不愿拿出来重新分配，不得强迫分配。

（三）我们为着实际检阅全苏大会的土地法令和省苏的土地分配条例彻底的执行起见，老苏区各乡、各区应组织查田委员会，实际清查并公布分田名单。在新的区域，也同样要执行查田，将所有的错误彻底地揭发出来，依照全苏大会的土地法令和省苏的土地分配条例全部执行，反对那种敷衍办法说一次分不好的错误理论。

（四）在新发展区域的里面，首先要充分地发动群众进行阶级斗争，使群众自己动手分配土地，反对没有发动群众就进行分配土地的过去那种命令派田等办法。

（五）反对过去那种单靠红军去分配土地的办法，凡是红军在某县、区管辖的地区内工作时，某县、区必须在老苏区里面征调对分配土地最有经验的同志，组织工作团与红军协同工作。

（六）在分配土地时，发现甲乙丙地均受地方观念与绝对平均主义之支配，而进行邻区的地界争执，甚至被地主、富农利用了去发展成为地方的斗争。各级苏维埃必须严禁此一现象，必须实行中央政府划分区域的条例，打破封建的地界观念，而划地界时也要注意到比较的肥瘦均称，但绝不是主张绝对平均主义，而要团结全体工农群众向地主、富农进攻，以消灭一切封建的界限。

（七）土地建设问题：

1. 发展生产，以革命竞赛的方式发动个人与个人、乡与乡、区与区、县与县各种生产的比赛，个人或某乡、某区、某县生产比一般的特别好者，政府可酌量情形奖励，鼓动群众努力耕种，多种米三升来帮助红军，实际去消灭荒田现象，并强迫富农和豪绅地主家属耕种山地荒田。

2. 改良种子、各种肥料，各级政府决定种子最好地方，实行收买交换，发动群众修理河弹陂是水塘①，开新的水塘，各乡组织肥料种子研究所，实行改良生产。

3. 反对那种破坏森林的办法，实行以乡为单位组织培植委员会，专为作培植森林事宜，实行所有的荒山地种树木，已有的森林不准任意破坏。

4. 鸦片烟是一种最毒的物品，我们江西苏区里面仍然没有铲除，还是继续耕种，妨碍生产，减少苏区粮食，在苏维埃政权之下，在明年决不容许继续耕种。

---

① 原文如此。

（八）凡是新发展区域，须按照优待红军条例和中央训令留红军公田。已有的公田要各级政府切实负责去领导群众耕种，并将应有公田迅速统计起来。

（九）最后，大会特别指出，对于土地与水利国有的宣传，应当着手进行，使广大农民群众认识要彻底消灭封建关系，使农村经济达到高度的迅速的发展，土地与水利实行国有是最彻底的必须步骤，以后革命在重要区域胜利后，而取得广大基本农民群众拥护，顺利地完成土地与水利国有。

选自《中国新民主主义革命时期根据地法制文献选编》，第四卷，中国社会科学出版社 1984 年出版，第 127～132 页。原件未注明史料来源。

互校版本：《第二次国内革命战争时期土地革命文献选编（1927—1937 年）》，中共中央党校出版社 1987 年出版，第 572～576 页。原注：“临时中央政府批准”。原件未注明史料来源。

49. 福建省苏维埃政府土地部开荒规则

1932 年 6 月

开荒规则：

（一）关于不曾分配的荒田、荒地。

1. 凡是工人、苦力、雇农、贫农、中农及一切有选举权的群众所开发的□□□荒田、荒地，即属于开荒人所有，开荒人有永远支配该土地之权。苏维埃政府为了奖励他们，准许三年不收土地税。

2. 凡一切有选举权的群众开发不完的无主荒田荒地，应准许□□□开。凡属富农开发的荒田、荒地，富农有使用之权，并准免土地税一年。

3. 工农群众及富农开发不完的无主荒田、荒地，应准许地主□□□□，苏维埃政府允许他耕种五年，但无土地所有权。第一年免交土地税，五年之后该土地应归还苏维埃政府管理，但如无他人接收耕种，倘可租给该地主分子继续耕种。

（二）关于已经分配了的荒田、荒地。

1. 凡已经分配了的荒田、荒地，应该首先发动土地所有人，限定期间（五天至十五天）去开，如本人满期不开，即发动其他群众去开，荒田主人不得阻止。

2. 去年未荒的田，今年本人不能耕种，势将变成荒田。政府同样应该发动他人去耕种，所收农产物，至多二八开，即收获实谷一担（十斗），交租两斗给田主。土地税由田主缴纳。至明年田主依旧不能自己耕种时，仍归今年耕种人耕种。租谷多少由他们双方自订。

3. 荒了一年的田，本人不开，他人去开时，土地税免收两年。倘开的是富农（之田），免税一年。租额不得超过所获农产物的十分之一，即收实谷一担交租一斗，土地税归开荒人出。开荒的人可连种三年，三年后田主得收回自耕，如田主依旧不耕时，仍归开荒人耕种（不再交租与田主），至田主收回自耕时为止。

4. 荒了两年或二年以上的田，本人不开但他人去开的，免收土地税三年至五年。若开的是富农免税一年至二年。开荒的人可连种五年至十年，五年至十年后田主得收回自耕，如那时田主依旧不耕仍归开荒人耕，至田主收回自耕时为止，均不交租与田主，免税期满后之土地税归开荒人出。

来！为发展土地生产，增加收成而奋斗。

为改善工农自己的生活，努力消灭荒田而奋斗。

为充裕红军粮食，争取战争全部胜利而奋斗。

以上的便是群众消灭荒田最大的意义。特此布告周知。

部　长　范乐春

副部长　曾凡林

一九三二年六月十二日

选自《闽西苏区法制史料汇编》，龙岩市中级人民法院、古田会议纪念馆合编，2008年10月内部出版，第96～97页。

50. 福建省苏维埃政府区县土地部长联席会决议

1932年6月

一、红军公田与帮助红军家属耕田的问题。

1. 红军公田每乡至少要有三人的田（田多的地方可以增加）。

2. 红军公田要好田（垅田、秧田、水足田、要大家人看得见的田）拨充。

3. 红军公田要由苏维埃管理，发动全乡（有）劳动力的人耕种。

4. 红军公田要在一个月内拨充，并建立田牌（以四寸宽、四尺长的木板书写某乡红军公田几担）。

5. 一定要帮助红军家属耕田。

①凡红军本身及红军家属所少的劳动力，应该帮助他耕种（如红军家属有六个人，只有三个人有劳动力，尚少四个人的劳动力，苏维埃就要发动群众，至少要把尚少四个劳动力的田完全耕好）。

②帮助红军家属耕田，要全乡有劳动力者负担（或十六岁以上、六十岁以内）。

③红军家属的田要先耕好。

6. 有劳动力的不做红军耕田的工者，区、乡苏政府要讨论处罚。

7. 乡苏或区苏不执行优待红军条例者，同样要受到处罚。

二、帮助新发展区域分配土地问题。

1. 发展方向与负责派能分田的人去帮助：

①上杭西南——如中都、洪山寺一带，由上杭负责。

②武平西南——如岩前、象洞等地，由武平、上杭负责。

③饶和埔发展时，永定要负责。

④连城、宁化发展时，由新泉、长汀县负责。

2. 每县至少要准备善能分配土地的人五十人以上，到新区域去帮助分配土地。

3. 准备调去新区域工作的人，要县苏负责训练一短时期，要在一个半月做到。

4. 调去新区域工作的人的条件，要分配过土地而有实际经验的积极分子，要阶级意识强的分子，要坚决为中农、贫农、雇农谋利益而不调和不妥协的分子。

5. 各县至少要准备调三人以上有分配土地实际经验的积极活动分子，预备发展到宁化、清流、归化等地时，派去工作，要在一个月内调来省苏。

三、检查土地的工作与深入土地斗争。

1. 检查豪绅地主及一切反革命者的土地财产是否完全没收，富农的土地及多余的耕牛、农具等是否没收了？是否把土地革命的利益完全落在贫农、中农、雇农身上？限一个月内检查清楚。

2. 检查土地一定要县苏督促区苏，区苏督促乡苏，召集代表会，详细讨论办法，并选举和组织土地检查委员会，要随时进行深入群众去检查。

3. 一定要发动雇农、贫农，联络中农，起来坚决反豪绅地主富农的斗争，要领导雇农、贫农群众在斗争中得到利益，要团结斗争力量去肃清豪绅地主封建势力，去反对富农。

4. 要在检查土地工作中来了解过去对解决土地问题正确的和错误的地方，还要使雇农、贫农、中农群众了解，并且热烈地来批评过去错误与缺点的地方。

5. 要在检查土地中建立土地部的工作，要争取中农贫农群众为土地利益而斗争来拥护苏维埃。

6. 要在检查工作中来与一切不正确倾向斗争，来排除消极怠工的分子。

四、竹山、茶山、杉山、果园、池塘的分配问题。

1. 凡属可以分配的竹山、茶山、果园、池塘等，可以准折田地一样去分配，要在二月内分配清楚。

2. 凡属大森林、矿山等不能分配的，归苏维埃管理，要发动群众的劳动力去经营来发展山林的利益，使劳苦群众得到利益。

3. 杉树在全闽西苏区里十分之九没有分配，据一般的实情不好分配，因此有如下的决定：

①杉树以乡为单位归苏维埃组织管山委员会去管理——如火烧山的打熄、栽植杉树等经营。

②杉树的利益十分之七的利益归该乡工农群众平均分配，十分之三归苏维埃所有。

③杉树木材是闽西苏区里最大出产品，利益最大，一定要使群众认识而热烈的来经营管理——已长成的树要保护，仍要新栽植增加生产。

④苏维埃与群众可设法招商，使杉树可输出卖钱。

4. 要随即进行调查大山场可种何种农产物，有何种矿产（如煤、铁、石灰石等），报告省苏。

五、要发展苏区生产，增加粮食及日用必需品，来充实群众及红军的粮食等，去发展革命战争。

1. 加种杂粮——豆子、粟子、番薯等。

2. 准备闽西苏区里普通的种麦、种棉、种茶（油茶及茶叶）等。

①要随即进行宣传鼓动，使群众了解，一定要领导他们自动地来种，一定要种。

②一定要随即调查有多少地方可以种，有多少群众种，要多少种子，及何处有种子。

③种子（麦种、棉种、茶种等）一定要苏维埃去搜集准备，特别是麦种（因为闽西的麦种不多，又值现在的粮食恐慌，有些麦子种的都很快食完）；要一月内准备好。

④随即由土地部想法去搜拾很多种麦棉茶等好的经验来教群众。

⑤要发动群众多准备肥料。

3．设立农业试验场。

①每区推选一个耕田种植最有经验的人（如耕了十年、二十年、三十年的富有经验的人，头脑清醒的人，身体健全的人）。

②准备地铺、房屋、用具。

③准备一批资本。

④各区乡有最好的农产品及最坏的农产品都要选择送一些来，（并且要说明他用甚么方法去使农产品好的理由）农产物陈列室。

⑤要随即准备搜拾所有农产品的种子及一切材料。

4．要加紧整理坡圳和开垦荒地。

①坡圳要由苏维埃管理，发动群众领导群众去进行。

②要在最便利最容易得水的灌溉的地方作坡开圳，不能以风水迷信去阻碍作坡开圳。

③现苏区里各县区都荒了很多田地，要随即发动群众或移民领去开垦，尽量种植来增加苏维埃生产。

苏维埃要奖励开荒，要帮助贫农雇农以农具、种子、肥料去垦荒栽种。

要反对苟且偷安的、得过且过的、随随便便的等消极态度与不正确观点。

六、要随即进行人口土地调查统计。

1．要按照省苏现在制定的人口、土地调查统计表第一表、第二表去切实调查统计好（出）来。

2．召集乡代表讨论调查统计的办法，要在选民会上报告调查统计的意义和重要，才能一方面使调查统计的人有方法去工作，群众才能很实际的报告。

3．要在一月内完成调查统计工作，报告省苏。

七、豪绅地主及富农开垦荒地的问题。

1．豪绅地主垦荒一定要报告苏维埃政府许可和登记。

2．苏维埃一定要自中农贫农不要的荒地，才给他开垦。

3．一定要定偿租纳税的条约。

八、要建立和健全土地部的工作。

1．要把中央政府颁布的土地法令，省工农兵代表会土地决议案，及此次土地部长联席会的决议案很快实现出来。

2．土地部随即建立经常工作，要上级随时指示下级土地部，下级随时把实际情形报告上级土地部。区每半月报告县一次，县每一月要总报告省一次。

3．各级土地部要经常提出关于土地问题的计划，交到苏维埃主席团讨论执行。

4．省苏土地部可经常印发关于土地问题的文章和小册子，以便给各级苏维埃及群众关于土地问题的了解。

选自《中国新民主主义革命时期根据地法制文献选编》，第四卷，中国社会科学出版社 1984 年出版，第 89～94 页。原件未注明史料来源。

互校版本：《第二次国内革命战争时期土地革命文献选编（1927—1937 年）》，中共中央党校出版社 1987 年出版，第 577～582 页。原件未注明史料来源。

51. 福建省苏维埃政府检查土地条例

1932 年 7 月 13 日

在去年重新分配土地时，因为军事局面的紧张，时间匆促，加之共产党各级党部和各级苏维埃政府领导上有许多缺点，农民群众对阶级分别弄不清楚，所以地主、富农一方面持旧有封建的房族、亲戚的势力强分土地，一方面又（用）地主假富农，富农假中农的欺骗方法偷分土地。

最近，各处即发现许多地主分到土地，许多富农还多分田，而且分好田。地主、富农得到这样的好处，便保持他们原有的地位，暗中造谣捣乱，企图破坏苏维埃、红军。

本政府为了使雇农、贫农、中农在土地革命中得到完满的利益，为了要肃清地主阶级的政治的经济的势力和镇压地主残余和富农的反革命活动，认为以前零星的检查土地非常不够，现在马上全闽西来举行一个检查土地的运动。

第一，何人的土地应该检查出来

（一）一切地主（不论大小地主）家里所分到的土地，以及他们的房屋、财产、用具，一概彻底检查出来没收。

（二）富农多分的土地，所分的好田（及秧田）都要清出来，富农多余耕牛、农具、房产、菜园、粪缸都要检查出来没收。

（三）反革命富农（勾结白军、团匪，组织民团，捕杀群众，造谣捣乱……）全家的土地、财产、房屋、家私，一概请查出来没收。

（四）工头、老板、商人、和尚、道士、尼姑、算命、地理先生等，过去有分田者，应检查收回。

（五）祠堂、庙宇等公用，过去未完全没收者，应查出没收。

（六）全家死亡者，其所分土地不归房族亲戚，应检查出来。

第二，检查出来的土地补分给何人

（一）红军公田未足，应多选好田补足，每乡至少三个人的田额。

（二）过去雇农少分田才应补分，贫农老少太多过去未分田者应补分，雇农、贫农过去分田，被地主、富农弄鬼少分田分坏田者，应补分。

（三）中农少分田者应补分，过去中农当富农分田者应补分。

（四）自白区回来的贫农、中农应酌量补分，释放的社党是雇农、中农成分，过去未分田者现在应补分。

（五）工人的家属及失业工人要分田，过去无分田者应酌量补分。

第三，检查土地和补分土地的手续

（一）以乡为单位进行检查，以前分配土地以村为单位者，则以村为单位。

（二）应在夏收以前检查和补分清楚。

（三）县苏应马上推动各区，各区苏应马上推动到各乡，应派巡视员出发推动。县苏各负责人应直接参加中心区、中心乡，区苏负责人应直接参加各重要乡。

（四）乡苏主席应召集全乡代表会议报告检查土地意义、检查土地方法和农村阶级的分别，同时应成立检查土地委员会，委员五人（雇农和工人各一人、贫农二至三人、中农至少要一人）。

（五）检查土地委员会可请调查员及登记员帮助工作，最重要的要使雇农工会和贫农团一致动员检查，并提出补分办法。

（六）首先要调查全乡地主几家、富农几家、中农几家、贫雇农几家、其他几家，各家人口多少，过去分土地多少。然后认真照上述标准检查，看何家应收回土地，看何家应补分。

（七）检查土地委员会讨论决定后，应即出榜公布，征求大家意见。如检查和补分有不妥当时，则可由检查委员会修改，然后再开全乡苏维埃代表会议最后通过。

（八）在检查土地时，应提防地主、富农造谣捣乱，应该监视地主、富农，提防他们报告消息，勾结白军来进攻。要特别整顿赤卫队，加紧赤色戒严，并派游击队向外游击，使这次检查土地能顺利成功。

（九）在检查土地时，应打破与地主、富农妥协的观念（因亲戚、房族关系……不敢清查等），同时要打破害怕地主、富农的观念（受地主、富农恫吓等）。

（十）在检查土地时，要把暗伏在各级苏维埃中的地主、富农、工头、老板、商人等阶级异己分子清查出来，热烈参加革命战争，冲破帝国主义、国民党、军阀对苏区红军全线的进攻，实现江西邻近省区的革命首先胜利。

选自《中国新民主主义革命时期根据地法制文献选编》，第四卷，中国社会科学出版社 1984 年出版，第 94～97 页。原件未注明史料来源。

互校版本：

1.《第二次国内革命战争时期土地革命文献选编（1927—1937 年）》，中共中央党校出版社 1987 年出版，第 591～593 页。原件未注明史料来源。

2.《闽西苏区法制史料汇编》，龙岩市中级人民法院、古田会议合编，2008 年 10 月内部出版，第 97～99 页。

52. 福建省才溪区苏主席团扩大会议关于土地问题的决议

1932 年 9 月 9 日

根据各乡雇农工会、工会、贫农团和少先队儿童团及乡苏政府的提议，和多数群众对重新平均分配土地的要求，作如下决议。

本区土地已于去年按照共产国际与中国党中央的指示，站在雇农、贫农、中农的阶级利益上实行分配了的。但去年，解决土地问题时，以年岁大小去规定劳动力分配，以致一家老少多的人少分了一些土地。因此，少分土地的群众迫切要求平均分配，而雇农贫农也多数赞成并提议苏维埃解决。本苏维埃政府顺应广大群众的意旨，遵照苏维埃中央政府决令，及上级政府关于土地问题的决议决定办法重新平均分配。

可是我们一定认识这一次重分配不是向豪绅、地主、富农去争取更多更好的土地上利益，而是向雇农、贫农、中农劳动力多而多分得一些土地的去争利益，的确是缺乏阶级斗争的意识，而是落后的农民意识平均主义的表现。

兹把解决土地问题的原则和方法的决议列下：

1. 自由结婚离婚土地

(1) 近来各乡均要求以人口平均分配土地。因此，已决定准予重新分配土地，所以凡本区各乡自由结婚的妇女的土地，由结婚了中分配土地。

(2) 由各区来本区各乡的妇女，应向该区将妇女原分得的土地带来，本区各乡不另分配土地给她。本区妇女与各区人结婚的应该把她个人土地任其带去。

(3) 如有各区未带来有田地的（白区）妇女可以分配田给她，但必须按她成分为标准去分配。

(4) 豪绅地主家属的妇女与雇农、贫农、中农、工人结婚的，在全苏大会以前结婚而不是投机者可以分得土地，以后结婚的不得分配土地。

(5) 富农家属的妇女与贫农、雇农、中农结婚者，按照富农有劳动力的分得坏田，但在全苏大会以前结婚者可与贫农雇农中农一样平均分配土地。

2. 在去年分配土地后死者与生者的土地

(1) 现在重新分配土地除当红军牺牲和群众参加斗争死亡的不收回外，其余死者收回，生者一律平分。

(2) 今年分配土地完成后生者无田分配死者不必收回。

(3) 当红军牺牲和群众参加斗争伤亡者与贫雇中农一样平均分配土地外，特别对红军牺牲者的土地永远由群众帮助和他耕种。

(4) 分配土地后全家死亡了的，由苏维埃收回不得任何人承继。

3. 非纯粹农民土地问题

(1) 工人有工做者不必分田。而不能经常有工做者，按他生活需要而酌量分田。失业者可一律平分土地。

(2) 独立劳动者与商人不分田。而和尚、道士、尼姑、算命卜卦等亦同样不分田。

4. 洪水冲坏土地

决定完全被洪水冲坏的土地万难修理的可不要列入平分。如易修理的土地各乡应发动群众帮助修好准折分配。

5. 做屋土地

决定私人做屋须要土地者，以自己土地架造。

6. 组织土地委员

(1) 由区苏最近组织临时土地委员七人至十一人分头出发各乡召集各团体会议报告进

行重新分配土地。

（2）决定各乡自下才溪土地结束后应立即召集各种会议选出乡苏代表中观念正确有土地经验的人七人至十一人负责分配土地。

（3）在未分配土地时，首先要统计全乡或全村的土地多少（红军公田提外），然后按照全乡人口（雇贫中农）平均分配，其田好坏要均匀好来，不要剩余公田，其富农以有劳动力的得分坏田。

（4）红军公田须要抽最好的并要在通衢路旁为适宜，每乡至少要提出三人至五人的田。

（5）分田标准按照过去乡或村为单位，其田须要农民比较接近的来分配以便利耕种。

（6）其竹麻仍未准田分配的亦须分配清楚每年约竹麻廿担折田一担。

（7）土地分完后要把全乡人口土地详细公布标榜，同时也要召集群众大会通告分配土地的情形得大多数同意才可结束。

一九三二年九月九日印

选自《闽西苏区法制史料汇编》，龙岩市中级人民法院、古田会议纪念馆合编，2008年10月内部出版，第99～100页。

53. 中央土地人民委员部训令第一号 ——为深入土地斗争彻底没收地主阶级财产

1932年12月28日

要彻底深入土地斗争，实现全部土地法，这不仅要没收地主阶级的一切土地，而且要没收地主阶级的全部财产，分发给贫苦群众，只有这样才能彻底消灭地主阶级的势力，也只有这样才能使贫苦工农得到更多利益，而能更高兴更积极起来，为争取本身利益而斗争，这是巩固苏维埃政权，彻底粉碎敌人大举进攻的最有效办法。

中央苏区在没收和分配土地上面，自全苏大会颁布了土地法以后，确有了很大的转变与成绩，但在许多地方如石城、会昌、雩都、宁化、长汀、南广等县，仍不免将阶级混淆，把地主当富农，富农当中农，甚至把地主当做中农、贫农看待，有些老区域也还有一部分分秧田给富农，这完全是一种阶级妥协，实际上是维持地主、富农的地位，违反了土地法令，目前各地在土地检查中，又有很多只检查，而不立即分配，这仍然是延缓土地斗争的深入。

另一种错误，就是过去中央区大部分在没收地主阶级土地时，不同时没收他的全部财产，有的只罚款就算了事，这便仍然使豪绅地主得借此相当保存残余势力，留作反苏维埃的活动。

为了彻底消灭地主阶级的势力，发动更广大群众起来，除没收地主阶级一切土地以外，必须进一步没收其全部财产。兹将根据土地法令，将没收地主财产这［项］工作中几个要点指示如下：

第一，就要分清阶级，把隐藏着的豪绅地主通通清查出来，除他们所有的田地、山林、房屋、池塘，通通没收外，其家中一切粮食、衣物、牲畜、农具、家私、银钱等一概没收，反动商店及反动分子在商店中所有股金红利存款也要一概没收。但同时要注意不要把中农当富农，富农当做地主。特别是游击队向白区游击时，要坚决纠正过去不分阶级的不好现象，这是破坏阶级的战线，把群众送给敌人去利用，结果只有造成铜墙铁壁的赤白对立，把自己闭死了，这简直是自杀政策。

第二，没收来的财物，除现款、金银、首饰，及贵重物品交财政部报解上级，以增加财政收入外，其余物件如米谷、什粮、木子、牲畜、衣服、帐被、农具、家私等，要尽量散发给贫苦群众，首先要发给红军家属、雇农、贫农、苦力。这样才能发动群众斗争。过去各处把没收品，不分贵贱通通拍变卖钱，如会昌县苏前次装了五百多斤锡器到中央来，瑞金各区乡没收土豪谷子，通通归到区政府作为公谷，会昌罗田区没收来之木子，猪婆等，都拿来出卖，有些地方连没收耕牛都卖了钱，这是很错误的。如果把这些不值钱的东西拿来分给群众，那么要多发动几多群众起来？这些只看到钱而没看到群众的没收办法是脱离群众的办法。同时把没收的东西挑到区政府总务处去，任凭工作人员乱拿，或挑到互济会去，不分给群众，亦同样是脱离群众的。我们必须了解，只有从分发东西中去发动群众，使群众得了东西，更高兴更积极去清查土豪地主，只有这样才能彻底消灭地主阶级的势力。

第三，没收来的东西，尤其要注意在当地散发，小土豪的东西，以乡为单位散发。几个乡村同被剥削的大土豪，可以斟酌拿一部分东西给附近乡村群众。我们一定要注意使土豪所在地的群众得到利益，发动他们起来斗争。我们一定要了解到农民的私有观念地方界限，是不容易打破的。如果任别乡群众把他们本乡土豪的东西搬走了，那么该乡农民便很容易受土豪的欺骗和煽动，而引起地方斗争。就使不致如此，至少也会使该乡群众减少斗争的情绪。而最近雩都黄龙区大南乡与会昌西同区某乡群众的纠纷，就是这样造成的。各处游击队及独立团有些到白区游击时，没收土豪物品，很少在当地分发，有些简直不发，只顾自己一挑一挑挑回来，在凭当地群众眼红失望，结果给富农地主以欺骗煽动的机会。致妨害新区域工作，这都是没有注意使当地群众得到利益所致。这些宝贵的教训，我们必须紧紧记住，不要再重复这些错误。

第四，没收财产时，必须注意没收与分配方式，凡没收某家财产，首先必须经过调查，调查确实后再经政府决定、由政府派人将财产标封，以后再召集群众会宣布罪状及没收理由。经过贫农团、雇农工会作用，在群众会中通过。分配方法亦同时由群众表决，并公举没收财产委员会，其收归政府或留给红军游击队的。最好亦向群众会解释通过。群众会通过后，由没收委员会负责将物品清查登记，分别散发。分配后并须将没收数目与分配数开列公布，只有这样才能使群众彻底了解，使群众认为是自己的事，而能热烈地起来参加这一没收工作之执行。过去很多地方没收财产只经过少数贫农团或政府秘密决定，便进行没收，而没有注意去发动群众宣传群众，因此有些群众不了解。反以为是某些人公报私仇，这样虽然把地主财产没收了。但却没有把群众发动起来，这就仍然不能彻底镇压地主富农在群众的活动，就仍然不能认为彻底消灭了地主阶级的势力。

第五，没收财产要有雇农工会、贫农团在群众中起作用，才能把土豪地主清查出来，也只有雇农工会、贫农团起作用，才能战胜地主、富农在群众中的欺骗宣传，如果没有雇农工会、贫农团经常地个别地向群众宣传解释，那么单凭开会时宣布罪状与没收理由，是不能使广大群众彻底了解，而热烈地起来参加没收工作，甚至还有些连东西分给他都不敢要。这亦是过去事实给予我们的教训。要彻底没收地主阶级财产，必须把雇农工会、贫农团组织好，这是我们要注意的。

最后，我们要注意到的一般豪绅地主除了现存家庭财产之外，还有许多窖藏及寄存外面之财物，为我们所不知道的。要彻底没收这些财产，必须采用各种方法（如罚款等）去没收地主窖藏的现金，同时也可以增加财政上之收入。

我们现在是站在革命与反革命决死战的重要关头，要深入土地斗争，彻底消灭地主阶级势力，发动千百万贫苦群众起来，在苏维埃领导之下，来粉碎敌人的大举进攻。彻底没收地主阶级一切财产，是我们最主要工作之一。各级土地部接到这一训令，必须彻底纠正过去没收中的一切错误，有计划地去领导广大群众迅速执行这一工作，切切此令。

代部长　邓子恢

一九三二年十二月廿八日

选自《红色中华》，1933年1月14日第四十七期，第五、六版。

互校版本：

1.《中华苏维埃共和国法律文件选编》，江西人民出版社1984年出版，第334～337页。原注：“见《红色中华》第47期五、六版”。

2.《中国新民主主义革命时期根据地法制文献选编》，第四卷，中国社会科学出版社1984年出版，第31～34页。简称“社科法制版”。原注：“选自《红色中华》第四十七期，一九三三年一月十四日”。

54. 西北革命军事委员会、军区政治部关于土地问题的布告

1932年12月

川陕省父老兄弟姊妹们！

土地是穷人的劳苦雇工农民的命根子呀！地主豪绅富人占据了许多土地，自己不做庄稼，雇工农民每年缴纳租粮给他们，他们就坐着享福，有钱有势，压迫穷人，无所不为；穷苦雇工农民租耕人家的土地，要缴纳六成租谷，雇工农民一年辛苦到头，收获的粮食，大半收集到豪绅地主富人的仓里去了！雇工农民年年困苦下去，豪绅地主年年发财下去，土地不是被地主豪绅收买去了，就是典当给发财人去了。

雇工农民要想解决自身痛苦，不但要取消苛捐杂税，还要没收地主阶级的土地，分配给贫苦的工农。记着，地主豪绅占有了土地，就握着穷人的命根在手里，穷人向地主豪绅

夺回土地，就是真正从十八层地狱里翻身了。

穷苦工农们！立即实行下列各点：

一、立即召集工农群众大会，宣布无条件没收地主阶级的土地、田埃（坎）子、山林、房屋。

二、雇工、贫农、兵士、失业而愿意亲身去做庄稼的穷人，都应分得土地。

三、自己耕种供给自己吃的用的中农，其土地不没收，仍归他自己所有，他自己耕种。只要是他自己耕种的，就是每年有些余钱剩米，也不没收的。

四、土地有多的富农，请佃客帮种，出租自己种不了的土地，放高利贷，也是剥削分子，其土地也应没收；如果他自己仍然做庄稼，可分给他一部分较坏的土地，但必须他自己耕种。

五、地主豪绅的耕牛、农具，也应没收来归庄稼人共用或分用。

六、分配土地时，土地和田埃［坎］子，酌量分配。以田地出产量为标准，人多的多分，人少的少分，能做庄稼的男女多分一点，老弱不能做庄稼的男女少分一点。

七、所有典当给人家的土地，一律无代价地收回，土地归原来出当的穷人所有。所欠主人家的当地钱，一律不还。

八、土地分配了以后，一切收获归耕种者所有，永远不要缴纳租粮给土地旧有主人或其他任何人。

九、这块田地分给了哪一个，现在这土地上种的谷子、稻子、蔬菜等，即归他所有。

十、所有农民佃户所欠主人家租谷、利谷等，一概取消，不再偿还。

十一、凡参加红军与游击队的雇工、贫农、中农，得分得最好的地。无耕种能力者，由苏维埃负责代耕，伤亡者有伤亡抚恤优待。

十二、凡白区工农、白区军队的士兵和官长来参加红军者，同样在苏区分得红军公田，由苏维埃负责代耕。其家属亦可到赤区来，照人口与劳动力量分受土地。

十三、白区医师、技术人才、专门家，服从苏维埃法律在赤区工作者，除应有工资外，如其家属进境，亦同样分得土地。

十四、赤区奖励种植有益身体之谷类，禁止种鸦片烟。吸烟者得分期禁断，另有条例。惟年老气衰，不能禁戒者，于乡区苏维埃许可之下得减食鸦片。但每乡不得过十背谷子的烟田。经过一定时期后，得完全禁种。

川陕父老兄弟姊妹们！这些就是中华苏维埃共和国中央政府的土地法令摘要。起来！为实现这一法令而斗争！

记着，雇工、佃农、兵士，要分得田地；中农的土地，要不受人家并吞，不要还粮上税受剥削，自己耕种即归自己所有，就要起来拿着武器组织政权，来镇压旧的压迫者，土地才能归到被压迫者的手里。

土地归贫苦农民，粮食归穷人，八小时工作，政权归工农兵苏维埃。

西北革命军事委员会、军区政治部

主席　张国焘

主任　陈昌浩

选自《苏维埃中国》，第二集，1935年印行，中国近现代史资料编辑委员会1957年翻印，第215～217页。

互校版本：《第二次国内革命战争时期土地革命文献选编（1927—1937年）》，中共中央党校出版社1987年出版，第623～625页。原注："选自《苏维埃中国》第二辑"。

55. 中华苏维埃共和国中央执行委员会对于乡村工人分配土地及保留公田问题的决议

1933年3月1日

一、关于乡村工人分配土地问题

根据全国总工会苏区中央执行局的报告，关于乡村工人分配土地问题决议如下：

1. 因为乡村手艺工人与土地有密切的关系，又因他们是热烈参加和积极领导土地革命的斗争的，因此乡村的各业工人，在当地革命爆发后要求分配土地时，不论失业与未失业，政府应该按照分配土地给雇农、贫农、中农的样子，分配同等数量质量的土地给与这种要求土地的工人。但未失业而要求土地的，须以本人确能亲自耕种为条件，本人不能亲自耕种的，不应分给土地。

2. 土地问题尚未彻底解决的地方，在查田斗争中从地主、富农手里检查出来重新分配的土地，应首先分给当地失业工人，其次分给当地未失业而要求土地自己耕种的工人。

3. 土地问题已经彻底解决，不能从地主、富农检查出土地的地方，自不应为了工人要求土地而从已经分好了土地的群众中抽出土地与工人。

4. 过去已经分给失业工人的土地，后来工人得业，政府又把土地收回，如兴国、赣县、雩都、胜利、瑞金等县所发生的现象，这是错误的，应立即将收回的土地发还原人。

5. 县城及相当于县城的大市镇（由省苏指定）的工人，仍然不分土地。

二、关于留公田问题

根据各地政府报告、各地的土地除留出红军公田之外，一概分配完了，因此有些必需的公共事业费用，如桥梁的修理、渡河的设置等项，都无处取给。中央执行委员会认为，乡村中关系群众切身利益而群众共同要求的公共事业，如重要桥梁的修理、渡船的修理与船工的给养，确需要相当费用。以后各新区域分配土地时，除留出红军公田外，得于有渡船地点的区乡，经过群众的同意，酌留土地以为该处渡船的费用。有重要桥梁的区乡，亦得酌留土地为修理该处桥梁之用。在土地尚未彻底分配的区域，从地主富农的手中检查出来的土地，经过当地群众同意，亦得酌留公田为桥梁、渡船之用。凡为桥梁、渡船留出公田的数量以适合该桥梁及渡船之必要费用为限。要防止借口桥梁、渡船费用而留出超过需要的多数土地的事情。

选自《中国新民主主义革命根据地法制文献选编》，第四卷，中国社会科学出版社1984年出版，第35～36页。原件未注明史料来源。

56. 闽浙赣省第二次工农兵代表大会土地问题决议案

1933年3月23日①

闽浙赣土地问题在全苏大会颁布土地法令后，在广泛深入的反富农斗争中执行了正确的平均分配，中农、贫农、雇农获得了土地革命的果实。第一次省苏大会后，因为发展与奖励耕种运动，发展铲山垦荒运动，以及对改良水利的提倡，相当的增加了农业生产和提高了农民群众生产的积极性。但在个别地方执行土地分配后，发生严重错误，对发展农业生产更有许多地方执行得不够。大会认为，在新苏区分配土地方面，应采用江西省土地分配与没收条例，并同意过去省苏废止旧的土地分配法，采用这一条例的决定。在发展农业生产方面，大会号召全省农民群众积极从事农业生产，改良水利、种子及种植方法，发展苏区经济，充裕大规模革命战争的物质基础，更有力地粉碎敌人大举进攻，实现江西一省及邻近几省首先胜利。

一、关于土地的没收与分配

（一）省内老苏区分配土地执行了明确的阶级路线，豪绅地主没有分给任何土地，富农分得坏田，土地革命利益真正落到雇农、贫农、中农的手里。中农的土地拿出来平分一般的是在中农群众自愿条件之下，过去省苏决定老苏区土地不再重分，大会同意。但在个别地方发现土地分配确实不好，在当地大多数群众要求与上级土地部允许之下，得执行部分的重新分配。

（二）在新苏区执行土地的没收与分配，要注意下列几点：

1. 正确分配土地，深入土地革命中尖锐②农村的阶级斗争，这是巩固新苏区的必要条件。因此，在农村或地方暴动的开始，应即是分配土地的开始，乐平二区的介首村，借口调查田亩延缓到一年没有分配；德兴五区的鸡龙峰刘家一村建立苏维埃几年了，借口田多人少不用分。这都是延缓土地分配、阻止土地革命深入的地主富农的反动企图。今后凡新的区域，在暴动的一天，应立即着手进行土地分配，信抚苏区应立即执行土地分配，反对延缓土地分配的任何借口。但必须充分发动当地基本农民群众反豪绅地主富农的阶级斗争，深入土地法与土地没收与分配条例的宣传，加紧组织与领导贫农团、雇农工会起来组织土地分配委员会，由群众自己起来动手分田，纠正命令式限几天分配完结的派田或和平分配等办法。

2. 余干新苏区分配土地只是点一下田亩，插一下标记，没有注意土地的质量和认真分配，是一种敷衍了事的态度。乐平新苏区分配土地，没有积极去执行，直到现在还没有完全分配好，是执行分配土地的怠工。为要深入新苏区的土地革命和启发新苏区农民群众的阶级斗争，必须积极执行土地正确分配，无情地打击对土地分配的敷衍与怠工。

---

① 原件无制定时间。“土地文献版”标作“1933年3月23日”，“社科法制版”标作“1933年4月24日”。据考察，闽浙赣省第二次工农兵代表大会是在1933年3月18—23日召开，于23日通过《土地问题决议》各案。

② “土地文献版”此处为“中央说”。

3. 凡苏区分配土地要遵照中央政府土地法令及中央政府批准的江西省苏的土地分配与没收条例，执行土地的没收与分配，以不动摇中农土地为原则，巩固与中农的密切同盟，反对像上饶城东区新苏区的抽多补少、抽肥补瘦和怕富农不满意革命、让富农同样分好田等投降富农的办法（万年新苏区也有这一同样错误），反对在土地分配中一切对豪绅地主富农的让步。

4. 过去分配土地在闽浙赣全省范围内，差不多都经过几次，以致农民群众认为本年种的田来年又要重新分配过，都不愿舍本下肥整理水利，甚至有个别的对土地问题发生怀疑，动摇了对土地革命的信念。这必须在老苏区以及新苏区分配土地后，实行宣布“不再重分”“生的不补”“死的不退”，普遍地发给土地使用证，坚定群众对土地革命的信念，和努力培植所分得的土地，改良土壤。

5. 除老苏区的红军公田应立即实行总的调查统计外，在新苏区分配土地时候，必须遵照中央政府所颁布的中国工农红军优待条例，划定红军公田。

6. 在分配土地时，必须尽可能的实行土地革命经界划分，尽可能的变动田地的封建界限，发现甲乙两地受地方观念的支配，进行邻近的地界或水利的争执，甚至被富农、地主利用去发展成为地方的斗争。各地苏维埃政府必须注意肥瘦匀称（但绝不是绝对平均主义），确定地界的划分，比较适宜地决定水利的利用，团结工农群众在阶级革命的战线上消灭一切的封建界限。

7. 在分配土地时，对豪绅地主的房屋、山林、耕具，渔场同时须没收实行分配，富农多余的耕具亦须没收，分给无耕具的农民，或者集中所没收的耕具成立犁牛站，由当地农民群众共同管理，共同使用。

8. 为要使土地革命利益完全落到中农、贫农、雇农的手里，不让豪绅地主分得任何土地，不让富农窃取好田，必须在比较落后区域——如乐平、万年、余江等地发动查田运动，以区为单位组织查田委员会，在其他各地亦须再来一次土地分配的检查，发现豪绅地主家属窃取了土地要实行收回，富农分得了好田，调坏田给他，以深入群众的阶级斗争，也只有深入群众的阶级斗争才能把这些事实一无遗漏地检查出来。

二、关于发展农业生产

1. 在目前大规模的战争日益开展中，必须从各方面发展苏区经济，充裕革命战争的物质基础，使更有力而顺利地争取革命战争的胜利。闽浙赣省现有苏区是农业区域，积极发展农业生产，是充裕战争物质基础的至要条件。必须实行发展农业生产的政治动员，使全省农民群众都了解努力生产是充裕战争物质基础，争取革命战争胜利的战斗任务，在这样了解之下去为争取革命战争胜利而千百倍地努力耕种，努力各种农业生产。同时，正确的提出有政治意义的反懒惰的口号，发动深入群众中的反懒惰斗争，并要打击借口斗争与工作去掩盖对生产怠工的分子，特别在青年农民群众中更应充分反对不积极生产的斗争，纠正少数青年农民不积极生产的坏现象。另方面，要注意不浪费群众的生产时间与群众力量。

2. 闽浙赣现有苏区的主要生产品是米谷，在发展土地生产工作特别要着重春耕，尤其是去年冬耕成绩不及前年，今年春耕不及去年，在目前更要全体农民群众以极大努力赶快播种下田，多下肥料，使秋季得极圆满的丰收，增加比去年更多的米谷生产量，下年秋种冬耕同样的不能丝毫忽视。

3. 普遍各村的发动雇农工会、贫农团、赤卫军、少先队起来组织生产冲锋队或生产模范队或生产突击队，每队人数多可分班，每班五至九人。各队应在每亩田增加六斗谷的目标之下，定出具体的生产计划，经常以革命竞赛方式发动队员与队员，班与班，队与队举行各种生产竞赛。同时广泛地发动个人与个人、村与村、乡与乡、区与区、县与县举行各种生产竞赛，生产成绩特别好的，政府给奖，并鼓励群众实行田平耘四次草，早晚至少下两次肥，做到每亩田多出六斗谷。

4. 改良与发展水利。去年有许多地方执行不够，后来先水后旱，生产上遭到部分的损失，各县区政府不得忽视这一工作，必须调查怕水怕旱的地方及须要修筑的坝圳、河流、池塘，订出适当的水利工作计划。已经被冲倒的坝圳，要切实保护修理，大坝、长堤均须组织管理委员会，经常负责看管修理，所有柴坝应尽量改作石坝，以期一劳永逸。大石坝应向享受灌溉实利的群众募集基金，以便随时修筑。在没有河坝的地方，应开辟新塘，整理旧塘，同时在这些池塘内，可蓄养鱼类，发展水利副产。

5. 改良种子及各种肥料，确实没有引起群众的注意。各级政府必须在苏区各地、各白色区域选择最好的种子，实行收买交换。以乡为单位组织种子肥料研究所，吸收富有经验的农民参加研究工作，改良生产。省苏土地部在直属各生产合作农场应购买化学肥料试用，在试用后获得生产大量增加。应发动与帮助群众购买试用石灰肥田，在适合土宜的地方，应鼓动群众集资开办石灰厂，原有的石灰厂应帮助群众恢复起来。采取嫩绿树叶肥田，以及烧灰储蓄肥田，应发动妇女儿童执行。

6. 荒田山地，各地还有很多未开垦出来，应鼓动群众开垦荒田，荒田多的地方应实行部分的移民。另方面可利用某些在监禁的犯人，进行垦荒工作，或鼓动避匪群众组织生产合作农场进行开垦，同时强迫豪绅地主残余帮助开垦（但豪绅地主开垦出来的荒田，他们没有所有权）。为奖励垦荒起见，开垦出来盼荒田，应宣布工农劳苦群众开出荒田山地免收土地税三年，富农垦出的山田荒地免缴一年土地税，实行达到全省苏区内不留一寸荒土。

7. 植树运动和培养森林，在全省苏区内是极重要的工作，应反对植树怠工，反对烧毁山林，以及破坏森林的砍伐，实行各乡组织培植森林的委员会，专做培植山林事宜，实行所有荒地（但必须是不可开垦出来的荒地）、大路两旁河堤上种植有益的杂树果木，增加农业副产。

8. 检阅两年来铲山成绩，在全省苏区计算还是不够得很，各级政府应不断地发展铲山运动，实行将竹、桐杉、茶叶等山开铲出来，山上的生产每年总值可达二三百万元。同时因为脚柴铲尽也不致被白匪烧毁。为要获得铲山的极大成绩，实行以乡为单位的组织铲山冲锋队，举行铲山的革命竞赛，成绩最好的政府给奖。群众铲山没有资本的，由区乡苏负责调查，介绍到苏维埃银行借一部分款子作铲山资本。各级政府必须负责领导与督促群众铲山，实行在今年一年内铲完所有的柽山，茶山及杉竹山。

9. 增加杂粮的生产，但是非常不够，种棉的成绩更坏。为要发展与提高土地的生产，凡有适合种棉的土宜地方，实行每人种出两斤净棉花来。棉花是红军与群众的必须品，不容许对种棉怠工。为要奖励种棉，省县土地部应购买棉花种子，不取分文地送给种棉花的群众。麦、豆、油、麻、甘蔗等类亦须适合土宜〔质〕的多多种植。

10. 蓄牛、牧羊、饲猪、饲鸡、养蜂、养鱼等畜牧事业是增加农村副科产最好办法，应在农村中扩大这些畜牧利益的宣传，来提倡农村畜牧事业。还要实行鼓动群众多采野菜饲猪，反对专门用米饲猪，减少米谷的耗费。

11. 红军分得的土地以及红军公田，群众应帮助耕种，都很热烈，并且先从红军公田耕起，充分表现出群众优待红军的革命热情。各级政府还要更加紧领导群众，切实帮助耕种红军土地与红军公田，实行把红军的田地比自己的田地种的更好，增加红军田地的生产，更加提高红军的战斗情绪。

12. 耕具要发动群众好好地保存，特别是耕牛要好好地蓄养，绝对禁止贩牛卖出苏区和宰杀耕牛。其他各种耕具应发动群众创造与研究，实行求得进步的改造。

13. 关于农业专门人才，应向外聘请，同时要注意培养训练，以渐次普遍灌输农民群众的农业科学知识，求得各农业生产的改进。

14. 为要实际的鼓动农民群众，努力生产，在国家商店对外贸易处和消费合作社应有计划地收买到群众的土地生产品，帮助运输出口，调剂农村经济。

三、最后大会特别指出，过去对深入白区的土地革命宣传和在苏区内土地国有宣传都非常不够。现在必须在苏区里面着手土地国有宣传，使广大农民群众了解彻底消灭封建关系和资本主义商品经济剥削，实行土地与水利国有是进到社会主义必要的步骤，宣传苏联集体农场与苏维埃农场的成功，坚定与加强农民群众对社会主义的信念，打破私有观念，以后革命在与敌人决胜负的重要区域胜利后而取得广大农民群众的拥护，顺利地完成土地与水利国有。在白色区域，应扩大中央政府土地法令和苏区内土地革命成功的宣传，启发白区工农群众同豪绅地主的革命斗争，进行土地革命，为建立苏维埃政权而斗争，取得苏区更迅速地开展，更有力地打通闽北中央苏区，实现一省几省首先胜利，以至争取苏维埃的全中国。

选自《中国新民主主义革命时期根据地法制文献选编》，第四卷，中国社会科学出版社 1984 年出版，第 140～147 页。简称“社科法制版”。原件未注明史料来源。

互校版本：《第二次国内革命战争时期土地革命文献选编（1927—1937 年）》，中共中央党校出版社 1987 年出版，第 629～635 页。简称“土地文献版”。原件未注明史料来源。（这一版本增加了许多带（ ）夹注，恕不一一辨析。）

57. 关于实行土地登记的布告

1933 年 6 月 1 日中华苏维埃共和国临时中央政府土地人民委员部发布

中央政府决定，要在全苏区内实行土地登记，为什么要实行土地登记呢？有三个重要理由：

第一，土地革命把土地由地主阶级手里转移到雇农、贫农、中农手里，富农分给坏田。过去地主霸占土地的时候，立起一种田契去保证他们的所有权，国民党政府替他们登记起来，成为神圣不可能侵犯。自从苏维埃政府领导农民群众把地主打倒之后，焚烧了他们的田契，破坏了他们神圣的所有权，但苏维埃政府还没有给一种正式的凭据给农民，保证农民的土地所有权。有些地方发了一种耕田证，这只是证明土地的使用权，而不是证明所有权。加以土地分了好几次，许多农民不相信土地是分定了的，以为现在我耕的田，难保将来不归别人，因此耕种不肯尽力，妨碍了生产，妨碍了农民利益的保障与发展。为了这个原故，所以要实行土地登记。登记好了，苏维埃发给土地证与农民，用这个土地证去确定农民的土地所有权，确定某块土地归某人所有，他人不得侵占，政府不得无故没收。除非当地大多数农民自己要求重分，不得重分。

第二，农民得到土地之后，最大的事业就是改良农业生产，发展国民经济，使群众的生活更加改善，这是苏维埃一个重要任务。但是中央政府至今还不明白各地土地的确实数目，这就不能根据各处土地的广狭、肥瘠，水田、山地的多少，做出很好的改良农业生产，发展国民经济的计划。为了这个原故，所以要实行土地登记。

第三，各地分田的时候，有些人瞒田不报，特别是富农瞒着好田，这样不但贫苦农民吃亏，政府的土地税要受到影响。为了这个原故，应该实行土地登记，在登记中配合群众的查田运动，把瞒了的田清查出来，使贫苦农民增加土地，使政府增加税收。

有了以上三个理由，所以中央政府决定，实行全苏区的土地登记，把这个工作交给土地人民委员部办理。全体农民群众应该明白：为了确定自己的土地所有权，为了发展国民经济，为了肃清瞒田现象，都要自动地把自己分得的土地，照着确实数目报告出来。不然，苏维埃就不发给他的土地证。一切革命的群众都要帮助政府这一工作，向着那种不顾公益、瞒田不报的人作斗争。这一登记，中央苏区限今年七月十五号以前就要办完，不得拖延误事。特此布告！

代部长　胡海

选自单行手抄件。原件未注明史料来源。

互校版本：《第二次国内革命战争时期土地革命文献选编（1927—1937 年）》，中共中央党校出版社 1987 年出版，第 647～648 页。原件未注明史料来源。

58. 土地登记条例

1933 年 6 月 1 日土地人民委员部公布

一、土地人民委员部为确定农民的土地所有权，实行发给土地证，使农民热心生产，更加改善农民生活，发展国民经济起见，特颁布土地登记条例，实行登记全苏区的土地。

二、在土地已经分配好的区域，即开始登记。凡田、土、沙坝、园地、木梓山、茶山、竹山、果子园，以及莲塘、鱼塘等，都包括在内，概行登记。

三、凡水田、旱田之登记，以田面的担数为标准。各地以亩数、桶数或斗数计算者，概要折合担数计算，不得另立标准计算。

四、每担田面，须载明可收实谷多少，以该田地在中等年成，可收干谷一百斤（十六两秤）为一担。

五、凡园土沙坝池塘果子园等，概照中等年成，平均出息多少与稻田比例，折成水田实谷计算。

六、木梓山，以三年平均可实收桃子的担数为标准（每担桃子，以一百斤为度）。茶叶山，以四年平均可收茶叶的斤数为标准。

七、竹山，以两年平均可收圩麻的担数为标准（每担圩麻，以一百斤为度）。竹山不必折成稻田，以前折合稻田者，须另外分开登记。

八、各人分得之田、土沙坝园地、木梓山、茶山、竹山、果子园、莲塘、鱼塘，以及荒田荒地等，概须以家为单位，详细填写登记表、登记簿，经政府派人检查确实后，再由县政府发给土地证，证明该田山等，归于该分得人所有，以便各人尽力经营。无登记表，或登记报告表不实在者，不发给土地证。

九、土地登记后，为发现地主、富农冒充中农、贫农分得土地者，得将土地抽回。如发现分配不好，得重新再分，重新登记。

十、凡红军公田、公共事业田，及未经分配之荒田荒地，概归乡政府经营，另表登记。

十一、农民分得田地后，如承买承卖租借或让与别人时，应向区政府土地部登记。

十二、土地登记，由农民自己照实报告，并与分田册对照，报告后，由土地登记委员会实地查勘。如发现整丘瞒告，或田面担数、实谷担数，以多报少者，即报告区乡政府严厉处罚。

十三、土地登记，以乡为单位，由该乡土地登记委员会负责，县区土地登记委员会指示和督促乡土地登记委员会工作。

十四、土地登记表及土地证，由土地人民委员部制定格式，县土地部照此格式大小印发。

十五、本条例由土地人民委员部制定，呈请人民委员会批准实行。

十六、本条例自公布日起实行。

附：土地登记表格式（省略）

选自单行手抄件。原件未注明史料来源。

59. 土地登记委员会组织与工作纲要

1933 年 6 月

（一）土地登记委员会（简称登委会），负责执行土地之调查登记统计与查勘的工作。

（二）登委会在县区乡，均须组织，发生上下级的直接关系。

（三）登委会，县七人至十一人，区九人至十五人，由土地部呈请同级主席团委任之。

（四）乡登委会，委员五人至九人，由乡代表会选择之。为便利工作计，可指定一二人常驻办公，伙食由县区政府发给，余不脱离生产。

（五）每县在土地登记以前，须先召集各区登委会主任及财政部长联席会，详细讨论土地登记的意义与办法。区一级，则召集各乡苏主席贫农团主任雇农组长的联席会议。

（六）登记前，县登委会，须照中央制定样式，将土地登记表印好，装订成小册子，发给区乡政府使用。

（七）乡登委会，于开始登记时，须分别召集雇农工会、贫农团、少先队、乡代表会开会，报告土地登记的意义与办法，讨论怎样对付购（瞒）田少报分子，大家明白，好来帮助土地登记工作。

（八）登记时，登记员须携带登记表及以前分田册，分头到各村，按照登记表各项，按家细开，一一填写清楚。俟全村登记完毕，再到田中勘实。如发现购（瞒）田少报者，即报告乡长处分。

（九）登记员到各家登记时，须先向他宣传说明土地登记，是为了发给土地证，确定他家的土地所有权，并告诉他如果以多报少，那瞒藏的部分，不载在土地证上，就不能称为他家所有，使他能够忠实地报告出来。到某家登记时，并须约同该地乡代表邻近雇农组长会员或贫农团团员参加，互相对证。

（十）登记表填写后，要令各当家人，在自己姓名之下签字，或划一个十字，使其负责。

（十一）登记员出发时，并须有三五人在一起，此三五人，须有乡村及邻近贫农雇农互相监督，不得（同）一村人负责，致发生同村同姓互相包庇，或情形不明受人虚报的毛病。

（十二）登记完毕，查勘实在之后，登委会应将所填登记表，照样填写三份。一份交乡苏，一份交区苏土地部，一份交县苏土地部保存。这些登记表，县区乡，都须分别装订成书，作为土地统计的根据。

（十三）登记表填写装订成册后，县区乡登记委员，须根据此登记表，照中央颁布格式，填造全县全区全乡的土地统计表。填写两份，一份存据，一份缴到上一级土地部备查。省土地部根据此表，作成全省的统计表，自己一份，以一份送交中央。

（十四）每区登记完毕，再经过区土地部派人抽查，如认为登记实在，阶级不错，土地分配正确者，即由县政府按照土地登记表，填写土地证，发给乡区，交与各人保存。此土地证，须由县区土地部盖章，并编成号数，以便考查。

（十五）园地、坝土、地镇（圳）等折实谷田方法，须按照该园地在中等年成所产物产所得价值，与谷子全年平均价格为比例扣算。比如某块坝土出产番薯，值价十二元，而该处谷子，全年平均价格，每担三元，则该坝土，即应折实谷田四担。又如某口鱼塘，每年可产鱼六十元，十个人共分，每人可得六元，而当地平均谷价，每担三元，便是折成实谷田二担。

（十六）登记表中单季双季，是以种禾为标准。而该田可种早禾而不能种晚禾者，即为单季田。为早晚都可种禾者，即为双季田。其早晚都可种禾者，或为其他关系，改种什物者，仍作双季田登记。

选自单行抄件。原件未注明史料来源。

60. 中央政府关于查田运动的训令

1933年6月1日中央人民委员会发布

现在各苏区尤其是中央苏区尚有广大区域没有彻底解决土地问题，这种区域在中央区差不多占百分之八十的面积。群众在二百万以上，如瑞金（除武阳区），会昌、寻邬、安远、信丰、雩都（除新陂区）、乐安、宜黄、广昌、石城、建宁、黎川、宁化、长汀、武平十五个全县，博生、胜利、永丰的大部分，公略、万太、上杭、永定、新泉的一部分，兴国也还有均村、黄塘两区，所有这些，都是没有彻底解决土地问题的地方。这些地方的农民群众还没有最广大地发动起来。封建残余势力还没有最后地克服下去，苏维埃政权中、群众团体中、地方武装中还有不少的阶级异己分子在暗藏活动着，还有不少的反革命秘密组织在各地活动破坏革命。为了这个原故，这些地方的战争动员与文化经济建设都落在先进区域（兴国差不多全县，胜利、赣县、万太、公略、永丰、上杭的一部分，博生的黄陂区、安福区，瑞金的武阳区，永定的溪南区等等）之后。在这个广大区域内进行普遍的深入的查田运动，在二百万以上群众中发展最高度的阶级斗争，向着封建势力作最后一次的进攻而把他们完全消灭，是各地苏维埃一刻不容再缓的任务。关于查田运动的具体进行事项，人民委员会特决定如下：

（一）责成各级政府主席用最大注意去领导整个查田运动。

（二）责成各级土地部、工农检察部、裁判部、国家政治保卫局及其特派员，用他们的全力去指导查田运动，彻底解决土地问题，改造地方苏维埃，肃清农村中的反革命。中央土地人民委员部、工农检察人民委员部、司法人民委员部、国家政治保卫局，应用全力指导各下级机关，切实完成这些任务。

（三）责成中央财政人民委员部指导各级财政部，从地主罚款、富农捐款去进攻封建半封建势力，同时增加国家的收入。责成中央军事人民委员部指导各级军事部在查田运动中整顿与扩大地方武装，动员群众参加红军。责成中央国民经济人民委员部指导各级国民经济部从查田运动的发展中，去进行农业手工业生产的恢复与发展，合作社的发展与生产品消费品的调剂。责成中央教育人民委员部指导各级教育部为着开展查田运动，供给各种简明通俗的课本与小册子，给与一切查田干部与群众，应跟着查田运动的发展去发展群众的文化教育。

（四）省县两级政府应该从查田区域及一切先进的较先进的区域征调干部，开办短期的查田运动训练班。县苏应每月召集区苏负责人开会，区苏应每十天召集乡苏主席贫农团主任开会，检阅查田的经过。

（五）应首先召集瑞金、会昌、博生、雩都、胜利、石城、宁化、长汀八县区以上苏维埃主要负责人会议及八县贫农团代表大会在中央政府开会，发动八县的查田运动。

（六）查田运动中要坚决执行阶级路线。以农村中工人阶级为领导，依靠着贫农，坚固联合中农，向着封建半封建势力作坚决的进攻，把一切冒称“中农”“贫农”的地主富农完全清查出来，没收地主阶级的一切土地财产，没收富农的土地及多余的耕牛、农具、房屋，分配给过去分田不够的及尚未分到田的工人、贫农、中农。富农则分与较坏的劳动份地。

（七）查田运动中要充分注意发动群众的大多数起来向着封建残余作斗争。首先要经过广泛的宣传与鼓动，一切调查地主富农成分，通过这些成分，没收这些成分的土地财产，均要经过尽可能多数群众的同意与参加。没收来的财物除现款外，应全部发给于财物所从出的村庄的群众。

（八）贫农团是查田运动中极重要的群众团体，区乡苏维埃要极力指导贫农团，洗刷其中的坏分子，吸引多数积极分子加入，贫农团中的工人小组应是贫农团的积极领导者。

（九）查田运动中要集中大力注意于一切落后的尤其是最落后的区乡及村子，要注意在落后的区乡，尤其在大村子中开展查田运动。必须发动本村贫苦群众自己起来与本村地主富农斗争，要极力避免可能引起氏族地方斗争的一切错误行动。

（十）要在查田运动中肃清一切反革命的组织与活动，要防止和揭破地主富农的造谣与破坏。

（十一）要在查田运动中改造地方苏维埃，洗刷地方苏维埃中一切阶级异己分子及其他坏分子出去，引进大批革命积极分子进苏维埃来。

（十二）各级苏维埃中一切直接间接阻碍查田运动的人，都应受到严厉的或最严厉的惩罚。

只有坚决执行上述的决定，才能广泛而深入地开展农村中的阶级斗争，激发最广大群众的积极性，彻底消灭农村中一切封建半封建势力，完成查田运动的任务。此令

主　席　毛泽东
副主席　项　英
张国焘
公历一九三三年六月一日

选自《中华苏维埃共和国法律文件选编》，江西人民出版社1984年出版，第341～343页。原注：“选自福建省档案馆馆藏史料”。

61. 苏区中央局关于查田运动的决议

1933年6月2日

听了毛泽东与胡海同志的报告之后，中央局认为，虽然在瑞金及其他县份中个别区域里，查田运动得到了很大的成绩与丰富的经验，但是整个的说来，查田运动还仅仅在开始的阶段上。为着总结现有的经验及在整个苏区中开展彻底的查田运动，必须指出：

（一）伟大的土地革命的浪潮，在它强有力地扫荡了农村中间封建半封建的势力，推翻了地主豪绅在农村中的统治，建立了苏维埃政权，剥夺了他们千百年来借以奴役劳动农民的土地占有，没收了他们的土地，分配给了雇农、贫农、中农。但是由于封建的半封建的势力，在中国农村中的根深蒂固，在革命最初阶段上，雇农、贫农的组织性与觉悟程度之不足，以及党和苏维埃政权过去对于土地问题解决的不正确路线（如“抽多补少，抽肥补瘦”，“小地主的土地不没收”等），在许多区域中，土地问题还没有得到彻底的解决。

有些区域中，虽然已经分配了土地，但是地主、豪绅与富农，常常利用各种方法（或者假装革命，混入党和苏维埃机关，或者利用氏族的关系和影响，或者隐瞒田地，或者以物质的收买、政治的欺骗、武力的威吓），来阻止雇农、贫农的积极性的发展，以便将①他们的土地占有，甚至窃取土地革命的果实。这种现象，除了个别的先进县区之外，在大多数区和乡中间，都是或多或少地存在着。

（二）在这种情形之下，查田运动成为发动群众深入农村中的阶级斗争，彻底解决土地问题与肃清封建半封建的势力的有力的方法。查田运动，无疑的是一个剧烈与残酷的阶级斗争，是粉碎、扑灭地主豪绅的抵抗的顽强的斗争。在查田运动中，一方面大大地提高了雇农、贫农和中农的阶级觉悟、积极性与组织力量，另外一方面，地主豪绅的残余与富农，亦进行种种的反革命的企图，来破坏和抵抗查田运动的彻底的进行。这里，他们常用的方法，是利用他们混入党和苏维埃机关和贫农团的暗探，滥用党和苏维埃的权威，压制群众斗争的发展，欺骗、收买、威胁一部分群众，散布各种谣言，动摇中农群众，组织秘密会议，诬告陷害积极的苏维埃工作人员，直至暗杀积极的雇农、贫农与苏维埃的工作人员。因此，党的各组织的任务，是要依靠雇农、贫农，巩固地与中农群众联合着，开展最热烈的斗争，来反对和剥夺地主残余与富农的一切反革命企图。依据在雇农、贫农及中农群众的积极性发展的基础上，适时地、无情地揭露、粉碎与镇压一切地主残余与富农的反抗，以深入阶级斗争及彻底进行土地革命到底。

一切以官僚主义与形式主义的敷衍态度来对查田运动，是最有害的。这实际上，便是对于地主残余与富农抵抗土地革命彻底进行的投降与屈服。

（三）正因为查田运动是一个剧烈的阶级斗争，因此，明确的阶级路线，是保证这个运动胜利的必要的先决条件。这是说，我们应当最清晰地分别农村各个社会阶层与采取对于他们的正确与适当的策略。雇农群众，是城市无产阶级在农村中的兄弟，是土地革命的先锋队。贫农群众，是党和无产阶级在农村中的支柱，彻底进行土地革命的积极拥护者。中农群众，是目前农村中最大的基本的队伍，是无产阶级可靠的同盟者。富农，是与封建剥削密切的联系着，并且大半是半封建的阶层，是敌视土地革命彻底进行的力量。地主，是土地革命与苏维埃运动凶恶的敌人。这里，党的正确的策略，应该是依靠雇农及贫农（农村中无产阶级及半无产阶级），与中农群众结成巩固的联盟，并使雇农群众在查田运动中，起先锋队的领导作用，来消灭地主阶级的残余势力，削弱富农经济上的势力和与打击他们窃取土地革命果实的企图。

根据现在所有的经验，在执行这个总的策略路线的时候，应该特别注意的是：第一，加强与发扬雇农及农村中的工人在查田运动中的领导作用。因此，苏维埃的工作人员，必须与工会取得密切的联系，经过工会，来发展与组织农村工人的积极性，使他们成为查田运动的先锋。第二，必须特别地注意到与中农群众的联盟。中农是革命后苏维埃农村中最广大的基本群众，一切我们的处置与策略，必须获得他们的赞助和拥护，每一个贫农团与苏维埃的决定，必须使在村或屋的群众会议上，得到中农群众的了解与拥护；一切中农群众的呼声，须最注意地倾听，并严厉的打击任何侵犯中农的企图。第三，必须把地主和富

① 《红色中华》为“将”，“中央文件版”和“社科法制版”把“将”印作“利”。

农分别清楚，在无情地消灭地主残余的斗争中，决不容许任何消灭富农的企图。当然，我们应对富农窃取土地革命果实的企图给以严厉的打击，没收他们多余的农具与好的田地，分给他们以坏的“劳动份地”。

（四）在查田运动中，必须动员尽可能的广大的群众，来完成这个任务。因此，必须经过党员[①]工会的支部会，贫农团的会议，乡苏代表会，女工农妇代表会议等等，来进行这个动员。在这些会议中，须详细的解释查田运动的意义，解释分别阶级成分的标准与方法，检举每一个隐藏着的地主与分得好田的富农，在得到大多数的群众拥护之下，没收地主的一切土地及房屋、农具等等，及收回富农的好地。没收与收回的田地，除留一部分为公益地及红军公地外，应分给以前没有分得地的乡村工人及贫农。没收的东西，主要的应散发给当地的群众。因为只有这样，我们才能更加提高群众的积极性。除了个别例外的情形外，一般的应该采取全盘重新分配土地的方法，必须使已分好的土地，在农民群众手中稳固起来。

（五）查田运动的真实的开展，将毫无问题地联系着党和苏维埃机关工作的改造和加强。必须在查田运动中，依据在农民群众斗争的开展上，来清洗一切混入党与苏维埃机关的地主、富农的暗探，提拔在斗争中涌现出来的新的力量、新的干部，以健全与加强党和苏维埃机关的工作。在必要时，进行苏维埃的全部选举。但是这里必须得注意到群众的意志，和各个机关的具体的成分与工作状况，一切简单的命令主义，解散乡或区苏维埃和贫农团等等，将是不可允许的错误。在某些条件之下，这种举动，恰恰是适合着富农地主的阴谋。在这个运动中，同样必须加强健全与扩大一切群众的组织（工会、贫农团、女工农妇代表会[②]等等）。

（六）查田运动最密切联系到党和苏维埃工作的全部改造。首先是肃反与检举运动。因此，必须严格地纠正以为查田运动是土地部的事，党和苏维埃的其他各部，处于不理或旁观的地位。中央局责成各党部与苏维埃中的党团，采取具体的办法，来执行这个决议与中央政府的查田运动训令。[③]

选自《红色中华》，1933年6月20日第八十七期，第二版。

互校版本：

1.《中共中央文件选集》，第八册，中共中央党校出版社1985年出版，第615～618页。简称“中央文件版”。原件未注明史料来源。

2.《中国新民主主义革命时期根据地法制文献选编》，第四卷，中国社会科学出版社1984年出版，第36～40页。简称“社科法制版”。原注：“选自《红色中华》第八十七期”。

62. 中央人民委员会关于开展查田运动的布告

1933年9月1日人民委员会发布

中央政府为了彻底消灭封建残余势力，特颁布查田运动训令，并在今年六月间召集查田

① 《红色中华》为“党员工会”，“中央文件版”和“社科法制版”将“党员”印作“党、团、工会”。
② 《红色中华》为“代表会”，“中央文件版”和“社科法制版”将“代表会”印作“代表大会”。
③ 《红色中华》为“大纲”，“中央文件版”和“社科法制版”印作“训令”。

运动大会，号召广大群众起来，在所有农村中进行坚决的查田运动。几个月来，已经得到了极大的成绩。但是还有许多地方没有开展这个运动；有些地方或包庇地主富农；或侵犯中农利益；或不开群众大会做宣传；或不得群众同意就去没收；或不把没收的东西发给群众；或镇压反革命不坚决。这些都是极大的错误。中央政府为了赶快消灭封建残余，使中农贫农工人群众得到全部土地革命利益，特为布告各地政府及广大工农群众一体明白，大家起来拥护中央政府的命令，在下列各条办法之下，进行坚决的阶级斗争，争取查田运动的完全胜利。

（一）各地政府及查田委员会，必须抓紧查田的领导，推动工会、贫农团及一切群众团体，切实进行查田运动。首先要向群众做普遍的宣传，使群众人人明白查田运动的意义，大家起来自己动手查田查阶级。

（二）查田不是分田，查阶级不是查中农、贫农、雇农阶级，因此不应该按家按亩插起牌子遍查，而是要发动一切革命群众，专门清查地主、富农阶级。

（三）贫农团是查田运动的中心力量，应该大大发展贫农团，每个贫农都可不要介绍，自己报名加入。农村工人都应加入贫农团，去领导查田斗争。中农可以参加贫农团的会议旁听。

（四）中农的利益绝对不能侵犯，不能随便把中农当做富农。有些富裕中农分子，过去虽然有些小小剥削，同样不能当富农看待。所有中农群众，都应该团结在贫农团的周围，向地主、富农一致进攻。

（五）富农是自己劳动，兼靠剥削为生，因此只有分坏田，不应该把富农当中农看待。但同时也不能把富农当地主看待，完全没收富农家产的办法，是错误的。有重大反革命行为的，才叫做反动富农，应没收他，否则不应没收。并且一家之中，只没收本人及与他的反革命行为有直接关系的，其他的人则不没收。

（六）地主自己不劳动，或只有极小一点附带劳动，他们是封建剥削阶级，应该完全没收其土地财产。地主阶级的壮丁，应该编成劳役队，加以训练，使之参加国家的或当地的劳动工作。

（七）地主阶级的财物，没收之后，除现款外，应该一概赶快发给本村的贫苦群众。没收的土地，除留出公共事业田之外，应赶快分给群众。

（八）混进苏维埃中的地主富农分子，贪污腐化，消极怠工，命令强迫，以及包庇地主富农的分子，工农群众应该在工农检察部领导之下，向着这些坏分子作斗争。错误轻的，纠正错误，错误重的，清洗出去，巩固苏维埃政权。

（九）一切参加反革命活动的分子，应该受到严厉的镇压，罪大的实行枪决。工农群众，应该与苏维埃的保卫局及裁判部好好配合起来，彻底肃清反革命。

（十）查田运动的工作，应该与扩大红军，扩大赤卫军、少先队，推销经济建设公债，发展合作社，发展农业工业生产，发展出口入口贸易，全部实行劳动法，发展列宁学校及识字运动，修理桥梁道路，进行苏维埃选举运动等项工作，切实配合起来。广大工农群众，都应在当地苏维埃领导之下，齐心合力，进行各项必要的工作，以便迅速粉碎帝国主义国民党的五次“围剿”，争取革命在全中国的胜利。

主席　毛泽东

副主席　项　英　张国焘

公历一九三三年九月一日

选自《红色中华》，1933年9月30日第一一四期，第六版。

互校版本：

1.《中华苏维埃共和国法律文件选编》，江西人民出版社1984年出版，第344～345页。简称“江西法律版”。原注：“见《红色中华》第一一四期第六版，一九三三年九月三十日”。

2.《中国新民主主义革命时期根据地法制文献选编》，第四卷，中国社会科学出版社1984年出版，第45～47页。原注：“选自《红色中华》第一百一十四期，一九三三年九月三十日”。

63. 中华苏维埃共和国中央政府关于土地斗争中一些问题的决定

1933年10月10日

在分田与查田的斗争中，发生了许多实际问题，这些问题，或是以前的文件没有规定，或是规定不明悉，或是苏维埃工作人员解释不正确，以致执行上发生错误。人民委员会为了正确地发展土地斗争①，纠正及防止这些问题上的错误起见，除了批准《怎样分析阶级》，关于分析地主、富农、中农、贫农、工人的各项原则外，特作下面的规定：

（一）劳动与附带劳动

在普通情形下，全家中有一人每年有三分之一时间从事主要的劳动，叫做有劳动。全家中有一人每年从事主要的劳动的时间不满三分之一，或每年虽有三分之一时间从事劳动，但非主要的劳动，均叫做有附带劳动。

（注）这里应注意：一、富农自己劳动，地主自己不劳动，或只有附带劳动。故劳动是区别富农与地主的主要标准。二、规定全家中劳动的标准人数为一人，如一家有数人，其中有一人劳动，这家即算有劳动。有些人以为要有二人甚至全家参加劳动，才算这家有劳动，这是不对的。三、规定劳动的标准时间，为一年的三分之一，即四个月。以从事主要劳动满四个月或不满四个月，作为劳动与附带劳动分界（即富农与地主的分界）。有些人把有半年时间从事主要劳动的，还算做附带劳动，这是不对的。四、所谓从事主要劳动，是指从事农业生产上主要工作部门的劳动，如犁田、莳田、割禾及其他生产上之重要劳动事项。但不限在农业生产方面，如砍柴、挑担及做其他重要劳动工作，都是主要劳动。五、所谓非主要劳动，是指各种辅助劳动，在生产中仅占次要地位者，如帮助耘草，帮助种菜，照顾耕牛等。六、劳动既是区别富农与地主的主要标准，因此对于那种只雇长工耕种，没有其他地租债利等剥削，自己负指挥生产之责，但不亲自从事主要劳动者，仍照地主待遇，不得分配土地。七、构成地主之成分的时间标准，以暴动时为起点，向上推算，连续过地主生活满三年者，即构成地主成分。

查田运动中，对于劳动与附带劳动问题，发生许多错误。或以有劳动当作只有附带劳

① “中央文件版”和“西南函授版”此处漏掉“正确地发展土地斗争”9字。

动，把他判为地主。或以只有附带劳动当作有劳动，把他判为富农。都是因为过去对于地主与富农的分界没有明确标准的原故。依照上面规定，可以免去这种错误。

但上面的规定，“普通情形”而言。在特别情形下，须有不同的处置。这里有两方面的情形，第一方面，是大地主，而家中有人参加生产者，例如有人剥削地租债利的数量很大，如收租百担以上，或放债大洋千元以上，而家中人口不多，消费不大，则虽这家有人每年从事四个月以上的主要劳动，仍是地主，不是富农。例如人口甚多，消费甚大，则虽有百担租或千元债，如果其家有人从事主要劳动，仍不是地主，而是富农。第二方面，是拿剥削情形说是地主，但拿生活情形说则不能照地主待遇者。例如有人过去是富农或中农[①]，但是暴动前数年，因死亡或疾病原因，忽然丧失劳动力，不得不把土地全部出租，或雇人耕种，因此，全家过地主生活，如果把这种人当地主待遇，是不妥当的，应照本人原来成分待遇。又如有人名义上还是地主，但土地权实际已属别人，剥削收入极少，本人已有附带劳动，甚至生活比农民不如者，此种人，应照富农分给坏田。其特甚者，在群众同意下，可照农民分田。再如有人过去是农民，暴动前二年，遇特别机会，突然致富，成了地主，土地固应没收，但因其二年前是农民，在群众同意下，亦可照富农分给坏田。

上述这些特别情形，查田运动中，有些地方把它忽视了，这也是不对的。

（二）富裕中农

富裕中农，是中农的一部分，对别人有轻微的剥削。其剥削收入的分量，以不超过其全家一年总收入的百分之十五为限度。在某些情形下，剥削收入虽超过全家一年总收入百分之十五，但不超过百分之三十，而群众不加反对者，仍以富裕中农论。在苏维埃政权下，富裕中农的利益，应与一般中农得到同等保护。

（注）这里应注意：一、富裕中农是中农的一部分。富裕中农与其他的中农不同的地方，在于富裕中农对别人有轻微剥削，其他中农则一般无剥削。二、富裕中农与富农不同的地方，在于富裕中农一年剥削收入的分量，不超过其全家一年总收入的百分之十五，富农则超过百分之十五，这种界限的设置，是实际区分阶级成分时所需要的。三、所谓富裕中农是轻微剥削，是指雇牧童，或请零工，或请月工，或有少数钱放债，或放少数典租，或收少数学租，或有少数土地出租等。但所有这些剥削，在其一家生活的来源上，不占着重要的成分，即不超过百分之十五。而其全家重要部分的生活来源，是依靠自己的劳动。四、在接近暴动的时期内，虽曾经有过与富农在同等时间内的剥削分量相同的剥削，但不超过二年者，仍以富裕中农论。五、所谓某些情形下，虽超过百分之十五，但不超过收入百分之三十，群众不加反对者，仍为富裕中农。这里所谓某些情形，是指剥削分量虽超过百分之十五，但家庭人口多，劳动力少，生活并不丰富，更有遭遇水旱灾荒，或逢疾病死丧，反而转向困难者。在这些情形下，剥削分量不超过百分之三十者，不能认为富农，而应认为中农。若没有这些情形，则剥削收入超过总收入百分之十五者，即为富农，不应认为富裕中农。这些情形的正确判断，依靠于当地群众之公意。富裕中农在农村中占着相当

---

① “中央文件版”“社科法制版”和“西南函授版”皆漏掉下列一段：“但拿生活情形说则不能照地主待遇者。例如有人过去是富农或中农”。

的数量，查田运动中，许多地方把他们当做富农处置，这是不正确的。各地发生的侵犯中农事件，多半是侵犯了这种富裕中农，应该即刻改正。

举例：一、有人全家六人吃饭，二人劳动，有田五十担，收实谷三十五担（时价每担四元，共值百四十元），完全自耕。有屋五间，牛一只，有塘一口，出息大洋十二元，杂粮生产及养猪年收约一百元。放生谷三担，利加五，年收一担半（值六元），收了四年。放债大洋一百元（合小洋一千八百毛），利加二五，年收二十五元，放了五年。判断：此家靠自己劳动为主要生活来源，自己生产占二百五十元以上，对别人有债利剥削，但年收息只二十九元，在总收入百分之十五以上，全家开销后有剩余，生活颇好，但因剥削分量不大，故只算富裕中农，不是富农。二、全家五人吃饭，一个半人劳动。有田二十五担，收实谷十七担。租来田七十五担，收实谷四十二担，交租二十五担，交了十年。杂粮生产及养猪年收五十元，雇牧童一个，雇了三年。放债大洋六十元，利加三，年收十八元，放了四年。有屋五间，牛一只，有木梓山一块，年摘木桃三十担。判断：此家生活主要靠自己劳动，每年剥削人家极少，不过二十余元（雇牧童与放债合计），而受人剥削地租二十五担之多，全家开销所余无几，只能算普通中农，还不是富裕中农。

（三）富农的剥削时间与剥削分量

从暴动时起，向上推算，在连续三年之内，除自己参加生产之外，还依靠剥削为其全家生活来源之一部或大部，其剥削分量，超过其全家一年总收入的百分之十五者，叫做富农。在某些情形之下，剥削分量虽超过总收入百分之十五，但不超过百分之三十，而群众不加反对者，仍不是富农，而是富裕中农。

（注）这里应该注意的是：一、以暴动时为计算剥削时间的起点，而不能把其任何时间作为计算剥削时间的起点。有些人算陈账，拿了中间空隔了的很早年代的剥削，作为决定阶级成分的根据，这是不对的。二、以连续三年的剥削，作为构成富农成分的标准时间，如果剥削时间不超过二年，或虽有三年而是中间空隔了的（不相连续的），虽其剥削分量与富农在同等时间的剥削分量相同，仍以富裕中农论。三、剥削的分量，必须是超过了全家一年总收入的百分之十五，才能构成富农成分。如果剥削分量在总收入百分之十五以下，虽有三年或三年以上的连续性，也不能构成富农成分，而仍是富裕中农成分。四、所谓全家一年总收入是指自己生产部分与剥削他人的部分合计，例如某家全家，一年自己生产部分四百元，剥削他人部分一百元，合计五百元，即是总收入，他剥削部分占总收入百分之二十，故是富农。五、某些情形，是指家庭人口多，劳动力少，因此生活不丰富，或因天灾人祸反而转向困难者，在这种情形下，剥削分量虽超过百分之十五，但不超过百分之三十，群众不加反对者，仍以富裕中农论。这里，群众的意见是十分重要的，这种情形的考量，也是要十分仔细的，不应该把富裕中农弄做富农，引起中农的不满意。但同时，也不应把富农弄做富裕中农，引起贫农的不满意。所以应仔细的考量，要取得群众的同意。

查田运动中，对于这个时间与分量的问题，闹出许多纠纷，这是因为过去对于富农与富裕中农的分界，没有明确的标准，或把富裕中农当做富农处置，或把富农当做富裕中农处置，中间的争论，时常发生。现在规定的两者分界办法，可以免除这种弊病。

举例：一、全家十一人吃饭，二人劳动。自己有田百六十担，收实谷百二十担（值四百八十元），有茶山二块，每年出息大洋三十元。有塘一口，每年出息大洋十五元，杂粮生产及养猪等，每年约值百五十元。经常雇长工一个，雇了七年，到革命时止，每年剥削剩余劳动约值七十元。放债大洋二百五十元，利加三，年收七十五元，放了五年，到革命时止。有一儿子是秀才，会做呈子打官司，借势欺人。判断：此家自己有劳动二人，但雇长工，又放债不少，剥削收入超过了全家总收入百分之十五，人口虽多，但开销后余钱不少，故是富农，应分坏田。他家有个劣绅，本人应不分田。二、全家三人吃饭，一人能从事主要劳动四个月。有田六十担，自耕三十担，收实谷十八担，出租田三十担，收租谷十二担，收了五年。经常每年请短工二十天。有牛一只，每年可收牛税谷二担。放债大洋一百二十元，利加三，年收三十六元，放了三年。判断：此家剥削收入超过自己生产，但因有一人从事四个月主要劳动，故是富农，应分坏田。

（四）反动富农

在暴动前，尤其在暴动后，有重大反革命行为的富农，叫做反动富农。反动富农应该没收他本人及其家属中参加了这种反革命行为的人的土地财产。

对于反动资本家，适用上述的原则。

（注）这里应该注意：一、必须是“重大反革命行为”的富农，才叫做反动富农。如当暴动时，领导民团屠杀工农，对革命政府顽强抵抗；特别是暴动后，还在领导别人组织反革命团体机关，或个别进行重大反革命运动，如暗杀，当敌人侦探，自动替白军带路，逃往白区帮助国民党，积极破坏查田运动与经济建设等。这种富农出身而有重大反革命行为的分子，经证明确实者，应没收其土地财产。其他富农中，虽有反革命行为，但不是有领导的或重要的行为者，均不得没收其土地财产。二、反动富农家属之中，只没收参加了这种重大反革命行为的分子的土地财产，其他分子的土地财产，则不没收。三、以找生活为目的，暂时跑去白区的，不是反动富农，不应没收家产。但不愿在苏区居住，而跑去白区居住，满一年不回来者，虽不是反动富农，仍应没收家产。四、对于反动资本家之定义与处置，完全适用以上之规定。过去许多地方把没有重大反革命行为的富农分子的土地财产没收了，并且一家中，把没有参加反革命行为的富农分子的土地财产也没收了，这是错误的。这种错误的一个来源，是在江西没收分配土地条例的第三条：“凡加入反革命组织（如AB团、社会民主党等）的富农，全家没收”，这里不分首领与附从，不分参加者与未参加者。关于家属问题，虽在这一条的后半指出了：“其家属未加入反革命组织，又无反革命行为，并与其家中反革命分子脱离关系，当地群众不反对者，得发还其土地”，但前既全家没收，后才发还一部，仍非正当办法。因此，这一条应照现在规定修正。又过去有些地方，扩大反动资本家的范围，没收了一些不应没收的商店，这也是不对的。

举例：全家九人吃饭，一人劳动，又一人附带劳动，有田百六十担，自耕八十担，收实谷四十五担。出租田八十担，收租四十担，收了十年。有山五块，出息每年大洋七十元，经常雇长工一人，欠债大洋四百二十五元，利加二五，欠了三年。放债大洋三百八十元，利加三，放了五年。有一人当靖卫团连长，当了两年，与赤卫军作战五回。又有一人加入AB团半年，不是重要分子，已向政府自首。家里其他各人，无明显反动行为，判断：此家成分是富农、有一人做了重大反革命工作，此人是反动富农，应没收家产。其他各人不应没收，另一人虽加入 AB 团，不是重要分子，又自首了，也不应没收。

（五）富农捐款

在削弱富农的政策下，在国内战争时期中，除了实行分给坏田，没收多余的房屋、耕牛、农具、征收较高的累进税，这些基本的办法外，再向富农要求临时捐款，是应该的。但捐款数量，至多不得超过富农现有活动款项全数百分之四十。捐款的次数，也应有限制。①

（注）一、近来进行富农捐款，发生两种倾向，一种是包庇富农不去捐款，一种把富农现款捐尽，与地主罚款无别。两者都是不对的，而后者则是消灭富农的倾向，并有影响到中农的危险。现规定至多不得超过百分之四十，各地可按富农过去是否交过捐款，及现在家况如何，在上述最高限度规定内，分别要求富农捐出适当的部分。二、捐款是临时性质，与经常的土地税不同，故捐款次数应有限，不能捐至多次，毫无止境。三、向富农捐款之权，限于国家财政机关，任何其他机关，不得向富农捐款。②

（六）富农应有的土地、房屋、耕牛、农具

凡确定为富应有的土地、房屋、耕牛、农具等，在遵守苏维埃法令下，富农自己有处置之权，他人不得妨碍。仅在便利生产又得富农同意的条件下，工农贫民才可与富农斢换③房屋。

（注）一、近来有些地方，发生工农贫民拿自己的土地、房屋、耕牛、农具，斢换富农应有的土地、房屋，耕牛、农具，甚至有调换衣服肥料事情，这是不对的。因为“削弱富农”应有限制，分给较坏的劳动份地，没收多余的房屋、耕牛、农具，征收较高的累进税，并要求捐出一部分现款，这样“削弱”的政策，已经实现了。超过这种限制，就是消灭富农的倾向，在目前革命阶段上，是不应该的。只有在便利生产，并得富农同意的条件下，才可将房屋互相斢换。④ 二、土地问题正确解决以后，如富农分得之坏田已经改良，变成好田，他人不得再去斢换。三、暴动后，富农添置的耕牛、农具、房屋确有多余，不得再行没收或斢换。

（七）富农的义务劳动

富农应当比工农贫民担负国家较多的义务劳动，但以不妨碍富农的生产为限度。

---

① “江西史料版”在“是应该的”之后，印作：“但必须按照富农家况，及过去是否交过捐款，适当的规定捐款数目，并且要有国家财政机关的命令才能实行，一般的富农捐款数目的最高限度，应在命令上规定之。”下面的（注）也与其他四种版本有所不同。

② “江西史料版”在此后还有：“四、捐款的数目须按照富农家况及过去是否交过捐款，适当的规定，以不妨碍富农生产为原则。国家财政机关应依当地情形规定一般的最高数目（例如一九三三年中央苏区因战争需要曾临时规定富农捐款的最高限度为不超过富农现有活动款项全数百分之四十）”，其他版本无第四项规定。

③ “江西法律版”印作“掉（调）换”，其他版本皆为“斢换”。

④ “江西史料版”此处漏掉“只有在便利生产，并得富农同意的条件下，才可将房屋互相斢换”。但却多出以下注解：“所谓便利生产，是指有些地方富农住所附近无相当较坏的土地可分，因此，富农分得的土地离开自己住所很远，而很远地点住居的工农贫民分得的土地又给在富农住所附近，彼此耕种都不便利，在这种情形下，为了便利生产，可以互相调换房屋，但仍须得富农同意，不得同意不能斢换。”

（注）责成富农担负义务劳动与责成地主担负义务劳动，应有分别。地主的壮丁，应该完全编入劳役队，加以训练，使之参加国家与当地的劳动工作，在劳动过程中，改造其阶级性，消灭地主阶级。富农应该比较工农贫民担负更多的义务劳动，但不能同地主一样，使之担负无限制的义务劳动，致妨碍生产。因此，把富农与地主编在一个劳役队，在农事的紧张时期内，在富农劳动力没有多余及没有补偿办法的情形下，使之担负长期脱离生产的义务劳动，是不正当的。但不妨碍生产，或富农劳动力有多余，或有其他补偿办法，则不在此例。

（八）破产地主

在暴动前，地主已经全部或最大部分失掉他在土地财产上的剥削，但仍不从事劳动，依靠欺骗掠夺或亲友接济等为主要生活来源者，叫做破产地主。破产地主仍然是地主阶级的一部分，不得分配土地。但地主破产后，依靠自己劳动为主要生活来源，已满一年者，应予改变成分，有分配土地之权。地主破产后，依靠自己劳动为生活来源之一部，其分量达到其一年生活用费三分之一者，得照富农成分待遇。

（注）一、有些人把部分破产的地主，叫做破产地主，这是不对的。因为这种地主还有部分产业依以剥削，这不过剥削收入的分量有改变罢了。二、有些人把破产后已经从事主要劳动满一年的，叫做破产地主，这更是不对的。因为地主破产后，从事主要劳动已满一年（指暴动前），他已经由地主变为工人，或贫民或农民了。三、有些人把地主破产后，已经从事一部劳动者，仍照地主待遇，这也是不对的，因为其劳动已达到维持其全家一年生活三分之一者，这种人已应该给予以富农待遇了。

（九）贫民

农民、工人、独立生产者、自由职业者外①，一切依靠自己劳动从事一种或几种职业者，或大部分依靠自己劳动力为生活者，或依靠极小资本，自己经营，以取得最低限度的生活费者，均叫做贫民。乡村及小市镇贫民分子失业者，应分配土地，城市贫民分子无房屋者，应分配城市中地主的房屋。贫民均有选举权。②

（注）贫民在城市中，占着相当大数量，在乡村及小市镇上，亦有一部分，贫民的职业，是很复杂的，有些贫民，一人的职业，常依季候更换，而不能固定。贫民的生活，是很困难的，他们的收入，常不够支出。

所谓依靠极小资本自己经营的贫民分子，是指小贩。

不剥削他人的医生、教员、律师、新闻记者、著作家、艺术家等，叫做自由职业者。③

---

① “社科法制版”和“江西史料版”漏掉“独立劳动者、自由职业者”10字。

② “社科法制版”和“江西史料版”印有“贫民均有选举权”，其他三种版本则无。

③ “江西史料版”和“社科法制版”在注解中将独立劳动者和自由职业者，皆列入贫民的范围：“（二）工人农民外，如独立生产者、自由职业者、小贩、不剥削店员的小本经商者及其他一切劳动分子，均属于贫民范围之内。所谓独立生产者，是指各种自做自卖的小工业生产者。这种小工业生产者，有时雇用辅助劳动力，但主要依靠于自己的劳动。所谓自己职业者，是指一切不剥削他人的医生、教员、律师、新闻记者、著作家、艺术家等。这种自由职业者，为了执行自己业务，有时雇用助手或雇工助理家务劳动，这种雇工行为不算入剥削者范围之内。”但其他三种版本，则无上述解释。

（十）知识分子

1. 知识分子，不能看做一种阶级成分，知识分子的阶级成分，依其所属的阶级决定。

2. 一切地主资产阶级出身的知识分子，在服从苏维埃法令的条件下，应该充分利用他们苏维埃服务。

3. 知识分子在他们从事非剥削别人的工作，如当教员、当编辑员、当新闻记者、当事务员及著作家、艺术家等，是一种使用脑力的劳动者。此种脑力劳动者，应受到苏维埃法律的保护。

（注）一、近来许多地方，无条件排除知识分子，这是不对的。利用地主资产阶级出身的知识分子，为苏维埃服务，是有利于苏维埃革命的政策。在他们为苏维埃服务的时间，应设法解决他们的生活问题。二、所谓知识分子的阶级成分，依其所属阶级决定。如地主出身的知识分子是地主，富农出身的知识分子是富农，中农出身的知识分子是中农。把知识分子看做是一种单独的成分是不对的。把农民子弟在学校读过书的分子（所谓毕业生），当做一种坏的成分，这更是不对的。三、把当教员当医生①等工作，看做不是劳动，这也是不对的。

（十一）游民无产者

在紧靠暴动前，工人、农民及其他民众，被地主资产阶级压迫剥削，因而失去职业和土地，连续依靠不正当方法为主要生活来源，满三年者，叫做游民无产者（习惯上叫做流氓）。

苏维埃对于游民无产者的政策，是争取其群众，反对其首领及其他依附剥削阶级积极参加反革命的分子。关于争取一般游民无产者群众的主要办法，是使他们回到生产上来，照一般革命民众的例，分配土地和工作，并给予选举权。但分配土地，须在乡村居住，并须自己能耕种者。

（注）这里应该注意：一、所谓依靠不正当方法为主要生活来源，是指从事偷盗、抢劫、欺骗、乞食、赌博、卖淫等项不正当职业。有些人对于在业或半失业而兼从事一部分不正当职业（非主要生活来源）的分子，概叫做流氓，这是不对的。甚至把工农贫民中过去染有不良习惯（如嫖、赌②、吃鸦片）的人，都叫做流氓，这更是不对的。二、有些地方，对于积极参加反革命的游民无产者领袖分子（所谓流氓头）不加惩办，反而分田给他，这是不对的。有些地方，对于一般游民无产者分子，又拒绝其分田的要求，这也是不对的。

（十二）宗教职业者

凡以牧师、神父、和尚、道士、斋公、看地、算命、卜卦等宗教迷信的职业为主要生活来源，满三年者（紧靠暴动前）叫做宗教职业者。宗教职业者，无选举权，并不是分配土地。

（注）凡有这些宗教迷信职业，而不是依为主要生活来源者，及依为主要生活来源而不满三年者，均不得称为宗教职业者。应各依其成分分别待遇，不得一律取消选举权，或

---

① “中央文件版”“江西法律版”和“西南函授版”漏掉“当医生”3字。

② “社科法制版”将“嫖、赌”印作“赌博”。

一律不分土地。即是说，凡以这些宗教迷信为副业的，或依为主要职业不满三年，如是工、农、贫民，均应有选举权，而居乡村者，均应分配土地。本人如此，家属更不待说，有些人把和尚、道士、看地、算命等人，叫做流氓，这是不对的。①

（十三）红军战士中地主、富农出身的分子与土地

红军战士中地主富农出身的分子，在他们坚决为工农利益作战的条件下，不论指挥员、战斗员、本人及家属，都有分配土地之权。

（注）一、优待红军条例第一条："凡红军战士家在苏维埃区域内的，本人及家属，均须与当地贫苦农民一般的平分土地、房屋、山林、水池"。这里，本已包括一切红军战士在内。但近来有些地方，只问社会出身，不问政治表现，把地主富农出身而坚决为工农利益作战的红军战士已经分得的土地，重新没收，这是错误的。二、所谓"红军战士家属"，是指父、母、妻、子、女及十六岁以下的弟妹，其他的人，不得享此权利。三、地主富农出身的红军战士，如被开除军籍，得收回其土地。

（十四）工人的家庭是富农或地主者

工人的家庭是富农或地主者，工人的本人及其妻子，依其工人成分不变更。其应分土地与否，依其在乡村或在城市，分别处理。家中其他的人，照地主富农之成分处理。

（注）一、地主或富农家中，在紧靠暴动前，有人出卖劳动力已满一年者，应承认其为工人成分。本人及其妻子，照工人成分待遇，其应有的一部分财产不没收。工人本身及妻子如在乡村，应分配土地：本人及妻子如在城市，不应分配土地，本人在城市，妻子在乡村，本人不分配土地，妻子分配土地。家中其他的人，照地主富农成分处理，不得享受工人权利。家中如尚有其他成分，依其成分处理（例如：一家有人在乡村，靠收租放债为主要生活来源已满三年，此人是地主。有人出卖劳动力已满一年，此人是工人。又有人在市镇上开自做自卖的小手工业店满一年，此人是独立生产者。各依其在一定时间内生活来源的性质，而决定其成分，又各依其成分而决定其在苏维埃法律下的待遇）。二、农村中工人、独立生产者、小学教员、医生等人中，有兼有小块土地，因乡村不够维持生活，出外谋生，而将其小块土地出租，并非依为主要生活来源者，应照一般农民分配土地，不能当地主看待。

（十五）地主、富农、资本家与工人、农民相互结婚后的阶级成分

1. 结婚的行为，不能改变阶级成分。

2. 地主、富农、资本家与工人、农民、贫民相互结婚后的阶级成分，依照结婚在暴动前后的分别，依照原来阶级成分的分别，并依照结婚后生活情形的分别，而决定其成分。

3. 凡在暴动前结婚的：地主、富农、资本家女子嫁与工农贫民，从事劳动满一年者，承认其为工人或农民或贫民成分。不从事劳动，及从事劳动不满一年者，依原来成分不变

---

① "江西史料版"在注解中多出（二）（三）两项："（二）真正宗教职业者的土地，一概没收，分给工农群众，其土地以外的财产没收与否，依照当地大多数工人、贫民群众的意见决定。如果不得大多数工农、贫民群众同意即去没收宗教职业者的财产，这是不对的。（三）菩萨神主等迷信偶像，也须得多数群众同意才能毁坏，仅依少数人的意见去打毁菩萨神主的办法，这是不对的。（四）有些人把和尚、道士、看地、算命等人不叫宗教职业者，而叫做流氓，这也是不对的。"

更。工农贫民女子嫁与地主、富农、资本家，则须与地主、富农、资本家过同等生活满五年者，不能承认其为地主或富农或资本家成分。如生活不与地主、富农、资本家同等，而与工农贫民同等（即靠自己劳动为主要生活来源），或过同等生活不满五年者，依原来成分不变更。

4. 凡在暴动后结婚的，工农贫民女子嫁与地主、富农、资本家，依原来成分不变更。地主、富农、资本家女子嫁与工农贫民，须从事劳动满五年者，承认其为工人或农民或贫民成分，如不从事劳动，及从事劳动不满五年者，依原来成分不变更。

5. 不论何时与何时成分结婚，所生子女的成分与父同。

6. 土地与公民权的应否享有，依其成分。

7. 地主、富农、资本家女子嫁与工农贫民者，不得编入劳役队。随嫁的现款在五十元以下者，不得向他罚款或捐款。

8. 暴动前，工农贫民以子女卖与地主、富农、资本家者，及工农贫民与地主、富农、资本家相互以女招郎者，其出卖子女及招来郎婿的成分与待遇，适用上述一至七条之规定。

9. 暴动前，工农贫民与地主、富农、资本家相互以子过继者，不问过继时之年龄如何，在十岁以下者，成分不变更。从满十岁起，工农贫民之子，过继于地主、富农、资本家，与其过继父母，过同等生活满五年者，其成分同于过继父亲。如生活不与过继父母同等，而与生身父母同等者，依原来成分不变更。地主、富农、资本家之子，过继于工农贫民，与其过继父母过同等生活满三年者，其成分同于过继父母的。如生活不与过继父母同等，而与生身父母同等，依原来成分不变更。

（注）这里所谓劳动，包括家务劳动在内。

（十六）地主、富农兼商人

1. 地主兼商人的，其土地及与土地相连的房屋、财产没收。其商业及与商业相连的店铺、住房、财产等不没收。

2. 富农兼商人的，其土地及与土地相连的房屋、财产，照富农成分处理。其商业及与商业相连的店铺、住房、财产均不没收。

3. 对于地主、富农兼商人罚款或捐款，应限制在地主、富农部分，不能侵及商业部分。

4. 商人不编入劳役队。

（十七）管公堂

管公堂是一种剥削，但应分别地主，富农或资本家管公堂与工农贫民管公堂的不同。

（注）管理各种祠庙、会社的土地财产，叫做管公堂。管公堂，无疑是剥削的一种，特别是地主阶级及富农，借着公堂，集中大量土地财产，成为剥削的主要方式之一。凡属这种为少数人把持操纵有大量剥削收入的公堂，管理公堂的行为，当然是构成管理者阶级成分的一个因素。但有些小的公堂，为工农贫民群众轮流管理，剥削数量极小，则不能构成管理者阶级成分的一个因素。有些人以为只要管过公堂的都是地主、富农或资本家，这是不对的。

（十八）一部分工作人员的生活问题

在苏维埃机关及其他革命组织的工作人员，未分配土地而生活特别困难者，本人及其家属可给分相当土地，或以其他方法解决其困难。

（注）已分配土地的一般苏维埃工作人员的生活，中央政府已有命令解决（即发动群众耕种其土地），这里只说未分土地的人员。所谓家属，是指父、母、妻、子、女及十六岁以下的弟妹。

（十九）公共事业田

新区分配土地及老区检查出来的土地，重新分配时，应酌量留出为了桥梁、渡船、茶亭及农事试验场等公共事业而使用的土地。

（注）桥梁的修理，渡船的修理与船工的工资，茶亭的修理与茶亭的设置，这些公共事业的费用，均须按照需要，留出一部分土地，发动群众耕种。此外，县苏、区苏、乡苏还须在政府机关附近适当地方，留出一部分土地（县苏可留五〇担至一五〇担，区苏可留十五担至二十五担，乡苏可留五担至十担），以开办农事试验场之用。在农事试验场未开办以前，可租给农民耕种，只收最低的田租。

（二十）债务问题

1. 在暴动前，凡地主、富农、资本家以金钱或物品贷付于工农贫民者，除店铺货账外，本利一概取消。凡工农贫民以金钱或物品存放于地主、富农、资本家者，其本利应照数归还。

2. 专靠或大部分靠高利贷剥削为一家主要生活来源者，叫做高利贷者。高利贷者，照地主成分处理。

3. 在暴动后的债务，凡不违背中央政府颁布之暂行借贷条例者，均应归还。

（注）一、有高利贷剥削（一切国民党统治区域，不论城市乡村，债务中最大多数，都是高利贷剥削），但不是专靠或大部分靠高利贷为其一家主要生活来源的，不能叫做高利贷者，而采取完全没收的政策，应各依其成分处理。以为凡有高利贷剥削的，都是高利贷者，这是不对的。二、一面放债，一面欠债的，应将其“欠人、人欠”，互相抵销，看其剩余部分的性质与程度，再与本人其他剥削关系总合起来，决定其成分。三、店铺货账必须归还的理由是为了不使商业受到损害，并且货账一般不能算入高利债务范围之内。四、工农贫民相互间的债务应如何处理，由借贷双方自己决定。双方不能决者，由当地苏维埃决定。①

中华苏维埃共和国中央政府　主席　毛泽东

副主席　项　英

张国焘

公历一九三三年十月十日②

选自《中华苏维埃共和国法律文件选编》，江西人民出版社1984年出版，第346～360

① “江西史料版”和“社科法制版”此注共有（一）（二）（三）（四）项，其他三种版本只有（一）（二）两项内容。

② “江西法律版”和“江西史料版”最后有颁布机关的署名及年月日，其他三种版本则无。

页。简称“江西法律版”。原注：“选自福建省档案馆馆藏史料”。

互校版本：

1.《中央革命根据地史料选编》下册，江西人民出版社1982年出版，第510～529页。简称“江西史料版”。原件未注明史料来源。

2.《中共中央文件选集》(8)，中共中央党校出版社1985年出版，第716～734页。简称“中央文件版”。原件未注明史料来源。

3.《中国新民主主义革命时期根据地法制文献选编》，第四卷，中国社会科学出版社1984年出版，第48～65页。简称“社科法制版”。原注：“选自1947年12月9日临县县委会翻印件”。

4.《中国新民主主义革命时期法制建设资料选编》，第三册，西南政法学院函授部1982年编印，第89～105页。简称“西南函授版”。原件未注明史料来源。

64. 关于继续开展查田运动的问题
——人民委员会训令中字第一号

1934年3月15日

上届人民委员会为了纠正过去查田中一些过“左”的倾向，发表了“关于土地斗争中一些问题的决定”，显然是正确的。但在决定发表后，各地查田运动中又发生了许多严重的问题。许多地方苏维埃政府竟抛弃了继续开展查田运动的工作，而忙于“纠正过去在查田运动中甚至在查田运动前的一些过“左”的错误，并且给了地主富农以许多反攻的机会。地主富农也利用“决定”中一些条文（特别是第一、第二、第三条①）大肆活动，企图拿“算阶级”来代替查阶级，拿数字的玩弄来夺回他们过去所失去的土地与财产。人民委员会为得要镇压地主富农的反攻与他们的反革命活动，为得要进一步开展查田运动与彻底解决土地问题，特有以下的决定：

（一）在暴动后查田运动前已经决定的地主与富农，不论有任何证据不得翻案，已翻案者作为无效。

（二）在纠正查田运动中个别错误时，只有群众怀疑的或有意见的个别过去决定为地主富农的分子，才能重新审查。如群众没有怀疑或没有意见的，那不论地主富农提出任何证据，不得翻案。已翻案者作为无效。

（三）绝对禁止在审查过去决定为地主富农的分子时，召集地主富农的任何会议与他们同贫苦工农对质的方式（如像胜利县的例子）。这种审查应该由当地查田委员会，与他们领导之下的工农同志负责，用个别调查或个别谈话解决。

（四）在查田运动中，中农被错误决定为富农的，须尽量补还其原有数量的土地。如富农被错误决定为地主的，则可补给以相当坏地与荒田。在查田运动中工人所分的土地不再抽回。这里发生的困难，主要的要深入查田运动中去解决。

---

① 应是“第三条”，《红色中华》误作“第三三条”，因该决定共有二十条。

（五）在继续开展查田运动中，必须坚决反对拿“算阶级”来代替查阶级，拿百分数的计数代替阶级斗争。上届人民委员会决定上的第二第三两条，及第一条的“注七”，只能作为查田运动中碰到特别困难的阶级成分而又在群众同意下的适用条文。不能机械的使用，以妨碍查田的迅速开展。在这种时候，最后决定阶级成分之权属于当地最大多数的群众。同时，对于“决定”第一条的“注四”，及第十五条的“注”中关于“劳动”的模糊字，应该很清楚地指出：区别农民与地主的主要标准的劳动，是指农业生产上的重要劳动，不是指那些做饭洗衣的家务劳动，更不是指那些算账经商或其他非农业生产上的劳动。地主富农利用决定上的任何条文作为翻案的武器，必须防止。他们一切反革命活动应该受到最严厉的苏维埃法律的制裁。

（六）纠正在查田运动中所发生的个别错误，不但不能停止查田运动的继续进行，而正是为了更正确地执行联合中农的阶级路线，更顺利地开展查田运动的斗争，必须坚决打击以纠正过去“左”的倾向为借口，而停止查田运动的右倾机会主义。开展查田运动依然是目前的中心工作，右倾机会主义是目前的主要危险。

（七）各省应特别抓住几个落后的中心县与边县，各先进的县必须特别注意于落后的区乡，来开展查田运动。在土地问题根本没有解决的新区必须重新分配土地。过去已经查出的土地，必须立刻分配。在有些地方，因筑路等关系而减少了红军公田，必须从查出的土地留出一部分作为红军公田。

（八）必须把查田运动与目前的春耕运动紧密的联系起来，并在查田运动中发展广大工农群众的积极性，动员与组织他们更热烈的参加革命战争。

主席　张闻天

一九三四年三月十五日

选自《红色中华》，1934年3月20日第164期，第一版。

互校版本：《中华苏维埃共和国法律文件选编》，江西人民出版社1984年出版，第361～362页。简称“江西法律版”。原注：“见《红色中华》第一六四期第一版，一九三四年三月二十日”。

65. 川陕省苏维埃政府关于土地改革布告

1933年2月①

川陕省父老兄弟姐妹们：

土地是穷人的劳苦雇工农民的命根呀！地主豪绅富人占据了许多土地，自己不做庄稼，雇工农民每年缴纳租粮给他们，他们就坐着享福，有钱有势，压迫穷人，无所不为。

① “人民史料版”注：“原件标明是1933年发布的，无月日。据查考，应是1933年2月川陕省苏维埃政府成立后，即行发布的。”

穷苦雇工农民租耕主人家的土地，要缴纳六成租谷，雇工农民一年辛苦到头，收获的粮食，大半收集到豪绅地主富人的仓里去了。雇工农民年年穷困[①]下去，豪绅地主年年发财下去。土地不是被地主豪绅收买去了，就是典当给发财人去了。

雇工农民们！要想解除[②]自身痛苦，不但要取消苛捐杂税，还要没收地主阶级的土地，分配给贫苦的工农。记着，地主豪绅占有了土地，就握着穷人的命根在手里；穷人向地主豪绅夺回土地，就是真正从十八层地狱里翻身了。

穷苦工农们！立即实行下列各点：

一、立即召集工农群众大会，宣布无条件地没收地主阶级的土地、田坝子、山林、房屋等等。[③]

二、雇工、贫农、兵士、失业而愿意亲自去做庄稼的穷人，都应分得土地。

三、自己耕种够[④]自己吃的用的中农，其土地概不没收，仍归他自己所有。他自己耕种，只要是他自己耕种的，就是每年有些余钱剩米，也不得[⑤]没收。

四、土地有多的富农，（请客帮种自己种不了的土地，放高利贷，）[⑥] 也是剥削分子，其土地也应没收。如果他自己仍然做庄稼，可另分给他一份较坏的土地，但必须他自己耕种。

五、地主豪绅的耕牛、农具，也就没收来归庄稼人共用或分用。

六、分配土地时，山地和田坝子，调度着[⑦]分配。按田地出产量为标准，人多的多分，人少的少分，能够做庄稼的壮年[⑧]男女多分一点，老弱不能做庄稼的少分一点。

七、所有典当给主[⑨]人家的土地，一律无代价地收回，土地归原来出当的穷人所有，所欠主人的当地钱，一概不偿[⑩]还。

八、土地分配了以后，一切收获归耕种者所有，永远不要缴纳租课给土地旧有主人或其他任何人。

九、这块田地分给了那一个，现在这土地上种的稻子、豆子[⑪]、蔬菜等等，即归他所有。

十、所有农民佃户所欠主人家租谷、利谷等，一概取消，不再偿还。

十一、凡参加红军与游击队的雇工、贫农、中农，得分得最好的田地。无耕种能力者，由苏维埃负责代耕；伤亡者有伤亡抚恤优待。

十二、凡白区工农及白色官兵来参加红军者，同样在赤区[⑫]分得红军公田，由苏维埃雇人代耕。其家属亦可到赤区来，照人口与劳动力量分受公田。

---

① 《苏维埃中国》翻印本，将“穷困”印作“困苦”。
② 《苏维埃中国》翻印本，将“解除”印作“解决”。
③ 《苏维埃中国》翻印本无“等等”2字。
④ 《苏维埃中国》翻印本将“够”字印作“供给”。
⑤ 《苏维埃中国》翻印本将“不得没收”印作“不没收的”。
⑥ 《苏维埃中国》翻印本印作“请佃客帮种，出租自己种不了的土地，放高利贷”。
⑦ 《苏维埃中国》翻印本将“调度着分配”印作“酌量分配”。
⑧ 《苏维埃中国》翻印本删掉“壮年”2字。
⑨ 《苏维埃中国》翻印本无“主”字。
⑩ 《苏维埃中国》翻印本漏一“偿”字。
⑪ 《苏维埃中国》翻印本将“稻子、豆子”，印作“谷子、稻子”。
⑫ 《苏维埃中国》翻印本将“白色官兵”印作“白区军队的士兵和官长”，将“赤区”印作“苏区”，以及多处改动。

十三、白区医师、技术人才、专门家、教员①，在服从苏维埃法律，在赤区工作者，除应有之工资外，如其家属进境，亦同样分得土地。

十四、赤区奖励种植有益身体之谷类，一律②禁止种鸦片烟。吸烟者分期禁戒③（另有条例）。惟年老气衰，不能禁戒者，得于县区④苏维埃许可之下，种少数⑤鸦片。但每乡不得过十背谷子的烟田，但经过一定时期后，则完全禁种。

川陕父老兄弟姐妹们！这些就是中华苏维埃共和国中央政府的土地法令摘要。起来！为实现这一法令而斗争！

记着，雇工、佃农、兵士要分得田地。中农的土地，要不受人家吞并，不要还粮上税受剥削，自己耕种即归自己所有。就要起来拿着武器，组织政权和武装起来⑥，压迫⑦旧的压迫者，土地才能归到被压迫者的手里来！

土地归穷苦农民！

粮食归穷人！

八小时工作！

政权归工农兵苏维埃！

主　席　熊国炳

副主席　杨孝全

罗海清

一九三三年　月　日

选自《川陕革命根据地资料选编》，四川大学川陕根据地科研组 1978 年编印，第 241～243 页。简称“川陕资料组”。原注：“原件存四川省博物馆”。

互校版本：

1.《川陕革命根据地史料选辑》，人民出版社 1986 年出版，第 248～250 页。原注：“原件存四川省博物馆”。简称“人民史料版”。与上列“川陕资料版”完全相同。

2.《苏维埃中国》，第二集，1935 年印行，中国现代史资料编辑委员会 1957 年翻印，第 215～217 页。简称“《苏维埃中国》翻印本”。原标题为《西北革命军事委员会、军区政治部关于土地问题的布告》。此翻印本在文字上做了多处改动。

3.《川陕革命根据地历史文献选编》上，四川人民出版社 1979 年出版，第 501～502 页。简称“川陕文献版”。原注：“《苏维埃中国》第二集 215～217 页。”

4.《中国新民主主义革命时期根据地法制文献选编》，第四卷，中国社会科学出版社 1984 年出版，第 179～181 页。简称“社科法制版”。原注：“选自《苏维埃中国》第二集，1935 年版。”

---

① 《苏维埃中国》翻印本漏掉“教员”2 字。

② 《苏维埃中国》翻印本漏掉“一律”2 字。

③ 《苏维埃中国》翻印本将“禁戒”改作“禁断”。

④ 《苏维埃中国》翻印本将“县区”误作“乡区”。

⑤ 《苏维埃中国》翻印本将“种少数”改作“得减食”。

⑥ 《苏维埃中国》翻印本漏掉“和武装起来”5 字。

⑦ 《苏维埃中国》翻印本将“压迫”改作“来镇压”。

66. 川陕省怎样分配土地？

1933 年 2 月 12 日①

（一）为什么要分配土地？

封建的土地制度，是封建势力的根本基础，彻底没收地主阶级土地分配给无田的农民耕种。就是根本肃清封建势力，驱逐帝国主义。但是许多同志不了解及不坚决的分配土地，并有如下的机会主义观点：

（1）非苏区不能分配土地，甚至连口号都不敢提出。

（2）新苏区如果没有巩固的政权来保障，分配土地也不能算数，并且说农民不要土地，纵然执行分配土地，又机械地光从“调查统计”来延迟阻碍土地革命斗争。

（3）新苏区分配土地怕富农反动，不没收富农的土地或只没收剩余的土地，反使富农得着好的土地。

（4）分配土地时候，完全由少数把持支配，或单纯的由红军给与的办法，不动员广大群众分配。

（5）分配土地的时候，一部分共产党员、青年团员及苏维埃和群众团体负责人，假借着革命势力分得好土地，反使广大贫农中农得不着好土地。

（6）被豪绅地主压迫跑反群众不分土地，或待跑反群（众）通统回家再分土地。

这都是非常严重实际工作中的机会主义，每个同志要坚决肃清这些倾向，要根本认识“分配土地”是发动非苏群众斗争，发展新苏区和巩固政权基本武装，是民权革命阶段中主要内容，工农红军是土地的革命执行者，每个红色战士应该坚决的成为土地革命战斗中的领导。

（二）怎样分配法

目前平分一切土地应由乡为单位，按照人口和劳动力混合起来分配，并召集全乡群众大会选举观点正确的农民二十人为土地委员，每乡选举十七至二十一人组织委员会，由土地宽裕之乡开始到某村，把锣一打号召当地群众多派人同土地委员一路去踩田地山场。首先把红军的土地分好，红军（公）田提出来，再把好坏远近的田地、山林、池塘、竹园等作一总的计算，兼配得好好的，按人口与劳动（力）混合划分。划分时以每家跟着分田的大多数群众意见为主，划分清楚后，立刻宣布长单贴在大路旁墙上，征求各家的意见，无人修改作为通过。但在踩田的时候，不能以田的面积和亩数为标准，而应以子粒为标准，反对私人舞弊，由广大群众作主。如某人认为分得不好，应大胆地提出意见来修改，如吃亏过大无人过问时，可向工农监察委员会和革命法庭、共产党的各级监察委员会及红军政治部告状。非苏区一样按照土地法令执行，这是非常正确的办法。但是这样干下去或许发生复杂情形，除由广大群众讨论想出最好办法解决外，特具下面的“农村阶级说明”和“土地问题解答”作为广大群众在分配土地时运用的参考。

---

① 此为中国工农红军第四方面军总政治部印发时间，在川陕革命根据地实施。

（三）农村阶级说明

（1）打长工的是农村中的无产阶级——叫做雇农。

（2）自己有少数土地，卖短工，做小贩，或佃种人家的田地耕种，受人家的剥削与压迫，一年收入不够穿吃用，这是农村中的半无产阶级——叫做贫农。

（3）自己的田地自耕自种，在政治上受豪绅地主的压迫，在经济上受苛捐杂税的剥削，他本身又不剥削人家，一年收入供给他全家人口需要恰恰给（够）了，没有多余的叫做中农。或一年请几个短工或请一个放牛的，全年收入供给全家人口需要所多无几，一年多上几石谷或出卖货物多一二百串钱，叫做富裕中农。

（4）自己有余土地租给别人耕种，他可收租，或种不完，雇人耕种剥削雇农，或自己种田又有多余的金钱放高利贷，或自己种田地又请人做生意，（如开□□□坊、杂货店等）一年除供给自己家普通农民生活需要外有多的，这个多的由剥削而得来的，就叫做富农。

（5）自己把田地佃给人家耕种，专靠剥削人家过生活，自己不劳动者叫做地主。

（6）富农与地主的区别，大部分是靠自己种田，小部分是把多的土地租给人家耕种叫做富农。大部分土地是给人家种，小部分是自己耕种叫做地主。富农主要的带资本主义剥削方式或雇佣劳动，如请长工或放高利贷等。小地主主要是带着封建剥削方式，把土地向给人家认租。如万一富农与小地主弄不清楚，可交给群众大众解决之。

（下接《土地问题解答》单列）

选自《川陕革命根据地历史文献选编》上，四川人民出版社 1979 年出版，第 504～507 页。简称“川陕文献版”。该书第 501 页印有文件封面复印件，标明：“怎样分配土地？一九三三年二月十二日，中国工农红军第四方面军总政治部印”。

“川陕资料版”和“社科法制版”只收入《川陕省土地问题解答》，未收入《怎样分配土地?》的前三节。

67. 川陕省土地问题解答

1933 年 2 月 12 日①

问：为什么每乡要留红军公田？

答：使非苏区来当红军的，白色军队哗变来当红军的或由火线上过来当红军的红色战士，都要分得有好的土地，都得着土地革命利益，坚决地为土地革命斗争。并使广大白色军队兵士接受土地革命影响，大批哗变到红军中来参加土地革命，所以现在要留红军公田。

问：红军公田每乡要留多少？要山地否？

① 此文为川陕苏区《怎样分配土地?》的组成部分。“川陕文献版”原注：“一九三三年二月十二日中国工农红军第四方面军总政治部印。”但“川陕资料版”和“社科法制版”却注作“1933 年 2 月 19 日”。

答：以乡为单位，按照乡内土地多少，留一石至五石，不要山地，一顶好是路边的好田。做一木牌，上面写“红军公田”几字。同时由当地群众开会讨论代耕办法，顶好由代耕人公举一二人经常负责管理，乡苏维埃随时派人监督。

问：红军公田出产怎样办？

答：出产代耕人得十分之三；红军得十分之七，苏维埃负责保存，由红军自己支配。

问：苏维埃共产党负责人及红军公田的土地都要农民代耕吗？

答：不，农民只替无生产能力的红军家属代耕，其余的任何人不得代耕。我们要坚决反对借着革命势力强迫要农民替他代耕，一种奴役农民的办法。

问：脱离生产的共产党员和苏维埃的委员不代耕，他家里没有人生产怎么办？

答：他家庭真正一点生产力没有，可以请长工或短工，或者农民因为革命友爱关系，自愿帮他耕种是可以的，但绝对禁止要农民代耕的办法。

问：农村的手工业工人是否要分土地？

答：要分土地。在工人自愿条件之下，可按他的工作时间分配一部分。譬如，他一年的时间，他做三分之一的工，可分三分之二的田地；做三分之二的工，可分三分之一的田地，其余类推。

问。雇农与革命工作人员是否分土地？

答：要分土地。如果他自愿的不要土地可不分。

问：雇农得田后，带到雇主家去耕种，是否可以？

答：当然可以的。但田的出产一定要归雇农。

问：剃头工人每年是收谷，是否可以分田？

答：剃头工人因为长年做工，可以不分田。但不是说他没有土地权。因为剃头犹如种田一样，他如不剃头时还可分田给他。他的家属一定要分田。

问：很多雇农分得了田地，没有农具、耕牛怎样办？

答：没收地主的农具、耕牛和没收富农多余的农具、耕牛可帮助和分配给他们使用。同时由农民合户或苏维埃同志负责办农具牲畜经理处，帮助无农具耕牛的雇农、贫农耕田种地。目前救急的办法暂时还可借用或用人力换牛力等来解决困难，都是可以的。

问：中农山多田地少，贫农山少田地多是否可以更换？

答：可以更换。并要在平均分配土地时双方拿出平均分配，但必（须）群众双方愿意。

问：中农的土地，是否可以拿出来与雇农、贫农抖散分配？

答：中农的土地以不动为原则。我们从教育中、宣传中、鼓动中说明彻底平分一切土地，是肃清农村封建势力最好的办法，使他们自动地拿出来平分。中农如果不愿意，不能丝毫拉蛮要他拿出来，动摇中农和侵犯中农的利益。但种自己田地的中农，可像这样做；如佃田种的中农，就要拿出来平均分配，因为这个田地是没收豪绅地主的，不是他的。

问：乡村做小生意、开饭店、做小贩的可不可分配土地呢？

答：假如他的生意足以谋自己的生活，就不必分配土地给他。但对需要土地的最贫苦的小贩等，还是要分土地。

问：富农小孩子和妇女是否分好土地？

答：要分最坏的土地，由他自己耕种。如果他万一不能耕种，他可与人家换工做或他的亲戚帮助他种，我们也不反对。

问：参加革命很久的地主和富农家属是否分配土地？

答：参加革命很久的地主和富农分子，他完全出卖了他的阶级，投降无产阶级，始终不变的坚决为劳苦群众谋利益，他的家属又热心革命，遵守苏维埃的法令，不统治农村，可按普通人一样分得土地，但绝对不代耕。如果借着革命势力压迫农民，则与其他地主、富农一样看待，要时常监督他统治他。地主就不分土地给他，要他做苦工；富农分坏土地给他，要他自己耕种。但革命家属包括他的父母妻室儿女，他的叔伯弟兄姊妹不包括在内。

问：女子分配土地，是否和男子一样？

答：应该一样。

问：女子出嫁之后，她分得［的］土地怎样呢？

答：她将土地带到婆家自己耕种或留在娘家叫她自己丈夫来帮她耕种。我们要打破认为①女子脚小不能耕田，就不分配土地给女子（的）错误观念。

问：寡妇可不可分配土地？

答：地主寡妇不可分配土地，富农寡妇如愿耕种可分坏的土地给她；系贫农、雇农、中农出身的寡妇，可以分配土地，或雇人耕种，或托人代种，或将土地出租都可以的。她如果不愿意耕种土地，就不必分配土地给她，可由苏维埃酌量予以救济。

问：如毗连两乡，一乡土地多，一乡土地少，是否可以拨一部分到少的？

答：当然可以。但事先要开两乡联席会议，最好是开两乡群众大会，请上级派人参加，从教育说服当中拨一部分土地到少的乡村分配。被拨出去的土地，要和少的乡村连界。

问：甲乡有多数的土地在乙乡，乙乡有少数的土地在甲乡，更换土地又不相符怎样办？

答：为便利起见，要更换，事先召集联席会议说明更换的理由，如甲乡认为吃亏时，可把乙乡和甲乡连界的土地补一点。

问：过去种了好的土地的人，不愿拿出来重新分怎样办？

答：号召广大群众起来和他作斗争。

问：农民得了好、坏土地两种，把坏的荒了怎样办？

答：要教育农民爱惜土地、培养土地，从宣传教育中叫他好好的种出来，苏区的土地一寸不要荒掉。苏维埃还要奖励他们。如果故意怠工荒废土地，苏维埃可召集群众大会制裁他；最坏不改的，可剥夺其土地权。

问：水打沙层的田，分给个人，个人不要怎样（办）？

答：破田分给个人，要个人负责修补是不对的。要动员起来，使群众帮助整理起来（再）分配。

问：某家分配土地之后，忽然死了一个人，是不是马上就把此人分得田地收回呢？

---

① “川陕文献版”和“川陕资料版”此处有“认为”2字，“社科法制版”无此2字。

答：不必马上收回。因为死人不是经常的现象，并且人死时又需一些特别费用，如衣衾棺木埋葬等费。过了一、二年之后，再把多的土地交给苏维埃另行分配（给）缺少田的农民耕种。

问：田地分了，柴山、竹园、鱼塘是否分配呢？

答：柴山、竹园、鱼塘等和田地一样要分配。不过，太大的森林农民不好分配的，归苏维埃政府管理。

问：赤白交界地方土地，少数人不敢耕种怎样办？

答：动员后方群众有组织、有计划地配合武装去耕种，不能让它荒了。

问：赤白交界站不住脚跑在后方（的）群众，应不应分配土地呢？

答：应该分配土地。但壮丁应尽量到前方种田，加紧站岗、放哨、侦探工作。如果人数少的可几家设法伙种。后方群众应尽量动员帮助前方的种田及侦探戒严工作。

问：非苏区民众不愿统计土地怎么样办呢？

答：分配非苏区的土地，是要从积极领导斗争中来没收和分配地主阶级的土地和富农的土地，不是光统计调查就算了的。我们主要的是从领导和发动斗争中来分配土地，自然农民对革命负责，农民（就）不怕统计调查。

中国工农红军第四方面军总政治部印

1933 年 2 月 12 日

选自《川陕革命根据地历史文献选编》上，四川人民出版社 1979 年出版，第 507～512 页。简称“川陕文献版”。原注：“原件存四川省博物馆”。

互校版本：

1.《川陕革命根据地资料选编》，四川大学川陕革命根据地科研组 1987 年编印，第 244～249 页。简称“川陕资料版”。原注：“原件存四川省博物馆。”

2.《中国新民主主义革命时期根据地法制文献选编》，第四卷，中国社会科学出版社 1984 年出版，第 166～170 页。简称“社科法制版”。原注：“选自中国工农红军第四方面军总政治部一九三三年二月十九日翻印件。”

68. 川陕省平分土地须知

1934 年 12 月 30 日

一、地主富农反对平分土地的办法

土地是穷苦农民的命根，地主发财人用各种方法把穷人的土地抢夺去了，反用来剥削压迫农民。当广大农民汹涌地起来要求平分土地的斗争时候①，地主、富农便想出许多方法，来维持他旧有土地：

① “川陕文献版”“土地文献版”为“时候”，“社科法制版”“川陕资料版”为“阶段”。

1. 用种种方法（来）保存它（地主、富农）原有土地

（一）“扯田”——“地主、富农只是扯点出来”，实际没有没收。因此，造出“大洞小补”[①]、“将肥搭瘦”（的）地主、富农反抗苏维埃法令的口号；

（二）“原佃种原田”，实际就是“明分暗不分”，他又暗地估原佃户捁租[②]；

（三）留“老板娘”在家，照旧收租；

（四）偷藏在客户或亲朋家，来暗地分谷收租；

（五）利用“红军公田[③]”的名义，保留大批土地，又出佃收租；

（六）混入红军，利用“红军家属分好田”来保护他的田地；

（七）地主、富农他临要跑走时，就安一家穷人或亲戚、亲房朋友来住他的房子，实际替他保护产业佃种捁租；

（八）把土地、房屋等尽行分给他的亲戚、家门、朋友替他寄存土地。

2. 地主、富农瞒藏土地，窃取土地的办法

（一）混入苏维埃当主席、委员来保藏自己的土地；

（二）派他的走狗混入苏维埃替他保藏土地；

（三）利用物质（烟、肉、酒、钱）来收买苏维埃个别委员替他隐藏土地；

（四）收罗少数落后的农民不要斗争他，请去吃酒席，替他瞒藏土地；

（五）混乱阶级成分的划分，隐瞒他自己的成分，来瞒藏土地；

（六）投入他的亲戚、家门、朋友家，冒充为亲朋的家人来偷分土地；

（七）偷藏在穷人家里，冒充穷人的家人；

（八）迁移到别的区域，改名换姓，来窃取土地；

（九）弄他亲房亲朋的家人甚至部分穷人，来多充人数，瞒藏田地，窃取土地；

（十）把女子给穷人家做媳妇来分土地；

（十一）把自己儿子抱给穷人，或者抱穷人家儿子，这样企图来窃取土地；

（十二）尽量派他走狗打入“土地委员会”或“分田委员会”来帮他瞒藏和偷分土地；

（十三）多报人口，少报土地来瞒藏土地；

（十四）招穷人做上门汉顶原穷人的名字来分田；

（十五）假装笑面虎的样子来模糊穷人对他的阶级仇恨，来窃取土地（如乡里造出“好富农”“劳动富农”“改良富农”，甚至“好地主”“好保长”……等）；

（十六）派走狗混进苏维埃后，用“罚款”的方法来代替“彻底没收他的土地”；

（十七）派走狗混入苏维埃来，指地主、富农的土地为跑了的穷人田地，这样来替他保留田地。

3. 地主、富农阻止和缓和农民平分土地的斗争的办法

（一）有时就假造上级苏维埃或红军中机关的委派，来压制穷苦农民的分田斗争；

（二）利用宗教迷信说：“穷人要讲点良心”，“把发财人整狠了丧德”，“土地本是发财

---

① “社科法制版”“川陕资料版”印作“大洞小补”，“川陕文献版”“土地文献版”印作“大帮小补”。

② “捁”（yin），四川方言，用容器量物。“捁租”即收租之意。

③ “川陕文献版”为“公田”，其他三种版本皆为“分田”。

人命运八字好，祖坟葬得好，祖先积德行善的”，“穷人穷是命孬”；

（三）利用“造册子”“调查统计”“细细分”“慢慢分”来迟延立马平分土地；

（四）利用家族观念，“这一姓的田地不分给二一姓”；

（五）利用地域观念，“这一村的田地，不分给二一村”；

（六）利用农民的政治落后说：“穷人是吃发财人的，把发财人打了吃哪个？”“多少不要争，比从前总好些”，“穷人就多分了田，将来也没有用处”；

（七）造谣恐吓穷人说：“多分得田地，马上又成了新富农”；

（八）造谣威吓说：“红军马上又要收紧阵地，分了田得不稳”，“你们穷人这时包庇我发财人，马上刘湘来，我又包庇你”；

（九）故意曲解苏维埃的法令说：“工人不分田”，“工人分了田，就不要工钱”，这样来企图减轻无产阶级对土地革命的领导；

（十）混进苏维埃之后，故意把分给农民的土地主权不确定，来减少部分农民对土地斗争的热情；

（十一）造出“补田”——就是随便把地主、富农的田地多少补一点出来，并不彻底重新平分；

（十二）用尽各种各样的方法混进“查田委员会”来阻止查田；

（十三）造出“苏维埃公田”和“预备田”来保存他的田地。

二、我们过去在平分土地中的工作缺点

1. 很少艰苦地发动群众起来平分土地；

2. 没有向群众彻底揭发地主、富农抵抗平分土地的一切办法；

3. 只是插签子、填名子，形成红军“给与”和委员“支配”，代替了群众直接平分土地的斗争；

4. 少数同志对阶级划分的模糊；

5. 歧视中农甚至有征发中农的错误；

6. 分配土地的迟缓，不把没收土地立马动员群众来分，等了很久，还在“报册子”；

7. 有些地方未完全按“人口和劳动力的混合比例原则”来分；

8. 对地主、富农的各种造谣，没有用力加以排斥；

9. 没有竭力团结雇工、贫农的力量，来打击地主、富农。在许多地方，雇工会、贫农团还未健强地组织起来；

10. 有时做了地主、富农的尾巴，随声附和说：“农民不敢要土地”；

11. 看见混进苏维埃的地主、富农或走狗分子之包庇地主、富农时，不能敏捷正确清洗，只是说他“观念不好”。在这样轻轻一句的说话容忍之下，结果仍旧让他在苏维埃里面破坏。

三、今后平分土地的方法

1. 发动群众一块去分，不要苏维埃委员去“指”、去“插签子”；

2. 到某乡某村，马上考查当地的土地情形，先找当地贫农、雇工、红军家属及地方武装的积极分子开会，向他们提出重新分田的意见，指出地主、富农一切阴谋。在会议上多多搜集材料，通过大家定期召集群众大会来讨论分田。

3. 在这群众大会上，首先宣布我们的“土地政纲”，再宣布地主、富农反对平分土地的一切诡计，彻底揭发敌人一切谣言和罪恶，再由群众报告土地没有分配好的情形；最后提出“分田委员会”的名单（这名单首先在“积极分子会”上就准备好），并向群众谈这“分田委员会”的权限。说明如有地主、富农阻止分田或瞒藏不报者，就由这“分田委员会”提交苏维埃审判；

4. 这“分田委员会”可由二十至三十人组织之，但一定要有工会、贫农团、女工农妇协会、少先队……等群众团体派代表参加；

5. “分田委员会”举出后，立马同群众一路，一村一村分。要每家穷人一定有人一路，不要插签子，一头分了，一头就立刻挖出界边，说明这块田地分给谁，就永远是谁的确定主权；

6. 分完之后，立马公布分田单，张贴于热闹的场口，并马上根据省苏所定发分田证；

7. 分田之时，还要立即宣布过去发财人的一切契约完全无效，号召群众去烧毁。如有地主、富农暗藏契约不报者，即以“反对分田”治罪；

8. 如群众认为田地未分好，可经过雇工会、贫农团提出意见，召集会议重新分配。

四、怎样平分土地

（一）彻底没收地主阶级、军阀豪绅、教堂寺院、富农（高利贷者）的全部土地，来彻底平分；

（二）地主阶级的房屋、财产、耕牛、农具……等，亦一律没收（富农多余的没收），并烧毁其契约；

（三）没收的土地由雇农、贫农、中农、苦力、工人，不分男女老幼来平均分受；

（四）分田要抖散来分，打破原来主佃关系，不许原佃种原田。但这问题要好好向农民解释；

（五）在分土地时，这土地上面的一切财产（不管天然或人为的），如房屋、果木、猪圈、牛栏、耕牛、农具……等等，亦随着一样分配给分得土地的人；

（六）一切工人亦同样分田；惟剃头工人不分，只增加工资。因为他每年包头来剃是收的谷子，而且他剃头时又不在家吃饭，但他家里的人一样分田；

（七）这些被没收土地的原有主，没有任何权利取得土地。地主豪绅的家属，如没有参加反革命的活动，可由苏维埃编成强迫生产队，在苏维埃政权监督下做苦工；

（八）富农在不反抗苏维埃和自己耕种的条件下，可分一小部分坏的土地给他；

（九）切实按照人口和劳动力的混合比例原则来平分，不是定死的四背或五背[①]，如田多就多分点；

（十）分田不是照田面子估计，要照出产量和收成算；

（十一）反对侵犯中农利益，中农田地不够要补给他；

（十二）要搿起分，这一村多的土地可以移到别村去分。打击地主、富农利用地域、家族来捣鬼；

（十三）没收的土地有好多，统统分给穷人，不许留什么“苏维埃公田”和“预备

---

① “土地文献版”注：川陕常用计量单位，一背折算两斗（一斗50斤）。

田”的；

（十四）红军公田不能留多，小村只许留十背，大村留二十背；

（十五）红军公田由雇工、贫农、红军家属组织“公田委员会”来管理；

（十六）在分土地时，山地和田坝子，须扯着分。红军、游击队员的家属分顶好田，雇农、贫农分好田；

（十七）大的矿业、林业（如盐井、煤矿、铁矿和大森林……等等），应收为苏维埃国家共管，作为国家财政基础。因为这些大产业就分给农民，也不能开发，而且也不便于分；

（十八）对于祠堂以及各种宗教团体（土地会、青苗会、观音会、牛王会、瘟痘会……）的土地，同样要分给穷苦农民。但必须慎重地考虑，耐心地说服和解释，在不伤害农民群众的宗教感情，取得基本农民的同意之后，进行分配。如果农民群众要求留下一点来祭祖、祭神都是可以的，但尽量少留几背，并必须完全执掌在穷苦农民手里，不可让地主、富农利用此办法来窃取一寸土地；

（十九）庙宇寺院的土地和旧有的学田，一律要分给农民；

（二十）当过白军士兵，一定要同样分田；

（二十一）当过民团精选队的士兵，只要是穷苦农民出身，一律可分得土地；

（二十二）端公、道士、阴阳、卜卦、算命子等也可分土地，但无公民权，不能参加苏维埃政府机关工作；

（二十三）当过棒老二、土匪、小偷，只要改务正业，有当地穷人担保，一样可以分得土地；

（二十四）民团精选队队长、流神①、痞子、甲长以及整过穷人的，均无权取得土地；

（二十五）市镇上的贫民，在自己能耕种条件下一样可分得土地；

（二十六）和尚、尼姑如是收庙田庙地吃租地主式的，绝对不能分田。如是穷苦人出身，新出家的专替师父劳动作工的徒弟小和尚还俗，仍可分得土地；

（二十七）发财人的妇女嫁给穷人或抱给穷人者不能分得土地；

（二十八）远方穷人移居来多年的，与当地穷人一样分土地。新由远地跑反来的，如不愿回原地，定要有转移证，经过他原籍地方的工会、贫农团的介绍，才可分田；

（二十九）对于鳏、寡、孤、独、老弱残废及一切没有生产能力者，可以不分田，由苏维埃实行社会救济。

五、平分土地应执行的任务

要能保障彻底平分土地，那我们现在应必须执行的任务是：

（一）建立坚强的雇工贫农团。必须把雇工会、贫农团形成群众组织，有定期的开会。团结雇工、贫农、苦力，联合中农，去坚决反对反革命和富农、地主，打破地主、富农一切破坏土地革命的阴谋；

（二）彻底改造苏维埃。必须自下而上地发动群众斗争，改造混入苏维埃机关里的一切地主、富农等异己分子。吸收大批积极的工人、雇工、贫农和红军家属到苏维埃工作，

---

① “川陕文献版”和“川陕资料版”皆为“流神”，“社科法制版”“土地文献版”印作“流氓”。

这样才能保障平分土地得到圆满的胜利；

（三）严厉镇压反革命，深入肃反斗争。在广大工农面前揭发反动的一切谣言与罪恶，要向群众彻底说明分土地是可靠的，穷人只有分得土地才能活命，号召群众起来为夺取土地而坚决肃反；

（四）提高苏区的土地生产力。不使苏区的一寸土地放荒，必定只有彻底平分土地，使土地利益全部落在雇工、贫农和中农手里。同时要大大创兴水利，开办农具、种子、耕牛合作社，解决雇工、贫农、苦力、红军家属的一切耕种上的困难。

六、农村阶级的划分法

划分阶级的原则——是按剥削关系来划分的。

（一）地主——拿土地剥削农民，自己不劳动，光靠收租过现成日子；

（二）富农——兼封建和资本主义两种方式的剥削：（1）有多余的土地招客户或请长活路，（2）有钱放高利贷来盘剥穷人；

（三）雇工——在乡里帮做长活路、打长工的，这就叫乡村中的无产阶级；

（四）贫农——自己有少数田地或佃种人家田地，还靠做短活路、卖短工、做小贩受人剥削，一年收入不够穿吃的，这又叫乡村中的半无产阶级（无产阶级就是指乡里的雇农和城市的产业工人）；

（五）中农——自己的田地自耕自种，他本身不剥削人家，一年收入，恰恰供给全家需要，但他还受豪绅地主的压迫和国民党苛捐杂税的剥削。

一九三四年十二月三十日

西北军区政治部、红四军政治部翻印

选自《川陕革命根据地历史文献选编》上，四川人民出版社 1979 年出版，第 513～523 页。简称“川陕文献版”。原注：“原件存四川省博物馆”。

互校版本：

1.《川陕革命根据地资料选编》，四川大学川陕革命根据地科研组 1978 年编印，第 249～258 页。简称“川陕资料版”。原注：“原件存四川省博物馆”。

2.《中国新民主主义革命时期根据地法制文献选编》，第四卷，中国社会科学出版社 1984 年出版，第 157～166 页。简称“社科法制版”。原注：“选自西北军区政治部、红四军政治部翻印件”。

3.《第二次国内革命战争时期土地革命文献选编（1927—1937 年）》，中共中央党校出版社 1987 年出版，第 794～802 页。简称“土地文献版”。原件未注明史料来源。

69. 川陕省苏维埃政府关于没收条例说明书

1934 年 5 月 7 日

川陕省苏政府因为过去所颁布的没收条例，非常容易引起滥用没收权利的毛病。如像在各地没收工作中不断地发生“左”、右倾的错误，乱打穷人，中农有几斗米，喂五条猪就被称为富农并被没收；以及在商业上实行普遍没收，极端地妨碍了私人资本在相当条件下的自由活动；甚至合作社也有遭受没收的，这样就增加了物资供给的困难。另一方面又发现区级、乡级的苏政府包藏豪绅地主土地、财产，企图避免没收的事实。因此，特别发表如下的说明书：

一、要彻底消灭帝国主义、国民党、军阀、豪绅、地主的反革命力量，就只有采取没收政策，完全摧毁反革命的经济基础。

苏维埃政权为要消灭帝国主义的侵略与地主封建剥削发财人的压迫，所以要没收帝国主义在华的一切银行与企业，归苏维埃经营管理。同时更主要地没收地主、豪绅及一切反革命分子的土地财富（富农的土地和一部分农具）分配给劳苦工农享用。只有这样才能够完全捣毁反革命的经济基础，使穷人得到彻底的解放。

二、没收政策的用意，最要紧的是满足贫苦工农群众的迫切物质要求。

苏维埃政府目前的没收政策，除了供给革命战争的需要外，最要紧的是满足贫苦工农群众的迫切物质要求，要等这些群众起来为自己的苏维埃政权而斗争，就要使这些群众从没收（打土豪）斗争中获得衣物、粮食，提高他们的斗争决心。没收的耕牛、耕具一定要尽先分给没有耕具或少耕具的贫农、雇工和红军家属。

三、没收工作必须动员群众参加，成为群众斗争。

没收工作打土豪，必须要动员（工农）参加，成为群众斗争，决不是单独苏工作人员的事情，特别是宣传队和事务人员，地方武装中的个别人员没有没收的权利。区以下的苏维埃不能执行没收工作，没收要经过区苏以上的批准。对于被没收者的罪恶，必须向群众宣布，使个个群众了解，没收委员要有群众的代表参加。

四、没收绝对不能加到中农头上。

没收只是用来对付帝国主义、国民党、军阀、豪绅、地主、剥削者以及一切反革命分子的，绝对不能用来对付中农。用没收来侵犯中农利益，破坏联合中农的政策，应当受苏维埃法令的严厉处罚。

五、没收工作不应完全绝灭苏区买卖自由，妨害物资品的供给。

没收不能普遍用来对付城市口岸的商人资本，使苏区商业停顿。这并不是苏维埃政府爱护商人，而是目前我们不能绝灭自由买卖来断绝物资品的来源。

六、多种粮食多喂牲畜，不该没收反要奖励。

农民分得土地，应该奖励他提高生产，多种粮食，多喂牲畜来发展苏区经济。应当反对过去认为“多几条猪”“多几斗粮食”就是富农，就要没收的错误观念。

七、乱打穷人，私自没收的，交革命法庭问罪。

一切乱打穷人和私自没收，借公报私的人，要交革命法庭问罪，毫无情面的判处监禁以至枪毙。非地主、富农分子犯苏维埃法令，被处死刑者，得没收个人财产或其一部分，但未判决前不能随便没收。

八、反对一切包藏、保护豪绅、地主财产的行动。

对于一切包藏豪绅、地主、反革命土地、财产，避免没收的人，或假意分配地主田地，不打破原有主佃关系的行动，应当严厉地反对，交革命法庭公审。

选自《第二次国内革命战争时期土地革命文献选编（1927—1937年）》，中共中央党校出版社1987年出版，第763～765页。

70. 黔东特区没收土地和分配土地条例 ——黔东特区第一次工农兵苏维埃代表会议决议案

1934年7月

黔东特区第一次工农兵代表会议，根据中华苏维埃的土地法规定一个没收和分配土地的统一办法，并且要交工农群众公议执行。

第一条　本已（人）有土地（即有方），本已（人）不办或是专请长年[①]办，或是租给别人办，这种人叫地主。这种地主的土地，完全没收，不给他本人留田。

第二条　区长、乡长、镇长的土地，完全没收，不给他本人留田。

第三条　本已（人）有土地（有的是租来的），本已（人）做活路，还要请一个或两个长年，这种人叫富农。本已（人）有土地，本已（人）办一半，租给人家办一半，这种人也是富农。富农的土地亦须没收予以分配。不过富农在被没收土地后，可以分得较坏的土地，但是必须用自己的劳动力去耕种。

第四条　没收一切反革命组织及白军武装队伍的组织者及积极参加者（比如民丁大队长这些人）的财产与土地。但贫农、中农非自觉地被勾引而反对苏维埃，经苏维埃认可者，可作例外。

第五条　寺庙的常熟田，除留一部分作敬神香火之用，其余大部分亦须没收，清明祭祖田不没收。

第六条　公田、学田属于国家或社会的，亦须没收。

第七条　在没收和分配土地中，不应动摇中农及富裕中农的土地，中等农民或贫农自己私有的土地并不没收，并且少了还要分土地给他。

第八条　所有被没收的土地，经过乡工农代表会议（即苏维埃），立即由贫农与中农实行分配。雇农、苦力劳动者均不分男女同样有分得土地权。流氓、盗窃之人，经过他自己声明，以后务农为业，不盗不抢，亦须分给以土地。在白军（军阀军队）里当兵士的，亦须分以土地，并且要他回家种田。经营贸易的商人或小作坊的老板，无权分得土地。

第九条　红军是为工农群众利益，与国民党、帝国主义作决死斗争的先进战士，无论本地人或外籍人，均须分给以好的土地。雇农、苦力应该分给他们以好田，但须向贫农、中农解释，得到大家同意。

第十条　红三军是创造巩固发展黔东苏区的柱石。在分配土地中，每乡给红三军（黔东苏区以外的地方的人）战士，分给十个人的土地。

第十一条　每乡须酌留红军公田十挑至二十挑，为将来外籍人参加红军时分配之用。

第十二条　乡苏维埃须酌留十挑谷的公田，以其收入为苏维埃办事之用。

---

① 长年，指长工，下同。

第十三条　工农阶级中之衰老残废以及孤寡，不能自己劳动而又没有家属可靠的人，应分得土地，可委托人耕种或出租。

第十四条　将被没收的土地，交给贫农、中农平均分配。(1) 有劳动能力者分一股；(2) 老少无劳动能力者二个分一股，(3) 贫农、中农本已有点私有土地的少分；(4) 雇农或贫农、中农自己完全没有土地者多分；(5) 如雇贫农中老年与有小孩过多者，经乡代会同意，可以三个当两个计算。

第十五条　计算土地时，应该计算他的收获量、位置和收获品种类的价格，将土地分成上中下三等，以中等为标准，计算收获品，以包谷及大谷为标准，大的可得干包谷一斗二升之地，相当于大谷一挑①之地。

第十六条　分地的每一份或一股的标准：是由计算人口和土地得来的。(一) 人口计算；1. 少地无地的贫农、中农人口多少；2. 被没收土地的富农人口有多少；3. 计算人口时，注意有劳动力者若干，无劳动力者若干。(二) 土地计算；1. 被没收的田地有多少（贫农、中农从地主那里佃来的土地，仍作为被没收的土地)；2. 贫农、中农的私产若干。(三) 以土地数目除人口，即得出每一劳动力可分若干田，就是劳动分地。(四) 那些自己有土地够吃够用的中农，他的人口与土地就不列入在分配的数目之内。

第十七条　分配的范围以一乡为范围（一乡管乡)，地主之土地在那乡归那乡人分。贫农、中农不问他人在何乡，他的土地不能没收或强迫交换。

第十八条　没收豪绅地主的财产及土地，同时必须消灭口头的及书面的一切佃租契约。取消农村这些财产与土地的义务或债务，并宣布一切高利贷的债务无效，严禁农民部分的退还地主豪绅的土地或偿还一部分的债务，不准秘密还租。凡贫农、中农之土地抵当与贫农、中农者，或由原主无条件收回，当主另分田地，或原主另分田地，由乡代表会议处理。

第十九条　分配土地时，不必更动农民住处，但是富农占有的好的土地，应该没收分给贫农、雇农，强迫富农换庄。土地分配完结后，应将界址分插标记，并由区苏维埃给土地登记证，以便营业，登记证不取丝毫手续费。

第二十条　没收一切封建军阀、豪绅的动产与不动产，如房屋，仓库、牲畜、农具等。富农在分得土地后，多余农具、牲畜亦须没收。房屋分配没有住所的贫农、中农居住，或分给工农群众之机关使用。牲畜、农具可由贫农、中农按组按户分配，或设犁牛站公营公用。

第二十一条　没收与分配土地的具体步骤：(1) 各乡分村召集农民大会，报告没收和分配土地的条例。(2) 乡代表会议分组到本乡调查地主、富农的土地、人口，并动员雇农小组、贫农团、党与青年团、少年先锋队、农妇代表会积极参加，成为群众的查田运动。(3) 在调查地主、富农土地以后，为了土地能够平均分配，再将贫农、中农的土地和人口登记。(4) 代表会议定期计算分地标准。(5) 根据分地标准与各家人口去实际分割土地。(6) 分村开群众大会报告分土地的结果。注意审查地主、富农的土地是否完全没收了，是否雇农、贫农、中农得到实际的利益。

第二十二条　没收与分配土地的斗争。在没收与分配的当中，地主，富农必然隐瞒土

---

① “土地文献版”注：大挑“系黔东地区群众计算粮食产量的常用单位，大体上等于以一百碗所盛的粮食”。

地，企图避免没收。乡苏维埃应倚（依）靠雇农工会与贫农团的力量，坚决地同地主、富农作斗争。因此必须保证雇农工会与贫农团一切组织行动的自由，认为这些组织是苏维埃土地革命的基本柱石。

苏维埃除动员雇农工会、贫农团查田外，必须以村（寨）为单位，经常召集群众大会去发动群众的查田分田运动。

苏维埃必须同自己组织内袒护地主、富农的倾向作斗争，甚至有地主、富农暗藏在苏维埃里，必须无情的洗刷出去。

第二十三条　如果贫农、中农对于自己私产以多报少，企图多分土地者，应该处罚，不分土地给他。

第二十四条　在土地没有分配以前，已经栽种了的庄稼（是贫农、中农种的），如果以后分给别人，应由分得的人出价赔补。

第二十五条　如果苏维埃工作人员在分配土地中保留地主的土地或富农的好土地，或将好土地分给自己，须由群众公议处罚。

第二十六条　如果地主、富农抢夺已经没收之土地之收获品，或地主、富农向贫农、中农索租索债，苏维埃应以最严重的法律制裁之。

选自《中国新民主主义革命时期根据地法制文献选编》，第四卷，中国社会科学出版社1984年出版，第147～152页。原件未注明史料来源。

互校版本：《第二次国内革命战争时期土地革命文献选编（1927—1937年）》，中共中央党校出版社1987年出版，第784～788页。简称“土地文献版”。原件未注明史料来源。

71. 湘鄂川黔省革命委员会没收和分配土地的暂行条例

1934年12月1日

（一）哪些人的土地应该没收

一、豪绅、地主、军阀、官僚、大私有者的土地、房屋、财产、用具须一律没收。（但地主兼商人的，其商业及与商业相连的店铺、住房、财产等不没收）。

二、祠堂、庙宇、公堂、会社的土地、房屋、用具须一律没收。

三、富农的土地应该没收（，但富农兼商人的，其商业及与商业相连的店铺、住房、财产不没收）。

（二）哪些人应该分配土地

四、凡是雇农、贫农及农村工人、苦力须一律平均分配土地。中农土地是否拿出来与雇农贫农一律平分，以中农群众自己的意见来决定。如中农群众中多数愿意平分，即使有少数不愿意，应即实行平分。如中农群众中多数欲保留原有土地，不愿意平分，应不实行平分。少数愿意平分者，仍给那少数人以平分的权利。

五、乡村工人、苦力的家属须一律平均分配土地。工人家庭是富农和地主者，工人本身及其妻子依工人成分不变更，应分得土地，但家庭中其他的人照地主或富农成分处理。

六、农村及小市镇独立生产者、医生、小学教员等失业者，应分配土地。（农村工人、独立生产者、小学教师、医生等人中兼有小块土地，因乡村不够维持生活，而将其小块土地出租，并非依为主要生活来源者，应分配土地，不得当地主看待。）

七、富农按劳动力与人口混合原则分坏田，即有劳动力者，按照当地每人分田数量，分以坏田，无劳动力者酌量补以坏田，不能超过当地分田每人数量三分之二。

八、凡在暴动前结婚的地主、资本家女子嫁与工农贫民从事劳动依为主要生活满一年者，才可承认其为工人或农民或贫民成分，但工农贫民女子嫁与地主、富农、资本家者，如生活不与地主、资本家同等而与工农贫民同等或过同等生活不满五年者，依原来成分不变更。分配土地时依其成分处理（以女招郎及工农贫民以子女卖与地主、资本家及工农贫民与地主、富农相互以子过继者均适应本条）。

九、凡属豪绅、地主及反革命富农的妻女在暴动后用招郎的办法与工人、雇农、贫农、中农结婚，企图保存原有财产者，政府仍应将其财产、房屋一律没收，但分配房屋财产时候，结婚的工人、雇农、贫农、中农，应分得本人的一份。

十、和尚、道士、尼姑、斋公、算八字的、地理先生等封建残余及基督教、天主教的牧师、神父本人是以宗教为职吃饭的，不得分配土地，如果是以宗教为副，以耕田为主的，经群众赞成者可以分配土地。这些人的家属，如果不靠上述职业为生，而是工人、雇农、贫农、中农或是富农的，仍按照工人、雇农、贫农、中农或富农的地位分配土地。

十一、豪绅、地主及其家属全家不得分配土地。

十二、在暴动前后有重大反革命行为的富农及其家属中参加了这种反革命行为的人不得分配土地，并应没收其财产。

十三、在革命以前，乡村小商人以做生意为主而能供给全家生活的，不分配土地，如果失了业可以分田。

十四、小圩场的贫民失业的，应该分配土地。

十五、凡妇女出嫁时，土地由本人自由处理。

（三）土地怎样分配法

十六、应以乡为分配土地的单位，但据贫农、中农大多数意见要以村为单位分配土地时，亦得以村为分配土地的单位。

十七、雇农、贫农、中农、农村工人、失业独立生产者，应按照人口，将田地好歹均匀、多少均匀的去分配，但中农须按照自愿的原则。

十八、茶山、竹木山、杂粮山，可算成田亩或确实价钱，按照当地情形平均分配。富农只能分得荒山。大森林应交苏维埃政府负责管理。

十九、矿山须由国家管理，由政府决定租借或组织生产合作社开采，但目前应以租借为主要办法。

二十、鱼塘可作田数或作价或合股养鱼去分配，只分养鱼不分水塘。水以灌田为主，养鱼为次。

二十一、富农多余的耕牛、房屋、农具须没收，按照贫苦工农需要（没有或缺少）来分配。

二十二、凡一切没收来的房屋、财产、耕牛、农具、用具，除留部分交苏维埃及革命团体使用，一部分救济红军家属被难群众外，其余的分配给贫苦工农。

二十三、政府及各革命团体工作人员，如果不是雇农、贫农、中农、工人、苦力与失业的独立生产者，一律不能分配土地。

（四）红军土地怎样分法

二十四、红军本人及家属土地的分配与贫农、中农一样，但须分得附近与不大远的地方（离红军家属家里）。

二十五、长期在红军中服务的红军战士中地主、富农出身的分子，在他们坚决为工农利益作战的条件之下，不论指挥员战斗员本人及其家属均有分配土地之权。但如被开除军籍者，则应收回其土地。

二十六、留红军公田标准：每乡每人分得五担田以上的，每乡须留红军公田三人到五人。如田多的地方，应多留公田，田少的地方（分不到五担田的），亦必须留出至少二人的公田。山林、木梓不要留。红军公田主要的是发动群众耕种。耕牛、肥料、种子由群众自愿供给，必要时再由政府帮助，如在某种困难条件之下，可以出租，租额由租田人与政府商定。

（五）租借、买卖、承继及其他

二十七、凡属经过平均分配土地，土地革命的利益确系雇农，贫农、中农得着的地方，应立即由土地部登记，并发土地所有证，确定土地所有权。但分配不彻底的地方，应即进行查田运动来彻底解决。如有土地革命的利益未为雇农、贫农、中农得着而为富农得着的地方，便应动员①雇农、贫农、中农群众重新分配土地。

二十八、土地分配后可以租借，但不能租借（给）豪绅、地主家属，租谷多少由双方议定。

二十九、土地分配后可以买卖，但不可以卖给豪绅地主家属，土地价钱由双方议定。土地买卖须报告当地政府登记。

三十、土地分配后实行家人承继，生的不补、死的不退。但死者无家属的，其土地由政府收回。

三十一、被迫逃走了的工农群众，除领导逃跑首领外，余者一律分配土地，参加耕种时仍未回家时，可由亲属代为耕种。回来时作为租借论。但一年不回者，其土地得归政府收回。

三十二、由工农出身当白军、保卫团、土匪、义勇队、民团、精选队士兵的本人及家属一律分配土地，但豪绅、地主、富农出身的不能分配土地。对保卫团、义勇队、民团、精选队、土匪、警察队、团丁士兵须在一年以内回来耕种，过期后本人土地可由政府收回。

三十三、被欺骗加入反革命组织（如 AB 团、改组派、社会民主党等）的工人、雇农、贫农、中农等自首自新分子，须照样分配土地；现在拘押者尚未判决者，除富农外仍

① 手抄本为“便应动员”，“社科法制版”“土地革命文献版”为“便（应发动）”。

须留田。

三十四、在分配土地时，应留出为了桥梁、渡船、茶亭及农事试验场等公共事业场而使用的土地。

主 席 贺 龙
副主席 夏 曦
朱长清
公历一九三四年十二月一日①

选自单行手抄件。原件未注明史料来源。

互校版本：

1.《中国新民主主义革命时期根据地法制文献选编》，第四卷，中国社会科学出版社1984年出版，第152～157页。简称“社科法制版”。原件未注明史料来源。

2.《第二次国内革命战争时期土地革命文献选编（1927—1937年）》，中共中央党校出版社1987年出版，第789～793页。简称“土地革命文献版”。

① 手抄本有最后的署名和年月日，“土地革命文献版”只有署名，“社科法制版”全无。

十二、劳动法

1. “八七”中央紧急会议文件——最近职工运动决议案（节录）

1927年8月7日

（四）经济斗争之目前要求是：

一、八小时工作制，手工业及店员至多不得超过十小时，童工女工至多不得超过八小时，并不做夜工。

二、失业的救济，应由国家及资产阶级担负（须将失业工人组织为有力量的团体）。

三、妇女产前产后应有八个星期（五十六天）的休息，照发工资。

四、同样工作，须有同样工资。

五、劳动保险及工厂工人住宅之卫生设备。

六、增加工资，并按照物质高涨照加工资。

七、工资须发现金，不得以信用低落的钞票或国库券等代替。

（五）现在职工运动在严重的压迫之中，各工会应有秘密的组织，以防反革命的摧残，而保存我们的实力；各地工运同志，党团支部，更须加以严密的防护，并绝对服从党的指挥，不能有丝毫疏忽。

（六）现时的严重压迫之下，工人更应当有自卫的秘密组织，然不要重视个人的暗杀政策，当注意组织群众的斗争。

（七）注意于武装工人及其暴动巷战等军事训练，即刻准备能响应乡村农民的暴动，而推翻反革命的政权。

（八）工人阶级应时刻准备能领导并参加武装暴动。以乡村农民之胜利为依据，推翻反革命政权，而建立革命平民的民权的城市政府，如果反革命的资本家闭厂怠工实行经济封锁，则工会应领导工人实行占领某工厂交于当地革命政府管理。

（九）应选有觉悟的工人到农村间去做农民运动，并可轮流派工人到乡间工作，使工农关系在实际上密切起来。

（十）职工运动中手工工人，店员的斗争占极重要的位置——中国大多数小城市中，甚至只有手工工人及店员。本党必须坚决的领导他们斗争，组织他们的职业工会，力争改良他们的生活及政治社会地位。

（十一）职工运动中以后要更加多注意产业工人，特别是：铁路、海员、电报、水电、电话、邮政、运输、兵工厂等工人……他们不仅是我们的主要基础，并且在土地革命的阶段中他们是打破封建势力及在城市中的大本营之伟大力量。

（十二）职工运动是本党的基本工作，应改正以前把他看做部分工作之错误，应以整个的党来指导他，所以各级党部之工人部应即取消，另设职工运动委员会，经过党部委员会直接指导职工运动中的党团。

选自《中共中央文件选集》，第三册，中共中央党校出版社 1983 年出版，第 228～229 页。

2. 闽西永定县第二次工农兵代表大会决议案之保护劳动法

1930 年 2 月

保护劳动法：

一、工人有组织工会，及开会、言论、出版、罢工的自由，如有破坏工会，或禁止罢工者严办。

二、老板不得无故辞退工人，否则，除将全年薪金加倍发给外，另以路途远近，酌发川资。

三、老板、师傅，不得打骂苛待工人学徒。

四、失业工人，由县政府，总工会共同组织失业救济委员会，设法救济。

五、各业工会，得依照物价比例，及劳动情形，提出加薪、减时，改良待遇，但须由县政府、总工会批准。

六、学徒期限，最多二年，在学习期间，须有相当工资，学徒不为老板师傅做私事。

七、女工及青年工人，与男工成年工人工作相等者，工资一律平等。

八、工人、学徒、牧童有病时，由东家发给医药费，照给工资。

九、老板不得无故歇业，致工人失业，如有借故无故歇业者，须将存货盘算，归工人经营，分期算还资本，不得取利。

十、老板如因亏本倒闭者，须经工会审查。

十一、雇工店员，晚上不做工。

十二、老板师傅，每天须给相当时间，给工人学徒读书。

十三、工人开会及例假、纪念的休业期间，老板须照给工资。

选自《闽西苏区法制史料汇编》，龙岩市中级人民法院、古田会议纪念馆合编，2008年10月内部出版，第114～115页。

3. 闽西劳动法

1930年3月24日闽西第一次工农兵代表大会通过，3月25日公布

第一章　总　纲

一、工人有组织工会、言论、集会、出版、罢工之自由权。

二、各工会应规定最低限度工资，并按照生活程度递加。

三、各种工人利益由各工会会员大会临时规定，得总工会批准后执行，并须报告所在地政府，如政府认为不妥时，得召集联席会议解决之。

四、失业工人政府应设法救济，并分与田地及介绍工作。

五、取消工头制度，不准工头克扣工资。

六、纪念日例假休息，工资照给。

七、工人暴动以前，过支东家之款取消。

八、长期工人遇疾病死伤者，其医药费、抚恤费由东家供给。

九、工人有监督资本之权。

十、工作同等者工资同等。

第二章　工厂工人条例

（房屋、机器、原料都是厂主所有，采用分工方式，工人出卖劳动力支工钱者，为工厂工人，如织布、织纱袜、电灯、机器米等属之。）

一、工人每日工作不得超过八小时。

二、工资按照生活程度增加，多少由工会自定。

三、工资要按期发给，期限由工会自定。

四、预支工资不得折扣利息，暴动前过支之款取消。

五、厂主不得无故停工，如因亏本倒闭者，要照发二个月之工资。

六、厂主不得无故开除工人，开除工人要经工会同意。

七、工人疾病死伤。其医药费、抚恤费由厂主供给，多少由工会自定。

八、工厂房屋要注意卫生，工厂中要经常有充分茶水。

九、厂主不得打骂、虐待和侮辱工人。

十、纪念日例假休息，工资照给。

第三章　商店工人条例

（老板运用资本雇用工人经营买卖事业者为商店，商店工人如管账、买卖、打杂、学徒、伙夫等属之。）

一、十二月发双薪。

二、要规定最低限度工资，按照生活程度增加。

三、店东不得借故辞退工人，如须辞退者须经工会同意。

四、店东加请工人，应得工会同意。

五、店东不得借故倒店，如因亏本无力再做者须经过工会审查，如无故不肯再做者，将资本盘与工人经营，资本分年摊还。

六、暴动以前过支东家之款取消。

七、工人不为私人服务。

八、工人晚间到夜校读书时不做工，学费由东家负担。

九、工人理发、洗衣费用由老板负担。

十、无故辞退工人者，要发足工人半年工资，如因事辞退者给予路费。

十一、店东因亏本无力再做者，要给二个月工资和伙食费。

十二、工人被盖要店东供给。

第四章　工场作坊工人条例

（雇用工人集合一个场所运用手工定期工作者为工场工人，如做纸、木行、做茶、刨烟、做鞋、理发、缝衣、打棉线等属之。小规模的工场，雇用工人不多者为作坊工人，如染布、五金、做酒、做豆腐、做饼等属之。）

一、暴动以前过支东家之款取消。

二、工钱按照生活程度增加，并规定最低限度工资，由工会自定。

三、工人先支工资，不准折扣。

四、工人疾病死伤时，医药费、抚恤费由东家供给。

五、洗衣费、理发费由东家供给。

六、工场作坊内卫生要东家设法改良。

七、工人因病回家，要给以川资。

八、东家不得利用秤头银水剥削工人。

九、工场工人要有一定牙祭。①

十、东家不得无故停工，因故停工者照最低限度支薪。

十一、东家不得无故开除工人，开除工人须得工会同意。

十二、东家因亏本倒闭者，须照发两个月工资。

十三、东家无故停工半年以上者，其工具由工人没收使用。

十四、东家不得借故克扣工资。

第五章　自由手工业工人条例

（用工人自己之工具和劳动力，照双方订定工资日期或件数为人工作者，为自由手工

① “社科法制版”为“牙制”，“闽西史料版”“江西史料版”为“牙祭”。“牙祭”即改善伙食。

业工人，如乡村间之泥水、木匠、缝衣、理发等属之。)①

一、由工会规定最低限度工资，按照生活程度递加。

二、不准工头抽收工资。

三、工作时间最多不得超过八小时。

四、在工作时期内，工人疾病死伤，由东家酌贴医药费、抚恤费。

五、逢天时不好不能做工时，伙食由东家供给。

第六章　运输工人条例

(为人运输货品者为运输工人，如船夫、挑夫、木排、拖树、码头、邮差工人等属之。)②

一、力［工］资照生活程度增加，要规定最低限度工资，多少由各工会自定，经总工会批准行之，不准由行［东］家操纵。

二、力［工］资一律照现银扣算，不得用银水七折八扣。

三、运输易消耗之货品，要规定销蚀限度，老板不得任意克扣其力［工］资。

四、运输长途货物者，老板要先付力［工］钱作路费，不计利息。

五、不准行家吃秤头。

六、挑夫工人疾病死伤者，由工会向商家募款救济。

七、运输工人之力［工］钱货到交清，不得留难。

八、禁止工头抽收工人工资。

九、码头上下货多时，行［东］家要发点心。

十、木排、拖树、船夫工人在工作期内，疾病死伤者医药费、抚恤费由东家发给。

十一、因天时耽搁者，伙食费由东家负担。

第七章　女工条例

一、女工与男工工作同等者，工资同等。

二、女工产前产后两个月内不做工，工资照发。

三、禁止侮辱女工。

第八章　青工条例

一、禁用十二岁以下之童工。

二、青年工人与成年工人工作同等者③，工资同等。

三、青年工人晚间要读书不做工。

四、学徒学习年限，不得超过二年。

五、学徒、牧童每月要有最低限度工资，并按照生活程度增加。

六、学徒、牧童东家每年至少要有两套衣服发给。

七、学徒、牧童不为东家、师傅私人服务。

八、学徒、牧童饭菜要与东家一样。

---

① “社科法制版”在“泥水”“缝衣”“理发”之后各加一个“［匠］”字。

② “社科法制版”在“木排”“拖树”“码头”之后各加一“［工］”字。

③ 参照女工条例一，此处似漏一“者”字。“人民财经史长编”加一“者”字。

九、禁止东家打骂学徒、牧童。

十、青年工人不做有害身体之工。

十一、青年工人被盖要东家供给。

十二、十六岁以下的青年工作不得超过六小时。

第九章　失业工人救济条例

一、总工会要组织职业介绍所，介绍失业工人到各地工作。

二、帮助失业工人移居到田地多的地方，分与田地耕种。

三、政府设法开办工厂，招收失业工人工作。

四、政府没收来之反动财产或公产，可以经营者，如纸、木等，尽先抵价出卖与失业工人，并借一部分给他做资本。

五、政府、工会要设法募捐救济失业工人。

选自《中央革命根据地史料选编》下册，江西人民出版社 1982 年出版，第 73～77 页：《闽西第一次工农兵代表大会宣言及决议案》之六。简称“江西史料版”。

互校版本：

1.《中国新民主主义革命时期根据地法制文献选编》，第四卷，中国社会科学出版社 1984 年出版，第 616～621 页。简称“社科法制版”。原注：“选自《闽西第一次工农兵代表大会宣言及决议案》一九三〇年三月二十五日印”。

2.《中央革命根据地财政经济史长编》上，人民出版社 1982 年出版，第 599～603 页。简称“人民财经史长编”。

3.《闽西苏区法制史料汇编》，龙岩市中级人民法院、古田会议纪念馆合编，2008 年 10 月内部出版，第 116～119 页。简称“闽西史料版”。

4. 闽西工会法草案

1930 年 3 月 24 日闽西第一次工农兵代表大会通过，25 日公布

一、凡参加劳动者得加入工会。

二、有下列条件之一者不准加入工会。

（一）利用资本雇佣工人劳动者。

（二）自己同样做工同时雇佣工人劳动者，但船主自己参加撑船者可以加入。

（三）自己虽非资本主，但系经理人总管全盘营业者。

（四）经工会宣布为工贼者。

三、加入工会之工人，须服从工会决议案。

四、各地工人按照职业区别组织工会。

（一）工厂工人则以工厂为单位，组织工会。

（二）农村工人则以区为单位，按照各业组织工会，再由各工会代表组织某区工人联合会。

（三）挑夫工人以区为单位，组织挑夫分工会，乡组织支部，再以交通路线为单位，组织某路挑夫工会，全县组织挑夫总工会，直属于县总工会。

（四）船夫工会以河道为单位，组织某河航船工会，直属于县总工会，在船夫所在地组织支部。

（五）汀河流通数县，应组（织）汀河航船总工会，而在上河、下河、连城河、小溪河、丰稔市河，组织某河河工会，另在船夫所在乡村组织支部。

五、各县由各工会、各区工联会，选代表组织县总工会，但城市工人代表应占多数，同样由各县工会选代表组织闽西总工会，直属于省总工会。

六、工会对于违反工人规定之老板、工人及破坏工会之工贼，得依照工会决议案处理之，但须报告政府，其涉及政治范围者不得自由处理。①

选自《中央革命根据地史料选编》下册，江西人民出版社 1982 年出版，第 72～73 页：《闽西第一次工农兵代表大会宣言及决议案》。简称“江西史料版”。

互校版本：《闽西苏区法制史料汇编》，龙岩市中级人民法院、古田会议纪念馆合编，2008 年 10 月内部出版，第 108 页。简称“闽西史料版”。

5. 信江特区总工会条例

1930 年 3 月信江第二次工农兵代表大会通过

1. 工会是团结工人力量，谋求阶级利益，实行阶级斗争的工人团体。

2. 大凡产业工人、工厂手工业工人、小手工业工人、农村雇农、店员工人以及以劳动力为生者，均得为工会会员。

3. 凡工人贵族及工贼，不得为工会会员。

4. 全信江设立信江总工会，各县市设立县市总工会，县市总工会以下为各业工会。雇农为雇农工会，店员为店员工会。

5. 农村手工业工人及雇农的工会，可于总工会下设立分工会。如：裁缝工会设立××县总工会裁缝业工会第×区分会。

6. 船业工会以河流为单位，信江流域可设立信江船业总工会，信江船业总工会以下，设立××段船业分工会及支流分会。

7. 信江工人代表大会为信江工人最高职权机关，代表大会闭幕，以信江总工会执行委员会为最高职权机关。县市工人代表大会，为县市工人职权最高机关，代表大会闭幕，以县市总工会执行委员会为县市职权最高机关。各业分会，以工人大会或代表大会为该业工人最高职权机关，大会闭幕，以该业分工会执行委员会为最高职权机关。

8. 信江各县市工人代表大会，每半年召集一次。各业工人大会及分会工人大会，三

---

① 各种版本对于第四条以后顺序号的编排不一致，“江西史料版”第四条以后，并列为五——十一条；“闽西史料版”在第四条以下，编作（一）——（七）。但按其内容分析，最后两条应与第四条并列，故改成五、六条。

个月召开一次。

9. 各级代表大会或工人大会，由各本级执委会召集之，如有必要时，经该级执委会决定，呈报上级核准，或上级工会命令，得召集临时代表大会，或工人大会。

10. 各级总工会，设执行委员会，执委会由代表大会或工人大会产生，人数由大会规定。各级执行委员会设委员长，由执行委员会推举一人担任之。执行委员会人数过多，则互推常务委员，由委员长共同组织常务委员会。

11. 执委会及常委会以下，设立秘书处，及组织、宣传、青工、妇女四部。秘书处设秘书长一人，各部各设部长一人，均由执委会委任，受执委会及常委会指挥。

12. 组织如下表（略）

13. 信江及县市总工会委员会委员任期半年，各业工会及分会执委任期三个月。如有特别情形发生，得由下级工人三分之一以上的提议，召集代表大会或上级命令改任该执委会委员的一部分或全部。

14. 本条例如有不适合处，得由下届信江工农兵代表大会修改之。

15. 本条例经信江工农兵代表大会通过，信江工农兵代表会议（苏维埃）政府颁布施行。

选自方志纯：《赣东北苏维埃创立的历史》，人民出版社 1980 年出版，第 115～117 页。

互校版本：《闽浙赣革命根据地史料选编》上册，江西人民出版社 1982 年出版，第 58～59 页。标题为“工会临时组织条例”。

6. 劳动保护法

1930 年 5 月苏维埃区域代表大会通过

第一章　工作时间

第一条　实行八小时工作制。

第二条　未成年工人工作时间不得超过六小时。[①]

第三条　地下工作及特殊劳苦工作，应减少工作时间。

第四条　缩短夜间工作时间，最多不得过四小时。

第五条　工作时间内应规定休息及进膳时间。

第六条　禁止一切额外工作。

第二章　休息时间

第七条　每星期应继续休息至少四十二小时，工资照给。

第八条　下列革命纪念日及节日应停工休息，工资照给。

---

① “西南函授版”“闽西史料版”此处还有一句“十四岁至十六岁的童工工作时间不得［超］过四小时”，有的版本删掉。

（1）二月七日（京汉铁路工人流血纪念）。

（2）五月一日（劳动节）。

（3）十二月十一日（广州暴动）。

（4）新年、端午、中秋等节日。

（5）地方革命纪念日。①

第九条　休息日及纪念日的前一日工作时间，不得超过六小时，工资照原（数）发给。

第十条　工人继续工作经过半年者，每年应给例假休息，此项例假至少为两星期，工资照给。

第三章　工　资

第十一条　一般工资不得少于当地苏维埃政府机关所规定之最低工资（四十元）。②

第十二条　在第九条与十条所规定之休息时间中，如经当地工会特别允许，得延长工作时间，其超过时的工资应加倍给算。

第十三条　工资发给期应规定为每星期一次，至多不得延长逾两星期。

第十四条　工资付给须一律现金或与现金同值之通用纸币，禁止任何方式积欠工资与克扣工资。

第十五条　废止存工或储金制度。

第十六条　禁止雇主罚金。

第十七条　取消包工制、包工头制及一切与此类似制度。

第四章　女工及未成年工人

第十八条　未满十六岁的男女工人绝对禁止雇用。

第十九条　劳苦笨重及有碍卫生工作，禁止妇女及二十岁以下的未成年工人操作。

第二十条　妇女与未成年工人禁止做夜工及额外工作。

第二十一条　妇女、未成年工人与成年工人同样工作，应得同样工资。

第二十二条　女工在产前产后各六星期内，在月经五天内，完全停止劳动，工资照给。

第二十三条　雇主应为女工设置托儿所，女工应给哺乳时间，每次至少半小时，每次相距时间不得少于三小时，此停工时间工资照给。

第二十四条　废除学徒制度。

第五章　保障与抚恤

第二十五条　雇主应遵守苏维埃政府工厂法令，在工厂内设置最完备的卫生、清洁、防险等设备，尽力保持工人健康，预防不幸事体③发生。

第二十六条　工人或工人家属发生疾病、伤寒等事，应由工厂给费调治，听其疾病治

---

① 《红旗》与“社科法制版”所列节假日为5项，“西南函授版”“闽西史料版”列为10项，包括：一月二十一日列宁纪念日，三月八日国际妇女节，五月三十日五卅纪念，九月第一星期日国际青年日，十一月七日十月革命节。

② 《红旗》与“社科法制版”“人民财经史长编”有“四十元”，“西南函授版”“闽西史料版”删掉“四十元”。

③ 《红旗》与“西南函授版”为“事体”，“社科法制版”“闽西史料版”为“事件”，“人民财经史长编”为“事情”。

愈为度，此项停工期内不得克扣工资。

第二十七条　因工作致死伤或残废之工人，应按照政府与工会之规定给以恤金。

第二十八条　雇主应出资交给工会举办工人文化辅助事业。

第二十九条　工会会员因办理工会事务不能工作时，应照常发给工资。

第三十条　雇主宣告歇业，经当地政府机关批准时，应先期（至少一个月）通知工人，要发给工人最低限度二个月的退职金。

第三十一条　工人因故请假离开工作，至少准于两个月内保持其工作地位。

第三十二条　工人如被征为苏维埃政府服务时，工厂应付给以一月工资的津贴金。①

第六章　工　会

第三十三条　工会为代表工人利益机关，有代表工人与雇主订结团体契约之权。

第三十四条　工会应计划改善工人经济生活及教育文化辅助事业，并赞助苏维埃经济的发展。

第三十五条　工会应选派劳动监察员，随时监督劳动保护事宜。

第三十六条　工会发现不利于工人的劳动契约时，得随时提出要求解除之。

第七章　社会保险

第三十七条　按照下列各项实施社会保险：

一、疾病时的医药津贴；

二、暂时丧失劳动能力的津贴（如受孕及服侍病人等）；

三、失业时的津贴；

四、残废衰老的津贴；

五、死亡失踪工人的家属津贴；

六、生育、结婚、丧葬及意外灾难的津贴。

第三十八条　实施社会保险时，应遵照苏维埃政府法令，按工资成数由雇主出资缴付之。

第三十九条　社会保险由工会负责办理。

第八章　劳动保护监察事项

第四十条　雇主如有违反本法事件，应受政府的行政处分或司法处分。

第四十一条　关于审讯及处理违反劳动保护法案件细则另订之。

附　则

第四十二条　本法自经过第一次苏维埃代表大会之批准日发生效力。

选自《红旗》，1930 年 6 月 4 日第一〇七期，第三版：“全国苏维埃区域代表大会特别号”。

互校版本：

1.《中国新民主主义革命时期根据地法制文献选编》，第四卷，中国社会科学出版社

① 《红旗》、“社科法制版”与“人民财经史长编”第五章为 8 条，“西南函授版”“闽西史料版”列出 10 条，即增加以下两条：“第三十三条　由雇主出资建筑无代价的工房给工人住，否则按月由雇主津贴工人房金。”“第三十四条　工人进退须经工会批准认可。”（但未注明选自何处。）

1984 年出版，第 546～551 页。简称“社科法制版”。原注：“选自《红旗》第一〇七期，一九三〇年六月四日”。

2.《中国新民主主义革命时期法制建设资料选编》，第三册，西南政法学院函授部编印，第 213～217 页。简称“西南函授版”。

3.《中央革命根据地财政经济史长编》上，人民出版社 1982 年出版，第 603～607 页。简称“人民财经史长编”。

4.《闽西苏区法制史料汇编》，龙岩市中级人民法院、古田会议纪念馆合编，2008 年 10 月内部出版，第 119～121 页。简称“闽西史料版”。

7. 附：劳动保护法解释书

中国工人长期地在帝国主义与中国反动政治之下，受尽种种非人的剥削和压迫。自从国民党专政以来，工人的生活更加恶化，国民政府是经常的在帝国主义指令之下进行屠杀工人、逮捕工人、欺骗工人，以保障资本家的利益。

国民党反动政府虽然也曾经以“保护劳工”为名颁布工厂法、工会法①、劳资调解法等，但是这些立法无非是模仿欧西②资本家故智，用以桎梏工人、欺骗工人，充分表现它的反革命性，不啻为中国工人加重一条锁链！

因此，中国工人阶级目前的迫切任务一方面要锤破国民党所加于自身的锁镣，一方面需要真正保护工人利益的劳动法。中国第一次苏维埃区域代表大会为完成这个历史任务正式宣告废除国民党政府所有一切钳制工人、压迫工人的法令，并立即解散反动政府依据同样目的而设立的一切管理劳工官僚机关，同时颁布为工人自己的劳动保护法。

本法的内容分为八章四十二条③，保护劳动的重要的原则均已包括在内。兹就其主要内容分别解释如次：

一、工作时间

八小时工作制为全世界工人阶级四十六年来斗争的主要目标（一八八四年美国芝加哥工会首先倡议八小时工作制运动），现在西欧诸国都采用了这个原则（，但事实上有些地方被社会民主党人所破坏）。社会主义的国家的苏联，更于一九二七年十月宣布为七小时工作制。可见世界各国工人对于缩短工作时间运动的努力是在不断地进展中。中国工人在中外资本家严重剥削之下，过去关于工作时间全由雇主片面的意思而定，毫无一点限制，通常多为十小时至十四小时，还有高至十五六小时以上的，如属轮班制的矿工（如煤矿、锡矿、石膏矿等），有作工到数昼夜全无休息的，惨苦程度，实达极点。十余年来，中国

① “西南函授版”漏掉“工会法”。

② 《红旗》和“西南函授版”为“欧西”，“人民财经史长编”和“社科法制版”将“欧西”改为“西欧”。

③ 《红旗》为“四十二条”，“西南函授版”“闽西史料版”印作“四十四条”，即在第五章增加第三十三、三十四条。

工人为争取减少工作时间的运动未尝一日停顿，八小时工作制的要求已成为每次工人阶级斗争的目标。在一九二五至一九二七年时代的工人革命大浪潮中①，铁路、海员、矿山以及各大城市工人的工作时间，有部分的实现八小时工作制，或者相当地减少他们原有的工作时间。但是自从国民党叛变后，资本家反攻的结果，工时状态，仍复旧观。自是以后②，资本家为实行其工业合理化起见，首先增加工作时间为扩大利润之计，于是夜间工作漫无限制，额外工作随便延长，工人在这种野蛮毒辣的剥削下面，体力被其摧残，生活沦于地狱。切身要求，缩短工作时间，实为第一迫切之事。因此，本法规定一般的成年工人实行八小时工作制，未成年工人实行六小时工作制。此项规定不带丝毫的限制，即不容许有任何条件。至于地下工作及特殊劳苦工作（如矿工与化学工业），则规定减少其工作时间。减少至何程度，本法未能为一律规定，各地苏维埃政府与工会应就实际情形核减二小时起至三小时止（即实行工作时间为五小时或六小时），夜间工作时间之最高限度规定为四小时，亦可依据当地实际情形，于此范围内酌量伸缩之。在工作中之休息时间及进膳时间具体规定，须视其业务之情形而异。故此项最后斟酌决定之权，仍属于地方政府与工会。惟此项停工时间仍应列于八小时工作之内。

二、休息时间

适当之休息时间为保护工人健康，增进工人精神修养的重要条件。现在各国通行者为每星期休息制，苏联最近则更进一步采用五日一周的休息制（即工作四日休息一日），每年定有长期例假的休息。中国雇主对于此点是完全反对的，多数工厂即星期日亦不允许休息，常年例假更无此事。有些工厂采用大小礼拜制③，即每隔一星期休息一日，此日称为大礼拜日，其不休息之星期日称为小礼拜日。然大礼拜日亦多数不发给工资，故此制亦等于虚设。至于革命纪念日素为资本家所仇视，绝少自动停工之举，而节日的停工雇主亦必多方阻挠或减少其日数。④ 根据这种情形和工人的需要起见，本法第二章休息时间中规定每星期继续休息时间至少四十二小时。按照此项规定，每星期中，必须是，星期六工作半天，星期六夜工停止，星期日整日整夜休息，工资照原发给。革命纪念日及节日均规定全日休息，休息之前一日的工作时间应特别减少，节日及地方革命纪念日的具体日数，须视当地之习俗历史而定。

在第二章第七条中特别规定每年应有之例假，以两星期为最低限度，此项例假在中国的仅少数国家产业是存在的（如京奉铁路、唐山大厂），但还附有种种苛虐的限制，故事实上工人此项权利常被取消。因此，本法规定已经工作半年者，即有此项叔利。在重工业及其他特殊困苦之工业中，此项例假，各地方政府与工会有酌量延长之权。

三、工资

中国工人工资之低廉为全世界各国所无。中外资本家利用这一点益逞其残酷的剥削，

① “西南函授版”漏掉以下 22 字：“在一九二五年至一九二七年时代的工人革命大浪朝中”。

② “西南函授版”漏掉此段：“资本家反攻的结果，工时状态，后复旧观，自是以后。”

③ “西南函授版”将“大小礼拜制”误为“大小礼拜日”，并漏掉下列一段：“即每隔一星期休息一日，此日称为大礼拜日。”

④ 《红旗》、“西南函授版”“人民财经史长编”皆为“减少其日数”，“社科法制版”漏一“减”字，并将“日数”误为“数日”。

在国民党反动统治之下，资本家进攻最露骨的便是继续不断降低工人的工资，甚至取消工人的工资，如铁路工人的长期欠薪，许多矿山（安源煤矿、中兴煤矿、井陉煤矿等）工人不发工资，仅有伙食费及煤炭，就是最明显的例证。因此，工资低落成为中国工人生活痛苦之主要原素。本法于此①，首先规定各业工人的最低工资，此项最低工资的具体数目，应由当地苏维埃政府与工会根据工作情形及生活物价②、工人家庭等状况妥为决定，作为订结劳动契约的标准，并且此项规定应随工人生活之增进，而为适当之变动，不当受某种时间上之限制。

超过工作时间的工资，亦属工资之重要部分。现在工厂一般情况对于超过时间工作，有不增给工资的，有由雇主任意加给若干数工资的。本法则确定其增加之数最低加倍计算，不过此外应注意的：所谓超过工作定时并不允许对于第一章规定的工作时间有所变动。

工资付给期限素来视各地各业习惯而有差异，如在工头制度之下有一年或半年发给一次的。付给工资时更有种种克扣的方法，如发低折纸币、发小洋、除尾数等。在上海、天津各地有所谓存工制度（或称储金），每月发给工资时强迫存工资一天至五天，此项存工常被雇主任意收没。罚工资制度在全国各地均很盛行，工人因罚工经常丧失大部应得之工资。至于包工及包工头制之戕害工人尤为普遍。在资本主义合理化过程中，多数重工业改用包工制度（如造船、铁路等），此外海员之涉孖沙，矿工之把头制，香港之伴工制，纯属直接损害工资最凶横的剥削方式，故本法对于这一方式采取最彻底废除之办法。

四、妇女与未成年工人

妇女与未成年工人因生理关系，苏维埃政府必须颁布保护他们的特殊法令。此项法令务求周密，本法第四章所示不过是规定几个重要的原则。第一，是限制从事劳动的最低年龄。因为中国童工的采用，事实上是全无限制的，十岁左右的童工数量的发展殊足惊人。多数工厂（如火柴厂、纺织厂）雇用六岁至八岁的童工更是常事。本法于此主张绝对禁止雇用十六岁以下的男女工人。第二，是规定未成年工人的年龄。未成年工人是不能与成年工人担负同等的劳动的，故须有年龄的限制，但此项规定（即二十岁乃为成年工人之规定）因南北地域之异与从事轻重工业之不同，各地苏维埃政府与工会有酌量变更之权。第三，笨重工作与有碍卫生工作（如矿山工业、化学工业等）、夜工、额外工作等，为保护妇女及未成年工人起见，参加工作之确实范围应由苏维埃政府另法规定之，第四，采用妇女、未成年工人与成年工人③同工同酬之原则。此项原则之主要解释，就是说妇女与未成年工人在特殊保护之下，其工资及待遇毫不因工作时间之减少或因获得其他特殊待遇而稍受损失也。第五，关于引进青年工人学习生产之事，苏维埃政府应当有计划地办理此事，视为劳动行政之重要部分。现存之学徒制，限期甚长，工资极低（多数没有工资），并常强迫学徒为种种学习技术以外的服役。此等制度是专以剥削青年工人为目的，必须根本废

---

① “西南函授版”在“本法于此”之后多加“首先于此”四字。

② “西南函授版”将“生活物价”误为“生活物质”。

③ “西南法制版”漏掉下列一段：“同工同酬之原则，此项原则之主要解释，就是说妇女与未成年工人在特殊保护之下，其工资及待遇毫不因工作时间之减少或获得其他待遇而稍受损失也。”但却重印上句的 23 字。实际上是将第四误作第五，第五误作第六。其他版本没有第六。

除，而代以政府有计划地令青年工人有自由学习的机会。苏维埃政府应在保护青年工人的单行法中特别注意改革学徒制度。

五、保障与抚恤

解决保障与抚恤问题为中国工人最迫切的要求，本法亦仅作原则上的提出，苏维埃政府应迅即根据本法精神制定工厂法，详细规定保护工人及预防工厂不幸事之发生。同时应制定关于工人疾病、伤害、死亡抚恤条例及请假退职等实施细则。

六、工会

苏维埃政府为确定工会权利及任务，应根据本法迅即颁布保护工人之工会法。关于劳动监察部分，为本法实施的重要保证，故规定工会必须选派劳动监察员为组成劳动监察部之主要成分。

七、社会保险

社会保险制度在中国根本没有成立过，这是中国工人生活水平线低落的重要证明。真正的社会保险的实施只有在苏维埃政权之下才能实行。本法规定社会保险制度为对于工人失业、疾病、死亡及其他临时救助事项等。保险费用须全部由雇主担负（资本主义国家劳动保险费多取给于工人本身及政府，仍属剥削工人血汗的制度），并规定办理社会保险之权赋予工会机关，俾能完全根据工人利益为正当的支配。至雇主出资成数，须经苏维埃政府与工会机关按照实际情形予以详细之规定。

八、劳动监察

劳动监察机关在资本主义国家内亦有设立之者，但并不能真正代表工人利益行使职权，结果只是些掩耳盗铃的官僚装饰罢了。故劳动监察机关的设立实为执行本法的唯一保证，否则将使本法失其意义。因为这样，所以在本法颁布之后，最近期内苏维埃政府应迅予组织正式劳动监察机关，公布劳劳动法案件及因有关于雇用劳动所发生的争议事项，更须正式成立审讯机关及调解、仲裁等机关。此项机关的设立，应以工会与政府合组之。苏维埃政府必须明令公布其组织。

综合本法八章四十二条看来，苏维埃政府对于劳动保护法重要原则悉已载入。本法是中国劳动者的权利宣言，是代表千百万在帝国主义与国民党反动统治下工钱劳动者的反抗呼声，全国工友们只有在争取实现本法的时候，才能锤碎中国工人阶级最痛苦的枷锁，才能打破剥削阶级的重重压榨和侮辱。

苏维埃政府已经承认工人阶级在政治上的绝对自由，已经扩大工人阶级在政治上最高限度的权利，并且实行武装广大工人群众，扩大苏维埃革命的胜利。因此，苏维埃政府劳动保护法的历史使命，它的最后目的是走向消灭资本制度，消灭剥削关系和阶级差别，创造劳动者的崭新生命！

选自《红旗》，1930 年 6 月 4 日第一〇七期，第三、四版：“全国苏维埃区域代表大会特别号”。

互校版本：

1.《中国新民主主义革命时期根据地法制文献选编》，第四卷，中国社会科学出版社 1984 年出版，第 551～557 页。简称“社科法制版”。原注：“选自《红旗》第一〇七期，一九三〇年六月四日”。

2.《中国新民主主义革命时期法制建设资料选编》，第三册，1982年西南政法学院函授部编印，第217～223页。简称“西南函授版”。原件未注明史料来源。

3.《中央革命根据地财政经济史长编》上，人民出版社1982年出版，第607～613页。简称“人民财经史长编”。

8. 赣西南《工会组织法》

1930年7月15日

第一章 总 纲

（一）工会为团结工人群众，代表工人阶级利益，参加生产管理，领导工人阶级夺取资产阶级政权，推翻资本主义，建设共产主义社会为宗旨。

（二）工人之组织以同一产业工人的组织工会为原则，手工工人或产业工人亦均得以职业为单位组织工会。

（三）凡工会议决案及工会纪律，会员必须一律遵守。

第二章 各级工会组织

（四）工人以职业为单位，其组织如下：

1. 在一县之内同一职业有二个以上的分会时，得召集代表会组织工会。

2. 由代表会选举执行委员七人至九人组织执行委员会，由执行委员会互选三人为常委（内举委员长一人）组织常务委员会。

3. 执委会得设文书科、财务科、裁判科、赤卫科、宣传科、组织科，各科得设干事。

4. 工会组织系统如下：

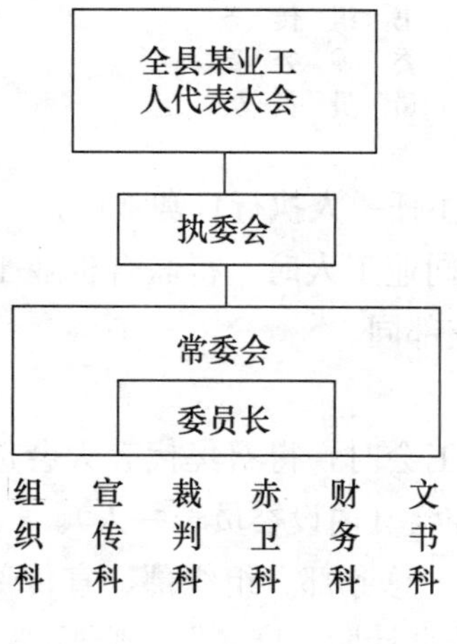

（五）分工会之组织：

1. 在一区内（有市镇的地方）同一职业有三个以上支部时，得召集群众或代表会组织分工会。

2. 由群众会或代表会选举执行委员五人至七人组织执行委员会，由执委会互推三人为常委（内设委员长一人）组织常务委员会。

3. 执委会设文书委员、财务委员、裁判委员、赤卫委员、宣传委员、组织委员，其组织系统如下：

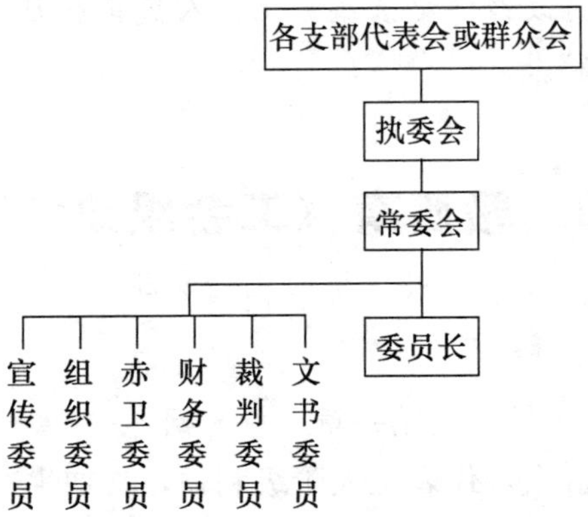

（六）支部之组织：

1. 在同一乡或同一街市有同业工人三人以上得召集群众组织支部，如满十人之支部得召集群众大会选举三人至五人组织执行委员会，互推主任一人。

2. 支会［部］执委会得设组织委员、宣传委员、文书委员、财务委员，每人得兼二职。

3. 支部组织系统如下：

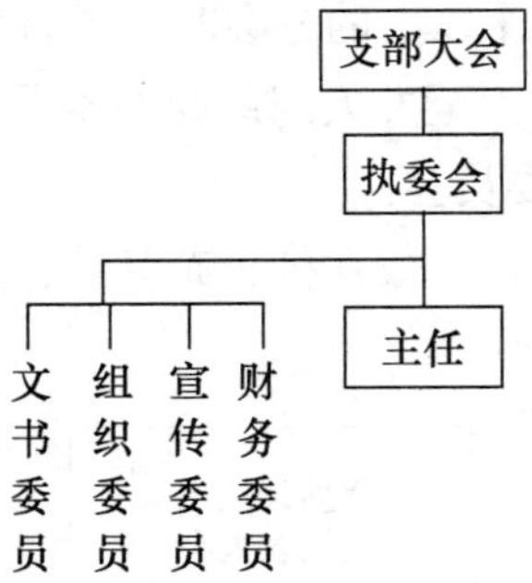

4. 凡满十人之支部得互推主任一人执行日常常务。

5. 凡同一乡村街市有三个同业工人时，得联合他业工人组织直辖支部，受总工会办事处指挥。支部之组织与同业支部同。

（七）总工会之组织：

1. 凡一县之内有三个职业工会时，得召集代表大会选举十一人至十三人组织执行委员会，互推三人至五人组织常委会（内设委员长一人）。

2. 执行委员会得设裁判部、总务部、组织部、宣传部、军事部、青年部，各部设主任一人，干事若干人。总务部分会计股、庶务股、交通股、文书股。

（八）总工会办事处之组织：

1. 凡一区或一市镇内有必要时得设总工会办事处，管理在一区内一市镇内各业分工会直辖支部。

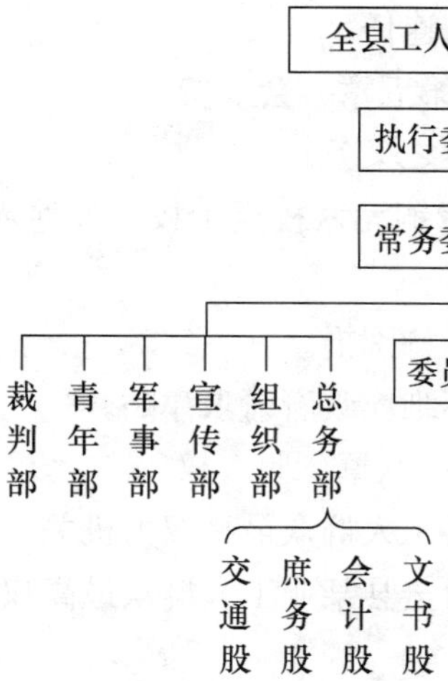

2. 办事处由总工会指派一人为主任，召集各业分会及直辖支部联席会议选举四人至五人组织执行委员会。

3. 办事处按照工作之繁简及需要设立文书股，财务股、组织股、宣传股、裁判股、赤卫股。

（九）工会各级组织系统表：

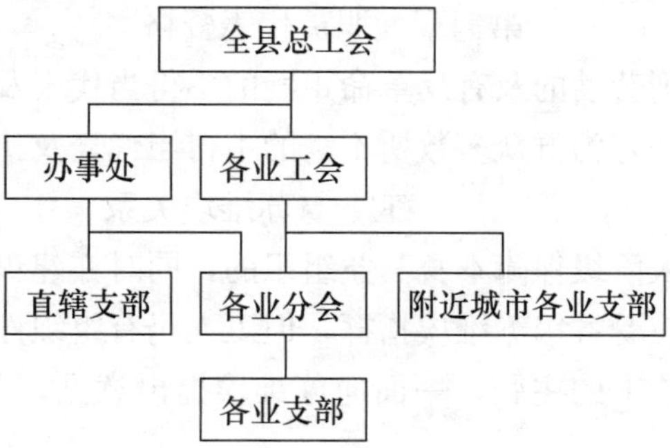

第三章　各级会议

（十）县总工会代表大会每三个月开一次，执委会每月开一次，常务委员会三天开一次。

（十一）各业工会代表会二个月一次，执委会半月一次，常委会三天一次。

（十二）各业分工会代表会或群众会每月一次，执委会半月一次，常委会三天一次。

（十三）各业支部会半月一次，支委会五天一次。

（十四）各级会议规定时间外必要时得召集照［临］时会议。

第四章　各级代表及执委任期

（十五）总工会代表及执委任期半年。

（十六）各业工会代表及执委任期三月半。

（十七）各业分会代表及执委任期二月。

（十八）支部委员及主任任期一月。

（十九）各级代表及各执委得连选连任。

第五章　会　费

（二十）凡工会会员均有缴纳会费之义务。

（廿一）会员每人每月须缴纳会费铜元六枚至十枚，如遇赤（贫）无力缴纳者，得由工会许可免纳。

（廿二）如遇工会经济困难时得募特别捐。

（廿三）如遇工会经济不足时向苏维埃政府请求津贴。

第六章　职　权

（廿四）全县工人代表大会为全县工人群众最高权力机关，闭幕后执委会为最高机关。

（廿五）全县某业工人代表大会为全县某业工人群众最高权力机关，代表大会开［闭］幕后执行委员会为最高机关。

（廿六）各业分工会代表大会为某一区内或某一市场内某业工人群众最高权力机关，代表大会开［闭］幕后执行委员会为最高机关。

（廿七）支部大会为某乡村或街市某业工人群众最高权力机关，闭幕后支委会为最高机关。

（廿八）办事处接受总工会命令管理所属区域之各业分工会及直辖支部，如遇重大事情呈报总工会处理之。

（廿九）各级常委会为处理日常事务的机关，重大事情须召集执行委员会解决之。

第七章　职员代表资格

（三十）凡系教徒剥削劳动的及有反革命嫌疑的不得当代表及执委。

（三十一）凡有恶劣嗜好为群众多数所不满的不得当代表及执委。

第八章　工会与苏维埃关系

（三十二）工会是工人阶级保障本身利益组织的，同时亦建巩固苏维埃的中心组织。

（三十三）各级工会应受各级苏维埃指挥，但工人仍有组织性，上下级发生直接关系。

（三十四）工会对政治上的主张，一面向苏维埃提出意见，一面由自己会员在苏维埃各种会议中起领导作用。

第九章　工人纠察队

（三十五）工人为要对抗自己的敌人保障自己得胜利，须组织武装纠察队。

（三十六）凡工会会员除老弱残废外，概加入工会纠察队受军事训练参加武装斗争。

（三十七）工人纠察队组织系统如下：

总队——支队——大队——中队——分队，每分队十人，二分队为一中队，二中队为一大队，二大队为一支队，二支队为一总队。

（三十八）各级工会对纠察队须选派阶级观念较强的会员担任政治委员。

第十章　附　则

（三十九）凡下级工会组织不能代表工人群众利益时，得由（所）属上级命令改组之。

（四十）凡上级工会组织不能代表工人群众利益时，有所属工会三分之二请求时，得召集代表大会改组之。

（四十一）本组织法由高级苏维埃政府颁布实行。

（四十二）工会纪律另行之。

（四十三）本组织法适用于职业工会之组织，与职业工会组不同之点另行规定。

一九三〇年七月十五日

选自《中央革命根据地史料选编》下册，江西人民出版社 1982 年出版，第 698～704 页。原件未注明史料来源。

9. 湖南省工农兵苏维埃政府暂行劳动法

1930 年 7 月①

第一章　总　则

第一条　凡出卖劳动力以维持其生活之劳动者，无论其为公有生产机关或个人雇用之男女工人，均受本劳动法之保护。

第二条　凡过去国民政府压迫工人之一切法令，及雇人虐待工人的雇佣契约，无论其为文字的或非文字的概作无效。必须由职工会与雇主重新订立团体契约，规定工作时间与应遵守的劳动条件，以保障工人的权利。

第三条　凡工人与雇主所订之劳动契约，以工人与雇主双方的同意而定，非发生变故时，必须共同遵守，劳动契约所规定之条件，必须遵照劳动法与团体契约所订之条件，如对工人之待遇较劳动法与团体契约所规定的条件为劣者，概作无效。

第四条　凡苏维埃政权下之工人阶级，均有言论、集会、结社、出版、罢工等之自由权，任何个人或团体均不得加以侵害或限制。

第五条　工人为保障本阶级的利益，有参加赤卫队及组织工人纠察队等武装组织的自由权。

第六条　工人为达到社会主义之目的，得自由联合各种工人组织及参加国际工人运动之自由权。

第二章　工作及休息时间

第七条　实行八小时工作，笨重工作及化学等危险工作时间，不得超过七小时。

第八条　未成年工人工作时间不得超过六小时。

第九条　产业工人每星期须有继续三十六小时的休息时间，工资照给。

第十条　工人每年须有四星期的休假，工人婚丧疾病，须给以充分假期。

第十一条　凡遇下列各种纪念日及节日，工人均须一律罢工参加纪念休息，工资照给。

（一）一月一日　　　新年节

（二）二月七日　　　二七惨案

① 1930 年 7 月 27 日，红军夺取长沙后，召开湖南省工农兵代表大会，成立湖南省苏政府，公布了这一《暂行劳动法》，9 章 36 条。

（三）三月八日　　　巴黎公社纪念节
（四）四月十二日　　上海惨案
（五）五月一日　　　全世界劳动节
（六）五月五日　　　马克思诞辰
（七）五月三十日　　上海五卅运动纪念日
（八）八月一日　　　全世界反帝运动示威日
（九）十一月七日　　苏维埃十月革命纪念节
（十）十二月十一日　广州暴动纪念日

第三章　工　资

第十二条　按照当地物价及生活标准，增加工人工资并规定最低工资，以维持工人家属生活为度，原有工资不得减少。

第十三条　工资发给期间，应规定为两星期一次。

第十四条　取消包工制度，工人工资除特殊情形者，须一律以工作时间计算。

第四章　女工及童工

第十五条　凡女工与男工同样工作者，应得同样工资，一切权利与待遇与男工同等。

第十六条　规定保护女工条件，女工生产前后应休息两个月，工资照给，并发给保产金，设置女工育儿院等。

第十七条　凡十四岁以下的童工，须受充分之教育，禁止雇用十四岁以下之童工作苦工，童工工作时间不得超过四小时，按照物价及生活标准，增加学徒、艺徒、牧童等童工工资。

第十八条　为保障女工（童工）身体健康与发育，应废除女工童工作夜工，及一切危害身体不卫生的工作。

第十九条　规定学徒艺徒之学习年限，及学习期间之最低工资，并规定学徒艺徒牧童之工作范围，不受雇主之虐待，禁止任意打骂与压迫为私人服务等。

第五章　保障与抚恤

第二十条　雇主在劳动契约所规定的条约期间内，不得开除工人，凡因发生变故；工人请求退工时，须由雇主发给三个月工资的退职金。

第二十一条　工厂应有完备的卫生及保险等器具的设备，由工会监督工厂设备之，以保持工人身体的健康，减少疾疫及一切不幸的事件。

第二十二条　工人患病或工人家属发生疾病，应由雇主发给医药费，其医药费以身体恢复健康为限，病假期间工资照给。

第二十三条　工人因工作以致死伤或残废者，应由雇主发给抚恤金，由政府设立残废院，抚养此项残废工作。

第二十四条　工厂须建立工人寄宿金、工人饭堂、洗澡堂、俱乐部等，供给工人自由使用。

第二十五条　政府建设养老院、劳工医院等及一切关于工人社会保险的救济事业。

第二十六条　政府强迫各工厂恢复失业工人工作，及由政府创办贫民工艺厂，并支（分）配其工作。

第六章　工　会

第二十七条　工会为代表工人利益（的）机关，有代表工人与雇主订结团体契约之权。

第二十八条　工会应计划改善工人经济生活教育文化辅助事业，并帮助苏维埃经济的发展。

第二十九条　工会应选派劳工监察员，随时监督劳动保护事宜。

第三十条　工会发现不利于工人的劳动契约时，得随时提出要求解除之。

第七章　社会保险

第三十一条　按照下列各项实施社会保险：

（一）疾病时的医药津贴。

（二）暂时丧失劳动能力的津贴（如受孕及服侍病人等）。

（三）失业时的津贴。

（四）残废衰老的津贴。

（五）死亡失踪工人家属的津贴。

（六）生育、结婚、丧葬及意外灾难的津贴。

第三十二条　实施社会保险时，应遵照苏维埃政府法令，按工资成数由雇主出资交付之。

第三十三条　社会保险由工会负责办理。

第八章　劳动保护监察事项

第三十四条　雇主如有违反本法事件，应受政府的行政处分或司法处分。

第三十五条　关于审讯及处理违反劳动法案件细则另定之。

第九章　附　则

第三十六条　本劳动法经省工农兵代表大会正式通过后，由省苏维埃政府公布施行之。

选自《红军日报》，1930年8月2日、3日连载。

10. 闽西永定县第四次工农兵代表大会关于修改劳动法决议案

1930年11月

第一章　总　纲

1. 工人有组织工会、言论、集会、出版、罢工之自由权。

2. 各工会应规定最低限度工资，并按照生活程度递加。

3. 各种工人利益由各工会会员大会随时规定，得总工会审查批准报告所在地政府执行。

4. 失业工人，政府应设法救济，并分与田地及介绍工作。

5. 取消工头制度，不准工头克扣工资。

6. 纪念日例假休息，工资照给。

7. 取消包工制度。

8. 工人在暴动以前，过支东家之款取消。

9. 长期工人遇疾病死伤者，其医药费、抚恤费，由东家供给。

10. 工人有监督生产及资本之权。

11. 工作同等者，工资同等。

第二章　工厂工人条例

（房屋机器原料，都是厂主所有，采用分工方式，工人卖出劳动力，支工钱者，为工厂工人，如织布、织纱、袜、电灯、机器米等属之。）

1. 工人每日工作不得超过八小时。

2. 工资按照生活程度增加，多少由工会自定。

3. 工资要按期发给，期限由工会自定。

4. 预支工资不得折扣利息，暴动前过支之款取消。

5. 厂主不得无故停工，如因亏本须经工会审查后才得倒闭，同时要照发三个月工资。

6. 厂主不得无故开除工人，开除工人要经工会同意。

7. 工人疾病死伤，其医药费、抚恤费，由厂主供给，多少由工会自定。

8. 工厂房屋要注意卫生，工厂中要经常有充分茶水。

9. 厂主不得打骂、虐待和侮辱工人。

10. 纪念日例假休息，工资照给。

11. 工厂须津贴工人午膳。

第三章　商店工人条例

（老板运用资本雇用工人经营买卖者，为商店，商店工人为营帐、买卖、打杂、学徒、伙伕等属之。）

1. 十二月发双薪，并要发寒衣费、年礼费等。

2. 要规定最低限度工资，按照生活程度增加。

3. 店东不得借故辞退工人，如须辞退者须经工会同意，同时要发足半年工资，并给予路费。

4. 店东加请工人，应得工会同意。

5. 店东不得借故倒店，如因亏本无力再做者，须经过工会审查，如无故不肯再做者，没收归苏维埃交与工人管理。

6. 暴动以前过支东家之款取消。

7. 工人不为私人服务，及一切额外工作。

8. 工人晚间到夜学读书时不做工，学费由东家负担。

9. 工人理发洗衣费由老板负担。

10. 店东因亏本无力再做者，要给三个月工资和伙食费。

11. 工人被盖要店东供给。

12. 远方工人，每年须给假二月，工资照给。

13. 年终抽百分之二十利息为花红，按店内工人数平均分配。

14. 规定老板最高限度工资，多少按照各地情形而定。

第四章　工场作坊工人条例

（雇用工人集合一个场所，运用手工定期工作者为工场工人，如做纸、木竹、做茶、刨烟、做鞋、理发、缝衣、打棉线等属之。小规模的工场雇用工人不多者，为作坊工人，如染布、五金、做酒、做豆腐、做饼等属之。）

1. 暴动以前过支东家之款取消。

2. 工钱按照生活程度增加，并规定最低限度工资，由工会自定。

3. 工人先支工资，不准折扣。

4. 工人疾病死伤时，医药费、抚恤费由东家供给。

5. 洗衣费、理发费由东家供给。

6. 工厂作坊内卫生，要东家设法改良。

7. 工人因病回家，要给与川资及医费，并不得克扣工资。

8. 东家不得利用秤头银水剥削工人，并要一律发现金。

9. 工厂工人要有一定牙祭。

10. 东家不得无故停工。

11. 东家不得无故开除工人，开除工人，须得工会同意。

12. 东家因亏本倒闭者，须照发三个月工资。

13. 东家无故停工者，其工具由工人没收使用。

14. 东家不得借故克扣工资。

15. 刨烟、理发、做纸工人，不是在东家处吃饭的，要由东家津贴午餐。

16. 工人铺盖，均由东家供给。

第五章　运输工人条例

（为人运输货物者为运输工人，如船夫、挑夫、木排、驮树、码头工人等属之。）

1. 力［工］资照生活程度增加，要规定最低限度工资，多少由各工会自定，经总工会批准行之，不准由行家操纵，如老板不照规定工资，而且在不到规定最低限度发给者罚其老板。

2. 力［工］资一律照现银扣算，不得用银水七折八扣。

3. 运输易消耗之货品，要规定销蚀限度，老板不得任意克扣工资。有故致销蚀，经人证明者，其销蚀之货物，概不得归工人负担。

4. 运输长途货物者，老板要先付钱作路费，不计利息。

5. 不准行家吃秤头。

6. 挑夫工人，疾病死伤者，由工会向商家募款救济。

7. 运输工人之力［工］钱，货到交清，不得留难或积欠

8. 禁止工头抽收工人工资。

9. 码头上下货多时，行［东］家要发点心。

10. 木排、驮树、船夫工人，在工作期内疾病死伤者，医药费、抚恤费，由东家发给。

11. 因天时耽搁者，伙食费由东家负担。

12. 过去不是以挑担为生活，现在才挑担者不得加入工会。

第六章　女工条例

1. 女工与男工共作同等者，工资同等。

2. 女工产前产后不做工，工资照发，并要东家津贴生育费。

3. 女工在月经期内，五天不做工，工资照给。

4. 禁止侮辱女工。

5. 女工带有小孩者，其小孩由东家娘负责照顾。

第七章　青工条例

1. 禁用十四岁以下的男女童工。

2. 青年工人与成年工人工作同等，工资同等。

3. 青年工人晚间要读书，不做工。

4. 学徒学习年限，不得超过二年。

5. 学徒牧童，每月要有最低限度工资，并按照生活程度增加。

6. 学徒牧童，东家每年至少须有两套衣服发给。

7. 学徒牧童，不为东家师傅私人服务。

8. 学徒牧童饭菜要与东家一样。

9. 禁止东家打骂学徒牧童。

10. 青年工人不做劳苦笨重及有害身体之工。

11. 青年工人被盖要东家发给。

12. 十四岁至十六岁青年，工作不得超过六小时。

第八章　雇农工人条例

1. 增加长工工资，零工工资按生活程度增加。牧童工资按长工增加。

2. 规定最低限度工资，休息时间工资照给。

3. 长工饭菜，要与东家一样。

4. 长工每年要东家给衣服两套，围裙手巾笠麻帽子等也要规定。

5. 洗衣、补衣、理发、吸烟、医药、抚恤、游行点心等费，要东家负责，被盖要东家供给。

6. 游行开会，东家不得阻止。

7. 东家不得打骂牧童，要开除或聘请雇农牧童，要得雇农工会同意。

8. 年节时要东家发年节费。

9. 纪念日、节期日，要休息，年关自十二月二十五日起至翌年正月十五日止为休息时间，工资照给。

10. 雇农牧童不做夜工，不做额外工作，晚间要入学读书，纸笔墨等费，由东家负担。

11. 牧童不做笨重及有害身体工作，那几种工作不做，由各地雇农工会规定。

12. 每月要有一定牙制，每月几次由当地雇农工会自行规定。

13. 中农、独立劳动者、东家不准加入雇农工会。

14. 贫苦的、食用不够的贫农，可以加入雇农工会。

第九章　失业工人救济条例

1. 总工会要组织职业介绍所，介绍失业工人到各地工作。

2. 帮助失业工人移居到田地多的地方，分与田地耕种。

3. 政府设法开办工厂，招收失业工人工作。

4. 政府没收来之反动财产或公产，可以经营者如纸木等，尽先低价出卖与失业工人并借一部分给他做资本。

5. 政府工会要设法募捐救济失业工人。

6. 政府工会要设法组织各种合作社救济失业工人。

第十章　劳工监督资本条例

1. 工人有监督资本之权，店东不得乱用，或移挪资本。

2. 工人监督店东办货，禁止商人怠工。

3. 工人监督生产。

4. 工人监督店东，师傅不得乱造谣言及阴谋破坏革命。

选自《闽西苏区法制史料汇编》，龙岩市中级人民法院、古田会议纪念馆合编，2008年10月内部出版，第121～125页。

11. 闽西省苏维埃政府布告　第四号
——颁布劳动监察条例

1930年11月

本政府根据全国苏维埃区域代表大会与闽西第二次大会颁布劳动保护法，制定劳动监察条例共十四条，公布之。此布。

（一）凡破坏工会组织，禁止工人参加革命运动者，应受［按］《反革命条例》治罪。

（二）凡克扣工人工资，按数量多少处以半个月至两个月的拘留，或一个月以上三个月以下的苦工，或二十元以上百元以下之罚金。

（三）无故开除工友者，处以三个月至半年的监禁，或百元以上五百元以下之罚金。

（四）打骂虐待和侮辱工人者，按情节之轻重，处以十天至五个月之拘留。

（五）无故倒店及停工者，没收归苏维埃交工人管理，其店东或厂主应受严厉的处罚。

（六）工人绝对不为私人服务，如店东或厂主有迫令工人替其私人服务者，罚苦工一个月。

（七）店东或厂主如暗中抽调资本或移挪资本者，没收归苏维埃，交与工人管理，其店东应受严厉的处罚。

（八）店东或厂主要工人在规定工作时间外（做工）或做夜工，不执行工会决定加资者，应处以十元以上三十元以下之罚金。

（九）暴动以后店东或厂主已抽回之款，限期半年交出，否则按第八条办理。

（十）禁用十二岁以下之童工，违者处以一个月至五个月之拘留。

（十一）违反本政府颁布（之）青工条例者，处以三个月以上一年以下之拘留。

（十二）故意或强迫工人作危险工作者，处以一年以上二年以下之拘留；如因伤或毒致死者，照本政府暂行刑法办理。

（十三）违反本政府颁布（之）女工条例者，处以三个月以上一年以下之拘留。

（十四）本条例自公布日施行。

主席　张鼎丞

劳动监察部长　黄俊轩

一九三〇年十一月

选自手抄本。原件未注明史料来源。

互校版本：《闽西苏区法制史料汇编》，龙岩市中级人民法院、古田会议纪念馆合编，2008年10月内部出版，第125～126页。

12. 鄂豫皖特区雇农代表会关于工人问题决议草案

1931年8月16日

一、在领导广大雇农群众进行深入土地革命，肃清封建残余，推翻帝国主义及代表豪绅地主资产阶级国民党军阀统治，为建立全国苏维埃政权而斗争的任务下，雇农工会更要加紧巩固组织，整顿其斗争的行列，使雇农工会在城市无产阶级领导下，真正成为土地革命以及反对富农斗争中的柱石。

二、在最近一年来，雇农工会运动因立三路线的错误领导，使雇农参加争斗的勇气消沉，雇农不分土地，雇农工会的组织不是从斗争中发展的。在工会运动的初期，苏维埃或工会用命令或号召方式来组织工会，这种工会工作中的命令主义以及和平发展倾向，在前工会及雇工工会的运动中还表现非常浓厚现象。因此雇农群众不了解参加工会是为了阶级利益的任务，相反的，而感觉加入工会是不可忍耐的重担，许多会员都想脱离工会。工会生活没有很好的建立，一方面会议太多，雇农得不到教育，一方面完全没有小组以及会员大会的生活，右倾机会主义的路线阻塞在工人阶级斗争的路上，反对雇农增加工资，甚至于仙居区减少工人的工资，在雇农工会还钻进许多手工业者、雇主的成分。工会的指导机关没有健全的领导，雇农工会还没有形成独立的组织，在农村斗争中树立起雇农工人核心，领导雇农教育训练工作完全没有，雇农工会中的青年工作没有领导。这些都是过去组织上最严重的问题，在这次雇农代表大会上要号召全体会员进行彻底的转变。

三、雇农代表会指出全特区雇农工会会员，应该继续在鄂豫皖特区第一次工人代表大会的组织任务的指示下，继续肃清过去的错误路线，从斗争中发展雇农工会的组织，清除雇农工会中手工业者、雇主等非无产阶级的成分，健全雇工工会的小组及分会的生活，开始建立自上而下雇农工会的组织系统，确实树立起农村中无产阶级的领导，下决心培养雇农干部，加紧文化教育工作，即刻开办雇农训练班以及工人子弟学校，加紧雇农工会中的青年工作，养成每个会员都是共产主义的运动者。

四、雇农代表会检查过去雇农工会工作的弱点和错误，根据了全国总工会的指示，特通过下列关于雇农工会的组织纲领。代表会并委托特总雇农委员会依据这纲领制成雇农工会的章程。

（一）雇农工会会员的成分：（1）在农村中凡长年被人雇用或全年大部分时间（六月以上）出卖劳动力的雇农，承认本会的章程都可收为本会会员。（2）一切过去的豪绅地主、官僚及白匪的军官、警察、侦探、民团、地保、僧尼以及黄色工会领袖、工贼等，都不许加入本会。附注①：在反对［动］的各种机关等、僧庙中作苦役的以及加入过黄色工会的下层群众，可个别的吸收。（3）长久失业而另行参加其他职业的雇农分子，不应吸收到雇农工会中来。（4）因为参加革命斗争而失掉其雇农生活者，仍可加入。

（二）收录与开除会员的手续。（1）凡愿意加入本会的雇农，应以书面或口头的声明书及履历表交到乡和村雇农小组，由雇农小组全体会通过，再报告乡雇农分会审查批准。如何决定，至迟不过半月应通知本人。（2）每个会员入会须缴纳一天的工资三分之一为入会会费（可按照当地情形减少，不能增加），其会龄以缴纳入会费之日算起。（3）凡派至红军及各种学校或训练班学习的会员，仍保留其会籍。（4）他处革命的雇农工会会员，如在本处农村中工作者，可以不经过重新介绍，只须以原有的会员证或当地的工会证明转入本会，其会龄从过去入会期算起。（5）凡违背工会章程或私吞工（公）款，以至于违背苏维埃法律，被剥夺公民权或被苏维埃监禁者，都得开除会籍。（6）失业三月以上不到会不登记，或一年无工作者（如改其他职业，如系以前是雇农，以后作生意）开除之。

（三）会员的权利与义务：（1）凡属本会的会员都有享受本工会的一切权利。（2）在十六岁以上者都有被选举权，十六岁以下者有选举权（如上级机关批准，不在此例）。（3）每个会员必须按月缴纳会费（每月全工资的千分之五）。（4）必须经常的作工会的组织宣传工作，以及其他各种工作，并要介绍会员入会。

（四）雇农工会组织系统：（1）各级雇农工会的产生，应当是建筑在民主集中的原则上，应由下而上的选举，而不是委派制度。（2）雇农工会的基本组织是以乡为单位，其初级的机关为乡（雇）农工会分会。在十五人以下、三人以上则组织小组，如乡的范围很大，在村可组织小组。（3）乡雇农工会分会应由全体大会宣布成立，并选举三人至五人的执委会。其中有委员长、宣传、组织、会计各一人，有时委员长可兼组织。乡分会每月改选一次。（4）乡雇农工会分会即［的］全体会员大会，每月举行一次，假使乡村雇农工会工人分散不易召集全体大会时，可召集代表会议，其作用等于全体大会。（5）乡雇农工会分会的执委会议应定期召集以进行其工作，并且经常对上级机关作工作报告。（6）在乡雇农工会分会之上为区雇农工会，但必须有三个以上的乡雇农工会分会，才能成立区雇农工会的组织。区的代表大会经常六个月一次，由代表选举五人或七人为执行委员会，至少应有一人至二人负经常工作。区之上为县的雇农工会，县代表大会一年一次，由县代表选举七人至九人以上的执委会，以三人为常委，常委以下有秘书一人，庶务会计一人，并设立宣传、文化组织、青工工作、妇女等部，应有二人至三人负经常工作。由此类推，上面还

① 此系原文附注。

有省雇农工会的（和）中央组织。（7）以上各级雇农工会，均应组织经济审查委员会，委员三人，以检查工会经济，此委员会选举（产生），被检查者不得参加。

（五）关于雇农工会的经济，代表会有以下的决定：（1）工会的经济来源，一方面是由会员的入会费及月费；另方面是由雇主方面缴纳工会的特别费（富农按每年的支付的全工资以外的百分之三，中农、贫农为百分之一）。（2）工会的经济开支，下级应预先制定预算表交到其直接领导的上级机关批准。雇主方面所纳的特别费，应纳［以］百分之四十交到区。会员的入会费及月费，必须以百分之五十，由区再交所得区数的百分之四十交到县①，由县所得者百分之二十交到特总。工会的经费多半用在文化方面，而文化基金应完全用在教育下级，不能超过区工会以上，因为群众都在下层。

（六）工会代表决定以上各种组织问题。代表会号召全特区雇农工会会员，在这一决议案领导工人②进行组织雇农群众，并领导其斗争，以完全深入土地革命，推翻国民党统治，建立全国苏维埃政权的任务。

鄂豫皖特区雇农工会

选自《鄂豫皖革命根据地》，第二册，河南人民出版社 1989 年出版，第 462～465 页。原件未注明史料来源。

13. 湘鄂赣省工农兵苏维埃政府劳动法

1931 年 10 月③

第一章　总　则

第一条　凡出卖劳动力以维持其生活之劳动者，无论其为公有机关或个人雇用之男女工人，均得受本劳动法之保护。

第二条　凡过去国民党政府压迫工人之一切法令，及雇主虐待工人的雇佣契约，无论其为文字或非文字的概作无效。必须由职工会与雇主重新订立团体契约，规定工作时间，与应遵守的劳动条件，以保障工人的权利。

第三条　凡工人与雇主所订定劳动契约，以工人与雇主双方同意而定。非发生变故时，必须共同遵守。劳动契约所规定条件，必须遵照劳动法与团体契约所规定之条件，如对工人之待遇较劳动法与团体契约所规定之条件为劣者，概作无效。

第四条　凡苏维埃政权之下，工人阶级均有言论、出版、集会、结社、罢工之自由权。任何个人和团体，均不得加以侵害和限制。

第五条　工人为保障本阶级的权利，有参加红军、赤卫军及组织工人纠察队、自卫军等武装组织自由权。

---

① 原注：此句原文如此，疑为“必须以百分之五十交区，再由区以所得之数的百分之四十交到县。”

② 原注：原文如此，“领导工人”疑为“领导之下”。

③ 此件系 1931 年 11 月 18 日万载县苏维埃政府印发。据查 1931 年 9 月 23 日至 10 月 4 日召开了湘鄂赣边区第一次工农兵代表大会，决定将湖南省苏维埃政府改为湘鄂赣省苏维埃政府，制定了本《劳动法》9 章 68 条。

第六条　工人为达到社会主义之目的，得自由联合各种工人组织及参加国际工人运动之自由权。

第二章　工作时间

第七条　所有工人劳动者，通常每日工作时间依本法规定不得超过八小时。

第八条　十六岁至十八岁之青工，每日工作时间不得超过六小时。十四岁至十六岁童工，每日工作时间不得超过四小时。

第九条　所有工人在危害于工人身体健康之工业部门中工作（如地下矿工、铅锌以及其他带毒性工作），每日工作时间须减至六小时或六小时以下。其应减时间多少，由劳工委员会根据某种工业种类制定和公布之。

第十条　所有在下午九时至上午六时做工之工人，每日工作时间较通常时间少一小时。通常八小时减至七小时，通常七小时减至六小时，余类推。

第十一条　除非经过劳工检查机关和职工会于某工业部门的特别允许，任何工业和季候工作，不得做比本法规定时间以上的额外工作。

第十二条　在法定每日工作时间内，经常包括每日半小时至一小时休息为吃饭时间，不扣工资。

第十三条　工人每周经常须有继续不断的四十二小时休息。

第十四条　在任何企业的工人，继续工作在六个月以上，至少须要两星期休假，工资照给。在危害工人身体康健之工业中的工人，每年至少要四星期休息，工资照给。所有工人，如遇婚丧疾病，须给以充分假期，工资照给。

第十五条　决定之休假期，工人全日休息，工资照给。

1. 一月二十七日列宁、李卜克内西、卢森宝纪念日。
2. 二月七日二七惨案。
3. 三月十八日巴黎公社纪念。
4. 四月十二日上海惨案。
5. 五月一日国际劳动节。
6. 五月五日马克思诞辰。
7. 五月七日纪念。①
8. 五月三十日，上海五卅运动。
9. 七月二十七日夺取长沙纪念。
10. 八月一日，全世界反帝运动日。
11. 十一月七日，十月革命纪念。
12. 十二月十一日，广州暴动纪念。

第三章　工　资

第十六条　增加工资，由劳工委员会按照当地物价及生活标准规定最低工资额，至少每六个月由劳工委员会审定一次。

第十七条　各种企业内（国家合作社或私人的）实际工资额，由工人（由工会代表工

① 原文如此。

人）和企业主管或企业经理人用集体合同规定之。

第十八条　女工、青工与成年男工做同样工作，得同样工钱。

第十九条　所有工资概用现钱支付，不得用货品折扣，经常或每周或半月支付一次。

第二十条　所有由劳工检查机关和工会所特许的额外工作，工人资薪应按照时间增加。

第二十一条　各种罚款克扣工资须严格禁止，赔偿损失亦须禁止。

第二十二条　夜工工资须高于通常工资，八小时者增加五分之一工资。

第二十三条　因厂方过失停工。不得克扣工资（如机器毁坏，原料缺乏，厂方不实行苏维埃的规定等）。

第二十四条　工人必要告假，如在选举时参加职工会、大会或会议担负青工职委会工作，出席苏维埃大会等，不得克扣工资。

第二十五条　雇主在劳动契约所规定的期间内，不得开除工人。如发生变故，工人请求退工时，须由厂主发给三个月工资的退职金。

第四章　女工及青工

注：女工除得享受关于保护工人之一切条件外，并实行下列特殊保护女工之条件。

第二十六条　禁止女工在特殊、繁重或危险的工业部门工作。禁止女工工作之工业部门中，劳工委员会审定公布之（地下矿工、温度过高过低地方之工作等）。

第二十七条　禁止女工在任何举重至四十斤工业的工作。若在其特殊工作或工作过程中包括一部分举重工作，女工工作不能超过通常工作三分之二。

第二十八条　十八岁以下的女工，怀孕和哺乳小孩的女工，严格禁止做夜工。

第二十九条　所有体力劳动女工，产前产后休息十星期，工资照给。女工办事员与书记，产前产后休息六星期，工资照给。并发给保产金，成立育儿院等。

第三十条　哺乳的母亲在工作时间内，每三小时可以休息半小时，来哺乳小孩，不扣工资。

注：十四岁至十六岁的童工，十六岁至十八岁的青工，除享受第八条关于工作时间的规定，并实行下列特别保护青工的条件。

第三十一条　在工会与厂主或店东所订定之集体合同，应规定特殊条件，由厂方供给设立工厂或店铺学校，以提高由十四岁至十八岁青年工人的熟练程度，并给他们普遍教育。

第三十二条　每个企业，须完全的与详细的登记所雇青工的年纪、工作时间与工资等。

第三十三条　十四岁以下的儿童，严格禁止雇用。

第三十四条　严格禁止特殊、繁重或有害的工业或工作过程雇用十八岁以下的青工（矿铸厂、运输、制纸、熬糖、蒸酒），以及其他有害身体工作。

第三十五条　严禁旧有的学徒制和养成工制各种形式的学徒制。凡与本法条件不符者（工作时间、工资待遇等），都宣告无效。

第三十六条　学生［徒］学习期限，应以工作程度为标准，至多不得超过两年。在学习期内，根（据）工作能力逐渐增加相当工资。严禁任意打骂与压迫，及为私人服务等。

第五章 雇工方法

第三十七条 雇用工人须经过工会或工作介绍，并根据集体合同。

第三十八条 所有工作介绍须由劳工委员会组织并管理。严格禁止私人设立之工作介绍所或雇用代理处。

第三十九条 所有关于工作条件，在某一企业内所雇用各种工人的工资与工作时间之［以］及青工与女工卫生与安全的条文等的集体合同，由雇主或管理人与职工签定之。

第四十条 劳动合同有效期间，不得超过一年。工会在合同期满前，有权要求取消或修改。

第四十一条 严格禁止所谓工头、招工员、买办或任何私人或代理处的各种契约劳动包工制、包工头等。

第四十二条 严格禁止并严厉处分工人买工做，或从工资中抽一部分作为介绍工作酬报。

第六章 安全与卫生

第四十三条 任何机关或企业，不经劳工检查员、卫生局与技术检查处检查认可，不得进行开设或迁徙企业。

第四十四条 工作条件与工作过程特别危害工人身体健康的企业（温度、湿度异常与毒气等），企业管理人须供给工人特别保护衣服与其他保护物，如护眼器、面具呼吸器、肥皂、特殊食品（油类、牛奶等）。再［在］有毒企业内供给消毒药等或器具。这些设备不得由工人担负，并须按期检查工人体格，借谋保护。

第四十五条 所有机器须设置防护器，未经检查及适当防护设置，不得增设新机器。

第四十六条 凡劳动检查员认为某一企业将有立即危害工人身体康健和生命时，本法律受［授］予劳动检查员封闭该企业之权。

第四十七条 工厂须建立工人寄宿舍、工人饮食堂、洗澡堂、俱乐部等，供给工人自由使用。

第四十八条 所受雇于工作的过程中所得职业病，体［本］法律认为与职业遇险同，应当全部优恤。

第七章 社会保险

注：社会保险的目的，是从特别贮备的基金中拿出一部分付给工人，这笔钱不是工人工资中拿出来的。优恤的种类如下：

（1）普通病；（2）失业；（3）残疾；（4）母亲与婴儿；（5）死葬；（6）生育；（7）房屋等。

社会保险基金由雇主支付，不论他是国家、合作或私人，无论如何不由工人支付。

社会保险所有之责任与执行社会保险法，由劳工委员会经过他的社会保险局来进行。由职工提出关于社会保险法去建议，社会保险机关管理人名单，监督与管理社会保险基金的收集与用途，所有被雇用的工人，都可以得到社会保险优恤。

第四十九条 工会与雇主间订立的集体合同，须有特别条文规定，由雇主于应付工资之外，支收全部工资额百分之十至十五的特别基金，作为社会保险之用。

第五十条

（1）疾病优恤，不论普通病或因工作致病，如遇险、受伤、职业病等，支付医药费与不能工作时间内的工资。

(2) 贫困补助金可以支付。如在受雇任何企业两月以上的，（发）工资同样数目，但不能超过相当规定之最高限度。

(3) 疾病优恤金可支付给由职业病而残废的人。

第五十一条

(1) 职工会会员做工一年后，可得失业保险费。非职工会会员做工两年后，可得失业保险费。

(2) 失业工人要在劳动介绍所或在本地工会注册，或由文字证明，才能得优恤。

(3) 支付失业救济时间短长，可按照当地情形和社会保险基金状况加以限制。

(4) 失业工人可继续领优恤金。如遇暂时失掉工作能力、怀孕生小儿等，失业工人可得免费医药，如在业工时等。

(5) 政府强迫各工厂恢复失业工人工作，及由政府创办各种生产合作社，救济失业工人。

第五十二条　残废及老年工人，因一般原因或遇险或职业病，遭受部分的或完全的残废，经过特别专门委员会的检查，而确定此种残废的程度与性质后，可得相当优恤，并由政府设立残废院、养老院、劳工医院等，抚养此项残废工人。

第五十三条

(1) 女工在怀孕及生产期间内，在十六或二十礼拜，应领全部工资。

(2) 生产（前）五个月及生产后九个月之内，不许开除女工。

(3) 此外，女工应得补助金，用来买小孩九个月内所必须之物品。关于此项补助金的总数，不得超过两个月工资。

第五十四条

(1) 本法律社会保险条文所包括的工人，应得公葬费的物金。

(2) 凡工人家庭，全靠工人赚钱生活者，若工人死亡，应得死亡恤金。此项恤金的数目，要看家庭大小等等条件。

第八章　职工会与劳工保护

第五十五条　苏维埃法律保护职工会的行动自由，宣布并领导罢工宣传，交涉并签定合同权等。

第五十六条　职工会的主要作用，是个别的或集体代表并保护一切工人的利益，努力改善一切工人经济的及文化条件，用各种方法积极帮助，加强发展，并保护苏维埃运动、苏维埃政府。

第五十七条　在一切国家及国有企业中，职业工会直接参加这些企业的经理；在私人企业，职工会成立特别机关，监督生产。

第五十八条　一切工资合同及劳动协定，须经过工厂或店铺委员会，这些职工会在企业中的基本机关产业总工会签定该商业工业或地方工人集体协定。

第五十九条　关于一切事务争执纠纷及雇用工人与开除工人等问题，职工会得经过委员会保护工人。一切社会保险、安全、卫生、司法保障等问题亦然。职工会提议一切劳动法，职工会提出并保护，职工会提出并保荐劳动检查员。

第六十条　工厂或店铺委员会直接保护自己企业中的工人。每个企业中工厂委员会，须组织劳工保护特别委员会，从活动工人中选出三人或七人组织的，看企业大小而定。这个委员会的作用是：（1）观察劳动法中关于保护劳动集体合同的一切条件是否执行。（2）劳动检查处的训令与命令是否执行等。

第九章　劳动法的执行与工厂的检查

第六十一条　劳动法的执行与工厂的检查是劳工委员会的职务，特别是他的劳工保护局。

第六十二条　劳动工厂检查员的详细职务由劳工委员会决定之。

第六十三条　本法条文经苏维埃大会公布后即发生效力。

第六十四条　处罚违犯本法律犯人的条例，至迟须予本法颁布后三个月内制定并公布之。

第六十五条　关于国有工业中工人的特别条例，由劳工委员会以命令规定之。

第六十六条　雇农的工作条例［件］，在雇农工会与雇主间之集体合同中规定之。

第六十七条　雇农的工作条例［件］，与雇主间之集体合同中确定之。此种合同，应包括最低之基本工资、劳动保护、雇主供给工作衣服等及社会保险。雇农须得多于八小时的额外工作的额外工资。

第六十八条　劳工委员会须制定特别的苦力条例（包括搬运、拉车、拉船、轿夫等），规定一定负重担，较法定时间更少之工作时间，工资之最低限度（须较普通工资高三分之一）。女工担任部分苦力工作之特别规定，和绝对禁止十六岁以下男女青工做苦力工作。

选自《湘鄂赣革命根据地文献资料》，第一辑，人民出版社1985年出版，第648～658页。原注："万载县苏维埃政府一九三一年十一月十八日印发（按湖南省档案馆保存的原件刊印）"。

14. 鄂豫皖特区总工会扩大会议关于工会组织问题决议案

1931年12月8日

一、在联系广大的贫农、联合中农进行土地革命，肃清封建残余，推翻帝国主义及国民党、豪绅地主、资产阶级的统治，没收地主阶级土地，平均分配一切土地，为建立全国苏维埃政权而斗争的任务下，工会更要加紧巩固其组织，整理其斗争行列，成为土地革命苏维埃运动中的真实领导者。

二、目前工会工作中的命令主义及和平发展倾向还表现得非常浓厚。因此，有许多工人群众还有许多不了解参加工会是为了阶级利益，相反的而感觉加入工会是不可忍耐的担负，以致有些会员都想脱离工会。同时工会生活没有很好地建立，一方面是会议太多，开会时间过于延长，讨论中很少注意到工人实际生活中的一切要求，而且在会议之前没有很好的准备。因此会员不能得到组织上的教育，更不能引起会员对会议的兴趣，以致工人生活和意见不能反映到上级；另一方面完全没有小组，以及会员大会的□□右倾机会主义的路线塞在工人阶级斗争的路上，甚至有些地方反对增加工资，领导机关混进了非阶级的成分，以后只有工会的空招牌，而没有工会的日常工作与群众基础。因此没有在斗争中形成无产阶级在革命中主要领导作用。这一些是过去在组织上的严重错误，扩大会号召全体会员要进行彻底的转变。

三、扩大会必须指出特总工会的路线是正确的，但是他在工作中却表现了不少的错误和缺点。特总工会本身根本没有健全，没有各部的独立工作，没有建立全总与特总，特总与各级工会的密切关系。巡视员没有政治上的坚定性，不能执行特总的路线，来解决各人所提出的问题，不能切实帮助各地工作，因此巡视工作只形成形式的设备。宣传工作也做得不充分，没有培养工人干部的决心和计划，对于特区的工作也没有具体的计划，更没有整个的工作布置，只是工作上的临时应付。扩大会认为必须提拔最积极的干部参加特总执委的工作，与充实特总工作与坚强特总的领导，坚决地执行特总在工作上的转变。

四、扩大会提出全特区的工会会员，应当在扩大会的组织任务中，号召工人继续弄清过去错误的路线，从斗争中发展组织和健全组织，清除一切非阶级的成分。同时在组织上和斗争中动员群众，加紧肃反工作，组织工人的武装来配合红军冲破三次“围剿”，以坚强无产阶级在土地革命的领导，下决心来培养工人干部，加紧文化教育工作，即刻创立工人干部训练班，加深工人子弟学校的学习，使每一会员都是共产主义的运动者，使工会确实成为共产主义的学校。

五、扩大会议检查过去工会在组织工作上的弱点和错误，根据了全国总工会的指示，特通过下列关于工会组织纲领，并委托总工会根据这个纲领制成工会的详细章程。

（一）会员的成分

1. 无论长工、短工、季候工，其生活来源大部分靠着出卖劳动力，或在时间上每年作五六个月以上的工人，赞成本会的章程，服从本会的命令，接受工会工作者，均可加入本会为会员。

2. 过去的豪绅地主、官僚以及白军的军官、警察、民团、侦探、僧尼、教士、国民党的各级职员、黄色工会领袖、工贼等，虽在苏维埃政权下作工，但不得加入工会为会员（附注：在一切反动机关及寺庙中作苦役的以及黄色工会的下层群众，可个别的加入为会员）。

3. 土地平分以前的工人，虽在平分土地后自己得了土地，仍然可以加入工会，但是此种会员每年必须审查一次。

4. 因为参加革命斗争而失掉其工人生活者仍可加入为会员。

（二）收录与处罚

1. 凡自愿加入本会的工人，应先以书面的请求书及履历表提交工会乡分会或工会小组，经过委员会的审查与全体大会通过后，方得为正式会员，但一切入会手续至迟不得超过半个月以上。

2. 每个会员入会时，须缴一天工资之三分之一为会费，其会龄从缴纳入会费之日起算。

3. 凡到红军入伍及各种学校训练班、认字班学习的会员仍保留其会籍。

4. 由他地转来此地工作之会员，可以不经过重新介绍，只须以有原有工会的会员证以及介绍信的呈报者，即可转入本工会，其会龄仍从过去入会之日算起。

5. 凡违背工会章程，不服从工会命令或决议，不接受工会工作者，得由工会给予口头警告、书面警告、严重警告、最后严重警告以至开除的处分。

6. 凡私吞公款或违背苏维埃法律，被剥夺公民权，被苏维埃监禁，被红军开除军籍者，得由工会开除其会籍。

7. 在业三个月以上不到工会登记，以及无故脱离工会生活三个月以上者，得开除其会籍。

（三）会员的权利与义务

1. 凡属会员即有享受本会一切利益特权。

2. 凡属会员即有选举与被选举之权（十六岁以下未经特殊许可，只有选举权）。

3. 每一会员必须按月缴纳会费（每月工资的千分之五）。

4. 必须经常参加会议，接受工会的工作。

（四）工会的组织系统

1. 工会分会

（1）各级工会的产生，是建筑在民主集中制的原则（上），应由下而上地选举，而不是委派制度。

（2）工会的基本组织是工会的分会，每一会员必须参加在基本组织以内，以建立工会生活，领导斗争，讨论工人实际生活的要求，发展组织，执行上级决议和命令，读阅工会报纸及一切宣传品，讨论工作进行计划，对上级建议，经常向上级报告工作等。

（3）凡一乡发展至十五人以上者，得成立工会分会，其不足十五人者得成立工会小组。

（4）工会分会应由全体大会宣布成立，选举执行委员三人至五人，设委员长一人，宣传、组织、会计各一人，必要时委员长可以兼组织工作。分会执委每六个月选举一次。

（5）工会分会全体会员大会，每月至少举行一次，执委会每星期至少举行一次。

（6）工会分会全体会员大会为分会最高的机关，全体大会闭幕后，执行委员会为分会的最高机关。

2. 区工会

（1）凡一区发展至三个以上的工会分会者，得召集各工会分会的代表大会成立区工会，并选举执行委员五人至七人，以成立区工会执行委员会，再由执行委员会选举三人至五人成立常委会。执行委员会设委员长一人，组织、宣传、会计、秘书各一人，在区（执）委会中至多可以解除三个人的生产工作，而专负区工会工作责任。

（2）区工会常委会至少每星期举行一次，全体执行委员会至少每月举行一次。

（3）区工会代表大会为区的最高机关，代表大会闭幕后，区（执）委会为区的最高机关。

（4）区的组织系统如下表：

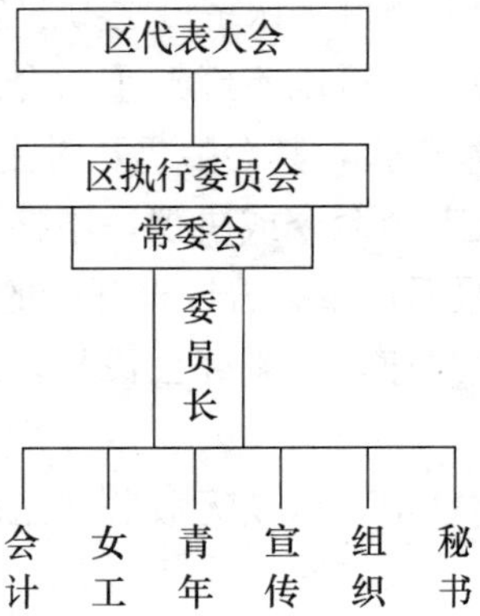

（5）区工会每六个月改选一次。

3. 县总工会

（1）凡在一县发展至三个区工会以上者，得召集县代表大会以成立县总工会，并选举执委九人至十三人为县总工会执行委员会，再由执行委员会选举五至七人组织常委会。执行委员会设委员长一人，组织部长、宣传部长、青工部长、女工部长、秘书长各一人。在县总工会中，至多可解放［除］五人的生产工作，而专做工会工作。

（2）县总工会执行委员会，至少两个月举行一次，常委会至少每星期举行一次。

（3）县代表大会为县总工会最高的组织，代表大会闭幕以后，县执行委员会为最高的机关。

（4）县总工会执行委员会每年改选一次。

（5）县总工会组织系统列表如下：

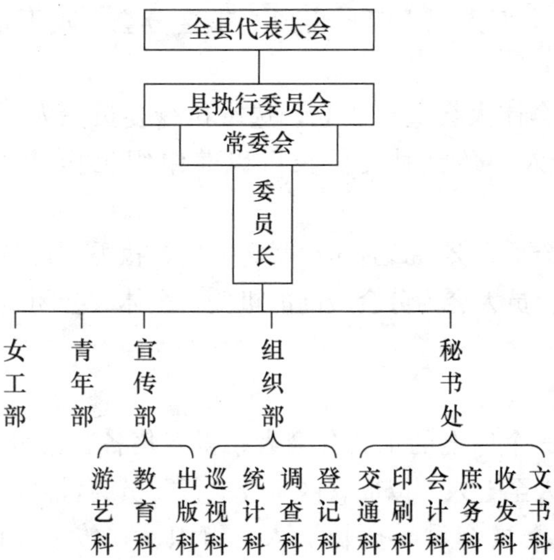

4. 由工会分会、区工会、县总工会，类推至特总工会，以至中华全国总工会的组织。

5. 特总的组织系统与工作的分配如下：

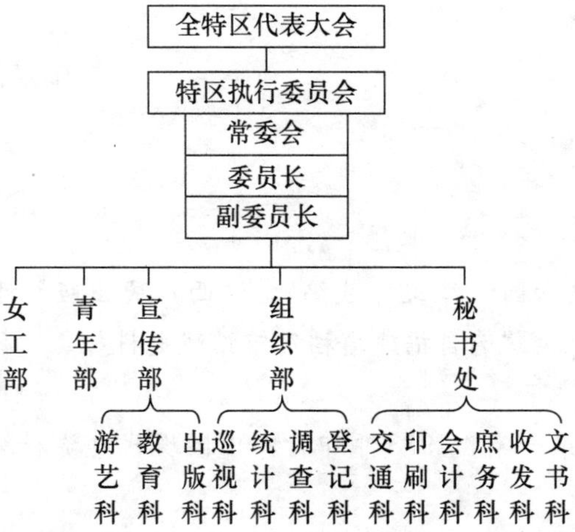

6. 以上各级工会均应组织经常［济］审查委员会，委员三人，以检查工会的经济。

（五）工会的经济问题

1. 工会经济的来源，一方面是由工会的会员交入会费及月费，另方面是由雇工缴纳工会的特别费百分之三（其所纳与［以］工人工资为比例）。

2. 各级工会每月经济的开支，须于每月之前提出预算交上级批准，每月的决算须于下月五日以内报告，交审查委员会及上级审查。

3. 工会分会所收之入会费、会费、特别费，以百分之四十交纳区工会，区工会又以百分之四十交纳县总工会，县总工会又以百分之二十交纳特区总工会。

选自《鄂豫皖革命根据地》，第二册，河南人民出版社 1989 年出版，第 537～543 页。

15. 中华苏维埃共和国中央执行委员会关于实施劳动法的决议案

1931 年 12 月 20 日①

中央执行委员会对于劳动法的实施，特议决如下：

（一）根据中华苏维埃工农兵第一次全国代表大会所通过的劳动法条文而实施之。

（二）本劳动法从一九三二年一月一日起发生效力。

（三）自本劳动法实施之后，以前各级政府颁布的一切劳动法令，及关于劳动问题的决议，都不发生效力。

（四）人民委员会和中央劳动部根据劳动法的规定并发展劳动法的应用，得颁布各种专门的法令细则和表册。

（五）如遇有劳动法的修改和增补，以中央执行委员会的命令公布之。

（六）本劳动法在中华苏维埃共和国的领土内，都发生效力。

（七）凡违犯本劳动法各条之规定，以及将来颁布的关于劳动问题的各种法令，须按

① 《苏维埃中国》、“江西法律版”皆为“12 月 20 日”，“社科法制版”印作“12 月 1 日”。

照刑法以应得之罪惩罚之。

中央执行委员会主席　毛泽东
副主席　项　英
张国焘
一九三一年十二月二十日

选自《中华苏维埃共和国法律文件选编》，江西人民出版社1984年出版，第333页。简称“江西法律版”。原注：“选自福建省档案馆馆藏史料”。

互校版本：

1.《苏维埃中国》，第一集，1933年印行，中国现代史资料编辑委员会1957年翻印，第86页。

2.《中国新民主主义革命时期根据地法制文献选编》，第四卷，中国社会科学出版社1984年出版，第568页。简称“社科法制版”。

16. 中华苏维埃共和国劳动法

1931年11月中华苏维埃工农兵第一次全国代表大会通过，
同年12月20日公布，1932年1月1日生效

第一章　总　则

第一条　凡在企业、工厂、作坊及一切生产事业和各种机关（国家的，协作社的，私人的都包括在内）的雇佣劳动者，都享受本劳动法的规定。

第二条　对于在中华苏维埃共和国海陆空军内服军役的战斗员和指挥员，不受本劳动法的拘束。

第三条　无论何种已生效力或未生效力的集体合同，劳动合同及其他劳动契约，倘其劳动条件比本劳动法所规定的条件恶劣者，皆不发生效力。

第四条　雇农、森林工人、季候工人、交通工人、苦力、家庭的女工、厨役，及其他有特殊劳动条件的工人，除享受劳动法的一般规定之外，并得享受中央执行委员会、人民委员会及中央劳动部对于这些工人所颁布的个别劳动条件的规定。

第五条　对于苦力（搬运工人、拉车夫、轿夫、挑夫都包括在内）的挽重量①，由中央劳动部另行规定之。对于独立劳动者在被人雇佣时，所应享受本劳动法之规定权利，亦另由中央劳动部颁布详细条例。

第二章　雇佣的手续

第六条　雇佣工人须经过工会和失业劳动介绍所根据集体合同实行。严格禁止所谓工头、招工员、买办，或任何私人的代理处的各种契约、劳动包工制、包工头等。②

---

① 《苏维埃中国》和“中央文件版”为“挽重量”，“社科法制版”为“荷重量”，“西南函授版”为“总重量”，“江西法律版”为“符重量”。

② 此处以“江西法律版”“社科法制版”和“闽西史料版”为依据。《苏维埃中国》、“中央文件版”“西南函授版”则在“代理处”之后，漏掉“的各种契约、劳动”7字。

第七条　所有失业劳动介绍所，须由各级劳动部组织并管理之。严格地禁止私人设立工作介绍所或雇佣代理处。

第八条　严格禁止并严厉处罚要工人出钱买工作，或从工资中扣钱作介绍报酬等。

第九条　凡寻找工作的人，须在中央劳动部或各地劳动部①所设立的失业劳动介绍所登记，列入失业劳动介绍所的名册内。

第三章　集体合同与劳动合同

第十条　集体合同，是一方面由职工会代表工人和职员与另一方面的雇主所订立的集体条约。在该集体合同上规定出企业、机关、家庭及私人雇主对于雇佣劳动者的劳动条件，并规定将来雇佣者个人与雇主间订立劳动合同的内容。

第十一条　集体合同的条件，对于该企业或机关内的全体工作人员，无论他加入了工会与否，都发生效力。

第十二条　业经劳动部注册的集体合同，自双方签字之日起，或依合同上所规定的日期起，发生效力。

第十三条　劳动合同，是一个工人或几个工人与雇主订立的协定，（即）劳动合同的协定。② 劳动合同的条件倘与劳动法和现行的劳动法令及集体合同的条件较恶劣者，皆不能发生效力。有期限的集体合同和劳动合同的有效期间，不得超过一年；工会在合同满期以前有权要求取消合同。

第四章　工作时间

第十四条　所有雇佣劳动者，通常每日工作时间，依本劳动法的规定，不得超过八点钟。

第十五条　十六岁至十八岁的青工，每日工作时间不得超过六点钟，十四岁至十六岁的童工，每日工作时间，不得超过四点钟。

第十六条　所有工人在危害身体健康之工业部门中工作（如地下矿工、铅、锌以及其他带毒性的工作）每日工作时间须减至六点钟以下。危害工人身体之工业种类及某种工业，每日之工作时间减至若干点钟，由中央劳动部制定公布之。

第十七条　所有在夜间作工之工人，每日工作较通常工作时间少一点钟（通常八点钟者减至七点钟，七点钟者减至六点钟，其余类推）。

附注：由下午九点钟到第二天上午六点钟称为夜工。③

第十八条　除非经过劳动检查机关或工会对于某项工业部门的特别允许，任何工业和季候工作，不得做比劳动法所规定的时间以上的额外工作。

第五章　休息时间

第十九条　每工人每周经常须有继续不断的四十二小时④的连续休息。

第二十条　在任何企业内的工人，继续工作到六个月以上者，至少须有两个星期的例

① “社科法制版”和“江西法律版”无“各地劳动部”5字。

② “社科法制版”和“江西法律版”无“劳动合同的协定”7字。

③ “西南函授版”漏此附注。

④ “中央文件版”误作“二十四小时”。

假，工资照发。在危害工人身体健康之工业中工作的工人，每年至少须有四个星期的例假，工资照发。

第二十一条　下列的纪念日和节日，须一律停止工作：

（一）一月一日——新年。

（二）一月二十一日——世界革命的领袖列宁逝世纪念日。

（三）二月七日——军阀屠杀京汉铁路工人纪念日。

（四）三月十八日——巴黎公社纪念日。

（五）五月一日——国际劳动纪念日。

（六）五月三十日——五卅惨案反帝纪念日。

（七）十一月七日——苏联十月革命纪念日和中华苏维埃共和国成立纪念日。

（八）十二月十一日——广州暴动纪念日。

附注：各级劳动部得商同当地的总工会，得按当地情形规定地方的纪念日作为特别休息日，休息日和纪念日的工资照发。①

第二十二条　休息日和纪念日前一日工作时间，至多不得超过六点钟。

第二十三条　在本劳动法规定的每日工作时间内，包括半点钟至一点钟为吃饭时间，不得扣工资。

第二十四条　工人和职员若因生病或生育小孩所得的休假，不得算入第二十条例假之内。

第六章　工　资

第二十五条　任何工人之工资，不得少于由劳动部所规定的真实的最低工资额，各种工业部门的最低工资额，至少每三个月由劳动部审查一次。

第二十六条　各种企业内（国家的，合作社或私人的），实际的工资，由工人（由工会代表工人）和企业主或企业管理人，用集体合同规定之。

第二十七条　所有劳动检查机关和工会所特许的额外工作，工人须得双薪。

第二十八条　由劳动检查机关的许可，工人在休息日或纪念日做工作，应发双薪。

第二十九条　女工青工与成年男工②做同样的工作时，须得同等的工资。童工、青工应缩短工作时间，但工资③仍须按照该职业的工资等级，以全日计算。

第三十条　夜工的工资须高于通常的工资，工作八点钟者，增加七分之一，工作六点钟者（危险工作）增加五分之一的工资。按件计算的工作，如为夜工，除应得的工资外，工作八点钟者，应按其平均工资增加七分之一，工作六点钟者，应按其平均工资，增加五分之一。④

第三十一条　所有工资须用现钱支付（不得用货品）。经常每周或半月支付一次（不得迟过半月，并禁止任何方式积欠），且须直接交给工人之手。

---

① “西南函授部”漏此附注。

② “社科法制版”将“成年男工”误作“成年男女”。

③ 《苏维埃中国》、“中央文件版”和“西南函授版”将“工资”误为“工作”。

④ “社科法制版”漏掉以下18字：“七分之一，工作六点钟者，应按平均工资增加”。

第三十二条　工人和职员，遇每年例假时①，例假期间的工资，应在例假前提前发给。

第三十三条　按件的工作，可由工人（由工会代表工人）与雇主双方面订集体合同。所有按件工作，须规定每日平均的生产率与每日的中等工资（，按照每一工业按件所作之工作时间计算）。

第七章　女工、青工及童工

第三十四条　女工、青工及童工除享受本劳动法各章的普通权利之外，规定下列的特别保护女工、青工及童工之条文。

第三十五条　凡某些特别繁重或危险的工业部门，禁止青工女工及童工在那里面工作。禁止女工青工及童工工作之工业部门，由中央劳动部审定公布之（如地下矿工、橡皮、铅、铜、水银②、锡、铸造及其他矿场，过高或过低的地方的木工业等等）。

第三十六条　禁止女工在任何举重过四十斤之企业内工作。若在某种特殊工业工作过程中，必须包括一部分女工，女工工作不得超过通常工作时间的三分之二。

第三十七条　十八岁以下的男女童工及怀孕和哺小孩的女工、严格禁止作夜工。

第三十八条　所有做体力的劳动女工，产前后共③休息八星期，工资照发。使用脑力的机关女职员（如女办事员与女书记）产前后共④休息六星期，工资照发。如小产（堕胎）休息二星期，工资照发。

附注：女工产前产后的休假期内及小产时的工资，由厂主负担。如若社会保险处已经成立，则经过社会保险处发给。

第三十九条　生产前五个月内及产后九个月内，不许开除女工。若不得她的同意，并不得令其外出办事或迁移到别处去。

第四十条　哺乳的女工除享受本劳动法二十三条所规定的休息外，并规定每隔三点钟，休息半点钟来哺小孩，不得克扣工资。并在工厂内设立哺乳室及托儿所，由工厂负责请人看护。

第四十一条　十四岁以下的男女，严格禁止雇用，十四岁至十六岁的童工，经过劳动检查机关许可后才能雇用。

第四十二条　各企业必须完备地详细地登记青工童工的年龄工作时间和工资等等。

第四十三条　设立工厂或商业⑤学校，以提高青年工人的熟练程度，并给他们以补充教育，经费由厂方供给。严格禁止旧式的学徒制和养成工制。各种形式的学徒制，凡与本劳动法条文所规定的条件恶劣者（工资工作时间待遇等），都宣告无效。

第八章　劳动保护

第四十四条　任何机关或企业，不经劳动检查机关检查和许可，不得进行工作或迁移地方。

---

① 《苏维埃中国》、“中央文件版”和“西南函授版”漏掉“例假时”3字。

② “江西法律版”印作“胶水银”，“社科法制版”印作“胶水、银锡”。

③④ 《苏维埃中国》、“中央文件版”和“西南函授版”皆有“共”字，“江西法律版”和“社科法制版”则无“共”字。

⑤ “江西法制版”印作“商埠学校”；“西南函授版”注明缺二字，其他版本皆为“商业学校”。

第四十五条　所有机器须设置防护器，未经劳动检查机关检查与适当防护器的设置，不得增设新机器。

第四十六条　无论何种企业，必须发给工人为工作的专门衣服。工作专门衣服的种类及穿着期间，由中央劳动部特别规定之。

第四十七条　工作条件及工作过程特别危害工人身体健康的企业（如温度无常，毒气等），企业管理处须供给工人特别的保护衣服及其他保护物（如护眼器、呼吸器具、面具、肥皂、特殊食品、肉类及牛乳等）。在有毒企业内供给消毒药品及器具。这些设备，不得由工人负担。并须按期检查工人体格，借谋保护。

第四十八条　各种罚款与克扣工资，须严格禁止。赔偿损失亦被禁止。同时对雇用工人后，任何时期内征收工人保证金或储金制度，一律严格禁止。

第四十九条　因厂方过失中间停止工作，不得克扣工资（如机器损坏或缺少原料，厂方不能实行苏维埃的规定等）。

第五十条　工人参加苏维埃选举，出席苏维埃大会参加职工大会或会议，担任工厂委员会的工作，被法庭叫当证人、鉴定人或陪审员等，在执行工作期间，无论时间之久暂，都不得克扣工资。

第五十一条　工人或职员，被征到红军中去服军役，因此而失去他的工作，在这种情形中，须预先发给他三个月平均工资。

第五十二条　雇主必须供给工人以工作的工具，并不得因用工具而克扣工资，倘若工人用自己的工具，雇主必须偿还工人以原价，其详细办法由集体合同规定之。

第五十三条　由工厂出费建筑工人寄宿舍，无代价地分给工人及其家庭，未建筑寄宿舍的，每月由工厂津贴相当的房金。

第五十四条　工人和职员若自愿地解除劳动合同，雇主须发给他半个月的中等工资，作为卸工津贴费。① 若雇主开除工人和职员，雇主须发给三个月的中等工资，作为卸工津贴。

第五十五条　工人和职员，若暂时丧失劳动能力，雇主须保留他原有工作地位和原有的中等工资。

第五十六条　由劳动检查员监督劳动法的实行，凡劳动检查员认为某一企业将有立即危害工人身体健康及生命者，劳动检查员有封闭该企业之权，劳动检查员的工作任务，由劳动部另行颁布之。

第五十七条　所有受雇后，在工作过程中，所得的职业病②，本劳动法认为与职业遇险同，均应全部抚恤之。

第九章　中国全国总工会及其地方组织

第五十八条　中华全国总工会是联合全国各企业与机关的工人和职员所组成。各项工会及地方组织，须根据中华全国总工会全国代表大会所通过的章程而组织之。不根据该章

---

① 《苏维埃中国》、“中央文件版”和“西南函授版”漏掉本条后列条文：“若雇主开除工人……”

② “社科法制版”“闽西史料版”和“江西法律版”此处皆为“职业病”，《苏维埃中国》、“中央文件版”和“西南函授版”为“疾病”。

程所组织的各种联合会，不得称为职工会，也不得享受职工会在法律上应享的权利。

第五十九条　苏维埃保证职工会的行动自由，有宣布并领导罢工之权，代表工人交涉并签订合同等权利，各省和各县的产业职工总会，得代表工人签订该产业或地方工人的集体合同。

第六十条　一切集体合同及劳动合同，由工厂或店铺委员会监督执行。因为这是职工会在企业中的基本组织，并得监督劳动法及各种关于劳动问题的法令之执行。

第六十一条　职工会的主要任务是代表个别的或集体的工人，保护一切雇用劳动者的利益，并努力设法改善工人一切经济及文化的条件。用各种方法积极的帮助加强发展，并保护苏维埃运动及苏维埃政府。

第六十二条　在一切国有及协作社的企业中，职工会是直接参加和处理这些企业的经济与管理者，在私人的企业中，职工会成立特别机关，以监督生产。

第六十三条　苏维埃政府给职工会的组织以物质上的帮助，并与职工会以享受邮政、电报、电灯、电话、自来水等市政公用品及铁道、轮船的优待条件。

第六十四条　由雇主出工资总数以外的百分之二的数目，作为工会的办公费，又百分之一作为工人的文化费。

第六十五条　雇主开除工人，须得职工会同意。职工会的工厂委员会，店铺委员会代表工人加入评判委员会，以解决劳资间的一切纠纷。

第六十六条　每个工厂及店铺委员会①，为直接保护自己企业中工人的劳动条件，每个企业中的工厂委员会，须组织劳动保护特别②委员会，从工厂的活动分子③中选出三个至七个人组织之。这个委员会的作用：（甲）检察劳动法中关于保护劳动及集体合同一切条文是否执行；（乙）劳动检查机关之检查记录之提议是否执行等。

第六十七条　职工会有向苏维埃政府提议颁布各种劳动法令，提出并推选劳动检查员之权。工厂委员会之委员，根据工厂委员会之证书，有自由进出工厂和参观全部工厂之权。

第十章　社会保险

第六十八条　社会保险对于一切雇佣劳动者，不论他在国家企业、协作社或私人的企业，不论工作时间之久暂及付给工资的形式如何，都得施及之。

第六十九条　由雇主以应付的工资之外，支付全部工资额的百分之十至百分之十五的数目，作为社会保险之基金。该项百分比例表④，另由中央劳动部以特别命令颁布之。绝对不得向被保险人征收保险费，也不得从工资中克扣。

附注：保险基金绝对不许移作与保护工人无关系的用途。⑤

---

① 《苏维埃中国》、“中央文件版”和“西南函授版”漏掉下列条文的28字，即“为直接……工厂委员会”。

② “社科法制版”“江西法律版”和“闽西史料版”皆有“特别”2字，有的版本则无。

③ “江西法律版”和“闽西史料版”，此处有“工厂的”或“工人的”3字，有的版本则无。“活动分子”有的印作“活动工人”。

④ 《苏维埃中国》、“中央文件版”和“西南函授版”印作“比例率”，“社科法制版”“闽西史料版”和“江西法律版”印作“比例表”。

⑤ “西南函授版”漏此附注。

第七十条　社会保险的优恤的种类如下：

一、免费的医药帮助——不论是普通病，或因工作致病，遇险受伤，职业病，都支付医药费。其家属也同样享受免费的医药帮助。

二、暂时失却工作能力者的津贴——如疾病、受伤、受隔离、怀孕、生小孩以及服侍家中的病人等的缺工时间内的工资。

三、失业津贴费——（一）职工会会员做工在一年以上就可得失业津贴费。（二）失业工人必须在失业劳动介绍所或在当地工会注册或由机关证明曾被雇用过，或由职工会会员作证，才能得到优恤金。（三）支付失业津贴费用时间之长短，可按当地情形和社会保险基金的状况而加以限制，但失业工人仍可继续领相当的优恤金。

四、残废及老弱的优恤金——凡工人因一般的原因或遇险或职业病，而遭受部分的或全部的残废，或年老不能工作，经过特别专门委员会的检查，而确定此种残废的程度和性质及其家庭的状况后，须得现金优恤。

五、婴儿的补助金——如工人生了小孩得领取补助金来买小孩十个月所必须需要的物品和乳类，但此项补助金的总数，不得超过二个月的工资。

六、丧葬津贴费——工人及其家属之死亡，都由社会保险处领取丧葬费。

七、工人家属贫困补助费——凡工人的家庭专门靠工人赚工钱生活者，若遇死亡或失业，应得优恤金。此项优恤金之数目大小，支付期间之长短，要看工人家庭大小等条件，由专门委员会审查决定之。但于受雇在任何企业六个月以上的人，都得领取之。

附注：（一）疾病优恤金从病的第一天算起，可达工资同样的数目，但不能超过相当规定的最高限度。由职业病而残废的人同样可领疾病优恤金，到规定领残废金为止。

附注：（二）未成年人的失业津贴，不问他的工作时间之长短，做何种工作，都得领取之。

第七十一条　社会保险处之管理与社会保险基金之用途，雇主不得过问。雇主尽纳保险费之义务，由职工会的代表大会①选举社会保险机关的管理委员会，并由政府批准而在职工会和劳动部的监督之下，管理社会保险基金之收入与用途。

附注：在社会保险处未成立以前，本章所列举的各项津贴费由雇主担负之。

第十一章　解决劳资冲突及违犯劳动法的机关

第七十二条　凡违犯劳动法的案件以及劳资的纠纷，或由人民法院的劳动法庭判决强制执行之，或由劳资双方代表所组合的评判委员会及设在劳动部的仲裁委员会以和平解决之。评判委员会和仲裁委员会的工作细则由中央劳动部另行颁布之。

第七十三条　凡违犯劳动法及一切关于劳动问题法令、集体合同等，无论他对于刑法受何种惩罚，都归人民法院的劳动法庭审理之。

第十二章　附　则

第七十四条　本劳动法有疑问或在执行上发生争执的时候，由中央劳动部解释之。未与中央苏区打成一片的苏区，由该苏维埃省政府劳动部解释之。

第七十五条　凡未与中央区打成一片的苏区，凡中央劳动部有权颁布之各种细则和表

① 《苏维埃中国》、“中央文件版”和“西南函授版”皆缺“大会”二字。

册，该苏区的最高政府机关有颁布之权。

选自《苏维埃中国》第一集，1933 年印行，中国现代史资料编辑委员会 1957 年翻印，第 73～85 页。

互校版本：

1.《中华苏维埃共和国法律文件选编》，江西人民出版社 1984 年出版，第 322～332 页。简称“江西法律版”。原注：“选自福建省档案馆馆藏史料”。

2.《中国新民主主义革命时期根据地法制文献选编》，第四卷，中国社会科学出版社 1984 年出版，第 569～582 页。简称“社科法制版”。原件未注明出处。

3.《中国新民主主义革命时期法制建设资料选编》，第三册，西南政法学院函授部编印，第 191～202 页。简称“西南函授版”。

4.《中共中央文件选集》，第七册，中共中央党校出版社 1983 年出版，第 471～482 页。简称“中央文件版”。

5.《闽西苏区法制史料汇编》，龙岩市中级人民法院、古田会议纪念馆合编，2008 年 10 月内部出版，第 126～130 页。简称“闽西史料版”。原注为“节录”。

17. 中华苏维埃各级劳动部暂行组织纲要

1932 年 4 月 20 日中央劳动部颁布

一、劳动部是苏维埃政权机关的一部，其职务专为执行和监督苏维埃保护工人阶级各种法令的实施，以保障工人的权利。

二、中央劳动部隶属于人民委员会之下，省县区及中央直属市之劳动部隶属于执行委员会之下，省直属市和普通市之劳动科直属于市苏维埃之下。在行政上，在工作上，当受各级苏维埃之指示与监督，但上下的劳动部有直接行政系统与关系，下级劳动部或劳动科，绝对执行上级劳动部之命令决议等。

三、劳动部之下分三部分组织：（一）劳动保护局；（二）失业工人介绍局；（三）经济评判局。但省与中央直属市则称所，县与省直属市则除介绍所外其余称科，非工业区之普通市只设立介绍所和检查员，区不分设此类组织，以执行与管理劳动部和劳动科全部行政事项。

四、中央劳动保护局，及省劳动保护所，与县劳动保护科，是专负责监督劳动法之实行，随时有权到工厂作坊商店去实际检查，并有强迫执行与禁止资本家开工之权力。其下分劳动检查、技术检查、卫生检查三科，非工业之县市只设检查员。

五、劳动检查员系检查劳动法之执行，但对于工厂建筑机器装置等归技术检查员检查，卫生事项则归医生检查员检查。劳动检查员必须由同级职工会选举，再经劳动部委任。技术和卫生检查员，系专门人员则由劳动部雇用或委任。

六、失业工人介绍局系专负失业工人登记，介绍工作，监督社会保险金之分配等任务。中央及省介绍局和所，下设救济、统计两科，县市介绍所只设科员，分管统计登记、失业救济、工作介绍。普通县以所长，区的劳动部长兼此种工作。

七、经济评判局系专负审查与登记集体合同与劳动合同，评判工人与资本家的斗争，如遇不能解决或资本家不遵守者，提交劳动法庭裁判。中央及省两级下设统计指导两科，非工业区之县与省直属市，则只设审查登记员评判员，区与普通市则由劳动部长和科长兼理。

八、劳动部和劳动科下的职员，均由部长和科长委任。

九、根据宪法及劳动法之规定，只有中央劳动部才能根据劳动法制定和颁布各种工人的个别法令，省以下无此权。但在其他苏区未与中央区打通以前，省劳动部可以根据劳动法及中央劳动部所颁布之法令原则，制定和颁布临时各种个别法令。

劳动人民委员　项英

一九三二年四月二十日

选自《苏维埃中国》，第二集，1935 年印行，中国现代史资料编辑委员会 1957 年翻印，第 194～195 页。

互校版本：

1.《中央革命根据地史料选编》下册，江西人民出版社 1982 年出版，第 167～168 页。简称“江西史料版”。原件未注明史料来源。

2.《中华苏维埃共和国法律文件选编》，江西人民出版社 1984 年出版，第 315～316 页。简称“江西法律版”。原件未注明史料来源。

18. 中华苏维埃临时中央政府劳动部训令　第一号
——关于劳动部组织与工作

1932 年 4 月

为了实际执行全苏大会保护工人阶级的政纲和劳动法令，必须健全劳动部的组织与工作。查过去各级苏维埃政府，有的未建立劳动部，有的在形式上建立了无工作。全苏大会闭幕至今为时已半年，劳动法令的实施，不仅没有去做，甚至有的从未过问这一问题，以致在苏维埃政权下，使工人阶级没有完全实现他们应享受之一切权利。许多地方资本家还是用过去剥削工人的方式来继续剥削工人。这是何等严重的现象，不仅有损于苏维埃政权的威信，而且减弱工人阶级参加苏维埃斗争的积极性。这种错误的现象要立即改正与消灭，以提高工人阶级的积极性，加强苏维埃革命发展的力量。现各省选举运动，将要次第完毕，劳动部的组织也依次建立了，本部为健全劳动部组织与工作，除本部颁布有组织纲要外，并作以下之决定；

一、各级劳动部和劳动科要依照中央劳动部所颁布之组织纲要，将劳动部与劳动科之组织与工作使它逐渐地健全起来，充实起来，并限于红五月内将各级劳动部的组织情形依级转报各上级劳动部审查备案。

二、劳动检查员是代表劳动部实际去监督和检查资本家雇主对于劳动法之实行，其工作与职务甚为重要。在目前情形之下，非工业区之省县苏可暂不设立劳动保护所和科，只设劳动检查员，由各级劳动部于红五月内正式通知同级的职工会，选举最好的积极会员，介绍到劳动部或劳动科委任为检查员，执行劳动检查工作。但非工业区县区市之检查员，尽可能不脱离生产，一面做工或做工会工作，一面兼负检查员之职务，因目前事不繁重而又［不］① 增加政府之开支。

三、县区苏之失业介绍所必须逐渐建立，目前暂以一人来担任这一切工作。但在介绍所未成立前，暂委托当地职工会代理介绍工作的事务。介绍工作，首先要举行失业工人登记，各地限红五月内完毕，统计后转报上级劳动部，并实行禁止资本家自由雇用工人。

四、经济评判所在商业的大城市（如上杭、汀州）要设法建立关于工人与资本家订立之合同，一律重新登记，再加审查，不符者，令其重新订立，未［已］订立者②，必须实行。普通市与区之经济评判工作，由部长和科长管理。

五、目前劳动法之实行，首先是：

1. 八小时工作制，青工十六至十八岁六小时，十四岁至十六岁四小时的严格执行。如因目前工作情形必须延长者，须由各级检查员检查后，由劳动部或劳动科批准者方能继续工作，但工资加倍。

2. 星期日、例假日的休息照发工资，如因工作星期不能全体休息者，可轮流休息，要继续工作者，工资加倍；对于工人参加苏维埃大会或工会的会员大会者，不得扣工资。

3. 最低真实工资已由本部规定，在目前每月为七元（伙食在内），任何工人的工资，只有高于此数，不能低于七元，由检查员实际检查。如有低于此数者，由劳动部或劳动科令其照数增加。

4. 雇主请工人要订立集体合同和劳动合同。

5. 资本家雇用工人须向失业介绍所请求，或由职工会介绍。

6. 旧式学徒制废除，普通技术及商业者学习年限一年；特别技术者不得超过二年，并规定每年最低限度须发给学徒津贴洋十五元。这种津贴必须按期增加。学习期满按其技术与成年工人得同等工资：各业学徒学习期限，应由各地劳动部和劳动科按以上原则，就各种职业技术的情形分别规定年限颁布。

7. 青（工）女工与成年工人做同样工作得同样工费。虽青工六小时、童工四小时，其工资应与成年工资相等。女工产前产后的休息与工资照发一条必须实行。

8. 社会保险费的实行，在现在农村及小城市中比较困难，失业保险费须按情形来实行，至于疾病、残废、伤亡等等之医药费与优恤费，在未设保险局以前，暂订在合同上。如发现这种事情由资本家给费。

9. 以上各项，已有本部布告在案，并限红五月内实行，由各地劳动部、劳动科负责监督资本家、店老板及雇主实行。对于劳动法其他各项，须按当地情形拟定实行办法，报告上级劳动部批准公布。

六、劳动部和劳动科为保障劳动法之实现，对于资本家应用命令和布告限期责令资本

---

① 《红色中华》疑漏“不”字。

② 《红色中华》误作“未订立者”。

家实行。如故意违抗或阳奉阴违者，一经检查员查出和职工会会员报告者，须将资本家、雇主移交法庭依法处罚。

七、各地劳动部或劳动科对于监督资本家对于劳动法之实行，必须取得当地职工会之帮助。

八、各地劳动部或劳动科在五月内须将当地工人数目、职业种类、工时多少、工资多少及种类、生活状况、失业工人情形，拟成表册，统计起来，报告上级劳动部转交中央劳动部备考。

九、在红五月各地实行劳动法的情形及经过，详细做成报告，于六月十五号前按级报告。以后区市每月须作工作报告一次，县与省属市一个月报告一次，省每两月报告一次，其最下级之报告亦应按期转送中央劳动部。此令

选自《红色中华》，1932 年 4 月 28 日第十九期，第五版。

互校版本：《中国新民主主义革命时期根据地法制文献选编》，第四卷，中国社会科学出版社 1984 年出版，第 613～616 页。原注："选自《红色中华》第十九期，一九三二年四月二十八日"。

19. 福建省各级劳动部长第一次联席会议决议案

1932 年 7 月 1 日

为着要迅速实施中央劳动部训令第一号和本省劳动部训令第一号以及全苏大会关于实现劳动法之迫切之郑重精神，特召集全省各级劳动部长联席会。在此会议中，根据各方面的工作报告，着重指出了过去各级劳动部工作缺点和错误，有如下的决议，作为以后各级劳动部具体工作的实施方案。

一、全省各劳动部的工作检阅：

（一）省劳动部因没有得着下级劳动部的经常的工作报告，无从得知各地劳动法的实施情形，因此没有很好地来指示下级。

（二）省劳动部因人才缺乏的关系，没有把劳动部的本身组织完全建立起来。

（三）省直属市各业工人，如木船工人、印刷工人、纺织工人、店员工人……在劳动法上的规定，大体虽已实现（如八小时工作制，增加工资，失业保险金……等），但是还有许多工人生活没有得着彻底的改善。

（四）各县区政府充分表现着偏重土地法而忽视劳动法的错误倾向，视苏维埃政府为农民政府，如上杭县代表大会连劳动法都没有提起讨论过。这充分表现忽视工人阶级利益，削弱工人对革命积极性。

（五）各县区除龙岩县市，因工人斗争情绪好，和上杭旧县区的木船工人，新泉的木筒工人和陶铸工人，得到了在劳动法上所规定的相当胜利外，大部分工人仍是现在旧工业的生活状态中。

（六）男女工资不平等，工资率竟有相差一半或一小半的，如长汀四都区、红□区等，

自在会议上公布男工应多于（女）工的（如新泉南阳区）。①

（七）各级劳动部长有很多由各种非工人分子去兼任，视劳动部为附属机关。

（八）有很多区劳动部长连劳动法都不懂，大都以工农分子不识字来搪塞（如上杭、太拨等区），从没有写信到上级质疑和讨论。

二、建立和健全各级劳动部的组织与工作问题：

（一）组织方面的：

1. 省劳动部应即通知省职工联合会，选送好的工会会员到省劳动部，委任为劳动检查员。

2. 没有建立劳动部的地方，须立即建立起来。过去非工人阶级的劳动部长，须即撤换，在该级执行委员会中择工人分子充任。如执行委员会无工人分子，则应召集代表会，由代表中选最好的工人分子充当。

3. 各县劳动部长回去，须立即选出最有阶级认识的工人来当劳动检查员。并将失业劳动介绍所组织起来。汀州、上杭两城市苏并要组织经济评判科，在七月十五日以前将组织情形以及各区情形报告省苏劳动部来。

（二）工作方面的：

1. 要与从前抹煞工人利益的严重现象作无情的斗争。把中央劳动部和省劳动部的第一号训令内主要的条件，在两月内逐渐施行，以致完全的实现。

2. 劳动部须与工会发生密切关系，加紧监督工会，领导工人订立集体合同和劳动合同，在七月十五以前依级转呈到省劳动部来审查备案，转报中央劳动部。

3. 劳动检查员要经常很实际的去检查资本家雇主是否执行了关于保护劳动及集体合同和劳动合同的一切文约，检查机关之提议是否执行。

4. 建立失业劳动介绍所，解决工人失业问题。

(1) 首先统计和登记失业工人多少，尽量分配介绍到各资本家和雇主那里去做工。(中央不同意，参看前面指示信)

(2) 向工农群众及各级革命团体募捐，收容一部分的失业工人来开办合作社，如无法达到此种股金数目可酌量向银行贷借一小部分，但要妥当人为担保，同时并须注意讨论合作社货物的推销。

(3) 失业保险金，在农村和城市除雇主于应付工资之外，支付暂以工人工资百分之三为比例（如工人赚得工资十元，雇主须另给三角为失业保险）。保险金应存储到银行。保险金多的地方（如汀州市），可拿一部分到失业工人的地方（如永定）去施行救济。

(4) 用政治上的领导鼓动失业工人到各级革命机关与红军中参加革命战争。

(5) 苦力工人挑担有优先权；过去如上杭芦丰区以苦力工人分了田与农民时常发生争挑担的冲突。根据劳动法保护工人的本旨，特决定苦力有挑三分之二的优先权（如有货三担，苦力担两担，农民挑一担）。

(6) 须绝对纠正过去各级政府薄待女工的错误。在同样工作中，待遇与工资须与男工一律平等。

---

① 原文如此。

三、实现中央劳动部和省劳动部的第一号训令：

（一）劳动部应站在最彻底的工人阶级利益上做工作的出发点。中央劳动部和省劳动部训令内目前劳动法之实行各条，各级劳动部长要下最大决心努力坚决的、不调和不妥协的联系工人，在两个月内，实际的全部做到（做两次依级汇报到省劳动部，以便转中央劳动部）。

（二）□□部门的工人（如汀州市）阶□□□□劳动部长须经常派劳动检查员到工厂及作坊中向工人调查有没有实现合同上的订定，如没有实现，应限定时间，用命令来监督资本家实行。

（三）有些部门的工人（如汀州市）阶级觉悟和斗争情绪，还是非常薄弱，有很多与老板妥协的。劳动部应责成工会，鼓动工人，向资本家及工头老板斗争，立即照所订的条件实现。

（四）各级劳动部要经常提出关于当地实现训令的计划，在主席团讨论并执行。

（五）资本家若违反劳动法，依其所犯重轻，由政府提交法庭处以应得之罪。

四、全省各县比赛条例与给奖问题：（两个月的工作比赛）

（一）各县区自六月二十二日起至七月十五日务把劳动部的所有组织工作（如劳动检查员，失业劳动介绍所），完全建立起来。

（二）在七月十五日以前要着手失业工人的统计调查，完毕劳动合同与集体合同的订立和审查。

（三）在七月十五日以前要彻底实现男工与女工的工资平等。

（四）各县区自七月十六日起至八月十五日止，要很迅速地来进行劳动检查工作。检查执行训令实现程度怎样？违反劳动法的雇主多少？及店铺与店员学徒的多少？农村苦力、雇农、牧童的多少？生活改善到了什么程度？

（五）以上各条以县为比赛单位（至各区比赛由县去定），成绩优良者，则为优胜县，省劳动部应奖以刻有优胜文字的美丽信笺。

附告：汀州市劳动检查员，是由群众大会推选，当选的苦力工人。

福建省苏维埃政府劳动部印

一九三二年七月一日印

选自《闽西苏区法制史料汇编》，龙岩市中级人民法院、古田会议纪念馆合编，2008年10月内部出版，第131～133页。

20. 湘赣省第二次苏维埃代表大会关于劳动法执行条例的决议

1932年8月1日

大会对中华苏维埃临时中央政府颁布的劳动法详细研究了，一致认为是非常正确的，是真正保护工人利益、反抗资本家的压迫和剥削的有力武器。湘赣苏区执行这一劳动法，部分地实行了成工八小时、青工六小时、童工四小时以及星期日和各革命纪念日的休假制，工资也较前提高了，工人的文化娱乐亦相当地提高了，三年学徒制已普遍的废除，有些地方雇请工人已实行了订出集体与劳动合同。特别是由于工人生活的改善，工人领导革命的积极性大大地提高了，许多地方的工人能够自动地领导群众到红军中去。这一切都是执行中央政府劳动法不可否认的成绩与事实。

但是，因为劳动法的宣传工作的不深入，没有广泛的发动工人群众为实现劳动法而斗争，以致迟缓了劳动法实现的程度与速度。同时由于各级劳动部的组织不健全，没有很好建立它的日常工作，未能经常去检查劳动法的实现情形，致使在执行劳动法的过程中还发现了不少的错误与缺点。如有些工人工作八小时者故意缩至六小时，部分的商店和合作社工人不晓得轮流工作，呆板的规定每天上午八时起至下午四时止为工作时间，一致［度］引起了一般群众的不满意并影响生产上的减少等。大会为要纠正这些错误与缺点，迅速地全部实现劳动法，真正保障工人的利益，特别根据中央劳动法汇［结］合湘赣苏区的实际情形，□□□□□。

甲、工作时间

1. 成工每天八小时，青工六小时，童工四小时。

2. 经过劳动检查机关和职工会的许可，成年工人如需要延长工作时间时，至多不能超过十小时，并要按日加时间的工资须加一倍或半倍（如做八小时的工作平均每小时的工资可得一角，延长的时间每小时须得二角或一角半的工资）。

3. 青工、童工为要保障本身发育与读书娱乐，不得延长工作时间。

4. 凡危害身体的工作，须以保障工人健康为原则，工作时间应减至六小时以下。青工、童工、女工不得做危害身体及笨重工作。

5. 做夜工的应较通常工作时间少一点钟，如工作八小时者须减至七小时，余类推。

6. 商店、工厂、企业、合作社的工人须实行轮流，以不得停机器和交易，及每人不能超过规定工作时间为原则。

7. 各县区劳动检查所应经常检查工人工作时间。

乙、休息时间

1. 按照日历表星期日一律休息，工资照给。如商店和工厂、企业、合作社以及长工、月工、季工、学徒、牧童等任何工人（包括公私开办的）事实上不能停止的，经过劳动检查机关或职工会的许可，工人应得双薪。

2. 每逢革命纪念日须一律停止工作，工资照给。

3. 休息日和纪念日、节日前一日的工作时间，成工至多不得超过六小时，余类推。

4. 工人出席任何革命会议，雇主不得阻止并克扣工资。

5. 工人在每日工作时间内，包括一点钟为吃饭时间，不得扣工资。

6. 在任何企业内的工人，继续工作到六个月以上者，须有两星期休息，满一年者，应有四星期休息。在危害工人身体健康之工业中工作的工人；须加倍休息，工资照给。

7. 工人和职员若因生病或生育小孩所得的休假，不算入上条规定的休假之内。

丙、工资

1. 劳动部应按照各地生活程度及各种工人工作的分别，以米价为标准，规定真实的最高限度的工资额，并由劳动部每月审定一次。

2. 夜工工资须高于通常工资，工作八点钟者须加十分之一，六点钟者须增加五分之一。

3. 工资应按月发清，不得借故积欠，或以货物抵算工资，并且要直接交于工人之手。

4. 按件论价须按生产章程与各类货物品［种］不同，议定每件工资的数目。

5. 工厂、作坊与店铺等企业工人，由工会代表与雇主订立集体合同及工人自己订立劳动合同规定工资。

6. 禁止雇主扣除工人工资，赔偿任何损失。

7. 季工的工资要［比］年工的一季工资多，月工比季工［多］、日工比月工［多］，余类推。如有特殊劳动条件的，除享受本劳动法规定外，并须依照中央劳动部颁布的劳动细则执行。

8. 如因雨雪或其他缘故不能做所议定的工作而要做其他任何的工作，须得工人同意，并且所做的工作，劳动力超过了议定的工作须酌量增加工资。

9. 女工、青工与成年工人做同样的工作，须得同等的工资；童工、青工须按照缩短时间做工作，但工资须按照职业工资的等级以全日计算。

丁、童工、青工及女工

1. 凡繁重及危险的工作，禁止青工、童工、女工去做。

2. 十八岁以下的男女工及怀孕哺乳小孩的女工，严格禁止做夜工。

3. 十四岁以下的男女禁止雇用。

4. 哺乳的女工规定三点钟休息，半点钟来哺小孩，不得扣工资，并须在做工内设立哺乳室及托儿所，由工厂负责请人看护。如小孩有病需要女工招呼时，也不得克扣工资，医药也须雇主负责。

5. 大风大雨大雪，青工、童工、女工不出外工作，并不能扣除工资。

6. 学徒期限以各种工业熟习为标准，普通以半年至一年，至多不能超过两年。而学徒要求退职时，师傅、老板不得强留，并须发清该学徒原所议定应得的工资，如回家路远，应由师傅、老板担负路费。

7. 禁止征收学徒寄宿金及储蓄金制度。

8. 凡各种工业的学徒应规定一定的工作，不得强迫作重大苦事和苛待学徒。

9. 在学艺时期内，雇主或师傅应切实负责教授，如故意懒教致使手艺不能在议定时间成熟时，应由他继续教授，工资应与成工同。

10. 雇主不得任意开除学徒，如有特别情形须要辞退学徒时，须得职工会的同意，并须发给相当的退职金。

11. 所有用体力劳动的女工，产前产后休息八星期，工资照给。使用脑力的机关女职员（如女办事员与女书记），产前产后休息六星期，工资照给。

12. 生产前五个月内及生产后九个月内不许开除女工，若不得她的同意，并不得令其出外办事或迁移到别处去。

13. 设立工厂或商业学校以提高青年工人的熟练程度，并给他们以补充教育，由雇主供给经费，苏维埃亦应予以帮助。

戊、劳动保护

1. 凡有危害工人身体健康的工作，雇主应供给工人特别保护衣服及其他保护物（如护眼器、肥皂、特殊食物、肉类与牛乳等）。

2. 无论何种企业，必须由雇主发给工人便利于该项工作的专门衣服。

3. 因雇主过失中间的停止工作，不得扣工资（机器损坏或缺乏原料等）。

4. 工人或职员被征到红军中去服军役因此而失去他的工作，须预先发给三个月平均工资。

5. 雇主必须供给工人工作的工具，并不得因工具而扣工资；倘若工人用自己的工具，雇主必须偿还工人以原价，其详细办法由集体合同规定之。

6. 工人寄宿舍由雇主设法，不纳房租，如无寄宿，全由雇主津贴房金。

7. 工人有病，不能开除他们的工作，并须由雇主发给医药费到病愈为止，如果在一个月内，仍须照常发给工资。

8. 工人和职员者自愿的解除劳动合同，雇主须发给他半个月的中等工资作为卸工津贴费；若雇主开除工人和职员，雇主须发给他三个月的中等工资作为卸工津贴费。

9. 所有被雇用后在工作过程中所得的职业病或遭受任何危险，须由雇主全部抚恤之。

10. 长工、季工、月工饮食起居要与雇主一样。

11. 雇主除支付工资额外，并按照工人所得的工资额，另支付百分之一为工人文化费，百分之一为工会办公费。

12. 苏维埃政府须给职工会以物质上的帮助，并予以享受政府电话、电灯、自来水等市政公用器及铁路、轮船等优待条例。

己、社会保险

1. 雇主除应支付的工资外，须支付全部工资额百分之十至百分之十五的数目作为社会保险之基金。

2. 一切雇用劳动者均有（权）领取社会保险费。

3. 凡被合作社雇请的工人、职员，须由合作社同样的出纳保险费。

4. 为着社会保险基金迅速的征集，各乡苏维埃每乡至少须津贴一元，区苏维埃按照经济能力酌量津贴帮助社会保险基金。

5. 社会保险费的管理与用途，雇主不得过问，只尽纳保险费的义务，须由职工会代表大会选举社会保险处，交苏维埃批准，在职工会与劳动部监督之下执行社会保险的一切事宜。

6. 社会保险□□□须将收入支付报告所属劳动部、职工会审查。

7. 社会保险的具体分类如下：

一、免费的医药费的帮助：不论是普通病或因工作致病、遇危险受伤、职业病等都支付医药费等，其家属也同样有受免费的医药费的帮助。

二、暂时失却其工作能力者的津贴：如患病、受伤、隔离、怀孕、生小孩以及服侍家中的病人空缺时间的工资。

三、失业津贴费：

（甲）职工会会员做工一年以上就可得失业津贴费，非职工会会员做工在二年以上方可得失业津贴费。

（乙）失业工人必须在失业劳动介绍所或在当地工会注册，曾被雇用过或有职工会员证明方能得优恤金。

（丙）支付失业津贴费时间之长短，可依照当地情形和社会保险基金的状况加以限制，但于失业工人可继续领取失业基金。

四、残废和老弱的优恤金：凡工人因一般的原因或遇险或职业病而遭受部分的或全部的残废或年老不能工作，经过特别委员会的检查而确定此种残废的程度与性质及其家庭的状况后，须得现金优恤。

五、婴儿的补助金：如工人生了小孩，得领取补助金来买小孩十个月内所必须的物品和牛乳，但此项补助金的总数不得超过两个月的工资。

六、丧葬津贴费：工人及其家属之死亡，都由社会保险处领取丧葬费。

七、工人家属贫困补助金：凡工人的家庭专依靠工人赚钱生活者，若工人死亡或失踪应得优恤金。此项优恤金数目之大小、支付时间之长短，要看工人的家庭大小等条件，由专门委员会审查决定之，但因受雇任何企业六月以上的工人都得领取。

庚、劳动检查所

1. 县区苏维埃劳动部之下应设立劳动检查所。

2. 各级劳动检查所须制劳动检查表，切实调查工人生活及失业工人多少，报告劳动介绍所登记，并检查劳动法执行情形。

3. 劳动检查所的检查员须由职工会介绍审准与负责。

4. 任何商店、企业，工厂中雇请工人，必须经过劳动介绍所，首先雇请职工会会员，职工会会员享有优先资格。

选自《中国新民主主义革命时期根据地法制文献选编》，第四卷，中国社会科学出版社1984年出版，第621～628页。原件未注明史料来源。

互校版本：《湘赣革命根据地史料选编》上册，江西人民出版社1984年出版，第529～535页。目录标作“湘赣省苏维埃第二次代表大会决议之二”。

21. 江西省苏维埃第一次代表大会实行劳动法令的议决案（节录）

1932年10月[①]

（五）全省代表大会一致拥护和坚决执行全苏大会的劳动法令，并同意中央劳动部第一号训令去执行外，并根据江西的实际情形，作以下具体的决议：

一、对于成年工人八小时制，青工六小时，童工四小时，星期日和例假日的休息，依照中央劳动部的规定，自本年红五月起，无论政府所办的工厂企业，群众名义所组织的合

① 原件未注明年代，据查江西省苏维埃第一次代表大会于1932年10月7日召开。

作社，私人资本的商店作坊，一律实行。劳动部批准延长工作者，依劳动法令给双薪，并由各地苏维埃劳动部负责监督实行。

二、对于钨矿、煤矿、石灰窑等类工人的工作时间，不得超过七小时。

三、对于手工业工人、矿工等，除星期的休息外，星期六只作半日工作。零工者不在此限。

四、矿工、石灰窑工以及因工作关系每日工作时间要超过八小时以外二小时以上的而得到当地劳动部批准者，做五日工后，应休息一天。

五、大会同意中央劳动部规定，目前无论男女工人最低真实工人工资（每月）为大洋七元，并决定零工和雇农短工、苦力、独立劳动者，每日工资最低者为大洋一毫半，伙食由雇主供给。

六、长年雇农其每年工资最低为大洋三十六元工资，须分节付给。

七、绝对禁止包工制，计件工作者尽可能改为日薪或月薪，如遇工作特殊情形，其每件工资由当地劳动部依劳动法规定，定出每件最低工资。

八、学徒的期限，看熟练的程度而规定，但普通技术，不得超过半年，较困难的技术，最长不得超过两年。如何规定各职业的学徒期限，由省劳动部规定出各职业的名员[单]。

九、学徒学习期内的津贴，规定上半年每月最低大洋一元，下半年最低每月为大洋二元，如学习期为半年及二年者，每按半年，增加每月津贴一次。

十、女工产前产后八星期休息，工资照给外，对于抚养婴儿的补助金，应由雇主给以适当的津贴。

十一、青工学徒由雇主给工会以相当的教育经费来办青年文化教育工作。

十二、对于刨烟工人、矿工、窑工、纸工、铁工、铸铜工、机器工等，每年由雇主作工衣二套给工人穿，工作工具完全要资本家供给。

十三、苦力工人可负重量，长途者不得超过六十斤，在三十里内不得过七十斤。如超过重量者，除原有工资外，应另加工资。

十四、对工人疾病受伤的，在目前社会保险局未设立前，临时由资本家出医药费，仍照给工资。因工残废者，由资本家出以三个月至六个月的中等工资作优恤金。死亡者除葬埋费外，并由资本家出三个月中等工资给其家属作优恤金。

十五、对于失业工人，除照中央劳动部训令建立失业介绍所登记介绍工作外，各级劳动部应设法使失业工人在政府企业及合作社中，尽可能先雇佣此种工人，并由劳动部与财政部协同帮助失业工人组织各种生产合作社，如造纸、石灰、煤炭、线布、钨砂、制造农具、铸铜以及日常品、制造药等等，这是可以相当的解决一部失业问题。同时苏区生产也发展了，大会委托新执行委员会在三个月内调查各种失业工人状况及苏区经济情形，来拟定具体计划，并在经济上给以帮助逐渐实行。

十六、对于在失业工人，应开始责令资本家按月照劳动法规定出纳失业保险金，暂委托职工会管理，以保障工人将来失业之救济。

十七、为了监督劳动法的实行，必须在劳动部之下建立劳动检查所和设立劳动检查员，随时来监督和检查资本家对于劳动法的实行。

十八、对于劳动合同与集体合同，除依照中央劳动部训令执行外，各级劳动部随时由劳动检查员检查合同的实行，最低限度在三个月内要检查一次。

（六）为了保障苏维埃执行劳动法起见，必须依照中央劳动部所颁的组织纲要，健全各级劳动部和劳动科的组织与工作，大会严厉指出过去各级劳动部之无工作的空机关之错误，并责成省劳动部切实地来建立劳动部的行政系统，并将劳动法及大会的决议拟定更具体的实际进行方案，以指示和督促下级劳动部执行。

（七）为要加强监督劳动法的实行，各级劳动部和劳动科要经常与职工会发生密切联系，以便取得职工会和其会员的帮助，如劳动部工作计划、讨论实行劳动法、解决工人与资本家的斗争等等，最好邀请职工会与工人的代表参加会议作报告。同时对于这些问题的解决，劳动部可派人出席职工会的会议作报告，征求职工会和其他会员的意见与赞助。

（八）大会特别指出保障工人阶级的权利是苏维埃政权基本政纲之一，只有坚决执行这一政纲，方更有力量去领导工人阶级去参加革命战争，争取苏维埃在全中国的胜利。

（九）大会号召全省工人群众一致来赞助各级苏维埃劳动部来实现劳动法和本大会的决议，来积极参加苏维埃所领导的一切斗争，参加革命战争，只有将反动国民党在中国统治推翻，取得苏维埃在全中国的胜利，才更能获得劳动法全部的实现和工人阶级更进一步的解放。

选自《中国新民主主义革命时期根据地法制文献选编》，第四卷，中国社会科学出版社1984年出版，第636～639页。原注：“选自《江西省苏维埃第一次代表大会各种决议案的决议》。”

22. 湘赣省苏维埃劳动部训令（第三号）——关于执行劳动法的指示

1933年3月8日

各级劳动部：

省劳动部最近检查各县对于执行劳动法的程度虽然收到了不可否认的成绩，但严（格）检查起来还做得十分不够，连八小时工作制没有普遍实现，劳动合同没有完全订立，社会保险金没有很好的收集，劳动介绍所仍不健全，一般阶级工人还没有完全取得做工的优先权。特别在执行中没有很好的发动工人深入阶级斗争，多是［有］和平官僚命令主义的存在，所以一般落后的农民意识便发生许多的奇奇怪怪的事情。安福有些工人说，劳动法是城市的，农村间不能执行，永新还有师傅无故开除学徒，青工要实现劳动法，师傅要拿尺打青工，这一错误是一刻也不能存在的。本部为要动员工人参加革命战争，争取工人本身利益的完全实现必须采取严格的态度，来纠正上面的错误和缺点，使劳动法无论在城市中，乡村中都要全盘实现，使工人得到彻底利益和解放。发动工人的斗争，加强工人无产阶级在苏维埃的领导，巩固苏维埃向前发展，故提交第七次委员会议加以详细讨论有如下的指示：

一、征收社会保险金与工会办公费、文化教育费

1. 凡是一切雇用劳动者，不论任何企业工厂或私人的商店都应征收保险金。

2. 私人的商店和富农请零工，除付工人工资外，无条件的支付全部工资百分之十五作为社会保险金，按照普通工资增加十分之一。中农贫农以及群众开办的合作社、国家的企业，应征收百分之十至十五的保险金。

3. 农村中的雇主与工人一定要定立劳动合同，从师的学徒要订立艺徒合同，并要职工会代表工人订立时间。到了一年底清算一次，按照工人的工作工资外，征收社会保险金，工会办公费、文化教育费也不得从工资中克扣。

4. 文化教育费与办公费，根据社会保险金的收支扣存亦同样不得从工资中克扣。

二、订立劳动合同及集体合同和艺徒合同

1. 订立劳动合同、艺徒合同和集体合同，应按照劳动法去订立，并且要将劳动合同和艺徒合同、集体合同的意义告诉工人，使工人深刻了解自动起来与雇主订立合同。

2. 订立各种合同，要按照中央政府颁布的劳动法执行。订立方法，中央政府已经发来订立集体合同、劳动合同，我们应要按照这个去执行。

3. 订立合同是工会特别要协同劳动部，代表工人向雇主订立。（并）得到劳动部的批准。

4. 工厂、合作社、国家企业等主要的合同，乡村里是沿门卖工的多，我们一定要劳动工人与雇主老板订合同。

三、检查员检查的工作

1. 各县区劳动部应马上派人深入下层，去切实建立与健全劳动介绍所，实行做工介绍。但介绍是首先应介绍阶级工人去做工，使阶级工人得到优先权。

2. 凡是被雇用劳动者的阶级工人，无论他加入了工会或未加入工会不要十分严格，准许他自由做工。如果是雇请非阶级工人，应该采取严格的态度，硬要经过工会和介绍所准许其做工。如查觉有违反劳动法的行为，除严格禁止他做工外，应交当地苏维埃政府给以破坏劳动法的处分。

3. 首先到农村中去找青工谈话，找实际材料来订立劳动合同、艺徒合同，就要提到会议中考察和发动工人的斗争。其次调查雇主老板厂主是否有执行劳动法，如不执行劳动法按照劳动法来处分。

4. 检查劳动法是否执行了，主要的发动工人的斗争来完全实现，这是首先要将劳动的内容向代表会议详细解释。

5. 检查劳动合同、集体合同和艺徒合同的执行程度如何，主要的检查员应经常有计划地有步骤地在各种会议上来作劳动法的广泛宣传。加紧群众的阶级教育，强固无产阶级团结，使群众深刻了解而不到处误会。并要深入农村中去检查工人有工做还是没有工做，同时并要检查：工人的生活，如若在危害工人身体健康之工业，应享受社会保险金优恤及各种优待。

6. 在过去，检查员没有收到半点效果，工作不实际，都空谈一回算了，并有些官僚

主义现象。在检查工作时，应抓住最中心的工作，检查劳动合同、集体合同和艺徒合同里面执行程度如何，看雇主老板厂主是不是完全执行劳动法。必须又要检查工人是否有机械地每天八小时工作，而不按照工作范围如替中农以下的做工，我们应采取工农联盟的策略，这一件物须要增加一二小时，一天可以完成（的），我们工人应该增加。但增加的时间，其工资同样增加，如工人自愿不要增加，其工资也不在此限。

7. 检查员经常要找工人个别谈话，把劳动合同和艺徒合同及集体合同一点一滴详细问他，那些没有实现的抓出来，在检查当中要转变方式，检查定要完毕一个地方，不要走马观花。

8. 农村中的特别是青工，还未能彻底得到解放及享受劳动法。

四、失业劳动介绍所的工作

1. 乡建立失业工人介绍所，就要统计失业工人。如果那里要请工人，必须经过介绍所并且要发给证书。一方面好检查，一方面好征收社会保险金及检查员好去检查（证书由各县劳动部制定之）。

2. 要把介绍所的工作告诉他，如贫苦农民请非阶级工人又未经介绍所准许时. 应向他们详细解释要请阶级工人，若阶级异己分子请非阶级工人我们要从严来处罚阶级异己分子，使阶级工人得到优先权。

3. 雇主请工人无论如何要到失业介绍所去请，不能由他个人任意与工人交涉。

4. 发动工人反对剥削阶级及雇主。因此还有好多包工头等如果不经过介绍手续，一定要处罚，并发动工人与他们作无情的斗争。

5. 包工头等如果初次不经过介绍手续可禁止及加紧教育。二次依然如故，可将其工具一概没收。

6. 学徒不但废除三年学徒制，而且要得同样的工资。

其他开办训练班

1. 有劳动部看见各县检查员没有计划的工作都是马虎了事，因此本部为要把各县的工作健全起来，并站在工人利益前面，使工人得到优先权，故提交七次委员会加以讨论决定开办一个短期训练班，以供给各县检查员之材料。

2. 各县区应将负检查员之责的同志，于三月二十五日开学，要在二十三以前到省劳动部，并各自带被盖碗筷等需用品，伙食由省财政部负担，在路上吃的伙食，由当地苏维埃负担。

以上各项，各级应马上依照去执行，切不有误。

湘赣省苏劳动部　于县城

部长：王国朝　三月八日

永新县苏劳动部翻印　三月十日

附：

1. 各县区负劳动部责的同志，特别是部长不能随意更换，如他工作消极怠工不在此限，一定要经上级准可或派员出席才行，不要马虎了事。

2. 兹将失业工人介绍信的式样及介绍所章式样图形于后：

存证

兹介绍　前来做工　天请接洽工人
成分　阶级工人　包工头/手工业主
公历一九三　年　月　日　给

字第

介绍证

兹介绍　前来做工　天请接洽工人
成分　阶级工人　包工头/手工业主
介绍到　县　区　乡　村
介绍所所长
公历一九三三年　月　日　给

选自《湘赣革命根据地史料选编》下册，江西人民出版社 1984 年出版，第 350～353 页。

23. 闽浙赣省苏第二次工农兵代表大会实行劳动法令决议案

1933 年 3 月 23 日通过①

一、闽浙赣省苏维埃自第一次代表大会以来，在坚决执行劳动法的当中，对工人阶级的生活是更加改善了，主要的是：

①一般工人、雇农、学徒的工资是比以前增加了，待遇亦比以前相当改善了。②所有的工人、雇农得到了免缴土地税的特殊权利。③苏维埃工厂中、合作社工厂中的工人与私人雇用的工人、雇农，大部分是实行订立了劳动合同、集体合同，实行了成工八小时、青工六小时、童工四小时的工作制，星期日休息、医药救济等劳动法的基本条件。④在苏维埃工厂中、合作社工厂中、私人企业工厂中的青工、女工实行了同工同酬，女工实行了产前产后的休息和津贴、小孩的抚养费等特殊利益。⑤在苏维埃工厂中的工人，除得到了实现八小时工作、星期日休息和例假外，更实现了入休养所休养，更兴奋了工人的情绪。⑥失业雇农全部得了土地的救济，失业工人除大部分得了土地外，并在苏维埃政府帮助之下，建立了五十几个生产合作社，减少了失业工人生活上的困难，以及因苏维埃政府经济上的转变，亦减少了工人的失业（如信河、乐河船工与闽北纸工），省苏维埃从政治上经济上帮助了职工会组织的建立与工作的开展。

① “社科法制版”标作“4 月 24 日”。“闽浙赣史料版”标作“3 月 21 日”，并注明“此时间是编者考证的”。据查《闽浙赣革命根据地史稿》，江西人民出版社 1984 年版，第 114～116 页记载：3 月 18 日至 23 日，闽浙赣省第二次工农兵代表大会在葛源举行。大会第六天（即 23 日）通过《执行劳动法令决议》。另据“闽浙赣史料版”（下）第 419 页大会日程记载也是“3 月 23 日”。

二、正因为苏维埃对劳动法的实施，对工人生活的改善，就更发挥了工人阶级对革命的坚决性、积极性，更提高了工人阶级斗争的勇气，巩固了无产阶级革命斗争的领导。在苏维埃工厂中的工人都自动努力进行生产的革命竞赛，积极节省经济，捐助战费，慰劳红军，踊跃参加红军，尤其是这次无产阶级团的战功，更证明了工人对苏维埃政权的认识，及为苏维埃政权而奋斗的决心。

三、全省代表大会检查过去各级苏维埃对工人阶级利益的保护，特别是对于中央苏维埃政府所颁布劳动法令的执行，认为还有很多不够的地方，今具体指出于下：

1. 有些苏维埃政府对于劳动法令的执行，对于工人阶级利益的保护，仍表现不容许的消极，特别是有些区乡苏维埃政府没有把实现劳动法当做苏维埃的中心任务之一，尤其是对失业工人救济的不够；有些乡村苏维埃政府，不但不注意介绍失业工人的工作和失业工人的救济，反因为多留人在本乡村内做防守工作，就不许本乡村的工人到别处去找工作，更弄成工人的失业。

2. 八小时工作制、增加工资、劳动保护及订立劳动合同、集体合同等，在有些苏维埃工厂中以及私人雇用的雇农、牧童中，还没有完全实现。这些没有订立合同的在业工人、雇农、牧童等，以及已经订立了合同的工人、雇农、牧童，过去苏维埃劳动部、劳动科，都没有实行检查过。没有坚决去监督实现劳动法，使仍有一小部分的工人未得到增加工资、改良待遇的实际利益。

3. 因为过去学徒问题没有很好解决，增加工资没有分清学徒师傅，结果增加的工资实际上多被师傅剥削去了。徒弟自己得到的很少（如师傅在雇主方面收学徒的工资，是收同师傅的一样多，而付给学徒的都是一月一元或两月一元）。又因各地劳动介绍所没有很好建立，农民多雇一般手艺好的老师傅去作工，很多手艺没有学好的工人学徒，又时常失业，没有工做。另一方面，农民又时常感到雇请工人不到的困难，这样增加工资变成帮老板师傅向农民加工钱，真正工人学徒，反得不到几多增加工资的实际利益。

4. 过去老苏区内及现在有些新苏区内，在实行平债斗争中，把老板雇主欠工人的工资，以及雇农因积聚工资①来的钱，移借给别人，都拿来当债去了，这是过去下级苏维埃在领导平债斗争中非阶级的严重错误。

5. 有个别苏维埃工厂中对女工的待遇不平等（如闽北被服厂对女工没伙食），这是很违背劳动法的严重错误。

6. 过去有些地方实现劳动法中还犯着过左的错误（如上饶煤厂工人生病，在家六个月都发工资伙食，亦不去问他的病好了没有，以及多数牧童、学徒，合同上订些过高的空洞的条件）。

7. 对劳动法宣传的不深入，不普遍，因此大部分工人只知八小时工作，增加工资，而不知道劳动法的全部利益。

8. 各级劳动部、劳动科的工作，过去是完全没有很好建立，只是一个形式的空机关。因此，有很多工人群众对劳动法还没有很好的认识，有时工人为劳动法的事，只知道要求职工会解决，不知道经过劳动部的批准。同时，在各县劳动部、劳动科与职工会的关系，

---

① “闽浙赣史料版”为“积聚工资来的钱”，“社科法制版”印作“税集来的钱”。

又没有很好建立，有时在领导实现劳动法中，劳动部与职工会不联系一致。

9. 在过去执行劳动法中，对巩固工农联盟及提高无产阶级对农民的领导注意不够。

10. 全省代表大会严格地指出过去有些下级苏维埃对于执行劳动法消极的错误，并委托新省苏执行委员会立即去改正这一错误。大会一致拥护和坚决执行中央苏维埃政府颁布的劳动法令，并同意中央劳动部第一号训令去执行。今根据全省实际情形，关于劳动法令的执行，更具体的决定如下：

1. 对于成工八小时工作、青工六小时工作、童工四小时工作、星期日和例假日的休息，依照中央劳动部的规定，无论苏维埃工厂和群众所组织的合作社及私人资本的企业，须一律坚决实行。如必要延长工作时间者，须经劳动部批准，并依劳动部法令发给双薪。未经劳动部或工会的特别允许，任何工业或季候的工作，不得要工人做比中央劳动部法令规定的工作时间以上的额外工作。

2. 煤厂工人、烧石灰工人每日工作时间，不得超过七小时（挑石灰石头与打石头的，不在此例）。

3. 各种做月工、季候工、年工等工人及各工厂中的工人，除星期日休息外，每星期六下午休息半天，工资照发（做零工者，不在此例）。

4. 煤厂工人与长期烧石灰的工人，因工作关系每日工作时间要超过七小时外之两小时以上，得到当地劳动部批准者，做五日工之后应休息一天（临时烧石灰的工人，不在此限）。

5. 大会同意中央劳动部第一号训令的规定，目前无论男女工人最低的工资，每月为大洋七元（伙食在内），并决定零工和雇农、苦力、短工等每日最低工资为大洋五分，伙食由雇主供给。

6. 雇农工资长年的每年工资大洋三十六元，每月最低四元，牧童工资长年的每月为大洋八角，月工每月最低的为大洋一元，每四个月付清一次，月工工资，须每半月付给一次。

7. 绝对禁止包工制，按件工作者要改为日工或月工，如遇工作的特殊情形，必须要按件工作者，其每件工资必须由当地劳动部依劳动法规定每件最低的工资额。

8. 学徒的期限看学徒的程度与技术的难易去规定，但较困难的技术最长不得超过两年；如学满两年，学徒自认手艺还没学好，得要求再继续学习若干时，师傅不得拒绝。至于每种职业的学习期限，由劳动部再行详细规定之。

9. 学徒的工资，师傅不能从中剥削分文，但学徒的工资亦不能与师傅的一样多，要劳动部与职工会共同依照学徒的年限与学徒手艺的高低另行分别规定。各业学徒的工资数目，学徒每日做工的工资，完全归学徒得，一学徒另报酬师傅的教育费，由政府或工会拿出一部分及从老板雇主方面抽收，坚决消灭旧的学徒制与师傅对学徒、雇主与学徒中间的一层剥削，及纠正过去把学徒工资定得与师傅一样多，实际上学徒本身又没有得到，多数被师傅剥削去了，变成帮师傅向农民加工钱的错误。

10. 为要使学徒有地方学手艺，解决学徒的困难，大会责成省苏新执委须开办学徒学校，尽量吸收学徒来学习手艺，及帮助工人组织各种生产合作社，吸收学徒参加学习，以解决学徒找不到师傅带的困难，及消灭师傅对学徒的剥削。

11. 工人、雇农、青工、学徒、牧童，应由职工会以工资为标准，从老板雇主方面抽收相当的文化教育经费，来创办工人、青工、学徒的文化教育工作。

12. 女工生产前后八星期休息，工资照发。对于抚养婴儿的补助金，应由雇主给以最低津贴费五元。

13. 对于刨烟工人、煤矿工人、烧瓷器窑工人、烧石灰窑工人、砖瓦瓷工人、机器工人、印刷工人、铁工等，每年由雇主做工衣两套给工人穿。

14. 苦力工人（搬运工人、拉船夫、轿夫、挑夫都包括在内）所负工量，长途者不得超过六十斤，在三十里以内不得超过七十斤。推车夫长途者不得超过一百二十斤，在三十里内者，不得超过一百五十斤，如超过重量者，除原有工资外，应另加工资。

15. 工人因发生疾病及受伤的，在社会保险局未设立前，临时由雇主与资本家出医药费，并照给工资。因工残废者由雇主与资本家出三个月中等工资给其家属作优恤金。

16. 对于失业工人，除由劳动部建立失业介绍所登记失业介绍工作外，以后凡是苏维埃企业中及合作社中、私人企业中首先要雇用失业工人。在失业工人中，尤要先雇用加入工会的会员。同时，劳动部与财政部要协同帮助失业工人组织各种生产合作社，目前主要的是要组织煤炭、烧石灰、做纸、织布、做瓷碗及苏区群众日常生活需要的各种手工业等生产合作社。如工人能自己办生产合作社缺少本钱时，得由职工会担保向苏维埃银行借资本开办，以解决工人的失业与发展苏区的生产。但这些生产合作社，绝不能容许剥削工人的老板参加，以防止老板对工人的剥削。大会责成劳动部在三个月内要调查失业工人数量与生活状况，及具体计划解决失业救济，坚决肃清苏区内的失业现象。

17. 在私人资本企业中的工人，要开始按月实行征收社会保险金，以保障工人失业的救济。在社会保险机关未建立前，这些保险金暂委托职工会管理。

18. 各级劳动部要积极领导在业工人、雇农、牧童等，实行与雇主资本家订立劳动合同、集体合同，以保障工人、雇农、青工的利益和劳动法令的实行。同时，为要监督劳动法的实行，必须在劳动部之下设立劳动检查所和劳动检查员，随时去检查合同的实行，最低限度每三个月①要检查一次。

19. 在执行劳动法中，要注意到巩固工农联盟，要加紧宣传农民来拥护工人劳动法的利益，以建立工人与农民的亲密关系。

20. 加紧对工人群众劳动法令的宣传教育，更要加紧对白区的宣传，把苏区工人所实现的劳动法利益，广泛宣传到白区工人群众中去，以启发与提高白区工人的斗争。

21. 为要有力地来保障劳动法令的实现，首先必须要依照中央劳动部所颁布的组织纲要，去健全各级劳动部、劳动科的组织与工作，严格纠正过去劳动部不单独进行工作、不积极领导工人实现劳动法的错误。大会并责成省劳动部切实地来建立劳动部的行政系统，并将劳动法及大会的决议拟具更具体的实际进行方案，以指示和督促下级劳动部执行。

22. 各级劳动部、劳动科要经常与同级职工会取得很密切的联系。关于一切实施劳动法与解决工人与资本家斗争的问题时，要职工会派人参加会议，征求职工会和其他会员的意见与赞助。但以后各级职工会关于领导工人实现劳动法令的问题，亦必须征得同级劳动部、劳动科的同意与批准，以纠正过去劳动部与职工会领导实现劳动法不一致的错误。

---

① “闽浙赣史料版”为“每三个月”，“社科法制版”印作“每月”。

23. 大会严重指出，保障工人阶级利益是苏维埃基本政纲之一，只有坚决执行这一政纲，彻底改善工人阶级生活，才更能发挥工人阶级对革命的积极性、创造性，才更有力量去领导工人阶级参加革命战争，争取苏维埃在全中国的胜利。

24. 大会号召全省工人群众，一致来赞助各级劳动部来实现劳动法令和大会的决议，一致团结在苏维埃政权领导之下，来积极参加革命战争，只有把国民党的统治推翻，把帝国主义赶出中国去，争取民族战争的完全胜利，创造苏维埃的全中国，才能求得劳动法令的全部实现和工人阶级的彻底解放。

选自《中国新民主主义革命时期根据地法制文献选编》，第四卷，中国社会科学出版社 1984 年出版，第 629～636 页。简称“社科法制版”。原件未注明史料来源。

互校版本：《闽浙赣革命根据地史料选编》下册，江西人民出版社 1982 年出版，第 377～383 页。简称“闽浙赣史料版”。

24. 陈云：《苏区工人的经济斗争》

1933 年 4 月 25 日

一年以来，党和工会在改善工人生活，领导工人的经济斗争中，提高了工人群众的积极性。一万工人英勇参加红军；踊跃退还二期公债；参加和领导乡村查田运动。这些事实证明，工人积极性的提高，是巩固和发展苏维埃政权的重要条件。

但是，苏区党和工会内忽视工人经济斗争、忽视工人，在分田以后经济上的要求，还是一般存在着的严重现象。一方面不去领导工人改善生活，一方面却骂工人不革命，或者说工人落后于农民，有的地方甚至要工人在战争时期忍受资本家的任何压迫，不要反抗。采取这种态度，是由于他们不了解，只有工人的经济地位改善了，才能提高工人的觉悟，发挥工人参加革命的积极性。对于农业工人，在分田以后缺乏耕牛、农具、肥料的实际困难，没有领导他们用互助合作和取得政府帮助的办法来解决。乡村工人，许多没有增加工资，有的没有进行劳动介绍，被富农和地主残余夺取了他们的工作。因为敌人的经济封锁和资本家的怠工，成万失业工人遭遇着不能生活的痛苦。许多女工、青工，虽然与成年工人同等工作，但我们没有领导他们起来争取同样的工资并满足他们的特殊要求。对于失业学徒的就业和增进学徒的技能，也没有足够的重视。还有，许多工会收了大量的社会保险金，不去救济工人，反而被工会机关乱用。总之，忽视苏区工人当前这些最迫切的问题，妨碍了工人群众参加革命的积极性，是目前职工运动中危险的右的错误倾向。

在领导工人的经济斗争中，还存在着另一种极端危险的“左”的错误倾向。这种倾向，表现在只看到行业的狭小的经济利益，妨碍了发展苏区经济、巩固苏维埃政权的根本利益。例如，在许多城市的商店、作坊中提出了过高的经济要求，机械地执行只能适用于大城市的劳动法，使企业不能负担而迅速倒闭；不问企业的工作状况，机械地实行八小时和青工六小时的工作制；不顾企业的经济能力，强迫介绍失业工人进去；在年关斗争中，许多城市到处举行有害苏区经济流通的总同盟罢工。这种“左”的错误，非但不能提高工人阶级的觉悟和积极性，相反地，只能发展一部分工人不正确的浪漫生活。而且，这种“左”的错误，使许多企业和作坊倒闭，资本家乘机提高物价，并欺骗工人，使工人脱离党和工会的领导。所以，这种“左”的错误领导，是破坏苏区经济发展，破坏工农联盟，破坏苏维埃政权，破坏工人阶级的彻底解放的。

这种错误，主要来源于政治上的工团主义，同时也由于我们在领导工人经济斗争中间，采取官僚主义态度，并不深入群众，不去估量商店、作坊各种不同的实际情形，只是提出一般的并不适合每个企业的笼统的要求和纲领。所以，各业的集体合同虽然不断地订立，但是每个行业工人的迫切要求仍是没有解决。

党和工会必须在工人群众中进行详细的解释：工人阶级一方面要争取改善自己的生活，另一方面必须把发展苏区的经济，巩固工农联盟，巩固苏维埃政权，看成自己解放的根本任务。要使工人了解，不彻底推翻地主资产阶级的统治，工人阶级就不能解放自己。因此，要把争取日常利益的斗争和争取革命完全胜利的斗争最密切地联系起来。

党和工会对经济斗争的领导，必须纠正官僚主义。要重新审查各业集体合同的具体条文，审慎地了解各业的每个商店、作坊的经济能力，依照实际情形，规定适合于每个企业的经济要求。不能不顾实际情况，不体现出各个企业的不同工人的具体要求，千篇一律地抄录劳动法。不能满足于形式上召集了几次群众会议，也不能满足于群众已经举手通过。签订集体合同，不能只是由工会机关自上而下地提出，而要自下而上地提出，反映工人最迫切的要求。这样的合同才能得到群众的热烈拥护，并使群众有决心为实现他们的这些要求而斗争。

要审慎地去考察资本家怠工与否，分别各种情形执行不同的策略。领导工人坚决地反对在经济上故意停止营业、破坏苏维埃经济的资本家，监督店铺、作坊的生产和经营。对于确实因为没有来货，无货可售，或生意清淡，店铺、作坊将要倒闭的资本家，工会应该领导工人要求他们继续营业；同时应该领导工人在自愿的条件之下，减少一部分工资，以企业不致倒闭为度。某些企业不能实行八小时工作制的，应该取得工人的同意，用增加额外工资的办法来补偿额外工作的时间。党和工会只有这样去了解实际情形，给予各种工人以具体的领导，才能提高群众斗争的积极性，取得工人的信仰，团聚群众于我们的周围。

在斗争方式上，要克服不发动群众、命令群众的错误。过去脱离群众，完全依靠政府的力量逮捕资本家，或者戴高帽子游行，纠正了这种错误以后，在去年年关斗争中，又到处采取了总同盟罢工的方式。这些总同盟罢工，同样是没有经过群众慎重地讨论，只是上级机关的命令。过去许多错误斗争方式的根源，是由于我们不了解每个工人的日常斗争必须依靠群众自己的力量，依靠群众的斗争积极性。在苏维埃政权之下，经济斗争中举行总同盟罢工，不但妨碍商品流通，妨碍红军的作战行动，而且会被资本家利用来反对工人的斗争，对苏维埃政权实行经济怠工。因此，这种总同盟罢工，不但是斗争方式上的错误，而且是政治上的极大错误。

在斗争的战术上，必须分裂资本家的团结。因此，每个商店，作坊的工人斗争，应该依据本店的资本家的经济状况来进行。同时，工会应该组织同业的和各业的工人，用开会、慰问、示威、包围等各种同情援助的方式，来提高阶级团结的情绪，组织阶级团结的力量。

在职工运动中，忽视工人经济斗争，忽视改善工人生活的右的错误倾向，和妨碍苏区经济发展的“左”的错误倾向，都是与党在苏维埃运动中正确的路线不能并立的。党必须清楚地估计到，工人经济斗争中“左”、右倾机会主义，都是对于巩固和发展苏维埃政权的莫大的危险。纠正这两种错误倾向，正确地领导工人的经济斗争，在每个斗争中去教育工人，提高工人的阶级觉悟，发动工人参加苏维埃建设和革命战争，以巩固工农的联合和无产阶级在这一联合中的领导权，巩固和发展苏维埃政权，是我们目前的中心任务。

选自《陈云文选（1926—1949年）》，人民出版社1984年出版，第8～12页。原注：“一九三三年一月，陈云同志从上海进入中央革命根据地以后，负责工会工作。本文章载中国共产党苏区中央局机关报《斗争》第九期，收入本书时有删节”。

25. 陈云：《怎样订立劳动合同》

1933年7月2日

中央苏区的职工会过去虽然领导工人与雇主订立了许多合同，但是很多合同的条文，都是照抄劳动法和江西、福建两省工会所发的斗争纲领，所以大半是千篇一律，没有地方性，没有企业的特殊性，没有时间性。合同的条文所以如此呆板，或者不能适合当时企业的实际情形，这是由于在签订合同时，工会领导机关没有发动群众积极讨论，虚心听取群众的意见，没有清楚地估计到合同上的每一条文必须是群众最迫切的要求。工会领导机关常常拿了自己起草的合同条文，交到群众会上去讨论，就是这样的“讨论”，也常常变成简单的“赞成的举手”，马马虎虎“通过”。现在虽然还没有关于劳动合同实行情况的充分材料，但从汀州一部分劳动合同来看，好些没有实行。其原因，一方面是资本家的怠工破坏，另一方面是有些合同的条文就连工人也感觉到难于实行。如店员和木船工人都机械规定八小时工作制和星期日休息。这就不能动员工人积极地为自己合同的每一条文的实现而斗争。这是过去签订合同中普遍存在的毛病。

今年六月我到汀州，对于订立合同，用了以下的办法。

一、首先了解企业的实际情形，考察已订合同实行与否，了解工人的要求。

在汀州京果业签订合同之前，我首先找到两个党员，详细问了现在京果业的营业情形，生意的利润；问了上半年所订的合同是否每一条文都实行；问了工人对于“五一”代表大会，的态度，对于企业在现在情形下订立合同的意见和要求。经过了解，知道了红军与白军在水西渡打仗之后，国民党对于苏区，经济的流通加紧封锁，许多货物因为不能从上杭运来，汀州店铺只好从宁化等地远道买进，或者仅向上杭来的挑贩买货。在成本提高、营业减少的情形下，有些资本家借口封锁故意不进货。许多工人觉得，工资等等的要求，现在企业是不能担负了，按照企业现在的情形，即使工人不吃老板饭，不拿工资，给老板无代价的工作，老板仍要亏本。我还了解到，四、五、六这三个月是该业生意清淡的时期，加上上杭完全封锁的特殊情形，更增加了经营的困难。经过这个考察，使我对于企业情形和工人情绪有了大概的了解。

二、以党的支部为中心去动员群众，加强支部对工人签订合同的领导，并通过群众工作巩固党的组织。

我在京果业党的支部会议上，详细地说明了“五一”代表大会关于纠正“左”倾的决议及新起草的劳动法草案，的几个主要条文，并且详细地考察了每个党员对于“五一”代表大会决议和劳动法草案了解的程度，诚恳地要求他们把每个细小的怀疑都提出来讨论。经过两个半钟头的讨论，全体到会的同志都承认没有怀疑了。

在第二次支部会上，由党员报告各店上半年签订的合同的每个条文执行的程度。在他们逐条报告之后，了解到以下情况：（一）好些店的老板欠工人的工资，最多的欠四百多元。有些老板把政府的公债票给工人抵押工资，当然也有一些工人完全拿到了现金。（二）八小时工作制完全没有实行。照店内工作来说，每天实在做工的时间不到三小时，同时各店生意忙的时间不同，乡帮生意和城帮生意也不同。比如，接近田郊的店铺，每天上午八时后、下午四时前较忙，因为这是农民到汀州来赶市的时间。城内某些店铺因居民的生意较多，在上午八时前、下午四时后较忙。所以，机械地规定八小时，或者几点到几点为工作时间，是不适宜的。（三）星期日完全没有休息，做工也不加双倍工资。因为工人感觉到每天做工不到三小时，星期日休息不休息差不多。如果星期日要加额外工资，店内的生意老板尽可自己照顾，不愿再出双倍工资。（四）店员每年有两个月的例假，一般的做到了。客家店员，按革命以前的习惯，每年有两个月回家休假。不回家的，仍自动向老板拿两个月特别例假工资。（五）其他十几条多半是照抄劳动法上的条文。在上述情形之下，支部的党员提出了对于工资、工作时间、星期日休息、例假、社会保险等等问题的具体意见，一致主张改订一个临时性质的合同。这个合同只适用于上杭完全不能来货的时候，但是必须由工人严密地监督老板，反对老板故意不进货。支部把同志们所提出的意见，归纳为六七个主要的条文，经过党员一致同意之后，分配每个党员到各店去向工人宣传，并征求他们的意见。

在第三次党的支部会议上，由每个同志报告向京果业各店店员宣传的结果。工人提出了两条要求：每星期日应有双倍工资；每月六元的伙食钱除外。这样，我们就根据支部提出的意见，并考虑了群众的要求，拟定了这次合同的条文，并由每个同志负责到各店去召集工人，征求意见。然后经过京果业工会支部的全体大会讨论，通过了合同的条文，选举了签订合同的五人委员会，领导工人同每家店铺的老板去签订合同。

三、应该订立实际的适合于汀州京果业目前情形的有弹性的合同。

附：汀州市京果业劳动合同一例①

第一条　本合同自一九三三年七月一日起，系临时双方规定的无限期劳动合同，只能适用于现在本市京果业因汀州邻近的白区，无法来货时。若工会认为情形有部分或全部改变，随时有权要求部分或全部修改合同，但雇主不得借口经济封锁故意不进货物。

第二条　工人工资照一九三一年下半年数额。工人王其佚每月工资大洋二十元（伙食六元包括在内）；每月由雇主另外发给理发、洗衣杂费大洋九角。工资每月一号、十五号

① 本劳动合同全文录自《陈云文选》，人民出版社 1984 年出版，第 13～19 页：《怎样订立劳动合同》。陈云同志在 1933 年 6、7 月间来到汀州市，为了纠正当时签订合同中存在的不切实际的偏向，经过充分调查研究，根据当时当地京果业的实际情况和工人的要求，与店铺老板签订这一劳动合同。这是当时劳动合同的一个典型例证。

两次发给。股东老板在店内有一定职务而支薪者和管理人员（人数均照现在，不得增加）的工资，在本合同有效期间，均照革命以前最后一年工资额数支付；但其工资革命前在十元以内者，不减不加，革命前支十元以上者，现在最多不得超过十元。老板及管理人员的子弟在店内当学徒者，如不能做生意不给工资，能做生意者照一九三二年六月份工资减半。

第三条　工作时间以 8 小时为标准，但工人可以按照每日店内营业时间的忙闲来安排(忙时在店，闲时休息)，平均计算每日不超过也不少于八小时。

第四条　工人工作六天，休息一天。为使星期日店内继续营业，工人可在七天中轮流休息。如果工会会员大会决定星期日工作，将该星期日工资捐助某项运动时，则星期日工作者应给全部额外工资。

第五条　每年例假照劳动法规定执行，不扣工资。客家工人每年另外可以回家两个月，照发工资；如不回家者，雇主津贴工资一个月。例假和客家工人回家时间的选择，可于店内营业较闲时；如工人有紧要事情，则不在此限。

第六条　工人有疾病，在三个月以内者，由雇主负责诊治药费，并照给工资（花柳病及吃补药除外）。

第七条　雇主除每月十足付给工人工资以外，每月再应付出工人全部工资额的百分之六为失业保险金（除老板、工头外，不论工会会员或非会员均应照付），由雇主交社会保险局，工会得随时要求查到社会保险局的收据。雇主每月应付出工人全部工资额的百分之二为工会办公费，百分之一为文化教育费，均按月交工会。

第八条　雇主承认工人组织的监督生产委员会。该委员会有权随时要求查阅账册、货款。

第九条　本合同有效期间，劳资双方如有争执，悉按现行劳动法令办理。中央政府修正的劳动法颁布以后，依照该修正的劳动法办理。

这一合同的条文，并不重复劳动法上已定各种保护工人的条例，而是把京果业工人所需要的条文与老板签订合同，我以为这是很实际的。

为什么要订临时的无限期的合同？正是因为要适合现在汀州京果业的情形。现在上杭毫无来货，生意十分清淡，这种时期并不是永久的，而且也不是有一定期限的。因此，现在签订这个临时的无限期的劳动合同，是十分适宜的。只要营业有部分的好转，或全部发展起来，则工会随时可以领导工人要求部分或全部修改合同。工人群众是完全能够了解这个临时性质的合同的意义的。如果资本家能够从上杭进货时而故意不进货，工人组织的监督生产委员会可以随时监督着资本家，用群众的力量来反对资本家的怠工。

在第二条“工资”的一项，照一九三二年二月所订的合同，每人每月不论成年工人和学徒一律加十元，而按这次签订的临时性质的劳动合同，一律减少十元。这样不分等级的减少十元，是否使青工、学徒太吃亏了？这一问题我慎重地提到党和工会的支部大会上，要求成年工人和青工、学徒共同讨论，他们一致认为是适当的。事实上，大部分青工和成年工人的工资已经相差不远，在五十一个店员中，自二十五元至三十二元的占绝对多数，自二十元至二十五元的占极少数，只有一两个学徒。

对于八小时工作和星期日休息这两个条件，不是呆板的，而是灵活的。我们应该领导工人坚持要求八小时工作和星期日休息，因为这是工人阶级的基本要求，不能放松。但是，八小时工作时间的运用，星期日休息的办法，是活动的，不是机械的。这正是估计到商店营业上特殊的情形。

对于例假，规定“客家工人每年另外可以回家两个月，照发工资；如不回家者，雇主津贴工资一个月”。这个问题，历次订条件时客家工人与本地工人有争论。客家工人坚决要求这个条件，本地工人反对，或者要求同等待遇。经过慎重的讨论，说服本地工人同情客家店员的要求，不受资本家的欺骗和挑拨。

最后决定，签订合同的委员会，在会同工会领导各店工人与各店老板签订合同时，可将大会通过的条件作为标准，依照各店不同的特殊情形，与各店工人共同讨论，可以部分地修改合同上的某些条文。

选自《陈云文选（1926—1949年）》，人民出版社1984年出版，第13～19页。原注：“本文原载中国共产党苏区中央局机关报《斗争》第十八期，收入本书时略有删节。”

26. 湘鄂赣省农业工人工会第一次常委扩大会决议案

1933年9月4日①

一九三三年八月八日，省农业工人工会在省工联执委扩大会后，召集了一次常委扩大会，到（会的）有过半数常委、各县代表并有中共省委和省工联代表出席，及出席全国农业工人代表大会回转的代表团参加。这次会议详细讨论了全国农业工人代表大会的各种决议与文件，详细的检阅工作与定出了目前工作方针，作成下列的决议。

一、湘鄂赣的农业工会自去年二次全省代表大会后，是获得了不少的成绩，主要表现在：创立了全省的系统组织，吸收了大批的会员，在平分土地的斗争中起了不少的作用，积极的帮助苏维埃的查田运动，反对富农和肃清地主残余，反对苏维埃机关的官僚主义分子，扩大红军，慰劳红军（借谷、借米、借三个铜板供给红军。倘［向］富农借□□打马草做鞋子物质，慰劳红军，为红军家属做工等等），都有（不）可否认的成绩。但是，因为省雇同意并执行了陈佑笙［生］同志的机会主义路线和在实际工作中犯了许多缺点，使雇农工会工作存在着很多（严）重的错误与缺点，主要的是：

1. 起初否认了敌人四次“围剿”的存在，放松战争动员，后来为铁的事实所压迫，承认了（对）四次“围剿”没有明确的了解。

2. 没有完全去解决分了土地的农民的耕牛、耕具、种子、居住的困难，没有积极去领导现仍在雇主家中做工的雇农雇工增加工资减少工作时间改良待遇的斗争。总之是忽视了农业工人日常利益的保证。

3. 对于白区农业工人工会的组织，直到现在都还没有很多地很好地建立起来。

4. 对于贫农团的领导，非常不够，未能在贫农团中起得坚强的领导作用，在巩固工

① 原注：此为湘鄂赣省农业工人工会发文时间。

农同盟问题上有些地方妨害了中农利益。

5. 对于发展农业生产，加紧土地建设工作做得非常不够，在各县（尤其铜古［鼓］排埠最多）都没有荒田。

6. 没有完全注意动员农业工人，参加苏维埃与红军建设，而且提出“监督苏维埃政权”的错误口号。

7. 对干部的训练与提拔不够，有些新的干部提拔起来了不去加紧教育，培养他们独立工作能力，尤其在佑生同志家长制度压迫之下，部分干部的积极性，反降低了。

8. 集体的领导简直冒（没有）建立起来。各级雇农工会机关有时连一个主持的人都没了，命令主义、家长制度、官僚主义作风很严重。

因为有了上述的错误与缺点，湘鄂赣的雇农工会未能成为有充分群众性的阶级组织，在一年多来的工作过程中不能得到应有的成绩。

二、大会号召全体会员以无产阶级的精神克服过去工作中的一切错误，执行共产党的积极进攻路线，以十二万分的努力来执行下列工作：

1. 根据全国农业工人代表大会所颁发的农业工人工会的章程与省总二次扩大会组织决议，将现在的雇农工会改名为农业工人工会，除按章程上所规定的各种农业工人加入外，还应增加补锅、泥水、熬硝、采药、打砻、刻雕、烧石灰、陶业工人等农业工人加入工会。必须（使）农业工人工会成为有充分的群众的阶级工会，吸收百分之九十以上的农业工人做会员。

将现有的雇农乡村委员会改为支部委员会，凡有会员十五人以上的乡便可以成立支部，若人数不满十五人的则可联合几乡组织支部。如若只有最少数的农业工人的地方，该地有店员手艺工人支部时，则可加入手艺工人支部。

凡有季候工人的地方，就应将季候工人工会成立，加紧他们的阶级教育，领导他们的斗争。

在这次组织的改造中，不应单是和平的改名称，而要充分的发动斗争，坚决洗刷非农业工人成分出会，转变工作方式，加紧反对官僚主义命令主义家长制度，充分的发展自我批评，实行无产阶级的民主，广泛吸收会员参加工会生活。

2. 积极的领导工人日常利益的斗争，要用极大的努力来保护农业工人的经济利益、文化利益与生活利益，使这一工作与巩固和扩大苏维埃区域的任务联系起来。

各地须按照实际情形，定出农业工人各个集体的要求纲领，在纲领中要分别农庄的大小与雇主的社会成分（富农、中农、贫农），在订立的合同中来实现农业工人的要求。各地应速完成这一工作，并根据省区特别是在订立合同中要采取对中农、贫农与对富农不同的策略，雇农、中农、贫农做工可以延长工作时间（不得超过十一小时），但须给额外工资。在苏区内要向苏维埃政府提议保护农业工人的劳动法，帮助劳动部成立乡村劳动介绍所。

加紧查田查阶级运动，查出那与隐藏的分了土地的地主残余□□没收他的田地与财产；富农分了好田的同样要没收，如在苏维埃政权底下他不反动的可分以坏田给他；贫农雇农没有分到足够的好的田地的应补给他们。这一工作必须取得贫农的积极参加。

要切实的帮助雇农解决耕牛耕具种子居住的困难，我们要学习中央苏区的经验，组织农业生产合作社，肥料、耕牛、信用等合作社，积极帮助雇农组织劳动互助，共耕土地，进□帮助合作社帮助耕牛站等（下缺——原编者注）。

湘鄂赣省农业工人工会

选自《湘鄂赣革命根据地文献资料》，第三辑，人民出版社 1985 年出版，第 72～75 页。原注："按江西省档案馆保存的原件刊印"。

27. 湘赣省苦力运输工人工会组织任务决议案

1933 年 10 月 13 日全省苦力运输工人第一次代表大会通过

大会一致认为湘赣苏区苦力运输工人近年来在共产党领导之下，用艰苦奋斗的决心获得了不可否认的成绩。主要的是在扩大与拥护红军运动中，在查田运动与反富农斗争中表现无产阶级的领导作用。部分地方已经建立了本会组织，工人的日常生活相当改善了，工人在政治上的地位绝对提高了。但是湘赣省苦力运输工人工会是刚才萌芽出来的，所以在这中间就没有完全建立广大无产阶级群众的组织。这就说凡［还］有很多工人站在工会门外；另方面犯了沿门造册拉夫式（吉安永新）。同时又混进了最少数非无产阶级分子（如永新）一个贫农当县青工部长（安福的苦力家属亦加入工会）。部分地方没有按照组织大纲来建立各级委员会（如萍乡），工会生活不健全，没有建立集体领导科学分工。特别支部生活不健全，部分地方尚未单独划分组织（安福、新峡），不能按期召会和到会纳会费，还没有大大改善工人生活。

1. 苦力运输工会的组织任务就要团结广大苦力运输工人，在斗争中激进改善他们生活的基础上吸收他们加入工会。扩大和健全工会组织，创造群众的阶级工会，建立工会民主生活集体领导与巡视制度，培养与提拔大批干部，提高工人群众泰［参］加革命战争的积极性到最高限度，完成资产阶级性的民主革命的阶段，使革命往前发展为实现社会主义前途而斗争。苦力运输工会除接受所属上级工会指挥外，并接受同级职工会的指挥，自省到支部都要建立他的单独组织系统，成为苏维埃的主要群众柱石和积极参加苏维埃与红军的建设，为着苏维埃在全中国的胜利而斗争。

2. 为着创造真正群众的阶级工会，就要吸收百分之九十以上的苦力运输工人到组织内来。特别在新苏区（遂万泰等）以及永新之运输，吉安之车夫，攸县之挑夫扛夫，萍乡之苦力以及各县的苦力运输工人进行广泛的吸收会员运动。必须彻底纠正登计［记］式与拉夫式的错误，要从斗争中去吸收，经常规定征收会员运动。特别要注意是支部小组会中发动每个会员吸收在工会门外的真正阶级工人，尽量介绍到工会里来。

3. 建立工会民主生活就要建立集体领导与实行科学分工，实行个别负责制，所凡［有］工会的重要事宜与文件刊物之发出，必须经过会议的决定。建立各部的单独工作系统，特别要加强青工女工工作的领导，彻底肃清一切脱离群众官僚主义的现象。

4. 建立巡视制度是转变工会工作的主要关键。要选择比较好的干部担任巡视员，各县工会要有固定的巡视员，各区工会要有不脱离生产的巡视员。巡视员出发时要有相当的训练，给予具体的任务。巡视员到下层要检查上级发下的文件执行程度怎样，回来时要有工作报告和严格检查工作，创造他们单独工作的能力，切实地帮助下层解决一切困难问题。

5. 为得要培养和提拔大批工人干部，特别注意青工女工干部适应目前工作的需要。各级工会必须与同级职工会和各业工会经常开办干部训练班，施行适合工人口味的教授材料，以及在斗争中，在实际工作中来培养和提拔干部，适当支配新干部的工作能力建立新干部的信仰，对于那些教育不变的坯［坏］干部洗刷他出指导机关。同时要注意在支部小组会议中，个别谈话中，在墙报与识字运动中，列宁室俱乐部中提高工人群众的政治理论与文化水平。

6. 白区与白军中工作，是革命战争空前发展与激烈的时候非常重要的一项工作。夺取白区广大工人及劳苦群众和白军士兵，是建立新的苏区夺取中心城市的一支有力武装。各级工会必须在每次大的会议中，每一工作计划在实际工作中丝毫不能放松对白区白军工作的领导和进行。

7. 怎样建立和健全支部生活，支部是本会的基本组织与工作指挥单位，是一切工作的直接执行者。要使支部生活健全起来，必须做到按期开会，会员要按期到会，缴纳会费。在会议中适当分配会员的工作，并限期作工作报告。要提高自我批评精神，正确执行工会纪律与思想斗争，尤其支部委员会要健全，注意领导工人群众的斗争，提高工人群众的积极性。

8. 巩固工会基金。拥护苏区苦力运输工人工会中央委员会募足工会基（金）三万元的号召。为着完成这一号召，在湘赣省苦力运输工会筹足工会基（金）三百元，并号召全省苦力运输工人每人为自己工会工作一天，作为工会基金。

9. 本会应在共产党的亲密领导之下来进行自己的工作，提拔大批干部介绍到苏维埃政权机关与红军中以及各革命团体担任主要工作。在日常工作中，要与苏维埃取得一致联系的行动共同去完成，切实执行苏维埃的一切法令和政纲。全体会员应集体的加入贫农团，并起得经常的精密的领导作用。

苏区苦力运输工人工会
1933 年 10 月 13 号印　于永城

选自《湘赣革命根据地史料选编》下册，江西人民出版社 1984 年出版，第 525～527 页。

28. 中华苏维埃共和国中央执行委员会关于重新颁布劳动法的决议

1933 年 10 月 15 日

一九三一年十二月一日所颁布的劳动法，经过一年半实施的经验，认为该劳动法的条文有些地方不合于现在苏区的实际环境，对于雇用辅助劳动力的中农、贫农与手工业者，没有变通办法的规定，在执行上发生困难，而且有许多实际事项没有规定进去，而这些实际事项又迫切需要规定。中央执行委员会为了增进工人的利益，巩固工人与农民的联盟，发展苏维埃的经济，在一九三三年四月间，组织了劳动法的起草委员会重新起草劳动法。五个月来这一新的劳动法草案经过各地工农群众的讨论，集合了许多意见。中央执行委员会根据劳动法草案与各地的意见加以审查修改，特决定如下：

（一）劳动法条文通过并公布之，从一九三三年十月十五日起发生效力。

（二）新劳动法公布以后，在一九三一年十二月一日所公布的劳动法即宣告无效。其他关于劳动问题的一切法令，如与新劳动法的规定相冲突者，亦失其效力。

（三）实施新劳动法各条文的详细手续，由人民委员会及中央劳动人民委员部以命令公布之。

（四）本劳动法的修改和增减，以中央执行委员会的命令行之。

（五）本劳动法在中华苏维埃共和国的领土内均发生效力。

（六）凡违反本劳动法各条之规定，均照中央执行委员会一九三三年十月十五日公布之违反劳动法令惩罚条例各条之规定处罚之。

中华苏维埃共和国中央执行委员会
主　席　毛泽东
副主席　项　英
张国焘
公历一九三三年十月十五日

选自《中国新民主主义革命时期根据地法制文献选编》，第四卷，中国社会科学出版社 1984 年出版，第 583～584 页。原注：“选自一九三四年七月《苏维埃法典》第二集。”

互校版本：《中央革命根据地财政经济史长编》上，人民出版社 1982 年出版，第 641～642 页。原件未注明史料来源。

29. 中华苏维埃共和国劳动法

1933 年 10 月 15 日修正公布

第一章　总　则

第一条　本劳动法，对于凡受雇佣的劳动者均适用之。对于各种企业，各项机关，各种商店（不论为国有，为团体所共有，为私有，以及雇请工人在家庭工作者，都包括在内）和以物品和货币作报酬而使用他人劳动力的各个人，均须受本法的拘束。

注一：对于雇佣辅助劳动力的中农、贫农、小船主、小手工业者及手工业的生产合作社，得到工人与职工会的同意，均免除受本法某些条文的拘束，另由中央执行委员会制定特别的法令颁布施行之。

注二：遇有特别事件发生（如防饥、防灾及战争事件等缺乏劳动力时）中央人民委员会得到中华全国总工会的同意，得在一定限期内颁布特别法令实施之，免除适用本法。

上列两项的例外与限期，工人与职工会随时有权要求取消和缩短。

第二条　本法不适用于中华苏维埃共和国海陆空军的现役军人。

第三条　对于农业工人、季候工人、乡村手艺工人、苦力、家庭仆役及其他有特殊劳动条件的工人，除开适用本法一般规定外，另由中央执行委员会根据这些工人的劳动条件，制订特别保护这些工人的补充法令公布施行之。

第四条　各项正式或非正式的集体合同与劳动合同，其条件如比本法所规定的条件较为恶劣者，均不发生效力。

第二章　雇佣及取得劳动力的手续

第五条　凡居住在中华苏维埃共和国领土内的各个人及各种企业机关和商店，欲以雇佣方式取得别人的劳动力从事工作者，除本法第十条所规定的例外，均须向政府劳动部所属的机关（劳动介绍所）请求介绍。在当地政府劳动部没有成立该项机关时，须向职工会请求介绍。

第六条　凡欲寻觅工作的人，须到当地政府劳动部所属的劳动介绍所登记，列入失业劳动者的名册的。如果当地政府劳动部没有成立劳动介绍所时，即到当地职工会登记。

第七条　私人设立的工作介绍所或雇佣代理处及委托工头招工员、买办或任何个人私自雇佣工人，一律禁止之。要被介绍人付出金钱或物品作为介绍工作的报酬，或从工资中克扣介绍工作的报酬，均禁止之。

第八条　所有各种企业、各项机关、各商店以及私人雇主等，凡欲雇佣劳动者工作者，均须照下列手续，请求劳动介绍所介绍：

（一）应开列所须用之劳动力的各种条件，以该企业或机关管理部的名义，或私人雇主自己或代表人的名义，向该管政府劳动介绍所请求介绍。

（二）在劳动介绍所注册的人，有和前项所需要的条件符合者，即照劳动介绍所的章程，介绍前往工作。

（三）雇主对于劳动介绍所派来工作的人，不论拒绝或收用，均须照劳动部所订章程，通知该管政府的劳动介绍所。

第九条　如有下列情形发生，雇主须负完全责任：

（一）雇主在劳动介绍所开列所需用之劳动力的条件，与实际上不符合时；

（二）不履行因雇佣工人所必须执行的手续时；

（三）非法拒绝劳动介绍所派去的工作人员时。

第十条　遇有下列情形，雇主可不经过劳动介绍所自行招雇劳动者工作，但必须在该管劳动介绍所登记：

（一）需用负政治上的责任或其他与被雇人身份有关的专门家和经理人管理人时；

（二）劳动介绍所从雇主请求之日起，在劳动介绍所章程所规定的日期内，不能代为招到该项工作人时。

第十一条　所有企业机关及一切雇主，应照劳动部所定期限，将所有雇用的劳动者依式向当地劳动部呈报。

第十二条　在乡村中的雇主雇佣劳动力及登记寻觅工作的人，由中央劳动部会同中华全国总工会制订特别章程办理之。

第三章　工作时间

第十三条　所有被雇佣的劳动者，从事各项工作，通常每日的实在工作时间，不得超过八小时。

第十四条　下列几种人，他们每日的实在工作时间不得超过六小时。

（一）十六岁到十八岁的未成年人；

（二）除开办理直接与制造有关系的人员外，所有使用脑力劳动的人员；

（三）在危害工人身体健康之工业部门，及在平地下层工作的人。

注：所有危害工人身体健康之工业部门，由中央劳动部规定公布之。

第十五条　十六岁以下的未成年人，每日实在工作时间不得超过四小时。

第十六条　对于第十三条、第十四条、第十五条所规定的工作时间，中央劳动部得到中华全国总工会的同意，得指定数种有特殊情形的劳动人员（如担负政治工作，参加会议，负责任的劳动人员，生产合作社及其他有特殊情形的劳动者）另行规定办法，不受上列规定工作时间的限制。

第十七条　所有在夜间工作人员，其工作时间应较白日的通常工作时间缩短。但在连续生产或轮流换班工作的情形下，夜间工作时间，仍与白日同，但须增加夜间工作的工资（如属于第十三条所规定者，应照白日工作时间内的工资，增加七分之一；属于第十四条所规定者，应增加五分之一）。按件计算工资的人，如遇前项情形，除按件所得的工资外，如为夜间工作，亦须增加工资七分之一或五分之一。

注：本条所称夜间，系指由下午十时起至第二天上午六时的时间。

第十八条　在每日的工作时间内，应有半小时的至一小时的停工，以为工人吃饭和休息的需要，但此项停工的时间不算入工作的时间内。

注：凡在不能停工之工业中工作的劳动者，此项休息时间，由中央劳动部另行规定特别办法施行之。

第十九条　超过法定工作时间以外的工作（即额外工作），按照一般原则禁止之。但在工作上有必要时，经过工人与职工会的同意及当地劳动部的批准，得作额外工作。

注；如有特别紧急的事情发生（如预防公众灾难，消灭工程上的障碍等），必须进行的额外工作，（来）不及得到职工会与劳动部的同意时，应在第二天通知劳动检查员备案。

第二十条　进行额外工作的时间，连续两日，共不得超过四小时。

注：在农业中，及其他季候工作中必须进行本条所规定以外的额外工作时，得到工人与职工会的同意及劳动部的批准，得酌量增加之。

第二十一条　凡因厂方的过失以致上工迟误，所消费的时间，不得令工人作额外工作补偿。

第四章　休假时间

第二十二条　所有被雇佣的劳动者，每一星期内至少应有连续四十二小时的休息。

注：若在工作上有特殊情形，不能按照普通办法每星期依次休息者，则于相当时期内一次补给以若干日的休息。

第二十三条　下列各纪念节日须一律停止工作：

（一）一月一日　新年节；

（二）二月七日　军阀屠杀京汉路工人纪念日；

（三）三月十八日　巴黎公社纪念日；

（四）五月一日　国际劳动纪念日；

（五）五月三十日　反帝纪念日；

（六）八月一日　反对帝国主义战争及中国工农红军成立纪念日；

（七）十一月七日　苏联十月革命及中华苏维埃共和国成立纪念日；

（八）十二月十一日　广州暴动纪念日；

（九）各级劳动部得商同地方的工会联合会按地方情形规定各该地方的纪念节日，作为休息日，但此项地方纪念节日每年不得超过两天。

第二十四条　每星期的休息日和前条各纪念日停止工作，工资照给，若在工作上有必要继续工作者，须加倍发给工资。

第二十五条　休息日和二十三条所列各纪念节日的前一日的工作时间，不得超过六小时，工资与完全的工作日同。若系按月计算工资者不扣除工资。

第二十六条　所有被雇佣的劳动者连续工作在五个半月以上，在一年内至少须有两星期的休假，照给工资。不满十八岁的未成年人及危害工人身体健康之工业中工作的人，每一年至少须有四星期的休假，照给工资。

第二十七条　第二十六条所规定之休假，工人可以自由选择时间利用，但以不妨碍各该事业及机关与家务的进行为限。

第二十八条　被雇人若因生病与生育所得的休假，不得算入第二十六条所规定的假期之内。

第五章　工资（劳动力的报酬）

第二十九条　被雇人因出卖劳动力所得的报酬（工资）之额数，应在集体合同及劳动合同内规定之。

注：本条所称工资，系包括货币部分与物品都分（如雇主供给伙食衣服及自然品等）之总称。

第三十条　所有被雇佣的劳动者，其工资不得少于当地政府在各该时期依照当地生活程度与各项劳动者职业的等级所规定的工资之最低限度。

第三十一条　所有各项被雇佣的劳动者所得工资等级的最低限度，每三个月至六个月由当地政府劳动部规定一次。

第三十二条　超过法定工作时间以外的额外工作，应给额外工资。额外工资的数量，应在集体合同及劳动合同内规定。但起首两小时以内的额外工作，其工资应在通常工资增加百分之五十。超过两小时以外的额外工作即应加倍付给工资。

第三十三条　所有被雇用的妇女与未成年人，如与成年男工作同样工作者，应得同样工资。未成年人按第十四条或第十五条规定的工作时间工作，但他们的工资，仍应按照该职业工资的等级，给与全日工资。计算未成年人工资的办法及工资的数额，由中央劳动部按照各企业的情形与工作性质规定之。

第三十四条　倘转移被雇人，换作比原定工资较低的工作时间，则应由转移之日起，在两星期内仍照原定工资额数付给。

第三十五条　凡系长期工作，应分期付给工资，但至多每半个月应付给一次。临时或不满两星期以上的工作，应于工作完毕时付给工资。

注：如系按月按季按年计算工资者，在得到被雇人与职工会的同意不受本条的限制。

第三十六条　工资应以当地通常货币支付，但在得到被雇人的同意时，可以物品代替一部分。以物品代替工资的额数及物品计算的办法，均于劳动合同集体合同内规定之。

第三十七条　付给工资，应在工作时间及工作地点行之，且须直接交给被雇人之手或被雇人所委托的代表。

第三十八条　例定支付工资日期如为例假，在例假期间的工资应在例假前付给。

第三十九条　按件计算工资的工作，应在集体合同劳动合同内规定按件工作的工价，并须根据每日通常生产，规定每日的标准工资。规定包工工资的办法，及包工工资的支付办法，亦应在合同内规定。但禁止利用包工的办法，来克扣和剥削工人应得之工资。

第四十条　关于生产率的标准，由各企业各机关的管理部或雇主与职工会协议规定之。倘被雇人因为自己的过失，在正当的工作条件下不能完成生产率的标准时，可照他们已完成的工作付给工资，但不得少于原定工资额数的三分之二。如果被雇人屡次不能完成生产的标准时，可照本法第一〇二条第三项的规定解除合同。

注：本条所指的正当工作条件如下：

（一）机械及其运用上均完整无阻。

（二）在工作中所需用的一切材料与器具，均能按时供给并足敷使用。

（三）工作地方，对于卫生及身体的运动各事①有适宜的设备（如光线、湿度等）。

第六章　妇女及未成年人的劳动

第四十一条　凡工作特别劳苦笨重，或有害工人身体健康以及需要在平地下层工作的地方，均不得雇用妇女及未满十八岁的人从事工作。禁止妇女及未成年人工作的场所，由中央及各省劳动部规定公布之。

第四十二条　受孕和哺乳的妇女及未满十八岁的人，不得雇用为夜间工作。

第四十三条　使用体力工作的妇女，于生产前及生产后各休息八星期，使用脑力工作的妇女，于生产前及生产后，各休息六星期。

注一：本条休息期间的工资，如被雇人已在社会保险局保险，由社会保险局付给，否则，由雇主付给。

注二：小产经医生证明照疾病例给予休假。

第四十四条　被雇用的妇女受孕在五个月以上者，不得她自己的同意，不得派往别地方工作离开她原来居住的地点。在生产前五个月雇主不得辞退，在生产后九个月除开第一〇二条第七项所规定的情形外，亦不得辞退。

第四十五条　哺乳的妇女在工作时间内，除享受本法第十八条所规定的普通停止休息时间外，每隔三小时应有半小时休息来哺乳小孩。此项休息时间计入工作时间内。工厂并须设立哺乳室及托儿所，请人负责看护。

第四十六条　未满十四岁的男女，禁止雇佣。妇雇佣十四岁至十六岁的未成年人，须

---

① 此处“单行本抄件”为“是”，“社科法制版”“人民财经史长编”为“事”，“人大劳动法资料”为“点”。

经劳动检查机关的许可。

第七章 学 徒

第四十七条 凡在工厂、作坊、商店以及在专属技艺工人指导下面和附属在工厂中的工艺学校分别学习各种技艺者，均称为学徒。

第四十八条 各学徒学习的限期由中央劳动部会同中华全国总工会及教育部按照各该职业的性质分别规定之。但最长的学徒期限不得超过三年。

注：关于保护各项学徒的补充法令，由中央劳动部另行颁布之。

第四十九条 无论何种学徒，均不得强令他们负担与本人所学特别技艺无关的他项工作或杂务；并不得强令学徒举行各种宗教的仪节。

第五十条 学徒每天至少须有一小时以上专门学习技艺的时间。

第五十一条 学徒在学习技艺三个月以后，须得相当工资，以后须按学徒学习期限与生产率的标准，提高工资。学徒应得工资的比例，由中央劳动部会同全国总工会规定之。

第五十二条 各机关、各企业、各商店以及学徒的专门指导人，须遵照劳动部教育部及国民经济部所颁行的法令，对于未成年的学徒学习业务之正当进行与否，负有设法维持保护并督促的责任。但严格禁止打骂虐待学徒。

注：考核与监督学徒学业正当与否的责任，属于该管劳动部的机关。

第八章 保证与津贴

第五十三条 凡工人及职员，被选为苏维埃或职工会所召集之代表会议的代表，在参加代表会议的期间，仍有支领工资的权利。

第五十四条 凡工人及职员，被法庭传唤充当见证人或监定人或陪审员执行司法机关委托事件的日期，如果不超过一星期，仍有支领工资的权利。

第五十五条 凡工人及职员，因被征到红军中服军役及被派到苏维埃、职工会及其他社会团体服务，因而取消他的工作地位时，须预先发给他一个月工资的津贴。

第五十六条 因第一〇二条[①]（一）、（二）、（三）三项原因，而解除劳动合同，及因第九十三条、第九十四条所指的原因，而解除劳动合同，与被雇人因第一〇三条所指各项原因而解除劳动合同者，须给被雇人二星期工资的退工津贴。

第五十七条 各企业内在工作中所必需的器具及使用物件，保证被雇人随时有权使用，不得索资。如果因为工作的需要，而使用被雇人私有器械者，尚有损坏，雇主应负责赔偿。各企业内如因工作而致损坏工人衣服者，须由主雇主负责照实价赔偿。

注：本条对于作零工的手艺工人，免除适用。

第五十八条 凡工人及职员暂时丧失劳动能力，须保留他原来的工作地位。但病者以三个月为限，怀孕及生产者除开第四十三条所规定的休假外，以再经过三个月为限（第一〇二条第七项）。

第五十九条 各企业各机关中停止工作，而未声明解除合同者，须照给工资。

第六十条 如因被雇人的疏忽或不遵守工作机关的内部管理规则，致将器械、使用物件、制造品和物料损坏，经过职工会工厂委员会的同意，在被雇人工资内扣除赔偿损失的

---

① “社科法制版”将“一〇二条”误为“一〇一条”。

价值时，其额数不得超过该工人一个月所得的工资的三分之一。

第六十一条　雇主若因财力缺乏，对于因集体合同及劳动合同而欠工人及职员工资，须比其他的债务有优先权，尽先付给。

第九章　劳动保护

第六十二条　无论何项企业，不经过劳动检查机关的许可，不得开设，或复业，或迁徙建筑物。

第六十三条　各企业各机关必须采用适当的设备，以消灭及减轻工作人的危险预防事件的发生，及保持工作场内的卫生。

第六十四条　凡担负各种特别有害卫生的工作（如发生不规则的温度或潮湿沾污身体等），及在有毒企业内工作，须由企业主发给工作人的工作衣服及各种防护器具（如眼镜、面具、呼吸器、肥皂等），并须给予工人以消毒药水及特别食品（如肉类、牛乳、鸡蛋等）。

在上述情形下之工作人，应按期检查他们的身体。

第六十五条　各项保护劳动的现行法令，由政府劳动部所属的劳动检查机关监督执行。劳动检查员于一定期间内，由职工会的会议选举呈请当地劳动部批准。劳动检查机关的职权范围，由中央劳动部制订特别条例颁布之。

第十章　社会保险

第六十六条　社会保险，对于凡受雇佣的劳动者，不论他在国家企业，或合作社企业，私人企业以及在商店家庭内服务，不问他工作的性质及工作时间的久暂，与付给工资的形式如何，均得施及之。

第六十七条　各企业各机关各商店以及私人雇主，于付给工人职员工资之外，支付全部工资总数的百分之五至百分之二十的数目，交纳给社会保险局，作为社会保险基金。该项百分比例表，由中央劳动部以命令规定之。保险金不得向被保险人征收，亦不得从被保险人的工资内扣除。

注：社会保险基金不得使用于其他与社会保险无关的用途。

第六十八条　社会保险的实施如下：

（一）免费的医药帮助；

（二）暂时丧失劳动能力者付给津贴（如疾病，受伤，受隔离，怀孕及生产，以及服侍家中病人等）；

（三）失业时付给失业津贴；

（四）残废及衰老时，付给优抚金；

（五）生产、死亡、失踪时付给其家庭的补助金。

第六十九条　凡被保险人，如暂时丧失劳动能力，如第六十八条第二项所载，不论为何项原因，须从丧失劳动能力之日起，至恢复原状或确定残废时止，照该被保险人在企业机关内所得工资额数付给津贴。

第七十条　因受孕及生产而丧失劳动能力，须照本法第四十三条所规定的休假时间付给工资。

第七十一条　社会保险机关，如因基金缺乏，得相当减少付给暂时丧失劳动能力者之津贴的额数。

第七十二条　被保险人及被保险人的妻，如生产小孩缺乏抚育能力者，须付给一次补助津贴，并小孩在十个月内必需的物品与养育费。但此项补助津贴总数不得超过被保险人二个月的工资。

第七十三条　被保险人及被保险人担负生活费的家庭，如有死亡，须付给必需的丧葬费，其数目由当地保险机关决定，但不得超过被保险人一个月的工资。

第七十四条　被保险人失业，须付给失业津贴。被保险人如系职工会会员作工在半年以上并由雇主交纳他的保险金者，可得失业津贴。非职工会会员作工在一年以上，并由雇主交纳他的保险金者，可领失业津贴。领取失业津贴，须先到劳动介绍所登记，领失业证书，如系职工会会员须有职工会会员证为凭。

支付失业津贴期间之长短，可按照当地情形和社会保险基金的状况加以限制。

注：关于苦力零工等领取失业津贴，由劳动部规定特别办法办理之。

第七十五条　凡被保险人，因疾病或遇险，而致部分或全部残废，或因年老而丧失劳动能力，经过专门委员会的审查确定后，须付给优恤金。优恤金付给的额数，以残废的程度及性质与被保险人的家庭状况决定之。

第七十六条　凡被保险人死亡或失踪，若被保险人家属因而无从取得生活资料者，经过专门委员会的审查确实，须付给补助金。付给补助金的额数及方式，由当地社会保险机关视受津贴人的年龄及财产状况决定之。但只有被保险人的家属下列各人，才能领取本条所规定的补助金：

（一）未满十六岁的子女兄弟及姐妹；

（二）无劳动能力的父母及妻；

（三）上述家属各人虽有劳动能力，而被保险人有未满八岁的子女者。

第七十七条　关于农业工人、苦力、家庭工人与零工的社会保险，中央劳动部得制定特别章程实施之。

第七十八条　雇主交纳社会保险金，但社会保险机关之管理与社会保险基金之用途，雇主不得过问。

第十一章　集体合同

第七十九条　集体合同即一方面以职工联合会为工人及职员的代表，与他方面雇主所缔结的契约，用以规定各企业各机关各商店中的雇佣劳动者的劳动条件与雇佣条件，并确定将来各个人订立劳动合同的内容。

第八十条　集体合同内各条款，对于各该企业或机关商店内的全体工作人员，不论他是否为缔结合同之职工会的会员均适用之。

注：集体合同的效力，不及于享有开除与录用工人权力的管理人。

第八十一条　缔结集体合同的期限，由中央劳动部会同中华全国总工会规定之。

第八十二条　集体合同上所规定的条件，如比本法及其他关于劳动的现行法令所规定的条件较为恶劣者，皆不发生效力。

第八十三条　集体合同以书面为之。并须在劳动部所属的机关登记，该项机关对于合同的某部分条文，如认为与现行的各劳动法令有不利于工人或职员时，有权取消之。集体合同登记的手续，由中央劳动部规定之。

注：劳动部所属机关，取消集体合同内的某部分条款，其余部分条款如双方声明愿意登记时，应予以登记。

第八十四条　业经登记的集体合同，自双方签字之日起，或依合同内所规定的日期起发生效力。

第八十五条　各企业各机关各商店转移于新业主时，已注册的集体合同在该合同的有效期间仍旧有效。

注：如有前项情形，订立合同的双方，均有权声明从新审议该项合同，但须于两星期前通知对方。在新合同未成立前，该项合同仍旧有效。

第八十六条　集体合同不论因为何种原因而未在劳动部所属机关登记，将来工人与雇主发生与合同有关的争议时，其解决办法不以该合同为根据，而以现行各项劳动法令为根据解决之。

第十二章　劳动合同

第八十七条　劳动合同即两人或两人以上所缔结的契约，一方面（被雇人）因受他方面（雇主）的报酬供给他的劳动力。劳动合同无论有无集体合同均可缔结之。

第八十八条　劳动合同上的条件，以双方协商同意而定。但劳动合同上的条件，如果比现行的劳动法令、集体合同及各工厂机关内部管理规则上所规定的条款较为恶劣者，或有限制劳动者政治权利与公民权利的事情时，均不发生效力。

第八十九条　劳动合同订立之后，应即给予被雇人工摺一本，此工摺的内容由中央劳动部以特别命令规定之。

注：劳动合同的有效期间，在一星期以内者，不发给上项工摺。

第九十条　未成年人在劳动合同上与已成年人享有同等的权利。但他的父母与负有监督执行劳动法令责任的机关及人员，尚因继续该项合同于该未成年人身体健康有损时，虽该项合同尚未期满，可以要求解除。

第九十一条　劳动合同的有效期限，分为下列三种：

（一）不满一年的有定期限；

（二）无定期限；

（三）完成某项工程的全时期。

第九十二条　被雇人不得雇主同意，不得将自己所担负的工作自行让给他人担负。但有下列情形不受此条的限制：

（一）劳动合同为多数工人共同承揽工作者；

（二）被雇人自己丧失劳动能力、而当时的环境确实无法通知雇主者。

第九十三条　雇主不得要求被雇人做在合同内所规定之工作无关系的其他工作，及做被雇人生命有危险，或违犯劳动法令的工作。雇主因某项工作雇佣工人，倘临时在该处并无该项工作，或暂时无法进行该项工作时，雇主得要求被雇人转行担负与其性质相同的他项工作，如被雇人拒绝担负，得解除合同。但须给与两星期工资的退工津贴。如系零工，则给予当日的工资。如系月工，则给予五天的工资。

如因预防危险及公众灾难有特别必要的情形时，虽与被雇人职业性质毫不相同的工作，雇主亦得要求被雇人担负。

如有上项情形不得减少被雇人原有的工资。但该项临时工作应给的工资，如高于该被雇人的原有工资时，则应照该项较高额的工资付给。

第九十四条　迁移被雇人由甲机关至乙机关或由甲地至乙地，虽有时该机关或企业随同迁移，须先得被雇人的同意。若被雇人不同意时，则此项劳动合同，可由一方面解除之。但须给予被雇人两星期工资的退工津贴。

第九十五条　凡系长期性质的工作，在订立劳动合同以前，对于被雇人得有一相当试验时期，但该项试验期限，普通工人不得超过六天；办事员及技术人员不得超过半个月；负责人不得超过一个月。前项试验的结果，应即确定雇用或不雇用。但不雇用时，应按照该项工作的等级，付给被雇人试验期间的酬金。前项试验的结果（雇用或不雇用），应即呈报当地劳动介绍所。各劳动者在试验期内，仍以失业工人论，保留他轮流介绍工作的次序。

第九十六条　雇主与雇主间，秘密往来，通达消息，意图规定雇佣劳动力的条件等行为，一律禁止之。

第九十七条　除依照特别法令及工厂机关的内部管理规则外，禁止雇主或企业机关的管理人征收被雇人的罚金。

第九十八条　劳动合同有下列各事情之一者得废止之：

（一）双方同意废止者；

（二）合同期满者；

（三）合同所规定的工作完毕者；

（四）根据本法第九十三条、第九十四条的规定，经某一方声明者。

第九十九条　各企业各机关如有迁移或变更业主时，不得废止劳动合同。

第一百条　如劳动合同所订期限已满，而劳动关系仍继续进行，订立合同的双方均未声明要求废止时，则该项劳动合同仍以原有条件继续有效，其期限无一定限制。

第一〇一条　无期限的劳动合同，被雇人随时可以要求解除。但普通劳动者，必须于一星期前预告雇主；负责人及技术人员必须于两星期前预告雇主。

第一〇二条　无期限的劳动合同与有期限而未满期的劳动合同，除第九十三条、第九十四条所规定的情形外，如有下列各事情之一，得依雇主的要求而解除之：

（一）各企业、各机关或商店之全部或一部歇业或缩减工作者；

（二）遇有不可克服的经济原因，停止工作在一个月以上者；

（三）发觉被雇人对于工作无能力担负者；

（四）被雇人无充分原因不履行合同及工厂机关内部管理规则所负的责任者；

（五）被雇人犯刑事罪，其犯罪行为与被雇人担负的工作有直接关系，并经法庭判决确定者，或该被雇人受监禁处分满三个月以上者；

（六）被雇人无故旷工不到连续满五日以上；或一月总计无故旷工七日以上者；

（七）被雇人因暂时丧失劳动力，自丧失之日起经三个月以后，仍不到工者，或妇女因受孕及生产丧失劳动力，除本法第四十三条规定的休息时间外，再经过三个月仍不到工者。

注一：解除劳动合同，如该被雇人为工厂支部委员会委员或其他相当机关的委员时，须经职工会同意后才能执行。

注二：如有本条（三）（四）两项情形时，解除劳动合同须经职工会同意后方得执行。

注三：因本条（一）（二）（三）三项原因解除劳动合同时，须给予被雇人两星期工资的退工津贴。

第一〇三条　有限期的劳动合同，如有下列情形，虽未满期，被雇人亦得自行解除之：

（一）被雇人不能按期领得所应得的酬金者；

（二）雇主违犯合同上所负的责任及劳动法令者；

（三）雇主或管理人或他们的家属对于被雇人有无理待遇事情者；

（四）变更劳动条件较为恶劣者；

（五）因其他在法律上所规定的情形者。

第一〇四条　无论何种劳动合同，经职工会的要求均得解除之。

第一〇五条　各机关、各企业、各商店，如雇用新的工人职员，须于三日内通知职工会的支部委员会。如欲辞退工人职员，须于三日前通知职工会的支部委员会。

第十三章　职工会联合会及其在企业机关商店中的组织

第一〇六条　职工联合会（简称为职工会或工会），系联合各企业各机关各商店以及家庭中的雇佣劳动者而成立的机关。中华全国总工会是全国各种职工联合会的总机关。各项职工会联合会的组织须按照中华全国总工会全国代表大会所通过的章程，在各该产业职工联合会的中央委员会及中华全国总工会登记。

第一〇七条　所有各种其他的联合组织，未根据前条规定，在各产业职工联合会的中央机关及中华全国总工会登记者，均不得称为职工联合会及享有职工会在法律上的权利。

第一〇八条　职工联合会及其所属各分会均有下列各种权利：

（一）宣布并领导罢工；

（二）代表工人和职员与各企业各机关的管理部以及各私人雇主签订合同；

（三）出版报纸刊物，设立学校、图书馆、俱乐部，购置产业并管理之；

（四）对于各企业各机关商店，帮助劳动检查机关监督劳动法及其他一切劳动法令的执行；

（五）在私人企业中成立特别机关监督生产；

（六）在国有企业中参加企业的管理；

（七）向苏维埃政府提议颁布各种劳动法令，提出并推选劳动部所属各机关的职员。

第一〇九条　职工会得享受苏维埃政府各种物质上的协助，并享受邮政、电报、电话、电灯、自来水、电车及市政公用物品与铁道、轮船等优待条件。

第一一〇条　在军事机关内职工会的支部委员，照中央劳动部合同革命军事委员会及中华全国总工会所制订颁布的特别条例组织之。

第一一一条　各机关各企业各商店的管理部或雇主，对于职工会一切机关的行为，不得有任何阻碍。但召集该机关企业或商店的工人和职员大会或代表大会，在普通情形下，须于工作时间外行之。但派遣代表参加苏维埃会议，或参加上级职工会的代表会议仍得于工作时间内行之。

第一一二条　各机关各企业各商店除付给工人职员工资外，须付工资总额的百分之二，为职工会的办事经费，又百分之一为职工会的文化教育经费。

第一一三条　各职员工会的各级委员会的委员，持有该项委员的证书，均有权自由视察各机关各企业各商店内一切工作场所。

第十四章　管理规则

第一一四条　各企业各机关或商店内之劳动人员满五人以上者，为整理内部工作秩序起见，得制定内部管理规则。此项规则遵照法定手续（第一一六条及一一八条）确定之后，宣示于各劳动人员，方生效力。

第一一五条　在前条所述之内部管理规则内，对于劳动者及管理员之普通与特别的责任，以及因违犯规则所负责任的范围，及负责办法，应有明确详细的规定。

第一一六条　内部管理规则，对于各项现行的劳动法令和命令，以及该企业机关或商店内现行有效的集体合同，不得有所抵触。

第一一七条　标准的内部管理规则，由中央劳动部会同中华全国总工会和中央国民经济部制定之。各企业各机关各商店于未制定内部管理规则，或该项管理规则，未经批准（第一一八条）以前，本条所述标准管理规则，各企业各机关各商店应行遵守。

第一一八条　所有各企业各机关各商店之内部管理规则，应由各该管理部会同当地职工会协定后，呈由劳动部所属的机关批准。

第十五章　解决争执及处理违犯劳动法案件的机关

第一一九条　凡违犯劳动法及其他关于劳动问题的法令和集体合同的一切案件，均归劳动法庭审理之。

第一二〇条　各机关各企业或商店与被雇人间，如因为各种劳动条件的问题发生争执和冲突时，各级劳动部在得到当事人双方同意时，得进行调解及仲裁。但在发生重大争议时，即无当事人的双方同意，各级劳动部亦得进行仲裁。

第一二一条　在国有企业、国家机关以及合作社企业中，得由管理部及职工会工厂作坊的支部委员会，各派同等数目的代表，组织工资争议委员会，工资争议委员会的职务如下：

（一）评定该企业或机关中工人职员应得工资的额数；

（二）解决管理部与工人职员间因执行劳动法令及集体合同所发生的争执；

（三）工资争议委员会的决定，须得双方同意，如工资争议委员会不能解决的案件，即提交劳动部所属的机关或劳动法庭办理。

中华苏维埃共和国中央执行委员会
主　席　毛泽东
副主席　项　英
张国焘
公历一九三三年十月十五日

选自《中华苏维埃共和国劳动法》单行本抄件。

互校版本：

1.《中国新民主主义革命时期根据地法制文献选编》，第四卷，中国社会科学出版社1984年出版，第548～610页。简称“社科法制版”。原注：“选自1934年7月《苏维埃法典》第二集”。

2.《劳动法教学参考资料》(一)，中国人民大学法律系1984年编印，第27～49页。简称“人大劳动法资料”。原注：“《中国劳动立法资料汇编》，工人出版社1980年，第366～392页”。

3.《中央革命根据地财政经济史长编》上，人民出版社1982年出版，第642～663页。简称“人民财经史长编”。

30. 川陕省第三次雇工代表大会决议（草案）

1934年3月28日

在目前川陕苏区彻底消灭刘湘的紧急关头中，第三次雇工代表大会详细的检查了半年以来的工作，和讨论了当前的工作之后，特别提出：

自从第二次雇工代表大会闭幕（1933年8月）以来，川陕苏区的广大农村无产阶级，毫无保留的在土地革命与反帝国主义的民族革命战争当中，在消灭刘湘、赤化全川的紧急动员当中，成了革命的领导力量。全苏区的雇工群众参加红军和地方武装，参加运输队，加紧去年的秋耕和目前的春耕运动，以及（在）苏维埃的改造当中，表现了很大的积极性。在红军和地方武装，以及一切苏维埃机关的内部，已经吸引了一部分最好的雇工成分。

可是另一方面，川陕省雇工会的组织不仅说不上健全，而且普遍遭受了不能一刻容忍的机会主义的忽视。一般的雇工会，除了选举出了委员长与各部部长之外，经常的工作是没有的。甚至有雇工会四五个月也没有开过一次会来讨论工作，雇工小组在许多地方简直是没有的，建立起了小组的地方也是有名无实，以至于可以说在苏区雇工还是无组织的群众。对于贫农团的领导当然更是说不上了。这些事实说明雇工还没有在川陕苏区起到有组织的领导作用。因此，立刻纠正这些缺点和错误，彻底地、最后地消灭刘湘的渐次进攻；猛烈的扩大红军，积极地参加运输队，加紧春耕，戒烟，坚决的反富农，深入分田查田的斗争，来恢复旧的苏区，开发新的苏区，争取苏维埃在四川的首先胜利，是这次大会的首要任务。

为了这紧急任务的实行，大会决定：

第一，要立即号召起全苏区的雇工起来，为实现大会所规定的雇工斗争纲领而斗争。八小时工作制，增加工资一倍以上，七天一次休息，革命纪念日不做工，雇工伙食、住屋要与老板一样，等等要求，和全部的纲领必须以认真的斗争方法来实现。对于违反这些要求，或以歇业、开除来反对雇工利益的雇主，必须请求苏维埃以严厉的制裁。

第二，要立即使每个雇工，特别是失业的雇工分得好田，征发一部分富农（的）农具来分给雇工。严厉地反对过去“满工不分田”“半工分两背”的错误意见，也要反对“女雇工不分田”的混账意见。更要把荒田多分给有能力的雇工耕种，要大大的动员雇工会的会员来作消灭荒田的运动。

第三，雇工会要在目前积极参加扩大红军、动员运输队的紧急工作（中）来健全各级雇工会。同时要注意清洗，不让一个富农、老板混入工会中来。

第四，雇工会应当迅速的动员大批积极勇敢的雇工去参加红军，来加强无产阶级的领导。在各级雇工大会上公开鼓动报名参加红军。对于参加红军的雇工要由雇工会负责立即决定代耕的实际办法，经常的优待红军家属。要雇工自动起来组织运输队、担架队，运输军需，救护伤亡，配合红军行动。更要负责首先耕作红军公田。

第五，雇工要积极起来参加地方武装，参加游击队，袭击敌人，保卫赤区。加紧站岗放哨，捉拿敌人的侦探，肃清苏区内部的反动。特别要注意警惕富农分子的行为。在赤白交界各地要加紧参加游击战争，到白区去扰乱敌人的后方，禁止偷运赤区米粮出境。

第六，雇工要加紧参加苏维埃的工作。领导贫农、中农和一切劳苦群众起来积极改造苏维埃，肃清苏维埃内部一切不良分子（团总、甲长、流氓、地痞以及消极怠工的腐化分子）。坚决地执行劳动法令、土地法令、公粮条例。特别加紧集中粮食，搬运粮食；组织代耕队，替红军家属代耕，加紧代耕；加紧春耕。举办耕牛、种子合作社等等的实际工作。雇工会要经常讨论苏维埃的法令、布告，并传达到群众中去领导执行。经常监督苏维埃工作，反对苏维埃的官僚腐化。

第七，雇工会要实际做到整个的参加贫农团，并领导贫农，联合中农深入土地革命。加紧反对地主富农的斗争；但是要注意不要危害中农利益。中农的土地以不动为原则，原有少了还分配给他。雇工替中农做活路时不能应用对地主、富农的手段，应由双方商定彼此同意的合同，以不侵犯雇工利益为原则。

第八，雇工会要积极参加反帝国主义的民族革命战争，并领导农民起来为中国领土的完整和自由统一而战。雇工会要召集全体工友参加苏区反帝拥苏大同盟，反对帝国主义瓜分中国、进攻苏联——无产阶级祖国。反对日本占领东三省、热河，反对英国占领康、藏、新疆南部。特别要使全体工友和农民了解，消灭帝国主义走狗刘湘，就是反帝拥苏的具体工作。

第九，妇女和青年雇工要全体加入工会。雇工会的青工部、女工部要单独提出具体斗争纲领，为保护妇女和青年的特殊利益而斗争。要经常地召集妇女和青年的代表会或全体大会讨论工作。组织青工和童工到少先队、童子团里面去；女工到妇女生活改善委员会、救护队里面去。领导青工、女工加紧春耕运动、戒烟运动。

第十，雇工会应当迅速的积极的加强本身的教育工作。各级工会要成立识字班、读报班、列宁室，举办工会附设的劳动学校，加紧卫生防疫运动，设立工会医院。

第十一，雇工与产业工人、手工工人要团结一致，共同组织地方工会，经常举行会议讨论工会工作。雇工会加入地方工会成立雇工部，建立各业工人与雇工的最亲密的关系。

第十二，各级雇工会要有计划地进行白区工会工作。在瓦解白军、发动白区群众的工作中，雇工会要特别积极参加，经常到白区去打游击与白区雇工发生联系。

最后，大会认为要彻底解放工农群众，必须拥护无产阶级先锋队共产党的领导。雇工会要经常地在群众当中拥护共产党的主张，介绍积极勇敢的分子加入共产党。

为了要迅速执行以上的决议，各地在大会闭幕之后，要立即召集雇工会议，报告和讨论这一决议。发动每个雇工弟兄的积极性来彻底转变雇工会工作，切实实现这一决议到工作中去。

川陕省雇工代表大会

1934 年 3 月 28 日

选自《川陕革命根据地历史文献选编》下，四川人民出版社 1980 年出版，第 605～609 页。原注：“原件存四川省博物馆”。

互校版本：《川陕革命根据地资料选编》，四川大学川陕革命根据地科研组 1978 年编印，第 287～291 页。原注：“原件存四川省博物馆。”

31. 川陕省雇工代表大会雇工斗争纲领

1934 年 3 月①

（一）

实行八小时工作制！

七日休息一日！

纪念节日放假不做工！

病假期中工资照给！

不做额外工作！

（二）

增加工资一倍以上！

做重活给工钱加倍！

作额外工作工钱加倍！

假期做工工钱加倍！

（三）

雇工只做合同内的规定工作！

（四）

雇工的伙食要与老板一样！

雇工的住处要与老板一样！

雇工患病，医药费由老板负担！

雇工的烟茶、草鞋、帕子、衣服等费用由老板负担！

反对老板虐待雇工！

反对老板干涉雇工行动！

---

① 原件未注明年代。据查川陕省第三次雇工代表大会于 1934 年 3 月召开，通过《雇工斗争纲领》，参见“川陕文献版”——“大事月表”。

老板解雇，要经过工会的同意才能实行！
（五）
实行苏维埃保护女工、童工的法令！
童工不做重活路！
实行青工六小时，童工四小时工作制！
童工夜间不做活路！
男女工人工资一样！
童工、青工与成年工人同工同酬！
（六）
实行劳动法令！
雇工做活路残废，要由老板补助其家属！
雇工做活路死亡，要由老板给抚恤金！
雇工年老解雇，要由老板给养老费！
实行由苏维埃施行失业救济！
（七）
雇工要领导土地革命！
组织查田队，反对地主富农窃据土地利益！
好的田地要分给红军、游击队员和雇工贫农！
不让富农分得一寸好土地！
富农多余的耕具、粮食和好的土地，要由雇工、贫农、中农分配！
不侵犯中农的利益！
（八）
雇工要参加红军，托枪到前方去打敌人！
雇工要参加苏维埃政权，实现无产阶级的领导！
雇工要领导农民反帝国主义的斗争！
雇工要拥护共产党的领导！
雇工要加入共产党和共产主义青年团！
巩固红军、苏维埃和一切群众团体无产阶级的领导！
与一切非无产阶级的观点作坚决斗争！
（九）
坚决消灭刘湘新进攻！
消灭田颂尧、杨森残部！
消灭国民党五次“围剿”！
争取革命在川陕首先胜利！
争取苏维埃中国！
（十）
拥护无产阶级祖国——苏联！
拥护中国共产党！

拥护中华苏维埃政府！

拥护红军！

全世界无产阶级联合起来！

争取全世界无产阶级专政！

雇工代表会

政字一〇九九号

选自《川陕革命根据地历史文献选编》下，四川人民出版社 1980 年出版，第 613～616 页。简称“川陕文献版”。原注：“原件存四川省博物馆”。

互校版本：《川陕革命根据地资料选编》，四川大学川陕革命根据地科研组 1978 年编印，第 293～296 页。简称“川陕资料版”。原注：“原件存四川省博物馆”。

32. 川陕省雇农工会章程

1934 年 5 月 25 日

第一条　川陕雇农工会是在全国雇农总工会指导之下，团结全川陕的雇工起来争取本分［会］所决定的雇工斗争纲领和全国雇总及川陕省总工会的一切指示和□□的实现而斗争。

第二条　凡长年、帮人做工或一年大半时间靠卖劳动力来维持生活，或是［在］反动机关、教学、庙宇做苦役的人，黄色工会的下层群众，因参加革命斗争或做工受伤残废，或因失业而失掉雇工生活的，只要他承认本会纲领、章程，执行一切决议，按期缴纳会费，均得为本会会员。

第三条　军阀、地主豪绅、资本家、流氓地痞和国民党及其他反革命派的职员、民团、侦探、警察、老板、雇主、工贼、黄色工会的领袖和富农……等，都是工农的敌人，即使在苏维埃政权之下做工也不能参加本会。在革命后分得土地，抛弃其雇工生活的加入本会，要每年审查一次。

第四条　凡愿意参加本会的工人，要先把请求书和履历提交乡雇工分会通过，经区雇农工会的批准，才得为本会会员。在反动机关做工或黄色工会的下层群众，要经过个别考查才能吸收。

第五条　凡本会会员均有选举权及被选举权。遇与雇主发生争执，本会得动员全体会员援助，保护工作上之应得利益。失业后由本会介绍工作，募捐救济，及享有会内批评、建议、审查……等各种特权。

第六条　本会会员一律编入分会中过生活。要经常参加各种会议，讨论及执行本会一切工作决议，服从本会章程，按期缴纳会费。凡失业三月不到会内登记或无故脱离组织二月以上者，均须开除。因事迁移至其他地方必须有当地组织发介绍信，才能参加所在地雇工会的组织。

第七条　本会组织采民主集中制。各级雇工代表大会或会员大会为各级雇工会最高权力机关，闭幕后是各级代表大会或会员大会所选出之执行委员会。各级领导机关须按期向各级代表大会或会员大会做报告工作，其不尽职者，由代表大会决定撤去之。

第八条　本会的基本组织是乡雇工分会，十五人以下，三人以上组织小组；各乡的范围大时可照村组织小组，设委员长、宣传、组织各一人，选举三至五人为执行委员。三个乡就可以组织一区，执行委员五至七人，常委三人至五人。区以上是县，执行委员七人至九人，常委五人至七人。县以上是省，执行委员十一至十五人，常委七人至九人。区、县、省等级均设委员长及宣传，组织，青工、妇工等部，由各级常委充任之。必要时可添设秘书和干事若干人，各级常委得脱离生产办理会务。各级设审查委员会，专负责审查经济及各种工作。

第九条　加入本会须缴一天工资的三分之一或五分之一做入会费，每月还应缴月费。本会的经费即以入会金、月费和雇主缴的维持费以及募捐所得的款项凑成之。各级的经费开支须列举预算，得上级或同级的审查委员会之批准。乡应把雇主所缴纳维持费百分之四十，会员入会费及月捐百分之五十缴到区工会；区把所得百分之四十缴到县；县把所得百分之二十缴到省，省缴［把］百分之十（缴）到全国总工会。

第十条　凡违背工会章程，不服从本会决议或训令，不参加本会工作，或私吞款项，或违背苏维埃法令，被剥夺公民权或监禁，被红军开除军籍者，均得开除出会。

川陕省雇工总会　印

中华苏维埃共和国四年五月二十五日

选自《川陕革命根据地历史文献选编》下，四川人民出版社 1980 年出版，第 610～612 页。原注：“原件存四川省博物馆”。

互校版本：《川陕革命根据地资料选编》，四川大学川陕革命根据地科研组 1978 年编印，第 291～293 页。原注：“原件存四川省博物馆”。

十三、妇女青年与婚姻家庭

1. 闽西婚姻法

1930年3月24日闽西第一次工农兵代表大会通过

一、男女结婚以双方同意为原则，不受任何人干涉。

二、取消聘金及礼物。

三、寡妇任其自由结婚，有借端阻止者严办。

四、夫妇离婚后妇女田地不得归夫家没收。

五、夫妇离婚后子女归夫家养育，但妇女愿负责者例外。

六、男女结婚须向区乡政府登记。

七、有下列条件之一者准其离婚。

（一）夫妇间有一方患残废癫狂或暗病者，经调查实在。准予离婚。

（二）妇女如有受翁姑、丈夫压迫情形，经乡苏证实者。

（三）夫妇间有互相反目半年以上不同居者，准予离婚。

（四）反动豪绅的妻妾者，无论妻或妾要求离婚者，准予自由。

（五）如有妻妾者，无论妻或妾要求离婚者，准予离婚。

（六）婢女准其自由离婚。

（七）夫妇双方愿意离婚者，准予自由。

（八）如已经订婚而未结婚者，有一方不同意时，可以离婚，聘礼取消，但如有乘白色恐怖来时，将女子嫁钱者严办。

（九）丈夫出外二年以上不通音讯者，准予离婚。

（十）男女年龄相差太远者，准予离婚。

（十一）夫妇间确无丝毫感情者，准予离婚。

八、不准、禁止、强迫与煽动妇女离婚，违者严办。

九、妇女离婚后，尚未与人结婚时，男子应帮助其生活。

选自《中央革命根据地史料选编》下册，江西人民出版社 1982 年出版，第 82～83 页：《闽西第一次工农兵代表大会宣言及决议案》。

2. 闽西保护青年妇女条例

1930 年 3 月 24 日闽西第一次工农兵代表大会通过，25 日公布

一、六岁以上的男女小孩，由政府予以免费教育。

二、禁止虐待童养媳，并废除妾媵童养媳制度。

三、女子被压迫为娼妓者，自行解放，恢复其一切自由，其馆主或鸨母的财产分与娼妓。

四、绝对禁止贩卖女子为婢妾娼妓，违者枪决。

五、取消蓄婢制度，一切婢女即行解放，并由主人给与工资以维持其生活。

六、禁止翁姑、丈夫虐待妻媳，违者按情处分。

七、禁止妇女参加革命者处罚。

八、禁止妇女理发者处罚。

选自《中央革命根据地史料选编》下册，江西人民出版社 1982 年出版，第 81～82 页：《闽西第一次工农兵代表大会宣言及决议案》。

互校版本：《闽西苏区法制史料汇编》，龙岩市中级人民法院、古田会议纪念馆合编，2008 年 10 月内部出版，第 113 页。

3. 闽西保护老弱残废条例

1930 年 3 月 24 日闽西第一次工农兵代表大会通过，25 日公布

一、凡无亲属之孤儿及老病残废者，由政府设法给养。

二、禁止贩卖人口，违者枪决。

三、禁止后母虐待前母所生之子。

四、禁止养母虐待嗣子，嗣子受不过虐待者准其回生父家。

选自《中央革命根据地史料选编》下册，江西人民出版社 1982 年出版，第 83 页：《闽西第一次工农兵代表大会宣言及决议案》。

互校版本：《闽西苏区法制史料汇编》，龙岩市中级人民法院、古田会议纪念馆合编，2008年10月内部出版，第114页。

4. 广东丰顺县苏维埃政权下的群众生活与婚姻改革

1930年5月丰顺县苏维埃政权下的实际状况（节录）[①]

丰顺在东江是最山［偏］僻而又最贫瘠的县份，但位居潮梅水陆交通的中区［枢］，而斗争又最剧烈，故为反动派所重视。在“四·一五”及一九二八年二月，曾两次用良乡主义（吴姓为丰顺县城的豪族，县城的政治经济，都操在他们手里，前清时代全县各杂姓乃在城北合建一祠，名为良乡义学，并开辟商场，故称为良乡派）的旗帜，号召几万群众，进攻县城。但敌人的营垒异常坚固，而我们的阵线中，则混杂着豪绅地主，什么都有，行动上很难一致，故均遭严重的失败。后来才感觉这里械斗式的战争，纵然胜利了，也得不到什么利益。乃改变方针，积极整顿党与群众的组织，对豪绅地主反动派，不分良乡吴姓，一样看待。于是有一九二八年秋季，全县普遍的抗租斗争，年关的大举红色清乡；故有一九二九年四月七号，普遍全县爆发的武装暴动。现在已经有四十多个乡苏维埃，五个区苏维埃的政权，而县苏维埃也已于本年五月正式成立了。不过苏维埃的政权，虽已由群众斗争中，普遍地建立（占全县幅员的半数）但城市的政权，还操在反动派手里，一般的工作，仍然很多不能令人满意之处，兹将丰顺苏维埃政权下的实际状况；分述如次：

群众生活

农民——丰顺农民，占全县人口百分之九十以上，但山多田少，而土地又十之七八为地主所占有，农民生活，至为痛苦。在过去，他们胼手胝足地耕田，不分日夜地肩挑手扒，但无论旱灾水祸都要还足租，以及高利剥削。军阀政府的派饷，抽捐税，真个是“割起禾头无米煮，年头到尾一身光”——自农会恢复以来（大概有两年半吧），实行抗租抗债，所谓抽收军饷捐税的卫役走狗们，不敢踏上门前半步，痛苦也就减轻了好多。最近他们已经在苏维埃政府之下，有四万多人分配得土地了。他们除了每季照例缴纳百分之五的收积税（又名土地税）以外，所割的谷子，粒粒都是自己的。一切豪绅地主的田契借约，也已由苏维埃政府公布取消。故农民分得土地后，足食者已有十之七八。

工人——现在苏维埃政府下的工人，除四、五两区有两个船工会的组织外，其他都没有工人之的组织，过去我们以为这些工人，生活已不集中，而一般的（如雇农及各手工业工人）又还没有离开他们的家庭农业经济，和农民一样需要土地，没有组织工会的必要。因此苏维埃虽然颁布了八小时工作制，增加工资，及各种改良待遇的法令，但结果都没有执行，这是最大的错误，这是苏维埃最大的危险！现在已经着手组织雇农工会及各种手工业工会，使农村革命得到农村无产阶级的领导，以保障社会革命最后的胜利。又目前一般雇农及手工业工人，由苏维埃分配土地者，已有很多，故工人的生活，转变为农民生活

---

① 丰顺是广东东江地区的一个县。

者，已不少了。

妇女——丰顺的妇女，非常耐劳。她们除一样和男女共同耕作外，还要过那雇挑、砍柴、烹饪等生活，一天到晚，没有闲暇。现在丰顺的妇女，除有时替红军担任运输外，雇挑的生活，已经过得很少。她们都加入赤卫队、少年先锋队、儿童团等组织。各种示威暴动，都能参加。有时勇敢的女子，还要上前线打冲锋或加进红军中为宣传员看护妇……等。县区乡苏维埃政府，都有妇女参加为委员，而且都是农妇，在群众中颇有信仰。他们已得到婚姻交际的自由；能唱革命歌谣，从前为妇女最惯唱的山歌，现已代之以革命歌谣了。

婚姻

苏维埃成立的第一天，便公布离婚结婚自由，但须到政府登记。禁止买卖婚姻，禁止蓄婢妾及童养媳。目前虽没有划一的婚制，但苏维埃对于离婚结婚的登记，却有临时的标准：

一、离婚

（甲）夫妻间感情恶劣者；

（乙）妻为夫虐待者；

（丙）夫外出年久无音信或征得其同意者；

（丁）夫妇有一方患生殖器病或危险得染病不可治疗者；

（戊）双方到政府请求者；

（己）童养媳为家婆虐待太厉害者；

（庚）已定婚而未完娶有一方反对者（无论何方提出解约，都不能索回定金）；

二、结婚

（甲）未婚男女；

（乙）鳏夫寡妇（如果一方或双方都有老弱幼小的，须负责赡养）；

（丙）经政府批准离婚的男女。

具备以上的条件之一的，都可请求结婚或离婚。此种条例，虽不能尽善尽美，但已取得青年男女的热烈拥护，和成年男女的赞助。故苏维埃区域内，所谓家婆虐媳、旷夫怨女的，已日益减少，而反动派诋毁我们为公妻共妻的，也不攻自破了。

选自《红旗日报》，1930年9月13、15日。

5. 赣西南青年的迫切要求纲领

1930年7月16日

（一）青工学徒的：——

1. 青年工人与成年工人同工同酬。
2. 青年学徒每日工作六小时。
3. 反对老板无故打骂青工学徒。

4. 反对无故开除青工学徒。
5. 取消夜工和包工制。
6. 节气及纪念日不服劳役，工资照给。
7. 青工妇女产前产后休息三个月，三月工资照给。
8. 青工学徒因工作致病，老板须供给医药费，在养病期间工资照给。
9. 缩短学徒期间，至多不过两年，并得相当工资。
10. 取消进出师礼。
11. 青工学徒有言论集会行动罢工的自由。
12. 青工学徒应免费读书并游戏娱乐。
13. 学徒不做私杂事。
14. 十四岁以上青年工人有选举权和被选举权。
15. 手工业工人应分得相当田地补足生活。
16. 救济失业青工学徒。
17. 工资要随生活程度的高涨而高涨。
18. 青工学徒不做妨碍身体发育的重工。

（二）青农牧童的：——

1. 反对虐待青农牧童，改良青农牧童待遇。
2. 青农牧童要增加工资，减少工作时间。
3. 十四岁以上青农有参加苏维埃之权。
4. 救济失业青年牧童。
5. 青农牧童不做妨碍身体发育的笨重工作。
6. 青农牧童要享受免费教育。
7. 青农牧童要与成年同样的分得田地。
8. 开办农村夜学补救失学的青农牧童。
9. 组织娱乐部游戏所，以培养青农牧童的活泼天机。
10. 废除买卖婚姻制。
11. 反对虐待童养媳，禁止奴婢制。
12. 反对父债子还制。

（三）青年妇女的：——

1. 男女平均分配土地。
2. 铲除封建势力。
3. 打破一切桎梏妇女的礼教。
4. 废除买卖和包办婚姻。
5. 禁止虐待童养媳。
6. 反对翁姑丈夫无理打骂妇女。
7. 妇女有参加苏维埃之权。
8. 男女有受同等教育之权利。
9. 男女工资待遇一律平等。

10. 改良劳动妇女生活。
11. 妇女工人产前产后应有三个月的休息，工资照给。
12. 青年妇女要言论行动自由。
(四) 学生的：——
1. 反对帝国主义文化侵略。
2. 反对军阀国民党屠杀革命学生。
3. 反对改良主义的欺骗。
4. 反对国民党军阀把教育经费移作军饷。
5. 争取言论出版集会结社的一切自由。
6. 反对反革命的党化教育。
7. 打倒代表土豪劣绅的 AB 团。
8. 学生要受免费教育。
9. 学生参加工农民权革命。
10. 反对反革命的饭桶教员。
11. 组织学生会参加学校行政。
(五) 白军兵士的：——
1. 反对体罚肉形 [刑]。
2. 要求军需公开。
3. 要求发清欠饷。
4. 发给伤兵病兵给养零用费。
5. 士兵有出入自由。
6. 士兵有言论出版自由。
7. 反对压迫加入国民党。
8. 反对收党捐。
9. 不替军阀当炮灰。
10. 不向前敌进。
11. 不打工农弟兄。
12. 不去打红军。
13. 退伍兵要有养老费。
14. 不同红军打仗。
(六) 贫苦儿童的：——
1. 儿童和大人平分田地。
2. 儿童要有免费的读书。
3. 改良儿童的待遇和生活。
4. 儿童不做苦工及妨碍身体的工作。
5. 儿童的娱乐要有自由。
6. 反对无故打骂儿童。
7. 反对奸婢及虐待童养媳。

上面的这些要求，是赣西南团第一次代表大会通过的，学生士兵两项，是夺取士兵及学生群众的鼓动口号，其余的一方面是宣传鼓动口号，一方面在赤色区域可要求苏维埃尽量颁布实行。

选自《中央革命根据地史料选编》下册，江西人民出版社1982年出版，第711～714页。

6. 广西奉议县结婚证书

1930年9月

结婚证书

廖缉俭　己亥年①五月十五日未时生
广西省奉议县平街乡

黄莲英　乙巳年②七月初七日辰时生
广西省奉议县平街乡

今由

覃妹肇祖介绍，订成夫妇，于公历一九三〇年九月十一日十点钟，在平衡戏台处结婚，恭请黄学成同志为证婚，恋爱结晶，自由平等，此证

订婚员　廖缉俭
黄莲英
证婚员　黄学成
介绍员　覃妹肇祖
主婚员

公历一九三〇年九月十一日十点钟

原注："抄自右江革命文物馆，原件盖有方印，已模糊不清，标题为编者所加"（结婚证书上方印有恋爱结晶字样）。

选自《左右江革命史料汇编》，第二辑：革命文献（送审稿），左右江革命历史调查组1978年10月编印，第255页。

7. 中央关于劳动妇女斗争的纲领

1930年11月8日③

一

目前最主要的，就是要号召全体劳动群众起来反对帝国主义和国民党进攻红军拥护苏

---

① 己亥年即1899年，光绪二十五年。

② 乙巳年即1905年，光绪三十一年。

③ 原注：原件无时间，此时间是文件戳记上填写的。

维埃政权。因此，党在妇女工作方面的主要任务，是要在劳动妇女群众中发动斗争，领导她们参加到为拥护红军拥护苏维埃政权的革命战争里来，为了要调动广大的劳动妇女群众，所以党要提出劳动妇女的要求的斗争纲领。

（一）在女工中应以资本进攻，女工生活痛苦加深的事实扩大宣传发动斗争。（1）增加工资；（2）反对加重工作；（3）同工同酬，男女红利平等；（4）要求八小时工作制；（5）吃饭要有休息，星期日停工，工资照发；（6）反对养成工制，反对学徒制（学徒做工要有工钱）；（7）反对扣罚，反对打骂女工调戏女工；（8）不做夜工，不做有碍于女子生理的工作；（9）反对黄色工会，拒绝交黄色工会会费；（10）反对国民党政府捉捕工人，反对白色恐怖；（11）男女工人同样有罢工和组织工会之自由；（12）女工产前后有八星期休息，工资照发，另给医药费；（13）哺乳自由；（14）要求厂主津贴设立育儿院，幼稚园，女工读书夜校；（15）女工有疾病时（体弱的人，在月经期内，得同样请假），请假自由，厂方给医药费，工资照发；（16）在厂内有谈话梳头大小便的自由；（17）反对关厂，恢复失业女工工作；（18）失业女工要求津贴——要饭吃要衣穿要屋住。

（二）农村劳动妇女之中应当根据扩大苏维埃运动和土地革命的方针发动农民妇女群众。（1）参加抗捐抗税抗租抗债的斗争；（2）反对清乡，反对屠杀；（3）反对丈夫当军阀的官兵，反对拉夫；（4）参加土地革命，劳动妇女和男子同样有分配土地的权利；（5）建立苏维埃政权，劳动妇女群众和男子同样有选举权和被选举权；（6）农妇与男子同样有参加农会之自由；（7）雇农苦力妇女增加工资改良待遇。

（三）其他如城市贫民妇女的要求，如反对加房租，反对苛捐杂税，又如手工业的雇佣劳动者女仆奶娘，反对介绍所的剥削，增加工资，减少时间，反对打骂等。此外，一般劳动妇女的普遍要求就是婚姻的自由和男女平等，反对童养媳制度，反对多妻，婢妾制度，和买卖婚姻，反对封建势力的压迫与旧家庭的束缚等。

（四）工农和贫民妇女的这些要求，不过是一个提纲，必须每省每区每个支部看当地不同的实际情形而规定。各支部要经常的考察某厂某区某产业部门的群众当时迫切的要求，而定出某一期间（两星期一个月）的要求纲领，发动部分的斗争，去联系到为着苏维埃政权的总斗争。总之，支部要指导每个共产党党员和团员都要深入群众灵活的去运用这个要求的提纲，在每一个斗争之中提出简而明显大多数群众迫切需要的要求去鼓动发展工会等的组织，领导劳动妇女群众积极参加工厂委员会等的运动，从日常部分的斗争——经济的政治的斗争——联系到现在反对进攻红军拥护苏维埃政权和革命战争的总斗争——参加选举代表出席全国苏维埃大会的运动。

（五）要调动劳动妇女群众来参加为苏维埃政权的革命战争，先决的条件是要劳动妇女群众对苏维埃政权在实际问题上来认识，特别要在妇女群众之中宣传苏维埃和红军区域妇女生活的改良等等。

二

苏维埃区域里面，就要完全实现共产党对于妇女问题的政纲：

（一）女工的劳动法上的保护（产前产后休息，和男工同样的工作，得同等的工资，八小时工作制，星期日休息，疾病失业保险等等）。

（二）农妇与男子同等的有分配土地之权。

（三）劳动妇女和男子平等地享有选举权和被选举权以及一切政治自由和权利。

（四）婚姻的自由和母性婴儿的保护。

而且苏维埃区域里面，这些要求的实现，已经是在工农自己的政权之下，所以党必须经过苏维埃政府而有相当的，更加详细而具体的办法去执行，决不能仍旧只是一种宣传的口号，更不应当在实行的时候投降富农意识而实际上修改了共产主义的妇女政纲。

总之，在苏维埃政府成立之后，就要立刻公布解放保护妇女的法令，给予妇女政治经济法律教育上与男子同等的待遇，苏维埃政权下的劳动妇女应有土地权、选举权被选举权、婚姻自由权，劳动法上规定保障劳动妇女利益的条例并彻底的实行之。

这些具体办法大致可以说明如下：

（一）在公民权方面的：

（1）凡十六岁以上的劳动妇女都与男子享受同等的公民权——选举权与被选举权；结社言论出版之自由权。

（2）政府和党应当特别注意提高妇女的政治知识——设立成年妇女补习学校，训练她们参加政权和政府机关群众团体的工作能力，如政治军事及普通办事的常识，和学习生产技能，提高妇女职业地位。

（3）具体的规划劳动妇女参加政府的各种工作委员会和武装队（如赤色警卫队、少年先锋队、赤卫队），尤其注意便于妇女工作能力的教育卫生等工作以及育儿院看护队运输慰劳等，并且必须她们参加政府机关各种组织，在实际工作中去训练。

（4）为改良妇女生活起见，苏维埃政府之下可以组织改良妇女生活委员会（计划与建议机关），吸收广大劳动妇女参加反对宗法封建关系的斗争，帮助政府废除不利于妇女的旧社会的一切风俗习惯迷信等，并且在积极方面帮助政府机关改良妇女生活。

（二）在婚姻方面：

关于家庭婚姻法上的妇女地位，苏维埃就要立即废除宗法封建关系的法令习惯，订立新的婚姻家庭法律，正确的去解决。

（1）苏维埃政府应当保障婚姻的自由，规定简单的婚姻登记手续，例如十六岁以上成年男女只要双方愿意，在当地苏维埃政府实行登记就可以结婚。

（2）离婚的时候，可以依夫妇双方的同意或单方的声明书向苏维埃政府登记而中止婚姻。

（3）不管是结婚期间，或者离婚之后，父母对于自己的子女应当共同担负子女的生活费和教育费的义务（如果父母都有劳动能力而并非失业的）。

（4）即使结婚未登记的父母亦同样应共同担负养育子女的责任（苏维埃政权之下无所谓私生子）。

（5）在结婚以前属于夫妇的财产，仍为他们的各人所有的财产，结婚期内，夫妇所取得的财产，作为夫妇公共的财产；如离婚或通常分析财产时发生争论，属于每一个人的部分之大小由法庭决定之（结婚期内或离婚之后，夫妻有一方面不能自己维持生活，如丧失劳动能力或失业时，另方面有给予给养费的义务）。

（6）苏维埃政府禁止重婚（同时一妻有两夫或一夫有两妻），禁止蓄婢纳妾，禁止买卖婚姻，禁止抢掠婚姻，禁止诱拐婚姻，禁止强迫婚姻，买卖妇女儿童，并且法律上不承认童养媳的制度，同时党及贫农团雇农工会等要做广泛的宣传，反对童养媳等封建式的恶劣风俗，立刻完全消灭这些现象。

（三）在劳动法方面：

政府颁布劳动法时，关于女工利益的条例如下：(1) 实行八小时制。(2) 增加工资。(3) 废除一切旧有的剥削女工的制度（如养成工等等）和苛待。(4) 女工产前产后有八星期休息，工资照发，另给医药费。(5) 有病的女工经医生验明请假自由，由厂主津贴医药费。(6) 男女工资一律平等，红利平等。(7) 凡有碍子女工健康的工作不做，实行社会保险法。(8) 由厂主津贴设立育儿院、幼稚园、补习夜校。(9) 小孩哺乳自由。

（四）在土地法方面：

(1) 在苏维埃政府之下农村妇女与男子享有同等土地权，并且妇女亦与男子一样有独立支配自己所分配得来的土地的自由——她的土地或与父母舅姑兄弟的土地共耕或自己单独耕种都可依她自由意志去决定。

(2) 但分配土地中要防止有富农意识的企图。例如赣西南有些农民为要多分得土地而娶童养媳，这种企图在苏维埃政府之下不可以容许的，农村劳动妇女群众应该要起来反对，做广大的宣传，团结贫农妇女群众，坚决的与富农作斗争，消灭有违背苏维埃原则的企图。

选自《中共中央文件选集》，第六册，中共中央党校出版社 1983 年出版，第 420～425 页。原件未注明史料来源。

8. 兴国县行委第一次扩大会议决议——妇女与婚姻问题

1931 年 1 月 13 日①

甲、妇女问题

一、严密妇女在党和团的组织——把富农地主流氓小姐太太式的一切观点不正确和怠工分子概行洗刷出党出团。

二、加强妇女在党和团的主观力量——尽量吸收广大贫苦劳动妇女工作积极、忠实勇敢、观点正确的分子入党入团。

三、加紧造就妇女干部。

（一）尽可能开办妇女短期军政训练班。

（二）多开各种会议，在每个会议中要多把政治情形和训练材料及上级来件详细报告，及转发到识字的妇女同志传阅，并要多提出政治问题和实际工（作）来讨论。

（三）特别注意随时随地向妇女同志中的劳苦活泼、工作较积极、观点正确的分子，作个别谈话，以造就妇女干部。

---

① 此为印发时间。

四、健全妇运工作。

（一）各区妇女工作委员会，应经常各乡各村妇女群众会议加紧训练，提高妇女政治水平。

（二）妇女要鼓动男子去参加红军，男子去参加红军后女子应在家维持一切。

（三）注意调查工作和巡视工作。

五、加紧妇女宣教工作。

（一）政治的——须把目前政治形势和革命任务，对妇女群众作深入宣传，以提高妇女政治水平线。

（二）本身的——须将妇女本身痛苦和出路，对妇女群众作深入宣传，使其了解本身痛苦和革命好处而自动起来参加革命。

六、积极引进劳苦妇女参加政（权）机关工作。

七、提高妇女文化程度。

（一）坚决鼓动广大妇女参加日夜校读书。

（二）七岁以上十八岁以下的概要参加日校读书，十九岁以上卅岁以下的概参加夜校读书，如有特殊性［情］形者不在此例。

（三）组织妇女工读社，一面贴补失业女工，一面补救妇女教育。

（四）健全各区乡识字委员会。

八、实行婚姻绝对自由。

（一）深入婚姻绝对自由的宣传。

（二）铲除旧社会的包办婚姻和童养媳的恶劣制度。

（三）反对多妻制。

九、实行妇女经济独立。

十、实行解放婢女娼妓。

（一）鼓动婢女与革命工农自由结婚。

（二）指出娼妓的痛苦和出路，对其作深入宣传，使其自动参加革命，和工农结婚。

十一、加紧士兵运动工作。

十二、加紧慰（劳）红军工作。

十三、反对男子把女子做玩弄品如脱衫裤等流氓现像［象］，并反对流氓妇女的领导。

乙、婚姻问题：

一、离婚结婚绝对自由。

二、有男子未去当红军以前，女子未提出离婚，而男子去当红军后，女子就旋即提出离婚，政府则当询与离婚原因，如因生活困难，或家庭里的困难，政府当设法维持安慰女子不要离婚，如该女子与他人发生爱情后要离婚时，也要征求男子的同意，免得害红军士兵了。安慰同时工农群众也是安慰的会参加红军。在男子未当红军以前，女子就提出了离婚未果，如男子去当红军后，女子又提出来离婚，政府就可以批准。

三、女子若因男子去当红军，而以离婚问题阻止之，这是不对的。同时女子应当更加努力地鼓起男子的勇气安慰男子去当红军。

兴国县执委　1931.1.13 号印

选自《江西苏区妇女运动史料选编》，江西人民出版社1982年出版，第24～25页。

9. 鄂豫皖区第二次苏维埃代表大会婚姻问题决议案

1931年7月①

一、中国社会存在着很浓厚的封建残余。这种封建残余②特别在男女婚姻问题上面，强迫婚姻，父母代订婚姻，一夫多妻，童养媳，买卖婚姻，蓄婢，强迫守寡，虐待私生子、重男轻女等等，长期统治着男女婚姻关系。

二、鄂豫皖第二次苏维埃代表大会宣布，废除一切强迫婚姻、父母代订婚姻、一夫多妻、童养媳、买卖婚姻③、蓄婢、强迫守寡、虐待私生子等。凡男子年龄在十八岁以上，女子年龄在十七岁以上，享有离婚结婚之完全自由权。

三、婚姻不满意时，都可提出离婚，到苏维埃内务委员会婚姻登记处登记。如有对方坚决不同意时，登记处可以向对方做必须教育工作，按登记条例办理（登记条例另订之）。

离婚前夫妇所有的财产，平均分配。子女的给养，无论已生未生者，均双方负担。但女子在怀胎期内和产后四个月以内，男子④不得提出离婚。如因离婚发生纠纷时（如财产的分配、子女的给养费等），离婚之不同意，或不合以上关于怀胎离婚期间⑤者，由男女之任何一方提交法院解决之。

四、父母所代订之婚约，在法律上一概无效。无论男女，对其父母所代订婚姻约，随时得提出废除之。

五、凡男子在十八岁以上，女子十七岁以上，经双方同意自愿结婚，登记处随时准其登记，自由结婚。但未满此年龄之男女，未经正当离婚手续，或男女一方隐有梅毒等病症者，概不准登记。苏维埃政府并号召男女群众反对早婚（男女不满法定年龄）、重婚（未离婚而结婚之男女），并在可能范围内⑥，禁止隐有梅毒者结婚。

六、男女主谋提出离婚者，不得超过三次，（如结婚后发现对方反革命行为或结婚后发现暗病等特殊情形例外）。

七、如因婚姻关系，男女之任何一方虐待打骂等行为，均受法律之制裁。

八、在苏维埃政权之下，无所谓私生子。凡未经过苏维埃登记而结婚所生之男女，不得认为私生子。反对一切虐待此种男女私生子的行为，这子女的生活费由父母双方担任。

九、任何男女，凡与未满法定结婚年龄的男女性交，无论是诱奸或和奸⑦，一律受法律上制裁。

---

① 鄂豫皖区第二次苏维埃代表大会于1931年7月1日至8日召开。
② “社科法制版”“河南鄂豫皖版”皆漏掉“这种封建残余”6字。
③ “社科法制版”“河南鄂豫皖版”皆漏掉“买卖婚姻”4字。
④ “社科法制版”将“男子”印作“男女”。
⑤ “社科法制版”“河南鄂豫皖版”此处印作“怀胎期离婚条件”。
⑥ “社科法制版”“河南鄂豫皖版”皆无“在可能范围内”6字。
⑦ “社科法制版”“河南鄂豫皖版”皆无“无论是诱奸或和奸”8字。

十、无论男女离婚后，须经过两个月期间，始能执行[①]向苏维埃登记，正式结婚。

十一、废除娼妓制，苏维埃对于娼妓，得实行强迫劳役，对于嫖客得处罚和逮捕。尤严禁苏维埃政权下一切工作人员狎妓（宿妓）行为。

十二、提高红色战士政治地位，加紧对红军家属的教育工作。在这种条件之下动员群众力量，从政治上教育上使红军家属自觉地免除同红军战士离婚。相反的要使一般妇女自愿地同红军战士结婚。苏维埃政府负责积极帮助红军家属改良生活状况。

十三、男女关系在封建残余长期束缚之下，一旦得着了解放，而苏维埃政权下的正确婚姻关系，还未深入到广大群众中去的时候，难免不发生混乱现象。只有正确地实行婚姻原则，并向广大群众普遍的教育，自能走入正轨，而且这是婚姻走入正轨的唯一道路。目前苏区男女关系，已经形成了相当混乱的现象，代表大会根据上列各条，反对下列倾向：

（甲）必须坚决反对对红军家属的勾引行为。

（乙）反对苏维埃政府下工作人员过浪漫的恋爱生活，来妨害革命工作的倾向。

（丙）反对未满法定年龄性交，妨碍身体发育。

（丁）反对借口婚姻自由中所引起的婚姻混乱状态，因而主张限制婚姻自由的倾向。

（戊）反对因为离婚所引起的行凶的倾向。

选自单行手抄件（未注明史料来源）。

互校版本：

1.《中国新民主主义革命时期根据地法制文献选编》，第四卷，中国社会科学出版社1984年出版，第801～803页。简称“社科法制版”。原件未注明史料来源。

2.《鄂豫皖革命根据地》，第二册，河南人民出版社1990年出版，第436～438页。简称“河南鄂豫皖版”。

10. 湘赣省婚姻条例

1931年10月[②]湘赣省苏维埃第一次代表大会通过

（一）婚姻制度

1. 婚姻以自由为原则。
2. 废除一切包办买卖欺骗式的婚姻制。
3. 禁止多妻制，实行一夫一妻制。
4. 禁止纳婢蓄妾。
5. 打破守节制度。

---

① “社科法制版”将“执行”印作“正式”。

② 原件未标明制定的时间，只标出1931年11月6日为分宜县翻印时间。据查湘赣省苏维埃第一次代表大会是在1931年10月17日至25日召开。“江西妇女版”在翻印此条例时，也未标出制定的时间，但在第235页全文最后标作“湘赣省苏维埃，1932年2月”，不知有何根据？据查《中华苏维埃共和国婚姻条例》是在1931年12月1日公布的，作为地方法规不可能在中央条例公布后，仍作出与中央条例不相符合的规定，如法定婚龄规定男18女16岁，是与中央规定相矛盾的。因此，认定这一条例是在1931年10月湘赣省苏维埃第一次代表大会通过的，11月6日翻印。

6. 因血统关系戚族结婚须在五代以外。

7. 禁止童养媳。

（二）结婚条例

1. 男子在十八岁以上，女子在十六岁以上为结婚期。

2. 结婚须得双方同意不准有丝毫强迫行为。

3. 禁止患有花柳肺病等传染疾病而未痊愈者或不能治愈者的结婚。

4. 结婚须经过区苏以上的登记。

5. 禁止聘礼送肉等不好习惯。

（三）离婚条例

1. 双方同意提出离婚的。

2. 男女有一方患有残废精神病或其他带传染性的花柳病的以及有妨害生育不能做事，对方可以提出离婚，但红军官兵因带花而残废者不在此限。

3. 年龄相差在八岁以上的，无论男女均有提出离婚之条件。

4. 男子出外二年没有音信回家的，女子可宣布与其出外之丈夫离婚，但当红军官兵者须在四年以上没有信回家者才许宣布离婚。

5. 男女因政治意见不合或阶级地位不同，无论男女可以提出离婚。

6. 有妻妾者无论其妻或妾都可提出离婚，政府得随时批准之。

7. 男女有一方要求离婚而对方不愿离异的，当地苏维埃政府应切实调查，确有离婚之条件后可准予离婚。

8. 童养媳可无条件提出离婚，政府得随时批准之。

9. 离婚须经区苏批准，并登记其离婚的条件。

（四）离婚后关于财产债务子女的处理

1. 离婚后，其家有过去所负的债务及所生的未成年子女①，由男子负责，在哺乳时的小孩子则由女子负责抚养，但男的亦应予以相当帮助。

2. 如果女子愿意带去子女时可以带去，但子女应得的财产亦应带去。

3. 男女双方的私人积蓄及其私资的债务，各自偿还与照管。

4. 中农及中农以下的老婆实行离婚之后，在未结婚之前其间的生活男子概不负责。

5. 富农及富农以上的老婆实行离婚之后，在未结婚期间的生活应由男子负责。

6. 中农及中农以下的老婆在离婚时，只能带得本人的土地及衣物。

7. 富农及富农以上的老婆在离婚时，家中的财产什物牲畜有享受平均分配之权。

（五）② 以上的各项条例，在颁布之日施行。

选自《湘赣革命根据地史料选编》上册，江西人民出版社 1984 年出版，第 233～235 页。简称“湘赣史料版”。原注：“分宣县苏维埃政府翻印主席李良善 1931 年 11 月 6 日”。

---

① “湘赣史料版”此处缺字以“□□□”表示。“江西妇女版”第 37 页印作“及所生的子女”；第 236 页印作“及其未成其［年］子女”。

② “湘赣史料版”无此“（五）”字，“江西妇女版”第 336 页有此“（五）”字，第 37 页则删去本条文。

互校版本：《江西苏区妇女运动史料选编》，江西人民出版社 1982 年出版，简称“江西妇女版”。第 35～37 页与第 235～236 页重复印出，但文字上略有不同。前者最后注明：“湘赣省苏维埃政府代表大会印，1931 年 11 月 6 日”，后者最后又注明：“湘赣省苏维埃，1932 年 2 月”，后者是不正确的。

11. 中华苏维埃共和国中央执行委员会第一次会议关于暂行婚姻条例的决议

1931 年 11 月 28 日①

在封建统治之下，男女婚姻，野蛮到无人性，女子所受的压迫与痛苦，比男子更甚。只有工农革命胜利，男女从经济上得到第一步解放，男女婚姻关系才随着变更而得到自由。目前在苏区②男女婚姻，已取得自由的基础，应确定婚姻以自由为原则，而废除一切封建的包办、强迫与买卖的婚姻制度。

但是女子刚从封建压迫之下解放出来，她们的身体，许多受了很大的损害（如缠足），尚未恢复，她们的经济尚未能完全独立，所以现实③离婚问题，应偏于保护女子，而把因离婚而起的义务和责任，多交给男子担负。

小孩是新社会的主人，尤其是在过去社会习惯上，不注意看护小孩，因此关于小孩的看护有特别的规定。

此条例在一九三一年十二月一日公布实行。

中央执行委员会　主　席　毛泽东
副主席　项　英
张国焘

12. 中华苏维埃共和国婚姻条例

1931 年 11 月 28 日中央执行委员会决议通过，1931 年 12 月 1 日公布施行

第一章　原　则

第一条　确定男女婚姻，以自由为原则，废除一切封建的包办强迫和买卖的婚姻制度，禁止童养媳。

第二条　实行一夫一妻，禁止一夫多妻。

第二章　结　婚

第三条　结婚的年龄，男子须满二十岁，女子须满十八岁。

---

① “人大婚姻资料版”将“二十八日”误作“26 日”。
② 《苏维埃中国》此处有“在苏区”，《红色中华》无此 3 字。
③ 《苏维埃中国》此处为“关于”，《红色中华》为“现实”。

第四条　男女结婚须双方同意，不许任何一方或第三者加以强迫。

第五条　禁止男女在五代以内亲族血统的结婚。

第六条　禁止花柳病、麻风、肺病等危险性的传染病症人①的结婚。如上述病症经医生验明许可者，则仍可以结婚。

第七条　禁止神经病及风瘫人②的结婚。

第八条　男女结婚须同到乡苏维埃或城市苏维埃举行登记，领取结婚证，废除聘金、聘礼及嫁妆。

第三章　离　婚

第九条　确定离婚自由，凡男女双方同意离婚的，即行离婚，男女一方坚决要求离婚的，亦即行离婚。

第十条　男女离婚，须向乡苏维埃或城市苏维埃登记。

第四章　离婚后小孩的抚养

第十一条　离婚前所生子女归男子负责抚养，如男女都愿抚养，则归女子抚养。

第十二条　哺乳期内小儿，归女子抚养。

第十三条　小孩分得的田地，田地随小孩同走。

第十四条　所有归女子抚养的小孩，由男子担负小孩必需的生活费的三分之二，直到十六岁为止；其支付的办法，或付现金，或付小孩耕种分得的田地。

第十五条　女子再行结婚，其新夫领养小孩的，小孩的父亲才不负小孩的生活费之责。

第十六条　愿养小孩的新夫，必须向乡苏维埃或城市苏维埃登记，一经登记后，须负抚养成人之责，不得中途停止或虐待。

第五章　离婚后男女财产的处理

第十七条　男女各得田地、财产债务各自处理。在结婚满一年，男女共同经管所增加的财产，男女平分③，如有小孩则按人口平分。

第十八条　男女同居所负的公共债务，归男子负责清④偿。

第十九条　离婚后男女均不愿意离开房屋时，男子须将他的部分房子，赁给女子居住。

第二十条　离婚后，女子如未再行结婚，男子须维持其生活，或代种田地，直至再行结婚为止。

第六章　未经结婚登记所生小孩的抚养

第二十一条　未经登记所生的小孩，经证明后，由男子负担小孩生活费三分之二，即第四章之第十一条至十五条均通用。

第七章　附　则

第二十二条　违反本条例的，按照刑法处以应得之罪。

---

①② 《苏维埃中国》此两处皆有“人”字。《红色中华》及“江西法律版”则无“人”字。

③ “人大婚姻资料版”将“男女平分”误作“男女平等”。

④ 《红色中华》、“江西法律版”为“清偿”，《苏维埃中国》、“社科法制版”印作“结偿”。

第二十三条　本条例自公布之日起施行。

中华苏维埃中央执行委员会主席　毛泽东
副主席　项　英
张国焘

选自《苏维埃中国》，第一集，1933 年印行，中国现代史资料编辑委员会 1957 年翻印，第 125～127 页。

互校版本：

1.《红色中华》，1931 年 12 月 18 日、20 日连载。

2.《中华苏维埃共和国法律文件选编》，江西人民出版社 1984 年出版，第 231～234 页。简称“江西法律版”。原注：“见《红色中华》第二期第四版，一九三一年十二月十八日”。

3.《中国新民主主义革命时期根据地法制文献选编》，第四卷，中国社会科学出版社 1984 年出版，第 788～791 页。简称“社科法制版”。原注：“选自《苏维埃中国》第一集，一九三三年版”。

4.《中央革命根据地史料选编》下册，江西人民出版社 1982 年出版，第 194～196 页。简称“江西史料版”。原件未注明史料来源。

5.《婚姻法学参考资料》，中国人民大学出版社 1989 年出版，第 25～27 页。简称“人大婚姻资料版”。原注：“选自前中央法制委员会编《民法资料汇编》第四辑”。

6.《江西苏区妇女运动史料选编》，江西人民出版社 1982 年出版，第 33～35 页。简称“江西妇女版”。

7.《民事诉讼法参考资料》，第一辑，法律出版社 1981 年出版，第 448～451 页。简称“民诉资料版”。

顺带说明：“民诉资料版”第 455 页刊载《川陕省苏维埃政府婚姻条例》（一九三三年十二月二十四日），不知出自何处。细看条文，实为 1931 年《中华苏维埃共和国婚姻条例》的翻版，但章节条文混乱不堪。标题虽为“川陕省”，最后署名却是中央政府负责人。

13. 关于婚姻条例的质疑与解答

1932 年 2 月 24 日

中华苏维埃共和国的婚姻条例，确立以婚姻自由为原则，废除一切封建的包办、强迫和买卖的婚姻制度。这里充分地表现出苏维埃的精神，克服了资产阶级及其走狗所谓共产即是公妻之谬论。

关于离婚问题，第三章第九条规定：“……男女一方坚决要求离婚的，亦即行离婚。”

假使在一个男子或女子，他没有一点正当理由，提出离婚，另一方则坚决不肯，在这样情形之下，究竟可否准他离婚？如果不准，则与婚姻条例有抵触；如果准，则另一方因其对方没有正当理由，每抱不满。

同时，如果无论任何一方，没有正当理由都可以准许离婚时，则在目前群众教育还很薄弱的时候，朝秦暮楚之事，必然要发生出来。且这种现象，现在永定各地已经发生，究要如何解决？

关于离婚后男女财产的处理问题，第五章第十八条规定："男女同居所负的公共债务，归男子负责清偿。"

第二十条又规定："离婚后，女子如未再行结婚，男子须维持其生活，或代耕田地，直至再行结婚为止。"

这样，假使男女同居时，因负债务太多，女子便坚决要求离婚，离婚后，这债务便应由男子负责偿还了。这对于男子是否负担过重？

同时，女子没有理由，坚决要求离婚，离婚后，男子要维持女子的生活费，直至再行结婚为止。这样男子本不愿意离婚，离婚后又还要负担女子的生活费，不是雪上又加霜吗！

以上的问题，不了解的人，恐不止我一个，希在红色中华报上，公开答复。

向荣

2月9日于永定县委

向荣同志所提出来的，对于婚姻条例的三个疑问，的确是很多人同样要发生的疑问，现在答复如下：

一、婚姻法主要的精神，不只是"废除一切封建的包办、强迫和买卖的婚姻制度"，因为这还包含男女双方面的意义在内，最重大的意义，是彻底消灭封建社会束缚女子的旧礼教，消灭男子对于女子的压迫。资产阶级社会他们也讲婚姻自由，主要是在第一项，对于女子还要用另一种方式加以束缚。如离婚问题，离婚后偿债和维持生活等，都是在给女子以困难，使女子不得不屈服于男子之下。中央政府所颁布的婚姻条例，正是站在彻底解放妇女，消灭任何束缚女子的方面，来规定的一切条例，这是首先要了解的问题，然后对于以下问题就容易明白了。

二、离婚问题。婚姻自由是包含结婚和离婚两方面的。有一方面坚决要求离婚，毫无疑义的要准许离婚。现在离婚的，主要的不是男子而是女子，因为女子刚在封建束缚之下解放出来，坚决反对离婚的绝大多数是男子。所以我们应该坚决地拥护离婚自由。至于无正当理由的说法，这就要了解现在是刚从封建束缚下解放出来的过程中，一切现存的婚姻关系，还是新制度占主要？抑是深陷在旧制度而未解脱出来？这是很明显的事实，不能拿当时的离婚来说，应该从现存的婚姻关系上来认识。若是借口无理由，这不过是反对婚姻自由的掩饰话，实在就是拥护压迫女子的旧制度存在。至于说："目前群众教育还很薄弱的时候，朝秦暮楚事，必然要发生出来"。这是国民党训政宪政的观点，是维持旧礼教老冬烘先生所侮辱女子的话，请有这些思想的男同志，不要害怕，我们正是从这些上面更去彻底摧毁封建制度的残余，以及肃清存留在我们脑筋中的封建残余思想，坚决拥护离婚自由。至于女子不愿离婚的虽有，但是少数，绝大多数反对的是男子。

三、离婚后的债务问题。现在女子虽取得了经济上的地位，但男子经济地位还优于女子，最主要的还是使女子不受经济上的束缚，而得真实的解放，所以应归男子担负。至于男子“担负过重”，正因此限制男子不要轻易乱结婚离婚。因为结婚是男女双方问题，不是女子一方面。

四、离婚后维持生活问题。这一问题首先要了解如若是女子要离婚，这个问题就不大成问题了。因为女子在目前解放之下，决没有守独身主义的，有的是特许［殊］情形，离婚后必然很快地就要结婚。若是男子要离婚，女子还未找着新的对象，生活当然要男子维持到女子与人结婚为止。过去社会中，正是男子摧残女子的地方，随意抛弃，随意与人结婚，这同样是限制男子随便离婚结婚的办法，而在这种限制中，无形的就可减少乱结乱离的现象。

总之对以上的问题，我们不应从男女双方来认识，应该从彻底消灭封建残余，解放妇女的意识来了解。

项英

一九三三年二月二十四日

选自《红色中华》，1932 年 2 月 24 日，第八版。

14. 湘赣军区通令——为接受和执行中华苏维埃共和国中央政府规定红军与其妻子的婚姻关系的命令

1932 年 4 月 25 日

过去对于红军与其妻子的婚姻关系，因为没有明确规定调查通讯的办法，以致不能很好地来解决这一问题现奉。

中华苏维埃中央政府命令：根据各地政府报告：红军战士之妻，因其丈夫久无音信，请求另行择配，此种事件发生颇多。查中央政府颁布的红军优待条例第十八条：“红军在服务期间，其妻离婚必先得本人同意，如未得同意，政府得禁止之。”这种规定为了使红军战士安心作战，争取革命战争的完全胜利，原是很正当的，但因过去未能规定调查通讯办法，以致有些红军战士业已牺牲，其妻子不知，尚须等候不能择配者。有些红军战士长期间未与家中通信，其妻疑为已死，乃向区乡政府请求登记另婚者。这种情形于前方战士，后方家属，均有妨碍，中央政府特为规定正确解决办法如下：

（一）红军政治部须通知每个苏区籍之有妻子的红军战士，至少每三月与其妻通讯［信］一次，不会写信的由团政治处督促连政治指导员代写。特别是过去长久未写信给其妻子的，责成政治部督促立即寄信回家。

（二）红军政治部对于每次战役牺牲了的苏区籍红军战士，须迅速统计分为姓名、籍贯（某省某县某区某乡）、年龄、部队、何时入伍、何时牺牲等项，填入表内，以县为单位，每县一张，遥寄该县政府内务部，县内务部接到此表即分别按抄送区苏政府，转付乡苏通知本人家属。红军中因病死亡者，政治部亦须按照此办理。其因伤病入后方医院者，责成医院政治委员负责，于入院之时登记某姓名、年龄、籍贯、部队、何时入伍、何地负伤害病等项，若因不治死亡立即加入何时死亡一项，填表遥寄该死亡战士原籍之县苏内务部。

（三）凡从入伍日起，经过两年，尚无音信回家者，其妻得向当地政府请求登记另行婚配。但从本命令到达省苏红军部队及乡政府之日起算，该日以前入伍的红军战士，算至该日（命令到达之日）即使已满二年或超过二年，其妻仍须再过半年，如无音信，才能请求另婚登记；算至该日，入伍期已满一年半或在一年半至二年之间者，从该日起，亦须过半年后，如无音信，才能请求另婚登记；算至该日，入伍期有一年半以内者，照实际日数计算，至二年期满无音信，即可请求另婚登记。

（四）在前条规定期限内红军战士有音信回家，而其妻要求离婚者，仍照红军优待条例第十八条之规定，须得本人同意才能离婚，否则，政府则禁止之。

（五）在各苏区未连成一片交通被白区间断以前，一苏区之红军战士，其家属在别苏区而无通信之可能者，暂不适用以上之规定。

以上规定，完全站在巩固红色战士战斗决心，同时不妨碍妇女的利益上，红军政治部及苏区地方政府须正确执行不得违背此令筹因奉此合行转令各地方武装及红军部队中各级政治机关政治委员指导员应切实依照此办理不得忽视是为至要此令

湘赣军区总政治委员　蔡会文

政治部主任　于兆龙

选自《江西苏区妇女运动史料选编》，江西人民出版社1982年出版，第331～332页。简称“江西妇女版”。原注：“四月二十五日于永城”，未注明哪年。“江西妇女版”推断为“1933年”，应是“1932年”。

15. 中华苏维埃共和国妇女生活改善委员会组织纲要

1932年4月28日[①]

一、为使劳动妇女能切实的享受苏维埃政府对于妇女权利之保障，实际取得与男子享受同等的权利，消灭封建旧礼教对于妇女的束缚，使他们在政治上经济上得到真实的解放，以领导他们积极的来参加革命起见，各级政府应组织妇女生活改善委员会，以贯彻这个目的。

二、妇女生活改善委员会由三人至五人组成之，党的妇委书记及群众团体妇女部主任都可加入该委员会为委员。

三、自城市苏维埃，区政府直至中央政府都须设立妇女生活改善委员会，惟乡苏维埃则不设立。

四、妇女生活改善委员会，在中央则隶属于人民委员会，省以下则隶属于主席团。

五、妇女生活改善委员会，并不是妇女部，妇女生活改善委员会的任务是在调查妇女的生活，具体计划改善妇女生活的办法，向人民委员会或各级政府的主席团会议提议，得

① 此为《红色中华》公布之日。

该项会议通过之后才发生效力。

六、妇女生活改善委员会设主任一人，以总揽该委员会的工作，不分科。主任及委员由人民委员会及各级政府的主席团委任之。

七、本纲要如有未尽事宜，中央执行委员会得随时修改和增补之，并得废止之。

八、本纲要以中央执行委员会的命令公布之，从公布之日起发生效力。

选自《红色中华》，1932 年 4 月 28 日，第五版。

互校版本：《中华苏维埃共和国法律文件选编》，江西人民出版社 1984 年出版，第 147 页。原注："见《红色中华》第十九期第五版，一九三二年四月二十八日"。

16. 人民委员会训令（第六号）——关于保护妇女权利与建立妇女生活改善委员会的组织和工作

1932 年 6 月 20 日

妇女占劳动群众的半数，劳动妇女积极起来参加革命工作，对于革命有很大的作用，如妇女参加游击队，女子参加义勇军、赤卫队、少先队等，这都表现妇女参加各种斗争的革命积极。如果不注意妇女问题，不实行保护妇女应得的利益，是为削弱妇女对革命斗争的积极性，这是对革命有损失的。尤其是在日益扩大向外发展的革命战争中，多数劳动男子均要到红军里去参加前线的工作，则后方的工作与巩固保卫的责任，更要有妇女来担当。坚定实现保护与解放妇女的法令，领导与兴奋劳动妇女群众来积极参加革命战争，使与妇女运动密切地联系起来并很好地配合起来，以增加革命胜利的速度。

各级苏维埃政府应承认妇女在革命战争中的有力的作用。过去苏维埃政府对妇女的权利，很少注意，且表现出轻视妇女的倾向，举出以下的事实就可以知道：

一、在这次选举当中，有的地方剥夺了劳动妇女的选举权，使劳动妇女不能来参加苏维埃工作，这是违反了苏维埃的选举原则，是侵犯劳动妇女在宪法上应享的权利，这是何等严重的错误！

二、苏维埃政府下农民妇女与男子一样的分得了田，在经济上妇女是可以独立的。但是有许多地方妇女与丈夫离了婚，土地房屋仍然没有随着女子带去，而政府的工作人员，不但不注意这些问题，不去保护妇女应享受的权利，反而干涉妇女财产享受的自由权，如禁止离婚女子带衣服走等等。特别是男女工资不平等，如兴国合作社女工工资比较学徒还少。福建南阳区，冲米工人男女做同样的工作，但是工资女工比男工少一半。这是蔑视无产阶级妇女最不可容许的错误！

三、在婚姻问题上，未按照婚姻条例去执行，还有许多买卖婚姻及强迫婚姻，童养媳等现象存在。至于打骂妇女在各地还很普遍，甚至许多政府在婚姻问题上是采取压迫干涉的手段，以至在兴国龙沙上社等地，因为女子不能得到婚姻自由及遭政府禁闭毒打，无法抵抗，采取从前封建时代女子为得婚姻自由毒死丈夫的事件发生。这不仅是苏维埃政权下的耻辱，而且证明这些政府反抗中央的法令，继续过去压迫女子的封建行为！

四、劳动法对于女工权利的保障虽有明确的规定，但是并未实行，尤其是对于女工产前产后的保护。

五、关于优待红军家属的条例，各级政府尚未能积极地领导群众坚决彻底地执行，特别对于加入红军的妇女（如义勇队），也未提出她们应和男子当红军享受同样的优待条例，这证明了对妇女利益的忽视。

六、过去女子的一般政治文化水平比男子要低些，苏维埃政府对于妇女的保护，有的只单注意于婚姻问题的解决，大多数反站在压迫和讪笑的观点来解决，或置之不理，对妇女的政治文化的工作，也多怠工甚至放弃。

根据以上的情形，应彻底纠正过去对于保护妇女的工作错误和缺点，各级政府现在应根据这一训令建立各级妇女生活改善委员会，应进行以下的几种工作：

一、妇女生活改善委员会的组织关系与工作方式。妇女生活改善委员会是政府组织中一个关于改善妇女生活的专门委员会，与土地劳动文化等部是不同的，他不是政府的一个行政部分，他的一切计划和意见须提交同级的政府主席团讨论和批准，决定后，由该级政府用命令来实行。但妇女生活改善委员会不能自己命令下级政府执行，仅限于上下级委员会对于工作上之指导。各级政府主席团为指导和督促该委员会工作起见，要常派人出席他们的会议，如主席团讨论关于妇女问题可叫该主任出席会议，或因报告改善妇女生活计划和意见，该委员会可请求主席团参加会议做报告和解释，如政府各部中对于讨论有关妇女问题，该委员会也可派人出席各部会议，参加讨论和提出意见。

二、妇女生活改善委员会的任务和工作。根据中央政府所颁布的组织纲要是，关于妇女生活的调查统计研究和拟定改善妇女生活的办法，并考查下级政府对于执行妇女方面的各种法令情形，来向同级政府报告和提出具体的建议。

三、妇女生活改善委员会与劳动妇女代表会议的关系。妇女生活改善委员会，可以召集劳动妇女代表会议，在妇女代表会议中来了解她们家庭状况与她们的需要及对政府的意见，吸收关于妇女本身利益的意见与要求，收集妇女的材料，此外还可经过各种群众团体来收集妇女材料。

妇女生活改善委员会必要时可以叫群众团体派人来参加会议。妇女生活改善委员会，应出席女工大会及劳动妇女大会，报告苏维埃政府关于保护妇女方面的法令，及她们应享受的权利。

四、苏维埃政府之下男女是一律平等的，不但劳动妇女在政治上有选举权及被选举权，并且应吸收妇女参加政权机关的一切工作，使广大妇女群众团结在苏维埃政权的周围积极来为实现她们自己全部权利而努力。现在首先纠正各级政府工作人员轻视妇女，忽视妇女权利保护的不正确倾向，以及对于不执行关于妇女方面的各种法令作坚定的斗争，如选举妇女当乡代表，选派劳动妇女中干部参加乡政府下所组织的各种委员会（如分田与查田等等这所有的各部工作），并在工作中特别注意对于教育和训练的实施。

五、提高劳动妇女的觉悟和对苏维埃政府及革命的认识。劳动妇女的解放与整个阶级胜利是分不开的，只有阶级的解放，妇女才能得到真正的解放。因此，应使妇女知道为实现本身利益及保障既得利益而斗争，就应当为苏维埃政权而斗争，号召她们来拥护红军，鼓励她们的丈夫，兄弟，儿子到红军里去，反对逃兵，组织洗衣队，救护队，做放哨检查工作，以及参加地方武装，积极努力地学习与参加苏维埃政府的工作，群众团体的工作，这样来为巩固苏维埃政权及发展革命战争争取革命在江西及其邻近省区的首先胜利而斗争。

六、为要提高妇女政治文化的水平，各级的文化部应设立妇女半日学校，组织妇女识字班，可办家庭临时训练班，田间流动识字班，教员由政府及各地学校教员及群众团体的干部来担任。要督促下级妇女生活改善委员会与同级文化部计划实施妇女的文化工作，以及计划培养妇女干部，吸收妇女到各机关工作，在劳动妇女代表会议或妇女学校及俱乐部中，要实行政治教育等，号召妇女积极参加苏维埃运动，参加革命战争。

七、各级妇女生活改善委员会，应同各级劳动部，讨论在最近时间内，要实现劳动法保护女工利益的全部条文的实施方法，尤其是对于产前产后的保护女工应与男工一样，实现社会保险。男女作同样的工作应领同等的工资。

八、对坚决勇敢当红军的劳动妇女应享受优待红军条例的一切权利。

九、各级政府应坚决的实行婚姻条例全部，尤其是女子与她丈夫离了婚，田地房屋随着女子自己来处理。要禁止买卖婚姻、强迫婚姻、童养媳、打骂妇女这些压迫女子的行为。对于各级政府工作人员中如再发生压制妇女和放弃保护妇女权利的错误，应给以无情的打击。各级妇女生活改善委员会，更要注意发动妇女起来为拥护和实现苏维埃保护妇女法令而斗争，要在改善妇女生活中更加强妇女斗争积极性和积极参加苏维埃一切斗争。

十、为要妇女生活彻底的改善，各级政府建立妇女生活改善委员会的组织和工作，就非常重要：

甲、各级政府应速建立妇女生活改善委员会，并督促各级妇女生活改善委员会的工作；并决定具体工作计划，中央人民委员会过去曾训令各级政府在五月内成立是项组织，但至今多未执行，轻忽上级训令。兹再定于七月十五号以前，各级政府把妇女生活改善委员会完全要建立起来。

乙、中央妇女生活改善委员会，发下来的两种调查表，在福建江西两省，七月十五号以前完全要填好，统计交来中央。

丙、各级妇女生活改善委员会，按月的向上级作工作报告与妇女生活的状况，及关于妇女生活问题的提议和具体的办法。

丁、江西、福建两省苏维埃政府已成立了妇女生活改善委员会，应即决定一定时间内的具体而切实的工作大纲，迅速督促下级政府成立妇女生活改善委员会，尤其要注意对重要县的督促指导与工作的建立，在七月十五号以前要向中央政府作一工作报告。此令

主　席　毛泽东
副主席　项　英
张国焘

公历一九三二年六月二十日

选自《红色中华》，1932 年 7 月 7 日，第六版。

互校版本：

1.《中华苏维埃共和国中央政府文件选编》，《江西社会科学》1981 年增刊，第 21～

23页。

2.《中华苏维埃共和国法律文件选编》，江西人民出版社1984年出版，第148～152页。原注："见《红色中华》第廿六期第五版，1932年7月7日"。

17. 湘赣省劳动妇女要求纲领

1932年8月10日[①]省苏维埃第二次代表大会通过

一、关于一般劳动妇女的

1. 妇女在经济上、政治上、教育上应与男子一律平等。

2. 凡十六岁以上的劳动妇女均有选举权和被选举权，劳动妇女得参加苏维埃办事。

3. 一切劳动妇女的言论、集会、结社完全自由，反对禁止妇女到会及参加革命运动（如慰劳红军及参加工作等）的封建家庭的束缚妇女。

4. 以村或乡为单位开办妇女半日学校，晚上读书班、补习班等，童年妇女要一律到小学读书。

5. 大的县份最低限度应开办一个女子职业学校及一个女工厂，同时妇女有参加合作社运动的权利。

6. 县区苏维埃的改良妇女生活委员会，应经常计划和建议苏维埃政府改良妇女生活，与实现妇女要求和一切有利于妇女的事业和法令。

7. 实现全苏大会婚姻条例，保障妇女婚姻的完全自由，反对对婚姻条例的（歪）曲怀疑曲解和怕公布婚姻条例的封建怪物。

8. 禁止童养媳制度，反对重婚、蓄婢纳妾、买卖婚姻和强迫婚姻。

9. 反对打骂虐待和压迫妇女的宗法封建制度，废除一切束缚妇女的风俗习惯迷信等。

10. 为实现妇女利益与领导妇女斗争，劳动妇女得在共产党领导之下组织经常城乡劳妇代表会。

二、关于女工的

11. 实行增加工资，男女同样工作须得同样工资。

12. 实行男女八小时工作制，青工六小时，童工四小时。

13. 女工产前产后休息八星期，工资照发并另发医药费。

14. 不做一切有害于女工身体强健的危险工作。

15. 女工除享受一般劳动法的利益外，更应享受劳动法保护女工条例。

三、关于农妇的

16. 农村劳动妇女得与男子同样的分得土地。

17. 凡妇女分得的土地应归妇女享受□□和□□由妇女独立经营与支配。

18. 妇女与男子同样参加农业生产得同样享受劳动的报酬，但凡有害妇女身体健康的劳动应由男子担任。

---

① 原注："此时间是编者考证的。"

19. 凡处于富农经济地位的妇女，同样只能按照劳动力与人口混合标准分给坏田，豪绅地主家属的妇女绝对不能分给土地。

20. 农妇（除富农豪绅地主家属的妇女外），应享受土地法全部的利益。

中共湘赣省委妇委会印

选自《湘赣革命根据地史料选编》上册，江西人民出版社1984年出版，第563～564页。原注："中共湘赣省委妇女会印"。

18. 湘赣苏区永新县苏维埃执行委员会训令——纠正过去轻视妇女的倾向与保障妇女权利的指示

1933年1月31日

妇女占了劳动群众全人类的半数，劳动妇女积极起来参加革命工作已经表现了它不可否认的历史使命与斗争精神，以及在斗争获得不少的伟大成绩，对革命有很大的作用。如妇女参加游击队、警卫队、赤卫队、少先队等，这都表现妇女参加各种斗争的革命积极性。如果不注意妇女问题，不实行保护妇女应得的利益，是削弱了妇女对革命斗争的积极性，这是对革命有损失的。特别是在目前为要彻底粉碎敌人四次"围剿"，夺取吉、赣、抚、南等中心城市，争取革命在江西与邻近省区的首先胜利底下多数男子均要到红军中去，及参加前线的工作，则后方的工作与巩固保卫的责任，更要有妇女来担当。坚决实现保护与解放妇女的法令，领导与兴奋劳动妇女群众来积极参加革命战争，使与妇女运动密切的联系起来，并很快地配合起来，以增加粉碎敌人四次"围剿"与争取革命胜利的速度。

各级苏维埃政府应组织妇女在革命中的伟大力量和作用，过去苏维埃政府对妇女的权利不仅是很少注意，而且表现出轻视妇女的倾向，一直到忽视妇女工作的严重错误。其事实表现在：

1. 在妇女工作上，各级政府认为妇女工作是妇女自己的单独工作，要妇女改善生活委员会与乡苏妇女代表自己讨论，自己去做，因此在苏维埃主席团会议与乡苏代表会议上，关于妇女切身利益的问题，及妇女供献的意见和要求都没有讨论过，甚至上级发下关于妇女问题的决议也不提出讨论，反而抛在侧边去丢掉不理不问，以致劳动妇女在苏维埃政权下应得的利益不能得着完全保护，这是何等严重的错误。

2. 在政治文化教育上，苏维埃对妇女的政治文化工作表现怠工，甚至放弃。因此妇女对革命工作还没有彻底了解和自动地积极地参加一切斗争，如慰劳红军工作，虽然有点成绩，但所做的鞋子多没有做得宽长，至使红军战士不能如意穿着，有些地方还强迫命令摊派的方式。在扩大红军中，妇女送丈夫儿子哥哥弟弟去当红军的喜色，实令人可钦可佩。但各级苏维埃还是做得不够，并且有些不了解的妇女（如里田区）仍有跑到区苏哭哭啼啼，阻止新战士上队。妇女代表制，全县虽有普遍的建立，但召集妇女代表会时有些不能按时到会或有无故不到会的现象，以致妇女代表会议多难召集。总而言之，这些错误的发生，由于各级苏维埃对妇女政治文化教育工作缺乏的恶果，十足表现了轻视妇女的倾向。

3. 在婚姻问题上，没有按照婚姻条例去执行。还有买卖婚姻（埠田区沣田乡）及强迫婚姻（如路江区梅花乡），童养媳（各区都有）等现象存在。同时在苏区的劳动妇女还有不少的受残酷凌辱，至于打骂逼死妇女成了普遍的现象。如南阳区某乡用沸水泡死童养媳，象形区打出童养媳几个月不去寻问，并花溪乡有个童养媳在此严寒酷冷的天气中盖蓑衣。黄门乡发现野老婆打真老婆。南阳区四教乡贺细朵用脚踢死怀胎老婆，一脚伤二命。又南阳区湖田尹宇样用拳打死老婆，里田区洋江乡刘日莲逼老婆自缢而死，原市田区黄门乡政府逮捕妇女即严刑拷打逼至自缢毙命，南阳区四教乡有二个妇女为争野老公打架而至一方受伤毙命，环浒区松溪乡左定元故意逼老婆服药而死。甚至有些妇女在婚姻问题上不能得到婚姻自由，反受到父母及旁人压迫干涉的手段而自寻短见，以至在南阳区大湖乡有个青年妇女因夫妻不和即投河而死，潞江区厚田乡有个青年妇女为要结婚而父母不准即服药而死。以及结婚离婚不经苏维埃政府登记，曲解婚姻条例（如象形区明丘乡主席说妇女离婚要条件），发现离脱又复返，复返又离脱的现象（如象形区源头村、天河区、里田区），等等事件发生。这不仅是各级苏维埃政府未保障婚姻条例执行，而且证明这些政府反抗中央法令，继续过去压迫女子的封建行为。

4. 关于优待红军家属的条例，各级政府尚未能积极地领导群众，坚决彻底地执行，特别对于加入红军的妇女（如警卫队）也未提出她们应和男子当红军享受同样的优待条例，（如老居区南埠乡没有优待在县警卫队女士兵家属）这证明了对妇女利益的忽视。

根据以上的情形，应当彻底纠正过去对于保护妇女的工作错误和缺点。各级政府除全部执行中央人民委员会第六号训令，关于保护妇女工作的指示外，应做到以下的各项工作：

1. 全县妇女代表大会定期三月一日正式开幕，各区乡苏维埃政府须依照省苏训令执字第十七号，县苏通令第九号，关于召集劳动妇女代表会议的指示，帮助妇女生活改善委员会精确地布置区乡代表会议的工作之进行。

2. 加紧妇女代表会议选举运动，在农村广大劳动妇女群众选举大会上，要发动妇女群众的积极斗争，过去苏维埃轻视妇女和忽视妇女权利的保护错误尽量揭发出来，使广大劳动妇女群众了解他们在苏维埃政府之下，应享受的权利，得着完全保护，以提高妇女群众参加革命战争和保卫苏维埃的积极性。

3. 在区乡妇女代表会议上，要吸收妇女本身利益的意见和要求，收集妇女的材料，作成具体决议案和对全县妇女代表会议的提案，以便在全县妇女代表会议上根据这些提案更具体的讨论，以全部实现关于妇女方面的各种法令，使劳动妇女在苏维埃底下得着彻底解放与权利的保护。

4. 各级政府应坚决地实行全部婚姻条例，尤其是女子与他丈夫离了婚，田地房产随着女子自己来处理。要严厉禁止买卖婚姻，强迫婚姻，童养媳制度，打骂逼死妇女等，这些压迫女子的行为，对于各级政府对工作人员中如再发生压迫妇女，放弃保护妇女权利的错误，应给以无情的制裁。

5. 加紧对妇女群众的政治动员，要造成妇女群众送开小差、请假回家的士兵归队工作，在全县妇女代表大会开幕以前，要动员妇女群众做到所有开小差，请假回家的士兵鼓励一律归队工作。并经常分派妇女群众去慰问红军家属。发动妇女送郎送儿子送哥哥弟弟归队工作，对那些阻止老公儿子归队或新战士上队的妇女与坚决不愿归队的士兵，须发动妇女群众与他们斗争。

6. 在目前苏维埃选举运动中，劳动妇女在政治上不但有选举和被选举权，并且各级政府应吸收妇女参加政权机关的一切工作，使广大妇女群众团结在苏维埃政权的周围，积极来为实现他们自己全部权利而努力。过去各级政府工作人员中，轻视妇女，忽视妇女权利保护的不正确倾向，以及对于不执行关于妇女方面的各种法令和不接受妇女意见的错误，必须马上纠正过来，如选举妇女当乡代表，选派劳动妇女中干部参加乡政府下所组织的各种委员会（如查田、分田等，区所有的各部工作），并在工作中特别注意对于教育和训练的实施。

以上各点望各级政府坚决地切实遵照执行，不得稍事懈怠致于纪律制裁。此令。

又令

各级苏维埃政府

永新县苏维埃执行委员会主席　肖如光

选自《江西苏区妇女运动史料选编》，江西人民出版社 1982 年出版，第 288～291 页。

19. 湘赣省苏维埃政府内务部通令（第十六号）——实行婚姻登记与正确执行婚姻条例

1933 年 5 月 12 日于永城[①]

本部为要保障女权，实现妇女婚姻自由，使妇女从数千年封建压迫底下解放出来，不再受任何压迫痛苦，能实际的得着广大利益起见，因此对实行婚姻登记与正确执行婚姻条例，是苏维埃工作重要的一部分。近查各县对婚姻登记，一般的没有执行，相反的弄出很多不能容许的违反婚姻条例（的）事情，如萍乡禁止妇女离婚，反威吓妇女说：要离婚定要杀头；又男子要离婚的，开除团籍。新峡县丰城区妇女，宣传妇女不要和红军结婚，因为红军牺牲了没有靠了。永新老居区也有离过三四次婚的，北路同样有这种发现。永新象管[②]区不禁止红军老婆讨老公，有许多地方离贫农结富农的（永新老居区、莲花南村区等），并有曲解婚姻条例，硬要合得十八条（北路）或二十三条的（永新市田区）方准离婚。永新县老居区妇女离了婚，财产不准她带去。城市里田区妇女专找反水投红过来的白军士兵结婚。特别吉安永阳区做了酒不同意闹出抢婚怪事。永新里田区，同样有红军老婆公开说要偷人的怪事（南城乡）。尤其去年，永新打死、逼死、毒死妇女的惨案十五人，吉安同样打死一人，莲花路口区（前山乡），有男子下毒药毒死妇女的，其他童养媳与买卖婚姻、强迫婚姻，到处还有不少的发现，这些严重现象，本部认为一刻再也不容许自流[③]下去，兹有如下的具体指示：

---

① “江西史料版”原编者注：此时间是编者考证的。“妇女史料版”只注明“五月十二日”未标出年代。

② “湘赣史料版”印作“象管区”，“妇女史料版”印作“象形区”。

③ “湘赣史料版”印作“□流下去”，“妇女史料版”印作“自流下去”。

一、本部重新颁布的结婚证书发下，从六月份起，凡是结婚、离婚的，应无条件遵照中央政府颁布的婚姻条例第八条和第十条坚决执行，经过乡苏维埃举行登记，领取证书（离婚只登记不发证书），必须按月报告结婚、离婚数量至上级。

二、红军妻子婚姻关系，要无条件地执行优待红军条例第十八条："凡红军在服务期间，其妻离婚，必先得本人同意，如未得同意，政府得禁止之。"最近中央政府执行委员会命令第二十号对这一问题已有解决的办法，各级苏维埃特别城乡苏维埃，应切实遵照这一命令执行，不得重复过去的一切错误。

三、彻底废除一切封建的包办、强迫和买卖婚姻制度，禁止童养媳。各级苏维埃须立即号召广大妇女行动起来，反对结婚做酒与用聘金聘礼及嫁妆等不好的坏现象。

四、严厉打击一[①]切不忠实执行婚姻条例及故意破坏婚姻条例的反革命分子，与严办虐待妇女惨杀妇女的分子。应号召广大劳动妇女与广大工农群众一致起来调查这类的惨案事实报告裁判部从严惩办。

以上几点，各县内务部接到这一通令后，须立即召集会议讨论具体办法，切实执行。为争取广大劳妇特殊利益，积极提高妇女在政治、经济、教育[②]上的一切权利，实行与男子一律平等努力地去彻底粉碎帝国主义国民党四次[③]"围剿"与大举进攻中央苏区的行动。

省苏内务部代部长　王邦秀

附结婚证样式于后：

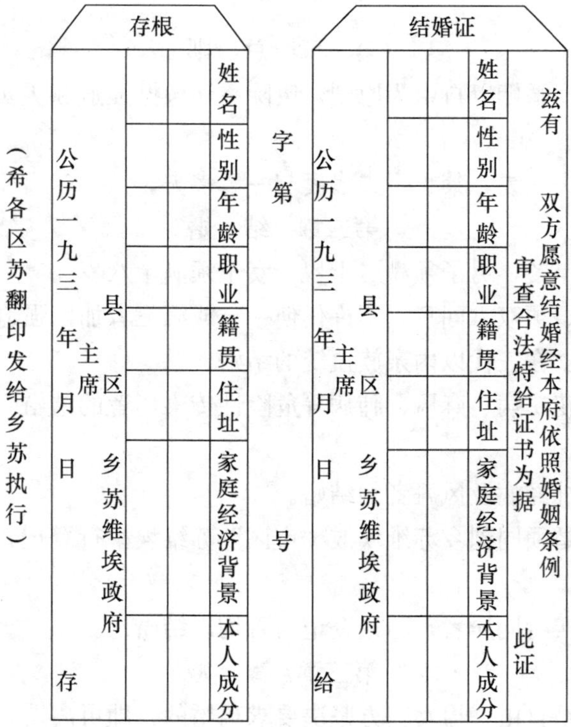

① "妇女史料版"漏掉"一"字。

② "妇女史料版"漏掉"教育"2字。

③ "妇女史料版"漏掉"四次"2字。

选自《湘赣革命根据地史料选编》下册，江西人民出版社 1984 年出版，第 394～396 页，附有结婚离婚证样式。简称“湘赣史料版”。

互校版本：《江西苏区妇女运动史料选编》，江西人民出版社 1982 年出版，第 405～406 页。简称“妇女史料版”。

20. 中华苏维埃共和国婚姻法

1934 年① 4 月 8 日公布中央执行委员会命令中字第七号

兹制定婚姻法公布之。一九三一年十二月一日颁布的中华苏维埃共和国婚姻条例，自本法公布之日起作废。

主　席　毛泽东
副主席　项　英
张国焘
1934 年② 4 月 8 日

中华苏维埃共和国婚姻法

第一章　总　则

第一条　确定男女婚姻以自由为原则，废除一切包办强迫和买卖的婚姻制度，禁止童养媳。

第二条　实行一夫一妻，禁止一夫多妻与一妻多夫。

第二章　结　婚

第三条　结婚的年龄，男子须满二十岁，女子须满十八岁。

第四条　男女结婚须双方同意，不许任何一方或第三者加以强迫。

第五条　禁止男女在三代以内亲族血统的结婚。

第六条　禁止患花柳病、麻风、肺病等危险性传染病者的结婚。但经医生验明认为可以结婚者，不在此例。

第七条　禁止患神经病及风瘫者的结婚。

第八条　男女结婚须同到乡苏维埃或“市区”苏维埃举行登记，领取结婚证。废除聘金，聘礼及嫁妆。

第九条　凡男女实行同居者，不论登记与否均以结婚论。

第三章　离　婚

第十条　确定离婚自由，男女一方坚决要求离婚的，即可离婚。

第十一条　红军战士之妻要求离婚，须得其夫同意。但在通信便利的地方，经过两年

① “民诉资料版”误排为“一九三二年”。
② “民诉资料版”误排为“一九三二年”。

其夫无信回家者，其妻可向当地政府请求登记离婚，在通信困难的地方，经过四年其夫无信回家者，其妻可向当地政府请求登记离婚。

第十二条　男女离婚，须向乡苏维埃或"市区"苏维埃登记。

第四章　离婚后男女财产的处理

第十三条　离婚后男女原来的土地、财产、债务，各自处理。在结婚满一年，男女共同经营所增加的财产，男女平分。如有小孩，则按人口平分，男女同居时所负的公共债务，则归男子负责清偿。

第十四条　离婚后女子如果移居到别的乡村，得依照新居乡村的土地分配法[①]分得土地。如新居乡村已无土地可分，则女子仍领有原有的土地。其处置办法或出租或出卖或与别人交换，由女子自己决定。决定归女子抚养的小孩，随母移居后，其土地分配或处理办法，完全适用上述的规定。

第十五条　离婚后女子如未再行结婚，并缺乏劳动力，或没有固定职业，因而不能维持生活者，男子须帮助女子耕种土地，或维持其生活。但如男子自己缺乏劳动力，或没有固定职业，不能维持生活者，不在此例。

第五章　离婚后小孩的处理

第十六条　离婚前所生的小孩及怀孕的小孩，均归女子抚养。如女子不愿抚养，则归男子抚养。但年长的小孩，同时须尊重小孩的意见。

第十七条　所有归女子抚养的小孩，由男子担负小孩必需的生活费的三分之二，直至十六岁为止。其支付办法，或支现金，或为小孩耕种分得土地。

第十八条　女子再行结婚，其新夫愿抚养小孩的，小孩的亲父才可不负担前条规定的小孩生活费用之责。领养小孩的新夫，必须向乡苏维埃或市苏维埃登记，经登记后，须负责抚养成年，不得中途停止和虐待。

第六章　私生子处理

第十九条　一切私生子女得享受本婚姻法上关于合法小孩的一切权利，禁止虐待抛弃私生子。

第七章　附　则[②]

第二十条　违反本法的，按照刑法处以应得之罪。

第二十一条　本法自公布之日起施行。

选自《红色中华》，1934年4月26日，第六版。

互校版本：

1.《中国新民主主义革命时期根据地法制文献选编》，第四卷，中国社会科学出版社1984年出版，第792～795页。简称"社科法制版"。原注："选自一九三四年七月《苏维埃法典》第二集"。

2.《中华苏维埃共和国法律文件选编》，江西人民出版社1984年出版，第234～237

① 《红色中华》原版是"土地分配□"（一字不清）。"社科法制版"印作"土地分配率"，"江西法律版"印作"土地分配法"，"西南函授版""人大婚姻资料版""民诉资料版"印作"土地分配"。

② 《红色中华》"附则"，未标明"第七章"。"社科法制版"按《苏维埃法典》标出"第七章"。

页。简称“江西法律版”。原注：“见《红色中华》第一八〇期第六版，一九三四年四月二十六日”。

3.《中国新民主主义革命时期法制建设资料选编》，第三册，西南政法学院函授部1982年编印，第34～36页。简称“西南函授版”。原注：“选自《红色中华》1934年4月26日，第180期”。

4.《婚姻法学参考资料》，中国人民大学出版社1989年出版，第28～30页。简称“人大婚姻资料版”。（未注明史料来源）

5.《民事诉讼法参考资料》，第一辑，法律出版社1981年出版，第452～454页。简称“民诉资料版”。

21. 川陕省妇女斗争纲领[①]

（一）妇女的

一、妇女在政治上、经济上、教育上与男子一律平等！

二、妇女有结婚离婚的自由！

三、劳动妇女与男子同样有分得土地权利！

四、劳动妇女有组织为自己谋利益的妇女会、妇女生活改善委员会的自由！

五、劳动妇女有参加政权机关的权利，与男子同样有选举权和被选举权！

六、劳动妇女有参加和组织工会、农会及一切社会团体的权利！

七、雇工苦力妇女应增加工资和改良待遇！

八、青年妇女与男子同样有受教育的权利！

九、反对包办婚姻！

十、反对买卖婚姻及童养媳制！

十一、反对多妻妾，蓄婢制度！

十二、反对封建势力的压迫和旧家庭的束缚！

（二）女工的

一、女工与男工应得同样工资！

二、女工不做粗重妨碍身体的工作和夜工！

三、反对虐待女工、轻贱女工！

四、女工产前后休息八星期，工资照给，另给补助费、医药费！

五、女工月经五天内停止工作，工资照给！

六、雇主要为女工设置婴儿院等，哺乳时间至少一小时，每次距离不得过三小时，停工时间工资照给！

---

① 原件未注明年代。

注意：关于女工其他一切要求可用工人斗争纲领！

中共川陕省委印制
中国工农红军第四方面军
第九军政治部翻印

选自《川陕革命根据地历史文献选编》下，四川人民出版社 1980 年出版，第 681～682 页。原注："原件存四川省博物馆"。

十四、刑事法规

1. 废止肉刑问题

1929年12月“古田会议”决议节录

一、肉刑的来源和废止它的理由

封建阶级为了维持它的封建的剥削，不得不用最残酷的刑罚做工具，以镇压被剥削者的反抗和叛乱，这是肉刑所以为封建时代的产物的理由。经济的发展，进步到资本主义制度，它便需要提出自由主义，以发展工农士兵群众的个性，增强他们的劳动能力和打仗能力，以造成资本主义发展之条件。因此，凡资产阶级的国家，一般地废止肉刑，在军队中亦早就没有什么打人的情事了。至于经济发展到社会主义的诞生，阶级斗争的激进，工农阶级有推翻统治阶级的权力和依于这个权力的剥削，便要发动自己阶级的广大群众的力量，才能取得斗争的胜利。苏维埃政权，是最进步的政权，它的下面，不应有一切封建制度的残余存在。因此，苏联不但红军中老早没有肉刑，在一般法律上，亦通过严禁肉刑的使用。红军第四军产生于封建制度尚未肃清的中国，它的主要成分，又多是从封建军阀军队里头转过来的，一般封建的制度思想和习惯，依然很浓厚地存在于一般官长士兵之中，由是打人的习惯和非打不怕的习惯，还是与封建军阀军队里头的习惯一样。虽然老早就提出了官长不打士兵的口号和规定士兵会有申诉他们的痛苦的权利，但简直没有什么效力，其结果造成官兵间的悬隔，低落了士兵以至官长情绪，逃跑的数目日多，军中充满了怨恨空气，甚至发生自杀的事件，这是与红军的斗争任务完全背驰的现象，如不赶快纠正，危险不可胜言。

二、纠正的方法

1. 坚决地废止肉刑。

2. 举行废止肉刑运动。这个运动，要从官兵两方面工作，使“废止肉刑，方才利于斗争”的意义，普及于官兵群众之中。这样才能使官长方面，不但不至因废止肉刑觉得兵带不住了，而且了解废止肉刑之后，将要更利于管理与训练。士兵方面，不但不至因废止肉刑更顽皮了，而且因废止肉刑，增加了斗争的情绪，撤去了官兵的隔阂，将要自觉地接受管理训练和一般纪律。

三、肉刑废止之后，因为历史的习惯的原因，发生一些临时不良现象是会有的，这应该加紧我们的责任，努力于说服精神和自觉遵守纪律精神的提倡，去克服这个违反斗争任务的最恶劣的封建制度。决不能借口有些不良现象，便掩护了它的封建制度打人习惯。凡那些借口临时不良现象，反对废止肉刑，或对废止肉刑怠工的，客观上便是妨碍革命斗争的发展，也就是帮助了统治阶级。

四、红军废止肉刑的法律程序是：1. 修改红军惩罚条例；2. 由最高军政机关会衔发布废止肉刑的通令，并颁布新的红军惩罚条例；3. 通令发布后，一方面由军政机关召集官长会议，详细说明废止肉刑的理由，使全体官长拥护这个通令的重大改革，良好地努力地在部队中执行起来；4. 一方面由士兵会召集士兵代表会议，除拥护这个改革，以后要自觉地遵守纪律外，并要森严群众的纪律制裁，以达到肉刑废止后的良好的收获。

选自《中国新民主主义革命时期根据地法制文献选编》，第三卷，中国社会科学出版社1981年出版，第284～256页。原注：“选自《中国共产党红军第四军第九次代表大会决议案》，一九二九年十二月”。

互校版本：

1.《闽西苏区法制史料汇编》，龙岩市中级人民法院、古田会议纪念馆合编，2008年10月内部出版，第133～135页。（与前者的编排序号略有不同）

2.《人民司法从这里走来——中华苏维埃共和国司法史料研究选编》，江西省赣州市中级人民法院2010年编印，第126～127页。

2. 皖西苏区六安县第六区肃反条例①

1930年4月

一、凡曾捕捉或杀害革命民众及其家属者，一律处以死刑。

二、引导或勾结反革命军人捕捉或杀害革命民众及其家属者，一律处以死刑。

---

① 据考查六安中心县委在1930年3月21至25日，于七邻湾（当时属六安县第六区）召开六县（包括六安、霍山、邱霍、英山、合肥、寿县）县委和红三十三师党委负责人联席会议，通过许多决议案和条例。本条例可能经3月会议审议通过，4月发布，5月收入《中国苏维埃》（参见《鄂豫皖革命根据地》第三册，河南人民出版社1989年版，第262页注①）。

三、凡向反动机关团体报告革命民众之行为或踪迹者，一律处以死刑。

四、凡告密破坏革命情节重大者，或作有系统之反宣传者，一律处以死刑。

五、凡唆使他人犯一、二、三、四各条之罪者，一律处以死刑。

六、凡犯以上各条之罪者，其家属若无反动情形又无剥削压迫等情形者，不得株连。

七、凡有反动言论无反动行为者，由肃反委员会斟酌轻重情形，处以罚金或禁闭。

八、凡被人威迫或利诱致有反动行为者，由肃反委员会斟酌轻重，处以罚金或禁闭。

九、凡有下列情形之一者，由肃反委员会处以死刑或罚金或禁闭：

（一）克扣工资、虐待工人店员之厂主及行主。

（二）重租、重利剥削农民之地主。

（三）克扣军饷、虐待兵士之军官。

（四）剥削穷人、鲸吞公款、把持乡政、鱼肉乡民之豪绅。

（五）贪婪致富之官吏。

（六）豪绅地主之忠实走狗。

十、凡有直接间接破坏革命团体者，由肃反委员会斟酌轻重，处以死刑或罚金或禁闭。

十一、凡假借革命团体、机关、共产党名义发表言论或印刷物者，处以死刑。

十二、凡假借革命团体、机关、共产党名义在外欺诈讹索乡民者，皆要斟酌他的动机和环境处理，不得概以死刑论罚。

十三、凡借革命势力私自报复者，以反革命论罪。

十四、凡因事反对革命团体个人，而不反对革命团体者，不得以反革命治罪。

十五、凡诬告他人反动者，处以罚金或禁闭。

十六、凡犯本条例各条之罪未经查觉而自首者，得斟酌原因减刑或免刑。

十七、凡犯本条例各条之罪而供出遂犯者，不得减罪。

十八、肃反委员会要根据民众利益和要求为肃反的原则。

十九、在群众没有认识以前，肃反委员会处置以上各条之罪犯，要向群众解释，必要时开群众大会裁判。

二十、对于一切罪犯，都要经过苏维埃肃反委员会裁判审定，各乡各警卫队不得自由解决罪犯。

1930 年 4 月

选自《中国苏维埃》，1930 年 5 月出版，中国现代史资料编辑委员会 1957 年翻印，第 102～103 页。

互校版本：《中国新民主主义革命时期法制文献选编》，第三卷，中国社会科学出版社 1981 年出版，第 20～21 页。原注："选自《中国苏维埃》1930 年 5 月版"。

3. 闽西苏维埃政府布告第十三号——惩办反革命条例

1930 年 6 月 2 日

兹将闽西第一次工农兵代表大会关于惩办反革命条例之决议案公布于下：

1. 土豪劣绅恃势欺压贫民者枪决；
2. 反动政党领袖危害革命者枪决，其党员自首者免究；
3. 勾结白军摧残群众者枪决；
4. 为敌人引路者严办；
5. 为反动派当侦探者枪决；
6. 窝藏反动派及侦探者严办；
7. 强收租息捐税者枪决；
8. 破坏革命团体及苏维埃政权①者枪决；
9. 捣乱会场或政府机关者严办；
10. 私藏枪械者严办；
11. 侵吞公款、侵害公共建筑物及公产者究办；
12. 乱烧乱杀者严办；
13. 作反动宣传及造谣惑众者究办；
14. 故意破坏革命标语布告者严办；
15. 破坏邮政交通者究办；
16. 与政府颁布法令有抵触行为者究办；
17. 本条例自公布之日起发生效力。

主 席　邓子恢
裁判部长　蓝维仁
公历一九三〇年六月二日

选自《中央革命根据地史料选编》下册，江西人民出版社 1982 年出版，第 85～86 页：作为裁判条例的第四章。简称“江西史料版”。

互校版本：

1.《中国新民主主义革命时期根据地法制文献选编》，第三卷，中国社会科学出版社 1981 年出版，第 13～14 页，简称“社科法制版”。原件未注明史料来源。

2.《中华苏维埃共和国审判史》，人民法院出版社 2004 年出版，第 126 页。

3.《闽西苏区法制史料汇编》，龙岩市中级人民法院、古田会议纪念馆合编，2008 年 10 月内部出版，第 135 页（最后有署名及公布年月日）。

4. 闽西苏维埃政府布告　第三号
——禁止私人收买金银首饰

1930 年 10 月

闽西自暴动以来，各县妇女多数实行剪发，所有金银首饰俱变为废物，一般贪利之

① “社科法制版”“闽西史料版”无“政权”2 字。

徒，争向群众收买，发到白色区域去贩卖，以图厚利。查金银首饰可转变为银币，贩卖首饰是和私运银币出口同样的捣乱金融。因此本政府经济、财政、土地委员会联席会议决议，并经常委会通过，禁止私人收买金银首饰，以后如有私人在赤色区域收买首饰，一经查出，处以十倍以上之罚金，其将首饰送到白色区域贩卖，或在赤区私铸银币，则处以死刑。为此特行布告，仰我革命群众，一体遵照。此布

选自《中国新民主主义革命时期根据地法制文献选编》，第三卷，中国社会科学出版社 1981 年出版，第 14 页。原件未注明史料来源。

互校版本：《闽西苏区法制史料汇编》，龙岩市中级人民法院、古田会议纪念馆合编，2008 年 10 月内部出版，第 85 页。最后署名“主席张鼎丞、财政部长蓝维仁，一九三〇年十月”。

5. 中央通知第一八五号
——关于苏区惩办帝国主义者办法的决议

1930 年 11 月 8 日①

各苏维埃党部：

接到此决议后，各地党部更须根据这一原则，定出具体的条例，广泛地在群众中宣传，以扩大反帝工作的影响，与增加苏维埃政权的威信。并将执行经过及成效，报告中央。

中　央

政治局关于苏维埃区域惩办帝国主义者的办法的决议

因为各苏维埃区域之中时常有帝国主义者（外国商人教士等）企图领导当地反动残余阴谋反对苏维埃政府，或者响应进攻红军之国民党地主的武装，因为苏维埃区域之中帝国主义者仍旧自以为享有治外法权，任意违背苏维埃法令（戒严令，八小时工作制令等等），所以决定特别通知各苏维埃区域政府之共产党党团及各该区的共产党党部：

（一）必须经过苏维埃政府及红军最高领导机关决定公布惩办外国人反革命罪犯及违背苏维埃法令的罪犯之条例。

（二）此等条例之中，关于惩罚办法可以分别轻重定为若干等，大概的原则如下：（1）罚款（限于罪犯本人在土［本］地的财产之中提出）；（2）没收财产（同上）；（3）监禁和苦役（大约定出年限）；（4）非常刑罚（死刑）——但得缓刑若干时间，暂时监禁。

（三）反革命罪犯之外人，受监禁处分或非常刑罚（死刑）处分而缓刑者，可以依“交换俘虏”的惯例，向国民党各地政府（南京、上海、南昌、武汉等等）或帝国主义政府（如上海工部局政府、香港英督府）提出释放之条件，即指明国民党政府应将某地狱中之革命“罪犯”（共产党员赤色工会会员等）释放，限期妥送至苏维埃区域后，则苏维埃政府将释放反革命罪犯外人某某一名或某某等若干名。此等犯罪罪名应即公布□达

① 原注：“年代是编者判定的”。

外界。

（四）上述办法为苏维埃政府应当暂时执行之对付帝国主义者罪犯之正确办法。苏维埃区域之中如有提议要求外国领事或国民党政府用赎款办法的释放此等罪犯之条件者，共产党党部应予以批评及驳斥，因为此等办法显然不是工农民权独裁政府所能适用。最近反动报纸宣传吉安等处拘捕外国教士而提出赎款一千万之条件，苏维埃政府应当公布对全国全世界之电报，痛斥反革命派之造谣。

选自《中共中央文件选集》，第六册，中共中央党校出版社 1983 年出版，第 426～427 页。原件未注明史料来源。

6. 闽西苏维埃政府布告　第九号
——反动政治犯自首条例

1931 年 2 月

一、凡属反动政党不论党魁、党羽，一律准其自首免罪。

二、自首申请书除确报姓名、年龄、籍贯及最近住址外，必须载明以下三点：

(1) 社会出身及家庭情况如何？

(2) 曾经担任过些什么反共产党反苏维埃的工作，并担任该项工作的地方和时期怎样？

(3) 本人加入反动政党及自首的原因？

三、须将该反动派的重要分子及其组织情形，尽其所知，详细报告政府。

四、本人自首后，担任肃反工作，并须绝对服从苏维埃政府的一切法令。

五、如本人愿意暂将真姓名不公布的，须在申明书内说明理由。

六、申明书交到当地最高政权机关后，暂定三天至多七天为调查期间。

七、反动政治犯自动自首后，按照其履行本条例第二条的程度分别给奖。

八、申明自首者须找到工人、雇农、贫农或共产党两人的担保。

九、自布告标贴之日起，半个月为自首期间。在自首期间内，按照本条例自首者概行免罪。

主　　席　张鼎丞

裁判部长　林一株

一九三一年二月

选自《中国新民主主义革命时期根据地法制文献选编》，第三卷，中国社会科学出版社 1987 年出版，第 15 页。原件未注明史料来源。

互校版本：《闽西苏区法制史料汇编》，龙岩市中级人民法院、古田会议纪念馆合编，2008 年 10 月内部出版，第 136 页。最后有署名及公布年月日。

7. 鄂豫皖区军委会通令 第五十三号——严禁乱捉、乱杀、乱没收东西的规定

1931 年 11 月 17 日

近查红四军十三师所属特务营和三十七团，特别是光山各级赤卫军割谷队、游击队、袭击队等军事组织在白雀园、砖桥、泼皮河、杨花区一带有随便不经过考查捉人、杀人、赶猪、乱拿东西、乱没收之举。这种［样］不但是破坏了政治影响，而且在客观上实在是帮助了敌人的造谣、诬蔑，阻碍了革命的发展，对革命的利益影响实大。本会为要巩固新苏区的发展和健全新的根据地，保障基本农民的土地利益，和争取赤白界边的跑反群众和非苏区的广大群众起来反抗捐税和作分配土地的斗争武装起见，除严令禁止这种非阶级行动和警戒各地红军和群众武装组织再不致发生这种错误行为外，特通令红四军各级部队和各县军区指挥部及各军事组织严格执行以下办法：

一、在赤白交界和新苏区及非苏区，无论红军和赤色武装群众，所到的地方对于肃反、没收等，无论平时和战时须经过红军政治部和当地的苏维埃机关或临时组织的革命委员会详细查清楚，确是豪绅地主、反动派的财产得没收之，除留必需军用品外，当即分配给当地穷人，发动当地穷人分豪绅地主、反动派的财产的斗争。如当地群众受了豪绅地主、反动派的欺骗，迫［逃］跑出去了，他的财产我们必须嘱咐该跑反群众的邻家替他看管，或我们应该宣布这是某人的家。如该跑反群众历久不回家（当然要做许多群众工作叫他回家），即［除］经过当地群众路线外，应交给该地新建立的农会和苏维埃保管之。无论如何红军、赤色武装群众不得拿穷人的一线。

二、就是捉的土劣、反动派和没收土劣、反动派的东西，须经过政治部会商当地苏维埃机关革命委员会和当地组织的临时没收委员会检点之，不得（有）私人偷漏、私打土豪、私人拿东西的情事。一个私人拿了东西，当即鼓动当地穷人向政治部指挥机关空［控］告，一经查出决以军事政治纪律处罚。

三、对赤区或白区赶猪的人，无论如何要有清单、货物价目条子及什么地方买卖的等证据，否则是威吓穷人的猪子，尤其是赤区的人要特别清查清楚，如有来路不清即行捆送上级处理。

四、各地捉来的重要政治犯和土劣、反动派及反革命分子，立即交到各县革命法庭和红军政治部，不得任意鞭打和枪决。同时要负责解送革命法庭和政治部，以便转送特苏革命法庭和总政治部。如跑了一个罪犯，要看守人和解送人负责。

五、红四军各部队及各军事组织不得设立看守所和非法的军事组织。如已成立了这些组织应立刻取消，并将一切手续和土劣反动派的名单考查清楚，以便迅速交给各级革命法庭和特苏政治保卫局。

以上五点办法，除呈报特苏备案外，是我们目前的紧要政治工作，各级军事组织除迅

速执行外，并将执行的结果详细报告来本会，否则以军事政治纪律论。

主 席 张国焘

副主席 曾中生

旷继勋

十一月十七日于新集

选自《鄂豫皖革命根据地》，第二册，河南人民出版社1989年出版，第532～533页。

8. 赣东北特区苏维埃暂行刑律①

1931年

第一编 总 则

第一章 本法的效力

第一条 在中央未颁布刑律以前，本律有绝对的效力。

第二条 本律于凡犯罪在本律颁行以后者适用之。

第三条 本律于凡在赣东北区内②犯罪者，不问何人适③用之。

第二章 不为罪

第四条 凡未满十二岁人之行为，不为罪。但因其情节得施以感化教育。

第五条 精神病人之行为，不为罪。但（因）④ 其情节，得施以监禁处分。

第六条 非故意之行为不为罪。但应以过失论者，不在此限。不知法令不得为非故意，但（因）其情节，减本刑一等或二等。

第七条 对现在不正［当］之侵害，而出于防卫自己或他人之权利的行为，不为罪，但逾防卫行为为⑤过当者，得减本刑一等至二等。

第八条 避不能抗拒之危难强制，而出于不得已之行为不为罪，但加过当之行为的，得减本刑一等至二等。

第三章 未遂罪

第九条 犯罪已着手，而因意外之障碍不遂者，为未遂犯，其不能生犯罪之结果者亦同。未遂罪之刑，得减既遂罪之刑一等或二等。

第十条 犯罪已着手，而因己意中止者，准未遂罪犯论，得免刑或减轻本刑。

---

① 这一刑律，是赣东北特区苏维埃制定的内部试行的刑法典，是以《暂行新刑律》为基础而改写的。主要规定了若干普通刑事犯罪的处刑办法，只在赣东北地区试行。其制定时间，尚需进一步考察。请参阅《中华人民共和国刑法史》，中国人民公安大学出版社1998年出版，第66～95页：《1931年〈赣东北特区苏维埃暂行刑律〉考订研究》。根据史料分析，该《刑律》系于1931年召开的赣东北特区工农兵代表大会进行审议，暂定内部试行。会后方志敏率红十军向闽北进军，5月由闽北分区革命委员会印发。

② "油印原件"此处为"内"，"江西史料版"排作"为"。

③ "江西史料版"将"适"误排为"通"。

④ "油印原件"此处补为"因"，"江西史料版"排作"视"。

⑤ "社科法制版"此处少一"为"字。

第四章　累犯罪

第十一条　已受徒刑之执行，更犯徒刑之[1]［以］上之罪者，为再犯，加本刑一等。但有期徒刑[2]完毕，无期徒刑或有期[3]执行一部而免［除］后逾五年而再犯者[4]，不在加重之限。

第十二条　三[5]犯以上者加本刑二等，仍适用前条之例。

第十三条　凡审[6]确定后，于执行其刑之时，发觉为累犯者，依前二条之例。[7]

第五章　俱发罪

第十四条　确定审判前，犯数罪者，为俱发罪，各科其刑，而依左列定其应执行：

第一[8]，科死刑者，不执行他刑，科多数之死刑者，执刑其一。

第二[9]，科多数之有期徒刑，于各刑合并之刑期以下，其中最长之刑期以上定其刑期，但不得过十年。

第三[10]，科多数之拘役，照前款之例定其刑期。

第四[11]，褫夺公权及没收并执行之。

第十五条　一罪先发，已经确定审判，余罪后发，或数罪各别经确定审判者，从前条之例，更定其刑。其最[12]重刑消灭，仍余数罪者，亦同。

第十六条　俱发与累犯互合者，其俱发罪依前二条之［例］[13] 处断，与累犯之刑并执行。

第十七条　以犯一罪之方法或其结果而生他罪者，从一重处断。但于分则有特别规定者，不在此限。

第十八条　凡连续犯罪者，以一罪论。

第六章　共犯罪

第十九条　二人以上共同实施犯罪之行为者，皆为正犯，各科其刑。在实施犯罪行为之际，帮助正犯者，准正犯论。

第二十条　教唆他人使之实施犯罪之行为者，为造意犯，依正犯之例处断。

第二十一条　在实施犯罪行为以前，帮助正犯者，为从犯，得减正犯之刑一等或二等。

教唆或帮助从犯者，准从犯论。

第二十二条　在前教唆或帮助其后，加入实施犯罪之行为者，从其所实施者处断。

---

① “油印原件”此处为“之”，“社科法制版”将“之”改为“以”。

② “社科法制版”此处增加“［执行］”二字。

③ “社科法制版”此处增加“［徒刑］”二字。

④ “油印原件”此处是：“而免后逾五年而再犯者”，“江西史料版”改为：“而免徒［刑］逾五年而再犯者”，笔者认为在“免”之后似漏一“除”字。

⑤ “油印原件”此处为“三犯”，“江西史料版”改为：“再犯”。

⑥ “社科法制版”此处加一“判”字。

⑦ 笔者认为参照第十五条此处可能漏掉“更定其刑”

⑧ “江西史料版”“苏维埃审判资料版”误排为“第一科”。

⑨ “江西史料版”“苏维埃审判资料版”误排为“第二科”。

⑩ “江西史料版”“苏维埃审判资料版”误排为“第三科”。

⑪ “江西史料版”“苏维埃审判资料版”此处加一“［科］”字。

⑫ “油印原件”此处为“最”，“社科法制版”改为“较”。

⑬ “油印原件”如此，笔者认为参照第二十条似漏“例”字。

第二十三条　值①人故意犯罪之际，因过失而助其结果者，准过失亦［共］② 同正犯论，但以其罪应论过失者为限。

第七章　刑　名

第二十四条　刑，分为主刑及从刑。

主刑之种类及重轻之次序如左：

第一　死刑。

第二　有期徒刑：

（一）一等有期徒刑，五年以下三年半以上。

（二）二等有期徒刑，三年半未满二年以上。

（三）三等有期徒刑，二年未满一年以上。

（四）四等有期徒刑，一年未满半年以上。

（五）五等有期徒刑，半年未满一月以上。

第三　拘役，一月未满一日以上。③

［第四　罚金。］

从刑之种类如左：

第一　褫夺公权。

第二　没收财产。

第二十五条　凡执行死刑，非经特区苏维埃人民委员会批准，不得执行。

第二十六条　褫夺公权者，终身夺其左列资格之全部或一部：

（一）参加政权的资格。

（二）参加一切群众组织的资格。

（三）选举资格。

（四）充当红军的资格。

第二十七条　在分则④中，有褫夺公权之规定者，得褫夺现在之地位，或于⑤一定期间内，褫夺前条所列资格之全部或一部，但以应科徒刑以上之刑者为限。

第二十八条　没收之物如左：

（一）违禁私造私有之物。

（二）供犯罪所用及预备之物。

（三）因犯罪所得⑥之物。

第八章　宥　减

第二十九条　喑哑人或未满十二岁，或满八十岁人犯罪者，得减本刑一等或二等。

---

①　“油印原件”此处为“(值)”，“江西史料版”改为“但”。

②　“油印原件”此处为“亦同”，“社科法制版”改为“共同”。

③　笔者认为在本款之后，应有“第四罚金”，以便与第一〇一条、第一〇二条相呼应。疑为“油印原件”有遗漏。

④　“油印原件”误写为“分别”，“江西史料版”仍照印为“分别”，“社科法制版”改为“分则”。

⑤　“油印原件”为“施”，“社科法制版”改为“于”。

⑥　“油印原件”此处为“所得”，“社科法制版”改为“所夺”。

第九章　自　首

第三十条　犯罪未发觉而自（首）于①审判机关受审判者，得减刑一等。

第三十一条　一罪既发觉，而自首未发觉余罪者，得减所②首余罪之刑一等。

第三十二条　预备或阴谋犯，分则特定各条之罪，未至实行而自首于审判机关受审判者，得免除或减轻其刑，但没收不在免除之限。

第十章　酌　减

第三十三条　审按犯人之心术及犯罪之事实其情轻者，得减本刑一等或二等。

依法律加重或减轻，仍得依前条之例，减轻其刑。

第十一章　加减例

第三十四条　死刑、徒刑、拘役，依第二十四条所列次序按等加减之。徒刑不得加至死刑，拘役不得减至免除。

第三十五条　分则③定有二种以上主刑，应加减者，依第二十四条所列次序按等加减之。最重主刑是死刑，应加重者，只④加重其徒刑。最重主刑是一等有期徒刑，应加重者，只⑤加重二等以下的有期徒刑。最轻主刑系拘役，应减轻者，只⑥减轻其徒刑，徒刑减尽者，只⑦处拘役。

第三十六条　有二种以上应减者，得累减之。

第三十七条　从刑不随主刑加重减轻。

第十二章　假　释

第三十八条　受徒刑之执行，而有悛悔之实据者，有期徒刑逾二分之一后，由县审判机关报告特区审判机关，许假释出狱。但有期徒刑之执行未满半年者，不在此限。

第三十九条　假释出狱，而有左列情形之一者⑧，一撤销其假释，其出狱日数不算入刑期以内。

（一）假释期限内，更犯罪受拘役之宣告者。

（二）未经撤销假释者，其出狱日数，算入刑期之内。

第十三章　时　效

第四十条　提起诉讼权之时效期限，依左列定之：

（一）系死刑⑨者，十五年。⑩

（二）系二等有期徒刑者，七年。

---

① “油印原件”此处为“自（首）于”，“江西史料版”，排作“自于”，“社科法制版”排作“自首于”。

② “江西史料版”此处加一“[自]”字。

③ “油印原件”误写为“分别”，“江西史料版”亦排作“分别”，“社科法制版”改为“分则”。

④⑤⑥⑦ “油印原件”此处为“止”字，“江西史料本”误排为“上”字，“社科法制本”改为“只”字。

⑧ “油印原件”以下两行显有抄漏之处，试补写如下：(一）假释期限内更犯罪，受拘役以上之宣告者。(二）因假释前所犯罪而受拘役以上之宣告者。(三）犯假释管束规则中应撤销假释之条款者。未经撤销假释者，其出狱日数，算入刑期之内。

⑨ “油印原件”误为“死期”，“社科法制版”也印作“死期”。

⑩ “油印原件”以下抄漏一等及五等有期徒刑及拘役的追诉时效，试补写如下：(一）系死刑者，十五年。(二）系一等有期徒刑者，十年。(三）系二等有期徒刑者，七年。(四）系三等有期徒刑者，三年。(五）系四等有期徒刑者，一年。(六）系五等有期徒刑或者拘役者，六月。

（三）系三等有期徒刑者，三年。

（四）系四等有期徒刑者，一年。

前项期限自犯罪行为完毕之日起算，逾期不起诉者，其起诉权消灭。

第四十一条　二罪以上之起诉权的时效期限，据最重刑，依前条之例定之。

第十四章　时　例

第四十二条　时期，以日计者，阅二十四小时；以[1]月计者，阅三十日；以年计者，阅十二月。

第四十三条　刑期自审判确定之日起算。

第四十四条　未决期内，羁押之日，得以二日抵徒刑拘役一日。

第二编　分　则

第一章　藏匿罪人及湮没证据罪

第四十五条　藏匿被追犯人或脱逃之逮捕监禁人者，处一等至二等有期徒刑。

第四十六条　湮没关系他人刑事被告事件之证据，或伪造或行使伪造[2]之证据者，处四等以下有期徒刑或拘役。

第四十七条　犯本章之罪者，得褫夺公权。

第二章　伪证及诬告罪

第四十八条　依法令在审判机关或政府为证人，而为虚伪之陈述者，处二等至四等有期徒刑。

第四十九条　意图他人受刑事处分、惩戒处分，而为虚伪之告发者，处三等至五等有期徒刑。

第三章　放火决水及妨害水利罪

第五十条　放水烧毁左列各物件之一者，处死刑或一等有期徒刑：

（一）在城镇及其他人烟稠密处所之建筑物。

（二）图书馆。

（三）储藏军用品之建筑物。

（四）矿坑、学校、兵营、病院、工场、狱舍及其他建设物。

第五十一条　放火烧毁他人所有之建筑物者，处二等至四等有期徒刑。

第五十二条　决水侵害第五十条所列建筑物，或他人所有［耕］[3] 种田圃及其他利用之地者，处死刑至一等有期徒刑。

第五十三条　决水侵[4]害自己所有之地，致因有前条损坏之危险者，处二等至四等有期徒刑。实有损坏者，其刑与前条同。

第五十四条　因过失决水，而至［致］有五十二条之损坏者，处五等有期徒刑或

---

① “油印原件”将“以”误写为“一”。

② “油印原件”此处为“伪证”，“社科法制版”改为“伪造”。

③ “油印原件”此处为“所有种田圃”，“社科法制版”改为“所耕种田圃”，“江西史料版”写作“所有［耕］种［的］田圃。”

④ “江西史料版”在“侵”字后加一“［浸］”字。

拘役。

第五十五条　妨害灌溉田亩之水利者，处四等以下有期徒刑或拘役。

第五十六条　犯第五十条及五十二条之罪者，褫夺公权。

第四章　危险物罪

第五十七条　意图为犯罪之用，而制造收藏炸药、火药，及此类之爆裂物，处二等或三等有期徒刑。

第五章　妨害交通罪

第五十八条　损坏壅塞陆路、水路、桥梁，因而致有（断绝）来往①之危险者，处四等以下有期徒刑或拘役。

第五十九条　以强暴胁迫或诈术妨害邮件电信之递送收发者，处四等以下有期徒刑或拘役。

第六章　伪造货币罪

第六十条　伪造通用货币者，处死刑或一等有期徒刑，行使自己伪造之通用货币，或意图行使而交付于人者，亦同。

第六十一条　意图行使而收受他人伪造之通用货币者，处死刑，其收受后行使或意图行使而交付于人，或自苏区外贩运者，亦同。

第六十二条　犯本章之罪者，褫夺公权。

第七章　伪造文书及印文罪

第六十三条　伪造公文书或图样者，处死刑。

行使伪造公文书或图样，意图行使而交付于人者，亦同。

第六十四条　公务人员明知虚伪之事实，而据以制作所掌文书图样，或行使此种文书图样，或意图行使而交付于人者，亦同。

第六十五条　伪造私②文书图样，是以证明他人权利义务之事实者，处以三等至五等有期徒刑。行使伪造之他人私文书图样，或意图行使而交付于他人者，亦同。

第六十六条　于自己私文书图样为虚伪之登载，是③以证明对于他人之权利义务之事实，或行使而交付于人者，依前条之例处断。

第六十七条　医师、检验吏、于出具［他］④ 人之诊断书、检案书、死亡证明书，为虚伪之登载者，处四等以下有期徒刑或拘役。

第六十八条　伪造公私印文署押，或盗用者，依伪［造］⑤ 公私文书各条之例处断。

第六十九条　伪造公印者，处死刑。

第七十条　伪造私印者，处四等以下有期徒刑或拘役。

第七十一条　犯本章之罪，宣告二等有期徒刑以上之刑者，褫夺公权，其余得褫⑥

① “油印原件”如此。疑有漏字。应为“断绝来往”。

② “江西史料版”此处多加一“［人］”字。

③ “油印原件”误为“足”，与65条不一致。

④ “油印原件”疑漏一“他”字，“社科法制版”已补上。

⑤ “油印原件”疑漏一“造”字，“社科法制版”已补上。

⑥ “江西史料版”此处多加一“［免］”字。

夺之。

第八章　伪造度量衡罪

第七十二条　意图行使贩运而制作违背定程之度量衡或变更其真度量衡之定程者，处一等至三等有期徒刑。知情而贩卖不平之度量衡者，亦同。

第七十三条　行使不平之度量衡而得利者，以欺诈取财[①]论。

第七十四条　犯七十三条之罪者，得褫夺公权。

第九章　鸦片烟罪

第七十五条　制造鸦片烟或贩卖或意图贩卖而私藏，或自苏区外贩卖［运］[②]者，处死刑至三等有期徒刑。

第七十六条　制造吸食鸦片烟之器具，或贩卖或意图贩卖而收藏，或自苏区外贩运者，处四等以下有期徒刑。

第七十七条　开设馆舍，供人吸鸦片烟者，处死刑至三等有期徒刑。

第七十八条　意图制造鸦片烟，而栽种罂粟者，处死刑至三等有期徒刑。

第七十九条　吸食鸦片烟者，处一等至三等有期徒刑。

第八十条　犯本章之罪，褫夺公权。

第十章　赌博罪

第八十一条　以赌博为常业者，处一等至二等有期徒刑。

第八十二条　聚众开设赌博以营利者，处一等至二等有期徒刑。

第八十三条　聚众赌博者，处二等至五等有期徒刑。

第八十四条　发行彩票者，处死刑至二等有期徒刑。

第八十五条　造赌具者，处死刑至二等有期徒刑。

第八十六条　犯第八十一条及八十二条、八十四条、八十五条之罪者，褫夺公权。

第十一章　奸非罪[③]

第八十七条　（一）对未满十二岁之男女为猥亵之行为者，处三等至五等有期徒刑。

（二）以强暴、胁迫、药剂、催眠术或他法，致[④]使不能抗拒而为猥亵之行为者，处二等至三等有期徒刑。

第八十八条　对十二岁以上男女，以强暴、胁迫、药剂、催眠术或他法，致使不能抗拒而为猥亵之行为者，处三等至五等有期徒刑。

第八十九条　对妇女以强暴、胁迫、药剂、催眠术或他法，致[⑤]使不能抗拒而奸淫之者，为强奸，处一等至二等有期徒刑。

奸未满十二岁幼女者，处死刑至二等有期徒刑。

第九十条　乘人精神丧失或不能抗拒而为猥亵之行为或奸淫者，依第八十七条第二项及八十九条之例处断。

---

① “江西史料版”此处多一“者”字。

② “油印原件”为“贩卖”，参照第七十六条应为“贩运”。

③ “江西妇女版”误为“奸外罪”。

④⑤ “油印原件”为“至”。

第九十一条　因犯前四条罪致人死伤者，依左列处断：

（一）致死者，处死刑或一等有期徒刑。

（二）致废疾者，处一等有期徒刑至二等以上有期徒刑。

（三）致被害人羞忿自杀或意（图）① 自杀而伤害者，依前项之②例处断。

第九十二条　引诱妇女卖淫以营利者，处五等有期徒刑或拘役。

第九十三条　第八十二条至九十条之未遂犯罪之。

第九十四条　犯本章之罪，宣告二等有期徒刑以上之刑者，褫夺公权，其余得褫③夺之。

第十二章　妨害饮料水罪

第九十五条　污秽供人所饮之净水，因而致不能饮者，处五等有期徒刑或拘役。

第九十六条　污秽由水道以供公众所饮之净水或其水源，因而致不能饮者，处三等至五等有期徒刑。

第九十七条　以有害卫生之物，混入供人所饮之净水内者，处四等以下有期徒刑或拘役。

第九十八条　损坏、壅塞水道水源，以杜绝供公众所饮之净水至二日以上者，处二等至三等有期徒刑。

第九十九条　第九十五条至九十六条之未遂犯罪之。

第一百条　犯本章之罪，宣告二等有期徒刑以上之刑者，褫夺公权，其余得褫夺之。

第十三章　妨害卫生罪

第一百〇一条　知情贩卖有害卫生之饮食物、饮食用器具或孩童玩具者，处其卖价二倍以下卖价以上罚金。若二倍之数未满五十元，处五十元以下卖价以上罚金。

第一百〇二条　未受政府之允准，以医为常业者，处三等以下有期徒刑，百元以下之罚金。

第十四章　杀伤罪

第一百〇三条　杀人者处死刑，或一等有期徒刑。

第一百〇四条　伤害人者，依左列处断：

（一）致死或笃疾者，处二等以上有期徒刑。

（二）致废疾者，处一等至三等有期徒刑。

（三）致轻微伤害者，处四等以下有期徒刑。

第一百〇五条　犯前二条之罪，当场助势而未下手者，以从犯论罪。

第一百〇六条　二人以上同时下手伤害一人者，皆以共同正犯论。

同时伤害二人以上者，以最重之伤害为标准，皆以共同正犯论。其当场④助势而下手未明者，以前二项之从犯论。

---

① “油印原件”如此，疑漏一“图”字。

② “江西妇女版”将“之”误为“三”。

③ “油印原件”为“褫夺”，“江西史料版”排作“褫［免］夺”，“江西妇女版”改为“剥夺”（以下多处同）。

④ “油印原件”为“当助势”，“社科法制版”在“当”后加一“［场］”字。笔者认为参照第一百〇五条此处应加“场”字。

第一百〇七条　决斗者，处四等以下有期徒刑或拘役。

因而杀伤人者，依故意杀伤罪各条之例处断。

第一百〇八条　教唆他人使之自杀或得其承诺而杀之者，处死刑至三等有期徒刑。帮助他人使之自杀或受其嘱托而杀之者，处三等至五等有期徒刑。

谋为同死，而犯本条之例之罪者，得免除其刑。

第一百〇九条　教唆他人使之自伤或［得］① 其承诺而伤之者，依左列处断：

（一）致死或笃疾者，处三等至五等有期徒刑。

（二）致废疾者，处四等以下有期徒刑或拘役。

（三）致轻微伤害者，处五等有期徒刑或拘役。

第一百十条　帮助他人使之自杀，或受其嘱托而伤之者，依左列处断：

（一）致死或笃疾者，处四等以下有期徒刑或拘役。

（二）致废疾者，处五等有期徒刑或拘役。

（三）致轻微伤害者，拘役。

第一百十一条　因过失致人死伤者，处四等以下有期徒刑或拘役。

第一百十二条　因玩忽业务上必要之注意，致人死伤者，处二等至四等有期徒刑。

第十五章　堕胎罪

第一百十三条②　怀胎妇女服药或以他法堕胎者，处五等有期徒刑或拘役。

第一百十四条　受妇女之嘱托或得其承诺使之堕胎者，处四等以下有期徒刑或拘役。

第一百十五条　有左列行为之一者，处死刑至四等有期徒刑：

（一）以强暴胁迫或诈术使妇女自行堕胎者。

（二）以强暴胁迫或诈术而受妇女之嘱托或得其承诺而使之堕胎者。

（三）未得妇女之承诺以强暴胁迫或诈术使之堕胎者。

（四）知为怀胎妇女而施以强暴胁迫致使小产者。

第一百十六条　犯本章之罪，得褫夺其公权。

第十六章　遗弃罪

第一百十七条　依法令契约担③负扶助养育保护老幼残废疾病人之义务而遗弃之者，处三等至五等有期徒刑。

第一百十八条　于自己经管地内发现被遗弃之老幼残废疾病人而不与以相当之保护者，处五等有期徒刑。

第一百十九条　犯一百十七条之罪者，褫夺公权，其余得褫夺之。

第十七章　略诱及和诱罪

第一百二十条　以强暴胁迫或诈术拐取妇女或未满二十岁之男子者，为略诱罪，处二等至三等有期徒刑。

---

① “油印原件”如此，参照第一百〇八条此处应加一“得”字。

② “油印原件”自“第一百十三条”以下少“一”字，“社科法制版”加一“一”字，“江西史料版”加一“［一］”字。

③ “江西妇女本”将“担负”误排为“拒负”。

和诱者，处五等有期徒刑或拘役。

和诱未满十六岁之男女者，以略诱论。

第一百二十一条　移送自己略诱之妇女或未满二十岁之男子于苏区外者，处二等以上有期徒刑。

系和诱者，处二等有期徒刑。

第一百二十二条　意图营利，略诱妇女或未满二十岁之男子者，处二等以上有期徒刑。

和诱者，处二等至三等有期徒刑。

第一百二十三条　意图营利，移送自己略诱之妇女或未满二十岁之男子于苏区外，处死刑或一等有期徒刑。

第一百二十四条　预谋收受藏匿被略诱和诱人者，依前四条之例处断。

未预谋者依左列处断：

（一）收受藏匿第一百二十条、第一百二十一条第二项及第一百二十二条第二项之被略诱和诱人者，处三等至五等有期徒刑。

（二）收受藏匿第一百二十一条第一项，第一百二十二条第一项及第一百二十三条之被略诱和诱人者，处一等至三等有期徒刑。

第一百二十五条　本章之未遂犯罪之。

第一百二十六条意图营利犯本章之罪者，褫夺公权，其余得褫夺之。

第十八章　窃盗及强盗罪

第一百二十七条意图为自己或第三人之所有而窃取他人所有物者，为窃盗罪，处五等有期徒刑或拘役。

第一百二十八条　窃盗有左列行为之一者，处三等至五等有期徒刑：

（一）侵入现有人居住或看守之宅第、建筑物、矿坑、船舰内者。

（二）结伙三人以上者。

第一百二十九条　意图为自己或第三人之所有，而以强暴胁迫抢取他人物者，为强盗罪，处三等至五等有期徒刑。

以药剂催眠术或他法使人不能抗拒而强取者，亦同。

第一百三十条　窃盗因防护赃物脱免逮捕而当场施以强迫者，处五等有期徒刑。

第一百三十一条　强盗有左列行为之一者，处四等以上有期徒刑：

（一）侵入现有人居住或看守之宅第、建筑物、矿坑、船舰①内者。

（二）结伙三人以上者。

（三）伤害人尚未致死，及笃疾者。

第一百三十二条　强盗有左列行为之一者，处死刑或一等有期徒刑：

（一）结伙三人以上在途行劫者。

（二）致人死或笃疾或伤害至二人以上者。

（三）于盗所强奸妇女者。

第一百三十三条　犯强盗之罪故意杀人者，处死刑或一等有期徒刑。

---

① “江西史料版”此处少一“舰”字。

第一百三十四条　犯第一百二十八条至第一百三十三条之罪者，褫夺公权，其余得褫夺公权。

第十九章　诈欺取财罪

第一百三十五条　意图为自己或第三人之所有，以欺罔恐喝［吓］，使人将所有物交付与己者，为诈欺取财罪，处五等有期徒刑或拘役。

第一百三十六条　乘人未满十六岁或精神错乱之际，使将本人或第三人物交付于己，或因而得财产上不法之利益或使第三人得之或损害本人之财产，依前条之例处断。

第一百三十七条　三人以上共犯前二条之罪者，处二等或三等有期徒刑。

第一百三十八条　本章之未遂犯罪之。

第二十章　毁弃损坏罪

第一百三十九条　毁弃关系他人权利义务之文书者，处三等有期徒刑或拘役。

第一百四十条　损坏建筑物、矿坑、船舰者，处三等至五等有期徒刑。损坏第五十条之建筑物、矿坑、船舰者，处二等至三等有期徒刑。

因犯本条之罪致人死亡者，援用伤害各条，依第十四章之例处断。

第一百四十一条　凡有左列行为之一者，处四等以下有期徒刑或拘役：

（一）损坏伤害前条所列以外之他人所有物者。

（二）纵逸他人所有之动物致令丧失者。

第二十一章　私擅逮捕监禁罪

第一百四十二条　私擅逮捕或监禁人者，处三等至五等有期徒刑。

第一百四十三条　因犯本章之罪致人死伤者，援用伤害各条，依第十四章之例处断。

第一百四十四条　犯本章之罪者得褫夺公权。

第一百四十五条　捕捉或暂押反动分子不为罪。

第二十二章　骚扰罪

第一百四十六条　聚众意图为强暴胁迫已受该管理政府解散之命令，仍不解散者，处四等以下有期徒刑或拘役。

附和随行仅止助[1]势者，处拘役。

第一百四十七条　聚众为强暴胁迫者，依左列处断：

（一）首魁，处二等以上有期徒刑。

（二）执重要事务者，处二等至三等有期徒刑。

（三）附和随行仅止助势者，处四等以下有期徒刑或拘役。

第一百四十八条　于前条所列情形内，犯杀伤、放火、决水、损坏其他各罪者，援用所犯各条，分别首魁、教唆、实施，依第十四章之例处断。

第一百四十九条　犯第一百四十七条之罪，宣告二等有期徒刑以上[2]之刑者，褫夺公

① “油印原件”此处字迹不清，似“取”又像“助”，参照第一百四十七条第三项，应为“助”，“江西史料版”排作“仅止［只］取［助］势者”，“社科法制版”排作“仅止助势者”。

② “社科法制版”有“以上”二字，“江西史料版”无“以上”二字。参照第二十七条和第一百条，应有“以上”二字。

权，其余得褫夺之。

选自中央档案馆所存油印原件中秘档案 B54 号。简称“油印原件”。其封面原样是竖排如下：

一九三一年五月十九日
赣东北特区苏维埃暂行刑律
闽北分区革命委员会翻印

互校版本：

1.《中国新民主主义革命时期根据地法制文献选编》，第三卷，中国社会科学出版社 1981 年出版，第 31～53 页。简称“社科法制版”。原注：“选自闽北分区革命委员会翻印件，一九三一年五月十九日。”

2.《闽浙赣革命根据地史料选编》上册，江西人民出版社 1987 年出版，第 206～222 页。简称“江西史料版”。

3.《江西苏区妇女运动史料选编》（节选），江西人民出版社 1982 年出版，第 409～411 页。简称“江西妇女版”。原注：“一九三一年五月十九日闽北分区革命委员会翻印”。

4.《中华苏维埃共和国审判资料选编》，人民法院出版社 1991 年出版，第 112～129 页。简称“苏维埃审判资料版”。原注：“选自《闽浙赣革命根据地史料选编》上册，江西人民出版社 1987 年出版”。

9. 中华苏维埃共和国中央执行委员会训令　第六号
——处理反革命案件和建立司法机关的暂行程序

1931 年 12 月 13 日中央执行委员会非常会议通过

自从革命战争三次胜利，临时中央政府成立，苏维埃政权已经得到了更进一步的巩固，在这个时候，苏区中有一件急于要做的事，就是建立革命秩序，保障群众的权利。

过去，当揭破反革命的组织 AB 团、社会民主党、改组派及一切反革命派别的时候，各地各级苏维埃政府很坚决地逮捕审讯，处置了许多反革命分子，给这些反革命以致命的打击，使苏维埃政权得到巩固，这种工作的主要方面，是完全正确的。

但是大家要知道，在过去的肃反工作中不是没有错误的，临时中央政府严重地告诉各地各级苏维埃政府，各地过去的肃反工作，有许多地方是做得不对的。例如听到某个或某几个反革命分子的口供，没有充分的证据，未经过侦查的工作就进行捉人；审问的时候采用肉刑，苦打成招的事，时常发现；处置犯人的时候，不分阶级成分，不分首要和附和，以致应当轻办的却把他重办了（如不释放附和的工农分子）。这些错误在苏区好些地方好些时候都发现了。这些错误中间，有一部分是反革命分子隐藏在苏维埃政权内阴谋活动做出来的。自从做出了这些错误之后，使得好些地方的工农群众对于苏维埃政府的肃反工作发生怀疑，革命群众的权利在苏维埃政府下不能得到完全的保障，苏维埃下面未能建设很好的革命秩序，同时对于苏区反革命组织和活动也未能做彻底的肃清，这些是非常之不对的。

临时中央政府现在告诉各级苏维埃政府，要坚决的迅速的建立革命秩序，使革命群众的生命权利和一切法律上应得的权利，得到完全的保障，同时对于反革命的组织和活动，要给他以彻底的消灭，特规定暂行程序如下：

一、一切反革命的案件都归国家政治保卫局去侦查、逮捕和预审，国家政治保卫局预审之后，以原告人资格向国家司法机关（法院或裁判部）提起诉讼，由国家司法机关审讯和判决。

二、一切反革命案件审讯（除国家政治保卫局得预审外）和判决（从宣告无罪到宣告死刑）之权都属于国家司法机关。县一级国家司法机关，无判决死刑之权，但有特别情形，得省司法机关特别许可者不在此例。中央区及附近的省司法机关作死刑判决后，被告人在十四天①内得向中央司法机关提出上诉。

三、在设有国家政治保卫局机关的地方（即国家政治保卫局省分局、县分局或政治保卫局特派员），当地苏维埃政府若发现了反革命的材料，须报告当地的国家政治保卫局机关，不得擅行逮捕或审讯。

四、在县和区两级尚只设立肃反委员会，未设立国家政治保卫分局或特派员，而建立政权又已有了六个月的历史的地方，此等地方的苏维埃政府若发现了反革命的材料，必须得到国家政治保卫局省分局（设在省苏维埃所在地）的同意后，方可逮捕，仅仅有特别情形时（例如反革命派已经在组织暴动，或该区与省苏的中间被白色区域间断，或在赤白交界地方易于逃跑，或敌人进攻情形紧急），不及报告或无法报告政治保卫局省分局，又都得到了充分的证据时候，才准许县区政府及其肃反委员会有决定逮捕之权。

五、在新发展区域，即在革命政府的建立尚未满六个月的地方，当地革命群众与豪绅地主、富农、资本家的斗争正在十分紧张的时候，县肃反机关及特别指定的区肃反机关（国家政治保卫分局的特派员或肃反委员会）在取得县或区执行委员会的同意之后，有决定逮捕审讯反革命分子之权，审讯后应移交于同级政府的司法机关作最后之审讯，审讯完

① 此处《红色中华》误排为“四十天”。“社科法制版”“西南函授版”也印作“四十天”。“江西法律版”“赣州司法史料版”“闽西史料版”“江西文件版”皆为“十四天”。按《裁判条例》规定，“上诉期限为两星期”。临时最高法庭给江西省裁判部的训令中指出：“被告人在十四日内应许有上诉权，中央执行委员会第六号训令第二项内已明白的规定。”（《红色中华》1932年4月21日）

毕，拟具判决书，报告省司法机关作最后之判决。但豪绅地主、富农、资本家罪恶昭著，经当地工农群众要求处决者，当地政府得迅速执行处决之，无须得省政府许可。

六、在暴动初起，革命政权机关尚未建立的时候，当地革命群众有直接逮捕和处决豪绅地主及一切反革命分子的权力，但革命政府一经建立，即照第五条规定办理。

七、不论在新旧区域，对于处置反革命团体（AB团、社会民主党、改组派等）的分子，一定要分别阶级成分，分别首要与附和，即对于豪绅地主、富农、资本家出身的反革命分子以及首要分子应该严厉处置（如宣告死刑等），对于从工农贫民劳动群众出身而加入反革命组织的分子，以及附和的分子，应该从宽处置（如自新释放等）。

八、在审讯方法上，为彻底肃清反革命组织及正确的判决反革命案件，必须坚决废除肉刑，而采用搜集确实证据及各种有效方法。

九、各级地方司法机关在未设立法院之前，得在省县区三级政府设立裁判部，为临时司法机关，除依据前列各项原则处置反革命案件外，并解决一切刑事和民事的案件。

各级苏维埃政府接到本训令之后，应严格的遵守执行，如果违背本训令所规定的原则，须受到严厉的制裁。此令！

选自《红色中华》，1931年12月28日第三期。

互校版本：

1.《中国新民主主义革命时期根据地法制文献选编》，第三卷，中国社会科学出版社1981年出版，第286～289页。简称“社科法制版”。原注：“选自《红色中华》一九三一年十二月二十八日第三期”。

2.《中华苏维埃共和国法律文献选编》，江西人民出版社1984年出版，第379～381页。简称“江西法律版”。原注：“见《红色中华》第三期，一九三一年十二月二十八日”。

3.《中国新民主主义革命时期法制建设资料选编》，第二册，西南政法学院函授部1982年编印，第256～258页。原注：“一九三一年十二月十三日中央执行委员会非常会议通过。选自《红色中华》一九三一年十二月二十八日第三期”。

4.《中华苏维埃共和国中央政府文件选编》，《江西社会科学》1981年增刊，第4～5页。原注：“一九三一年十二月十三日中央执行委员会非常会议通过”。简称“江西文件版”。

5.《闽西苏区法制史料选编》，龙岩市中级人民法院、古田会议纪念馆合编，2008年10月内部出版。简称“闽西史料版”。

6.《人民司法从这里走来——中华苏维埃共和国司法史料研究选编》，江西省赣州市中级人民法院2010年编印，第99～100页。简称“赣州司法史料版”。

10. 湘赣省惩治反革命犯暂行条例

1932年4月8日修正公布

第一，凡公开地或秘密地加入一切反革命组织，企图破坏革命，颠覆苏维埃政府的反革命分子，均受本条例制裁。

第二，裁制反革命分子，分下列等级处理：

第一项死刑，没收其本人的土地财产。

第二项监禁或罚苦工。

第三项剥夺公权，监视其行动。

第四项警告。

第五项劝告。

第三，凡有下列情事之一者，依本条例第二条第一项处理之：

（一）阶级异己分子为反革命首领工作显巨者。

（二）豪绅地主子弟加入反革命组织者。

（三）富农流氓资本家及其他剥削分子加入反革命组织，参加反革命活动者。

（四）经常与敌人暗通消息，或隐藏反革命侦探，及反革命家属与反革命犯同谋反动者。

（五）自新后，重新参加反革命活动者。

第四，有下列情事之一者，依本条例第二条第二项处理之：

（一）加入反革命组织，担任反革命职务而无工作者。

（二）经逮捕之后，不忠实报告反革命企图，保存秘密者。

（三）诬害贫苦工农分子为反革命者。

第五，凡有下列情事之一者，依本条例第二条第三项处理之：

（一）凡贫苦工农被欺骗，加入反革命组织，到会有三次以上者。

（二）商人富农学生教员加入反革命组织，无反革命事实，而自动出来自首，忠实的报告反动组织者。

第六，凡有下列情事之一者，依本条例第二条第四项处理之：

（一）贫苦工农被欺骗加入反革命组织到三次会而无反动事实者。

（二）贫苦工农被欺骗加入反革命组织自动出来自首者。

第七，凡有下列情事之一者，依本条例第二条第五项处理之。

（一）贫苦工农被欺骗加入反动组织而未到过会者。

（二）因感情作用，被反革命分子所利用（替反革命送一件普通信件）而不知道者。

第八，监禁、罚苦工、剥削［夺］公权时间的长短，依犯罪的轻重判处之。但剥削［夺］公权期间，最少为三个月。

第九，凡经处罚的人犯，工作积极，表现已脱离反动组织关系者，仍得随时斟酌情形，予以□［缩］减，不好者，亦将延长其处罚。

第十，未长成（十六岁以下）之男女加入反革命组织者，准其自新自首，不加追究。

第十一，妇女犯罪与男子减轻一等处罚。

第十二，本条例公布发生效力后，一九三一年十月所颁布之惩治反革命犯暂行条例宣布作废。

第十三，本条例自公布日发生效力。

选自《湘赣革命根据地史料选编》上册，江西人民出版社1984年出版，第378～379页。简称“湘赣史料版”。原注：“此条例是一九三二年四月八日公布”。原件未注明史料来源。

互校版本：《中国新民主主义革命时期根据地法制文献选编》，第三卷，中国社会科学出版社1981年出版，第16～18页。

11. 湘赣省苏维埃政府颁布反革命自首自新条例

1932年4月3日修正公布，1932年4月15日生效

1. 湘赣省苏维埃政府遵照中华苏维埃中央政府颁布的法令及国家政治保卫局组织纲要，依据阶级路线，重新颁布自首自新条例。

2. 一般的工人、红军战斗员、雇农、贫农、中农与独立劳动者，只要不是坚决投降于反革命的领袖分子，而是反革命胁迫欺骗加入或附和反革命行动或组织的，在原则上一律给以自新的出路，准行自首自新。

3. 凡贫苦工农兵士贫民，被胁迫欺骗加入AB团、改组派、国民党或反革命御用的“甲子团”“吊谈会”“吃烟会”“好吃会”“春风社”“恋爱社”“忠善堂”“新共产党”“新共产青年团”（这些都是反动派利用各种新的名义来欺骗群众，实际［行］阴谋破坏革命的秘密组织）等组织的，一律准许自首。凡自动出来自首向当地苏维埃政府忠实报告反动组织的自首分子，一律免罪或减轻处分。

4. 凡贫苦工农兵士贫民过去被反革命胁迫欺骗加入或附和反革命行动，而现在又尚未觉悟出来自首的分子，经各县政治保卫分局、肃反委员会或特派员侦察和检举被发觉后自新分子，要按照阶级地位犯（罪）轻重分别予以劝告、公开警告、禁闭、开除军籍、剥削［夺］公民权、拘捕等处分。

5. 凡学生、教员、商人、富农等异己阶级中的自首分子，亦应分别首从给以较其应得的高、轻的处罚，并须规定察看时间，在察看期间不得自由行动。

6. 自首自新分子，须将AB团改组派等反动派的欺骗阴谋罪恶及本人受欺骗加入反动组织的经过，向群众诚实宣布。并须绝对遵守苏维埃一切法令，努力参加各种斗争和革命工作，在行动上表现完全脱离一切反动派的关系。

7. 发觉自首自新分子继续进行反革命的行动时，即由当地政治保局或肃反委员会逮捕，予以更严重的处罚。

8. 贫苦工农、兵士、贫民中自首自新分子的土地财产不能没收，并须切实给予土地革命的利益和保障。如违反苏维埃法令及本条例，经苏维埃法庭处决时，亦只得没收其本人的土地财产，其家属的［有］通消息及隐藏反革命的，应以反革命治罪。

9. 如有特别情形，不能公开的，可向湘赣省政治保卫局秘密自首。

10. 凡加入AB团、改组派等反动组织的，须立即按照本条例到当地政治保卫局或肃反委员会登记自首，并发给自首证为据。如本条例公布后尚企图隐瞒不出来自首的，一经发觉，即按加入反动组织时间的长短及其罪犯［行］加重处分。

11. 本条例自公布发生效力后，一九三一年十月公布之自首条例即作无效。

12. 本条例自一九三二年四月十五日发生效力。

选自《湘赣革命根据地史料选编》上册，江西人民出版社 1984 年出版，第 387～388 页。简称“湘赣史料版”。原件未注明史料来源。

互校版本：《中国新民主主义革命时期根据地法制文献选编》，第三卷，中国社会科学出版社 1981 年出版，第 18～19 页。简称“社科法制版”。原件未注明史料来源。

12. 中华苏维埃共和国临时中央政府执行委员会训令第十一号——纠正放松肃反的错误

1932 年 4 月 22 日

一、自中央执行委员会第六号训令发布后，查各级苏维埃政府对于过去肃反中的乱抓乱打、专信口供、不分阶级成分首要与次要等等现象，都有大的纠正和转变。裁判部与政治保卫局的组织也有相当建立。但是各级政府有将中央训令的建立司法程序，误认为不去办理反革命事项，将采用更有效力的彻底肃清反革命的重要意义忘了。于是对于反革命案件的处理与镇压反革命的工作，有走到另一错误的方面，即是放松肃清反革命的工作。

二、这种错误表现在：各地对于反革命案件处理的停滞，甚至关着置之不问，裁判部有的未建立，即建立的也不积极进行工作。对于反革命利用这些肃反中的错误去掩盖其行动，乘机抬头（如故意反口供等等）大施活动（如古龙冈石城之新共产党、宁都雩都反革命在城市大造反动谣言，以及利用迷信设教等等），各级政府不仅不积极施以镇压，反放任不理。对于反革命重要犯不加严厉看守，使其乘机逃脱（瑞金）。重要反革命派别案件迟迟不办，对于豪绅地主等反动势力在许多新发展区域，多未彻底肃清，现更在群众中活动，企图恢复反动势力和危害苏维埃政权（如雩都、宁都、石城、会昌等地①），有的混入政府企图把持政权（如石城、雩都等地②）。这是何种严重现象，若不即时严厉纠正，对于苏维埃政权的巩固，有莫大的危险。

三、当目前积极发展革命战争任务之下，对于巩固后方的工作，十分重要。尤其镇压反革命的活动，肃清反革命势力，更成为巩固后方发展革命战争的条件了。如若忽视这一问题，实等于妨碍革命战争的发展。

四、现为严厉纠正放弃肃清反革命的严重错误，除依照中央执行委员会第六号训令执行外，对于目前各地反革命的活动，给以严厉镇压，并积极破坏其组织，彻底消灭各种反革命的势力。对于过去反革命的案件，应迅速依照中央第六号训令处理。如发现故意反供，企图掩饰反革命行动者，须给予严厉打击，加倍处罚。

五、为了执行这一工作，必须健全各地裁判部的组织，执行其职权，来处置一切反革命案件。加强各地政治保卫局的工作与活动，如未建立保卫局者，立即建立，各级政府应在各方面去帮助政治保卫局。对于反革命活动的侦察和破获，迅速将破获案件予以处置，

①② “江西法律版”只列出“如雩都等地”或“如石城等地”。

并鼓励群众团体和工农群众来帮助这一工作进行。

六、在新发展区域应照第六号训令第五、六两项执行。对于过去豪绅地主等等反动势力，给以彻底肃清，最重要的就要动员群众来参加，在已满六个月之新发展区域，如过去对于反动势力，没有彻底肃清（如豪绅地主富农资本家及靖卫团首领罪恶显著者），如发现有继续活动的地方（如雩都［石城］① 会昌等县），亦可施用训令第五项，“经当地工农群众要求处决者，当地政府得迅速执行处决②之，无须得省政府之许可”的原则执行。但处置后必须向省政府报告备案。

以上各项，立即遵照执行，这一训令是纠正目前的错误，补助第六号训令之一切原则的执行。同时对于老苏区随意捕人不按规定手续继续从前肃反错误者，亦须严加制止和处罚。此令。

公历一九三二年四月二十二日

选自《红色中华》，1932年5月25日，第六版。

互校版本：

1.《中华苏维埃共和国法律文件选编》，江西人民出版社1984年出版，第387～388页，简称“江西法律版”。原注：“见《红色中华》第二十期第六版，一九三二年五月二十五日”。

2.《闽西苏区法制史料汇编》，龙岩市中级人民法院、古田会议纪念馆合编，2008年10月内部出版，第235～236页。简称“闽西史料版”。

13. 中华苏维埃共和国临时中央政府执行委员会训令第十二号——为更改执字第六号训令第二项之规定

1932年6月9日③

一九三二年三月二十三日中央执行委员会颁布的第六号训令，其第二项上有“县一级司法机关无判决死刑之权”的规定。但当目前发展革命战争的时期，在事实上县裁判部不判决死刑，省裁判部在工作上要发生许多困难，很难按照这个规定去执行。因此，本执行委员会决定改为县一级裁判部有判决死刑之权，但没有执行死刑之权。判决死刑后，必须得省裁判部的批准后才能执行。倘若有些县与省的中间被白色区所隔断，则县一级裁判部才有判决死刑和执行死刑之权。

公历一九三二年六月九日

选自《红色中华》1932年6月16日第二十三期。

互校版本：

1.《中华苏维埃共和国法律文件选编》，江西人民出版社1984年出版，第395页。

---

① 《红色中华》、“闽西史料版”和“江西法律版”在“雩都”之后皆印作“区域”，此处似是“石城”的误排。

② 《红色中华》为“处决”，“闽西史料版”和“江西法律版”排作“解决”。

③ 有的标作“6月9日”，有的标作“6月16日”，前者是发布日期，后者是《红色中华》刊登日期。

原注："公历一九三二年六月九日，见《红色中华》第二十三期第五版 1932 年 6 月 16 日"。

2.《中国新民主主义革命时期根据地法制文献选编》，第三卷，中国社会科学出版社 1981 年出版，第 313 页。原注："选自一九三二年六月十六日《红色中华》第二十三期"。

3.《闽西苏区法制史料汇编》，龙岩市中级人民法院、古田会议纪念馆合编，2008 年 10 月内部出版，第 137 页。

14. 福建省苏维埃政府训令——关于犯人的材料及坚决废止肉刑的问题（节录）

1932 年 9 月 9 日

过去各级政府及地方武装送给本政府裁判部的犯人，很多没有案卷和材料，只有一个名单，或者只是简单地写："反动土豪""反动富农""侦探""土匪"等等极简单的名词，致使裁判部审判犯人时发生许多困难，而且容易弄错误，以致对于苏维埃政府的信仰发生不好影响。以后各级政府倘若送犯人来本政府，必须将该犯人的犯罪经过及与该案件有关系的材料一并送来。接本训令之外［后］，如各级政府再像从前那样把人送来而没有一点材料，本政府将不收受，当即日送还原处，希各级政府及地方武装注意！

中央执行委员会颁发第六号训令，严格的废止肉刑，历时已逾半载。但是各级政府对该项训令之执行非常不够，而且公开违反该项训令的地方很多……如此违反苏维埃法令的行为，不但有碍苏维埃的威信，并且是公开的破坏苏维埃的法令，给敌人以很好的宣传材料，不啻间接地帮助了反革命！本政府为坚决地彻底地执行苏维埃的法令，提高苏维埃在群众中的威信，各级政府应绝对地执行苏维埃的法令，废止一切肉刑，使中央执行委员会第六号训令百分之百的去实现！以后各级政府及地方武装如再有用肉刑的事情，当以违反苏维埃法令治罪！此令。

选自《中国新民主主义革命时期根据地法制文献选编》，第三卷，中国社会科学出版社 1981 年出版，第 345～346 页。原件未注明史料来源。

15. 湘赣省苏维埃内务部通令　第六号——颁布禁烟禁赌条例

1932 年 9 月 28 日①

本部为要彻底消灭吃食鸦片烟、赌博的恶现象，维持社会秩序，健全革命群众的身体，提交［高］农村生产，加强群众的斗争力量。特颁布禁烟禁赌条例，望各级内务部告

① 原注：此时间是编者考证的。

诉广大工农群众一律遵照执行为要。此令！

附："禁烟禁赌条例"

第一条　凡吸食鸦片或专事赌博不遵令戒绝者，依照本条件处罚之。

第二条　吃食鸦片者自禁令之日起，一月后就应立即自动戒绝，如还是继续吃鸦片者实行扣留戒脱。

第三条　烟犯与赌钱的处罚，（按）下列等级处分：

（一）拘留；（二）警告；（三）劝告。

第四条　凡有下列情形之一者，依本条例第三条第一项处理之：

（一）凡吃食鸦片自禁令之日起一月后而不自行戒绝，被拿获有据者。

（二）专以贩运鸦片为业或栽种者。

（三）开设烟馆、赌场或以赌钱为业者。

第五条　凡有下列情形之一者，依本条例第三条第二项处理之：

（一）经过劝告后仍未戒烟或戒赌者。

（二）青年吸食鸦片及赌钱者。

第六条　凡有下列情（形）之一者，依本条例第三条第三项处理之：

（一）被人控告而有吃鸦片之嫌疑者。

（二）借治疾病而吸烟未成瘾者。

（三）藏有烟具赌具不缴出毁灭者。

第七条　凡年龄在六十岁以上时难以戒绝者，须到当地苏维埃政府报告要求延期医戒。

第八条　拘留期间由当地苏维埃政府根据违禁轻重决定之，而因吃食鸦片、赌钱形成刑事案件时，由裁判部依照法律处理之。

第九条　实行严格禁止种烟与运烟，凡由白区输运（烟）土与烟具、赌具到苏区来，自颁布禁令之日起，一月内不得没收，勒令其出苏区境，过了这个期限还输运烟土、烟具和赌具到苏区来，一经查觉即行没收，并得予以应得的处分。

第十条　凡属阶级异己分子违反本条例者得加重处罚。

第十一条　本条例有不完善之处，修改之权属于（湘）赣省苏维埃执行委员会主席团。

第十二条　本条例自公布之日起发生效力。

右令

各县内务部。

代部长　刘任武

永新县苏维埃内务部翻印

十月三日

选自《湘赣革命根据地史料选编》上册，江西人民出版社 1984 年出版，第 589～590 页。

16. 中华苏维埃共和国中央执行委员会训令第二十一号——关于镇压内部反革命问题

1933 年 3 月 15 日

当着帝国主义国民党军阀对全国苏区举行四次围攻及现在正向着中央苏区大举进攻，革命与反革命的战争已进到生死决战的时候，敌人除开军事力量以外，更有计划地在苏区内部组织反革命活动，利用苏区的地主富农及商人，组织各种反革命团体（AB 团，社会民主党，托洛斯基派，及封建迷信团体，如一心会、懒子会等），欺骗少数落后群众，乘机捣乱，如汀州的群众大会上有人叫唤反革命口号，在汀州破获了国民党县党部机关，在瑞金、汀州、河田三处发现彼此相同的反动标语，在石城的宣传部长家里搜出四支长枪，在南广县敌人组织的反革命活动，妨碍了一切群众工作和战争动员工作，会昌一带的奸商进行着破坏苏维埃国币的计划，瑞金、汀洲的奸商有计划地向银行换兑，各地奸商操纵物价，同时大量地运送现金出口，在一部分地方武装中，亦发现了反革命的破坏行动。由以上这些最近得来的事实。已经明白证明敌人在苏区内是有计划地在组织反革命，从政治上经济上各方面进行破坏苏维埃破坏革命战争的毒计。

但是我们各地的苏维埃政府，十分地缺乏警觉性，对于样这样严重的反革命活动情形，居然忽视，甚且简直是容忍了。中央政府现在严重唤起各级政府及其肃反机关的注意，对于过去这种忽视容忍反革命活动的态度，是一刻也不能允许的了，各地政府及其肃反机关，要立即纠正这种错误。要按照各地实际情况，立即动手对付反革命。各区乡特别各城市之内，一遇有反革命分子潜藏及活动的事实，要采用坚决敏捷的办法，给他们以严厉的镇压。在环境紧张时候，要宣布临时的戒严，苏维埃政府及一切革命机关，要施行武装的及群众的保卫。为了严厉镇压反革命，对于重要反革命分子，要不犹豫地迅速地给以逮捕和处决，把他们的罪状在当地群众中普遍宣布出来。各地各级政府尤其市政府及区乡政府，要把反革命在苏区内部活动与外部白军配合进攻的阴谋事实，向广大群众宣布，[要] 动员全体革命群众对于商人富农及地主分子进行严厉的监督和注视，从各方面进行搜索反革命组织和活动的线索。苏维埃政府的肃反机关应与工会雇农工会贫农团等革命群众团体，发生密切的联系。只有广大的群众都在政府的领导之下热烈地行动起来，才能将反革命的组织和活动给以彻底的消灭。

边区各县的裁判部，对于已捕犯人，应迅速清理。凡属罪恶昭著证据确实的分子，首先是这些人中的阶级异己分子，应立即判处死刑，不必按照裁判部暂行组织和裁判条例第二十六条须经上级批准才能执行死刑的规定，可以先执行死刑后报告上级备案。至于中心区域，同样要将积案迅速解决，不准仍然堆积起来，稽延肃反的速度。即在中心区域，若遇特别紧急时候，亦得先执行死刑，后报告上级，这是敌人大举进攻时，我们应取的必要手段。不能与平时一概而论的。

对于敌人进攻区域及边区内的地主富农分子，应该分别处置。其 [中] 有反动事实的，应立即逮捕，严厉惩办，不让他们有丝毫活动的余地。其他未发觉反革命事实的一般地主富农分子，应由当地政府发动群众严格监视他们的行动，而不应一律逮捕，致发生不良影响，并增加以后处置上的困难。

中央政府坚决相信，对于此次内外反革命向着革命的进攻，我们是有完全粉碎他们而得到全部胜利的条件的。我们有着广大的群众和坚强的红军，我们有着巩固有力的政权机关，我们要拿了我们这个有力的政权机关（中央的及地方的）领导着千百万工农群众和红军，给与进攻我们的内外敌人以致命的打击。我们有着过去肃反的宝贵经验，我们要运用这些经验与［同］苏区内部的反革命分子以严厉的镇压与彻底的消灭。各级政府接到本训令后，应立即按照当地具体情况，决定实际执行方法，并将执行情形按级报告前来，此令。

主　席　毛泽东

副主席　项　英

张国焘

公历一九三三年三月十五日

选自《红色中华》，1933年3月18日第六十二期，第二版。

互校版本：

1.《中央革命根据地史料选编》下册，江西人民出版社1982年出版，第671～673页。原件未注明史料来源。

2.《闽西苏区法制史料汇编》，龙岩市中级人民法院、古田会议纪念馆合编，2008年10月内部出版，第251～252页。

3.《人民司法从这里走来——中华苏维埃共和国司法史料研究选编》，江西省赣州市中级人民法院2010年编印，第75～76页。原注：“原载《红色中华》1933年3月18日”。

17. 中华苏维埃共和国临时中央政府人民委员会命令第四十二号——为检查和取缔私人枪支禁止冒穿军服事

1933年4月15日

枪支是战争的重要武器，应当集中到红军部队及地方工农武装组织里面，去进攻敌人，发展战争，私人不能随便携带。对于工农阶级的敌人——地主、富农、资本家及一切反革命分子——更是绝对禁止他们手中存有武器，并严格防止反革命分子潜入到我们武装队伍——红军独立师团、赤少队中来窃取武装，这是保障革命胜利的一个必要前提。

军服是红军穿的，不是红军的人员就不能随便穿红军的制服，以免混淆不清。

我们考查在一、二、三次战争胜利中有很多枪支散失在农村中，没有完全收清。同时过去各地的地主武装虽被我们完全消灭，但不免有少数枪支被反革命分子所埋藏。这些枪支的散布，难免不落于反革命手中。据最近事实，在汀、会、石等县检查地主富农的时候搜出有不少枪支。更就肃反中所发现的反革命派组织暗杀队（会昌）、扑杀队（雩都）、秘密守望队（寻邬、万太）等等武装阴谋，都足以表示这一问题的严重。当目前阶级斗争到了最剧烈的时候，我们不仅要彻底消灭外面进攻的敌人，而且要彻底解除苏区内部反革命派的武装，镇压反革命一切企图来保卫苏区，加强苏区的发展和胜利。枪支是武器中最主要的武器，应当保证在工农武装队伍手里，举行检查和取缔私人的枪支，实行枪支登记，这是保障革命胜利的一个重要工作。

近日红军制服遗散于群众中者甚多，特别是开小差的随身穿回家去，这样使红军与非红军分别不清，使政府损失大批经济，更直接影响于革命战争经费，非立即加以检查和取缔不可。

因此决定以下办法：

一、举行枪支检查，除正式武装部队——红军独立师团、游击队、警卫部队、赤少队以外，私人不得携带和隐藏枪支。

二、凡县一级以上之各机关和国家保卫局特派员，因工作关系必须携备枪支者，只限于短枪步枪，由该机关负责人签名，向同级国家保卫局登记领取枪证，边区之区乡两级工作人员如因环境及工作关系须要携带枪支者，由直接隶属的县机关证明登记，领取证书。

三、以后凡无证书之私人枪支，一经查出，即以私藏军火论罪。

四、除脱离生产之武装部队在职战士，政府在职之工作人员，红军残废战士回家者得穿红军制服外，赤少队、群众团体及私人，均不得穿红军制服。至战士和政府工作人员退职时应将军服缴还。

五、中央区规定以五月为检查枪支、制服的时期，其他苏区自文到之日起二十天内检查完毕。

六、在检查期内自动缴报者不加处置，否则一经查出，即以私藏军火制服论罪，但过期后能自动缴报者可减轻处罚。

七、检查机关以县区军事部协同保卫局来进行。

八、在检查中必须动员赤少队和各群众团体来参加，并且发动和鼓动群众经常向政府和保卫局举发私藏枪械者。

以上各项由各级政府、各级国家保卫局机关协同拟定实行具体办法，并将检查登记情形按级报告为要。此令

主　席　毛泽东

副主席　项　英

张国焘

公历一九三三年四月十五日

选自《红色中华》，1933 年 4 月 20 日第 71 期，第五版。

互校版本：《中国新民主主义革命时期根据地法制文献选编》，第三卷，中国社会科学出版社 1981 年出版，第 2～4 页。原注：“选自《红色中华》第七十一期”。

18. 中华苏维埃共和国违反劳动法令惩罚条例

1933 年 10 月 15 日

第一条　本条例是专为惩罚违犯劳动法令的雇主（私人的、国有的及合作社的）而颁

布。凡违犯劳动法令的一切犯法行为，都根据本条例惩罚之。

第二条　凡雇主违犯劳动法令各章的规定，依照以下各项分别惩罚之：

甲、在三个雇用劳动者以下的企业或机关内，雇主违犯劳动法者，处以三元大洋以上的罚款或三天以上的强迫劳动或监禁。

乙、在三个以上七个以下的雇用劳动者的企业或机关内，倘雇主的犯法行为仅及于小部分的雇用劳动者，处以十元大洋以上的罚款或十天以上的强迫劳动或监禁。倘雇主的犯法行为系及于多数或全体雇用劳动者，处以二十元大洋以上的罚款，或两个星期以上的强迫劳动或监禁。

丙、在七个以上的多数雇用劳动者的企业或机关内，雇主的犯法行为，仅及于少数雇用劳动者，处以一个月以上的强迫劳动或监禁，或三十元大洋以上的罚款。

第三条　凡雇主违反关于劳动问题的现行法令，看雇主犯法行为的程度及影响于被雇用者的多少，根据本条例第二条各项的规定处罚之。

第四条　凡私人雇主及国有或合作社企业之管理人违反与职工会订立的集体合同，而该项合同又在当地劳动部登记者，以违犯劳动法论罪，按本条例第二条各项的规定处罚之。

第五条　凡阻碍职工会各级机关的负责人员及代表的合法行动或妨害其使用自己的职权者，依其犯罪之程度，处以三天以上的强迫劳动或监禁，或处以三元大洋以上的罚款。

第六条　凡用强力恐吓或收买等方法以阻止工人或职员加入工会，以企图达到违犯劳动法令和集体合同之目的者，依其犯罪之程度，处五天以上的强迫劳动或监禁，或五元大洋以上的罚款。

第七条　凡违犯劳动法或其他关于劳动问题的现行（法令、集体合同等案件，都归劳动法庭根据本条例的）① 原则审理之。

第八条　国有及合作社企业如发生有违反劳动法令及集体合同的事情，可由劳动部、国民经济部及职工会组织特别委员会解决之。如不能解决时，则交劳动法庭根据本条例第二、三、四各条的原则判决强迫执行之。

第九条　凡中农、贫农及手工业者、小船主因自己的劳动力不够而使用他人劳动力以补助自己劳动力之不足者，倘得工人及职工会之同意而没有按照劳动法令的规定者，不应机械地依照本条例第二、三、四各条处罚之。

第十条　本条例中央执行委员会得随时修改和废止之。

主　席　毛泽东
副主席　项　英
张国焘

选自《中国新民主主义革命时期根据地法制文献选编》，第四卷，中国社会科学出版社 1984 年出版，第 610～612 页。

---

① 原件附注：“括号内的缺字，系据《苏维埃法典》第二集所载之《违反劳动法令惩罚条例》补加。”

19. 中华苏维埃共和国中央执行委员会训令第二十六号——关于惩治贪污浪费行为

1933 年 12 月 15 日

为了严格惩治贪污及浪费行为，特规定惩罚办法如下：

一、凡苏维埃机关、国营企业及公共团体的工作人员，利用自己地位贪没①公款以图私利者，依下列各项办理之：

（一）贪污公款在五百元以上者，处以死刑。

（二）贪污公款在三百元以上五百元以下者，处以二年②以上五年以下的监禁。

（三）贪污公款在一百元以上三百元以下者，处以半年以上二年以下的监禁。

（四）贪污公款在一百元以下者，处以半年以下的强迫劳动。

二、凡犯第一条各项之一者，除第一条各项规定的处罚外，得没收其本人家产之全部或一部，并追回其贪没之公款。

三、凡挪用公款为私人营利者，以贪污论罪，照第一、第二条两条处治之。

四、苏维埃机关、国营企业及公共团体的工作人员，因玩忽职务而浪费公款，致使国家受到损失者，依其浪费程度处以警告、撤销职务以至一个月以上三年以下的监禁。

中央执行委员会
主　席　毛泽东
副主席　项　英
张国焘
一九三三年十二月十五日

选自《红色中华》，1934 年 1 月 4 日第 140 期，第二版。

互校版本：

1.《中国新民主主义革命时期根据地法制文献选编》，第三卷，中国社会科学出版社 1981 年出版，第 4～5 页。简称“社科法制版”。原注：“选自一九三四年一月四日《红色中华》第 140 期”。

2.《中华苏维埃共和国法律文件选编》，江西人民出版社 1984 年出版，第 224 页。简称“江西法律版”。原注：“见《红色中华》第一四〇期第二版，一九三四年一月四日”。

3.《中华苏维埃共和国中央政府文件选编》，《江西社会科学》1981 年增刊，第 89 页。简称“江西文件版”。原件未注明史料来源。

4.《中央苏区廉政建设》，中央文献出版社 2009 年出版，第 183 页。

5.《人民司法从这里走来——中华苏维埃共和国司法史料研究选编》，江西省赣州市中级人民法院 2010 年编印，第 77 页。简称“赣州司法史料版”。

① 《红色中华》、“江西史料版”“江西文件版”“赣州司法史料版”皆为“贪没”，“社科法制版”将“贪没”改为“贪污”。

② 各种版本皆为“二年”，“社科法制版”将“二年”误为“三年”。

20. 中央执行委员会命令　第二十五号
——关于红军中逃跑分子的处置办法

1933 年 12 月 15 日

逃跑，是红军和革命战争的恶敌人，反逃跑斗争，是保障红军战斗力的一个重要工作。过去对于逃跑分子没有统一的处置方法，因此特以命令宣布：

（一）拖枪逃跑者，一经捕获，一律就地枪决。

（二）组织逃跑（如造假印假路条等），率领一班一排一连逃跑者，对这样的领导分子，一律逮捕经公审枪决。

（三）屡次逃跑，造谣破坏红军及归队运动者，一律逮捕送法庭处以有期徒刑直到枪决。

（四）因政治觉悟不够，而个人逃回者，各政府应加强对他们的宣传鼓动，组织优待他们家属的工作，使他们自愿归队。对他们决不能采取逮捕禁闭等办法。如逮捕禁闭，则以违反苏维埃法律论罪。

（五）逃跑分子经宣传解释而顽固不归队者，政府得以群众赞助的条件下，要他赔偿国家（军衣军毡）及群众的损失（优待他们家属的劳动力）并剥夺其选举权。

（六）任何逃跑分子绝对不许收容在后方各机关各部队各团体中工作和服务。如收容逃跑分子则该机关负责人应受降职撤职以至禁闭的处分。

（七）凡不执行本命令者，以帮助逃跑破坏红军论罪。

（八）本命令自公布日起发生效力。

中华苏维埃共和国中央执行委员会
主　席　毛泽东
副主席　项　英
张国焘
一九三三年十二月十五日

选自《红色中华》，1933 年 12 月 20 日第 136 期，第一版。

21. 人民委员会公布《保护山林条例》

1934 年 2 月 16 日[①]

《红色中华》报道：“拥护二苏大会经济建设决议，增植树木保护山林”，指出：山林的生产，占着国民经济的重要部分。但近来各地，时常发现乱砍树木，甚至放火烧山的事情。同时木梓竹山又缺乏修复，这对于发展山林的生产，有极大妨害。人民委员会日前特

① 此为《红色中华》报道时间。

颁布保护山林条例，对于保护山林有详细的规定。

凡违反条例的规定，任意砍伐树木的，照以下规定处罚：

一、按照树价加倍赔偿给该项树木所有者。

二、砍伐树木的主要负责人，处以一个月以上的强迫劳动。

三、如因砍伐树木而发生严重的情形者，处以一年以上三年以下的监禁。

四、各级政府如不负责任，随便批准砍伐树木，依照第三项处罚之。

选自《红色中华》，1934年2月16日，第三版：《增植树木保护山林》。

22. 中华苏维埃共和国惩治反革命条例

1934年4月8日中央执行委员会公布

中华苏维埃共和国中央执行委员会命令　中字第六号

兹制定惩治及反革命条例，公布之。此令

主　席　毛泽东

副主席　项　英

张国焘

一九三四年四月八日

中华苏维埃共国惩治反革命条例

第一条　凡犯本条例所列举各罪者，不论是中国人、外国人，不论在中华苏维埃共和国领土内或在领土外，均适用本条例以惩治之。

第二条　凡一切图谋推翻或破坏苏维埃政府及工农民主革命所得到的权利，意图保持或恢复豪绅地主资产阶级的统治者，不论用何种方法①，都是反革命行为。

（注）本条例所称为对于苏维埃或在苏维埃境内的反革命犯罪行为，包括对于革命委员会或在革命委员会管理之下的一切反革命犯罪行为。

第三条　凡组织反革命武装军队及团匪、土匪侵犯苏维埃领土者，或煽动居民在苏维埃领土内举行反革命暴动者，处死刑。

第四条　凡勾结帝国主义国民党军阀，以武力来进攻苏维埃领土，或抵抗苏维埃红军的行动者，处以死刑。

第五条　组织各种反革命团体，实行反对和破坏苏维埃，意图维持或恢复豪绅地主资产阶级统治者，处死刑。其情形较轻者，处三年以上的监禁。

第六条　组织或煽动居民拒绝纳税，或不履行其他义务，企图危害苏维埃者，处死刑。其情形较轻者，处一年以上的监禁。

第七条　以反革命为目的，故意反对或破坏苏维埃的各种②法令及其所经营的各种事业者，处死刑。其情形较轻者，处一年以上的监禁。

---

① 《红色中华》、“江西法律版”“西南函授版”皆为“方法”，“社科法制版”印作“方式”。

② “社科法制版”漏“各种”2字。

第八条　以反革命为目的，混入苏维埃机关或苏维埃经营的事业，意图窃取或破坏苏维埃政权及其事业者，处死刑。其情形较轻者，处二年以上的监禁。

第九条　以反革命为目的，暗杀或谋害苏维埃政府、红军、革命团体的工作人员及其他革命分子，不论用何种方法，其指使者以及其执行者，均处死刑。

第十条　以反革命为目的或希图取得报酬为反革命服务，进行各种间谍行为，或传达、盗窃、收集各种有关国家秘密性质的材料或军事秘密者，处死刑。因玩忽职务，不感觉其行动所能发生的结果，而泄露上项秘密者，处一年至五年的监禁。

第十一条　在反动统治方面曾担负重要责任，对工农利益及革命运动作积极反对行为者，处死刑。但遇特种情形时，得减轻其处罚。

第十二条　以反革命为目的，用反动的文字、图画、讲演及谈话对于居民或红色战士进行宣传鼓动或制造散布谣言，使社会发生恐慌，破坏苏维埃及红军信仰者，处死刑。其情形较轻者，处六个月以上的监禁。

第十三条　制造或保存各项反动煽惑的文字、图画，以便作反革命的宣传鼓动者，处一年至五年的监禁。

第十四条　以反革命为目的，利用宗教迷信，煽惑居民，破坏苏维埃及其法令者，处死刑。其情形较轻者，处六个月以上的监禁。

第十五条　投降反革命并向反革命报告中华苏维埃共和国的各种秘密，或帮助反革命积极反对苏维埃红军者（革命叛徒），处死刑。

第十六条　携带枪械或其他军用品投敌者，教唆或组织他人投敌得，均处死刑。

第十七条　以反革命为目的，混入①革命武装部队，企图夺取或破坏这种部队，以帮助敌人者，处死刑。

第十八条　领导和组织红色战士逃跑，或红色战士（逃）跑至五次以上者，均处死刑。有特殊情形者，得减轻其处罚。

第十九条　以反革命为目的，故意破坏或抛弃枪枝及其他军用品者，或偷卖军用品于敌人者，均处死刑。其情形较轻者，处一年以上的监禁。

第二十条　以反革命为目的，故意违抗上级指挥员的命令，意图破坏某种战斗任务，或在战线上故意向自己部队打枪，或乘机扰乱战线者，均处死刑。

第二十一条　以反革命为目的，杀害革命民众，或故意破坏与抢夺革命民众的财物，致损害苏维埃与红军在群众中的威信者，处死刑。其情形较轻者，处六个月以上的监禁。

第二十二条　藏匿军火，意图达到其反革命目的者，处死刑。

第二十三条　以反革命为目的，组织秘密机关，破坏水陆交通、公共仓库、国营企业及各项建筑物者，处死刑。其情形较轻者，处六个月以上的监禁。

第二十四条　以反革命为目的，放火焚烧房屋或山林，致国家及居民遭受重大损失者，处死刑。其情形较轻者，处六个月以上的监禁。

第二十五条　以破坏中华苏维埃共和国经济为目的，制造或输入假的苏维埃货币、公债票及信用券者，或煽动居民拒绝使用苏维埃的各种货币，或抑低苏维埃各种货币的价

---

①《红色中华》此处空缺□□，“社科法制版”“西南函授版”“闽西史料版”和“江西法律版”，皆为“混入”。

格，引起市面恐慌者，或煽动居民向苏维埃银行挤兑者，或藏匿大批现金，或偷运大批现金出口①，故意扰乱苏维埃金融者，均处死刑。其情形较轻者，处六个月以上的监禁。

第二十六条　以反革命为目的，阻止或破坏苏维埃共和国的贸易，使国家企业、合作社及居民受到重大损失者，或故意停闭企业造成经济恐慌者，均处死刑。其情形较轻者，处一年以上的监禁。

第二十七条　假冒苏维埃红军或革命团体的名义，或假造苏维埃红军或革命团体的公私印章、文件，以进行反革命的活动者，处死刑。其情形较轻者，处六个月以上的监禁。

第二十八条　凡以反革命为目的，混入苏维埃机关，对于反革命分子或地主资产阶级之任何犯罪分子故意纵容，或唆使逃跑，或重罪轻罚，对于革命分子则加以冤枉或施以非刑，或压制其对于反革命分子控告与揭发者，处死刑。其情形较轻者，处二年以上的监禁。

第二十九条　被苏维埃驱逐出境又秘密进入苏维埃境内，意图进行反革命活动者，处死刑。

第三十条　凡藏匿与协助本条例第三条至二十九条所规定的各种罪犯者，与各该条罪犯同罪。②

第三十一条　凡犯本条例第三条至第三十条所列举各罪之一项或一项以上，经法庭判处监禁又再犯本条例所举各罪之一项或一项以上者，加重其处罚。

第三十二条　虽有本条例规定的犯罪行为之企图，而未达到目的者（未遂罪），或为该项犯罪行为所附和者，得减轻其处罚。

第三十三条　凡被他人胁迫非本人愿意，又确无法③避免其胁迫因而犯罪者，或未觉察该项犯罪行为的最终目的者，或与实施该项犯罪行为无直接关系者，均得按照各该条文的规定减轻或免除其处罚。④

第三十四条　工农分子犯罪而不是领导的或重要的犯罪行为者，得依照本条例各该⑤条文的规定，比较地主资产阶级分子有同等犯罪行为者，酌量⑥减轻其处罚。

第三十五条　凡对苏维埃有功绩的人，其犯罪行为得按照本条例各该条文的规定，减轻处罚。

第三十六条　凡犯本条例所列各罪之一，未被⑦发觉，而自己向苏维埃报告者（自首分子），或既被⑧发觉而悔过，忠实报告其犯罪内容，帮助肃反机关破获其他同谋犯罪者（自新分子），得按照各项条文的规定，减轻处罚。

第三十七条　年龄在十六岁以下的未成年人，犯本条例所举各罪者，得按照该条文的

---

① “社科法制版”此处漏掉“或偷运大批现金出口”9字。

② 《红色中华》此处有遗漏，按《肃反令文汇集》在“各种罪犯”之后，应补为：“者，与各该条之罪犯同罪。”但是，“社科法制版”却将第二行的“者，与各该条之罪犯”误排到第一行。“西南函授版”“江西法制版”与“赣州司法史料版”“闽西史料版”皆漏掉“者，与各该条之罪犯同罪”。

③ “社科法制版”在“愿意”之后，多加“犯法”2字。漏掉“又确无法”4字。

④ “社科法制版”此条漏一“未”字；将“觉察”印作“察觉”；“罪”字多加［］号；将“的”印作“为”字，漏掉“直接”2字和“除”字。

⑤ “社科法制版”将“各该条文”印作“各项条文”。

⑥ “社科法制版”将“酌量”印作“酌情”。

⑦⑧ “社科法制版”本条漏掉两个“被”字。

规定减轻处罚；如为十四岁以下的幼年人，得交教育机关实施感化教育。

第三十八条　凡本条例所未包括的反革命犯罪行为，得按照本条例相类①的条文处罚之。

第三十九条　凡犯本条例所列②各罪之一者，除按照该条文上的规定科罪③外，得没收其本人的财产全部或一部，并得剥夺其公民权一部或全部。

第四十条　本条例所规定的监禁期限，以十年为最高限度。

第四十一条　本条例自公布之日起发生效力。

中央执行委员会
主　席　毛泽东
副主席　项　英
张国焘

选自《红色中华》，1934 年 4 月 17 日第 176 期，第五、六版。

互校版本：

1.《中国新民主主义革命时期根据地法制文献选编》，第三卷，中国社会科学出版社 1981 年出版，第 5～11 页。简称“社科法制版”。原注：“选自《肃反令文汇集》”。

2.《中华苏维埃共和国法律文件选编》，江西人民出版社 1984 年出版，第 225～229 页。简称“江西法律版”。原注：“见《红色中华》第一七六期一九三四年四月十七日”。

3.《中国新民主主义革命时期法制建设资料选编》，第二册，西南政法学院函授部 1982 年编印，第 264～269 页。简称“西南函授版”。原注：“选自《红色中华》一九三四年四月十七日第一七六期。”

4.《闽西苏区法制史料汇编》，龙岩中级人民法院、古田会议纪念馆合编，2008 年 10 月内部出版，第 140～142 页。

5.《人民司法从这里走来——中华苏维埃共和国司法史料研究选编》，江西省赣州市中级人民法院 2010 年编印，第 77～80 页。简称“赣州司法史料版”。

23. 中国工农红军刑法草案

制定年代不详

目　录

第一章　总　则

第一条　工农红军刑法是中华苏维埃制定在红军中施行的刑法，这一刑法是惩治一切

---

① “社科法制版”将“类”印作“似”，“西南函授版”印作“类似”。

② “社科法制版”漏“所列”2 字。

③ “社科法制版”在“罪”之后多加一“(刑)”字。

超过纪律条令所惩戒范围以外犯罪行为，来保障革命战争顺利的进展。

第二条　施刑种类如次：

一、死刑。

二、徒刑（期内服劳役）：一等刑，三年到五年；二等刑，一年到三年；三等刑，两月到一年（服役两月以内）。

第二章　刑　法

第三条　进行反革命的组织与活动和破坏红军者，其首令［领］处死刑，附从者，处二等或三等徒刑，轻者罚劳役。

第四条　意图叛变革命，抢夺武器弹药及其他军用品者，刑同前条。

第五条　意图叛变革命而有下列行为之一者处死刑：

一、以武器弹药及军用品资助敌人；

二、泄露军事上的机密；

三、勾通敌人；

四、故杀同志。

第六条　意图利敌，而有下列行为之一者处死刑：

一、毁弃要塞；

二、破坏交通；

三、解散队伍；

四、诈传命令；

五、煽动军心；

六、自损军实。

第七条　预备或阴谋第三、四两条第五条第六条所述的罪，于事前自首者，免除其刑。

第八条　勾结反革命者处死刑，包庇反革命者处一等徒刑。

第九条　携带武器逃跑者，领导战士逃跑者，和战士逃跑至三次者，均处死刑，战士逃跑两次而不归队者，处三等徒刑。

第十条　率队降敌或临阵脱逃违抗作战指挥者，处死刑，临阵缩怕或（退）脱不前者处一等徒刑，重者处死刑。

第十一条　无故不就守地或私离守地，而失误军机者，处死刑。

第十二条　凡不负职责抛弃伤病人员、部队和军用品者，则酌量当时情况，处以三等至一等徒刑。

第十三条　步哨员无故离开守地者，依下列各项处断：

一、敌前死刑。

二、在戒严地二等徒刑。

三、其余场合劳役两月。

第十四条　步哨员因睡觉或酒醉怠其职务者，在敌前二等徒刑，其余场合处劳役一月。

第十五条　步哨员无故放枪者处劳役两月。

第十六条　对于步哨员为暴行胁迫者，依下列各项处断：

一、敌前二等徒刑。

二、其余场合三等徒刑。

三、如群众为此者，其首领处一等徒刑。

第十七条　对于首长暴行胁迫者，依下列各项处断：

一、敌前死刑。

二、其余场合一等徒刑。

第十八条　负责传达命令报告或通报而不为传达（者），处劳役二月。因而失误军机者处死刑或一等徒刑。担任侦察巡查报告不实者，处劳役二月，因而失误军机者处一等徒刑。

第十九条　保管军事机密的（地）图、物件，不尽责而遗失之者，处三等徒刑。

第二十条　任运转武器、弹药、粮食、被服无故不按期达到者，处三等徒刑，因而失误军机者处死刑，或一等徒刑。

第二十一条　看守护送一般的犯人及俘虏放之逃跑者，处一等徒刑，出于疏忽者，处劳役两月。

第二十二条　因取用武器或弹药的不注意，伤毁他人的身体者，处劳役二月，致死者处二等徒刑。

第二十三条　在军中或战斗情况中，中闻急呼的警报而不集合者，处三等徒刑。

第二十四条　损坏武器、弹药、粮食、被服、马匹及军用品者，处三等徒刑，遗失之者，处劳役一月。

第二十五条　侮辱地方政权机关者，处劳役两月，殴打者，处二等至三等徒刑，因而致死者，处一等徒刑或死刑。

第二十六条　违反阶级路线没收征价，侵犯工农群众利益者，处三等徒刑，私自没收征价，不为公者，处劳役二月。

第二十七条　滥用职权对工农群众，作凌虐者，处三等徒刑，因而致死者，处一等徒刑或死刑。

第二十八条　贪污财物达一百元者，处二等徒刑，达三百元者处死刑。

第二十九条　强奸妇女者，处死刑，侮辱之者，处三等徒刑。

第三十条　军事首长，滥用职权殴打部属全残废者，处三等徒刑，致死者处一等徒刑。

第三十一条　诬告者反坐。

第三章　裁判组织

第三十二条　各军应设初级军事裁判所，其上级的军委，则设高级军事裁判所，各独立师，各作战分区，应设初级军事裁判所，其上级的军区，则设高级军事裁判所，这些高级军事裁判所，则直隶属于中央政府最高法院，如独立师直受军委指挥时，则该师的初级军事裁判所改隶军委高级军事裁判所。

第三十三条　独立行动的部队本身无军事裁判所的组织时，则其案件送交就近的红军军事裁判所，或地方裁判审理。

第三十四条　初级军事裁判所，应设所长一人，检查员一人，预审员一人，文书员一人。

高级军事裁判所，应设正副所长各一人，裁判员二人，检查员一人，秘书一人，文书员一人。

各级裁判所人员均由中央政府最高法院委任之。

各所长均须专任其职，其余人员则应由相当机关人员兼任之，但军事指挥员，不得兼裁判工作。

第三十五条　各级军事裁判所，均附设于同级的政治部（如军委高级军事裁判所，则附设于总政治部等）而在其政治委员及政治部领导之下，进行工作，不须另设机关。

第三十六条　各级军事裁判所长，在举行公审大会，固定其为主席。

第三十七条　照军事组织分院说来，各级军事裁判所都是隶属于同级首长指挥之下行动，但其司法工作的系统，则初级军事裁判所，直属于其高级军事裁判所，高级军事裁判所，直属于最高法院。

第四章　司法权限

第三十八条　各级军事裁判所，是苏维埃政府在红军中的司法机关，一切案件，一般都应为军事裁判所审理之。

第三十九条　各级军事指挥员，只有在战场上才能机断地逮捕和枪决部属不听指挥临阵退缩不前和投敌者之权。平时则对于犯罪者，有向裁判所控告之权。

第四十条　红军中一切政治案件，均由红军保卫局办理，但判决权，则属于裁判所，而保卫局为其原告人。

第四十一条　初级军事裁判所，有判决执行自连级以下人员一月以内劳役之权，如判处其在一月劳役以上之刑法者，则应经高级军事裁判所批准执行，该裁判所对于自营级以上指挥政治人员，只有预审权而无判决权。

第四十二条　高级军事裁判所，有判决执行自团级以下人员劳役以至死刑之权，对于师级以上指挥政治人员，则只有预审和向最高法院控告之权，而无判决权。

第四十三条　最高法院对于高级军事裁判所，高级军事裁判所对于初级军事裁判所，都有改变其判决之权。

第四十四条　初级军事裁判所，对于敌人间谍，及红军中紧急案件而须立刻处死刑者，得先行处决而后呈报备案，对于作战地区及边区，也有先处决反革命分子，而后呈报之权，但均须在同级的政治委员，及其政治部领导之下进行之。

第五章　上　诉

第四十五条　犯罪人对于判决有不服者，得有按级上诉之权，但敌人间谍（暗探）、地主富农及曾经剥削［夺］公权者，不在此例。

第四十六条　上诉期间以自判决日起五天之内为限，如与上级军事裁判所距远时，则除开其相距的日程。

第六章　附　则

第四十七条　曾受苏维埃功勋奖章或曾在革命战争中负伤，或社会成分为工农贫苦者而犯本刑法者，得酌量其犯罪情况而减轻之。相反的累次犯罪而社会成分不好者的［则］

增加之。

第四十八条　加减本刑一等者，为加减本刑三分之一，加减本刑三等者，为加减本刑二分之一，加减一等至三等者或加减一等以上者，为加减本刑三分之一或二分之一。

第四十九条　徒刑和劳役日期自拘捕之日起算。

第五十条　本刑法在实施中如有不完备之处，得报请最高法院增修之。

第五十一条　本刑法自公布之日施行。

选自《陕甘宁边区法律法规汇编》，陕西人民出版社2006年出版，第374～377页。原件未注明史料来源。

24. 川陕省苏维埃政府肃反执行条例

1933年8月[①]

一、在群众面前，坚持揭发反革命的罪恶，要有群众的参加来肃反。肃反目的是要肃清与镇压其反革命头目，夺取其被欺骗与被压迫的群众。

二、破坏工农利益与破坏苏维埃法令的反革命现行犯与反动头目，穷人得向苏维埃报告，送交苏维埃或送交武器者重赏。

三、被胁从加入反动团体或反动武装组织（盖天党、圣母团、扇子会、木刀会、烟户团、清共团、义勇队、自愿队等……）的雇工、贫农、中农，只要能改过，一律不究，依旧得到土地利益，其家财不能侵犯，仍受苏维埃保护。

四、除现行犯外，无论个人或其他革命机关，均无擅自捕人之权（逮捕人主要由苏维埃政权机关常委会、保卫局长、革命法庭主席及政治机关主任、政治委员负责）。被逮捕者即送县苏。区苏以下不能关案子、打案子，更不能杀人。县级处决案犯须得省级批准。

五、凡阶级异己分子（地主、富农剥削分子）组织反动团体的，缴枪投诚，并坚持帮助苏维埃政府肃反者，得减刑或免刑，肃反有功者有赏。

六、一般案犯必由革命法庭公审（并有群众代表参加）考验、判决。处死刑者要详布罪状；未到死刑者，依其案情定罪或释放，仍在生活上受一般待遇，不得任意虐待；贫农、中农要好些待遇，并加紧其政治教育。

七、一切无名报告概不生效。故意陷害、假公报私者，罪加一等。无故逮捕与乱整穷人者处以极刑。

八、凡反革命案犯逮捕后，其土地、家财由苏维埃与革命法庭派人看管，在未判决死刑以前，不得没收之，绝对禁止一切挟嫌乱自没收行为。

必须使个个人知道，肃反工作是为了解放群众，保护穷人利益，保障革命胜利的。害怕肃反的就不是革命分子，肃反不依阶级路线就是帮助反革命。

---

① “人民川陕版”注明为“1933年8月”，其他三种版本未注明年代。据查川陕省苏维埃政府于1933年8月在巴中召开第二届工农兵代表大会，通过各种法律议案，认定本条例是1933年8月制定，是可信的。

选自《川陕革命根据地历史文献选编》上，四川人民出版社 1979 年出版，第 179～180 页。简称“川陕文献版”。原注：“原件存四川博物馆”。

互校版本：

1.《川陕革命根据地资料选编》，四川大学川陕革命根据地科研组 1978 年编印，第 97～98 页。简称“川陕资料版”。原注：“原件存四川省博物馆”。

2.《中国新民主主义革命根据地法制文献选编》，第三卷，中国社会科学出版社 1981 年出版，第 28～29 页。简称“社科法制版”。原件未注明史料来源。

3.《川陕革命根据地史料选辑》，人民出版社 1986 年出版，第 201～202 页。简称“人民川陕版”。原注：“原件存四川省博物馆”。

25. 川陕省苏维埃政府关于反革命自首的条例

1933 年 8 月①

根据川陕苏维埃第二次苏维埃代表大会关于镇压反革命按照阶级分别首要和盲从轻重分别拟罪和奖励自首的原则，规定反革命自首条例如下：

（一）苏维埃政府对工农穷人之受反革命欺骗或胁从者，无论是参加反革命政党团体军事组织等，如国民党改组派、AB 团、第三党、国家主义派、赤蜂派、法西斯蒂、共产党的叛徒组织、托陈取消派、工贼富农组织、民团、铲共团、剿赤团等等，或参加某种反革命活动者，均公开号召他们自首。

（二）苏维埃政府对反革命分子或出自剥削阶级的反革命分子，准其在一定条件之下自首；但苏维埃政府明白向群众宣布——对于这种分子，不应有丝毫的幻想，只在最严厉的镇压之下，才能强迫其一部分对苏维埃法律表示屈服。

（三）自首的条例如下：

甲、毫不隐瞒的公布或密报自己和别人的反革命企图和行为。

乙、完全脱离反革命一切关系。

丙、实行参加告发破获反革命和实行反对反革命的阴谋。

丁、交出或密报反动武装文件材料等，密告反革命秘密组织交通工具和联络法等。

戊、自动听候苏维埃法律的裁判。

（四）凡工农穷人被反革命胁从欺骗参加反革命，但没有反革命的积极行动者，遵照第三条自首条例自首者免罪——经过两个以上公民担保，经苏维埃群众大会和代表大会的批准，许其有公民权；如曾经或现在积极参加反革命活动的工农穷人自首者免处其死刑，由革命法庭视其犯罪情况轻重，判决减罪免罪，永久或暂被夺公民权处分，经过两个以上公民担保，将授与土地房屋和工作。

（五）凡反革命的首要分子或系地主富农资产阶级出身之反革命分子遵照第三条之规定自首者，免除其死刑，按照其反革命的情况，由苏维埃政府特赦或由革命法庭予以减罪

① “人民川陕版”注明“1933 年 8 月”。

或免罪之处分。

（六）凡反革命的知识分子和专门家以及小商人和小贩等，遵照第三条之规定自首者，免除其死刑，分别免罪减罪，经过三个以上雇农贫农的担保，得在苏维埃政权下工作或营业。

（七）出身工农穷人的排首自首者，免罪，经过两个以上的雇工贫农的担保，经苏维埃大会代表大会批准，听其有公民权；而在反革命政权内服务者，除上述排首外，如官吏、区正、团总、甲长或出身剥削阶级的排首等，遵照第三条的规定自首者，免除死刑，按照其过去所犯罪恶，减等处罚。

（八）凡白军的下级军官和士兵，及白色团防携械逃阵者，一律免罪，并予奖励。

（九）凡反革命军官民团团总队长和反革命侦探等携械投降，在敌线上倒戈或拿获反动首长，带着敌人机密和物品来降或口头告密者，准其自首免罪，并予以奖励。

（十）凡借自首来诬陷非反革命分子，或借自首本身，进行反革命阴谋者，加倍处罚。

（十一）凡自首不实不尽者，须从新审查处刑，或自首后，仍继续反革命活动者，加倍处刑。

（十二）自首者得随时向苏维埃机关请求自首，但自首的手续和登记，除军事犯向军事机关自首外，须分别案情由革命法庭政治保卫局工农检察委员会处理。判决自首案之权，属于革命法庭。

（十三）苏维埃政府必须发动工农群众来积极反对反革命，才能实行对反革命分子必要的监督。

选自《苏维埃中国》，第二集，1935 年印行，中国现代史资料编辑委员会 1957 年翻印，第 227～229 页。

互校版本：

1.《川陕革命根据地历史文献选编》上，四川人民出版社 1979 年出版，第 181～183 页。原注：“《苏维埃中国》第二集第 227～229 页”。

2.《中国新民主主义革命根据地法制文献选编》，第三卷，中国社会科学出版社 1981 年出版，第 29～31 页。原注：“选自《苏维埃中国》第二集，一九三五年版”。

3.《川陕版革命根据地史料选辑》，人民出版社 1986 年出版，第 203～205 页。原注：“选自《苏维埃中国》第 2 集第 227～228 页”。

26. 川陕省巴中县苏维埃政府布告——为禁鸦片烟事

1933 年

国民党军阀、豪绅、地主、资产阶级为要满足他们抽捐税发财，是不顾我们穷人的死活的。除了用苛捐杂税来剥削我们穷苦工农的血汗，和公开用法律权威来压迫和屠杀我们穷苦工农生命外，更用鸦片烟来使我们穷人自相残杀。以鸦片烟一项来说，强迫我们穷人种鸦片烟，则抽收榜粮捐；穷人种了拿去卖，他又要收印花税；穷人吸上鸦片烟瘾，又要收红灯捐、黑灯捐、瘾民捐。这不但把我们穷人的膏血剥削净尽，最可恶的是使得我们老老少少、男男女女都成了无用的烟鬼，比杀我们穷人还要痛苦啊！

巴中县第一次工农兵代表大会□□□苏维埃法令特宣布苛捐杂税一律取消。并严重提出设法戒烟，禁种禁吃，以致永□□的决议。但群众受害甚深，积重难返，故必须经过相当时间宣传教育工作，才能有效。同时本来已种鸦片烟苗，如一时铲除，则农民受损失较大。因此，大会决议：

（一）除已种之烟苗准予经营外，以后不得再行栽种。

（二）立刻在各县、区进行戒烟、禁种、禁吃的宣传教育工作。

（三）取消榜粮捐、红灯捐、瘾民捐及对农民的各种捐税；只收买烟的税百分之五，以作戒烟的设备之用。同时因为各种烟捐已取消，易为商人利用，已收的则限期停收。

（四）进行种烟登记、吸烟登记。未吸烟的绝对禁止再吸，已吸的则限期戒去。

（五）征收戒烟税，特设戒烟局，进行戒烟设备，并代收戒烟税与出口税。从布告之日开始。

此布

主席　张庭奎

一九三三年　月　日

选自《川陕革命根据地历史文献选编》上，四川人民出版社 1979 年出版，第 248～249 页。原注："原件存四川省博物馆"。

互校版本：《川陕革命根据地资料选编》，四川大学川陕革命根据地科研组 1978 年编印，第 125～126 页。原注："原件存四川省博物馆"。

27. 川陕省没收条例

1934 年 1 月 6 日

帝国主义国民党军阀、豪绅、地主，剥削工农劳苦群众的血汗，以增加其财富，而更凶狠的再来剥削工农，使工农劳苦群众只有日见穷困、饥饿与死亡，工农只有起来推翻帝国主义国民党反动统治，建立苏维埃政权，才能得到彻底的解放。

苏维埃政权为消灭帝国主义的侵略与封建剥削，主张没收帝国主义在华的企业、银行，同时主张没收一切地主、豪绅、反革命分子的土地财产分配给劳苦工农享用，以彻底解除工农的痛苦。

川陕省苏维埃政府，为执行中华苏维埃中央政府的一切法令，为统一没收工作的执行，特颁布没收条例于后：

一、帝国主义的一切企业、银行由苏维埃没收并经管。

二、国民党反动组织的企业、交通、土地由苏维埃执行没收。所没收的企业、交通，由苏维埃经营管理，没收土地则照土地法令执行。

三、封建地主、军阀、豪绅、寺院、教堂及反革命分子的土地、财产，一律没收，分配给穷苦的工农享用（惟贫农、雇工，中农非自觉地被勾引而反对苏维埃，经当地苏维埃认可者，不在此例）。

四、富农的土地没收之后，可分得较坏的“劳动份地”，但必须用自己的劳动力耕耘，多余的农具，由苏维埃没收，分给穷苦农民，没有反动的富农，其财产可以不没收，但苏维埃得向他征发。

五、资本家、商人在遵守苏维埃法令的条件之下，准其自由营业，但参加反革命组织的资本家、商人或违反苏维埃法令者，其营业财产由苏维埃执行没收。

六、贫农、雇工、中农分子参加反革命组织而系积极活动分子，但其家属没有反对苏维埃，则只没收其个人应得之土地、财产，如非积极反革命分子，而能改过者，亦不得随便没收。

七、执行没收，必须动员群众参加，成为群众斗争，对于被没（收）者的罪恶，必须向群众宣布。

八、苏区中执行没收之权，属于区以上苏维埃政府，并对上级苏维埃负责。在白区或未成立苏维埃之新发展地区执行没收之权，则属于红军或地方武装的政治机关，但必须向该上级的政治机关负责。

九、执行没收必须确实调查清楚，经当地苏维埃的认可，方始进行没收；初发展之赤区，由红军政治机关和当地革命委员会（或苏维埃）组织没收委员会，来执行没收与分配，坚决反对乱行没收，反对个人没收和不分阶级没收，侵犯中农与穷人利益。

十、没收的一切物质（粮食、衣服、银钱……）除将一部分群众需要的物品发给当地穷苦群众外，其余物质，应交苏维埃（或政治机关）集中保存。坚决反对私打土豪的行为。

十一、没收物质的分配，红军及地方武装有优先权，凡红军需要的物品（粮食、布匹、医药、食盐、军用品等），应集中送交军事机关收管分配，绝不是个人私有。

十二、红军、地方武装、地方党团，苏维埃各机关在外工作之宣传队员，经理处人员，事务人员，绝无私自没收之权（违者枪决）。如发现有地主反动应没收之事，必须一面派人看守，一面报告当地最高苏维埃机关或当地最高红军政治机关，由他们派人来调查没收。

十三、如有假公报私或挟嫌报复，利用苏维埃或红军机关，或因富农地主流氓混入苏维埃机关，或招摇撞骗，执行不正确之没收，与私自没收者，得由发现者报告，会同当地苏维埃或红军政治机关拘捕与拷问之，如情重者交上级革命法庭与保卫局，更重者，得由上级批准后（至少县保卫局与红军政治部），交当地群众枪决。如系因破坏活动为现行犯和临时情重者，得由当地苏维埃政府暂行拘捕之，交上级。

十四、城市没收工作，必于红军打进城市后，而禁止个人没收。红军或地方政治工作人员必须动员群众迅速成立没收委员会，详细调查。凡没收之物产必须封闭清楚，由没收委员会来讨论交上级执行，或交最高之革命委员会，或交最高政治机关，决定没收办法与分配。

十五、如系豪绅地主之反动财产交穷人保存者，穷人如自动报告出来，由苏府奖励之，如故意包庇被没收者的财物，则应受苏维埃法令之处罚。

十六、苏维埃人员有包庇或助护地主反动的财物或营私舞弊，损公肥已或故意混乱阶级成分，祸害穷人者，得受极严厉之处罚（由撤职以至死刑）。

十七、没收工作必须与发动群众坚决肃反的工作联系，必须将苏维埃没收条例及没收原则广泛说明群众，千万要揭穿反革命的造谣，坚决肃清地方反动（分子），镇压潜伏的反动势力。

十八、本条例自公布之日起施行。

附：对“打粮”的决定

（1）废除“打粮”名称，应用“没收粮食”（即没收反动地主的粮食）与“征发粮食”（即征发富农粮食），绝对遵守苏维埃没收与征发条例，执行阶级路线，不得损害穷苦工农及中农的一升一粒。

（2）没收反动地主粮食，如系赤区内，则必须经过当地苏维埃与群众详细调查，无论红军地方武装及苏维埃机关人员，必须统一于当地苏维埃（乡苏以上）指挥之下，经过共同讨论，得以没收者，由苏维埃派委员去没收。没收粮食，由苏维埃及各部［派］人商议，共同或全交上级支配，如有较多者，亦得酌量分给当地少粮的群众。

（3）绝对禁止私自没收，或不经过调查与当地苏维埃的指挥的无组织的没收。没收的粮食，不得私自分配，不得营私舞弊或伪公报私，红军各部及地方武装、宣传队、事务人员及战士人员绝无私自没收与征发之权。

（4）在白区没收和征发粮食时，必须根据上述原则执行，特别要发动白区群众一同没收，没收之粮食，最少的十分之三、四分给当地穷苦群众。没收中必须做扩大宣传教育工作，使白区群众团结于苏维埃旗帜之下斗争，并且联系到开展白区一切工作。

（5）在有苏维埃（的）地方，没收必须经过苏维埃，如无苏维埃，必须报告当地红军最高政治机关派人切实调查后，再没收或征发。如有特别事故，须防止反动运走时，可选派人看守，但不得先宣布没收。

（6）征发富农，特别要调查清楚，绝不侵犯中农利益。

选自《中国新民主主义革命时期根据地法制文献选编》，第三卷，中国社会科学出版社 1981 年出版，第 22～25 页。原注：“选自《军区党团委员会工作计划》，红三十军政治部翻印件”。

28. 川陕省没收条例说明书

1934 年 5 月 7 日

川陕省苏政府因为过去所颁布的没收条例，非常容易引起滥用没收权利的毛病。如像在各地没收工作中不断地发生“左”、右倾的错误，乱打穷人，中农有几斗米，喂五条猪就被称为富农并被没收，以及在商业上实行普遍没收，极端地妨碍了私人资本在相当条件下的自由活动；甚至合作社也有遭受没收的，这样就增加了物资供给的困难。另一方面又发现区级乡级的苏政府包藏豪绅地主土地财产，企图避免没收的事实。因此，特别发表如下的说明书。

一、要彻底消灭帝国主义国民党军阀豪绅地主的反革命力量，就只有采取没收政策，完全摧毁反革命的经济基础。

苏维埃政权为要消灭帝国主义的侵略与地主封建剥削发财人的压迫，所以要没收帝国主义在华的一切银行与企业，归苏维埃经营管理。同时更主要地没收地主豪绅及一切反革命分子的土地财富（富农的土地和一部分农具）分配给劳苦工农享用。只有这样才能够完全捣毁反革命的经济基础，使穷人得到彻底的解放。

二、没收政策的用意最要紧的是满足贫苦工农群众的迫切物质要求。

苏维埃政府目前的没收政策，除了供给革命战争的需要之外，最要紧的是满足贫苦工农群众的迫切物质要求，要等这些群众起来为自己的苏维埃政权而斗争，就要使这些群众从没收（打土豪）斗争中获得衣物粮食，提高人们的斗争决心。没收的耕牛耕具一定要尽先分给没有耕具少耕具的贫农雇工和红军家属。

三、没收工作必须动员群众参加，成为群众斗争。

没收工作打土豪，必须要动员参加成为群众斗争，决不是单独苏工作人员的事情，特别是宣传队和事务人员，地方武装中的个别人员，没有没收的权利。区以下的苏维埃不能执行没收工作，没收要经过区苏以上的批准。对于被没收者的罪恶，必须向群众宣布，使个个群众了解，没收委员要有群众的代表参加。

四、没收绝对不能加到中农头上。

没收只是用来对付帝国主义、国民党、军阀、豪绅、地主、剥削者以及一切反革命分子的，绝对不能用来对付中农。用没收来侵犯中农利益，破坏联合中农的政策，应当受苏维埃法令的严厉处罚。

五、没收工作不应完全绝灭苏区买卖自由，妨害物资品的供给。

没收不能普遍用来对付城市口岸的商人资本，使苏区商业停顿。这并不是苏维埃政府爱护商人，而是目前我们不能绝灭自由买卖来断绝物资品的来源。

六、多种粮食，多喂牲畜，不该没收，反要奖励。

农民分得土地，应该奖励他提高生产，多种粮食，多喂牲畜来发展苏区经济。应该反对过去认为“多几条猪”、“多几斗粮食”就是富农，就要没收的错误观念。

七、乱打穷人私自没收的交革命法庭问罪。

一切乱打穷人和私自没收，借公报私的人，要交革命法庭问罪，毫无情面的判处监禁以至枪毙。非地主富农分子犯苏维埃法令，被处死刑者，得没收个人财产或其一部分，但未判决前不能随便没收。

八、反对一切包藏保护豪绅地主财产的行动。

对于一切包藏豪绅地主反革命土地财产，避免没收的人，或假意分配地主田地，不打破原有主佃关系的行动，应当严厉的反对，交革命法庭公审。

中华苏维埃共和国四年五月七日印（即1934年）

中共川陕省委宣传部省字六九一号

选自《川陕革命根据地历史文献选编》上，四川人民出版社1979年出版，第226～

228 页。原注："原件存四川省博物馆"。

互校版本：

1.《川陕根据地资料选编》，四川大学川陕革命根据地科研组 1978 年编印，第 113～115 页。原注："抄自四川省哲研所《川陕苏区革命史资料》省字六九一号，教卷 16，第 62～65 页"。

2.《中国新民主主义革命时期根据地法制文献选编》，第三卷，中国社会科学出版社 1981 年版，第 26～28 页。原件未注明史料来源，无最后发文年月及机关。

29. 彻底转变肃反没收与征发工作和川陕省苏维埃政府肃反四大约法

1935 年 3 月[①]

在目前我们彻底消灭川敌残部和剿灭蒋介石主力的战斗中，为要巩固原有赤区，大大开展和扩大赤区，目前的中心工作是全力的争取广大群众来消灭敌人。因此，为要充实我们的力量来完成扩大三十万铁的红军和充实目前现有的各个独立团与更扩大与建立新的地方武装，就必须大大改善群众的生活，发动群众斗争，巩固对工会贫农团的领导，这样来密切与群众的联系。

三月十九日，省委召集的七县委书记、保卫局长的联席会议及三月二十三日各级政治部政务科长与各县保卫局长联席会议上，彻底的检查了过去工作的缺点，尤其是肃反、征发及没收工作中的错误，一致认定过去错误的迅速转变是我们今后改善与群众联系的主要前提。因此，必须要严格的根据阶级路线基础上来肃清过去一切妨碍我们与群众联系的各种错误倾向的残余。

以下特别提出地方关于肃反、没收、征发工作的基本路线，各政治部、处必须研究与传达这些布告的内容，并保证其完全执行。为要彻底粉碎"川陕会剿"而迅速完成赤化全西北的事业，全力争取群众的主要是依靠这一工作的完全实现。

这是战斗的任务!!

川陕省苏维埃政府肃反四大约法：

1. 凡是破坏工农利益、破坏苏维埃法令的真正豪绅、地主、富农的反革命头目及坚决的反革命分子才能逮捕。逮捕人要有证据。除现行犯得立即逮捕外，其余要报告当地最高苏维埃机关常委会与红军政治机关主任批准后才能逮捕，区、乡苏不准关案子，不准打案子，逮捕的案子要于一天到三天内送县苏，由县苏常委会与当地红军政治最高机关主任或政治委员负责，分交保卫局与革命法庭或政治部处理。

2. 凡以上真正反革命的现行犯有确实证据，得由苏维埃或红军政治机关负责召集群众就地正法外，其他一般反革命案犯必须经县苏常委会及师级以上政治部批准，或公开审讯后才能判决处理，处死刑者必得省苏常委会批准，未到罪大恶极不处死刑者，则应处禁

① "四川文献版"未标明制定年代，"人民川陕版"标作"一九三五年三月"。

闭，做工生产，准其悔过自新。

3. 无名报告不生效，故意陷害、招摇撞骗、公报私仇的，罪加一等。故意借肃反为名擅自拷打、乱行逮捕与乱整穷人及错杀穷人者，则处重刑与死罪。

4. 如被人陷害或遭受冤抑，可到县、省革命法庭或工农监察委员会上诉申冤。

选自《川陕革命根据地历史文献选编》上，四川人民出版社 1979 年出版，第 184～185 页。简称“四川文献版”。原注：“《干部必读》106 期（原件存四川省博物馆）”。

互校版本：《川陕革命根据地史料选辑》，人民出版社 1986 年出版，第 243～244 页。简称“人民川陕版”。原注：“原载《干部必读》第 106 期”。

十五、司法审判与狱政

1. 闽西龙岩县第二次工农兵代表大会决议案之裁判条例决议案

1930 年 2 月

裁判条例决议案

（甲）裁判机关

（一）以区政府为初审机关，县政府二审，闽西政府三审。经过闽西政府判决后，即为审判终决。

（二）人民诉讼不服初审或二审判决时，得于原判确定后半个月，提起上诉，但不得越级陈请。

（乙）执行手续

（一）按照罪犯犯罪事实，取得口供证据，依惩办条例判定罪案，报告上级批准，将判词公布；然后执行刑罪枪决人犯，并须出布告。

（二）初审机关，枪决人犯，须经上级批准，如因特别情形，不及等待批准，而须急行执行者，事后应报告上级，请示追认，如上级认为不对者应严办。

（三）未经审讯之拿获人犯，赤卫队不得乱施肉刑。

（丙）惩办方法

（一）惩办方法分八等：一、枪毙，二、没收家产，三、驱逐出境，四、罚款，五、示众，六、罚做苦工，七、剥夺选举权和被选举权，八、徒刑。

（二）杀头剖腹肉刑，一律废止，但为取得犯人实供，如侦探等有时用刑讯。

（三）禁止烧厝，但有特别情形，得县政府批准者，不在此例。

（四）刑罚只罪犯罪人本身，其家属不得连累。

（丁）惩办条例

（一）属于反革命行为者。

一、土豪劣绅恃势欺压平民者枪决。

二、反动政党危害革命者，其领袖枪决，其党员按所犯情节轻重，分别处罚，自首者减等或免究。

三、勾结白军，企图倾覆苏维埃者枪决。

四、作反动宣传及造谣惑众者严办。

五、为敌军引路者严办。

六、为反动派当侦探者枪决。

七、窝藏反动派及反动派侦探者严办。

八、强收租息捐税者枪决。

九、私藏枪械者严办。

十、破坏工会农会苏维埃者严办。

十一、把持政权者严办。

十二、撕毁标语者严办。

十三、违抗政府命令者严办。

十四、其他与政府颁布法令有抵触行为者严办。

（二）关于妨碍公共利益者

一、如藏公家枪弹不交者严办。

二、侵吞公款在五百元以内者，赔偿并剥夺其选举权和被选举权；其侵吞五百元以上者枪决。

三、不得政府批准侵害公共建筑物及所有物者，按情处办。

四、捣乱会场或政府机关者严办。

五、卖灌水肉类，罚款并没收其肉类。

六、破坏市政交通者严办。

七、不得政府命令自由检查邮件者严办。

八、患癫病麻风及其他传染病者，政府应予扣留。

九、发现死尸不报者办。

十、其他与政府法令有抵触行为者办。

十一、将死物（鼠、鸭……等）抛弃路上者办。

十二、凡属本红色区域内的群众，不得赌博，如敢违犯，初次捉获，罚做苦工五天，二次则罚半个月，三次则一月，窝赌，加倍处罚。

（三）属于妨害个人生命者。

一、无故殴人致伤者，出医药费并向人道歉。

二、无故殴人致重伤，因而残废者，供给生活费，医药费，并处予有期徒刑。

三、无故殴人致死者枪决。

四、互殴重伤或致命者，出医药费、丧葬费，并拘留其凶手。

五、持刀杀人致伤者，出医药费，并拘留其凶手。

六、持刀杀人致伤，因而致残废者，出医药费，生活费，并拘留其凶手。

七、持刀杀人致死者枪决。

八、纠众殴人致伤者，拘留其凶手，并勒出医药费，从犯拘留。

九、纠众殴人致伤，因而残废者，拘留主从犯人，并勒出生活费。

十、纠众殴人致死者，枪决主犯，从犯监禁。

十一、暗杀人者枪决。

十二、奸害人致命者枪决。

十三、不得上级批准，假公报私，乱行枪决人者枪决。

十四、未经判决罪犯，执行拷打者严办，其在审讯时，因为取得口供，而施行拷打者，不在此例。

十五、贩卖人口者枪决。

十六、其他有妨害个人性命者办。

十七、上列罪犯自首者，减等处罪。

十八、上列罪犯，教唆犯，加等处罚。奸案未经政府审判，而执杀妇女或奸夫者严办。

（四）属于妨害个人身份者。

一、诽谤他人名誉者，按情轻重，处以罚金道歉等罪则。

二、假告事实，陷害他人者反生［坐］。

三、侮辱他人者，处以罚金，道歉等罚则。

四、强奸妇女者，处以驱逐出境，枪决等罚则。

（五）属于妨碍个人财产者。

一、无意放火烧人房屋者，赔款，故意烧人房屋者枪决。

二、强抢他人财物者枪决。

三、盗窃他人财物者处以示众，驱逐出境等罚则。

四、损害他人财物者赔款。

五、拦途截劫者枪决。

六、检查包裹，乱取他人财物者，赔款并剥夺选举权。

七、冒名诈骗者枪决。

八、未经上级政府批准，私自罚人款项者，撤职查办。

九、未经上级批准，私自派捐者，撤职查办。

十、其他有妨害个人财产者办。

十一、附则本条例自公布日施行

选自《闽西苏区法制史料汇编》，龙岩市中级人民法院、古田会议纪念馆合编，2008年10月内部出版，第66～68页。

2. 闽西裁判条例

1930年3月24日闽西第一次工农兵代表大会通过，1930年5月公布

闽西苏维埃政府布告第十二号——裁判条例

我们闽西暴动胜利到现在已经是一年了，在这一年当中经常与反动军队奋斗，关于人民诉讼之裁判，尚未定出标准。闽西第一次工农兵代表大会对于这个问题，已有详细讨论与考虑，大会站在无产阶级利益观点上，规定裁判条例四章，兹公布于下①：

第一章　裁判机关权力及执行手续

一、以乡政府为初审机关，区政府为复审机关，经县政府判决后，即为完结，但重要案件，得提到闽西政府审判。

二、判处死刑人犯须报告县政府，经县政府批准后，始得执行。如因特别情形，不能待县政府批准，而须执行枪决者②，事后要报告县政府请求追认。但暴动时期地方，不在此限。

三、反革命及其他重要的罪犯，必要时得召集群众大会审判之。

四、没收财产须经县政府批准。

五、各级裁判机关，于每案件审讯终结后，应将当事人口供、证据、事实、理由③，按裁判条例做成判词，一面报告上级，一面公布。当事人在法定期间内无异议提出上诉，即照案执行。其上诉时期，定为三日至七日。

六、未经审讯之前拿获人犯，赤卫队、少先队等不得施行肉刑。

第二章　人民诉讼条例

七、人民诉讼，须经过审判程序，不得越级陈诉。

八、当事人不服原审判决，得在法定期间内提出上诉，终审判决后，即为终决。

九、当事人认为各级审判机关有违法行为，或查出受贿证据时，得提出控告于上级审判机关。

十、人民诉讼，口头书面均可，废除旧时形式及收费的劣习。

第三章　惩办罪犯方法

十一、惩办罪犯方法分八种：

（一）枪毙；

（二）没收财产；

（三）罚款；

（四）驱逐出境；

（五）监禁；

---

① “社科法制版”有此布告，“江西史料版”和“苏维埃审判史版”则无。

② “江西史料版”此处为“而须即行枪决者”，“苏维埃审判史版”为“而须立即枪决者”，“社科法制版”则为“而须执行枪决者”，“闽西史料版”第37页是“而须执行枪决者”，但第69页又为“而须即行枪决者”。

③ “江西史料版”“苏维埃审判史版”此处为“事实理由”，“社科法制版”印作“实以理”，“闽西史料版”为“事以理”。

（六）剥夺选举权及被选举权；

（七）示众；

（八）罚做苦工。

十二、废止杀头、破肚及肉刑等刑罚。但为取得犯人实供，如敌探等，有时得用肉刑讯问。①

十三、禁止烧屋。但有特别情形时，得县政府批准者，不在此例。②

十四、刑罚只指罪犯人本身，不得连累其家属。

第四章　附　则

十五、本条例有不妥善之处，得由代表大会修改之。

十六、关于人民争执事项的裁判条例，由本政府裁判委员会制定公布之。

十七、本条例适用于苏维埃区域内，其在暴动时期地方，不在此限。

十八、本条例自公布之日起发生效力。

选自《中国新民主主义革命时期根据地法制文献选编》，第三卷，中国社会科学出版社 1981 年出版，第 336～338 页。简称“社科法制版”。原件未注明史料来源。

互校版本：

1.《中华苏维埃共和国审判史》，人民法院出版社 2004 年出版，第 125～127 页。简称“苏维埃审判史版”。

2.《闽西苏区法制史料汇编》，龙岩市中级人民法院、古田会议纪念馆合编，2008 年 10 月内部出版，第 37～38 页（只有四章），第 69～71 页为全六章。简称“闽西史料版”。

3.《中央革命根据地史料选编》下册，江西人民出版社 1982 年出版，第 84～85 页：《闽西第一次工农兵代表大会宣言及决议案》之（十五）。简称“江西史料版”。

附注：闽西裁判条例，“社科法制版”只有 4 章 18 条，而“江西史料版”则为 6 章 37 条。除第一章裁判机关权力及执行手续、第二章人民诉讼条例、第三章惩办罪犯方法和最后一章附则之外，还有第四章、第五章，全文如下（“苏维埃审判史版”与“江西史料版”基本相同）：

第四章　惩办反革命条例

十五、土豪劣绅恃势欺压平民者，枪决。

十六、反动政党领袖，危害革命者，枪决，其党员自首者免究。

十七、勾结白军摧残群众者，枪决。

十八、为敌军引路者，严办。

十九、为反动派当侦探者，枪决。

二十、窝藏反动派及侦探者，严办。

二十一、强收租息捐税者，枪决。

二十二、破坏革命团体及苏维埃政权者，枪决。

二十三、捣乱会场或政府机关者，严办。

---

① “社科法制版”将十二条的后半部分删除。

② “社科法制版”将十三条的后半部分删除。

以上两条、但书之后的规定，是当时左倾机会主义路线在立法中的反映，这一历史上的错误，应永以为戒。

二十四、私藏枪械者，严办。

二十五、侵吞公款侵害公共建筑物及公产者，究办。

二十六、乱烧乱杀者，严办。

二十七、作反动宣传及造谣惑众者，究办。

二十八、故意破坏革命标语布告者，严办。

二十九、破坏邮政交通者，究办。

三十、与政府颁布法令有抵触行为者，究办。

第五章　政府工作人员惩办条例

三十一、有下列行为者撤职：

（一）怠工放弃职责者；

（二）侵越职权者；

（三）行动乖张为群众所厌恶者；

（四）违反决议案者撤职查办。

三十二、有下列行为之一者撤职并剥夺其选举权和被选举权：

（一）侵吞公款有据者；

（二）受贿有据者；

（三）擅发或捏造号令者；

（四）把持政权者；

（五）借公报私为害他人者。

三十三、有下列行为之一者枪决：

（一）侵吞公款至三百元以上者；

（二）受贿至五十元以上者；

（三）将内部秘密报告敌方者；

（四）乱烧乱杀者；

（五）假借政府名义私打土豪有据者。

第六章　即第四章　附则（见前页）

3. 鄂豫皖区苏维埃政府革命军事法庭暂行条例

1931 年 9 月 1 日

一、为要使无产阶级红军成为无产阶级铁的组织，必须在共产党的领导下，进行阶级政治教育训练，加强其纪律。革命军事法庭的设置，便是保证红军中政治军风纪律之为得到和铁一样巩固的地步。

二、革命军事法庭是革命武装组织之军事执法机关，对于破坏红军（凡属所有革命武装）纪律与违背军事行政之事件，概得接受处理。

三、革命军事法庭对于军队中之政治案犯，在经过军事委员会主席或政治委员、政治部主任之许可时，得接收处理。但经常在初审以后，对于违背军事纪律之罪定谳后，应将其转解政治保卫局，或通知保卫局前来会审处理之。最低限度，革命军事法庭对于政治犯之处理情形，必应通知其就近或与本案有关之某地政治保卫局。政治保卫局在审理某种有关事件之案件时，革命军事法庭在得到政治保卫许可时，得参加会审。

四、政治保卫局在处理某种有关军事组织之案件时，革命军事法庭在得到政治保卫局之许可时，得参加会审。

五、革命军事法庭为委员集权制，以五人至十三人组织之，庭长之权限高于委员会。

六、革命军事法（庭）对于案犯之最后定谳及执法，必须经过直属之上级军事委员会主席，或直属上级军事长官与政治委员之批准。

七、革命军事法庭对于军事案犯之执法，经过其直属上级之审问，得向外布告。

八、革命军事法庭对于地方有关之案件，须咨转或解送地方革命法庭，或公共审①处理之，而［无］② 最后处决权限。

九、革命军事法庭与地方革命法庭及政治保卫局，均须发生亲密的工作上应有之正确关系。

十、凡经过革命军事法庭审谳开除军籍之案犯，同时即由苏维埃政府褫夺其公民权。

十一、革命军事法庭与同级政治（保卫局），应发生极亲密的横的关系，而同受政治委员之领导与指挥。

十二、红军中师以上、地方各县军区指挥部及军委分会之下，均应建立革命军事法庭。

十三、各级革命军事法庭，经过其直属上级（军委会主席或其他直属上级军事长官与政治委员），得发生工作上报告、指导等关系。

十四、本条例由最高革命法庭主席和革命军事委员会主席共同审定后呈苏维埃政府公布后即开始施行。

鄂豫皖区苏政府

选自《鄂豫皖革命根据地》，第二册，河南人民出版社 1989 年出版，第 492～493 页。简称“河南鄂豫皖版”。原件未注明史料来源。

互校版本：《中国新民主主义革命时期根据地法制文献选编》，第三卷，中国社会科学出版社 1981 年出版，第 338～340 页。简称“社科法制版”。

4. 鄂豫皖区苏维埃政府革命法庭的组织及其与政治保卫局的关系

1931 年 10 月 4 日

一、革命法庭与政治保卫局之关系

（一）各级裁判委员会和各级革命法庭若遇有一切政治派别的罪犯，均交保卫局审讯。在保卫局未审以前，各级革命法庭和各级裁判委员会绝对不审。

（二）保卫局若有案子与革命法庭有关系，革命法庭得保卫局许可后，可派人参加审讯。

（三）无论谁人查觉那个地方有政治派别的活动，可密报保卫局，但须防止泄露消息

① 原文如此，“公共审”应为“公审”或“共审”。“社科法制版”印作“公共（共同）会审处理之”。

② 原文如此，似有漏字。“社科法制版”加一“［无］”字。

(决不能大声叫喊，随口乱说)。

（四）保卫局通常（在）案犯证据考查清楚后，须交革命法庭公开判决。法庭审问该案犯，如遇该案犯坚决不承认案情的时候，可转送保卫局复审，或者由保卫局派一人担负公诉员，出席法庭当面证明。

二、怎样建立革命法庭的组织及其工作

（一）各县革命法庭委员会很快地建立起来，法庭内经常要两三人工作。

（二）革命法庭审查［判］委员会的委员可扩大为二十五人至二十九人，由各地群众选举之。选举方法是要斗争情绪最好的工厂里和乡村选出，每工厂和乡村选举一人或几人，不脱离生产，有事临时召集。

（三）法庭审判案子要通知各地各团体和群众参观。

（四）审判委员会的主席把［由］法庭一人充当，判决的案子须得法庭主席同意签名才有效。

（五）审判委员会的委员若有不好的分子，可由群众大会改选，或由革命法庭取消其职权。

（六）申诉登记处要有个登记员（能写字的人），按照申诉登记的条例来登记。

（七）国家公诉处要研究要［对］破坏苏维埃政权法令之案件提起公诉。当法庭审问被告人的时候，国家公诉员要来证明案犯之罪恶。

（八）被告人不服判决时，可叫他到上级法庭去申诉。

（九）各地送来法庭审讯的案犯，除证据特别难于考查之外，最迟不过十六天就要判决。

（十）判决案子之时，可征求群众意见，若判决办法与群众意见不同，可交上级处理。

（十一）看守员要找较好工农分子充当（不要富农），但要告诉他们看守的方法和技术。

（十二）犯人家属来看犯人，要经法庭负责人许可，当犯人同犯人家属谈话时，要限钟点。要派人在旁边监视。

（十三）法庭审问案犯，绝对不用刑；若有动刑的案子，可送保卫局审讯。

（十四）监狱处和禁闭室房屋要坚固，要清洁，要注意卫生，犯人若发生传染病要分开居住。

三、各区、乡裁判委员会的建立和工作

（一）区、乡苏维埃都须建立裁判委员会。因为乡村发生纠纷，负责同志随便处理，不能按照苏维埃的法令来裁判，一切纠纷形成无政府的状态。

（二）裁判委员会的主席可由同级苏维埃委员一人担负，其余委员由常委会通过或由群众选举。

（三）有重大案件不能过两天，要送县革命法庭处理。

（四）乡裁判委员会由区裁判委员会指挥，区裁判委员会受县革命法庭指挥，但重大案件乡裁判委员会可直接送到县法庭。

（五）区、乡裁判委员会没有用刑之权，区裁判委员会之权只能判决三日苦工或警告之案件，其余案犯可立交上级处理。

（六）各级裁判委员会必须征求群众意见及裁判案子之经过，每一月或半月向上级报告一次，若遇特别事件可临时报告。

四、怎样整［管］理案犯

（一）捉来罚款的案犯，一律集中于保卫局、革命法庭和各级裁判委员会，不得扣留。

（二）法庭之看守所要找一个较安全的地方建设，恐发生意外之事变。

（三）要制定案犯登记表，登记案犯情节（由上级制定分发）。

（四）法庭所看之案犯要分轻重划开看守。

（五）对于犯人要加紧政治工作，尤其是轻的案犯（如设读报班、识字处，同时讲苏维埃所（的）通知、通令等）。

（六）一切犯人要叫他们做工。重的案件可在监狱内做工（如打草鞋、编筐等），轻的案子可帮助当地群众生产，但要有人照着［看］，不要让他跑了。

（七）犯人做工亦实行八小时工作制。

（八）犯人打的草鞋和编的筐，可送当地经济公社出卖，除本外赚的钱可作改良犯人生活之用。

（九）犯人才送来时，周身要检查，如洋火、绳子、小刀等物绝对不准犯人带进监狱内去。

（十）犯人身带的钱财，可一律拿来交给一个负责同志管理，释放时再如数交给他，绝不准私用一文。

（十一）放犯人时，要量其身体的长短大小，要检查身上是否有特殊的记号。

（十二）释放犯人要报告犯人当（地）苏府法庭审讯犯人之经过和处分，并请当地苏府时刻监督该犯人之行动和言论。

（十三）释放犯人要叫他打手印。

鄂豫皖区苏维埃政府革命法庭

选自《鄂豫皖革命根据地》，第二册，河南人民出版社 1989 年出版，第 506～509 页。

5. 闽西革命法庭条例（草案）

1932 年 1 月

一、革命法庭为苏维埃政府司法机关，管理一切诉讼公诉事宜之审判与判决。县级革命法庭对案件之判决，必须经过省级批准始能执行。

二、省革命法庭庭长之任免之权归省苏维埃政府执行委员会，县级革命法庭庭长由县苏执行委员会任免，但必须经过省革命法庭批准。

三、革命法庭的组织由三人到五人之委员会组成，庭长即为委员会主席，保卫局局长为当然委员，所有委员会委员之人选须经过苏执行委员会之批准。

四、革命法庭委员会负责讨论和处理一切案件，庭长须负责向当［同］级苏维埃政府常委会报告工作，县级应将一切案件处理情形按期报告省革命法庭。

五、对每个案件的处理必须经过委员会之讨论，然后开庭审判，审判时之主审由庭长担任。

六、法庭开庭公审，庭长、秘书（记录员）及陪审员二人至三人出庭（陪审由革命团体选派代表参加）。

七、在开庭公审案件之前一日，应将公审案件挂牌通知群众，并通知各革命团体。

八、公审某一案件时，先由主审宣布案情，或由国家原告人（保卫局代表）提起公诉，再开始审讯。在未判决之先，主审应向群众征求对该案之意见，然后退庭三分钟，由主审、陪审讨论后当庭提出判决书，终结审判。

九、已经判决之案件，犯案当事人如系劳动分子，应给予相当时期的上诉期间，过了上诉期间方执行法庭判决，对一切剥削分子无上诉期。

十、革命法庭设秘书一人、审讯员二人、法警、申诉登记处、待审处、劳动感化院、巡视员等：

（一）秘书：负责管理卷宗、记录、布告及来往文件。

（二）审讯员：秉承庭长意旨负责预审民刑案件，整理供词，提出意见，无处理之权。

（三）法警：担任公审时之看管、押解及待审处之警戒。

（四）申诉登记处：管理民刑事诉讼登记，接收状纸。

（五）待审处：负责管理招呼民刑事未判决案件之被告人。

（六）劳动感化院：设院长一人、管理员二人、看守队一排，一切行政事宜直属于革命法庭：

（1）院长：接收案犯，遵照法庭判决执行，管理全院一切事务，无对外办理任何事务之权；

（2）管理员：负责管理一切案犯参加劳动生产及卫生教育事宜；

（3）看守队：负责看押案犯与担任警戒；

（4）巡视员：负责巡视和帮助各县革命法庭工作。

附：革命法庭组织系统表：

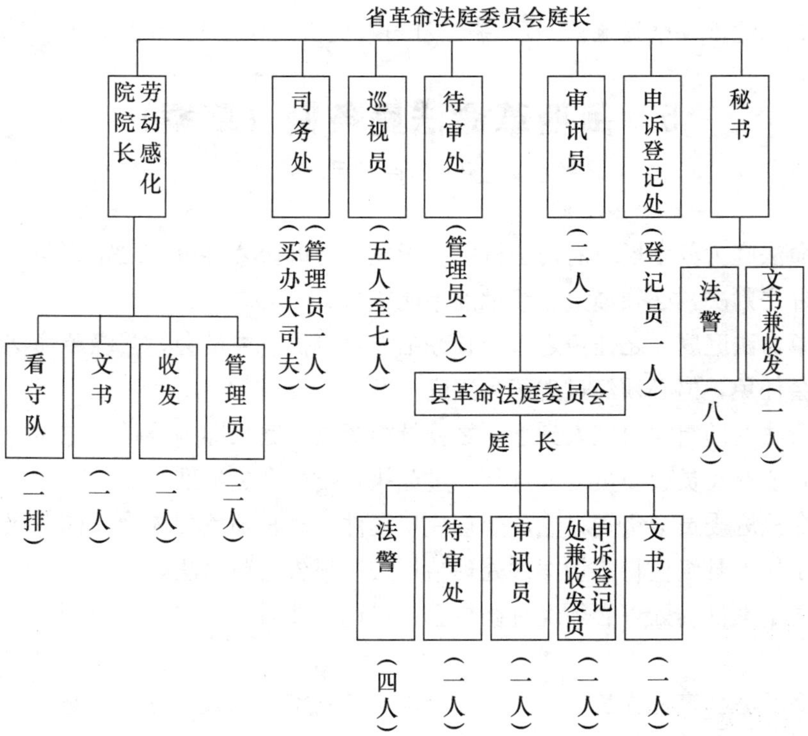

选自《闽西苏区法制史料汇编》，龙岩市中级人民法院、古田会议纪念馆合编，2008年10月内部出版，第73～74页。

6. 中华苏维埃共和国国家政治保卫局组织纲要

1932年1月27日

一、国家政治保卫局在苏维埃境内依照中华苏维埃共和国宪法之规定，在临时中央政府人员委员会管辖之下执行侦查、压制和消灭政治上经济上一切反革命的组织活动及侦探盗匪等任务。

二、国家政治保卫局与方才暴动的或红军新占领的区域的肃反委员会的任务、组织和工作范围均不相同。肃反委员会的任务，在以革命的工农群众的威力，于暴动时和方暴动后将一切公开的反革命分子与其活动逮捕和检举到肃反委员会中来处理。肃反委员会是暴动群众选出的在暴动的指挥机关——工农革命委员会的领导之下工作。肃反委员会可有自己的武装队伍，担任受命拘捕、看管和处决一切反革命罪犯的任务。肃反委员会的存在期间，依当地苏维埃政权建立的时间与巩固的限度而定。

三、国家政治保卫局的任务，在以其集权的系统的组织与革命群众的信赖和帮助，经常的系统的执行抵抗、检举和消灭一切公开的尤其是秘密的暗藏反革命组织和行动，以保卫和巩固苏维埃政权。目前苏维埃运动正在向前发展的新的苏区，一般的都要经过肃反委员会的工作阶段，在肃反委员会存在的地方，国家政治保卫局应与其发生系统上的管辖关系，且要逐渐转变其成为政治保卫局的下级组织。

四、国家政治保卫局的组织原则是完全集权的，代［其］本身在委员会的管辖之下工作。国家政治保卫局长即为委员会的主席，并得列席人民委员会，有发言权。国家政治保卫局委员任免处分权，属于苏维埃中央执行委员会及其主席团，委员中应参加最高法院的检查员一人。

五、国家政治保卫局在各省苏维埃政府与中央军委会中有它的代表机关，指挥国家政治保卫局在地方机关与红军中的工作。省、县两级设分局，亦由委员会管理。分局长即为委员会主席。在红军中，中央军委会或其他苏区军委会及军团或军（或师）以下则设特派员。国家政治保卫局及上级分局亦得在某种机关中直接派定特派员。分局长、委员及特派员的任免处分权，统属于国家政治保卫局。最下级特派员的任免处分，省及军委会分局有权处理，但最后的批准（权）属于国家政治保卫局。

六、国家政治保卫局的上下级关系，除特别障碍以外，是一贯的垂直系统。下级对上级的命令须绝对服从。各分局、各特派员在政治上是受当地各该级政府或红军中军事政治负责者指导的，各分局长并得列席于省苏、县苏的主席团会议，但工作的关系上绝对隶属于国家政治保卫局，地方政府及红军指挥机关无权改变或停止国家政治保卫局的命令，如有抗议只能提到人民委员会解决。

七、国家政治保卫局给权与［予］地方及红军中分局，侦查与处理一切反革命案件，但最后的决定权属于国家政治保卫局。只有在国家政治保卫局特许的范围内者，各分局才能自己解决。特派员则只有在上级给与［予］的任务范围内执行一切工作，除外［非］临时紧急处置，如反革命分子或其组织已定有暴动，特派员可取得当地政府或红军的帮助，实行拘捕人犯，破获组织，然后再报告上级核准。

八、国家政治保卫局及其各分局和特派员是代表政权侦查、接受与处理一切反革命案件的。当地群众及政府机关、共产党部及共产青年团部、各革命团体、红军均负有向其供给和报告各种消息的责任，在需要时，地方政府及红军应给以武装力量的帮助，且须临时听其指挥。地方政府、红军指挥机关与政治保卫局分局及特派员在工作上只能发生横的关系，只有在必要时，分局和特派员得以其一部分材料通知其同级政府和红军指挥机关，且须在国家政治保卫局规定的范围以内。对红军指挥机关则关系较密切，以便红军能时时注意到将不良分子淘汰出去，使反革命的活动无以生根。

九、一般的对于反革命犯人及其嫌疑犯的拘捕审问权属于政治保卫局。政府其他机关、共产党部、共产青年团部及一切革命团体均不得自行拘捕审讯，尤其不得自行处决。除非紧急情形，如发现反革命分子或其组织已定有暴动或逃跑时，得由其他机关乃至群众自动地将其拘送保卫局，但也只限于拘捕为止。当保卫局得有反革命充分证据，须拘捕暗藏在政府机关、红军与各革命团体中的负责人（的）时候，保卫局只能于执行拘捕前通知该机关之最负责者，预备替代人员。该机关最负责者即使不同意也不得阻挠其行动，只能向上级抗议。假使保卫局依据证据认为该机关已无可接受预告的人，则须于执行前通知其上级机关的负责人。

十、一般的对于惩罚反革命犯的判决和执行权属于司法机关，政治保卫局则处于检察的原告地位。惟在国内战争及苏维埃运动向外发展时期，在人民委员会许多［可］的范围内，国家政治保卫局有权依据法律判决和执行对于某种反革命犯人惩罚。

十一、工农民主政权对于反革命犯的惩罚原则是依据阶级路线来规定的。凡属剥削阶级的地主、豪绅、旧官吏、资本家、老板、富农犯了积极反革命的罪状，须给以严厉的惩罚；一般的工人、红军战斗员、雇农、贫农、中农与独立劳动者只要不是坚决投降于反革命的领袖分子，而为反革命胁迫欺骗去加入或附和反革命行动或组织的，在原则上应一律给以自新的出路，其办法从公开劝告、警告、禁闭、开除军籍一直到拘捕与剥夺一时期的公民权。惩罚异己阶级的反革命分子最严厉的是死刑，次要的应监禁、罚作苦工或驱逐出苏区境外。工农中被反革命胁迫欺骗而自首的一律免罪，被发觉或检举后的自新分子亦应从轻处分，拘捕者应释放。异己阶级中的自首分子应分别首从，且须规定审查时期。在审查期内不得自由移动，自新分子仍应给以较其应得的为轻的处罚。

十二、国家政治保卫局的工作原则应分侦查与执行（审查检查所得的材料与复查均在内）两个工作系统。从［彼］此分开，不相隶属。在侦查部下应有极精密极复杂的工作网，执行部下应有自己的武装组织。

十三、国家政治保卫局一切行动已［依］法律的裁制，在临时中央政府最高法院未成立前由人民委员会直接处理。

十四、在其他苏区未与中央苏区打通以前，国家政治保卫局得将其管辖该苏区政治保卫局的全权委托该苏区政府执行委员会主席团直接代表。在中央苏区内，有时因客观故障，地方分局与国家政治保卫局暂隔断时，亦运用此规定的原则。

中央执行委员会主　席　毛泽东
副主席　项　英
张国焘

选自《中国新民主主义革命时期根据地法制文献选编》，第三卷，中国社会科学出版社 1981 年出版，第 289～293 页。原注："选自《肃反令文汇集》"。

7. 中华苏维埃共和国军事裁判所暂行组织条例

1932 年 2 月 1 日中华苏维埃共和国中央执行委员会命令第三号

为保障红军中战斗员、指挥员及工作人员的权利，维持红军铁的纪律，本执行委员会特颁布"中华苏维埃共和国军事裁判所暂行组织条例"，兹公布该条例，从一九三二年二月[①]十五日起开始发生效力。中央革命军事委员会接到本命令之后，即转各级红军部队及地方武装指挥部，按照该项条例的规定组织军事裁判所，以管理红军中一切刑事裁判，此令。

中央执行委员会主席　毛泽东
副主席　项　英
张国焘
一九三二年二月一日

中华苏维埃共和国军事裁判所暂行组织条例

1932 年 2 月 1 日颁布

第一章　总　则

第一条　凡在红军游击队、独立师、独立团、赤色警卫连等武装队伍服军役的，无论是军人或其他工作人员，倘犯了刑法、军事刑法及其他法律，都由军事裁判所审理之。但犯普通纪律而未涉及犯法行为者不在此限。

第二条　在作战地带居民的违法行为，无论其犯军事刑法或其他法律，都由军事裁判所审理之。敌军的侦探内奸等如在作战地带，也由军事裁判所审理之。

第三条　红军各级裁判所，都须遵照本条例的规定组织之。

第二章　军事裁判所的组织系统

第四条　军事裁判所分为以下四种：一、初级军事裁判所；二、阵地初级军事裁判所；三、高级军事裁判所；四、最高军事裁判会议。

第五条　初级军事裁判所设在红军的军部师部及军区指挥部和独立师部内。阵地初级军事裁判所则设在于作战阵地的最高级的指挥部内。

---

① 《苏维埃中国》为"二月"，"社科法制版"印作"五月"。

第六条　高级军事裁判所设在中央革命军事委员会内。

第七条　最高军事裁判会议①，设在最高法院内。

第八条　初级军事裁判所及阵地军事裁判所都隶属于高级军事裁判所，高级裁判所则隶属于最高法院。

（附注一）最高法院未成立以前，对于最高军事裁判会议所应解决的案件，由临时中央政府临时组织法庭解决之。

（附注二）未与中央苏区打成一片的苏区，得在该苏区的最高军事委员会内设立高级军事裁判所，并有最后决定案件之权。

第三章　军事裁判所的工作人员

第九条　初级军事裁判所是由裁判所长一人，裁判员二人组织裁判委员会。高级军事裁判所是由裁判所长一人，副裁判所长一人，裁判员三人组成裁判委员会，以指导一切裁判事宜。最高军事裁判会议由最高法院指定若干人组织之，但必须有中央革命军事委员会的代表参加。

第十条　初级军事裁判所的所长和裁判员，由士兵代表大会推举出来，经高级军事裁判所核准，高级军事裁判所的所长和裁判员，由中央革命军事委员会提出名单，经最高法院核准。

第十一条　各级军队的指挥员，不得委任军事裁判所的所长和裁判员。

第十二条　初级军事裁判所审判时的法庭由三人组织之，以裁判员为主席，其余二人为陪审员。高级军事裁判所所审理的初审案件须用陪审员，但终审的案件则不用陪审员而是由裁判所所长和裁判员所组织。

第十三条　陪审员由士兵选举出来，每星期改换一次。陪审员在陪审期间可解放士兵的职务，陪审期间终了，仍归原队工作。

第十四条　各级军事裁判所得任用书记及其他工作人员。

（附注一）倘案件不多，军事裁判的人员可以减少，初级军事裁判所可以仅设所长一人，高级军事裁判所可以仅设所长一人，裁判员一人。

（附注二）审判不关重要的简单案件，可以由审判员一人审理之。

第四章　各级军事裁判所的裁判及其裁判手续

第十五条　初级军事裁判所审理军长以下的犯罪的指挥员战斗员及在军队里服务的一切工作人员的案件，但为初审机关。

第十六条　地方武装的军事裁判所审理全省地方武装的军事案件。

第十七条　阵地初级军事裁判所则审理在作战地带的一切案件，但仍为初审机关。

第十八条　高级军事裁判所是审判经过初级军事裁判所判决而上诉的案件后之终审机关，同时是审理军长以上的指挥员，革命军事委员会的直属部队及其他工作人员的案件之初审机关。

第十九条　最高军事裁判会议是审理经过高级军事裁判所判决而上诉的案件之终审机

---

① 《苏维埃中国》翻印本、“江西法律版”“社科法制版”“赣州司法史料版”皆误排为“高级军事裁判会议”，按第四条四，应是“最高军事裁判会议”。

关，同时是审判军团指挥员以上的重要军事工作人员的审判机关。

第二十条　除最高军事裁判会议外，其余各级军事裁判所判决的案件被告人在判决书上所规定的上诉期内，都有上诉权。上诉的期限规定为七十二小时至一个月，其上诉期由当时审判该案件的法庭决定之。

第二十一条　凡判决死刑的案件，虽被告人不提起上诉，审理该案件的裁判所须将案卷送给上级裁判所去批准。

（附注一）在紧急作战的情形中，可先执行而后抄录全部案件送给上级军事裁判所去追认。

第二十二条　审判案件须用公开的形式，准许士兵及军队的工作人员旁听，但是有军事秘密的案件，可采用秘密审判形式；但宣布判决时仍须公开。

第二十三条　审判的时候，不一定在军事裁判所的所在地审判，可到军队所在地及犯法者的工作地点去审判。

第五章　军事检察所的组织及任务

第二十四条　在初高两级的军事判决所的所在地，设立初级军事检察所及高级军事检察所。

第二十五条　初级军事检察所设所长一人，副所长一人，检察员若干人。高级军事检察所设所长一人，副所长二人，检察员若干人，以外可用书记文书等技术工作人员。

（附注一）军事检察所的工作人员看军人情形可随时增减。

第二十六条　各级指挥员政治委员若发现军队中有犯法行为的证据，可以将犯人实行逮捕，送给相当军事检察所去检察。

第二十七条　军事检察所是检察和预审军犯的机关①，一切案件，除已明白无须再检察的简单案件外，都先交该级军事检察所去检察过；军事检察所的案件检察完了，做出结论之后，再将案件送交军事裁②判所去审判。

第二十八条　军事检察所是代表国家对于军事犯的原告机关，他可以检察军队中及与军事有关系的一切犯法案件，并可以向法庭提出公诉，开庭审判时可以代表国家出庭告发。

第二十九条　当检察案件的时候，凡与该案件有关系的任何人，检察员有传来审问之权。

第三十条　传审的时候，可用传票、拘票、检查票三种。

（附注一）军事裁判所只能用传票拘票二种。

（附注二）军事裁判所所在地的军部或师部及其他军事机关，须指定部队为军事检察所调用。

第六章　经　费

第三十一条　军事裁判所及军事检察所的经费，按照预算由各该级的军事机关发给。

---

① “江西法制版”此处印作：“的检查和预审军犯□□□”，其他版本印作“是检查和预审军犯的机关”。

② 《苏维埃中国》和“江西法律版”皆印作“审”，“社科法制版”印作“审［裁］”。

第七章　附　则

第三十二条　本条例由中央执行委员会以命令公布之。

第三十三条　本条例中央执行委员会有随时修改或停止之权。

第三十四条　本条例自公布之日起发生效力。

中央执行委员会　主　席　毛泽东
副主席　项　英
张国焘

选自《苏维埃中国》，第二集，1935 年印行，中国现代史资料编辑委员会 1957 年翻印，第 196～201 页。

互校版本：

1.《中华苏维埃共和国法律文件选编》，江西人民出版社 1984 年出版，第 382～386 页。简称“江西法律版”。原件未注明史料来源。

2.《中国新民主主义革命时期根据地法律文献选编》，第三卷，中国社会科学出版社 1981 年出版，第 293～299 页。简称“社科法制版”。原注：“选自《苏维埃中国》第二集”。

3.《人民司法从这里走来——中华苏维埃共和国司法史料研究选编》，江西省赣州市中级人民法院 2010 年编印，第 114～117 页。简称“赣州司法史料版”。

8. 国家政治保卫局工农红军政治部中央革命军事委员会训令——加强红军中政治保卫局特派员工作①

1932 年 2 月 9 日②

国家政治保卫局在红军巩固的保证上是起了它极大的作用，在红军中的特派员是保卫局在红军中活动的一个基本单位，它所担负着的任务是极其重大（的）。过去在［有］许多下级军政负责同志甚至部分的中级负责同志不了解特派员工作的重要性，以致对特派员的轻视而走上组织关系的混乱状态，如不但不采纳特派员的意见，甚至轻视特派员的职责，把特派员分配做杂务工作。过去如六一团不经过保卫局组织上的允许，擅自调动特派员工作，这是在组织上破坏保卫局建制的错误。为纠正上述不良现象，更加强保卫局在红军中的工作，真正使保卫局活动的基本单位——特派员能够尽其应有的作用，根据中央政府颁布的国家政治保卫局组织纲要，正确地作下列的规定：

一、必须保持保卫局的独立性，保持保卫局一贯的垂直系统。

---

① 副标题是编者所加。

② 原件只注明 2 月 9 日，未注明年代。据考证应是 1932 年。（一）文中提到“根据中央政府颁布的国家政治保卫局组织纲要”，该纲要是 1932 年 1 月 27 日颁布的。（二）从训令的制定机构和人员的署名看，以朱德为主席，彭德怀、王稼祥为副主席的中央革命军事委员会是在 1931 年 11 月 25 日组成；以王稼祥为主任、贺昌为副主任的工农红军总政治部，是在 1932 年 1 月 27 日由“军委总政治部”改建的。

二、特派员在政治上受各该部红军军事政治负责者之指导，组织系统及工作关系上绝对隶属于保卫局。

三、根据以上两项，军政首长必须予特派员以帮助，正确的采纳特派员意见。

四、特派员在红军单位里的群众中有权专门进行关于肃反问题的报告和鼓动。

五、各部红军军政首长应该尊重特派员权限，并尊重保卫局的组织系统。

六、保卫分局及特派员行使职权时，如逮捕、拘留乃至审讯、制裁等问题，同级军政首长应完全尊重分局及特派员的意见。如不同意只能向上级陈述，而不能妨碍分局长及特派员行使（职）权。分局长及特派员也应依照规定（行使）自己职权。

这一训令须由各级首长在军人大会或列宁室会（议）中负责传达。此令

中央革命军事委员会　主　席　朱　德
副主席　周恩来
王稼蔷
工农红军总政治部　主　任　王稼蔷
副主任　贺　昌
国家政治保卫局　局　长　邓　发

选自《中国新民主义革命时期根据地法制文献选编》，第三卷，中国社会科学出版社1981年出版，第328～329页。原注：“选自《肃反令文汇集》”。

9. 中央人民委员会第七次常会通过组织临时最高法庭等决定①（节录）

1932年2月19日

中央人民委员会于本月19日开七次常会，讨论和决定的重要事项如下：

一、梁柏台同志报告此次出席闽西临时法庭审判重要政治犯的经过情况和结果。

……

三、决议组织临时最高法庭以判决重要政治犯，委任何叔衡同志为临时最高法庭主审[席]。

……

六、梁柏台同志提议创办劳动感化院。议决，由梁柏台同志起稿感化院组织法，下次讨论。

选自《中华苏维埃共和国审判资料选编》，人民法院出版社1991年出版，第17页。原注：“原载《红色中华》，1932年2月24日”。

① 标题为编者所加。

10. 中央执行委员会法令解释——对于军事裁判所组织条例的解释和运用

1932 年 4 月 4 日

谭震林同志写给人民委员会的信

人民委员会：

我对军事裁判所暂行组织条例，有如下的疑问：

（一）初级军事裁判所能否处理军队中之政治犯（如社党等）？

（二）初级军事裁判所能否判决死刑？

（三）初级军事裁判所有无任期，其撤换手续如何？

（四）初级军事裁判所，是否要指挥员兼任，如指挥员专任是否可以？或者是指挥员无参加之权？

（五）初级军事裁判所，完全是战斗员，但因法律未全部了解以前，是否能聘请法律顾问？

（六）陪审员与裁判员既然有别，审判时所长与裁判员轮流主持否？或者只有所长才能为主审官？

（七）陪审员一星期一换，是否由士兵代表选举若干人轮流换干？或者得是每星期开一次士兵代表会产生（这样是不是可能）？

（八）军区初级军事裁判所，有隔离太远（三百里以外）顾及不到时，在远离之处——军区指挥分部——可否设立初级军事裁判所管辖该区域内各驻军的工作？

（九）师初级军事裁判所，与军军事裁判所的关系怎样？

（十）师初级军事裁判所，能否审判师长、师政委？

（十一）阵地初级军事裁判所，怎样产生？

（十二）阵地初级军事裁判所，是否能判决土豪？

（十三）军事检查所怎样产生？军师团三级都要设立，还是军师两级设立？

（十四）军事检查所，是否担负检查土豪的财物，及侦查土豪地方反动派？

（十五）军事检查所工作人员——检查员等是民主制还是集权制？

（十六）有营组织之独立团，是否要组织初级军事裁判所与军事检查所？

（十七）初级军事裁判所与阵地裁判所，军事检查所互相关系如何？

（十八）各军中政治机关，政治委员与初级军事裁判所，阵地裁判所，检查所的关系如何？

以上十八条请速给以解释，以便进行工作。

谭震林

1932 年 3 月 27 日于上杭城

震林同志：

你所问军事裁判所暂行组织条例的各项，兹答解于下：

（一）依据军事裁判暂行条例第一章第一条之“……无论是军人或其工作人员，倘犯了刑法、军事刑法及其他法律，都由军事裁判所审理之……”规定。对于政治犯，如AB团、社党等，当包括在刑事犯中，应归其审理。

（二）根据第四章第十五条，初级裁判所是初审机关，可以宣判死刑。但照第二十条之规定，被判决人有上诉权，复据第二十一条之规定，初审机关判决的执行，须得上级裁判所之批准。

（三）初级裁判所所长、裁判员无一定之任期，其罢免与核准，均属于上级裁判所。撤换后另行推选交上级裁判所核准。

（四）军事指挥员不兼任裁判职务，如在职时，即是无参加权。

（五）裁判所没有聘请法律顾问之规定，并且目前一切裁判，是依照中央政府所颁布之法令训令等为根据，但每个裁判员必须要了解中央各种法令训令。

（六）陪审员不是主持法庭，裁判员专负裁判责任。在法庭开庭时，某裁判员值期，则该庭应由他主持，而不是指所长。有特别重要案件，所长也可出庭主持审理，此是则无需要裁判员了。

（七）陪审员应由士兵选举，可在选举时多选举几个，每星期来轮流更换，不是每星期改选一次。同时法庭审判，不是经常有的，而是集合几个案件，来开审一次。

（八）军区下级只有独立师设立初级裁判所，各地方不能设立。如有案件，可送交军区裁判所审理，或临时由军区裁判所派裁判员去在该地开庭审判。

（九）师的裁判所隶属于军的裁判所，是上下级的关系。

（十）师裁判所只能审判师长师政委以下之指挥员，如师长犯罪，应提交军裁判所审理。

（十一）阵地初级裁判所的产生，由该战区之部队士兵推选，交上级裁判所批准，或由上级裁判所临时委任。

（十二）阵地初级裁判所不能审判非当时犯有刑事罪之土豪，但与军事有关之政治犯及违反法律（的）当地居民，都可以审理。土豪应交政治部和当地临时政权机关处理。

（十三）各级军事检查所须在各级有军事裁判所之地方设立，否则不能设立。检查所由各上级检查所委任。检查所只核查第一章第一条所规定之案件，以外的事就无权了。

（十四）检查所是集权的组织，以于检查重要案件时，可开会讨论，但所长有决定之权。检查员有不同意时，只能提向上级机关解决。

（十五）根据第二章第五条只有师以上①才能设立裁判所检查所，有营组织之独立团不能设立。除有特许情形，经高级军事裁判所和检查所批准，可临时设立。

（十六）阵地裁判所检查所，以该战区之所属部队大小来决定他所属之上级机关。如一军人在此阵地，则军的裁判所、检查所就可执行职务，不必［另］外组织阵地裁判所了。如在师以下之部队，则阵地裁判所则隶属该上级之初级裁判所、检查所。但在目前对于阵地裁判所、检查所，可以不另设立。只有大部队作战时，则在军以上设立，来管理各军之裁判与检查事件。

（十七）军事裁判所与检查所另有其组织系统，军师各级政治机关与政治委员不能干

---

① 《红色中华》此处空缺数字，应是“师以上”。

涉其职权行使。如有不同意，则提向上级直属机关和革命军事委员会解决。

中央执行委员会

一九三二年四月四日

选自《红色中华》，1932 年 4 月 6 日，第六版。

互校版本：

1.《闽西苏区法制史料汇编》，龙岩市中级人民法院、古田会议纪念馆合编，2008 年 10 月内部出版，第 152～154 页。

2.《人民司法从这里走来——中华苏维埃共和国司法史料研究选编》，江西省赣州市中级人民法院 2010 年编印，第 118～120 页。并注明："谭震林时任福建省军区司令员兼政委"。

11. 何叔衡组织巡回法庭解决白露、合龙两乡水利纠纷

1932 年 4 月 6 日《红色中华》

瑞金四区白露乡第一、第二两村，因开陂水问题，一直被毛姓少数土劣把持久未解决，导致仅第二村毛姓等千余担谷有水田，而白露第一村和合龙乡三千余担谷田无水灌溉。自苏维埃成立后曾经县苏解决，但第二村毛姓仍有少数分子利用封建迷信煽动落后群众恃强阻碍。同时，合龙乡群众因春耕需该陂水十分迫切，重向中央政府提出控告。中央政府即派人前往该乡调查、并于 1932 年 3 月 8 日协同县苏、区苏、白露、合龙两乡群众讨论，打破迷信恶俗，由双方决定仍然继续开陂水。但陂水开后至 3 月底，毛姓少数分子违约将水圳捣毁，故意妨碍水利，违犯土地法令。白露、合龙两乡向最高临时法庭控告，于是，同年 4 月中央临时最高法庭主席何叔衡亲自到瑞金县，会同县裁判部组织巡回法庭，召集区负责人及两村开会，争取毛姓大多数群众的支持，妥善处理白露、合龙两乡的水利纠纷，使案件得到及时合理的处理。

选自《人民司法从这里走来——中华苏维埃共和国司法史料研究选编》，赣州市中级人民法院 2010 年编印，第 45 页。原注："参见《瑞金白露乡陂水问题》，载《红色中华》1932 年 4 月 6 日"。

12. 临时最高法庭训令——纠正判决书中存在的问题[①]

1932 年 4 月 20 日

临时最高法庭训令第二号

关于江西省裁判部判决书第一第二两号内的错误和缺点，特纠正如下：

一、该两案的判决，只在该本级裁判部是最后的，但该两案的被告人在十四日内应许

① 副标题是编者所加。

有上诉权，中央执行委员会第六号训令第二项内已明白的规定。

二、剥夺选举权一项，应从监禁期满之日起算，至［在］监禁期内，被告人自然无从行使其选举权。

三、判决书第二号萧自峥、颜达二犯，均简（称）“着予处决”字样，究竟是着予处决监禁？还是着予处决枪决？最后的判词应有极端明确性，不能稍带含混性。

四、在你们文件上，有所谓“江西革命法庭”字样，在新发展区域组织革命委员会，掌握政权时，可以应用，此时已不相宜，应统一名称为“江西省苏维埃政府裁判部”。对外只用这个裁判部名义。①

五、每一案件，除几个被告人在罪犯的事实上有密切的联系，可共作一个判决书外，其除均宜缮为单独的判决书。

六、中央司法部三月八日司字第一号训令，特颁发判决书、审判记录、传票及案卷的形式共计四种，均应遵照式格处理一切案件。此令

江西省苏维埃政府裁判部

主席　何叔衡

1932 年 4 月 20 日

选自《红色中华》，1932 年 4 月 21 日，第七版。

互校版本：《人民司法从这里走来——中华苏维埃共和国司法史料研究选编》，江西省赣州市中级人民法院 2010 年编印，第 128 页。简称“赣州司法史料版”。原注：“原载《红色中华》1932 年 4 月 21 日”。

13. 中华苏维埃共和国裁判部的暂行组织及裁判条例

1932 年 6 月 9 日中央执行委员会公布，同年 6 月 15 日生效

中华苏维埃共和国中央执行委员会命令执字第四号

1932 年 6 月 9 日

《裁判部的暂行组织及裁判条例》是法院未成立前组织临时司法机关和处理诉讼事宜的暂行条例，该条例在江西、福建两省及瑞金直属县，于一九三二年六月十五日起发生效力，其他未与中央苏区打成一片的苏区，从文到之日起发生效力。各省及直属县的裁判部，接到本命令及该条例之后，应即遵照执行。此令。

各省及直属县裁判部

中央执行委员会　主　席　毛泽东

副主席　项　英

张国焘

公历一九三二年六月九日

① “赣州司法史料版”将“名义”印作“全称”。

选自《红色中华》，1932 年 9 月 20 日，第九、十版。

互校版本：《闽西苏区法制史料汇编》，龙岩市中级人民法院、古田会议纪念馆合编，2008 年 10 月内部出版，第 154～155 页。

中华苏维埃共和国裁判部的暂行组织及裁判条例

1932 年 6 月 9 日颁布，6 月 15 日生效

第一章 总 则

第一条 裁判部为法院未设立前的临时司法机关①，暂时执行司法机关②的一切职权，审理刑事、民事案件的诉讼事宜。

第二条 除现役军人及军事机关的工作人员外，一切民事、刑事案件的诉讼事宜，都归裁判部审理。

第三条 中华苏维埃共和国境内的各级裁判部的组织及审理案件的程序，须完全遵照本暂行条例的规定。

第二章 裁判部的组织系统

第四条 城市、区、县、省各级政府内，都须设立裁判部和裁判科，唯乡苏维埃内则不设立。

附注：小的城市苏维埃可不设立裁判科，由县裁判部直接审理该城市的一切案件。

第五条 下级裁判部直接隶属于上级裁判部，上级裁判部有委任和撤销下级裁判部长及工作人员之权，同时裁判部应受同级政府主席团的指导。

第六条 裁判部在审判方面受临时最高法庭的节制，在司法行政上则受中央司法人民委员部的指导，司法人民委员部有委任和撤销裁判部长及工作人员之权。

附注：未与中央苏区打成一片的苏区省执行委员会得行使临时最高法庭和中央司法人民委员部的职权，以解决司法上的一切问题。

第七条 区裁判部设部长一人，书记一人；县裁判部设部长一人，裁判员一人，书记一人；省裁判部设部长一人，副部长兼裁判员二人③（其中一人专管刑事案件，另一人专管民事案件）及书记一人。由部长和副部长组织裁判委员会。

附注一：县裁判部也可以组织裁判委员会，可由裁判部长、裁判员及市民警所长等而组成。

附注二：有必要时得上级政府的许可，可以用别的技术工作人员。

第八条 裁判部有随时调用赤卫队、警卫排、民警担任司法范围内各种工作之权。

第九条 没有选举权的人（未满十六岁的人也包括在内），不得担任裁判部的工作。即书记也要有选举权者，才能担任。

第十条 在各级裁判部下可设立看守所，以监禁未审判的犯人，或判决短期监禁的犯人。县省两级裁判部，除设看守所外，还须设立劳动感化院，以备监闭判决长期监禁的犯人。

---

①② 《红色中华》为“机关”，“社科法制版”印作“机构”。“江西法律版”“闽西史料版”“赣州司法史料版”和“江西法学会版”皆为“机关”。

③ “江西法学会版”印作“副部长一人，兼裁判员二人”。

第三章　法庭之组织及其审判之手续

第十一条　各级裁判部得组织刑事法庭和民事法庭，以审理刑事和民事的案件。

第十二条　各级裁判部可以组织巡回法庭，到出事地点去审判，比较有重要意义的案件，可以吸收广大的群众来场旁听。

第十三条　法庭须由三人组织而成，裁判部长或裁判员为主审，其余二人为陪审员。

附注：简单而不重要的案件，可由裁判部长或裁判员一人审理之。

第十四条　陪审员由职工会、雇农工会及其他群众团体选举出来，每审判一次得掉换二人。

附注一：无选举权者（未满十六岁的人也包括在内）不得当选为陪审员。

附注二：陪审员在审判期间，得暂时解放他的本身工作，并须保留他原有的中等工资，陪审完了之后，仍回去做他的原有工作。

第十五条　主审与陪审员在决定判决书时，以多数的意见为标准，倘若争执不决时，应当以主审的意见来决定判决书的内容。如陪审员之某一人有特别意见，而坚决保留自己的意见时，可以用信封封起，报到上级裁判部去，作为上级裁判部对于该案件的参考。

第十六条　审判案件必须公开，倘有秘密关系时，可用秘密审判的方式，但宣布判决时，仍应作公开。

第十七条　审判时必须有书记一人或二人担任记录。

第十八条　每次开庭审问完了一个案件之后，法庭须退庭商议判决书，待判决书宣布之后，才能审判第二个案件。绝对不许审问完了之后，经过几天才宣布判决书。

第十九条　与被告有家属和亲戚关系或私人关系的人，不得参加审判该被告的案件（陪审、主审都一样）。

第二十条　判决书前面须写明审判时间、主审、陪审及参加审判人的姓名，次写被告人的履历及罪状，再次则写所定之罪，最后须写明被告人的上诉期间。如判决监禁，须从逮捕那天计算起。每个判决书须由主审和陪审盖印或签名负责。

第二十一条　每个判决书的原文，须抄写一份给被告人。

第二十二条　每个案件的材料和证据，须集成一起，归为一个案卷，编成号码次序，保存在裁判部内，不准遗失。

第二十三条　开庭审判时，检察员出庭做原告人外，与群众团体有关系的案件，该群众团体也可派代表出庭做原告人。

第二十四条　被告人为本身的利益，可派代表出庭辩护，但须得法庭的许可。

第二十五条　各级裁判部所判决的案件，在判决书上所规定的上诉期间内，被告人有上诉权。上诉的期限规定为二星期，由审理该案件的法庭看该案件的内容而决定上诉的日期。

附注：上诉的日期，是被告人把上诉书送到审理该案件的裁判部的日子而计算起，并不是上诉书送到上级裁判部的日子而计算起。

第二十六条　凡判决死刑的案件，虽被告人不提起上诉，审理该案件的裁判部也应把判决书及该案件的全部案卷，送给上级裁判部去批准。

第二十七条　在判决书上所规定的上诉期已满，或上级裁判部已经批准该案件的判决书，才能执行。

第二十八条　裁判部可用传票、拘票、搜查票三种。

第四章　各级裁判部的权限

第二十九条　裁判部有宣布被告人警告、罚款、没收财产、强迫劳动和监禁、枪决之权。

第三十条　区裁判部审理一般不重要的案件，其判决处罚强迫劳动或监禁的期限不得超过半年。

第三十一条　县裁判部是区裁判部所判决案件的终审机关，同时又是审判有全县意义的案件的初审机关，有判决死刑之权，但没有执行死刑之权。县裁判部判决死刑的判决书，得省裁判部的批准之后，才能执行。

附注：与省裁判部隔断的县苏裁判部，不得省苏裁判部的批判，可以执行。

第三十二条　省裁判部为县裁判部所判决的案件之终审机关，同时又是审判有全省意义的案件之初审机关，有判决死刑之权，但须送临时最高法庭去批准而后执行。

附注：未与中央苏区打成一片的省，省裁判部有最后处决案件之权。

第五章　检察员的工作和任务

第三下三条　省裁判部得设正副检察员各一人，县裁判部则设检察员一人，区裁判部则不设立检察员。

第三十四条　检察员是管理案件的预审事宜。凡送到裁判部的案件，除简单明了，无须经过预备之案件之外，一切案件必须经这检察员预审过，并且凡是一切犯法行为，检察员有检查之权。

第三十五条　经过预审手续之后，检察员认为有犯法的事实和证据，做出结论后再转交法庭去审判。

第三十六条　发觉有犯法行为，如必须预先逮捕，然后才能进行检察的案件，检察员有先逮捕犯法的人①之权。

第三十七条　当检察案件时，凡与该案件有关系的人，检察员有随时传来审问之权。

第三十八条　检察员当检查案件时，无论问②被告人和见证人，必须写成预审记录，由被审问者（被告人和见证人）及检察员签字盖章，作为该案件的证据。

第三十九　检察员是代表国家的原告人，开庭审判时可以代表国家出庭告发。

附注：检察员制度未建立以前，可由裁判员中抽出一人，担任预审的工作，代执行检察员的职务。但进行预审的裁判员，法庭审判该案件时，他不得为法庭的主审和陪审。但关于反革命的案件，国家政治保卫局可以派代表，代表国家为原告人。

第六章　附　则

第四十条　中央执行委员会有随时修改和停止本条例之权，本条例由中央执行委员会以命令公布之。

第四十一条　本条例在江西、福建两省及瑞金直属县自公布之日起发生效力。但未与

---

① “江西法学会版”此处无“犯法的人”4字。

② “江西法学会版”此处无“问”字。

中央苏区打成一片的苏区，自文到之日起发生效力。

中央执行委员会　主　席　毛泽东
副主席　项　英
张国焘
公历一九三二年六月九日

选自《红色中华》，1932年9月20日。

互校版本：

1.《中华苏维埃共和国法律文件选编》，江西人民出版社1984年出版，第389～394页。简称“江西法律版”。原注：“选自一九三二年九月二十日《红色中华》”。

2.《中国新民主主义革命时期根据地法制文献选编》，第三卷，中国社会科学出版社1981年出版，第305～312页。简称“社科法制版”。原注：“见《红色中华》第三十四期第九、十版，一九三二年九月二十日”。

3.《中华苏维埃法制资料选编》，江西省法学会1981年编印，第8～11页。简称“江西法学会版”。原注：“录于于都县革命历史纪念馆《选举、检举、肃反运动》卷二十三”。

4.《闽西苏区法制史料汇编》，龙岩市中级人民法院、古田会议纪念馆合编，2008年10月内部出版，第74～77页。简称“闽西史料版”。

5.《人民司法从这里走来——中华苏维埃共和国司法史料研究选编》，江西省赣州市中级人民法院2010年编印，第107～111页。原注：“原载《红色中华》1932年9月20日”。

14. 中央司法人民委员部所召集的江西福建瑞金裁判部长联席会议的决议之一——关于裁判部目前的中心任务及处理反革命案件的原则的决议

1932年6月人民委员会第十七次常会通过

裁判部是苏维埃政府的临时司法机关，他目前的中心任务是：保障苏维埃政权及其各种法令的实施镇压反革命派别及反苏维埃法令的反革命行动。换句话说就是负责肃清国内反动势力巩固苏维埃政权的任务。因此裁判部在这一任务之下，对于处理反革命案件的主要原则决定以下几点：

一、以后裁判部判决及革命案件，应当以保护工农权利，巩固苏维埃政权适应革命环境，来保障革命胜利为前提，对于处置反革命派别（AB团、社会民主党、托陈取消派等）反动分子豪绅地主等，不能有丝毫的让步，应给他们以无情的打击。应当根据当时的环境迅速的来处决，不使反革命派有丝毫活动的余地，以保障和巩固革命的胜利。

二、严格的执行中央执行委员会第六号与第十一号训令的规定，审判案件应分清阶级成分首要与附和，绝对废止肉刑，不专信口供，要多注意预审机关的搜集的证据。赤白交界区域，对于处决案件须特别迅速以适应环境的需要。

三、审理反革命案件应多注意宣布反革命的罪恶和教育群众的工作，倘若比较重要的案件，用巡回法庭的方式，到出事地点去审判，审判时须多吸收广大的群众来参加，以揭破反革命的面目，使群众明了肃反工作的重要，提高群众对肃反的积极性，积极来帮助裁判部工作，以彻底的肃清反革命派别及一切反革命分子。

选自中国政法大学转抄的复印件《中国监狱学会资料》051号，第142～144页。原注："湘赣省苏维埃执行委员会　四月再版"。

15. 中央司法人民委员部所召集的江西福建瑞金裁判部长联席会议的决议之二——检阅各级裁判部工作的决议

1932年6月人民委员会第十七次常会通过

本联席会议检阅江西福建两省县以上的裁判部及瑞金直属县区以上的裁判部的工作之后，对于各级裁判部的工作指出了以下的错误和缺点。

一、自中央执行委员会颁布第六号训令之后，在肃反路线上，虽然有了大的转变，但是又走到另一方面，就是放弃肃反成为普遍的现象。同时对于中央执行委员会第六号训令，还有许多地方执行得不正确，如福建省苏裁判部审判时仍用肉刑，有几个县未经省苏裁判部批准，而枪杀犯人，瑞金的瑞林寨，由反帝大同盟的群众大会决定杀过人，而裁判部却不去过问，这是一个极严重的错误。

二、区一级裁判部大部还未成立，县一级也有极少数地方（宁化）还未成立，裁判部长没有专人负责，由别的工作人员兼任的地方很多。

三、江西大多数的县裁判部，把国家政治保卫局作为自己的上级机关，由国家政治保卫局的县分局判决了的案件，然后交给裁判部来执行，裁判部成为国家政治保卫局附属机关，失了裁判部的独立性，而且违反了中央执行委员会第六号训令对于建立司法系统和审判程序的规定。

四、裁判部没有经常的工作，成为有案件就审，没有案件就没有事做的现象。对于下级裁判部的指示裁判部本身工作上的改进及司法行政上的工作完全没有去注意进行。

五、忽视上级的命令，中央司法人民委员部通令成立裁判部，还在今年一月一日，历时已半载还有许多地方的裁判部未成立。审判记录判决书案卷等的格式，虽在今年三月八日，中央司法人民委员部就颁发了训令，但是至今实行的地方还很少。

六、擅立名称，什么革命法庭，临时裁判部，经济犯，纪律犯，流氓犯等等，而上级并没有这样的规定。

（注：原复印件缺第146页）

分家庭背景、党籍、文化程度及履历等等，而且判决书上，也不把犯人年龄、成分、履历、罪状列写清楚，上级接到这样的判决书很难判断该案件是否判得正确。

十一、对于看守所的工作做得不好，有许多地方连看守长都没有，有犯人没有名单，或有名单而丢犯人的事情也有。对于犯人看守得不认真，甚至有困死囚内和脱逃的（瑞金兴国等县），看守所的一般的卫生是很不注意的。

十二、有判决罚强迫劳动（苦工）在两年半以上的，判了强迫劳动而仍关在看守所不叫他们去做工作的。

十三、裁判部的工作人员不识字，不懂各种法令，不看上级文件的很普遍。因此在裁判部的工作上发生自己违纪法令的事情。同时对于提拔干部训练干部的工作没有注意，因此裁判部的本身非常不健全。

为要纠正以上的许多错误和缺点，以后各级裁判部必须进行以下各点：

（一）裁判部应当严格地执行裁判部的暂行组织及裁判条例，执行委员会第六、十一、十二各号训令而进行裁判部的工作。

（二）区或县各级裁判部没有成立的地方，应在七月十日以前完全成立，并且建立起裁判部上下级的系统和经常工作。各级裁判部与国家政治保卫局的关系应划分清楚，必须严格地按照中央执行委员会第六号训令的规定，而建立司法机关的系统与国家政治保卫局之间的正确关系。

（三）审判的程序必须完全按照裁判部的暂行组织和裁判条例的规定，审判时必须公开，除最简单案件外，必须有陪审员。任何案件审判时，必须有记录，断不许随随便便的判决案件，以减低司法机关的信仰。

（四）审判记录、判决书、案卷、传票等项严格的遵照中央司法人民委员部所颁布的格式，以归统一，并须编成号码存案。

（五）判决书上必须把犯人的年龄、成分、家庭背景、罪状等等详细叙明，不许有半点含糊，或者不写判决书，而判决的案件或不对犯人宣布判词就执行的事情。

（六）解决案件必须迅速，倘有未解决的案件每天必须开庭审判，裁判部收到案件后，最多在半个月的期间内必须解决。

（七）裁判部上下级的密切关系必须建立起来，下级裁判部每月须向上级做工作报告，上级裁判部对下级最少每两个月内须检查工作一次。

（八）省县两级裁判部应多组织巡回法庭到各中心地或出事地点去审判案件，多多吸收群众来旁听。

（九）看守所应有可靠之看守长，以管理看守所的一切事宜，有必要时可增用看守员。

（十）提拔裁判部的干部时除注意成分外，还须注意他的文化程度，因为裁判部的工作不识字的人是很难做的。裁判部的现有工作人员如不识字的必须根据人民委员会第六号加紧学习的训令，实行强迫学习，要他们去上识字课、政治课，上级裁判部须轮班调下级裁判部的工作人员来实习或训练，以提高裁判部工作人员的能力。

十一、罚强迫劳动（苦工）的期间，不得超过一年以上，判决罚强迫劳动的应送去做工作，不应仍关在看守所里。判处长期监禁的也必须在看守所之下做工作，不得使他们空闲着。

选自中国政法大学转抄的复印件《中国监狱学会资料》051号，第144～150页。原注：“湘赣省苏维埃执行委员会　四月再版”。

16. 中央司法人民委员部所召集的江西福建瑞金裁判部长联席会议的决议之三——关于看守所及劳动感化院问题的决议

1932年6月人民委员会第十七次常会通过

本联席会议认为，各级裁判部对于看守所的工作有以下的缺点：

一、有许多地方没有看守长或看守员负责，即有看守长的地方也是很缺乏看守能力，不懂得看守的方法，因此有发生重要的犯人逃跑的事情。

二、看守所在管理上也是非常不完善，每天不放犯人去吸新鲜空气，不按时给犯人洗面洗身，不注意狱所清洁，有的地方早晨晚夜不点名，有的看守所连犯人的登记册都没有，看守所每个房间的门口没有挂犯人名牌，犯人进去的时候，不详细检查身体。未判决的与已判决的犯人都关在一起。土豪也不另外分开监禁。

三、对于判决长期监禁的犯人，不设法叫他们去做工作，也不去教育他们，以使他们觉悟到自己的错误。对于犯人在看守所的行动，也无人去注意他们。

四、一部分罚强迫劳动的犯人，不叫他们去做工作，仍关在看守所里吃闲饭，即送出强迫劳动的犯人，劳动时间多少，也不明白规定，甚至使犯人做了超过所判决的强迫劳动时间。

五、各级裁判部对于同一个案件有关系的犯人，对未审判之前，常有关在一个房间，致使审理案件上发生障碍。

以上这些都是各级裁判部对于看守所工作的错误和缺点。以后对于看守所的工作应注意以下几点：

一、每个看守所一定要有看守长一人，看守员若干人，对看守所负完全责任。

二、对于看守所的管理上应特别注意，每天须有戒备的放犯人吸收新鲜空气一次，按时给犯人洗面洗身，注意看守所的清洁卫生，每天早晨和夜晚须各点名一次，犯人的进来和释放必须登记以备检查。每间房子的门口必须有犯人的名牌，犯人进去时必须把他全身检查一次，从犯人身上检查出来的东西，必须登记保存，不得乱拿或散失，须提交裁判部去解决。未判决的犯人不得与已判决的犯人关在一起。犯人在未审判的时候，绝对不许同他的家属亲戚会谈，或同外面通信。外面送给犯人的东西须经过看守所负责人详细检查之后，才能交给犯人，不得直接提给犯人。

三、判决强迫劳动的人，不得再关在看守所里，必须使他们去做工作。送出做苦工的时候，必须把罚苦工的简明理由，罚苦工的时间，从何日起到何日止交给收受苦工的机关负责人执照。

四、同一案件有关系的犯人，在未审判以前，不得关在一个房间内。

五、看守所须定《红色中华》及《红星》《实话》《青年实话》各种报纸和苏维埃所出版各种法令书籍图画，以供犯人阅看，并设法教育他们。

除执行以上对于纠正看守所工作的错误和缺点之外，并规定对于劳动感化院的工作：

一、除边界的区域外，中心区域的县省两级裁判部在今年七月间必须把劳动感化院组织起来。

二、边区不能设立劳动感化院的县份，判决长期监禁的犯人可以送到省劳动感化院，或者送到中心县的劳动感化院去禁闭。

三、各县凡判决监禁一年以上的犯人，必须送省劳动感化院去禁闭。

四、劳动感化院的每个犯人，必须使他每天做工作，以增加国家收入，最低限度须做到劳动感化院在经济上能够自给，不要政府拿钱来供养犯人。

五、严格的注意和检查反革命分子在劳动感化院里做反革命的活动。

六、在劳动感化院内须设立识字班政治课，可以在工作以外去教育犯人，以提醒犯人对苏维埃政权的认识，并须设立列宁室定购各种书报，以便给犯人阅览，设立各种乐器，使犯人自动的来做艺游，以犯人来教育犯人，这些设备务要使犯人受到感化，使他们监禁期满后，不再违反苏维埃的法令，或者再行反对苏维埃政权。

完

选自中国政法大学转抄的复印件《中国监狱学会资料》051 号，第 150～153 页。原注：“湘赣省苏维埃执行委员会　四月再版”。

17. 瑞金、兴国、博生、长汀四县设立劳动感化院工厂的决议

1932 年 6 月[①]

1. 劳动感化院企业组织系统问题

（A）四处的劳动感化院的工厂，设劳动感化院企业管理委员会管理之。

（B）企业管理委员会由所在地之国民经济部部长、裁判部部长、劳动感院工厂厂长、营业部经理、劳动感化院院长五人组成之。

（C）企业管理委员会设正副主任各一人，正主任由国民经济部部长任之，副主任由工厂厂长任之。

（D）企业管理委员会下暂设工厂、营业部两部。

（E）工厂设厂长、会计各一人，管理员若干。

（F）营业部设经理会计各一个，交际员若干。

（G）工厂厂长营业部经理人选，由所在地之国民经济部，裁判部会同选定，呈报中央国民经济部加委。

2. 经费问题：

（A）企业管委会、工厂、营业部，一切经费由管委会编造预算，呈报中央国民经济

① 原件未注明制定年月，推断为 1932 年 6 月裁判部长联席会议时商定。

部核准发给。

(B) 感化院之经济，仍由感化院编造预算，呈报裁判部核准由财政部发给。

3. 行政系统问题

(A) 企业管理委员会指导工厂营业部之生产与推销货品一切事宜，并直接在中央国民经济部领导下工作。

(B) 感化院关于管理犯人及对犯人的教育等工作仍在裁判部直接领导下执行之。

4. 各工厂中心生产问题

(一) 兴国

(A) 主要生产部门：(一) 织布 (二) 染布 (三) 缝衣

(B) 附属生产部门：(一) 粉笔 (二) 织袜 (三) 斗篷

(二) 汀州

(A) 主要生产部门：(1) 油墨 (2) 打洋铁 (3) 石印 (4) 装订

(B) 附属生产部门：(1) 香糊 (2) 墨汁 (3) 墨水 (4) 信封信纸

(三) 瑞金

(A) 主要生产部门：(1) 打铁 (2) 打绳子 (3) 织布

(B) 附属生产部门：(1) 篮子 (2) 拍货簿 (3) 碓米 (4) 缝衣 (5) 信封

5. 对于本会决议各条均限于七月一日以前办理完竣，并把办理经过情形及拟扩大生产计划书一份于七月一日以前，呈报中央国民经济部检查。

上项决议，由司法人民委员部及国民经济人民委员部批准执行。

选自中国政法大学转抄的复印件，原注："福建省档案馆505号"，第1～3页。

附［裁判会议报道］：裁判部长联席会议的经过

1932年6月23日《红色中华》

临时中央政府司法人民委员部为建立和加强各级裁判部的工作，于今年6月20日在瑞金召集了江西、福建两省县以上的裁判部长及瑞金中央直属县区以上的裁判部长联席会议，以检阅裁判部过去的工作，讨论将来裁判部的工作方针。

这次裁判部长联席会议，到会者共35人，计福建8人，江西14人，瑞金直属县13人。江西只有会昌未派人来，福建只有宁化县未派人来，瑞金只有两区未派人来。

开会日期共3天，本定于6月20日起，后因人未到齐，所以21日才开始，至23日下午结束。20日全体到会者去参观瑞金县裁判部的审判工作。

选自范佑先主编：《中华苏维埃共和国司法行政史料选集》，江西省司法厅1993年编印，第334页。原注："原载《红色中华》，1932年6月23日"。

18. 中华苏维埃共和国劳动感化院暂行章程

1932 年 8 月 10 日

司法人民委员部命令（司字第二号）

——关于实施劳动感化院暂行章程问题

劳动感化院暂行章程，为劳动感化院进行工作的暂行规则，每个劳动感化院必须按照该暂行章程去组织和进行劳动感化院的工作。劳动感化院的暂行章程在江西、福建两省及瑞金直属县从 1932 年 8 月 15 日起发生效力，其他未与中央苏区连成一片的苏区，自文到之日起发生效力。此令。

司法人民委员　张国焘

一九三二年八月十日

选自《闽西苏区法制史料汇编》，龙岩市中级人民法院、古田会议纪念馆合编，2008 年 10 月内部出版，第 78 页。简称“闽西史料版”。

中华苏维埃共和国劳动感化院暂行章程

1932 年 8 月 10 日

第一条　劳动感化院是裁判部下的一个附属机关，其目的是看守、教育及感化违犯苏维埃法令的一切犯人，使这些犯人在监禁期满之后，不再违犯苏维埃的法令。

第二条　县苏裁判部以上才有劳动感化院之设立，该项机关仅隶属于各该级的裁判部，没有上下级的系统组织。

第三条　劳动感化院设院长一人，副院长一人，科长若干人。由院长、副院长及各科科长组成管理委员会，以院长为该委员会的主任。管理委员会负劳动感化院的全责，随时要向裁判部做工作报告。

附注：副院长可兼科长。

第四条　劳动感化院设立总务、劳动管理、文化等科，每科设科长一人。

第五条　总务科是管理劳动感化院的一切财产、器具、经费，生产品的出卖、原料的购置及制造劳动感化院的预算决算等事宜。

附注：预算决算先经过管理委员会通过后，须经各该级裁判部批准。

第六条　劳动管理科是进行建设及管理各种工场，监督和指导犯人的工作等事宜。

第七条　文化科是组织和管理犯人的教育事宜，如识字班、政治课、俱乐部、列宁室，图书馆、墙报编辑、游艺晚会、音乐、弈棋、编辑剧本等事宜。

附注：各种文化工作，取材应以感化犯人为前提。

第八条　劳动感化院可以开设店铺，出卖劳动感化院的一切生产品，并可兼卖别项商品，以增加劳动感化院的收入。

第九条　劳动感化院应极力提高生产以达到经济充裕，不但不要政府津贴，而且要成为国家收入之一项。

第十条　每日的工作时间规定为八小时，上得自八时至十二时，下午一时至五时为工作时间，其余为教育和休息时间。

第十一条　须按照各犯人的专长而分配其工作，每个犯人每天在工作时间内必工作。

第十二条　裁判部或临时最高法庭送犯人到劳动感化院时，必须把判决书抄录一份，随犯人送去，使劳动感化院可以根据该项判决书去执行。劳动感化院必须把这些判决书编成号码秩序，好好的保存起来，以备司法机关的检查。

第十三条　犯人进劳动感化院时，必须填写登记表。每天早晨起来及夜晚睡觉时，必须各点名一次。犯人的每个房间门口，须挂一块犯人名牌。

第十四条　劳动感化院得另定工场管理细则及作息时间表，送各本级裁判部去批准施行。

第十五条　本章程由司法人员委员部以命令公布之。司法人民委员部有随时修改和废止之权。

第十六条　本章程自公布之日起发生效力。

选自《红色中华》，1932 年 9 月 20 日第 34 期。

互校版本：

1.《中国新民主主义革命时期根据地法制文献选编》，第三卷，中国社会科学出版社 1984 年出版，第 313～315 页。原注："选自一九三二年九月二十日《红色中华》第三十四期"。

2.《闽西苏区法制史料汇编》，龙岩市中级人民法院、古田会议纪念馆合编，2008 年 10 月内部出版，第 78～79 页。

19. 福建省苏维埃政府训令（裁字第二号）——关于处理犯人的问题（节录）

1932 年 8 月 27 日

各级裁判部自成立以来，上级曾发下许多通令、命令、通知等件，各级裁判部自应遵照执行，不得违犯。近查各县区裁判部审问犯人多用肉刑，如长汀县苏、张地、大埔、童坊、馆前等苏区，用拷打灌水等刑。这不但没有执行上级的命令，而且损坏了苏维埃法庭的威信。因为苏维埃的法庭不比国民党军阀的法庭，可以用这种种刑来审问犯人，苦打成供。我们苏维埃的法庭，是要废除一切肉刑，用口才上的技术工夫来审问犯人，并且要到各方面去搜查材料，证实犯人的犯罪行为，使犯人无法抵赖，然后按罪轻重，依法裁判，绝对不许行使肉刑，所以裁判部暂行组织条例和裁判部长联席会决议案，都有废除肉刑的规定。以后各级裁判部务必切实遵行，并且要把判决的犯人呈报上级批准后才可执行。又本部第一号训令所有一切犯人自送到裁判部之日起，最多不能超过半个月就要解决，如有超过半个月者，该犯的伙食费，上级决不开支。此项规定，各级裁判部没有切实做到，殊属不对，为此训令前来。嗣后仰各县区裁判部，务必遵照上级发下的命令、训令、通令、通知等去进行工作，切实执行，不得故违，一体遵照。此令。

选自《中国新民主主义革命时期根据地法制文献选编》，第三卷，中国社会科学出版社1981年出版，第343～344页（有删减）。

互校版本：《闽西苏区法制史料汇编》，龙岩市中级人民法院、古田会议纪念馆合编，2008年10月内部出版，第137页（未删减）。

20. 福建省苏维埃政府裁判部通知——裁判部感化院出售之产品

1932年9月3日

本部所附设的劳动感化院能够制造：印刷油墨，不坏香糊，毛笔墨汁，信纸信封，及刻印子等。各种出品，比市价要便宜得多，批发零售都可。倘若各机关各团体来买，寄函本部转交或直寄汀州福建省劳动感化院都可。现将各种出品的价目附表于后。

裁判部长　张华先

公历一九三二年九月三日

各种出品价目表

1. 印刷乌墨油　每瓶大洋四角。
2. 不坏香糊　每瓶大洋一角二分。
3. 毛笔墨汁　每瓶大洋一角二分。
4. 信纸　每百张大洋二角。
5. 三寸信封　每百个大洋一角六分。

四寸信封　每百个大洋一角八分。

五寸信封　每百个大洋二角。

6. 刻印子　价目另议。

选自《闽西苏区法制史料汇编》，龙岩市中级人民法院、古田会议纪念馆合编，2008年10月内部出版，第107页。

21. 福建省苏维埃政府命令裁字第三号——关于已决犯人编成苦工队的决定[①]

1932年9月8日

接人民委员会今年九月五日第二十二号命令，该命令曾说："各地政府裁判部判决监禁在两年以内的贫苦群众，只要不是主要的反革命犯，均须一律编成苦工队。即豪绅地主

① 此标题为编者所加。

等阶级异己分子，无特别反动事实，已判决监禁一年半以内者，亦可编为苦工队。政府对于苦工队，须派有力的负责人，以严密的组织和监视，立即率领至前方担任运输工作……”本政府为执行该项命令，特决定具体办法如下：

一、各县各区已判决两年以下的贫苦群众及已判决一年半以下的豪绅地主阶级异己分子，编为苦工队，指定负责人送来政府，以便转送前方。

二、未判决的犯人，在一星期的期限内，必须全部判决按照第一项的原则，陆续送来本政府转送前方。

各级政府接到本命令之后，立即督促裁判部按照本命令所指示的切实执行。此令

选自《中国新民主主义革命时期根据地法制文献选编》，第三卷，中国社会科学出版社1981年出版，第344～345页。原件未注明史料来源。

22. 福建省苏维埃政府训令
——关于犯人的材料及坚决废止肉刑的问题

1932年9月9日

过去各级政府及地方武装送给本政府裁判部的犯人，很多没有案卷和材料，只有一个名单，或者只是简单地写：“反动土豪”“反动富农”“侦探”“土匪”等等极简单的名词，致使裁判部审判犯人时发生许多困难，而且容易弄错误，以致对于苏维埃政府的信仰发生不好影响。以后各级政府，倘若送犯人来本政府，必须将该犯人的犯罪经过及与该案件有关系的材料一并送来。接本训令之外［后］，如各级政府再像从前那样把犯人送来而没有一点材料，本政府将不收受，当即日送还原处。希各级政府及地方武装注意！

中央执行委员会颁布第六号训令，严格地废止肉刑历时已愈半载，但是各级政府对该项训令之执行非常不够，而且公开违反该项训令的地方很多。到最近各级政府及地方武装审讯犯人时，尚用残酷的肉刑，把犯人打成残废，而且有打死犯人的事实。如此违反苏维埃法令的行为，不但有碍苏维埃的威信，并且是公开的破坏苏维埃的法令，给敌人以很好的宣传材料，不啻间接地帮助了反革命！本政府为坚决地彻底地执行苏维埃的法令，提高苏维埃在群众中的威信，各级政府应绝对地执行苏维埃的法令，废止一切肉刑，使中央执行委员会第六号训令百分之百地去实现！以后各级政府及地方武装如再有用肉刑的事情，当以违反苏维埃法令治罪。

此令

主　席　张鼎丞
副主席　阙继明
张思垣
裁判部长　张华先
公历一九三二年九月九日

选自《闽西苏区法制史料汇编》，龙岩市中级人民法院、古田会议纪念馆合编，2008

年10月内部出版，第156～157页。

23. 福建省苏维埃政府命令裁字第四号——关于组织裁判委员会事

1932年9月12日

裁判部的暂行组织和裁判条例第七条及其附该县裁判部组织裁判委员会之规定，站在加强裁判部的工作集体的来领导裁判部，以健全裁判部的工作的立场上，县裁判部必须组织裁判委员会，其委员可依照同上第七条之规定而组成。县裁判委员会在最近两星期内应当组织成功。

各县裁判部判决死刑送来省苏裁判部批准的案件，大多数不是把案卷的原有材料和证据全部送来，而是把审判记录和判决书抄写一份送来，这种办法是与法律手续不合的。上级接到这种审判记录和判决书的抄写本，很难判定该项判决书是否正确，容易弄成错误。以后各县裁判部送到本部来批准的案件，必须将原有的材料和证据全部送来，否则不批准。

此令

主　席　张鼎丞
副主席　阙继明
张思垣
裁判部长　张华先
公历一九三二年九月十二日

选自《闽西苏区法制史料汇编》，龙岩市中级人民法院、古田会议纪念馆合编，2008年10月内部出版，第157～158页。

24. 中华苏维埃共和国临时中央政府司法人民委员部训令——关于会昌、寻邬两县裁判部归中央直接指导问题

1932年9月

前经江西省苏裁判部的提议，将会昌、寻邬两县裁判部划归中央直接指导。因该两县离江西省苏的道途太远，在指导上不无许多困难，并且遇到判决死刑的案件，送到省苏裁判去批准，往返必须费十余天的时间，对于宣布死刑的犯人，难免不发生意外的事情，不如离中央较近，易于指导，批准案件的时间，也可以减短。因此本部准江西省裁判部之请，将会昌、寻邬两县裁判部划归中央直接指导。以后会昌、寻邬两县裁判部在审判上，

直接受临时最高法庭的节制，判决死刑的案件，送临时最高法庭批准；司法行政上则受本部直接的指导。

此令

江西省苏裁判部

会昌县裁判部

寻邬县裁判部

司法人民委员　张国焘

公历一九三二年九月

选自《红色中华》，1932 年 9 月 27 日，第九版。

25. 中央司法人民委员部一年来的工作

1932 年 10 月 24 日

在做这篇报告之前，必须声明几点：（一）没有充分的时间来整理材料，以充足（实）内容。（二）在今年的六月以前，各级司法机关未健全，报告制度未建立，所搜集的材料仅仅从七月起。但是各地十月的工作报告又未来，九月的报告也只接到一部分。（三）司法人民委员部的工作人员非常少，许多应进行的事项无法进行。有了这些原因，所以这个工作报告，仅能包括部分的材料。现在分做以下几点来叙述：

（一）司法机关的建立

司法人民委员部根据中央执行委员会 1931 年 12 月 13 日所颁布的第六号训令规定，在今年一月通令各级政府成立临时司法机关——裁判部。但是因为缺乏干部，懂得裁判工作的人很少，所以从今年的三月间才实际上开始建立裁判部的工作，在六月间县一级裁判部才完全成立，区一级至今还有许多地方未建立起来。但是裁判部实际上进行工作，还在今年六月间闽、赣两省及瑞金直属县裁判部长联席会议之后，自此，裁判部的工作才上了轨道。因此可说，裁判部实际上做工作是在今年六月开始。

裁判部包含着两种性质：一方面管理司法行政的工作，另一方面管理审判的工作。所以裁判部除日常行政工作外，还设有刑事和民事法庭，以审判刑、民案件。法庭由三人组成，以裁判部长或裁判员为主审，其余二个陪审是由群众团体选举出来。所以苏维埃法庭. 就是群众的法庭，在工农群众监督之下进行工作。除刑事、民事法庭之外，还没［设］有巡回法庭。这种法庭是流动的，是到出事地点或群众聚集的地方审判案件，使广大的群众来参加旁听审判，借某种案件以教育群众，在群众面前揭破反革命的各种阴谋，这是在司法工作上教育群众的一种方式。

自建立裁判部以来，在司法程序和工作上已有相当成绩，在一般群众的脑筋里已有司法机关的印象，许多群众知道跑到裁判部来控诉。在无数次的审判中，都引起了一般群众的注意，苏维埃法庭在群众中已提高了自己的信仰，司法机关已具雏形。

（二）以适应革命战争为司法机关的工作中心任务

在猛烈发展革命战争的时候，一切工作都应以发展革命战争为中心任务，一切都应服从于战争，司法机关也应当如此，各级司法机关就是在这个任务下进行工作（的）。在今年六月间，司法人民委员部所召集的闽、赣两省及瑞金直属县裁判部［长］联席会议，关于裁判部目前的中心任务的决议案上就指出：“裁判部是苏维埃政府的临时司法机关，它目前的中心任务是：保障苏维埃政权及其各种法令的实施，镇压反革命及反苏维埃法令的反革命行动，换句话说，就是负着肃清国内反动势力，巩固苏维埃政权的任务……”它下面又说：“以后裁判部判决反革命案件，应当以保护工农权利，巩固苏维埃政权，适应革命环境，来保障革命胜利为前提”；就是在各种命令和指示上，也同样以发展革命战争的任务来指示各级司法机关。在司法人民委员部的指示之下，各级裁判部所判决的犯人，判决监禁在二年以下及处罚强迫劳动（苦工）的，都编成苦工队，陆续送往前方去担任运输工作，前后所送去的人数，虽然各地送来的报告没有完全，但是据约量的估计已达九百余人。在每次苦工队出发时，各级裁判部总向他们做相当的宣传鼓动工作，极力节省司法机关的经费以充裕战费。如解决案件，从前常有延长几个月不审判而养着犯人吃饭，浪费公款的事情；现在规定每个案件自进到裁判部的日子起，最多不能超过半个月必须判决。这一规定，虽然不能全部的实现，但是也有相当的实现。江西、福建两省及瑞金直属县裁判部所附设的劳动感化院，经过一时期的筹划，几百个犯人实行强迫劳动，在经济上不但能够自给，而且有多余，将成为国家收入之一项。闽、赣两省及瑞金直属县裁判部（长）联席会议的决议，规定各级裁判部处理案件，在目前最主要的是对付反革命，在他们的日常工作上，也以处理反革命案件为主要任务，一般民、刑诉讼事宜为次要。并且对于有教育群众意义的案件，常组织巡回法庭到群众所聚集的地方去审判。对于这个工作，在肃反工作上收到不少的效果。以上这些工作，都是以革命战争为司法机关的中心任务之具体事实。

（三）坚决地执行正确的肃反路线

中央政府未成立前的肃反工作，不分阶级成分，不分首要与附和，处置不分轻重，在审讯的方法上则偏重肉刑，专信犯人的口供，没有侦查的工作，不注意证据和材料。因此在肃反工作上有发生苦打成招的事情。这些错误，在中央执行委员会的第六号训令上已明白地指出来了。各级司法机关，在一年来的工作过程中，坚决的执行中央执行委员会第六号训令的指示。处置案件，注重阶级成分、首要与附和，绝对废止肉刑，不专信犯人的口供，注意预审机关所搜集的证拟（据）和材料。同时对下级政府和地方武装有违反中央执行委员会第六号训令的行为，（应）作坚决的斗争，给那些破坏正确肃反路线的分子以打击。一年来对于执行正确的肃反路线的工作已有相当成绩，一般群众已了解现在政府的肃反路线，群众积极地帮助政府。

（四）司法人民委员部与各级裁判部的关系

前面已经讲过，裁判部包含着两种性质，就是管理司法行政和审判，所以裁判部仍为司法人民委员部的隶属机关，凡是司法行政都受司法人民委员部的指示，审判上则受临时最高法庭的制裁。所以司法人民委员部对于各级裁判部的关系，多注重于司法行政上的工作。

司法机关过去在苏区是没有的，是中央政府成（立）后的创举。在司法上，每种工作都是新的创造和新的建设，所以特别困难。开始成立司法机关时，就必须注意司法程序的建立，首先请求中央执行委员会颁发了裁判部的暂行组织和裁判条例，依据该项条例来建立各级裁判部的工作，来组织法庭，按照所规定的程序来审判案件。由司法人民委员部颁发了各种表式，如：案卷、审判记录、判决书、传票、拘票、搜查票、预审记录、工作报告表、搜查记录、苦工队登记表等十种，以备各级裁判部的应用，并且使各级裁判部的公文形式可以统一。现在各级裁判部都一致改用上列的公文形式，各级裁判部的公文案卷已有相当的次序。颁发了劳动感化院的暂行章程，以备各级裁判部组织劳动感化院之用。现在，江西、福建、瑞金都建立了劳动感化院。

今年六月间，司法人民委员部召集的闽、赣、瑞金的裁判部长联席会议上，除决议裁判部目前任务外，又检阅了各级裁判部的工作，给各级裁判部以正确的指示。此外并讨论了看守所和劳动感化院的工作。在这次会议之后，裁判部的工作有了新的开展，工作走上了轨道。

对于各省和瑞金直属县裁判部的工作，除用命令的指导外，还个别的用书信去指导他们。在检阅每个月工作报告之后，对于工作上的错误和缺点，分别的详细的指示他们，不但对江西、福建和瑞金如此，并且对湘赣省也有详细的指示。

除书面的指示之外，还派专人下去，实行活的指导，如福建、瑞金、石城、会昌等地方都派了专人去指导工作。因为用了活的指导工作方式，在裁判工作中有很大的帮助。可惜司法人民委员部的工作人员太少，不能常派专人下去。各省和各县的裁判部也常派人到各县和各区去指导工作。

因为司法机关的干部特别缺乏，为要造就干部，采用了实习工作的方式，由县裁判部的工作人员调到省裁判部来学习工作，由省裁判部调到中央司法人民委员部来学习工作，学习一时期后，仍回本地工作。但是这个工作，成绩还是很少，以后还应当继续去进行。

（五）各级裁判部所解决的案件

在六月以前，因为工作报告制度没有建立起来，六月前的材料就无法搜集。十月报告又未收到，所以我们只有七、八、九三个月的统计。这个统计，自然也是不很完备的，因为我们裁判部的工作人员还没有精确的统计头脑。

全苏区各级裁判部七、八、九三个月所判决的犯人列举如下：

一、枪决的：×××人；

二、苦工的：399 人；

三、监禁的：349 人；

四、罚款的：141 人。

以上这个统计，罚款一项中，纯粹的土豪罚款，未经过裁判部的未计算在内，各县未报告来的也未列入；所判的这些犯人，政治犯约占总数的 70%，普通的刑事犯占 30%。

（六）劳动感化院的现状

劳动感化院专为判决长期监禁的犯人而设立，里面有工场，使犯人做工作并享有教育娱乐的地方，使犯人在一定的工作时间外可以受教育和娱乐；并备有各种报纸和书籍，以供犯人阅览，有列宁室、图书馆等设备。设立劳动感化院的目的，是要使犯人在监禁期满后，不再违犯苏维埃的法令。

劳动感化院现在已经成立的有福建、江西、瑞金三处，都设有工场。如福建的劳动感化院能制造红、绿、蓝、黑等油墨、不坏香糊、毛笔、墨汁、信纸、信封，并装订书籍，刻字等等。瑞金的劳动感化院能制造各种洋袜、毛袜、藤篮子、信纸、信封、草鞋、带子等等。江西的劳动感化院能制造斗笠、草鞋、粉笔、信纸、信封、缝衣等等。以上各种生产，都为苏区所需的东西，如油墨一项，从前完全仰给于白区，现在劳动感化院的出品，已可供给全苏区之用，不必要外来的油墨，中央印刷局及各机关都用劳动感化院所制造的。劳动感化院的出品，质量比白区来的并不见坏，而价钱要比市场上便宜得多。劳动感化院的出品，实为苏区商品市场上一大供给者。

从前犯人的伙食，完全要政府供给，现在除劳动感化院本身的一切用费之外，还有多余，将成为国家的一项收入。现在还正在努力扩大生产，添设生产部门，预［准］备建立织毛巾和织布的工场，将来的收入必定日有增加。

劳动感化院目前对于教育工作还很缺乏，因为工作人员少，不能按时替犯人上政治课，大都由犯人自己看书报，这是劳动感化工作上的一个大缺点，以后当极力设法去补救。

（七）司法工作上的缺点及以后应进行的事项

各级司法机关，虽然有了相当的设备，工作上有了相当的成绩，但是缺点还不少：

（1）上下级的关系还没有很密切，上级的命令和指示，下级不能按时地正确地去完全执行，还有部分的裁判（部）不按照（规定）向上级做工作报告。裁判部大都缺乏经常的工作，上级对于下级缺乏活的指示，中央执行委员会第六号训令，有时还不能完全执行，审判的程序，还未能按照裁判部暂行组织和裁判条例的规定去进行。以后应当建立上下级更密切的关系，严格地督促各级裁判部执行上级的命令和指示，建立经常的工作。上级对下级多用活的指示，全部地去执行裁判部的暂行组织条例和裁判条例，正确地去执行中央执行委员会第六号训令。

（2）干部缺乏，裁判部一部分工作人员缺乏工作经验，缺乏法律常识，因此在工作上常发生许多困难。造就司法工作人员，实在是一件迫切应做的事情，司法人民委员部以后应当尽量地造就司法工作人员，以充足［实］各级裁判部的干部。

（3）不但一般工农群众对于苏维埃政府所颁布的各种条例和法令还不很明了，就是苏维埃政府的下级干部也有不明了的，因此不知不觉中有违反苏维埃法令的事情。以后对于苏维埃的法令，应向工农群众作普遍的宣传解释工作，使一般群众提高法律常识，以减少犯罪行为，为彻底实现苏维埃的一切法令而斗争！

1932 年 10 月 24 日于石城

选自《红色中华》，1932 年 11 月 7 日。

26. 闽浙赣省检阅各县裁判部工作决议

1933 年 3 月 11 日第二次各县裁判部长联会决议之一

本联席会检阅各县裁判部及葛源区裁判部工作后，认为各县裁判部在第一次联席会后至现在，虽有些工作成绩，但是不够得很，并表现着许多错误与缺点。现对各县裁判部指出以下的错误与缺点。

一、有些县裁判部组织没有充实起来，检查员、书记都没有（余江，万年、乐平）。区一级裁判部，有许多区还未成立。县裁判部也没有很好的指示和督促他们的工作。

二、法律的手续不完备。传人不用传票（横峰），逮捕人不用拘票，没有搜查票就去搜查人家的房屋，搜查时也没有搜查记录（横峰），是法律手续所不容许的错误。

三、法庭的组织不合，没有陪审员；或只一个陪审员。就是有陪审员，也不是从群众团体中推举出来的，而是苏维埃政府机关负责人员（弋阳、上饶两县）。

四、审判案件非常延缓，甚至有犯人坐了几个月的所，都还未审判，这是解决案件所不容许的现象（余江、万年）。

五、审判案件，不把一个案件结束，而又审判其他的案，以至东拉西扯。结果案件虽问了几件，而一件案都没有判决。这是顶不好的工作方式。

六，在判决方面，还表现着没有明确的阶级政治路线的错误。弋阳的县裁判部，对加入反革命组织的地主，只处以禁闭 2 年；担任 AB 团下层组长的贫农，却又处以死刑。这是没有坚强的阶级观点，而离开了阶级立场，是不容许的错误。

七、有少数的判决书，不把犯人的年龄、成分、履历、罪状列写清楚，致使上级审判部审查该判决是否正确，感到极大困难。同时在判决书的后面，又不写明上诉期间，犯人对判决不服，得定期向上级裁判部控诉权利，无形中被剥夺了。

八、案卷的保管工作，没有很好地建立起来，没有把同一案件的传票或拘票、预审记录或政治保卫局的控诉书以及判决书……等包在一个案卷内，编成号码，保存起来。

九、大多数的县份没有建立劳动感化院。这说明了这些县裁判部对对劳动感化院的意义没有完全了解。上饶、弋阳两县建立起劳动感化院，文化科的工作也没有建立，等于看守所一样。犯人劳动方面所得的收入，还不够犯人的伙食。有的犯人替各机关做工或替工作人员做工，也不要工钱，减少院内收入，也都是不对的。

十、看守所关的犯人没有很好和很快解决（释放、监禁或罚款等）同时也没有把向白区提来的豪绅地主罚款当为中心工作。

（原复印件缺第 492 页）

五、判决案件，以站在阶级立场上来判决犯人，与站在肃反立场上来判决犯人为原则。对豪绅地主富农加入反革命组织，要严厉处置（死刑，长期监禁等）。绝对不能容许非阶级观点，与离开阶级立场与肃反立场的严重错误。

六、判决书上，必须将犯人的性别、年龄、成分、家庭背景、逮捕日、罪状等详细述明，不许有半点含糊，或者不写判决书。在判决书的后面，一定要写明上诉期间，不许无形中剥夺了犯人的上诉权。是判决监禁的，要写明从逮捕之日起算。

七、把一个案件的传单或拘票、预审记录或政治保卫局的控诉书，搜查票、搜查记录，审判记录，判决书以及其他证据，放在一个案卷里面包好，编成号码，不准遗失，以备存案。

八、各县劳动感化院，必须很快就要切实建立起来，设正副院长各 1 人，总务科长 1 人，劳动管理科长 1 人，文化科长 1 人（副院长可兼科长），由院长、科长组织管理委员会。各科要有计划的进行工作。劳动管理科至少要使犯人工作收入，能够供应犯人伙食。

省裁判部关于劳动感化院工作决议，要切实执行。

九、每县要设立看守所几所。豪绅地主与白区捉来的犯人共所关押；在审判中的犯人共所关押；但在审判中的同案犯人，要分开关押，免得他们商量口供，增加审问上的困难。从白区捉来的贫苦工农群众，应加以训练释放。对自动当保甲长的，应严格的处理。在这战争紧急当中，应罚款的犯人，要积极地向犯人罚款，来充裕国库收入，所以我们的罚款工作，也是非常的重要而中心工作。

十、政治保卫局没有控诉书移到裁判部的犯人，不应该接受；同时应向政治保卫局建议，不同案件的不要做一件案提起控诉。但以前在白区捉来的犯人，没有控诉书，可以从政治保卫局看守所移到裁判部看守所来；但须把名册并载明犯人的历略，交给裁判部。凡政治保卫局提起控诉的案件，要详细审问。根据控诉材料与审判结果，适当的判决。每一案件的判决，一定要有判决书，并要将判决书送上级裁判部审查批准，然后执行。

十一、裁判部上下级的密切关系，必须建立起来。下级裁判部每月须向上级做工作报告；上级裁判部也须时常检阅与指示下级裁判部的工作。各县裁判部 1 月份工作报告表，要在 2 月 10 日以前填报至省裁判部。

十二、对处死刑的犯人，必须出布告；比较重大的案件，要将布告散发到各区乡张贴。

选自中国政法大学转抄的复印件《中国监狱学会资料》039 号，第 42～45 页。原注：“据浙江省档案馆馆藏闽北分区裁判部翻印之油印件刊印”。

27. 闽浙赣省关于举行公审与组织巡回法庭决议

1933 年 3 月 11 日第二次各县裁判部长联会决议之二

公审与巡回法庭，是要使犯人在群众面前，将反革命的罪恶公开地向群众宣传与承认，以宣传与暴露反革命的罪恶，使群众深刻地了解，来加强群众的肃反教育，充实群众的肃反经验，发动广大工农群众积极参加肃反与帮助裁判部的工作。

一、公审：

（一）有全县范围的反革命案件，必须在该县公审，使犯人将他的加入反革命组织的事实，以及反革命的阴谋活动、欺骗宣传等，一件件的在广大群众面前说出来，使群众了解与仇恨反革命派的罪恶。同时借以打破一切对肃反工作的怀疑，粉碎反革命对肃反工作的造谣，使每个群众知道肃反工作的完全正确。

（二）有全县范围的反革命案件，在未公审前，应从全县的每乡或每村群众中选出代表 1 人或 2 人来参加公审。

（三）在公审后，必须将反革命罪恶向代表做政治鼓动的结论，使旁听的群众代表彻底明瞭反革命的罪恶，加深对反革命的仇恨，并启发群众代表自由演说，委托代表将公审的情形传达到当地群众中去。

（四）向代表报告后，即当代表的面前向犯人宣布判决与执行判决，系死刑的要准备布告多份，由代表带回当地张贴。

二、巡回法庭：

（一）没有全县范围，一般次要的反革命案件，应到（该地）案件的出事地点组织巡回法庭，吸收当地广大群众参加旁听，使犯人在群众面前公开承认他的反革命事实，暴露他的真面目。

（二）组织巡回法庭，除召集该地全乡或全村全体群众外，并应从同区的每乡或每村群众中推选代表 2 人或 3 人来参加旁听。

（三）审判后，也必须向该地群众做政治鼓动的结论，使群众深刻的了解反革命的罪恶，积极的帮助肃反工作。

（四）向群众做了结论以后，即当群众的面前向犯人宣布判决与执行判决，系死刑的要准备布告多份，在本乡村和附近乡村张贴。

三、公审与组织巡回法庭应注意的事件：

（一）某种需要举行公审或组织巡回法庭的案件，必须先审问清楚与确定判决并报告上级裁判部批准，然后方可举行公审或巡回法庭。以便在审判后宣布与执行判决。

（二）举行公审与组织巡回法庭，事先应有很好的准备。（1）是死刑的要使犯人不会当众反口供；是监禁的可先告诉犯人已确定判决他的监禁与监禁期间，使他们不致怕死而（不）向群众忠实地承认。（2）公审前，（应）预定公审日期和公审地点通知各乡苏政府，请其转告全乡群众选派代表按时去参加旁听，组织巡回法庭，也预先期通知巡回所在地的区乡苏政府，说明某日某时在某地点组织巡回法庭，审判某一案件，使当地区乡苏政府准备转告群众选派代表参加旁听等工作。

（三）戒备。在举行公审或组织巡回法庭时，必须有很好的武装戒备（赤卫军或警卫排），以免发生扰乱。

（四）审问技术。在审问时要有很好的技术。先要很简单的问他的姓名、年龄、成分、籍贯；次问他何时加入反革命，何人介绍；再次问他担任反革命派的什么工作，做过什么破坏革命的工作，以及反革命的整个阴谋活动；最后就宣布判决。是判决死刑的，须发动当场群众一致要求执行。

（五）审判完毕后，应把审判的时间、地点、某案件、审判的情形，……等很详细地报告上级裁判部，把判决书也抄一份送给上级裁判部，以便转工农报社登载，以广宣传。

选自中国政法大学转抄的复印件《中国监狱学会资料》039 号，第 46～48 页。原注：“据浙江省档案馆馆藏闽北分区裁判部翻印之油印件刊印”。

28. 闽浙赣省关于劳动感化院工作决议

1933 年 3 月 11 日第二次各县裁判部长联会决议之三

一、劳动感化院的设立，有下列的重要意义：

（一）犯人在院受政治的感化教育，促进他悔悟过去的反革命罪过，以至彻底了解与仇恨反革命的欺骗，坚决回到苏维埃政权之下，出院后成为苏维埃良好的公民。

（二）犯人在院从事劳动生产，以生产所得改善他们自己的生活，减少国家开支，并增加国库收入。

（三）犯人在院劳动，从劳动中锻炼体格，保障健康，同时在院学习生产上的技能。

各县裁判部在第一次联会后，到现在一个多月，只上饶、弋阳建立了劳动感化院，贵溪、德兴尚在建立中，其他各县尚未着手建立。这是不了解劳动感化院的重要意义，特别是不了解劳动感化院对教育犯人，使犯人出院不再反动的肃反意义。□□□……（此一行字迹模糊——原编者）这里严重指出如对劳动感化院工作的忽视，就是对肃反工作的怠工。

二、劳动感化院的具体工作：

（一）文化科的工作，必须用很大力量建立起来。这一工作，是劳动感化院最重要而中心的工作。必须在犯人工作时间以外，组织下列各项工作：

（1）每星期召集犯人开会，讨论政治问题。根据当前的政治中心问题和反革命各种政治上欺骗，编为政治讨论大纲，作为政治讨论材料。裁判部或其负责同志，要在每一星期，劳动感化院和犯人讨论一次。（政治讨论大纲，除省裁判部发来的以外，各县裁判部也可拟出政治讨论大纲，交县苏主席团审查后，交犯人去讨论。）

（2）院内要购订各种报纸——红旗报、工农报、列宁青年报、工人报、红军报等报张，每接到报纸，应召集犯人读报，并详细解释内容。

（3）省裁判部编纂的感化读本印发后，每个犯人应购买一部，文化科长或指定识字的犯人，每晚教读。一方面加强犯人的感化教育，另方面提高犯人文化程度。

（4）在感化读本出版以前，每晚要教犯人读工农读本，每日至少要识5个字。教识字的，以犯人中识字者担任之。

（5）省裁判部印发的感化戏剧，各劳动感化院必须购买几本，教犯人自己排演，提高犯人在院兴趣，同时可收感化的效用。

（6）院内俱乐部要建立起来，除在俱乐部演戏、读报、开会以外，俱乐部内应有音乐（胡琴、箫、唱歌），下棋设备，供犯人娱乐，使犯人感觉苏维埃对他们宽大，更了解苏维埃是工农劳苦群众的政权。

（7）院内壁报，应每星期出版一次，登载院内日常生活实际情形。发动犯人积极投稿。犯人批评犯人的错误——如犯院规、生产怠工，不注意卫生等错误，更有力的保障院规。发动犯人积极生产，注意卫生，纠正犯人坏的倾向与行动。

（8）在可能的范围内，请求当地共产党部苏维埃政府负責同志，向犯人演讲，取得感化犯人的更大作用。

（二）劳动管理科，必须计划与督促犯人从事各种生产，增加院内收入。各县裁判都应针对当地实际情形，适合犯人工作的技能，规定各种生产计划，分配犯人去生产。关于犯人生产工作，主要的分下列几种：

（1）开垦荒田。应将犯人中的农民，在苏区中心有荒田地方，建立劳动感化院（或分院），督促犯人开垦荒田。将没收反动的耕牛、耕具，经过财政部拨为劳动感化院使用，不足时可补制。如果荒田少，犯人多，除分配一部分犯人垦荒以外，抽一部分犯人帮助邻近群众打零工，总要使每个犯人每天能生产。关于开垦荒田的工作，应与土地部共同计划之。

（2）打零工。如果没有合适的荒田可开垦，就要设法招雇犯人打零工（铲山、春耕，及其他农事临［零］工），工资要和农村雇零工的工资减低点。在劳动感化院应在院的周围几里至十里路内出招卖零工的广告，写明工资。请雇零工的早日通知劳动感化院，以便如期派犯人去做零工。打零工除在雇主家得到犯人伙食外，工资就是院内纯净收入，这是最好办法。

（3）无论垦荒与打零工，要是在落雨的天气，应准备一些院内可做的工作（打草鞋、劈柴卖及其他），不致犯人在雨天坐吃伙食。

（4）有可以烧石灰（的）地方，可利用过去的石灰窑，叫犯人一部分去烧石灰。没有烧石灰的技师（如石匠），可雇请之。石灰是农村肥田的需要品，销路更好。

（5）其他有专门技术的犯人（如木匠等），可分配他所能做的工作；能阉猪的可监督他到各地去阉猪，以供各地要求与增加院内收入。

（6）缝工、篾工的犯人，不论监禁期间的长短，应一律集中到省裁判部劳动感化院来。

（7）犯人无论替机关做工或替任何人做工，一律要工钱，增加院内收入。

（8）为要提高犯人的生产量，应发动犯人自动组织生产冲锋队，举行生产竞赛。同时，犯人出去做工，要加紧他言论行动的监视。

（三）总务科工作

（1）计划院内的一切购置，如需要的工作器具等。工人的器具要向犯人自己的器具借来用，可供给他的器具修理费。

（2）要编造全月的预算、决算，送裁判部核查。

（3）计划出售院内一切生产品。

（四）犯人的生活，要加注意。伙食应规定 5 分洋钱一天，每人每月米 2 斗 8 升。工作时间与教育时间，应照劳动感化院规定去执行，农事工作例外，不能呆板的执行 8 小时工作。犯人的卫生或清洁应得到特别注意。每星期要举行卫生的检查，清除虱子，发动犯人反不卫生斗争，以健强犯人的身体。如犯人中患传染病的应单处居住，犯人有疾病，由院内请医医治；要是重的病，或者医药费太多，可通知犯人家属出钱医治。

（五）犯人的管理，要坚决执行劳动感化院规则，抓住犯院规的犯人，给以无情的处置，建立院规的威信。每半月内犯人应剃头一次。脑顶上长毛，使之显而易辨。如院内有剃头犯人，可叫他执行剃头工作，剃头时要看守员监督。没有剃头时，应收其剃头器具，缴交院长。看守的工作要加紧，使他们得到看守犯人许多办法与经验。

（六）裁判部每星期要派人去检查院内一切工作，并参加院内管理委员会议，帮助全院一切工作的进行。院长应于一星期或半个月向裁判部作工作报告.

选自中国政法大学转抄的复印件《中国监狱学会资料》035 号，第 49～52 页。原注：“据浙江省档案馆馆藏闽北分区裁判部翻印之油印件刊印”。

29. 附［裁判会议报道］：闽赣两省裁判部会议总结

1933年3月

中央司法人民委员部为要健全各级裁判部的工作，使各级裁判部迅速的解决案件，加紧审判，特别是要各级裁判部认识敌人用三分军事七分政治的大举进攻，当中反革命在苏区内活动的严重性及肃反工作的重要，以加紧肃反的工作，特于三月八日召集了闽赣两省、瑞金直属县及附近各县的裁判部长联席会议，到会者共十四人。八日上午开会，九日下午四时散会，共开了两天会议。讨论的问题如下：

（一）检阅过去闽赣及各县裁判部半年来的工作；

（二）讨论：（甲）裁判部以后的任务和工作；（乙）起草苏维埃刑法问题；（丙）看守所及劳动感化院的工作问题。（丁）解释裁判部工作的各种条例和表册的应用；（戊）提拔干部问题。在两天的会议中，到会的同志，都热烈的发表意见，对于裁判部的工作供献了许多意见，集合了各地的工作经验，对于以后裁判部的工作必有一个大的进步。

选自范佑先主编：《中华苏维埃共和国司法行政史料选集》，江西省司法厅1993年编印，第333页。原注："原载《红色中华》第60期1版1933年3月12日"。

30. 中华苏维埃共和国临时中央政府司法人民委员部命令第九号——为组织劳动法庭问题

1933年4月12日

过去，各级裁判部对于工人利益的保障是忽视了，对于资本家违犯劳动法令及集体合同、劳动合同等的案件，简直置之不问，由工人及工会自己去解决，这是完全不注意工人的利益，使工人不能真正享受劳动法上所规定的一切利益。为要纠正过去忽视工人利益的错误，要很迅速地解决资本家违犯劳动法及已颁布或未颁布的各种关于劳动问题的法令与集体合同和劳动合同等案件，使工人得到劳动法令的实际利益，特决定组织劳动法庭，其办法如下：

一、各城市在裁判科之下，必须指定专人组织劳动法庭，以专门解决关于劳动问题的案件。倘若有的城市没有设立裁判科，裁判科的工作由县苏裁判部兼办的，也由县苏裁判部指定专人担负劳动法庭的工作。县以上的裁判部则不组织劳动法庭。劳动法庭的组织与别种法庭相同。

二、各区苏的裁判部，也须组织劳动法庭，以处理劳动问题的案件，但不用专人负责，由区苏裁判部原有工作人员兼任，但必须分出一部时间来做劳动法庭的工作。

三、组织劳动法庭的市苏裁判科或县苏裁判部的工作人员，除本部第八号命令所规定的人员外，得增加一人至二人。

四、劳动法庭是专门解决资本家、工头、老板破坏劳动法及集体合同和劳动合同等案件。对于这种案件，裁判机关自接收之日起，在七十二小时（三天）内必须开庭审判。

五、在法庭判决后，双方有不服时，可以提起上诉。如资本家方面不服而提起上诉，虽然上级裁判部还未复审，在上诉期间原判仍须执行。如工人不服而上诉时，须经过上级裁判部复审之后，才能执行。

六、担任劳动法庭工作的裁判员，应由职工会选举出来，经过各该级裁判部加以委任，并须填写裁判部工作人员的履历表，报告各该上级裁判部去备案。

七、各城市劳动法庭的裁判员，必须在四月二十五日以前，要督促职工会将裁判员选举出来。各区的劳动法庭，在这个期间内也应有充分的准备。各地的劳动法庭，要在“五一”节前开庭审判。

八、福建、江西两省苏及瑞金直属县苏裁判部在“五一”节前，必须将各地劳动法庭成立的情形报告本部。

以上各项，各级裁判部必须切实执行，不得迟误。此令！

司法人民委员　张国焘

公历一九三三年四月十二日

选自《红色中华》，1933 年 4 月 20 日第 71 期，第五版。

互校版本：

1.《中华苏维埃共和国法律文件选编》，江西人民出版社 1984 年出版，第 406～407 页。原注：“见《红色中华》第七十一期第五版，1933 年 4 月 20 日”。

2.《中国新民主主义革命时期根据地法制文献选编》，第三卷，中国社会科学出版社 1981 年出版，第 316～317 页。原注：“一九三三年四月二十日《红色中华》第七十一期”。

31. 中华苏维埃共和国中央执行委员会关于肃反委员会决议

1933 年 4 月 15 日

近来，考查许多正式政权已经建立了一年以上的乡区，甚至在很老的区，既有裁判部与国家政治保卫局，同时又有肃反委员会。这样机关重复，事权分割，殊属违犯组织原则，影响工作进行，加以肃反委员会过去没有明文规定属何机关指挥，以致许多地方肃反各自行政，无所统属，发展［生］许多严重现象。中央执行委员会为建立肃反机关，使在国内战争环境内能够有力的执行肃反任务，特为决议如下：

一、凡属新发展苏区与当地临时政权，县区（常）务委员会之下组织肃反委员会，为临时肃反机关，它的任务是镇压和裁判当地豪绅、地主、富农、资本家及一切反动派的反革命活动与企图，肃清当地反革命势力，以巩固临时政权。它的职权是兼有司法机关和政治保卫局的责任。

二、县区肃反委员会在组织上隶属于当地革命委员会，而受它的指导与监督，在肃反工作上，应受上级国家政治保卫局的指导。但如该地临时政权还未与省、县政治保卫局取得联系时，其肃反工作（应）受附近红军部队军级以上的保卫局之指导，该地尚无红军或红军已离开该地时，则完全受县、区革命委员会之指挥。

三、县肃反委员会在县革命委员会领导之下，有直接逮捕、审讯、判决反革命及一般罪犯并对于这些罪犯执行其判决（从处决到释放）之权。区、市肃委须经县肃委之批准，才能执行处决，但对于当地豪绅、地主、富农、资本家之罪恶彰著，经工农群众要求处决者，以及在紧急环境不容许远程呈报者，区、市肃委可以先执行处决，后报告县肃委备案。

四、凡属已经建立正式政权（苏维埃）的县、区，不论腹地、边地，必须成立裁判部和国家政治保卫局（区为特派员），执行肃反工作，并处理一般民刑案件，肃反委员会即取消。

根据以上决议，现有各老苏区中的县、区肃反委员会应即取消，将其工作分配归并于裁判部和保卫局。现有各新区域的肃反委员会，亦均须照此决议执行其职权上、组织上、工作上的应有的改变。

主　席　毛泽东
副主席　项　英
张国焘

选自《中国新民主主义革命时期根据地法制文献选编》，第三卷，中国社会科学出版社 1981 年出版，第 322～323 页。原注：“选自《肃反令文汇集》”。

32. 中华苏维埃共和国临时中央政府司法人民委员部命令第十号——关于没收犯人的财产和物件的手续

1933 年 4 月 16 日

查过去各级裁判部对于没收犯人的财产和物件，非常随便，甚至把不应没收的也没收了，有的裁判部有乱没收犯人的东西，或没收来的东西不归公，就为私人所取用的事情。甚至于把人一扣留，不管他应不应该没收，就把他所有的东西没收了，常有案件检查的结果，东西是不应没收的，但是早把东西弄散了。审判之后，根据事实，应把东西退还，而已无东西可退还，这是司法机关所不容许的不规则现象。现将没收犯人的财产和物件的手续规定于下：

一、凡扣留犯人，均须将犯人身上搜查清楚，倘搜出金银或物件（如金戒指、大洋、毫子、纸币及其他用物等），应该在犯人当面用纸写成记录，逐一的写明，在该记录上须搜查人、参加人及犯人签字，将该记录置在案卷内为该案的材料，金钱和物件须封好保存，将案卷号数写在上面以便检查，不得随便将没收的东西拿散，必须完全听候法庭判决处置。

二、如为反革命犯或某种刑事案件（如盗卖公产，浪费贪污等），须将犯人家中的财产没收者，不要在扣留犯人时立即没收，应将该犯人的房屋财产没收者，不要在扣留犯人时立即没收，应将该犯人的房屋财产封锁起来，等法庭将该案件判决后，如法庭已判决没收他的财产时，再进行没收。没收时须组织委员会，将财产登记，写成记录，并根据法庭的判决书，将财产交给某机关或发给群众。

三、如犯人在未判决前由下级司法机关送到上级司法机关，或由别的政府机关送到司法机关去审问，应将所没收的金钱物件等，随着犯人转送过去，不得将东西扣留下来。法庭在审判案件时，应注意案件的财产和物件，在判决书上要明白写出没收或交还其本人。如判决没收，必须写明如何处置，送某机关或发给当地群众。

四、倘根据判决书将财产物件交还其本人时，须取得他本人的收据，以免发生舞弊或纠纷。

五、犯人的财产或物件是否应当没收，法庭有判决处置之全权。

以后各级裁判部对于没收犯人的财产和物件，必须切实遵照本命令所规定的手续去进行。

选自《中国新民主主义革命时期根据地法制文献选编》，第三卷，中国社会科学出版社 1981 年出版，第 317～319 页。简称“社科法制版”。原件未注明史料来源。

互校版本：

1.《闽西苏区法制史料汇编》，龙岩市中级人民法院、古田会议纪念馆合编，2008 年 10 月内部出版，第 138～139 页。简称“闽西史料版”。

2.《人民司法从这里走来——中华苏维埃共和国司法史料研究选编》，江西省赣州市中级人民法院 2010 年编印，第 121～122 页。简称“赣州司法史料版”。

33. 中华苏维埃共和国临时中央政府司法人民委员部命令第十四号——关于执行《对裁判机关工作的指示》

1933 年 6 月 1 日

本部现发出关于《对裁判机关工作的指示》一本小册子，其内容是本部检阅各级裁判机关工作所发觉的错误和缺点，根据这些错误和缺点给各级裁判机关工作上的具体指示，各级裁判机关接到这本小册子之后，应召集裁判机关的各种会议来讨论这本小册子，并检阅自己过去的工作，定出在实际工作中纠正过去的错误和缺点的具体计划，而且将讨论的经过，按级报告上来。此令

部　长　张国焘

副部长　梁柏台

公历一九三三年六月一日

对裁判机关工作的指示

1933 年 5 月 30 日

裁判部是苏维埃政府的临时司法机关，他的任务是保障苏维埃政权及其各种法令的实

施，镇压反革命派别的活动，及取缔违反苏维埃势力，巩固苏维埃政权的任务。当此粉碎帝国主义国民党的四次围攻及向中央苏区的大举进攻，争取一省数省首先胜利的时候，我们英勇的红军，继续不断地得到了伟大的胜利。敌人在三分军事，七分政治的口号之下，将更用许多方法来搞乱与破坏苏维埃和红军。在中央执行委员会二十一号训令上所指出关于反革命在苏区内活动的严重情形，应该引起各级裁判部工作人员的充分警惕心。在目前革命战争的环境中，裁判部所负的责任是否更加重大，其工作也更加重要了。司法人民委员部检阅各级裁判机关过去的工作，虽有相当的成绩和进步，但是达到他应负的责任和应有的成绩还相差得很远。这是值得大家起来严重注意，对这去错误给以深刻的揭发，才能对今后工作执行彻底的转变。

一、各级裁判机关过去工作的错误和缺点

各级裁判部工作过去的错误和缺点非常之多，最严重的计有八项：

（一）放松肃反。有些地方，对于反革命案件太判轻了，如……（略）

（二）有些裁判机关工作人员缺乏坚强的阶级意识，以于处置案件上有轻重倒置的地方，如……（略）

（三）在裁判机关的工作上缺乏注意群众的影响，如……（略）

（四）各级裁判机关的组织不健全，过去工作人员太少，区一级的裁判部长大多数是由别的部长或主席兼任，所以在区一级裁判部是有名无实，到现在才实际上开始建立工作。县一级有的地方，只有部长（寻邬县），省一级也仅一二人工作，所以省县两级裁判部忙于应付事务，对于下级就缺乏指导，甚至没有指导。裁判部工作人员，未经上级同意，该级政府主席团就随便调动，每换一次工作人员，在工作上就要发生停顿。并且把裁判部的工作人员派去做一般的工作，抛弃了裁判部本身的工作（江西省裁判部）。上下级的关系不密切，上级裁判部不派人巡视下级裁判部的工作，缺乏活的和具体的指示。下级对上级——区对县、县对省，没有完全建立起工作报告制度，上级裁判部不很好的了解下级裁判部的工作情形，甚至于不知道裁判部长是什么姓名，各级裁判委员会未完全建立，即建立的地方也不健全，不能按时开会。对于部务会议完全未建立，没有实行会报制度，以检阅和指导各个工作人员的工作，这些现象，都是表现各级裁判部组织上的不健全。

（五）裁判机关自己有不遵守苏维埃法令的地方，第一次全苏大会之后，中央执行委员会曾发表了第六号训令，就宣布绝对废止肉刑，但是到现在裁判部还有用肉刑的，甚至用重刑的，而且这种现象是很普遍的。区一级裁判部无杀人之权，在中央执行委员会第六号、第十二号训令及裁判部暂行组织和裁判条例都规定了。但是到现在区一级裁判部还有随便执行死刑的地方（瑞金新迳，宁都固村，长汀童坊，雩都禾分等区）。这些事实，明显的表示出裁判部的本身违反苏维埃法令，这是绝对不容许的现象。同时各级裁判部忽视上级的命令不注意，不但不讨论上级来的文件，而且看都不看，甚至任何文件不存在。上级派人去调查，则用没有收到的话来搪塞。中央执行委员会第二十一号训令，是关于肃反工作的重要文件，很少裁判部讨论了这个训令。石城裁判部连底子都找不到，这可见他们对于上级文件的不注意了。

（六）在审判工作及司法行政上也有许多不规则的地方：审判案件的负责人有不看案卷上的材料的，没有事先根据材料加以详细的研究，提出应发问的问题，而是到法庭上随便问一下，以致很难问出什么材料来。在判决书上时常写许多的笼统的抽象的话，如：反动土豪，反动富农，剥削劳苦工农的血汗，杀革命同志等等，但没有指出具体的事实，在何时何地，被杀的是什么人。并且判决书都是千篇一律，可以用在甲的身上，也可以用在乙的身上（瑞金、寻邬、会昌等县）。有的地方解决案件要经过政府的主席团通过，裁判部失了独立作用（长汀等县）。对于案件，没有充分搜集材料，不经过预审，就随便把案件判决了，上级去检查工作，很难断定该项判决是否正确。解决案件一般的很迟缓，有的常有禁闭半年以上而未判决的。甚至于应判死刑的案件，长期关着不判，因此在看守所有经常禁闭着一百几十人以上的地方（福建、会昌、石城等）。他们没有执行司法人民委员部最多半个月须将案件结束的规定。有未将犯人的成分弄清楚，即进行没收东西（胜利、雩都）。对于预审机关所提的意见，有未详加考察，就依照所提意见判决，并且有些地方同原告机关的关系不很密切。对于监禁的期限，有判决永久监禁的（兴国），判决长期苦工（几年以上）的地方也不少。有将反革命案件仅判劝告、警告的，还有判决富农永远剥夺选举权的（湘赣高级军事裁判所）。在判决书上常有抛开反革命的重要事实，仅写些“坏蛋”“流氓”等不关重要的话，以减轻犯罪的程度（寻邬县）。大多数的地方，案卷无秩序，各区裁判部简直没有案卷。上级对下级的批示不留底（福建），没有充分材料就逮捕人，禁闭了一时期，不宣布理由就释放，使被捕者莫名其妙（长汀）。此外，下级送犯人到上级裁判部，只写一个名字不写什么犯罪事实，也不将材料一并送去，有时甚至于连名字都没有，仅写犯人几名（瑞金渡头区及长汀各区等）。有的裁判部工作人员，系土豪富农每天五角或一元大洋的伙食费，甚至于有算贫苦工农伙食费的，工作人员拿这种钱来当伙食尾子分（瑞金城市、黄柏及石城各区等）。

（七）看守所的工作，普遍一般是看守人缺乏责任心，没有看守的常识，看守所的房子不坚固，以致常有犯人逃跑的事情发生（福建省、雩都、安远、寻邬等县）。会昌没有看守长，看守所没有犯人登记表，究竟有些什么犯人，裁判部是不晓得的。不讲卫生，因此发生死犯人的事情（福建、会昌、石城）。对于犯人的行动不注意，而且有看守士兵替犯人送信的事情（兴国）。

（八）劳动感化院的工作，自从劳动感化院成立以来，制造品达二十余种，收入的经费足够供给犯人的生活，文化工作，已建立了识字课、政治课、列宁室、图书馆等等，在工作上是有相当成绩的。但是这种成绩还非常不够，在生产和推销方面都没有从整个的计划去进行，以致生产过剩，资本不能流转，在经济上受到损失。文化教育方面也没有专人负责，感化的工作做得很少。即在管理方面，亦非常松懈，在工作时间和休息时间没有指定专人去负责管理。

二、各级裁判机关以后的工作

为要纠正裁判部及军事裁判所过去的错误和缺点，健全各级裁判部和军事裁判所的组织和工作，应坚决彻底地执行以下各项的工作：

（一）加深对反革命的镇压，在肃反工作上采取积极的进攻路线，对于反革命及反动的豪绅、地主、富农、资本家商人不能放松一点，应给他们以严厉的打击！坚决的执行中央执行委员会第二十一号训令，各级裁判机关应定出具体的执行办法。对于罪恶昭著，事实确凿，群众要求处以死刑阶级异己分子，应速即执行死刑，然后报告上级裁判部备案。

尤其是边区，对于处置反革命案件，特别要抓紧，要迅速的解决。对于包庇反革命的分子，应与反革命者同样的治罪。

（二）坚决地执行明确的阶级路线，阶级成分、反革命首要附和，要分得很清楚。豪绅、地主、富农、资产阶级之反革命犯应处以重刑，贫苦工农应该从轻；反革命的首领应处以重刑，反革命的附和犯应该从轻。解决案件时，应注意到阶级成分及犯罪者的犯法行为，对于苏维埃政权的危害性之程度，来决定处罪之轻重。

（三）解决任何案件，要注意多数群众对于该案件的意见。在审判案件之先，必须广泛地贴出审判日程，使群众知道某日审判某某案件，吸引广大群众来参加旁听审判。既审之后，应多贴布告，多印判决书，以宣布案件的经过，使群众明了该案件的内容。除有秘密性的某种案件之外，坚决地不许再有在房间里秘密审判、或随便写了一个判决书送上级去批准的不规则情形。裁判部应时常派代表到各种群众会议上去做报告，引起群众对于裁判部的工作的注意。多组织巡回法庭到出事地点去审判，以教育群众。

（四）健全各级裁判机关的组织和工作必须注意以下各项：

1. 必须依照司法人民委员部第八号命令将各级裁判部的工作人员充实起来。应增加的工作人员，从速到下级及群众中去提拔。

2. 区一级裁判部不许再由别部兼任，坚决不许再有派裁判部的工作人员，长时期在外面做一般的工作，将裁判部的工作完全放弃的事情。

3. 不得上级的同意不许将裁判部的工作人员调换。对新提拔的工作人员，多注意他们的训练，实行强迫教育。此外，轮流调下级的工作人员到上级来受实际训练，以养成技术较高的专门人才。

4. 建立巡视制度，上级裁判部必须随时派指导员到下级巡视和指导工作。

5. 建立工作报告制度，除部分的省对中央已实行报告制度外，区对县、县对省也必须按时做工作报告，使上级明了下级的工作情形。

6. 多用活的指示，少用书面的指示，上级对下级的指示要具体，尤其要合乎实际情形。

7. 建立和健全各级裁判的裁判委员会，没有建立的应立即建立起来，已建立的地方要健全起来，裁判委员会必须按时地召开会议。

8. 建立各级裁判部的部务会议，每星期必须召集裁判部全体工作人员会议一次、检阅本星期内每个工作人员所做的工作，并计划下星期每个工作人员的工作。

9. 建立上下级的系统组织、下级绝对服从上级的命令和指示。接到上级命令和指示之后，一定要召集裁判委员会及全体工作人员会议来讨论具体的执行办法，按照上级的指示彻底的去执行。

10. 按照司法人民委员部第九号命令，即速将劳动法庭建立和健全起来。

（五）不许裁判部再有自己违反苏维埃法令的不规则现象发生，坚决的执行中央执行委员会第六及十二号训令，裁判部暂行组织和裁判条例及军事裁判所暂行组织条例的规定，绝对废止肉刑，区一级裁判部不经上级裁判部的特许，绝对不许随便杀人。倘再有这种事情发生，以故意违反苏维埃的法令论罪。同时不许再有忽视上级命令、置之不理的现象发生。

（六）在审判工作及司法行政上应注意以下各项：

1. 每个案件先经过裁判委员会的讨论、讨论一个判决原则、给审判该案件的负责人以判决该案件的标准，使判决上不致发生错误。

2. 担任审判某案件的裁判员，在审判之前应将发问的问题写出来，有条理地向被告和见证人发问。

3. 同案的犯人，在审判时应隔离开来，免得互相利用口供以掩盖自己的犯罪行为。

4. 审判记录，应将当时在法庭上原、被告及见证人所讲的话记录下来，不许再有在审判时不做记录，到退庭后抄写预审机关的记录，或由自己的臆想来造记录的现象。

5. 在判决书上对于被告人犯法行为的经过，犯法时间和地点及人证、物证等应详细地有系统地叙述出来。不许用笼统的、似是而非的话来做判决书。每人的犯罪事实不一样，判决书也应按照各人的犯罪事实来叙述，不许每个判决书用一律的笼统话来写。判决案件，应拿住他最主要的事实，不要将不重要的写了一大篇，将重要的事实遗漏不提。即有时对某案件的检查结果，找不到犯罪的事实，也要经过法庭宣告无罪，并须写成判决书。

6. 对于每个案件的材料，要尽量去搜集，不得再有事实还未明了，又不经过预审，就拿到法庭来马虎判决的情形发生。

7. 裁判部有独立解决案件之权，不是每个案件都要经过政府主席团，只有特别重要的案件，可以经过主席团来讨论。

8. 解决案件要迅速，除特别情形外，一般的案件，自案件进到裁判机关之日起，最多两星期内应当判决。在看守所里不准再有大批的犯人（一百以上）关起来，甚或有经过半年不审判的事情。

9. 判决监禁、最多不能超过十年，十年以上应处以死刑。强迫劳动（苦工）不能超过一年。以后不准再判决永久监禁或长期苦工的事情；判决剥夺选举权是对于本有选举的人，富农本无选举权，从什么地方剥夺选举权，这样的判决是错误的。而且剥夺选举权应以年计算。

10. 判决机关与预审机关必须发生密切的关系，以互相商量来解决案件。不应再发生裁判部成为预审机关的附属机关的不规则现象，不要忘了裁判部本身的独立作用。

11. 每个案件必须有个案卷，将该案件所有的材料都集在案卷内，编成号数，并须将每个案卷的号数及犯人的姓名用簿子登记下来，以便检查。

12. 犯人由下级送到上级或由这个司法机关送到另一个司法机关，必须按照司法人民委员部第十号命令第三项的规定，将全部案卷及该案件的物证和犯人身上拿下来的东西，一并转送过去，使接受该案件的机关便于进行审理。

13. 没收犯人的东西，必须根据司法人民委员部第十号命令之规定，一定要在该案件判决之后，依照判决书上的规定去执行没收，以免发生随便没收犯人东西的错误。

14. 绝对不许可工作人员将犯人算给政府伙食费拿来当伙食尾子分。如再发生这种情形，将严厉的治罪。更不许向犯罪的贫苦工农算伙食费，若再有这种事情发生，同样的要治罪。

（七）看守所与劳动感化院的工作：看守所与劳动感化院的工作人员，应经常研究看守的技术，加紧工作人员的训练，提高他们的文化和政治水平，使他们懂得自己的任务，犯人的进出，必须要有很好的登记，没有裁判部的条子不能放人。看守人员必须日夜分班看守，以免发生意外。如有外人与犯人会面，必须得裁判部的许可。送来给犯人的东西，及犯人写出去的信，必须经过严格的检查。注意卫生，应按时地给犯人洗澡、洗面，放空气等。每天早晚该点名两次，在点名的时候，要向他们作简单的讲话。同案的犯人应分开禁闭，不准关在一个房间里，免得他们商量口供，注意犯人的行动，加紧秘密的侦查工作。

对于劳动感化院的工作，特别要注意生产与感化。生产和发行方面，与国民经济部共同组织“劳动感化院企业管理委员会”，来管理和监督生产与发行的事宜，有计划地进行生产和发行。应将工场与犯人居住的地方分开，以便于管理和教育。感化方面，充实文化工作人员，要有计划地来教育犯人，经常地上识字课，政治课等等。将俱乐部、列宁室、图书馆健全起来，利用犯人工作以外的时间，经过这些文化机关来感化他们。感化犯人的工作，是劳动感化院的主要部分，应当要特别注意。

司法人民委员部

1933 年 5 月 30 日

全文选自手抄单行本。原件未注明史料来源。

互校版本：

1.《中华苏维埃法制资料选编》，江西省法学会 1981 年印行，第 28～30 页（省略命令和第一节）。原注：“摘自（江西）省档案馆”。

2.《中国新民主主义革命时期根据地法制文献选编》，第三卷，中国社会科学出版社 1984 年出版，第 300～305 页（省略命令和第一节）。原件未注明史料来源。

3.《闽西苏区法制史料汇编》，龙岩市中级人民法院、古田会议纪念馆合编，2008 年 10 月内部出版，第 162～165 页（节录二至七节）。

4.《人民司法从这里走来——中华苏维埃共和国司法史料研究选编》，江西省赣州市中级人民法院 2010 年编印，第 134～137 页（只节选二至七段）。原注：“选自《中华苏维埃共和国法律文件选编》，江西人民出版社 1984 年 8 月出版”。

34. 中央司法人民委员部五个月工作计划

1933 年 7 月 30 日

苏维埃司法机关负责肃清国内反动势力、取缔违反苏维埃法令的一切非法行为，以巩固苏维埃政权的重要任务。目前正是猛烈开展革命战争，争取粉碎帝国主义国民党五次“围剿”的彻底胜利的期间，对于各级司法机关肃清苏区内的反革命活动，巩固革命战争的后方，必须给以充分的注意，因为这是与粉碎帝国主义国民党五次“围剿”不可分离的任务之一。为了胜利执行这一任务，必须密切配合查田运动的开展，与联系到经济建设的进行，以镇压地主、富农、奸商及一切反革命政治派别对于查田运动与经济建设的抵抗与破坏。同时取缔违反苏维埃法令的一切行为，保障苏维埃各种法令的实施，使工农群众在实际生活中得到苏维埃法令的正确保障，更加激发工农群众的斗争热忱，增加革命战争的力量。这也是粉碎帝国主义国民党五次“围剿”的任务不可分离的。为要完成这一个重大任务，特制定五个月的工作计划：

一、建立和健全各司法机关及其附属机关的组织。

各级司法机关，在各级政府内虽有裁判部的组织，红军中虽有军事裁判所的组织，但是有许多地方在工作上还未健全，而且有些地方，区一级裁判部及初级裁判所还未完全建立。……对于健全组织方面，应做以下的工作：

（一）中央司法人民委员部——从今年四月以后，虽有十几人工作，但是他们还在训练期间，不能独立工作，因此司法委员会及各部门的组织到现在尚未建立起来。在这五个月期间，应建立以下的组织：

（甲）建立中央司法委员会，以加强司法机关总的领导。

（乙）建立刑事处，以掌管刑事诉讼的行政事宜。

（丙）建立民事处，以掌管民事诉讼的行政事宜。

（丁）建立劳动感化处，以掌握各地看守所及劳动感化院等事宜。

（戊）建立总务处，以管理司法人民委员部的一切事务。

（己）司法人民委员部的工作人员，到今年的年底要达到一百五十人。

（二）省县市区各级裁判部及军事裁判所：

（甲）省县市区各级裁判部的工作人员，必须根据司法人民委员部第八、第九两号命令，将各级裁判部的工作人员充实起来。

（乙）建立军事裁判所的系统组织，并建立瑞京初级军事裁判所，以处理中央附近各部队的案件。

（丙）健全各城市的劳动法庭的工作。

（丁）督促江西、福建两省裁判部建立十三个新县的裁判部。

（戊）建立和健全闽赣全省各级裁判部的组织。

（己）建立和健全粤赣全省各级裁判部的组织。

（三）看守所及劳动感化院：

在五个月的期间内，整理各地看守所及各劳动感化院的组织，充实他们的工作人员。

二、各项工作应有的进程：

（一）在九月间组织三十人的工作团到闽赣省去建立闽赣全省各级裁判部的组织。

（二）工作比较落后的县如：会昌、西江、门岭、寻邬、安远、于都、石城、宁化，每县派三人的工作团去帮助一时期的工作，以建立和健全这些县的裁判部。

（三）组织一个十人的工作团到新发展区域去工作，以帮助新发展区域去建立裁判部的组织。

（四）提高和训练干部：

（甲）在九月间中央办一个二百人的短期训练班，其学生由每区选送一人，上课期间是两星期，主要的目的，是要造成一批新干部到新区，边区去帮助裁判部的工作。

（乙）督促江西福建两省苏的裁判部办三期训练班：

第一期是县一级裁判部工作人员的训练班。

第二期是区一级裁判部工作人员的训练班。

第三期是裁判部书记员的训练班。每期训练时间为十天。

（丙）督促闽赣、粤赣两省苏的裁判部办一期县一级及中心区裁判部工作人员的训练班，训练期间十天。

（丁）在实际工作中，有计划地训练司法人民委员部的工作人员，在机关内做工作的时候，给他们每天以一定时间的学习，每次出去巡视工作回来，都给他们以几天的训练，在这样的训练当中来造就干部。

（戊）建立各级司法机关工作人员的委任制，不使随便调动，以造成技术较高的专门工作人员。

（己）开办一班军事裁判所的训练班，以充实各级军事裁判所的工作人员。

（五）在八月底九月初之间，组织三个巡视团到十三个新成立的县去巡视裁判部的工作。

（六）将各地判决的犯人，不使他们空闲着，送他们去参加经济建设的工作，准备将劳动感化院之一部分，移到钨矿区域去做开钨矿的工作。同时加紧劳动感化院的教育工作，以提高犯人的觉悟程度。

（七）关于法律的起草和颁布：

（1）起草以下各种法律，请求中央执行委员会颁布：

（甲）惩治反革命条例。

（乙）中华苏维埃共和国刑法。

（2）由司法人民委员部颁发以下的法令：

（甲）看守所规则。

（乙）法庭规则。

（八）注意法律教育，其方法是指导各级裁判部做以下的工作：

（甲）多组织巡回法庭到出事地点去审判案件。

（乙）审判案件的前后，多出通告、布告等以吸收群众来参加审判和明了案件的内容。

（丙）在各种会议上或文字上向群众做关于司法方面的各种法令的解释工作。

（九）建立瑞金模范县的工作：

瑞金是中央直属县，要在各项工作上把瑞金造成模范县，在司法上应注意以下几点：

（甲）指定专人出席瑞金县苏裁判部的会议。

（乙）指定专人帮助下肖区城市苏维埃裁判部的工作。

（丙）在八月间派人到瑞金各区帮助建立裁判部的工作。

（丁）瑞金市苏裁判科的工作，派得力的人去担任，要把裁判科成为司法部工作人员的实习场所，把它造成模范法庭。

（十）编制司法机关向人民委员会两年来的工作报告：

（甲）区裁判部须对自己两年来的工作报告在十月十五日以前，送达县苏裁判部。

（乙）县苏裁判部须将各区的工作报告及本身的工作情形编成总报告在十月二十五日前送达省苏裁判部。

（丙）省苏裁判部须将各县的裁判部的工作及本身的工作情形，编成总的工作报告，在十一月五日前送达中央司法人民委员部。

（丁）初级军事裁判所须将自己两年来的工作报告在十二月二十日以前送达高级军事裁判所。

（戊）高级军事裁判所须将各级军事裁判所的工作报告及本身的工作情形，编成总报告在十二月三十日前送达中央司法人民委员部。

（己）组织起草委员会起草司法人民委员部两年来的工作报告，在十一月十五日脱稿。

中央司法人民委员部　部　长　张国焘

副部长　梁柏台

一九三三年七月三十日

选自《中华苏维埃法制资料选编》，江西省法学会 1981 年编印，第 25～27 页。原注："摘自江西省档案馆"。

35. 劳动妇女开始做裁判工作

1933 年 10 月 20 日《裁判半月刊》评论

苏区里面的劳动妇女，无论在政治上、经济上、文化上，都站立与男子同等的地位，但他们在革命的过程中，也表现出与男子同样伟大的作用：如在扩大红军当中鼓动丈夫或子侄叔伯当红军、热烈地慰劳红军及优待红军家属；更有部分地方的劳动妇女直接帮助红军运输；在经济建设中，则广泛地从事种植和手工业生产，充实苏区里面的物质条件，又踊跃推销经济建设公债，发展苏维埃的经济建设，热烈参加各种合作社，扩张苏区合作运动，在文化运动中，充当列宁小学教员及各种文化宣传事业，这一切，都是苏区劳动妇女在革命过程中很显著的工作。

但是劳动妇女确实在裁判机关工作的，在其他各省各级裁判部有没有是不得而知，不过在江西省所属的各级裁判部在过去是可以肯定地说没有，这是很明显看出江西裁判部忽视劳动部妇女在革命过程中的作用，至少也忽视劳动妇女在裁判工作中作用，没有了解到劳动妇女在肃反战线上有与男子同等重要的意义，尤其是粉碎敌人"五次围剿"当中，破获敌人的女侦探，搜查反革命妇女身边的财物证据，更显著劳动妇女在裁判机关工作的重要。

因此中央人民司法委员部及省裁判部［目］前所开办训练不分男女性别，而且省裁判部特别规定某些县分派送劳动妇女来受训练，虽然没有获得圆满的回答，但至少也给予下级吸收劳动妇女做裁判工作的政治影响。

最近江西省裁判部设置女指导员，江西第二劳动感化院设置女检查员，专门检查女监犯，公略县的东固区有妇女充当看守员，此外中央司法部也还有在受训练快要毕业分配裁判工作的劳动妇女。这些仅仅是劳动妇女参加裁判工作的开端。

将来要做到裁判机关的工作人员的大部分是劳动妇女来担任，把原先男的裁判工作人员，去建立边区和新区的工作或参加前方作战，因此吸收劳动妇女做裁判工作，是建立边区新区工作和扩大红军［的］好方法之一。

所以以后裁判部要注意吸收积极的劳动妇女，给劳动妇女以很好的培养与提拔，来充实裁判机关的组织。同时要反对看不到劳动妇女在革命过程中的作用与以封建眼光看待劳动妇女的机会主义者。

选自《江西苏区妇女运动史料选编》，江西人民出版社 1982 年出版，第 111～112 页。原注："原载《裁判半月刊》一九三三年十月二十日第六期"。

互校版本：《闽西苏区法制史料汇编》，龙岩市中级人民法院、古田会议纪念馆合编，2008 年 10 月内部出版，第 165～166 页。

36. 川陕省苏维埃革命法庭布告

1933 年 11 月

内容：革命法庭是为穷人设立。一切反革命破坏活动，和穷人内部的矛盾，都可到革命法庭申诉报告，法庭按罪严治。

中华苏维埃共和国三年十一月

工农群众们：

往年，我们穷人打不起官司，有冤无处申，有话无处说，现在我们有了自己的政权，苏维埃是穷人个个都有份的，穷人有话，都到苏维埃革命法庭来说，不花一个钱。我们革命法庭就是为穷人设立的，只要穷人自己来报告，经法庭调查或询问确定后，按照苏维埃法律，重大的，由穷人大家公开审判，小的轻的，或由双方当面解决。便利得很。

凡下列情形的，都可以到各县革命法庭或本革命法庭来申诉报告，本法庭当按罪严治。

一、一切反革命分子，在苏区内谋害穷人，割电线，破电杆，扯标语布告，造谣破坏的。

二、敌人侦探坐探。

三、私藏枪支子弹，阴谋危害穷人，破坏苏维埃的。

四、拐抢潜逃的。

五、豪绅、地主、富农、滚刀皮，在乡下估穷人、害穷人及苏维埃委员；地主的土地财产未完全没收；富农的好田地，没有没收的。

六、包庇反动的。

除此之外，凡穷人打架角孽，婚姻债务，争执不决的，无论事情大小，案件轻重，都可到革命法庭报告，或在区苏维埃裁判委员会就便裁判。

凡已经建立革命法庭和政治保卫局的，县区各级苏维埃逮捕反动一切案犯，不可私自吊打处决，在逮捕后三天内即要火速送到县保卫局或革命法庭来。苏维埃及一般工作人员，党部和苏维埃的工作人员，要调查清楚，报告革命法庭和保卫局，不能私自没收，不能私自拘留案子，如遇现行要犯，可以立即逮捕，但需火速送交革命法庭或苏维埃。

穷人不要怕，心里不要游上游下的，有什么要报告的事情，即刻到本革命法庭或各县革命法庭来报告，革命法庭本［是］保护穷人利益的。

主　席　袁成教

中华苏维埃共和国3年11月（政字237）[①]

选自《川陕革命根据地历史文献选编》上，四川人民出版社1979年出版，第177～178页。原注："原件存中国革命博物馆"。

37. 川陕省革命法庭条例草案

1933年[②]

一、革命法庭的目的：

（1）镇压各种反革命的阴谋活动，包括军事上、政治上和经济上的一切破坏的行为；

（2）保障苏维埃宪法和一切法令的执行，反对任何破坏法令的行为；

（3）接受和处理苏维埃区域人民群众团体和政府机关的一切申诉事件（包括人民与人民间，个别人民与群众团体间，人民与苏维埃间，群众团体和苏维埃间……等）。

二、除中华苏维埃中央政府颁布（的）一切法令、西北革命军事委员会颁布的一切军事法令外，川陕省颁布法令之权，属于川陕省苏维埃大会和省苏维埃执行委员会。只有中华苏维埃中央政府、川陕省苏维埃大会和省苏维执行委员会有赦免罪刑[③]之权。

三、省苏维埃革命法庭为一省最高级法庭，县革命法庭直属于省革命法庭，区以下设裁判委员会，直属县革命法庭指挥。裁判要得到原告和被告双方同意，判决才能发生效力，如任何一方面不同意，都可向县革命法庭提出控告，县革命法庭的裁判须得到[④]省革命法庭的批准，才能成为定案。县苏或群众团体不同意县革命法庭的判决，不能随意更改，应一方面执行，一方面向省革命法庭提出控告。省革命法庭的判决要得到全国最高革命法庭和省苏的批准；如判决有不正确时，可要求复审。

四、镇压反革命条例，苏维埃大会委托执行委员会详细规定，反革命的犯罪应包括下列各点：

（1）组织和举行反革命的暴动，企图推翻苏维埃政权；

（2）组织反革命的团体，包括政党和其他反对政权的组织；

（3）没有公民权的剥削分子组织小团体；

（4）用各种方法（口头、文字、图画、歌曲、传布反动的印刷品和文件书籍、张贴反动标语……）宣传和共产主义不相容的主义，捏造谣言，进行各种反革命的煽动，破坏苏维埃政权；

---

① "中华苏维埃共和国三年即1933年。"

② 原件无制定年代，按《川陕省苏维埃革命法庭布告》的推定，应同属1933年制定。

③ 川陕的两种版本皆为"罪刑"，"社科法制版"为"罪行"，"西南函授版"为"罪犯"。

④ "川陕资料版"漏掉"得到"二字。

(5) 担任反动统治的奸细，破坏赤区交通和政权的秩序，破坏公粮仓，撕毁标语布告，窝藏地主、豪绅反动分子……等；

(6) 没有公民权的地主、富农私藏武器，扰乱赤区；

(7) 组织军事阴谋破坏红军的军事行动，将红军军事消息供给敌人，当敌人侦探与敌方通信，将苏区各项重要文件送与敌人；

(8) 进行经济上的破坏阴谋，破坏银行信用，拒绝行使工农银行所出钞洋纸票①，破坏税务和合作社以及破坏苏区外来的必需品的贸易；

(9) 剥削分子抵抗苏维埃法令的执行（如不肯分土地，不肯执行劳动法令等等）。

革命法庭按照犯罪轻重，阶级成分，分别首要、胁从，分别处以劳役、监禁和死刑，帮助政治保卫局、苏维埃机关和群团体对反革命分子的一切紧急处置步骤。革命法庭为奖励各种反革命案犯自首，剥削分子得由法庭根据实际情况酌量减轻，劳动民众来自首，特别减等处刑或竟至免罪。取消一切帝国主义在华的领事裁判权和法律上的特权，居住苏维埃区域的外国人同样依照本条例处理。

五、省苏维埃大会委托执行委员会起草一切处置违反苏维埃法令的犯罪的细则，包括：妨害苏维埃执行宪法、土地法令、劳动法令、抚恤伤亡条例、红军优待条例②和各种法令条例以及侵犯劳动民众的一切权利和自由。在处理此类案件时，要依照他们的文化程度和阶级成分分别处理，先劝告解释，最后才提出法律上处理的步骤。

六、劳动民众的团体或个人为保障苏维埃政权给与他的权利和自由起见，他们有权向革命法庭提出一切对苏维埃委员营私舞弊……等行为的申诉，同时反对假公报私的行为。如发现剥削分了捏辞诬告，以反革命论罪。如有劳动民众诬告，可分别轻重依法处理。

七、革命法庭的各级组织：

(1) 省革命法庭由省苏维埃大会选举五个委员组织起来，五人中推举一个人担任主席；劳动民众团体可选派代表四人参加革命法庭的审判，委员会由革命法庭的五人委员并在事务忙时可参加审判副委员会帮同审问，但最后判决权，属之于总的审判委员会。

(2) 县革命法庭以三人组织，由县苏维埃大会选出，经省革命法庭的批准。

(3) 区级裁判委员会由区苏维埃大会选出三人至五人组织之。

八、公诉处和申诉登记处的组织：

(1) 省或县的公诉处由省革命法庭或县革命法庭指定专人组织，代表政府机关以原告人资格对一切反革命案件和违反苏维埃法令的案件提出公诉；

(2) 省或县的公诉处，也可以接受劳动民众和团体的委托，对某一案件提出公诉；

(3) 由法庭指定专人负责研究公诉案情，提出意见，交审判委员会，他本身没有裁判之权。

省级和县级革命法庭依照事务的繁简，组织申诉登记处，对劳动民众在苏维埃区域有公民权的人完全免费，并且反对乡下讼棍代写禀帖敲诈钱财的办法，民众可直接到申诉处申诉。剥削分子有三个公民以上的担保也可来提出申诉。登记处有拒绝接收登记之权，被

---

① “川陕文献版”和“社科法制版”为“钞洋纸票”，“川陕资料版”印作“钞票纸票”，“西南函授版”为“钞票”。

② “川陕资料版”漏掉“红军优待条例”6字。

拒绝的人有向法庭控告之权。

九、省级到县级的革命法庭，按照需要组织执法机关（如监狱），反对旧式监牢虐待犯人的办法，特别是对于犯罪的劳动者，要有系统地进行教育，使他能很快脱离犯罪的事情，纠正一切拷打恶习。各级判①死刑的最后权属之于省革命法庭。

十、省苏维埃大会委托执委会起草省革命法庭申诉登记处、公诉处、审判委员会、执法机关……各机关的组织条例和工作细则，以便利工作的发展。②

十一、革命法庭为拥护工农劳动民众的利益，并动员群众力量反对反革命，建立革命法庭和工农民众的密切关系，一切苏区公民有到革命法庭旁听的权利，一切剥削分子没有旁听权。

十二、工农劳动民众以自己的志愿，经过革命法庭的许可，可以委托一个或几个辩护人，为自己辩护。必须是劳动者有公民权的人才有资格当辩护人③，一切剥削分子没有担负辩护人的资格。

十三、本条例自公布之日起施行。

选自《川陕革命根据地历史文献选编》上，四川人民出版社 1979 年出版，第 172～176 页。简称“川陕文献版”。原注：“原件存四川省博物馆”。

互校版本：

1.《川陕革命根据地资料选编》，四川大学川陕革命根据地科研组 1978 年编印，第 93～96 页。简称“川陕资料版”。原注：“原件存四川省博物馆”。

2.《中国新民主主义革命时期根据地法制文献选编》，第三卷，中国社会科学出版社 1981 年出版，第 348～352 页。简称“社科法制版”。原件未注明史料来源。

3.《中国新民主主义革命时期法制建设资料选编》，第二册，西南政法学院函授部 1982 年编印，第 269～272 页。简称“西南函授版”。原件未注明史料来源。

38. 中华苏维埃共和国临时中央政府人民委员会命令——关于政治保卫机关紧急处置的规定④

1934 年 2 月 9 日

在国内战争的重要关头，为了迅速镇压反革命的活动，人民委员会特给予国家政治保卫局及其分局在下列条件下有直接拘捕处决反革命之特权：

一、在边区的地方保卫局，在战线上的红军保卫局，为着压迫敌人的侦探、边区法西斯蒂分子、反动的豪绅地主阴谋叛变分子，有权对于这些反革命分子不经过法庭采取直接处置，但于处置后必须呈报国家政治保卫局备案审核。

---

① 川陕两个版本无此“判”字，“社科法制版”和“西南函授版”有“判”字。

② “川陕文献版”和“社科法制版”“西南函授版”皆为“发展”，“川陕资料版”印作“□□□”。

③ “川陕资料版”漏掉下列一行：“为自己辩护，必须是劳动者有公民权的人才有资格当辩护人。”

④ 副标题为编者所加。

二、在刀匪活动尚未肃清之区域内，国家政治保卫局及其地方分局、红军分局在进行工作中所获之刀匪首领及地主富农出身而坚决反革命的刀匪，得不经过法庭采取直接处置，但于处置后必须呈报国家政治保卫局备案审核。

三、在重大的紧急的反革命案件上，国家政治保卫局及其地方分局、红军分局、军区分局，有权采取紧急处置，于采取紧急处置后，如与地方政府及其他机关军政首长发生争议时，其处置当否之决定属于人民委员会。

主　席　张闻天（洛甫）

一九三四年二月九日

选自《红色中华》，1934 年 2 月 20 日，第三版。

互校版本：

1.《中国新民主主义革命时期根据地法制文献选编》，第三卷，中国社会科学出版社 1981 年出版，第 319 页。原注："选自《肃反法令文汇集》"。

2.《中华苏维埃共和国法律文件选编》，江西人民出版社 1984 年出版，第 408 页。原注："见《红色中华》第一五二期第三版，1934 年 2 月 20 日"。

39. 中华苏维埃共和国司法程序

1934 年 4 月 8 日公布

中华苏维埃共和国中央执行委员会命令　中字第五号

兹制定中华苏维埃共和国的司法程序，公布之。此令

主　席　毛泽东

副主席　项　英

张国焘

一九三四年四月八日

中华苏维埃共和国司法程序

在国内战争环境内，苏维埃法庭、政治保卫局、肃反委员会等机关，应该采取坚决迅速正确的办法，去镇压反革命，保障革命民众的利益，巩固苏维埃政权，因此特制定下列的司法程序：

（一）区保卫局特派员、区裁判部、区肃反委员会（新苏区革命委员会之下的）、民警局、劳动法庭，均有捉拿反革命及其他应该捉拿的犯人之权。过去关于区不得上级同意不能捉人的规定，应废止之。并且规定：当紧急时候，乡苏维埃与市区苏维埃，乡革命委员会与市区革命委员会，只要得到当地革命民众的拥护，均有捉拿反革命分子及其他重要犯人之权。捉拿后分别送交区级肃反裁判机关。

（二）区裁判部、区肃反委员会，有审讯和判决当地一切犯人（反革命分子及其他）之权。

新区边区，在敌人进攻地方，在反革命特别活动地方，在某种工作的紧急动员时期

（例如查田运动，扩大红军，突击运动等等），区裁判部、区肃反委员会只要得到了当地革命民众拥护，对于反革命及豪绅地主之犯罪者，有一级审判之后，直接执行死刑之权。但执行后，须报告上级处置。

（三）省县两级裁判部、肃反委员会、高初两级军事①裁判所，均有捉拿、审讯、判决与执行判决（包括死刑）一切犯人之权。

（四）一切关于反革命案件，各级国家政治保卫局，均有预审之权，预审后，交法庭处置。

但在边区的地方保卫局，在战线上的红军保卫局，对于敌人的侦探、法西斯蒂分子、刀匪、团匪及反革命的豪绅地主，有权采取直接处置，不必经过裁判部。在严重的紧急的反革命案件上，国家政治保卫局及其地方分局、红军分局、军区分局，有权采取紧急处置，紧急处置后如与地方政府军政首长，或其他机关发生争论时，决定其处置当否之权属于人民委员会，在与中央区不相连属的苏区，属于省苏主席团。

（五）废止上级批准制度，实行上诉制度，犯人不服判决者，准许声明上诉，并规定声明上诉之期最多为七天，从判决书送到被告人之日算起（被告人不识字的，须对他口头说明）。

但在新区、边区，在敌人进攻地方，在其他紧急情况时，对反革命案件及豪绅地主犯罪者，得剥夺他们的上诉权。

（六）规定苏维埃法庭为两级审判制，即限于初审、终审两级。如区为初审机关，则县为终审机关；县为初审机关，则省为终审机关；省为初审机关，则最高法院为终审机关；初级军事裁判所为初审机关，则高级军事裁判所为终审机关；高级军事裁判所为初审机关，则最高法院为终审机关。最高法院在审判程序上，为最后的审判机关。任何案件经过两审之后，不能再上诉。但是检查员认为该案件经过两审后，尚有不同意见时，还可以向司法机关抗议，再行审判一次。

（七）除本例规定各机关外，其他机关设有逮捕、审判、处罚各种犯人之权，只在紧急情况时不在此内。②

（八）中央执行委员会一九三一年十二月十六日所颁布的第六号训令，一九三二年六月九日颁布的《裁判部暂行组织及裁判条例》，一九三二年二月一日颁布的《军事裁判所暂行条例》③ 上所规定的司法程序均废止之。

选自《红色中华》，1934 年 4 月 17 日，第五版。

互校版本：

1.《中国新民主主义革命时期根据地法制文献选编》，第三卷，中国社会科学出版社 1981 年出版，第 320～322 页。简称“社科法制版”。原注：“选自 1934 年《红色中华》”。

2.《中华苏维埃共和国法律文件选编》，江西人民出版社 1984 年出版，简称“江西法

---

① “社科法制版”漏掉“军事”2 字。

② 《红色中华》、“闽西史料版”“江西法律版”“江西法学会版”皆为“不在此内”，“社科法制版”印作“不在此例”。

③ “江西法学会版”漏掉下列一段：“组织及裁判条例”，一九三二年二月一日颁布的“军事裁判所暂行”。

律版”，第409～410页。原注：“见《红色中华》第一七六期第五版1934年4月17日”。

3.《中华苏维埃法制资料选编》，江西法学会1981年编印，第16～17页。简称“江西法学会版”。原注：“抄于瑞金革命纪念馆《政策法令》”。

4.《中华苏维埃共和国中央政府文件选编》，《江西社会科学》1981年增刊，第132～133页。

5.《闽西苏区法制史料汇编》，龙岩市中级人民法院、古田会议纪念馆合编，2008年10月内部出版，第168～169页。

6.《人民司法从这里走来——中华苏维埃共和国司法史料研究选编》，江西省赣州市中级人民法院2010年编印，第101～102页。

40. 国家政治保卫局特派员工作条例

1934年4月30日

一、特派员是国家政治保卫局系统内的一个活动单位，属于国家政治保卫局的，受国家政治保卫局的指挥，属于省或县及军团、军或军区分局的，受省或县或军团、军或军区分局指挥。

二、特派员的任务是广泛而严密的，组织政治上坚定的忠实于苏维埃的积极分子，在工作网内成为国家政治保卫局的耳目；同时公开的以便接收广大革命群众或团体对于反革命及违反苏维埃法令分子的告密，发动群众参加肃反斗争。

三、特派员的工作权限在于侦察以及拘捕反革命或其他应该捉拿之人犯，并审讯自己所拘捕的人犯（但只限于审讯，无判决人犯之权），审讯后须送到其上级保卫局或直接提出判决之意见，交同级裁判机关判决。

四、特派员的工作范围，属于一区或一乡，一师或一团，或学校、企业及其他机关等，由其上级保卫局规定之。

五、特派员对于自己所属工作范围的警卫责任应积极负责。

六、特派员在工作范围内，应受同级党、政府、红军部队政委领导，并在党、政府、红军部队或（其）他机关同意之下，可以列席其会议。

七、特派员如发觉反革命活动或反革命分子，应立即镇压并破获拘捕之，必要时可向当地政府或武装部队负责人要求武装协助执行。

八、特派员在原则上只向上级保卫局作经常工作报告，但在同级党委员会须要讨论或检查肃反工作时，特派员应负责对于自己所属工作范围内一般肃反问题（如反革命活动情形，群众肃反斗争等）向该委员会作口头报告，但是限于向同级党委员会，同时也只限于一般的，关于工作网的组织及秘密部分，除向上级保卫局经常报告外，绝对不能向任何人作报告。

九、特派员与其他特派员之间，为了工作之需要，得发生横的关系。

十、特派员的主要工作：

1. 抓着每一个反革命的阴谋活动的具体事实，提高对于反革命阶级仇恨，经过群众组织，发动群众参加肃反斗争；

2. 组织与建立广泛的工作网，作为自己工作的耳目；

3. 侦查已经有人供认的嫌疑分子，并负责考察、监视或于证实时捕捉之；

4. 侦查反动派及一切反动分子活动情形；

5. 侦查可疑的人，可疑的事；

6. 检举混入党、政府、红军部队或其他机关之一切坏分子，并得向其所属机关或部队的首长提出意见，予以洗刷。

十一、特派员经常应每十天向上级作报告一次，遇特殊问题时应随时报告。

十二、特派员的权限及工作范围，已具体决定于上（以前本局所公布的特派员工作条例自本条例发布日起作废），各特派员须切实遵照执行，如有违犯，当按其轻重，予以处罚。

选自《中国新民主主义革命时期根据地法制文献选编》，第三卷，中国社会科学出版社1981年出版，第324～325页。原注："选自《肃反令文汇集》"。

41. 中华苏维埃共和国人民委员会训令　中字第三号——关于地主富农编制劳役队与没收征发问题

1934年5月20日

人民委员会根据各方面所得新的材料，为了使各级苏维埃政府更正确地执行中字第十八号命令"关于尽量利用地主富农的劳动力与资财问题"的重要指示，认为必须明白指出在革命战争日益紧张的条件下，我们对于地主富农的方法不能不有相当的变动，但消灭地主阶级与反对富农的我们的基本策略还是不变的。因此必须更明确地规定：

一、地主应该编入永久的劳役队，富农则应该编入临时的劳役队。在直接作战的区域（狭义的战区，即坚壁清野与准备坚壁清野的战区），在军事必要时，即在直接作战区域的近后方（即广义的战区），地主富农可以编入同一劳役队内。在基本地区，则仍应有这种区别。

二、在所有战区进行反革命活动的地主富农应就地处决外，地主的家产全部没收，地主家属一律驱逐出境或迁往别处，但对富农则只实行征发其粮食与现金，富农家属一般的仍可留在原地。征发的程度可由当时战争的环境与战争的需要来决定，但不得少于基本地区的征发量。

三、在所有基本地区，对于地主家产仍然是全部没收，富农亦应开始征发其粮食，暂决定每人五斗谷子。富农捐款的百分比应相当增加。

四、除对于关店、停业、逃跑、操纵居奇造成经济恐慌，以响应敌人进攻的商人与资本家的财产应全部没收外，目前应开始在主要市镇向商人资本家募集捐款，帮助革命战争的经费。

主　席　张闻天

一九三四年五月廿日

选自《红色中华》，1934 年 5 月 23 日第 192 期，第一版。

互校版本：

1.《中国新民主主义革命时期根据地法制文献选编》，第三卷，中国社会科学出版社 1981 年出版，第 12～13 页。原注：“选自《红色中华》第 192 期”。

2.《中华苏维埃共和国法律文献选编》，江西人民出版社 1984 年出版，第 163～164 页。原注：“见《红色中华》第一九二期，第一版，一九三四年五月二十三日”。

附：判决书与批示

42. 临时最高法庭判决书第五号

1932 年 5 月 9 日

1932 年 5 月 9 日，中央［华］苏维埃共和国临时最高法庭主席梁柏台，陪审员：邹武、钟文芳，书记：李伯钊、何秉才，同时参加审判的国家原告人：陈子丰、张振芳；审判反革命案件的被告人：谢步升。

本法庭复审的结果，认为瑞金县苏裁判部 1932 年 5 月 5 日对于谢步升的判决书是正确的，谢步升的上诉否决，仍按照瑞金县苏裁判部的原判执行，把谢步升处以枪决，在 3 点钟的时间内执行，并没收谢步升个人的一切财产。

主审　梁柏台

陪审　邹　武

钟文芳

附：瑞金县苏裁判部判决书第八号

1932 年 5 月 5 日，瑞金县苏维埃政府裁判部的法庭主席潘立中，陪审谢正平①、钟桂先，书记杨世珠，审判反革命案件的被告人谢步升，根据国家原告机关的材料，法庭审判的结果，被告人自己在法庭的口供，被告人的反革命事实已完全证明。

谢步升，男，瑞金九区叶坪人，曾为共产党员，兹将被告人的罪状列举如下：

一、打土豪的东西归私有，吞没公款 3 000 多毛。

二、他当村政府主席时，借主席的势力，强奸妇女，包庇富农，将富农改为中农。

三、奸淫了谢深润的老婆，因谢深润打他，就说谢深润是社党，报私仇杀了谢深润。

四、收买群众的米，用大斗进，小斗卖给全苏大会。

五、偷了中央政府管理科的印子，私打牛条进山，每只牛得大洋 3 元。

---

① “赣州司法史料版”将“谢正平”印作“谢正”。

六、1927年杀了贺龙、叶挺军队的医官，拿了金戒子、毡毯等物。

七、以自己的小牛，换了送往灾区的大水牛二只。

八、加入××团，担任××团小组长。

九、抢了瑞林寨丘姓的东西。

十、1 700毛子将自己的老婆卖了。

根据中央执行委员会第六号训令，判决谢步升枪决，并没收他个人的一切财产，倘若双方不服，在一星期内可以向临时最高法庭上诉。

主审　潘立中

陪审　谢正平

钟桂先①

选自《红色中华》，1932年6月2日，第五版。

互校版本：《人民司法从这里走来——中华苏维埃共和国司法史料研究选编》，江西省赣州市中级人民法院2010年编印，第150～151页。简称“赣州司法史料版”。原注：“原载《红色中华》1932年6月2日”。

43. 临时最高法庭批示法字第十四号

1932年5月26日

瑞金县苏裁判部第16号判决书，关于反革命犯钟同焕判处死刑一案，批准执行，原判（决）书发还。此批。

瑞金县苏裁判部

临时最高法庭主席　何叔衡

1932年5月26日

附：瑞金县苏裁判部判决书第16号

1932年5月24日，瑞金县苏维埃政府裁判部的法庭主审潘立中、钟桂先、钟文高，书记杨世珠，同时参加审判的国家原告人华质彬，审判反革命案件的被告人钟同焕。

根据国家原告机关的材料及法庭审判的结果，被告人的反革命事实已经证明，而且被告人自己在法庭上也承认了。

钟同焕，37岁，男，瑞金九堡人，无职业的流氓。兹将被告人的罪状列举如下：

一、1931年6月间，四军经过山坑沙星崇的时候，杀了掉队士兵三名，得了包袱一个，子弹许多。

二、1930年10月间，杀了革命同志钟恶人子，得大洋四元。

三、又杀农民协会当伙夫的同志钟运达。

在赤色政权下，还图谋反动，认为不可教育。根据中央执行委员会第6号训令，判

---

① “赣州司法史料版”将“钟桂先”印作“钟桂光”。

决：钟同焕处以死刑。倘若双方不服，在一星期内可向临时最高法庭上诉。

主　审　潘立中
陪　审　钟桂先
钟文高

选自《红色中华》，1932年6月2日，第六版。

互校版本：《人民司法从这里走来——中华苏维埃共和国司法史料研究选编》，江西省赣州市中级人民法院2010年编印，第152页。简称“赣州司法史料版”。

44. 临时最高法庭批示法字　第十七号

1932年5月26日

瑞金县苏裁判部第20号判决书，关于朱多伸处以死刑一案，不能批准。朱多伸一名由枪毙改为监禁二年。根据口供和判决书所列举的事实，不过是贪污怀私及冒称宁、石、瑞三县巡视员等等，是普通刑事案件，并非反革命罪，且朱多伸曾组织游击队，参加过革命，又年已72岁，因此减死刑为监禁。此批

瑞金县苏裁判部

临时最高法庭主席　何叔衡
1932年5月26日

附：瑞金县苏裁判部判决书第二十号

1932年5月24日，瑞金县苏维埃政府裁判部的法庭主席潘立中，陪审钟桂先、钟文高，书记杨世珠，同时参加审判的国家原告人华质彬①，审判反革命案件的被告朱多伸。根据国家原告机关的材料及法庭审判的结果，被告人的反革命事实已经证明。

朱多伸，男，72岁，瑞金县壬田区人，劣绅，兹将被告人的罪状列举如下：

一、过去是劣绅，以强欺弱，压迫劳苦群众。

二、欺骗别人的田做风水，霸占自己的山不分给别人。

三、吞没公款，克扣罚款。

四、冒称宁、瑞、石三县的巡视员。

五、私扣公家子弹，卖给公家以赚钱。

根据中央执行委员会第6号训令，判决：朱多伸处以枪毙，倘若双方②不服，在一星期内可以向临时最高法庭上诉。

主　审　潘立中
陪　审　钟桂先
钟文高

---

① “赣州司法史料版”漏掉以下15字：“同时参加审判的国家原告人华质彬”。

② “赣州司法史料版”漏掉“双方”2字。

选自《红色中华》，1932年6月2日第五、六版。

互校版本：《人民司法从这里走来——中华苏维埃共和国司法史料研究选编》，江西省赣州市中级人民法院2010年编印，第155页。简称“赣州司法史料版”。

45. 临时最高法庭批示　法字第八十七号

1932年8月5日

江西省苏裁判部判决书第11号，关于刑事犯李军彪一名，判处死刑一案，照准。原判及该犯的案卷均发还，着照原判执行具报，此批。

江西省苏裁判部

临时最高法庭主席　何叔衡

1932年8月5日

附：江西省苏裁判部判决书第十一号

1932年7月30日，江西省苏维埃政府裁判部的刑事法庭主审古柏，陪审刘启耀、徐达志，书记刘松筠，同时参加审判的国家原告人周兴，审判破坏苏维埃法令的刑事案件的被告人李军彪。根据国家原告机关的材料及法庭审判的结果，被告人的犯罪事实已经证明：

李军彪，于都石浣潭人，44岁，白莲教徒，曾加入三点会，打鱼度日，兼教神打，为著名的土匪头目，混入革命队伍中来，当为（过）会昌游击队队长、瑞金赤卫军第五连连长，其罪状是：

一、1930年8月至1931年11月间，该犯在瑞金踏迳区、武阳围一带，当赤色游击队长时，欺骗群众，蹂躏群众，私通江东辉之妻，设计杀死江东辉。江是剃头工人，曾当赤色游击队教练。

二、该犯任赤色游击队长时，不顾工农阶级利益，只顾私党关系，纵容其同党，破坏革命纪律。去年红军打下会昌，该犯领导游击队乱打土豪，借公报私乱发洋财，乱勒贫民小商曾广洪、黄春九等的款子，不经调查以私藏枪械为名，私捉木匠工人之妻九皇女私刑拷打，又复乱捉穷人，并勒索穷人伙食，因之该队日益土匪化。

三、私得款项，到三军团政治部保释会昌水西坝反动首领欧阳名球、土豪李长林。得钱卖放，反动已极。

根据以上的事实，被告先年集结会党，图谋私利，传教神打，欺骗群众，本属土匪意识，封建社会里的秘密危险分子。其后投机革命，又复破坏革命法纪，违反阶级路线；妥协反派，因私仇私爱残杀工农革命分子，证明被告的思想行动反动已极，明显地违反苏维埃法令，判决李军彪一名处以死刑。对本判决如不服时，可于三天期限内向临时最高法庭提起上诉。

主　审　古　柏

陪　审　刘启耀

徐达志

选自《红色中华》，1932年9月27日，第九版。

互校版本：《人民司法从这里走来——中华苏维埃共和国司法史料研究选编》，江西省赣州市中级人民法院2010年编印，第157～158页。简称“赣州司法史料版”。

46. 临时最高法庭批示　法字第一百零五号

1932年9月21日

福建省苏裁判部判决书第68号，关于反革命犯赖子春一名判处枪毙一案照准。原判及该犯的全部案卷均发还，着照原判执行具报，此批。

福建省苏裁判部

主席　何叔衡

1932年9月21日

附：福建省苏裁判部判决书第六十八号

1932年9月11日，福建省苏维埃政府裁［部］法庭主审傅源标，陪审谢增荣、廖友贵，书记马寿图。

审判反革命刑事案件的被告人赖子春（即老六子），63岁，汀州市东门人，是前清监生，地主，有子在南京大学，在今年的8月8日被捕。根据法庭审判的结果及见证人赵又珍、张连升等当庭证明，被告人的反革命事实完全证明。

被告人本为地主，长汀成立苏维埃政府之后，土地被苏维埃没收分给贫苦农民了。该犯在苏维埃政权下还想恢复他的地主权威，到从前他的旧佃户（家）去收租谷，于今年古历七月七日至草坪乡黄志五子家收租谷，又到赵又珍家中讨取去年未量的谷，要他量出田亩租的款子，并且威吓他们，倘若不完租“看他红军红得一世吗？待白军回来你亦会死”。有一日在水东街棋湾头，被告人要赵又珍将他的租谷舂米送他食。如此，被告人赖子春在苏维埃政权下收地租的事实已经证明，他是坚决的反革命分子。

根据中央执行委员会第6号训令，判决被告人赖子春（即老六子）处以死刑。倘若不服，限三天期限内，可向临时最高法庭提起上诉。

主　审　傅源标

陪　审　谢增荣

廖友贵

选自《红色中华》，1932年9月27日，第九、十版。

互校版本：《人民司法从这里走来——中华苏维埃共和国司法史料研究选编》，江西省赣州市中级人民法院2010年编印，第126～127页。简称“赣州司法史料版”。原注：“原载《红色中华》1932年6月2日”。

47. 临时最高法庭给会昌县苏裁判部的指示信

1932 年 10 月 14 日

接你们 10 月 12 日的口信，觉得你们对肃反的观念是完全错误的。据我们调查所得，会昌全境，谣风甚多，人心动摇，这都是革命斗争的发展和紧张。反革命派想积极恢复地主资产阶级的统治，积极想破坏苏维埃政权，反抗土地革命。我们应用一切工农劳动群众的阶级力量，来发展革命战争。镇压一切反革命的活动，并不是一切枝枝节节，非阶级路线的，如信所云：甚长［么］“非亲手捉奸”“杀一警众”“土匪头目”“窝藏盗贼”“籍［藉］奸杀人”“貌（藐）视国法”“以戒杀戮、以快人心”一类的话，恍惚是替国民党地主资产阶级维持反动统治社会秩序一样的。你们不是站在工农民主政权的阶级立场上来做镇压一切反革命活动的工作，相反的而是用封建地主资产阶级的旧头脑来做维持社会治安的工作。这是要赶急改变这个观念。而在实际工作中来赶急转变会昌县苏裁判部；并领导各区来做正确的肃反工作，这是在革命战争中刻不容缓的一回事。

现在来回答你们的来信。你们送上的第一、二、三、四、五、六、七号的判决书已经批准，专人送转，以后在（对）判处死刑的犯人，应另加手脚镣扣，防其逃跑，如果死犯逃跑了，裁判部和监狱员是要受严重处罚的。并且在接到批准后，即按罪状贴布（出）判处死刑的布告，不要迟过二十四小时，随即贴执行死刑的布告和时间具报临时最高法庭。第二号判决书，主要是些偷牛偷鱼的事，至于反动土豪通讯，到底通些什么信，产生什么影响，未曾证明，不能处死，要再搜查反革命证据，或发现反革命的新材料可以复审，不过主审人要改换。

谢老吉的案件，我们上月的指示信已经指明：谢老吉是否确是杀奸夫？谢天盛是否因遂奸伙人去杀谢老吉？谢天盛是否是革命的同志？要杀谢老吉的是谁阶级的人？这些要用政府眼光来调查分析的。所以说，不要简单拿“杀人者抵罪”的封建法律来判决此类案件。至于说谢老吉不杀，就惹出许多奸杀案子，更是错误的。难道谢老吉以前没有奸杀案吗？你们能保障杀了谢老吉以后就没有奸杀案了吗？封建社会的俗语“十次人命九次奸”，因多妻制，买卖婚姻，强迫婚她（姻）、包办婚姻等……酿成种种奸杀案，我们应当保护婚姻自由来减少这种现象，方是正确办法，我们并不反对把谢老吉加增监禁期限，甚至处死刑，但如来信所云：“土匪头目”“大流氓”“开鸦片烟馆”“窝藏贼盗”“弱小民族难以为生”“杀一戒百”“以戒杀戮，以快人心”一类非阶级路线的话，那是无法批准杀谢老吉的。尤其是来信所谓借奸杀人，藐视“国法”，我们现在只有中央执行委员会颁布处办反革命犯的第六号训令，没有颁布什么“国法”，谢老吉到底藐视了何国的法，这要请你们回答、回答，至于罗田、高排、乱石、洛口等区的杀人案件，你们来［未］说明杀人的是些什么成分？因些什么杀人事杀人？被杀的是些什么成分？包含些什么政治作用？只牵强说因为未杀得谢老吉，这是非常糊涂的。尤其是珠市区富农刘也通，因未分着田杀伤五人，这是很明显的反土地革命的反动富农。来信“再写一笔”大约也惹牵涉到借奸杀人的案件内，以减轻其罪，我们真不像［知］你们的肃反的阶级路线何在？同志们！革命愈发展，战争愈紧张，阶级斗争愈尖锐，反革命亦必愈抬头活动，希望你们赶急转变这种观念，看清阶级路线、群众路线，来加紧肃反工作，镇压一切反革命。

致以肃反赤礼

临时最高法庭主席　何叔衡

1932年10月14日

选自《红色中华》，1932年10月16日。

互校版本：《人民司法从这里走来——中华苏维埃共和国司法史料研究选编》，江西省赣州市中级人民法院2010年编印，第129～130页。简称“赣州司法史料版”。原注：“原载《红色中华》1932年10月16日”。

48. 临时最高法庭批示　法字第一百一十八号

1932年10月15日

寻乌县苏裁（判）部判决书第5号，关于反革命犯丘树涵、袁志达、周成怀、徐鸣凤等四名判处死刑，批准，照判决执行。又蓝（兰）昌绪一名，成分虽是贫农、但根据政治保卫局的控告及审判记录和判决书所列事实，实系叛卖阶级，坚决反革命分子，亦应处以死刑，原判决书等均发还，希即遵照批示执行具报。此致

寻乌县苏裁判部

临时最高法庭主席　何叔衡

1932年10月15日

选自《红色中华》，1932年10月16日。

互校版本：《人民司法从这里走来——中华苏维埃共和国司法史料研究选编》，江西省赣州市中级人民法院2010年编印，第160页。

49. 临时最高法庭致寻乌县苏裁判部的信

1932年10月16日

给你们判决书第五号的指示，想已收到，兹又接到你们第六号判决书，觉得你们裁判部的工作，完全是右倾机会主义的，考察判决书的材料，有的应处死刑，有的应监禁二、三、五年，而你们只判处监禁至多一年，少至三个月，如此审判反革命罪犯，比帝国主义国民党罚处小偷抓（扒）窃还要轻松，你们对革命是否尽责，恐成问题。请你们将该五犯所犯罪证据赶急尽量搜集解来，以凭批驳原判再行审讯。至苦工队登记表共六名，只收到五名，查问有何金妹一名，在离寻乌城40里彭古隘即行逃逸，务望赶急通令缉拿归案，送犯护兵亦应加以追究和处罚。

致以赤礼

主　席　何叔衡

1932年10月16日

选自《红色中华》，1932 年 11 月 1 日。

互校版本：《人民司法从这里走来——中华苏维埃共和国司法史料研究选编》，江西省赣州市中级人民法院 2010 年编印，第 132 页。

50. 临时最高法庭致会昌县苏维埃裁判部的信

1932 年 10 月 19 日

谢老吉的案件，你们如发见（现）得有新材料，可以复审再判。如无新材料，当即解送省劳动感化院，免使已判决之案动摇不完（定）。致损法庭的威信。如谢三长的上控，既无区苏介绍，又不由县裁判部转上，本庭无从凭信。且会昌许多上控状，都是封建时代的扛讼棍劣绅，一定要调查监禁几个，无使他们在工农政权之下捣乱。毋使“阴阳威德生死活恩”一类的封建鬼话再发现于苏维埃的法庭之上。

致以赤礼

主　席　何叔衡

1932 年 10 月 19 日

选自《红色中华》，1932 年 11 月 1 日。

51. 临时最高法庭批示法字第×号

1933 年 10 月 12 日

江西省苏裁判部第 182 号判决书，关于贪污（犯）王承谱判决枪毙及李佐都判处监禁二年的并案，经本庭审核，认为是过左的判决，特根据全案材料指明如下：

（1）王承谱任县分局长，把公家没收地主和犯人的大洋私拿去用了 23.5 元，又吞灭没收地主的金子六分，又拿没收造假币的银板五块去打银筷子。这些财物是应归公的，而王承谱贪污归己与李佐都共同分肥，这当然是犯法行为。但在数量（贰拾零元）及来源上（是没收地主来的，不是贪图贿赂变乱是非来的）还只能算是普通刑事犯。

（2）与侦探嫌疑妇女邹××发生性欲关系，是经过该县分局委员会讨论释放的，由着洗衣队的事，不是王与她发生性欲关系擅行释放的，并且邹××到现在还只是一个侦探嫌疑犯，此事王承谱只应受行政的处分（如撤职之类）。

（3）去信鼎龙区特派员×××，分析×××是地主抑为中农的事，还是经过当地党政机关去召集群众大会分析的，并不是王承谱去信要强迫改变×××为中农，王承谱只是不应去信，似有包庇地主之嫌疑，也只应受行政处分。

（4）李佐都是在王承谱领导之下，分得贪污的赃款，帮助掩盖贪污事实，犯罪较轻。

根据以上的事实，王承谱只是贪污公款，不见有反革命重大行为，处以死刑，是非常失当的，应改为监禁一年，剥夺公民权一年。李佐都改监禁六个月，剥夺公民权一年，此

贪污的财物追缴还公家，原判宣布无效，即希照批示执行。此批

主　席　何叔衡

公历1933年10月12日

选自《人民司法从这里来——中华苏维埃共和国司法史料研究选编》，江西省赣州市中级人民法院2010年编印，第161页。原注：“原载《瑞金县革命纪念馆馆藏史科》历史件33～78号，选自《裁判半月刊》第6期，1933年10月20日”。

52. 中央执行委员会命令　中字第五号（注：对熊仙壁的行政处分）

1934年3月20日

前任于都县苏主席熊仙壁领导与包庇贪污、利用公款做生意谋利，熊系中央执行委员会委员，除批准人民委员会将其（县苏）主席撤职外，并开除其中央执行委员会委员，交最高法院治罪。

主　席　毛泽东

副主席　项　英

张国焘

一九三四年三月二十日

选自《红色中华》，1934年3月29日，第九版。

53. 中华苏维埃共和国最高特别法庭判决书特字第一号（注：对熊仙壁的刑事处分）

1934年3月25日

1934年3月25日，最高法院遵照中央执行委员会命令，组织特别法庭，以董必武为主席，何叔衡、罗梓铭为陪审，李澄湘、邹沛甘为书记，同时参加审判的最高特别法庭临时检察长梁柏台，审判渎职的被告人熊仙壁。

熊仙壁，又名石长，年31岁，于都罗坳区人，成分贫农，前中央执行委员，任于都县苏区主席，1934年3月6日逮捕，他的犯罪事实：

（一）对反革命分子纵容：被告人在领导于都县苏工作时，反革命大肆活动，张贴反动标语，殴打政府工作人员，抢夺保卫队枪械，甚至反革命分子混进到政府机关中来活动，曾经群众告发或提送到县苏的，被告人亦没有迅速地处置。

（二）不执行上级命令：被告人身为县苏主席，对中央决定和命令一贯的采取消极抵抗；对推销公债，收集粮食，修路计划及赤色戒严，从来不去检查；更有些命令不曾在县苏讨论，甚至关起机关门来，放弃工作。

（三）贪污和包庇贪污：强借公家50元交给家中做生意，影响县市区政府大部分工作人员做投机生意，放弃工作，造成全县的市侩的作风。特别是私运大批米谷到白区，影响群众生活，违犯苏维埃的基本原则，并包庇贪污，对县军事部大贪污案久延不决。

被告人身为县苏主席，自应竭尽智能，遵守苏维埃法纪为群众表率，乃竟敢放弃职务，图利自己，纵容反革命分子，包庇贪污，玩忽政府法令，已构成渎职罪。又强挪公款去做生意，破坏国家财政，兼犯贪污罪。法庭为肃清苏维埃机关中的害虫，开展反渎职贪污的斗争，保障革命战争的全部胜利，对被告人之渎职贪污犯法行为，特判处监禁一年，从1934年3月6日起到1935年3月5日止。期满后剥夺公权一年。本判决无上诉权。

主　席　董必武

陪　审　何叔衡

罗梓铭

选自《红色中华》，1934年3月29日，第十版。

54. 最高特别法庭临时检察长梁柏台控诉书

1934年3月25日

接受中央执行委员会的命令，检查前中央执行委员、兼于都县苏主席熊仙壁的渎职兼贪污案件。检查的结果，被控诉人熊仙壁的犯罪事实已得到充分的证据，现在向最高特别法庭提起控诉。

熊仙壁，31岁，男性，于都县罗坳区人，成分贫农，读书4年，共产党员，担任过罗坳区苏主席、于都县苏土地部长。1933年12月任于都县苏主席，1934年2月25日经于都县苏主席团会议撤职扣留。

熊仙壁曾为中央执行委员，于都县苏主席。他对于苏维埃工作，不但负于都全县主要的责任，而且是站在最高的领导地位。在与粉碎帝国主义国民党五次“围剿”的决战面前，在国内战争的环境中，苏维埃是战争的组织者和领导者。苏维埃的工作人员，应集中一切力量去领导群众为着粉碎敌人五次“围剿”而奋斗，为着争取战争的全部胜利而努力。但是熊仙壁担负这样重要的责任：不但不向这个方面而努力奋斗，却却（恰恰）相反，做出了许多渎职贪污的犯法行为，妨碍了战争，实行（际）帮助了敌人，现将他的犯罪行为列举如下：

（一）熊仙壁在于都工作，对于镇压反革命采取了放任旁观和妥协的态度，其重要的事实如下：

一、小溪区反动派假装红军逃跑到苏区来活动。

二、田心的豪绅地主富农从白色区域跑回，要乡代表不要推销公债，并要代表将公债带走，跑到白色区域去。

三、敌人的侦探公开在小溪区市场上宣传说：“难民团（豪绅地主）快要回来了。”

四、白海乡反动富农回来阻止代表不要买公债，并将赤少队的名单带走，该代表到政府报告，该政府人员说："要调查"。

五、小溪区流氓、反革命分子，在群众中组织铲共团。

六、禾丰、小溪、罗江、岭背等区发生反革命威胁群众，逃出白区。

七、潭头区三河坝乡反革命写"活捉朱毛""打倒朱毛"的标语。

八、岩前区茶亭上反革命写"打倒共产党"的标语。

九、于都城市北门反动派写"打倒共产党"的标语。将保卫局检查路票的印子翦［剪］下来贴在上面。

十、潭头区财政部门口写反动标语。

十一、黎村桃子乡发现"打倒共产党"的标语。

十二、安益乡反动派写信回来做反动宣传。

十三、海屋区有两个团员反水，并威胁他们的爱人反水。

十四、寨下面区发生反动派煽动群众打区苏副主席并抢保卫队的枪。

十五、里仁区两个反革命公开在群众中反对推销公债。

十六、黎村区反动派二次鼓动群众打工作团，而且是土地部长领导的。

十七、新坡区中段乡打工作团和政府工作人员。

十八、梓山区反动派打工作团。

这些反革命的活动早已发现，并且有的已由工作人员和群众报告，有的已提［捉］起来送到政府，但是拘在政府里面迟延不解决，县苏听人家这样报告，好像听新闻、故事一样，采取放任不管的态度。因此，反革命大肆活动，公开的秘密的进行其反革命的捣乱。有的钻到苏维埃机关里面来进行破坏工作，如：

一、里仁区粮食部长和检委主席公开反对①优待红军家属与扩大红军。

二、潭头区财政部长是××团自新分子，在粮食突击运动中群众缴谷子不要，要群众缴钱。

三、岭背区特别（派）员乱打土豪，故意把中农当着地主打，造成群众恐慌逃跑。

四、黎村区土地部长与禾丰区的工作人员公开包庇地主富农，反对工作团。

五、梓山区的税务科长私发纸币，强迫群众使用，破坏国币信用。

六、寨下面区工农检察委员会主席公开破坏国币（现洋换纸洋）。

七、禾丰区委书记和副主席包庇反革命，欺骗群众，在路上抢保卫局所拘捕的反革命分子，后一同反水去了。

由这些事实，明显的证明于都工作的严重现象，是在熊仙壁领导之下，对反革命的放任妥协所造成的恶果。

（二）熊仙壁以主席的名义，强借公款50元，拿去做生意。因他拿公款做生意，而影响其他工作人员，也拿公款大做生意。于都全县的工作人员，从县苏主席、各部长一直到区乡负责人都大做生意，只顾赚钱，不顾政府的工作。现已被查觉做公米生意的工作人员有60人之多。这是初步检查，其余隐藏着的还不知有多少。被这些工作人员贩运出口数量，被查出的已有1 263担之多，没有查出的尚不知确数。正因这些工作人员做米谷生意，

① "赣州司法史料版"将"反对"印作"反动"。

假借设立机关合作社、粮食合作社等等名义，运谷子出口不纳税或免税，以影响国家的税收。这许多工作人员因私做生意赚钱，造成生活腐化，上馆子，穿好衣服，给群众以不好的影响。因为一般工作人员只顾做生意不顾工作，而县苏市苏经常关起门来，无人负责，工作非常散漫，把于都县苏维埃机关变成市侩式的机关。

（三）因为熊仙壁本身贪污公款做生意，影响到整个于都工作人员的贪污，因此，在于都贪污之风盛行一时。正因为熊仙壁是一个领导人员，自己贪污，造成对其他贪污的包庇，这种贪污的形式可分为如下的几种：

一、假造账目冒领公款。如县军事部长刘仕祥同科员刘天浩、李步芬等，向动员武装部冒领公款 416 元①，私自分配用了。

二、拿公款做生意。除了熊仙壁本人拿公家 50 元做生意外，还有县苏军事部的部员杨林也拿了 50 余元，县劳动部长拿保险金 50 元，市财政科长、税务科长也拿公款五六十元来做生意，大家都学熊仙壁的办法来赚钱。现在已经被查觉的已有七八人，未查觉的不知还有几多？

三、贪污公款与公物。从县区一直到乡的工作人员，贪污公款自 10 元至 90 元的已查出有 29 人之多。

熊仙壁本身已然贪污，对于别人的贪污则消极不管，以至于包庇。前所述的贪污事实，熊仙壁有的是已经知道的，而不去发觉出来；有的是已经发觉，扣留在政府机关延长一个多月不去解决，如县军事部的大贪污案。由此明显地证明熊仙壁本身既然贪污，而对下面的贪污即妥协包庇，造成于都的贪污之作风。

（四）熊仙壁对于上级命令的执行，采取消极抵抗的态度。如对推销公债豫（预）定 20 万元，土地税豫（预）计 27 000 担谷子。于都的人口有 178 998 人；土地有 208 442.4 担（亩），中央所规定的这一数目，在事实上并没有什么困难，是很可能完成的。但事实上一直到粮食突击月的开始，于都的公债只推销了 8 万元，集中现洋 28 149 元，谷子 711.72 担。土地税只收到谷子 150 899 担，现洋 51 228.44 元。从突击月的开始到 2 月 20 号为止，所得到的数目，公债只推销 58 303 元，仍有 61 000 元还未推销。集中谷子只 205.45 担，现洋 8 406.8 元。土地税二月以后只收了 2 033.4 担，现洋 1 773 元。这个成绩，是非常严重的，就是说公债只收了三分之二，所集中的，前后总计只有现洋 37 055.8 元②，谷子 917.24 担，只占推销总数的三分之一。至于土地税前后共计收到 3 542.9 担，现洋 5 279.441 元，按照豫（预）定计划只有一半上下。这表示于都在熊仙壁领导下面，对推销公债征收土地税是采取消极怠工的方法。此外，对于第二次全苏大会与党中央收集粮食的决定，没有遵照这一决定去进行收集谷子，大部分的公债和粮食都是收的现洋，是违抗上级的命令。

（五）任用私人。县苏土地部副部长是熊仙壁的弟弟，又一个部员是熊仙壁的亲族，未经过组织，私人去调来工作。该 2 人在土地部负担工作，一贯消极怠工，去私自做投机生意。土地部的部员在突击粮食中领了 20 天的火（伙）食跑回家去休息，因为熊仙壁包

---

① “赣州司法史料版”漏掉“416 元”。

② “赣州司法史料版”将“37 055.8 元”误作“27 055.8”。

庇他 2 人，影响到其他工作人员的工作。

（六）不注意群众生活，于都正因机关工作人员贩运谷子出（到）白区发卖，造成于都粮食缺乏的现象。如在旧年年底，于都的米价已涨到每大洋一元买米六升，影响到群众的生活。但于都县苏在熊仙壁的领导下，从来没有提出讨论过，这是熊仙壁违犯了苏维埃的基本政策。

（七）对于查旧运动，解决土地问题，同样采取消极的态度。于都的土地到现在还未彻底解决，全县的山林到现在尚未分配，如黎村同禾丰二区群众，因争山林引起械斗，曾经打伤七八人。

（八）其他如赤色戒严的工作，完全没有做，使反动派可以自由活动。又如修路的问题，也没有进行，甚至连中府（中央政府）的修路计划，都没有讨论过。

根据以上的事实，熊仙壁渎职贪污的犯罪行为，已很明显的证实了，特向中央执行委员会所组织的最高特别法庭，提起控诉。致以

最高特别法庭。

最高特别法庭临时检察长　梁柏台

1934 年 3 月 25 日

选自《红色中华》，1934 年 3 月 29 日，第九、十版。

互校版本：《人民司法从这里走来——中华苏维埃共和国司法史料研究选编》，江西省赣州市中级人民法院 2010 年编印，第 163～166 页。简称“赣州司法史料版”。

55. 附：劳动感化院的报道与回忆

（一）劳动感化院组织犯人开辟荒田

1934 年 3 月 29 日《红色中华》

江西省第二劳动感化院（驻博生）虽然成立不久，但该院所设之工厂，能制造出很多的工艺品来。现因犯人中还有一部分是农民出身的，没有其他手艺技能，当此春耕紧张之际，该院已将这批犯人组织起来开垦荒田，已在枚江区借得荒田千余担，即进行开垦。

（卓夫）

选自范佑先主编：《中华苏维埃共和国司法行政史料选集》，江西省司法厅 1993 年编印，第 337 页。原注：“据《红色中华》第 168 期，1934 年 3 月 29 日”。

（二）劳动感化院的开荒运动

1934 年 4 月 3 日《红色中华》

中央司法人民委员部，为要做到劳动感化院犯人伙食自给，使每个犯人都有事做，因此把各地劳动感化院没有事做的犯人去开荒地，从事农业生产。现已在兆征县东坡区另成立一个新的感化院，开始进行垦荒，同时各地劳动感化院也在开始进行中。

选自范佑先主编：《中华苏维埃共和国司法行政史料选集》，江西省司法厅 1993 年编印，第 338 页。原注：“原载《红色中华》第 170 期 1 版 1934 年 4 月 3 日”。

（三）回忆第四劳动感化院

1982年

1934年4月，上级把我从瑞金县苏裁判部调去福建长汀东陂区，任第四感化院院长，免去瑞金县苏副裁判部长职务。这个感化院是中央司法部直接办的。院里行政管理人员不多，仅有院长、会计、出纳、保管、生产科长五人组成，配有一个武装看守排，轮班看管犯人。

院里的任务，接收和管教由各县苏维埃押送来的犯人。在押犯人200多人，其中有反革命罪犯和刑事罪犯。对刑事犯押去耕荒田，那时作了100多担谷田的种植面积；对反革命犯实行监内劳动管制，让他们做斗笠、雨伞、竹筒口盅等，将产品分批交中央作支前物资。对犯人的管教抓得很严，只许他们老老实实，不许他们乱说乱动，每周给他们训一次话，讲一讲国际形势，交待任务，开展批评斗争。

送来的感化对象，多数人是犯错误的苏维埃干部和极少数的地富分子。红军北上前，该院撤销时，对关押的犯人实行赎、杀、放的政策，凡判处五年以上的政治犯，造册到中央司法部批准，白天押解他们去挖地坑，晚上押他们去杀；判四年以下的，根据他们的罪行轻重、家庭经济情况，实行该罚款的罚款，该放的放。对刑事犯不杀，有的罚款后放，有的保释，有的教育后放。

对犯人的管制，进行编队编班，分监内监外队，指定罪行较轻的当班长。犯人自带衣服和被子，粮食院内自给。开办院时，由中央司法部拨款投资筹建，撤销时将财产变卖后，把款交回中央。

感化院开办于1934年4月，同年9月结束。

中央司法部先后办了五个感化院：第一感化院设在瑞金壬田洗心园，此院是1931年开办的，院长是瑞金人叫熊永松，关押犯人约四五百人。第二感化院设在兴国县，第三感化院设在宁都，第五感化院设在于都。

那时的刑法有42条。

吴顺民

1982年11月23日

选自范佑先主编：《中华苏维埃共和国司法行政史料选集》，江西省司法厅1993年编印，第335～336页。原注：“据瑞金革命纪念馆《回忆录》第341号”。

56. 附［法史研究］：中华苏维埃共和国时期司法行政机构简介

一、设在江西瑞金的中央司法人民委员部

1931年11月7日，在中央革命根据地的江西瑞金召开了中华苏维埃第一次全国代表大会，中华苏维埃共和国宣告成立。同月27日，组成了最高行政机关人民委员会，司法人民委员是人民委员会组成人员之一，在人民委员会之下设各人民委员部，司法人民委员部是当时十个人民委员部之一。首任司法人民委员、司法人民委员部部长是张国焘，但张国焘当时不在中央苏区，司法人民委员部的实际领导人是该部司法委员会委员梁柏台（1933 年 4 月 26 日任司法人民委员部副部长）。1934 年 2 月第二次全国苏维埃代表大会后，梁柏台被任命为司法人民委员，司法人民委员部部长。

中央司法人民委员部内设机构有：

中央司法委员会，负责对司法机关实行总的领导；

刑事处，掌管刑事诉讼的行政事宜；

民事处，掌管民事诉讼的行政事宜；

劳动感化处，掌管各地看守所及劳动感化院等事宜；

总务处，管理司法人民委员部的其他各项事务。

司法人民委员部的职责任务有：

（一）建立地方各级司法机关

司法人民委员部根据中央执行委员会 1931 年 12 月 13 日第 6 号训令关于“各级地方司法机关，在未设立法院之前，得在省县区三级政府设立裁判部，为临时司法机关”的规定，于 1932 年 1 月通令各级政府建立裁判部。同年 6 月，县一级裁判部全部建立。除瑞金县直属中央外，1932 年 9 月，又将会昌、寻邬两县裁判部划归中央领导。为了专门解决资本家、工头破坏劳动法及劳动合同等案件，保护工人的利益，司法人民委员部于 1933 年 4 月 12 日发布命令，规定在城市裁判科及区裁判部之下组织劳动法庭。

（二）建立审判制度和审判程序

司法人民委员部呈请中央执行委员会于 1932 年 6 月 9 日颁布了《裁判部的暂行组织及裁判条例》，要求各地依据此条例建立各级裁判部的工作，按照条例规定的司法程序审理案件。为了更好地依法办案，司法人民委员部还制发了各种司法文书表册样式，包括案卷、审判记录、判决书、传票、拘票、搜查票、预审记录、搜查记录、苦工队登记表等。

（三）检查和指导审判工作

司法人民委员部对各级裁判部工作的指导，主要通过两种形式进行：一是发布命令和指示。如 1933 年 6 月 1 日司法人民委员部发布了《对裁判机关的工作指示》，指出了裁判机关工作中的缺点和错误，重申“不许裁判部再有自己违反苏维埃法令的不规则现象发生”“绝对的废止肉刑，区一级裁判部不经上一级裁判部的特许，绝对不许随便杀人，倘再有这种事情发生，以故意违反苏维埃的法令治罪”。同时指示各级裁判机关“今后要加紧对反革命的镇压”“处理案件要注意多数群众的意见”等等。二是通过书信或派人下去进行个别指导。如 1932 年派专人去福建、瑞金、石城、会昌等地检查工作，1933 年秋组织三个巡视团到 13 个新成立的县去巡视裁判部的工作。

（四）起草法律，颁布法令

司法人民委员部起草了《中华苏维埃共和国刑法》《中华苏维埃共和国惩治反革命条例》等法律。颁布了《中华苏维埃共和国劳动感化院暂行章程》《看守所规则》《法庭规则》《关于组织劳动法庭的问题》《关于没收犯人的财产和物件的手续》等法令文件。

（五）培训司法干部

司法人民委员部培训司法干部主要采取四种方式：一是抽调到上一级司法机关实习，即把县裁判部工作人员调到省裁判部实习，把省裁判部工作人员调到中央司法人民委员部实习，经过一段时间仍回到本地本部门去工作。二是举办短期训练班。司法人民委员部1933年8月至12月共举办9期训练班。三是司法人民委员部工作人员，每次出去巡视工作回来，安排一定的学习时间，进行总结培训。四是在苏维埃大学设立司法班，培养法律专门人才。

（六）宣传苏维埃法制

利用各种会议向群众宣讲有关苏维埃法律和法令；指导各级裁判部组织巡回法庭就地审判，吸收群众旁听，并通过张贴判决书和布告，使群众了解案件的内容和处理结果，从中受到法制教育。

（七）领导和管理劳动感化院和看守所

司法人民委员部于1932年8月2日颁布了《劳动感化院暂行章程》，对劳动感化院的任务、隶属关系、工作方法等作了具体规定。1933年5月1日，针对劳动感化院和看守所工作中的缺点和问题。发布了《对裁判机关的工作指示》，要求提高看守所和劳动感化院工作人员的素质，加强对犯人的管理。特别强调注意解决好组织生产与感化工作的关系，指出“感化犯人的工作是劳动感化院的主要部分，应当要特别注意”。

二、江西各苏区的裁判部

《裁判部的暂行组织及裁判条例》规定：“裁判部为法院未设立前的临时司法机关，暂时执行司法机关的一切职权，审理刑事民事案件的诉讼事宜”“裁判部在审判方面受临时最高法庭的节制，在司法行政上则受中央司法人民委员部的指导，司法人民委员部有委任和撤销裁判部长及工作人员之权”。《地方苏维埃暂行组织法（草案）》规定“省县区市各级裁判部之下，均设裁判委员会，为讨论和建议关于司法行政、关于检察与审判各种问题的机关。”《司法人民委员部一年来的工作》一文指出：“裁判部包含两种性质，一方面管理司法行政的工作，另一方面管理审判的工作。”

根据中央执行委员会和司法人民委员部的命令、指示和要求，江西境内的各个省苏维埃政府先后着手建立了裁判部，县一级裁判部在1932年6月以前全部建立。省苏维埃政府（以下简称省苏）裁判部，建立的时间和历任裁判部长名单列表如下：

裁判部名称	建立时间	历任裁判部长
江西省苏裁判部	1930年10月	古柏、胡灿、徐达志、江善忠
闽赣省苏裁判部	1933年5月	曾昭明
粤赣省苏裁判部	1933年9月	李世森、刘辛庭、朱应山、许承芬
赣南省苏裁判部	1934年5月	刘辛庭
湘赣省苏裁判部	1931年10月	张启龙、方维夏
湘鄂赣省苏裁判部	1932年5月	黄廷厚
闽浙赣省苏裁判部	1932年12月	柳真吾、徐寅荣

（注：闽浙赣省苏裁判部的前身为赣东北省苏裁判部）

司法人民委员部规定司法机关的中心任务是适应革命战争的需要开展司法工作。1932年6月召开的闽、赣两省及瑞金直属县裁判部联席会议的决议案明确指出，裁判部目前的中心任务是“保障苏维埃政权的各种法令的实施，镇压反革命派别及反苏维埃法令的反革命行为。换句话说，就是负起肃清国内反革命势力，巩固苏维埃政权的任务”。根据上述决议，江西省苏裁判部于1933年5月和10月分别发布训令和紧急命令，动员各级裁判部健全裁判组织，加强裁判部的工作，运用法律武器镇压一切敌视和破坏苏维埃政权的敌对分子，粉碎敌人的疯狂进攻。

为了适应革命战争形势和做好裁判部工作的需要，江西省苏裁判部加强了裁判部干部的培训，1933年10月制订了《省裁判部训练新干部的计划》，确定在前三期干部训练班的基础上，开办第四期为期30天的司法干部训练班。讲授科目有：普通政治、目前政治形势与裁判部的中心任务、苏维埃政权、中国共产党与共产青年团、红军问题、肃反问题、查田问题、经济问题、惩治反革命条例、违反劳动法的惩办条例、看守工作、判决书的作法、拘票传票搜查票的用法等。学员结业后，主要用于建立和充实区一级裁判机关。江西省苏裁判部还重视培养女司法干部，在有关司法机关配备了女指导员、检查员、看守员等。此外，闽赣、粤赣等省苏裁判部也举办了县一级及中心区裁判部工作人员训练班。

三、劳动感化院

根据《劳动感化院暂行章程》规定，劳动感化院是裁判部下的一个附属机关，负责看守、教育及感化违反苏维埃法令的一切犯人，目的是使这些犯人监禁期满后不再违犯苏维埃法令。章程还规定县以上裁判部设立劳动感化院，均隶属于各该级的裁判部。

以闽浙赣省劳动感化院为例，在院长领导下设总务科（负责财务、事务工作），劳动科（负责犯人的生产劳动）、文化科（负责犯人的文化学习）。院内有省裁判部派来的一个警卫班监管犯人。犯人每天晚上都要学习，七天上一次政治课，十天开一次民主生活会，进行评议，每月总评一次。

劳动感化院设有工场，对犯人进行劳动改造。瑞金的劳动感化院能制造袜子、藤篮、信封、信纸等。江西省劳动感化院能制造斗笠、草鞋、粉笔等，并能缝衣。闽浙赣省劳动感化院除能生产毛笔、墨汁、复写纸等用品外，还有修理部，可修理钟表。各分院一般设有木工部、铁工部，缝衣部、石工部等。有的感化院除做到经费自给外，还有节余。

选自范佑先主编：《中华苏维埃共和国司法行政史料选集》，江西省司法厅1993年编印，第36～40页。原注：“选自《江西省司法行政志》书稿”。

57. 附［法史研究］：中华苏维埃共和国时期审判机构及职能简介

中华苏维埃共和国的审判机构，是在第二次国内革命战争的环境中，伴随着苏维埃政权的诞生而建立起来的工农民主专政机关。1931年11月中华苏维埃共和国临时中央政府在瑞金成立后，为巩固新生的工农民主政权，保障中华苏维埃共和国境内人民群众的合法权益，在摧毁国民党反动政府司法机关和否定其司法制度的基础上，迅速建立起来了人民的司法机关及相应的司法制度。1931年12月13日中央执行委员会颁布《处理反革命案件和建立司法机关的暂行程序》，规定各地“在未设立法院之前，得在省、县、区三级政府设立裁判部，为临时司法机关”。1932年2月在中央执行委员会之下设立了临时最高法庭，代行最高法院职权，任命何叔衡为临时最高法庭主席，统一领导苏维埃的审判工作。在有条件的省、县、区也纷纷建立了裁判部，取代了肃反委员会的工作。1932 年 2 月与 6 月，中央执行委员会先后颁布了《中华苏维埃共和国军事裁判所暂行组织条例》和《裁判部的暂行组织及裁判条例》，确定了红军裁判所和地方各级裁判部与临时最高法庭的关系，并规定了相应的审判程序。1934 年 1 月第二次全国苏维埃代表大会以后，中央执行委员会决定建立最高法院，并在同年 2 月颁布的《中华苏维埃共和国中央苏维埃组织法》中规定了最高法院的组织机构的设置及职能，同年 4 月中央执行委员会又颁布了《中华苏维埃共和国司法程序》，至此，苏维埃境内的各级审判组织及其审判制度都相继建立起来了。

苏维埃审判机关的设置是根据当时的审判工作实践不断调整和完善的。其机构先后有肃反委员会、裁判部（科，所）、临时最高法庭、最高法院；在此期间，为了审判工作的需要，还没立了最高特别法庭等机构，并依法赋予了相应的职能。

一、肃反委员会

肃反委员会分为省、县、区（市）三级组织。按《中华苏维埃共和国地方苏维埃暂行组织法（草案）》规定，“肃反委员会乡由 7 人至 9 人，区及市由 7 人至 11 人，县及省由 5 人至 7 人组织之。”各级肃反委员会分别隶属于各级苏维埃政府或革命委员会，接受同级苏维埃政府的领导与节制，下级肃反委员会绝对服从上级肃反委员会的领导。肃反委员会的职能：（1）为公、检、法三者合一的苏维埃政权临时性专政机关，兼侦察、逮捕、审讯、判决、执行等职能，其主要任务是镇压反革命及与其他刑事犯罪分子作斗争；（2）省、县两级肃反委员会有判决死刑和处决之权；（3）区（市）肃反委员会执行罪犯的处决必须经县级肃反委员会的批准。但在紧急与特殊情况下，区肃反委员会亦有判决、执行死刑之权。

肃反委员会是苏维埃政权的临时专政机关，虽然在工作中存在过一些缺点或错误，但在镇压阶级敌人，打击各种刑事犯罪分子，巩固新生的工农民主专政，建立和维护根据地革命秩序等方面起到了极大的作用，为苏维埃审判制度的建立奠定了基础。

二、裁判部（科）、所

各级裁判部（科）。

根据 1932 年 5 月 9 日中华苏维埃共和国中央执行委员会颁布的《裁判部的暂行组织及裁判条例》规定，地方各级法院未建立以前，在省、县、区各级苏维埃政府内设立裁判部，在较大的城市苏维埃政府内设立裁判科，以代行各级法院职权。另据中央执行委员会颁布的《中华苏维埃共和国地方苏维埃暂行组织法（草案）》规定，区裁判部设部长、副部长各 1 人，文书 1 人，县裁判部设部长、副部长各 1 人，裁判员 1 至 4 人，巡视员 2 至 3 人，检察员 2 至 3 人，秘书 1 人，文书 1 至 2 人；省裁判部设部长 1 人，副部长 1 至 2 人，裁判员 1 至 3 人，巡视员 2 至 5 人，检察员 5 至 6 人，秘书 1 至 3 人。裁判部长负责裁判部的全部工作；副部长协助部长工作，部长因故离职时代理部长职权；检察员负责管理调查案件、预审案件及助理法庭告发事宜；裁判员管理审问及判决案件。按规定，在各级裁判部内设立裁判委员会，成员由各级裁判部长、副部长、裁判员、检察员、国家政治保卫局分局长或特派员、民警分局长、民警厅长或民警所长、工农检察委员会、劳动部和职工会的代表及裁判委员会所在地的下级裁判部长以及其他能任此职的工作人员组成。各级裁判委员会主任由各该级裁判部长担任，裁判委员会委员经同级苏维埃政府执行委员会主席团审查通过后报上级裁判部批准。裁判委员会负责讨论关于司法行政及关于检察与审判各种问题，并提出解决问题的建议。各级裁判部内得组织刑事法庭，还可以组织巡回法庭。

各级裁判部（科）的职能：（1）为各级法院建立以前的临时审判机关，暂时执行地方法院的一切职能，审理除军事机关工作人员及现役军人以外的一切刑事、民事案件；（2）下级裁判部隶属于上级裁判部，上级裁判部有权任免下级裁判部长及工作人员，各级裁判部受同级政府主席团指导；（3）裁判部在审判方面须受临时最高法庭节制，在司法行政上受中央司法人民委员部指导，中央司法人民委员部有委任和撤销裁判部长及工作人员之权；（4）未与中央苏区连成一片的苏区各级裁判部的司法工作中的一切问题，由所在省苏维埃政府执行委员会代行临时最高法庭及中央司法人民委员部解决（的职权）；（5）各级裁判部依法有宣布对被告人警告、罚款、没收财产、强迫劳动、监禁、枪决之权（执行要经上级批准）；（6）区裁判部一般审理不重要的案件，但中央执行委员会在 1934 年 4 月 8 日颁布的《中华苏维埃共和国司法程序》中又规定，区裁判部有审理和判决当地一切罪犯之权；（7）县裁判部既是审理区裁判部判决案件的终审机关，又是审判具有全县意义案件的初审机关，除与省裁判部隔断的县裁判部外，所判决的死刑案件需报省裁判部核准方能执行。（8）省裁判部既为县裁判部所判决案件的终审机关，又是审判具有全省意义案件的初审机关，所判决死刑案件除未与中央苏区连成一片的省裁判部外，其余的都须送交临时最高法庭核准方能执行；（9）在各级裁判部下设立看守所，以监禁未审判或判处短期监禁的犯人。县、省两级裁判部，除设立看守所外，还需设立劳动感化院，以监禁与改造判决 10 年以下有期徒刑的犯人。

军事裁判所。

为保障红军指战员及军事工作人员的权利，维护红军铁的纪律，中华苏维埃共和国中央执行委员会于 1932 年 2 月颁布了《中华苏维埃共和国军事裁判所暂行组织条例》，规定在红军内建立各级军事审判机关，即军事裁判所。军事裁判所分为四种：初级军事裁判所、阵地初级军事裁判所、高级军事裁判所、最高军事裁判会议。

初级军事裁判所。初级军事裁判所设在红军的军部、师部及军区指挥部和独立师师部内，隶属于高级军事裁判所。初级军事裁判所设正、副所长各 1 人，裁判员 1 至 2 人，检察员 1 至 2 人，文书 1 至 2 人，法警若干人。所长由士兵代表大会推举经高级军事裁判所批准产生。在初级军事裁判所内组织裁判委员会以指挥所内一切裁判工作。初级军事裁判所委员会由 5 至 7 人组成，成员有正副所长、裁判员、检察员、国家政治保卫分局长或特派员、军队的政治机关的代表及其他工作人员中能任此职的人，所长为主任。初级军事裁判所组织军事法庭，必要时组织巡回法庭，专门审判有关案件。各法庭由 3 人组成，以 1 人为主席，其余 2 人为陪审员。初级军事裁判所职能：（1）审理军长（不含）以下指战员的犯罪和在军队里服务的一切工作人员的犯法案件；（2）审理作战地带居民的违法案件，审判敌军的侦探及内奸；（3）有判决死刑之权，但须报高级军事裁判所核准后方能执行；（4）在紧急作战的情况下，对所判死刑案件可先执行后抄录全部案卷送高级军事裁判所追认；（5）凡经其判决的案件，须交高级军事裁判所进行终审判决。

阵地初级军事裁判所。阵地初级军事裁判所设在作战阵地的最高级的指挥部内，隶属于高级军事裁判所。阵地初级军事裁判所的人员编制与初级军事裁判所一样。正副所长与裁判员由士兵代表大会推举，经高级军事裁判所批准产生。阵地初级军事裁判所内组织裁判委员会，成员与初级军事裁判所相同。阵地初级军事裁判所同样设立军事法庭及巡回法庭，用于审判案件。法庭由 3 人组成，以裁判员为主席，其余 2 人为陪审员。阵地初级军事裁判所职能与初级军事裁判所相似。

高级军事裁判所。高级军事裁判所设在中央革命军事委员会内及未与中央苏区连成一片的苏区最高军事委员会内，司法行政隶属于中央司法人民委员部，检察与审判方面受临时最高法庭节制。在高级军事裁判所内设所长 1 人，副所长 1 至 2 人，检察员 2 至 3 人，裁判员 1 至 3 人，巡视员 2 至 5 人，秘书 1 人，文书 1 至 3 人，法警若干人，其他工作人员可按需要增减。其中所长和裁判员由中央革命军事委员会提名经最高法院（最高法院未成立前由临时最高法庭代理，以下同）批准。所长管理本所工作；副所长协助所长工作，所长因故离职时代理所长职务；检察员负责管理案件的调查与预审，并助理法庭告发事宜；裁判员负责管理审问及判决案件。在高级军事裁判所内组织裁判委员会，由 7 至 9 人组成，参加人员有正副所长、裁判员、检察员、国家政治保卫分局长或特派员、军队的政治机关的代表及其他工作人员中能任此职者，所长为裁判委员会主任。裁判委员会指导所内一切裁判工作。高级军事裁判所下设军事法庭及巡回法庭，分别审理各类案件。各法庭分别由 3 人组成。各法庭在审判初审案件时须用陪审员，陪审员由士兵选举产生，每星期调换一次；而在审判终审案件时不用陪审员，由裁判所所长和裁判员组成法庭。高级军事裁判所的职能：（1）审判经过初级军事裁判所、阵地初级军事裁判所初审而上诉或抗议的案件，是审理这些案件的终审机关；（2）审理军长（含）以上犯法的指挥员、革命军事委员会的直属部队及其他工作人员的犯罪案件，是审理这些案件的初审机关，经其初审的案件须送交最高军事裁判会议进行终审；（3）判决死刑的案件全部案卷须送交最高法院核准后再执行，但在紧急情况下可先执行后抄录全部案卷送最高法院追认。

最高军事裁判会议。最高军事裁判会议设在最高法院内。最高法院未成立前，对于最高军事裁判会议所应审理的案件，由临时最高法庭审理。最高军事裁判会议由最高法院指定若干人及中央革命军事委员会的代表组成。其职能为：（1）是中华苏维埃共和国审判军事案件的最高司法机关；（2）审理经高级军事裁判所初审的上诉或抗议的案件，是审理这些案件的终审机关；（3）审判军团指挥员以上的重要军事工作人员的犯法案件，是审理这些案件的初审机关，也是终审机关，被告人没有上诉权。

此外，《中华苏维埃共和国军事裁判所暂行组织条例》还规定，在初级、高级的军事裁判所的所在地，分别设立初级、高级军事检察所。

初级军事检察所设所长 1 人、副所长 1 人，检察员若干人。高级军事检察所设所长 1 人，副所长 2 人，检察员若干人，书记、文书等技术工作人员、军事检察所的职能：（1）是代表国家作为军事犯的原告机关，有权检查军队中及与军事有关系的一切犯法案件，并向军事法庭提起公诉，开庭审判时代表国家出庭告发；（2）是军事司法机关的检察机关，一切军事犯罪案件都由相应的军事检察所检察、预审及做出结论后，再将案件送交军事裁判所去审判；（3）检察所的组织原则是下级绝对服从上级指挥，对于所内检查的重要案件可开会讨论，但所长有最后决定权，检察员有不同意见时，可向上级机关提出；（4）各级军事检察所在办案时，依法有权调用军事裁判所所在地的军部或师部及其他军事机关所指定的部队。

三、临时最高法庭、最高法院、最高特别法庭

临时最高法庭。临时最高法庭是最高法院成立前的中华苏维埃共和国的最高审判机关，代行最高法院职权。临时最高法庭设正副主席，正副主席，由中央执行委员会委任。另设检察长、检察员若干人。临时最高法庭组成以主席为首的委员会，讨论和决定法庭范围内一切重大问题和案件。临时最高法庭下设刑事、民事、军事法庭，以审理不同性质的案件，临时最高法庭于1932年2月成立，何叔衡为第一任临时最高法庭主席。1934年2月3日中央执行委员会第一次会议任命董必武为第二任临时最高法庭主席。临时最高法庭的职能：（1）代行最高法院职权。对中央执行委员会及其主席团负责并对其报告工作；（2）对国家的一般法律作法定的解释；（3）审查各省裁判部及高级军事裁判所的判决书及决议，并指导这些司法机关的审判工作；（4）审查中央执行委员会[①]之下[②]的高级机关职员在执行职务期间的犯法案件（中央执行委员会①的犯法案件则由中央执行委员会或主席团另行处理）；（5）审判不服省裁判部或高级军事裁判所的判决而上诉的案件，或检察员不同意省裁判部或高级军事裁判所的判决而提起抗议的案件；（6）是最高判决机关，经其判决的案件为终审判决，被告人无上诉权。

最高法院。最高法院为中华苏维埃共和国的最高审判机关。中华苏维埃第二次全国代表大会以后，中央执行委员会决定成立最高法院。中央执行委员会于1934年2月颁布了《中华苏维埃共和国中央苏维埃组织法》，规定在中央执行委员会下设立最高法院。最高法院设院长1人，副院长2人，院长、副院长由中央执行委员会主席团任命。在最高法院组织以院长为主席的最高法院委员会，讨论并决定最高法院职权范围内各项重要的问题及案件。最高法院下设刑事、民事及军事法庭，各设庭长1人，分别审理刑事、民事及军事案件。最高法院内设正、副检察长各1人，检察员若干人，其中正、副检察长由中央执行委员会主席团任命。最高法院的职能与临时最高法庭相同。尽管从目前所见到的文献资料中，尚未发现有关最高法院正式建立的具体日期及领导人的任命材料[③]，但1934年2月17日公布的《中华苏维埃共和国中央苏维埃组织法》中明确规定了最高法院的组织章程。同年3月25日，最高法院遵照中央执行委员会的命令，组织特别法庭，审判了原中央执行委员、于都县苏维埃政府主席熊仙壁的贪污渎职案和原中央执行委员、工农剧社社长洪水贪污案。这表明中华苏维埃共和国时期的最高审判机关已经使用了最高法院这个名称，并行使了职权。

最高特别法庭。它是为审判中央执行委员犯法的特殊案件的需要而组织起来的临时性最高特别审判机构，对中央执行委员会及其主席团负责，并对其报告工作，案件一经审理完毕即自然解散。其职能是（1）专门审判中央执行委员犯法的案件；（2）是国家最高特别审判机关，凡经其审判的案件，为终审案件，被告人无上诉权。

---

① 以上两处应是“中央执行委员”，“江西司法史料版”“瑞金审判资料版”皆多加一个“会”字。

② 按《中央苏维埃组织法》的规定，应是：“审查中央执行委员以外的……”

③ 编者按：1934年2月3日中央执行委员会发布的第一号布告宣布：“委任董必武为临时最高法庭主席”，以后根据1934年2月17日公布的《中华苏维埃共和国中央苏维埃组织法》，最高法庭改为最高法院，董必武任最高法院院长。

附：（1）中华苏维埃共和国审判机关在国家机构中的序列表：

（一）中华苏维埃共和国审判机关在国家机构中的序列表

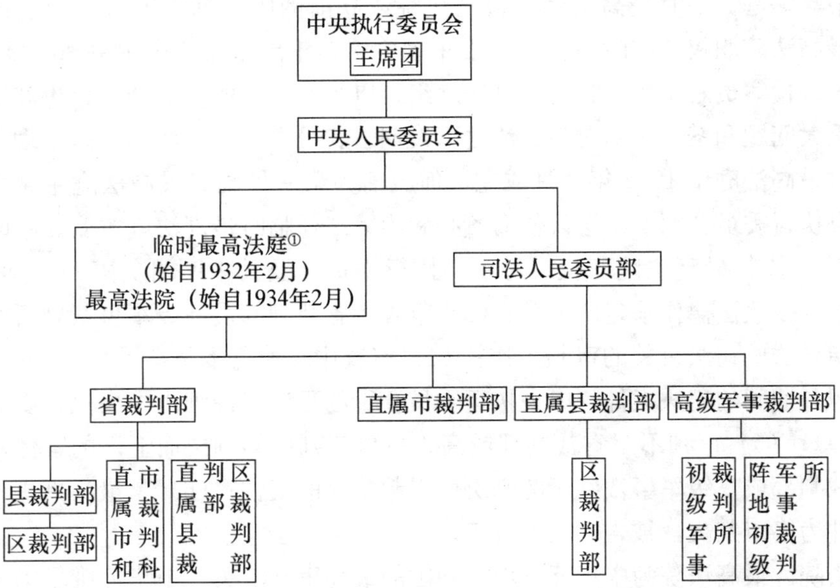

①编者注：根据《中央苏维埃组织法》的规定，最高法院并不隶属于中央人民委员会，而是直接隶属于中央执行委员会，与中央人民委员会并列。参见本书《中华苏维埃共和国中央苏维埃组织法》附件二："中华苏维埃共和国中央工农民主政府组织系统表"。

附：（2）中华苏维埃共和国审判机关组织序列表：

（二）中华苏维埃共和国审判机关组织序列表

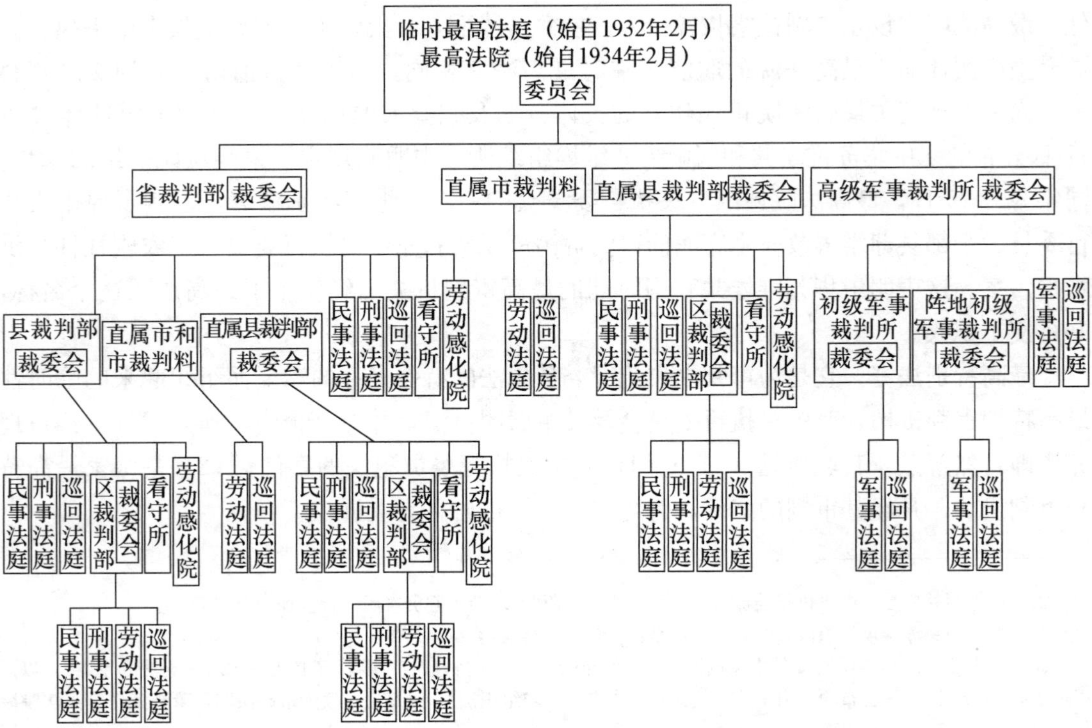

审判工作的主要特点

从1931年11月中华苏维埃共和国诞生和临时中央政府成立，到1934年10月中国工农红军北上抗日，短短几年中，在各级设立了审判机关，建立了苏维埃共和国审判制度，制定了一整套适应当时革命斗争需要的审判方针、政策及原则，形成了一个较完善的苏维埃司法体系。它有以下鲜明的特点。

一、审判制度与政权建设的一致性

中华苏维埃共和国审判机关从机构设置、组织体系到活动原则、审判程序等方面，都立足于为红色政权的建立、巩固、发展和工农劳苦群众的合法权益服务。

为了纠正苏区肃反扩大化的错误，为了调整集公、检、法三者为一身而又缺乏监督的肃反委员会及国家政治保卫局的职能，在建立各级法院条件尚未成熟之前，中央执行委员会立即着手建立起代行各级法院职权的各级审判机关，其组织体系，在中央建立了临时最高法庭，在地方建立了省、县、区裁判部及市裁判科，在红军中建立起各级军事裁判所。中央执行委员会和中央司法人民委员部，先后颁布了一系列有关审判机关的组织及审判法令与条例，要求各级审判机关尽快地完善起来并依法进行严格的审判，同时对审判机关的审判与司法行政的关系、审判与检察的关系、司法机关上下级关系及司法权的归属、判决后的执行等问题都作了严格的规定，与旧司法制度相比，显示了苏维埃审判制度的鲜明特点。

在审判机关与行政机关的关系上，中央取审政分立制，在地方取审政合一制。中央审政分立制，即司法行政权归中央执行委员会及中央司法人民委员部，负责司法干部的任免、奖惩、教育与训练。如临时最高法庭的两任主席何叔衡、董必武都是中央执行委员会任命；中央司法人民委员部曾在瑞金召开过几次省、县裁判部长联席会议，总结和介绍审判经验，训练干部。但是中央执行委员会和中央司法人民委员部没有审判权，除特别重大案件经中央执行委员会及其主席团讨论外，不得干涉审判工作。临时最高法庭只有审判权而无行政权，其任用干部须经中央执行委员会批准，但是在审判时，临时最高法庭依法独立行使审判权，不受党政军机关和任何个人的干涉。地方审政合一制，是指地方和军队各级审判机关既有审判权又有司法行政权。虽然地方与军队各级裁判机关在行政上受中央执行委员会及中央司法人民委员部的领导，受同级苏维埃政府主席团的指导，但是由于中央司法人民委员部在地方及军队内没有下属单位，其任何命令都由裁判机关贯彻执行，这就决定了地方和军队各级裁判机关同时具有审判与司法行政的双重职能，不但独立行使审判权，还可以任免下级裁判机关的干部而成为审政合一的组织。

适应战争环境，采用审检合一制。在检察机关与审判机关的关系问题上，不论中央，地方或军队都取审检合一制。苏维埃的审判与检察没有分开，没有设立单独的检察机构行使检察职能，检察职能是通过附设在审判机关内的检察长、检察员的工作完成的。如在《中华苏维埃共和国中央苏维埃组织法》中规定，在最高法院内设正、副检察长及检察员，在《中华苏维埃共和国地方苏维埃暂行组织法（草案）》及《裁判部的暂行组织及裁判条例》《中华苏维埃共和国军事裁判所暂行组织条例》中分别规定，在地方与军事裁判机关设立检察员，以完成案件的侦察、预审、起诉、公诉等任务，这样使审判工作与检察工作集中在中央、地方和军事各级审判机关内，使其成为审检合一的组织。

审理具体案件，审判机关独立行使审判权。审判权原则上属于各级审判机关。依据1931年12月13日中央执行委员会颁布的《处理反革命案件和建立司法机关的暂行程序》，一切反革命案件及一切刑事、民事案件均由审判机关审判，并规定在一般情况下，一切反革命案件必须由国家政治保卫局负责侦察、逮捕、预审，然后转交裁判机关审判。这样，使苏维埃审判工作严格地按照司法程序进行。纠正了随意捕人及不按法律程序审判的错误。但是，苏维埃的审判机关是在战争环境下进行工作的，有的地区的正常审判程序往往因战争等特殊情况而不能依法进行，特别是在第五次反“围剿”期间，隐藏在根据地内的反革命分子及地主分子破坏活动，有所抬头，边区战区的反革命活动更加猖獗，因此中央执行委员会在1934年4月8日颁布的《中华苏维埃共和国司法程序》中授权给边区战区的国家保卫分局，对敌人的侦探、法西斯分子、刀匪、团匪及进行反革命活动的豪绅地主分子直接逮捕审判及执行，不必经过裁判机关，使这些地区的反革命活动被迅速地镇压下去，直接配合了红军的作战。这种审判权的原则性与灵活性的统一，适应处在战争环境中的司法工作的需要，对于镇压反革命、巩固苏维埃政权、维护革命秩序等方面起到了很大的作用，为中央苏区军民的反“围剿”斗争作出了应有的贡献。

在审判机关的上下级关系问题上，苏维埃的司法机关有其严密的组织系统。临时最高法庭是国家最高审判机关，负责指导与节制地方及红军中的裁判机关的审判工作；地方及红军中的裁判机关，在行政方面须接受中央司法人民委员部及同级苏维埃政府主席团的指导，在审判方面接受临时最高法庭的指导与节制。地方及红军中的审判机关，下级裁判机关直接隶属于上级裁判机关，下级裁判机关的干部及工作人员都由上级裁判机关任免、奖惩、教育与训练，上级裁判机关随时派员到下级裁判机关视察与指导工作。下级裁判机关绝对服从上级裁判机关的领导，定期向上级裁判机关报告工作，不得到上级裁判机关的批准不能随便调动与撤换本裁判机关的干部与工作人员；接到上级裁判机关的命令与指示以后，立即召开裁判委员会及全体工作人员会议讨论具体执行的办法，按照上级裁判机关的指示去执行。

在审判机关内部，各级审判组织重视审判队伍的建设，注重对审判人员的培训教育。出版各种刊物，如1933年6月，江西省苏维埃裁判部分别出版了《裁判汇刊》和《裁判半月刊》两种专业性刊物，对及时总结和介绍审判工作经验与教训，提高审判机关的工作效率，促进审判工作迅速与正确地开展，起了积极作用。

二、审判制度的法定性

审判制度是保证审判机关依法有效地进行审判活动的章程，中华苏维埃共和国在建立审判机关的同时，建立了适合于当时革命战争环境的各种审判原则和制度，保障了裁判机关正确、合法地开展司法活动。

在法律面前人人平等，普通公民犯法要绳之以法，党政军干部犯法也同样要受法律制裁，这是苏维埃审判工作贯彻法律面前人人平等的显著特征。遵守宪法及其他法律，是中华苏维埃共和国每个公民的义务，中华苏维埃宪法要求任何组织或个人都没有超越宪法和法律的特权，对任何人违反宪法和法律行为都必须受到法律的制裁，构成犯罪的一律交法庭审判。如原中央执行委员、于都县苏维埃主席熊仙壁因犯贪污、渎职、包庇反革命罪，于1934年3月25日被最高特别法庭判决监禁一年，剥夺公民权一年。又如原中央人民委员会总务厅科员兼中华苏维埃共和国临时中央政府大礼堂建筑工程所主任左祥云，因贪污（贪污大洋246元7角），盗窃红军军事秘密地图献给白军等罪行，于1934年2月13日被临时最高法庭判处死刑立即执行。同一天，临时最高法庭还审判了因犯渎职及包庇左祥云贪污等罪行的原中央人民委员会总务厅管理处长徐毅，判处徐毅监禁6年，剥夺公民权6年。开庭审判时，旁听的群众有数百人，对法庭的判决无不拍手称快，充分地体现了苏维埃法律与执行机关的威严及人民群众对法庭的拥护与信赖。

“审判案件、必须公开”，这是中华苏维埃共和国中央执行委员会于1932年6月9日颁布的《裁判部的暂行组织与裁判条例》第16条所规定的。公开审判，既是苏维埃时期的重要司法原则，也是重要的司法制度。不论是地方的各级裁判部，还是军队的各级裁判所，在审判案件时，除涉及秘密关系外，都坚持做到公开审判，依照法庭开庭程序，查明案件事实，核对证据材料，经过合议庭评议后，公开宣告判决结果。通过公开审判，有利于进一步查明案件事实，彻底揭露反革命分子和犯罪分子的真实面目，打击其嚣张气焰，鼓舞人民群众同反革命分子和犯罪分子作斗争，这一审判制度深受人民政府和群众的欢迎。

陪审、合议制，是苏维埃审判制度的重要组成部分，《裁判部的暂行组织及裁判条例》第13、14、15条对此都作了明确的规定。当时的陪审制度，是指法庭须由3人组成，裁判部长或裁判员为主审，其余2人为陪审员。陪审员由职工会，雇农工会、贫农团及其他群众团体选举出来，每审判一次得调换2人。实行陪审制，既是解决战争年代裁判人员不足的一个好方法，更主要的是中国共产党贯彻群众路线，体现红色政权依靠人民、信任人民、服务于人民的宗旨。合议制是指由审判员3人以上或审判员1人、陪审员2人组成合议庭，审理案件。合议庭讨论决定判决结果时，以多数人的意见为标准，倘若争执不决时，应当以主审的意见来决定，如陪审员之某一人有不同意见，而且坚持保留自己的意见时，可以用信封封起，提到上级裁判部去，作为上级裁判部审理该案的参考。

在贯彻上诉、辩护和回避制度方面，地方各级裁判机关，在开庭审理时，首先就告诉被告人对判决结果有上诉权，经法庭允许，被告人可请人代为辩护。无论是主审还是陪审员，只要是与被告人有家属、亲戚或私人关系，就不能参加该案的审理工作，体现了回避制。在审判程序方面，从开庭前检察员的检查、预审及裁判委员会的讨论、开庭时的陪审员的陪审、法庭的调查与辩论、法庭的合议与判决、宣判、某一陪审与主审的分歧意见的处理、被告人的上诉或检察员的抗议、死刑案件的复核裁定等，依照法定程序，一环扣一环，严肃认真地审理、判决。

中华苏维埃政权建立初期，地方和军队的各级裁判机关（最高军事裁判会议除外）对所判决的死刑案件无直接执行权，无论被告人上诉与否，均须把死刑案件的全部案卷及判决书送交上一级审判机关进行审查，经批准后方能执行。这一死刑须经上级批准的制度在1934年4月8日中央执行委员会颁布的《中华苏维埃共和国司法程序》中改为上诉制，法庭审判案件改为两审终审制。按两审终审制规定，区为初审机关，县为终审机关，以上①

① 原文如此。

以此类推；初级军事裁判所、阵地初级军事裁判所为初审机关，高级军事裁判所为终审机关，以上①以此类推。凡经初审机关审判的案件均须交上一级审判机关去终审。终审机关收到下级裁判机关送交的初审案件或由检察员抗议的材料，初审机关未发生法律效力的初审判决案卷，对适用的法律依据是否正确进行全面审查，并通过审判来决定是否维持原判。如果初审判决正确。则维持原判，以裁定的方式驳回上诉或抗议；如果初审判决不正确就改判，重新制作判决书，公布判决结果。经两级审判终审的案件，被告人不能再上诉；如果检察人员仍有不同的意见时，可向审判机关抗议，要求再行审判一次。两审终审制的实行，提高了审判工作的准确程度，减少错判及审判人员徇私枉法机会，提高了苏维埃审判机关的权威。

审判工作坚持实事求是，实行教育、感化、改造相结合的原则。中央执行委员会及人民委员会多次颁布命令与条例，要求各级审判机关在审理案件时、遵照以犯罪事实为根据，以苏维埃法律为准则，并实行教育、感化、改造相结合的原则。要求在审理任何案件之前，都必须做好调查研究工作。在开庭审判时，要重证据而不轻信口供，更不能逼供诱供，坚决废止肉刑，禁止证人作假证，法庭要求证人的证词对法律负责，以免误伤好人，力求事实清楚，量刑准确，避免轻罪重判或重罪轻判。凡是错判的案件一律改正，维护法律尊严，保护公民的合法权益。同时，苏维埃法庭在审判时还实行了惩办与宽大相结合的政策。苏维埃法律规定，对犯罪分子惩罚不贷，但要求法庭在量刑时要区别罪犯的阶级成分、罪行的轻重、认罪态度、主犯还是从犯、揭发同案犯的程度等情况分别治罪，执行宽严结合的政策，收到了打击和孤立首恶分子和顽固分子，瓦解敌人，减少阻力的效果。苏维埃审判机关对于判处十年以下有期徒刑的犯人实行监禁，在监禁期间送劳动感化院进行劳动改造，经过劳动改造与感化教育，使罪犯中不少人洗心革面，在刑满释放后成为遵纪守法的苏维埃公民。中华苏维埃共和国审判机关所实行的这种惩办与宽大相结合的改造犯人的方式，是幼年的中国共产党领导下的苏维埃政权专政机关的一项开创性工作，是在对敌斗争过程中创立的教育、感化、改造犯人的新的政策，体现了中国共产党人改造旧世界的博大胸怀。

三、审判工作的群众性

中华苏维埃共和国审判机关代表人民利益执行国国家的专政职能，它的任务是打击敌人，保卫人民群众的权益，巩固苏维埃政权，受到根据地军民的拥护与支持，审判工作的基础深深植根于群众之中。犯罪事实调查是否清楚，审判工作做得好或差、取决于审判机关工作人员深入群众与发动群众的程度。

为了发动群众、依靠群众搞好审判工作，中央执行委员会和司法人民委员部曾多次颁布命令与条例，指示裁判机关要与群众相结合，一方面把审判机关的专门工作置予群众的督促之下，另一方面借审判案件教育群众遵纪守法，提高群众对敌斗争的积极性。中华苏维埃共和国的革命群众依法有权参加审判工作，他们的代表可以作案件的陪审员、辩护人、证人。各级裁判机关所组织的民事法庭、军事法庭、劳动法庭及巡回法庭都分别有工农兵的代表以人民陪审员身份参加，凡由 3 人组成的法庭就有 2 个人民陪审员，这些陪审

① 原文如此。

员分别由职工会、雇农工会、贫农团及士兵会中选举出来。法庭的主审无论是由裁判长还是由裁判员担任，他们都非常尊重陪审员的意见，在审判工作中，如果某一陪审员的意见未被采纳，他依法可以保留意见并报告上级裁判机关，作为上级裁判机关复审此案的参考意见。中央司法人民委员部1933年5月30日颁布的《对裁判机关工作的指示》中强调，裁判机关在审判任何案件时，都要注意多数群众对该案的意见。要求各法庭在开庭审判前，须广泛地张贴告示，公布审判某案的日期，以吸引和组织广大群众届时旁听。必要时还要组织巡回法庭，到出事地点或群众聚集的地方去审判案件，在众多的群众面前揭破反革命的阴谋活动及对革命的危害，扩大审判工作的影响，这种以专门审判机关为核心、以革命群众为基础的办案方式，形成了从中央到地方、从城市到乡村的有形又无形的法网。如1932年8月13日，瑞金县河背街杨嘉才逼奸侄儿媳赵来开未成，遂将赵杀死，并分尸数块煮熟，次日凌晨挑去掩埋时被群众发现抓获。根据群众揭发和全县各区乡妇女代表的强烈要求，瑞金县裁判部将杀人犯杨嘉才判处死刑，立即枪决。土地革命期间，特别是中央苏区第五次反"围剿"期间，一些反革命分子及各级政府工作人员中的贪污腐化分子，就是由革命群众揭发经过法庭审判而得到及时处理的。这种审判机关与群众相结合的办案方针，反映了中国共产党领导下的苏维埃专政机关依靠人民，保护人民利益的本质特征，密切了党和政府与人民群众的联系。因此，尽管苏维埃政权从诞生的那天起，就遭到帝国主义和国民党反动派的政治瓦解与军事进攻，然而革命根据地内却出现政权稳固、人心安定、生产发展、百姓争先恐后报名参加红军的欣欣向荣的景象。这与苏维埃共和国审判机关卓有成效的审判工作是分不开的。

总之，中华苏维埃共和国审判制度的建立与审判工作的实践，是在第二次国内革命战争的环境中，伴随着中华苏维埃政权的诞生而建立起来的。它是在中国共产党的领导下，以马列主义为指导，以崭新的面貌开创了中国审判史上的新纪元；是中国法制史上的宝贵财富；是社会主义法制建设的基础和渊源；对于加强社会主义法制建设，促进社会主义物质文明和精神文明仍然具有重要的意义。

选自范佑先主编：《中华苏维埃共和国司法行政史料选集》，江西省司法厅1993年编印，第41～58页。简称"江西司法史料版"。原注："选自《中华苏维埃共和国审判资料选编》，人民法院出版社1991年出版"。

互校版本：《中华苏维埃共和国审判资料选编》，瑞金县人民法院编，人民法院出版社1991年版，第220～239页。简称"瑞金审判资料版"。

58. 附［法史研究］：中央苏区司法工作的片断回忆

1982年

中央苏区的工农检察、裁判、政治保卫工作是无产阶级的铁锤，是铁的可靠机构。凡在这些部门工作的人员，必须是真正贫苦工农出身，为革命出全力的共产党员。还要具备嘴巴紧、耳朵精、眼睛明、足勤快的条件，办起事来才准确，才坚决。

县、区工农检察部、裁判部是行政机构，只设部长、副部长、文书。其他工作人员负责所分管的工作，有的管案件审查，有的管预审犯人，有的管控告箱，有的管突击队。政治保卫局设局长或副局长、文书，并设立警察科、预审科（有的说是执行科）、政治科（有的说没有这个科），还有保卫队、看守所等机构。各区设立特派员，各乡还设立工作网。这是单线联系的，工作非常秘密，一点也不能暴露身份。参加工作的同志要忠实可靠，随时向保卫局接头人员汇报情况。裁判部的主要工作是对政治犯、刑事犯案件的审理、判决。而工农检察部则以整顿革命队伍，掌握干部思想动向，对犯罪干部的事实提交裁判部和保卫局处置，并对政治犯、刑事犯的案件、判决进行核查。保卫局除侦破、调查案件外，还负有剿匪、治安的责任。

工农检察部、裁判部、保卫局在工作上既是紧密相连，互相配合，但又互相监督，各负自己的责任，目的为了不错抓、错判、错杀一个人，把案子办得准确无错。

这些机关的工作程序，通常先由保卫局侦破、调查案件后，提交裁判部复核、预审，工农检察部监察，再提交同级裁判委员会定案，然后由裁判部判决，裁判委员会通过，经上级部门批准执行。裁判委员会是由县委书记、县苏主席、工农检察部长、裁判部长、保卫局长。工会主席组成，委员会主任由裁判部长担任。

当时提出的口号是“坦白从宽，抗拒从严”，根据犯罪人的态度，作出宽严的区别。如：一次有人控告官仓的邹声皆带领几个红军反水投敌一案，经审问他本人，承认是贪生怕死逃跑，并将经过一一交代清楚，与同时逃跑的供词一样。根据他的家庭出身、社会关系都好，并表示愿回红军部队。调查、审问结果，否认了他的反水投敌，但带人逃跑也是严重的，由于坦白得好，免于刑事处分。瑞金县苏财政部一个姓唐的部长，贪污各地上缴财政款物共 700 多银元，在账目确凿的情况下，终不承认，由于他抗拒交代，终于判处死刑。

对拉帮结派、一贯表现不好的机关工作人员，诬告革命同志的人，可召开“同志审判会”，根据其情节的轻重，有的给予教育，有的给予感化，有的给予记过，有的给予判决（劳役或枪决）。

总的说来，中央苏区的司法工作做得轰轰烈烈，对巩固红色政权起了重大作用。

回忆人：陈于伦、谢荣燕、谢跃南、陈颂潭、何发茂、刘承崇、刘良伟、张新桥、钟良明

1982 年 10 月 20 日

选自范佑先主编：《中华苏维埃共和国司法行政史料选集》，江西省司法厅 1993 年编印，第 342～343 页。原注：“据瑞金革命纪念馆《回忆录》第 253 号”。

59. 附：“法学教育动态与回忆”

（一）江西省裁判部训练新干部的计划

1933 年 10 月 20 日《裁判半月刊》

本部为适应革命战争形势猛烈的开展与工作上的需要，曾经正式办过三期训练班，以

加强县区两级裁判机关的工作，但是前三次受训练的同志，仅限于裁判机关组织范围之内，而没有从组织范围之外，吸收新的积极分子来受训练，因此仍不能解决缺少工作人员的问题，特别是建立和充实新县边区和落后区域的工作，更有继续开办第四期训练班的必要，现把第四期训练班的计划，列说于次：

1. 训练目标：本期训练班以造就新的干部，建立和充实区一级的组织为目标。

2. 人数：暂定为七十名，不分男女，均可吸收，分配兴、博、石、胜、万、赣、广、乐等八县每县选送五名，永、南、宜、龙、长、洛、太、杨、赤、康等十县，每县选送三人。

3. 课目：普通政治，目前政治形势与裁判部的中心任务、苏维埃政权，中国共产党与共产青年团，红军问题、肃反问题、查田运动、经济建设、反帝拥苏、职工运动、专门课（裁判部组织系统）、各种法庭的性质和组织、审判程序、审判术、违反劳动法的惩办条例、看守工作、解送人犯问题、分别人犯问题、判决书的作法、裁判部与保卫局的关系，没收人犯财物的手续、拘票、传票、搜查票的用法、惩办反革命条例草案，刑法、惩治反革命条例。

4. 训练期间：三十天，一月一日开课，至同月三十日完毕，受训练的同志，限开课前一天到齐。

5. 受训同志的资格：

甲、政治坚决，对革命有相当认识的积极工农分子。

乙、能打破家庭观念、愿做裁判工作，并服从调动者。

丙、年龄十八岁以上三十五岁以下身体强健无宿疾及传染病者。

丁、有相当文化程度，能够了解便条者。

6. 训练地点：博生县西门外，旧孔圣庙内。

7. 来时路费由各县裁判部发给，训练期间的伙食及将来派去各处工作路费、概由（本部）负担，但须带碗筷被毯衣服自用物。

8. 附带说明：组织训练委员会专门担任训练事宜。

选自范佑先主编：《中华苏维埃共和国司法行政史料选集》，江西省司法厅1993年编印，第340～341页。原注："本文原载《裁判半月刊》1933年10月20日第六期"。

（二）回忆苏维埃大学司法班情况

1982年

1932年冬，我到苏维埃大学司法班学习了三个月。学校设在松山背，司法部长梁柏台，有来自各县的学员100多人。我这个班20多人，班长是福建人，叫李方伟。

经常给我们上课的有何叔衡、梁柏台二同志，毛泽东同志也给我们讲过课，内容主要讲刑事犯、政治犯、军事犯以及在农村怎样开展工作，怎样办案和处理案子等，讲得很详细。另外，还告诉我们工作方法，搞这项工作眼睛要利，耳朵要灵，脚步要勤，嘴巴要稳。

学校刚刚开办，条件比较差，课堂里的课桌是用门板或其他板子铺成的，上完课后，又上回去。学员睡地铺。

学习期满后，回到本县，由各县分配。我被分到隘前区任特派员。

何发茂

1982年10月17日

选自范佑先主编：《中华苏维埃共和国司法行政史料选集》，江西省司法厅1993年编印，第339页。原注：“据瑞金革命纪念馆《回忆录》第323号”。

60. 附司法人物简介：

（一）何叔衡

何叔衡（1876—1935年），湖南宁乡人，字玉衡，号琥璜，学名瞻岵。1918年4月，何叔衡与毛泽东、蔡和森等在长沙组织成立了著名的革命团体新民学会，何叔衡是年龄最大的会员，并曾任执行委员长。1920年何叔衡与毛泽东等发起组织俄罗斯研究会，并参加长沙共产主义小组。1921年6月29日何叔衡与毛泽东代表湖南的共产主义者出席中国共产党第一次全国代表大会。1931年11月，何叔衡离开上海，经香港、广东、闽西，到达中央苏区的中心——江西瑞金，与毛泽东等参加了中央工农政府的领导工作。在中华苏维埃第一、二次全国代表大会上，何叔衡当选为中华苏维埃共和国中央执行委员会委员，并在第一届中央执行委员会第一次全体会议上当选为中央政府工农检察人民委员（即部长）。1932年2月19日，中央政府决定组织临时最高法庭，委任何叔衡为临时最高法庭主审（主席）。1935年2月24日，何叔衡和瞿秋白等人由部队掩护从江西向福建转移，经过福建省长汀县水口镇梅迳村时，被敌人发现并包围。经过激烈的战斗，终因敌众我寡，未能突出重围。何叔衡见突围无望，自己又年迈体弱，筋疲力尽，为了不连累战友，毅然从悬岩上跳下，身负重伤，后被敌人发现并杀害，壮烈牺牲，时年59岁。

何叔衡经过多年的探索和奋斗，从清末秀才到反封建志士，从革命的民主主义转向马克思主义，终于成为一位共产主义者，对中国共产党的创建作出了积极的贡献，是中国共产党的创始人之一。他与中央苏区的徐特立、谢觉哉、林伯渠、董必武被并称为“五老”，是我党司法战线的先驱和卓越领导人，1937年，毛泽东在纪念中国共产党成立16周年大会上提议为包括何叔衡在内的牺牲同志致哀，以表达党和人民对他的深切怀念。

二、何叔衡在中央苏区的司法实践及贡献

何叔衡的革命挚友、后来成为党和国家最高领导人的毛泽东曾经评价何叔衡说：“叔翁为事，可当大局”，由此可见何叔衡的工作能力和在党内的影响。被尊为“中央苏区五老”的何叔衡在年过半百的时候，义无反顾地投身到中央苏区的革命事业，从1931年到达江西瑞金至1935年牺牲于福建长汀，曾先后担任中华苏维埃共和国临时中央政府工农检察人民委员部部长、内务部代部长和临时最高法庭主席的领导职务，集检察、内务、审判大权于一身，可谓是肩负重担，为我党法制建设事业的开创、探索和实践作出了不可磨灭的贡献。

（一）主政工农检察人民委员部：依靠人民群众，强化监督检查，严厉打击贪污腐化分子。

1931年成立中央工农检察部不久，何叔衡就召集全体工作人员开会，发动大家分头下去摸底。他提出，要从各级领导干部检察起，检察领导要从上层领导检察起。会后，何叔衡就背上他为自己准备的三件宝：布袋子、手电筒和记事簿出发了。他白天和群众在田间地头边干边谈，晚上召集部分干部群众座谈，没几天工夫就掌握了很多材料。不久，各路人马返回检察部，通过汇总整理，发现有相当一部分县、区政府，单靠行政命令去解决问题，有的甚至吞没公款，多吃多占，贪污腐化。何叔衡认为，这些问题如不及时克服，将直接威胁苏维埃政权的巩固。于是，他随即将这些情况向毛泽东、项英等领导作了汇报，引起了他们的高度注意。1932年2月1日，人民委员会召开第八次常务会议，会上，何叔衡提议，中央政府要立即对那些执行上级命令和国家法律疏忽懈怠的现象，对一些贪污腐化分子给予严厉打击。这建议得到与会者的一致赞同。接着，人民委员会发布第五号命令。命令指出："这些工作的检查，刻不容缓，各级必须坚持执行。""各级政府应绝对执行这一工作，不得稍有玩忽和怠工。"人民委员会的指令发出以后，何叔衡又一次率领人马深入各省、县、区进行检查、督促、落实。对那些初犯或情节不甚严重的，何叔衡尽力进行争取教育；对那些不称职的干部，他坚决撤销他们的职务；对贪污犯罪分子，他予以严厉打击，使苏维埃政权的威望更加提高。

1933年夏季的一天，检察部收到一封匿名控告信，控告瑞金县苏财政部贪污浪费、用公款大吃大喝的行为。何叔衡看后，立即派出一个调查组，进行调查核实。经过一个星期的调查取证，调查组发现瑞金县苏采取少用多报，私用公报，假造证据等手段，大肆侵吞、挥霍人民群众财产的犯罪行为。何叔衡亲率"轻骑队"赶到瑞金县苏财政部，通过一项一项的仔细调查，查出了瑞金苏财政部的一系列问题：10至11两个月，多报灯油400多斤；9至11月，共假造购纸收据441元；10月份，谎报房子搬迁伙食费1 000多餐；同期干部开具假药单报账500余元；同期干部集体侵吞群众退还谷票及公款2 830元。在查出瑞金县财政部惊人的贪污浪费案后，他一鼓作气，紧接着又派出工作人员到瑞金县区乡进行调查，结果在壬田区就调查出六七件贪污案件，对于查出的贪污腐化分子，何叔衡坚决依法严惩，决不姑息。1933年12月28日，何叔衡依据《关于惩治贪污浪费行为》和犯罪分子的犯罪事实，判处原瑞金县苏会计科长唐仁达死刑，立即执行；判处县苏财政部长蓝文勋监禁10年，没收一切财产；判处杨连财监禁5年，退赔贪污款项。

在查处中央政府总务厅"全苏大会工程处"主任左祥云贪污工程款一案时，何叔衡身处逆境，自己也在接受政治批判，他置个人安危得失于度外，他说："反腐败关系到党和苏维埃政权的生死存亡，关系到根据地建设的兴衰成败。为了党的事业就是搭上这条命也在所不惜！"① 最后罪犯被依法查办。

坚持群众路线，依靠人民群众开展检察工作，是何叔衡始终坚持的一项原则。在何叔衡推动下，中央苏区建立了由突击队、轻骑队、工农通信员及群众法庭四部分构成的群众性监察组织，配合中央工农检察人民委员会打击各种官僚主义和贪污浪费行为。(1)突击队。1932年8月13日中央工农检察人民委员会颁布的《突击队的组织和工作》规定：中

---

① 原注：李安定：《何叔衡在苏区反贪肃腐的特点极其启示》，载《湖南社会科学》，2000年第3期。

央和地方各级监察机关在进行反腐败工作时，可以组织突击队去检查某国家机关或企业的工作。凡有选举权的人都可以参加突击队，突击队员不离开生产，利用生产空暇进行突击检查。突击队的任务是监督和检查苏维埃机关和国家企业对政纲政策执行得是否正确、工作计划是否完成、参战程度如何、是否有官僚腐化、贪污受贿等腐败现象。其工作方式有两种：一种是公开的突然去检查某苏维埃机关或国家企业、合作社，以揭破该机关或企业的贪污浪费及一切官僚腐败现象。另一种方式是扮作普通工农群众到某机关去，请求解决某种问题，看该机关的工作人员对工农群众的态度、办事的效率，以测验该机关的工作现状。（2）轻骑队。1933 年 12 月 20 日，苏区中共中央局通过的《轻骑队的组织与工作大纲》规定：各级轻骑队在组织上受团组织的领导，在业务上受工农检察部的领导。轻骑队的任务是：监督、检查苏维埃各机关、企业及合作社组织内的官僚主义、贪污浪费、消极怠工、行贿受贿等腐败现象。（3）工农通信员。根据《中华苏维埃共和国地方苏维埃暂行组织法（草案）》的有关规定，省、县、区、市各级工农检察部或科，必须在一切国家机关、企业、学校、社会团体及街道村落中，设立工农通信员。工农通信员是不脱产的群众监察员，他们的任务是对国家机关、企事业单位的工作人员进行监督、检查，遇有上述机关和人员违法失职，贪污浪费、违反政策及其侵害群众利益等行为时，有权而且也应该负责搜集材料，经所属机关领导审查后、以通讯的方式向监察机关报告。（4）群众法庭。《工农检察部的组织条例》规定：工农检察机关如果发现各级政府机关内有官僚主义者和腐败分子时，可以由监察部门出面组织群众法庭，以审理不涉及犯法行为的案件。群众法庭有判决开除工作人员、登报宣布其官僚腐败罪状等职权，但涉及到刑事案件，则要由苏维埃法庭的审理处罚。

不仅如此，工农检察部还创造性地开展检举工作，成立了控告局，制定了《工农检察部控告局的组织纲要》，何叔衡亲自设计了一种木质控告箱，陈设在各机关单位和街道路口，以方便群众举报。

控告箱正面上书“控告箱”三个大字，箱盖上书：“各位工农群众们，一切什么事情都可来这里控告。所写的控告意见书，必须要盖好私章才能作［有］效力，没有盖私章的概作废纸，而且还要用信套密封好，并且要注明送某机关工农检察部控告局长收。”

箱子的右侧写着：“苏维埃政府机关和经济机关，有违反苏维埃政纲、政策及目前任务，离开工农利益发生贪污、浪费、官僚腐化和消极怠工的现象，苏维埃的公民无论任何人都有权向控告局控告！”

箱子的左侧写道：“控告人向控告局投递控告书，必须署本人的真姓名而且要写明控告人的住址，同时要将被告人的事实叙述清楚。无名的控告书一概不作处理，倘发现挟嫌造谣诬控等，一经查出即送法庭受苏维埃法律的严厉制裁。”

控告箱上这些密密麻麻的说明文字，均由何叔衡亲自拟定。在反贪污浪费运动中，控告箱发挥了很大作用。中央印刷厂、中央造币厂等大量贪污案件的线索，都是检察人员从群众投入控告箱的检举信中发现的……因此可以这么说，检察工作走群众路线，始于中央苏区的检察实践，是检察事业发展的革命法宝。

为扩大监督检查的工作影响，巩固成果，何叔衡决定检察工作与舆论监督相结合，把一些在群众中影响极坏的典型事例，都在《红色中华》报《突击队》栏目中给以曝光。……

广泛宣传了党的反腐倡廉政策和工农检察部的检察工作，对纯洁苏维埃政权，巩固苏维埃政权起到了积极的作用。

（二）担任临时最高法庭主席：以事实为根据，以法律为准绳，公正司法，铁面无私。

1932年2月19日，人民委员会第七次常务会议决定组织临时最高法庭，委任何叔衡为临时最高法庭主席。当时，以王明为代表的“左”倾错误路线已在苏区开始逐步蔓延，一些省、县司法机关的干部产生了宁“左”勿“右”的思想，轻罪重判一度成为一种倾向。在这样特殊的历史背景下，何叔衡作为临时最高法庭主席……在案件审理过程中尽量做到对每一个案件都仔细审查，反复推敲，严格掌握量刑尺度，凡是材料不充分，量刑有偏颇，就不予批准，并给予纠正，尽可能地避免冤假错案。

何叔衡非常重视司法程序，坚决反对肉刑。1932年2月25日至26日，临时最高法庭举行第一次公审，何叔衡担任主审，为了将罪犯的犯罪事实搞清楚，何叔衡在未开庭之前就对每一个受审者的犯罪事实逐一进行了调查核实，因此，这次公审进行得非常顺利，审判时杜绝了严刑逼供的做法。最后，何叔衡根据临时中央政府中央执行委员会颁布的第六号训令精神，以事实为依据，对罪犯给予以严惩或宽大的裁决，罪刑得当，使罪犯无言可辩。……

何叔衡主张疑案从悬，在事实不清，证据不足的情况下，决不轻易下判。1932年7月7日，何叔衡对江西省苏维埃政府裁判部省字第二号关于反革命温良、余远深等六犯并案分别判处一案作出批示：“余远深判处死刑暂时不能批准。因余远深一案的罪状不很明白，须把全部案卷详细报告前来才能批准。……余远深一案暂作悬案，待接到你们详细报告之后再作决定。”10月14日，何叔衡在给会昌县苏维埃政府裁判部的指示信中说：“第二号判决书，主要的是些偷牛偷鱼的事，至于与反动土豪通信，到底通些什么信，产生什么影响，未曾证明，不能处死，需再搜查反革命证据，或发现反革命的新材料可以复审，不过主审人要改换。”……

何叔衡办案坚持罪刑相适应原则，注重法律效果和社会效果的统一。凡是发现定性不准，量刑不当的案件，他都要坚决予以纠正，尤其是对省、县、区已判死刑的案件，他在审核过程中非常慎重，尽力减小肃反扩大化的影响。1932年5月24日，瑞金县苏维埃裁判部将第二十号判决书移送临时最高法庭，何叔衡经过调查核实，于5月26日作出批示：“关于朱多伸判处死刑一案不能批准。朱多伸一案由枪毙改为监禁二年。根据口供和判决书所列举的事实，不过是贪污徇私及冒称宁、石、瑞三县巡视员等等，是普通刑事案件，并非反革命罪。且朱多伸曾组织游击队，参加过革命，又年已七十二岁，因此减死刑为监禁。”

在坚持依法审判，重程序，重证据，绝不冤枉一个好人，绝不错杀一个人的同时……对于证据确凿、罪大恶极的犯罪分子，何叔衡在定罪量刑上从不心慈手软。例如，就在1932年5月他为朱多伸减刑的同一天，何叔衡还同时审理了瑞金县苏维埃政府裁判部上报的关于钟同焕和罗宏接两个反革命案件。钟、罗二犯均残杀过革命同志，罗宏接还有收买子弹接济团匪，到苏区瑞林寨烧杀抢劫等犯罪行为，县苏维埃裁判部判处二犯死刑，何叔衡经过核实，立即批示将二犯执行枪决。

…………

何叔衡担任临时最高法庭主席期间，不仅亲自审理案件，而且非常重视对地方裁判部工作的指导监督，通过发布训令、指示信等方式，及时纠正工作中发现的问题，指导地方裁判部依法开展审判活动。1932年4月2日，何叔衡签发了《临时最高法庭训令第二号》，主要内容是纠正江西省裁判部判决书第一、第二号中的错误和缺点。训令指出："1. 该两案的判决只在该本级裁判部是最后的，但该两案的被告人在十四日内应许有上诉权，中央执行委员会第六号训令第二项内已明白的规定。2. 剥夺选举权一项应从监禁期满之日起算，在监禁期内，被告人自然无从行使其选举权。3. 判决书第二号萧目峥、颜达二犯均简'着予处决'字样，究竟是着予处决监禁？还是着予处决枪决？以后的判词应有极端明显性不能稍带含混性。4. 在你们文件上有所谓'江西革命法庭'字样，在新发展区域组织革命委员会掌握政权时期，可以应用，此时已不相宜，应统一名称为'江西省苏维埃政府裁判部'，对外只用这个裁判部名义。5. 每一案件，除几个被告人在罪犯的事实上有密切的联系，可共作一个判决书外，其余均宜缮为单独的判决书。6. 中央司法部三月八日司字第一号训令，特颁发判决书、审判记录、传票及案卷的形式共计四种，均应遵照格式处理一切案件。"

…………

1932年10月16日，他在致寻邬县裁判部的信中又说，根据判决书的材料，"有的应处死刑，有的应监禁二、三、五年，而你们只判处监禁最多一年，少至三个月。如此审判反革命罪犯，比帝国主义国民党罚处小偷扒窍还要轻松，你们对革命是否成问题"。

何叔衡的这些批示、指示，涉及到审判程序、法律文书规范、适用法律的解释等审判工作的各个方面，字里行间都洋溢着革命的热忱，体现出法律的严谨，正是何叔衡这一细致入微、严肃认真的工作作风，推动了中央苏区审判工作的规范化建设，尽可能地减轻了"左"倾路线对苏区法制建设的危害。

在中央苏区期间，何叔衡先后主管检察、内务、司法、干部训练等工作，在党和政府中享有崇高的威望，是共产党领导下的人民政权的第一任"首席大检察官"和第一任"首席大法官"，为我党早期的法制事业做出了积极贡献，为苏区政权的稳定和革命事业蓬勃发展做出了不可磨灭的贡献，为人民司法的建设和现代化奠定了坚实的基础，提供了宝贵的经验。

选自郭玉元主编：《人民司法从这里走来——中华苏维埃共和国司法史料研究选编》，江西省赣州市中级人民法院2010年编印，第167～173页。原标题："何叔衡：人民政权的第一任'首席大法官'"。

（二）董必武

一、人物简介

董必武（1886—1975），原名贤琮，学名用威，字洁畬，号壁伍。祖籍湖北麻城，1886年3月5日（清光绪十二年正月三十）生于湖北省黄安（今红安）县城一个清贫的乡塾教师家庭。

董必武1903年考中秀才。1905年考入湖北"文普通"学堂，1910年毕业，获清朝学部授予的拔贡学衔。后在黄州任教员。1911年投身辛亥革命任武昌军政府理财部秘书官，并加入同盟会。1914年赴日本在私立东京日本大学法律科学习，在日本加入孙中山创建的中华革命党。1915 年 6 月回国，因策动讨袁两次被捕入狱。1916 年出狱后再度赴日本。1918 年回国，参加护法运动。1919 年在上海参加了五四运动。后创办武汉中学，教授国文。1920 年参与创建武汉共产主义小组，1921 年 7 月，参加了中国共产党第一次全国代表大会，是中国共产党创始人之一。后回湖北负责发展党员建立党的组织，担任中共武汉地方委员会书记等职。

第一次国共合作时期，董必武参加筹建国民党湖北省党部，1925 年任国民党湖北省党部执行委员，并创办了《楚光日报》《汉口民国日报》。1926 年 1 月，在国民党二大上当选为中央候补执行委员。同年秋，任中共湖北区执行委员会委员。1927 年 4 月任湖北省政府常务委员兼农工厅长。1928 年 8 月赴苏联，先在莫斯科大学特别班学习，1929 年春被共产国际保送转入苏共党校列宁学院英文班进修。1931 年冬以优异成绩毕业。

1932 年 3 月，董必武奉命离苏回国，同年 6 月到达上海，并请求到中央苏区工作，同年秋到达中华苏维埃共和国首都瑞金。从 1932 年 9 月至 1934 年 10 月，董必武一直在中央苏区工作。两年中，他先后担任过中国工农红军大学第四期上级干部队政委，中央党校教务长、副校长，临时中央政府工农检察委员会委员，中共中央监察委员会书记，中共中央党务委员会书记。1934 年 1 月，在中华苏维埃共和国第二次全国代表大会上，被选为中央执行委员会委员，随后被委任为中华苏维埃共和国最高法院院长。

1934 年 10 月董必武参加长征。1935 年中央红军抵达陕北后，任中央党校校长。1937 年曾代理中华苏维埃中央政府西北办事处主席的职务。抗日战争爆发后，被派到国民党统治区的武汉、重庆，先后任中共中央长江局、南方局委员，积极参与领导党在国民党统治区的工作。1937 年冬至 1938 年夏，在湖北地区领导创办军政干部训练班。1938 年在中共六届六中全会上被补选为中央委员。同年 7 月起任国民参政会中共方面的参政员，在国民参政会上同国民党当局的投降、分裂、倒退行为进行坚决斗争。1945 年 4 月代表解放区人民和中国共产党，参加旧金山联合国制宪会议。11 月回国，任中共代表团成员，参加国共两党谈判。1946 年 11 月国共谈判破裂，他接替周恩来领导中共代表团，在极端困难复杂的条件下坚持斗争，直到 1947 年 3 月率中共代表团撤回延安。随后任中共中央工作委员会常委。1947 年 4 月任华北财经办事处主任（后改任中共中央财政经济部部长、华北财经委员会主任）。1948 年 5 月任华北联合行政委员会主任。9 月任华北人民政府主席。中华人民共和国成立后，任中央人民政府委员会委员、政务院副总理兼政法委员会主任。1950 年任政务院总党组干事会副书记兼政法委员会分党组干事会书记。1954 年参与新中国第一部宪法的起草和修改工作。同年 9 月，在第一届全国人民代表大会第一次会议上当选为最高人民法院院长。12 月被选为中国人民政治协商会议第二届全国委员会副主席。1956 年在中共八届一中全会上，当选为中央监察委员会书记。1959 年后任中华人民共和国副主席。1966 年 1 月任中央党史编纂委员会主任。“文化大革命”中任中华人民共和国代主席。1975 年 1 月，在第四届全国人民代表大会上当选为全国人民代表大会常务委员会副委员长。自中共六届六中全会起当选为历届中央委员，七届一中全会起当选为历届中央政治局委员，十届一中全会当选为中央政治局常委。

1975 年 3 月 5 日是董必武 90 寿辰，董必武赋诗《九十初度》，为其一生写照：“九十光阴瞬息过，吾生多难感蹉跎。五朝敝政皆亲历，一代新规要渐磨。彻底革心兼革面，随人治岭与治河。遵从马列无不胜，深信前途会伐柯。”4月2日董必武在北京逝世。

二、董必武在中央苏区的司法实践及贡献

1933年3月，董必武兼任中央工农检察委员会委员。1933年8月8日，中共中央作出《关于成立中央党务委员会及中央苏区省县监察委员会的决议》。决议指出：“为防止党内有违反党章，破坏党纪，不遵守党的决议及官僚腐化等情弊发生，在党的中央监察委员会未正式成立以前，特设立中央党务委员会”，“以布尔什维克的精神，维持无产阶级政党的铁的纪律，正确的执行铁的纪律，保证党的思想和行动的一致，监视党章和党决议的实行，检查违反党的总路线的各种不正确的倾向与官僚主义及腐化现象等，并与之作无情的斗争”。中共中央任命董必武为中央党务委员会书记，负责领导苏区的纪律检查工作。1934年1月，中央工农检察部改为中央工农检察委员会，董必武兼任中央工农检察委员会副主席。2月3日，在第二届中央执行委员会第一次会议上，董必武被任命为临时最高法庭主席，随后又被任命为新组建的最高法院首任院长，这样，主持苏区司法工作，领导反腐肃贪斗争的重担，由何叔衡的肩上移到董必武的肩上。

1933年秋至1934年春，中央苏区各项事业都得到较大发展。但是贪污浪费，侵吞公物的现象仍然屡禁不止，甚至出现某种发展趋势。有些人采取吞没公款、涂改账目、销毁单据、造假凭证等各种手段进行贪污，有的人还用赃款大做投机生意，倒卖苏区内最急需的物资——食盐和粮食，从中牟取暴利。浪费现象也很严重，给革命带来严重的危害。为了纯洁革命队伍，中共中央于1933年底开展了声势浩大的反贪污浪费检举运动，要求各级党政机关严格监督和检察党纪国法的实施。12月，董必武组织制定了中央工农检察委员会文件《怎样检举贪污浪费》，决定各级工农检察委员会迅速组织由工农检察委员会主席、主席团1人、青年团1人、工会2人组成临时检举委员会，对财政部、总务处、国民经济部及其所属的经济机关、其他各部及前后方军事机关一切经手款项的人员进行检查。在中央监察委员会、工农检察委员会的共同安排下，中央工农检察委员会率先派出突击队对中央政府各机关、单位和中央直属县进行了检查。同时，采取政策攻势，组织突击宣传队深入各地大张旗鼓地宣传苏维埃法律，在《红色中华》《斗争》《青年实话》等报刊开辟《铁锤》《警钟》《黑板》等专栏，对群众揭发出来并经查实的贪污犯罪问题一一予以曝光。据1934年3月27日《红色中华》报刊登的《关于中央一级反贪污斗争的总结》一文载：“经过二个多月，获得很大的成绩。所检举的机关有中央总务厅，招待所、财政、劳动、土地三部，粮食调剂局、贸易总局；国家企业有中央印刷厂、造币厂、军委印刷所、中央合作总社、邮政局、钨矿公司、苏大工程处；群众团体有工农剧社、互济总会、斗争委员会等。被检举的分子有会计科长与科员10个，管理科科长及科员8个，总务处长3个，司务长4个，采办科长及科员8个，财政处长3人，总务厅长1人，局长3人，所长1人，厂长2人。共查出贪污公款2 053.66元、棉花270斤、金戒指4个”。由此可见反贪污浪费检举运动取得了重大成果，有力地推动了中央苏区各地廉政建设，整顿了各级党政领导机关，使其更适合于战争环境的需要，促进了第五次反“围剿”战争期间中央根据地的扩大红军、粮食收集、发放公债等工作任务的完成。事实证明，凡是检举工作开展得深入的地方，各项工作就顺利，如检举运动后的瑞金、于都县的扩大红军的工作，分别在1934年5月和6月提前超额完成，成为全苏区的模范，受到表扬。

在轰轰烈烈的检举运动中，董必武作为党的纪律检查机关和司法机关的主要负责人，始终保持着清醒的头脑，既善于发动群众检举查处违法乱纪的人，同时坚持依法办案，严格掌握政策界限，避免冤假错案的发生。他多次指出，工农检察委员会的人员是掌握无产阶级铁拳的人，我们的铁拳打下去，要有力，要打准，千万不能打偏方向，打偏方向会伤害自己人。1934 年 2 月间的一天，工农检察部一位检察员收到一封匿名信，该信控告中央办公厅一位采买员有贪污行为，他立即将原信向董必武报告。董必武接过信认真审查，感到信中举报的内容很笼统，便指示检察员立即下到中央政府办公厅调查核实。经多方了解，确认被举报的采买员并没有贪污行为，只不过有时在伙房里发现好菜时会多吃多占一点。此事经炊事班民主生活会批评过，采买员已经作了检查而且改正了。董必武听完汇报后，认为问题不是这么简单，肯定还有文章，要求检察员继续把问题调查清楚，检察员根据董必武的指示，再次深入中央办公厅调查，查对笔迹，结果很快找到写匿名信的人，经查明写信人因为和采买员之间发生过口角，加上采买员生活不检点，好占点小便宜，因此就断定其有贪污行为，便写信控告。事实查清楚后，董必武教育大家说：“写信控告是允许的，但不能毫无根据地随便控告人，更不能利用信件诬陷同志。”这个案件的慎重处理对苏区司法工作人员的教育很大。至于对那些违法乱纪的人，董必武则是决不宽容，定要检举出来给予应有的制裁。如中央粮食调剂局担任收集粮食工作的刘明镜，利用在中央工作的地位，到下面工作时公开包庇贪污分子，阻碍群众对贪污分子的检举揭发，收集粮食时强迫命令，一贯的不尊重地方党委与苏维埃同志，自己经管的账目混乱又不许检查，公然无视党纪国法。董必武在经过认真仔细的调查核实后，主持中央党务委员会作出决定，开除刘明镜的党籍，并将决定刊登在《红色中华》报上，予以通报，教育党员干部。

担任最高法院院长后，董必武吃住和办公都在沙州坝古老的杨氏祠堂里，他的房间光线很暗，只有一张门板搭成的床，一张小木桌，晚上照明用的是松柴，到处墨烟缥缈。他就是在这样艰苦的环境下在最高法院工作了近一年时间。

董必武非常重视最高法院的规范化建设，他主张办案一定要有严格的手续，要有扎实的文字材料，要建立档案。在他的领导下，最高法院完善了各种审判业务机构，设立了最高法院委员会为最高审判组织；同时成立了最高军事裁判会议，作为审判军事案件的最高审判组织。为了加强审判职能管理，最高法院还成立了力量较强的法警队，设立了看守所，普遍设立了举报箱。这些措施，使最高法院的审判工作步入了正轨，开创了人民司法的先河。

在最高法院主持工作期间，董必武亲自主持审理了一大批大案要案，为巩固苏维埃政权起了重要作用。1934 年 3 月 25 日，董必武遵照中央执行委员会的命令在最高法院组织了最高特别法庭，对被告人原中央执行委员会委员兼于都县苏维埃主席熊仙壁渎职贪污一案进行审判。特别法庭由董必武担任主审，由何叔衡、罗梓铭为陪审，李澄湘、邹沛甘为书记，由中央司法部部长兼最高法院主审梁柏台为临时检察长。特别法庭在对此案进行了详细调查研究之后，由临时检察长写出控诉书，提出公诉，进行了公开审理。经审理，最高特别法庭认为，熊仙壁犯有以下罪行：一是对反革命分子纵容，导致出现严重后果；二是拒不执行中央命令，对推销公债、收集粮食、修路计划及赤色戒严等重要工作，不履行职责；三是强借公款给家属做生意，使下面的干部纷纷仿效，影响严重，并包庇有关贪污案件，等等。因此，特别法庭认定被告人犯有渎职罪、贪污罪，依法判处监禁一年，剥夺公民权一年。此案判决后，中央执行委员会开除了熊仙壁中央执行委员会委员的职务。

同年，董必武还组织对中央政府总务厅左祥云等人贪污浪费案的公开审判，同样在苏区引起了强烈反响。左祥云担任“全苏大会工程处”主任，“全苏大会工程处”是1933年7月中央政府为筹建中央大礼堂，修建红军烈士纪念塔、红军检阅台、博生堡、公略亭等纪念物而成立的机构，通过发动群众购买公债，鼓励捐款，厉行节约，支援建设等措施，集中了数十万元的资金和物资。但是左祥云伙同总务厅管理处长徐毅、运输队司长刘兆山等人利用职务之便大肆贪污浪费，经查明，总务厅长赵宝成浪费公款不下万余元，徐毅不下数千元，左祥云贪污公款246元7角，管永才贪污公款97元8角，刘兆山贪污伙食克扣工钱69元2角。最终法庭判处左祥云死刑，其他人也被分别处以不同的刑罚。

最高法院对犯罪的中央执行委员和中央政府有关工作人员的依法审判，极大地震动了苏区各地广大干部和群众，使他们深刻地感到苏维埃政府法纪的严明，感到苏维埃法官的公正无私，真正体现了在法律面前人人平等的原则，人们从中也看到了共产党铲除贪污腐败的决心。

董必武是中国社会主义民主与法制事业的主要奠基人之一，在法学领域具有高深的造诣和修养，在马克思主义国家学说以及社会主义民主与法制理论等方面，都作出了卓越的贡献。董必武在中央苏区担任党的纪律检查工作以及在苏维埃政府担任检察工作、审判工作的时间虽然不长，但是由于他有深厚的法学造诣，并能够结合中国新民主主义革命根据地政权建设的实际创造性地开展工作，为苏维埃司法制度的发展与完善作出了杰出的贡献，并且为他后来领导创建新中国的司法工作打下了坚实的基础。

选自郭玉元主编：《人民司法从这里走来——中华苏维埃共和国司法史料研究选编》，江西省赣州市中级人民法院2010年编印，第174～178页。原标题为：“董必武：执法如山一青天”。

（三）梁柏台

一、人物简介

梁柏台（1899—1935），一名殿栋，字越庐，号鹤朋。1899年9月生于浙江省新昌县，曾先后入当地双溪学堂、龙山学堂和知新学校读书。1918年考入浙江省立第一师范学校预科，开始接受新思想，阅读《新青年》等杂志。1919年，在杭州响应“五四”爱国运动，上街演讲，抵制日货，和施存统、汪寿华等发起成立“书报贩卖部”和“书报贩卖团”，推销进步书刊，提出要“鼓吹新思想，以改造社会、革新人生观为唯一的目的”，成为学生运动中坚。同年夏，欲赴法国勤工俭学，因经费无着未能如愿。1920年2月，参加省立第一师范“挽经护校”学潮。同年9月，进上海外国语学社学习，不久加入中国社会主义青年团，成为中国最早的青年团员之一。1921年4月，在婚后7天即登上赴苏联征途，行前对亲人说：“待世界大同之日回家团聚。”1922年8月，入莫斯科东方大学学习，年底转为中国共产党。

1924年，梁柏台被分配到海参崴工作，先后担任苏联沿海省职工苏维埃华工指导员、远东五省职工苏维埃委员及主席团成员、中共崴埠支部书记等职，并兼党校课程。1927年底，调任伯力远东华工指导员，负责远东的华工工作和中国共产党的工作。后被派往伯力省法院当审判员，从事革命法律研究和司法工作。同时任远东教务部编译局编译，翻译了《联共党纲和党章》《列宁主义入门》等书册。他在远东地区创办华工俱乐部，组织华工工会，开办华工补习学校，传播革命思想，建立党组织，创立了中共组织在远东的工作基础。

1931年春，梁柏台专程去莫斯科，向共产国际东方部请求回国，参加国内革命斗争。5月，将一子一女寄养于苏联国际儿童院，偕妻周月林秘密回国参加国内革命斗争。7月，到达闽西苏区，暂留闽西苏区工作。9月到达瑞金，参加了中华苏维埃第一次全国代表大会筹备工作。梁柏台以宪法撰稿人和其他法令起草人的身份，参加了我党历史上第一个宪法起草委员会，参与起草了《宪法大纲》及其他法令。

（1931年11月）以毛泽东为主席的中华苏维埃共和国临时中央政府成立后，梁柏台一直在临时政府事司法工作．他和何叔衡等一起，开展了创立苏维埃司法机关和司法制度的工作，历任中华苏维埃共和国临时中央政府司法人民委员部副部长、内务部副部长和代理部长、临时最高法庭委员、临时检察长等职。

在中华苏维埃共和国临时中央政府成立的短短两年多时间里，梁柏台组织制定了《中华苏维埃共和国宪法大纲》等10多个法律法规，初步建立起了中华苏维埃共和国的法律体系和司法制度。1933年6月，梁柏台被指定为第二次全苏代表大会准备委员会成员和重要文件起草委员会委员，负责起草有关大会的重要文件和法规。1934年1月，出席第二次全国苏维埃代表大会，被推选为大会主席团成员、大会秘书长和法令委员会主任。经大会选举为第二届中央政府执行委员会委员，并在执委会第一次会议上作了《关于组织的重要原则》的报告，选任为司法人民委员。此外，还曾任《红色中华》代理主笔、苏维埃大学委员会委员、中央审计委员会委员等职，并担任瑞金红军烈士纪念塔、中央临时政府大礼堂等工程的总指导。他的工作涉及司法、检察、民政、邮电、交通、卫生、教育、宣传和财政等方面，为红色政权建设作出了重要贡献。

1934年10月，中央红军主力开始长征。梁柏台奉命留守中央苏区领导游击斗争，任中共中央分局委员、中华苏维埃共和国中央政府办事处副主任（陈毅为主任）他领导军民坚壁清野、安置伤员、解决部队给养，妥善处理了大批文件资料。在敌人日益严重的围困中，被迫分路突围。1935年3月4日，梁柏台等率中央政府办事处部分人员通过敌封锁线，激战中左臂负重伤被俘，后被敌“铲共团”杀害于江西省大庾县。时年36岁。

二、梁柏台在中央苏区的司法实践及贡献

二十世纪三十年代，伴随着中华苏维埃共和国的诞生，新生的苏维埃政权迫切需要自己的法律人才，去建立起红色的法律体系和司法制度。正是肩负着这一重任，梁柏台从苏联回国，投入到中央苏区的法制建设当中。

（一）参与苏区立法工作，初步建立红色法律体系

梁柏台长期在苏联远东地区从事华工工作，学习和研究过苏联法律，担任过苏联伯力省法院的审判员，有司法工作实践经验。1931年回国后，参加了中华苏维埃第一次全国代表大会筹备工作，在一苏大会上被推选为大会主席团宪法起草委员会成员。这是我党历史上第一个宪法起草委员会，由任弼时、王稼祥、毛泽东、周以栗、邓发、张鼎丞、曾山、袁德生、刘建中、梁柏台和各代表团推选一名代表组成，其他委员都是党政领导人和

各苏区领导人，而梁柏台作为红色法律专家是以宪法和其他法令的撰稿人身份参加的。1933 年 8 月 16 日，人民委员会第四十八次会议决定成立“二苏大会”起草委员会，负责起草大会报告和修订有关法令。这个委员会由王稼祥、刘伯承、洛甫、潘汉年、毛泽东、胡海、吴亮平、沙可夫、刘少奇、陈云、何克全、梁柏台、邓发、高自立、林伯渠等 15 人组成，以梁柏台为主任。在大会期间，成立了由项英、梁柏台、何叔衡、邓发、蔡畅、张鼎丞等 28 人组成的法令委员会，梁柏台又被推选为主任。由此可见，梁柏台在中华苏维埃立法工作中的重要地位。

在苏区工作的近四年时间里，梁柏台参与起草了《中华苏维埃共和国宪法大纲》《中华苏维埃共和国婚姻条例》《中华苏维埃共和国土地法》《苏维埃政府组织法》《裁判部的暂行组织和裁判条例》《中华苏维埃共和国惩治反革命条例》《中华苏维埃共和国司法程序》《劳动感化院暂行章程》等等重要的法律，还起草了苏维埃政府各人民委员部的工作条例，初步建立起了苏区的法律体系，为苏维埃政权的正规化建设和有效运行起到了重要作用。

（二）创立苏区司法机关，领导开展司法工作

正如梁柏台在 1932 年 10 月 24 日所作的报告《司法人民委员部一年来工作》中所说：“司法机关过去在苏区是没有的，是中央政府成立之后的创举。在司法上，每种工作都是新的创造和新的建设。”作为第一个真正由人民自己当家作主的红色政权，苏区的司法机关从无到有，从小到大，从草创到健全，从无序到规范，其中浸透了梁柏台无数的精力和汗水。

1931 年 12 月梁柏台任司法人民委员部委员，因司法部长张国焘一直没有到职，梁柏台成了司法部的实际负责人。1933 年 4 月 26 日梁柏台被任命为司法部副部长，1934 年被任命为司法部部长，因此，中央司法人民委员部的工作一直都是由梁柏台具体负责。

1932 年 1 月，根据中央执行委员会第六号训令的精神，司法人民委员部通令各级苏维埃政府成立司法临时机构——裁判部，并制定了《裁判部的暂行组织及裁判条例》，提请人民委员会于 6 月 9 日颁布。《条例》对裁判部的性质、组织系统、法庭之组织及审判之手续、各级裁判部的权限、检察员的工作和任务等作了具体的规定。紧接着于 6 月 20 日，梁柏台主持召开了闽赣两省及瑞金直属县裁判部长会议，贯彻学习《条例》，完成了县一级裁判部的建立。1933 年 3 月 8 日，又召开闽赣两省及瑞金直属县、附近各县的裁判部长联席会议，并提请 3 月 28 日人民委员会第 38 次常会对司法机关及其工作进行专门讨论，作出相应的决议。此后，梁柏台又作出《对裁判工作的指示》，制定《裁判部五个月工作计划》，积极指导各级裁判部开展审判工作。

在梁柏台的主持领导下，苏区司法机关初具雏形，形成了有苏区特色的司法制度。当时，苏区中央政府的司法行政机关和审判机关采取“分立制”，即在人民委员会（中央执行委员会的行政机关）内设立司法人民委员部，专管司法行政工作，下设民事处、刑事处、劳动感化处、总务处，分别掌管民事诉讼、刑事诉讼的行政事宜，各地看守所和劳动感化院的事宜，以及审判机关的设置、司法工作人员的任命和培训、法制宣传和制度建设等。在中央执行委员会（全国苏维埃代表大会闭幕期间的最高政权机关）下设最高法院，专管审判工作。内设民事、刑事和军事三个法庭，有权对一般法律作解释，审查各省裁判

部及高级军事裁判所的判决书和决议。在地方则采用审判与司法行政“合一制”，不专设司法行政机关，即在省、县、区或市苏维埃内设各级裁判部，兼理审判和司法行政工作。裁判部下设民事法庭和刑事法庭，分别负责审判民事和刑事案件。各级裁判部在审判方面受临时最高法庭（后为最高法院）节制，在司法行政上则受司法人民委员部的指导。此外，还建立了劳动法庭和军事裁判所。当时苏区没有单独设立公诉机关，中央工农检察人民委员部的职责主要是监督各级苏维埃机关正确地执行苏维埃的政纲和策略，查处渎职、贪污、浪费等违法乱纪行为。国家公诉人这一职责分别由裁判部的检察员、军事检察所和政治保卫局检察科担任。即除了军事检察所和政治保卫局检察科外，采取“审检合一制”，将检察机关附设在审判机关之内。在最高法院内设立正副检察长各一人，检察员若干人。省、县裁判部内设检察员若干人。管理刑事案件的预审、起诉事宜，在法庭开庭审判时，代表国家提起公诉、

梁柏台还是苏区劳动感化制度的创始人。1932 年 2 月 19 日中央政府第 7 次常会上，梁柏台提议创办劳动感化院，得到与会人员的一致认可，并决定由梁柏台起草感化院章程。很快梁柏台就写出了《劳动感化院暂行章程》，经中央政府讨论修改后，于 1932 年 8 月 10 日颁布实施。《章程》有 16 条，对劳动感化院设立的条件、目的、隶属关系、内部设置机构和职能等方面作了具体而明确的规定。根据《章程》，劳动感化院是裁判部下的一个附属机构，其目的是看守、教育及感化违犯苏维埃法令的一切犯人，使这些犯人在监禁期间后，不再违反苏维埃的法令，成为遵守法律，具有某种劳动技能，自食其力的新人。《章程》实施后，司法人民委员部先后在江西、福建和瑞金直属县等地办了 5 个劳动感化院，毛泽东在第二次全国苏维埃代表大会上作政府工作报告时赞扬说：“苏维埃的监狱对于死刑以外的罪犯采取感化主义，即是用共产主义精神与劳动纪律去教育犯人，改变犯人犯罪的本质。”可以说，现行《监狱法》所确定的“惩罚与改造相结合，以改造人为宗旨”这一劳动改造政策就起源于苏区时期的劳动感化制度，梁柏台建立和完善劳动感化院的实践是一个影响深远的开创性工作。

（三）建立和完善苏区司法程序，坚持正确的司法路线

梁柏台在《中央司法人民委员部一年来工作》中指出：“开始成立司法机关时，就必须注意司法程序的建立。”为了建立起苏维埃的司法程序，梁柏台领导制定了《裁判部的暂行组织和裁判条例》，依据该条例来建立各级裁判部、组织法庭，按照所规定的程序来审判案件。同时，梁柏台积极推动并参与起草了《中华苏维埃共和国司法程序》等程序法，使各级裁判部的审判工作有法可依。为了进一步规范各地裁判部的公文表册，梁柏台所领导的司法人民委员部还颁布了各种表式（法律文书样式），如：案卷、审判记录、判决书、传票、拘票、搜查票、预审记录、工作报告、搜查记录、苦工队登记表等等，使各级裁判部的公文案卷得以统一规范。

梁柏台非常重视和强调公开审判，他曾尖锐地批评会昌、石城县有的案件不是在法庭公开审判，而是在裁判部长的房间里写个判决书就算审判完了，甚至有些死刑案件也是这样做的。梁柏台指出：“这样解决案件，不是经过群众路线，而是秘密路线；不是要使群众知道案件的内容，而是恐怕群众知道。”他要求审判应该公开进行，允许旁听。即使少数需要秘密审判的案件，宣判仍然必须公开。

对于肃反工作中出现的扩大化现象，梁柏台高度警惕，并力图通过严格依法办案，来纠正错误的肃反路线。他曾指出："中央政府未成立前的肃反工作，不分阶级成分，不分首要与附和，处置不分轻重在审讯的方法上则偏重肉刑，专信犯人的口供，没有侦查的工作，不注意证据和材料。因此在肃反工作上有发生苦打成招的事情。"他要求各级司法机关：要坚决执行中央执行委员会第六号训令的指示，处置案件时，要注重阶级成分，区分首要与附和，绝对废止肉刑，不专信犯人的口供，注意预审机关所搜集的证据和材料。同时他还要求各级司法机关，对下级政府和地方武装中违反中央执行委员会第六号训令的行为，作坚决的斗争，给那些破坏正确肃反路线的分子以打击。

梁柏台在办理案件时，注意严格区分敌我两类不同性质的问题，按不同性质的案件采取不同的处理方式，以达到最佳效果。如1932年，中央政府办公厅厅长刘开，官僚主义作风严重，很多人写信给临时最高法庭，控告刘开的官僚主义及其危害，并且要求处罚他。为此中央政府副主席项英及中央政府工农检察部部长何叔衡找到梁柏台，共同研究解决刘开的官僚主义问题。梁柏台提议顶好用处分，他毕竟不是敌人，还是用教育的方式好。最后，他们研究决定用召开群众大会的形式，对刘开进行批评教育，大会列举了刘开严重官僚主义种种表现及其对革命事业的危害，使刘开及参加大会的干部群众都深受教育，收到了良好的效果。

（四）培养司法人才，开展法制宣传教育

在苏区从事司法工作一段时间后，梁柏台深刻地感受到专业人员的紧缺，他指出，不仅"司法机关的干部特别缺乏"，而且"裁判部一部分工作人员，缺乏工作经验，缺乏法律知识，因此在工作上常发生许多困难。造就司法工作人员，实在是一件迫切应做的事情。司法人员委员部以后应当尽量的造就司法工作人员。以充足各级裁判部的干部。"

为了培养司法干部，提高司法能力，梁柏台采取了许多积极有效的措施：

一是开办司法干部训练班。例如，在《司法人民委员部五个月工作计划（1933年8—12月）》中，就安排了一系列的训练计划：（1）在9月间司法部举办一个200人的短期训练班，学员由每区选送一人，上课时间两星期，主要目的是造成一批新干部到新区、落后区、边区去帮助组织裁判部的工作。（2）督促江西、福建两省的裁判部各办三期训练班分别训练县、区两级裁判部工作人员和裁判部书记员。（3）督促闽赣、粤赣两省裁判部各办一期县一级及中心区裁判部工作人员训练班。（4）开办一期军事裁判所工作人员训练班，以充实各级军事裁判所的工作人员。

二是采用实习工作（跟班学习）的方法训练干部。抽调县裁判部的工作人员到省裁判部来学习工作，省裁判部的人员到中央司法人民委员部来学习工作，由上级有经验的司法干部传、帮、带，在工作中学习，然后再返回本地工作。

三是建立司法干部学习制度。对司法工作人员，要求每天要有一定的学习时间，每次出去巡视回来，也要安排几天时间训练，不断提高业务能力。

四是选拔一批年轻干部充实司法队伍，对他们进行专业培训，培养一批司法专门人才。

五是加强对各级司法机关的指导，对司法工作中出现的错误和缺点，要详细地指示。除书面指示外，还要实行活的指导，也就是要经常组织上级司法机关的干部到下级司法机关指导工作，或者组织巡视团到新区和边区巡视司法工作，解决实际问题。

六是建立瑞金模范县，把瑞金市苏维埃政府裁判科造成模范法庭，成为司法部工作人员的实习场所。

七是建立司法工作人员委任制，裁判部工作人员，未经上级同意，不得调换，裁判部的工作人员不得由其他的工作人员兼任，不允许将裁判部工作人员长期抽调搞其他工作，建立一支稳定的，有较高专业水平的司法干部队伍。

梁柏台非常重视法制宣传教育工作，他指出："不但一般工农群众，对于苏维埃政府所颁布的各种条例和法令不很明了，就是苏维埃政府的下一级干部也有不明了的，因此不知不觉中有违反苏维埃法令的事情。以后对于苏维埃的法令，应向工农群众作普遍的宣传解释工作，使一般群众提高法律的常识，以减少犯罪行为，为彻底实现苏维埃的一切法令而斗争！"

为此，他要求司法机关要"注意法律教育，其方法是指导各级裁判部多做以下工作：甲、多组织巡回法庭到出事地点审判案件；乙、审判案件前后，多出通告、布告等，以吸收群众来参加审判和明了案件的内容；丙、在各种会议上或文字上向群众做关于司法方面和各种法令的解释工作。"

梁柏台善于利用报刊媒体来宣传法制，教育干部群众。在他的领导推动下，《红色中华》报几乎每期都有法制宣传教育的内容，开辟了"苏维埃法庭"专栏，刊登新颁布的法令或者判决书、典型案例。中央司法人民委员部也经常在报刊上结合实际对一些法令做宣传解释，引导人民群众学法知法，为增强苏区干部群众的法制意识，贯彻执行苏维埃法令，起到了重要作用。

梁柏台是我党早期的红色法律专家，是人民政权法制建设的奠基人，他对苏区的立法工作、司法机关的建立和司法制度的完善，都做出了极其重要的贡献，并且深刻地影响到之后我党各个历史时期的法制工作，梁柏台的历史功绩将永远被人们铭记。

选自郭玉元主编：《人民司法从这里走来——中华苏维埃共和国司法史料研究选编》，江西省赣州市中级人民法院2010年编印，第179～185页。原标题为"梁柏台：红色法律专家"。

※　　※　　※

61. 中华苏维埃共和国临时中央政府（江南）办事处紧急命令①——动员工农群众，积极击杀革命叛徒

1934年12月20日办事处主任陈毅、副主任梁柏台发布

为革命战争最紧张的时候，有少数无气节的不坚定的或假冒革命的坏分子，乘国民

① 1934年10月中央红军主力北上长征之后，留驻在中央苏区的红军，根据中央决定组成了以陈毅为主任梁柏台为副主任的"临时中央政府办事处"，领导南方苏区人民坚持游击战争。为了与"西北办事处"相区别，故称"江南办事处"。这是现在找到的由"江南办事处"发布的唯一的法律文献。

党匪军深入苏区的时候，执行背叛革命投降白军，有的替白军带路进攻苏区来惨杀群众，有的下乡替白军作欺骗宣传，强迫群众上白军圈套，起民团，办守望队，义务队等，企图更残酷地屠杀工农群众，血洗苏区，这些革命叛徒，是万恶的帝国主义国民党最忠实的走狗，是我工农阶级的死敌，应以最坚决的手段来击杀这些叛徒，这是目前战胜敌人保卫苏区最重要的条件。中央为扑灭革命叛徒，胜利保卫苏区，特颁布紧急命令如下：

一、在苏维埃机关内，群众团体，以及在党内团内红色部队内担任干部及负责的工作人员叛变革命投降敌人的，或企图组织投敌，或勾结敌人进攻苏区查实有据的，这类分子名叫革命叛徒，概处以死刑，本人及其家属的财产全部没收，其知情不报，或与叛徒有关系的分子，则分别轻重，处以死刑或驱逐出境。

二、凡在苏区居住的人民跑人敌方，投降敌人，替敌人作侦探或带路来进攻苏区捉杀群众的，或当敌人进攻苏区时，帮助和响应白军走漏红军消息的，这一类危害革命的分子，名叫反动分子，与革命叛徒同罪处死刑，没收本人财产，并追究其家属有无关系来分别处理。

三、对革命叛徒及反动分子，凡我工农群众及红色指战员均有权就地击杀，事后报告苏维埃和上级，努力这一光荣事业的同志，苏维埃应予奖励。凡属叛徒与反动分子的家属，能自动揭发叛徒反动分子的阴谋，向苏维埃报告的，予以模范苏维埃公民的光荣称号并奖励之，同时即将叛徒反动分子本人的财产留给该家属不没收。

四、凡工农群众一时受敌人欺骗，走入敌方，甚至被迫加入民团等反动组织，只要不积极帮助白军团匪等进攻苏区，不参加反革命的工作，一概不加追究，欢迎回来革命，其留在苏区之家属及财产，准予保护。

五、凡工农群众于白军到达时，被敌人包围截断不能走出的，只要不帮助白军团匪工作，均仍然得为自由的苏维埃公民，不仅不能认为是反水分子，而且与被欺骗反水的有别，当地苏维埃政府应设法资助，这类群众，便能开展反抗白军的斗争，有必要时并予以生活上的救济。

六、凡苏区群众往白区做生意或做工等，应往乡苏报告，转区苏审查批准，如有借此进行反革命活动，与叛徒分子勾通的，一概以叛变革命论罪。

七、各级苏维埃机关及红色指战员，在执行上列命令时，首先应从政治上，将本令在群众中进行深入宣传解释，来激发广大群众反抗敌人击杀叛徒的斗争热情。只有如此，才能够根本消灭叛徒的活动。同时在执行裁判时，应将叛徒、反动分子、及被敌人欺骗的工农群众，分别清楚正确处置，不得曲解命令延不执行，不得故意混淆挟嫌报复，上列错误一经查出，应受苏维埃法律最严厉的制裁。

八、本命令自本年 12 月 20 日颁布，立即执行。

中华苏维埃共和国临时中央政府办事处

主　任　陈　毅

副主任　梁柏台

一九三四年十二月二十日

选自《闽西苏区法制史料汇编》，龙岩市中级人民法院、古田会议纪念馆合编，2008年10月内部出版，第224～225页。

互校版本：郭玉元主编：《人民司法从这里走来——中华苏维埃共和国司法史料研究选编》，江西省赣州市中级人民法院2010年编印，第81～82页。原注：“选自瑞金革命纪念馆馆藏史料”。

十六、中央工农红军长征到陕北后政策法规的发展演变

1. 中央关于目前政治形势与党的任务决议（选录）

1935年12月25日中央政治局瓦窑堡会议通过

一　目前形势的特点

目前政治形势已经起了一个基本上的变化，在中国革命史上划分了一个新时期，这表现在日本帝国主义变中国为殖民地，中国革命准备进入全国性的大革命，在世界是革命与战争的前夜。

日本帝国主义并吞东北四省之后，现在又并吞了整个华北，而且正准备并吞全中国，把全中国从各帝国主义的半殖民地变为日本的殖民地，这是目前时局的基本的特点。

日本帝国主义鉴于直接公开的武装占领东北四省，曾经引起中国反日的怒潮，这次它就采取比较隐秘的方式，即用国民党南京政府下命令委任中国某些卖国军阀政客，作为它在华北的代理人，以达到直接武装占领华北。这种方式虽是比较“九一八”的方式更为奸猾与凶恶，但仅是过渡到直接武装占领与建立华北国及其傀儡政府的步骤，第二个满洲国傀儡政府是其必然的归宿。作为中国汉奸卖国贼集团的主要成分的许多军阀政客土豪劣绅买办及银行资本家，特别是其中的亲日派，是这个傀儡政府的组成分子及其赞助者，没有这一大群汉奸卖国贼，日本帝国主义变中国为殖民地是不能如此顺畅的。

日本帝国主义并吞华北并准备并吞全中国的行动，向着四万万人的中华民族送来亡国灭种的大祸，这个大祸就把一切不愿当亡国奴，不愿充汉奸卖国贼的中国人，迫得走上一条唯一的道路：向着日本帝国主义及其走狗卖国贼展开神圣的民族革命战争。一切爱国的中国人为保卫自己的国家而血战到底，这是日本帝国主义亡人之国灭人之种的冒险事业的前进路上必然得到的回答，日本帝国主义于吞下了东北四省这些较小的炸弹之后，又着手吞下中国本部这个绝大的炸弹了。

日本帝国主义单独吞并中国的行动，使帝国主义内部的矛盾，达到了空前紧张的程度。美国帝国主义完全为着它自己帝国主义的目的，是和日本帝国主义势不两立的，太平洋战争是必然的结果。而英国却想在求得日本的某些让步与妥协，使它的主要力量能够拿了去对付他的主要敌人：苏联、美国与意大利。

日本帝国主义并吞中国本部的行动，促进了中国反革命统治首先是卖国贼头子蒋介石的统治之削弱与崩溃。一贯的卖国政策，不但使蒋介石丧失了某些社会的与群众的基础，而且缩小了他的地盘。同苏维埃红军长期的斗争，尤其是五次“围剿”与对于中央红军的追击，使他的兵力消耗了、疲劳了、分散了。以法西斯蒂统一中国的梦想，是宣告了最后的破产。国民党五次全国代表大会，实际上是不利于蒋介石的分赃会议，蒋介石只有更加依靠出卖中国以维持垂死的统治。但是他的出卖，将更促使他的统治加速度的走向死亡。这种情形，也就更加加深了蒋系军阀与其他军阀间的矛盾与冲突，增加了以新的形势与新的性质而出现的反蒋战争的爆发之可能性。

日本帝国主义吞并中国的行动，正当中国苏维埃红军运动转入了一个新局面的时期。自从中央红军退出中央苏区，长江下游的一些苏区受到部分损失之后，现在是各地红军的新胜利，新根据地的创造，老苏区的游击战争的开始转入反攻，与新的游击战争蓬勃发展的时期。困难的关头已经过去了。中央红军以十二个月工夫，用二万五千里的长征，战胜了蒋介石的长追，宣告了帝国主义及其走狗蒋介石围追堵截的破产，突破了历史上军事远征的纪录。并且以宣传队的作用，向着他所纵横驰骋的十一个省区二万万以上民众，指出了解除痛苦救己救国的道路。以播种机的作用，散布了许多的革命种子。中央红军与二十六、七军会合之后，对于向着陕甘苏区进行的敌人第三次“围剿”之彻底的粉碎，更加表示了苏维埃运动新时期的到来。他同目前总的革命形势的新局面相会合，成为中国革命新形势的一个重要的组成部分。它指明：在全中国人民反对日本帝国主义的强盗吞并，挽救中国出于亡国灭种大祸的伟大力量中，有着苏维埃红军铁一般的中坚力量。

日本帝国主义吞并中国的行动，重新推醒了全中国人民，懂得了亡国灭种大祸临头的危险形势，掀起了新的民族革命高潮，这种民族革命高潮，是在中国革命经过历史上无数次的锻炼之下（主要是一九二五至一九二七的大革命）产生的，是在目前中国已经有了苏维埃革命根据地与革命形势存在之下产生的，是在世界革命与战争的新时期即将来临的形势之下产生的，是在苏联已经有着一切力量足以战胜侵略国家援助被压迫民族的形势之下产生的。因此，它就将以特别广大，特别坚决，特别与世界革命因素互相影响与互相帮助的性质而出现。

无疑的，新的反日的民族革命高潮，不但推醒了中国工人阶级与农民中更落后的阶层，使他们积极参加革命斗争，而且广大的小资产阶级群众与知识分子，现在又转入了革命。中国国民经济的总崩溃，千千万万人民的失业失地，千千万万的灾民难民，更使得新的反日的民族革命高潮，同群众救死求生的日常斗争密切地联系起来，大大地扩大了民族革命的群众基础，广大民众的革命义愤是在全中国一切地方酝酿着，并已经在普及各大城市的学生反日示威运动中开始表现出来了。在反革命营垒中是新的动摇分裂与冲突，一部分民族资产阶级，许多的乡村富农与小地主，甚至一部分军阀，对于目前开始的新的民族运动，是有采取同情中立以至参加的可能的。民族革命战线是扩大了。

目前的世界是处在大革命与大战争的前夜形势中，一切帝国主义国家的经济危机，以及由此产生的革命危机，使得帝国主义除了战争找不出第二条挽救死亡的出路。日本帝国主义大举进攻中国与意大利帝国主义大举进攻阿比西尼亚的冒险战争，无疑的存在着引导到第二次帝国主义大战的危险。而中国与阿比西尼亚的民族革命战争，各帝国主义国家及其许多殖民地半殖民地革命危机的成熟，无疑的要引导到世界的大革命。在目前革命与战争的前夜时期，已可明显看到世界反革命力量的削弱，与世界革命力量的增涨。在将来就是大战争与大革命，葬送世界上的一切反革命。这一形势，使得中国革命脱离了过去的孤立，世界革命是中国革命的有力的帮手。同时中国革命现在就已经成了世界革命的伟大因素，将来则要以全民族的雄伟阵势帮助着世界的革命。

这在日本与中国的关系上也是一样。在有力量的日本共产党领导之下的日本工农及被压迫民族（朝鲜、台湾），正在准备着伟大力量，为打倒帝国主义日本，建立苏维埃日本而奋斗。这就把中国革命同日本革命在共同目标打倒日本帝国主义的基础之上会合起来。日本革命民众是中国革命民众的有力的帮手。

苏联也是一样。今日的苏联是有战胜敢于向他开火的帝国主义的力量的（第二个五年计划即可完成红军的威力），在向日本帝国主义使用一切和平方法无效（屡次提议订立互不侵犯条约等），而日本反积极向苏联挑战的情况之下，苏联是准备着打击这个野蛮帝国主义者的。这就把中国革命，日本革命，和苏联反对侵略者的斗争会合在共同目标——打倒日本帝国主义的基础之上，苏联是中国革命最有力量的帮手。

中国革命是处在有利的环境中，中国革命有着光明灿烂的前途。但是中国革命的主要敌人帝国主义，尤其目前凶横直进的日本帝国主义，是准备了决心和力量来对付中国革命的。在中国反革命集团方面，由于其统治力量之更加减弱，而不得不更加为虎作伥，投靠于万恶的日本帝国主义，向着革命的民众作绝望的进攻与决斗。把这一形势同目前依然存在着的中国革命不平衡发展的形势结合起来看，就知道中国革命保存了一种持久性。它向中国革命民众及其首领中国共产党指明：准备着长时间同敌人奋斗罢，为着同敌人作持久战而准备自己的持久艰苦工作罢。没有几千万几万万人的革命军，是不能最后解决敌人的。一切策略，一切努力，向着组织千千万万民众进入伟大的民族革命战场上去，准备了伟大的力量，就是准备了决战的捷报。

二　党的策略路线

目前的形势告诉我们，日本帝国主义并吞中国的行动，震动了全中国与全世界。中国政治生活中的各阶级、阶层、政党以及武装势力，重新改变了与正在改变着它们之间的相互关系。民族革命战线与民族反革命战线是在重新改组中。因此，党的策略路线，是在发动、团结与组织全中国全民族一切革命力量去反对当前主要的敌人——日本帝国主义与卖国贼头子蒋介石。不论什么人，什么派别，什么武装队伍，什么阶级，只要是反对日本帝国主义与卖国贼蒋介石的，都应该联合起来开展神圣的民族革命战争，驱逐日本帝国主义出中国，打倒日本帝国主义的走狗在中国的统治，取得中华民族的彻底解放，保持中国的独立与领土的完整。只有最广泛的反日民族统一战线（下层的与上层的），才能战胜日本帝国主义与其走狗蒋介石。

当然，不同的个人，不同的团体，不同的社会阶级与阶层，不同的武装队伍，他们参加反日的民族革命，各有他们不同的动机与立场。有的是为了保持他们原有的地位，有的是为了要争取运动的领导权使运动不至超出他们所容许的范围之外，有的真是为了中华民族的彻底解放。正因为他们的动机与立场各有不同，有的在斗争开始时就要动摇叛变的，有的会在中途消极或退出战线的，有的愿意奋斗到底的。但是，我们的任务，是在不但要团结一切可能的、反日的基本力量，而且要团结一切可能的反日同盟者，是在使全国人民有力出力，有钱出钱，有枪出枪，有知识出知识，不使一个爱国的中国人不参加到反日的战线上去。这就是党的最广泛的民族统一战线策略的总路线。只有这种路线，我们才能动员全国人民的力量去对付全国人民的公敌：日本帝国主义与卖国贼蒋介石。

中国工人阶级与农民，依然是中国革命的基本动力。广大的小资产阶级群众，革命的知识分子，是民族革命中最可靠的同盟者。工农小资产阶级的坚固联盟，是战胜日本帝国主义与汉奸卖国贼的基本力量。一部分民族资产阶级与军阀，不管他们怎样不同意土地革命与苏维埃制度，在他们对于反日反汉奸卖国贼的斗争采取同情，或善意中立，或直接参加之时，对于反日战线的开展都是有利的。因为这就离开了总的反革命力量，而扩大了总的革命力量。为达到此目的，党应该采取各种适当的方法与方式，争取这些力量到反日战线中来。不但如此，即在地主买办阶级营垒中间，也不是完全统一的，由于中国过去是许多帝国主义互相竞争的结果，产生了各国帝国主义在中国的互相竞争的卖国贼集团，他们中间的矛盾与冲突，党亦应使用许多的手段使某些反革命力量暂时处于不积极的反对反日战线的地位。对于日本帝国主义以外的其他帝国主义的策略也是如此。

党在发动团集与组织全中国人民的力量以反对全中国人民的公敌时，应该坚决不动摇的同反日统一战线内部一切动摇、妥协，投降与叛变的倾向做斗争。一切破坏中国人民反日运动者，都是汉奸卖国贼，应该群起而攻之。共产党应该以自己彻底的正确的反日反汉奸卖国贼的言论与行动去取得自己在反日战线中的领导权。也只有在共产党领导之下，反日运动才能得到彻底的胜利。反日战争中的广大民众，应该满足他们基本利益的要求（农民的土地要求，工人、士兵、贫民、知识分子等改良生活待遇的要求），只有满足了他们的要求，才能动员更广大的群众走进反日的阵地上去，才能使反日运动得到持久性，才能使运动走到彻底的胜利。也只有如此，才能取得党在反日战争中的领导权。

三　国防政府与抗日联军

反日反卖国贼的民族统一战线之最广泛的与最高的形式，就是国防政府与抗日联军的组织。由于不同意苏维埃制度与土地革命而同意于反日反卖国贼的分子的存在，由于中国政治经济不平衡而产生的地方割据状态，由于中国苏维埃政权现在还只在中国一部分领土上胜利，此外还由于汉奸卖国贼等民族反革命为日本帝国主义帮凶的严重性，国防政府与抗日联军的组织，不但是可以的，而且是必要的。

中国人民反日反卖国贼的方式，是多样的，参加斗争的分子的觉悟程度，也是不一致的。共产党员应该不放松一切机会去发动、组织与领导各种方式与各种程度的斗争，把这些斗争引导到国防政府与抗日联军的阶段。一切反日反卖国贼的分子，不论他们代表哪一阶级，哪一政治派别，哪一社会团体，哪一武装队伍，都可以加入国防政府。一切反日反卖国贼的武装队伍，都可以加入抗日联军。国防政府与抗日联军是全中国一切反日反卖国贼力量的联合战线的政权组织，也是反日反卖国贼的民族革命战争的统一领导机关。在阶级意义上说来，它是在反日反卖国贼共同目标之下的各阶级联盟。

为了使国防政府与抗日联军迅速组织起来，为使国防政府与抗日联军有更广大的群众基础与武装力量，共产党的策略不是等待那些自然发生的抗日人民团体与抗日武装力量已经存在了，才去把他们组织起来，而是指导自己的党员在各方面努力去推动一切爱国的分子、团体、阶层、阶级、党派，生产的与企业的，文化的与教育的，学生的与教员的，城市的与农村的，新式的与旧式的，社会的与政治的武装的等等力量，发起各种各样反日反汉奸卖国贼的团体（抗日会，抗日联合会等），组织各种各样反日反卖国贼的军队（抗日义勇军，人民革命军，新的十九路军等），政权（苏区的抗日政府，人民革命政府），把这些团体、军队、政权，集合起来，加上苏维埃与红军的力量，这就是国防政府与抗日联军的组织。国防政府与抗日联军组成之后，在它的行动过程中，每日都要去发动新的团体，新的地方政府，与新的军队。一面不断淘汰动摇叛变分子，一面不断涌进新的力量，使国防政府与抗日联军成为不是腐朽的，而是有朝气的，不是软弱的，而是有伟大战斗力量的政府与联军。对于有些地方因为党的力量的薄弱所以没有经过党的推动与领导，或是因为离开苏区与红军较远所以没有苏维埃与红军参加，而自动产生的抗日政府与抗日联军，那里的党同样应积极的援助拥护与参加。这就是共产党实现国防政府与抗日联军的具体工作路线。

因为国防政府与抗日联军是反日反卖国贼的最广泛的与最高的民族统一战线的组织，所以他应该有最广泛的行动纲领。这纲领如下：

（一）没收日本帝国主义在华的一切财产作抗日经费。

（二）没收一切卖国贼及汉奸的土地财产分给工农及灾民难民。

（三）救灾治水，安定民生。

（四）废除一切苛捐杂税，发展工商业。

（五）加薪加饷，改良工人、士兵及教职员的生活。

（六）发展教育，救济失学的学生。

（七）实现民主权利，释放一切政治犯。

（八）发展生产技术，救济失业的知识分子。

（九）联合朝鲜、台湾、日本国内的工农，及一切反日力量，结成巩固的联盟。

（十）对于中国的民族运动表示同情赞助或守善意中立的民族或国家，建立亲密的友谊关系。

共产党必须在抗日战争的过程中，求得这纲领的实现，并经过这些纲领以求得党的十大政纲的实现。

四　苏维埃人民共和国

最广泛的反日反卖国贼的统一战线，在今天有着它的特殊的意义，就是苏维埃已经在中国的许多地方胜利了，这是同一九二五至一九二七的第一次大革命时期，基本上不相同的。九年来共产党领导的苏维埃运动在中国许多地方的胜利，使得新的反帝高潮得到了基本的力量，使得全中国人民有了希望，有了从帝国主义和卖国贼手里争取自由解放与独立的活榜样，使得最广泛的民族统一战线有了坚固基础与根据地，保证了在新的大革命中能够坚持下去与走向彻底胜利，使得国防政府抗日联军有了中心支柱。

为了使民族统一战线得到更加广大的与强有力的基础，苏维埃工农共和国及其中央政府宣告：把自己改变为苏维埃人民共和国①，把自己的政策，即苏维埃工农共和国的政策的许多部分，改变到更加适合反对日本帝国主义变中国为殖民地的情况。

这些政策的改变，首先就是在更充分的表明苏维埃自己不但是代表工人农民的，而且是代表中华民族的。中华民族的基本利益，在于中国的自由独立与统一，而这一基本利益，只有在苏维埃的坚决方针之下，才能取得，才能保持，才能彻底战胜反对这种利益的敌人——帝国主义和卖国贼。

苏维埃人民共和国宣告：愿意把广大的小资产阶级群众团结到自己的周围。一切革命的小资产阶级分子，苏维埃愿意给予以选举权与被选举权。一切为帝国主义及中国反革命所打击的很多小资本工商业，苏维埃尽自己的政策与权力所及去保证他们。苏维埃老早就废除了国民党军阀的一切苛捐杂税，宣布了有利于一切小资产者的统一累进税。

苏维埃人民共和国宣告：一切同情于反日反卖国贼的知识分子，不问他们过去是否是国民党员，或在国民党政府中工作，都能享受苏维埃政府的优待，苏维埃给予他们以工作，救济他们的失业，给予他们以发展文化、教育、艺术、科学及技术天才的机会。一切受日本帝国主义和汉奸卖国贼国民党政府所驱逐、轻视与虐待的知识分子，文学家、艺术家、科学家、技术人员与新闻记者，苏维埃给予以托庇的权利（一切这些人都可到苏区来）。一切革命的知识分子，文学家、艺术家、科学家、技术人员与新闻记者（不问他们的出身是地主、富农或资本家），苏维埃给予选举权与被选举权。

苏维埃人民共和国宣告：一切白军官长（不分官级），士兵，凡愿反日反卖国贼者，都有受苏维埃优待的权利。一切被国民党卖国政府所排斥裁遣的失业军人，苏维埃红军愿意给以工作。即使同红军作战者，一经解除武装，不问官兵，一律优待。其负伤者，一律医治。一切白军官兵，愿意在红军服务忠心于打倒日本帝国主义及其走狗卖国贼之事业者，苏维埃给予以选举权与被选举权。

苏维埃人民共和国及其红军向全国愿意参加打倒日本帝国主义及其走狗卖国贼事业的个人、团体、政治派别与武装队伍提议，共同组织国防政府与抗日联军，不问何种武装部队，苏维埃及红军愿与他们订立抗日讨卖国贼的协定，如过去苏维埃红军与十九路军订立抗日反蒋协定一样。但过去红军没有及时地用实力直接帮助十九路军（十九路军也没有积极要求）击破蒋介石对福建的进攻，这是不对的。今后对一切抗日讨卖国贼之友军，必须尽可能地给予以实力的援助，直至直接配合作战。要达到反对共同敌人的目的，苏维埃红军不但需要自己的胜利与发展，而且需要同盟的友军之胜利与发展。

---

① 根据这一决议，以后“中华苏维埃共和国”改称“中华苏维埃人民共和国”。将《红色中华》标作“中华苏维埃人民共和国中央政府机关报”。

苏维埃人民共和国改变对富农的政策。富农的财产不没收。富农的土地，除封建剥削之部分外，不问自耕的与雇人耕的，均不没收。当农村中实行平分一切土地时，富农有与贫农中农分得同等土地之权。

苏维埃人民共和国用比较过去更宽大的政策对待民族工商业资本家。在双方有利的条件下，欢迎他们到苏维埃人民共和国领土内投资，开设工厂与商店，保护他们生命财产之安全，尽可能的减低税租条件，以发展中国的经济。在红军占领的地方保护一切对反日反卖国贼运动有利益的工商业。使得全国人明白苏维埃人民共和国不但是政治上的自由，而且是发展中国工商业的最好的地方。

苏维埃人民共和国对国外华侨宣告：称赞他们历来帮助中国革命的爱国举动。蒋介石辈虽然久已叛变革命了，苏维埃人民共和国及全民族爱国人民却继承了太平天国以来的英勇事业，决心挽救中国于危亡，而致之于富强隆盛之域。苏维埃人民共和国在全国胜利之日，即华侨得到解放之时。一切国民党政府引导华侨沦于奴隶牛马的政策，均当彻底铲除，而代之以积极保护华侨的政策。在目前一切被日本帝国主义及其他帝国主义国家排斥驱逐的华侨同胞，苏维埃给予以托庇的权利，并欢迎华侨资本家到苏区发展工业。

所有这些政策的改变是为了一个基本的目的：战胜日本帝国主义及其走狗卖国贼，求得中华民族的自由解放与独立，争取革命在全国的胜利。

为了顺利的执行这些政策，为了很快的同日本帝国主义作战，为了保证民族统一战线中的领导权，党与苏维埃自始不变，但须更加努力，更加使之适合于民族统一战线之要求的政策，那就是扩大抗日红军，扩大抗日游击队，扩大作为抗日根据地的苏维埃人民共和国的领土，粉碎卖国贼军队的进攻，肃清抗日道路，巩固抗日后方，彻底解决土地问题，争取工农的大多数，争取卖国贼军队和日本帝国主义军队的士兵，向少数民族提议建立共同斗争的联盟，执行灵活的外交政策等等。

红军是抗日的先锋队，只有这个先锋队的扩大巩固与善于使用，才能保证反日战争的胜利。为扩大百万红军而斗争的口号，在今天须使之紧密联系到挽救危亡迫不及待的反日战争的时机。为战胜日本帝国主义及其走狗中国卖国贼，须扩大数百万红军才能济事，首先是扩大一百万。不但每个红色指挥员、战斗员、地方干部、苏维埃人员，而且是全国革命的人民，对于这一任务的积极努力，是十分重要的。红军技术条件的提高，技术与战术教育的进步，政治工作之深入与普遍，革命军事委员会领导的集中，物质供给的保证，尤其是战略与战役指挥之合乎正确的原则（进攻时反对冒险主义，防御时反对保守主义，转移时反对逃跑主义），都是战胜敌人不可缺少的条件。

游击战争应在全国发展起来，而着重于日本帝国主义占领区域，附近区域，卖国贼蒋介石的区域，红军抗日根据地（苏区）及其附近区域的发展。一切游击队应以民族战争的面目而出现，密切地联系于农民群众的土地斗争。要使游击战争在反日反卖国贼的战争中担负起战略上的伟大作用，党应使游击队都成为抗日根据地（苏区）的创造者，应使一切游击队所在区域建立脱离日本帝国主义与卖国贼统治的人民革命政权（苏区抗日政府，革命委员会以至苏维埃），应使游击队迅速扩大而成为抗日革命军，应使卷入反日浪潮的青年学生与革命士兵大量加进游击战争中去。应把党所领导的与非党所领导的游击队，在共同的基础上统一起来。

要战胜日本帝国主义及其走狗中国卖国贼，不扩大苏维埃人民共和国的领土，即抗日红军的根据地，是不能成功的。只有把卖国贼统治着的土地大块的变为苏维埃领土，红军才有依靠，抗日战争才有后方。苏维埃领土中许多工作要力求做到完善的程度，实行正确的政策，把它铁一般的巩固起来，使之成为全国人民羡慕爱护与仿效的地方。

一切卖国贼军队进攻这种抗日战争根据地与人民政权模范区的企图，应该予以无情的打击。粉碎与破坏这种反革命进攻，不但是抗日红军与全苏区抗日人民的责任，而且是全国抗日人民的责任。党应号召全中国全苏区一切抗日人民为保护自己的根据地而奋斗，号召这些人民反对卖国贼捣乱抗日战争的后方，反对卖国贼拦阻抗日红军的去路。把国内战争同民族战争结合起来，是党指导革命战争的一个基本的原则。

要战胜日本帝国主义及其走狗卖国贼，没有千千万万在日本与卖国贼统治之下的工人、农民、兵士、贫民与革命民众大多数起来进行坚决的斗争，是不能成功的。党和苏维埃红军的反日、反卖国贼的民族统一战线要扩大到一切有群众的地方去。应使一切群众斗争从初级提到高级，从地方提到全国，从经常程度提到反日反卖国贼的政权与武装的程度。只有苏维埃人民共和国领土之内的同苏维埃人民共和国领土之外的这两种斗争相会合，才能彻底战胜日本帝国主义及其走狗卖国贼。

要战胜日本帝国主义及其走狗卖国贼，不夺取工人阶级的大多数，是不能成功的。在中心的城市与企业中建立巩固的堡垒，利用一切公开的与半公开的可能，建立广大的群众组织。从估计具体环境，争取胜利结果（即使是很少胜利）的观点出发，去发展组织领导广大工人群众经济的与政治的斗争。注意保护与教育企业中的干部，积蓄工人群众雄厚的力量，以准备决定胜负的战斗，争取工人阶级在中国革命中的领导权，这是党在工人运动中的基本原则。

要战胜日本帝国主义及其走狗中国卖国贼，不争取占中国人口百分之八十的农民，参加斗争的战线，是不能成功的。共产党与苏维埃一定要满足农民的土地要求，为彻底解决土地问题，解除农村封建压迫而斗争。只有这样，才能动员几千万几万万的农民群众武装走上抗日讨卖国贼的阵地上去，才能使民族革命战争有源源不绝的补充，才能使日本帝国主义与中国民族反革命对于中国的主要掠夺对象——农民，变为反掠夺的中华民族革命军。在日本占领区域，及其附近区域首先是没收汉奸卖国贼的土地财产分给农民，然后从斗争的过程中依据于群众自己的经验，把斗争深入下去，进行彻底解决土地问题。党的基本原则，就是把土地革命同民族革命结合起来。

没有士兵的援助，要战胜日本帝国主义和中国卖国贼数百万的军队，也是不能成功的。我们应该在广泛的群众基础之上去进行士兵的工作。党应号召一切苏区人民，白区人民，红军战士，游击队战士，为着解决卖国贼军队而努力。几千万几万万不愿当亡国奴的人民，向着几十万几百万不愿当亡国奴的兵士官长苦口劝说，亲友招致，书函责备，与口号鼓动，是没有不能感动他们的。我们的口号是中国人不打中国人，工农商学兵联合起来武装保卫中国，红军白军联合起来打倒日本帝国主义与卖国贼，愿意回家的发路费，愿意耕田的分土地，愿意抗日的当红军当义勇军。

苏维埃人民共和国拿自己的榜样和真诚的口号，给蒙古人、回人等被压迫民族看，你们也组织自己的国家啊！日本帝国主义及中国卖国贼是我们共同的敌人，联合起来打倒这个敌人啊！

苏维埃人民共和国的外交政策，建设于不放弃一切可能争取反对日本帝国主义和中国卖国贼的胜利的基础之上，同一切和日本帝国主义及其走狗卖国贼相反对的国家、党派、甚至个人，进行必要的谅解，妥协，建立国交，订立同盟条约的关系。苏维埃人民共和国及其政府并不是不择目标而随便放矢的，谁愿为着自己的利益而又有利于苏维埃人民共和国抗日讨卖国贼的斗争者，苏维埃政府均愿与之发生友谊的关系。

一切政策，一切努力，为着反日反卖国贼的胜利。一切与此目标相违背者，均在排弃之列。这就是共产党与苏维埃的策略路线。

五　党内主要危险是关门主义（略）

六　为扩大与巩固共产党而斗争（略）

中国共产党中央号召全党及其干部为坚决执行党的策略路线而斗争。把统一战线运用到全国去，把国防政府与抗日联军建立起来，把苏维埃人民共和国变成全民族的国家，把红军变成全民族的武装队伍，把党变成伟大的群众党，把土地革命与民族革命结合起来，把国内战争与民族战争结合起来，神圣的民族革命战争万岁！中国的自由独立与统一万岁！苏维埃新中国万岁！

选自《中共党史教学参考资料》（二），人民出版社 1957 年出版，第 46～64 页。原件未注明史料来源。

互校版本：《中共中央文件选集》，第九册，中共中央党校出版社 1986 年出版，第 605～624 页。原件未注明史料来源。

2. 中共中央关于抗日救亡运动的新形势与民主共和国的决议

1936 年 9 月 17 日

（一）日本帝国主义自去年策动华北独立以来，对于中国的侵略没有一刻停止的，不论它侵略的方法与方式怎样随具体情况的变化而变化，然而它并吞全中国的基本政策，是始终不变的。在华北进兵之后，高唱着的“经济提携”，实际上不过是以经济的侵掠方法巩固已得的阵地，并给新的进攻准备基础。平津与察北的增兵，绥东的进攻，成都、北海、海口、上海、丰台等地的挑衅，表示出日寇的新侵略行动又将开始，民族危机，较之过去的是更加严重了。这指出：保卫华北、保卫西北、保卫中国、收复东北失地、驱逐日本帝国主义出中国的民族革命战争的任务，更加严重地放到革命政党与全民族的身上了。

（二）一年来全中国抗日救亡运动的广大发展，抗日统一战线的开始发动，已经给了日本侵略计划以相当的打击，暂时地阻止了日寇建立“华北国”与建立“防共统一战线”的实施，这是中国人民一年来抗日救亡运动的胜利。然而由于抗日救亡运动的发展还不够广泛，它的力量还不够雄伟，全国各党各派各界各军的有组织的抗日民族统一战线现时还仅在开始的阶段，最大的政党——国民党及其领导与影响下的军队还没有参加这个战线，国民党的政策还没有基本的转变，因之，民族革命战争还没有能够发动，以致我们不但没有能够停止日寇的继续侵略与保持中国领土主权的再不受到损害，而且日寇还巩固了它在华北的地位，获得了对中国领土主权的新的侵占，并准备新的大举进攻。这证明：日本帝国主义是能够战胜的，但是需要全中国各党各派各界各军的共同行动与艰苦卓绝的奋斗。

（三）在日本帝国主义不断进攻之下，中国人民的抗日救亡运动现在已经进入了一个新的阶段。这主要的表现在全国工业小资产阶级广大群众抗日救亡运动的继续增长，中国共产党苏维埃红军抗日救国的主张得到了全国广大人民的赞助与全国主力红军的集中于西北抗日前进阵地，一部分民族资产阶级的开始转向抗日战线，国民党军队官兵中广大成分抗日情绪的增长，和在这些基础上产生的国民党及其南京政府的分化与动摇。国民党南京政府内外政策的摇摆不定，其言行的自相矛盾，与其各派间关于抗日问题上的争论，明显地表示出它现在是在动摇的中间。在日寇继续进攻，抗日救亡运动继续发展，国际形势新的变动等条件之下，国民党南京政府有缩小以至结束其动摇地位，而转向参加抗日运动的可能。

（四）为着集中全国力量去抵抗日寇的侵掠，驱逐日寇出中国，我们不仅要收集更广泛的民众的力量、和一切真正革命的觉悟的纯洁分子，而且要争取统治阶层一切可能的部分到抗日斗争中来，使抗日民族统一战线更加扩大起来，更加增强自己的阵容与力量。推动国民党南京政府及其军队参加抗日战争，是实行全国性大规模的严重的抗日武装斗争之必要条件。但这绝对不应放松对于国民党南京政府一切违反民族利益的错误政策的严厉的批评与斗争。只有这样，才能使国民党南京政府内部的抗日倾向日渐发展，扩大抗日分子的影响，克服其本身的动摇，战胜亲日派，而走向抗日救国的大道。中央必须着重指出：共产党在为实现最广泛的抗日民族统一战线的斗争中不但对于统一战线之公开的或秘密的敌人，应该进行严重的斗争，而且对于口头上赞成而实际上消极的假抗日分子，以及各种各样的同盟者，应该保持批评的完全自由。同时，中国共产党赞助一切真正的抗日战争之发动，即使这种发动是部分的。但是主要的，应用尽一切方法与力量，最迅速地促进大规模的全国性的真正对日武装抗战。为此目的，共产党应继续坚持“停止内战一致抗日”的口号，反对一切在民族危亡面前自相残杀的内战。

（五）中央认为在目前形势之下，有提出建立民主共和国口号的必要，因为这是团结一切抗日力量来保障中国领土完整和预防中国人民遭受亡国灭种的惨祸的最好方法，而且这也是从广大人民的民主要求产生出来的最适当的统一战线的口号，是较之一部分领土上的苏维埃制度在地域上更普及的民主，较之全中国主要地区国民党的一党专政大大进步的政治制度，因此便更能保障抗日战争的普遍发动与彻底胜利。同时，民主共和国不但能够使全中国最广大的人民群众参加到政治生活中来，提高他们的觉悟程度与组织力量，而且也给中国无产阶级及其首领共产党为着将来的社会主义的胜利而斗争以自由活动的舞台。因此，中国共产党宣布：积极赞助民主共和国运动。并且宣布：民主共和国在全中国建立，依据普选权的国会实行召集之时，苏维埃区域即将成为它的一个组成部分，苏区人民将选派代表参加国会，并将在苏区内完成同样的民主制度。

（六）中央着重指出：只有继续开展全中国人民的抗日救亡运动，扩大各党各派各界各军的抗日民族统一战线，加强中国共产党在民族统一战线中的政治领导作用，极大地巩固苏维埃与红军，同一切丧权辱国及削弱民族统一战线力量的言论行动进行坚决的斗争，我们才能推动国民党南京政府走向抗日，才能给民主共和国的实现准备前提。没有艰苦的持久的斗争，没有全中国人民的发动与革命的高涨，民主共和国的实现是不可能的。中国共产党在为民主共和国而斗争的过程中，应该使这个民主共和国从实行本党所提出的抗日救国十大纲领开始，一直到中国民主资产阶级革命的基本任务彻底的完成。

（七）去年十二月中央政治决议上所确定的抗日民族统一战线的政治路线，基本上是正确的。大半年来，党在执行这一总路线下，得到了许多成绩，主要的在于苏维埃红军的力量是加强了，党在全国的政治影响是扩大了，向各党各派各界各军进行统一战线的工作是进步了，这些成绩应当成为今后工作的有利基础。但是许多党的组织极不善于具体的运用统一战线的策略，对于每一个人、每一个派别、每一个社会团体、每一个武装队伍、每一阶级与阶层，常常不善于根据它们不同的情况，不同的需要与要求，在抗日救国的总方针下，同它们接洽、协商、谈判，以求订立各种地方的、局部的、暂时的或长久的、成文的或口头的具体实际的行动纲领，并在为着实现这些纲领的共同斗争中，引导推动与组织它们走向抗日民族统一战线的最高形式——全国抗日救国代表会议（或国防会议），国防政府，抗日联军，以至民主共和国。我们许多党的组织不善于这样做，而仅仅满足于一般的抗日民族统一战线的号召，满足于少数先进分子的活动，以抽象的刻板的与机械的方法方式，去对付各个具体的问题。同时在统一战线一时不能建立的场合，却又表现出："共产党员以共产主义精神来教育群众、动员群众与组织群众的独立工作"之放松或不足。这些弱点，是使抗日民族统一战线直到今天还没有成为千千万万抗日大众实际参加的主观上的重要原因。

（八）中央认为必须及时纠正那种以为阶级斗争的发动会妨碍民族统一战线的观点。民族革命的胜利，决不是少数上层分子所能完成的。不吸收千百万工人农民与小资产阶级群众参加到抗日民族统一战线中来，就不能形成抗日救国的雄厚力量，就不能推动与逼迫动摇的游移的上层分子与当权者走向真正的抗日的道路，就不能实现民主共和国。而领导工人农民小资产阶级群众的日常经济政治的斗争，解决他们迫切的生活要求，要组织他们进入抗日民族统一战线的主要关键。但在领导这种日常经济政治的斗争中，共产党员要同样的善于运用统一战线的策略，吸收最广大的群众到斗争中来。并根据于他们的觉悟程度与组织力量，把群众的日常斗争提到更高的阶段，使这种斗争成为推动抗日民族统一战线继续扩大、继续发展与继续前进的力量，成为抗日民族统一战线的坚实的基础。

（九）在建立抗日民族统一战线与实现民主共和国的斗争过程中，绝对不应该削弱苏维埃红军的力量。抗日民族统一战线的国防政府与抗日联军，是苏维埃红军在一定纲领上同其他政权及武装力量所成立的政治军事协定，但并不与其他政权及武装力量相混合。可以在国防政府与抗日联军的统一指挥之下，但并不取消苏维埃红军组织上与领导上的独立性。须充分注意于红军的扩大与巩固，那种不经过选择的允许学生及其他军队的旧军官加入红军的意见是错误的，因为这样足以破坏红军的统一和团结。必须充分注意加强苏维埃的领导成分，那种允许资产阶级参加苏区政治管理的意见也是错误的，因为他们可以从内部来破坏苏维埃机关。即在民主共和国建立之后，共产党也决不放弃对于苏区人民与原有武装力量的绝对的领导，相反的，党在坚决领导全中国人民群众的抗日斗争与日常经济政治斗争中，要坚持着扩大与巩固自己的政治的军事的力量，保障抗日战争与民主共和国之彻底的胜利，争取社会主义前途的实现。

（十）扩大与巩固共产党，保障共产党政治上组织上的完全独立性和内部的团结一致性，是使抗日的民族统一战线与民主共和国得到彻底的胜利最基本的条件。因此在苏区内特别是在非苏区内，有系统的征收党员是非常必要的。但必须避免大批入党的办法，而只吸收经过考察的工人农民与革命知识分子入党。在这个意义上，去年中央十二月决议中“一切愿意为着共产党的主张而奋斗的人，不问他的社会出身如何，都可以加入共产党”与“党不怕某些投机分子侵入”的意见是不正确的。党的各级领导机关必须采取实际办法培养党的工作干部，因为不论在苏区与非苏区，在彻底实现党的政治路线上，有独立工作能力的优秀干部，有着决定一切的意义。动员成千万成万的党员到一切无组织与有组织的群众中去争取千百万的群众在自己的周围，正确的建立公开工作与秘密工作的联系，是中国共产党在为着完成抗日民族统一战线的伟大政治任务面前一刻不可放松的任务。在扩大抗日民族统一战线与为民主共和国而斗争的过程中，对于忽视党的政治上与组织上的独立性，忽视巩固苏维埃与红军，放松对于广大下层群众的日常经济政治斗争的领导，对同盟者批评不够等等右的机会主义倾向，必须及时给以纠正。但在目前说来，“左”的关门主义倾向，依然是彻底实现抗日民族统一战线策略的主要危险。正确的党内思想斗争的发展，将是完成党的一切政治任务的有力武器。

选自《中共党史教学参考资料》（二），人民出版社 1957 年出版，第 77～82 页。

互校版本：《中共中央文件选集》，第十册，中共中央党校出版社 1985 年出版，第 86～91 页。

3. 中华苏维埃中央政府对内蒙古人民宣言

1935 年 12 月 20 日

亲爱的内蒙古全体民众们！

现在我们是处在全世界大变动的关头。你们是还甘受日本帝国主义及中国军阀的宰割，作他们的炮灰而趋灭亡；还是乘机奋起，努力图强，以争得至尊的蒙古族在全世界民族中享有完全平等的地位？二者必居其一，望速择之。

野心勃勃、凶焰逼人的日本帝国主义，欲占领全中国，必先占领满蒙，欲称霸于全世界，必先占领全中国，这个野蛮计划，现在已逐步实现，首受其害者，为东三省、华北五省的民众和内蒙古的整个民族。狡猾卑鄙、口蜜腹剑的日本强盗，正在用各种欺骗手段，假借“大蒙古主义”，来达到占领蒙古的整个土地财富，奴役整个内蒙古人民的目的，它准备把你们的土地作战场，人民当炮灰，以达到它进攻中国［华］苏维埃人民共和国，进攻外蒙古人民共和国及苏联，并最后消灭蒙古民族的目的。不信，请看朝鲜、台湾、东三省人民，不能用自己的语言文字，不能有居住、行动、耕种、牧畜的种种自由，一切政治经济的权限，完全操在日本倭奴之手。再看日本帝国主义者在察哈尔的军事布防与军事设备，及兴安总署与其他的一切阴谋，便可以了然内蒙古民族达到了空前未有的危机。何况还有恬不知耻以蒋介石为首的中国军阀，不独自命为宗主国，更进而把内蒙古整个的区域划为行省，驱逐蒙古民族于黄河以南，阴山以北，更时常指使井岳秀、高石秀等小军阀，不断地占蒙古民族的牧地、盐池，企图逐渐消灭蒙古民族，作日本帝国主义的清道夫，加速内蒙古民族之灭亡。

中华苏维埃人民共和国中央政府与所有的英勇红军，在数年来的英勇战斗，无数次的给日本帝国主义与蒋介石军阀以严重的打击。中国红军已经成为不可战胜的力量。特别是英勇的中央红军，经过二万五千里长征，突破了全世界的行军纪录，胜利的达到北上抗日预定的计划。中国红军战斗的目的，不仅是把全中国民族从帝国主义与军阀的压迫之下解放出来，同样的要为解放其他的弱小民族而斗争，首先就是要帮助解决内蒙古民族的问题。我们认为只有我们同内蒙古民族共同奋斗，才能很快地打倒我们共同的敌人，日本帝国主义及蒋介石；同时相信，内蒙古民族只有与我们共同战斗，才能保存成吉思汗时代的光荣，避免民族的灭亡，走上民族复兴的道路，而获得如土耳其、波兰、乌克兰、高加索等民族一样的独立与自由。因此，本政府向你们宣言：

（一）认为原来内蒙六盟，二十四部，四十九旗，察哈尔土默特二部，及宁夏三特旗之全域，无论是已改县治或为草地，均应归还内蒙人民，作为内蒙古民族之领土，取消热、察、绥三行省之名称与实际行政组织，其他任何民族不得占领或借辞剥夺内蒙古民族之土地。

（二）我们认为内蒙古人民自己才有权利解决自己内部的一切问题，谁也没有权利用暴力去干涉内蒙古民族的生活习惯、宗教道德以及其他的一切权利。同时，内蒙古民族可以从心所欲的组织起来，它有权按自主的原则，组织自己的生活，建立自己的政府，有权与其他的民族结成联邦的关系，也有权完全分立起来。总之，民族是至尊的，同时，一切民族都是平等的。

（三）凡在内蒙古区域的汉、回、藏、满等民族，应根据民族平等的原则，发展民主主义，使这些民族与蒙古人民受到同等的待遇，并有应用自己的言语文字及信仰与居住等的自由。

（四）首先将井岳秀所占领的把兔湾，与高石秀所占的区域及两个盐池，交还内蒙人民，并将长城附近，如宁条梁、安边、定边等地划为商业区域，以发展你我双方间的贸易。

（五）我们的工农红军游击队或其他的武装队伍，绝对没有向草地进攻的企图，但你们亦不要允许中国军阀或日本帝国主义的军队，经过草地来向我们进攻，来加速你们自己的灭亡。我们愿意彼此缔结攻守同盟去打倒我们共同的敌人。

总之，只要你们真认识到蒙古民族解放的必要，不愿做亡国奴，有反对日本帝国主义与蒋介石等中国军阀的决心，那不管你们的领导者是王公贵族或平民，我们都可以给你们以善意的实力的援助。蒙古民族素以骁勇善战见称于世，我们相信你们若一旦自觉的组织起来，进行民族革命战争，驱逐日本帝国主义与中国军阀于内蒙古领域以外，则谁敢谓成吉思汗之子孙为可欺也。请为熟思，并望互派代表以建伟业，则不胜幸甚！谨此宣言。

中华苏维埃人民共和国中央政府　主席　毛泽东

选自《中共中央文件选集》，第九册，中共中央党校出版社1986年出版，第593～595页。原件未注明史料来源。

4. 中华苏维埃中央政府对回族人民的宣言

1936年5月25日

亲爱的回族兄弟们：

帝国主义重分殖民地的世界第二次大战快要爆发，我们中华五族的人民和土地，已一大块一大块的为日本帝国主义所宰割，现在更向着绥远、宁夏、甘肃、新疆前进，破坏你们的根本，灭亡你们种族的大祸，已经临头。你们甘就灭亡，任人宰割，还是奋起抗战，争取回族的独立与自由？土耳其回族复兴的荣誉，将为整个回族及一切被压迫民族的南针。当此紧急存亡的关头，望即奋起！

回民的千余年以来，历受中国统治阶级的压迫与剥削。特别是在蒋介石的南京政府统治之下的苛捐杂税，使回民的生活，陷于艰难困苦不能生存的地位；复时常挑起回、汉两民族的恶感，甚至互相残杀，最后则以大兵镇压，必使回、汉两族民众的元气丧尽，然后得以遂其残暴贪婪的统治，近几年来，以卖国贼蒋介石为首的国民党军阀，更丧心病狂的投降日本帝国主义，企图将全中国及各民族的利益完全出卖。东北四省的丧失，华北五省的名存实亡，闽南的自治运动的活跃，现在更要把西北四省划为“防共”地带。南京军队之入甘肃，即是灭亡西北，镇压回、蒙、藏各民族独立运动的主要步骤。

中华人民苏维埃政府及人民红军、抗日先锋军素以反对帝国主义、特别是日本帝国主义，彻底解放中华民族及其他各弱小民族为其基本任务。现鉴于东进抗日为卖国贼蒋介石所阻，认为巩固后防，发展抗日根据地，联合一切不愿做亡国奴的人民及各民族，首先是联合西北的各民族的人民，以准备直接对日作战是更为重要的。所以抗日人民红军的西进，特别是回族独立解放的大好时机。因此，我们谨向回族人民宣言：

（一）我们根据民族自决的原则，主张回民自己的事情，完全由回民自己解决，凡属回族的区域，由回民建立独立自主的政权，解决一切政治、经济、宗教、习惯、道德、教育以及其他的一切事情，凡属回民占少数的区域，亦以区乡村为单位，在民族平等的原则上，回民自己管理自己的事情，建立回民自治的政府。

（二）我们根据信仰自由的原则，保护清真寺，保护阿洪，担保回民信仰的绝对自由。

（三）武装，为一个独立自主的民族所不可少的条件。我们联合回族中自己的一切武装力量，并帮助其发展，更愿意武装回民，成立独立的“回民抗日军”。我们希望回民的武装，将来能成为抗日联军的主要力量之一。

（四）取消军阀、官僚、民团的一切苛捐杂税，改善回民的生活。

（五）保护回文，发展回民的文化教育，举办回民的报纸，提高回民政治文化的水平。

（六）回、汉两大民族亲密的联合起来，打倒日本帝国主义与汉奸卖国贼。

（七）联合土耳其、外蒙古、苏联及其他同情中国各民族彻底解放的民族与国家，共同抗日。

亲爱的回族的弟兄们！现在是弱小的民族被宰割的时代，同时也是弱小民族奋起图存争取彻底解放的时期。你们处在已经解放的苏联、外蒙古、土耳其及正在谋解放的中华苏维埃红军之间，只要你们觉悟起来，努力奋斗，胜利必是你们的。谨此宣言。

中华苏维埃人民共和国中央政府　主　席　毛泽东

选自《中共中央文件选集》，第十册，中共中央党校出版社1985年出版，第27～29页。原件未注明史料来源。

5. 中央关于改变对富农策略的决定

1935年12月6日

（一）一九二九年共产国际给中国党与在反对农村中主要敌人豪绅地主的斗争中，加紧反对富农的指示，是由以下论点出发的。

1. “在革命失败以后，农村中的富农分子，时常站在反动势力方面反对农民群众的革命斗争”。

2. “当革命失败的时候，党要在农村中重新建立自己的组织，重新创造自己政治影响的基础，要动员农村中广大的群众，特别是贫农，因此，若不对于一切剥削与压迫的形式都采取坚决的、勇敢的斗争，则这些任务，是不能实现的”。“没有坚决的口号，而想扩大我们在贫农中的政治影响是绝对不可能的”。“这就是要我们指导广大的农村雇农及贫农之反对地主与富农之一切剥削与压迫的斗争”。

3. “党应与富农力争对贫农群众的领导，决不要使富农有可能利用群众扩大自己利益”。必须要坚决的为争取中农而斗争，使中农离开资产阶级与富农的影响。

四中全会后，党在各个苏区内所实行消灭地主、反对富农、联合中农、依靠雇农的路线也就根据于国际的这一指示的。党在执行这一正确的指示中，曾经得到了伟大的成绩，确立了党在广大农村中对于基本农民群众的领导作用。

（二）但是目前的政治形势，同过去比较，已经发生了很大的不同，这种不同表现在：

1. 现在是革命的时期，特别是民族革命战争紧迫的时期，不但工人与农民参加斗争，而且广大的知识分子、小资产阶级群众也卷入革命的潮流，甚至有部分商人、资本家、中下级军官以及某些军阀，也开始动摇或表示同情于民族革命的斗争。

2. 在广大的地区内，已经建立了苏维埃的革命根据地，苏维埃与红军的影响，正在迅速的散布到全中国去。中国共产党在长期的国内战争中，已经成了中国反帝国主义与反国民党的革命的唯一领导者与组织者。中国共产党在领导战争与阶级斗争中，已经有了极丰富的经验，革命的力量是大大地加强了。

3. 国民党统治使中国人民做亡国奴，使中国变为殖民地，使中国人民丧失一切民主自由的权利，使国民经济总崩溃，使生产力大量的毁灭，使水旱灾荒普遍全中国，使全国人民生活恶化，使他们破产、失业、饥饿与大批的死亡。这使全中国人民在实际经验中认识到国民党统治下的没有出路，而转向苏维埃的道路。

（三）在这种形势之下，富农也开始参加反对帝国主义侵掠及豪绅地主、军阀官僚的革命，或采取同情与善意的中立态度，不论是富农自己参加革命斗争，或采取同情甚至中立态度，对于我们现在不是可怕的①，而是有利的。因为目前党的中心任务，是在尽量扩大革命运动的范围，吸收各种不同的社会阶层，建立全国人民的统一战线，反对主要的敌人日本帝国主义与卖国贼头子蒋介石，而加紧反对富农的策略，是在把富农推到反革命的怀抱中去，是在加强反革命同我们斗争的力量。因此，这种策略现在已经不适当了。

长期的苏维埃革命运动的经验，更告诉我们在加紧反对富农的斗争中，常常造成消灭富农的倾向，以致影响到中农群众，使他们不安，他们对于发展生产力减少兴趣。这不但会推动富农积极起来同豪绅地主联合反对苏维埃政权，而且给他们造成了附和他们的中农群众。这种策略，也不能使白色区域的群众了解到：苏维埃政权不但在政治上比国民党政府要进步千万倍，而且也只有在苏维埃政权下面，生产力才能够大大地提高，人民才可以安居乐业。而且在目前资产阶级民主革命的阶段上，资本主义必然要相当发展，这种发展，不是可怕的，而是有利的。因此，从这些方面来讲，加紧反对富农的策略，也已经不适当了。

（四）因此，在白区抗日反蒋、反苛捐杂税与军阀的斗争中，富农一般的是参加的，我们应该联合整个农民，造成广泛的农民统一战线。故意排斥富农（甚至一部分地主），参加革命斗争是错误的。但党无论何时、何地在这一广泛的农民统一战线中，必须争取自己的领导权。党在农村中必须单独组织雇农工会，领导他们改善自己生活的斗争。不论在农民委员会或农民协会中，党必须单独组织雇农小组。必须到处组织共产党支部，加强他在一切斗争中的领导作用。在斗争中，党必须在广大农民群众前面，有系统的揭破富农的动摇、不坚决、妥协投降与出卖的倾向，使基本农民群众在实际政治经验中认识，只有共产党真正能够代表他们的利益，为他们的利益的彻底实现而奋斗到底，这样来团聚他们在共产党的周围。党在领导白区农民斗争中的基本方针，是在使农民群众的斗争，转变为武装斗争与游击战争。

（五）在苏区当土地革命深入时，我们应该集中力量消灭地主阶级。对于富农，我们只取消其封建式剥削的部分，即没收其出租的土地，并取消其高利贷。富农所经营的（包括雇工经营的）土地、商业以及其他财产则不能没收，苏维埃政府并应保障富农扩大生产（如租佃土地，开辟荒地，雇用工人等）与发展工商等的自由。如某一乡村大多数农民要求平分一切土地时，富农应当照普通农民一样，平均分得土地；但土地之平分与否，主要的决定于中农群众的赞成或反对。除统一的累进税外，苏维埃地方政府不能加富农以特别的捐款或征发。这样的改变，可以使富农对苏维埃政府采取善意中立的态度。

富农无权参加红军及一切武装部队，并无选举权，但可以参加反帝拥苏与互济会等群众的社会团体。至于依照过去政策，已经处理过的富农，则不必翻案，但如某乡、某村有多余的土地时，可给以相当的补价。富农在违反苏维埃法令时，或进行反革命时，则依照苏维埃法律来解决。

对于那些积极参加苏维埃革命的地主、富农出身的知识分子，我们是欢迎的，他们应该受到苏维埃工作人员同等的待遇，取得选举权和被选举权。要告诉他们，只有为了苏维

---

① “党史资料版”印作“不是不怕的”，“中央文件版”印作“不是可怕的”，“土地文献版”印作“不是不（可）怕的”。

埃政权的最后胜利而奋斗，才是他们的出路；在国民党统治下，是没有出路的。

（六）苏区党在改变对富农的政策中，应该特别注意加强乡村中的共产党支部、雇农工会、贫农团的组织，正确保护乡村工人的利益，并加强对于他们的共产主义教育，提高他们的阶级觉悟，使他们懂得只有社会主义革命，才能最后把他们从资本主义的剥削下解放出来。

不是在富农前面表示恐怖，而是坚定的加强苏维埃政权在乡村中的支柱与党的领导作用，大批地吸收最好最坚决的雇农工人与贫农到苏维埃机关中工作，在理论上与实际上教育他们自己管理自己的国家。应在党内、党外加紧反对富农思想，在思想上使富农陷于孤立，这样，才能保证在苏维埃政权中无产阶级的领导。

选自《中共党史教学参考资料》第二次国内革命战争时期（下），中国人民大学中共党史系资料1980年编印，第139～142页。简称“党史资料版”。原注：“原载《六大以来》（上）”。

互校版本：

1.《中共中央文件选集》，第九册，中共中央党校出版社1986年出版，第589～592页。简称“中央文件版”。原件未注明文件来源。

2.《第二次国内革命战争时期土地革命文献选编（1927—1937年）》，中共中央党校出版社1987年出版，第807～810页。

6. 中华苏维埃共和国中央执行委员会①命令（新字第二号）——关于改变对富农的政策问题②

1935年12月15日③

鉴于日本帝国主义之积极侵略，中国沦亡之危迫，全国工农及爱国志士，均积极参加民族革命斗争，反对日本侵略者及其走狗蒋介石辈，又因蒋介石等的卖国贼统治，陷中国经济于万劫不复之域——特别是农村经济，全国农民均群起反抗与暴动，富农已改变其仇视苏维埃革命而开始同情于反帝国主义与土地革命的斗争。苏维埃中央委员会为扩大全国抗日讨蒋之革命战线，特决定改变对于富农之政策。

（甲）富农之土地除以封建性之高佃租出租于佃农者，应以地主论而全部没收之外，其余富农自耕及雇人经营之土地不论其土地之好坏，均一概不在没收之列。

（乙）富农之动产及牲畜耕具，除以封建性之高利贷出借以剥夺农民者外，均不应没收。

（丙）除统一累进税外，禁止地方政府对于富农之征发及特殊税捐。

---

① “中央文件版”印作“中央政府执行委员会”。

② 副标题系“中央文件版”编者所加。

③《红色中华》和其他两种版本皆为“一九三五年十二月十五日”，“中央文件版”误排作“一九三六年二月十五日”。

（丁）富农在不违反苏维埃法律时，各级政府应保障其经营工商业及雇用劳动之自由。

（戊）在最大多数群众要求而实行平分一切土地之区域（乡或区），富农有与普通农民分得同样土地之权。

（己）富农在违反苏维埃法令时应依法惩治之，进行反革命活动时应按暂行惩治反革命条例惩治之。

（庚）富农仍无权参加红军及一切武装部队（包括赤卫军在内），并无选举权。

（辛）以前颁布之土地法及一切其他法令，凡与本命令有抵触者悉废除之。

（壬）本命令自公布日起实行之，（在未联系一片之区域，文到之日实行之，）在本命令实行前依以前法令施行者仍属有效，不得翻案。

主席　毛泽东

一九三五年十二月十五日

选自《红色中华》，1935年12月21日，第四版。

互校版本：

1.《陕甘宁革命根据地史料选编》，第二辑，甘肃人民出版社1983年出版，第3～4页。

2.《中共中央文件选集》，第十册，中共中央党校出版社1985年出版，第8～9页。简称“中央文件版”。

7. 怎样分析阶级

1936年1月1日

命令

兹将公布怎样分析阶级及陕甘苏区土地斗争中一些问题的决定，并责成各级苏维埃依此实行之。

中华苏维埃共和国临时中央政府西北办事处

主席　博古

1936年1月1日

怎样分析阶级①

一、地主

占有土地，或多数牛羊，自己不劳动，或只有附带的劳动，专靠剥削为生的，叫做地主。

地主剥削的方式，主要是以地租方式剥削农民，此外或兼放债，或伙喂牲畜，或兼雇工，或兼营工商业，但对农民剥削地租，是地主剥削的主要形式。

军阀、官僚、土豪、绅士是地主阶级的政治代表，是地主中特别凶恶者。

① 这一文件是以1933年人民委员会批准的《怎样分析阶级》为基础，根据中央红军到达陕甘宁地区的情况，重新公布，并增补“注”与“举例”。

帮助地主收租管家，依靠地主剥削农民为主要生活来源的一些人，不得分配土地。

依靠高利贷剥削为主要生活来源的人，称高利贷者。高利贷者，应与地主一列看待。

地主阶级是土地革命的主要敌人，苏维埃对地主阶级的政策，没收他们的一切土地财产，消灭地主阶级。

〈注一〉以上所说地主，是指普通情形而言，但有些特殊情形如：

（一）有些人按照剥削情形来看似地主，但生活状况，却很贫困者，则不能当地主待遇。

举例：

1. 全家有十人吃饭，二人受苦，有土（上）地十□[1]，中下地二十五□，共三十五□，牛驴各一头，羊廿六只，革命前二三年，两个受苦的，前后死了。从此以后，十□土地出租，每年收租三石，二十五□中下地，给人伙种，每年收谷六石左右。

判断：此家革命前二三年，是中农成分，从两个受苦的人死了以后，家里无人受苦，不得不把土地出租或伙种，这不能算地主，应照中农待遇。

2. 有两家都是两人吃饭（一家因年老，不能受苦，一家因病后，丧失了劳动力，过去土地都是自耕），无劳动有上地六□，中地二十一□，共二十七□，全部出租，每年收租谷五石，有窑洞二孔，羊十二只。

判断：此两家过去都是中农成分，因老与病丧失了劳动力，不得不把土地出租，靠收租过活，生活情况比前困难，这不能. 当作地主，应该算是中农。

（二）有些人，依靠自己劳动为生活主要来源（如教员、医生、城市的独立劳动者等），但兼有小部分土地出租，这也不能当地主看待，土地不应没收。

举例：

1. 有一小学教员（医生、独立劳动者都一样），家有六人吃饭，每年教书收入大洋六十元，有地廿二，每年收租谷三石。

判断：此家生活来源的主要部分是依靠自己教书，不是收租，虽然在土地关系上看，是土地的主人，但这不能当作地主，不能将其土地没收。

（三）有些人剥削地租债利的数量很大，家中虽有人受苦，但依靠自己生产的收入部分，占其收入极其微小，这不能算富农，应该决定地主。反之，自己生产的收入，占了每年总收入的重要部分，虽不是主要部分，则不能决定地主，应该判为富农。

举例：

1. 有一家十三人吃饭，一人受苦，每年雇长工一个，有地一千一百三十□（上中地过半），自种六十五□，其余出租每年收租谷一百五十石，放债四百元，五分利，每年收利二百四十元。

判断：

此家虽然自己有劳动力，但依靠自己生产的收入，占了每年总收入极小部分，应该决定地主，不应决定富农。

2. 有一人家廿一人吃饭，五人受苦，每年雇长工二人，有地一千一百三十□（中上

---

① 原字为“土旁加寻”，字典查不到，故以□代替（以下同）。是指土地面积，推测相当于“垧”。

地过半），自种土地三百五十，其余出租，每年收租谷七十五石，收债四百元，有牛八头，驴九头，羊一百五十只。

判断：

此家依靠自己生产的收入，已经成为每年总收入的重要部分，虽不是主要部分，但不能决定地主，应该决定富农。

〈注二〉地主阶级成分，在其土地财产已经被没收之后，一切在革命后，用自己的劳动（如开荒、做小买卖、或受人雇用等）所得的粮食与资料，不得再行没收。并在他们不反抗苏维埃法令及忠实的劳动为生之情况下，经过几年，得给以苏维埃公民权。近来在查田运动中，有将已经没收了的地主阶级出身的分子用自己劳动所得之粮食等再行没收，这是错误的。

二、富农

富农一般占有土地，但也有只占有一部分土地，另租入一部分土地的，也有自己全无土地，全部土地都是租入的（后二种少数），一般都占有优良的生产工具与多量的牲畜，及活动资本，自己劳动，或经营土地生产，但经常依靠剥削为其生活来源的重要部分。

富农的剥削方式，主要是剥削雇佣劳动（请长工），此外或兼以一部分土地租人剥削地租，或兼放债，或伙喂牲口或兼营工商业，但中国的富农，常有自己劳动之外，并不雇工，而另以地租债利或伙喂牲畜等方式剥削农民，富农的剥削是经常的，许多并且是占其主要的生活来源。

苏维埃对富农的政策，是没收富农的封建剥削部分，即取消富农的高利贷没收出租部分的土地，其余富农的土地（雇长工耕种的在内）财产不没收，富农有雇佣劳动（力）经营工商业之自由（参看一九三五年十二月十五日中央执行委员会关于富农问题的命令）。

〈注〉上面所说的富农，是指普通情形而言，但有许多特殊情形，如：

（一）有些人本来是中农成分，革命前三四年，因某种原因（如老病死）减少了劳动力，不得不将土地出租或请长工耕种，而家庭生活反而困难者’以致比普通农民不如，则不能定为富农，应该定为中农。

举例：

一家十二人，本来有二人受苦，有上地八□，中下地四十五□，完全自种，并有窑洞三孔，牛一头，驴一头，羊二十三只，这是中农成分。不幸在革命前三年，死了一个受苦人，从此以后，即出租土地三十□，每年收租九石，占了总数收入重要部分，但生活却比从前困难。

判断：此家本来是中农，因缺乏劳动力，不得不拿一部分土地出租，但生活却不如普通农民，每年剥削部分，虽占了全部收入的重要部分，但仍是中农，不能算是富农。

（二）有些人自己有多量土地、牲畜，自己劳动并兼雇长工，或放债，但因家庭人口多，消费大，不能决定富农。

举例：

一家四十八人，有六人受苦，二人自带驴子帮助运输（本地叫赶驴），每年请长工一人，牧童一人，放债五十元，三分利，每年收利十五元，有上地三十二□，中下地二百十四□，完全自种，有窑洞十二孔，牛七头，驴九头，羊一百三十多只。

判断：

此家虽有多量土地、牲畜，并兼雇长工放债，但因大家庭，消费大，剥削部分没有占全年收入的重要部分，不能决定为富农，而是富裕中农。

三、中农

中农许多都占有土地，有些中农只占有一部分土地，另租入一部分土地，有些中农并无土地，全部土地都是租人的，中农自己都有相当的马牛羊与农具。中农的生活来源全靠自己劳动，或主要靠自己劳动。中农一般不剥削人，反而普遍地受苛捐杂税的剥削，其中许多还要受别人小部分地租、债利等剥削。并且中农一般不出卖劳动力。另一部分中农（富裕中农），则对别人有轻微的剥削，但非经常的与主要的，这些都是中农。

苏维埃对于中农的政策，是坚决地保护他们，中农的土地，不得本人同意，不得平分。土地不够的中农，应与贫农分得同等的土地。

四、贫农

贫农有些占有一部分土地与不完全的工具，有少数牲畜，有些完全无土地牲畜，只有一些不完全的工具，一般都须租入土地与牛驴来耕，受人地租、债利与小部分雇佣劳动的剥削，这些都是贫农。

中农一般不要出卖劳动力，贫农一般要出卖小部分劳动力，这是区别中农与贫农的主要标准。

贫农在土地分配中，应该与雇农、中农得到同等的利益。

五、工人

工人一般全无土地与工具，有些工人有极小部分的土地工具，完全的或主要的以出卖劳动力为生，这是工人（雇农在内）。土地革命中，农村中的工人均应分得与贫农中农同等的土地。至于城市及乡村工人家属，有少数田地、现款出租或放债，借以维持其贫困之生活者，其土地不应没收，并依照农民一样分得土地，工人在城市中工作者不分田。

〈注〉有些地主、富农家庭将其子弟送往城市里商店或工厂中当职员或学徒的，其家庭之主要生活来源，仍然靠封建的剥削者，则对符（原文如此——编者）其家庭应依照其家庭的社会地位来定，不过该职员的妻及子女应该分得田地，本人则因在城市中有职业不分田。

选自《第二次国内革命战争时期土地革命文献选编（1927—1937 年）》，中共中央党校出版社 1987 年版，第 813～818 页。

8. 陕甘苏区土地斗争中一些问题的决定

1936 年 1 月 1 日

陕甘苏区在土地斗争中，关于决定阶级与某些分子的土地财产的处置方面，发生了许多错误。这些错误，妨害了阶级路线的正确实行与土地问题的彻底解决。为着广泛的发动群众，正确开展农村中的阶级斗争，根据目前情形，有以下几个问题的决定：

（一）决定阶级的标准

决定阶级是依照人们在生产关系上所处的地位与剥削关系，及生活情形如何，为主要标准。通俗些说，就是依照他干什么事，剥削别人，或被别人剥削，及生活好坏，为决定阶级的主要标准。革命后，决定苏区内各个不同的阶级与阶层，要按照革命时期，及紧靠革命前三四年的生活情形，剥削关系，与干什么事，来作决定阶级与阶层的标准。革命前三四年以前的事，只能作为参考。如果把他作为决定阶级的主要标准，是错误的。算陈账的方式，要坚决反对。对于只以土地或财产多少，来决定阶级，也是不对的。

（二）豪绅

豪绅是地主阶级的政治代表，是军阀官僚压迫剥削劳苦群众的代理人与帮手（一般区长以上可以决定为豪绅），这些人的土地财产，应当全部没收。

注：这里应注意：1. 无条件地把当过乡长的（因有许多地方，正是豪绅强迫劳动群众轮流当乡长，帮他的办差事），都当作豪绅，是不对的；把那些帮助豪（绅）跑腿收款的人，当作豪绅，更是不对；2. 把一些中（农）、贫农，在四五年以前及十多年以前，当过乡长或收过款子的人，也当作豪绅，全家没收，是错误的；3. 豪绅的家属如果是中农、贫农，依靠自己劳动为生，并没有依势欺人者，应当与普通中农、贫农一样待遇；4. 依靠帮助军阀、官僚、豪绅收款剥削群众为生的人，不得分配土地，其家属则依其生活来源，分别处置，如果依靠收款的人为生的，不得分地；反之，依靠自己受苦为生活来源主要部分，可与普通农民同样分地。

（三）地主兼商人

1. 地主兼商人的土地及与土地相连的房屋财产没收，其商业及与商业相连的店铺住房等不没收。

2. 有些小商人（指商业依靠自己经营或有学徒帮助，或只雇一二个店员）兼有小部分土地剥削，而不占每年总收入重要部分或主要部分的，不但商业部分不没收，即土地亦不没收。

（四）游民无产者（习惯上叫流氓）

在紧靠暴动前，工人、农民及其他民众，被军阀官僚地主资产阶级压迫剥削，因而失去职业和土地，依靠不正当方法为生活者，叫做游民无产者。

苏维埃政权对于游民无产者之政策，是认为地主资产阶级的反动统治，造成他们无法经营正当职业与生活，因之，苏维埃政权对于游民无产者，不论其首领与群众，均给予其改正自新之机会，使其回到生产中来；只要他们不反对苏维埃政权及愿意自己耕种土地者，均有分得土地之权；其坚决依附剥削阶级，反对革命者，应依惩治反革命条例处置之。

注：1. 所谓依靠不正当方法为生活者，是指从事偷盗、抢劫、赌博、欺诈或卖淫等不正当职业而言。至于有些在业或半失业的人，为生活困难，偶尔作过几次上述不正当行为者，不能算作流氓；2. 把贫苦工农中过去有不良嗜好的人（如吸洋烟、赌博等），都算作流氓，则是错误的；3. 对于游民无产者，不给其改正的可能，拒绝其分田的要求，甚至没收其土地财产，强迫编为生产队，这是极不对的；4. 坚决反革命的土匪头目，协助与积极参加进攻苏区之反革命土匪头目，应当作反革命看待；5. 游民无产者在苏维埃政权下，仍然继续用偷盗、抢劫、欺诈等方法，骚扰社会秩序及群众安宁者，应受苏维埃法

律之制裁。

（五）宗教职业者

凡在革命前当牧师、神父、和尚、道士、尼姑等者，叫做宗教职业者。宗教职业者，无选举权，并不得分配土地；其个人私有之土地，以出租于农民剥削地租者，应一律没收之。至于寺庙、庵观、教堂等之公产，应由当地群众决定其是否应该没收，在当地群众迷信心理未消灭前，不得强制没收，引起群众反感。

注：1. 宗教职业者之财产，不能无条件的没收，应依当地大多（数）工农群众的意见来决定；2. 个别的宗教职业者，愿意改业务农者，得分配其一部分田地。在其忠实的以劳动为生满三年者，得给以选举权；3. 一切以星相、看地、算命、卖卦等为生者，其生活十分贫困者，应依游民无产者为例，使其回到生产中来；其他成分者，应当按其成分处理，均不能算做宗教职业者；4. 凡宗教职业者及星相女巫等伪托神仙狐鬼企图造谣惑众破坏革命及苏维埃政权者，应以反革命活动看待。

（六）红军战士中地主、富农阶级出身的分子与土地

红军战士中地主阶级出身的分子，在他们坚决为工农利益作战的条件下，不论指挥员、战斗员本人及家属都有分配土地之权，富农出身者同。

注：1. 优待红军条例第一条："凡红军战士家在苏维埃区域内的本人及家属均须与当地贫苦农民一般的平分土地、房屋、山林、水池"，这已包括一切红军战士在内。但近来许多地方，只问阶级出身，不问政治表现，把地主阶级出身坚决为革命为工农利益作战的红军全家没收，不分配土地，或已经分得的土地，重新没收，这是错误的；2. 所谓"红军战士家属"是指父母、妻、子女及十二岁以下的弟妹，其他的人不得享此权利；3. 地主阶级出身的红军战士，如被开除军籍，得收回其土地，富农出身的照富农待遇；因受伤退伍仍须优待；4. 苏维埃机关及其他革命团体工作人员中地主阶级出身的分子，在他们坚决为工农利益斗争的条件下，在土地财产没收后，本人及其家属，均应与普通农民一样分得土地，富农出身者，其家属照富农待遇。

（七）革命前去当白军团丁的分子及其家属的处置

1. 革命前去当白军（团，营长以下及相类似的军官在内）或团丁的分子除地主成分，或两年以上与家属没有通信等特殊原因外，在分配土地时应限期留田给他们，争取他们回家，即期满后，可再限期，如限期三次，仍未回来者，当地政府得收回其土地。但有信取（得）联系因某种原因一刻不能即回者，仍暂不收回，他的家属的土地财产，应按照其成分处置。

2. 把贫苦工农出身而革命前去当白军（中下级军官在内）或田丁的分子及其家属，无条件的不分配土地是不对的，或因他当白军团丁，而加上军阀或反革命分子的罪名，将其土地财产没收，更是错误的。

（八）逃跑的群众

1. 逃跑的群众不能当反革命分子看待。有些地方的群众认为是"反对"者，将其土地财产全部没收，不留给任何土地，这是错误的。

2. 对逃跑的群众（地主阶级不在此例），要设法争取他们回家，在分配土地时，应按其成分，限期（一年或几年，由当地群众决定）分给土地，其家属应与普通群众一样，按

其成分处理其土地财产。

3. 受反革命指使组织与领导群众逃跑的分子，经证明确实，他的土地财产应没收，不得分地；其家属（如无反革命关系者），在群众同意下，可按其成分处理。

（九）反革命分子

1. 在革命前，尤其在革命后，有重大反革命行为的，叫做反革命分子。经苏维埃宣布死刑或通缉的分子的土地财产，应该没收。其家属中参加了这种反革命行为的人的土地财产，按其犯罪轻重，分别没收，或没收一部，或不没收。

2. 反革命分子的家属而没有反革命行为的，其土地财产，不得没收。过去许多地方，将这些分子的土地财产，不论中农、贫农、全部没收，不分给任何土地，是错误的。

3. 没有重大反革命行为的，没有经过苏维埃宣布死刑或通缉的分子，其土地财产，不得没收，其家属更不待说。

选自《第二次国内革命战争时期土地革命文献选编（1927—1937年）》，中共中央党校出版社1987年出版，第819～823页。原件未注明史料来源。

9. 附［报刊报道］：正确执行苏维埃政策的效果

1936年2月13日《红色中华》记者报道

自从上月一日中央政府西北办事处颁布了《怎样分析阶级》和《陕甘苏区土地斗争中一些问题的决定》以后，陕甘苏区部分地方在分配土地中的“左”的倾向已有大的纠正，一个多月以来，延安、米西、清涧等县都勇敢的把过去订错了成分的转变过来了。因此，各地群众对于苏维埃政府的信仰更加巩固，影响所及，使许多过去因误解苏维埃政策逃跑到白区去的群众（甚至一部分小地主富农）也都一批一批的回来了。据记者不完全的统计，在这一个多月中，从白区回苏区来的群众，延安县有一百多，延水县有两家，绥德县仅三、四两区就有五十多个，米西县有六家，秀延县一、九两区有十九家（二、四区也不少），安塞县有五家，其余如清涧等县有不少群众回来，在米西，甚至连藏在土寨子里的富农，也都想出来了。至于现在正在写信要求回来的群众更是非常多（如子长、绥德等县）。

这些事实是苏维埃正确的阶级路线和新的政策实施的胜利，每个苏维埃政府中的工作人员今后应该更加坚决的来执行阶级路线和新的政策！

选自《第二次国内革命战争时期土地革命文献选编（1927—1937年）》，中共中央党校出版社1987年出版，第828页。

10. 中共中央关于陕甘苏区工会工作的决定

1936年1月10日

一、在一切有工人阶级存在的地方，去团结与教育工人阶级的群众，组织群众的工会，领导工人群众反对一切形式的剥削和压迫斗争，拥护他们自己的利益，并领导他们积极去参加各种政治活动，这是共产党最重要最基本的任务之一。

在苏维埃区域中，工会是苏维埃政权最重要的群众柱石。乡村中的雇农与手工业工人，是共产党在乡村中唯一可靠的基本的阶级群众，是共产党的路线在乡村中最可靠最重要的传达者，是城市无产阶级与乡村农民兄弟联合的最重要的桥梁。

二、陕甘党的组织在过去一个时期中，因为没有正确的估计乡村工人雇农与工会在土地革命和苏维埃政权中的重要作用，所以忽视了工会工作，忽视了特别组织与教育工人雇农的工作，及保护他们的特殊利益。虽然最近的开始了工会的组织（在陕甘苏区工会已有一万多会员）并计划系统的来改善工人的生活状况；但工会的发展仍很迟缓，工会中的文化教育工作未开始进行，在工人的要求中还有过高的地方，还没有表现工会在苏维埃政权中各方面的活跃，广大工人雇农群众的参加革命与战争的积极性，还没有很大的发扬与组织起来，工会还没有确实成为苏维埃政权的柱石。这里主要的原因，一方面是由于在陕甘党的组织中，还没有完全克服忽视工会工作的倾向，各级党的组织，还没有经常的系统的来注意检查与帮助工会工作的进行，同时在工会中工作的同志也没有将工会中各种重要问题，提到党的组织中去，并经过党的各级组织，取得党的指导与帮助。

三、为着陕甘以及将来发展的苏区中，创立真正群众的阶级工会，并使工会真正成为苏维埃政权的柱石，党的各级组织（省委、县委、区委以至支部）必须加强自己对于工会工作的注意，选举有工作能力的同志到工会去负责，在工会机关中建立党团，经常系统的检查与帮助工会党团的工作，注意吸收工会去参加各方面的活动，训练工会的干部，并提拔工人干部到各个组织中去负责。在没有工会组织的地方及新苏区，党应指定几个同志组织“工会组织委员会”专门负责去组织工人建立工会。

四、在目前各级党部必须督促和帮助工会，立即进行以下的工作：

（一）全总执行局与陕北省工会筹备处规定在二月二十日召集全省工人代表大会，成立省工会及成立陕北各县各区工会的计划，必须使其完满的实现。党的县委与区委，应立即讨论召集县与区工人代表会的工作，督促下级党部与工会党团立即到工人群众中去动员，务必在代表大会以前“在吸收每个苏区工人雇农加入工会”的口号下大大发展会员，按照章程正式成立各乡各区各县的工会组织系统。在陕甘省委应与工会党团规定召集陕甘工人代表会的计划，在最短的时期内，正式成立陕甘各级工会组织的系统。

（二）在组织工会的运动中，应确实打破关门主义。对于在革命前凡是出卖自己劳动力为生活资料唯一来源与主要来源的工人雇农，应普通的征求他们加入工会。在革命前按庄稼的（即仅有劳动力的雇农，使用地主的土地、耕牛、耕具、种子，而与地主共分收成）雇农亦吸收他们加入工会。应除去加入工会一定要两个会员介绍规定，免去一切加入工会的繁重手续。对于稍染流氓习气的（如吸洋烟等）工人雇农亦应吸收他们到工会中来再教育他们。但加入工会以自愿为原则，一切带有强迫性质的加入工会的办法（如将雇农划分到工会组织的办法等），应彻底取消。在工会的各级组织中，应实行广泛的民主；工会的领导机关与负责人，应由工人群众的选举来取消委派工会负责人的办法；应大批提拔工会的积极分子到工会机关负责，工会领导机关应按时向会员报告自己的工作；吸收工人群众来参加和管理自己的工会。各级党部应督促团经常去注意工会青工部的工作。

（三）有计划地改善苏区工人生活状况，是工会主要的任务之一。工会机关应过细去了解各部分工人的生活状况与各地社会生活程度，提出工人切合实际与可能的要求。关于雇农缺乏耕牛种子及粮食问题，应立即与苏维埃实行许多实际的办法，去求得解决。边区的失业工人，黄河的水手，以及其他失业与半失业的工人，应该设法去救济并领导他们去参加红军游击战争。劳动部应根据陕甘的实际情形，颁布一些个别的劳动法令，使苏区工人的生活得到系统的改善与保障。但在改善工人经济生活的工作中，必须纠正行会主义的倾向，必须注意不要提出过高的使企业无法接受的要求。行会主义只注意到部分工人暂时的利益，忽视了工人阶级全体的、长久的利益，结果将使工人阶级的过高要求，妨害民族革命战争，妨害苏维埃运动的发展。

党在发展工人群众为争取自身直接经济利益的斗争中，主要的目的，是要提高工人群众的阶级觉悟，提高工人群众参加革命战争、参加苏维埃和红军的积极性与热忱。

必须使工人群众了解工人阶级的彻底解放，与参加革命战争，争取苏维埃政权在全国的胜利，是不可分离的任务。

（四）为着要提高工人群众的文化政治水平，工会要在工人群众中，进行各种的文化教育工作，使工会真正成为共产主义的学校。要首先在城市中，在国家企业与工人集中的地方，去组织工人学校，识字班，俱乐部，讲演会，讨论会及墙报等，吸收工人来参加各种文化的娱乐的与体育运动，并应设法出版工人的刊物。

（五）为着要实现工会在苏维埃政权中的柱石作用，党应推动工会积极去参加苏维埃的工作；动员广大的工人群众到红军中去，到游击队到赤少队中去；提拔最好的工人干部到苏维埃和红军中去负责。在国家企业中要推动工会去提高工人的劳动热忱，遵守劳动纪律，提高国家企业的生产，节省材料，为巩固和发展苏维埃工业而斗争。在目前民族危机特别紧张的情况下，党应推动工会积极去参加抗日反卖国贼的民族革命运动。

在边区的工会及船夫工会，应特别注意去进行白区工人中的工作，组织白区的工人到边区来参观，在政治上组织上和物质上帮助白区工人的斗争，特别要吸收白区工人来参加反日反卖国贼的运动及进行白军工作等。

选自《中共中央关于工人运动文件选编》中，档案出版社1985年出版，第422～425页。

11. 中华苏维埃中央政府西北办事处确定苏区农民的土地所有权

1936年1月19日

本月十九日苏维埃中央政府西北办事处开第九次会议，讨论春耕问题。在讨论中间除决定一些进行春耕的实际的办法以外，同时着重的提出下面三个重要问题：

1. 在已经分配了土地的地方，如果分配的不是实在的不好，应尽量避免再一次两次的重新分配。

2. 确定农民对于他分到的土地的所有权。在土地已经一般的分配好了的区域，即进行土地登记，登记后发给农民一种土地证。农民有了这种土地证后，可自由出租，或雇长工经营，或自己耕种，或出卖给别人。

3. 奖励农民的劳动热情，凡农民（就是地主也一样）因自己努力劳动而获得的出产，不论如何的多，苏维埃政府都给以保障，不许别人侵犯一升一斗。同时并登报奖励之。

全苏区的农民们！看！西北办事处已经确切规定苏区农民的土地所有权，同时对于我们以后从劳动中得到的出产也明令保障。我们的一犁一耙都是为我们自己，我们每个人都要有一个决心，为使我们自己生活更加改善而斗争！

选自《红色中华》，1936年1月26日第252期，第一版。

互校版本：

1.《第二次国内革命战争时期土地革命文献选编（1927—1937年）》，中共中央党校出版社1987年出版，第824页。原注："原载1936年1月26日《红色中华》"。

2.《陕甘宁革命根据地史料选辑》，第二辑，甘肃人民出版社1983年出版，第7页。原注："民国二十五年一月二十六日《红色中华》"。

12. 西北办事处颁布抗日基金筹募条例

1936年1月26日[①]

苏维埃中央政府西北办事处为要使一切抗日武装在抗日战争中能得到充裕的军费，目前已发起进行广泛的筹募抗日基金的运动，昨日并颁布了筹募条例，其中除规定了筹委会的组织以及收款和缴款的手续外，并载明奖励办法如下：

一、凡资本家自动捐助一千以上，或工农群众捐助五十元以上者，给奖状及一等银质奖章，并单独登报表扬。

二、凡资本家捐助五百元以上或工农群众捐助二十元以上者，给奖状并二等铜质奖章，并用大字登报表扬。

三、凡资本家捐助一百元以上或工农群众捐助五元以上者，给三等布质奖章，并登报表扬。

四、凡捐助一元以上者，一律由当地筹委将捐款人姓名及所捐数目开单张贴通告，一角以上者仅给以收据。

不愿作亡国奴的中国人们！为了抗日战争的胜利，热烈的踊跃的来认捐呵！看谁是筹集抗日战费的英雄？

选自《红色中华》，1936年1月26日。

互校版本：《陕甘宁革命根据地史料选辑》，第二辑，甘肃人民出版社1983年出版。原注："《红色中华》1936年1月26日"。

---

① 此为《红色中华》公布时间。

13. 肃反委员会暂行组织条例

1936 年 1 月 28 日

第一条　苏维埃区域是中国人民进行抗日民族革命战争的总后方，是中国人民求得彻底解放的策源地，日本帝国主义及其走狗卖国贼汉奸们（包括国民党军阀豪绅地主买办资产阶级）必然要用其全力“进攻”“捣乱”，企图消灭中国苏维埃，以遂其独占中国的统治野心。对于中国苏维埃的发展，更是日本帝国主义和卖国贼汉奸们要拼命来“阻止”“破坏”的。因此就决定了新区、边区肃反工作的特别重要意义。

第二条　由地方暴动或红军新占领的新区和边区的反动统治阶级只是被我们打坍了。它还可以在原有的基础上进行反攻，企图恢复它原有的“天下”，所以新区和边区的肃反工作应该是群众用自己的革命暴力继续彻底摧毁被打坍的反动统治阶级原有的基础，以保障在这些地区新建的革命政权。因此，在新区及边区的肃反领导机关，应更是权力广泛的肃反委员会的形式。

第三条　肃反委员会是新区和边区的临时革命政权即革命委员会的一部分，它的任务是领导与团结新区和边区的群众同被打坍的反动统治阶级进行公开的、秘密的斗争，以保障临时革命政权的巩固和发展。

第四条　肃反委员会隶属于同级革命委员会，受国家政治保卫局之领导与指挥进行工作。

第五条　肃反委员（会）之下应分设侦察、执行两组，在肃反委员会的主任指挥之下，进行侦察、执行等事宜。

其组织如下；

一、肃反委员会由党委员会书记、革委主席及群众团体选派代表三人（工会一人，农民委员会一人，其他学生会一人），共五人组织之，设负专责的主任一人（其他委员可不脱离原有职务），但须呈报上级肃反委员会或国家政治保卫局批准加委。

二、侦察组设组长一人，组员五人至十人，负责进行所属区域内一切反革命阴谋活动之侦察检查事宜。

三、执行组设组长一人，组员三人至五人，并须分设预审员二人，负责进行预审和执行一切反革命案犯事宜。

四、此外，在肃委主任之下设秘书一人和管理事务工作的一人至二人，负责进行肃反委员会范围内一切文件保管起草及杂务事宜。

第六条　省县两级肃反委员会同样适用第五条的组织规定，区一级可将各组人员减少到一人或二人，秘书一人兼管事务工作。

第七条　肃反委员会之下可组织一区队至一个中队的政治保卫队，如尚无保卫队时，可请求当地革命委员会区域内之游击队或当地之赤少队。

第八条　区一级肃反委员会无判决死刑之权，如须处死刑之案犯，须经县肃委之批准，但在紧急情形之下得处死刑，须报告上级备案检查。

第九条　本条例经苏维埃中央政府批准，公布之日起发生效力，修改之权属于国家政治保卫局。

选自《中国新民主主义革命时期根据地法制文献选编》，第三卷，中国社会科学出版社1981年出版，第326～328页。原注："西北政治保卫局印发件"。

14. 国家政治保卫局、工农红军总政治部、中央革命军事委员会训令——加强红军中政治保卫局特派员工作

1936年2月9日

国家政治保卫局在红军巩固的保证上是起了它极大的作用，在红军中的特派员是保卫局在红军中活动的一个基本单位，它所担负着的任务是极其重大（的）。过去在［有］许多下级军政负责同志甚至部分的中级负责同志不了解特派员工作的重要性，以致对特派员的轻视而走上组织关系的混乱状态，如不但不采纳特派员的意见，甚至轻视特派员的职责，把特派员分配做杂务工作。过去如六一团不经过保卫局组织上的允许，擅自调动特派员工作，这是在组织上破坏保卫局建制的错误。为纠正上述不良现象，更加强保卫局在红军中的工作，真正使保卫局活动的基本单位——特派员能够尽其应有的作用，根据中央政府颁布的国家政治保卫局组织纲要，正确的作下列的规定：

一、必须保持保卫局的独立性，保持保卫局一贯的垂直系统。

二、特派员在政治上受各该部红军军事政治负责者之指导，组织系统及工作关系上绝对隶属于保卫局。

三、根据以上两项，军政首长必须予特派员以帮助，正确的采纳特派员意见。

四、特派员在红军单位里的群众中有权专门进行关于肃反问题的报告和鼓动。

五、各部红军军政首长应该尊重特派员权限，并尊重保卫局的组织系统。

六、保卫分局及特派员行使职权时，如逮捕、拘留乃至审讯、制裁等问题，同级军政首长应完全尊重分局及特派员的意见。如不同意只能向上级陈述，而不能妨碍分局长及特派员行使（职）权。分局长及特派员也应依照规定（行使）自己职权。

这一训令须由各级首长在军人大会或列宁室会（议）中负责传达。此令

中央革命军事委员会　主　席　朱　德
副主席　周恩来
王稼蔷
工农红军总政治部　主　任　王稼蔷
副主任　贺　昌
国家政治保卫局　局　长　邓　发

选自《中国新民主主义革命时期根据地法制文献选编》，第三卷，中国社会科学出版社1981年出版，第328～329页。原注："选自《肃反令文汇集》"。

15. 中华苏维埃人民共和国西北抗日红军大学招生布告

1936 年 2 月

一、宗旨　目前日本帝国主义者及卖国头子蒋介石，正在倾心竭力欲把中国变成日本殖民地，中国民族已经临到亡国灭种的紧急关头。本校为适应抗日民族革命战争之开展，供给各个抗日战线上的领导人才，特决定招揽各地革命青年、爱国志士来本校学习，以期培养和造就大批军事政治的民族抗日干部，领导民族革命战争，为打倒日本帝国主义，收复失地，争取中国民族独立自由与彻底解放为宗旨。

二、科目及学额　本校分为四科

1. 军事指挥科：培养营长团长等军事指挥干部为目的，学额一千名。

2. 政治工作科：培养营团师的政治干部为目的，学额一千二百名。

3. 游击战争科：培养抗日游击队、抗日义勇军各级军事政治干部为目的，学额六百名。

4. 特科：培养工兵、骑兵、炮兵等特种兵的军事指挥员为目的，学额三百名。

除以上正科外，本校还附设医科与无线电科以造就专门人材，每科学额二百人，其学生条件与待遇与正科同。

三、学员条件

1. 凡愿牺牲一切，坚决抗日而投身民族革命的爱国志士，不论阶级成分和社会出身，以及过去参加过何种党派而志愿学习者。

2. 不分性别而年龄在十六岁以上二十八岁以下者。

3. 身体强健而无传染疾病及不良嗜好者。

4. 程度：文化程度最低限度以高小毕业及具有相当程度者为合格。中学生大学生失业教职员及其他知识分子与退伍军人，特别是曾在抗日义勇军抗日游击队当过干部的，不论程度，均所欢迎。

5. 稍识文字与参加过斗争的工人与农民，本校均同样欢迎。

四、待遇

1. 免除一切学费膳费及书费，并发给衣服毯子鞋袜，享受在职红军的待遇与优待。

2. 毕业后如志愿由本校分配工作者，则由本校分配适当抗日工作，如愿意到别处工作者（如抗日军队、抗日地方义勇军与抗日游击队等），则由本校发给路费，依其自愿，送其前往工作目的地，并给介绍。

五、报名地点

1. 各地各级苏维埃政府，抗日红军部队，抗日游击队均可报名，并由该负责机关供给沿途膳宿，并派人护送。

2. 因交通关系而不能按期来报名的，可随到随收。

六、学业期间与开学时间

1. 军事指挥科、政治工作科、游击战争科均定为半年，特科定为××（注：该处破损）

2. 第一期开学期间定为一九三六年四月一日，以后每月一号开学一班。

七、校址　陕北苏区望瑶堡附近。

西北革命军事委员会　主　席　毛泽东
副主席　周恩来
彭德怀
西北抗日红军大学　校　长　周　昆
政治委员　袁国平
1936年2月

选自《老解放区教育资料》（一）土地革命战争时期，教育科学出版社1981年出版，第204～205页。

16. 陕北省总工会关于苏维埃国家企业工会工作的决议

1936年3月27日

苏维埃国家企业工厂，是没有雇主对工人剩余价值的剥削性，而是为了发展苏维埃经济，改善工农群众生活，满足革命战争的需要。因此国家企业工会的主要任务是要加紧对全体工人共产主义教育，巩固阶级团结，保证劳动法令和劳动纪律的实施，成为执行苏维埃法令的模范公民、特别是使工人自觉地采取新的劳动态度，对付（待）自己的工厂。在目前阶段上，应鼓起工人抗日救国的热情，发扬更高度的工作积极性和技术，加强生产速度，保证生产计划的完成，为争取民族革命的胜利而斗争。

一、组织工作：（一）建立健全的工会委员会，实行分工负责制，要及时了解和迅速解决工人中的一切问题，就是很小的问题也要注意解决，只有这样才能获得全体工人对自己工会的认识与爱戴，使工会委员会真正成为工人的领导机关。

（二）要建立经常的会议生活，要扩大工会的民主化，吸收会员的意见，发动全体会员参加自己工会工作的积极性，这就必须与发展自我批评以防止极端民主化，克服地方观念，农民意识等的教育工作密切联系着。

（三）工会须不疲倦的培养和提拔干部，要从俱乐部工作系统并协同支部及工厂的生产部门有在各种组织中按照每个干部及有进步的工人的能力和积极性分配以适当工作，有计划的加强他们以实际工作教育与理论教育，要求在这里继续不断地产生大批新的干部，时刻准备着在不妨碍主要生产部门中工作的条件下输送干部到苏维埃和红军工作。

二、改善工人生活问题：为着使工人对自己工厂有深刻的认识，一切为着苏维埃为着革命战争而努力，必须坚决反对放弃或忽视改善工人（生活）的倾向。工会必须实际的去改善工人生活与争取革命战争胜利是不分离的，纠正不顾实际情况，不顾整个革命战争利益的行会主义观念过分要求。因此工会应正确的去领导下列几项工作。

（一）建立估价委员会工作：按照地方生活程度和上级规定的标准工资额及工人的技

术与劳动态度正确的及时估定工资。

（二）卫生委员会工作：应有经常的会议，讨论公共与个人卫生，建立卫生建设，如澡堂、养病室等。加紧工人的卫生教育，以消灭疾病现象。

（三）伙食委员会工作：时常检查和按期公布伙食账目，防止贪污，多多提高改善给养的办法。

（四）娱乐和体育工作：实施早晚运动，建立有系统的娱乐工作，克服工人的疲劳，保证身体的健康。

（五）开办合作社：多多采办日常生活需要品，尽可能满足工人的需要。

三、教育工作：工会应从俱乐部系统中进行对工人的教育工作，按期订出教育计划，建立有经常的政治课、识字课、讨论会、墙报、读报、唱歌、演戏等，并利用一切可能的时间（如饭后下工时）作五分钟十分钟时事报告，以传达前线上或生产战线上的胜利消息及苏维埃命令等。要加强对俱乐部工作的领导，吸收对俱乐部工作有兴趣的工人多担俱乐部委员及组长，经常把俱乐部工作提到工会议程上，采取革命竞赛的办法，发动工人学习的积极性。在目前俱乐部工作中，应以识字、墙报、读报、政治组（之）工作为中心，及时提出消灭文盲，学会写（看）报纸，积极投稿墙报，了解苏维埃的基本法令和策略等口号，作工人学习的目标。以列宁主义武装每个工人的头脑，使俱乐部真正成为以共产主义的精神教育工人的学校。在教育方式上，应运用灵活的方式，不要妨碍生产，同时要使工人感觉兴趣；并要使教育工作有经常性，有系统性，要举行测验，反对形式的呆板的教育方式。

四、工人军事化：在目前革命战争开展中，工会应团结和领导工人积极争取民族革命战争的胜利，除积极生产外，应加紧工人的军事教育，把所有的会员编成工人赤卫军的组织，利用运动时间进行初步的军事教育，使他们能使用武器，准备在必要时用以自卫和参战。

五、提高生产技术问题：研究和改善生产技术，是工会中心工作之一。要增加生产速度，不是单纯依靠着增加工人，主要是依靠改良技术和工具。苏联在第二个五年计划的建设中，依靠斯达汉诺夫运动得到伟大而迅速的成功，已是很明显的例子。因此工会应积极领导有进步的工人参加技术研究会工作。在日常工作中提出很多新的生产方法，提出他们以研究的目标，同时要倾听多个工人的意见，收集这些意见作为研究技术的材料。工会应采用革命竞赛的方法，更高度的激起工人为适合于革命战争的需要而提高生产技术的浪潮，（对）于特殊的新发明家，可以协同厂方给以名誉或物质及金钱的奖励。我们坚决的相信，在苏维埃政权下已经得到了全部解放，工人一定会高度的发扬天才而使技术日益进步的。

六、工会与厂方的关系：国家企业，工会除关于会本身工作单独进行外，所有与厂方有关系之工作都有（应）提出三人团来讨论（三人团中最后决定权属于厂长），工会委员长应代表工人积极在三人团会议中提出意见，但经过三人团作最后决定后，工会应绝对地服从，遇有不同的意见，可以向上级工会提出，但在未得到变更的决定之前仍要执行三人团的原决定。同时特着重地指出，就是工会本身的工作在必要时也应提出三人团讨论，得到厂方及（党）支部的帮助，将使工会的工作任务更能顺利地完成。

七、青工、童工、女工的工作：工会应经常有单独讨论和计划加强对青工、童工、女工的特殊教育，须从政治上高度的启发他们的兴趣，首先消灭青工、童工、女工的文盲，同时加紧他们的卫生教育和娱乐工作。对青工教育要采用青年方式，免使他们感觉着枯燥无味，在教授与学习技术方面，要采用一切有效方法，使他们的技术有长足的进步。要绝对反对熟练工人对学徒工人采用行会主义的师傅态度，同时要用教育的方法克服个别学徒对熟练工人对立的现象。

八、苏维埃军事工业工会的特点：苏维埃军事工作的一切生产要完全适合于战争的要求，和满足战争的需要，而工厂的组织性与工作，也带有军事的性质，必须坚决的执行军（委）会的命令，保证上级计划及时完成，才不致影响于前线战争。军事工厂工作有时在非例假时间可以休息，有时在必要时又要连开夜工和其他的额外工。工会应深刻注意教育自己的会员，在一切为着战争的口号下，为保证前线上的胜利，发扬高度的劳动热忱，提高生产技术和自觉的遵守劳动纪律，不管在任何场合绝对不容许有怠工、罢工的行为。但工会要时刻注意到倾听工人的意见，及时解决工人中之一切问题，圆满答复工人之正当要求，用不疲倦的解释工作克服个别的违犯军事利益的不正当要求和落后的意识。在这里要坚决反对两种倾向：完全不估计工人身体，实施过分的额外劳动。这样的办法，在短时间内虽然提高了产生数量，但因此而损害了工人身体，实际上使生产战线上遭受损失，这是不容许的。另一方面把工人利益与革命利益对立起来，用单纯保护工人利益的态度对付军事上紧急需要的生产计划，延缓其完成时间，这样会影响前线战斗，使战争受到损失，同时就使整个工人阶级的利益遭受极大的损失，这是更不容许的。根据军事工厂的特点，在军事上紧急需要的时候，在不违犯劳动法的条件下可以吸收青工、女工、童工参加义务劳动、夜工及其他额外劳动，但他们参加这种劳动时间应比成年工人减少一半或至少三分之一。

陕北省总工会

选自《中国工会历史文献》（三），工人出版社1958年出版，第688～692页。

17. 中共西北中央局、中央政府西北办事处关于执行改变富农策略给各级共产党与苏维埃的指示

1936年4月4日

自从党中央及中央政府关于改变对富农策略的决定命令与陕北土地斗争中一些问题的决定颁布后，由于一般干部的努力执行，在最近两三个月来，已经显明地得到了很大的成绩，使陕甘苏区的土地一般地得到了正确的解决，取得了广大群众的拥护，巩固了我们和中农的联合，大量提高了群众生产兴趣。过去逃跑到白区的群众，亦不断地大批地回来，就是富农对于苏维埃这一政策的改变，一般地亦表示了同情的态度，那些过去成分定错了的分子，在改正后，更表示热烈的拥护。在白色区域，尤其是在附近苏区的群众中，影响更大。这证明了党与苏维埃在目前的新的政治形势下，对于富农策略的改变，完全是正确

的。但在执行改变对富农策略与纠正过去陕甘土地斗争中过“左”错误时，在许多地方，又发生了许多新的严重的问题与偏向，主要的表现在：

有些边远的地方（如米西、吴堡、靖边）过“左”的错误，还没有能一般的纠正过来，甚至还有个别的继续过去的错误。对于改正过去错误决定的成分，虽然一般改得是正确的，但也有不少地方（如安塞、子长）把某些真正的豪绅地主，改为富农，富农改为中农，而真正过去错误决定为豪绅地主富农的中〔农〕贫农，却没有纠正。有些在改正成分时，表示了脱离群众，不通过群众会也不经过一定的组织，只是某些机关工作人员私人去改，发生了个别地方的群众不满。有些地方（如延长、安定）由于当地一部分领导干部，对于富农策略的改变（及）陕甘土地斗争中一些问题的决定，没有清楚的正确了解，没有深入的传达，当某些豪绅地主及过去已经分配了土地的某些富农，企图在“过去一切都错了”的谣言下，曲解党与苏维埃的决定与命令，要求翻案，拿回他们原来的土地牲畜财产时，有些同志表现了模糊与缺乏警觉，而另外有些同志却表现了张皇，企图单纯用行政手段来镇压（如决定要枪毙翻案的富农或没收其土地等），不知利用这一事件来教育广大群众。当然这里还要指出在个别的地方机关中，还有个别坏分子，故意违反法令，做豪绅地主富农翻案的应声虫。

发生上面这些现象的原因，最主要的是由于对富农政策的改变及陕甘土地斗争中一些问题的决定，还没有普遍的深入的传达，没有为每个干部所深刻的正确的了解，由于对农村的基本组织（如支部、乡苏、贫农团等）的阶级教育，还做得不够。其次，个别地方机关中个别的坏分子，对于某些豪绅地主富农翻案也起了一些作用。党西北中央局与中央政府西北办事处责成各级地方党与苏维埃，尤其是农村中基本组织，对于富农策略的改变，及陕甘土地斗争中一些问题的决定，来一次详细的讨论。讨论时应切实的与本地实际斗争联系起来，对于那些故意违反苏维埃法令而做豪绅地主富农翻案的应声虫的个别坏分子，必须开展思想斗争，给以充分教育，最后还顽强不改正的分子亦不惜采取组织上的制裁。此外还重复的指出党与苏维埃对富农策略的改变，为着适应目前的新政治形势，为着更便利于集中力量，对付目前的主要敌人，为着抗日讨卖国贼，为着消灭农村中的地主阶級，孤立地主阶级，为着更巩固的联合中农，为着发展农村生产，一切说“过去一切都错了”“中央来了，一切都变了，地主亦要改变，或者富农与中农没有什么分别”的说法，都是错误的，应该给以清楚解释。我们对于富农政策，现在是对的，过去亦是对的，原因是因为过去与现在的政治形势，发生了很大的不同，不过陕甘苏区，过去许多地方，在执行富农政策时，犯了过“左”的错误，对于其他成分，有些也决定错了，或对土地财产处置错了的。但这决不能说“过去一切都错了”，对于富农中农有极大的区别，更不待说明了。

除了上述这些解释以外，对于翻案的或改正成分的分子，应采取以下的具体办法：

（一）依照过去政策处理了的富农，仍属有效，不得翻案，已翻案而从群众手中拿回原土地、窑洞、牲畜等的富农，应立即退还给群众。

（二）在还没有分配土地的地区，分地时，应坚持的执行中央对富农新的策略。

（三）积极进行破坏苏维埃法令的豪绅地主，应该以严厉镇压，积极进行破坏苏维埃法令而企图翻案的富农，应在广大群众面前彻底揭穿，必要时实行公审，以教育群众，但须严格防止采取单纯的行政手段的过“左”办法。

（四）正确的彻底的改正过去决定错误的成分，还是目前许多地方的重要工作，在改正后，土地、牲畜等，可由普通公地或没收来而未经分配的土地牲畜，按其成分尽量补偿，但不得再从群众手中抽出。

（五）纠正成分，一定要经过支部会、乡苏主席团或代表会、贫农团等会议讨论，本村群众会通过，经区苏土地科批准后，才作有效。一切过去私人改而未经群众会通过的，概作无效，应该重新审查通过。

（六）中农过去自动欢迎出来的土地窑洞，已经分配了的，亦不应退还，党与苏维埃应向他们做充分的解释。

正确纠正所发生的偏向，彻底解决土地问题，是残酷的阶级斗争，各地党与苏维埃，应有高度的阶级警觉性，去辨别事实，不使一个贫苦工农，错定为地主富农，也不使一个地主富农，假称贫苦工农，同时对于反对地主富农的反攻翻案，尤其是对我们犯错误的自己的同志，开展思想斗争时，应据故意曲解，故意违法，或是真的不了解，严格地分别清楚，否则处置（原文如此——原编者），这里应特别注意广泛的教育工作，只有这样，才能使斗争正确开展起来，使土地问题得到正确的彻底的解决。

中央西北中央局
中央政府西北办事处

选自《第二次国内革命战争时期土地革命文献选编（1927—1937 年）》，中共中央党校出版社 1987 年出版，第 829～832 页。

18. 中央组织部关于军事企业中工会劳动检查员与政治处（部）的关系的决定

1936 年 4 月 17 日

现在军事企业中，工会劳动检查与政治机关的关系，没有适当的和明确的规定，因此发生着互相对立的现象。以后必须照下列的规定改正过来。

一、军事企业中的各个工会，必须在同级政治部（现在为西北供给部政治处）的领导之下。

二、劳动法令实施的检查，亦须经过西北供给部政治处，并责成该政治处负责。

现在各个企业工厂的规模很小，无需在各个工厂设立专门的劳动检查员。以后各厂总设一个劳动检查员，住在西北供给部政治处，并在其领导之下进行工作。

三、上级工会（现在为陕北省工会）和劳动部（现在为省劳动部）有权派出代表去检查各工厂工会及各工厂劳动法令实施的状况，但必须经过供给部政治处，在所派出之代表与该政治处之间发生争执时，解决之权属于上级工会（或上级劳动部）与上级政治部（现在为军委后方政治部）。

在必要时，上级工会（或上级劳动部）得与上级政治部以共同的名义发出对各个工会（或劳动检查员）与政治处的指示，训令等。

四、西北供给部政治处在自己的领导方式上，应与在红军部队中有差别，对于各个工会关系，在基本上应一般采取指导的方式而非命令的指挥的方式。

中央组织部

选自《中共中央关于工人运动文件选编》中，档案出版社 1985 年出版，第 426～427 页。

19. 陕北省委、省苏维埃关于卖粮借粮的决定

1936 年 4 月 19 日公布

省委与省苏为了充实前线红军给养，决定向群众购买粮食三千四百五十石，各地党部和政府应动员群众卖粮食给红军，并发动群众自愿借粮食一千五百五十石给红军，具体分配如下：

安定购买二百石，借一百石；

秀延购买二百石，借一百石；

延水购买三百石，借一百五十石；

延川购买五百石，借二百石；

延长购买二百石，借一百石；

延安购买三百五十石，借一百石；

安塞购买八百石，借四百石；

子长购买七百石，借三百石：

清涧购买二百石，借一百石。

这是最低度的数目，我们有把握在四月底来完成，要求各级党团领导机关，发动党团员的积极性，来领导群众进行这一运动，在群众中进行深入的动员，实行区与区，乡与乡比赛，激发群众的热忱，看谁首先完成，在这一运动中要坚决反对强迫命令的方式，同时应防止反革命的造谣破坏。

选自《陕甘宁革命根据地史料选辑》，第二辑，甘肃人民出版社 1983 年出版，第 9 页。

20. 陕北党省委、省政府关于紧急动员收集粮食的决定

1936 年 5 月 24 日

目前粮食问题处在一个非常困难的前面，因为红军回师，部队扩大和工作发展更增粮食的需要，加以陕甘产粮不多，白匪在边区的烧掠更增加粮食的困难。

为着抗日讨卖国贼的战争胜利，必须保障红军的粮食，因此党和政府紧急动员起来，帮助解决目前的粮食困难即是争取抗日战争胜利的保障。列宁在俄国国内战争时说：“为

粮食的斗争，就是为社会主义的斗争”，只有顺利的解决目前粮食困难，才能使红军顺利的行动，使革命工作顺利的发展。

解决目前粮食困难，不是一个次要的或者技术的问题，而是一个重要的政治任务，因此必须要有广大的群众动员和组织工作。

进行这个收集粮食的动员口号：就是庆祝红军东征胜利，欢迎红军回师，节省粮食慰劳红军，借给苏维埃，卖给苏维埃。多帮助一粒粮食，就是多增加一份革命力量！浪费一粒公粮，就是革命的罪人。反对浪费粮食，进行节省粮食。

解决粮食的方法，就是向群众借粮买粮，发动群众送粮慰劳红军，在各机关部队进行节省运动，反对浪费粮食。

向群众借二千石，买二千五百石粮。在借粮中包括借互济会的存粮，借义仓粮。向群众借粮，在借粮中必须经过群众讨论开会，发动群众的积极性，由群众自愿提出数目。在买粮中也必须经过群众，在乡村中收买，不得在市场上买收。借粮买粮计划在六月底以前完成。

在节省运动中必须向同志解释清楚，由他们自动的提出，准备在必要时，还可继续节省。

必须把收集粮食的运动与扩红突击密切联系起来，在扩红突击中来进行收集粮食。各突击队同时必须进行收集粮食的工作，在乡区县各级检查扩红工作中，同时必须检查收集粮食的工作。在收集粮食运动中检查和建立各级粮食部的工作，责成各级粮食部彻底清查现有的粮食，建立确切的核算，同时清查互济会的存粮。

各级党部和政府接到此决定后，立即讨论动员，并具体执行。

陕北省委、省苏

选自《陕甘宁革命根据地史料选辑》，第二辑，甘肃人民出版社1983年出版，第13～14页。

21. 中华苏维埃人民共和国中央政府、中国人民抗日红军革命军事委员会布告（宣布抗日救国政纲20条）

1936年6月1日

日本帝国主义侵略中国四年以来，我国失地八百万（平）方里，东北四省亡掉之后，华北五省①也名存实亡。现在日本帝国主义又在宁夏和阿拉善旗设立特务机关，要国民党南京政府实行广田三原则，并把陕西、甘肃、宁夏、青海、新疆五省送给他，日本帝国主义的血手伸到我们西北五省同胞的头上来了！卖国贼头子蒋介石丧尽天良，实行联合日本灭亡中国，爱国有罪、卖国有赏，拦阻红军东进抗日，捣乱红军抗日后方，非把中国统统

① 指当时的绥远、察哈尔、河北、山西、山东五省。

送给日本不止。

红军是人民的军队，是抗日的先锋，在此国难严重大祸临头的日子，用自己的热血坚决同人民在一起，向人民的仇敌作战，中华苏维埃人民共和国中央政府，中国人民红军革命军事委员会及其指挥下的红军，向全国人民、党派、团体、军队提出下列救国救民的主张：

（1）全国工农商学兵团结起来抗日救国！

（2）停止内战，不分红军、白军一致抗日！

（3）全国各党各派、各团体创立抗日人民联合战线！

（4）召集全国抗日救国代表大会，成立国防政府和抗日联军！

（5）联俄联共、一致抗日，取得中华民族的解放与独立！

（6）释放一切政治犯，保障抗日的言论、出版、集会、结社自由！

（7）争取迅速对日作战！

（8）全国红军与全国军队集中河北打日本！

（9）全国人民武装起来，一致对日作战！

（10）推翻汉奸卖国贼的统治！

（11）废除苛捐杂税！

（12）废除高利债！

（13）打倒贪官污吏！

（14）打倒土豪劣绅！

（15）救济灾民难民及一切失业人民！

（16）保护爱国运动！

（17）保护知识界、科学界、文艺界一切进步分子！

（18）保护工农利益！

（19）保护工商业！

（20）帮助回族与蒙古族人民建立独立政府！

全国人民、全国军队团结起来，拥护苏维埃红军的主张，为保卫西北而奋斗，为保卫华北而奋斗，为保卫中国而奋斗，打倒日本帝国主义！打倒汉奸卖国贼！中国民族独立解放万岁！

中华苏维埃人民共和国中央政府

主　席　毛泽东

中国人民抗日红军革命军事委员会

主　席　朱　德

一九三六年六月一日

选自《民主革命时期党的人权理论与实践资料汇编》，西北工业大学出版社 1992 年出版，第 254～255 页。原注：“本文按陕西省档案馆保存的石印件刊印”。

22. 西北政治保卫局暂行组织纲要

1936 年 7 月 15 日

一、政治保卫局是苏维埃政权与一切反革命斗争的权力机关，在共产党领导之下，保卫苏维埃政权，保卫民众利益，进行公开的或秘密的同一切军事、政治、经济（的）反革命斗争，执行侦察、检查、镇压以致消灭一切反革命组织活动及土匪等任务的。

二、政治保卫局的组织原则，是局长单一集权制，局长对本局内外一切行政设施均须负完全责任，各级分局长任免之权，均属于上级政治保卫局。

三、政治保卫局是垂直的独立的组织系统，下级绝对服从与执行上级命令，如遇交通阻碍等特别障碍时，得由上级保卫局委托当地最高之苏维埃政府主席团直接指挥之。

四、各级政治保卫局设三人至五人的委员会，负责检查工作路线之执行与确定工作方针及处理重要案件之原则。但日常行政设施，委员会不得干涉之。

五、凡建立苏维埃政权已经稳固的地区，即设立政治保卫局以代替该地之肃反委员会。政治保卫局是国家原告机关。苏区内地之政治保卫局平时只有侦察、检查、逮捕、审讯一切军事、政治、经济反革命犯及向裁判机关控告与提出判决意见之权，但最后判决之权属于政府之裁判部。

六、在边区地方保卫局及战线上的红军保卫局，为着严厉镇压敌人侦探、法西斯蒂分子及豪绅地主反动阴谋叛变的分子，有权不经过法庭采取直接的紧急的处置。但处置后必须报告国家政治保卫局备案查核。

七、各县分局局长须参加同级政府主席团会议，并须将肃反工作之公开材料，向主席作报告，主席团得讨论与检查一般的肃反工作。

八、政治保卫局须与同级党部、政府、红军机关发生横的关系，保卫局得要求同级党与政府给以人员与武器之帮助，地方党与政府可给予保卫局以工作任务。保卫局须接受同级党与政府之指示，但不能停止其上级命令之执行，如有争执时，须提到上级党、政府、保卫局解决之。党、团、政府及各革命团体，有随时供给保卫局材料之义务，保卫局亦应随时将发现之不良分子告知其所属机关，以便洗刷之。

九、凡一切反革命拘捕、预审、公诉之权，均属政治保卫局，其他机关不得拘捕或审问，但在紧急情况之下得拘捕送保卫局处理。

十、国家政治保卫局为中华苏维埃人民共和国国家组织之一重要部分，受人民委员会之直接指挥，为各级政治保卫局之最高机关。在局长指挥之下，设侦察部、执行部，经过局长领导下级所属侦察部、执行部的工作，两部互相发生双重之工作关系，但彼此分开不相隶属。另设红军工作部，经过局长指挥红军部队保卫局工作。白区工作部经过局长指挥白区、边区及白军中的工作。

十一、凡属边区地方之省县或特区均设分局，红军之军团、方面军均设分局，各分局按工作范围设侦察、执行两部或科（详细组织与分工职责，另有编制表说明）。

十二、凡地方保卫局所管辖范围下的区，红军部队之师、团两级，地方武装之独立团营或游击支队，均设特派员，代表政治保卫局进行工作（特派员之任务与工作，另有条例说明）。

十三、凡地方保卫局所管辖范围下之乡、企业、机关、卫生机关、学校、工厂及红军部队及每个支队单位，均设政治保卫员（政治保卫员工作与任务，另有条例说明）。

十四、本条例经中央政府人民委员会批准公布执行。

西北政治保卫局印发

选自《中国新民主主义革命时期根据地法制文献选编》，第三卷，中国社会科学出版社1981年出版，第346～348页。（未注明史料来源）

23. 中央关于土地政策的指示

1936年7月22日

为着使苏维埃真正成为全国人民团结的中心，必须使苏维埃现行各种政策，具有明确的人民性质与深刻的民族性质。土地政策在苏维埃各种政策中，至今占着主要的地位。实现土地革命的意义，不但是给占全国人民百分之八十的农民群众解除封建的剥削，而且同时就是推动百分之八十的人民积极参加民族解放，强大民族革命力量。自去年十二月中央政治局会议后，苏维埃在土地政策方面作了许多重要的改变（如富农政策、小地主政策、分析阶级及一些特殊问题的决定等等），这种改变已经得到了广大人民的拥护，在苏区里面已经收得实际的成效。但是，为要使土地政策的实施能够实现清算封建残余与尽可能地建立广大的人民抗日统一战线的目的，需要进一步的审查现施土地政策，并给以必要的改变。

因此，中央对这个问题有如下的决定：

（一）一切汉奸卖国贼的土地财产等全部没收。

（二）对地主阶级的土地、粮食、房屋、财产，一律没收，没收之后，仍分给以耕种份地及必需的生产工具和生活资料；地主耕种份地之数量与质量，由当地农民群众多数的意见决定之。

（三）对于下列各种小业主的土地，不应没收：

1. 自由职业者、技术人员、教员、医生、学生、小商人和手工业者等小业主的土地；
2. 凭自己劳动所得积蓄起来的工人所有土地；
3. 生活情况很坏的小地主；
4. 原非地主，因失去劳动力而不得不出租土地的；
5. 将土地出租而自己仍受雇于人的。

右列各项小业主如有为汉奸卖国贼者，照汉奸卖国贼处置。

（四）一切抗日军人及献身于抗日事业者的土地，不在没收之列。

（五）富农的土地及其多余的生产工具（农具、牲口等），均不没收，如果在基本农民要求之下，实行平分一切土地时，富农土地也当拿出一起平分，但富农应照一般平分条件得到土地（即与一般农民得到同等土地）。

（六）对于大农业主（主要的不依靠地租剥削而依靠大量雇农经营土地畜牧的业主）的土地，因其生产方式带有进步的色彩，应按照对待富农的政策办理。

大农业企业的土地、牲口、粮食等，如多数农民群众要求平分时，应拿出平分之。

（七）商人兼大地主时，其土地部分照一般地主办理，但不得侵犯他的商业部分。

（八）对高利贷宣布取消。由苏维埃政府颁布新的借贷条例，限制苏区人民借贷利率。但商业借贷及劳动人民相互间的借贷，不在取消之列。

（九）苏区内允许土地出租，但无论何种出租土地的业主，均须废除旧时残酷的和奴役的出租办法，一律遵守苏维埃政府所颁布的土地出租条例，无有例外。

（一〇）应改善农村工人生活条件，由苏维埃政府制定专门的农业雇佣条例通行之。

右列各项决定在新开创的苏区中立即执行。老苏区已经分配土地的，照原办法不变更。实行这些决定的各种具体条例及其细则，由苏维埃中央政府另行规定颁发之。

选自《中共中央文件选集》，第十册，中共中央党校出版社 1985 年出版，第 57～59 页。原件未注明史料来源。

互校版本：《中共党史教学参考资料》第二次国内革命战争时期（下），中国人民大学中共党史系资料室 1980 年编印，第 222～224 页。原注："原载《六大以来》（上）"。

24. 共产党中央委员会、中央政府西北办事处关于土地政策几个问题的答复

1936 年 8 月 3 日

问：在小业主一项，说教员的土地不没收。假使有一个教员，本人仍旧教书，但他家里是大地主或小地主，他的财产，是否没收？

答：教员的土地，不应没收，决不是说，凡是教员的土地，都不应没收。中央在关于土地政策地指示上面，清楚地指出了不应没收的，是各种（如自由职业者①、技术人员、教员、医生、小商人等等）小业主的土地（即指家庭经济地位是小资产阶级出身的教员……）。对于那些家庭地位是地主阶级的教员，并没有包括在内，这是第一。第二，我们要懂得，地主与土地所有者是不同的。地主固然是占有土地，但他还有其他决定为地主的条件。我们决不能认为，凡有土地的，都叫作地主；或者凡有土地而自己不直接耕种或经营的，都叫作地主。因此，我们就可知道那些家庭经济地位是小资产阶级的教员，他虽然兼有小部分土地（即兼小土地所有者），而且这小部分土地是出租的，我们也不应认为他的家里是小地主。对于这些人的土地，不应没收。允许他在遵守苏维埃新的土地出租条例下继续出租。但是，这里并不否认有些教员家里的经济地位，是地主阶级（不论大小）的存在。如果是地主阶级，就照我们对地主阶级的政策处置，不过，在没收时，还须注意保护其职业

① 原文如此，疑编排有误，应是："不应没收的，是各种自由职业者（如技术员……）"。

上（如书籍、科学用具等等）的必需部分。生活情况很坏的小地主，就根本不没收他。

问：祠堂、庙宇的土地，是否没收？和尚、道士、阴阳先生之流，是否分地？

答：祠堂、庙宇的土地，在原则上应该分配给农民，但须充分注意群众的宗教感情，严格防止单纯的采取行政的办法，实行强力的没收。在实际处理祠堂、庙宇的土地时，应取得群众的赞助与自愿的执行。在群众对宗教感情未打破与未同意分配祠堂庙宇的土地前，我们应该在积极方面向群众宣传解释，使其了解，以达到这些土地交给农民。对于群众性的社会的土地，在他不妨碍革命事业范围的，可由他们自己处理，对于和尚、道士、阴阳先生之流，应积极争取他们回到生产中来，如有愿改业务农者，经当地农民同意，得分配以耕种份地（土地好坏，可由多数农民意见决定）。

问：在有钱出钱的口号之下，假使某些豪绅，愿意出一部分钱（不多出投机的），对他的财产是否没收？

答：有钱出钱的口号，是我们为着扩大抗日力量的号召。在日本帝国主义积极侵掠中国，亡国灭种威胁着全中国民众的现在，党和苏维埃全部政策，应以民族革命战争的利益为中心，各种政策，应与抗日救亡政策相结合。在土地政策方面，亦是同样的。我们决不应该以为有了民族革命，土地革命可以不要，或者有了有钱出钱的口号，土豪可以不打。在苏维埃区域内或新发展的地区，土豪仍是要打的（意即没收地主阶级的土地财产），那些想投机而不愿多出钱的土豪，更不待说了。不过我们现在要特别注意的，是没收地主阶级的土地财产和肃清封建残余须做更多的群众工作，教育组织与动员群众，运用群众力量来执行。反对单纯的采取行政手段。

问：白军军官本人并未参加抗日战线，其财产如何处置？

答：土地革命的任务，是消灭封建的束缚与封建的剥削。白军军官，如果不是地主阶级，不是汉奸卖国贼，虽然还没参加抗日战线，我们不应该没收其土地财产。对家庭有信札来往的团、营长以下及相类的军官，我们还应给分田之权，争取他们到抗日战线上来。

问：此地一带的土地，差不多完全是洋人的（天主教堂很多），假使不没收他，农民就分不到土地，如何解决？

答：我们目前在民族革命战线上，主要的敌人是日本帝国主义。对一切中国民众反日解放战争守善意中立的国家，我们应该和他们建立友谊关系。在这一基础上，我们对于日本帝国主义者在中国所侵占的土地，与其他各国洋人在中国的土地处置是不同的。对于其他各国洋人的土地的处置，我们不应只简单地看到农民分不到地的问题。同时还应顾到在开展抗日的民族革命战争中利益问题。如果该洋人（或某个教堂）在我们抗日讨贼的民族革命战争中，守着善意的中立，而且愿意遵守苏维埃法令（如新的土地租借条例等），我们就不应急于要没收他们的土地。靖边方面，洋人的土地，我们可以依照这一原则，根据群众的以及各方面的斗争的发展，来具体解决这个问题。据目前的情形看，洋人没有站在日本及汉奸方面积极的反对我们，广大群众也没有积极起来要求立即分配洋人的土地，同时部分群众对天主教的信仰，还没有打破。因此，在现在我们是不应该用强力去没收这些人的土地。

问：反革命分子的财产，如何处置，他家属是否分地？

答：对于反革命分子的土地财产的处置，今年一月一日中央政府所颁布的陕甘土地斗争中一些问题的决定的命令中第九条，对反革命分子土地财产的处置，仍是适用的。

选自《第二次国内革命战争时期土地革命文献选辑（1927—1937 年）》，中共中央党校出版社 1987 年出版，第 833～835 页。

25. 土地政策新的改变

1936 年 8 月 6 日

在目前民族生死存亡的关头，苏维埃中央政府为要团结广大的抗日人民，建立起广大的人民抗日统一战线，彻底肃清封建残余，特将苏维埃的土地政策的某些部分举行新的改变，使它具有更明确的人民性质与深刻的民族性质。

一、没收一切汉奸卖国贼的土地与财产。

二、地主阶级的土地财产等物一律没收，没收后仍分给以耕种份地，及必须的生产工具和生活资料，地主耕种份地之数量，质量由当地农民多数的意见决定。

三、下列各小业主的土地不没收：

（一）自由职业者技术人员、教员、医生、学生、小商人和手工业者、小业主的土地；

（二）凭自己劳动所积蓄的工人所有的土地；

（三）生活情况很坏小地主；

（四）原非地主，因失去劳动力而不得不出租土地的；

（五）将土地出租，而自己仍受雇于人的。

上列各项小业主如有汉奸卖国贼者，照汉奸卖国贼处置。

四、一切抗日军人及献身于抗日事业者的土地，不在没收之列。

五、对于大农业企业主（主要不靠地租剥削，而依靠大量雇用农民经营土地或畜牧的业主）的土地，因其生产方式带有进步的色彩，应按照对富农政策办理（富农政策与以前无变更，就是不没收他的土地与生产工具，与农民一样分得土地）。大农业企业主的土地牲口等，如大多数农民要求平分时应拿出平分。

六、商人兼地主、其土地部分照一般地主办理，不得侵犯他的商业部分。

七、高利贷宣布取消，苏维埃颁布新的借贷条例，限制苏区人民借贷利率。但商业借贷及劳动人民相互间的借贷不在取消之例。

八、苏区内允许土地出租，但无论何种出租土地的业主，均须废除旧时残酷的和奴隶的出租办法，一律遵守苏维埃政府所颁布的土地出租条例。

九、改善农村工人生活条件，苏维埃政府制度（定）专门的农民雇佣条例。

选自《红色中华》，1936 年 8 月 6 日第 291 期，第一版。

互校版本：《陕甘宁革命根据地史料选辑》，第二辑，甘肃人民出版社 1983 年出版，第 15～20 页。

26. 苏维埃政府与人民红军向海内外筹募抗日基金

1936年8月23日①

四万万五千万人的中华民族，现在处在非常危急的历史关头，世界上最凶暴的日本帝国主义，一方面驱使其在中国的走狗——汉奸卖国贼——进攻中国爱国民众，一方面用大批军队开进中国内地，大量走私，蹂躏中国的经济，张开疯狂的惨酷的虎口，吞噬中华民族，已经被吞噬了的，有半个中国之多！

四万万五千万人的中华民族，任其吞噬吗？甘心做亡国奴吗？决不，一万个不，他是一个炸弹，谁要吞下这炸弹，谁就会粉身碎骨。他们已经燃着救亡之火，建立广泛的救亡人民阵线，向日本帝国主义及其走狗积极进攻，我们——中华苏维埃政府和人民抗日红军——为发展并领导这一战争，在十余年不断的浴血斗争中，已经取得了辉煌的胜利。

全世界被帝国主义压迫的兄弟们，全中国在救亡战线上奋斗的兄弟们，你们为着正义，为着生存，喷血搏肉，前仆后继，掀起了全世界光荣的革命高潮，你们与我们站在同一战线，向同一的万恶魔王斗争。万恶魔王——日本帝国主义与其走狗——企图把我们彼此隔离着，使我们彼此呼声不能使对方听到，彼此的力量不能直接配合，然而我们已冲破了这个网罗！我们与你们一切革命团体革命民众手携手向着光明的解放的大路猛进。

我们接到许多中国革命团体的来信，他们说："我们正在努力把每一角落救亡的火都点燃起来，配合到你们所举起的巨大的民族解放的烽火……这里有广大的中国以及全世界兄弟在热烈的拥护你们，期望着你们的胜利……在你们面前宣誓永远献身于伟大的中国革命和现阶段的民族解放斗争，并忠诚的服从你们正确的领导"。同时又看到许多国外革命运动的报告，无数次千千万万群众的示威运动，高呼着"援助中国革命，援助中国苏维埃，反对日本帝国主义进攻中国"，而且不论国内国外，都表示热烈的愿意给我们以精神上物质上的援助。这使在长久的不断的浴血斗争中的我们，无限兴奋感激，革命勇气陡增万倍！

中国农村在帝国主义及其走狗封建军阀重重剥削之下，早已宣告破产了。破产了的情况，常被统治者封锁，老实说：田园荒芜了，房屋颓败了，成千成万的妇女、孩童虽在隆冬，身上只挂褴褛，终年吃不到米，吃不到盐，过去美丽的中国农村，勤朴而温饱的中国农民，已从幻梦中逝去，已坠落到连都市的棚寮贫民窟的生活还不如。我们就是这些广大的内地的人民，我们有的是血，但毫无讳言的，我们的物质是困难的。

伟大的残酷的抗日民族革命战争正在开展，火线上的战士要吃饱，军需要不断地补充，虽然我们并不须要像军阀们那样浪费的军费！

我们要向海内外革命民众及一切赞助中国革命的人们，做一大规模筹募抗日基金的运动！

我们热诚的向全国革命群众宣言：有力出力，有钱出钱，有枪出枪，有知识的出知识，是我们联合抗日的伟大号召，我们不仅在行动上英勇配合，而且要筹集巨量的金钱。

我们向海外华侨宣言：我们继承太平天国及辛亥革命以来的解放中国的历史事业，我

① 此为《红色中华》公布的时间。

们佩服华侨同胞过去赞助革命的光荣历史，希望在这彻底完成中国民族革命斗争中负起更光荣的赞助中国革命的任务。

我们向全世界革命团体革命群众宣言：我们之敌就是你们之敌，我们以行动与你们互相配合，同时希望你们也在物质上给我们以帮助。

我们盼望着这一运动，得到海外人士的热烈赞助，我们盼望着海外有力团体帮助我们推进，并完成这一伟大任务。

战鼓咚咚响了，中华苏维埃和红军正在实践自己抗日先锋的誓言。勇猛的前进，我们有着海内外革命兄弟的援助，伟大的胜利不会是遥远的，我们高呼：

全中国全世界革命民众联合起来！

中国解放万岁！

选自《红色中华》，1936 年 8 月 23 日。

互校版本：《陕甘宁革命根据地史料选辑》，第二辑，甘肃人民出版社 1983 年出版，第 17～19 页。原注："民国二十五年八月二十三日《红色中华》"。

27. 陕甘省雇农工会简章及斗争纲领

1936 年 9 月 24 日

一、定名　本会定名为中华苏维埃共和国陕甘省雇农工会。

二、宗旨　本会以争取雇农物质地位与劳动条件之改善，保障雇农生活上的经济利益，争取苏维埃劳动法的实现，消灭豪绅、地主、资产阶级、国民党的血腥统治，推翻帝国主义在中国的势力，完成中国苏维埃革命的彻底胜利为目的。

三、会员　凡十四岁以上的雇农、牧畜工人、苦力及没有独立工会的手工业工人，不分男女，赞成本会简章与斗争纲领，并经本会的会员二人以上的介绍者，都得为本会会员。凡以上工人的女人如从事家庭手工业或季节劳动者，亦得为本会会员。

四、组织系统　本会以乡为基本组织，区、县、省以至全国都有雇农工会；国际雇农工会是本会的最高领导机关；同时各级雇农工会是总工会的一部分。

五、组织法　乡雇农工会由全体大会选出委员会长、组织、宣传、女工部长、青工部长五人为执行委员；分散各村的会员由三人至十人可成立一小组，选组长一人；区雇农工会的组织与乡会同；县执委与省执委共七人，除五人与乡执委相同外，可按工会内包含的手工业工人的种类设该种工人的部门；乡、区执委中，三人为常委；县、省执委中，五人为常委；乡雇农工会应集体的加入贫农会领导贫农会。

六、会期与任期　各小组每半月开会一次，乡雇农工会每一月开代表大会或全体大会一次，区代表大会三月一次，县代表大会半年一次，省代表大会一年一次。区、乡执委会十日一次，县、省常委会七日一次。如有特殊事故，可由各级执委随时召集之。组长、乡区执委每三月改选一次，县执委每半年改选一次。省执委每一年改选一次，但得连选连任。

七、纪律　本会各级执委，如有消极怠工故意妨害工作之进行者，得由所属各级代表半数以上的提议召还之，或由上级撤销其职责；会员中如有违犯本会纪律或消极怠工者，得受批评警告、开除等处分。

八、会费　本会会员，每月应纳会费铜元一枚，十分穷困或失业者，可免纳。

九、本简章如有不适合处，得由各级代表大会修改之。

附：斗争纲领

一、反对帝国主义殖民地化西北与全中国。

二、反对国民党出卖中国的民族利益。

三、反对帝国主义、国民党的“围剿”。

四、团结贫农会，领导中农进行拥护苏维埃政府与红军的斗争。

五、领导贫农群众参加分地与查田斗争。

六、为执行苏维埃的一切法令而斗争。

七、为争取苏维埃劳动法的全部实现而斗争。

八、每天太阳出后上工，上午休息二次，中午大休息一次，下午休息二次，太阳落后，再不作夜工，如做夜工得加工资，半夜加工一天，全夜加工二天。

九、反对雇主打骂，如有此事发生，雇农工会得向雇主提出惩罚办法。

十、不论冬夏，每天得吃三次，五天犒劳一次。雇工与雇主吃同样的菜饭。

十一、雇主不得把破烂的房子或牧畜的圈给雇工住。

十二、雇主每年得给与雇工发鞋袜各一双，夏季单衣一身，手巾一块，冬季棉衣一身、手巾一块，放牛羊时特别发给皮袄毡袜，雇主得给雇工准备毡被。

十三、长工工资，赶旧历三月底使用全年工资；短工每月清算，不得延迟。如果合同上没有规定，不得以物代工资。

十四、雇主不得任意辞退雇工，如有特别情形经雇农工会许可时，得发给全年工资；雇工自愿退工时，工资算到退工日止。

十五、雇工因革命工作耽误工作，雇主不得阻碍或扣工资。

十六、雇工如有疾病时，不寻代工，医药费由雇主担任。如因特别工作以致残废者，经雇农工检查情况后，除医药费由雇主担任，将全年工资照付外，加发二分之一；如因残废而永不能劳动者，雇主得担负相当的津贴；若死亡者，除雇主担任埋葬外，应另发给五年的工资。

十七、四节放假——清明、端阳、中秋、冬至应放假各一日。

工会筹备处

选自《中国工会历史文献》(3)，工人出版社1958年出版，第692～694页。

28. 苏维埃中央政府西北办事处的金融法令（摘录）

1935—1936年

《中华苏维埃人民共和国中央政府西北办事处训令》(第一号)

(1935年11月16日)

为着金融流通的便利，发行票币是需要的。但票币形式急须统一，发行数量应不超过市场的需要，以免发生其他弊端。

※　　※　　※

《中华苏维埃人民共和国中央政府西北办事处布告》

1936 年 7 月 8 日

在苏区内出卖食盐、布匹等，无论合作社或个人一律使用苏维埃纸票，严禁卖收白票或现洋。其用食盐和苏区生产品向白区换得的布匹、日用必需品等，也必须卖取苏维埃纸票，并不得抬高市价。如有假借食盐等卖收白票现洋者，查处后，除由政府或保卫局予以相当处罚外，同时即停止其向盐池购买食盐之权。

※　　※　　※

《国家银行西北分行营业部通知》

1936 年 7 月 5 日

国家银行为供给群众需要，繁荣志丹县市场起见，特设营业部，采办大批布匹和其他必需品，批发各县合作社，转售群众。在志丹县各区合作社尚未建立以前，所有各货暂由本部零售，凡我群众均可拿国家银行纸币前去（志）丹市（即保安城）本部购买，价钱特别便宜。

※　　※　　※

银行工作检查委员会：《发行问题》检查总结初稿之三

1943 年 5 月 27 日

一九三一年——一九三六年是发行苏票时期。在国内和平尚未建立以前，中华苏维埃国家银行西北分行发行过苏票约九十万元，流通于陕北苏区。抗战以后，停止苏票流通。中华苏维埃国家银行改为陕甘宁边区银行，并以法币收回苏票，边区境内从此成为法币流通区域。

选自《抗日战争时期陕甘宁边区财政经济史料摘编》，第五编金融，陕西人民出版社 1981 年出版，第 7～9 页。

29. 革命法庭的工作大纲

1936 年[①]

一、总则

革命法庭是苏维埃人民共和国的司法机关，在目前民族革命高潮中，为了要巩固抗日的土地革命的根据地，必须以一切力量来保证对日本帝国主义及卖国贼军阀作战的胜利，保证苏维埃政权的巩固，严厉镇压一切卖国贼汉奸反革命的活动，同时要在民族统一战线中用司法的权力来保障工人、雇工、贫农、中农和一切劳动群众的切身利益。

---

① 原件未注明年代。本大纲开头提到“革命法庭是苏维埃人民共和国的司法机关”，按“人民共和国”口号的提出，是在 1935 年 12 月中共中央政治局瓦窑会议上决定，因此推定这一大纲应是 1936 年以后在陕北制定的。“闽西史料版”第 79 页注明“1934 年 2 月”不知出自何处?

二、革命法庭的职权

革命法庭是苏维埃人民共和国行使如下司法权限的机关：

1. 公审或判决一切违反民族革命利益、投降帝国主义的汉奸卖国贼之权；

2. 接受国家原告人（政治保卫局）起诉的一切政治上、经济上、军事上反革命案件公审判决之权；

3. 处理一切苏区境内关于劳动法令、土地法令、商业条例之各种纠纷，保护工农群众利益之权；

4. 处置苏区境内一切民刑诉讼案件之权。

三、革命法庭的组织及工作

甲、组织系统（见下表）

乙、审判制度

（一）预审

1. 一切案件必须经过预审，政治案件（卖国汉奸、反革命）由委员会负责预审，政治保卫局代表为当然委员之一；

2. 一切民事案件由预审科负责预审一次以上；

3. 预审一切案件禁止用肉刑；

4. 刑事案件之预审由检察处做原告人；

5. 预审关于商业条例、劳动法令、土地法令的纠纷时，工农穷人可以请托检查处代为辩护，如雇主老板违反劳动法令时，由检察处提起公诉。

（二）公审与判决

1. 法庭开庭公审前三日，必须将公审案件挂牌通告；

2. 法庭开庭公审时，庭长为主审。

3. 公审时容许一切苏维埃公民旁听。

4. 公审时采取由群众团体代表陪审制度，陪审员最低限度五人，必要时可以尽量扩大其人数；

5. 公审程序：先由主审宣布开审案件（如政治与刑事案件），由国家原告人（保卫局与检察处）提出控词，后由主审宣布开始审讯，由经过原被告发表供词后，主审首先征求陪审意见，旁听群众在此时间可以发表对该案之意见，辩护可于此提出辩护，此后退庭五分钟，由主审、陪审讨论判决，后即由主审当庭宣告最后判决，终结审判。

（三）上诉手续

1. 汉奸卖国贼与一切反革命头子，根本无上诉权；

2. 一切苏维埃公民经过法庭判决不服者，有向上级司法机关（法庭）上诉之权，但上诉期间不能超过七日；

3. 遵守苏维埃法令的商人、工厂老板、富农，对法庭判决不服者，可以容许上诉，但其提起上诉期间，不能超过三日；

4. 上诉期间，不提起上诉者，无上诉权；

5. 上诉的判决与以上同。

附则：县级革命法庭所判决之案件，如系国家原告人提出者，必须经过省级批准后，方能执行。

丙、诉讼（告状）手续

（一）苏维埃公民及每种群众团体得代表其会员向法庭起诉告状。

（二）遵守苏维埃法令的商人、工厂老板、富农有权向法庭打官司告状。

（三）一切民事诉讼案件应向法庭申诉登记处投告状纸登记；

（四）登记之后，由庭长审查，批准之后（不批准之案件不在此内），挂牌公布预审公审日期；

（五）凡经法庭庭长批准之案件，刑事案件被告由法警传案，民事案件“婚姻、债务、遗产、争执人（穷人的）”由书面通知被告人。

丁、检察处工作

（一）检察处工作有两个中心：

1. 保障苏维埃各种法令的执行和工农群众的利益，代表苏维埃政府实行检察；

2. 对一切刑事案件的侦察，及代表国家向法庭提起公诉。

（二）执行逮捕刑事犯，必须得到庭长批准。

（三）逮捕之后刑事案犯交待审处看押，并将所搜之材料送交预审科。

（四）提出对刑事犯的控词。

注：此大纲只提到工作上的问题，细则当另定之。

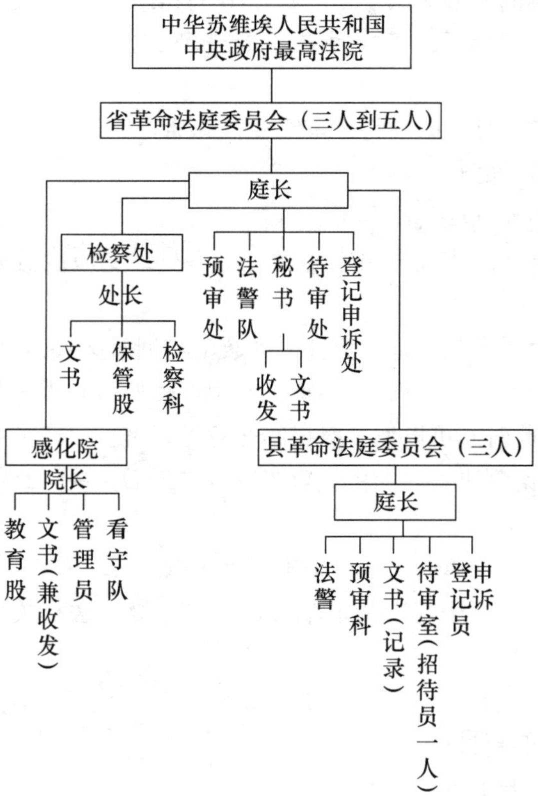

选自《中国新民主主义革命时期根据地法制文献选编》，第三卷，中国社会科学出版社1981年出版，第332～336页。原件未注明史料来源。

互校版本：《闽西苏区法制史料汇编》，龙岩市中级人民法院、古田会议纪念馆合编，2008年10月内部出版，第79～81页。简称“闽西史料版”。原件未注明史料来源。

30. 革命法庭条例（草案）

1936年①

一、革命法庭为苏维埃政府司法机关，管理一切诉讼公诉事宜之审判与判决。县级革命法庭对案件之判决，必须经过省级批准始能执行。

二、省革命法庭庭长任免之权归省苏维埃政府执行委员会，县级革命法庭庭长由县苏执行委员会任免，但必须经过省革命法庭批准。

三、革命法庭的组织由三人到五人之委员会组成，庭长即为委员会主席，保卫局局长为当然委员，所有委员会委员之人选须经过苏（维埃）执行委员之批准。

四、革命法庭委员会负责讨论和处理一切案件。庭长须负责向当（同）级苏维埃政府常委会报告工作，县级应将一切案件处理情形按期报告省革命法庭。

五、对每个案件的处理必须经过委员会之讨论，然后开庭审判，审判时之主审由庭长担任。

六、法庭开庭公审，庭长、秘书（记录员）及陪审两人至三人出庭（陪审由革命团体选派代表参加）。

七、在开庭公审案件之前一日，应将公审案件挂牌通知群众，并通知各革命团体。

八、公审某一案件时，先由主审宣布案情，或由国家原告人（保卫局代表）提起公诉，再开始审讯。在未判决之先，主审应向群众征求对该案之意见，然后退庭三分钟，由主审、陪审讨论后当庭提出判决书，终结审判。

九、已经判决之案件，犯案当事人如系劳动分子，应给予相当时期的上诉期间，过了上诉期间方执行法庭判决，对一切剥削分子无上诉期。

十、革命法庭设秘书一人、审讯员二人、法警、申诉登记处、待审处、劳动感化院、巡视员等：

（一）秘书：负责管理卷宗、记录、布告及来往文件。

（二）审讯员：秉承庭长意旨负责预审民刑案件，整理供词，提出意见，无处理之权。

（三）法警：担任公审时之看管、押解及待审处之警戒。

（四）申诉登记处：管理民刑事诉讼登记，接收状纸。

（五）待审处：负责管理招呼民刑事未判决案件之被告人。

（六）劳动感化院：设院长一人、管理员二人、看守队一排，一切行政事宜直属于革命法庭：

（1）院长：接收案犯，遵照法庭判决执行，管理全院一切事务，无对外办理任何事务之权；

① 原件无制定年代，编者推测为1936年。

(2) 管理员：负责管理一切案犯参加劳动生产及卫生教育事宜；

(3) 看守队：负责看押案犯与担任警戒；

(七)[①] 巡视员：负责巡视和帮助各县革命法庭工作。

附：革命法庭组织系统表

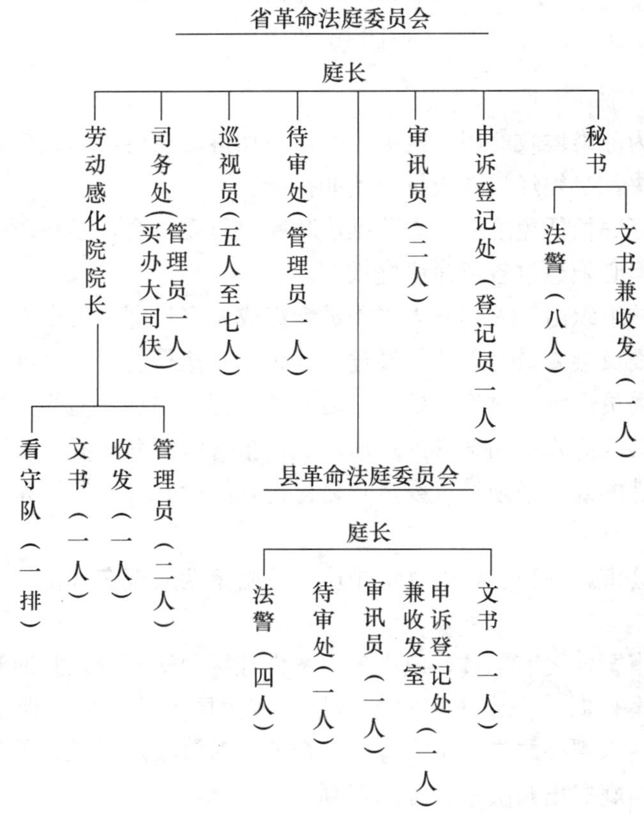

选自《中国新民主主义革命时期根据地法制文献选编》，第三卷，中国社会科学出版社 1981 年出版，第 329～332 页。原件未注明史料来源。

31. 闽西南军政委员会为执行抗日统一战线中土地政策给各级党与苏维埃红军的指示

1936 年 11 月 30 日

土地是中国三万万以上的农民所迫切要求的，“土地革命”及“土地政纲”是布尔什维克党及其领导的苏维埃解决土地问题最基本最彻底的政策。只有实行土地革命与土地政纲，才能彻底肃清封建势力，而真正动员百分之八十的人民［农民］一致坚决勇敢地彻底打倒汉奸卖国贼的武装势力与反对帝国主义。这个真理，已经在我们中央苏维埃区与全国

① 原件将巡视员列为劳动感化院之（4），应划入革命法庭机构之（七）。

各地方苏维埃区所证实。

但是布尔什维克党的每一个策略的决定和实施，完全根据整个政治形势及主观环境进行的，而不是机械的死板的，好比会打仗的人，他的大退却正是组织大的反攻，以求更大胜利的一个主要战术一般。因此，最近我们苏维埃土地政策的修改，就是完全为了适合目前政治环境的需要的一种“战术”——策略。

目前中国民族在日本强盗进攻与蒋贼的卖国万分危急的情形中，中国革命已起了新的变动，就是全国各阶级各党派各军队中，都感觉到非联合一致对日抗战及反对汉奸卖国贼，是无以挽救中国的危亡，而着手于促成“国防政府”（全民的民主的）与“抗日联军”的建立。事实上如果没有各阶级各党派各军队一致联合共同抗日救国，中国的民族革命是不能够胜利，民族革命不能胜利，工农的社会解放也是不能得到，这是必然的。因此，我们苏维埃的土地政策，就针对着抗日联合战线上作了新的修改（参看公布的新的土地政策的条文），完全是正确的。这是我们要团结百分之八十的基本农民坚决抗日讨蒋战争以外，我们还须争取各阶级（富农及一部分地主也在内）到抗日战线上来，以孤立日本帝国主义与法西斯蒂卖国贼的力量，更促革命更快发展与成功。因此，我们就站在给这些不是汉奸卖国贼的富农地主以土地上合理的生活的立场，作为我们新的土地政策的一些条件决定。

对于这个土地政策新的修改，要各级党及全党同志深刻了解我们的土地政策仍然是革命性的，而绝对不是和其他党派那样改良主义的（如生产党和十九路军），他仍然必须以革命的力量来夺取才能获得。我们必须了解虽然我们解决土地问题中，分一部土地上的利益给各阶级（富农地主等），对于基本农民（中、贫、雇农）要少得一些利益，然而在民族胜利与我们力量扩大中，我们所得的胜利将要更大，我们仍然能够站在农民的前头，完全争取千百万农民在我们党领导之下，为“反对帝国主义的民族革命战争”“为苏维埃事业而斗争”因为我们党是以群众利益而时刻奋斗的。另一方面，在执行新的土地政策过程中，要我们全党同志严格防止陷落改良主义的泥坑，与向富农地主投降式的让步。就是说，我们应在执行新的土地政策中加紧我们基本群众的组织（如贫农团、雇工会）武装，才能扩大与巩固我们的力量，以防止在统一战线中动摇分子叛变出卖时，能继续争取我们阶级的胜利。

本会号召闽西南各级党与红军游击队各县区乡苏维埃或革命委员会坚决的积极的执行新的“土地政策”每一条之外，还有如下的指示：

1. 在老苏区（即被占领苏区）坚决反对收回土地，如果收回了土地的乡村，坚决领导苏维埃公民照苏维埃分配给他的耕种份地耕种，打倒收回土地的法西斯蒂豪绅地主分子。

2. 在老苏区在长期残酷斗争中，那些地主富农没有表示反对苏维埃与苏维埃公民利益的分子，或诚恳表示愿意与我们联合共同抗日讨蒋、推翻法西斯蒂统治、恢复苏维埃的地主富农，在苏维埃公民同意之下，可以给他以土地关系上与合理生活的土地利益。

3. 红军公田的保留与耕种，必须坚决执行（不论新苏区与老苏区，每乡的红军公田最少不能过四个人的耕种份地以下）。因为红军不单为苏维埃中国的胜利的保护者，而且是抗日救国的民族革命战争的先锋队，我们应该极端的尊重与优待。

4. 在进行分配土地的乡村，必须保留公共事业田，作为该乡村公共事业的费用——

如修理桥梁、道路、陂圳、水利、茶亭备茶等等。公共事业田多少，由全乡民众公意决定，但小乡不能超过五个人的份地，大乡不能超过十个人的份地。

5. 在没收庵堂、庙宇、祠堂等等的旧时封建的公田，特别是祖宗祠堂的公田时候，必须用布尔什维克的宣传解释，说服乡村广大群众取得工农的同意去进行，同时必须严厉反对豪绅地主封建遗孽的借端来阻止我们没收封建势力的公田。

6. 在执行新的土地政策，解决土地问题的新苏区，因为富农与小业主和中农贫农雇农一样分得土地利益，甚至地主也分得合理生活的土地，这样必然可能保存他们阶级力量，所以我们必须十分严重注意去组织贫农团、雇农工会及基本农民（雇、贫中农）的各种合作社（如农民信用合作社，农具合作社，粮食产销合作社，消费合作社等），以争取基本农民土地革命中的实际利益，以反抗任何对基本农民的剥削压迫，特别是镇压对于联合战线的破坏分子。

7. 对于筹备抗日讨蒋战争的经费，在执行新的土地政策中虽然有一些新的困难，但是在我们抗日救国统一战线胜利的行程中，可以取得全体人民的拥护，与必须使得地主富农在抗日战线义务上的认识，来负担一定的经费的责任（就是说向殷实富户的阶级题捐）。因此，我们特别注意下列几个问题：

甲、我们可以取消“打土豪”名词，而正确提出“筹备抗日经费与抗日基金”向殷实富户捐募。

乙、对富农也可向他捐助抗日经费，但必须防止如过去没收富农捕捉富农的现象，对于地主如愿意接受我们提议他捐助款项的，也可以不必用捕捉扣留。

丙、对于地主兼商人，我们在没收他的土地财产时，我们要认真办理，只得没收其地主部分，不能妨害其商业部分的财产，以保证苏维埃对商业方面的经济政策。

丁、彻底没收汉奸卖国贼的财产以充实抗日经费，这是我们最坚决与丝毫不容情的。

戊、没收日本帝国主义在华的财产（如银行、公司、工厂、矿业等等企业），这是我们抗日经费最大的来源。

各级党、各级政府、各红军游击队，接到这一指示后，应该召集各种会议，连同“新的土地政策”全文作详细的讨论，并要把新的土地政策广泛翻印散发，广泛地向群众以及各界（地主富农也在内）宣传解释（立即改正对抓来地主的待遇，富农和小地主立即释放，并向他解释），务须把新的土地政策每一条文实现。同时必须在执行新的土地政策中，给予各阶级（地主富农也在内）以合理生活利益的场合中，必须尽量宣传各阶级觉悟起来，（组织）联合战线，共同抗日讨蒋救中国而奋斗到底。尤其是要千百倍努力站在百分之九十以上的工农大众的前头，完全取得工农在土地革命利益之基础上，要把每一工农吸引到组织中来（工会、农会、贫农团及各种群众组织及共产党、共产（主义）青年团等），把成千成万的工农团结得像一个人一样，团结得铁一般的坚固，争取我们工农在抗日讨蒋的民族革命战争中的主力军的作用和领导地位，以取得抗日救国的完全胜利。

各级党与政府军队执行这一指示和新的土地政策中，必须及时地把执行情形及效果与经验教训报告至要。

闽西南军政委
一九三六年十一月卅日

选自《第二次国内革命战争时期土地革命文献选编（1927—1937 年）》，中共中央党校出版社 1987 年出版，第 836～839 页。

32. 苏维埃在抗日统一战线中的土地政策

1936 年 11 月 30 日闽西南军政委员会翻印

（一）一切汉奸卖国贼的土地、财产等全部没收。

（二）对于地主阶级的土地、粮食、房屋、财产，一律没收。没收之后，仍分给以耕种份地及必需的生产工具和生活资料。地主耕种份地之数量与质量，由当地农民群众的多数意见决定之。

（三）对于下列各种小业主的土地，不应没收。

甲、自由职业者、技术人员、教员、医师、学生、小商人和手工业者，与小业主的土地。

乙、凭自己劳动所得积蓄起来的工人所有土地。

丙、生活情况很坏的小地主。

丁、因失去劳动力而不得不出租土地者。

戊、将土地出租自己仍受雇于人者。

上列各项小业主有为汉奸卖国贼者，照汉奸卖国贼处置。

（四）一切抗日军人及献身于抗日事业者，土地不在没收之列。

（五）富农的土地及其多余的生产工具（农具、牲口等）均不没收。如果在基本农民要求之下，实行平分一切土地时，富农土地也要拿出平分，但富农仍照一般平分条例得到土地（即一般农民得同等土地）。

（六）对于大农业企业主（主要不依靠地租剥削而依靠雇农经营土地或畜牧的业主）的土地，因其生产方式带有进步的色彩，应按照对待富（农）的政策办理。大农业企业主的土地、牲口、粮食等，如多数农民要求平分时，应拿出平分之。

（七）商人兼大地主时，其土地照一般地主办理，但不得侵犯他的商业部分。

（八）对高利贷，宣布取消，由苏维埃人民政府颁布借贷条例，限制苏区人民借贷利率，但商业借贷及劳动人民相互间的借贷不在取消之例。

（九）苏区内允许土地出租，但无论何种土地出租的业主均须废除旧时的残酷的和奴役的出租办法，一律遵守苏维埃政府所颁布的土地出租条例，无有例外。

（十）应改善农村工人生活条件，由苏维埃政府制定专门的农业雇佣条例通行之。

上列各项的决定，在新苏区立即执行，老苏区已经分配土地的，照原法不变更。

中华苏维埃共和国闽西南军政委员会翻印
一九三六年十一月卅日

选自《第二次国内革命战争时期土地革命文献选编（1927—1937 年）》，中共中央党校出版社 1987 年出版，第 840～841 页。

33. 中国共产党中央委员会、苏维埃中央政府为号召和平停止内战通电

1937年1月8日

南京国民党、国民政府、军事委员会诸先生，奉化蒋介石先生，各省党、政、军首长，全国各党派、各团体、各报馆公鉴：

自西安事变发生后，日本帝国主义与中国亲日派，均认为千载良机，以“拥蒋”为名，挑拨内战，以遂其灭亡中国之阴谋。当时本党、本政府及全国人民，南京与各省抗日志士，均主张和平解决，以达到停止内战一致抗日之目的。卒因蒋介石先生接受张、杨二先生之抗日主张，张、杨二先生亦均以国家民族为重，致内战之祸，幸而得免。本党、本政府深庆国内和平统一、团结御侮从以完全实现，红军主力亦准备接受抗日命令，开赴前线，参加抗战。然而日寇及亲日派不愿中国真正和平统一见诸事实，当蒋介石先生一返南京，形势突趋险恶；在日寇援助下，亲日派一面扣留张汉卿先生，一面指挥已奉蒋先生命令正在撤退之中央军又向西安进攻，企图爆发空前之内战，为日效忠。日寇与亲日派之阴谋毒计，凡属国人，已洞若观火。当此危急关头，本党、本政府站在停止内战，一致抗日之立场，坚决地要求南京当局立刻下令停止军事行动，肃清亲日派，召开各党、各派、各界、各军的救国会议，使国内和平立即实现。本党、本政府认为此时蒋先生挺身而出，制止祸国殃民之内战重新爆发，这对蒋先生是可能的。因为今天参加进攻西安的中央军均愿听命于蒋先生；这对蒋先生也是必要的，因为蒋先生曾经担保中国内战不再发生，这次事变对于蒋先生之政治人格与其“言必信，行必果”之格言，实在重大之试验。今日中国人心之向背，已显而易见，一切甘冒不韪，投降日寇之亲日派分子，必将自趋毁灭之途。全国人民团体与舆论机关，各武装部队，尤其是蒋先生及当权之国民党诸公与其大多数党员，亟宜一本救国志诚，起而裁制亲日分子，化内战为抗战，此其时矣。临电不胜企祷之至。

选自《中共党史教学参考资料》第二次国内革命战争时期（下），中国人民大学中共党史系资料室1980年编印，第273～274页。原注：“原载《六大以来》（上）”。

互校版本：《中共中央文件选集》，第十册，中共中央党校出版社1985年出版，第133～134页。

34. 中央司法部训令第一号

1937年2月13日

为着加强对各级司法机关的领导，中央司法部已于日前恢复办公，在这民族革命战争高涨统一战线新的高涨的局面下，各级司法机关应该采取正确、慎重的办法，去镇压民族

反革命，保证人民一切利益，巩固抗日根据地的政权和队部，要达到此目的，在目前须先执行下列各事：

一、建立并健全裁判部的组织：司法机关是非常尊严的，应选正直而有革命历史的同志负担，建立他的独立工作，不得随便以人兼任，尤其是有县区保卫局长兼裁判部长。保卫局是侦察反革命提出公诉的机关，裁判部是判决一切民刑事件的机关，两者混一，是非常不好的，应急纠正。在裁判部内，检察员与审判的职务，也应分别清楚，才能裁判进行得到正确。中央前颁布的各级裁判组织纲要，现仍有效，应按纲要，充实人员。各级裁判部长依法由同级执委会或主席团选（任），但必须送上级裁判部批准，同时下级裁判部长更动，必须得到上级裁判部的同意。

二、严格执行两审制度：为着慎重裁判起见，苏维埃规定裁判制为两审，如区为初审机关，则县为终审机关；县为初审机关，则省为终审机关；省为初审机关，则最高法院为终审机关。初级军事裁判所为初审机关，则高级军事裁判所为终审机关；高级军事裁判所为初审机关，最高法院为终审机关。须问被告服不服，不服就叫他上诉，就是被告并不声明不服，也要把卷宗送到终审机关；经其核准才能执行。如案情复杂重大，经过终审而被告犹不服的，可允许其非常上告，但最高法院宣布无上诉权者，不在此例。

又区只能裁判不重要案件，处罚督禁在半年以上的，必须以县为初审机关，县以上始有判决死刑之权，但为慎重人命起见，除紧急处置外，凡死刑之判决均应送最高法院为最后批准。

三、公审及巡回法庭：裁判不只是裁判人，而且是教育人民，不只是教育被告，而且是教育群众，凡有教育意义的案件，可组织公审，号召广大群众参加，群众可自由发表对案件的意见。或组织巡回法庭，在某地方有意义的案子，提到那里公审，因该地群众了解这案件，他们得的印象就愈深。就是平常裁判也应先贴出审判日程，吸收群众旁听，在案件与某团体或某地方有关的，应使该团体或地方机关选出陪审员一人或二人，陪审员有发言权，无判决权。

四、不准虐待犯人，犯人是人，不管他犯了弥天大罪，他总是个人，应该以人相待，只有把犯人当做人，犯人才会自视也是个人，可以接受对他裁判的教育，因此：

（一）肉刑绝对禁用，有些裁判员说不用刑，得不到口供，不知这是封建社会的野蛮办法。真正民主国家，肉刑都已废止，法庭重证据，不重口供，他的判决，反而易于正确。

（二）不得拿犯人的东西，犯人随带的衣服行李银钱，是他们所有权，没有判决没收时，任何人不得侵犯。查各地司法机关（保卫局或裁判部）逮捕人时，有把犯人的东西随便拿用的，这是非常不对，也就是犯了法，应该受到处分，应严予查禁。

（三）改善囚犯待遇，看守所羁禁犯人，除限制其自由行动外，对犯人的厨房饮食衣服都要使他适于卫生。又逮捕人必须在二十四小时之内提讯，不得久羁不讯。

（四）允许犯人请人辩护，我们现在尚没有律师，为要犯人能充分发表意见，可以允许请人辩护，同时裁判机关亦可指定人代为辩护。

五、怎样处置罚苦工的分子，苏区一般判决，最多是罚苦工（编生产）应该注意的：

（一）是不要随便罚人苦工，苦工即是刑罚，一定要触犯了刑法，经过法庭判决手续，才能执行。不经过法庭，就罚人苦工，这是不对的。如果犯错误，那是教育问题，不能处以刑法。

（二）是苦工的执行，我们尚没有劳动感化院，罚苦工的人，都是分配各机关做较苦的工作，但究竟怎样执行，对他的教育怎样，生活怎样，原判机关是不管的，今后应变更办法。在未设劳动感化院前，罚苦工的分配各机关工作时，原判机关应把犯罪事实和裁判经过，以书面告知该机关负责人，请其注意那些事项，同时至少应每月一次去检查苦工执行的经过，加以适当训话，苦工期满时，应召集到庭，予以训话开释。在苦工期内，除相当限制其自由外，要保障其生活安全。

六、努力学习裁判工作：裁判是保障民主利益，巩固人民政权的主要任务之一，他的工作，并不容易，须要懂得法理，懂得政治懂得人情，这种专门人才，我们尚少：但是也并不是难学，只要时时注意，每个案件每个判决。都可以给我们很多知识，比如判一个三个月苦工，未判之先，可开会研究，一面研究犯罪的原因和事实，一面可照以前判决例子作比较，既判决之后，又研究怎样执行，执行的结果怎样，这些都是我们学习的材料，我们的裁判干部，应以这样过程锻炼出来。此外在可能时，开办短期司法训练班，或召集以县以省为单位的裁判人员联席会议，于培养干部也有很大的帮助。

上面说的，是目前裁判上极须做的事，各级裁判部军事裁判所，接这一训令必须立即开会讨论并具体计划本身工作，同时希望各级主席团注意，使上列工作得以完全实现。

部　长　蔡乾

一九三七年二月十三日

选自《陕甘宁边区法律法规汇编》，陕西人民出版社2006年出版，第379～381页。原件未注明史料来源。

35. 中央司法部训令第二号

1937年2月22日

各级裁判部、各级军事裁判所：

本部于二月十三日发布的第一号训令，兹经中央政府主席团决定，有如下的改变和补充：

一、审级制度确定为三级两审制，废止区一级的裁判部。审级为县级裁判部、省裁判部、最高法院三级。每一案件，只能经过两审，如以县为初审则省为终审，省为初审，则最高法院为终审。在县级建立陪审制度，省县二级设国家检查［察］员，最高法院则由司法部设国家检察长，代表国家行使检察权。

二、关于刑事案件的执行，应由各级国家检察员指挥，死刑的执行，必须由国家检察员呈送卷判及证物件来部审核，经本部核准后方得执行。

三、非常上诉仅司法部国家检察长有此职权，各级国家检察员及被告可以向国家检察长提出意见，请求提起非常上诉。

四、陪审员与裁判员有同等裁判权力，即如县裁判部进行审判时，以三人的合议制行之，（一）裁判员为审判长，向原被告及诉讼关系人发问。（二）陪审员旁听。判决时如陪审员二人意见相同，裁判员不同意时，为了遵［尊］重群从［众］意见及依照少数服从多数的原则，应依照陪审员的意见决定，但同级国家检查［察］员及被告不服判决时可提起上诉。

五、各级国家检察员，及本部国家检察长，均由本部制发国家检察员指挥证，在执行职务中，遇有急迫情形，可以指挥地方保卫队，红军保卫部武装补助，完成任务。

六、各级政府及政治机关中，现有之裁判部及军事裁判所工作人员姓名名额略历等，限三月十五日以前一律报告本部以凭查核。

以上六点，望各级政府及政治机关详为传达，并开会讨论使这一命令，变成实际为要。

此令

部　长　蔡乾

一九三七年二月二十二日

选自《陕甘宁边区法律法规汇编》，陕西人民出版社 2006 年出版，第 381～382 页。原件未注明史料来源。

36. 中央土地部关于春耕运动的决定（摘要）

1937 年 2 月 19 日

一、今年的春耕运动非常重要，在统一战线快实现的现在，我们必须以最大的力量，动员全苏区人民进行春耕运动，把陕甘造成为全国抗日的模范区来推动全国抗日人民参加抗日工作；同时，我们必须加紧春耕运动来提高群众的生活，改善人民生活。

二、今年春耕运动动员的口号与要求：（一）不荒芜一垧耕地；（二）多种早粮、瓜菜，防备今年的夏荒；（三）增加收成，奖励生产。

三、动员：根据去年春耕的经验，动员妇女、青年、儿童参加到生产战线上去，保证今年秋收的丰富，必须健全区、乡两级的春耕委员会的组织与工作，使春耕委员会成为这一工作的推动者，劳动互助社亦须建立，特别是首先解决红属劳动力、生产工具等各方面的困难。

四、中央决定抽出一部分经济，在苏区及白区购买生产农具（如牛犁、铧、种子等等）转卖给苏区中缺乏生产农具的群众，以解决目前在某些地区中（东地区陕甘省）的农具困难。这些农具须经过春耕委员会负责调查分类，以免有调整不均之弊。

选自《陕甘宁革命根据地史料选辑》，第二辑，甘肃人民出版社 1983 年出版，第 21 页。

37. 国民经济部扩大合作社营业的决定

1937 年 3 月 23 日

为了增加出口贸易扩大合作社营业改善社员生活，并调剂机关人员给养方面的需要起见，各级合作社应立即进行下列工作；

一、收买绒毛药材；（1）各区合作社立即将全区黑白羊数调查清楚，规定本区应收买斤数，责成各乡支社或采办员去向群众订买。（2）买到的绒毛药材迅速雇请牲口送来延安市卖给贸易总局。（3）价格：山羊绒每百斤六十元，白春毛每百斤二十五元，甘草根每百斤五元。（4）绒毛药材要干的、净的，潮湿的或掺杂土泥的，须晒干和选净，贸易局才收。

二、收买给养方面的必需品，调剂机关人员生活；（1）大量收买米、麦、荞面、猪、羊、鸡、鸡蛋、油、菜蔬等物。（2）这些物品除供给本地机关外，余均送交延安市中央国民经济部，以便介绍卖给延安各机关、离延安市较远的合作社。菜蔬等不易驮运的物品，不必送来。（3）价格：猪肉每斤二角五分。羊肉每斤一角。鸡每斤一角。鸡蛋每百个一元伍角。小麻油每斤三角。洋芋萝卜每百斤一元八角，米、麦、面等按各地不同价格另行规定。（4）猪、羊、鸡、鸡蛋、菜蔬等物，均要活的和新鲜的，不要把杀死的和坏的驮来，以免热天发生腐臭不能吃。

三、大量发动群众去盐池驮盐，卖给贸易总局出口，每百斤六元。以上物品价格指卖给贸易局而言，均以平秤（每斤十六两）计算，付给白票。

合作社的同志们！只有大量收买土产品，才能多多买进工业品，扩大合作社的营业，改善社员群众的生活，希对以上几项工作，立即执行，各级经济部尤应切实负起领导推动检查的责任，保证完成为要！

选自《陕甘宁革命根据地史料选辑》，第二辑，甘肃人民出版社 1983 年出版，第 22～23 页。

38. 中央内务部关于救济办法的规定

1937 年 4 月 16 日公布

1. 进行广泛宣传，使群众都懂得苏维埃这次救济的意义，懂得苏维埃是群众真正的保护者。

2. 要把应该救济的红属、工作人员家属、难民人数，及其困难程度（如稍有办法及全无办法等）调查清楚。

3. 不采取平均救济的办法：（1）尽先救济去年被摧残的区域，（2）极困难的多给一些，稍困难的少给一些，（3）红属工作人员家属，应比普通难民多得一点。

4. 拿一部分款子协同粮食部购买整批粮食救济最无饭吃的（这样比发零星款子要各人自己购要强些）。

5. 拿一部分款子组织困难的红属及工作人员家属的消费生产合作社，即买些油、盐、粮食等必需品，廉价卖把社员，买些布、棉花发把社员做鞋子，织布，仍由合作社收买回来，使他们长久得到救济。

救济的组织方法：

1. 省内务部须指定专人负责进行救济工作，必要时可召集县内务部长联席会或派人走各县考察，务使款子分配适当，救济的办法适当。

2. 区应召集乡主席乡优红委员会主任联席会讨论该区救济办法，务使较少的款子能够解决多的困难，同时应与群众相互救助的互济会工作、耕田队工作配合起来。

3. 严格防止利用私人感情来救济的毛病。

4. 进行救济工作时，要随时向中央内务部报告，以便随时指示，结束时须做一总报告给中央。

选自《陕甘宁革命根据地史料选辑》，第二辑，甘肃人民出版社 1983 年出版，第 26～27 页。

39. 苏维埃政府关于财政措施的新规定

1937 年 4 月 23 日公布

时局由战争状态转到和平，由两个政权对立的状态转到合作，因此，财政上的措施，也有个极大的转变，在这转变过程中，我们应该注意：

（一）原则上：

1. 保持苏维埃红军刻苦节省的传统作风，防止浪费腐化的习气侵入。

2. 在可能限度内普遍地改善机关部队人员的生活。

3. 逐渐减少消费的支出，增多建设的支出。

（二）健全各种制度，在战争时，开支上免不了一些零乱的、不经常的状况，现在应急转过来，如：

1. 预算决算制度。预算上没有的，不许开支；某项费用业经规定限度的（如办公费、马乾费之类）不能超过，决算上的项目单据不能含混。

2. 审计制度。要认真审核，不仅看他是否合手续，并要看他用得当不当。在没有设审委的地方，财（政）部、供给部，须负责审计。

3. 遵守编制。各机关部队人员数目，一经编制后，须绝对执行。

4. 统一购买。前方集中于采买委员会，后方集中于贸易局，采买的东西须经过一定的首长核准。兵工、通信、卫生等特殊材料的东西，须经过专门负责者审查（如买药须经过负责医生组织的采买委员会审查）成批去买。过去因环境关系，采买不统一，不免有时买的货非必须，或者货不好，或者价钱上上当，现在须绝对避免。

5. 其他。

（三）各级机关人员的编制应尽量精干，在区乡两级机关中应多吸引不脱离生产的人来参加，各级政府机关财政由中央统筹发给。

选自《陕甘宁革命根据地史料选辑》，第二辑，甘肃人民出版社1983年出版，第28～29页。

40. 陕甘宁边区民主政府施政纲领

1937年5月中国共产党陕甘宁边区委员会在民主普选运动中提出

为挽救中华民族的危亡，并保护广大人民的利益，中国共产党陕甘宁边区党委根据抗日救国十大政纲，特主张在陕甘宁边区进行实施下列主张：

（一）动员一切人力、物力、财力准备抗日战争。

（二）实行民主普选制度与议会政治，发扬前在苏维埃下已经实行的各种民主设施。

（三）加强人民的抗日武装组织。

（四）保证人民言论、集会、结社、出版等民主自由。

（五）对于农业：1. 保障农民所已分得的土地，实行耕者有其田；2. 兴修水利；3. 培植森林；4. 发展牧畜业；5. 设立模范农场，改良籽种，采用新的耕收方法；6. 帮助贫苦农民解决其耕牛、农具、籽种的困难。

（六）发展石油、食盐、煤、铁等与国防有关之工业，奖励与国防及文化建设有关之投资。

（七）保护商业，发展合作社运动，推广货物的流通。

（八）修治道路，使各主要通道能通汽车。

（九）废除苛捐杂税，采用单一的累进税。

（十）实行八小时工作制，改善劳动待遇。

（十一）实行优待抗日战士家属。

（十二）预防水旱灾荒，充实义仓，保障民食。

（十三）实行社会救济（失业，老病残废、灾民等）。

（十四）实行国难教育，推广免费义务教育，普遍的设立日校夜校及补习学校，进行消灭文盲运动，改善职员待遇。

（十五）帮助蒙回民族实行民族自决。

（十六）严厉镇压汉奸的活动，彻底消灭扰乱社会治安之土匪。

选自《新中华报》，1937年7月6日，第一版。

41. 陕甘宁边区选举条例

1937年5月12日通过

第一章　总　则

第一条　本条例遵照国民代表大会选举法民主的原则，并依据陕甘宁边区的特殊情形而制定，于边区区域内通用之。

第二条 本条例采取普遍的、直接的、平等的、无记名的选举制，保证实现彻底的民主。

第三条 抗日部队的选举，另列专章规定之。

第二章 选举资格

第四条 凡居住陕甘宁边区区域的人民，在选举之日，年满十六岁的，无男女、宗教、民族、财产、文化的区别，都有选举权和被选举权。

第五条 凡下列各条之一的人，没有选举权和被选举权。

一、有卖国行为经法庭判决者。

二、经法庭判决有罪剥夺公权期限未满者。

三、犯精神病者。（一）（二）项人的家属，但其家属如系革命者不在此例。

第三章 选举议员人数的比例

第六条 各级议会区域选举被选人与居民的比例。

一、乡代表会：每居民二十人得选举代表一人。

二、区议会：每居民三十人得选举议员一人。

三、县议会：每居民二百人得选举议员一人。

四、边区议会：每居民一千五百人得选举议员一人。

第七条 不满法定人数而在法定的半数以上的，亦得选举议员一人，其人数在法定半数以下的，得选举候补议员一人。

第八条 各级选举得按照当选人数，选出三分之一的候补议员，候补议员出席议会时，有发言权无表决权，候补议员以得票的次多数充之。

第四章 抗日军队的选举

第九条 军队参加选举的范围：

一、属于区的武装部队，参加区以上的选举，不参加乡的选举。

二、属于县的武装部队，参加县以上的选举，不参加区乡选举。

三、属于边区的武装部队，参加边区的选举，不参加县区乡选举。

四、警卫部队参加所在地的选举。

第十条 军队的选举工作，由团政治处或营连最高政治工作人员指定三人至五人，组织选举委员会进行之。

第十一条 选举出席区议会的议员，以连或营为单位，开选举大会选举，选举出席县或边区议会的议员，以营或团为选举单位，开选举大会选举。

第五章 各级议会长官的选举时期

第十二条 乡代表会及乡长每六个月得改选一次，乡代表会每月召集一次。

第十三条 区议会及区长每九个月改选一次，区议会每两个月召集一次。

第十四条 县议会及县长每一年改选一次，县议会每六个月召集一次。

第十五条 边区议会长官法院院长每两年改选一次，边区议会每年召集一次。

上列各项会议均于必要时得召集临时会。

第六章 选举委员会

第十六条 选举委员会为办理选举专门机关，其组织如下：

一、边区议会的选举委员会，直辖于边区政府，委员由九人至十一人，由边区主席委任之。

二、县议会的选举委员会，委员七人至九人，由县长呈请边区主席委任之。

三、区议会的选举委员会，委员五人至七人，由区长呈请县长委任之。

四、乡代表会的选举委员会，委员三人至五人，由区长委任之。

第十七条　选举委员会由政府及各群众团体的代表组成，其人员以在该地工作或居住的人民为合格，遇特别情形时，可由上级政府从别处调去。

第十八条　各级政府现任长官，不得为各级选举委员会委员。

第十九条　各级选举委员会对于所辖选举区——边区选委对于县区，县选委对于区，区选委的对于乡的选举，得委派人员组织各区域的选举委员会，进行选举，此项选委人选，该区域长官无须回避。

第二十条　进行选举的细则另规定之。

第七章　选举区

第二十一条　边区议会及县议会选举，均以区为选举单位，区议会选举以乡为选举单位，乡代表选举以村为单位。

第二十二条　工人学生得以工厂学校或几个工厂学校联合为选举单位进行选举。

第八章　各级长官的选举

第二十三条　乡长区长县长边区长官、边区法院院长由各级议会选举，但须得到出席议员三分之二以上的同意。

第九章　常驻议员的选举

第二十四条　县议会闭会时之常驻议会，边区议会闭会时之常驻议员，由各该议会自行选举之。

第十章　候选人的竞选

第二十五条　各政党及各职业团体提出候选人名单，进行竞选运动，在不妨害选举秩序下，选举委员会不加以任何阻止。

第十一章　补　选

第二十六条　议员因事离职或被撤回时，即由原区域（或原职业团体部队）选举人另行选举之。

第十二章　经　费

第二十七条　各级选举经费由国库直付之。

第十三章　附　则

第二十八条　本条例自公布之日起，发生效力。

第二十九条　本条例修改之权，在边区议会未成立前属于边区政府，边区议会成立之后属于边区议会。

中华民国廿六年　月　日

选自《中国新民主主义革命时期根据地法制文献选编》，第一卷，中国社会科学出版社1981年出版，第194～199页。原注：“选自《陕甘宁边区选举须知》”。

互校版本：《新中华报》，1937 年 5 月 23 日，第三、四版。

42. 陕甘宁边区议会及行政组织纲要

1937 年 5 月 12 日通过

一、陕甘宁边区为争取中华民族独立解放，在全国范围内，首先实行最适合于抗战的彻底的民主制度。

二、为行政的便利，县、区区域，须为适宜的划分。

三、各级议会议员，由选民直接选举。各级行政长官——乡长、区长、县长、边区主席，由各级议员选举，边区法院院长，由边区议会选举。边区政府各厅长的任命，须得边区议会的同意。

四、各级议会改选、开会及各级长官、边区法院院长改选时期：

1. 乡代表会及乡长，每六个月改选一次，乡代表会每一个月召集一次。

2. 区议会及区长，每九个月改选一次，区议会每二个月召集一次。

3. 县议会及县长，每一年改选一次，县议会每六个月召集一次。

4. 边区议会、主席、法院院长，每两年改选一次，边区议会每一年召集一次。

上项议会均于必要时，得召集临时会议。

五、县议会闭会时，设县常驻议员，代行职权。边区议会闭会时，设边区常驻议员，代行职权。常驻议员由各该议会选举。县常驻议员人数五人至九人，边区常驻议员人数十一人至十五人。

六、各级议会的职权：

1. 选举行政长官

2. 批准预算

3. 创制或批准各项建设计划

4. 决定征收各项地方性的捐税及发行地方公债。

5. 议决边区内的单行法律

6. 召回所选出之行政长官

7. 下级议会议决案，不得与上级议会议决案冲突。

（注：4、5 两项是专属于边区议会的）

七、各级政府直接对各级议会负责。

八、边区政府设秘书处、建设厅、农工厅、教育厅、财政厅、民政厅、保安司令、法院、审计处。边区政府组织主席团，各厅组织委员会、厅长为当然主任。①

九、边区政府与县之间，设行政专员，为传达并督察的机关。

十、乡政府为吸收广大群众参加工作，应按工作组织各种委员会，较大的村（或离乡政府较远的几个村联合）设代表主任。

---

① “三秦法律法规版”将各“厅”印作“所”。

十一、选民对于所选代表认为不称职时，得随时撤回改选之。

十二、边区长官的俸给，不得比熟练劳动者的所得为多。

十三、少数民族（蒙、回）有自由组织自治政府及自由加入或退出边区政府之权。边区议会内设少数民族委员会，保护少数民族的特殊利益。

十四、各级政府组织条例另定之。

附：陕甘宁边区议会和行政组织系统表

选自《新中华报》，1937 年 5 月 23 日，第四版。

互校版本：《陕甘宁边区法律法规汇编》，三秦出版社 2010 年出版，第 38 页。简称“三秦法律法规版”。

43. 陕甘宁边区议会和行政组织系统表

1937 年 5 月 23 日发表

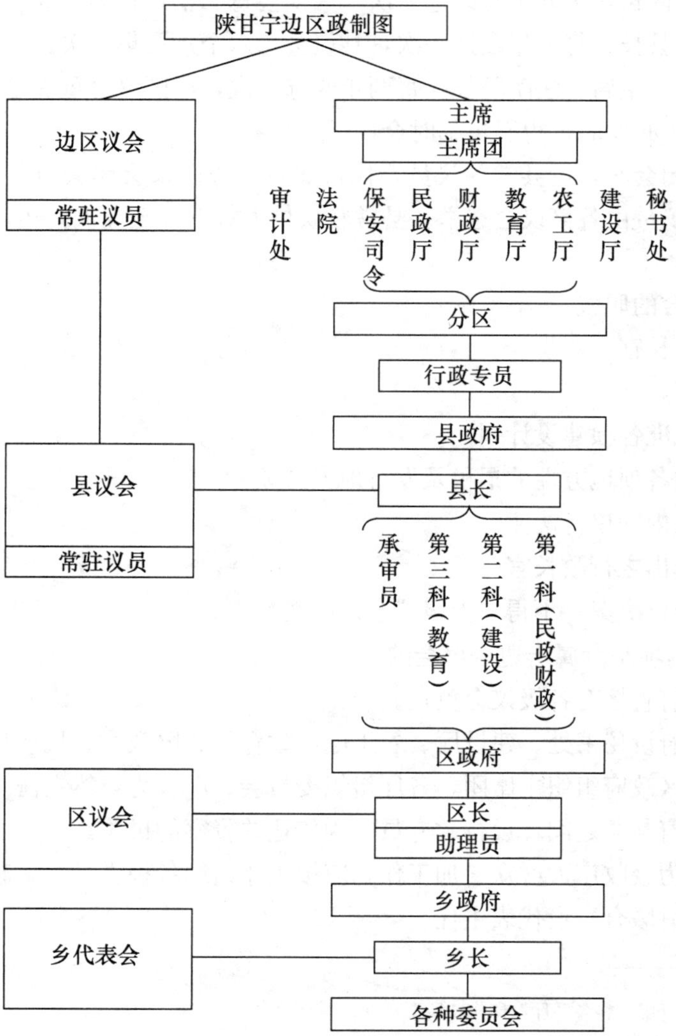

选自《新中华报》，1937 年 5 月 23 日，第四版。

互校版本：

1.《中国革命根据地审计史料汇编》，北京工业大学出版社 1990 出版，第 220 页。

2.《陕甘宁边区法律法规汇编》，三秦出版社 2010 年出版，第 39 页。简称“三秦法律法规版”。

44. 陕甘宁边区选举委员会工作细则

1937 年 5 月 25 日临时中央政府内务部制定

第一章　总　则

第一条　根据选举条例之规定，为便于选举委员会的工作起见，特另外颁布本工作细则。

第二条　边区主席团有停止或修改本细则之权，并有解释关于工作细则的疑问或争执之权。

第三条　本细则施行陕甘宁边区内，一切选举委员会都应遵照本工作细则进行工作。

第二章　选举委员会的工作人员

第四条　选举委员会按照选举条例产生之后，委员之间即进行分工，每个委员应担任选举委员会的一部分工作。

第五条　选举委员会的委员，不脱离生产，在办理选举期间，可暂时解放他所担负的工作，专门来进行选举工作。

第六条　可酌量任用技术人员，如文书、印刷、登记员之类，但在可能范围之内，可利用区政府或城市政府的技术工作人员。

第七条　选举委员会可在区乡政府的地方办事，不必另设办事处。

第三章　选举前的工作

第八条　在未开始选举的两星期前，须在该选举区域内实行选民登记。对于登记工作，如没有组织的选民，选举委员会可任用专门登记人员进行之，有组织的选民，可委托该组织的负责人进行之。

第九条　登记须按照中央内务部所颁布的选民登记表填写之。

第十条　登记完了之后，由选举委员会指定委员审查登记表。

第十一条　审查完了之后，须将有选举权的选民名单公布，在选民所在地或坪场张贴。

第十二条　选民名单须在选举大会前三天发表。

第十三条　在未选举前，须将选民交给代表带去的提案的草案预备出来，并在选民所在地公布，使选民预先认识其提案。

第十四条　选举委员会在未开始选举前，应将该区域内各个选民大会的选民总数、应选举代表和议员的人数公布，并将被剥夺选举权者名单经过当地政府公布之。

第十五条　在开选举大会的前三天，须布告开选举大会的地点和时间。

第十六条　须先将会场布置好，看守会场门的人和进会场的登记人预备好，选民进会场时，须照选民的名单放进。

第四章　选举的工作

第十七条　无论哪个选举大会，选举委员会的主席（任）或派全权代表去出席大会。

第十八条　由选举委员会主任或全权代表宣布开会。在宣布开会后，须宣布到会的人数是否已足法定人数。

第十九条　选举委员会的主任或全权代表，一定为选举大会的主席。

第二十条　选举大会议事日程第一项应由选举委员会主任或全权代表根据选举条例第四章之规定，宣布什么人有选举权和被选举权，什么人被剥夺选举权和被选举权。

第五章　选举后的工作

第二十一条　选举委员会须将关于选举的文件（如选民登记表、选举大会的记录、进入选举会场登记表等）汇集起来，交给区政府（苏维埃）或城市政府，以便检查。

第二十二条　选举结束后，选举委员会须向区政府或城市政府作选举总结报告，对选举所用的经费问题同样须对区、城市政府（作）详细的财政报告。

第二十三条　选举结束之后，选举委员会须待工作结束，所有选举委员会所购置的东西全部交区、城市政府，选举委员就宣布停止工作。

选自《中国新民主主义革命时期根据地法制文献选编》，第一卷，中国社会科学出版社 1981 年出版，第 200～203 页。原注：“选自《陕甘宁边区选举须知》”。

45. 苏维埃政府西北办事处布告——严禁鸦片事

1937 年 5 月 27 日

严禁鸦片去年已有布告，经查各地尚有种的吃的运的，特再申禁令如下：

一、种了鸦片的由各级政府督促铲除，改种其他粮食。

二、烟馆立予封闭。

三、贩卖鸦片的不管他在苏区发卖或只在苏区通过，一经查出，都予没收，并得加以处罚。

四、吃鸦片未登记的，立即登记限期戒绝，期间至长不得超过六个月（自本布告张贴日起算）。

五、各级内务部（延安市由市禁烟委员会）发卖戒烟丸药，吃烟的拿登记证来买。贫的可以减价或不要钱。

六、现藏有鸦片的商人或居民，限十天内把鸦片送到当地政府（延安市送到市禁烟委员会）登记，听候处理，如逾期不登记，查出除没收外，并严加处罚。

七、自布告后，有人报告因而查获私卖鸦片的，报告的人给予所获鸦片价格十分之二的奖金。如直接查获烟土送政府的，赏金加重。

主席　林伯渠

内务部长　蔡树藩

1937 年 5 月 27 日

选自《新中华报》，1937 年 5 月 29 日，第二版。

46. 行政专员以下各级政府组织的重新规定

1937 年 8 月 19 日[①]中央政府办事处会议决定

为得要使原来的苏维埃区域成为抗日模范区，在改苏维埃为民主共和制的过程中，我们实行真正的普通选举制度，现在乡一级的选举大部分完成，区级选举有个别地方也完成了，各级政府的组织自应按照新的环境、新的条件重新规定，兹将行政专员以下各级政府的组织暂行规定如下，各级政府即遵照这种规定，改组是为至要。

一、行政专员由行政区中心县县长兼任。专员公署即设在专员所在之县政府内。专员下设秘书二人，掌理核拟文稿，典守印信，辅助专员处理行政区日常事务。处员三人奉专员之命，巡视督察各县工作，并襄助处理行政区事务。文书一人，负责缮写稿件等。

二、县政府设县长一人，负全县行政责任。秘书一人，掌理核拟文稿，典守印信，辅助县长处理不属各科事项。

文书一人，负责缮写收发文件等事项。

县政府内设三科：

第一科设科长一人，科员二人，掌关于全县行政区划，地方自治，户籍调查、婚姻登记、卫生、消防、救灾、治荒、优待红军家属、群众团体、本府财政收支及不属他科之行政等事宜。

第二科设科长一人，科员一人，掌关于全县农林土产之调查改良，道路桥梁之修补建造，合作社之整理与扩充，水利之疏通，矿产之开采，家庭副业之提倡，全县一切建设事宜。

第三科设科长一人，科员一人，掌关于全县教育行政，教育经费之支配及计划学校社会各种教育事宜。

三、各县设裁判员一人，审理各该县民刑诉讼的审判事宜。审判时之书记由县长指定一科员兼任之。

四、区政府设区长一人，负全区行政之责。

秘书一人，负责缮拟稿件，典守印信，辅助区长处理区务。

助理员一人，襄助区政府之日常事务，如于工作繁忙时可增加一人。

五、乡政府设乡长一人，办公地址设在有小学校的地点。

秘书一人，由当地小学教师兼任，辅助乡长办理来往公文及乡政府日常之事务。

乡政府下得设各种经常的或临时的委员会如：

优待抗日部队委员会、武装委员会、农耕委员会、植林委员会、教育委员会、卫生委员会、粮食委员会、备荒委员会……等。

六、各级政府之经常费除乡政府外，工作人员的伙食及鞋袜费仍然照以前苏维埃制度

① 原件未注明制定年月，这是《新中华报》公布的时间。

所规定支给之。

县政府办公费每月规定为三十元。如系行政专员驻在县其办公费得酌量增加。但每月至多亦不得超过五十元。特别开支须呈准后照支。

区政府办公费每月三元至四元。

乡政府经费每月由边区政府津贴六元，办公费在内。乡长不另支伙食、鞋袜费。

七、县政府着用什务人员三人，行政专员驻在县增设什务一人。区政府什务一人，乡政府不设什务人员。

八、各级政府传递信件通知的办法，有邮局的地方利用邮局，不通邮政的地方应组织群众迅速代为传递。

九、关于各政府马匹问题，县政府得养马一匹，原来无马者不得增加，行政专员所在地得增加马一匹。

十、各县保卫局的系统和人数及群众团体等，在没有新的规定以前，仍照旧办理。

十一、各级政府照此令改组后，原有人员多下来的，应尽量争取他们来受训练。陕北的送延长鲁迅师范学校，陕甘宁的由陕甘宁现有干部训练班给以定期训练，关中神府照陕甘宁例办理。

这是暂时试验的编制，各级政府在实行时发生困难，应即呈报边区政府，俟核夺施行。

选自《新中华报》，1937年8月19日，第三版。

图书在版编目(CIP)数据

革命根据地法律文献选辑. 第二辑：全2册/张希坡编著. —北京：中国人民大学出版社，2017.11
ISBN 978-7-300-24147-0

Ⅰ.①革… Ⅱ.①张… Ⅲ.①革命根据地-法律-文献-汇编-中国 Ⅳ.①D929.6

中国版本图书馆 CIP 数据核字（2017）第 024184 号

革命根据地法律文献选辑（第二辑）（上下卷）
第二次国内革命战争时期中华苏维埃共和国的法律文献（1927—1937）
张希坡 编著
Geming Genjudi Falü Wenxian Xuanji

出版发行	中国人民大学出版社		
社　　址	北京中关村大街31号	**邮政编码**	100080
电　　话	010－62511242（总编室）		010－62511770（质管部）
	010－82501766（邮购部）		010－62514148（门市部）
	010－62515195（发行公司）		010－62515275（盗版举报）
网　　址	http://www.crup.com.cn		
	http://www.ttrnet.com(人大教研网)		
经　　销	新华书店		
印　　刷	涿州市星河印刷有限公司		
规　　格	185 mm×260 mm　16开本	**版　　次**	2017年11月第1版
印　　张	78插页6	**印　　次**	2017年11月第1次印刷
字　　数	1 796 000	**定　　价**	318.00元